スポーツ社会学事典

日本スポーツ社会学会 編

丸善出版

刊行にあたって

　日本スポーツ社会学会は 1991 年に発足し，新型コロナが猛威を振るっていた 2021 年に学会創立 30 周年を迎えました．『スポーツ社会学事典』の刊行は，この 30 周年を契機とした出版事業として企画されました．スポーツ社会学という学問領域が「事典」という体裁をとって刊行されるのは初めてのことです．

　スポーツ社会学は，ひと言で言えばスポーツと社会との関係やそこで生じる課題を社会学的に研究する学問領域と言えますが，その対象領域は多岐にわたっています．例えば，この事典では大項目（章）として，「歴史」「文化」「環境」「グローバリゼーション」「集団・組織」「健康」といった少し抽象度の高いレベルや，「教育」「経済」「政治」「福祉」といった制度レベルとの関係を扱っています．また，スポーツという文化それ自体を社会学的に検討する立場から，「身体」「遊び」「生涯スポーツ」「イベント・メガイベント」「スポーツインテグリティ」といったスポーツ文化に引き寄せて考えられる構造や課題に対しても大項目として扱っています．このように一見すると水準の異なる 23 の章が取り上げられていますが，これもスポーツ社会学の研究対象が社会変動とともに変化し，比較的抽象度の高いマクロな概念レベルからミクロな具体的なレベルまで多様な現象として認識されていることの現われと言えるでしょう．また，そこにはスポーツ社会学の隣接領域であるスポーツ哲学やスポーツ史，あるいはスポーツ教育学やスポーツ経営学等といった，主に人文・社会科学を中心とする幅広い知見も大いに参照されています．

　スポーツ社会学の研究史を辿ってみると，その背景には 1950 年に発足した日本体育学会（現日本体育・スポーツ・健康学会）の一専門領域である体育社会学との強いつながりがあります．体育社会学は，まずはスポーツを教育の対象として扱うことでそのフィルターを通した社会との関係や課題を扱ってきました．しかし，スポーツが社会にとって重要な文化現象として意識され，トップスポーツばかりでなくみんなのスポーツや生涯スポーツとしてその影響力が高まってくると，改めて「教育の中のスポーツ」から「社会の中のスポーツ」へとスポーツを俯瞰し，その文化的，あるいは社会的課題に対する社会学的な説明や解決の方向性が求められるようになったのです．このような学的経緯から，先ほど述べた日本スポーツ社会学会の創設は，体育学分野の研究者が中心にならざるをえません

でした．しかし，他の体育学出自の独立学会と異なるのは，この学会の設立当初から社会学プロパーとして活躍されていた研究者が学会の中枢を担って参加し，今日までスポーツ社会学におけるディシプリン（主に理論や方法論）に大きな影響力を与えたことです．本事典には大項目として「総論（スポーツ社会学の歴史）」が示され，他の大項目における中項目数のおよそ2倍にあたる24の中項目が取り上げられていますが，その内容はスポーツ社会学の現時点における学的状況を表しています．

いずれにしても，スポーツ社会学の30年は，良い意味で研究対象の多様性を担保しつつ，体育学と社会学という学問領域が交差するユニークなディシプリンを背景に発展してきました．日本スポーツ社会学会では，学会創設から四半世紀となる25周年を記念して『日本スポーツ社会学会25年のあゆみ』を編集委員会編として刊行しました．本事典はそれを引き継ぎ，発展させる形で学会の成果を世に問うものとなっています．

本事典は，スポーツと社会との関係や課題に対して研究しようとする研究者や学生ばかりでなく，この方面に関心を抱いている一般読者にも通じる簡潔で，かつ読みやすい中項目296編から構成されています．その編集方針は，重要かつ興味深い今日的なテーマを原則見開き2頁で解説するとともに，それらのテーマ設定がこの分野の研究を同時に俯瞰する役割を果たすことでした．このようなねらいがどこまで達成されているのかは，読者からのご批判とご叱正を待つしかありません．

最後に，本事典刊行の経緯についてふれておきたいと思います．発端は，2021年に丸善出版企画・編集部から日本スポーツ社会学会に対して事典編集の依頼があったことでした．そこで，当時会長を務めていた私は，理事長であった松尾哲矢さん，事務局長であった石坂友司さんと相談し，前理事長であった西山哲郎さんにも加わってもらって，この3名に編集幹事をお願いしました．その後，編集委員長である私と編集幹事とで編集幹事会を結成し，学会理事会と意思疎通を図りながら，学会顧問8名の方に編集顧問を，そして23の大項目（章）を担当する編集委員を26名の学会会員にお願いした次第です．

それから約3年余の間，刊行に向けていろいろとご尽力をいただいた編集幹事・編集顧問・編集委員，そして200名を超える執筆者の皆さんにお礼を申し上げます．また，煩雑な編集事務を担当してくださった丸善出版企画・編集部の大江明さん，安部詩子さん，齊藤悠人さん，小林秀一郎さんにも厚くお礼を申し上げます．

2024年11月

編集委員長　菊　　幸　一

編集委員一覧

編集委員長

菊　　幸　一　国士舘大学体育学部特任教授

編集顧問（五十音順）

伊　藤　公　雄　京都大学・大阪大学名誉教授

井　上　　　俊　大阪大学名誉教授

亀　山　佳　明　龍谷大学名誉教授

佐　伯　年詩雄　筑波大学名誉教授

杉　本　厚　夫　京都教育大学・関西大学名誉教授

森　川　貞　夫　広島国際大学・日本体育大学名誉教授

山　口　泰　雄　神戸大学名誉教授

リー・トンプソン　早稲田大学名誉教授

編集幹事（五十音順）

石　坂　友　司　奈良女子大学研究院生活環境科学系教授

西　山　哲　郎　関西大学人間健康学部教授

松　尾　哲　矢　立教大学スポーツウエルネス学部教授

編集委員（五十音順）

市　井　吉　興　立命館大学産業社会学部教授

海老原　　　修　尚美学園大学スポーツマネジメント学部教授

岡　田　千あき　大阪大学大学院人間科学研究科教授

奥　田　睦　子　京都産業大学現代社会学部教授

柏　原　全　孝　甲南女子大学人間科学部教授

金　子　史　弥　立命館大学産業社会学部准教授

北 村 尚 浩　鹿屋体育大学スポーツ人文・応用社会科学系教授

坂 上 康 博　一橋大学名誉教授

清 水　　諭　筑波大学体育系教授

高 橋 豪 仁　奈良教育大学教育学部教授

髙 橋 義 雄　早稲田大学スポーツ科学学術院教授

高 峰　　修　明治大学政治経済学部教授

中 江 桂 子　明治大学文学部教授

中 澤 篤 史　早稲田大学スポーツ科学学術院教授

西 村 秀 樹　九州大学名誉教授

橋 本 純 一　日本ウェルネススポーツ大学スポーツプロモーション学部教授

浜 田 幸 絵　島根大学人文社会科学系准教授

原　　祐 一　岡山大学学術研究院准教授

日比野 暢 子　桐蔭横浜大学スポーツ科学部教授

藤 田 紀 昭　日本福祉大学スポーツ科学部教授

前 田 和 司　北海道教育大学教育学部岩見沢校教授

松 田 惠 示　立教大学スポーツウエルネス学部特任教授

水 上 博 司　日本大学文理学部教授

水 野 英 莉　流通科学大学人間社会学部教授

山 口 理恵子　城西大学経営学部教授

山 下 高 行　立命館大学名誉教授

＊所属・肩書は 2024 年 11 月現在

執筆者一覧 （五十音順）

青沼 裕之	武蔵野美術大学	
青野 桃子	大阪成蹊大学	
秋吉 遼子	東海大学	
浅沼 道成	岩手大学名誉教授	
荒川 康	大正大学	
新 雅史	流通科学大学	
有元 健	国際基督教大学	
安城 寿子	阪南大学	
飯田 貴子	帝塚山学院大学名誉教授	
石井 昌幸	早稲田大学	
石岡 丈昇	日本大学	
石黒 えみ	亜細亜大学	
石坂 友司	奈良女子大学	
石原 豊一	鹿屋体育大学	
井谷 聡子	関西大学	
市井 吉興	立命館大学	
伊藤 克広	兵庫県立大学	
伊藤 公雄	京都大学名誉教授	
伊藤 恵造	秋田大学	
伊藤 真紀	法政大学	
稲垣 弘則	西村あさひ法律事務所・外国法共同事業	
稲葉 佳奈子	成蹊大学	
稲葉 慎太郎	天理大学	
井上 俊	大阪大学名誉教授	
岩本 晃典	島根県立大学	
上杉 正幸	香川大学名誉教授	
上田 滋夢	追手門学院大学	

植田 俊	東海大学	
魚住 智広	法政大学	
内田 忠賢	せとうち観光専門職短期大学	
内田 良	名古屋大学	
梅垣 明美	同志社女子大学	
柄本 三代子	東京国際大学	
海老島 均	成城大学	
海老原 修	尚美学園大学	
遠藤 華英	同志社大学	
大勝 志津穂	椙山女学園大学	
仰木 裕嗣	慶應義塾大学	
大沼 義彦	日本女子大学	
岡 浩一朗	早稲田大学	
小笠原 博毅	神戸大学	
岡田 桂	立命館大学	
岡田 千あき	大阪大学	
岡田 光弘	成城大学非常勤講師	
岡本 純也	一橋大学	
奥田 睦子	京都産業大学	
小坂 美保	神戸女学院大学	
小澤 考人	東海大学	
小塩 康祐	TMI 総合法律事務所	
押山 美知子	愛知淑徳大学	
小田 光康	明治大学	
小幡 真之	西村あさひ法律事務所・外国法共同事業	
甲斐 健人	東北大学	
笠野 英弘	山梨学院大学	

笠原 亜希子	金沢星稜大学	小木曽 航平	九州大学
柏原 全孝	甲南女子大学	後藤 貴浩	国士舘大学
片岡 栄美	駒澤大学	小林 至	桜美林大学
片上 千恵	法政大学	小林 勉	中央大学
加藤 裕康	敬和学園大学	小林 直美	愛知工科大学
兼子 歩	明治大学	小丸 超	駿河台大学
金子 史弥	立命館大学	齋藤 健司	筑波大学
加野 芳正	香川短期大学	齊藤 まゆみ	筑波大学
亀山 佳明	龍谷大学名誉教授	佐伯 年詩雄	筑波大学名誉教授
嘉門 良亮	岩手大学	坂 なつこ	一橋大学
川井 圭司	同志社大学	坂上 康博	一橋大学名誉教授
川口 晋一	立命館大学	坂内 夏子	早稲田大学
川島 浩平	早稲田大学	佐川 哲也	金沢大学
川西 正志	北翔大学	迫 俊道	大阪商業大学
河西 正博	同志社大学	笹生 心太	東京女子体育大学
河原 和枝	元 甲南女子大学教授	佐々木 勝	大阪大学
神田 洋	江戸川大学	佐藤 彰宣	流通科学大学
菊 幸一	国士舘大学	澤井 和彦	明治大学
北村 尚浩	鹿屋体育大学	澤野 雅彦	元 北海学園大学教授
木原 慎介	東京国際大学	清水 諭	筑波大学
権 学俊	立命館大学	清水 紀宏	筑波大学
日下 知明	鹿屋体育大学	下竹 亮志	筑波大学
日下 裕弘	茨城大学名誉教授	庄子 博人	同志社大学
久保 明教	一橋大学	上代 圭子	東京国際大学
熊澤 拓也	東洋大学	白石 義郎	久留米大学名誉教授
熊安 貴美江	大阪公立大学	申 恩真	北星学園大学
倉島 哲	関西学院大学	杉本 厚夫	関西大学名誉教授
栗山 陽一郎	TMI 総合法律事務所	杉山 翔一	Field-R 法律事務所
黒須 朱莉	びわこ成蹊スポーツ大学	鈴木 直文	一橋大学
黒田 勇	関西大学名誉教授	鈴木 秀人	東京学芸大学
小石原 美保	国士舘大学非常勤講師	鈴木 楓太	京都先端科学大学
河野 洋	福山平成大学	関 めぐみ	甲南大学

執筆者一覧

寒 川 恒 夫	早稲田大学名誉教授
相 馬 浩 隆	日本オリンピック委員会事業スタッフ
高 尾 将 幸	東海大学
高 嶋 航	早稲田大学
高 橋 豪 仁	奈良教育大学
高 橋 義 雄	早稲田大学
高 峰 修	明治大学
瀧 澤 利 行	茨城大学
竹 内 秀 一	関西大学
竹 﨑 一 真	明治大学特任講師
竹 中 晃 二	順天堂大学客員教授
竹 村 直 樹	東山中学・高等学校
竹 村 瑞 穂	東洋大学
田 中 愛	東京学芸大学
田中ウルヴェ京	慶應義塾大学特任准教授
棚 山 研	羽衣国際大学
谷 口 勇 一	大分大学
田 引 俊 和	北陸学院大学
千 葉 直 樹	中京大学
張 寿 山	明治大学
長ヶ原 誠	神戸大学
塚 本 拓 也	帝京大学
辻 大 士	筑波大学
土 屋 裕 睦	大阪体育大学
東海林 祐 子	慶應義塾大学
冨 田 幸 祐	中京大学
友 添 秀 則	環太平洋大学
鳥 越 規 央	江戸川大学客員教授
永 井 良 和	関西大学
中 江 桂 子	明治大学
中 澤 篤 史	早稲田大学
仲 澤 眞	筑波大学

中 房 敏 朗	大阪体育大学
中 村 哲 也	高知大学
中 村 英 仁	一橋大学
七木田 文 彦	埼玉大学
新井野 洋 一	愛知大学非常勤講師
西 尾 建	山口大学
西 平 直	京都大学名誉教授
西 村 秀 樹	九州大学名誉教授
西 山 哲 郎	関西大学
二 宮 雅 也	文教大学
丹 羽 典 生	国立民族学博物館
野 井 真 吾	日本体育大学
野 川 春 夫	順天堂大学名誉教授
野 口 亜 弥	成城大学
乗 松 優	駿河台大学
橋 本 純 一	日本ウェルネススポーツ大学
浜 田 幸 絵	島根大学
浜 田 雄 介	京都産業大学
速 水 徹	立命館大学客員教授
原 祐 一	岡山大学
樋 口 聡	広島大学名誉教授
日比野 暢 子	桐蔭横浜大学
平 石 貴 士	立命館大学
平 塚 卓 也	奈良女子大学
藤 田 紀 昭	日本福祉大学
藤 山 新	東京都立大学特任研究員
藤 原 昌 太	鎌倉女子大学
古 川 岳 志	関西大学非常勤講師
星 野 映	早稲田大学
本 郷 正 武	桃山学院大学
前 田 和 司	北海道教育大学
前 田 博 子	鹿屋体育大学非常勤講師

股 村 美 里	びわこ成蹊スポーツ大学	
松 尾 哲 矢	立教大学	
松 島 剛 史	立命館大学	
松 瀬 　 学	日本体育大学	
松 田 恵 示	立教大学特任教授	
松 畑 尚 子	龍谷大学	
松 本 耕 二	広島経済大学	
松 本 泰 介	早稲田大学	
松 山 　 啓	東京大学特任研究員	
三 上 　 純	大阪大学	
三 倉 　 茜	順天堂大学	
三 須 亜希子	専修大学スポーツ研究所協力研究員	
水 出 幸 輝	同志社大学	
水 上 博 司	日本大学	
水 野 英 莉	流通科学大学	
溝 口 紀 子	日本女子体育大学	
三 谷 　 舜	中京大学	
宮 本 　 聡	大江橋法律事務所	
向 山 昌 利	中央大学	
村 上 貴 聡	東京理科大学	

村 田 周 祐	鳥取大学	
森 川 貞 夫	広島国際大学	
森 津 千 尋	宮崎公立大学	
山 口 泰 雄	神戸大学名誉教授	
山 口 理恵子	城西大学	
山 崎 貴 史	北海道大学	
山 田 力 也	西九州大学	
山 本 敦 久	成城大学	
山 本 　 浩	法政大学名誉教授	
山 本 真由美	世界アンチ・ドーピング機構	
吉 倉 秀 和	びわこ成蹊スポーツ大学	
吉 田 明 子	日本大学	
吉 田 佳 世	追手門学院大学	
吉 田 　 毅	中京大学	
吉 田 政 幸	法政大学	
依 田 充 代	日本体育大学	
來 田 享 子	中京大学	
リー・トンプソン	早稲田大学名誉教授	
渡 辺 　 潤	東京経済大学名誉教授	
渡 　 　 正	順天堂大学	

＊所属，肩書は 2024 年 11 月現在

目　　次

第1章　歴　史　[担当編集委員：坂上康博・浜田幸絵]

スポーツの起源 ………………………… 2
スポーツの語源 ………………………… 4
英国における近代スポーツの誕生 … 6
世界への伝播 …………………………… 8
米国への伝播と変容 ………………… 10
伝統の発明 ……………………………… 12

文明化の過程とスポーツ ………… 14
オリンピックと日本 ………………… 16
帝国主義と日本の武道 …………… 18
帝国日本のスポーツ ………………… 20
冷戦とスポーツ ……………………… 22
人権とスポーツの歴史 …………… 24

第2章　文　化　[担当編集委員：西山哲郎]

物語としてのスポーツ …………… 28
芸術としてのスポーツ …………… 30
スポーツパーソンシップとフェアプレ
イ ………………………………………… 32
スポーツにおける規範とルール … 34
勝者の名誉と義務／敗者の高貴と自由
………………………………………………… 36
応援団とチアリーディング ……… 38
軟式球技 ………………………………… 40
段級制度 ………………………………… 42

コミュニティ文化としてのスポーツ … 44
スポーツ文化批判 …………………… 46
オルタナティブスポーツ ………… 48
スポーツと宗教 ……………………… 50
筋肉的キリスト教とアマチュアリズム
………………………………………………… 52
伝統スポーツ ………………………… 54
スポーツの美学 ……………………… 56
武士道とスポーツ …………………… 58
文化実践としてのスポーツ ……… 60

第3章　地域社会　[担当編集委員：水上博司]

地域アイデンティティとスポーツ … 64
地域貢献とスポーツ ………………… 66
地域連携とスポーツ ………………… 68

地域教育力とスポーツ …………… 70
地域人材とスポーツ ………………… 72
地域行政とスポーツ ………………… 74

地域包括ケアとスポーツ……………76
コミュニティ・スポーツ論……………78
コミュニティ・セクターとスポーツ…80
コミュニティ・ビジネスとスポーツ…82

ホストタウンとスポーツ……………84
ご当地スポーツ………………………86
在日外国人とスポーツ………………88

第4章　教育　[担当編集委員：松田恵示・原　祐一]

制度としての学校と体育……………92
社会的身体と教育……………………94
メリトクラシー／ハイパー・メリトク
　ラシー：業績主義・能力主義／超業
　績主義・超能力主義………………96
体育と保健の概念……………………98
体育の学習指導論……………………100
「楽しい体育論」………………………102

体育教師という職業…………………104
地域と家庭の体育・スポーツ………106
指導における体罰と暴力……………108
スポーツと働き方改革………………110
コロナ，ポストコロナの体育………112
スポーツの価値を守り創るグローバル
　ムーブメントと教育………………114
部活動の社会的性格…………………116

第5章　ジェンダー　[担当編集委員：高峰　修・水野英莉]

ジェンダーからみたスポーツの歴史
　………………………………………120
ジェンダーからみた生涯スポーツ
　………………………………………122
体育科教育とジェンダー……………124
メディア表象にみるジェンダー……126
スポーツとセクシュアリティ………128
女性スポーツ政策……………………130
体力観とジェンダー…………………132
性別確認検査とDSDs………………134

マスキュリニティ……………………136
セクシュアルハラスメントと性暴力
　………………………………………138
フィットネスとヨガ…………………140
トランスジェンダー…………………142
スポーツ集団とホモソーシャル……144
女性アスリートのキャリア…………146
スポーツとインターセクショナリティ
　………………………………………148

第6章　メディア　[担当編集委員：橋本純一]

新聞・ラジオにおけるスポーツ情報の
　歴史…………………………………152

オリンピック報道の特徴と意味……154
箱根駅伝とメディア…………………156

文学と映画におけるスポーツ……158
実況中継とスポーツドキュメンタリー
……160
メディアスポーツと「人種」……162
メディアスポーツとカルチュラル・ス
タディーズ……164
メガスポーツイベントとメディア
……166

メディアスポーツと物語
（ナラティヴ）……168
スポーツとジャーナリズム……170
スポーツマンガにおけるアニメ化・実
写化・ジェンダー……172
メディアスポーツヒーローの誕生と変
容……174
SNSとスポーツ……176

第7章　政　策　［担当編集委員：金子史弥・日比野暢子］

スポーツ振興法制下のスポーツ政策の
展開……180
スポーツ振興基本計画と総合型地域ス
ポーツクラブの展開……182
スポーツ基本法の制定……184
日本におけるスポーツ推進体制……186
日本体育協会とJOC……188
日本における競技力向上政策の変遷
……190

日本における地域スポーツ政策の変遷
……192
地域スポーツを支える制度……194
スポーツと地方創生……196
学校部活動をめぐる政策……198
日本におけるスポーツの政治的空間の
形成……200
諸外国のスポーツ政策の動向……202

第8章　福　祉　［担当編集委員：藤田紀昭・奥田睦子］

障害者スポーツに関する用語の変遷
……206
障害者スポーツの振興とパラスポーツ
……208
近代スポーツとアダプテッド・スポー
ツ……210
障害の捉え方……212
もう一つのオリンピックとしてのパラ
リンピック……214
競争を相対化させたスペシャルオリン
ピックス……216

もう一つの世界をもつスポーツ……218
異なる身体を平等化させるシステムと
してのクラス分け……220
パラスポーツとスポーツボランティア
……222
学校におけるインクルーシブ教育とア
ダプテッド・スポーツ……224
地域におけるスポーツ振興とパラス
ポーツ……226
メディアの中のパラスポーツ……228
パラスポーツの身体感覚……230

第9章　グローバリゼーション　[担当編集委員：岡田千あき]

スポーツと開発 …………………… 234
白人至上主義とスポーツ ………… 236
移民とスポーツ …………………… 238
Sport for Tomorrow ……………… 240
ローカルアイデンティティとスポーツ
………………………………………… 242
スポータイゼーションとコロニアリズ
ム …………………………………… 244

ダイバーシティ(多様性)とソーシャル
インクルージョン(社会的包摂)… 246
グローバリゼーション …………… 248
文化帝国主義とスポーツ ………… 250
ローカル／グローバルなスポーツ … 252
SDGs/MDGs とスポーツ ………… 254
スポーツと平和 …………………… 256
社会空間と身体：ピエール・ブルデュー
のスポーツ社会学 ……………… 258

第10章　経　済　[担当編集委員：髙橋義雄]

スポーツ産業とはどのような産業なの
か …………………………………… 262
スポーツサテライト勘定とスポーツ
GDP ……………………………… 264
スポーツイベントと経済波及効果
………………………………………… 266
サービス経済化とスポーツ ……… 268
アスリートキャリアと職業キャリア
………………………………………… 270
企業スポーツという経済活動，アス
リートの労働への着目 …………… 272
企業倫理・CSR とスポーツ：企業・実
業団スポーツと企業におけるスポー
ツの役割 …………………………… 274

グローバル化とスポーツにおける外国
人労働者，スポーツビジネス …… 276
世界のスポーツマネジメント教育の現
状と教育機関 ……………………… 278
スポーツマーケティング①：
marketing through sports ……… 280
スポーツマーケティング②：
marketing of sports ……………… 282
スポーツ産業と政策 ……………… 284
プロスポーツクラブと経営 ……… 286
スポーツと消費文化・スポーツツーリ
スト・ホスピタリティ …………… 288
スポーツくじ・スポーツベッティング
………………………………………… 290

第11章　政　治　[担当編集委員：市井吉興・山下高行]

「想像の共同体」とスポーツ ……… 294

ファシズムとスポーツ …………… 296

労働者スポーツ運動……………298
レイシズムとスポーツ：公民権運動から
　ブラック・ライブズ・マターまで…300
「第三世界」とスポーツ…………302
政治的にボイコットされるスポーツ
　…………………………………304
国際機関が形成するスポーツの政治的
　空間……………………………306

オリンピックと祝賀資本主義……308
スポーツと社会運動………………310
アジアのナショナリズムとスポーツ
　…………………………………312
スポーツと資本主義リアリズム：新自
　由主義から権威主義的新自由主義国
　家へ……………………………314

第12章　健　康　［担当編集委員：海老原 修・中澤篤史］

生権力と統治性……………………318
優生学………………………………320
健康日本21と身体活動・運動の促進
　施策……………………………322
健康な身体…………………………324
体　力………………………………326
健康増進法…………………………328

養生論から健康教育へ……………330
ヘルスツーリズムとは何か………332
健康資本投資と健康寿命…………334
スポーツリスク論…………………336
レクリエーションとスポーツ……338
健康不安社会………………………340
ラジオ体操：健康への介入………342

第13章　環　境　［担当編集委員：前田和司］

スポーツと環境インパクト………346
生活論から見えるスポーツ開発…348
エコスポーツと生活の交差点……350
エコスポーツによる地域づくり…352
サーフィンがもたらす観光と移住…354
食の公共性とオリンピック………356

環境を均質化する公園……………358
身体知と自然知……………………360
農山村住民におけるアウトドアの意味
　…………………………………362
「暮らしなおし」の野外教育………364

第14章　テクノロジー　［担当編集委員：柏原全孝］

パラスポーツとテクノロジー……368
ビッグデータとスポーツ…………370
テクノロジーと伝統………………372

スポーツと統計のテクノロジー…374
センサ技術によってもたらされるエビデ
　ンスベースド・スポーツの未来…376

eスポーツ····················378
走る身体とテクノロジーの協働····380
スポーツの美的体験とテクノロジー
······················382
ドーピングをめぐるテクノロジー
······················384

機械の競技者····················386
遺伝子ドーピングが創造する身体と人
間のいのち··················388
筋肉としての身体················390
判定テクノロジーが変容するスポーツ
······················392

第15章　身　体　[担当編集委員：中江桂子]

リズムと身体····················396
身体の志向性と自律性············398
身体を動かすとなぜ楽しいか·······400
すべての知は身体から始まる·······402
興奮の追求と暴力の抑制···········404
レクリエーションと政治···········406
わざの習得····················408

エイジング····················410
身体管理の高度化：その陥穽と突破
······················412
集合的身体と個性的身体···········414
アスリートと衣服················416
パラアスリートの身体とイメージ
······················418

第16章　遊　び　[担当編集委員：西村秀樹]

パースペクティブとしての「遊び」
······················422
古代の遊びとカオス・コスモス・
ノモス····················424
レジャー・スポーツと消費文化····426
レジャーと現代社会···············428

身体と遊びの曖昧さ··············430
ギャンブルとスポーツの関係·······432
湯浴文化のかくされた世界·········434
権田保之助の余暇研究············436
自然への挑戦····················438

第17章　集団・組織　[担当編集委員：高橋豪仁]

スポーツ集団と組織··············442
スポーツ組織と法人格············444
角界の組織····················446
体育会系集団····················448
学校と応援組織··················450

ライフスタイルスポーツ集団·······452
アスリート集団··················454
学校運動部集団··················456
日本高等学校野球連盟············458
大学運動部とエリート············460

IF のグローバル化戦略⋯⋯⋯⋯⋯ 462
スポーツファンと応援団⋯⋯⋯⋯ 464

中学校体育連盟⋯⋯⋯⋯⋯⋯⋯⋯ 466

第18章　イベント・メガイベント　[担当編集委員：石坂友司]

スポーツ・メガイベントの隆盛⋯⋯ 470
二度目の東京オリンピック（2020-
　2021 年）とその遺産⋯⋯⋯⋯⋯⋯ 472
オリンピズムとユースオリンピック
　⋯⋯⋯⋯⋯⋯⋯⋯⋯⋯⋯⋯⋯⋯⋯ 474
メディア・イベントとしての WBC ⋯ 476
国民体育大会から国民スポーツ大会へ
　⋯⋯⋯⋯⋯⋯⋯⋯⋯⋯⋯⋯⋯⋯⋯ 478
FIFA ワールドカップと日韓大会⋯ 480

1964 年東京オリンピック⋯⋯⋯⋯ 482
日本の冬季オリンピック⋯⋯⋯⋯⋯ 484
ラグビーワールドカップと日本⋯ 486
ワールドマスターズゲームズの社会的
　意味⋯⋯⋯⋯⋯⋯⋯⋯⋯⋯⋯⋯⋯ 488
「よさこい」と「YOSAKOI」⋯⋯⋯ 490
都市型市民マラソンの誕生⋯⋯⋯⋯ 492
教育と地域との接点としての運動会
　⋯⋯⋯⋯⋯⋯⋯⋯⋯⋯⋯⋯⋯⋯⋯ 494

第19章　生涯スポーツ　[担当編集委員：北村尚浩]

スポーツ・イン・ライフ⋯⋯⋯⋯⋯ 498
ライフステージとスポーツ⋯⋯⋯⋯ 500
まちづくりとスポーツ⋯⋯⋯⋯⋯⋯ 502
スポーツ・フォー・オールと推進組織
　⋯⋯⋯⋯⋯⋯⋯⋯⋯⋯⋯⋯⋯⋯⋯ 504
QOL（生活の質）・Well-being（ウェル
　ビーイング）とスポーツ・身体活動
　⋯⋯⋯⋯⋯⋯⋯⋯⋯⋯⋯⋯⋯⋯⋯ 506

ソーシャルキャピタルとしてのスポー
　ツ⋯⋯⋯⋯⋯⋯⋯⋯⋯⋯⋯⋯⋯⋯ 508
スポーツを通じた共生社会の実現⋯ 510
スポーツと健康のダイナミズム⋯⋯ 512
生涯学習社会におけるスポーツ⋯ 514
ニュースポーツとゆるスポーツ⋯⋯ 516
ジュニア・ユース期のスポーツ環境⋯ 518
スポーツボランティア⋯⋯⋯⋯⋯⋯ 520

第20章　社会心理　[担当編集委員：山口理恵子]

スポーツにおけるリーダーシップ ⋯ 524
チームの凝集性⋯⋯⋯⋯⋯⋯⋯⋯⋯ 526
観客・ファンの影響力⋯⋯⋯⋯⋯⋯ 528
スポーツ継続と重要な他者⋯⋯⋯⋯ 530
アスリートの社会的影響力⋯⋯⋯⋯ 532

アスリートのキャリアトランジション
　⋯⋯⋯⋯⋯⋯⋯⋯⋯⋯⋯⋯⋯⋯⋯ 534
スポーツと道徳⋯⋯⋯⋯⋯⋯⋯⋯⋯ 536
競技パフォーマンスに対するステレオ
　タイプの影響⋯⋯⋯⋯⋯⋯⋯⋯⋯ 538

コーチと選手の関係 ·················· 540
アスリートからみた SNS への対応 ··· 542
メンタルヘルスのためのスポーツ ··· 544

ライフスキルとスポーツコーチング
·················· 546

第21章　社会問題・社会的逸脱　［担当編集委員：松尾哲矢］

スポーツ競技者のドーピング ······· 550
スポーツ競技者のバーンアウト ···· 552
フーリガン問題 ·················· 554
スポーツにおける BAHD 問題と感情
　調整方策 ·················· 556
スポーツ団体・組織をめぐる不正問題
　とその構造 ·················· 558
スポーツにおける八百長問題 ······· 560

スポーツと経済格差 ·················· 562
スポーツ競技者の移籍をめぐる問題：
　スポーツ労働移民 ·················· 564
エリート競技者の現役引退および競技
　スポーツからのドロップアウト
·················· 566
スポーツをめぐる労使問題 ·········· 568

第22章　スポーツインテグリティ　［担当編集委員：清水 諭］

スポーツにおける倫理 ·················· 572
ハラスメント（暴力を含む）······· 574
ドーピング ·················· 576
違法賭博・八百長行為 ·················· 578
スポーツにおけるガバナンス ······· 580

スポーツ・コンプライアンス ······· 582
スポーツにおける紛争 ·················· 584
スポーツ仲裁裁判所・日本スポーツ仲
　裁機構 ·················· 586

第23章　総論（スポーツ社会学の歴史）　［担当編集委員：菊 幸一］

体育社会学からスポーツ社会学へ：
　スポーツ社会学の成立 ············ 590
機能主義 ·················· 594
マルクス主義 ·················· 596
文化史／文化社会学 ·················· 598
歴史社会学 ·················· 600
近代化論 ·················· 602
カルチュラル・スタディーズ ······· 604

エスノメソドロジー ·················· 606
エスノグラフィー ·················· 608
フィギュレーション社会学 ·········· 610
現象学的アプローチ ·················· 612
批判理論 ·················· 614
相互作用論 ·················· 616
中範囲の理論 ·················· 618
フェミニズム ·················· 620

量的調査法………………………622	身体論／肉体論的アプローチ……632
質的調査法………………………624	スポーツ空間論…………………634
言説分析…………………………626	スポーツと公共性論……………636
生成論的アプローチ……………628	社会問題としてのスポーツ／社会構築
フロー理論………………………630	主義…………………………638

見出し語五十音索引 ……………………………………………………………… xix
参照・引用文献リスト………………………………………………………………641
事項索引……………………………………………………………………………671
人名索引……………………………………………………………………………691

見出し語五十音索引

■数字・英字

1964 年東京オリンピック　482

BAHD 問題と感情調整検策，スポーツにおける　556

DSDs, 性別確認検査と　134

e スポーツ　378

FIFA ワールドカップと日韓大会　480

IF のグローバル化戦略　462

JOC，日本体育協会と　188

marketing of sports，スポーツマーケティング②　282

marketing through sports，スポーツマーケティング①　280

QOL（生活の質）・Well-being（ウェルビーイング）とスポーツ・身体活動　506

SDGs/MDGs とスポーツ　254

SNS
　　——とスポーツ　176
　　——への対応，アスリートからみた　542

Sport for Tomorrow　240

WBC，メディア・イベントとしての　476

「YOSAKOI」，「よさこい」と　490

■あ行

アウトドアの意味，農山村住民における　362

アジアのナショナリズムとスポーツ　312

アスリート
　　——からみた SNS への対応　542
　　——キャリアと職業キャリア　270
　　——集団　454
　　——と衣服　416
　　——のキャリアトランジション　534
　　——の社会的影響力　532
　　——の労働への着目，企業スポーツという経済活動　272

遊　び
　　「——」，パースペクティブとしての　422
　　——遊びの曖昧さ，身体と　430

アダプテッド・スポーツ
　　——，学校におけるインクルーシブ教育と　224
　　——，近代スポーツと　210

アニメ化・実写化・ジェンダー，スポーツマンガにおける　172

アマチュアリズム，筋肉的キリスト教と　52

移籍をめぐる問題，スポーツ競技者の，スポーツ労働移民　564

遺伝子ドーピングが創造する身体と人間のいのち　388

衣服，アスリートと　416

違法賭博・八百長行為　578

移民とスポーツ　238

インクルーシブ教育とアダプテッド・スポーツ，学校における　224

インターセクショナリティ，スポーツと　148

運動会，教育と地域との接点としての　494

映画におけるスポーツ，文学と　158

影響力，観客・ファンの　528

英国における近代スポーツの誕生　6

エイジング　410

エコスポーツ
　　——と生活の交差点　350
　　——による地域づくり　352

エスノグラフィー　608

エスノメソドロジー　606

エビデンスベースド・スポーツの未来，センサ技術によってもたらされる　376

エリート
　　——，大学運動部と　460
　　——競技者の現役引退および競技スポーツからのドロップアウト　566

応　援
　　——組織，学校と　450
　　——団，スポーツファンと　464
　　——団とチアリーディング　38

オリンピズムとユースオリンピック　474
オリンピック
　　──，食の公共性と　356
　　──と祝賀資本主義　308
　　──と日本　16
　　──報道の特徴と意味　154
オルタナティブスポーツ　48

■か行

開発，スポーツと　234
カオス・コスモス・ノモス，古代の遊びと　424
学習指導論，体育の　100
角界の組織　446
学校
　　──運動部集団　456
　　──と応援組織　450
　　──と体育，制度としての　92
　　──におけるインクルーシブ教育とアダプ
　　　テッド・スポーツ　224
　　──部活動をめぐる政策　198
ガバナンス，スポーツにおける　580
身体を動かすとなぜ楽しいか　400
カルチュラル・スタディーズ
　　──　604
　　──，メディアスポーツと　164
観客・ファンの影響力　528
環　境
　　──インパクト，スポーツと　346
　　──を均質化する公園　358
観光と移住，サーフィンがもたらす　354
感情調整方策，スポーツにおけるBAHD問題
　　と　556

機械の競技者　386
企　業
　　──スポーツという経済活動，アスリートの
　　　労働への着目　272
　　──倫理・CSRとスポーツ：企業・実業団ス
　　　ポーツと企業におけるスポーツの役割
　　　274
起源，スポーツの　2
機能主義　594
規範とルール，スポーツにおける　34
キャリア
　　──，女性アスリートの　146

　　──トランジション，アスリートの　534
ギャンブルとスポーツの関係　432
教　育
　　──，社会的身体と　94
　　──，スポーツの価値を守り創るグローバル
　　　ムーブメントと　114
　　──機関，世界のスポーツマネジメント教育
　　　の現状と　278
　　──と地域との接点としての運動会　494
競　技
　　──者，機械の　386
　　──パフォーマンスに対するステレオタイプ
　　　の影響　538
　　──力向上政策の変遷，日本における　190
凝集性，チームの　526
共生社会の実現，スポーツを通じた　510
業績主義・能力主義／超業績主義・超能力主義，
　　メリトクラシー／ハイパー・メリトクラシー
　　96
競争を相対化させたスペシャルオリンピックス
　　216
近代化論　602
近代スポーツ
　　──とアダプテッド・スポーツ　210
　　──の誕生，英国における　6
筋肉的キリスト教とアマチュアリズム　52
筋肉としての身体　390

「暮らしなおし」の野外教育　364
クラス分け，異なる身体を平等化させるシステ
　　ムとしての　220
グローバリゼーション　248
グローバル
　　──化戦略，IFの　462
　　──化とスポーツにおける外国人労働者，ス
　　　ポーツビジネス　276
　　──ムーブメントと教育，スポーツの価値を
　　　守り創る　114

経営，プロスポーツクラブと　286
経　済
　　──格差，スポーツと　562
　　──波及効果，スポーツイベントと　266
芸術としてのスポーツ　30
現役引退および競技スポーツからのドロップア

ウト，エリート競技者の　566

健　康
　　——教育へ，養生論から　330
　　——資本投資と健康寿命　334
　　——寿命，健康資本投資と　334
　　——増進法　328
　　——な身体　324
　　——日本 21 と身体活動・運動の促進施策
　　　322
　　——のダイナミズム，スポーツと　512
　　——不安社会　340
　　——への介入，ラジオ体操　342
現象学的アプローチ　612
言説分析　626
現代社会，レジャーと　428

公共性論，スポーツと　636
興奮の追求と暴力の抑制　404
公民権運動からブラック・ライブズ・マターま
　で，レイシズムとスポーツ　300
国際機関が形成するスポーツの政治的空間
　306
国民体育大会から国民スポーツ大会へ　478
語源，スポーツの　4
個性的身体，集合的身体と　414
古代の遊びとカオス・コスモス・ノモス　424
コーチと選手の関係　540
ご当地スポーツ　86
異なる身体を平等化させるシステムとしてのク
　ラス分け　220
コミュニティ
　　——・スポーツ論　78
　　——・セクターとスポーツ　80
　　——・ビジネスとスポーツ　82
　　——文化としてのスポーツ　44
コロナ，ポストコロナの体育　112
コロニアリズム，スポータイゼーションと
　244
権田保之助の余暇研究　436

■さ行

在日外国人とスポーツ　88
サービス経済化とスポーツ　268
サーフィンがもたらす観光と移住　354

ジェンダー
　　——，スポーツマンガにおけるアニメ化・実
　　　写化　172
　　——，体育科教育と　124
　　——，体力観と　132
　　——，メディア表象にみる　126
　　——からみた生涯スポーツ　122
　　——からみたスポーツの歴史　120
志向性と自律性，身体の　398
自　然
　　——知，身体知と　306
　　——への挑戦　438
実況中継とスポーツドキュメンタリー　160
実写化・ジェンダー，スポーツマンガにおける
　アニメ化　172
質的調査法　624
指導における体罰と暴力　108
資本主義リアリズム，スポーツと，新自由主義
　から権威主義的新自由主義国家へ　314
社　会
　　——運動，スポーツと　310
　　——空間と身体：ピエール・ブルデューのス
　　　ポーツ社会学　258
　　——構築主義，社会問題としてのスポーツ
　　　638
　　——的意味，ワールドマスターズゲームズの
　　　488
　　——的影響力，アスリートの　532
　　——的身体と教育　94
　　——的性格，部活動の　116
　　——問題としてのスポーツ／社会構築主義
　　　638
ジャーナリズム，スポーツと　170
宗教，スポーツと　50
集合的身体と個性的身体　414
習得，わざの　408
重要な他者，スポーツ継続と　530
祝賀資本主義，オリンピックと　308
ジュニア・ユース期のスポーツ環境　518
生涯学習社会におけるスポーツ　514
障害者スポーツ
　　——に関する用語の変遷　206
　　——の振興とパラスポーツ　208
生涯スポーツ，ジェンダーからみた　122
障害の捉え方　212

勝者の名誉と義務／敗者の高貴と自由 36
消費文化
　　——，レジャー・スポーツと　426
　　——・スポーツツーリスト・ホスピタリティ，
　　スポーツと　288
諸外国のスポーツ政策の動向 202
職　業
　　——，体育教師という　104
　　——キャリア，アスリートキャリアと　270
食の公共性とオリンピック　356
女　性
　　——アスリートのキャリア　146
　　——スポーツ政策　130
人権とスポーツの歴史 24
「人種」，メディアスポーツと 162
新自由主義から権威主義的新自由主義国家へ，
　　スポーツと資本主義リアリズム　314
身　体
　　——，筋肉としての　390
　　——，健康な　324
　　——，社会空間と，ピエール・ブルデューの
　　スポーツ社会学　258
　　——，リズムと　396
　　——活動・運動の促進施策，健康日本 21 と
　　322
　　——から始まる，すべての知は　402
　　——感覚，パラスポーツの　230
　　——管理の高度化：その陥穽と突破　412
　　——知と自然知　360
　　——と遊びの曖昧さ　430
　　——とイメージ，パラアスリートの　418
　　——と人間のいのち，遺伝子ドーピングが創
　　造する　388
　　——の志向性と自律性　398
　　——論／肉体論的アプローチ　632
新聞・ラジオにおけるスポーツ情報の歴史
　　152

推進組織，スポーツ・フォー・オールと　504
ステレオタイプの影響，競技パフォーマンスに
　　対する　538
スペシャルオリンピックス，競争を相対化させ
　　た　216
すべての知は身体から始まる　402
スポータイゼーションとコロニアリズム　244

スポーツ
　　——GDP，スポーツサテライト勘定と　264
　　——イベントと経済波及効果　266
　　——・イン・ライフ　498
　　——開発，生活論から見える　348
　　——環境，ジュニア・ユース期の　518
　　——基本法の制定　184
　　——競技者の移籍をめぐる問題：スポーツ労
　　働移民　564
　　——競技者のドーピング　550
　　——競技者のバーンアウト　552
　　——空間論　634
　　——くじ・スポーツベッティング　290
　　——継続と重要な他者　530
　　——コーチング，ライフスキルと　546
　　——・コンプライアンス　582
　　——サテライト勘定とスポーツ GDP　264
　　——産業と政策　284
　　——産業とはどのような産業なのか　262
　　——集団と組織　442
　　——集団とホモソーシャル　144
　　——情報の歴史，新聞・ラジオにおける　152
　　——振興基本計画と総合型地域スポーツクラ
　　ブの展開　182
　　——振興とパラスポーツ，地域における
　　226
　　——振興法制下のスポーツ政策の展開　180
　　——・身体活動，QOL（生活の質）・Well-
　　being（ウェルビーイング）と　506
　　——推進体制，日本における　186
　　——政策の動向，諸外国の　202
　　——組織と法人格　444
　　——団体・組織をめぐる不正問題とその構造
　　558
　　——仲裁裁判所・日本スポーツ仲裁機構
　　586
　　——ツーリスト・ホスピタリティ，スポーツ
　　と消費文化　288
　　——とインターセクショナリティ　148
　　——と開発　234
　　——と環境インパクト　346
　　——ドキュメンタリー，実況中継と　160
　　——と経済格差　562
　　——と健康のダイナミズム　512
　　——と公共性論　636

——と資本主義リアリズム：新自由主義から
権威主義的新自由主義国家へ　314
——と社会運動　310
——とジャーナリズム　170
——と宗教　50
——と消費文化・スポーツツーリスト・ホス
ピタリティ　288
——とセクシュアリティ　128
——と地方創生　196
——と統計のテクノロジー　374
——と道徳　536
——スポーツと働き方改革　110
——と平和　256
——における BAHD 問題と感情調整方策
556
——におけるガバナンス　580
——における規範とルール　34
——における紛争　584
——における八百長問題　560
——におけるリーダーシップ　524
——における倫理　572
——の価値を守り創るグローバルムーブメン
トと教育　114
——の関係，ギャンブルと　432
——の起源　2
——の語源　4
——の政治的空間の形成，日本における
200
——の美学　56
——の美的体験とテクノロジー　382
——の歴史，ジェンダーからみた　120
——の歴史，人権と　24
——パーソンシップとフェアプレイ　32
——ビジネス，グローバル化とスポーツにお
ける外国人労働者　276
——ファンと応援団　464
——・フォー・オールと推進組織　504
——文化批判　46
——ベッティング，スポーツくじ　290
——ボランティア　520
——ボランティア，パラスポーツと　222
——マーケティング①：marketing through
sports　280
——マーケティング②：marketing of sports
282

——マンガにおけるアニメ化・実写化・ジェ
ンダー　172
——・メガイベントの隆盛　470
——リスク論　336
——を通じた共生社会の実現　510
——をめぐる労使問題　568

生　活
——の交差点，エコ・スポーツと　350
——論から見えるスポーツ開発　348
生権力と統治性　318
政　策
——，学校部活動をめぐる　198
——，スポーツ産業と　284
政　治
——，レクリエーションと　406
——的空間，国際機関が形成するスポーツの
306
——的にボイコットされるスポーツ　304
生成論的アプローチ　628
制　度
——，地域スポーツを支える　194
——としての学校と体育　92
性別確認検査と DSDs　134
性暴力，セクシュアルハラスメントと　138
世　界
——のスポーツマネジメント教育の現状と教
育機関　278
——への伝播　8
セクシュアリティ，スポーツと　128
セクシュアルハラスメントと性暴力　138
センサ技術によってもたらされるエビデンス
ベースド・スポーツの未来　376
選手の関係，コーチと　540

総合型地域スポーツクラブの展開，スポーツ振
興基本計画と　182
相互作用論　616
「想像の共同体」とスポーツ　294
組　織
——，角界の　446
——，スポーツ集団と　442
ソーシャルインクルージョン（社会的包摂），ダ
イバーシティ（多様性）と　246
ソーシャルキャピタルとしてのスポーツ　508

■た行

体育
 ──，コロナ，ポストコロナの 112
 ──，制度としての学校と 92
 ──会系集団 448
 ──科教育とジェンダー 124
 ──教師という職業 104
 ──社会学からスポーツ社会学へ：スポーツ
  社会学の成立 590
 ──・スポーツ，地域と家庭の 106
 ──と保健の概念 98
 ──の学習指導論 100
大学運動部とエリート 460
「第三世界」とスポーツ 302
ダイバーシティ（多様性）とソーシャルインク
 ルージョン（社会的包摂）246
体罰と暴力，指導における 108
体 力 326
 ──観とジェンダー 132
「楽しい体育論」102
段級制度 42
誕生と変容，メディアスポーツヒーローの
 174

チアリーディング，応援団と 38
地 域
 ──アイデンティティとスポーツ 64
 ──教育力とスポーツ 70
 ──行政とスポーツ 74
 ──貢献とスポーツ 66
 ──人材とスポーツ 72
 ──スポーツ政策の変遷，日本における
  192
 ──スポーツを支える制度 194
 ──づくり，エコ・スポーツによる 352
 ──と家庭の体育・スポーツ 106
 ──におけるスポーツ振興とパラスポーツ
  226
 ──包括ケアとスポーツ 76
 ──連携とスポーツ 68
地方創生，スポーツと 196
チームの凝集性 526
中学校体育連盟 466
中範囲の理論 618

超業績主義・超能力主義，業績主義・能力主義，
 メリトクラシー／ハイパー・メリトクラシー
 96

帝国主義と日本の武道 18
帝国日本のスポーツ 20
テクノロジー
 ──，スポーツと統計の 374
 ──，スポーツの美的体験と 382
 ──，ドーピングをめぐる 384
 ──，パラスポーツと 368
 ──と伝統 372
 ──の協働，走る身体と 380
伝 統
 ──，テクノロジーと 372
 ──スポーツ 54
 ──の発明 12
伝 播
 ──，世界への 8
 ──と変容，米国への 10

冬季オリンピック，日本の 484
統計のテクノロジー，スポーツと 374
統治性，生権力と 318
道徳，スポーツと 536
都市型市民マラソンの誕生 492
ドーピング 576
 ──，スポーツ競技者の 550
 ──をめぐるテクノロジー 384
トランスジェンダー 142
ドロップアウト，エリート競技者の現役引退お
 よび競技スポーツからの 566

■な行

ナショナリズムとスポーツ，アジアの 312
ナラティヴ，メディアスポーツと物語 168
軟式球技 40

日韓大会，FIFA ワールドカップと 480
二度目の東京オリンピック（2020-2021 年）と
 その遺産 472
日 本
 ──，オリンピックと 16
 ──，ラグビーワールドカップと 486
 ──高等学校野球連盟 458

——スポーツ仲裁機構，スポーツ仲裁裁判所 586
——体育協会と JOC 188
——における競技力向上政策の変遷 190
——におけるスポーツ推進体制 186
——におけるスポーツの政治的空間の形成 200
——における地域スポーツ政策の変遷 192
——の冬季オリンピック 484
——の武道，帝国主義と 18
ニュースポーツとゆるスポーツ 516

農山村住民におけるアウトドアの意味 362

■は行

敗者の高貴と自由，勝者の名誉と義務 36
白人至上主義とスポーツ 236
箱根駅伝とメディア 156
走る身体とテクノロジーの協働 380
パースペクティブとしての「遊び」 422
働き方改革，スポーツと 110
発明，伝統の 12
パラアスリートの身体とイメージ 418
パラスポーツ
——，障害者スポーツの振興と 208
——，地域におけるスポーツ振興と 226
——，メディアの中の 228
——とスポーツボランティア 222
——とテクノロジー 368
——の身体感覚 230
ハラスメント（暴力を含む） 574
パラリンピック，もう一つのオリンピックとしての 214
バーンアウト，スポーツ競技者の 552
判定テクノロジーが変容するスポーツ 392

ピエール・ブルデューのスポーツ社会学，社会空間と身体 258
美学，スポーツの 56
ビッグデータとスポーツ 370
美的体験とテクノロジー，スポーツの 382
批判理論 614

ファシズムとスポーツ 296
フィギュレーション社会学 610

フィットネスとヨガ 140
フェアプレイ，スポーツパーソンシップと 32
フェミニズム 620
部活動の社会的性格 116
武士道とスポーツ 58
不正問題とその構造，スポーツ団体・組織をめぐる 558
フーリガン問題 554
プロスポーツクラブと経営 286
フロー理論 630
文学と映画におけるスポーツ 158
文 化
——実践としてのスポーツ 60
——史／文化社会学 598
——帝国主義とスポーツ 250
紛争，スポーツにおける 584
文明化の過程とスポーツ 14

米国への伝播と変容 10
平和，スポーツと 256
ヘルスツーリズムとは何か 332

法人格，スポーツ組織と 444
暴 力
——，指導における体罰と 108
——の抑制，興奮の追求と 404
——を含む，ハラスメント 574
保健の概念，体育と 98
ホストタウンとスポーツ 84
ホスピタリティ，スポーツと消費文化・スポーツツーリスト 288
ホモソーシャル，スポーツ集団と 144

■ま行

マスキュリニティ 136
まちづくりとスポーツ 502
マルクス主義 596

メガスポーツイベントとメディア 166
メディア
——，箱根駅伝と 156
——，メガスポーツイベントと 166
——・イベントとしての WBC 476
——スポーツとカルチュラル・スタディーズ 164

——スポーツと「人種」 162
——スポーツと物語（ナラティヴ） 168
——スポーツヒーローの誕生と変容 174
——の中のパラスポーツ 228
——表象にみるジェンダー 126
メリトクラシー／ハイパー・メリトクラシー：
業績主義・能力主義／超業績主義・超能力主
義 96
メンタルヘルスのためのスポーツ 544

もう一つのオリンピックとしてのパラリンピッ
ク 214
もう一つの世界をもつスポーツ 218
物語
——（ナラティヴ），メディアスポーツと
168
——としてのスポーツ 28

■や行

八百長
——行為，違法賭博 578
——問題，スポーツにおける 560
野外教育，「暮らしなおし」の 364

湯浴文化のかくされた世界 434
優生学 320
ユースオリンピック，オリンピズムと 474
ゆるスポーツ，ニュースポーツと 516

用語の変遷，障害者スポーツに関する 206
養生論から健康教育へ 330
ヨガ，フィットネスと 140
余暇研究，権田保之助の 436
「よさこい」と「YOSAKOI」 490

■ら行

ライフ

——スキルとスポーツコーチング 546
——スタイルスポーツ集団 452
——ステージとスポーツ 500
ラグビーワールドカップと日本 486
ラジオ体操：健康への介入 342

リズムと身体 396
リーダーシップ，スポーツにおける 524
量的調査法 622
倫理，スポーツにおける 572

レイシズムとスポーツ：公民権運動からブラッ
ク・ライブズ・マターまで 300
冷戦とスポーツ 22
歴史
——，ジェンダーからみたスポーツの 120
——，人権とスポーツの 24
——，新聞・ラジオにおけるスポーツ情報の
152
——社会学 600
レクリエーション
——とスポーツ 338
——と政治 406
レジャー
——・スポーツと消費文化 426
——と現代社会 428

労使問題，スポーツをめぐる 568
労働者スポーツ運動 298
ローカル
——アイデンティティとスポーツ 242
——／グローカルなスポーツ 252

■わ行

わざの習得 408
ワールドマスターズゲームズの社会的意味
488

第1章

歴 史

[担当編集委員：坂上康博・浜田幸絵]

スポーツの起源

　スポーツの起源はスポーツの概念規定次第で姿を変える．例えば常識的な意味のスポーツつまりオリンピックやワールドカップで見聞きし，学校の部活動で体験するようなスポーツは国際オリンピック委員会（IOC）とその傘下の国際競技連盟（IF）が展開する国際競技スポーツであり，その起源ならば 1894 年の IOC 結成に，またその母体ならば 19 世紀後半にイングランドでつくられたいわゆる近代スポーツに求められよう．この近代スポーツは運動競技に初めて心身陶冶価値を認め，またその全体をアマチュアリズムの倫理で蔽った人類史上稀有なスポーツ文化であった．おまけに，当時世界の陸地の 4 分の 1 を植民地にした大英帝国を支える「男らしさ」の醸成機能も期待されていた．IOC は換骨奪胎的に，つまり植民地支配イデオロギーだけを消去して代わりにどの国も受け入れ可能な国際平和理念を据え付け，これを補強するのにエケケイリア（神の休戦）を孕む古代オリンピックの復活と唱えてイングランド色を薄める戦略を取ったもので，その他はそのまま継承されたことが確認されている．

●**残存既存**　スポーツをこのように「近代・国際競技スポーツ」と理解するのは今日ではグローバルに了解されているが，英語を母国語とする人達の間では別のスポーツ理解も行われる．sport は祖語と想定される俗ラテン語の dēportāre 以来一貫して保持した原義が「遊ぶ」「遊び」であり，そして上掲した近代スポーツ（心身陶冶機能を認められた真面目ごとの運動競技）も 19 世紀後半にそうなるまでは「ただのお遊び」と理解されるのが普通であった．同じ sport の語で表示される飲酒・観劇・セックス・さらし者見物などとまったく同じ次元の「楽しみごと」であったのだ．西洋にはプラトン以来長い遊戯論の知的伝統があり，アカデミックな接近がさまざまに試みられて大きい蓄積を持っていたが，「起源」を問うのもその中に含まれていた．分けても影響力が大であったのは，人類学者タイラー（Tylor, E. B.）が『原始文化』（1871）で唱えた「遊びの残存（sportive survival）」起源説である．文化は初め社会にとって有用な機能を果たしていたが，時間の経過とともに盲腸のようなもはや無用の存在と化して生き残る．「遊び」もその一つであり，今の子どもや大人がする遊びも，かつては生業活動や宗教や戦争といった社会に不可欠な「真面目（serious）」ごとの一部であったという．タイラーの残存起源説は人気が高く，体育学やスポーツ科学の世界でも永らく遊びや運動競技のルーツを説明するのに広く受け入れられた．

　もちろん，残存起源説には発表当初から反論が寄せられていた．タイラーはい

わゆる現住未開人の社会にも［遊び］が知られることは認めつつ，これを「真面目ごと」の模倣と解したのに対し，ドイツのグロース（Groos, K.）は子どもの玩具を大人が儀礼具として利用した例を挙げて「遊びから儀礼へ，そして再び遊びへ」という，いわば昇降説を提唱する．だが，この昇降説には難点があった．「遊びから儀礼へ」の上昇過程を歴史的に再構成するのは大いに困難であったからである．逆に，「儀礼（また真面目ごと）から遊びへ」という下降過程ならば史料的にも，また民族学的フィールドワークによっても確かめるのは容易であった．タイラーの発表以後，鬼ごっこや盤上遊戯や棒術など具体的な個々の遊びや競技を過去社会や現住未開人社会の「真面目な営み」の中に発見する研究が世界各地で熱心に進められた．

　他方，タイラーと反対の説を唱える研究者が現れた．「近代スポーツは遊びの真面目変身である」とおそらく最初に気づいて，独自の遊戯論を展開したオランダの文化史家ホイジンガ（Huizinga, J.）（『ホモ・ルーデンス』1938）である．彼は「遊び」の質を競争と表現に求め，この要素が法律，戦争，知識，詩，哲学，芸術，政治，宗教，近代スポーツなど文化の諸領域に共有されることを古今東西の膨大な史料と民族誌によって突き止め，そこから，文化は初め「遊ばれた」という結論を導き出す．もちろん，ホイジンガのいう「文化に先立つ遊び」は合理的に証明済みと言うのではない．イェンゼン（Jensen, A. 1942）が指摘したように問題は，この「文化に先立つ遊び」は（ケレーニーの祝祭〔Fest〕やフロベニウスの衝撃〔Ergriffenheit〕と同様）他からの基礎づけを必要としない形而上的な即自的概念として提出されていたからである．

●人はなぜ遊べるのか　これに対しベイトソン（Bateson, G. 1972）が唱える「メタ・コミュニケーション」説は理解がしやすい．彼は「遊びとは何か」でなく「人はなぜ遊べるか」と問い，その起源を人でなく動物に求める．動物園の猿山の若いサルどうしがじゃれ合う．このじゃれ合いを，真剣な（真面目な）ケンカから区別するのは「これは本物の噛みつきでなく甘噛みです」という互いの了解（これを彼はメタ・コミュニケーションと呼ぶ）が取られるためであり，この了解が保たれる間は「遊び」が成立するが，激昂した一方の「本噛み」によってケンカに化す．彼はメタ・コミュニケーションによって遊びの発生を進化上に位置づけ，遊びが人間に固有な行動ではないと主張する．運動競技を現出させるルール，それにそもそもその前提である「これは他ならぬ競い合いのスポーツです」の了解もメタ・コミュニケーションの表出として説明可能である．とても魅力的ながら，しかしスポーツ起源論はまだまだ発展途上にある．　　　　［寒川恒夫］

📖さらに詳しく知るための文献
ホイジンガ，J. 著，高橋英夫訳 1973．『ホモ・ルーデンス』中公文庫．
ベイトソン，G. 著，佐藤良明訳 2000．『精神の生態学』新思索社．

スポーツの語源

　スポーツの語源には，ラテン語 dēportāre（デポルターレ），古フランス語 desporter（デスポルテ）など，複数の説がある．sport という語が初めて英語の文献に現れたのは 14 世紀であった．中世から近世にかけて，スポーツの語義は主に「気晴らし，楽しみ」であったが，18 世紀頃から特にジェントルマンの娯楽を意味するようになった．

●**スポーツの語源**　日本やドイツでは，ラテン語 dēportāre を語源とする説が，流布する．しかし多くの英語学者は，古フランス語 desporter を語源とみる．世界最大の英語辞典『オックスフォード英語大辞典』も，この説を採る．これによれば，desporter は古フランス語 porter に接頭辞 des- を添付した派生語であり，この語の語根 porter が「運ぶ」を意味するラテン語 portāre に由来する，とみる．

　ラテン語 dēportāre の意味が「気晴らし，楽しみ」であったとする説がある．しかしこの説が流布するのは，日本だけである．そもそも dēportāre は，動詞 dē-portō を名詞として扱う際に現れる語形変化（不定法）である．dēportō は「運ぶ，持ち帰る」を意味する動詞であるから，その不定法 dēportāre の意味は「運ぶこと，持ち帰ること」である．ここに「気晴らし，楽しみ」の意味はない．

　書記言語ではなく，口語として発達した俗ラテン語において「楽しみ」の意味を持つ，とする説もある．この説は，俗ラテン語から派生した初期のロマンス語つまりカタロニア語やフランス語などにおいて，相似する語形（deport）と語義（楽しみ）を持つ複数の語がある事実を説明するのに，整合的である．

●**古フランス語およびアングロノルマン語**　後に sport が派生したことを確実に文証できる最も早期の語は，古フランス語 deport(er) である．初例は『エネアス』『テーベ物語』などの 12 世紀半ばの作品に認められる．語義は「楽しみ，喜び」であった．古フランス語の deport(er) は，さらにアングロノルマン語を経て，英語に移入したとする説もある．アングロノルマン語とは中世イングランドで独自に形成されたフランス語の一種であり，英語との接触機会が大陸の言語よりも多かったことから，この説には一定の蓋然性がある．

●**初期の英語におけるスポーツとその語義**　sport の英語への借入は 14 世紀である．ただし初期の語形は disport であった．『罪を論ず』『カンタベリ物語』などの中英語の作品に多くの用例がある．頭音を消失した sport は 15 世紀に現れた．disport は 1600 年頃から後退し，かわりに sport が優勢になって現在に至る．

　中世から近世にかけて，disport/sport の主たる語義は，一貫して「楽しみ，喜び，慰み」であった．当時の人々にとって「スポーツ」とは，特定の行為や活動

を表す語ではなく，歌や踊り，賭け事，女遊び，芝居など，ほとんどあらゆる楽しみや娯楽を包摂する，輪郭の曖昧な語であった．このような曖昧さは，現在でもスポーツの語義の外延が定まらないことに繋がっている．disport/sport はまた，もっぱら大人の気晴らしを表すために用いられた．この点は，あそびを意味する多くの国の本来語（英語 play，フランス語 jeu，ドイツ語 Spiel，日本語あそびなど）が，幼い子どものあそびにも使われたことと比べると，異質である．

●**スポーツの概念の展開**　18 世紀頃から，sport は「気晴らし」の他に，ジェントルマンが愛好する「狩猟，釣魚，野鳥狩り」の意を加えた．これは sport の概念史上，重要な画期であった．sport は多様な「気晴らし」を包摂する上位概念でありながらも，一部の特権的なあそびを，ほかならぬ「スポーツ」と名指すことによってより「威信」の高い活動に定位できるようになったからである．たった一語によって階級の優越意識を表現できるあそびの概念は，他の言語にないものであった．

　19 世紀中葉以降，クリケット，漕艇，ヨット，登山なども，ただの「気晴らし」から，より「威信」の高い「スポーツ」へと格上げされた．これは，パブリックスクールやオクスブリッジでクリケットや漕艇などに親しんだ中流階級が台頭したことや，産業社会に適合的な新しい余暇の過ごし方が求められたことと関係している．20 世紀に入ると世界各国で西洋の教育制度の導入が進んで，スポーツが身体教育の重要な一部を担うようになり，また勝敗を競うチャンピオンシップが国際的に広がったことによって，スポーツはとりわけ「身体」と「競争」を強調する概念へと転化した．第 2 次世界大戦後，先進諸国でスポーツが大衆化し，人々の健康への関心も高まったことなどから，スポーツはジョギングのような気軽に参加できる「非競争的な身体活動」も包摂する概念へとさらに展開した．

●**スポーツの訳語**　英語 sport は 19 世紀に日本へも伝わった．当時の日本語には sport に相応する語がなく，sport はたいてい「遊戯」の範疇で捉えられた．最古の英和辞典『諳厄利亜語林大成』は，sport に「消暇，ナグサミ」の訳語を与えた．1874 年に海軍兵学寮で行われた athletic sports は，漢語で「競闘遊戯」と，和語で「きそひあそび」と訳された．洋式スポーツの普及に伴い，明治末頃から sport の原音をカタカナで表記する例が増えた．「スポルト」「スポオト」「スポート」の早い用例が，森林太郎（森鴎外）・大村西崖『審美綱領』（1899），押川春浪『海底軍艦』（1900），下田次郎『西洋教育事情』（1906），上田敏『現代之芸術』（1917）などに見出せる．国語辞典でも見出し語にスポーツが採録され，山田美妙編『大辞典』（1912）では「遊戯」，日本青年社編『新時代語辞典』では「運動競技」の語釈が充てられた．　　　　　　　　　　　　　　　　　　　　［中房敏朗］

📖**さらに詳しく知るための文献**

中房敏朗ほか 2019．スポーツ（sport）の語源および語史を再検討する．大阪体育大学紀要 50：53-87.

英国における近代スポーツの誕生

　「近代スポーツ」という概念は，グットマンにより定式化された（Guttmann, A. 1978）．それは「近代スポーツ」を，「前近代スポーツ」ないしは「伝統スポーツ」と異質のものとして二分法的に対置するものである．しかし，両者は社会学的な「理念型」であって，その構成諸要素を満たす「近代スポーツ」という実体が，歴史上のどこかの時点で一様に現れた訳ではない．

　「近代スポーツの誕生」を歴史のどの時点に置くかは，それぞれの論者が何をもって近代と前近代とを分かつ本質的な点と考えるかによって異なる．例えばグットマンは，近代スポーツは科学革命と啓蒙主義によって，経験論的・実験主義的・数学的な「世界観」が登場した結果，漸進的に成立したものだと考えているので，その発端は 17 世紀後半にあるとする．一方，多木浩二（1995）は，エリアス（Elias, N.）の所論に依拠しながら，近代スポーツを英国における議会制度の発達と同質の現象と捉え，これを「競争の非暴力モデル」と見て，その起点を 18 世紀に置いている．しかし，サッカーや野球など，近代スポーツのほとんどが現代に直接つながるルールや組織を整えるのは 19 世紀後半のことなので，このような理解は近代スポーツの歴史的実体と齟齬がある．

●近代スポーツは英国で誕生したか　コリンズ（Collins, T. 2013）は，近代スポーツの始まりを 18 世紀後半頃に置く．それまで，村の祭りなどで行われていた競技が，商業革命下の英国で，都市，とりわけロンドンに持ち込まれ，賭けを伴った大規模な興行となる例がでてくるのである．競馬，クリケット，ボクシング，長距離徒歩競走，漕艇などがその代表であった．活字メディアやスポーツ・プロモーターなども登場した．クラブは，個々のスポーツの統括機関的な役割も果たし，ルールを成文化したが，その主たる目的は「公正な賭け」の履行にあった．また，競馬やクリケットでは，詳細な記録が残されるようになった．

　しかし，近代スポーツの本質を商業化と，それに伴うルール化・組織化に見るなら，その起源は英国以前に遡りうる．ベーリンガー（Behringer, W. 2012）は，近代スポーツの萌芽をヨーロッパ大陸の近世に見る．ルール成文化，スポーツ専用施設，スポーツ用具のヨーロッパ規模での流通，プロの選手，コーチ，役員の登場などは，すでに 1450 年頃から始まっていた．ベーリンガーは，「近代スポーツの形成期」をルネサンスの 15 世紀以降に置き，続く 16 世紀後半には，「軍事的な戦闘訓練」とも「季節の祝祭」とも違う「スポーツのためのスポーツ」が次第に増加するとし，これを娯楽の「スポーツ化（Sportifzeirung；sportification）」と呼んでいる．

●**近代スポーツの精神**　近年のスポーツの大規模ビジネス化を念頭に置きながら，スポーツの商業化の淵源を探ると，ルネサンス期にまで遡れてしまう．しかしそこでは，近代スポーツに特有の「精神」は問題にされていない．西山哲郎は，ウェーバーを応用して，いわば「近代スポーツの精神」の出所について論じている（西山 2006）．この観点を重視するなら，やはり近代スポーツは，ヴィクトリア時代（1837〜1901）の英国で誕生したと考えるべきであろう．道徳改良主義的な圧力により，スポーツから享楽的・祝祭的側面が排除されたからである．

　英国における近代スポーツの誕生を，工業化によるミドルクラスの台頭から，パブリックスクール改革を経て，アスレティシズムへ，といった流れで説明する歴史観は，いまでは古びた感があるが，歴史的事実には符合する．1863 年のサッカー協会（FA）を嚆矢として，20 世紀初めまでの間に，現代に直接つながる各スポーツの統括団体が次々につくられ，ルールが統一・成文化されたのは，この時だからである．このような自発的結社としての協会をつくったのは，19 世紀後半以降にパブリックスクールから量産された，アマチュアリズムを奉じる「標準ジェントルマン」たちであった．「近代スポーツの誕生」を，その「精神」を軸に書く試みは，マンガン（Mangan, J. A. 1981）以降，意外になされていない．

●**スポーツ史の複数性**　ヴァンプルー（Vamplew, W. 2021）は近著『スポーツの歴史』で，歴史のどこかの時点に近代スポーツの明確な出発点を置いたり，近代スポーツと前近代スポーツとのあいだに截然と区分線を引くことを意識的に避けているようにみえる．同書では，全体的な通史にはわずかな紙幅しか割かれておらず，個別の競技史やテーマ史に，はるかに多くのスペースが割かれている．グルノー（Gruneau, R. 2017）は，そもそも「スポーツ」という概念自体が近代的であり，「前近代」の多様な身体実践を選択的に拾い集めて「スポーツ史」という全体へと編むことを批判しているが，ヴァンプルーの方法は，こうした近年の「スポーツの歴史の複数性（個別性）」をめぐる議論を意識したものと思われる．

●**スポーツの「近代化」**　ここまでに紹介した諸論は，いずれも近代スポーツのある一面を言い当てており，「スポーツの近代化過程」と言い換えれば，それぞれを歴史の上に整合的に配置することはできる．しかし，ボーセイ（Borsay, P.）が指摘するように，「○○化（〜zation）」は，規模の違いはあれ歴史上に偏在しており，現在でも進行している（Borsay 2006）．そうなると，「近代」「前近代」といった区分自体が不明瞭となり，歴史が時代区分を伴わない平板な連続体となってしまう．

　いずれにせよ，「近代スポーツの誕生」を歴史的に問うことは，「スポーツとは何か」，「近代とは何か」を問うことと不可分であると言えよう．　　　　［石井昌幸］

📖**さらに詳しく知るための文献**
ベーリンガー，W. 著，髙木葉子訳 2019.『スポーツの文化史』法政大学出版局．
ヴァンプルー，V. 著，角 敦子訳 2022.『スポーツの歴史』原書房．

世界への伝播

　スポーツの世界への伝播は，覇権を競う西洋列強の帝国主義的拡張に伴って進行した．この伝播の過程は，一方でスポーツの「近代化」や国際競技連盟（IF）の創設など，スポーツ界の自律的な動きによっても規定されていた．

●**スポーツの伝播過程**　19世紀以降のスポーツの地理的拡大は，他の時代を圧倒する規模と速度で展開した．その背景には大英帝国の覇権とそれに続く米国の対外進出があり，人・物・資本の大規模な移動を可能にした交通・通信網の急速な発達などがあった．スポーツの普及と発展はまず，ベルギー，オランダ，フランス，カナダ，オーストラリアなど，米英との間で人的交流が活発であった西洋諸国から進行し，その後ロシア，イタリア，日本など，後進の工業諸国が続いた．一方，インド，南アフリカ，南洋諸島，西インド諸島など，英国が支配した植民地では，スポーツは帝国の政治的文脈の中で展開した．スペインに代わり米国が軍事占領したキューバ，グアム，フィリピンなどにもスポーツは広がり，YMCAのネットワークを通じて企てられたさまざまなスポーツ活動が，アジア諸国に足跡を残した．

●**伝播の歴史的前提**　19世紀末までにスポーツがすでに「近代化」していたことは，スポーツが伝播する上で奏功した．農村社会に適合した伝統的な遊びや娯楽と違って，近代スポーツは第1に学校のような閉じた空間と時間秩序の中でも楽しめる身体文化になっていた．第2に男性的身体と信仰心の向上を理想とする「筋肉的キリスト教」のイデオロギーや，フェアプレイなどの倫理規範によって支えられた教育文化になっていた．第3に産業化した都市生活に適合的な新しい余暇文化（「合理的娯楽」）という性格もあわせ持っていた．これらの文化的特質は，近代国家の社会構造や教育制度にとって好都合であり，他国の在来の遊びには欠いた特質であった．「文明化」の使徒を任じる白人が（後述するクーベルタンも）他の国々でスポーツの文化的優位性を誇示し，土着の遊びや娯楽に替えてスポーツを奨励する行為を正当化できたのは，そのためである．ただし男性性の強調は，どこの国や地域でもスポーツの女性への普及を遅らせる要因になった．

●**伝播過程の政治的文脈**　スポーツの伝播は帝国主義・植民地主義と深く関わりながら展開した．植民地に在留する英国人にとって，スポーツは自らのアイデンティティを強化し，社交のネットワークを広げ，帝国の「文化的な絆」を再確認する機会になった．一方，現地人に対しては，道徳的価値を教え，性や暴力の衝動を抑え込み，ひいては植民地経営を安定化させる「文明化の道具」として，ス

ポーツを大いに利用した．それにひきかえアフリカの在留フランス人は，一般に
現地人をスポーツから遠ざけるか，現地人と一緒にプレイすることを拒んだ．し
かしクーベルタン（Coubertin, P. de）はフランス人でありながらも，現地人をス
ポーツに巻き込むべきだと主張した．「白人に対する積年の恨みや嫉妬」をス
ポーツで「なだめ」られると考えたからである．彼はまた「時代遅れ」の遊びで
はなくスポーツを通じたオリンピック運動がアフリカでも広がることを望んだ
が，その運営は当面西欧人に委ねられるべきだと考えていた．

このような側面を捉えて，スポーツの世界化を「文化帝国主義」とみる立場が
ある．確かにスポーツの伝播には文化侵略的な面があったことは否定できない．
だからといって，これを「弱者」が「強者」に唯々諾々と呑み込まれる過程とみ
ることは正確ではない．また文化帝国主義は，非西洋諸国の伝統文化を静的で純
粋なものにロマン化する視線を孕んでもいた．それに対して，グットマン
（Guttmann, A.）は「文化ヘゲモニー」の概念を援用しながら，支配された側の主
体性や異文化間の交互作用の多様性に着目した．すなわち彼は非西洋諸国におい
てスポーツが植民地支配に抵抗する役割を果たした例や，スポーツクラブが民族
解放の拠点を提供した例，支配-従属の関係をスポーツによって逆転させた例，ス
ポーツをほとんど受容しなかった例などがあったことを強調し，スポーツの伝播
の過程が単なる一方向的な図式では捉えきれないことを示したのである．

●「世界化」のアクター　スポーツの国際的な普及に伴い，20世紀前半に多くの
IFが生まれた．それを主導したのはフランスの全国スポーツ委員会（NSC）で
あった．NSCは「あらゆるスポーツで世界選手権を組織する」ことを目的に掲げ
た．それは各スポーツに一つの権限をもつIFを「フランスで管理」することを含
意した．NSCは国際スポーツ界を自らの手で組織化することにより，フランス
が偉大な国家であることを証明しようとし，さらにアングロサクソンの勢力を削
ぎ，隣国ドイツを牽制しようと企てたのである．フランス政府もNSCを公益法
人として認可し，その活動を支えた．オリンピックもフランス人の手で生まれた
が，世界主義を標榜していたこともあり，当初から地球全体をカバーする大会が
目指された．ところで競技関係者が多かったNSCは，貴族的な国際オリンピッ
ク委員会（IOC）と違い，プロに門戸を開いていた．その結果20世紀の国際ス
ポーツ界は，プロを認めるIFとアマチュアを支持するIOCとが拮抗して展開し
たが，それはフランス国内の勢力争いでもあった．IFとIOCの中枢部における
フランスの影響力は1930年代から低下したが，両者に基づく国際構造が，スポー
ツの「世界化」の複雑な過程を規定した一要因でもあったのである．　［中房敏朗］

📖さらに詳しく知るための文献
Grosset, Y. & Attali, M. 2008. The French National Olympic and Sports Committee. *Olympika*, 17: 133-152.

米国への伝播と変容

　英国で誕生した近代スポーツの一つであるラグビーは，米国に伝播した後大きく形を変え，アメリカンフットボールという新たなスポーツへと生まれ変わった．アメリカンフットボールの事例は，同じ英語圏への伝播であっても，スポーツがそれを担う人々の気質や精神，それを育む生活の基盤すなわち社会によって大きく異なった形のものに変化したことを示している．この興味深いスポーツの変容の過程をリースマンとデニー（Riesman, D. & Denny, R. 1951 = 1970）や川口智久（1977）の研究をふまえながら追跡してみよう．

●ラグビーからの離脱　英国でラグビー連盟が設立されたのは1871年である．その3年後，1874年にラグビー規則を採用していたカナダのマギル大学がハーバード大学と対戦し，その翌年には，ハーバード大学とイェール大学のラグビー規則での対戦が実現した．こうして1876年には，ラグビーに面白さを見出した5大学の学生たちによって米国大学フットボール協会が設立される．

　しかし，対校戦が本格化し始めるや否や米国の学生たちは，ラグビー規則への不満を募らせ，改正を加え始める．特に問題となったのは，密集状態のスクラムからボールを前方に蹴り出さなければならないこと，つまり後方に意図的に送り出し，それを拾い上げることが禁じられていることであった．そこで彼らは，手でボールを後方に送り出すこと（スナップバック）を1880年に合法化し，これによってスクラムをお互いに組み合うことがない対面するライン形式のスクリミッジへと変化させた．この変更によって，時間を区切って攻撃が開始されるようになるとともに，ボールを手で持って運ぶキャリイングゲームへ完全に移行した．これにより流動的で連続的なラグビーのゲーム特性（キッキングゲームとランニングゲームの結合）から離脱していくこととなった．また，この変更で意図的・継続的なボール保持が可能になったことで消極的な逃げ切り戦術が横行し，それを防止するために1882年に攻撃側の前進距離の規定を設けることとなった．

　スクラムをライン形式に変更したことで生れたもう一つの問題は，スナップバックが行われた後のラインを構成するプレイヤーの動きや扱いをどうするかということだった．ラグビー規則のオフサイド規定にはボールより前方にいるプレイヤーの動きについての明確な規定がない．このことに納得できなかった彼らは，議論の末，1888年に攻撃側がボール保持者を守るための「ブロッキング」を認めた．この規定は攻撃の戦術に多様性をもたらし，攻防における瞬間的な運動量（モーメンタム = momentum）が極めて重要なスポーツへと変化していった．

●**米国文化への変容**　英国では上層階級の規範である紳士的な行動を基準とし，観客もプレイヤーもそのように振る舞えるかを重視し，それが記録や勝敗よりも重要であることを知らしめようとしていた．それに対して，米国の学生プレイヤーたちは，紳士的であるよりも自分たちが合理的で正しいと思ったプレイを行い，それが可能となるように規則を変更していったのである．

　ゲームの性格を大きく変える規則の変更には，観客数が増大し厳格なゲーム規則の標準化が求められるようになったことも関連していた．さらに，対抗戦が広く社会的な関心事となったことで米国の大学生一人一人にとってフットボールが社会参加の問題にもなっていった．責任と対処を代表者であるキャプテンに負わせず，平等主義の下でプレイヤー個々の民主的で社会的な考え方や態度が生かされるような規則の成文化に力が注がれるようになっていったのである．

　20世紀に入りアメリカンフットボールは，一つの転機を迎えた．モーメンタムプレイが多くの負傷者を出し，ラインの行動を禁止する規則で対応しようとしたが，次々と激しい攻撃の戦略が生み出されたのだ．世論は改革の方向に動き，こうした中で1906年にフォワードパスが認められ，ゲームがスピードアップすると同時に（危険性を孕みつつ）比較的穏やかなものになった．1910年代になると産業化が大幅に進み，観衆がさらに増大する中でアメリカンフットボールは大学のビジネスとして地位を固めていった．そしてナショナルスポーツとして，その社会的意味も「成功」や「勝利」として位置づけられるようになっていく．この時期にノートルダム大学といったカトリック系の大学チームが頭脳的な戦略によって勝利し，成功を勝ち取ったことは，米国資本主義の発達におけるテイラーシステムやフォーディズムと時代的に呼応しているだけでなく，システムがプレイヤーやチームの管理と生産性に直接生かされたことを示している．リースマンらがいうように「システム」と「頭脳会議」とが，かつての筋肉プラス人格形成というエトスを軸にして行われていたこのゲームに付け加わったのである．

　アメリカンフットボールへの変容過程に通底しているのは，米国の社会や文化の特徴である「勝利」に対する独特の精神性であり，「勝利」という目的を達成するために正当な競争が不可欠であるという彼らの考えである．そのために規則上の曖昧さやプレイにおける無駄を省き，すべてのプレイヤーが適材適所で生かされる規則や環境を準備しようとしてきたことが見て取れる．それらがラグビーからアメリカンフットボールへの変容を生み出したのである．　　　　　　［川口晋一］

📖**さらに詳しく知るための文献**

リースマン, D. & デニー, R. 著，國広正雄・牧野 宏訳 1970．アメリカにおけるフットボール．『個人主義の再検討』上．ペリカン社．

川口智久 1977．スポーツ文化の形成．影山 健ほか編『国民スポーツ文化』大修館書店．

伝統の発明

　「伝統」という言葉には，昔から連々と変わらなく続くというイメージがある．ならば「伝統の発明」という表現は矛盾に聞こえるであろう．伝統は途絶えたり保存されたりすることこそあれ，発明されるわけではない，と．しかし「伝統」とされるものの中には比較的に最近に「創られた」ものもあることを，ホブズボウム（Hobsbawm, E.）とレンジャー（Ranger, T.）は 1983 年編の論文集で示した（ホブズボウム＆レンジャー編 1992）．伝統の発明にはさまざまな経緯があるが，特に社会の変動期においてコミュニティの連帯感を高める新たな伝統が創られる．その創られた過程をはっきり特定できるものもあれば，「容易に辿ることはできないが，日付を特定できるほど短期間——おそらく数年間——に生まれ，急速に確立された『伝統』」もある（同，10）．また，あらゆる伝統の創造性を指摘することもできる．というのは，自然に受け継がれてきた慣習は特別に「伝統」として意識される訳ではないはずなので，ある出来事を「伝統」として意識することはすでに「近代」との対比が含まれているからである．

●**スポーツにおける伝統の発明**　ホブズボウムらは発明された伝統の事例として英国サッカーの FA カップ決勝戦にまつわる数々の習わしなど，スポーツの事例をたくさん挙げている．「スポーツ，特にサッカーがプロレタリアの大衆的儀式として採用され」，ロンドンのウェンブリー・スタジアム，ベルリンのスポーツ宮殿，そしてパリのヴェロドローム・ディヴェール（冬季自転車競技場）などのスポーツ競技場が「大衆儀礼のため」に新しく建てられた（ホブズボウム＆レンジャー 1992, 438, 458）．また，古代オリンピックが発祥であるという近代オリンピックの神話はまさに創られた伝統であると指摘する（同，452-454）．

　その一方で，オリンピックのようなグローバルな物語に対抗する伝統も創られる．スコットランドの伝統を継承するとされるハイランドゲームズはその一つの事例と言えよう．民族衣装とされるキルトやクラン特有とされる格子柄の織物タータンを身にまとい，伝統音楽とされるバグパイプが演奏される中で行われる，丸太棒投げやおもり投げや石投げなどの伝統競技がそれである．スコットランドの独自のアイデンティティを体現するとされるこのハイランドゲームズもまた，ジャービー（Jarvie, G. 1991, 81）によると，おおむね近代の産物であり，初めて開催されたのは英国の植民地のようになった 19 世紀であり，古代からスコットランド地方で開催されていたという語りは創られた伝統であるという．たしかにそれぞれの要素は 17 世紀以前のハイランド地方にルーツはある（だから

ジャービー自身は「発明された」よりも「選別された」という表現が適切だという；同, 104）が, ハイランド地方の生活様式は 1740 年から 1850 年の間にほとんど破壊されてしまった. 続いて 1850 年から 1920 年の間に, 失われたハイランド地方の文化は理想化され, 美化された形で英国の主流文化に組み込まれていった（同, 99）. 18 世紀からのクリアランス（放逐）によってハイランドの多くの住民は強制的に追放され, 北米など海外に移住させられたが, その結果スコットランド系移民によってハイランドゲームズはスコットランド以外でも開催され, スコットランド以上に盛り上がることもあった（Ray ed. 2005）. このように伝統の発明はコミュニティの形成や維持と関係していることが分かる.

●**日本の伝統スポーツにおける伝統の発明**　ヴラストス（Vlastos, S. 1998）は近代日本において発明されたさまざまな伝統を取り上げた. 扱われたテーマは和の精神, 農村, 柳田國男, 信濃, 江戸などであり, 武道と相撲も含まれている. この二つをより詳細な研究によってみてみよう.

　格闘技は世界各地で昔から存在するが, 井上俊（2004）は日本の武道が明治以降に発達し, 現在のような意味での「武道」の呼称が普及したという. その先駆は嘉納治五郎の柔道であり, 剣道や弓道などの他の武道がそれにならった. 嘉納は当初, 柔道の科学性を強調したが, 1930 年代の武道の躍進と国家主義化の中で伝統性が強調されるようになった.

　「国技」とされる相撲にも伝統が創られた（トンプソン 2010）. 現在の大相撲のルーツは江戸にあるが, 伝統とされるいくつかの要素は明治に入ってからの発明である. 「横綱」は番付に載るようになったのは 1890（明治 23）年であったが, 相撲を統括する相撲協会が地位として認めたのは 1909（明治 42）年であった. この年に行司の服装も裃から烏帽子と素襖に変更され, 常設の会場が建設され「国技館」と命名された. 1931（昭和 6）年に土俵の上の屋形の形は入母屋造から伊勢神宮が代表とする神明造に改められた. これらの「発明」すべては相撲の伝統性を演出するためであった. 同時に, 優勝制度も取り入れられた. 現在に続く優勝制度は 1909 年に新聞社が始め, 相撲協会が認めたのは 1926 年である.

　創られた伝統は「歴史的につじつまのあう過去と連続性を築こうとする」（ホブズボウム＆レンジャー 1992, 10）. 伝統を確立することによって, 特定の社会集団は望ましい価値観と規範を確立しようとする. 伝統が発明される過程をたどることによって, 私たちはどのような社会集団がどのような価値観や歴史を確立しようとしていたのかを知ることができる.　　　　　　　　　　［リー・トンプソン］

📖**さらに詳しく知るための文献**

Hobsbawm, E. & Ranger, T. eds. 1983. *The Invention of Tradition.* Cambridge University Press（ホブズボウム, E. & レンジャー, T. 編, 前川啓治・梶原景昭ほか訳 1992.『創られた伝統』紀伊國屋書店）.

井上　俊 2004.『武道の誕生』吉川弘文館.

リー・トンプソン 2010. 相撲の歴史を捉え返す. 現代思想 38(13)：216-229.

文明化の過程とスポーツ

　19世紀から20世紀にかけてイングランドでつくられた「スポーツ」と呼ばれる娯楽の形式が，世界中に普及した．社会学者のエリアス（Elias, N.）は「スポーツという，このような肉体的技術や力の非暴力的競技に参加したり，あるいはそれを見るために余暇の一部を使っていたりするような社会とはどんな社会なのか」（エリアス＆ダニング 1995）という問いをたてた．スポーツとは普遍的な現象ではなく，ヨーロッパ近代社会に出現したある特定の文化形態とみるのである．それでは，スポーツが出現した社会とはどのような特徴をもつのか．

●**「文明化の過程」**　エリアス（1977-78）は，フランスを中心とした宮廷社会の形成過程を考察し，礼儀作法や立ち居振る舞いの洗練化と，権力の中央集権化と国民国家形成に伴う非暴力化は，社会構造と人間構造が長期的にある一定方向へ変化するという同じ特徴／側面を示していることを明らかにした．

　すなわち，権力が中央集権化するに従って（租税と軍隊の独占），人々の生活においては突発的，直接的な暴力への対応は減少し，感情や行動基準は安定化していく．宮廷社会で最初に現れたように，人々は長く重層的な相互依存関係の「編みあわせ」の中に生きるようになり，集団（あるいは階級）における自身の位置を常に省察し，長期的な視野の下で自己の情動を管理することが必要になる．徐々にこのような強制は，外的なものから内面的な規制へと強化されていく．そうなって初めて，自己抑制や自己規制は「第二の天性」として人々には意識されなくなる．最初はヨーロッパ人としての，そして徐々に人間としての特性と考えられるようになるのである．このような過程をエリアスは「文明化の過程」として捉えた．

●**暴力の閾値とスポーツ**　政治における非暴力化である議会制民主主義が発達するイングランドにおいて，民衆娯楽がスポーツの特徴を帯びていった（スポーツ化）のは，したがって偶然ではない．スポーツは，近代社会において，肉体的，情動的発散による「楽しい興奮」を求めることができる領域となる一方，その興奮を「管理」できるものだけが参加できる文化形態である．競技者（自身および対戦相手）も観客も，肉体的損傷を最低限にとどめ，肉体の暴力行使を抑制する規則を遵守することが求められる．

　ダニングとシェアード（Dunning, E. & Sheard, K. 1979）は，文明化論に依拠して，「粗野で乱暴な民俗フットボール」が，とりわけハッキング（すねを蹴るなどの行為）のルールをめぐる論争からサッカーとラグビーが分化する様子を明らか

にしたが，さらに1750年頃から1860年頃にかけてパブリックスクールにおける特有の社会関係（独特な支配関係としてのプリフェクト・ファギング制度：寮生活における学生の自治．上級生が下級生を監督する）の中で適応させられ，非暴力化，洗練化する様子も描いている．スポーツ化はそれ自体の内在的要因によってだけではなく，社会構造とそこにおけるアクターとともに捉える必要があることを示したのである．

●**エリアス学派のスポーツ研究**　マグワイア（Maguire, J.）は，スポーツは競技種目として世界中に普及するだけではなく，メディアや産業と結びつくことで独自の世界を形成していることを，スポーツ－生産－メディア企業複合体として分析している（Maguire 1999）．この複合体は，ローカルな文化や民衆娯楽へも影響する一方，抵抗や独自の解釈などによりグローバル・スポーツへもまた影響を与える．マグワイアは単線的なグローバル化や文化帝国主義的解釈を否定する．エリアスもまた「文明化の過程」を不可逆的なものではなく，また単線的に進むわけではないとする．

　例えばダニングらによる，フットボールにおける観客の暴力についての研究では，「文明化」されたはずの現代サッカーにおいてなぜ観客の暴力が激化したのかをサッカーの産業化や階級構造の変化などの視点から捉えることで，現代社会におけるスポーツの重層的な有り様を描き出そうとした（Dunning, et al. 2002）．さらにダニングは，スポーツが現代における「暴力の飛び地」であると捉え，そこから男性性が容認される領域（「男性性の保護区」）としてスポーツを分析するなど，スポーツとジェンダー研究への視角を広げた（ダニング 2004）．

　エリアスに依拠したスポーツ研究では，身体接触の減少や傷害の回避の傾向ついての研究（Young 2019）や，ますます多くの行為者（エージェント）が参入するスポーツ界の構造に起因する薬物問題に取り組むドーピングの社会学などへと展開されている（ウォディングトン＆スミス 2014）．

●**方法論としての「文明化の過程」**　エリアスの研究は，単に歴史的な事象を明らかにしたのではなく，長期的な過程における社会構造の変化と諸個人の情動の変化という二つの側面の結節点の現れを捉えたものであり，社会研究の方法的視角を提起するものでもあった．権力の偏在性や微細な作用，日常生活における身体管理や自己抑制，バランスとしての権力の把握は，フーコー（Foucault, M.）や，ブルデュー（Bourdieu, P.）の身体論や社会理論と関連して議論されている（Binkley, et al. 2010；ブルデュー 1991）．　　　　　　　　　　　［坂 なつこ］

📖**さらに詳しく知るための文献**
エリアス, N. 著，宇京早苗訳 2000.『諸個人の社会学』法政大学出版局.
ミニョン, P. 著，堀田一陽訳 2002.『サッカーの情念』社会評論社.
ロバートソン, R. 著，阿部美哉訳 1997.『グローバリゼーション』東京大学出版会.

オリンピックと日本

　日本のオリンピック初参加は第5回大会（1912年）であるが，インドなどの植民地国家を除くと非西洋諸国の中では非常に早い．日本は，その後開催されたすべてのオリンピックに参加するとともに，第12回大会（1940年）の開催都市に東京が名乗りを上げ，東洋初の開催権を獲得する．こうした戦前日本のオリンピックへの積極的なアプローチを主要なアクターを中心にみてみよう．

●大日本体育協会の結成　日本のオリンピック参加は，嘉納治五郎（東京高等師範学校長で，講道館柔道の創始者）が1909年5月にアジア初のIOC委員に就任したことに遡る．これはその前年にクーベルタン（Coubertin, P. de）から依頼を受けた，駐日フランス大使ジェラール（Gerard, A.）が嘉納と面会してIOC委員への就任を依頼したことによって実現をみた（和田2011）．

　クーベルタンは，嘉納に対し，次回1912年ストックホルム大会に選手を派遣すること，そのために選手派遣母体となる国内オリンピック委員会（NOC）を設立することを求めた．そして1911年7月，嘉納が中心となって国民体育の普及・発達とオリンピックへの選手派遣を目的とした大日本体育協会を設立する．

●初参加から金メダル獲得まで　ストックホルム大会には，役員として嘉納治五郎，大森兵蔵，選手として三島弥彦，金栗四三が派遣された．三島は100mと200mで予選敗退，400mは準決勝に進出するも棄権となった．国内の予選会で「世界記録」を出したとされ，期待を集めていたマラソンの金栗も，途中棄権という結果に終わった．

　1920年アントワープ大会，1924年パリ大会と，日本は少しずつ派遣選手数を増やし，アントワープ大会では，テニスのシングルスで熊谷一弥，ダブルスで熊谷・柏尾誠一郎ペアが2位となり，パリ大会では，内藤克俊がレスリングで3位，水泳や陸上でも入賞者が出てくる．また明治神宮競技大会が始まったのと同じ年（1924年）に開催されたパリ大会には，政府からオリンピック選手派遣補助金も拠出された．しかしこうした選手たちの国際競技での奮闘が，多くの国民の関心を集めることはなかった．その様相が変化するのは，陸上の三段跳で織田幹雄，水泳の200m平泳ぎで鶴田義行が優勝した1928年アムステルダム大会の頃からであり，新聞等による報道も飛躍的に増大していく（浜田2018）．

●東京オリンピック（1940年）　オリンピックの東京招致計画が出てくるのは，1930年である．同年6月東京市長永田秀次郎が，世界学生陸上競技選手権に出場する日本選手団の総監督山本忠興に，オリンピック東京開催に関するヨーロッパ

のスポーツ界の意向調査を依頼した．また，1940年は，皇紀（神話上の神武天皇即位の年を元年と定めた紀元）において2600年目の節目の年であり，万博など，この年を記念する行事がさまざまに構想されていた（古川1998）．この中心にいたのが，皇室中心主義の立場を取っていた永田である．永田は，東京市長として華やかで国際的な行事を期待しており，そこで「紀元2600年に東京でオリンピック開催を」という発想に至ったのである（浜田2021）．

アムステルダム大会後，国際競技への国民の関心は高まっていた．さらに1932年ロサンゼルス大会は，満洲事変・上海事変を経て悪化していた諸外国の対日イメージを好転させる機会としても捉えられていた．ロサンゼルスに日系移民が多く居住していたことも相まって，ロサンゼルス大会は，国家的事業として位置づけられ，131名の選手が派遣された．また，新聞社が中心となって国民を巻き込みながら，派遣費募集事業が行われ，応援歌もつくられた（浜田2016）．

東京は1932年ロサンゼルス大会の直前に当地で開催されたIOC総会において，第12回大会（1940年）の開催候補地として名乗りを挙げる．当初はアジアでのオリンピック開催は厳しいとみられていたが，その後の招致活動で挽回し，1936年ベルリン大会の開催前日のIOC総会で1940年のオリンピックの東京開催が決定をする．IOCの側にもオリンピックを真に世界的なものにしようとする動きがあり，東洋初のオリンピック開催が支持を集めたのである（浜田2018）．

オリンピックに向けた準備は，万博との会期の調整，会場の建設，選手・観客誘致，テレビ中継など多岐にわたった（飯田2016；浜田2018）．また当時は同一年に同一国で冬季大会を開催することが原則だったことから，冬季オリンピックの誘致運動も本格化する（砂本2008）．しかし，その一方で，日本は中国との本格的な戦争へと突き進んでいた．IOCはオリンピックと政治とは別物という立場を取ったものの，日本は戦争に「邁進する」ため1938年7月に大会を返上する（中村2009；Tahara 1992）．

●**戦後のオリンピックへ**　オリンピック返上後も，オリンピック関連の動きが完全に停止したわけではなく，聖火を聖矛に持ち替えたリレーが行われるなどした．そして，1940年に向けてみられたオリンピックをめぐる動きは，戦後へと継承されていく．日本は1948年ロンドン大会への参加は許されなかったが，1952年ヘルシンキ大会で「平和の祭典としてのオリンピック」に復帰すると同時に，東京招致の意向を表明する．そして1964年に東京オリンピックを開催するのである．

[浜田幸絵]

📖**さらに詳しく知るための文献**

浜田幸絵 2018.『〈東京オリンピック〉の誕生』吉川弘文館.

坂上康博・高岡裕之編著 2009.『幻の東京オリンピックとその時代』青弓社.

帝国主義と日本の武道

　欧米を頂点とする帝国主義的な世界秩序を背景として，欧米の近代スポーツが地球的な規模で伝播し，受容されていった．世界各地で伝承されてきた土着スポーツは，世界秩序に占める自国の地位や近代スポーツからの影響等によって，さまざまな運命を辿ることになる．消滅してしまったもの，近代スポーツを模倣して自らを近代化し，命脈を保ったもの，民族の統合や文化的アイデンティティを強化するための「伝統」となったもの，植民地支配に対する抵抗の象徴となったものもある（ベズニエほか 2020）．日本のケースについて武道を中心にみてみよう．
●**講道館柔道の創出**　武道は，現在でも多くの愛好者によって継承されているが，中でも柔道は，オリンピックの正式競技に採用され，現在では世界屈指のメジャースポーツとなっている．明らかに非西洋起源のオリンピック競技は，2024年時点で柔道とテコンドーの二つだけであり，世界的に極めてユニークな存在なのだが，そのような発展を遂げた柔道とは，嘉納治五郎が 1882 年に創始した講道館柔道に他ならない．
　嘉納は，東京高等師範学校の校長や IOC 委員を歴任するなど教育やスポーツの発展に尽力するとともに，それまで伝承されてきた柔術を近代日本の学校教育の目的に適合するように近代化し（寒川 2014），講道館柔道を創出した．柔術は，江戸末期には他流試合が行われるなど競技としても一定の成熟がみられたが，嘉納は，その殺傷性や身体への危険性を徹底的に排除し，誰もが安全に練習や試合をできる「体育法」に改変し，それを物理学などに基づいて説明した．また，欧米の三育主義を用いて，柔道を知・徳・体が三位一体となった人格形成の手段として体系化した．欧米文化との融合を図ったのである．
●**武道の政策化**　嘉納は，学校教育の教科の中に柔道が採用されることを念願したが（嘉納 1899），日本における男子の体育科（戦前は体操科）は，徴兵制と不可分一体の制度として確立し，その重点は体操と教練に置かれた．スポーツは遊戯の一部として採用されたが，武術は当初排除された．遊戯の一部に武術が加えられるのは 1911 年からであり，同年に男子中学校および高等学校で，翌年には男子師範学校で，柔術と撃剣（竹刀・防具による剣術）が採用される．さらに 1926 年からは，名称が柔道・剣道に変更されるとともに，遊戯とは別に独自にカテゴリー化され，1931 年からは「質実剛健なる国民精神を涵養し心身を鍛錬する」「我が国固有の武道」として男子の中等学校以上で必修化される．
　以上のような変化をもたらした直接の要因は，衆議院や貴族院，文政審議会等

における建議案や要望書の可決であり，戦前の武道の総合団体である大日本武徳会の役員らがその中心的な担い手であった（坂上 1990；1998；2015；2018）．武道団体による圧力が武道の政策化を促していったのである．嘉納もその一員であったが，全体を通して主導的な役割を果たしたのは剣道関係者であった．

●**講道館と武徳会**　寒川恒夫（2014）は，心身修養文化という近代の武道概念は，西洋伝来の三育主義教育思想と皇祖建国尚武論の二つの系譜によって準備されたとしているが，武道の政策化を主導したのは後者であった．皇祖建国尚武論とは，武士が育んだ倫理思想がより古い時代から天皇制とともに存在したとするもので，日露戦争後は「武士道」と表現された．嘉納が，柔道を「武士道のみならず，すべての人間に共通の道」（嘉納 1926）であるとし，「精力善用・自他共栄」という道徳の根本原理で説明したのとは対照的な過去との連続性を強調する思想である．これは講道館と武徳会，柔道と他の武道の相違を示すものに他ならない．

　武徳会は，1911 年に柔術と撃剣が学校体育に採用された後，柔術という名称を柔道に，剣術を剣道に変更し，1919 年には弓術も弓道に変更するとともに，それらの総称を武術から武道へと変更した（坂上 2018）．精神修養を主眼とした心身修養というのが武徳会による武道の定義であるが，講道館とは異なり，それは近世において武術が武士道と結合した時点ですでに確立していたものだと主張した．さらに武徳会は，それゆえに武道は欧米のスポーツ以上の価値をもつものであるとし，スポーツとの差別化をはかり武道を特権化した（Sakaue 2018）．

　武道政策の推進力となったのは，普遍化を指向した嘉納の柔道思想とは対照的な，自己中心的で排他的な武道思想だったのである．それは，日本の世界秩序に占める地位の変化と連動した，一つの文化的アイデンティティの軌跡として捉えることができる．武道の政策化が始まった 1911 年の日本は，日清・日露戦争での勝利によって，植民地を保有する帝国主義列強の一員になっており，その後，「世界五大国」の一員といった自負を抱くようになっていく．

●**帝国日本と武道のその後**　満洲事変以降，日本の世界秩序に占める地位は大きく揺れ動く．1937 年には日中戦争を開始し，その後日独伊の同盟国の一員として第 2 次世界大戦に参戦する．武道は，日中戦争以降，「忠勇義烈の国民道徳」である「武士道」や「日本精神」を養う手段，さらに「戦技」として政策化されていった（坂上 2009）．敗戦後，GHQ による非軍事化・民主化政策の下で武道は禁止され，近代的なスポーツとして改変された後，新たな歩みを始めることになる．帝国日本の解体とともに消滅した皇祖建国尚武論に替わって，嘉納の柔道思想の近代性が改めて脚光を浴びるようになるのである．　　　　　　　　　　［坂上康博］

📖**さらに詳しく知るための文献**

寒川恒夫 2014．『日本武道と東洋思想』平凡社．

坂上康博 2015．日本の武道．土佐昌樹編著『東アジアのスポーツ・ナショナリズム』ミネルヴァ書房．

帝国日本のスポーツ

　日本のスポーツと帝国日本のスポーツの違いはどこにあるのだろうか．帝国日本のスポーツを考えることにどんな意味があるのだろうか．
●帝国日本のスポーツとは　日清戦争後に台湾，遼東半島（三国干渉により返還）などを得て，日本は帝国となる．「日本人」（台湾人や朝鮮人などを含む広義の日本人は「」を付す）の活動は，「内地」（狭義の日本）はもちろんのこと，「外地」（植民地であった台湾，朝鮮，樺太，租借地・勢力圏であった満洲，委任統治領であった南洋），さらには移民の送り先であるハワイ，米国，ブラジルなどにも及んだ．これら「日本人」のスポーツを総体的に捉える視点が帝国日本のスポーツである．

　わざわざ「帝国」を冠するのは，これまでのスポーツ研究で日本の帝国性が看過されてきたからにほかならない．たしかに台湾と朝鮮のスポーツについては先行研究が蓄積され，宗主国日本との関係についても十分に考慮されてきた．しかし，帝国日本における人やモノの流れは宗主国と植民地の間に限定されない．スポーツの世界でも，野球選手の谷口五郎は朝鮮→満洲→内地→満洲→内地，スポーツ指導者の岡部平太は内地→アメリカ→内地→満洲→華北→内地と移動を繰り返した．谷口や岡部のような人物は，最低でも帝国日本にまで視野を広げなければ，その全体像を把握できない．谷口や岡部は決して例外的な存在ではない．スポーツにみられる帝国性とは，帝国日本の社会の反映であり，また外地のチームが内地の大会に参加したり，内地のチームが外地に遠征したりすることで，スポーツは帝国日本を可視化し，日常化する役割を果たしてもいたのである．
●帝国日本のスポーツの歴史　日本と近代スポーツの邂逅は，19世紀後半，西洋列強のアジア進出という背景の下で生じた．そして日本が帝国への道を歩み始めると，西洋人とともに台湾や朝鮮などの地域にスポーツをもたらす役割を演じることになる．こうして帝国日本のスポーツは，西洋人と日本人のグローバルな活動によって生み出されていくのである．日露戦争のさなかの1905年に早稲田大学野球部が米国に遠征した．この遠征で得られた最新の技術は，数年のうちに台湾，朝鮮，満洲にもたらされた．早大の遠征を契機に，米国（ハワイ，フィリピンを含む）と日本の間の野球の交流が盛んとなり，1915年にはハワイの日本人野球チームが来日している．1917年夏には早大野球部が満洲と朝鮮を，同年の年末に台湾とマニラを訪れた．これ以後，毎年多数の学校運動部が外地遠征に出掛けるようになり，内地と外地のスポーツ界がより緊密に結びつけられた．

　1920年代に入ると，帝国日本のスポーツ界が制度化されていく．1921年の極

東選手権競技大会に際して，朝鮮と台湾で陸上競技の一次予選が開かれた．同年の全国中等学校優勝野球大会では，満洲と朝鮮で地区予選が開かれた（台湾は1923年から）．1924年に創設された明治神宮競技大会には，台湾，朝鮮，満洲から選手が参加した．また，1920年代は，スポーツ界の地理的拡大のみならず，階層的，民族的拡大をも見た．内地ではスポーツの大衆化が進み，外地では現地人エリートの間にスポーツが広まった．現地人へのスポーツの普及は，三一独立運動を契機とする植民地政策の転換，とりわけ集会，出版，言論の自由化や教育制度の拡大によって大幅に促進された．

　外地には高等教育機関が少なく，スポーツに秀でた「日本人」は内地の高等教育機関に進学した．一方，外地の官庁や企業は福利厚生の観点からスポーツを重視しただけでなく，賃金が高かったこともあって，優秀な社会人選手をひきつけた．内地のスポーツ界は学生が中心となり，外地のスポーツ界は社会人が中心となったが，両者は相補関係にあった．スポーツの拡大に伴い，外地にもスポーツ統括機関が設立される．朝鮮では1919年に日本人による朝鮮体育協会，翌年に朝鮮人による朝鮮体育会が設立されたが，台湾では1920年に設立された台湾体育協会が日本人と台湾人を統括した．満洲では1922年に全満競技連合（のち満洲体育協会）が設立されるが，これとは別に1920年に設立された大連中華青年会が中国人のスポーツ界の中心となった．

　1920年代後半になると，朝鮮人や台湾人の中から優れた選手が誕生し，極東選手権競技大会やオリンピックの日本代表に選ばれるようになる．一方で満洲事変，日中戦争を経て日本が戦時体制化する中で，大連中華青年会，朝鮮体育会は当局の圧力を受けて解散を余儀なくされる．スポーツは，帝国統合の手段であると同時に，民族闘争の手段にもなったのである．学生中心の内地スポーツ界と違って，社会人中心の外地スポーツ界では，アマチュアリズムがそれほど強固ではなかった．1920年に誕生した日本最初のプロ野球チームである日本運動協会が毎年のように外地へ遠征にでかけたのは，外地の有力チームがプロとの対戦を忌避しなかったからである．1936年に日本職業野球連盟が設立されると，外地球界で活躍していた選手が多数参加した．外地の存在がプロスポーツの発展に決定的な役割を果たしたのである．帝国日本という視点は，1945年以後，すなわちポスト帝国日本の東アジアのスポーツを考える際にも有効である．冷戦によって東アジアが東西両陣営に分断される一方で，帝国日本時代に培われた人脈が各陣営内部，あるいは陣営を越えた関係を構築していたからである．　　　［高嶋　航］

📖さらに詳しく知るための文献

高嶋　航 2012.『帝国日本とスポーツ』塙書房.

高嶋　航・金　誠編 2020.『帝国日本と越境するアスリート』塙書房.

高嶋　航・佐々木浩雄編 2024.『満洲スポーツ史』青弓社.

冷戦とスポーツ

　第2次世界大戦が終結すると連合国側の一員としてともに戦った米国とソビエト連邦の間での対立が表面化し，冷戦（Cold War）と呼ばれる米・ソ両国とその同盟国による東西両陣営のにらみ合いが，1989〜1991年のソ連崩壊と東欧諸国の革命までつづき，スポーツにも多大な影響を及ぼした．冷戦とは，その名のとおり，直接的な軍事対立を伴う「熱い」戦争ではない．しかし，互いの敵愾心は極めて激しく，あらゆる分野を巻き込んでいった．中でも国際競技大会は，核兵器や宇宙開発に並ぶ，米・ソ対立の主要な舞台となり，特にオリンピックは，社会主義と資本主義という東西それぞれの側の政治体制の優位性やパワーを誇示するための代理戦争と化し，メダル獲得競争が熾烈を極めた．

●**五輪におけるソ連の圧勝**　オリンピックで主役の座に躍り出たのは，ソ連だった．ソ連はオリンピックに初参加した1952年のヘルシンキ大会から1988年のソウル大会まで，夏季大会だけでなく冬季大会においても，参加した九つの大会のうち七つの大会で米国を上回る世界最多のメダルを獲得し，東ドイツやハンガリー，ルーマニアなどの東側諸国の活躍も注目を集めた．東側の選手たちは，西側からステート・アマ（State Amateur）と呼ばれ，幼少期から強力な選手養成システムの中で育てられ，国家から報酬や援助を受けていた．圧巻の活躍をみせたのは女性選手たちで，ソ連と東独が獲得したメダルの半分以上が女性によるものだった．それは男女平等という社会主義体制のアピールにもつながった．

●**西側諸国のスポーツの変化**　一方，米国などの西側諸国では根強い偏見が存在し，女性アスリートの登場を阻み続けていた．米国は，1976年のモントリオール大会で，ソ連だけでなく東独にも抜かれ，メダル獲得総数世界第3位に後退したが，この時の各国選手団の女性の割合は，ソ連が35％，東独が40％に対して，米国は26％，英国は21％であった．

　東側の女性選手の活躍は，オリンピックに性別検査やドーピング検査の導入をもたらしただけでなく，皮肉にも西側諸国に女性スポーツの解放を促した．米国では，東側の女性選手の活躍ぶりを認識した国務省が，米国オリンピック委員会に対して女性スポーツの振興策を講ずるように要求し，これが公的高等教育機関における性差別を禁止した教育改正法第9編（タイトルⅨ）の制定につながった．この法律が施行された1975年以降，米国人女性のスポーツ参加が激増したが，その背景にはフェミニスト運動の高まりだけでなく，政治の側からの要請があったのである（マコーム 2023）．

冷戦による圧力は，西側諸国のアマチュアリズムに対する姿勢にも変化をもたらした．米国では1978年にアマチュア法を制定し，米国オリンピック委員会がオリンピック競技を包括的に管理下に置くとともに，大会の懸賞や競技関係の収入などによる選手への財政的支援を開始し，プロ選手がオリンピックに参加できる布石をつくった（マコーム2023）．

●**米・ソ両政府による五輪ボイコット**　米・ソ両国の都市で順次開催された1980年のモスクワ大会，1984年のロサンゼルス大会では，両国政府がそれぞれの陣営を大規模なボイコットに巻き込んだ．その大義名分は，アフガニスタンおよびグレナダへの軍事侵攻に対する対抗措置というもので，モスクワ大会を計60か国以上が不参加，ロサンゼルス大会を14か国がボイコットした．

　日本もモスクワ大会をボイコットしたが，欧州でのボイコットは，西ドイツやノルウェーなど4か国にとどまり，米国との関係が深い英国やフランス等もスポーツ界が自律性を発揮して参加した．また，中国もソ連の意向と真逆の行動を取った．すでに西欧諸国の経済成長やソ連と中国の亀裂の深まり等によって，米・ソ両国の地位が低下し，冷戦構造がより複雑なものへと変化を遂げていたのである．

●**アジアにおける冷戦とスポーツ**　1949年に共産党政権の中国が成立したことで，冷戦の対立構造がアジアにも拡張されたが，その様相は欧州とは大きく異なる．朝鮮戦争に米国と中国が参戦し，ベトナム戦争にも米国が軍事介入するなど，アジアでは武器を用いた「熱い」戦争が繰り広げられたのだ．そして中国と台湾，北朝鮮と韓国という分断国家が対峙する中で，スポーツ分野においても大会からの排除やボイコット等による対立が繰り返された．東アジアのすべての国・地域がアジア大会やオリンピックに参加するようになるのは，冷戦が終結に向かい始めた1990年以降である（高嶋2021）．

●**ポスト冷戦の時代**　冷戦の終結とともに，ソ連や東独の選手養成の実態が白日の下にさらされ，勝利を至上視する国家的システムの下で，選手の人権を無視した過剰な男性ホルモン投与や違法なドーピング等が行われていたことが次々と明らかとなった．しかし，こうした冷戦の負の遺産からロシア（旧ソ連）の選手たちが解放されたのは，冷戦終結後のわずかな期間にすぎず，2011年には再び国家ぐるみのドーピングが始まった．冷戦終結後も，世界は一極化せず，むしろロシアのような権威主義国家が増加し，その人口比は，2023年現在世界人口の71％に達している（V-Dem Institute 2024）．また，冷戦の終結は，世界中の新自由主義的な政策の後押しとなって冷酷非情な競争を引き起こし，放映権料の劇的な上昇などスポーツにも多大な影響を与えている（ベズニエほか2020）．　　　　［坂上康博］

📖**さらに詳しく知るための文献**

マコーム，D. G. 著，中房敏朗・ウエイン，J. 訳 2023．『スポーツの世界史』ミネルヴァ書房．

人権とスポーツの歴史

　第2次世界大戦後の国際社会では，個人とその人格をあらゆる種類の侵害から守るという，人間の尊厳の尊重・保護が平和構築の柱とされてきた．人権とスポーツの歴史にも，人権侵害をなくし，人権の拡大をめざす歩みが反映されている．それはスポーツにおける人権，スポーツの権利という人権，スポーツを通した人権という三つの視点から捉えることができる．スポーツは個人のウェルビーイングの実現に果たす役割が期待されると同時に，クロスナショナルに楽しまれる文化であることから，以下では国際的な動向を中心に示す．

●国際的人権基準の適用　「個人」に視点を置く人権概念は，西洋社会を起点として実定法化された．第2次世界大戦の反省から国連総会での1948年世界人権宣言の採択は，世界初の国際基準の共有であった．この宣言と1966年に採択された自由権規約，社会権規約は国際権利章典と称され，人権とスポーツを考える際に参照すべき国際的な原則である．人権侵害を追求するNGOの組織化の影響を受けながら，人権の国際基準は，侵害を被りやすい多様な当事者を視野に入れて目標が拡張され，地域的にも拡大されてきた．スポーツにおいてもこれら国際動向が参照され，人権問題の解決が図られている．

●スポーツにおける人権　教育と平和を理念の核とするオリンピックでは，1949年以降オリンピック憲章に「差別を容認しない」という人権の尊重・保護が記されるようになった．1990年代に尊重・保護の射程は大会からムーブメント全体へと広げられ，2014年には性的指向が明記された．単一競技では国際サッカー連盟（FIFA）が，1962年の規則で差別を容認しないことを定めた．FIFAの現行規則第3条には「国際的に認められたすべての人権を尊重する」ことが明記されている．

　しかし，国際的な競技会の現実は，社会における不平等や差別，人間の尊厳を傷つける暴力を一掃することの難しさを示している．1968年メキシコ大会表彰式での黒人差別への抗議行動，人種隔離政策に対する1970〜1991年までの南アフリカ国内オリンピック委員会の除名処分の他，2022年のサッカーW杯では，スタジアム建設における移民労働者の人権侵害の問題が指摘された．また，女子差別撤廃条約は1979年に採択されたが，スポーツにおけるジェンダーに基づく差別や不平等が国際的な課題として着目されたのは，1990年代半ばになってからであり，その背景には，競技の公平性の担保を理由に性別二元制が前提とされてきたことがある．

●スポーツをする権利からスポーツを通した人権の尊重・保護へ　スポーツをす

る権利を人権であると謳った最初の国際的な文書は，1968 年に ICSPE（国際スポーツ・体育協議会）総会で採択された「スポーツ宣言」である．この背景には1966 年に欧州評議会が主要長期目標の一つとしてスポーツ・フォー・オールを掲げたことがある．スポーツの大衆化の過程で高まったスポーツをする権利の主張は，高度化・エリート化する競技スポーツに対する挑戦でもあった．1975 年には欧州評議会閣僚委員会が「欧州スポーツ・フォー・オール憲章」を採択し，第 1 条に「すべての個人は，スポーツに参加する権利をもつ」とした．ここには，スポーツに参加しない自由という権利も含まれる（坂上 2014）．

1978 年第 20 回ユネスコ総会では「体育・スポーツ国際憲章」が採択され，スポーツが世界人権宣言に基づく人権の一つとして位置づけられた．この憲章は，1991 年の小改定を経て，2015 年に「体育・身体活動・スポーツに関する国際憲章」として全面改定され，子ども，女性や少女，高齢者，障がい者，先住民族等，スポーツへのアクセスが制約されがちな人々を具体的に示し，スポーツにおける人権の尊重・保護がより強調された．現在，MINEPS（体育スポーツ担当大臣等国際会議）や IOC，WHO 等が連携し，この憲章を国際的な共通目標に位置づけた国際レベルのスポーツ政策の策定と実現が図られている．また，それらの政策を国連 SDGs の達成と関連させることによって，社会全体の人権の尊重・保護にスポーツが好影響を与えることがめざされている．

●新たな課題　グローバル・ビジネス化に伴う人権侵害への懸念に対応するため，2022 年に IOC は，「人権戦略フレームワーク」を公表した（來田 2023）．また，トランス女性選手の競技からの排除や身体への医療介入等が，スポーツの公平性の担保という理由によって正当化され得るのかどうかについては，生命倫理と人権に関する世界宣言（オビエド条約）に示された精神・身体の不可侵性など，これまで議論の射程とされてこなかった国際基準の視点からも検討される必要がある．

スポーツは，個人の身体に関わる自由や人間性の開花に影響を与える文化であるため，人権の国際基準に則った対応がなされてきた．しかし，社会がグローバル化し，政治的経済的状況下で人権が制約される現実においては，国家内で国家からの個人の権利を保護するという従来の国際基準の枠組みでは不十分との指摘がある（スターンズ 2022）．スポーツにはクロスナショナルに楽しまれる中で発展してきた歴史がある．その歴史を踏まえ，人権拡大に向けた基準の構築や戦略をスポーツから提示することは，国際社会が従来の枠組みの限界を乗り越えることに寄与する可能性がある．　　　　　　　　　　　　　　　　　　　　　　［來田享子］

📖さらに詳しく知るための文献
スターンズ，P. N. 著，南塚信吾・秋山晋吾監修，上杉 忍訳 2022.『人権の世界史』ミネルヴァ書房.
内海和雄 2015.『スポーツと人権・福祉』創文企画.

第2章

文 化

[担当編集委員：西山哲郎]

物語としてのスポーツ

　スポーツを一種のテキストとして，人々はそこにさまざまな物語を読み込む．中にはメディアによって拡散され，広く一般に流布する物語もある．スポーツ社会学は，これらの物語を社会学的観点から分析するが，必ずしもそれだけにとどまるわけではなく，社会や文化のあり方を象徴的に表現するテキストとしてスポーツを取り上げることもある．

●「スポーツ物語」の流布　スポーツ競技を，アスリートやチームの努力や葛藤や克己，成功と失敗，栄光と屈辱，歓喜と苦悩，等々の要素に満ちたドラマティックな物語として捉えることは，多くの人々やメディアによってごく普通に行われている．日常では経験されることの少ない運命の激しい起伏や展開があり，刺激的で感動や共感を呼ぶ物語は，広く好まれ，流布している．こうしたスポーツ物語に関して，スポーツ社会学は，その物語の生成・普及の過程，それが果たす社会的機能などを，権力構造や階級構造，メディア状況などの社会・文化的な枠組との関連において分析する．

　これらのスポーツ物語はまた，しばしば人生やビジネスにまつわる教訓や指南として用いられもする．その歴史的・社会的背景としては，井上俊が指摘するように，19世紀後半からスポーツが「理想化」され，「自由と平等，競争と連帯，自発性や主体性と規則や秩序，といった両立しがたい価値を両立させ，ともに実現させる一種のユートピア」となり，「さまざまな教訓を人々に伝える一種の『道徳劇』」ともなったことがあろう（井上 2019）．スポーツ物語は，今日，私たちが自らの人生の物語を構築する際にも大きな役割を果たしている．

●社会を象徴する物語　スポーツ物語に対するこうした分析に加えて，その社会や文化のあり方そのものを象徴的に表現している物語としてスポーツを読み解こうとする社会学的・人類学的研究もある．例えば米国の文化人類学者ギアツ（Geertz, C.）は，バリの闘鶏を調査し，闘鶏は「バリの真実の姿の表現」であるという．バリの男性は闘鶏に熱心で，自らを闘鶏の雄鶏と同一化している．闘鶏の組み合わせは慎重に行われ，その賭け方にはバリの社会構造を反映した複雑なシステムが張り巡らされている．実際に賭けられるのは金銭だが，それ以上に地位に関わる賭けが象徴的に行われる．威信が非常に重視されるバリ社会で，闘鶏は村や親族間の抗争や敵意を引き起こすものとなるが，「単なる闘鶏」にすぎないため，完全な攻撃性が表現されるわけでも，地位が実際に変化するわけでもない．闘鶏は「火傷をしない火遊び」のようなものであり，「羽根と血と群衆と金とを媒

介して，社会的情熱を示す」一種の「感情教育」の場でもある．このような意味で，「闘鶏はバリ人の経験をバリ風に読みこんだものであり，バリ人が彼ら自身に語る彼ら自身についての物語である」（ギアーツ 1987）．

　もちろん，一般的なスポーツ物語に対する社会学的分析と，社会や文化を象徴的に表す物語としてスポーツを読む観点とは，相互排他的なものではなく，両者が併用され，重なり合っているような場合もある．

●日米の「野球」物語　その一例として，甲子園の高校野球に関する社会学的研究がある（有山 1997；清水 1998；江刺・小椋編 1994 など）．明治初期に米国から移入された野球は，旧制一高から中等学校を中心に全国へと広まった．「一高野球」は野球を武士道の実践として捉え，真剣勝負の勝利至上主義，精神主義，集団主義を強く打ち出していた．やがて勝利至上主義はフェアプレイ精神に置き換わったものの，その基調は全国中等学校優勝野球大会（大正 4 年）に引きつがれ，甲子園の高校野球において今日まで生き続けている．私たちは毎年，甲子園のステージで，日本的な精神主義や集団主義に裏打ちされた，高校生のあるべき青春像，おりおりの社会状況を反映した理想の監督像や，応援する人々の郷土愛などの物語が展開されるのを見るとともに，日本の社会や文化の特質についても考えさせられるのである．

　もともとの「本場」での野球に関しては，米国のスポーツ社会学者グットマン（Guttmann, A 1988）の研究を挙げることができる．彼によれば，米国野球の最盛期は 1850 年代から 1950 年代までであり，最初の試合が行われたとされる 1846 年以来，一世紀にわたって野球は，いわば季節の風物詩として作家や詩人たちに描かれるなど，人々に緑の牧草地の牧歌的なイメージを喚起させるものであり続けたが，同時に一方では，明らかに近代的な要素——専門化（分業），合理化，数量化（三振，フォーボール，スリーアウトなどのカウントから打率，防御率といった抽象的な記録まで）——によって発展してきた．つまり，これら両方の要素を米国人に体験させることで野球は，19 世紀（農業社会）から 20 世紀（工業社会）への橋渡しをしたのである．さらに彼は，巧妙なルール違反に長けたトリックスター型の選手の人気を支える（労働者階級中心の）ファン気質や，アメリカニゼーションのシンボルである多様な出自のヒーローの続出など，さまざまな側面から米国文化の特質を鮮やかに描き出している．ここにもまた，「テキストをその本来の所有者たちの肩越しに読み取ろうとする」研究者の努力（ギアーツ 1987）が示されていよう．　　　　　　　　　　　　　　　　　　　　　　　　　　［河原和枝］

📖さらに詳しく知るための文献
ギアーツ，C. 著，吉田禎吾ほか訳 1987.『文化の解釈学』I・II. 岩波書店．
Guttmann, A. 1988. *A Whole New Ball Game*. The University of North California Press.
井上　俊 2019.『文化社会学界隈』世界思想社．

芸術としてのスポーツ

　スポーツと芸術の関係（あるいは両者の類似と相違）については，さまざまな議論があるが，主要な論点は次の3点である．(1)スポーツに示される「美」の問題，(2)スポーツに読み込まれる「物語」の問題，(3)プレイヤーとオーディエンス（あるいは「する」立場と「見る」立場）の相違という問題．これらの論点は互いに関連し合う場合も多いが，便宜上，順番に見ていくことにしよう．

●スポーツの美と物語　ドイツの教育学者グルーペ（Grupe, O. 1987）は，各種のスポーツに見られる運動や姿勢の美しさ，あるいは海上に点在するヨットや谷間を越えて飛ぶハンググライダーの美などを例に挙げながら，「スポーツが存在しなければ，おそらく美を感じる機会は極めて少なくなるであろう」と述べた．さらに彼は，スポーツがしばしばドラマとしての性質を帯びることにふれて，私たちは「勝利と敗北，成功と失敗，失望と幸福」といった人生の諸相を「演劇や映画が決して直接には示せないような劇的な緊張」とともにスポーツを通して経験することができると言う．スポーツが生み出す美的経験の一つをドラマ性に見るこの観点は，ドラマの内容という面から言えば，(2)の「物語」の論点とも深く関連する．

　スポーツは私たちがそこにさまざまな意味や物語を読み込むテキストとしても作用する．例えば甲子園の高校野球に「努力と克己」とか「仲間意識とフェアプレイ」といった教訓的な物語を読み込む人々は少なくない（有山 1997；清水 1998など）．高校野球に限らず，日本人にとって野球というスポーツは，米国の人類学者ギアツ（Geertz, C.）の分析で有名なバリ島の闘鶏にどこか似ている．ギアツによれば「闘鶏はバリ人の経験をバリ風に読み込んだものであり，バリ人が彼ら自身に語る彼ら自身についての物語である」．だからそれは，バリ人を熱狂させる競技であるだけでなく，「一種の感情教育」の機会でもあり，「別の気質と慣習をもつ他の民族」にとっての『リア王』や『罪と罰』と同じように，バリ人はそれを通して自分たちの社会や感性のあり方，あるいはありうる姿を学ぶのである（ギアーツ 1987）．

　「美」や「物語」という点から見ると，たしかにスポーツと芸術の類縁性は明らかであろう．しかしそれは，主としてスポーツを見る側，オーディエンスの側からの見方ではないのか．スポーツをする側，プレイヤーの側に立てば，スポーツと芸術はかなり違うのではないか．これが(3)の論点である．

●「意図的な美的形成」の問題　スポーツをする人々は通例「美」や「物語」を

目指して行為しているわけではない．樋口聡が指摘するように「スポーツ実践者」の活動は芸術家が作品を制作するときの「表現」活動（つまり「意図的な美的形成」活動）とは異なる．この意味でスポーツと芸術を安易に同一視することはできない（樋口 1987）．

たしかに，フィギュアスケート，体操競技，新体操，アーティスティックスイミングなど，「美的表現」を競うようなスポーツもあるが，それらはスポーツ全体から見れば一部にすぎない（この種の採点競技，特に新体操における「美」の問題については，柏原 2021）．

また，スポーツがプレイヤーの側にも「美的体験」をもたらしうることについては，すでに 1930 年代という早い時期に中井正一による考察があり，例えば団体競技における「相互の共同性そのもの」の開示，「筋肉操作の洗練性」を高めていく「技術美」の体験などが指摘されているが（詳しくは長田編 1995），こうした先駆的な考察をオーディエンス側の美的体験に結びつける統一的な議論はなかなか容易ではない．

●「芸術型文化」としてのスポーツ　このように見てくると，「スポーツは芸術である」と留保なしに言い切ることは難しいかもしれないが，社会の中でのそのあり方や機能の面から，スポーツをいわば「芸術型の文化」として捉えることはできるであろう．

現代では，例えばスノーボードやスポーツクライミング，スケートボードストリートやブレイクダンス（ブレイキン），さらには e スポーツなどに至るまで，人々をひきつけるスポーツの種類も，それにひきつけられる人々の層も多様化している．またメディアや情報技術の発展とともに，スポーツが提示される仕方も高度化してきたし，SNS の普及によってスポーツをめぐるコミュニケーション状況も変化してきた．当然，私たちがそこに見出だす美感や物語も，時には例えばメカニックな美やグロテスクな感覚であったり，あるいは「努力と克己と連帯」のような教訓的・教育的な物語を離れた非教訓的または反教訓的なメッセージであったりというふうに，多様化し変容してきている．

その点から言っても，さまざまな形で世界と人生の活力と意味（あるいは無力と無意味）を感得させる「芸術型の文化」としてスポーツを捉える視点，したがってまた，芸術と同じように（単に既成の価値観や感性や認識のあり方を反映するだけでなく），よかれあしかれ新たな価値観・感性・認識などを生み出し形成していく要因でもあるという面からスポーツを捉えていく視点は，スポーツの社会学的理解と分析にとって有益であろう．　　　　　　　　　　　　　［井上　俊］

📖 さらに詳しく知るための文献

グルーペ，O. 著，永島惇正ほか訳 1997．『文化としてのスポーツ』ベースボール・マガジン社．

樋口　聡 1987．『スポーツの美学』不昧堂出版．

井上　俊 2019．『文化社会学界隈』世界思想社．

スポーツパーソンシップとフェアプレイ

　スポーツは，明文化されたルールによってその行動がコントロールされている．しかし，その遵守の結果として得られる勝利や達成以上に社会的に重要視され，評価される文化的側面が，むしろ明文化されていない黙示的ルールであるスポーツパーソンシップやフェアプレイである．なぜ，このようなスポーツの文化的側面が，社会的に「ことさら」重要視されるのであろうか．

●**スポーツマンシップからスポーツパーソンシップへ**　19世紀に英国で誕生した近代スポーツは，明文化されたルールの確立と同時にその教育的価値として，正々堂々と公明正大に競技するスポーツマンにふさわしい態度や精神をスポーツマンシップと称して尊重するようになった．「尊重するようになった」のは，それ以前の17世紀後半から18世紀初期において同じく用いられたこの言葉にそのような倫理的意味は強調されず，単に上流階級が行っていた狩猟の技量や「スポーツマンであること」を指すものであった（阿部2009）からだ．したがって，スポーツマンシップを尊重し強調する背景には，この理念を「ことさら」社会的に強調する必要があった担い手（社会階級）の利害状況があったと考えられる．その利害状況とは，近代以前の支配層であった上流階級（貴族・ジェントリ層）に代わって台頭してきた産業資本家としての新興中産階級のそれである．産業革命を経て台頭してきた中産階級は，経済資本では上流階級をしのぐパワーを持つことができたが，文化資本においてその劣位は明らかであった．そこで，彼らの子弟を上流階級の子弟が学ぶパブリックスクールで交流させ，支配層にふさわしい自らの社会的な倫理性を高めようとしたのである（菊2013）．その意味でスポーツマンシップとは，近代産業社会における中産階級の支配を正当化するイデオロギー的機能を果たしていたと言えよう．また，近代以前のスポーツマンシップの起源を辿れば，ヨーロッパ中世騎士層のトーナメントであった馬上試合における宮廷風恋愛に求められるという（中江2006）．そこでは，騎士から貴婦人への内面的な誠実さが勝敗という目標達成に至る過程で緊張と興奮のバランスを生み，その尊重こそが上流階級の理想とされた．この理想が近代スポーツの社会的担い手であった中産階級との確執と交流の中で，近代産業社会における業績主義を補完するイデオロギーに結晶化されていくというのである．

　このようなスポーツマンシップの歴史的変遷を辿ると，それに代わるスポーツ「パーソン」シップは，スポーツと社会との関係においてどのような変化を予測させるのであろうか．例えばジェンダーの観点からは，エリートの白人男性中心主

義を超える新しい原理として男女平等や共生，あるいは多様性をスポーツから発信していく理念としてのスポーツパーソンシップが求められることになるだろう．それは，プレイにおけるフェアネスを強調するフェアプレイにも，同様に当てはまるものと考えられる．

●**フェアプレイとインテグリティ，およびインティマシー**　フェアプレイもスポーツパーソンシップと同様に，歴史的にはスポーツに関わる社会的な担い手の思想や考え方によってその解釈や評価が変化する．近代スポーツの中心的な担い手であった中産階級の思想は，彼らの支配原理を業績主義に求めるので，自由な競争の結果に対する絶対性を担保する条件として形式的平等（フェアネス）に価値をおく．しかし現代スポーツでは，その競争の結果に対する社会的，政治的，経済的重要性（利益）の方がますます大きくなっており，プレイにおける結果の未確定性によって得られる純粋な楽しさを超越してしまっている．例えばスポーツにおける行き過ぎた勝利至上主義は，しばしば審判が見ていないところでのルール違反（プロフェッショナル・ファール）や対戦相手への侮辱，あるいはわざとベストを尽くさない等々のアンフェアな問題を引き起こす．しかし，それはあくまで社会の側からみた評価であるから，そこには競技レベルの高い（高度競技）スポーツで繰り広げられる現実の利害との間に正反対の評価が存在していることになる．その評価の正当性が社会の側の快／不快によって決定されるとすれば（川谷 2015），スポーツに対するフェアプレイは社会の側から意図的に「ことさら」強調され，これにスポーツの側が従わざるを得なくなるという事態を招くことになるのである．

　今日，このようなスポーツ外（社会）からのフェアプレイや先に述べたスポーツパーソンシップへの強調は，スポーツ界においてこれらをさらに誠実や真摯，あるいは高潔といった内面的態度へ拡大解釈してインテグリティという用語で表現されるようになってきている．またこの語は，ヨーロッパにおける，主にギャンブル・スポーツの不正（アンフェア）の横行を阻むことに端を発しているとも考えられている．しかし，スポーツの明示的ルールと同様に，このような黙示的ルールまでをも西洋的な契約的合意のように外からのコントロールによって内面化させようとすることは，それが醸成されてきたスポーツの歴史的過程からみても限界がある．なぜなら，スポーツの観念文化を構成する主体は，あくまでスポーツ界内部の自律性に依っているからである．今日においても，スポーツマンシップやフェアプレイの精神が，上流階級と中産階級との親密なインティマシー的な関係によって醸成され，そのプレイの楽しさを担保するための自発的で自律的な文化的所産であったことを忘れてはならないように思われる．　　　　［菊 幸一］

📖**さらに詳しく知るための文献**
阿部生雄 2009.『近代スポーツマンシップの誕生と成長』筑波大学出版会．
池田 潔 1949.『自由と規律』岩波新書．
カスリス，T. 著，衣笠正晃訳 2016.『インティマシーあるいはインテグリティー』法政大学出版局．

スポーツにおける規範とルール

　スポーツにおける規範は，人々のスポーツ実践をある一定の方向に統制し秩序づける機能を持つスポーツの価値，慣習，制度や法などを含む．すなわち，望ましさの基準を明示し，遵守すべき行動の仕方を指示するものである．それらには，各スポーツ種目固有の参加資格の規定やルールなどの法的規範と，フェアプレイやスポーツパーソンシップ（☞「スポーツパーソンシップとフェアプレイ」）などの道徳的規範（マナーやエチケット）がある．後者が黙示的ルールといわれるのは，スポーツにおける規範がその時代と場所を生きる人々の価値やスポーツ観を反映し，公正かつ公平な行為に基づくものと期待される文化として認識され，実践されているからである．こうしたスポーツにおける規範は，スポーツ技術・戦術・戦略，あるいはスポーツ組織・制度といった制度的側面や，テクノロジーの発達によるスポーツ施設・設備，スポーツ用具・用品の変容などと相互に影響し合い，常に変化する．

●スポーツの参加資格に関する規定とルール　オリンピック憲章における参加資格としての「アマチュア」（1974 年に削除）は「専門的訓練や経験なしに，楽しみのためにそれを行う人」のことであった．スポーツの起源となる活動を始めた貴族や紳士といった社会的身分の高い人々の文化と特権性を維持するため，その営みが「生計にとって第一義でなく，副次的なことがら」である者を指し，労働者や兵士を排除した．そして，20 世紀になるとスポーツ活動から金銭を得るプロフェッショナルと区別する意味をもつようになった．

　スポーツの競技会において，競争の公平性確保のために，性別，体重，年齢，障がいの度合いなどによってクラス分けが行われるが，男性／女性および障がい者／健常者の二項対立を揺るがす事例が生起している．一つは，染色体，生殖腺，もしくは性を特徴づける解剖学的発達が先天的に非定型な状態である性分化疾患（Disorders of Sex Development: DSDs）のアスリートなどインターセックスの事例，あるいはジェンダー・アイデンティティ（性同一性・性自認）と身体的性別とが一致しないトランス・ジェンダーの事例である．雌雄を連続する表現型として捉える性スペクトラムの考え方が支配的になっている中，トランス女性（男性から女性）アスリートに対して血中テストステロンレベルが規定された数値以下であることが求められるようになっている．また，障がい者が健常者の種目に出場した場合，障がい者が身体に装着する義足のバネとしての強度が論議になるなど，テクノロジーの進展によるサイボーグ化した身体をスポーツがどこまで許容し得るのかも問題になっている．

国際オリンピック委員会（IOC），国際パラリンピック委員会（IPC）をはじめ，国内外のスポーツ競技連盟において，スポーツインテグリティの遵守が徹底され，特に国際アンチ・ドーピング機構（WADA）と連携して，ドーピング違反者およびドーピングに組織的に関与した国・地域に所属する出場資格の剥奪が実行されてきている．さらに，他国に侵入し，戦争および紛争を生起させた当事者の国・地域のアスリートをはじめとする関係者の参加資格について，国際スポーツ競技連盟（IF）と競技会を開催する IOC などとの間で見解に相違がみられ，競技会参加資格の論議は複雑な様相を見せている．

　以上のように，スポーツの参加資格はスポーツをスポーツとして成立させる本質的基盤としての倫理，すなわち公正さ（フェアネス）が担保されていることを証明できるかどうかが重要になっている．

●ルールの変容　1970 年代後半からオリンピックなど国際的なスポーツイベントは，テレビ局とスポンサー企業，および IOC, IPC や IF など競技連盟の三者の関係とそれらの関係を取り結ぶ広告代理店によって成立してきた．試合時間が過剰に長くならず，予定された時間内に収まり，かつ見栄えのいいスポーツ種目が優先的にテレビ放映されるようになったことで，バレーボールのサイドアウト制やバドミントンにあったサービス権はなくなり，テニスにおいてタイブレークシステムが導入されてきた．また，柔道において組み手と技がより見やすくなることを優先して，白色と青色の柔道着によって国際試合が行われている．2010 年代からはサッカーやラグビーにおいて，審判の判定をサポートする「ビデオ・アシスタント・レフェリー（VAR）」が導入されてきた．スタジアムに設置された多数のカメラ映像を基に，別の場所で映像をチェックすることで判定に間違いがないかを確認するものである．「誤審」と決めつける誹謗中傷が SNS 上で拡散されたり，スポーツベッティング（賭け）が盛んになっていることから，競技を一次的に中断しても AI などテクノロジーによる正確性が求められている．

●スポーツのマナーとエチケット　マナーやエチケットは，社会生活の中で慣習的に形成される望ましい行動の仕方であり，その遵守は個人の内面的な良心に依存し，それらを欠いた行為はその人の品位を疑われるという道徳的な社会規範である．スポーツのマナーは，スポーツにおける人間関係に関する望ましい行動様式であり，例えばテニスやゴルフのプレイヤーがボールを打つ際に集中力を欠かせるような行為などは，平等な人間関係を破壊するマナー違反と捉えられる．エチケットは，その語源がチケットから来ているように，社会生活への参加資格証明書と言える．スポーツのエチケットはまさにスポーツという文化へのパスポートであり，他人に迷惑をかけず，円滑に楽しく行動するためのものである．　　　　　［清水　諭］

📖さらに詳しく知るための文献
佐伯聰夫 1984．スポーツの文化．菅原 禮編著『スポーツ社会学の基礎理論』不昧堂出版．

勝者の名誉と義務／敗者の高貴と自由

　スポーツは試合（ゲーム）において，勝者と敗者をつくり出す．トーナメント試合においては，ひとりあるいは一つのチームの勝者が誕生し，後はすべて敗者を経験する．しかし，勝つためには手段を選ばないアノミー現象は，勝利至上主義として批判の的になる．なぜなら，そこには勝者の名誉と義務，敗者の高貴と自由という倫理感が存在するからである．また，スポーツにおける勝敗は，競争社会のアナロジーとしても語られる場合が多い．

　そこで，ここではスポーツにおける勝者と敗者の倫理について，その社会的意味を考える．

●勝者の名誉と義務　ゴルフでは，前のホールでの勝者が次のホールのティショットを最初に打つことになっており，これをオナー（Honor）と呼び，勝者の名誉（Honor of the Winner）となる．スポーツがビジネスではなく，「アマチュアリズム」という考え方が存在していた時代では，勝者には賞金ではなく，名誉が与えられるだけであった．

　ただ，そこには勝者の義務（Responsibilities of the Winner）も生じる．それは，敗者に対する尊敬（リスペクト）である．これを怠ると名誉ははく奪される．2013 年に東京オリンピック 2020 の開催が IOC 総会で決まったときに，東京誘致委員会のメンバーが大騒ぎし顰蹙をかった．それは，負けた都市であるイスタンブールに対し，オリンピックの理念であるリスペクトがなかったからである．

　このリスペクトについて，2012 年のロンドンオリンピックの開会式で，当時の IOC ロゲ（Rogge, J.）会長は次のように開会宣言をした．「アスリートたちは，相手に敬意を表し，模範を示すことで，世代を超えて感動が広がる．勝敗ではなく，誇り高く戦うことによって，真のオリンピアンになるチャンスを手にする」．

　また，日本の大会でよく宣言される「フェアプレイ」とは，単にルールを遵守するということだけではなく，勝敗に拘ることなく，自らのファールを申告するなど，相手へのリスペクトの倫理観に従った自律的なプレイに他ならない．

　これらのことは，英国におけるエリート教育であるパブリックスクールにおいて，「アスレティシズム（Athleticism）」という倫理をスポーツによって養うことに始まっている．とりわけ，弱者救済という意味で，敗者に対する思いやりとリスペクトが謳われている．これこそが，勝者の義務なのである．

●敗者の高貴と自由　2009 年のサッカーナビスコ杯決勝で敗者となった川崎フロンターレの選手が，授与された銀メダルを外したり，Ｊリーグ，協会幹部に背を

向けたり，握手をしなかったり，座り込んだりといった態度を取ったことで，ワーストルーザー（最悪の敗者）と酷評された．

　一方，2014年のUSオープンテニスの決勝で敗者となった錦織圭は，試合後のスピーチで「チリッチは素晴らしいテニスをしていた．チリッチと彼のチームに初優勝，おめでとうと言いたい」と述べ，優勝した相手を称賛した．

　このように，敗者が勝者を称える行為こそグッドルーザー（Good Loser：美しき敗者）と呼ばれる所以であり，そのことこそ，敗者の高貴（Nobility of the Loser）と言える．

　2021年の東京オリンピックで正式種目となったスケートボードにおいては，勝者のパフォーマンスを称え合う敗者の姿に，その高貴を見ることができた．

　そのためには，まず負けを受け入れ，さらに再びゲームに向かうことが必要である．ゴフマン（Goffman E.）は，このことを「冷却論（The Cooling Out Process）」で説明する．例えば，そのゲームに参与する人々によって，偶然性によって運悪く負けた，この負けで自分たちの課題が見つかり，新たな挑戦ができる，成長することができるという捉え方をすることで，感情が鎮められ，負けを受け入れられるのである．これこそが，敗者の自由（Freedom of the Loser）ということである．

　一方，ゲームに負けたとき，「この負けた悔しさをバネに，この次はがんばります」は，とりわけ日本のスポーツ選手が試合に負けたときの常套句である．このようなリベンジ（雪辱）は，再びスポーツのゲームの世界に戻るための再加熱の働きであり，敗者が勝者になるまで永遠に続く終わりなき戦いに導くものであるから，敗者の高貴とは言い難い．

●**なぜ，勝者と敗者の倫理が存在するのか**　ラグビーで試合が終わることを「ノーサイド（No Side）」と表現するのは，勝者と敗者がお互いのプレイを讃え，ゲームの競い合いに終止符を打つためである．そこには，試合の結果誕生した勝者と敗者という差異を払拭し，試合前の状況に回帰するのと同時に，スポーツの興奮を鎮め，元の生活に戻るための仕掛けがある．

　さらに，パブリックスクールの倫理では，勝敗という結果より，いかに戦ったかという過程にこそ価値を置く．それ故，勝敗に固執することは，卑しいことであるとみなされるのである．

　その意味において，生活世界において「勝ち組」と「負け組」とに分けて，恨み，妬みによる関係をつくり出しているわれわれの社会のあり方を，このスポーツ倫理は相対化してくれるのである．　　　　　　　　　　　　　　　　［杉本厚夫］

📖さらに詳しく知るための文献

モリス, I. 著, 斎藤和明訳 1981. 『高貴なる敗北』中央公論社.

池田 潔 1949. 『自由と規律』岩波新書.

友添秀則編著 2017. 『よくわかるスポーツ倫理学』ミネルヴァ書房.

応援団とチアリーディング

●**男性的な応援団，女性的なチアリーディング？**　今日の日本において「応援団」
という言葉はスポーツに限らずさまざまな事象や人を応援する集団，あるいは応
援する人々の総称となっている．しかし，狭義の意味で言えば，応援団とはス
ポーツの試合などの際に，声や歌，手振り，身振り，ダンス，演奏などのパフォー
マンスを通して観客を先導し，応援を取り仕切り，盛り上げる組織のことである．
応援団は学校・企業・スポーツチームなどに帰属して組織されているものもあれ
ば，私設で組織されているものもあり，その組織形態や応援スタイルはさまざま
である．しかし，こと日本において応援団といえば，高等学校や大学の団体とし
て組織されている，学ランや袴を身につけたいわゆる「バンカラ」な男性的組織
がイメージされることも多い．

　ところで，チアリーダー（cheerleader）とは，声援や応援（cheer）を先導する
人（leader）という意味からも分かるように，応援団員を意味する英語である．そ
してチアリーディング（cheerleading）とは，チアリーダーが行うさまざまな応援
活動のことである．しかし，米国でも日本でも，チアリーディングといえば女性
たちのチャントやダンス，スタンツなどによる応援というイメージが強く，日本
語の応援団にそのまま重なるものではない．米国においてチアリーディングは，
アメリカンフットボールやバスケットボールなどのスポーツに欠かすことのでき
ない，学校文化と深く結びついたものであり，米国を代表する文化的アイコンで
あることはよく知られている（Adams & Bettis 2005）．しかし，日本の応援団にし
ても，米国のチアリーディングにしても，その固定的なジェンダーイメージに反
して，実際の担い手たちのジェンダーは変化してきた．

●**日米の大学応援組織におけるジェンダーの移り変わり**　米国ではすでに 19 世
紀半ばに大学のスポーツイベントにおいて観客を巻き込んだ組織的な応援が行わ
れており，その過程で観客を先導して応援を統制するチアリーダーが誕生したと
いわれている．この頃，チアリーダー（エールリーダーとも呼ばれる）は男子学
生によって担われるものだった．女子学生による応援が登場したのは 1930 年代
のことである．軍隊のマーチングスタイルやバトントワリングを取り入れたドリ
ルチームと呼ばれる応援組織はその一つである．女子学生による応援は，観客を
統制するという男性のチアリーディングに比して，観客を楽しませるという要素
の強いものだった．試合のタイムアウトやハーフタイムなどにチアリーダーたち
がショーを行うのもこの頃に始まったとされる．1941 年に米国が第 2 次世界大

戦に参戦すると男性の多くが戦地に赴いたことにより，チアリーディングへの女性たちの参入がさらに進み，この頃にはチアリーダーの大多数は女性が占めていたという．戦後も女性たちによるチアの人気は続き，より高度なチアリーディングを目指して，チーム編成のあり方や，ジャンプやスタンツなどの技術が開発されていった．また，協会の設立や競技会の開催，そしてそのテレビ放映などの機会を通じて，女子学生を主とするチアリーディングが全米の学校に普及していったという（Hanson 1996；International Cheer Union ウェブサイト）．

それに対して，日本ではどうだったのだろうか．日本でも 19 世紀半ばから 20 世紀はじめ（明治時代）には旧制高校や私立大学の各種スポーツイベントにおいて男子学生による組織的な応援が行われていた．しかしそこでの応援は，いわゆるバンカラというイメージに相応しく野次や喧嘩がつきもので，味方を鼓舞するだけでなく，敵を攻撃する側面があったという．今日の多くの大学応援団が自認している応援を先導し観客を統制するという役割は，実は試合の場における野次や喧嘩に対する問題意識の中で，米国のカレッジエールに影響を受ける形で導入されたものであるとされる（丹羽 2020）．そして女子学生による応援が登場するのは第 2 次世界大戦後からしばらくたった 1960 年代以降のことである．日本の場合，米国のように女性が男性に取って代わったというよりは，従来からあった男性応援部門を継続しながら，新たに米国の応援スタイルによる女性応援部門を創設するというかたちで導入された（吉田 2020）．そのため，今日でも日本の大学応援団は，男性的な応援部門（リーダー部と呼ばれる），女性的な応援部門（チアリーダー部と呼ばれる），そして吹奏楽部門の三部門で構成されていることが多いのである．

以上のことから，日米ともに応援組織のジェンダーは変化してきたこと，そして日本固有の文化と想定されがちな日本の大学応援団が，米国の応援文化の影響を受けながら維持されてきたことが見えてくる．

●応援空間の異種混淆性　今後，応援組織におけるジェンダーの異種混淆性はますます進んでいくだろう．世界規模で普及したチアリーディングは，今やそれ自体が表現スポーツとなっている．そこでは女性部門のみならず男女混成（coed）部門も人気を博し，迫力ある演技が追及されている．日本の大学応援団もリーダー部に女性が，チアリーダー部に男性が参入するという動きもみられる．そこでは担い手のジェンダーという問題を超えて，応援や演技を通して表現される「女性らしさ」「男性らしさ」も交渉され続けていると言えるだろう．　［吉田佳世］

📖さらに詳しく知るための文献

Adams, N. G. & Bettis, P. J. 2005. *Cheerleader!: An American Icon.* Palgrave Macmillan.

Hanson, M. E. 1996. *Go! Fight! Win!: Cheerleading in American Culture.* Popular press.

丹羽典生編著 2020.『応援の人類学』青弓社.

軟式球技

　野球，ソフトボール，テニス．これらを横断するキーワードとして「軟式」がある．今日では運動部活動や草スポーツにおいてポピュラーな競技であり，硬式球技の導入となるスポーツとしても機能する．一方，実業団やプロ選手が存在するなどエリート競技的な側面も持ち合わせている．このような現状はどのように形成されてきたのだろうか．

●**軟式球技の出発点**　日本における軟式球技は，テニスから始まった．競技としてのテニスが輸入されたのは，1884 年にリーランド（Leland, G.）が学生に紹介したことが始まりとされている（日本軟式庭球連盟編 1985）．この頃の日本ではローンテニス（硬式テニス）ボールを製造するノウハウや技術が未発達であり，幼児・児童の遊びに使うフェルトボールやゴム毬で代用していた．1900 年には，製品としての軟式テニスボール「赤 M ボール」が完成し，1904 年には競技規則として「軟式庭球規則」が制定された．テニスの次に登場する軟式球技は，軟式野球である．競技としての野球は，1872 年に米国人教師のウィルソン（Wilson, H.）が学生たちに教えたのが始まりであった．そして，軟式野球は，鈴鹿栄らにより 1919 年頃にボールが考案され，ルールの設定や平準化などを経て，現在に至る（全日本軟式野球連盟編 1976）．ただ，これ以前にも軟式野球ボールの完成を示す資料もあり，戦前から軟式野球は多様な用具史を持つスポーツだったと言える（功刀 2019；2020）．最後に登場する軟式球技は，ソフトボールである．ソフトボールは東京高等師範学校の教授であった大谷武一が米国留学から 1921 年に帰国し，その際に持ち帰ったとされている（日本ソフトボール協会編 1980）．その後，1950 年に軟式ソフトボールが開発され，雨水の吸収，表面のささくれ，縫い糸の切断等の硬式ボールが持つ問題を解消し，競技の普及に寄与した．それぞれの競技において，軟式ボールが開発された背景としては，硬式ボールを製造する環境が十分になかったことや，青少年へスポーツを普及するために，安価で安全なボールが求められたことが挙げられる．しかし，それのみでは現在においても軟式ボールがポピュラーな競技であることの説明は十分になされないと考える．もう少し時代を進め，次では，戦後の軟式球技の展開に着目したい．

●**軟式球技の普及と展開**　第 2 次世界大戦後，軟式ボールはスポーツシーン復興の一翼を担った．戦後日本の占領政策を推進した GHQ 幕僚部に設置された CIE（民間情報教育局）は，体育授業のマニュアル整備やスポーツ用具の配給計画など，「体育・スポーツの民主化・大衆化政策」を推進した．その CIE は，スポーツ

用具の配給計画の中で，野球ボールでは硬式22万個，軟式114万個を優先的に製造するように指示する．この背景には，CIEが「民主的，大衆的な野球」を促すことで，日本に対し戦時の価値観を脱却するためにスポーツによる（再）社会化を推し進める思惑があった．スポーツ用具は戦中から配給の対象であり，政府に認可された競技団体に登録することで配給されるという構造になっていた．終戦直後も，スポーツ用具の原料は多くが統制の対象だった．スポーツ用具の原料でよく使用される皮革とゴムも1947年の段階では統制の対象であり，原料の入手量と製造する品目の両方に制限があった．1947年のゴム原料の割当状況においては，年間97トン割り当てのうち，51.2トンが軟式野球ボールに割り当てられていた．こうした状況を，文部省の担当官は「いつも割当量の半分またはそれ以上が軟式ボールで占められているのは軟式野球の大衆性を物語っている」と述べ，軟式野球がレジャースポーツ，つまり大衆的なスポーツ文化である状況を説明した．

●**軟式球技の「いま」**　現在，軟式球技としてポピュラーなものはここまで紹介してきた三つの競技である．軟式球技は，時代の経過とともに実業団が発足したり，プロ選手が輩出されたりと高度化している．これに加えて，「Baseball 5」というベースボール型競技のアーバンスポーツが登場している．これは世界野球ソフトボール連盟（World Baseball Softball Confederation）が，南米のストリートベースボールを参考に作った新たなスポーツである．このスポーツは，ゴム製のボールを手で打つことで展開するゲームである．ここで使用するボールは，軟式球技すべてのボール製造を手掛けるナガセケンコー社が製造に加わっており，Baseball 5 も軟式の系譜に位置づけられると言えよう（三谷 2021；2023）．

●**軟式球技がわれわれに示すもの**　軟式球技は私たちにさまざまなスポーツ文化への示唆を提供してくれる．一つ目は近代スポーツに対する新たな視座である．軟式球技は，ベースボール，ソフトボール，テニスと欧米で発明された「近代スポーツ」を日本に輸入し，用具をつくり直して生まれた文化である．言い換えると，近代スポーツを再解釈して誕生した新たなスポーツとして軟式球技は位置付けられる．二つ目は軟式野球のオルタナティブな側面を示唆する．軟式球技は，それぞれの競技においてスタータースポーツとして機能しており，それは軟式ボールの誕生当時に安全・安価というイメージが与えられていたことに起因する．だが，現代でもポピュラーな競技として親しまれているのは，普及や発展の過程で競技の持つ「おもしろさ」が認識され，硬式球技の下位互換ではなく，オルタナティブな競技として存在していることを示す一端と言えよう．　　［三谷　舜］

📖**さらに詳しく知るための文献**

三谷　舜 2025.『軟式ボールの社会学』創元社．

白川哲夫・谷川　穣編 2018.『「甲子園」の眺め方』小さ子社．

谷川建司 2021.『ベースボールと日本占領』京都大学学術出版会．

段級制度

　日本の武道，あるいは書道や珠算といった身体技能の教授法を特徴づける「段」
や「級」の認定制度は，上達レベルを細分化し，可視化してくれることで，生徒
の習得を動機づける手段として優れたものである．普遍的に有用と思われるこの
制度は，しかし外国で似たものを探すと意外と見つからない．外国のスポーツで
も，技能や知識を体系的に整理し，その習得具合を採点して，段階的にレベル認
定することはあるが，それはもっぱら指導者やコーチの資格を公認するためで
あって，選手が（試合とは別に）試験を受けて取得を目指すものではない．

　もっとも米国では全米テニス協会によるレベル認定制度があって，テニスス
クールで生徒が格付けを受けることがある．しかし，それはどのレベルの教室や
大会に参加するのが適正かを測る目安であって，降格することもある点に違いが
ある．他方，段級は下がることがなく，高位になると技能レベルというより名誉
ある肩書に近づくところに特徴がある．また，日本の伝統文化かと思いきや，ス
キーのような輸入スポーツにも級が存在するところが興味深い（西山 2006）．

●**段位制度を生んだ将棋や囲碁の家元**　段級制度の起源は，江戸時代の将棋や囲
碁の段位制度にある．遊戯研究家の増川宏一（1987）によると，18世紀初頭にま
ず将棋で有段者名簿が現れ，18世紀中頃には囲碁でも九段名人を最上位とした有
段者名簿が見つかっている．家元が認めた有段者では，幕末に囲碁で全国に300
人以上おり，将棋でも同程度の有段者がいたという．それらの有段者名簿には身
分の違う人物が混在し，当時としては異例の身分を越えた社交の機会が提供され
たことが伺われる．それと比べ，同時期の武術に段位を認定する全国組織は存在
しなかった．江戸時代に武術で免許皆伝を得た者が自分の道場を開く場合，免許
の発行権は元の道場から独立できた．習う方も，才能ある者は免許皆伝で独立を
目標にしていたため，少数段の教授資格認定制度は別として，多段階の段位制度
は歓迎されなかった．将棋や囲碁の場合，将軍家が限られた家元に扶持を与えて
権威づけ，段位の認定権を独占させていたため，弟子たちは独立を目指すことな
く，大勢の中で腕を競いあったことが多段階の段位制度を可能にした．

●**近代化する社会と段級制度の発展**　武士という戦闘を本業とする身分があり，
藩という独自の武力を持つ勢力が林立していた江戸時代の武術は，全国統一ルー
ルで優劣を競うのは難しく，各流派，各道場で奥義を秘匿することが原則とされ
ていた．万が一，命のやり取りをする機会があれば，相手の知らない技を持つこ
とが生死を分けるため，他流試合が禁じられることも多かった．公開競技で勝利

を得た技を見て，さらに上回る技を考案するという近代スポーツ特有の進化のサイクルは，武術が実用性を認められていた江戸時代には成立しなかった．

　江戸時代が終わって武士の身分がなくなり，廃藩置県で全国の統治制度が統一されると，武術家はその奥義を隠す必要がなくなったが，開国により性能の高い携行武器が輸入され，やがて国産化されるようになると，武術を極めても職を得るのは難しくなった．

　武術が時代遅れなものとされ，廃れる危機を救ったのは，柔道を創始した嘉納治五郎であった（井上 2004）．高等師範学校の校長や文部官僚を務めた嘉納は，明治中期以降の日本の教育界に影響力を持っていたが，彼が武術に教育的価値を見出したことが，現代に生き残ることを可能にした．嘉納は，武術修行が近代人の精神修養にも効果があることを強調するため，（江戸時代の先例を参考にしつつ）「術」ではなく「道」とした．嘉納が改革した柔道の成功があって，他の武術も「道」を名乗り，教育的価値を主張しやすくなった．

　スポーツを奨励し，日本で初の国際オリンピック委員となった嘉納は，柔道の試合に統一ルールを制定して競技化し，後にオリンピックの公式種目となる道筋を開いたことでも功績がある．しかし彼の功績は，多段階の段級制度を導入し，柔道を（若い間だけでなく）生涯にわたって継続努力できる習い事に発展させたことの方が大きいかもしれない．

● 「液状化」する社会と段級制度の黄昏　囲碁や将棋に始まり，武道に広がった段級制度は，書道や珠算といった伝統技能はもちろん，昭和期のスポーツの大衆化に伴って競泳やスキーといった輸入スポーツでも利用されるようになった．技能や知識が公開され，自由で平等な競争によって向上が促されてきた近代日本において，段級制度は習い事やスポーツを普及させるのに有力な手段となってきた．

　しかしその未来は必ずしも明るいとは言えないかもしれない．段級制度が存在意義を維持するには，その社会で文化の価値が安定している必要がある．武道や書道で有段者であることは今でも価値を失っていないが，社会がグローバル化し，「液状化」（バウマン 2001）する中で，今後もその価値を維持できるかどうかは保証されていない．転職が常識となり，年功序列が弱まって，投機や為替取引が日常の話題になると，長期計画で段階的に成果を積み上げるより，一発逆転の成功を夢見る人が増えていく．そうした時代に段級制度は生き残れるのか，今後の動向が注目される．　　　　　　　　　　　　　　　　　　　　　[西山哲郎]

📖さらに詳しく知るための文献

井上　俊 2004．『武道の誕生』吉川弘文館．

増川宏一 1987．『碁』法政大学出版局．

西山哲郎 2006．スポーツ文化の翻訳と伝統の創造．同『近代スポーツ文化とはなにか』世界思想社．

コミュニティ文化としてのスポーツ

●**スポーツによる「つながり」** 「スポーツによるまちづくり」というフレーズを
しばしば耳にする．特に1990年代以降，総合型地域スポーツクラブを基軸とし
たスポーツ政策が文部省（現文部科学省）によって推進される中で，スポーツを
通した地域の交流に社会的な期待が寄せられるようになった．

　では，スポーツは地域社会のコミュニティにどのような影響を持つのだろう
か．こうした問いに示唆を与えてくれるのが，パットナム（Putnam, R. D.）の『孤
独なボウリング』(2006) である．その名の通り，ボウリングなどの余暇活動を通
したコミュニティ文化の盛衰が社会に与える効用についてパットナムは検証して
いる．そこで分析の鍵となる概念が，社会関係資本（ソーシャルキャピタル）で
ある．社会関係資本について，パットナムは「人と人とのつながりが生み出す社
会的効用」とした上で，結束型と橋渡し型といった二つの理念型に分類している．

　結束型が特定の顔馴染み同士による同質性の高いつながりであるのに対して，
橋渡し型は異なる集団を文字通り「橋渡し」し，社会的属性を異にする他者との
出会いを生み出すものである．パットナムが俎上に上げた「リーグボウリング」
という地域のボウリング交流大会も，橋渡し型の社会関係資本を担保するもので
あった．日本でボウリングといえば家族や友人，知人などの特定の人々との間で
行われるものとしてのイメージが強いが，米国では定期的に開催されるこのリー
グボウリングという形式が主流であった．

　このような余暇活動を通して形成されるコミュニティは，社会と個人の間をつ
なぐ中間集団として機能し，地域社会への帰属意識や民主主義の基盤となりえ
た．しかしマスメディアとしてのテレビの普及などによって，家庭内でも余暇を
満たせるようになったことで，リーグボウリングなどの余暇サークルは衰退し，
コミュニティ文化の基盤は掘り崩されていったとパットナムは指摘する．社会関
係資本という概念を起点に，日本でも浅野智彦（2011）が提起した「趣味縁」の
ように，趣味を通したコミュニティ文化と社会参加に関心が寄せられている．

●**沖縄のリーグボウリング**　スポーツ社会学の視点からすれば，スポーツなら何
でもよいということではなく，各種目に帯びる固有の文化的特性に注目したい．
それは，スポーツがコミュニティ文化を生み出すための単なる手段ではなく，そ
れぞれの種目に特有のスポーツ実践があってこそコミュニティ文化が成立するた
めである．

　その視点に立つと，沖縄のボウリング事情が興味深い．笹生心太（2017）によ

ると，沖縄のボウリング文化は，米国の影響を受けつつ，独自の特徴を持つものとして定着している．終戦後，米国の統治下にあった沖縄は，1972年の本土復帰後も現在に至るまで米軍基地が置かれてきた．沖縄のボウリングも米軍基地を取り巻く環境の中で成立してきた．米兵用の娯楽施設としてボウリング場が基地内に設置され，2001年の同時多発テロまでは日本人も容易にそこでプレイすることができたという．それ故に沖縄でも米国と同じように地域住民たちが定期的に集うリーグボウリングが主流となっている．

　沖縄におけるリーグボウリングの特徴として笹生が注目するのは，飲酒との関わりである．日本本土では，1970年代頃のボウリングが流行する過程で，ボウリング関連団体が「スポーツ」としてのイメージを強め，同時にボウリング場の回転率を高めるために，ボウリング場からアルコールを排除していった．一方で沖縄では，地域住民の交流を円滑にするアイテムとして飲酒が重要な役割を果たしている．それ故に運営するボウリング場とプレイする客との緊張関係の中で，飲食物の持ち込みが許容されている．飲酒が持つ意味合いは，地域に根差したコミュニティ文化の空間としてボウリングが成り立っていることを象徴するものである．

●**薄く緩やかな関係性**　このようにコミュニティ文化としてのスポーツを考える場合に，社会関係資本は一つの重要な切り口となる．一方で，社会関係資本のみでは捉えられない側面がフットサルの事例を通して分かる．

　日本におけるフットサルは，その普及プロセスにおいて「個人参加」という形態を生み出した（佐藤 2021）．フットサルのようなチームスポーツは，その実践を通して参加した者同士の関係性を深めるものとして通常考えられようし，サッカー協会などからは「コミュティスポーツ」として期待された．だが，都市空間で実施される個人参加型フットサルでは，むしろ見知らぬ他者同士が一期一会のような関係性の中で試合を行うスタイルが一般的なものとなっている．フットサルコートが運営するこうした「個人参加」は，「おひとりさま」でも参加可能な趣味としても認識されている．「個人参加」の空間では，過度な声掛けの禁止や激しいプレイの制限などその日偶然出会う見知らぬ他者と「気軽に」プレイするための規範が存在する．それは，コミュニケーションを取り過ぎないためのコミュニケーションとして，あえて他者との一定の距離感を保つためのふるまいともいえるものである．コミュニティ文化としてのスポーツは，強固で濃密なつながりによってもたらされるものだけではなく，個人参加型フットサルのように積極的にはつながろうとしない，薄く緩やかな人間関係の中でも成立している．

　このようにスポーツが行われるそれぞれの空間は，現代社会における多様なコミュニティ文化の諸相を映し出す鏡である．　　　　　　　　　　　　　［佐藤彰宣］

📖**さらに詳しく知るための文献**
パットナム，R. D. 著，柴内康文訳 2006．『孤独なボウリング』柏書房．
笹生心太 2017．『ボウリングの社会学』青弓社．

スポーツ文化批判

　近代スポーツは，しばしば，身体の鍛練や精神の涵養，集団意識の形成など，プラスの視点から語られることが多い．しかし，こうした近代スポーツ文化に対する批判的な議論も以前からなされてきた．

●**ヴェブレンのスポーツ批判**　早い段階で，近代スポーツの持つ問題点を指摘したのはヴェブレン（Veblen, T.）だっただろう．彼は，『有閑階級の理論』（1899）において，近代スポーツが，彼のいう「野蛮時代」（ヴェブレンは，人類史を，平和な原始時代から，掠奪が横行した野蛮時代前期，さらに準平和的な野蛮時代後期に分類して考察している）の「好戦性」や「派閥意識」を反映させたものであると批判的に論じている．中でも，私有財産制度の広がりの中で，資産を持ち，生産的な労働に携わることを不名誉なものとして捉えるようになった有閑階級にとって，「本質的に無用な行為」かつ「自慢できる浪費」であり，さらに「競争」という要素を持つスポーツは重要な意味を持つようになる．彼によれば，「スポーツに熱中するのは，古い精神性すなわち掠奪的な対抗意識が相当に強いからに他ならない」のだ．その効果は「ほぼ確実に，掠奪的な気質や習慣の存続を後押しする方向に働く」と彼はいう．人間社会の平和的展開を展望し，勤労本能を人間の究極の要素と考えるヴェブレンにとって，こうしたスポーツの掠奪文化の継承は否定すべきものだった．

　興味深いのはヴェブレンが近代スポーツの持つジェンダー問題，特に「男らしさ」に注目している点だ．「今日，どの国でも，何の言われもなく仲間と戦って男らしさを誇示することが社会的義務のようになっている」と彼は指摘する．腕力と策略の形をとった武勇は，「近代的な戦争，営利的職業，スポーツや勝負事にも，さまざまな度合いで見受けられる」．それは，「狭量で利己的な思考習慣」につながり，社会にとってよい結果をもたらすことはないのだ．

　ヴェブレンの指摘を受けながら，アドルノ（Adorno, T.）もまた近代スポーツを批判している．アドルノは，『文化批判と社会』（1955）において，ヴェブレンの『有閑階級の理論』が，「ダーウィン主義的なプラグマティズム」に基づく「古い実証主義」であることや「ブルジョア社会批判の不徹底」（結局，ヴェブレンは，産業資本主義の合理化を目指す「テクノクラート主義者」にすぎない）といった観点から批判しつつも，ヴェブレンの近代スポーツ批判に触発されて，「スポーツ行事は全体主義的な大衆集会のモデルだった．それは，許された暴力行為として，無慈悲と攻撃性の契機とおとなしいルールの遵守という権威主義的契機とを

結合」させている，と近代スポーツ文化に手厳しい論難を加えている．

●**遊びの視点から**　「遊び」の理論で知られるホイジンガ（Huizinga, J.）もまた，『ホモ・ルーデンス』（1938）で，近代スポーツ批判を展開している．タイトルである「ホモ・ルーデンス」は，「ホモ・サピエンス（知る人）」「ホモ・ファベル（働く人）」に対して「遊ぶ人」という意味を持つ．このタイトルが示すように，ホイジンガにとって「遊び」は，人間の生にとって根源的な領域なのだ．彼にとって，「遊び」は，以下のように定義される．

　「遊びとは，あるはっきり定められた時間，空間の範囲内で行われる自発的な行為もしくは活動である．それは自発的に受け入れた規則に従っている．……遊びの目的は行為そのものの中にある．それは緊張と歓びの感情を伴い，またこれは『日常生活』とは『別のもの』という意識に裏付けられている」．

　もちろんスポーツと「遊び」との間には重なっているところも多い．しかし，近代社会において登場したスポーツは，「真面目への傾倒」，つまり訓練や組織化された規則の拘束，さらに記録に縛られるといったことで，「遊びの内容のなかの最高の部分，最善の部分を失っている」とホイジンガは指摘するのである．

●**政治との結びつき**　オーウェル（Orwell, J.）もまた，「スポーツ精神」（1945）と題した短いエッセイで，近代スポーツへの徹底した批判を行っている．彼は，近代スポーツを「必ず憎悪の原因になる」とし，国際関係の悪化につながることさえあるという．スポーツは，人種差別やナショナリズムを煽りかねない「鉄砲抜きの戦争」であると彼は位置付けてみせる．こうしたスポーツと政治の関わりは，近代社会の産物だ，中世の「スポーツ」は，今よりもっと野蛮だったが，「政治とは結びつかず，集団的憎悪の原因にはならなかった」と，近代社会におけるスポーツと政治の結びつきを指摘している点も興味深い．

　近代スポーツの背景に，前近代からの略奪文化や好戦性の残滓を見たり，全体主義の契機や遊びの要素の喪失を指摘したり，また政治とスポーツの結合の危険性を見たり，視点は多様である．これにジェンダーという視点を加えれば，近代スポーツが女性排除の構造を持つことも指摘できるだろう（伊藤 1998）．

　スポーツ批判の声を，変化しつつある現代スポーツはどのように受け止めたらいいのだろうか．オーウェルが的確にまとめた「鉄砲抜きの戦争」の側面，つまりヴェブレンの指摘した「闘い」の過剰な強調がもたらす敵対意識の増幅は，どのように制御できるのか．アドルノが批判したように，政治的動員の手段としてスポーツを利用することで生じる権威主義や全体主義への動員とどう対峙できるのか．課題はたくさん残っている．

　また，ホイジンガのいう「遊び」という視点は，勝利至上主義や障害のあるなし・性別・年齢などを超えた，身体を通じた緊張や喜びの回復としてのスポーツという視点を私たちに示しているという点でも興味深い．　　　　　　　　［伊藤公雄］

オルタナティブスポーツ

　オルタナティブスポーツ（以下，AS）とは，既存の支配的なスポーツあるいは社会制度・体制に対して，対立的・対抗的，あるいは異なっていると捉えられる価値観や態度，実践を持つスポーツ活動のことである．サーフィン，スケートボード，スノーボードといった 1960 年代米国西海岸の対抗文化の時代精神の中で発生したカリフォルニアンスポーツを中心にして論じられ，また米国以外で発生したスポーツやバンジージャンプなどの民族スポーツ由来の現代的実践も含む．反競技性を起源とするが，『オリンピック・アジェンダ 2020』で提起された若者層へのアピールのためにこれらの一部はオリンピック競技化が進行している．

●オルタナティブスポーツの研究史　1980 年代にスポーツのサブカルチャーという視点からの研究を主張したドネリー（Donnely, P.）や 1995 年にスケートボーダーのサブカルチャーを社会的抵抗として論じたビール（Beal, B.）は，カルチュラル・スタディーズやグラムシ（Gramsci, A.）のヘゲモニー概念を頼りに，資本主義社会体制に対するスポーツ文化を通じた対立と抵抗を論じる中で，オルタナティブ（もう一つの，代わりの）という形容詞を用いた．しかし，AS の概念を提起したのはラインハート（Rinehart, R.）である．1979 年創業の米スポーツ専門チャンネル ESPN は 1995 年にスケートボード，BMX などの競技大会として The eXtreme Games（後の X Games）を開始し，エクストリームスポーツという名称を打ち出す．1987 年創業のオーストリア発の飲料メーカー Red Bull は，パラグライダー，ベースジャンプ，スノーボード，BMX へのスポンサーを行う際に，同名称を採用していく．ラインハートは，企業発のこの資本主義的・市場主義的なスポーツ概念に対する批判から，AS の概念を 1990 年代後半から使い始める．

●カテゴリー化をめぐる議論　日本では 1990 年通産省の『スポーツビジョン 21』がニュースポーツの概念を提起し，1995 年稲垣正浩の『スポーツの後近代』や2000 年野々宮徹の『ニュースポーツ用語辞典』は，競争原理・勝利至上主義・記録主義による上昇志向の近代スポーツに対して，ニュースポーツを，競争性を抑えてあらゆる属性の人が楽しめることを目指す下降志向のスポーツと論じた．

　研究者の多くは，ライフスタイルスポーツ，アクションスポーツ，ウィズスポーツ，アドベンチャースポーツ，パニックスポーツ，ポストモダンスポーツ，ニュースポーツなどの類似的なカテゴリーを同時並行的に用いる．例えば，ウィズスポーツの概念は，仏社会学者ミドール（Midol, N.）が提唱し，「ヒュッ」という速く飛ぶ動作の擬音 whiz を冠し，カイヨワ（Caillois, R.）のイリンクス（眩暈）

の概念に連なって、ルールに基づく競技性よりも、移動や回転による速さや方向喪失といった実践者側の感覚を重視する。このように、カテゴリー化に学者が介入しているケースもあれば、企業がスポーツ商品の世界における差異やオルタナティブの価値を打ち出すために新たに名前を付けることもある。例えば、米企業が好む名称として、エクストリームスポーツは、観客の側がそこに極限を見出すという商品イメージを重視し、アクションスポーツは、動きの速い映像のショットや実践者側の「動きたい」という動機を捉えることを狙った名称である（Rinehart 2009）。カテゴリー化が商品の世界で進行していることを踏まえて、スポーツ実践によるオルタナティブの可能性を追求するラインハートは、AS概念の不変的で固定的な定義よりも、潜在性、流動性、地域性の下で、バナキュラーな形で現れうる実践に可能性を見出し、例えば、先のビールの論文で描かれた米コロラドのスケートボーダーたちが競技大会で競争しているはずの他の選手たちへ声援を送ったり、選手の失格について運営側に抗議した態度に見出す。

●**ライフスタイルスポーツ**　これは、サーフィン、スケートボード、ウィンド・サーフィン、ロック・クライミング、パルクールを研究対象として、観客側からのスペクタルではなく、参加者・実践者側がそのスポーツをライフスタイルとして深く取り入れていくあり方を捉える、ウィートン（Wheaton, B.）が提唱した概念である（ウィートン 2019）。その点でサブカルチャー研究の動向と親和性を持ち、その典型は、サーフィンのために移住を決行したり、専門店の経営を始めるような、人生をかけてそれに時間とお金をかけるハードコア層である。スポーツの価値観としては、ルール化や制度化を嫌い、反チームスポーツ的な個人主義と快楽主義を特徴とし、商業主義に反対する態度を持つ場合もあるが、実践者は、先進国の裕福な白人男性を中心とし、グローバル市場における商品化を介してライフスタイルとして構築されたスポーツ群であるとウィートンは論じる。

●**研究の視点**　これらのスポーツ活動が支配的スポーツや資本主義体制へ対抗的であっても、男性中心主義という別の支配的な価値観に対しては対抗的ではないケースがあることをビールやウィートンらは論じている。また、ベック（Beck, U.）が論じたリスク社会の概念を受けて、これらのスポーツが、後期資本主義社会における「リスクを取ること」の価値観と関連があるという視点からの研究群が存在する。社会学者リン（Lyng, S.）は、これらのスポーツに存在する身体的・経済的・社会的リスクと快楽、楽しみ、アドレナリンの追求の関連を論じ、この議論を古典的な「興奮の探求」と関連づける議論も行われている。　　　［平石貴士］

📖**さらに詳しく知るための文献**

ウィートン, B. 著, 市井吉興ほか監訳 2019.『サーフィン・スケートボード・パルクール』ナカニシヤ出版.

Rinehart, R. 2009. Alternative Sports. In Pope, S. W. & Nauright, J. eds. *Routledge Companion to Sports History*. Routledge.

スポーツと宗教

　宗教の解釈は地域，人種，世代などによって解釈が異なる点も多いことから，宗教をテーマに「こうである！」と述べるのは非常に困難である．そのような状況下ではあるが，スポーツと関係の深い，ユダヤ教，キリスト教，イスラム教の三つの宗教を中心に話を進める．

　アブラハムの神への崇拝を起源とする，ユダヤ教，キリスト教，イスラム教の三つの宗教を，「アブラハムの宗教（Abrahamic religions）」と呼ぶことがある．この三つの宗教に共通する点は，唯一神であること，神が預言者にメッセージを与えること，神が人間の生き方のルールを定め聖典に記されていること，世界は神が創造し，いずれ滅亡する際に最後の審判を受けるということなどである．

●**安息日とスポーツ**　そして，神が天地創造を 6 日間でなさった際，7 日目に休息を取ったことに由来し，安息日が設けられている．基本的にこの安息日には何も行ってはならず，神のために祈る日であるとし，一般的な休日とは異なる．ユダヤ教は土曜日，キリスト教は日曜日，イスラム教は金曜日をそれぞれ安息日としている．そのため，映画『炎のランナー』(1981) において，登場人物が聖職者を目指す敬虔なキリスト教徒であったため，日曜日に走ることは神への背信行為であるとして，1924 年パリオリンピックの 100 m 競技に出場することを拒否するというシーンがある．このように，安息日には何もすべきではないという考え方は，ユダヤ教とキリスト教で見受けられ，本来はスポーツも行うべきではないとする考え方もある．一方で，イスラム教においては，預言者ムハンマドが金曜日を特別な礼拝日としたため男性は正午の礼拝には必ず参加しなくてはならないが，何も行ってはならないとはされておらず，労働も行う．したがって，礼拝の時間に支障がなければスポーツ活動も行う．このように，安息日とは単なる「休みの日」ではないことから，スポーツ活動・レクリエーション活動であっても影響がある場合がある．

●**女性とスポーツ**　「筋肉的キリスト教（Muscular Christianity）」は，1850 年代に英国で起きたキリスト教の運動であり，この思想は，オリンピックの創始者であるクーベルタン男爵（Baron de Coubertin）の「スポーツ教育」の理念にもつながっている．英国のパブリックスクールにおいて，従来キリスト教では強健な身体と霊的神聖さは相容れないとされてきたのに対して，運動競技を正当化する根拠として用いられた思想であり，スポーツマンシップの源流にもなっている．スポーツマンシップは英国スポーツの形成とともに成長を遂げた精神であり，ジェントルマン教育とは切り離せない．このような背景を元に，近代スポーツは筋力や瞬

発力など，男性が優位な「能力」や「体力」を基準につくられてきている．

　また，宗教と社会が切り離せないように，スポーツも宗教と密接な関わりを持っているため，宗教上の理由から女性のスポーツ参加が禁じられてきた国が存在しており，イスラム教国においては，顕著である．だが昨今は，健康を目的としてフィットネスやスポーツに女性が容易にアクセスできるようになってきており，競技スポーツへの参加も急増している．特筆すべきは，戒律の厳しい国において，彼女たちのための女性専用のスポーツ施設が建設されたり，女性指導者の育成が始まっていることである．これは女性が男性と一緒にスポーツをできないことを背景にしているが，結果として規制のない国よりも恵まれた環境にもなりつつある．クルアーン（聖典）により，健康な心と体は創造主からの贈り物であり，健康の維持は信者の義務とされ，男性のムスリムであればスポーツ活動を妨げられることはないが，女性のムスリムも，イスラム教の教義を順守しつつも，住んでいる国や置かれている状況，環境，時代などによって柔軟に対応している．イスラム教の教義によってムスリムの女性が求められているヴェール着用などについても，当のムスリムの女性たちは，主体的，能動的な解釈をしているように，西洋社会で言われる程イスラムの教義は厳格ではない場合も多く，ムスリム以外が思っていることと，ムスリム女性本人が思っていることは異なる．すなわち，ムスリム女性とスポーツに関しては西洋的視点に立ったものが多く，ムスリム女性の視点からは異なった感じ方をしていることも少なくない点は注意しなくてはならない．

●**聖・俗・遊とスポーツ**　カイヨワ（Coillois, R.）が唱えた聖・俗・遊の三項図式の視点からスポーツをみることができる．「遊びは，自発的な行為もしくは業務であって，それはあるきちんと決まった時間と場所の限界の中で，自ら進んで受け入れ，かつ絶対的に義務づけられた規則に従って遂行され，そのこと自体に目的をもち，緊張と歓喜の感情に満たされ，しかもありきたりの生活とは違うものであるという意識を伴っている」（カイヨワ 1973）としていることから，スポーツと通じる．だが，「聖」を「ハレ」，「俗」を「ケ」として捉えた場合，スポーツは非日常的なものであることから祭りと同様に「聖」と捉えることもできる．

　一方で，イスラム教には「聖」という言葉に対応する用語はなく，概念自体の出番がないとされる．存在する万物にアッラーの配慮が及び，その意図の反映であるとみなされることから，改めて「神聖である」という必要も場面もないためである．したがって，イスラム教では，異なった見解となるだろう．

●**まとめ**　「アブラハムの宗教」においては，三つの宗教に共通して「神が人間の生き方のルールを定め聖典に記されている」．だが，その受け取り方，解釈はさまざまであり，スポーツをどのように扱うかも解釈によるものが大きい．したがって，宗教の影響を受けながらも，必要なものとして解釈したとき，人々はスポーツをするのではないだろうか．

[上代圭子]

筋肉的キリスト教とアマチュアリズム

　筋肉的キリスト教（Muscular Christianity）は，近代スポーツが生まれた英国で1857～1858年頃に使われだした言葉で，たくましい肉体を持つ敬虔なキリスト教徒を一つの理想像とする思想を表している．それは，スポーツをキリスト教徒に必要な肉体の鍛錬と見なすことにより，社会的に価値づけた考えであった．

　アマチュアリズム（Amateurism）とは，スポーツを通して財貨を得ることを否定し，スポーツは職業生活と関係がない余暇の中で純粋に楽しむべきものとする思想であり，スポーツを職業として行うプロよりそれを生計の手段としないアマチュアこそが本来の在り方だと主張する．1830年代の英国では水夫や船頭はレガッタに出場すべきでないとされ，1866年の全英陸上選手権では身体活動を伴う仕事をする職人や職工がアマチュアではないと閉め出されたが，そのような階級差別にもとづく参加規定の考え方がアマチュアリズムの根源にはある．

●**『トム・ブラウンの学校生活』をどう読むか**　筋肉的キリスト教の思想を世に広めた人物の一人にヒューズ（Hughes, T.）がいる．ヒューズは，自身が学んだ英国パブリックスクールのラグビー校を舞台にしたスクール小説『トム・ブラウンの学校生活（*Tom Brown's School Days*）』の作者としても知られるが，この物語は，ヒューズの在学中に校長だったアーノルド（Arnold, T.）を，スポーツに初めて教育的な価値を見出し奨励した人物と神格化する上で大きな役割を果たした．

　しかしながら，1950年代以降，アーノルドの書簡の分析などを通じてそういったアーノルド像は否定されてゆき，いわゆるアーノルド神話は崩壊する．『トム・ブラウンの学校生活』は，アーノルドの実像を伝えるというより，ヒューズが信奉していた筋肉的キリスト教の考えを伝えるプロパガンダとして読める．

●**アスレティシズムと筋肉的キリスト教**　事実ヒューズ自身が『トム・ブラウンの学校生活』の続編である『オックスフォードのトム・ブラウン（*Tom Brown at Oxford*）』で，まさに筋肉的キリスト教と題する章を立て，筋肉的キリスト教徒（Muscular Christians）を単なる筋肉マン（musclemen）とは区別し，昔ながらの騎士道にかなったキリスト教の信仰心を持つことや，鍛えられた肉体を弱き人々を守るために使うこと等々，その具体的な姿を語っている．

　そしてこの筋肉的キリスト教は，19世紀後半のパブリックスクールを席巻したチームスポーツこそが若者の人格を形成する上で至上のものと捉え，その教育的価値を盲目的なまでに礼賛したアスレティシズム（Athleticism）と呼ばれる教育言説を，ミリタリスティックな方向へ強化した．その騎士道精神は，帝国主義の

尖兵に必要なミリタントな資質へ読み替えられ，鍛えられた肉体の社会への奉仕は，ヒューズが参加していたキリスト教社会主義に基づく階級を超えたスポーツの共有を促すとともに，国を挙げたチームスポーツへの没頭を模擬戦争に擬え，軍事訓練として正当化したからである．その結果，20世紀前半の二つの世界大戦では英国人兵士の大量戦死がもたらされ，アスレティシズムは破滅した．

●**筋肉的キリスト教の痕跡**　では，19世紀の英国に発したこれらのスポーツに関わる思想は，日本でいかに受け止められたのだろうか．実は『トム・ブラウンの学校生活』は戦前期から翻訳され，かなり広く読まれていた．けれども，この物語はパブリックスクール教育への関心は喚起したものの，そこから筋肉的キリスト教の思想が読み取られていた痕跡はほとんど見出せないのである．

　キリスト教の思想的基盤が脆弱な日本で筋肉的キリスト教の考えが摂取されなかったのは当然かもしれないが，1899年に武士道を英文で海外に紹介した新渡戸稲造が，トム・ブラウンを武士道精神の根幹に通じる人物として紹介していた（阿部ほか編著 2006）ことを知ると，別の考えも浮かんでくる．それは，各々の国で肉体にミリタントな資質が求められた当時，英国で筋肉的キリスト教が果たした役割を，日本では武士道が担ったのではないかということである．

●**アマチュアリズムの支配**　一方アマチュアリズムは，1910〜1920年代の陸上競技会において，脚力を使う仕事をする人力車の車夫などが参加資格を問われたように，早くからわが国のスポーツ界に参加規定という形で取り込まれた．

　オリンピック選手の選考であった大正期の陸上競技会がオリンピックにならいアマチュアを参加資格としたのは必然であるし，1974年にオリンピック憲章からアマチュアという呼称が削除され，その後プロ選手の出場がオープン化する前まで，アマチュアリズムは各国で大きな力を持ったが，日本ではより強くこの思想が影響力を持ったようにも思われる．

　日本では学校がスポーツの主要な舞台であったから，それを教育として価値づける上でアマチュアリズムはまず力を持った．その学校教育の場で，チームスポーツは英国のように軍事訓練化せず，戦時下の英国でそれが担った役割は武士道の系譜にある武道が演じた．そして外来文化だと禁じられたチームスポーツはミリタリズムに手を染めることなく，戦後は外来文化ゆえに歓迎される．それはパブリックスクール起源の人格形成の主役として奨励されたので，そこで語られる人格の形成は英国発祥のアマチュアリズムと親和性が高かったのである．

［鈴木秀人］

📖さらに詳しく知るための文献
阿部生雄 2001．筋肉的キリスト教の思想と近代スポーツマンシップ．筑波大学博士論文．
阿部生雄ほか編著 2006．『多様な身体への目覚め』アイオーエム．
内海和雄 2007．『アマチュアリズム論』創文企画．

伝統スポーツ

　伝統スポーツとは，特定の社会集団が歴史的に形成し，その中で一定期間伝承されてきたとされるスポーツのことである．特定の社会的・地域的アイデンティティに根差していると考えられているものの，そこで太古の昔より伝承されてきたというよりも，実際には他のさまざまな「伝統」と同様に，伝統スポーツとされるものの多くは近代社会の形成プロセスにおいてつくり出されてきた．

　伝統スポーツという語は，しばしば近代スポーツと対置して用いられてきた．その場合，例えばグットマン（Guttmann, A.）の近代スポーツの特質に対して，それらを持たないスポーツ的形態を伝統スポーツと表現する．だが，近代以前のスポーツ的形態にもグットマンが示した近代的特質を見出せるという指摘は数多くなされており，近代スポーツと互換性のある伝統スポーツもあるなど，両者を単純に対置することはできない．

　また，スポーツ人類学などの分野では，「近代スポーツ」や「国際スポーツ」の枠組みに当てはまらないスポーツ的形態を意味するという点で，伝統スポーツが「民族スポーツ」と互換性を有したり同義語として扱われたり重複したりすることがある．例えば石井隆憲（2017）は，もともとビルマ族の「民族スポーツ」であったチンロンが，1953年の国内連盟設立で国家の認定を受けたことによって，ミャンマーの「伝統スポーツ」へとその位置づけを変えていったことを指摘している．

●**近代がつくり出した伝統スポーツ**　多くの「伝統」は近代国民国家でそれが必要とされて，つくられてきたものである．スポーツに関しても同様であり，伝統的とされるスポーツには近代社会において創造されてきたものが少なくない．

　フランスの外交官であったジュスラン（Jusserand, J.-J.）は，馬上槍試合（トーナメント）やジュ・ド・ポーム，スールなど中世フランスで伝統的に行われた娯楽や遊戯に関する大著を1901年にものした．中世の騎士たちが行った馬上槍試合では，集団で剣を主な武器とする騎馬戦を中心に，一対一の戦いで槍を主な武器とする一騎打ちなどもあった．騎士たちにとっては自らの技能と武勇と特権的身分を誇示する舞台となり，これに多くの人々が熱狂した．こうした騎士たちの娯楽は，禁止令が幾度も出されながら，ルールがつくられ，暴力性が取り除かれ，世俗化し，形を変えていったものの，近代にかけて衰退していった．

　騎士の伝統的娯楽だった騎馬や決闘は，馬術やフェンシングという近代スポーツにつながった．同様に，ジュ・ド・ポームやスールなど，かつてフランスで行われていた伝統スポーツが，それぞれテニスやサッカーなどイギリス由来の近代

スポーツの原型であるとジュスランは主張した．19世紀後半のフランスでは，英国趣味のブルジョワたちを中心に，イギリスで成立した新たなスポーツ（近代スポーツ）が人気を博していたが，それらは「もともとフランスにあったものが，ここに復活をみたのである」とジュスランは述べる（ジュスラン 2006，6）．

この主張は，当時のフランス社会における「退廃的」雰囲気の反映だった．曰く，近代化の過程で騎士道的な運動遊戯が衰退し，フランス国民は身体的な運動から離れて軟弱化していた．そこに台頭したのがイギリス由来の（近代）スポーツであった．こうした中ジュスランは，普仏戦争の敗北に帰結した近代フランス国民の軟弱化に対し，その活力を蘇らせるべくスポーツの伝統を結いなおしたのだ．近代国家の発展プロセスにおいて，これら伝統スポーツは必要とされたのである．

●**伝統スポーツと現代社会**　武道も近代国民国家としての日本がつくり出した伝統スポーツの一つである．井上俊（2004）によると，嘉納治五郎が旧来の柔術を改良し，安全かつ理論的な技術体系や競技としての試合方法などを確立させて柔道をつくり出したように，日本古来の武術が文明開化の社会に適合すべく近代化する中で武道は形成されてきた．

日本武道協議会によれば，武道は「武士道の伝統に由来する日本で体系化された武技の修錬による心技一如の運動文化」である．こうした武道の今日的な概念は西久保弘道によって大正から昭和初期にかけて確立された．西久保は，人気が高まる欧米由来の近代スポーツと差異化すべく，武道を日本伝統の優れた文化として位置づけた（中嶋 2017）．近代につくられていった武道は，日本社会における近代スポーツの台頭と相まって，その伝統的側面を強調するに至ったのである．

現在，柔道はオリンピック競技の一つとして，サッカーやバスケットボールなど欧米由来の競技と並置されている．他の各種武道も世界中に広がり，日本の伝統スポーツとして認識されながらも，現在では国際的統括組織の下で，多くの近代スポーツと同様に世界大会が開催されている．

さらに近年では，従来的な近代スポーツの対抗文化として登場したエクストリームスポーツやアーバンスポーツが人気を集め，あるいはeスポーツが世界的に普及する中でスポーツ概念が再考されている．それと相まって，これまで「近代スポーツ」と位置づけられていたはずのサッカーや野球などが「伝統スポーツ」と呼ばれ始めている．かつての「伝統スポーツ」は近代国民国家の形成と発展のプロセスにおいてつくり出されてきたが，グローバルな結びつきを前提とした現代社会においては，その意味するところが変化しつつある．　　　　　　　［星野　映］

📖**さらに詳しく知るための文献**

Jusserand, J.-J. 1901. *Les Sports et jeux d'exercice dans l'ancienne France*. Plon-Nourrit.（ジェスラン, J.-J. 著，守能信次訳 2006.『スポーツと遊戯の歴史』駿河台出版社）.

井上　俊 2004.『武道の誕生』吉川弘文館.

スポーツの美学

スポーツの中で出会う美しい場面に私たちはしばしば感動する．そうした場面が「芸術的」と形容されることもあるし，一部の競技の名称には「アーティスティック」という語が含まれてもいる．スポーツと美，スポーツと芸術の関係に多くの関心が向けられてきた．古くは日本の美学者中井正一による20世紀前半に書かれたいくつかの論考を挙げられるが，この分野の世界的な研究蓄積が始まるのは20世紀後半になってからのことである．

●**スポーツと芸術**　スポーツは，する場合であれ見る場合であれ，人に美的経験をもたらす．これに同意しない人はいないだろう．だが，スポーツは芸術であるという主張に同意するのは難しい．かつて，哲学者や美学者たちの間でスポーツを芸術の一分野と見るかどうかの大論争があった．論点を整理した樋口聡は「『スポーツは芸術ではない』と答えることが妥当」（樋口 1989）としたが，この判断は社会学的な視点からも同意できるだろう．というのも，芸術作品であるかどうかは個々の作品だけで決まるものではなく，社会的で制度的なもの＝「アートワールド」（Danto 1964；Becker 1982）がその決定に重要な役割を負っているからである．言うまでもなく，スポーツはアートワールドの外部にある．外部にあるというだけではなく，芸術にアートワールドがあるように，スポーツにはスポーツワールドと呼ばれるべきものがあるだろう．そこにはさまざまなエージェント（選手，指導者，チーム，オーナー，広告主，観客，ファン，競技組織，メディアなど）が織りなす独自の歴史，制度や慣習が含まれているはずである．もし，スポーツと芸術に似たところを見出し，そこに外形的で偶然的な類似以上の内容を読み込む場合には，慎重に取り組む態度が必要になる．

●**芸術由来の競技**　スポーツと芸術は別であるとしても，フィギュアスケートや新体操のようにバレエという舞踊芸術を起源にもつ競技の場合は，サッカーや野球とは違うややこしさを抱えることになる．サッカーや野球などの場合，プレイが生み出す美しさは副次的なものにすぎず，得点にも勝敗にも影響しない．それゆえ，それらの美しさを語ることは選手や見る者の個人的趣味として片付けることができる（ただし，最後に述べるようにそのように片付けることができなくなりつつある）が，フィギュアスケートや新体操ではそうはいかない．美しさの追求は競技のアイデンティティに関わるからである．

例えば，フィギュアスケートは，技術点（テクニカルスコア）と構成点（プログラムコンポーネントスコア）の二本立てで採点される．難しさを評価する技術

点に対し，構成点は主に使用する音楽と演技内容との関係を中心的に評価する．構成点の採点対象3項目であるコンポジション，プレゼンテーション，スケーティングスキルのうち最初の二つには「音楽のフレーズと形式を反映した振付」，「音楽的な感度とタイミング」など音楽と関連する事柄，言い換えれば，バレエ起源を想起させる文言が含まれている．このように，芸術由来の競技はスポーツとして勝敗を競いつつも，同時に競技の中に芸術的な面を内包し，美しさを競争しなければならないのである．

　この点について，柏原全孝は新体操を例に，スポーツ的な技術（難しさ）の競争と美しさの関係を論じ，そこではスポーツ的な難しさに先立って何を美しいとするかの価値判断がなされていると分析した（柏原 2021）．その価値判断が比較的安定している競技（フィギュアスケート）もあれば，不安定な競技（新体操）もあり，とりわけ後者ではその価値判断によって競技のあり方が大きく左右される歴史を重ねることになる．

●ジェンダーとスポーツの美しさ　スポーツの美学を考える上で，もう一つ触れておくべき点はジェンダーである．芸術由来の競技のうち，アーティスティックスイミングと新体操は女子種目だけがオリンピックで行われる．前者は単独競技の世界大会には男子種目もあるが，後者はそこでも女子しかない．このことはこれらの競技で期待される美しさに「女性的な美しさ」というジェンダー的刻印があることを示唆しているだろう．他方，歴史的に女性を排除してきたスポーツの男性性を考えると，スポーツの美しさとされてきたものがじつは男性的な美しさを刻印されたものだったのではないかという疑問が浮かぶ．そもそも18世紀のヨーロッパに生まれた美学と美の概念自体がすでに「ジェンダー化された美学」（Korsemeyer 2004）だったと言われている．それなら，その始まりからずっと女性を排除するジェンダー化された活動であったスポーツに見出されてきた美は，当然のことながらジェンダー化された美だったはずである．この視点はスポーツを考えるための新しい視野を開く．例えば，男子サッカーと女子サッカーの間のさまざまな格差の問題がある．ジェンダー化された視点からは，男子ほどの魅力がないために生じた当然の格差であるように見えるだろう．しかし，2023年の女子ワールドカップフランス大会前に同国で制作されたCMはその誤りを見事に教えている．CM前半に流される男子代表の素晴らしいプレイに見えたものが，じつは女子代表のプレイに男子選手の顔を貼付けた加工映像であり，男子の顔だからそのプレイが素晴らしく見えただけなのだ．スポーツに巣食うジェンダー化された美の問題はかくも根深いのである．　　　　　　　　　　　　　[柏原全孝]

📖 さらに詳しく知るための文献

樋口 聡 1987.『スポーツの美学』不昧堂出版.
柏原全孝 2021.『スポーツが愛するテクノロジー』世界思想社.
町田 樹 2020.『アーティスティックスポーツ研究序説』白水社.

武士道とスポーツ

　武士道とは，平安中期に武士が誕生して以来，武士階級の中ではぐくまれてき
た特有の倫理観であり，武士に求められた厳しい道徳律を指すものであった．江
戸期の武士の倫理規範としては，儒教の影響を強く受け，戦乱の収まった太平の
世で為政者・統治階級としての職分の自覚や実践を求める山鹿素行『山鹿語類』
に代表される士道が一般的であったが，これに対して山本常朝『葉隠』に代表さ
れる主君に仕える武士としての忠義や戦闘者としての死の覚悟を強調した倫理規
範が武士道と呼ばれていた．

●**明治期の定着**　武士道という用語が「武士の道徳的・倫理的規範」を指す言葉
として一般的に使われるようになるのは，明治期以降のことであった．特に，南
部藩士の家庭に生まれた新渡戸稲造が，1900 年に "BUSHIDO The Soul of Japan"
を執筆すると，米国をはじめ数か国でベストセラーとなり，1908 年には日本語訳
も刊行された．新渡戸は，武士道を西洋の騎士道に匹敵する「日本人の道徳体系」
であり，義・勇・仁・礼・誠・名誉・忠義という七つの徳目から構成されるもの
と論じた（新渡戸 1938）．新渡戸の『武士道』刊行後，「武士道」は日本人の国民
性，道徳的規範を表現する用語として定着した．

●**通説としての「武士道の影響」**　明治初期，西洋諸国から日本にスポーツが伝来
し，全国各地に急速に伝播・普及することとなったが，その際，スポーツは武士
道的規範の影響から，観念的精神論の強調，何が何でも試合に勝とうとする勝利
至上主義，武士道的な名誉規範などの特色を帯びることとなった，ということが
通説とされてきた（木下 1970）．

　例えば，1890 年 5 月の旧制第一高等学校（一高）と明治学院の野球試合では，
一高がリードされる展開の中，観戦に訪れた明治学院の米国人神学教師・インブ
リー（Imbrie, W.）が一高の垣根を越えたことを理由に一高応援団が激昂，インブ
リーを殴打・負傷させる事件が発生した（インブリー事件）．これによって，試合
は即時に中止となり一高野球部は敗戦を免れるだけでなく，明治学院への「復仇」
のために一高野球部は猛練習を行い，半年後の「復仇戦」で大勝を果たした．こ
れを契機にして，一高野球部では猛練習が慣例となった．

　撃剣や柔術など，前近代から武士の戦闘技術として誕生した種目は，竹刀や防
具を用いる剣道や，柔術諸流派の技を体系化・理論化した柔道として近代スポー
ツ化する一方で，武士道的規範は脈々と受け継がれた．その結果，日本のスポー
ツは，スポーツマンシップの規範やスポーツの娯楽性が軽視される一方で，試合

での勝利が過度に追求され，そのために非合理的で過酷な猛練習が行われるなど，西洋のスポーツとは異なる文化的特徴をもつようになった．

　明治期以来，日本でも西洋発祥のスポーツが行われたり，前近代から存在していた武術がスポーツ化して行われたりするようになったが，武士道の影響から日本のスポーツは西洋のそれとは異なった文化的特徴を持つこととなったと考えられてきた．

●「創られた伝統」としての武士道　しかし，こうした武士道の影響を受けた文化変容説は，見直しを余儀なくされている．近年，重視されるようになっているのは，武士道の「創られた伝統」としての側面である．「創られた伝統」とは，英国の歴史学者ホブズボウム（Hobsbawm, E.）らによって提唱された概念で，近代社会において「伝統」「伝統的」とされている事物や祭事等の多くが，その祭事や事物を権威づけしたり，集団の凝集性や正当性を高めたりすることを目的にして，近代になってから発明されたり，再発見されたりしたものであることを言う．

　近年，武士道も「創られた伝統」として理解されるようになっている．倫理学者の菅野覚明は，新渡戸らが論じた明治武士道は「明治国家体制を根拠として生まれた近代思想」で「大日本帝国臣民を近代文明の担い手たらしめるために作為された，国民道徳思想」と指摘し，「近代以前の武士たち自身の思想とは関係がない」と述べている（菅野 2004）．前近代に存在していた武士の倫理観や道徳律として存在していた武士道と，明治以降の武士道はまったく別物なのである．

　これは，スポーツと武士道の関係にも当てはまる．日清戦争を契機に武士道の頽廃を恢復し，武道の再興を目指した大日本武徳会が結成されるのは，1895 年であった．一高で野球による精神修養が重視され，それが武士道との関係で語られるようになるのは 1900 年代以降のことであったが，同時期の野球部員に占める士族出身者の割合は低下していた（坂上 2001）．

　日清戦争や新渡戸武士道論のインパクトにより，1890 年代半ばから 1900 年代に，日本人の精神的基盤や国民道徳として武士道が再発見・再評価されたことをきっかけにして，日本の武道やスポーツは，武士道との関係を強調することで当該種目を権威づけたり，学校で西洋生まれのスポーツをプレイすることの正当性が主張されたりするようになっていった．日本でスポーツが武士道によって変容したのではなく，日本で行われるようになったスポーツが明治武士道の概念や価値観で理解されることとなったのである．　　　　　　　　　　　　　　［中村哲也］

📖さらに詳しく知るための文献
木下秀明 1970.『スポーツの近代日本史』杏林新書.
坂上康博 2001.『にっぽん野球の系譜学』青弓社.
菅野覚明 2004.『武士道の逆襲』講談社現代新書.

文化実践としてのスポーツ

●**文化実践としてのスポーツの多様性**　直接的あるいは間接的に身体訓練や身体管理に関わる行為をスポーツ実践と考えるならば、①スポーツを活動として実行すること（スポーツ活動）、②観客としてスポーツを楽しむこと（スポーツ観戦・鑑賞）、③レクリエーションとしてのスポーツ、④身体管理としてのスポーツ（トレーニングやダイエットのための運動、健康・美容的改善に関連した身体的運動など）、⑤スポーツ指導やコーチング、⑥スポーツ実況などがあるが、広い意味で捉えれば、⑦スポーツについて語ることも、スポーツ実践といえる。好み（テイスト）のような認識的実践も実践と考える立場からは、スポーツ種目の好みや、どういった身体の使い方をする種目が好きかという趣味判断も実践に含めることができ、いずれもフランスの社会学者ブルデュー（Bourdieu, P.）のいうハビトゥスによって方向づけられている。

●**スポーツ実践とハビトゥス、エートス**　スポーツ活動やスポーツに関与することは、人々の文化的生活の一部であり、人々のライフスタイルの構成要素となっている。すなわちスポーツは文化実践として、人々のアイデンティティや地位表示、身体能力や文化的能力、あるいはエートスを示すことができる活動となっている。例えばフェアプレイの精神（騎士道的な性向）やアマチュアリズムを良いものとみなし、物質的利益よりも無私無欲のあるいは公平無私な活動として取り組むことが賞賛されている。なぜならスポーツは、西洋の歴史においてはブルジョア的道徳やエートスあるいは貴族主義的な価値を反映したゲームとして成立し、決められたルールの中でスポーツ競技を楽しむことが推奨されてきたからだ。スポーツは根性、男らしさ、努力、意志力、克己心、勝利への意思、正々堂々、勇気などの性向（徳性）を醸成することのできる活動として、学校や軍隊、刑務所などのさまざまな組織で採用されてきた。ラグビーの発祥が英国のパブリックスクール（私学）であったことからも、特定の社会階級が特定のスポーツを好み、支配階級のエートスを、スポーツを通して注入してきた。ブルジョアの子弟が私学で学び、ラグビーのような男性的スポーツを称揚されることは、反主知主義的な意味もあり、支配階級内部での対立、すなわち経済や政治的世界で成功しているブルジョア・実業家層 vs 学問や芸術の世界で成功している知識人・芸術家層の社会階級・階層間の闘争ともつながっているとみることができる（Bourdieu 1979 = 2020, 233）。

　しかし多くのスポーツは商業化して大衆化し、特定の支配階級の独占物ではな

くなってきた．それでもなお，スポーツを実践することと，スポーツを見物することの間に差異があり，スポーツ観戦の方が大衆の側に多くみられるという．

●**スポーツの界，社会空間** ブルデューによれば，（近代的な意味での）スポーツは「それ固有の目的と固有のルールを備え，そこではまったく独自の文化＝教養あるいは能力（ここで能力というのは，高い水準のスポーツマンがもっているような，文化的能力と身体的能力が切り離せないような能力，あるいはスポーツ指導者やスポーツ記者などのもつ文化的能力という意味での能力）や，玄人と素人をはっきり区別するようなある種の奥義秘伝を伴った文化＝教養が生まれ，また投資される，そういう独自の実践の場」，すなわちスポーツの社会空間が構築されていると論じる（Bourdieu 1979）．実際に，近代スポーツはスポーツ実践と消費を成立させるさまざまな制度や経済・社会システムと結びついてシステムとしての界（＝場）が構成されている．それぞれのスポーツ実践はこのスポーツの空間の中に位置し，諸性向（ハビトゥス）が形づくる社会空間とも対応しつつ，関係的・構造的に性格づけられている．例えば卓越化を志向するゴルフは他者との身体的接触を避け身体距離を保ち，空間的にも広大なゴルフ場を使用して社会的距離を維持するタイプのスポーツとして支配的階級の人々に好まれてきたし，他方，身体接触や肉体的屈強さを表示するボクシングやレスリング，重量挙げといった種目は，民衆階級の好むスポーツである．美的な要素の多いフィギュアスケートなどは，審美的な身体やその技法を評価するため，ジェンダーとも関連し女性に人気がある．それ故どのタイプのスポーツを実践するかは，社会空間内での位置，社会的地位，文化資本（学歴など），経済資本や時間のゆとりによってある程度決まり，その人々の倫理的性向や美的性向など階級のハビトゥスやエートスと関わっていると言われる（Bourdieu 1980 = 1991, 246）．

スポーツの社会空間は，構造化された実践と消費の世界なので，あるスポーツ実践が常に同じ社会的意味をもつのではなく，関係性の中で意味も消費者も変化しうる．支配的な人々が好んだスポーツ種目も，多様な使用者の増加や彼らが持ち込む新たなハビトゥスによって，元の支配的意味が歴史的に変容したり，新たな使用者が異なる解釈や使用法をすることで，同じ名前のスポーツ実践も内容的に多義的になっている．また近代スポーツとは異なる歴史を持つヨガやダンスもスポーツの界に組み込まれ，スポーツ界は常に変容している．　　　　［片岡栄美］

📖さらに詳しく知るための文献

Bourdieu, P. 1980. *Questions de Sociologie*. Minuit（ブルデュー，P. 著，田原音和監訳 1991. 人はどのようにしてスポーツ好きになるのか. 同『社会学の社会学』藤原書店）.

Bourdieu, P. 1979. *La distinction: Critique sociale du jugement*. Minuit（ブルデュー，P. 著，石井洋二郎訳 2020.『ディスタンクシオン』普及版，Ⅰ・Ⅱ. 藤原書店）.

Bourdieu, P. 1987. *Choses Dites*. Minuit（ブルデュー，P. 著，石崎晴己訳 1991, スポーツ社会学のための計画表. 同『構造と実践』藤原書店）.

第3章

地域社会

[担当編集委員：水上博司]

地域アイデンティティとスポーツ

　1969 年に「経済社会の成長発展に伴い変化しつつある諸条件に対応して，健全な国民生活を確保するための方策いかん」という内閣総理大臣の諮問に対して，国民生活審議会調査部会コミュニティ問題小委員会が「コミュニティ：生活の場における人間性の回復」という報告書を提出している．それ以降，半世紀にわたって人間性の回復という課題に「コミュニティの再生」という具体的な解決策として多くの政策や議論が展開されてきた．

　この一連の流れの中で，地域の活性化をテーマとした新たなまちづくりや地域づくりを目指す動きが活発になり，その重要な方策の中で「地域アイデンティティ」が注目されるようになってきた．また，スポーツが地域アイデンティティの形成に大きな影響を与える要因として捉えられた研究がなされてきた．

　アイデンティティ（Identity）とは，米国の発達心理学者のエリクソン（Erikson, E. H.）が青年期に獲得すべき発育発達課題としてアイデンティティ（自己同一性）という用語を初めて使い，現在では広範囲な分野において使われ一般化している．アイデンティティは，自分は自分であるという自己概念における構成要素であり，社会においてコミュニケーションを交わす中で獲得されていく資質として考えられている．

　地域アイデンティティとは，地域の中で生活していく上で地域への「愛着」「誇り」「帰属感」などを中核とした地域に対する自己概念と捉えられる．

●スポーツから見える地域アイデンティティ　夏に全国高等学校野球選手権大会に向けた予選が始まると，多くの出場校の地域住民や全国に散らばっている出身者はその予選の結果に一喜一憂している．わが地域の高校が敗北するとその応援や意識の方向は都道府県の甲子園大会出場校に注がれ地域から県の代表校へと移っていく．最終的にわが地域（都道府県）の代表校としてシンボル化され甲子園球場に全国から注目が集まる．まさにスポーツにおける地域アイデンティティの存在が確認できる現場である．

　2022 年夏，真紅の優勝旗がとうとう白河の関を越えて東北にやってきた．このことは東北において世代や県によってもさまざまな受け止め方や解釈に違いはあったが，そこにはまぎれもなく地域アイデンティティの再確認，地域アイデンティティの存在が見えた瞬間であった．

　日本のプロスポーツ界では，プロ野球がチームアイデンティティを武器に地域アイデンティティに影響を与えてきた歴史がある．根強い関西圏の阪神，市民球団と

しての広島など多くの球団がチームアイデンティティの確立から地域のファンの獲得を目指してきた．最近では野球の独立リーグにもその兆候はみられる．

1993年にサッカーのJリーグが誕生し，2016年にバスケットボールのBリーグが誕生した．この二つのリーグは全国的にサッカーのサポーターやバスケットボールのブースターを獲得すべく，郷土愛を醸し出すチームアイデンティティの確立を戦略として存続に向けたチャレンジをしている．さらに卓球のTリーグをはじめとして，スポーツのプロ化の動きの中でもチームアイデンティティの確立が地域アイデンティティの醸成と深いつながりがあることが示されてきた．

●地域アイデンティティとスポーツの関連の研究動向　地域密着型のJリーグやBリーグなどのプロスポーツではチームがホームタウンとする地域のファンやサポーターを獲得するためにチームアイデンティティと住民の地域アイデンティティの関連から検討がなされてきた．チームアイデンティティとはファンやサポーターが抱く自己概念としてのチームへの愛着やチームとの一体感という心理的絆であり，チームの経営側からは観戦者行動に影響する重要な要素である．

チームアイデンティティが地域アイデンティティにどのように影響しているのか．あるいは地域アイデンティティがチームアイデンティティにどのような影響を与えているのか．両者の関係性がまだ明確にはなっていない．

また，オリンピックを頂点とした国際大会や国体などの国内大会・イベントが国や地域にどのような影響を与え，レガシーとしてどのように評価をすべきか重要な研究テーマである．米国の政治学者パットナム（Putnam, R.）が唱えたソーシャルキャピタル（社会関係資本）から捉え，国体などの開催が地域のソーシャルキャピタルの形成を促し地域活性化につながる可能性を示唆している．

その事例としてホッケーの町，岩手県岩手町では1970年の一巡目の岩手国体のホッケー会場となり，地元の小・中・高校でホッケーが盛んに授業や部活動で取り入れられ全国大会の優勝やオリンピック選手の輩出にも貢献してきた．2016年の2巡目国体でもホッケー会場となり，現在でもホッケーの町としての地域アイデンティティあふれる町である．ホッケーはマイナー種目ではあるが，オリンピック種目であり，国体をきっかけに全国にホッケーの町が誕生している．

これらの研究や事例は地域のおけるスポーツチームの存在やスポーツ大会やイベントの開催が，スポーツ観戦やボランティアを含めたスポーツ活動への参加を通じて地域アイデンティティの醸成に貢献し，地域コミュニティの活性化を進める原動力になってきたことを示している．この現象はスポーツの社会的価値の一つであり，今後も地域アイデンティティとスポーツの関連から捉えた研究が深められていくことが期待される．　　　　　　　　　　　　　　　　　　［浅沼道成］

📖さらに詳しく知るための文献

原田宗彦 2020．『スポーツ地域マネジメント』学芸出版社．

地域貢献とスポーツ

　地域貢献とは，地域社会や地域住民に役立つための行動や行為に力を注ぐことであり，その主体者にはさまざまな組織が想定される．企業の目的は利益追求ではなく，「企業の社会的責任（CSR）」を果たすこととして，社会貢献の必要性が認識されている．大学の使命は，教育，研究，社会貢献とされ（大学基準協会），多くの大学では理念や目標の一つに社会貢献の項目が掲げられている．1998年，特定非営利活動促進法が制定され，「不特定かつ多数のものの利益に寄与する」活動が促進されている．市民の「自発性」「利他性」のボランティア意識に基づき，自身の能力，労力，経済力を互いに提供する非営利活動の組織化は，「公助」か「自助」かの二者択一に留まっていた議論から脱し，「新しい公共」の担い手として地域社会における市民の力への期待がみられる．このように，現代では幅広い組織が社会からの要請を受け，地域貢献を想定した組織運営を行っている．

●スポーツを介した地域貢献　地域貢献活動には多様な展開があるが，スポーツを介する手法も広くなされており，その効果には経済，余暇，健康などがある．

　スポーツイベントの開催は，地域経済への効果がある．大規模イベントでは，施設建設やインフラ整備による雇用促進や，集客による宿泊，飲食関連の収益の向上などの直接的な効果，都市の知名度向上による観光需要への効果などである．2002年に開催されたサッカーのワールドカップの事例では，試合開催地やキャンプ地として数多くの都市が名乗りを上げた．大会で使用するスタジアムには大規模で高度な規格が求められており，その経費は地方都市財政の大きな負担となるものであった．しかし，大会が開催されれば地方経済が潤うとした「経済波及効果」が示され，大規模イベントは地域経済に好影響があるとされた．国際的なイベントであれば，多様なメディアを通して大量の報道が世界中に発信されることから，地域の知名度が高まることも期待された．自治体だけでなく，地元企業は地域に好影響を与えるイベントを成功に導くため，資金調達や広報活動などによる支援を行っている．

　地域住民への直接的な貢献として，余暇活動の機会を提供することがある．近年のスポーツ政策では，スポーツ振興の対象としてスポーツ活動を「する」だけでなく，「みる」「ささえる」を加えた3点が取り上げられている．プロスポーツゲームの開催は，地域住民が高度なスポーツを「みる」機会となる．プロ野球やJリーグを始め，現在では多くの種目のプロチームが地域に拠点を置き，試合観戦の機会を提供するだけでなく，地元企業の支援を受けながら地域住民への社会

貢献活動を展開している．例えば，Jリーグは規約に「地域社会と一体となったクラブづくり」を明記し，2018年からは，地域組織と連携して地域課題に取り組む「シャレン！」と呼ぶ活動を推進している．

スポーツ庁が行っている，「スポーツの実施状況等に関する世論調査（2022）」では，スポーツを行う理由として，「健康のため」が79.4％と最上位にある．運動の機会を提供する参加型スポーツイベントの開催は，個々の住民の健康を保つ貢献を果たすことができる．単発的なイベントより効果的なのは，継続的な活動の場を提供することであり，地域のスポーツクラブの運営が有効である．企業が運営する民間フィットネスクラブの他，1995年からのスポーツ政策である「総合型地域スポーツクラブ」の設立・育成がある．特定非営利活動促進法で指定された種目の中に「スポーツの振興を図る活動」があり，住民がボランティアをベースとした組織運営を行う総合型地域スポーツクラブは，市民による地域貢献の一つである．また，体育系大学を始め，大学が主体となった地域住民のためのスポーツクラブづくりの事例も数多くみられる．

●地域住民をつなぐ機能　前述のスポーツ庁調査（2022）では，スポーツ実施理由として「友人・仲間との交流」も15.9％（週2回以上実施者）と上位にあり，スポーツの持つ「人を結びつける機能」への期待が窺われる．

近年，人をつなぐことの重要性が高まっており，2024年「孤独・孤立対策推進法」が施行された．法制定に先立ち，「孤立・孤独の実態把握に関する全国調査」が実施されており，2022年の結果は，「孤独を感じる」とした者が40.3％，「決してない」が17.9％であり，前年度より孤独感が高まる傾向もみられている．また，属性による分析では，「配偶者の有無」「世帯人数」などが孤独感に影響していることが報告されている．2020年の国勢調査からは，50歳代未婚率が男性28.3％，女性17.8％と上昇を続けていること，世帯人数は単身世帯が38.0％と最も多い形態であることが明らかとなっている．つまり，今後も孤独を感じる層の増加が予見される．一方，「社会活動」に参加している者は，孤独を感じる割合が低いことが示されている．ここでの社会活動には，「ボランティア活動」「スポーツ・趣味・娯楽・教養・自己啓発などの活動」などがあり，地域スポーツクラブを設立することは，「するスポーツ」の場だけでなく，手助けを必要とする住民への「ささえるスポーツ」の場として，孤独対策の機会も提供できるのである．

●研究動向　この分野の研究としては，スポーツイベントの地域経済への効果，総合型地域スポーツクラブ設立育成の社会的効果，スポーツ参加によるソーシャルキャピタル（社会関係資本）への効果などが挙げられる．　　　　　　［前田博子］

📖さらに詳しく知るための文献
阿部　誠 2013.「新しい公共」と社会政策．社会政策 5(1)：5-14.
山口泰雄編 2004.『スポーツ・ボランティアへの招待』世界思想社.

地域連携とスポーツ

　地域とスポーツは強固な関係性を有する．西欧の国々では，スポーツは地域のクラブやチームで行われ，スポーツは各々の地域文化と融合しながら人々の生活に息づき，今日まで発展してきた．

　一方，鎖国が解かれ開港されたわが国では，来日した外国人とともに近代スポーツがもたらされた．それは「従来の日本にとって未知の身体的な活動であり遊びであって，すべてが真新しい体験となり，神戸の人々の好奇心と知識欲の対象」になった（棚田 1976, 1）．彼ら外国人にとってスポーツは日常生活の一部であり，そのためのクラブを設立し，それは横浜市の「Yokohama Country & Athletic Club」，神戸市の「Kobe Regatta & Athletic Club」として現存し，在日外国人の社交やスポーツの場として現在でも機能している．

●**スポーツにおける学社連携・学社融合**　このように外国人によってもたらされた近代スポーツは，日本では「学校教育」にも取り入れられ，「体育」，「部活動」という児童・生徒・学生を対象とした「学校文化」として発展してきた．また，公民館等の公的機関において広く地域住民を対象に「社会教育」としても行われ，地域の文化や伝統と結びついた独自の「ニュースポーツ」が生み出されるなど，学校文化とは異なるスポーツ活動，スポーツ推進の場となっている．日本における近代スポーツは，学校教育と社会教育として棲み分けしながら，時には両者が持つ教育資源を交換しながら，それらを有効に活用・補完するという「学社連携」の形態を取りながら発展してきたと言える．

　生涯学習社会となった現代では，学校教育と社会教育のさらなる協力体制が求められ，学社連携から「学社融合」が叫ばれるようになった．生涯学習審議会答申（1996 年）によれば，学社融合とは「学校教育と社会教育がそれぞれの役割分担を前提とした上で，そこから一歩進んで，学習の場や活動など両者の要素を部分的に重ね合わせながら，一体となって子どもたちの教育に取り組んでいこうという考え方」とあり，学社連携がさらに進んだ形態である．現在のスポーツで言えば，学社連携が部活動への外部指導者派遣であり，学社融合が部活動の地域移行・地域実施となろう．

●**スポーツにおける産・官・学連携**　現代の多様化するスポーツへの欲求や要望に対しては，学社連携，学社融合からさらに進んだ「産・官・学連携」がスポーツ推進において求められることに論を俟たない．もとより「産」である企業や団体においても構成員の福利厚生や帰属意識の向上を目的にスポーツは有効に活用

され，機能してきた．その中で蓄積された「ノウ・ハウ（know how）」や「ノウ・フー（know who）」を「官（国，自治体，行政）」と「学（教育，研究機関）」とで共有することで，今後はそれぞれが持つ資源や強み同士を融合させながら時代に即した新たなスポーツ推進が目指される．近年世界的に盛り上がりをみせる「eスポーツ」や，東京2020オリンピック・パラリンピックで注目された「アーバンスポーツ」などは，産・官・学連携による推進が期待されている．

●**地域スポーツコミッション**　その資源や強み同士を融合させる組織として期待されているのが「地域スポーツコミッション」である．スポーツ庁は2015年から地域スポーツコミッションの支援事業を開始し，その要件として「地方公共団体，スポーツ団体，民間企業などが一体として活動を行っている『一体組織要件』」，「常設の組織であり，時限の組織でない『常設組織要件』」，「スポーツツーリズムの推進やスポーツ合宿・キャンプの誘致など域外交流人口の拡大に向けたスポーツと地域資源を掛け合わせたまちづくり・地域活性化のための活動を主要な事業の一つとしている『域外交流活動要件』」，「単発の特定の大会・イベントの開催及びその付帯事業に特化せず，スポーツによる地域活性化に向けた幅広い活動を年間を通じて行っている『広範通年活動要件』」の四つを挙げており，2022年の第3期スポーツ基本計画においては地域スポーツコミッションのさらなる質の向上を示している．

●**地域連携とスポーツのこれから**　最近の産・官・学の連携については，自治体と大学，プロ・スポーツクラブと大学，が包括連携協定を結び，大学が有するスポーツ関連資源を地域活性化やクラブ・マネジメントに活用する事例がみられる．しかしながら，これらは担当部署や組織同士の直接的な協力関係であることが多く，限定的である．この関係性を広範囲に拡げ，スポーツを通してさまざまな問題・課題を解決していくためには地域スポーツコミッションは地域に存在するスポーツ関連資源を繋げる「ハブ（hub）」になる必要がある．スポーツ庁（2023）によれば，地域スポーツコミッションは全国に204設立されており，今後は地域・産・官・学とスポーツとの連携を強固にするものとしてその役割に大きな期待が寄せられている．

　こうした動きを「知」の面からサポートしていくことがスポーツ社会学の役割である．具体的には，理論，質的研究，量的研究，それらを統合した混合研究法を活用した実証研究が求められるであろう．また，調査・分析・提示を繰り返していくことでスポーツ社会学における新たな「知」の蓄積も期待できる．　　　［伊藤克広］

📖**さらに詳しく知るための文献**
池田　潔ほか編著 2019.『地域活性化のデザインとマネジメント』晃洋書房.
松橋崇史・高岡敦史編著 2019.『スポーツまちづくりの教科書』青弓社.
水上博司ほか 2020.『スポーツクラブの社会学』青弓社.

地域教育力とスポーツ

　文部科学省をはじめとした教育行政は，「地域教育力の低下」を問題視している．多方面で議論されてきた「地域教育力」を要約すると，「住民自らが認識した地域の課題について，それを自ら解決し，地域としての価値を創造していくための力」に見出せそうである．「地域」において「教育力」を最も有する機関は学校に他ならない．「地域教育力の低下」を教育行政が問題視する背景には，学校における教育力の低下傾向への自覚とともに，低下した学校の教育力を地域とともに再構築していこうとする意図が存在している．

●**スポーツにみる地域教育力**　少年期のスポーツ活動の中心的役割を担ってきた学校運動部活動（以下，部活動）は，長年にわたり「地域との連携・融合」の可能性を模索してきた．2022（令和4）年には，スポーツ庁より「（中学校）部活動の地域移行」に向けた指針が打ち出され，そのことの実現に向けた各自治体レベルでの試行錯誤が展開されている．従来，部活動の指導にあたってきた顧問教員をめぐる多忙感，指導能力のばらつき等の理由により，等しくすべての生徒たちに好ましいスポーツ活動の場を提供するとの意図を以て，施行され始めた部活動の地域移行に向けた動きは，「理想良し，実現は難し」の状況にあると言わざるを得ない．

　スポーツが脆弱化して久しい地域教育力の回復に貢献し得る可能性は確かに高い．定期的な運動・スポーツ習慣を有する者ほど居住地域に対する愛着の気持ちが高い傾向にあること，さらには，スポーツ経験および実施者ほど他者とのコミュニケーション能力に長けている傾向にある，といった調査研究に基づくエビデンスは多数存在する．だとしたとき，今日の社会における「地域課題」の解決にスポーツという営みが有益であることは間違いない．上記した「住民自らが認識した地域の課題」を「自ら解決し」「地域としての価値を創造していく」にあたり，そもそも，多くの地域において自覚されている「地域課題」の内容はどのようなものなのか．その一つが「希薄化した住民間の人間関係」にこそ見出せよう．そのことは都市部において顕著であることは周知のとおりであるものの，非都市部においても，少子高齢化の波に飲まれる中で，緊密であったはずの人間関係が希薄化しつつある状況は否めない．

　スポーツ，ことさらに競技を基礎とした「競技スポーツ」は，地域の一体感を生成および醸成させる力が存在していることをわれわれはよく承知している．狭い範囲から言えば「地区対抗」「市町村対抗」，さらには「都道府県対抗」および

「国際大会」といった対抗するスポーツの成績は，自らの所属している「地域」へのアイデンティティを再認識させ，さらに高める働きを容易にもたらしてくれる．ことさらに，子どもたちのスポーツへの地域住民の関心度は古今を問わず高い．地元の子どもたちのスポーツが盛んで強くなれば，それだけで地域教育力は確実に向上するはずなのである．

●スポーツによる地域教育力の向上可能性　「部活動の地域移行」に向けた動向の是非はともかくとして，学校教育力の再生に向けた取組みは，今日的な「地域課題」の中核になろうとさえしている．この学校教育力の再生および向上という地域課題の解決にあたっては，地域におけるスポーツ活動従事者――総合型地域スポーツクラブ関係者等による学校（教員）への積極的な働きかけが不可避である．地域における教育の拠点であるべき学校教員の多くは，頻繁な異動も相まって，実のところ，所在する学校周辺の地域への関心度が低い状態に終始してきた（谷口 2014；2018）．また，全国的にその動向を検討し始めた「部活動の地域移行」の動向に対する意識が最も低い当事者は，教員である可能性が高い．学校教員の多くには，「私たちは『上』（教育行政）が決めたことに従うのみ」なる意識が支配的な状況にあると言っていい（谷口 2023）．

　地域には，従前より子どもを対象としたスポーツ少年団組織が存在してきた．1962（昭和37）年に誕生したスポーツ少年団は，その理念どおりに発展していれば，部活動をも巻き込んだ「総合型地域スポーツクラブ」の体裁を為していたはずである．しかし，子どもたちのスポーツ指導にあたる者（指導者）の多くは，スポーツの有する「競技性」「競争性」という文化内容へと過度に傾斜し，スポーツによる地域形成および地域教育力の構築醸成を成し遂げられずに今に至ってしまっている．「充実した部活動への参加ができている生徒たちほど学校生活および勉強に対する意欲が高い」とする調査結果の存在に鑑みたとき，保護者をはじめとした地域の大人たちによる「子どもをめぐる課題解決」に向けたベクトルは自ずと見出せるはずである．換言すれば，子どもたちのスポーツを良好なものにするためのアントラージュ（地域住民を中心とした「取りまき」組織）を地域の中に創出すべき時期を迎えているのである．

　地域教育力とスポーツなる考え方は，スポーツによる地域教育力の再創造と読み替えて差し支えない．それが醸成したとき，地域はスポーツを通じた学校の教育力の再生を志向し成就させることとなる．そのことはつまり，地域移行が叫ばれている部活動の学校内存在を地域全体が正当化し，その体制維持が為されたとき，当該地域における学校を含めた教育力は確実に向上するに違いない．

[谷口勇一]

📖 さらに詳しく知るための文献
水上博司ほか 2020．『スポーツクラブの社会学』青弓社．

地域人材とスポーツ

　スポーツに係る人材には，スポーツ指導者，医科学などの知見により選手を支える専門スタッフ，審判員，大会等運営スタッフ，サポーター，ボランティア，スポーツ団体・チームの経営を担う人材，国・地方でスポーツ政策の推進を担う人材，スポーツ用品の製造やスポーツ施設運営などを行う民間事業者，スポーツの魅力を伝える報道関係者などがいる．その中でも地域におけるスポーツ振興を担い，スポーツ指導を行う人材として，スポーツ推進委員（体育指導委員），外部指導者（部活動指導委員など）が存在する．

●スポーツ推進委員　地域におけるスポーツ振興は，1946年（昭和21）年に文部省内に設置された振興課が「社会体育実施の参考」として組織機構の整備と体育指導者の充実強化，体育施設の整備などの基本指針を公表し，社会体育振興の基盤を示したことに始まる．この社会体育の法的根拠となる「社会教育法」が1949（昭和24）年に制定され，第2条では「学校教育法に基づき学校の教育課程として行われる教育活動を除き，主として青少年及び成人に対して行われる組織的な教育活動（体育及びレクリエーションの活動を含む）をいう」と定められている．また，同年に保健体育審議会が設置され，1951（昭和26）年には「保健体育ならびにレクリエーション振興方策について」，国の施策としての重要性が述べられた．

　1957（昭和32）年には「スポーツ振興審議会」が設置され，スポーツの普及政策や東京オリンピック大会招致が答申され，文部省は青少年のスポーツ活動の普及奨励を掲げ「地域スポーツの振興について」という通達により体育指導委員の制度化がすすめられた．当時の体育指導委員の身分は名誉職的なもので，手当や報酬など固定給与の支給はなく，任命は都道府県あるいは市町村教育委員会が行い，協力者という位置づけでの委嘱辞令で，人口4000人に1人を目安に全国で約2万人が選任された．以後1960（昭和35）年には，体育指導委員の統括団体として全国体育指導委員協議会（現：全国スポーツ推進委員連合）が発足する．

　1959（昭和34）年に第18回東京オリンピック大会の開催が決定したことにより，1961（昭和36）年スポーツ振興法が制定される．体育指導委員はこのスポーツ振興法の中に地域人材として位置づけられ，その役割として「スポーツの実技の指導その他スポーツに関する指導，助言を行う」とし，その資質として「社会的信望があり，スポーツに関する深い関心と理解を持ち，及びその職務を行うのに必要な熱意と能力をもつ者の中から，教育委員会が任命する」とされた．

　その後，2011（平成23）年6月24日にスポーツ基本法が制定され，スポーツ振

興委員へと名称が変更され，「任命」から「委嘱」になり，その役割も「スポーツ振興のための事業の実施に係る連絡調整並びに住民に対するスポーツの実技の指導その他スポーツに関する指導及び助言を行うものとする」と，スポーツの実技指導を基礎としながら，住民のスポーツ環境をコーディネートできる能力が期待されている．

●**外部指導者**　外部指導者は古くから学校部活動で採用されており地域で多く活用されてきた．第1期スポーツ推進計画の中でも「地方公共団体が設置しているスポーツリーダーバンクの一層の活用等に努め，専門的指導を行うことができる人材を確保し，指導の充実を図る」など外部指導者の活用が示されている．こうした外部指導者のニーズは年々高まり，2017（平成29）年には学校教育法施行規則を改定した部活動の技術的な指導や大会への引率などを行うことを職務とする部活動指導員が制度化された．学校教育法施行規則第七十八条の二，部活動指導員は，中学校におけるスポーツ，文化，科学等に関する教育活動（中学校の教育課程として行われるものを除く．）に係る技術的な指導に従事する．この規則は義務教育学校の後期課程，高等学校，中等教育学校ならびに特別支援学校の中学部および高等部については準用規定となっている．

　部活動指導員の職務には，実技指導，安全・障害予防に関する知識・技能の指導，学校外での活動（大会・練習試合等）の引率，用具・施設の点検・管理，部活動の管理運営（会計管理等），保護者等への連絡，年間・月間指導計画の作成，生徒指導に係る対応，事故が発生した場合の現場対応等があり，任用に当たっては，学校設置者は，部活動指導員の身分，任用，職務，勤務形態，報酬および費用弁償，災害補償，服務および解職に関する必要な事項を定め，部活動指導員に事前に研修を行うほか，その後も定期的に研修を行うことが定められている．

●**クラブマネジメント**　スポーツ推進委員や外部指導者（部活動指導委員），その他にも地域でスポーツ組織を支える人たちに求められる能力の一つにクラブマネジメントがある．

　近年，スポーツ組織のマネジメントは，スポーツ少年団などの小学生向けのチームから高齢者のサークルといった小規模のもの，総合型地域スポーツクラブや競技団体や連盟・協会といった全国規模のアソシエーションまで，スポーツ組織の規模や特性に関わらず重要とされている．

　日本スポーツ協会公認スポーツ指導者の資格種類は5領域17資格あり，50万人以上の公認スポーツ指導者が現場で活躍しているが，こうした指導者にも一定程度のマネジメントに関する知識・理論が求められている．　　　　［依田充代］

📖**さらに詳しく知るための文献**

全国スポーツ推進委員連合編 2014．『スポーツ推進委員ハンドブック』全国スポーツ推進委員連合．

日本スポーツ協会編 2021．スポーツ組織のマネジメント．同『Reference Book』第4刷．日本スポーツ協会．

地域行政とスポーツ

　スポーツは地域行政の重要な政策課題であり，その法的根拠はスポーツ基本法に規定されている．スポーツ政策をスポーツ振興に限定せず，スポーツによる地方創生・まちづくりへと展開する傾向が強まっている．

●**地方公共団体の責務**　スポーツ基本法はスポーツ振興法（1961 年制定）を全面改定して 2011 年に制定された．スポーツ基本法の目的は「スポーツに関する施策の基本となる事項を定めることにより，スポーツに関する施策を総合的かつ計画的に推進し，もって国民の心身の健全な発達，明るく豊かな国民生活の形成，活力ある社会の実現及び国際社会の調和ある発展に寄与すること」である．第四条には「地方公共団体は，基本理念にのっとり，スポーツに関する施策に関し，国との連携を図りつつ，自主的かつ主体的に，その地域の特性に応じた施策を策定し，及び実施する責務を有する」と地方公共団体の責務を明示している．また，第十条には，「都道府県及び市町村の教育委員会は，スポーツ基本計画を参酌して，その地方の実情に即したスポーツの推進に関する計画を定めるよう努めるものとする」として，スポーツ施策の推進にあたって地方スポーツ推進計画を策定するよう地域行政に求めている．

●**スポーツ担当部署の弾力化**　地方教育行政の組織及び運営に関する法律は，当該地方公共団体が処理する教育に関する事務のうちスポーツに関することは教育委員会が管理し，および執行すると規定している．一方で「教育基本法の改正を受けて緊急に必要とされる教育制度の改正について（答申）」では，教育における地方分権の推進の観点から，教育委員会制度について「それぞれの地域の実情に合わせた弾力的な運用が可能となるよう制度改革を図ることが適当である」と指摘し，「教育委員会の所掌事務のうち，文化（文化財保護を除く．），スポーツ（学校における体育を除く．）に関する事務は，地方公共団体の判断により，首長が担当できるものとすること」を明示した．これを受け同法律の第二十三条には，当該地方公共団体の長が，スポーツに関すること（学校における体育に関することを除く．）の事務を管理し，および執行することができると職務権限の特例を明記した．この改正を受け，多くの都道府県や市町村はスポーツを所掌する部局を教育委員会の外側に配置して地域の特性に応じたスポーツ政策を執行するようになった．

●**スポーツ政策の拡大**　首長部局など地域行政の新たな意図を持って教育委員会の外側に配置されたスポーツ担当課は，スポーツ振興に加えてスポーツを通じた地域振興や地域活性化を目標とした施策に取り組むこととなった．新たに制定さ

れたスポーツ推進条例にその目的を確認することができる．埼玉県は，「埼玉県スポーツ振興のまちづくり条例（2007年4月施行）」を制定し，「スポーツが健康の維持増進，高齢者等の介護予防，青少年の健全育成，地域の連帯感の醸成等に大きく資することを踏まえ，スポーツ振興のまちづくりに関する施策を総合的に実施することにより，県民の健康及び福祉の増進に資する」として，スポーツの振興がまちづくりに寄与することを明示して地域行政の責務を果たすとしている．また，金沢市は「金沢市スポーツ文化推進条例（2018年4月施行）」を制定した．金沢市は「金沢のまちの個性は，固有の歴史伝統に培われた学術・文化や新しい価値を付加し続けてきた文化的土壌にあり」，スポーツ文化を「スポーツを行うことはもとより，観ること，支えること，応援すること，語り合うことなどが日常的に行われ，これらが人々の生活の中に溶け込むとともに，その状態が風土として根付き，受け継がれていくもの」と定義し，スポーツを文化として発展させることを強調している．こうした「スポーツによる地域創生・まちづくり」の方針は，2022（令和4）年3月に発表された第3期スポーツ基本計画において「今後5年間に総合的かつ計画的に取り組む12の施策」の一つとして明示されている．

●**地域行政における具体的スポーツ施策**　第3期スポーツ基本計画における「スポーツによる地域創生・まちづくり」では，「スポーツによる「地方創生」の加速化」の項目において地方公共団体の具体的な施策として次のように述べている．「第2期「まち・ひと・しごと創生総合戦略」に従い」，「全国で活用されている地方創生推進交付金・企業版ふるさと納税，地域おこし協力隊等の国の施策の活用事例の周知を図りながら」，「地域により特色ある「スポーツ・健康まちづくり」の創出を全国で加速化させる」．「例えば，地方公共団体の推進体制についても，スポーツ部局はもちろん，首長・企画部局の関与とリーダーシップの下，まちづくり部局，医療・介護・福祉部局，経済振興部局など，幅広い部局が連携して取組みを進める必要があり，また，地域住民や企業等の多様な主体とも連携・協力して，「地域をあげて取り組む」ことが不可欠である」としている．また，地域振興における「スポーツ」を「「競技スポーツ」だけでなく，散歩やゴミ拾い活動，地域の祭りなど，広く身体活動と捉えていくこと」の可能性についても言及している．

　地域におけるスポーツ政策は，スポーツを担当する部署の弾力化やスポーツ推進計画を策定する地方公共団体の増加によって多様になっている．これらを研究する学問領域も，スポーツ社会学やスポーツ経営学，スポーツ行政学，スポーツ政策学，スポーツ法学，スポーツ産業学などに拡大している．それぞれの領域からの研究が進展することによって，地域行政とスポーツというテーマが一層注目されるだろう．　　　　　　　　　　　　　　　　　　　　　　　　　　　　　　［佐川哲也］

📖**さらに詳しく知るための文献**

菊 幸一ほか 2011.『スポーツ政策論』成文堂．

地域包括ケアとスポーツ

　厚生労働省は，団塊の世代が75歳以上となり，国民の医療や介護の需要がさらに増加することが見込まれる2025年を目途に，高齢者の尊厳の保持と自立生活の支援の目的の下で，可能な限り住み慣れた地域で，自分らしい暮らしを人生の最期まで続けることができるよう，地域の包括的な支援・サービス提供体制，すなわち地域包括ケアシステムの構築を推進している．地域包括ケアシステムは，住まいからおおむね30分以内に必要なサービスが提供される日常生活圏域（具体的には中学校区）を単位として想定している．

●**地域包括ケアの推進体制**　地域包括ケアという概念は，1970年代に広島県御調町の公立みつぎ病院の山口昇医師によって初めて提起された．山口医師は，医療を自宅に届ける出前医療，訪問看護，保健師の訪問，リハビリテーション，さらに地域住民による地域活動の充実などの活動を導入するとともに，1980年代には病院に健康管理センターを増設し，ここに町役場の福祉と保健行政を集中させて，社会福祉協議会も移設し，保健医療介護の一体的な推進体制を構築することになった．これが，まさに今日の地域包括ケアシステム構築の先駆けとなった（日本総合研究所 2014）．

　地域包括ケアは，各自治体が地域の特性に応じてつくり上げていく必要がある．厚生労働省によると，地域の高齢者の総合相談，権利擁護や地域の支援体制づくり，介護予防の必要な援助などを行い，高齢者の保健医療の向上および福祉の増進を包括的に支援することを目的とした，地域包括ケア実現に向けた中核的な機関として，「地域包括支援センター」を市町村が設置している．また，東京都港区では，医療・介護・福祉・学識経験者等の地域の関係機関や関係者の連携強化と情報共有を図るとともに，港区ならではの地域包括ケアの推進に関する事項を協議する場として，「港区地域包括ケア推進会議」を設置している．都市再生機構では，地域包括ケアシステムの構築に寄与するため，団地の地域医療福祉拠点化を推進している．まさに医療や介護等は，個々人の問題のみと捉えるのではなく，地域が一体となり，疾病対策のみではなく健康増進に向けても地域の資源や特性に応じて対応していくことが求められている．また，地域包括ケアシステムは，対象が高齢者のみにとどまらず，子どもや障がい者等も含まれ，すべての人に広がっている．

　ケアは，一般的にケアする側とケアされる側が存在する．また，ケアする側の質は常に課題として指摘される．しかし，中にはケアする側とケアされる側の区

別がつかないフラットな活動も存在し，ケアの中身や関係性，概念も変化しつつある．そのため，医療や介護に関する職種の人だけではなく，地域にいる多職種の人がいわゆるケアする側にまわり，ケアされる側の生活の質（quality of life）向上に資する必要がある．

●**スポーツが関わる意義**　アクティブシニアが世界中で増加している．しかしながら，笹川スポーツ財団（2022）によると，年代が上がるにつれ，運動・スポーツ実施レベルの二極化が顕著である．すなわち，高齢期における運動・スポーツの非実施者が一定数いるということである．スポーツ実施が心身にポジティブな影響を及ぼし，健康増進に寄与するというエビデンスがある点を踏まえると，スポーツ非実施者が，地域包括ケアの対象になる可能性が高いと考えられる．このようなスポーツ非実施の高齢者に対して，QOLやウェルビーイングに影響を及ぼすスポーツ関連要因は何か，また社会的ネットワークの重要性は指摘されているが，そのネットワークにはどのようなスポーツ活動が効果的に寄与するのか，質的・量的研究両面からのエビデンスの蓄積が求められる．加えて，ICTを活用した医療や介護も取り入れられているため，eスポーツを含めたスポーツ活用の可能性についても検証する必要があるだろう．

　スポーツは健全な心身を維持することと，健康に対する人々の興味関心をひくきっかけになることが期待されている．しかし，その必要性は理解されても，行動に移すことは容易くない．そのため，一度ではなく，仲間と継続して安全に楽しくスポーツを実施できるシステムを整備することが重要である．スポーツ施設の整備やスポーツに関する情報提供等をすれば済む話ではない．健康増進や自立的な生活を目指すためには，医療・介護関係者とスポーツ関係者が連携し，DX等の新しい技術をうまく活用して情報を共有しながら，持続可能なシステムを構築していくことが求められる．加えて，社会学や心理学等の研究で多義的に使用されている社会化に着目すると，スポーツへの社会化における主要な構成要素である「重要な他者」とは，家族，友人，隣人等の周囲の人のことである．そのため，一緒にスポーツをする人やスポーツをすることを勧めたり，励ましてくれる人の存在が重要である．加えて，「社会的状況」は，地域社会を含めた個人が所属している環境が含まれるため，地域の環境整備も必要である．アクティブシティやウォーカブルシティ等，分野横断型でスポーツや運動を通した住民の健康づくりを目指す都市が増加しているが，住民を孤立させず，地域を居心地が良いと感じさせ，かつ主体的に健康的な生活を営みたくなるような，分野横断型の地域一体となった取組みが重要である．　　　　　　　　　　　　　　　　　[秋吉遼子]

📖さらに詳しく知るための文献

大熊由紀子 2008．ケアという思想．上野千鶴子ほか編『ケアという思想』岩波書店．

田城孝雄・内田 要編 2022．『地域包括ケアシステムの深化と医療が支えるまちづくり』東京大学出版会．

コミュニティ・スポーツ論

コミュニティ・スポーツ論は，都市化が急速に進む日本社会において展開された政策論である．その契機は1969年の国民生活審議会報告「コミュニティ：生活の場における人間性の回復」と，それを受けて進められたコミュニティ政策であったが，その後もスポーツ社会学領域を中心に議論が続けられてきた．

●**コミュニティ・スポーツ論の展開**　「コミュニティ・スポーツ」という語句が最初に使用されたのは，1973年発行の『経済社会基本計画：活力ある福祉社会のために』（経済企画庁編）においてであった．スポーツに「新しい時代に合致したコミュニティ活動の場の形成に貢献すること」を期待して，日常生活圏内に施設整備を進めることによって「コミュニティ・スポーツの振興」を図ることが示されたのである．この計画を受けて，スポーツによるコミュニティ形成の社会的機能を明らかにしようとする調査研究が開始され，スポーツ活動がコミュニティ形成の一翼を担う可能性が検討された（海老原・江橋 1981 ほか）．「地域性を契機として施設を共有するという条件下での自発的活動の中から醸成される“われわれ意識”がなんらかの形で地域社会形成への意欲とその集団化を志向する要素を含んでいる」（厨 1977, 174）活動という「コミュニティ・スポーツ」の定義は，伝統的社会関係を払拭した自発的活動の促進と，高度経済成長に伴い労働環境が悪化する中で，スポーツを「現代文明社会における人間性回復のとりで」として位置づけようとするコミュニティ政策の意図が反映されたものあった．

このようなコミュニティ・スポーツ政策とそれを下支えする調査研究に対しては，スポーツ社会学領域においても批判的検討がなされた．森川貞夫（1975）は「コミュニティ・スポーツ」を「住民の，住民による，住民のための」視点から捉えなおし，それが強調する「自発性」が，経済的・社会的条件に恵まれた階層だけに限定されるものであってはならないと注意喚起する．「コミュニティ・スポーツ」を「真に住民のものにする」ためには，地域住民の力量を高めること，すなわち「スポーツにおける地域主体形成」を進めていくことが不可欠であるとした．

●**都市コミュニティ論とスポーツ**　一方，日本の都市社会学は，スポーツクラブのような余暇集団を「生活拡充集団」（鈴木 1969）と呼び，住民の生活構造との連関が低いものとして位置づけてきた．コミュニティ政策では，スポーツ活動などが，近隣住民の相互交流による親密な第1次集団である「親交的コミュニティ」を形成する主要な手段とみなされ，また親交的コミュニティが，近隣住民の直面する諸問題を自主的に解決する「自治的コミュニティ」形成の前提条件ないし必

要条件と考えられていた（園部 1984）．しかし都市コミュニティ論では，スポーツなどの活動よりも，住民の日常生活の維持にとって不可欠な課題解決活動の方が，より親交的コミュニティの源泉になるとし，自治的コミュニティこそが親交的コミュニティ成立の基盤であると説明されている（森岡 2008）．

　このように，スポーツ活動がコミュニティ形成の一翼を担うことが可能であることを前提とするコミュニティ・スポーツ論と，自治的コミュニティこそが親交的コミュニティの基盤であるとする都市コミュニティ論とには大きな齟齬がある．松村和則（1993）はその要因として，スポーツ社会学が都市社会学などの隣接領域との対話を怠ってきたことを挙げ，都市コミュニティ論の批判的検討と「実証」的研究の積み重ねを行うことで，スポーツのコミュニティ形成における有効性と限界を明らかにすべきと主張する．その上で，「地域住民の『生活空間』に『スポーツ空間』を位置づけた『生活』把握」の方法を明示し，その理論化へと進むことをスポーツ社会学領域の課題として挙げた（松村 1993，179）．

●コミュニティ・スポーツ論の課題　スポーツ社会学における「コミュニティ」とは何であるのか．コミュニティ論の研究蓄積を詳細に検討したデランティ（Delanty, G. 2006）が示すように，現代の「コミュニティ」はより流動的で開放的なものとなっている．行政区や学区という狭義の「地域」を超えて展開するスポーツ活動（蓮沼 1992 ほか）を捉え得るコミュニティ・スポーツ論の展開が求められる．さらに，都市コミュニティ論との齟齬をなくし，「対話」を行うためにも，「コミュニティ」における「スポーツ空間」と「生活空間」の位置関係を明らかにすることが必要となる．しかしそれは，親交的コミュニティが自治的コミュニティの必要条件となりうるのか，という過去の問いへの回答のみを意味しない．自治的コミュニティと親交的コミュニティの二つの"つながり"，すなわち，都市コミュニティ論（倉沢 1990）において，スポーツ活動が都市の人間関係に継続性をもたらすと記述されたような"タテのつながり"と，縮小社会において小さなコミュニティが積み重なりながら共存する「多層的コミュニティ」（内山2015）を前提とした"ヨコのつながり"を実証することである．

　その後のコミュニティ・スポーツ論の文脈に位置づくものとして，総合型地域スポーツクラブをめぐる政策論がある（☞「日本における地域スポーツ政策の変遷」「ソーシャルキャピタルとしてのスポーツ」）．スポーツ社会学は現代にアップデートされた「コミュニティ」を示すことができるのか．この点こそが，これからのコミュニティ・スポーツ論の課題と言えるだろう．　　　　　　［伊藤恵造］

📖さらに詳しく知るための文献
体育社会学研究会編 1975.『コミュニティ・スポーツの課題』道和書院.
松村和則 1993.『地域づくりとスポーツの社会学』道和書院.
蓮沼良造 1992.『実践コミュニティ・スポーツ』大修館書店.

コミュニティ・セクターとスポーツ

　コミュニティは多義的に用いられている．福祉の視点から社会を政府・市場・コミュニティの3セクターで示したペストフ（Pestoff, V.）の福祉三角形（Welfare Triangle）はその後のサードセクター論，ソーシャル・エンタープライズ論へと展開された．ペストフはこの3セクターの中間に位置する集団をサードセクターと呼んだ．一方でエチオーニ（Etzioni, A.）等のコミュニタリアンと呼ばれる人々は政府・市場に対抗するセクターをコミュニティ自体も含めてサードセクターと呼ぶ．コミュニティ・セクターは政府と市場に対抗，あるいはその欠点・能力不足を補完し，政府・市場と協力・牽制しあいながらより良い社会を実現する役割を担う．そしてこの3セクターは社会経済学者のポラニー（Polanyi, K.）が示した再分配・市場・互酬の三つの経済にそれぞれ基盤をおく．ポラニーはより良い社会実現にはこのバランスが重要だとし，現代資本主義が市場に過剰な権力を与えていることを問題視する．政府が行う再分配そしてコミュニティ・セクターを通じた互酬の強化により市場至上主義や過剰な商品化を抑制すべきだとする．

●**コミュニティ・セクターの役割とスポーツ**　コミュニティ・セクターで活動する団体は非営利で主に教育・開発・平和構築・人権・環境・健康・子ども・安全な居場所等の分野で実績を挙げている．ここではスポーツは「スポーツを通じた開発」と呼ばれるように，独自の活動分野としてよりもツールとして扱われている．つまり，コミュニティ・セクターにおけるスポーツ活動は多くの場合スポーツ自体が目的とはされていない．3セクターの中で政府の役割は社会秩序の維持であり，その実現にはなんらかの公平性尺度が導入され，個人の自由は制限される．市場の役割は経済の維持・拡大でありそこでは経済合理性が最上位に置かれる．人間の創作物や活動そして自然までが商品化され，その結果として経済合理性を持ち得ない人々の活動や存在はその居場所を失ってしまう．コミュニティ・セクターは政府と市場が苦手とし，あるいは人々が政府や市場の過剰な関与を不適当と考える活動を担う．それは画一的な対応や経済合理性を貫徹することが難しく同時に好ましくもない要素を多く包含する事業となる．求められるのは人々の個別の事情や状況に寄り添った対応であり，商品化して市場価値を創出するよりも大事だと人々が考える事業を維持・発展させることである．NGOから任意団体に至る非政府・非営利・非宗教・非軍事という立場で活動する諸非営利団体は，これらの分野でその存在感を高めている．分野によらずその扱う事業に共通

する特徴として多くの団体がシングルタスクだという点がある．例えば国境なき医師団は医療と人道援助に特化し運営の透明性を高め活動の有効性判断基準を明示することで，世界中から幅広い互酬による支援を獲得した．しかしながら多くの事業はシングルタスクでニッチな課題に取り組むことが多く，規模も小さく継続性に弱点があり，相互連携も弱い．コミュニティ・セクターが一つの塊として政府や市場と対抗していく状況は生じておらず，逆に競合も生じている．コミュニティ・セクターでの活動の強化・効率化を支援する中間組織の重要性が指摘されてはいるが，調整役である中間組織が政府や市場の主役である大企業に対して，コミュニティ・セクターを代表して対峙することは困難であろう．

●**スポーツ活動を中心とするコミュニティ・セクター**　欧州を中心に多くのコミュニティ型スポーツクラブが存在する．その特徴は地域のそしてメンバーの健康増進という側面に限らず，クラブのトップチームや選手の応援を通じて地域や共通の感性を共有する人々を日常的に結びつける機能にある．このようなクラブはサステナブルな社会関係資本と言える．社会関係資本のメカニズムではグラノヴェター（Granovetter, M.）が提唱した弱い紐帯が人々のセーフティネットとして大きな役割を果たすと評価されている．身体性を伴うスポーツクラブというコミュニティで定期性・継続性を持っても汗を流しともに応援することで生じる弱い紐帯が人々の分野を超えた交流を創出し，人々が異なる分野で別々に取り組んでいるコミュニティ・セクター活動間に連携を生みだし，中間組織とは別の機能でコミュニティ・セクターの総合力向上に貢献している．コミュニティ・セクターでの活動は，責務や生活の糧ではなく強制や経済的利益誘導よりも個人の価値観に基づく自由意志が中心的な動機である．人々の自由意志を創出する最大の要素は楽しさでありスポーツは何よりもこの楽しさを提供できる特徴を持つ．例えば古着回収やフードバンクや災害支援といった活動も，スポーツクラブの活動と連携することでより効果的に目的を実現できることが示されている．今後スポーツがコミュニティ・セクターにおける主な活動分野としての地位を獲得するのか，あるいはツール・メディアとしてコミュニティ・セクター全体の基盤強化に貢献していく存在なのかを知るにはまだ多くの試行錯誤が必要であろう．この試行錯誤には当事者の意図や努力だけではなく，それを支える制度的枠組みの創設も重要となる．日本においてはコミュニティ・セクターを支える互酬を促進する社会的優遇措置やその活用体制が成熟していないと言われる．スポーツの楽しさを通じた試行錯誤が，より良い制度の創出と活用体制の成熟を促す突破口になることを期待したい．　　　　　　　　　　　　　　　　　　　　　[張　寿山]

📖**さらに詳しく知るための文献**

Pestoff, V. A. 1998. *Beyond the Market and State*. Ashgate.

ポラニー，K. 著，野口建彦・栖原 学訳 2009. 『新訳 大転換』東洋経済新報社.

コミュニティ・ビジネスとスポーツ

　日本のまちは，かつて同一の地形や土地と地縁関係を基盤とする地域共同体（community の直訳語）であった．そこでは，住民が生産や労働，生活様式や価値観を共有しつつも，部外者に対しては閉鎖的であった．しかし，高度経済成長期，新中間層（事務・サービス・販売などに従事する賃金労働者）が増大し，農村を中心にまちの姿は一変した．居住地と職場は分離され，生活空間は拡大し，ライフスタイルも多様化していった．また，高度工業化と都市化に伴って自然破壊や公害，人間疎外，犯罪，自殺，いじめといった社会病理が激増し，まちが崩壊するのではと危惧された．

　この状況下に，新たな意味での community が再登場した．われわれ意識・役割意識・依存意識といった共同社会感情によって住民が結びつく「コミュニティ」として再生させようとしたのである．また，旧来のまちを復活させるのは無理としても，せめてスポーツや祭り，インターネットなどを通じて住民の相互交流を図ろうと「地域コミュニティ」という考え方も登場した．そして近年は，まちを企業，政治，行政，住民，学校，金融，メディアなどの生活セクターが協働する場（生活圏）として動態的に捉える傾向が強まっている．

●**コミュニティ・ビジネスの定義と事業主体，意義**　コミュニティ・ビジネス（Community Business，以下 CB）は，「地域課題を住民が主体的にビジネスの手法を用いて解決する」取り組みとされる（経済産業省）．地域課題の解決とともに住民の生活向上を目指す事業（仕事）とその組織の総称である．日本では，1990 年頃から注目され，特定非営利活動促進法（NPO 法）（1998 年）や，まち・ひと・しごと創生法（2014 年）の施行によって議論が深まった．なお，CB に相似するソーシャル・ビジネス（Social Business, 以下 SB）は，世界や国が抱える社会課題の解決に着目する事業のことである．つまり，シャッター街や空家の増加といった地域課題に着目するのが CB であり，人口減少という社会課題に着目するのが SB である．CB と SB は，ローカルかグローバルの違いはあるが，究極の目標は同じである．

　現代のまちには，自治体としての存続の問題から自然環境，資源，産業，介護，福祉，雇用，育児・教育，観光，災害救援，DX 推進などをめぐる課題が山積している．同時に，その重要度や緊急性には地域間に差異があり，またそのまち特有の課題も存在している．CB のミッションは，このようなまちにおいて地域活性化を実現することである．地域活性化とは，地域の生活セクターをより活発にす

る過程とその結果であり，地域資源（人・モノ・カネ・情報）を地域の内外で循環させることである．CBによって，地域内に新たな雇用が生まれる，住民の地域への愛着が高まる，地域外からの来訪者が地域資源を消費する，シティ・プロモーションが進む，といったことである．

●スポーツをコンテンツとするコミュニティ・ビジネス　スポーツをCBに導入しようとする根拠は，スポーツという文化が，(1)健康やサクセスフル・エイジング，ウェルビーイングの獲得に好影響を与える，(2)世界共通の文化としてコミュニケーション・ツールとなり得る，(3)第三者も参加し楽しめる多様な関与ができる，(4)人の心を動かすマーケティング価値があり産業につながる，といった力を持っている点にある．このようなスポーツ文化を生産し提供する事業がスポーツ・ビジネスである．プロスポーツやスポーツ施設の運営，スポーツイベントの企画・実施，メディアによるスポーツ情報の提供，スポーツグッズの生産・販売等々である．そして，これらのスポーツ・ビジネスが，地域課題の解決という意図をもって行われる時，CBとして認識される．

　近年，スポーツ庁等による支援もあり，伝統文化とスポーツ文化を組み合わせたCB，地域スポーツや学校部活動を新たな形で実践するCB，地域の自然環境を活かしてスポーツツーリズムを展開するCB，スポーツ施設を活用した人材育成を行うCB，住民主体のスポーツイベントを運営するCBなど，事例は増えつつある．しかし，全体としては発展途上と言える．今後は，スポーツとSDGsや共生社会，ユニバーサル社会，コンパクトシティを関連づけたCBが期待される．

　スポーツをコンテンツとするCBは，地域の実情に合わせて展開することが求められる．そのためには常に，「地域を見つめ，地域を活かす」というポリシーを堅持することが重要である．手順としては，地域を知る→地域課題を把握する→課題解決に対してスポーツに何ができるかを整理する→既存のスポーツ活動データを収集し分析する→ビジネス組織への協力者を募りネットワークを確立する→パートナーシップを基本とするビジネスモデル（商品開発や各種試算など）を立案する→資金調達や場所，必要備品を確保する→事業をスタートする，となろう．もちろん，フィードバックしながら進めることが肝心である．

　なお，事業主体は，必ずしも住民主体である必要はない．CBを営利や非営利を問わない経済活動として捉え，行政組織が主体となることも含めて広い視野で理解すべきであろう．ただし，CBが単なる行政の下請けになることだけは避けねばならない．また，事業評価という点では，地域と住民への貢献という視点とともに，スポーツ振興とアスリートへの貢献という視点を忘れてはならない．

[新井野洋一]

📖さらに詳しく知るための文献

細内信孝 2020.『新版 地域を元気にするコミュニティ・ビジネス』コミュニティ・ビジネス総合研究所出版部.

ホストタウンとスポーツ

●**新しい国際交流の形「ホストタウン・イニシアティブ」**　スポーツイベントにおけるホストタウンとは，東京オリンピック・パラリンピック（東京2020）で発生した概念である．内閣府を主導とし，「ホストタウン・イニシアティブ」という政策を掲げた．大会に向けて世界中から多くの選手・観客等が訪れる機会を開催都市の東京だけでなく，日本全体で活かしていこうと自治体を大会参加国・地域の「ホストタウン」として登録し，調整合宿（base camp, training camp）などを通し人や文化，経済の交流を図ったことが嚆矢である．ちなみに，「ホストシティ」とは五輪やサッカーやラグビーワールドカップなどのメガスポーツイベントの開催地のことである．

　本項目では国内外のホストタウン研究の動向をふまえ，ホストタウン政策の課題と展望を考察する．ホストタウン事業は，五輪だけでなく，サッカーやラグビーなどのワールドカップ（W杯）における世界的メガ競技大会の全体的な成功を支える要素となっている．とりわけ開催地のホストシティのみならず，地域が抱えるスポーツ振興，合宿，多文化共生，経済交流などの課題を行政主導や民間協力を得て解決する手法にもなっており，スポーツマネジメント，スポーツツーリズム，地域活性化の研究対象として注目されている．

●**ホストタウン研究の動向**　冒頭述べたように，ホストタウン研究は比較的新しい分野である．海外では，「ホストタウン」に類似している概念として「base camp, training camp」を用いている傾向がある．2000年代になりスポーツイベントがメガイベントとなり経済的影響に焦点を当てる研究が主流であったが，スポーツ・ツーリズムに関する研究が進む中で住民や社会的問題を軽視する傾向を警鐘する研究が発表されるようになった（Ritchie & Adair 2004）．それまでの研究ではホストシティ間競争や国際的な視点が重要視されていたが，2003年サッカーW杯が開催された際に大分県中津江村（現・日田市）がカメルーン代表のキャンプ地として国際交流や地域活性化に成功したことで，キャンプ地（ホストタウン）のポテンシャルを見直す契機となった．その一方でホストタウンの課題も多い．2010年FIFAワールドカップ開催地周辺のホストタウンであるドラケンシュタイン市を対象に検証したところ，宿泊施設やトレーニング施設など，チームを受け入れるための基本的な前提条件を誤解していたため失敗したと報告している（Bijkerk et al. 2012）．

　国内では，関根正敏ら（2016）は東京2020の東京都だけなく，日本全国に効果

をもたらすホストタウン構想をレビューし，地方主導の事業としての可能性と課題を述べている（関根ほか 2016）．最近の傾向としては，東京 2020 で実施された各地のホストタウン事業の報告が数多く発表されている．とりわけ笹生心太らは『ホストタウン・アーカイブ』でホストタウンに関連し，各自治体の活動状況やコロナ禍の影響，大会後の展望を含む全体像をデータから明らかにし，登録自治体の取り組みをまとめている（笹生・松橋編著 2023）．このように「ホストタウン」の研究は国内では急増しているが，国外ではほとんど行われていない．今後は国内外でホストタウン事業が拡充されることで，事業レビュー，自治体へのアンケート調査，日本の自治体と対象国・地域双方の視点を含む調査など，観光，経済，社会学など複眼的，学際的な分野で研究が展開されるであろう．

●ホストタウン事業と地域のホスピタリティ　ホストタウン事業は，単に団体や経済に利益をもたらすだけでなく，国と行政のパイプ事業として地域のホスピタリティ文化の育成やシンボルの創出，交流の増加，共生社会の実現など広範な分野に影響を与える．

　例えば，新型コロナウイルス（COVID-19）の感染が拡大する中，東京 2020 組織委員会は，大会の開催に際してバブル方式を採用した．バブル方式は，大会を運営する際に開催地を，一種の隔離空間である「バブル」によって保護し，選手や関係者が外部との接触を最小限に抑える方法である．感染対策として，入国前後や大会期間中に定期的な PCR 検査を実施するとともに，大会開催地では外出を制限し，隔離措置を実施した．このような感染対策の徹底により，感染リスクを減少させた一方で，毎日の厳格な検査が行われることで，バブル内にいる選手団には負担が予想されていたが，バブル方式の特殊な状況下では，選手団に寄り添う「おもてなし」のホストタウンの姿勢や地域の魅力が選手たちによって海外に発信され，外国人の訪日旅行の促進に繋がった．すなわちホストタウン事業により地域のホスピタリティの潜在能力が引き出されることになった．また，東京五輪で導入されたホストタウンの取組みは，パリ五輪でも重要なレガシーとして継承された．ホストタウンはアスリートの準備を支えるだけでなく，地域社会との交流や持続可能なオリンピック運営の鍵を握る存在になっている．いわば「ミニオリンピック村」としての役割である．こうした施設は，地域がグローバルな交流の場となり，オリンピックの持続可能性に貢献している．今後は，東京 2020 で根付いたホストタウンにおける地域活性化に向けた事業と組織的な活動を促進するために国や自治体などの公的な支援体制を充実させる必要がある．　　［溝口紀子］

📖さらに詳しく知るための文献

関根正敏ほか 2016．「日本全体」の祭典としての東京 2020 オリンピック・パラリンピック競技大会．中央大学保健体育研究所紀要 34：31-55．

笹生心太・松橋崇史編著 2023．『ホストタウン・アーカイブ』青弓社．

松橋崇史 2021．ホストタウン事業がソフトレガシー形成に与える影響．日本地域政策研究 27：18-25．

ご当地スポーツ

　広辞苑第7版（2018）によると「御当地（御当所に同じ）」とは，「他の土地の者が，いま現にいる地または話題に上った相手の地を敬意をもって呼ぶ語」である．2000年代から「ご当地グルメ」や「ご当地キャラクター」などの「ご当地」を冠した言葉がメディアなどで取り上げられるようになり，地域振興に貢献している．力士の出身地で行われる興行を「御当所相撲」と呼ぶが，「ご当地スポーツ」という言葉は，『最新スポーツ科学事典』（2006）や『21世紀スポーツ大事典』（2015）には学術用語として掲載されておらず，今後，各地域の特色を活かした幅広い発展とともに定義付けがされていくと考えられる．ここでは，ご当地スポーツを日本の各地域で伝統的に行われてきたスポーツ，地域振興活動の一環として新しく考案されたスポーツ，地域の特色を活かして伝統やスポーツの競技性にこだわらずに考案されたスポーツと捉えて，それらに該当すると考えられる事例を紹介していきたい．

●**伝統的なご当地スポーツ**　「おしくらごう」は，山口県萩市玉江浦地区にある厳島神社の例祭に奉納される和船競漕である．江戸期にはこの行事によって沖合漁場の優先順位が決められていた．伝統的自治組織として上組・中間組・角屋組・下組があり，各組に存在する四つの青年宿から選手を選出し勝敗を争った．約300年続く行事であるが，1995年からは地域のふるさと祭の一環として開催されている．漁業従事者の減少により4隻から3隻対抗になり，競漕場所も海から川へ変更された．玉江浦地区の漁業従事者に限られていた出場者は，当地区出身者，当地区関係者，出場希望者と徐々に広がり，2023年は小学生・女性・一般の出場枠で実施された．伝統的な部分を残しながらも，時代とともに儀礼から競技化・娯楽化が進み，スポーツへと変化してきた（高津2003）．

●**全国に広がるご当地スポーツ**　静岡県伊東市では，若者向けに観光地としての知名度を上げることを目的として，地元高校生が考案した「まくら投げ」の全国大会を2013年から毎年開催している．1チーム8人で，浴衣をまとい，40畳のタタミで枕を投げ合い，時間内により多くの選手に枕を当てて「就寝」させるか，相手チームの大将を就寝させたチームが勝利となる．リーダーとなる「大将」，掛け布団でガードする「リベロ」，相手を就寝に追いやる「アタッカー」，自陣に枕を運び入れる「サポーター」という四つのポジションを設け，スポーツと同等のルールや戦略性，競技性を備える．ポジション配置や戦略の立て方次第で，性別や経験の有無にかかわらず参加できる．まくら投げで日本一を目指すこともでき

るが，地域活性化や街づくりの企画，社員研修のレクリエーションとして実施することもできるイベントである（全日本まくら投げ大会ウェブサイト）．

●**世界に広がるご当地スポーツ**　北海道壮瞥町では，冬の観光客誘致による地域活性化を目指して若者グループが提案した「スポーツ雪合戦」の全国大会を毎年開催している．1チーム7人で，直径7センチほどの雪玉を1セット90球持ってぶつけ合う3分3セットの試合であり，時間内に相手陣営のフラッグを奪取するか相手チームの全員に雪玉を当てる．また，時間切れの場合は，残りの選手が多い方が勝ちとなり，2セット先取で勝利となる．1988年に世界初のスポーツ雪合戦のルールをつくり，1989年に専用ヘルメットや雪球製造器などの用具を整備，ついに1989年2月に第1回「昭和新山国際雪合戦」が開催された．その後全国各地に広まり，1993年に日本雪合戦連盟が設立された．1995年に海外初となるフィンランド連盟が発足すると，ヨーロッパ，北米，オーストラリアにも広まり，2013年に国際雪合戦連合が設立されるなど，グローバル化が進んでいる（昭和新山国際雪合戦実行委員会公式ウェブサイト）．

●**ご当地スポーツの創造**　ご当地スポーツが文化として根付くためには，ご当地スポーツという「伝統の創造」が必要である．つまり，各地域の特色や既存の伝統を再確認し，刻々と変化する社会に対応して，「既存の伝統を新たな状況で新たな目的に使うか，あるいはまったく新規の目的のために古来の歴史的材料を用いてより徹底して新しい伝統を作り出す」（吉野 2010,218）試みである．「伝統の創造」は，住民が自らの町の地域性を客体化し，価値を見出す機会にもなる．そして，企業や自治体，メディア，学校，アスリート，障がい当事者，エンジニア，アーティストなど多様な立場の人を巻き込んで協働することにより，ユニークなスポーツの創造がなされるだろう．その創造には，近代スポーツの対抗文化として考案されたニュースポーツや年齢・性別・障がいの有無・運動神経にかかわらず，だれもが楽しめる，ゆるスポーツの概念がヒントを与えてくれる．

実際に茨城県つくば市では，ゆるスポーツと融合させてご当地スポーツをつくる取組みが行われた（NEWSつくば 2020）．また，世界ゆるスポーツ協会では，ご当地の魅力を発信する新しいゆるスポーツを募集し，ご当地スポーツの創造を後押ししている（世界ゆるスポーツ協会ウェブサイト）．

ご当地スポーツは，地域において伝承されてきた衣食住に関わる生活文化や四季折々の風習を手がかりにしながら新たなスポーツを創造する文化的な営みである．その営みは，スポーツを通じて地域づくりや地域課題への気付きを促し，また地域づくりのきっかけをつかめなかった人々の参加を促すことになろう．ご当地スポーツを対象とした研究は，地域づくりからスポーツのあり方を問う研究アプローチではなく，新たなスポーツの創造という文化的な営みから地域社会のあり方を問う研究アプローチであることを特徴とする．　　　　　　　　［吉田明子］

在日外国人とスポーツ

　日本に滞在する外国人は，在留期間（短期，中長期）や就労にかかる制限（目的別就労，非就労，制限なし）などの異なる条件が付いた在留資格をもって日本各地で暮らしを営んでいる．そこで注目される問題とは，「外国人」という属性によって惹起される社会的地位の差である．なぜならば，それが単なる国籍の違いに留まらず，生活上の不平等を結果する不条理な差だからである（白波瀬 2009）．なぜ，この差は生まれるのだろうか．また，当事者たちはこの差に基づく困難とどう向き合っているのだろうか．こうした問いを端緒として，外国人が営む暮らしのさまざまな側面へ学術的関心が向けられてきた．その中でスポーツ社会学領域では，スポーツがこの差にもたらす変化について解明を進めてきた．

●同化と文化変容　滞在年数の積み重ねや世代経過が進むにつれて，「主流社会に同化・適応し，最終的には当該国の中流階級へと統合されていく」という古典的な同化理論の想定を外れる多数の現実を前にして，スポーツ社会学者たちがまず検証したのは，主流社会内における外国人たちの暮らしに果たすスポーツ実践の機能や役割についてであった．ゴードン（2000）の同化理論を手がかりとして，同国・同民族出身者で構成されるスポーツクラブでの実践や対外試合を通じた他民族クラブ・選手との接触，多民族で構成されるクラブ内でのメンバー関係が帰結する同化の実態が解明されていった．他方，エスニシティ（民族帰属・指標）に基づいて自らのスポーツ実践に与えている意味を捉える試みもなされた．その結果外国人たちは，スポーツ実践を通じて民族的境界を保持しており，エスニシティによる分断が生じていることが次第に明らかになったのである．

●スポーツを通じた課題克服とスポーツ参与条件　こうした分断が導出されるメカニズムや背景の解明はさらに，ミクロな相互作用を通じて形成され揺らぐエスニック・アイデンティティのありようや，その前提となるスポーツの場への参与を規定する条件（特に社会的制約）の分析へと展開していく．移住第1世代の外国人たちにとって，同国・同民族出身者同士が集うことを可能にするスポーツは，個々人に精神的なゆとりを与え自文化の独自性（多元性）維持に貢献する場であった．しかし，主流文化との接点をより多く持つようになった第2世代以降の外国人たちの中には，次第に自民族に対する帰属意識を逆に「同化圧力」として受け止め，家族や友人等の社会関係から，またホスト社会と出自社会の双方から相反する期待を受けるために葛藤を抱えたり，双方のいずれにも足場を置かない新たなアイデンティティを構築したりする者が現れ始めた．アイデンティティ構

築をめぐって外国人たちが直面する問題は，世代間で大きく異なることが明らかになったのである．第1世代にとって問題であった言語・文化・行動様式の差異などは，移住先で生まれ主流社会の集団や制度の中で育った第2世代以降の人々にとって問題となることは少なく，むしろ第1世代との違いが顕在化した．しかし，失業や文化的分業による社会移動の困難性など生活を構造化する諸条件は相変わらず強い規定力を発揮したままであった．

●**ソーシャルキャピタルの利得とトランスナショナル化する暮らし**　そこで，アイデンティティ問題をかかえる個人の位相のみならず，同じエスニシティをもつ人々に共通して降りかかってくる問題に対してネットワークやエンクレイブを構築して対処する集団の位相へも問いが拡張されていった．そこでは，スポーツ参与を制限する障壁や参与に随伴する困難などのネガティブな側面ではなく，スポーツを通じて形成される関係がもたらすポジティブな利得を捉えることが主眼に置かれた．パットナム（2006）のソーシャルキャピタル概念を参照して，①異なる民族集団に属する人々の関係改善を意味する「bridging」と，②お互いに近しい関係にある人々同士の既存関係の維持を意味する「bonding」が分析的に区別され，民族が入り混じるスポーツと民族ごとに分断したスポーツにおいて検討されてきた．その過程で，必ずしもスポーツを通じて形成される関係からすべての人が等しく恩恵を受けられるわけではなく，取り結ばれる関係の内実（質）によって恩恵に格差が生じうること，また得られる恩恵は通時的に変化することが明らかにされたため，外国人にとって有意味な関係形成の由来や社会的背景，また主流社会における当該関係の社会的位置などの理解も重視されるようになった．加えて，同エスニシティ間で形成されるネットワークは主流社会内のみならず母国の出身地域社会へも接続していることが明らかになるにつれ，主流社会ないしは定住地域内で完結する生活のみならず母国と継続的に相互環流を行うトランスナショナルな生活も視野に収めて理解すべきであると認識されるようになった．その一つの例証が，窪田暁（2016）による出身社会と米国を行き来するドミニカ野球移民の研究である．出身社会に根づく「移住の文化」，バリオ（県や市に次ぐ最小の行政単位）に共有されている格差拡大を回避する水平的な規範意識や母親中心的な拡大家族を基礎とする垂直的な扶養義務のネットワーク，そしてドミニカに構築されている MLB のアカデミーを中心とするリクルート・システムが密接に結びついたところに，ドミニカ野球移民と出身社会の暮らしは成立している．なお，こうした外国人とスポーツの問題を捉える日本国内における事例研究はいまだ少なく，今後の研究の深化が期待される領域である．　　　　[植田　俊]

📖**さらに詳しく知るための文献**

金 明美 2006.『サッカーからみる日韓のナショナリティとローカリティ』御茶の水書房.

窪田 暁 2016.『「野球移民」を生みだす人びと』清水弘文堂書房.

第4章

教 育

［担当編集委員：松田恵示・原 祐一］

制度としての学校と体育

　今日も日本で，あるいは世界の学校で体育授業があたり前のように営まれている．この営みは，黙っていても教師の下に児童・生徒が集まり整列をして，教師の指示や号令によって身体活動をさせられることを指す．では，このような児童・生徒にとっての，いわば「強制」的な営みは，どのように社会から正当化されるのか．その鍵となる概念が「制度」である．

●**体育の社会的構造からみた体育授業**　学校で展開される体育授業は，教科として「体育」や「保健体育」が設置してあるから営まれている．しかしその教授内容は，当然のことながら学校や教師の自由裁量に任されているわけではなく，当該社会（さしずめ近代以降は国民国家）が教育制度（具体的には学習指導要領）としてこの基準を定めている．このような制度としての学校と体育の全体を構造的に表したものが，竹之下休蔵による「体育の社会的構造」（図1）である．

　体育授業は，図下側の点線で囲まれた「教師」「児童生徒（学習集団）」「施設」そして「運動（刺激・内容）」の各要素とその関連から成り立っているが，右側にはそれを展開する社会の側の仕組みとしての「学校」とこれを管轄する各都道府県の「教委（教育委員会）」が存在する．そして，国の行政機関である「文部省（現文部科学省）」が国家レベルでの教育方針を定め，教育内容を統制するパワー，すなわち行政としてこれを強制する権力性を有している．他方，左側には授業を受ける個人としての児童・生徒が，それぞれ多様な「集団・階級・階層」に属して社会を構成する一員であることが示されており，児童・生徒はその社会的背景を背負って学校に存在していることになる．そして，右側の国家による制度としての体育的供給と，左側の社会的存在としての児童・生徒による体育的需要とを集団的・文化的側面において接合する最終的な媒介者（メディア）が「体育教師」ということになるのだ．このように

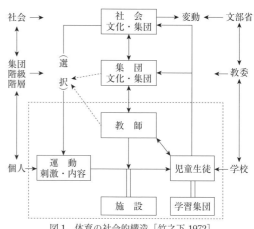

図1　体育の社会的構造［竹之下 1972］

図示された「体育の社会的構造」という枠組みの下で，今日の教科体育では文化としての運動内容が選択され，それが学習内容として児童・生徒に与えられることによって，社会における豊かな運動生活や生涯スポーツに結びつくことが期待されているのである．

●社会変動と学校体育　しかし，明治期以降わが国の学校体育は，戦前においては軍事や労働に役立つ身体の教育がめざされ，また戦後においては運動を通して民主的な人間形成や技能・体力の向上をめざす等，それらの教育目標を達成するための，いわば「手段的な」体育が主流であった．それは，国家の教育方針を制度化し法的拘束力を持った戦後の学習指導要領（1958 年から 10 年毎に改訂）によって告示され，1970 年代半ばまで体育授業の行い方（例えば，教師による強制的な指示・命令の下での一斉授業）を正当化したのである．このような手段的カリキュラムは，その授業成果が運動内容にコミットする児童・生徒の欲求充足を実現することなく，単に教師が授業を成立させる学校秩序の維持，すなわち学校化のための「陰のカリキュラム」として機能することにもなった（佐伯 2006）．だから，この反動は児童・生徒からみた運動をめぐる「スポーツ好きの体育嫌い」現象として現われ，その矛盾は脱産業化社会に求められる生涯スポーツへの学習志向を阻むことにもつながったのである．そこには体育に限らず，小・中・高校を通じて 1 万 4000 時間もの膨大な授業時間を過ごす児童・生徒にとって，その授業内容自体の記憶がほとんど残らない現実（佐藤 1998）に，制度としての学校はどのように向き合うべきなのかという課題が突きつけられている．

　体育は他教科に比べて，その教科特性からこの矛盾にいち早く気づき，1970 年代の学習指導要領から「運動に親しむ」という運動の機能的特性を重視してきた．現在の学習指導要領においても，子どもからみた欲求と必要の対象として，自己目的的な運動の楽しさを生涯スポーツ（学習指導要領上では「豊かなスポーツライフ」）に結びつけるカリキュラム論や授業論がめざされている．特に，中・高校における選択制授業の導入（1989 年改訂学習指導要領）は，図 1 にみる学習内容を生徒の選択によって構成するという点で，これまでの「体育の社会的構造」を大きく転換するものと考えられる．しかし問題は，そのような体育の見方や考え方が，いまだ十分に授業現場におけるカリキュラムや授業の実践に反映されていないことにある．そこでは，むしろ 21 世紀における制度としての学校の揺らぎと教科再編の中で体育における先見性が再評価されると同時に，これを実現する体育教師の実践的成果がさらに問われることになるであろう（菊 2017）．　［菊 幸一］

📖さらに詳しく知るための文献
菊 幸一 2022.『学校体育のプロモーション』創文企画.
佐伯年詩雄 2006.『これからの体育を学ぶ人のために』世界思想社.
全国体育学習研究会編 2008.『「楽しい体育」の豊かな可能性を拓く』明和出版.

社会的身体と教育

　人は出生の時はただ身体を持つ命である．その命が，生まれ落ちた世界を学ぶ最初の道具は身体である．メルロ=ポンティ（Merleau-Ponty, M.）によれば，人間はまず，身体が何かに触れること／何かから触れられることの繰り返しを通じて，物の存在を徐々に認識する．また，他者の身体に触れたり逆に触れられたりすることを通じて，他者の存在と自我の存在とを認識できるようになる．つまり，他者経験の原初は間身体的に起こるのであり，言い換えれば，身体は社会を知る最初の場所なのである．身体の活動が存在する世界をメルロ=ポンティは「生きられる世界」と呼ぶが，その中で人は生まれ落ちた共同体の文化のそれぞれの構造を間身体的活動を通じて身につけていく．これが社会的身体の獲得である．人の学びとは，未知なる世界の存在を間身体的に確認しながら認識し，やがてそれを自分の生きられる世界に取り込むことにより，常に自己と生活を更新していくことで成り立つ，と論じている．

　しかし近代社会が到来すると，共同体の間身体的経験の広がりだけでは教育は不十分とされた．近代的人間とは，生の身体を超えた抽象的な概念として存立するようになり，どのような人間が必要で，そのためにいかなる教育があるべきかの理念は，国家が政治的に構築することになったからである．とはいえ，人に教育を身につけさせるためには，文字通り，身体性を抜きには達成できない．身体性と国家権力との遠い距離をつなぐ役割を果たすのが，近代的な学校制度であった．

●**近代社会の特徴としての学校**　フーコー（Foucault, M.）は，近代社会に必須かつ特徴的な組織として，監獄や学校を挙げている．そこでは必ず権力をもつ少数の教育者＝監視者と，権力を持たない多数つまり教育あるいは更生するべき多数の生徒／囚人＝監視される者がいる．このために必要とされたのがパノプティコン（一望監視施設）である．ここでは監視者は監視していても，監視される者からは，いつも監視者が見えるわけではない．かつ，監視される者同士のコミュニケーションは禁止である．このため監視される者は，いつも監視者の目線を気にして，ついにはそれを内在化して自己管理しなければならなくなる．これが監視と管理の経済を最大化する．加えて，このような空間構造のなかで教育者＝監視者は，より良き方向とされる社会規範を教育していくのだが，その教育には細分化されたファクターがつくられている．例えば，時間を守るか／返事をするか／提出物を出すか，などであるが，その一つひとつが監視と評価の対象とされる．しかも，それは「あなたがより良く社会で生きるために」と教育され，その教育

をより良く内面化した者に褒賞を，それを理解できないあるいは反抗する者に処罰を常に与え続ける．この繰り返しにより，近代の学校教育は，近代社会に適合する近代的身体を創造することになる．この近代的身体をいったん身につけると，どんなに自由に考え行動してよいといわれても，自ら身体化した規範の範囲の中で，社会調和的な自由を選び取ることになる．このような近代の学校や監獄で実施される権力的で効率的な教育システムは，広い意味での教育が必要なさまざまな社会で――組織内でも――援用されていく．

●**社会的身体への呪縛**　しかし学校という制度に依存した社会的身体の最大の問題は，本当の意味で自由で自律的な人間や知識を生みださず，答えのない問いに向き合う力を養わず，むしろ人を無力に陥らせることだ．イリイチ（Illich, I.）は『脱学校の社会』の中で，学ぶことと学校教育を受けることを同一視してはならない，従来の規範や常識を超えた新しいものを創造する力は学校制度の内では育たないと警鐘を鳴らしており，教育制度からの学びの解放を提言している．ブルデュー（Bourdieu, P.）は近代の学校制度は，近代的身体へと囲いこむ「象徴暴力」だといった．

　ただ，社会的身体から逃れることは難しい．前述のように人間の最初の身体経験とは共同体内の間身体的なものだが，ブルデューによればすでにそこに共同体や家庭環境に内在する多くの感覚や価値観がしみ込んでいるという．家族の中にある身分的・階級的文化の感覚や価値観（ブルデューの用語では「文化資本」や「経済資本」）が，最初の社会的身体の中に内在しており，この身体が自覚なく行う一連の行為のことを彼は「身体技法」といった．身体技法は日常生活における行為や思考の性向「ハビトゥス」をつくる．これらは簡単にリセットできず，平等で自由なはずの近代社会に，隠された不平等をつくり出した．ブルデューにおいては，近代の学校とは，文化資本や経済資本による不平等を教育的競争の結果として読み替え，その不平等を近代社会のただ中に再生産していくメカニズムである．間身体的な交換から生まれる社会的身体と，近代教育的な社会的身体とは，葛藤するどころか協調して，人間への文化的呪縛を強めてしまうというパラドクスが成り立つのである．

　近代が大きく崩壊しつつある時代に私たちは生きている．生きられる世界に確かな身体的感覚を置きながら，教育と身体性の結びつきを客体化しつつ，多様で複雑な広い世界を取り結ぶことのできる社会的身体を，新時代に適うかたちで模索しなければならないし，それを支える教育の多様性も求められている．［中江桂子］

📖さらに詳しく知るための文献

メルロー＝ポンティ，M. 著，中島盛夫訳 2015.『知覚の現象学』法政大学出版会．

フーコー，M. 著，田村 俶訳 2020.『監獄の誕生』新潮社．

ブルデュー，P. & パスロン，J.-C. 著，宮島 喬訳 1991.『再生産』藤原書店．

メリトクラシー／ハイパー・メリトクラシー
業績主義・能力主義／超業績主義・超能力主義

　メリトクラシーとは，社会学者ヤング（Young, M.）が1958年出版の著書（*The rise of the Meritocracy*，日本語訳は1982年『メリトクラシー』至誠堂）において用いた語である．現在は「業績主義」「能力主義」を意味する語として用いられている．資本主義社会において，端的に業績や能力が高いことを評価することは，望ましいことである．業績や能力，そしてそれらを生み出す「努力」や「意欲的な取り組み」が高く評価されることになるからだ．それは，身分や住む場所に縛り付けられていた近代以前と比べれば，ずっとましで，自由な社会である．「生まれ」は自分で選ぶことはできないけれども，生まれた後にどう生きるかを自分で選び取る可能性があることは，多くの人を勇気づけるだろう．

　しかし，この業績主義・能力主義が，「生まれ」によって大きく左右されているとするなら，それは本当に自由な社会だろうか．教育社会学の分野では，1990年代後半から，このことに着目した研究が進められてきた．中でも，苅谷剛彦の一連の論考では，「生まれ」による影響をうかがわせる格差の存在が指摘される．ここで明らかにされているのは，「教育格差」・「意欲格差」という概念である．

●**教育格差**　「教育格差」とは，家庭の教育力に大きな差があること，そしてその差が，次の世代に引き継がれることを指摘する．具体的には，父母の学歴が高い子どもは，やはり学力や学歴が有意に高くなる傾向があるというものである．スポーツに関して言えば，小学生期に習い事ができたかどうかは，家庭の経済状況に左右されるであろう．そして，ここから導き出されるのは「意欲格差」である．これは，教育格差の上位に位置づく家庭に生まれた子どもが，「頑張ることが楽しい」「頑張ればいいことがある」ことを自然と学習して頑張ることができるようになるのに対し，そうでない環境に生まれた子どもは，「頑張っても状況は変わらない」ことを学習し，「頑張るとはどのようなことであるのか」を知らず，結果として努力できないまま能力を伸ばす機会を逸している，という状況を指す．さらに，「業績主義」が誰にでもチャンスを与える（ように見える）からこそ，こうした人々は，ただ怠けているだけだと評価されてしまう．この「意欲格差」という概念は，したがって，「誰でも頑張ればよい結果を出すことができる」という素朴な信憑に疑義を呈することになる．「みんなが同じように頑張れるわけではない．」そして，それ以上に重要なことは，「頑張ること自体も学習によって身に付いたり付かなかったりする」ということである（苅谷 2001）．

　上記の教育格差・意欲格差への反動を含み込んだ概念に，「ハイパー・メリトク

ラシー」がある．教育社会学者の本田由紀が名付けた現象であり，「対人関係能力（いわゆるコミュ力）」の序列化を指す．つまり，学力が高くないがコミュ力が高い子どもがクラス集団を支配し，コミュ力によって序列ができてしまう状態である．これは，「スクールカースト」と呼ばれる現象とも合致し，その中にはいじめにつながるような望ましくない状況も含まれる．学校という閉じた世界の中で，コミュ力のみに自信を持った子どもがいた場合，その子どもは学力を身につける機会を逸したまま社会へと放り出されることになる．しかし，社会には依然として学力重視の枠組みが残り続けている．そうであれば，この子どもは，安定した職を得て生活することが難しくなるリスクを負うことになる．

　また，学校での評価軸が学力とコミュ力の二つの軸になった場合，評価基準が個人の内面にまで立ち入ることになること，そして学力と同様に，コミュ力を高めようとすることもまた，出身家庭の貧富により影響を受ける可能性があることなどが指摘される．

●**スポーツとハイパー・メリトクラシー**　このハイパー・メリトクラシーは，体育・スポーツ教育の場面にも関連し得る．なぜなら，体育・スポーツ教育は，まさにコミュニケーションの連続であり，コミュニケーション能力の育成が目指されることもあるからだ．「体育で活躍するのはクラスでもコミュ力が高いグループ」など，生徒側が持つイメージ，つまり，「カーストの上位はコミュ力が高く体育で活躍する」というイメージがひとり歩きした場合，体育は意図せぬところでハイパー・メリトクラシーに加担してしまう可能性がないだろうか．そして，学力も高いだけでなく，運動能力も高い上に積極的でリーダーシップを発揮しているような，教師にとって好ましく見える生徒は，コミュ力の高さまでも評価の対象となれば，当然のことながら，「より」高く評価されることになる．同時に，「運動能力も，コミュニケーション能力も高くない」生徒との評価の差は，ますます開くことになる．

　義務教育の領域で放置されてはならないのは，セーフティネットを必要とする子どもたちと，彼らに必要な能力の育成である．その際，容易に「意欲」や「コミュニケーション能力」だけを取り出して評価することの問題性にも充分に留意する必要がある．と同時に，「経済的貧困」状況に置かれる子どもたちだけでなく，コミュニケーションや運動能力の低さの背景にある，「経験の貧困」や「関係の貧困」にも目を向ける必要があるだろう．この点もまた，身体教育の領域において中心的な問題として議論されるべきであろう．　　　　　　　　［田中　愛］

さらに詳しく知るための文献
本田由紀 2020.『教育は何を評価してきたのか』岩波新書.
苅谷剛彦 2012.『学力と階層』朝日文庫.
松岡亮二 2019.『教育格差』ちくま新書.

体育と保健の概念

　体育という用語も保健という用語も，時代や社会状況，語られる文脈によって
その概念は一様ではない．この用語はさまざまな文脈の中で多様な意図を纏って
使われてきたが，日本では学校教育制度と蜜月関係にあった．体育と保健が一つ
の熟語となっているのが教科としての保健体育である．1951 年に中学校と高等
学校の「体育科」は，「保健体育科」に改称されている．保健の特性が問題となり
保健科として独立させようという動きもみられたが，独立しないまま今日まで維
持されている．

●**体育という概念のゆらぎ**　学校教育制度に位置づけられ広がった体育は，社会
状況と連動しながら教科の目標が変遷してきた．一般的には，「身体の教育」「運
動による教育」「運動スポーツの教育」という三つの流れに大別される．「身体の
教育」は，戦前の軍国主義政策を推進する上で必要な身体を，体操や集団行動を
中心としながら訓練していた．戦後の「運動による教育」は，民主的な人間形成
という教育の一般目標を達成するために，スポーツやレクリエーションを手段と
し，民主的な生活態度である社会性の育成を目指した．1970 年代には，脱工業化
社会へ移行するに伴って，「スポーツ・フォー・オール」運動の影響を受けながら，
楽しみとしてのスポーツが位置づけられる．そして，生涯スポーツを理念に「運
動スポーツの教育」へと転換していく．

　現在も続いている「運動スポーツの教育」は，ホイジンガ（Huizinga, J.）やカイ
ヨワ（Caillois, R.）のプレイ論を基調としながら理論と実践が「楽しい体育」論と
して積み重ねられてきた（菊 2022）．さらに日本の場合，体育施設の整備や地域
や職場・家庭における身体活動を社会体育として推進してきた．ところが日本の
社会体育を組織化してきた「日本体育協会」は，2018 年に「日本スポーツ協会」
へ，国民の祝日である「体育の日」は，2020 年に「スポーツの日」へと名称変更
されたように，従来の体育に代わるものとしてスポーツという用語が好まれるよ
うになってきている．

●**保健という概念のゆらぎ**　もう一方の保健は，明治・大正期は養生・衛生知識
の習得や習慣化が目指されていたが，戦争へと国が舵を切る中では，衛生訓練や
身体の鍛錬が励行されていく．戦後は，個人の身の回りの保健生活の実践や知識
重視の内容が展開された．1999 年以降，WHO が提唱しているヘルスプロモー
ションの考え方である「人々が自らの健康とその決定要因をコントロールし，改
善することができるようにするプロセス」を重視するようになっている．

現在のところ健康や体力の保持増進のためにスポーツをする人が増加し，健康はすべての人の願いであるという大前提の下に，身体活動が健康に貢献するために必要不可欠であると論じられることも多い．WHO も含めて，健康は個人的問題とは別に社会的問題となり，健康であるために行動することが社会的義務となっている．しかし，上杉（1990）が指摘するように，健康への不安を打ち消すために行われるスポーツは，新たな健康不安を増殖し，自己喪失としてのスポーツへと変質していく．つまり，「どのように生きたいか」という問いがなければ，何のための健康かを見失い，かえって人々を生きづらくさせる．

●**体育・保健の課題**　歴史や社会背景によって概念自体が大きく変容してきた体育や保健であるが，いくつかの課題が残されている．

　体育オリジナルのパラダイムシフトをめざした楽しい体育論によって，運動手段論から運動目的論，外発的動機づけから内発的動機づけ，自主性から自発性へと転換していく必要性が示されてきた．これは，「身体の規律訓練」を超えるための提唱であり，運動の意味や価値を外側から決め指導する実践＝体育指導から，子どもたち自らが意味や価値を見出しながら学ぶ実践＝体育学習への移行であった．また，保健においても言われた通りに健康・衛生的行動をできるようにする保健指導から，なぜ健康的な生活が必要なのか，またそれはいかにして可能なのかについて考える保健学習への移行も生み出してきた．しかし，成人が日常的にスポーツをしているとは言えない．ロイ（Loy, J. W.）は，スポーツ・ゲーム・プレイを社会化との関連で区別したが，体育ではスポーツをプレイとして捉え理論と実践がつみかさねられてきた．今後，e スポーツも含めた多様な体育のあり方を検討する際に，ゲームという視点への問いかけが改めて求められる．具体的な授業実践において子どもたちがプレイする対象であるゲームへの理論的・実践的な積み重ねによって豊かなスポーツ社会を実現していかなければならない．

　また，体育と保健がいかに統合的発展性を持ちうるのかについて検討する際に，両者の接点としての身体への着目は欠かせない．菊（2008）は，スポーツの汎用性が，ヒトとしてのカラダの捉え方に対する多様化をもたらし，運動としての楽しさや喜びの生涯化をもたらすことにつながるとし，人間の生態の残存目的を匂わせ，幻想させる「健康」というイリュージョンとスポーツが肉体を介してどのように捉えられうるのかを問う必要性を説く．AI やテクノロジーが進歩する社会における新しい身体のありようを探っていくことが体育と保健の概念をさらに進化させプラグマティックになっていくと考えられる．　　　　　　　［原　祐一］

📖さらに詳しく知るための文献

菊　幸一 2008. スポーツ社会学における身体論. 池井　望・菊　幸一編『「からだ」の社会学』世界思想社.
菊　幸一 2022.『学校体育のプロモーション』創文企画.
上杉正幸 1990. 不安としての健康. 亀山佳明編『スポーツの社会学』世界思想社.

体育の学習指導論

　体育の授業をはじめさまざまな教科の実践研究の目的は，よい授業をつくることにあると言えるだろう．しかしながらそのよい授業とは何かについて，統一された定義が存在するわけではない．授業実践の研究では，教科がめざす目標に照らし，それへ向かって授業が一定の成果を挙げられたかどうかで授業の善し悪しが判断される．

　したがって同じ教科の授業でも，そこでの目標の捉え方が異なればよい授業の捉え方も異なるのが教育の現実である．体育で言えば，体力づくりを目標に据えた授業と運動の楽しさを学ぶことを目標にする授業とでは，理想とするよい授業の姿が違ってくるということである．ここに，授業における教師の学習指導のあり方を論じる学習指導論が展開される大きな理由がある．

●**学習指導論の王道**　そういった教育実践の研究は，何のために，何を，いかに教えるのかについて検討する，目標論・内容論・方法論の三つの領域に分けて捉えられ，何を目指して何を教えるべきかについての深い検討を行うことが，豊かな方法を導く前提とされてきた．それは体育の授業研究においても同様であり，体育は何を目標とし，何を内容として，いかなる方法で教えるのかについての相互に関連づけられた検討を通して，「体育授業論」と呼ばれる体育授業についての一定の考え方を構築し，そこから導き出される授業の理論的モデルを一つの拠り所に授業づくりを進めていくことが，よりよい体育の授業実践を生み出していく際の基本的な手順とされたのである．

　日本体育学会（現：日本体育・スポーツ・健康学会）の体育科教育学専門分科会では，1990年代前半に「体育授業論と授業研究」というテーマを学会の場において取り上げている．それは，わが国の代表的な体育授業論の理論的立場にみられる相違や授業研究の成果を，学会という場で討議することが意図されたものであったが，このようなテーマで議論を交わす場が設定されたのも「授業論を抜きにした授業研究によって得られる知識には限界」があり，「体育授業研究は，授業を導く基本的な考え方や，慎重に吟味された研究仮説に基づいて行われる必要がある」（竹田・高橋 1991）という認識が共通に理解されていたからだった．

●**民間教育研究団体の主張**　けれども，こういった体育授業論を前提とした実践研究の取組みは，全国体育学習研究会や学校体育研究同志会といった民間の体育研究団体が，体育関係のジャーナル誌上などにおいて各々の学習指導論を主張し合うような状況を導いたことからも理解できるように，それぞれの団体が行って

きた実践から得た経験知に基づく理念的な主張に偏る傾向もあり，実証的な学問研究という視点から学習指導論を論じる際に，問題がないわけではなかった．

　また，こういった異なる授業論が対立する間隙をぬうように，従来の授業づくりの進め方とは訣別し，教育の目標や内容についてはほとんど問わず，跳び箱が跳べない子を跳ばせるといった具体的な指導技術に研究の対象を限定する「教育技術法則化運動」という教育運動が全国的な広がりを見せ，体育授業の研究においても一つの明確な立場を形成した．

●**体育科教育学からのアプローチ**　こういった歴史を経験した後のわが国では，諸外国で蓄積されてきた体育科教育学の知見にも学びつつ，理念的あるいは思想的な主張からは切り離して学習指導論を論じていく動向が顕著になっていく．そこで語られる学習指導論の前提にあるのは，授業が一定の成果を挙げるためには，多様な指導スタイルを「実際にどのように機能させるかという方略（Strategy）を策定していくことが求められる」（鈴木 2012）という認識である．

　かかる認識を持つことは，それまでの体育における学習指導論が陥りがちだった，教師主導か子ども主体かといった単純な対立図式を越えていく契機となったことは確かである．言わば，体育科教育法の議論ではなく，体育科教育学としての学問的根拠に基づく学習指導論の議論である．

　しかしそういった動向は，それまでの学習指導論が授業のあり方を考える前提にしてきた，社会における人間と運動の関係の変化といった視点を弱くしている．体育社会学やスポーツ社会学的な知見は，それを補う可能性を持つと言える．

●**思想なき実践の先にある学習指導論**　実際の授業づくりに向き合う教育現場においては，指導スタイルをめぐる方略というよりも，具体的な指導方法の取捨選択に傾斜していることは否定できない現実であろう．ICTの「研究」が花盛りの授業研究の姿にそれは明らかに見て取れるし，かつて体育授業論の不在を厳しく批判された「教育技術法則化運動」の後継の研究が，体育関係のジャーナルでほとんど批判の対象になっていない現実にもそれは表れている．

　これは決して体育の学習指導論だけの問題ではなく，現在のわが国の教育全体に共通する問題でもある．教師から一方向的に知識を伝達されるような「受け身」ではなく，学習者が「能動的」に取り組む学習を指すというアクティブ・ラーニングが，文部科学省の旗振りの下で推奨されているが，子どもが「自ら働きかけて」進める学習を，教師が「他から働きかけられて」つくろうとしている矛盾に，当の教師たちが無自覚なことに，現在の学習指導論をめぐる最大の問題が潜んでいるのではないだろうか．　　　　　　　　　　　　　　　　　[鈴木秀人]

📖**さらに詳しく知るための文献**

鈴木 理 2012. 体育の学習指導論. 高橋健夫ほか編『体育科教育学入門』新版. 大修館書店.

鈴木秀人 2017. ボールゲームの授業とアクティブ・ラーニングを考える. 体育科教育 65（2）：22-25.

「楽しい体育論」

　「楽しい体育論」は，体育社会学者の竹之下休蔵を創始者とする民間の教育研究団体「全国体育学習研究会」が，1970年代後半以降展開させた体育の学習指導論である．学校教育の一領域である「体育」の学習指導を社会的構造の中に捉え直し，教育の目的・内容・方法・評価の各論とそれらを一貫するカリキュラム論を，スポーツを取り巻く社会変化と遊びの文化論的理解を中心に開発し構成した．「楽しい体育論」はそのために，日本の学校体育をめぐる教育観や学習観のパラダイムシフトを促す社会運動を同時に引き起こし，体育学研究，学校体育政策，体育科教育実践が影響し合う類のないディスクールでもある．

●**理論的特徴**　「楽しい体育論」の学習指導論には，以下のような四つの大きな特徴がある．一つ目は，体育学習の目的を「生涯にわたって運動を楽しみ親しむことができること」に置く．そして，従来のように技能や知識，概念といった内容をポータブルなコンテンツとしてではなく，「体操（健康や体力の維持増進のための運動）」「スポーツ（各種目）」「ダンス（各種類）」という文化的な営為（当該文化の本質的な価値や意味に焦点づけられた活動）そのものの中に接合させ，「活動そのもの」としての運動こそをそのまま学習（教育）内容として捉える．このために「活動そのもの」としての運動は，学齢期の生涯にわたる運動実践の場面であるとともに，同時に生涯にわたって運動を楽しみ親しむCompetencyやAgencyを育成する実践（学習）として，「今」と「未来のための準備」という二重の教育的意味を持つ学習内容となる．まただからこそ，「活動そのもの」としての運動は，学習者の自発的主体的活動として性格づけられるものであり，この点を大切にした実践と深化が教育の中身となる．このように有意義な運動の実践（経験）から，価値や意味を構成し知識や技能を獲得するプロセスとして学習を捉える「楽しい体育論」は，教育学者のデューイ（Dewey, J.）らに通じる構成主義的学習観とその様式を，教育現場を中心とするアクションリサーチから民間研究コミュニティを築きつつ独自に構築した点に大きな特徴を持っている．二つ目は，このような体育学習における有意義な運動の実践（経験）を支える（学習指導の）ために，「楽しい体育論」では当該の実践される運動を行為者=学習者自身の持つ価値や意味の視点から，遊びの欲求を充足する機能を持つまとまり=「スポーツ」「ダンス」と，健康の維持増進や体力の向上など身体の必要性に基づき行われるまとまり=「体操」に大別する．つまり，当該文化の本質的な価値実現機能により運動を類型化する．さらにその下位に，例えば挑戦対象の区別からスポーツを「克服型」「競

争型」「達成型」と分類する．学習内容化された「活動そのもの」としての運動を
このように捉えることによって，学習者の目標（ねらい）が明確になる．このよう
な一連の考え方は「運動の特性論」と呼ばれ，カリキュラムにおけるスコープ
とシークエンスが，運動の価値や意味の類型論から学習者本位に構成されてい
る．さらに三つ目の特徴として，ここまでに挙げた特徴から，「楽しい体育論」の
教育の過程は，学習者自身の実践の深化の過程（学習過程）であり，「運動の特性」
に焦点づけられて進められる文化的な営みの深化の過程そのものとして構想され
る．これは，技能を中心とした運動の学習で通常よくなされる，運動を部分的な
知識や技能の集まりと捉え，それらを系統的に分習し最後に全体を経験させる
「継時的学習」とは正反対の考え方であり，運動実践の「本番」が自発自主的に先
行して体験され，その体験の中から課題を発見し解決する「同時的学習」が基本
となっている．四つ目にこのような「楽しい体育論」は，民主的な児童生徒の集
団関係によって営まれる「グループ学習」によってその学習形態は特徴づけられ
る．これは，指導と管理が中心であった第2次世界大戦前からの従来の体育の指
導に対して，「訓練（トレーニング）」ではなく「学習（ラーニング）」として体育
を再構築しようとする「楽しい体育論」にあっては当然の帰結であろう．

●**社会的意味**　このような「楽しい体育論」の社会的意味について少しまとめて
おきたい．佐伯（2008）も述べるように，学校体育の目的と内容を，1970年代まで
主であったように体力や人格といった個々の「身体（精神を含む）」に焦点づけて
構成することから，文化としての「運動（スポーツや健康の維持増進のための身体
活動）」を位置づけ，さらに従来の内容を逆に「運動」を中心に再構成したことは
「楽しい体育論」の革新性である．またここには，学校体育を社会的構造との関係
において捉えることで，工業化社会から脱工業化社会へ，という1970年代以降の
社会変化と，レジャー論，生涯教育論を経由させた「運動」の社会的価値の変化と
増大，ならびに教育の生涯化への変化という論点が含まれている．さらに，学習内
容として大きな割合を占めるスポーツを，ホイジンガ（Huizinga, J.）やカイヨワ
（Caillois, R.）の文化論的研究をベースとした「遊び」の観点からその価値や意味を
捉え，観点を目的・内容・方法・評価を一貫するカリキュラム論の主軸として捉え
たという創造性がある．もちろん「楽しい体育論」には，理論と実践の両面でのそ
の後の停滞や形骸化など背景として抱える課題も多い．しかし，このような学校
体育をメタ認識する社会学的・理論的視角が持つ有益性は，現在においても疑いえ
ないし，またそこからの発展が期待されるディスクールでもあろう．　　[松田恵示]

📖**さらに詳しく知るための文献**
竹之下休蔵・宇土正彦編著 1982.『小学校体育の学習と指導 新しい授業の手引き』光文書院.
竹之下休蔵 1972.『プレイ・スポーツ・体育論』大修館書店.
全国体育学習研究会編 2008.『「楽しい体育」の豊かな可能性を拓く』明和出版.

体育教師という職業

　体育教師という職業は，それぞれの経験やドラマ・漫画といったメディアにおいて特別な存在として意味づけられ描かれている．他の職業のみならず，学校教育の中でもとりわけキャラが際立って語られるのはなぜか．

●**特徴づけられる体育教師像**　戦前の体育教師像は，「軍人的体育教師像」として確立していた．日本の体育が兵式体操を取り入れ，軍人的な性格や習慣の育成を文部省が期待したことに伴って，「常備現役を離れた 35 歳以下の陸軍歩兵下士官」が軍人の身体性を保持したまま体育教師を務め，「軍人的体育教師像」が定着していく．このような価値観を持った体育教師像に対して，社会的に批判の目が向けられるようになり，知性が欠如している状態では不十分であるという指摘に端を発し，伝統的な「軍人的体育教師像」が学校教育の中で特異な存在としてステレオタイプ化され広がっていった．

　戦後は，スポーツが学校体育の中に導入されていく中で，スポーツ（主に球技）を教えるために，集団一斉指導とは異なる球技に必要なチームプレイとそこで必要な個人技能を伸ばすといった資質を育成する新たな指導法とともに「コーチ的体育教師像」が求められていく．社会の近代化や民主化と教科内容の変容に伴って求められる教師像が変化していったのである．ところが，多くの子ども達を学校という閉じられた空間において管理しながら，生徒指導する必要性は，依然として学校教育の中に存在し続けていた．そこで一役買ったのが体育教師である．体育授業以外の場面においても，一斉指導しながら身体の規律化を担い，「怖い存在」として体育教師が重宝されるのである．ここに 1970 年代から 1980 年代にかけて，荒れた学校を治めるために体罰をも辞さないという形で熱血指導した体育教師の存在があった．それは，体育教師が求めていった側面と他の教科の教員が体育教師に求めたという相互関係の中で生み出され続けてきた．

　歴史的背景の中で，さまざまな役割を担わされていった体育教師は，知性とは離れた「脳筋（＝脳まで筋肉）」というラベリングがなされることもあり，時として，時代遅れの存在として他教科の教員とは一線を画す異質な存在になった．このことに対して松田（2001）は，体育教師のイメージを描く作画調査から「規律・訓練」の最前線に立つ「最も学校的な存在」の側面と，「知的なもの」には似つかわしくないユーモラスさを持ち合わせる「らしくないセンセイ」の側面とを使い分ける価値の落差を内包するところに，現代の「体育のセンセイ」への親しみやすさが生まれていると指摘する．

●**体育教師のハビトゥス** では，このような体育教師らしさは，いかにして形成されるのか．学校生活の中で日々発する言動（意図的であれ無意図的であれ）から形成される体育教師の身体文化を沢田（2001）は，ハビトゥスとして分析した．体育教師を目指す学生は，学力試験よりも特定運動部での競技成績に比重が置かれた入試によって，選抜段階から特有の規範システムを獲得していく．大学時代には，運動部内・運動部間での競争原理に晒されながら，その部に相応しい行動様式や権力構造・日本的な管理方式を学習し，教師になった後も学校側からは，高い競技成績（身体能力）を持った存在であり続けること，教科指導よりも部活動の指導実績が評価されること，生徒指導能力を高めること等が役割として期待され，体育教師として社会化されていく．体育教師になるというキャリアパスの中で，部活動での競技成績，部活動での指導実績，生徒指導実績が問われ，タテ社会での人間関係を中心とした対人関係能力を身につけ，近代の合理性を超えた前近代的である身体優位性によって子ども達を管理することで学校制度において機能するのである．上位下達の管理主義教育の中で特定のハビトゥスを有している体育教師は，管理職に就くことも多い．

一方で坂本（2013）は，コーチ的体育教師像について論じる．それは，特に部活動において「この指導者についていけば高い競技成績が収められる」という確信を子ども達に抱かせているという特徴がある．生徒が高いパフォーマンスを発揮するためには，従来とは異なる身体図式へと組み替えていく必要があり，体育教師の身体性を伴った経験が有意に働く可能性の指摘である．一人ひとりの体育教師が体罰という方法を用いずに，自らが経験してきた身体文化の形成過程において獲得した「体育教師らしさ」の中にある，受け継ぐべき点は何かが今もなお模索されている．

●**これからの体育教師** 部活動の地域移行が検討され，指導者が部活動指導員へと変わることは，体育教師が学校の中で担ってきた役割を変化させていくであろう．また，学校そのものもチーム学校といった従来の管理主義的な運営方式からの脱却を図ろうとしている．このようにさまざまな教育制度改革や教科の目的・内容が社会とともに変化しても，結局のところ子ども達と対峙するのは体育教師であり，最終的に子ども達といかに相互行為するのかを決定するのは当該の体育教師である．今後，社会変化に対応した体育教師像を語り続けると同時に，どのような役割が担わされているのか，またはどのような役割を担っていくのか，はたまた体育教師が有している固有のハビトゥスが現実社会を理想社会に近づけていく際に有効なのかについて，継続して議論していく必要がある． ［原 祐一］

📖さらに詳しく知るための文献

松田恵示 2001.『交叉する身体と遊び』世界思想社.

坂本拓弥 2013.「体育教師らしさ」を担う身体文化の形成過程. 体育学研究 58(2)：505-521.

沢田和明 2001. 体育教師論. 杉本厚夫編『体育教育を学ぶ人のために』世界思想社.

地域と家庭の体育・スポーツ

●**地域と家庭の教育作用と生涯スポーツ**　人は生涯にわたって，学校のみならず家庭や地域社会における意図的・無意図的教育作用の影響を受ける．学校以外の教育，体育については，1949 年に制定された社会教育法によって社会教育の文脈に位置づけられ，社会体育という名称が使われた．

　社会教育（社会体育）から生涯教育論への展開は，1965 年にラングラン（Lengrand, P.）がユネスコで提起して以後普及をみせた．生涯にわたる教育が生涯教育であり，それを学習者の側から捉えたとき生涯学習と呼ばれる．

　ここで大切な点は，社会教育といういわば，「外部からの教育論」から，生涯学習という「個人からの学習論」に力点が置かれた点である．

　生涯スポーツ論は生涯教育（学習）論の提唱と符合する形で展開された．生涯スポーツの概念は，ラングランの生涯教育論によれば，生涯スポーツは単なる Life-Long Sport ではなく，Life-Long Integrated Sport と言える．そこでは，「垂直的・時間的統合＝ライフサイクルを通した実施」「水平的・空間的統合＝学校，職場，地域社会での実施」「立体的統合＝垂直的統合と水平的統合を踏まえ，完全な人間の形成と自己実現に資する」という三次元の統合が重要だと言える．この理念の展開のためには，学校期のみならず，生涯にわたる家庭や地域を基盤とした取組みが重要となる．

●**地域と家庭の体育・スポーツを取り巻く「場」の変動**　地域を基盤とした体育・スポーツは誰が担うのかという観点から，広く「公」「共」「私」から整理できる．「公」とは公共：公共性，公事性であり，政府や地方自治体等が担う．「共」とは共同：共同性，互酬性，非営利性であり，地域団体等が担う．「私」とは，私性：営利性，交換の原則であり，私企業等が担う．

　地域における体育・スポーツは「公」が主導する形で進められた．戦後の主な動向をみると，行事・大会等をベースとした「行事型」の施策が展開された．1972年，文部省保健体育審議会答申に基づき，地域の公共スポーツ施設が整備された．それに伴ってスポーツ教室が展開され，「教室」から「クラブ」へという流れで種目クラブが増加していく．その後，多様な楽しみ方を求める人々の活動拠点が要請され，1995 年から「多種目」「多世代」「多志向」を旨とする「総合型地域スポーツクラブ」の創設が始まり，2024 年現在，約 3500 クラブにのぼる．

　家庭に目を向けると，1960 年代以降，都市への人口移動，経済成長に伴い，両親の共働き，核家族化，職住分離が顕在化し，生活の私事化の進展と家庭の教育機能

の低下が指摘されることになる．一方，経済成長期にあって可処分所得の増加に伴い，レジャー活動への欲求が高まり，ファミリーレジャーのみならず，家族構成員個別の体育・スポーツ需要が高まる．その結果，教育・スポーツ・娯楽等において学校・塾，民間スポーツクラブ・施設等への依存傾向が強まってきたと言える．

年代別にみると，青少年期のスポーツは，主に学校運動部活動が担ってきたが，1964年東京オリンピックを契機として，高度化・専門化の両面から，学校運動部活動の限界が指摘され，1965年からスイミングクラブ，体操クラブなど専門的な指導を専らとする民間スポーツクラブが誕生し，隆盛を迎える．また，健康寿命の延伸への希求は健康志向に拍車をかけ，青壮年期，高齢期の人々は公的な健康教室のみならず，フィットネスクラブなど民間クラブの隆盛を支えている．

地域におけるスポーツ指導者は，公的には，スポーツ推進委員（非常勤公務員：1957年創設）が挙げられ，地域のスポーツ推進の連絡調整，指導・助言を行う役割を担う．スポーツ種目の指導は，「共」に基づく民間スポーツ団体（日本スポーツ協会，日本レクリエーション協会等）が養成する指導者が主に活動を支え，実費程度のボランタリーな活動が中心であった．指導者の量的増大とともに質の担保と向上，社会的地位の向上が重要な課題となっている．

●循環型の体育・スポーツシステムの再構築　地域における体育・スポーツの展開は，大きくみると「公」から「共」「私」への拡大，移行が始まっているとみることもできる．また，家庭においては，外部から与えられるサービスによって，自らの活動を依存，代替する傾向が強まり，結果として，家族単位で自らが創造的に体育・スポーツを楽しむ態度や機会を脆弱化させてきたとも言えよう．

住民の主体的な取組みを生かす仕組みと方法を検討する上で，その基盤となる地域の教育力の再生が求められる．地域の教育力は，家庭の教育力と相即的な関係をもちながら，家庭・学校・地域が連携する過程で創造される意図的・無意図的な働きかけの総体である．その低下を自覚しながら意図的に再構築していく必要がある．そのためには「公事性」を担う「公」が条件整備を行い，「私事性」を担う「私」だけでなく，共に創る「共」の領域をいかに広げ充実することができるのかが重要である．家庭・地域の教育力との関係で言えば，家族や個人での多様な地域スポーツへの参画は，家庭内の関係を深め，家庭の教育力を高めるばかりでなく，「共」を担う規範や意識を醸成し，地域の教育力の担い手となる契機となり得る．

多用な参画を可能にし，持続可能性を高めるためには，世代をつなぎ，障がい者，性的多様性を包含し，「する」「みる」「ささえる」という楽しみ方をつなぎ，循環させる「循環型の地域スポーツモデル」の構築が求められる．　　　［松尾哲矢］

📖さらに詳しく知るための文献
松尾哲矢 2015．『アスリートを育てる〈場〉の社会学』青弓社．

指導における体罰と暴力

　学校における体罰禁止の歴史は古い．驚く人もいるが，すでに 1879（明治 12）年の教育令において体罰は禁止されていた．体罰の横行によって野蛮な国とみられるのではないかと，明治政府は心配したのである．

●**体罰の禁止**　体罰は罰の一種である．デュルケム（Durkheim, É.）は罰の機能を，再び悪事を犯さないようにするためと，犯した違反を解消することの 2 点に求めた．彼によれば，違反行為が罰せられぬままに放置されて，規律の権威がほしいままに奪い取られるのを未然にとどめるもの——これこそが「罰」である．ただし，体罰はいかなる理由があろうとも学校の懲罰から排除されなければならないと述べる．

　体罰の禁止は道徳的な問題に存するのみならず，法的な問題でもある．学校教育法第 11 条は，「校長及び教員は，教育上必要があると認めるときは，文部科学大臣の定めるところにより，児童，生徒及び学生に懲戒を加えることができる．ただし，体罰を加えることはできない」と規定している．

●**運動部活動と体罰**　他方で，体罰はしばしば発生する．文部科学省の調査（「体罰に係る実態把握について（第 2 次報告）」（平成 25 年）によれば，体罰の場面別発生状況で最も多いのは，中学校，高等学校ともに「部活動」であり，それに続くのが「授業中」である．部活動といっても文化部の中では発生しにくく，しばしば体罰が問題となるのは，運動部である．2012 年には，大阪市立桜宮高校において顧問による体罰によって，バスケットボール部に所属する生徒自らが命を絶つという痛ましい事件が発生した．この事件を契機として，運動部活動における体罰問題が注目され，反体罰の広範なムーブメントが発生した．

　では，なぜ運動部活動において体罰が発生しやすいのか．この問題を考えるにあたって，体罰の二つの側面を考える必要がある．一つは，運動部活動に限らず，広く学校生活において発生する体罰である．学校は集団生活を中心とする空間であり，規則によって規律が守られている．教師は，ルール違反を犯す生徒に対してサンクションを加えるが，それが時として体罰になる．この場合，懲戒と体罰の境界はあいまいである．

　これに対して運動部活動に特有の体罰がある．生徒は何ら規則に違反しているわけではないのに，満足できるプレイをしなかった，気合が入っていない，ミスをしたという理由での体罰である．グットマン（Guttmann, A.）によれば，前近代的なスポーツが儀礼的な性格を強く持っていたのに対して，近代スポーツの特徴は

世俗化，平等化，専門化，合理化，官僚化，数量化，記録万能主義にあり，とりわけ記録万能主義こそ最もユニークな特色だと述べる．この記録万能主義の本質は，換言すれば「勝負を競う」という点にある．そのために指導者は生徒が自らのペースで活動していては記録も出ないし，相手に勝てないと考え，より人為的に負荷をかけて勝利に導こうとする．そこに介在するのが体罰であり，暴力である．

人間関係に着目すると，部活指導者は生徒に対し圧倒的に優位な立場にある．それは時として誇大妄想を抱かせることになり，暴力による生徒支配に繋がっていく．それを正当化させるために用意された言説が，「愛のムチ」論であり，「生徒のため」論である．「激励の一環」「気合を入れる」などの表現もしばしば使われる．ここから，体罰が許容され，時として美化されることにもなる．

体罰を受ける生徒の側からすると，競技成績の向上にとどまらず，スポーツ強豪校に入学できる，より威信の高い大学に進学できる，就職に有利といった実利にもつながる．そのためには，コーチや監督の覚えがめでたくなければならず，指導者の体罰（暴力）に抗うことなく部活生活を過ごさなければならない．このことから部活指導において体罰は顕在化せず，外部の目に触れないので長期化する可能性を秘めている．桜宮高校体罰自殺事件では，体罰が日常的に行われているにもかかわらず，生徒も保護者も異を唱えることなく，さらに暴力に理解を示すことも少なくなかったという．このような指導者と生徒という関係の中で，体罰がエスカレートしていくのである．

●体罰を防ぐために　そもそも体罰という名の暴力は，生徒の力を伸ばすことに貢献するのかという根本的な疑問がある．自己の優越性を生徒に対して誇示しているにすぎない，怒りの感情をコントロールできない，さらには，言葉で伝える能力がないなど，体罰は指導者としての未熟さや力不足を露呈させる行為である．

ところで，特に中学校を中心として部活動の地域移行が進みつつある．そうすると部活動が教員の手を離れ，学校外部の指導者の手に委ねられることになる．少なくても学校教師は，教員養成の段階や研修を通じて体罰が許されないことを組織的に学ぶし，暴力的な指導に対しては管理職からの指導も入る．しかし，外部指導者はそのような経験を持たない．勝利至上主義に陥れば，暴力的指導との距離は近くなるだろう．体罰は暴力であり，人権侵害であるが故に，学校教育法で禁止されているという原則に立ち返って，部活指導者として自らの行為を自省することが求められよう． 　　　　　　　　　　　　　　　　　　　　　　　　　［加野芳正］

📖さらに詳しく知るための文献

体罰研究会（代表 亀山佳明）2015.『体罰問題の研究』龍谷大学社会学部共生社会研究センター.

Durkheim, É. 1925. *L'Education Morale*. Librairie Felix Alcan. (デュルケム，É. 著，麻生 誠・山村 健訳 2010.『道徳教育論』講談社学術文庫).

Guttmann, A. 1978. *From Ritual to Record*. Columbia University Press. (グートマン，A. 著，清水哲男訳 1981.『スポーツと現代アメリカ』TBS ブリタニカ).

スポーツと働き方改革

　学校の働き方改革における学校において日常的にスポーツにたずさわる機会は，大きく分けて教科の体育科・保健体育科，学校行事の運動会・体育祭と放課後の運動部活動が挙げられる．時間的な負担の軽減に関しては，学校行事の簡素化の一環として運動会・体育祭の時間短縮が進んでいる．部活動についてはそれが一年をとおして平日夕方や土日に行われることが多いため，教員の長時間労働問題における最重要課題に位置づけられている．

　学校の部活動は，小学校においても一部実施されているものの，基本的には中学校と高校で実施されている．部活動には，吹奏楽部や演劇部などの文化部も含まれるものの，部活動の大多数が運動部に分類されるものであるため，学校の部活動は，運動部の活動を念頭に議論されてきた傾向がある．

●**部活動の負担**　学校教育の制度において部活動は長らく，「教育課程外」の活動として取り扱われてきた．「教育課程」とは，学校教育法施行規則では中学校の場合，第72条に次のように規定されている．すなわち「中学校の教育課程は，国語，社会，数学，理科，音楽，美術，保健体育，技術・家庭及び外国語の各教科，特別の教科である道徳，総合的な学習の時間並びに特別活動によつて編成するものとする」．教育課程は学校で必ず行われるべき事項であり，その編成主体は学校とされる．その必須の事項の中に，「部活動」は含まれていない．

　部活動は，学校で実施してもしなくてもよい活動である．現行の学習指導要領（中学校では2017年，高校では2018年に改訂）の文言を借りるならば，部活動は「生徒の自主的，自発的な参加により行われる」ものと定められている．しかしそれが教育課程外であること，すなわち行政による管理や規制が行き届きにくいことによって，さまざまな問題が蓄積されてきた．

　教師の立場についていうと，そもそも大学の教職科目では，部活動が教育課程外であるために，部活動を主題とする授業は基本的に用意されていない．また，日本スポーツ協会が2021年に実施した「学校運動部活動指導者の実態に関する調査」によると，中学校あるいは高校で部活動指導を担当している教師のうち，当該競技の「経験なし」が約3割いる．部活動はしばしば，顧問である教員が知識や経験をほとんどもたないままに，運営されてきた．

　教師の負担についていうと，2010年代半ば頃からSNS上で部活動指導の負担の大きさを訴える声が拡がり始めた．文部科学省が2016年度に実施した「教員勤務実態調査」によると，2006年度と比較して小中学校の各種業務の中で突出し

て労働時間が増加したものが，中学校の土日における「部活動・クラブ活動」で，一日あたりで63分もの増加が確認された．

なお公立校の場合，1971年に制定された「公立の義務教育諸学校等の教育職員の給与等に関する特別措置法」（いわゆる「給特法」）により，原則として時間外勤務は命じないこととされている．その結果，平日の定時外の部活動指導に残業代（割増賃金）は発生せず，また土日の指導にも数千円程度の手当が支払われるにとどまってきた．部活動指導は，長時間労働の主たる要因となっている点にくわえて，その負担にほとんど対価が支払われてこなかった点でも問題である．

●**部活動指導の外部化**　このような状況を背景に，部活動指導の外部化が模索されている．2017年には学校教育法施行規則が改正され，「部活動指導員」が制度化された．教師に代わって，部活動指導員が単独で生徒を指導・引率することが可能となった．これは，専門性を有する多様なスタッフと連携・協力しながら学校組織を運営する，「チームとしての学校」（いわゆる「チーム学校」）の取組みに位置づけられる．

長時間の部活動とは，教師の負担だけでなく，生徒の負担も大きいことを意味する．生徒の負担については，2018年にスポーツ庁から「運動部活動の在り方に関する総合的なガイドライン」が，文化庁から「文化部活動の在り方に関する総合的なガイドライン」が発表された．両ガイドラインは，過熱した部活動の適正化を求めるもので，休養日の設定を含め活動量の基準が定められた．

文部科学省の中央教育審議会は2019年に「新しい時代の教育に向けた持続可能な学校指導・運営体制の構築のための学校における働き方改革に関する総合的な方策について（答申）」を発表した．答申では，長時間労働で教員の業務量が膨大であることを背景に，教員の本来業務が整理された．部活動指導は，「学校の業務だが，必ずしも教師が担う必要のない業務」と位置付けられ，「将来的には，部活動を学校単位から地域単位の取組にし，学校以外が担うことも積極的に進めるべき」との考え方が示された．

文部科学省は，部活動の地域移行に重点的に取り組み，2022年にはスポーツ庁と文化庁から「学校部活動及び新たな地域クラブ活動の在り方等に関する総合的なガイドライン」が示された．部活動を学校から切り離し，地域社会の活動に移行しようとする流れが，中学校を中心に積極的に進められている．ただしこれまで膨大な活動を，教師が対価を得ないかたちで担ってきたため，地域移行は人材も予算もまったく不十分な中で進めざるを得ず，その点では課題も多い．

［内田　良］

📖 **さらに詳しく知るための文献**
神谷　拓 2015.『運動部活動の教育学入門』大修館書店.
中澤篤史 2014.『運動部活動の戦後と現在』青弓社.
友添秀則編著 2023.『運動部活動から地域スポーツクラブ活動へ』大修館書店.

コロナ, ポストコロナの体育

　2020年以降のコロナ禍およびGIGAスクール構想（児童生徒1人1台ICT端末や高速通信環境の整備などを進める政策）の前倒し実施は, 特に教育を施す側にとってICT活用の必要性を現実的なものとして実感させ, 体育においてもデジタル化が加速する契機となった. しかしながら, 例えば教師がオンライン体育（同期・同時双方向型や非同期・オンデマンド型の体育）を企てたとしても, 従来通りの教師主導で一方的な教授スタイルでは子どもたちがうまく授業に取り組んでくれないという現実に直面し, これまでの体育指導に関するさまざまな問題がかえって露呈される結果をもたらした.

●**体育におけるICT活用をめぐる諸変化**　体育（対面授業）におけるICT活用は, 1990年代以降の社会や教育の情報化に伴って, 2000年代頃から徐々に実践されてきた. しかし, その活用のされ方は主にICTによって運動の可視化や運動課題の個別化を図ることにあり, その成果として各運動領域における認識学習や技術学習に関わる教育効果がいくつか報告される程度であった. 例えば, 中学校体育ではコロナ禍前のICT活用状況が26.5%に止まっており（スポーツ庁2019）, 体育全体としてはICT活用が他教科より進んでこなかった実態がある. 体育でのICT活用を阻むのは, 体育教師が当初からその活用をあきらめるような人的課題, 環境的課題, 制度・構造的課題などを意識しがちなことにあり, その背景には体育教師自体に潜在する管理主義, 保守主義などのエートスや, 体育に対して学校内における集団秩序を保つための統制的役割期待が求められているというステレオタイプ的な考え方が関連しているのではないかとする見解がある（木原2021）. このようなことから, わが国では, オンライン体育についての実践や知見も皆無に等しい状態であったと言ってよく, 体育教師にとってコロナ禍における体育授業の実践はまさに未知の領域への挑戦とならざるを得なかったのである.

　上述のような経緯から, コロナ禍以降は体育教師がICT活用の意識を高めるとともに, オンライン体育への挑戦を端緒として, 新たなテクノロジーを活用した実践の試み（鈴木編著2023）や, 1人1台のICT端末を活用したさまざまな実践例（スポーツ庁2022）などが広く紹介されるようになった. 例えば, 従来の対面授業に非同期・オンデマンド型のオンライン体育を組み込んだブレンディッド・ラーニング型の体育（対面での運動学習とオンラインでの技術, 認識, 社会・情意学習を並行して進めるやり方）や, VR・ARを取り入れた体育（バーチャルでの運動体験・感覚をフィジカルな運動実践に転用させたり, フィジカル空間に仮想

の視覚情報——例えば，ボールやゴールなど——を拡張させて運動実践したり），さらにはメタバースを活用した体育（バーチャル空間にアバターを介して複数人が集まって運動する）などがみられるようになった．

●ポストコロナの体育における課題　このような動向は，ポストコロナの新たな体育のあり方としていかに評価されるのであろうか．もちろん，これからは単にさまざまな最新デジタル機器を導入すればよいということではないだろう．テクノロジーをある目的に対する手段＝道具として捉えるならば，その使用主体は何のためにその機能を有する道具を使うのかということを常に意識する必要がある．体育の場合，運動・スポーツに関連する知識や情報の出入力，生徒間あるいは教師－生徒間や自分自身とスポーツとの相互コミュニケーション等の促進など，こうした明確な目的に対する手段として ICT がその固有の機能を有効に発揮する時にはじめて，意義ある活用になり得ると考えられる．

　他方で，ハイデガー（Heidegger, M.）の「技術への問い」やイリイチ（Illich, I.）の「コンヴィヴィアリティのための道具」などにみられる，現代社会に対する批判的な理論を当てはめれば，現代的テクノロジーとしての ICT が人間とスポーツとの真なる関係性（人間にとってスポーツとは何なのか）を覆い隠し，逆に人間本来がもつ力を搾取することになりかねないといったリスク（ネガティブな側面）も同時に備えていることへの自覚が要求される．例えば，ICT を使うことが自己目的化して身体知が無視されてしまったり，あるいは，ICT がもたらす有用性や効率の過剰な追求によって，より高度な運動技能の習得のみが一様に目指されてしまうような偏った体育観が形成されたりしかねない．あくまで学習者がスポーツとの自由な関係性を構築し，その楽しさや喜びを他者とともに味わえるような学習体験を，つまり人間がもつそうした自立共生的な力を内部から引き出せるような体育と ICT 活用との関係がより一層求められることになるであろう．

　もともと GIGA スクール構想における ICT 活用の目的の一つとして，「個別最適な学び」（個人の視点）や「協働的な学び」（個人と他者の視点）の一体的な充実がめざされている．その意味ではコロナ禍の有無に関わらず，そうした子どもたちの主体的かつ対話的な学びがいかにして可能になるのか，今まさにポストコロナの体育においてその模索が始まろうとしているのである．それは同時に，これまでの体育指導に関するさまざまな問題への克服と，体育教師自身の授業観の転換，すなわち教師側の学びが図られる可能性を ICT 活用の中に探っていく取組みでもある．　　　　　　　　　　　　　　　　　　　　　　　　　　　　　［木原慎介］

📖さらに詳しく知るための文献

ホーン, M. B. & ステイカー, H. 著, 小松健司訳 2017.『ブレンディッド・ラーニングの衝撃』教育開発研究所.

鈴木直樹編著 2021.『ICT×体育・保健体育 GIGA スクールに対応した授業スタンダード』明治図書出版.

清水 諭ほか編著 2023.『現代社会におけるスポーツと体育のプロモーション』大修館書店.

スポーツの価値を守り創る
グローバルムーブメントと教育

　グローバルなスポーツの課題として，スポーツに従事するすべての人が安全に参加できるスポーツ環境の整備が急務となっている．その課題には，ドーピング，八百長，ハラスメント，暴力や虐待などがあり，それらから「セーフ／安全」に，アスリートの権利が「ガーディング／護られる」＝セーフガーディング（safeguarding／保護）する世界的な動きがさらに高まっている．この価値の基盤を重視した動きは，アスリートの健康（health）・ウェルビーイング（well-being）が守られることを大前提とし，すべての人が安心感を持ち尊重されている気持ちを有した上でスポーツに参加し，スポーツを通して自己実現できることを第一目標としている．そのために，周囲にいる者たち（アントラージュ）の連帯的な責務の共有，アスリート自身が意思決定できるコンピテンシーを育むための教育の重要性が高まっている．

●アスリートの安全，クリーンでフェアなスポーツに参加する権利を護るため
・グローバルな動き　スポーツに参加するすべての人が安心してスポーツを楽しむためには，安全で，クリーンでフェアなスポーツ環境が保証されている必要がある．それはトップアスリートから学校，地域クラブといった草の根スポーツに参加するすべての人に保証されるべき権利である．この権利が守られることは，スポーツの価値やインテグリティを守り，スポーツを未来につなげていくことにもつながっていく．

　国際オリンピック委員会（IOC）では，Olympic Agenda 2020 の提言 18 にて「アスリートへのサポート強化」の推進を提示した．ここでは，あらゆるハラスメントと暴力・虐待（harassment and abuse, IOC Consensus〔2016〕では，①心理的虐待，②身体的虐待，③性的ハラスメント，④性的暴力，⑤ネグレクトとして 5 分類）をなくすことは，どのレベルであってもスポーツに関わるすべての人の連帯的な責務で，スポーツ環境が安全であるための原則や規程の設定，方針策定がなされるべきだと強調している．そのためには，ハラスメントや暴力・虐待のリスクが特定され，軽減されていくことを確実にしていくために，スポーツを運営するすべての組織や関係する人々には，法的および道義的な義務が課せられている，としている．オリンピックムーブメントに属す組織には，Basic Universal Principles of Good Governance（グッドガバナンスの普遍的基本原則，2022）の遵守が義務づけられている．例えば，米国オリンピック・パラリンピック委員会では，US Center for SafeSport を 2017 年に立ち上げ，心情的・身体的・性的なあらゆ

る不正行為に対する規程を施行し，教育プログラム等を実施している．

アスリートの健康が第一の目的としてある「世界アンチ・ドーピング規程」でも，自身の体内に摂り入れるものに責務を有するアスリートが最新で十分な情報を得た上で責任ある意思決定をし，倫理的で良い価値観を育むための教育体制の整備，教育プログラムの実施を各国・各国際競技連盟に義務付けている．

・教育プログラムの発展的展開　アスリート自身と周囲の者・組織が，安全で，クリーンでフェアなスポーツ環境を保証することに自分事として意欲的に取り組むことは，自身の権利を護ることにもなる．そのために，各組織が以下のような教育プログラムを実施する体制を整備し，各個人／学習者の価値観にアプローチする教育の実施がグローバルに義務化されてきている．

● 「教育に関する国際基準（ISE）」：世界アンチ・ドーピング機構（WADA）　クリーンでフェアなスポーツに参加するアスリートの権利を護り，スポーツの価値を育んでいく人材を育てるため，ISE が全世界・全スポーツの共通義務事項として 2021 年から施行されている．①アスリートのアンチ・ドーピングに関する経験が教育であること，②競技大会に参加する前に教育を受けていることを原則とした「クリーンスポーツ教育」の実施が求められている．学校教育，ユース・ジュニア世代より，個人の価値観の育成に重点を置いた「価値を基盤とした教育」から積上げ，各学習者が倫理的に行動するための意思決定を下すコンピテンシーを長期的に育むことをねらいとしている．また，サポートスタッフへの教育では，アスリートの価値観に働きかけるために，自身の価値観を客観的に見直せる双方向性のある教育内容が重要視されている．

● IOC ツールキット（国際競技連盟／ IF, 国内オリンピック委員会／ NOC 向け）
IOC では，IF や NOC がハラスメントや虐待・暴力からアスリートを守るための規程や具体的なアクションをするための「ツールキット」を公表している．ツールキットでは，(1)関連組織や適用法令や規程，連携組織，追加調査の確認，(2)セーフガーディング規程の適用範囲の決定，ハラスメントと虐待・暴力の定義，(3)通報を可能とすることを含むアスリートと競技会のセーフガーディング規程策定，(4)教育やコミュニケーションを通した履行プロセス，(5)モニタリング・評価や調査を通したさらなる効果的な予防策の履行，といったステップが詳細に提示されている．スポーツ固有の価値やスポーツが持つ広い可能性を発揮するためには，スポーツに従事するあらゆる人が連帯感と責任感を持ち，すべての人にとって安全で，クリーンでフェアなスポーツ環境を創っていくことがさらに求められている．　　　　　　　　　　　　　　　　　　　　　　　　　　　[山本真由美]

📖 さらに詳しく知るための文献

IOC 2017. Safeguarding Athletes from Harassment and Abuse in Sport.

IOC 2016. Consensus Statement: Harassment and Abuse（non-accidental violence）in Sport.

WADA 2021. International Standard for Education.

部活動の社会的性格

　部活動は，学校教育の一環として児童・生徒・学生が放課後や休日に行う組織的・継続的な教育課程外のスポーツ・文化活動である．以下では中学校・高校の運動部活動の社会的性格を，学校教育との関連性に注目して論じる．

●**日本のユーススポーツの中心としての運動部活動**　運動部活動は，海外には見られない日本独特のユーススポーツ文化である．運動部活動がユーススポーツの中心になるほど大規模に成立する国は珍しい．ただし運動部活動は単なるスポーツ活動ではなく，学校教育と強く結びついている点に重要な特徴がある．学校施設を使い，教師が指導者となり，名目上は技能向上や勝利よりも健全な人間形成をめざす．こうした運動部活動には，教育と競技の緊張関係が内包している．

　運動部活動は法律や制度に規定されて成立しているわけではない．教育法体系で各学校に部活動の実施を命じる条文はない．現行の中学校学習指導要領で，「生徒の自主的，自発的な参加により行われる部活動」と記載があるように，部活動はカリキュラムには含まれない「自主的」な課外活動にすぎない．部活動は，脆弱な制度的基盤の上で，現場の実践が積み重なってできた慣習と言える．

　運動部活動は戦前から存在していたが，それが現在のように大規模に拡大したのは戦後になってからである．終戦直後から1950年代には戦後教育改革を背景に，自主的に行うスポーツは民主主義的な意義があると意味づけられ，運動部活動が推奨された．その際，教育課程外であることが重要であった．なぜなら教科のように教育課程として設置されれば，画一的で強制的なものとなり，自主性が発揮されず，民主主義につながらないと考えられたからである．1955年当時の運動部活動への生徒加入率は，中学校で46.0%，高校で33.8%であった．

　1960年代には東京オリンピックを背景に競技力向上が求められ，一部のエリート選手を優遇するように変化した．その反動から1970年代にはスポーツの大衆化が目指され，多くの生徒に平等にスポーツ機会を与えるように，運動部活動は平等主義的に拡張した．1980年代には学校の荒れや非行生徒の校内暴力が問題化し，運動部活動は非行防止や生徒指導の手段として利用され，管理主義的な側面からさらに拡張した．運動部活動は，一方で理念として生徒の自主性を重視しながら，もう一方で生徒を規律訓練しようと実践されてきたわけである．

　こうした戦後史を通して運動部活動は，生徒加入率を高め，活動日数・時間を伸ばしていった．学校体育連盟や競技団体が主催する全国競技大会もメディアの支援を受けながら活発化したり，また運動部の強化を図るためスポーツ推薦入試

制度も広がっている．一方でこうしたことによって勝利至上主義の弊害も指摘される．運動部活動は必ずしも生徒の「自主的」な参加とは言えない，強制的な側面を帯びて過熱し，現在に至っている．

　スポーツ庁が2017年に実施した全国調査によると，運動部活動はほぼすべての学校に設置されており，生徒加入率は中学校で72.5%，高校で54.5%である．生徒の運動部活動への意識は両義的である．参加を楽しみにする生徒は多いが，悩みを抱える生徒も少なくない．運動部活動は，青少年にスポーツ機会を提供する機能を果たしながら，その過剰さが問題視されるようになった．

● 「ブラック部活動」問題と政策動向　昨今，運動部活動はネガティブな側面が浮き彫りになり，「ブラック部活動」と呼ばれるようにもなった．喫緊の重要課題は二つある．一つは，死亡事故や暴力・体罰で生徒の生命が脅かされている問題である．2001年度から2010年度の十年間で，学校管理下のスポーツ活動中の死亡事故364件の内，運動部活動中の死亡事故は198件（全体の54.4%）であった．また2012年12月には，大阪市立桜宮高校バスケットボール部の生徒が，顧問教師からの体罰・暴力に苦しみ自殺し，社会問題になった．

　もう一つは，苛酷な勤務状況で顧問を務める教師の生活が脅かされている問題である．2013年実施のOECD（経済協力開発機構）調査によると，中学校教員が課外活動に費やす週当たりの時間は，世界平均の2.1時間に対して日本は7.7時間であった．部活動に従事する顧問教師は，実態として，休日返上も含めた長時間勤務，不十分な金銭的手当，不安定な災害補償といった労働問題に直面している．生徒と教師を苦しめる「ブラック部活動」問題の解決が求められている．

　こうした状況で，文部科学省とスポーツ庁が運動部活動政策に取り組んでいる．2013年の「運動部活動での指導のガイドライン」で体罰禁止の徹底が図られた．2017年，部活動等の指導・助言や各部活動の指導，顧問，単独での引率等を行う「部活動指導員」が新設された．2018年に「運動部活動の在り方に関する総合的なガイドライン」を公表し，「適切」「合理的」「効率的・効果的」な部活動のあり方として，週2日の休養日を設定することや，平日の活動時間は2時間程度に留めることなどを提言した．2020年には「学校の働き方改革を踏まえた部活動改革について」で「休日の部活動の段階的な地域移行」が言及された．これを受けて2022年，「運動部活動の地域移行に関する検討会議」で，主に公立中学校を対象として，運動部活動を地域へ移行する方向性が提言された．地域移行政策の是非や成否は未だ不透明であり，現場では模索が続けられている．日本のユーススポーツを支えてきた運動部活動のあり方が問われている．　　　　　[中澤篤史]

📖さらに詳しく知るための文献
中澤篤史 2014.『運動部活動の戦後と現在』青弓社.
内田 良 2017.『ブラック部活動』東洋館出版社.
下竹亮志 2022.『運動部活動の社会学』新評論.

第5章

ジェンダー

［担当編集委員：高峰 修・水野英莉］

ジェンダーからみたスポーツの歴史

近代スポーツへの女性の参加にはさまざまな障壁があったが，20世紀の初め頃から徐々に拡大していった．この過程は，男性が独占していた社会領域に女性が参入し，長い時間をかけて性別二元制と男性基準の競争のシステム自体が問題とされるようになった点で，ジェンダーをめぐる社会全体の変化の中に位置付けられる．

●**スポーツにおける性のダブルスタンダード**　英国のパブリックスクールでの人格教育と結びついて19世紀後半に形成された，競技化された近代スポーツは，強壮な身体，勇気，忍耐，規律，集団精神，リーダシップなどといった当時の男性に求められた資質を身につける最良の手段であるとみなされた．一方で，女性がスポーツをすることは上流階級の社交や礼儀作法，次代の国民となる子どもを産み育てる「母体」の改善として意味づけられ，その範囲を超えた激しい運動や，人前で競い合うことは不適切であるとされた．こうしたダブルスタンダードの根底には，男女の区分と身体的な異質性を絶対視する性別二元制と，それに基づく性別役割分担によって成り立つ社会を自明視する考えがあった（來田 2018a）．

1896年にアテネで開催された第1回の近代オリンピックの参加者はすべて男性であり，大会の創始者であるクーベルタン（Coubertin, P. de）も女性が観衆の前で競技することには一貫して反対していた．テニス，ゴルフ，水泳，アーチェリー，アイススケートなど，早くから女性が参加していたスポーツもあったが，これらには①個人でプレーする，②直接相手を打ち負かさない，③身体接触がない等の特徴があり，チーム同士が激しくぶつかり合うような「男らしい」スポーツとは対照的であった．

●**女性のスポーツ参加の拡大**　スポーツへの女性の参加と参画の流れは，国や地域，社会階層，世界大戦期の女性の社会進出などの時代背景の影響を受けた，複層的なものである．ただし，それらを概観すれば，①「女らしさ」による制約を受けながら体育・スポーツへの女性の参加が拡大した時期（1940年代中頃まで），②女性には無理だとされた競技への挑戦など，女性とスポーツの関わりが拡がりを見せた時期（1970年代まで），③意思決定機関への参入など，女性の参画が主張された時期（1990年代まで），④女性の参画とジェンダー平等を促進する実践が進み，身体の性別やセクシュアリティをめぐる課題が浮上した時期（2000年以降）の4段階として把握することができる（來田 2018b）．

オリンピックでも，第2回パリ大会（1900年）のテニスとゴルフを皮切りに

徐々に女性の参加が拡大していった。中でも，女性競技の採否に関するIOC内の議論が最も活発だったのは1930年前後の時期で，特に批判が多かったのが陸上競技であった（來田2004b）。陸上競技は，1921年に設立された国際女子スポーツ連盟（FSFI）からの要求によって1928年のアムステルダム大会で初めて実施された（ただし，男性22種目に対して女性は5種目）が，このうち800m走は女性には過激であるとして廃止され，1960年のローマ大会まで中距離以上の種目は実施されなかった。女性の参加競技数が本格的に増加するのは1970年代後半以降で，球技などのチームスポーツや，さらに1990年代以降は格闘技が加わり，2012年のロンドン大会からすべての競技に女性が参加できるようになった。また，1990年代以降は，世界女性スポーツ会議やIOC世界女性スポーツ会議などが開催され，ブライトン宣言（1994年）の採択や関係機関のネットワーク構築などを通じてスポーツにおけるジェンダー平等の達成を目指すムーブメントが進展している。

　一方で，競技の公平性の確保を理由として男女を分けて競技する形で女性の参加が進んだことは，筋力やスピードに価値を置く男性優位の競技原理やスポーツにおける性別二元制を温存することにもなった。しかも，「女性競技」の参加資格を判定するという名目で性別確認検査が女性に対してのみ実施され，染色体やテストステロン値などの身体的な特徴を理由に競技から排除される選手を生み続けてきた。近年は，トランスジェンダーの選手の権利をめぐる問題も加わり，近代スポーツの競技原理自体が議論の対象となりつつある。

●**日本における女性のスポーツ参加**　20世紀前半の数十年間で，日本でも女性がスポーツに触れることは珍しくなくなった。その背景には女子中等教育機関の拡充と競技団体の組織化があり，1920年代前半からは競技大会の開催が増加した。その中で，人見絹枝（1928年）や前畑秀子（1932, 36年）のように，オリンピックでメダルを獲得する傑出した選手も出現した。ただし，当時の「女子スポーツ」奨励論の大義名分であった「健全な母体の育成」は，良妻賢母教育の文脈で受け入れられた一方で学校の授業や課外活動の枠を超えた生涯スポーツには結びつかず，むしろ抑制的に作用した。他方，バレーボールのように，女性労働者を対象とした企業内のレクリエーションとして普及していたスポーツが，戦後の実業団スポーツの下地を形成した事例もあった（新2013）。　　　　　　　　　［鈴木楓太］

📖さらに詳しく知るための文献

來田享子 2004a．近代スポーツの発展とジェンダー．飯田貴子・井谷惠子編著『スポーツ・ジェンダー学への招待』明石書店．

來田享子 2004b．スポーツへの女性の参入．飯田貴子・井谷惠子編著『スポーツ・ジェンダー学への招待』明石書店．

掛水通子 2001．大和撫子のスポーツ参加．松本芳明ほか編『近代スポーツの超克』スポーツ史叢書1．叢文社．

ジェンダーからみた生涯スポーツ

　人々のスポーツとの関わり方には一般的に「する」「みる」「ささえる（育てる）」がある．ここでは，主に「する」スポーツに着目し，人々が生涯にわたってスポーツを行っていくにはどのような課題があるのかをジェンダーの視点から考えてみる．

●**「する」スポーツ種目におけるジェンダー**　子どもが行う運動遊びやスポーツ種目をみると，男子は「サッカー」「ドッジボール」「野球」などの球技系種目が上位にある一方，女子は「なわとび」「ぶらんこ」「バドミントン」などの運動遊びや身体接触の少ない種目が上位にある．学校体育においては，小学校では授業内で扱われる実技種目に男女による大きな差はないが，中学校や高等学校では男女共習授業が勧められているものの，男女別で実施する学校も多く，さらに授業内で取り扱われる種目に違いがある．例えば，球技の単元では，主に男子はゴール型種目，女子はネット型種目が選択され，また，武道とダンスでは男女ともに選択可能となったにもかかわらず，これまでの慣例で男子は武道，女子はダンスを選択あるいは選択せざるを得ない状況がある．さらに，学校運動部活動では，男女で選択できる部が異なる状況もある．日本中学校体育連盟の加盟校調査の結果をみると，男女によって加盟できる種目に違いはないものの，登録校数および登録人数に男女差がある．全国高等学校体育連盟の登録種目においては，男女どちらかの性しか登録できない種目が四つある．このように，幼少期の遊びから学校体育や学校運動部活動において，性別によって実施される種目や実施できる種目に違いがある．このような状況は，無意識のうちに「男性向き」「女性向き」の運動やスポーツがあるとの認識につながる可能性をもつ．さらに，性別によって経験する種目に偏りがあることは，あたかも性別によって得意，不得意があるとの思い込みを助長したり，子ども達が自分の実施したいスポーツを諦めたりする可能性もある．

●**非実施理由にみるジェンダー**　日本人の運動やスポーツの実態については，スポーツ庁や笹川スポーツ財団等が定期的に調査を行っている．ここでは非実施についてみる．幼少期・青少年期の非実施について笹川スポーツ財団（2021）の結果からみると，未就学児や小学生年代における非実施率は，男子が3.9%，女子が2.4%と男女による差は1.5ポイント程度で男子の非実施率が高い．しかし，中学生や高校生，大学生年代になると女子の非実施率が大きく増加し，男女差が顕著になる．この年代の非実施理由をみると，男女ともに「時間がないから」が一位となっている．しかし，女子では「得意でないから」も同率一位（35.5%）となって

おり，男子の23.3％と12ポイント程度の差がみられる．また，この傾向は未就学児や小学生年代の非実施理由にもみられ，「得意でないから」は男女ともに一位となっており，その割合は男子が23.1％，女子が44.4％と20ポイント以上の差がみられる．つまり，幼少期から女子の方が男子より運動やスポーツに対して苦手意識やネガティブ意識をもつことがうかがえる．このことは近代スポーツを中心とした学校体育や運動部活動が，「より速く，より高く，より強く」をよいこととし，うまくできることや勝つことを重視するため，子どもや生徒の中に運動やスポーツと関われない・関わりたくない層を生じさせてしまっている可能性が考えられる．相手と競い合うスポーツだけでなく，自分自身の身体と向き合うような運動のあり方も，生涯にわたってスポーツと関わる下地をつくるためには必要ではないだろうか．一方，成人期をみると，働く世代や子育て世代に非実施者の多い傾向がみられ，さらにその中でも女性の方が男性より多い傾向にある．彼女たちは仕事だけでなく出産や育児などを理由に，運動やスポーツから遠ざかっており，固定的な性別役割分業意識が運動やスポーツ実施に影響を与えている可能性がうかがえる．

●**体力テストにみるジェンダー**　スポーツ庁は，毎年小学生と中学生を対象に「全国体力・運動能力，運動習慣等調査」を行っている．その結果をみると，日常的な運動・スポーツ実施の有無と体力テストの記録には男女とも正の相関がみられ，日常的に運動やスポーツをする子どもの方がよい記録となっている．各テスト項目の記録をみると，走・投・跳の種目は男子の方が女子より，柔軟性に関する種目は女子の方が男子より好記録の傾向がみられる．また，同調査の就学前の外遊びの状況と体力テストの関係をみると，男女とも就学前の外遊びが活発な子どもほど各項目の記録がよく，日常的な活動頻度の状況と同様の結果にある．しかし，外遊びの頻度が低い子ども，つまり，運動経験の少ない子どもの記録をみると，男女の差は年齢が低いほど小さい傾向にある．ウェルス（Wells, C. L. 1989）は，3〜12歳までの男女の利き手と非利き手によるソフトボール投げの得点を比較した研究において，利き手では明らかに男子の方が高い得点を示すものの，非利き手では男女差がみられない結果から，利き手にみられる早期からの男女差は，遺伝的生理的差異ではなく，男女の生活環境による差異だと述べている．また，桜井伸二（1992）は投距離に認められる男女差を検討する場合には，体格や体力だけでなく，幼少期のボール遊びの経験や子どもを取り巻く状況を考慮する必要があると述べている．つまり，成長過程における運動遊びやスポーツ経験の差が，走・投・跳のような記録に影響を与えており，生物学的な性による差でないことが考えられるのである．

［大勝志津穂］

📖**さらに詳しく知るための文献**

飯田貴子ほか編著 2018.『よくわかるスポーツとジェンダー』ミネルヴァ書房.
日本スポーツとジェンダー学会編 2016.『データでみるスポーツとジェンダー』八千代出版.
飯田貴子・井谷惠子編著 2004.『スポーツ・ジェンダー学への招待』明石書店.

体育科教育とジェンダー

　「体育科教育とジェンダー研究」は，「女・男」という二元的カテゴリーを通じて体育における人々の経験がいかに形作られているのかを探求する分野である．日本では，体育の目的が男女で異なる形で設定されてきた．戦前は，男子には兵式体操や軍事教練が長く課され，女子には良妻賢母主義の思想に沿った学習内容が配列されることが多かった．戦後，学校教育の基本的な方向性が軍事的な教育内容を廃し，民主的な人間の育成へと向かう中でスポーツが体育の中心的な位置を占めるようになったが，学習指導要領上でも修得必要単位数や実施種目が男女で異なる状況が続いてきた．この状況は，1989年の学習指導要領改訂以降，大きく変化した．この改訂によって，性別に関わらず同一の学習内容を履修することが可能となり，男女共習授業の実践報告も増加することとなった．しかし，こうした変化が生じてもなお，体育は「女・男」の二元的カテゴリーに依拠して行われているということが，「体育科教育とジェンダー研究」の中で明らかにされてきた．

●**男女別習と男女共習**　1989年の学習指導要領改訂は，男女別習（男女が別々で授業を受けること）が基本とされていた体育の状況に変化を与え，男女共習（男女が一緒に授業を受けること）の実施を促したものの，その普及は徹底したものではなかった．例えば2004年に高等学校を対象に実施された調査では，授業のすべてを男女共習とする学校が19.1%である一方で，すべてを男女別習とする学校が38.2%であった（掛水 2018）．また，2021年度の中学校体育授業における男女共習の実施状況についても，44.6%の教員が男女別習で授業を実施していたことが報告されている（加藤・佐藤 2023）．つまり，学習指導要領上の男女別規定が撤廃されても，男女別習は継続されているのである．

　体育における男女別習は，生徒を「女・男」という二つのカテゴリーに分け，それぞれの性別に応じた教育実践を行うものである．「女・男」の二元的カテゴリーを前提とした体育授業は，性別に応じた期待を押し付けることによって生徒たちの心身発達の可能性を狭めてしまうだけでなく，その区分が合理的なものであるという理解を生徒たちに伝達していくという点に問題がある．しかし，このような問題は男女共習へと移行すれば自動的に解消するものではない．言い換えれば，男女共習という授業形態は，「女・男」という二元的カテゴリーによって生徒を認識するレンズを取り払ってはくれないのである．例えば，高等学校において，男女共習の持久走授業の観察と体育教師へのインタビューを行った井谷惠子らは，体育教師が「男らしさ」や「女らしさ」への隠れた期待を抱いていること

を指摘している（井谷ほか 2006）．実際の授業において，その期待は，男子には限界まで努力することを求める一方で，女子には「女らしさ」の規範から逸脱しない範囲での活動を求めるような形で，授業設計や生徒への働きかけの中に現れている．つまり，男女共習であっても男性優位の性別二元制は温存・強化されうるのである．こうした知見を踏まえて，「体育科教育とジェンダー研究」における議論の射程は，制度や授業の枠組みから実際の生徒の経験へと広げられてきた．

●**体育における生徒の被抑圧経験**　体育における実際の生徒の経験を，ジェンダー視点で検討した研究は国内では僅少である．数少ない例として，シスジェンダーで異性愛の「体育嫌い」に焦点化して分析を行った井谷ほか（2022）は，技能向上を主要な目的とする体育授業の中で，男女ともに低いパフォーマンスが可視化され，他者から批判の目を向けられる経験をしていると報告している．女性の場合，生理で辛い時でも活動への参加が強要される経験や，腹部や胸部の脂肪が他者の目に晒されることを恥ずかしいと感じる経験をしている．男性の場合，たくましい心身や優れたパフォーマンスを要求され，その基準との距離が明確に可視化されることに伴って困難な経験が生じている．つまり，「女・男」というカテゴリーに依拠した体育授業が，生徒の被抑圧経験を生み出しているのである．

　国外では，「女・男」の二元的カテゴリーが生み出す抑圧について，非シスジェンダーや非異性愛者を含めた，より多様な身体を視野に入れた研究が蓄積されつつある．中でも重要なのは，サイクス（Sykes, H.）の研究である．サイクスは，トランスジェンダーやインターセックスを自認する人たちへのインタビューに基づいて，男女共習か男女別習かという議論のあり方や，更衣室をはじめとする学校の建築環境自体がすでに「女・男」の二元的カテゴリーを前提としており，それが一般に想定される二元的カテゴリーでは捉えきれない性を生きる人々の経験を困難なものにしていると述べている（Sykes 2011）．また，非異性愛者へのインタビューから，体育では他者の身体を「見ること」が規範的な政治として常に行われており，その眼差しはさまざまな言説（同性愛を病理化する医学的言説，白人の優越性を強調する人種主義的言説，筋肉質な身体を求める国家主義的言説など）と絡み合いながら，非規範的な身体を生み出すのだと指摘している．

　こうした議論の流れから，「体育科教育とジェンダー研究」においては，多様な身体を「女・男」の枠組みに当てはめようとする言説群を分析対象として見据えながら，「女・男」という二元的カテゴリーを所与のものとはせずに，具体的な経験に根差した議論を行うことが必要とされていると言えるだろう．　　　［三上　純］

📖**さらに詳しく知るための文献**

井谷惠子 2008.　ジェンダー・ポリティクスの視点からみた体育カリキュラムの課題．国際ジェンダー学会誌 6：43-59．

掛水通子 2018.　『日本における女子体育教師史研究』大空社出版．

Sykes, H. 2011. *Queer Bodies*. Peter Lang.

メディア表象にみるジェンダー

　日本におけるメディアとジェンダー研究は，主にマスメディアのジェンダー・バイアスに注目し，マスメディアが男性中心の組織であり女性が少ないため女性の視点が排除され，ステレオタイプな女性性を再生産しているということを明らかにしてきた．新聞やテレビをはじめとする主流メディアは，当該社会の支配的価値を反映した情報を流通させる傾向にあるため，権力を握る男性の価値観に添った情報を流布するイデオロギー装置であると捉えられてきた．

　これらの研究は，記者や組織・企業等を対象とする「送り手研究」，コミュニケーション内容を客観的・体系的・定量的に分析する「内容分析」，マスメディアに接触し，影響を受ける人々を調査・分析する「受け手研究」に大別され，それぞれ発展してきた．

　一方，スポーツする女性のメディア研究は，世界では1970年代後半に始まり，日本を含む多くの国では2000年代に入ってから新聞やテレビの報道内容について実証的な研究が発表されるようになった．これらの研究を牽引したのはブルース（Bruce, T.）であり，国際比較調査によって①ジェンダーによって報道量が異なり，②女子選手の描かれ方にジェンダー・バイアスがあること，③制作者のジェンダー・バランスが偏っていることを明らかにした．これらの結果に基づき，スポーツウーマンに対するメディア表象のルールを15個指摘している（Bruce 2015）．

●**報道量と描かれ方の問題**　例えば，日常的なスポーツ報道で女子選手の割合は10％以下にとどまるが，報道量（時間）が増え，知名度が上がるのはオリンピックや世界選手権など世界的メガイベント時である．競技中の写真や動画において，胸の谷間や股間，臀部などへの不必要なクローズアップや，新聞記事やテレビ番組の出演者の発言で彼女らをセクシーであると言及するなど，女子選手を性の対象として描く「性的対象化」が指摘され，女性をモノとして扱う「性の商品化」が問題視された．さらに，女子選手の美しさに焦点を当て取り上げる「ルッキズム」も注目されている．

　一方，日本の女子選手の普段の報道量は8.7％であるが（藤山 2016），オリンピック期間は4割まで増加する．報道量は増えるが，文脈や映像の取り上げ方が男子選手と異なり，「美しすぎる」や「姫」と表現され，若さなど容姿に注目したルッキズム，性的対象化やヒロイン・アイドルのような扱いが問題とされてきた．日本独特の表現として「ママさん選手」などのジェンダーステレオタイプ表現や，「××ちゃん」「女□□□」のような一流のアスリートの子ども扱い，矮小化する

表現，選手の私生活に焦点をあてた報道について指摘された（小林 2017）．

●**IOC 表象ガイドライン**　しかし，これらの知見は女子選手に対するメディアの言説や表象を変えることはほとんどできなかった．これに対し国際オリンピック委員会（IOC）は 2021 年に開催された第 32 回オリンピック競技大会（以下，東京オリンピック）の開会式前に「Portrayal guidelines gender-equal, fair and inclusive representation in sport 2021 Edition（「ジェンダー平等表象ガイドライン」）」を公表した．このガイドラインの目的はスポーツにおけるあらゆる表象において，ジェンダー・バイアスを構成するものが何であるか明確にすること．コンテンツやコミュニケーションがよりインクルーシブでバランスが取れたものとし，私たちが生きる世界の実像に近いものとするために，どのようにこれを克服するか認識を深めることとしている．具体的にはメディアを通じて選手を取り上げる際の注意点をまとめ，オリンピックのあらゆるステークホルダーに対してこのガイドラインの実践を求めた．最新版では性的マイノリティなど多様な選手を取り上げる際のポイントが追加されている（IOC 2024）．

●**メディアのジェンダー・バランス**　それではメディア表象に大きな影響を与える記者たちのジェンダー・バランスはどうなっているのであろうか．世界 240 のオンライン・オフラインメディアにおけるジャーナリストのジェンダー・バランスを調査した結果によると，ジャーナリストに占める女性の割合は平均 40％であった（Robertson et al. 2021）が，日本の新聞記者の女性割合は 22.4％，在京放送局の女性社員割合は 22.6％（民放労連女性協議会 2021）であった．世界と比較すると日本の女性割合が著しく低いことが分かる．

●**ジェンダー表象の平等，多様化に向けて**　しかし，メディアにおけるジェンダー表象は記者のジェンダーが多様になれば解決するという訳ではない．現に，女性ジャーナリスト割合の平均が 40％になった世界においてもさまざまな表象問題が存在する．またメディアコンテンツは多くの人が視聴することで商業として成り立っている．特にスポーツはメディアの中で人気の高いコンテンツであるため，視聴者を意識して制作されている．このことから近年では受け手の意識調査（内閣府男女共同参画局 2021）やメディアの制作現場調査から行動計画が設けられている．その一環として，英国の BBC では制作者と出演者のダイバーシティ調査が実施され，英国社会の実像に近づけ，ジェンダー表象を平等かつ多様にする試みが行われている（BBC 2021）．　　　　　　　　　　　　［小林直美］

📖**さらに詳しく知るための文献**

ブルース，T. 著，前田博子ほか訳 2017．メディアの中のスポーツウーマン．スポーツとジェンダー研究 15：40-52．

林 香里編 2019．『足をどかしてくれませんか．』亜紀書房．

内閣府男女共同参画局 2021．令和 3 年度 性別による無意識の思い込み（アンコンシャス・バイアス）に関する調査研究調査結果．内閣府男女共同参画局．

スポーツとセクシュアリティ

　2021 年に開催された東京オリンピック・パラリンピック大会には，LGBTQ の当事者であることをオープンにして参加した選手が 200 名を超え，過去最多となった．女子重量挙げのハバード（Hubbard, L.）をはじめ，3 人のトランスジェンダー選手が自身のジェンダーアイデンティティを公にして参加したこととあわせ，セクシュアリティの観点から，一つのエポックとなった．

●**ゲイゲームズ，アウトゲームズ**　セクシュアリティを問わずに参加できる国際的スポーツ大会として，「ゲイゲームズ（Gay Games）」の存在が挙げられる．この大会は，薬学博士のワデル（Waddell, T.）が，ゲイやレズビアンが安心して参加でき，社会的な理解を深めるための競技会として提唱したもので，第 1 回大会は 1982 年にサンフランシスコで開催された．モントリオールでの第 7 回大会（2006 年）の際，大会の運営などについて対立が生じ，主催のゲイゲームズ連盟（FGG）とは別に「ゲイ & レズビアン国際スポーツ連盟（GLISA）」という組織が立ち上げられ，「アウトゲームズ（World Outgames）」という名称で独自の大会を開催した．FGG と GLISA の話し合いにより，アウトゲームズは実質的に 2013 年のベルギー大会で終了し，2018 年以降はゲイゲームズに統一されている．

　また，ニューヨークでの第 4 回大会（1994 年）の前後から，ゲイゲームズへのトランスジェンダー当事者の参加をめぐって議論が行われるようになった（Symons & Hemphill 2006）．現在では，ゲイゲームズはトランスジェンダーを含めた，多様なジェンダーやセクシュアリティを包括する，世界最大のスポーツイベントとして開催されている．

●**プライドハウス**　オリンピックやサッカーワールドカップなど，大規模な国際的スポーツイベントの際に，LGBTQ 当事者などが安心して過ごすことのできる空間を提供したり，LGBTQ に関する情報を発信したりする拠点として，世界各地で「プライドハウス」が運営されることが増えている．2010 年のバンクーバー冬季オリンピックの際に，地元の NPO 団体などが開設したのが始まりとされている．日本でも，「プライドハウス東京コンソーシアム」が組織され，2019 年のラグビーワールドカップに際して東京に「プライドハウス東京」がプレオープンし，2021 年の東京オリンピックにおいても開設され，連日さまざまなイベントなどが開催された．大会終了後は，常設の総合 LGBTQ＋ センター「プライドハウス東京レガシー」が運営されているほか，スポーツとセクシュアリティに関する課題を解決するための多様な取組みが行われている．

●**LGBTQとスポーツ**　LGBTQとスポーツという主題からは，いくつかの課題が立ち上がる．例えば，近代スポーツと「男らしさ」イメージの結びつきの強さから生じる「ホモフォビア（同性愛嫌悪）」の存在や，トランスジェンダーの当事者，特にトランス女性の競技参加と競技の公平性をめぐるコンフリクトなど，LGBTQ当事者のスポーツへのアクセスの難しさは大きな課題になっている．

　LGBTQとスポーツを取り扱った研究は，Caudwell, J. ed.（2006）やAitchison, C.C. ed.（2007）など，2000年代に入ってから多くみられるようになってきたと言えよう．日本においては，当事者のインタビューを交えながら，その経験とスポーツにおけるホモフォビアやトランスフォビアが現れる実態とそれに対する当事者の対応を，主にインターセクショナリティの視点から描き出した井谷（2021）の研究や，包括的な視点からLGBTQとスポーツが抱える問題を捉え，スポーツ場面におけるLGBの主流化とTの周縁化，LGBT内秩序の再編を指摘するなどした岡田ほか（2022）などの成果がみられる．

　トランスジェンダー女性の競技参加については，2021年11月に国際オリンピック委員会（IOC）が10項目からなる「IOC性自認とからだの性の多様性に基づく公平性，包摂性，非差別に関する枠組（IOC Framework on Fairness, Inclusion and Non-Discrimination on the Basis of Gender Identity and Sex Variations）」を提示し，各競技団体がこれに基づいて参加のためのルールを検討することとなった．これを受け，2022年6月に国際水泳連盟（FINA）が，男性の思春期をわずかでも経験した場合は，エリートレベルへの女子競技への出場を認めないことを決定するとともに，性自認が出生時の性別と異なる選手のため，大会において「オープン」というカテゴリーの設置を目指す方針を打ち出した．これをはじめとして，基本的にトランスジェンダー女性の女性としての競技参加を認めないとする傾向がみられるようになっている．

　また，藤山ほか（2014）が，大学で体育やスポーツを先行する大学生を対象に実施したLGBTQに対する意識や知識に関する調査の分析を行っている．この中で，身近にLGBTQの当事者がいることを認識していると回答した学生が，全体としてLGBTQに関する正しい知識も有しており，ホモフォビアもトランスフォビアも弱い傾向が示されている．より包摂的なスポーツ環境の構築を目指し，日本スポーツ協会（JSPO）では，スポーツ指導者に向けた情報提供を目的として，LGBTQに関する情報を取りまとめた『体育・スポーツにおける多様な性のあり方ガイドライン』の作成・配布や，それを基にした研修会などを行っている．

［藤山　新］

📖**さらに詳しく知るための文献**

井谷聡子 2021.『〈体育会系女子〉のポリティクス』関西大学出版部．

岡田 桂ほか 2022.『スポーツとLGBTQ＋』晃洋書房．

女性スポーツ政策

　近代スポーツはヨーロッパの男性ブルジョワ階級の文化として成立し，徐々に女性たちが参入してきた．そこには「女性特有の生殖機能を保護する」という主張を少しずつ切り崩してきた歴史がある．そうした動向を後押ししたのは，時にはフェミニズム運動であり，労働者を含めたスポーツ・フォー・オール運動であり，場合によっては東西冷戦を背景にオリンピック大会を舞台に展開された東側と西側諸国のメダル合戦であった．ここでは女性スポーツを政策として展開する，つまりある組織や団体が女性のスポーツ参加やスポーツ分野における女性の地位向上の促進を意図的に押し進めてきた経緯と現状についてみてみよう．

●女性スポーツに関する国際的な取組み　「女子に対するあらゆる形態の差別の撤廃条約」は 1979 年に開かれた国際連合の総会で採択，1981 年に発効され，日本も 1985 年に締結した．この条約は政治から経済，社会や文化といったあらゆる分野における差別をカバーしているが，教育の分野においてスポーツと体育が，また文化的活動にレクリエーションやスポーツが含まれている．国連という場で採択されたこの条約にスポーツや体育，レクリエーションが含まれていたことは，その後のスポーツにおける女性の地位向上や男女平等を目指す動きに影響を及ぼすことになる（新井 2008）.

　女性スポーツに関する国際的な取組みとして重要なのは，国際女性スポーツワーキンググループ（IWG）による世界女性スポーツ会議とその成果物である．1994 年に英国のブライトンで第 1 回世界女性スポーツ会議が開催されたが，この会議は各国のスポーツ政策関係者が集まり，女性とスポーツについて意見を交わした初の国際会議である．第 1 回会議は British Sports Council によって開催されたが，この会議で IWG が設立され，その後は IWG の主催の下 4 年毎に開催されている．第 1 回会議の成果は"ブライトン宣言"として公表され，「スポーツのあらゆる分野へ女性が最大限に参加する」ことが謳われると同時に，そのための行動計画を指導する 10 原則が示された．2014 年 6 月までに 419 団体がこのブライトン宣言に署名し，日本では日本オリンピック委員会が 2001 年に署名した．またブライトン宣言は第 2 回大会のウインドホーク行動要請（1998 年），第 4 回大会の熊本協働宣言（2006 年）等に引き継がれ，第 6 回大会（2014 年）では"ブライトン・プラス・ヘルシンキ 2014 宣言"へとアップデートされている（小笠原 2018）.

●国際オリンピック委員会（IOC）による取組み　IOC は第 1 回世界女性会議の開催とブライトン宣言を受け，少女や女性とスポーツに関わるさまざまな課題に

取り組むために，1996 年に第 1 回 IOC 世界女性スポーツ会議を開催した．翌1997 年に IOC 内に設置された女性スポーツワーキンググループの活動は 2004年からは正規の委員会として行われ，IOC の女性スポーツ戦略を開発し実施するさまざまな施策について恒常的に取組みを行ってきている．IOC 世界女性スポーツ会議は 2012 年の第 5 回まで開催されたが，第 2 回会議（2000 年）において組織における女性のリーダーシップに関する具体的数値目標を提示するなどの成果を残している（田原 2018）．

●**日本のスポーツ政策における女性スポーツの位置づけ**　日本のスポーツ政策において女性スポーツはどのように位置づいているのだろうか．スポーツ振興法に基づき 2001～2011 年を期間として策定されたスポーツ振興基本計画は，2006 年9 月に一度改定された．改正前は女性の体育指導委員の積極的登用に関することのみの記述だったが，改正後は「女性が参加しやすい環境づくり」や「女性の指導を適切にできる指導者の養成」についても加筆された（新井 2008）．

　スポーツ振興基本計画におけるこうした女性スポーツに関する施策は，スポーツ基本法に基づいて 2012～2016 年を施策期間として策定された第 1 期スポーツ基本計画にも原則として引き継がれることになる．ところが東京 2020 オリンピック・パラリンピック大会の開催を控え 2017 年から施行された第 2 期スポーツ基本計画において女性スポーツは，「スポーツを通じた女性の活躍促進」という見出しによって強調され，さらにスポーツ庁による政策や事業として予算がつき実施された．具体的には女性指導者や女性役員の育成，あるいは女性トップアスリートの競技力向上支援などがあるが，従来のように女性のスポーツ参加を抑制するのではなく，より競技パフォーマンスを高める方向で，かつ女性アスリート自らが自分の身体を管理する方向で推し進められている（高峰 2020）．こうした第 2 期スポーツ基本計画における女性スポーツの位置づけは，基本的に第 3 期スポーツ基本計画にも引き継がれている．

●**女性の身体をめぐる政策の新しい動向**　近年，女性の心身の健康課題を解決するためのテクノロジーを表す言葉として"フェムテック"が使われている．ここでは女性特有の健康課題の解決とともに新たな科学技術の開発やイノベーションが期待されており，内閣府男女共同参画局や厚生労働省，経済産業省等の政策に位置づけられている．スポーツとの関わりでは女性アスリートの月経問題が注目されているが，ここでも女性アスリートの身体をめぐる管理の側面について注視していく必要がある．

[高峰 修]

📖**さらに詳しく知るための文献**

新井喜代加 2008．女性スポーツ政策．諏訪伸夫ほか編『スポーツ政策の現代的課題』日本評論社．
高峰 修 2020．東京 2020 オリンピック開催に向けたスポーツ政策における女性アスリートの身体．日本スポーツ社会学会編集企画委員会編『2020 東京オリンピック・パラリンピックを社会学する』創文企画．

体力観とジェンダー

　体力を広義に捉えるとまず「身体的要素」と「精神的要素」に分類される．次に，それぞれが「行動体力」（運動の基盤になる体力）と「防衛体力」（健康の基盤になる体力）に大別され，さらに各々が多岐の要素を含む．高校生・大学生を対象とした調査（飯田 2004a）によると，「体力」とは「パワー・筋力・持久力」であり，「人生で必要な体力」には「病気にならない・健康」と回答している．また，体力の男女差については「日常生活」より「スポーツ場面」において「感じる」と回答している者が多い．これらから，体力と言えば運動能力をさし，スポーツや運動の場面では女性の体力が劣ることが「体力観」として浸透していることがわかる．

●**男性に有利な体力テスト**　では，なぜそのような体力観が構築されたのか．国民の体位を向上させるために実施されてきた体力テストの影響が強いと推測される．歴史を紐解くと，体力テストは19世紀後半に，国防および産業力の増強を目的に男性の身体管理に照準を合わせ開発され，その後戦時の度に改訂された．日本の体力テストも列強諸国と同様の変遷をたどった．飯田貴子（2004b）は，1964（昭和39）年より実施されてきた文部省「体力・運動能力調査」をジェンダー視点から検討し，テストの内容が同一でなく女性の劣位を暗示する持久走男子1500 m女子1000 mや過去の運動経験が影響するボール投げなどのように，テスト種目にジェンダー・バイアスがみられ，根底に筋力優位の思想があることを指摘している．1999（平成11）年に導入された新体力テストは，主に健康関連体力の測定への移行を目的に改訂されたものである．しかし，なお筋重量が勝る男性が，必然的に優れた結果を得る内容で占められている．テスト結果を平均値でみれば（スポーツ庁 2022），長座体前屈と閉眼片足立ちを除くすべてのテスト項目において，どの年齢においても男性が女性より優れている．調査結果は毎年，年齢別，性別に公表され，マスメディアはかなりの紙面を割き報道する．例えば，「9歳男子の走跳力　20年前の女子並み」（朝日新聞2006年5月4日付）．男子の体力面に対する期待が読み取れ，男子は女子より優れて当たり前という体力観が構築される．体力合計点による評価は，「より速く，より高く，より強く」というオリンピックのモットーが反映しているようにうかがわれ，これら体力テストの原理や結果は，そのまま競技スポーツに当てはまる．加えて，測定記録には，周りからの働きかけや動機づけなど男性に有利に働くさまざまな社会的・文化的・心理的な影響があることも考える必要がある（高峰 2018）．

●**母性保護という神話**　さらに，体力観を論じるとき，重視しなければならないのは「母性機能の保護」言説である．母性保護を理由に，女性は軍事・労働の場のみならず，スポーツの場においても男性と同等の権利を与えられず，機会を制限され，十全の能力を発揮できずにきた．19世紀後半から20世紀初頭にかけ，医師や科学者が当時の「性差の科学」を理由に，激しいスポーツをすれば，生殖器や胸に危害を及ぼし，月経に問題をもたらし，結果的に子どもを産み育てる能力を危険にさらすと主張したのである（コークリー 1982；來田 2004）．女子サッカーワールドカップ開催は男子に遅れること60年，男子よりはるかに遅れてオリンピック種目になった代表的種目としては，マラソン，棒高跳び，レスリング，スキーのジャンプ系等がある．現在なお，距離や量に違いがみられる種目では，男子種目に距離が長く，量も多い傾向にある．一方，「女らしさ」を表象する種目は早くから実施され，「女らしさ」を損なうとみなされた種目の実施は遅れた．このような女性観は，身体的・医学的な母性保護とは直接的に関連しないが，「女性は体力がなく，弱弱しい」という体力観に少なからず影響を与えている．

●**「女性は体力がない」に潜むセクシズム**　「女性は体力がない」は，体力の一部にすぎない運動能力を切り取り，優劣をつける体力テストやスポーツ，あるいは神話や伝統的女性観に基づいて構築された体力観である．しかし，この体力観は，社会のあらゆる場に自動化が導入されてきた現在もなお，執拗に女性の活躍を妨げ，性別役割分担の根拠となり，女性にケア役割を背負わせ続けている．スポーツと男性中心文化が類似している軍事組織，日本の自衛隊に目を向けると，近年，女性に対する配置制限がほぼすべて解除された．それでもなお，女性は後方支援や災害派遣などジェンダー化された職域と役割に多く割り当てられ，男性＝体力＝一流の戦力／女性＝母性＝二流の戦力という二元的枠組みを崩すことはない（佐藤 2004）．しかし，軍事における男女の身体的体力差は，パワード・スーツによって補うことが可能であるし，女性に不向きと言われる地上戦に代わり，デジタル・トランスフォーメーションの時代になれば，軍事組織における性別役割分担に終止符がうたれることも予想される．そのとき，「女性は体力がない」言説の最後のよりどころは，生身の身体でぶつかり合うスポーツとなるであろうことを注視し，スポーツを読み解く能力を養っていくことが求められている．

[飯田貴子]

📖**さらに詳しく知るための文献**

飯田貴子 2004．体力テストとジェンダー．飯田貴子・井谷惠子編著『スポーツ・ジェンダー学への招待』明石書店．

飯田貴子 2013．身体能力の性差再考．木村涼子ほか編著『よくわかるジェンダー・スタディーズ』ミネルヴァ書房．

高峰 修 2018．体力観の形成とジェンダー．飯田貴子ほか編著『よくわかるスポーツとジェンダー』ミネルヴァ書房．

性別確認検査と DSDs

　スポーツでは性別を男女二項で捉え，性別カテゴリーで競うことを標準の制度としてきた．この制度を保守し，競技の公平性を担保しようとしたのが性別確認検査である．しかし，人間の性の多様性が認識され，その認識の下で個人の尊厳の保障をめざす近年の社会では，スポーツにおける従来からの性別カテゴリーは選手の多様な性のあり方に対し齟齬をきたす制度になっている．

●性別確認検査　競技の公平性の担保のために，女子競技に出場する選手が女性であることを確認する医学的検査が必要だとの主張は，1930 年代半ばからみられる．性別違和／性別不合を解消する医療の挑戦や，引退後に性別を変更して生きることを選択した元オリンピック選手が登場した時期である．

　当時の社会の帝国主義的な風潮の下では，性別役割分担によって男女の存在を明確に区別し，女性を男性の下位に位置づけるジェンダー規範が形成されていた．性別カテゴリーで競う制度は，男性に劣る存在に位置づけられた女性を男性と区別し，女性同士で競うことによって参加の機会を保障し，競技の公平性を保とうとするものであり，当時の規範には適合していた．競技能力を示す標準的な指標には性差があることから，現在でもこの考えが自明視される傾向はある．しかし，個々の身体能力や競技レベルによって，女性が男性に優位する例は多々みられ，性差ではなく個人差として捉える必要があることは容易に理解できる．

　性別カテゴリーで競う制度を揺るぎないものにするための「性別確認検査」がルールとして女性に課されるようになったのは，第 2 次世界大戦後のことである．近代オリンピックにおける最初の実施は，1968 年グルノーブル冬季大会であった．導入の当初から，性別を決定するための医学的検査には限界があることが指摘されていた（來田 2012）．しかし，この検査は，外性器の視診，産科的器官の検査，性染色体検査など検査方法を二転三転させながら，半世紀近く実施された．スポーツ組織による検査によって性別が確認，決定されるという制度は人権侵害であるという指摘も導入当初から存在した．「あるべき女性身体」に適合しないとみなされた女性は，検査によって競技から排除された．検査は男性には課されなかったため，こうした排除を受ける男性は存在しなかった．

●検査の廃止からテストステロン値を基準とする男女別競技の実施へ　性の多様性を尊重する国際社会の動向が高まったことを受け，オリンピックにおいて女性選手に性別確認検査を課す制度は 2000 年に廃止された．ところが世界陸上 2009 の 800 m 走で優勝したセメンヤ（Semenya, C.）選手の性別を疑う声があがったこ

とに端を発し，DSDs の選手たちの参加資格をめぐるスポーツ界の対応が問われることになった．この問題は，2000 年以降のスポーツ界が視野に入れていたトランスジェンダー選手の参加資格とは異なる新たな観点で捉える必要があった．

DSDs は「からだの性のさまざまな発達」を意味する語の略称である．医学的には「性分化疾患」，一部の欧米の政治的運動においては「インターセックス」と称される．からだの性に関し，染色体，性腺，内性器，外性器のいずれかが先天的に非典型的な状態であることの総称であるため複数形で示され，競技力への影響の有無は状態によって異なる．性的指向，性自認，性表現など，いわゆるSOGIE とは区別して考える必要がある．総合した際の割合は，学校の 10〜20 クラスに一人とされている（福田 2022）．

セメンヤ選手は，生まれつき血清中のテストステロン値が高い状態を持つDSDs の一人である．テストステロンは，筋肉量，筋力，ヘモグロビンの増大に影響し，それだけを要因とする訳ではないものの競技に優位さをもたらすホルモンだとされる．平均的な値は男性的身体では高く，女性的身体では低いとされるが，個人差が大きいとする指摘もある（Healy et al. 2014）．セメンヤ選手の事例を受け，女性選手が女性競技に参加する際のテストステロン値の上限値を定める規定を新たに設ける国際競技団体がみられるようになった．

こうした参加規定は競技の公平性を主張するものであるが，国連人権理事会や国際人権 NGO のヒューマン・ライツ・ウォッチなどから批判的指摘を受けている．それらの指摘は，生来の身体に医療介入を強制しなければ競技から排除されることは，プライバシーや尊厳，健康に関する権利，差別などの観点から大きな問題があるとする（UNHRC 2020；Human Rights Watch 2020）．

セメンヤ選手は，世界陸連の参加規定の撤回を求めてスポーツ仲裁裁判所やスイス連邦最高裁判所に提訴したが，2019 年，2020 年にそれぞれ敗訴した．その後に提訴した欧州人権裁判所においては，敗訴した裁判では参加規制の対象とされている種目において，生物学的要因が競技上の優位性をもたらすことが十分には立証されていないとするなど，セメンヤ選手側の訴えを一部認める判決が 2023 年に出されている．

一部の女性を排除する規定は，当事者にとっては女性としての存在を他者から否定されることを意味する．性の多様性をめぐる参加規定は，競技を男女という性別の名称を冠したカテゴリーで競うこと自体の妥当性に疑問を投げかけている．

［來田享子］

📖 **さらに詳しく知るための文献**

來田享子 2012．指標あるいは境界としての性別．杉浦ミドリほか編著『身体・性・生』尚学社．

ヨ ヘイル 2020．DSDs：体の性の様々な発達（性分化疾患／インターセックス）とキャスター・セメンヤ排除と見世物小屋の分裂．ジェンダー法研究(7)：99-157．

マスキュリニティ

　スポーツは，近代社会において理想化されたマスキュリニティ（男らしさ）を生産する装置であると同時に，マスキュリニティを今もなお守り続ける砦である．スポーツにとってのマスキュリニティとは何か．スポーツ社会学はマスキュリニティ問題の何を議論してきたのか．

●**マスキュリニティとは**　マスキュリニティは，一般的には「男らしさ」，学術的には「男性性」と訳され，男性が社会生活を送る上で持つべきとされる性役割や，態度や行動，体格などの男性としての資質のことを指す．マスキュリニティは文化や時代によって差異はあるものの，多くの場合，「優越志向」「所有志向」「権力志向」といった傾向を持つとされる（伊藤 1993）．これらの特徴は，男性が他の男性や女性に対して優越したいという欲求や，パートナーや部下を自分の所有物のように扱いたいとする欲求，自分の意思を他者に押し付けたいという欲求のことを指す．スポーツの場面で考えれば，勝利や記録への執着，指導者の父親的振る舞い，選手間での上下関係などにそうした特徴が現れているだろう．

●**スポーツ的マスキュリニティの登場**　スポーツにおいてマスキュリニティを考えることが重要であるのは，スポーツが持つ特徴や成立過程が男性中心的であることにある．例えば，現代の人気スポーツであるラグビーは，18世紀初めの英国のパブリックスクールにおける教育の中で形成された．ラグビー校と呼ばれるその学校では，男子学生に対して勤勉，節制，忍耐を重んじる教育が行われており，ラグビーを通してそうした精神と身体の寛容を図っていた．それらの精神は「アスレティシズム」と呼ばれ，植民地政策を展開する英国の帝国主義において支配的な男性イデオロギーとなった（Hergreaves 1986 = 1993）．

●**マスキュリニティ研究における重要概念**　現在，スポーツに関するマスキュリニティ研究では，制度化されたチームスポーツから水泳やランニングのような個人スポーツ，そしてスケートボードやサーフィンのようなオルタナティブ・スポーツに至るまで幅広く着目し，それぞれの文化の中でマスキュリニティがどのように構築され，補強されているのか，あるいはこれまでのマスキュリニティに対してどのように挑戦しているのかについて考察が行われている（McKay et al. eds. 2000）．

　こうしたマスキュリニティ研究を行う上で最重要概念と考えられているのは，ジェンダー研究者のコンネル（Connell, R. W.）が提唱した「覇権的なマスキュリニティ（hegemonic masculinity）」（Connell 1995）である．多くの社会は，男性が

中心となって主導されてきた．しかし，すべての男性が中心であるわけではない．男性は，人種や階級，階層，年齢，能力などの基準によってふるいにかけられ，序列化される．覇権（ヘゲモニー）とは，そうした男性の序列化のシステムが，覇権的ではない男性および女性を含めて支持されることによって，維持，構築される体制のことである．コンネルは，この覇権的なマスキュリニティの概念を用いて，学校に通う男の子たちにとって，なぜスポーツが重要になっているのかを分析している．コンネルによれば，多くの学校ではスポーツや体育を行うことが当たり前となっているため，スポーツが好きでない人たちでさえ，スポーツに取り組まなければならず，その結果，スポーツを通じて示される男らしさが学校内部における男らしさの序列に多大な影響を与えているとされている．

　覇権的なマスキュリニティとともに重要視されているのが，「支配的なマスキュリニティ（dominant masculinity）」（Messner 1992）という概念である．この概念は，スポーツを通じて獲得した男性的な身体や攻撃的な性格を使用し，他者との支配＝従属関係を構築しようとする男性の態度のことを指す．肉体的な優位性を重んじるスポーツのシーンでは，他者を威圧し，他者の上に立つことが当然視される．例えば，フィールド上での積極的なプレイが評価されることはもちろん，そのプレイのアグレッシブさが行き過ぎたものであったとしても「悪童」的な個性として理解され，メディアによってスター選手として賞賛されることが多々ある．さらにこうしたスポーツに現れる支配的なマスキュリニティは，男性にとってだけでなく，スポーツを通じたマスキュリニティの構築というゲームに参加できない男性や女性，あるいは人種や民族，そして LGBTQ などのマイノリティに対しても支配＝従属関係という影響を及ぼしてもいる．

　だがここ数年，「支配的なマスキュリニティ」を称揚する傾向にあったスポーツにおいても，そのようなマスキュリニティを「有害なマスキュリニティ（toxic masculinity）」として批判的に言及されることが増加している．有害なマスキュリニティとは，意図的であるかどうかに関わらず，男性が自ら持つ権力性やマジョリティ性によって，男性自身を含む他の誰かを傷つけてしまう男性の振る舞いを指す．スポーツの世界は，有名選手による性的暴行や DV，チーム内でのパワーハラスメントなど，有害なマスキュリニティが蔓延している．現在，スポーツ社会学では，こうした有害なマスキュリニティの問題に対して，理論的・方法論的にいかに貢献し得るかが問われている．　　　　　　　　　[竹﨑一真]

📖さらに詳しく知るための文献

河野真太郎 2022.『新しい声を聞くぼくたち』講談社．

宮台真司ほか編 2009.『「男らしさ」の快楽』勁草書房．

Mosse, G. L. 1996. *The Image of Man*. Oxford University Press（モッセ，G. L. 著，細谷 実ほか訳 2005.『男のイメージ』作品社）．

セクシュアルハラスメントと性暴力

　セクシュアルハラスメントは性暴力の一形態であるが，スポーツ環境において
は長らくその存在が看過され続けてきた．スポーツ環境において性暴力が起こり
やすく見過ごされやすい背景には，社会全体の性暴力に対する理解の低さやス
ポーツがもつ権力構造に対する認識の甘さがある．

●**セクシュアルハラスメントの概念化**　セクシュアルハラスメント（セクハラ）
とは一般に，相手や当該スポーツ環境のメンバーが望まない性的な性質の言動の
ことを指し，行為者側のいやがらせの意図の有無にかかわらず，行為を受けた側
の不快感や不利益が重要な判断根拠となる．重要な点は，それが見ず知らずの相
手から行われる行為ではなく，「いや」とは言えない関係性を利用した性的搾取で
あることだ．上下関係や信頼関係など，壊すわけにいかない，壊したくない関係
性に縛られているが故に「いや」と言えない性的な搾取．その見えにくい性暴力
を人権問題として可視化し理解するために生まれたのが，セクシュアルハラスメ
ントという概念である．

　セクハラは対価型と環境型に区分される．前者は不快な性的言動に伴って相手
に利害を与えることであり，指導継続やレギュラー抜擢などの権限，または信頼
関係を暗黙の前提として濫用し，被害者に性的搾取を受け入れさせる．後者は不
快な性的冗談を言う，性的なメッセージを送りつける，卑猥なポスターを貼るな
どして，競技練習を阻害するような環境をつくることを指す．

●**性的虐待・グルーミング**　ブラッケンリッジ（Brackenridge, C. 1997）は，セク
シュアルハラスメントと性的虐待を，性暴力という一つの連続体の上の各段階と
して捉えている．

　性的虐待とは，加害者が被害者を手なずけて陥れ，性的行為に逆らえない状況
に追い込み，同調を強いることをいう．この手なずけ行為をグルーミングと呼
ぶ．これは加害者があらかじめターゲットを決め，その被害者にご褒美や罰を与
えながら長い時間をかけて周到に相手を手なずける行為である．

　ブラッケンリッジによると，「このプロセスは性的アプローチへの決定的な前
段階であり，信頼を築くこと，受け入れられる行動の境界を徐々に後退させるこ
と，親しい言葉や情緒的な恐喝や身体接触を通じて私的空間をゆっくりと侵して
いくことなどが含まれる」（Brackenridge 1997）．とりわけハイレベルな環境でプ
レーする選手は，競技的な成功と失敗のはざまで不安定な状況に身を置いてい
る．加害者はそのような選手の不安につけ込み，信頼を得ながら自分に依存する

ように仕向けて，パーソナルな境界をあやふやにして被害者を取り込むのである．このようなグルーミング・プロセスの結果により，被害者が加害者に対して時に親密な感情や愛着をもつ傾向もみられる．こうしたグルーミングの影響を知らずにいると，周囲の者には被害者が同意しているように見えてしまうのである．

　近年海外で大きな問題としてクローズアップされたのは，米国体操女子ナショナルチームドクターによる性的虐待事件である．加害者は1996年から2015年まで五輪チームの医師を務めたが，20年以上にわたり数百名の女子選手に対し，治療名目で性的虐待を繰り返していた．被害を受けた選手たちは，加害者を信じたい気持ちと同時に，問題を認識することでスポーツから排除される恐れや絶望感に引き裂かれ，沈黙を余儀なくされていた（AFP BB NEWS 2017）．

　少年たちが被害を受けた事例としては，英国におけるサッカーユース時代の性的虐待事件の発覚がある（AFP BB NEWS 2016）．1970年代から1990年代にかけて英国内の55以上のクラブで発生したこの事件では，350人以上の元選手が被害を訴えた．実に被害後30〜40余年後の告白であり，男性である自分が性被害を受けたという認識を持つことへの抵抗や告発の困難さが窺える．

　「男は強くあるべき」というある特定の男性性が称賛されるスポーツの環境下では，男性が性的被害者の位置に置かれることやその立場を自覚することは，そのような男性性を脅かすものとして，受け入れがたいと思われがちなのである．

●**日本のスポーツ環境におけるセクシュアルハラスメントの特徴や事例**　日本のスポーツ環境におけるセクハラの特徴として，以下のような点が挙げられる．①スポーツとの関わりが深いほど，大学生のセクハラに対する認識が甘く，許容的であった（高峰 2013）．②全国大会以上のハイレベルで活動する指導者や選手たちは，男性より女性の方が，また中高年層よりも若年層といった構造的弱者の方が，セクハラに対して許容的であった（Takamine 2012）．③スポーツで業績のある著名な指導者が，セクハラ発覚後もその実績故に周囲の関係者から擁護され，被害者がさらなる二次被害を受けるなど，人権よりも競技実績が重視される事例もある（高峰・白井 2009）．

　閉ざされた権力構造の中で，勝利至上主義や業績主義などによって弱者が沈黙を強いられ人権が軽視される環境が，セクハラを含む性暴力の土壌となっている．　　　　　　　　　　　　　　　　　　　　　　　　　　　　　［熊安貴美江］

📖**さらに詳しく知るための文献**

ブラッケンリッジ，C. 著，吉川康夫・飯田貴子訳 2003．私は彼の所有物だった．スポーツとジェンダー研究 1：75-90．

飯田貴子ほか編著 2018．『よくわかるスポーツとジェンダー』ミネルヴァ書房．

高峰 修 2013．ハラスメントの受容．現代思想 41(15)：157-165．

フィットネスとヨガ

　フィットネスとは多義的なことばであるが，体力があり健康である状態のことや，健康や体力の維持に関する活動・運動などを意味する．広義には，世界保健機関（WHO）の健康の定義（身体的，精神的，社会的に完全で良好な状態）と同義に用いられる．狭義の体力（physical fitness）という意味においては，柔軟性，心肺機能，筋持久力，筋力，体組成といった要素との関連で捉えられる．

●**規律の商業化としてのフィットネスクラブ**　フィットネスクラブは，体形や健康状態を向上させることを目的とした場であるが，その文化的位置づけは，近代国民国家の成立と資本主義の誕生と深く結びついている．

　フーコー（Foucault, M.）は，兵舎や刑務所，病院や学校などの近代的な施設では，近代国家に有用な身体へと訓練する身体技法が発達したとしている．例えば刑罰は，身体刑などの身体に対する直接的な処罰から，時間や空間が管理された監獄への収監のように，全体的かつ細部に至るまで目を光らす合理的・効率的な管理手法に取ってかわるようになった．フーコーは刑罰の近代化を，人々が自らの身体を律し服従することをねらった管理装置（監獄）の誕生に至る過程として描いたのである．19世紀に欧米で発展した男性中心の欧米の体操クラブは，帝国を守る男性兵士の身体を鍛錬する場であり，その普及は国民国家の生政治的な目的で国民を統治する必要性の表れと考えられている（西山 2018；Sassatelli 2010）．

　このように身体を科学的・機械的に扱うアプローチは，次第にレクリエーションやレジャーの領域にも及んでいった．第2次世界大戦後，欧米諸国では体操と政治の結びつきは次第に薄れ，健康志向で個人主義的なレクリエーションの形態が発展し，商業的なジムやクラブが展開されるようになる．現在のようなフィットネスクラブが普及するのは1980年代後半ごろである．1968年に創始された有酸素運動であるエアロビクスの流行が契機となり，ワークアウトスタジオを備えたフィットネスクラブが流行する（河原 2020；西山 2018）．

　男性兵士の鍛錬として始まった体操クラブは，今では健康や美，身体の見栄えを改善するためのフィットネスクラブへと変貌した．フィットネスクラブの商業化は，身体規律の技術が資本主義と結びつくことで，労働・刑罰・教育からレクリエーションやレジャーの領域へと徐々に拡大してきた長期的なプロセスの一部であると考える必要がある．

●**フェミニズムの解釈**　フィットネスクラブの前身である体操クラブやジムは，

男性が中心の施設であったが，1960年代頃には，米国等では女性がジムに通って
ボディビルをする動きもみられるようになった（西山 2018）．続く 1970年代に
は，エアロビクスによるエクササイズをする「ワークアウト」スタジオが，当時
の人気女優フォンダ（Fonda, J.）によって開設されると，世界各国にその流行が
飛び火していった．美容のためのみならず，「ファッショナブルなライフスタイ
ルを実践（＝消費）」（河原 1995；2020, 69）する動きが加速していく．スタジオ
やプール，マシンなどを備えた，私たちになじみのある総合型のフィットネスク
ラブも登場し始め，性別や年齢を問わず，あらゆる人に美容や健康，体力づくり，
ライフスタイルを提供する施設が定着していく．

　女性の参加拡大に関して，米国ではフェミニズムの視点による研究の蓄積があ
り，評価は二分している（ホール 2001；Spielvogel 2003；Dworkin & Wachs
2009）．歴史的にスポーツから排除されてきた女性のエンパワメントの一形態で
あると賞賛するものと，女性を文化的に支配する一形態であると批判するもので
ある．現代の女性は外見で判断され，特に痩せていて美しく若くあることを期待
されており，キャリアや知性よりも体重によって自己評価させられ，社会や政治
という重要な問題に集中できなくされているという指摘もある（デメッロ
2017）．女性の参加拡大を手放しで評価することは避けるべきであろう．

●現代ヨガの様相　フィットネスクラブにおいて提供される多数のエクササイズ
プログラムのうち，ヨガは特に女性に人気が高い．もともとヒンドゥー教を由来
とする修行法方法であるが，宗教・哲学的な要素の濃い古典的なインド式と，ア
メリカ式（ハリウッド式，あるいは現代ヨガ）があり，後者は 1970年代の欧米諸
国におけるヨガブームにのって広まったと言われている（入江 2015）．

　日本では 1960年頃にインド哲学や宗教の文脈で解釈された修行としてのヨガ
が人気を博し，1980年代には，エアロビクスブームに乗って，ゆるやかなエクサ
サイズとして人気を集めた．ヨガ要素を利用したオウム真理教が一連の事件を起
こしたことで，一時衰退したが，1995年以降のスピリチュアルブームを背景と
し，心身の癒しとしてヨガは新たに見直されるようになった．

　インドでは現在もヨガ講師はほとんどが男性であるというが（竹村 2007, 39），
欧米社会はじめ日本でも，主な実践者および講師も女性である．また日本のヨガ
の特質として，美の獲得や生殖機能の改善を目的としていることや，性的要素の
排除など，女性身体をめぐる意味づけと取組みが盛んに行われている（入江
2015；水野 2015；水野 2018）．日本における女性身体をめぐる現代ヨガの様相に
は，日本におけるジェンダー規範の反映も見ることができる．　　　　［水野英莉］

📖**さらに詳しく知るための文献**
Sassatelli, R. 2010. *Fitness Culture*. Palgrave Macmillan.
Spielvogel, L. 2003. *Working Out in Japan*. Duke University Press.

トランスジェンダー

　近代スポーツは，男性支配と性別二元制を再生産・維持する強力な機関であり文化装置である．ジェンダー平等の実現にはまだ多くのハードルが残されており，性の多様性の尊重に向けた制度・文化の構築も道半ばである．ジェンダーに関わる多くの課題の中で，トランスジェンダー当事者のスポーツ参加に近年注目が集まっている．東京2020オリンピック・パラリンピック大会では，ハバード（Hubbard, L.）が，性別移行後のカテゴリーで出場したトランスジェンダーの選手として注目を集めた．

●**トランスジェンダーとは誰か**　周司・高井（2023）は，「トランスジェンダー」を，生まれたときに「割り当てを受けた性別集団の一員として，自分自身を安定的に理解できなかった人たち」と説明する．より一般的な定義は，「出生時に割り当てられた性別とジェンダーアイデンティティ（性自認・性同一性）が一致していない人々」である．日本では，1990年代から医学概念である「性同一性障害（GID）」という言葉が社会的認知を得てきたが，世界的な脱病理化の流れを受け，精神疾患の診断・統計マニュアル（DSM）においては「性別不合（Gender Incongruence）」に変更されている．現在では，多くの当事者が診断名ではない「トランスジェンダー」という言葉を選び取っている．また，トランスジェンダーには，男女という二元的で固定的なジェンダーアイデンティティをもたない，「ノンバイナリー」の人々も含まれる．反対に，出生時に割り当てられた性別とジェンダーアイデンティティが一致している人はシスジェンダーと呼ばれる．

●**スポーツ参加の歴史とガイドライン**　トランスジェンダーであることを公表するのはごく少数の選手だけであるため，トランスジェンダーのスポーツ参加の歴史を検証することは難しい．記録に残っている数少ない選手も，その大半は競技引退後にカミングアウトしたケースである．その例外的存在がプロ・テニス選手のリチャーズ（Richards, R.）である．ある記者によってトランスジェンダーであることを暴露（アウティング）された後も女子選手として競技を続け，1977年に全米オープンに出場したが，1回戦で敗退した．日本では，選手登録を女子から男子に変更して出場した競艇の安藤大将がパイオニアとして知られている．

　ケース毎に出場の可否が判断されてきた状況を大きく変えたのが，国際オリンピック委員会（IOC）によるガイドライン（ストックホルム・コンセンサス，2004年策定）である．このガイドラインでは，移行後の性別で出場するために，①性腺の摘出，②2年間以上のホルモン療法，③代表する国における移行後の性別の

法的認知，という三つの条件を定めた．その後 2015 年と 2021 年の改定を経て，現在は IOC 独自のガイドラインを定めず，各統括団体に対して競技特性と科学的根拠に基づき，人権に配慮したガイドラインを定めるよう求めている．

こうした動きを受けて，2000 年代以降，より包摂的なポリシーを策定する国内・国際競技団体が徐々に増えてきた．しかし，2010 年代後半から世界的な「反ジェンダー運動」の高まりとともにトランス女性の女子競技出場に対する批判が特に欧米を中心に広まっている．その結果，移行後の性別での出場を禁止したり（例：ワールドラグビー），タナー段階 2 以降の典型的な男性型思春期をまったく経験していないことを条件としたりするなど（例：世界水連，世界陸連，国際自転車競技連合），より厳しい制限を課す団体も出てきている．

その一方で，女子競技への出場条件はホルモン療法の開始のみで具体的な数値は設定しない（例：Athletes Unlimited），あるいはジェンダーアイデンティティの開示を求めない（例：女子フラットトラックダービー協会）など，より包摂的なポリシー策定を行う団体もある．

●スポーツ参加の困難　トランスジェンダーのスポーツ参加については，一部のエリートレベルの選手や女子競技における公平性が議論の中心となり，実際にはそもそもスポーツへの参加自体に困難を抱えるトランスジェンダーの人が多いことが見落とされがちである．男女で明確に競技やチームが分けられ，トランスジェンダーの選手を想定したルールづくりがなされていない競技団体が圧倒的多数であり，男女別の更衣室やユニフォームのデザインも参加の障壁となりやすい．メディア報道において性別移行前の名前を使うデッドネーミングや，ジェンダーアイデンティティを無視した代名詞（he, she, 彼・彼女など）を使用するミスジェンダリングもスポーツ参加の障壁として指摘されている．

さらに，国内外の調査でトランスジェンダーの人は，差別と性別移行に係る高額医療費の負担などにより，シスジェンダーよりも貧困に陥る可能性が高いことが明らかになっている（例：虹色ダイバーシティ 2020）．スポーツ参加にはさまざまな費用がかかるため，経済的な理由からもスポーツへのアクセスがより制限されやすい．また，障害者や人種・民族的マイノリティ，移民など，社会で周縁化されているマイノリティほど貧困に陥りやすいことに鑑みると，トランスジェンダーの中でもこうした複層的なマイノリティ属性を持つ人ほど，スポーツ参加が困難になる傾向にあると言える．スポーツ参加における差別と不平等についてインターセクショナルな視点からの更なる調査と対策が求められる．　　［井谷聡子］

📖さらに詳しく知るための文献

井谷聡子 2021.『〈体育会系女子〉のポリティクス』関西大学出版部．

周司あきら・高井ゆと里 2023.『トランスジェンダー入門』集英社新書．

Barnes, K. 2023. *Fair Play: How Sports Shape the Gender Debates*. St. Martin's Press.

スポーツ集団とホモソーシャル

　ホモソーシャル概念は，一般的にミソジニー（女性蔑視）とホモフォビア（同性愛嫌悪）を特徴とした男性同士の絆を指す．同時に，この語は単に同性間の社会的関係／非性的絆という広い意味をも持ち，「ホモセクシュアル」という同性間の性的関係／性的絆と区別される場合もある．このように，ホモソーシャル概念は文脈によって定義が使い分けられつつ，大きくは同性同士の関係の分析に用いられている．そのため，ほとんどの競技で男女二元制が採用されているスポーツ集団の分析にも適していると言える．

●**男性のホモソーシャルな欲望**　ホモソーシャル概念は，英文学者であるセジウィック（Sedgwick, E. K.）の研究によって広く知られるようになった．セジウィックは，17世紀から19世紀までの英国文学の作品を読み解きながら，異性愛男性同士の関係の変遷を描くことで，「男性のホモソーシャルな欲望」について論じた．つまり，ホモソーシャルに「欲望」という官能的な語を接続させることで，ホモセクシュアルとの連続性（ホモソーシャル連続体）の存在を指摘したのである．例えば，近代スポーツの発展の場となった19世紀英国のパブリックスクールについては，「支配階級の男性がホモソーシャルな関係を築くための重要な場であった」と述べ，そこで実践されていた「ホモソーシャル連続体の一番性愛的な極」がホモフォビアの対象ではなく「子どもっぽさ」だと解釈されていたという例が紹介されている（セジウィック 2001, 269-270）．すなわち，学生時代に限られるものの，同性に欲望を抱き，性器接触を伴う肉体的行為を実践したとしても「同性愛者」として認識されなかったということである．このように，何が性的とみなされるかは変化しやすく政治的な問題であるため，男性のホモソーシャルな関係性が必ずしもミソジニーとホモフォビアを含むわけではないと言える．セジウィックは，ある時点のホモソーシャルを「共時的で図式的な構造」という「点」で捉える視点と共に，「通時的で物語的な構造」という「線」で捉える視点を説いている（同，20）．その上で，「男性のホモソーシャルな欲望」がどのように認識されているかという枠組みおよびそれを成立させている社会的背景の変遷を「面」として表現したのである．

●**ホモソーシャル概念使用時の注意点**　ホモソーシャル概念は，男性が他の男性との結びつきを通して，どのように権力集団を構築し，男性の特権を守っているかという現代社会の構造を言い表すのに便利なツールである．例えば，異性愛男性同士の連帯によって形成されている家父長制社会では，女性が男性同士の絆を

結ぶ手段とされ，同性愛者が排除されることによって，異性愛男性にとって優位な権力配分が維持される．その中で，緊密な男性間の友情を育むほど同性愛との境界が曖昧になるため，自らが異性愛者であることを強調する必要が出てくる．具体的には，男性同士での下ネタや裸の付き合いを通して，「男」として認め合う地位を築くという例がある．気をつけなければならないのは，ある関係がホモソーシャルだと説明するだけでは，抑圧的な構造を変えられないということである．大切なのは，セクシズム（性差別）とヘテロセクシズム（異性愛主義）の両輪による差別構造への抵抗やその変化に注意を払うことだ．竹村和子が，「異性愛を強制する制度は，異性愛／同性愛という階層秩序のみならず，異性愛を自然化するために男／女の二分法を必須のものとし，それにのっとった規範的な男女のジェンダー配置やセクシュアリティ配置を特権化してきた」（竹村 2002，87）と指摘しているように，ホモソーシャル概念を用いて男女二項対立で考えるプロセスは，あくまでも家父長制，ヘテロセクシズム，ジェンダー秩序といった権力システムを解体するためにあることを忘れてはいけない．

●**男子運動部活動の「女子マネージャー」**　ホモソーシャルの可変性について，男子運動部活動における「女子マネージャー」を例に考えてみたい．具体的には，1人の女性をめぐる2人の男性のライバル関係においては，男女間よりも男性間の絆の方が強固であるという「性愛の三角形」の図式を応用し，「女子マネージャー」と男子選手集団との関係を分析するという方法をとる．つまり，女子が男子同士の関係の中でどのように位置づけられているのか，そして，男子同士の関係の中で同性愛がどのように扱われているのかに着目しながら，チーム内の権力関係を図式的に提示するのである．そのうえで，チームの経年による権力構造の変化や他チームとの比較による検討を行い，ミソジニーやホモフォビアが不在のホモソーシャルのあり方を構想することが，可変性への可能性を開くのだ．例えば，部内の女性比率が推移した場合，マネージャーが意思決定過程に参入した場合，競技団体のルールが変更になった場合などで，ミソジニーやホモフォビアが可視化されなくなるかもしれない．このような事例を集めていくことは，男らしさの呪縛である「トキシック・マスキュリニティ」を乗り越えるヒントにもなるだろう．また，同性間の社会的関係という意味でホモソーシャル概念を使用する際には，女性のホモソーシャルも想定されうるし，さらに，ヘテロソーシャルという男女の友情のあり方を検討することも可能である．差別や抑圧のないスポーツ集団をめざすためにも，ホモソーシャル概念を用いた多様な研究の蓄積が望まれる．　　　　　　　　　　　　　　　　　　　　　　　　　　　　［関 めぐみ］

📖さらに詳しく知るための文献

関 めぐみ 2018．『〈女子マネ〉のエスノグラフィー』晃洋書房．

セジウィック，E. K. 著，上原早苗・亀澤美由紀訳 2001．『男同士の絆』名古屋大学出版会．

竹村和子 2002．『愛について』岩波書店．

女性アスリートのキャリア

　日本のアスリートは，性別を問わず，「スポーツキャリア」「職業キャリア」「セカンドキャリア」という，大きく三つのキャリアを形成し経験しうる．とりわけ，女性アスリートは男性アスリートよりも，各キャリアにおいて不安定な状況にあるため，女性アスリートへのキャリア支援が課題となっている．

●スポーツキャリア　「スポーツキャリア」とは，ある個人がスポーツに参加し，活動する競技経歴を表す言葉であり（大勝 2014；吉田 2016；中嶌・伊藤 2019），「競技者キャリア」（吉田 2013）とも言われている．

　ところで，女性アスリートは「競技環境の乏しさ」や「結婚・出産・育児」などによって，男性よりもスポーツキャリアが途切れる場合がある．前者は，野球やサッカーのような，男性中心主義的に発展してきた競技において，女性が活躍できるチームの不足やチームの財政難など，競技環境自体の乏しさ故に，その競技の中断を迫られることもある（申 2022）．後者については，女性アスリートにとって，結婚・出産・育児は競技継続を妨げる要因として認識されていないものの，実際，彼女らの引退を迫る背景には，そうしたライフイベントが機能している点が明らかになっている（木村 2010）．それ故，女性アスリートは男性よりも，スポーツキャリアが身体的・社会的要因によって途切れる可能性があると言える．

●職業キャリア　「職業キャリア」とは，「個人の過去（初職）から現在（現職）にいたる職業の連鎖」（労働政策研究・研修機構 2019, 13）と定義されている．日本のアスリートの中で，プロ選手は競技活動に従事すること，それ自体が職業キャリアである．一方で，現役のアマチュア選手（社会人）の職業キャリアは，競技活動と並行して行う競技以外の現職（職務経歴）と捉えることができる．

　また，アスリートの職業キャリアについて「スポーツのための労働」と「引退後のための労働」に分けて理解することもできる．「スポーツのための労働」とは，アマチュア選手が競技継続のために生計手段として行うものを指す．それ故に，引退後に同様の職業キャリアを継続する者もいれば，転職する者もいる．そして，こうしたアスリートの中には正規で働きながら，競技まで全うしなければならない責任が重すぎるため，選手自らが非正規職を希望することもある（申 2022）．

　「引退後のための労働」とは，「デュアルキャリア」の視点に即したものとして，現役時代から引退後を見越して職務能力を高めようとする労働を指す．この労働は，アマチュア選手のみならず，プロ選手に対してもセカンドキャリアへのス

ムーズな移行のために必要なものとして推奨されている.

　そこで，女性アスリートの職業キャリアの業種について，女子サッカー選手の事例から見てみると，彼女らは，サービス業の販売・事務・営業と医療補助といった「女らしさ」と親和的だとされる仕事に就いていた．つまり，彼女らは，男性に適した職業と見なされる「STEM（Science, Technology, Engineering, Mathematics）」以外の職業に就いていることが分かった（申 2022）．このことから，男女雇用機会均等法（1986 年）や女性活躍推進法（2016 年）が施行されたことで女性の労働環境が改善されつつある一方で，女性アスリートも一般の女性労働者と同様に，多様な職務キャリア形成に制限がかかっているのが現実だと言える.

●セカンドキャリア　アスリートのセカンドキャリアとは，スポーツキャリア（競技者キャリア）が終了した後のキャリアのことを指す（吉田 2013）．つまり，アスリートが引退後に就く職業のことを表す概念である．女性アスリートのセカンドキャリアをめぐって従来から指摘されてきた点は，スポーツ団体における女性指導者や女性役員など，女性がスポーツキャリアで積んだノウハウや経験を引退後に発揮できる受け皿が少ないことである.

　例えば，前田博子（2018）が文部科学書の報告書（2013 年）を検討した結果によると，「女性コーチの割合はスポーツ少年団で 12%，日本体育協会公認スポーツ指導者で 30%，日本オリンピック委員会の設置する専任コーチで 18%」（前田 2018, 129）となっていると指摘する．また，2019 年 6 月，スポーツ庁が定めた「スポーツ団体ガバナンスコード〈中央競技団体向け〉」では，「第 4 次男女共同参画基本計画」（2015 年 12 月閣議決定）と「ブライトン・プラス・ヘルシンキ 2014 宣言」の影響により，男女間における実質的な機会の平等，および意思決定の地位が担保される環境を整備するために，2020 年までに役員構成における女性理事の割合を 40% 以上設定するよう，各スポーツ団体・組織に求めている．しかし現状としては，多くのスポーツ団体・組織において女性理事の割合は 40% 以下にとどまっており，女性アスリートのセカンドキャリアの活躍の場が整備されていない点がうかがえる.

　2024 年パリオリンピックでは，女性アスリートの割合が全参加者の約 50% であった．今日，現役の女性アスリートは増加傾向にある一方で，彼女らの各キャリア形成には制限がかかっている．女性アスリートが安心してスポーツキャリアを積み，スポーツを通じて自己実現が可能になるキャリア支援を行うことが今後の課題となっている．　　　　　　　　　　　　　　　　　　　　　　［申　恩真］

📖さらに詳しく知るための文献
飯田貴子ほか編著 2018.『よくわかるスポーツとジェンダー』ミネルヴァ書房.
木村華織 2010. 女性トップ・アスリートの競技継続のための社会的条件に関する研究. スポーツとジェンダー研究 8：48-62.
申　恩真 2022.『女子サッカー選手のエスノグラフィー』春風社.

スポーツとインターセクショナリティ

インターセクショナリティ（intersectionality）は，交差性・交錯性などとも訳され，米国では人文社会科学分野の研究や社会運動においてキーワード化している．日本でも少しずつ紹介されつつあるが，いまだ積極的には活用されていない．しかしこの概念は，日本のスポーツ研究や体育教育などさまざまな局面で有用な分析の視座となりうる．

●**概念の登場と背景**　この言葉は 1980 年代末の米国で登場した．米国では 1964 年公民権法や 1972 年教育改正法第 9 編（Title IX）など一連の法制によって雇用や教育における人種差別や性差別が禁止されたが，法学者のクレンショー（Crenshaw, K.）は，これらの法とその運用がジェンダーや人種など単一の属性に基づく差別のみを問題としたために，黒人女性のように複数の属性が重なってその社会的地位やアイデンティティが規定されている，つまり複数の差別が交差し重なる状況に置かれた人々に固有の状況が不可視化されることを問題視し，彼女はこの状態をインターセクショナリティという用語で表現した．例えば，ある雇用主が黒人女性を排除していても，「黒人」男性と白人「女性」を雇用していれば「女性」も「黒人」も雇用しているので裁判所は人種差別も性差別もしていないとみなす，という場合である．また，法律の運用だけでなく社会・政治運動やメディア表象などさまざまな局面で，複数の差別が交差する場合の問題を指摘できる．

クレンショーのインターセクショナリティ概念は，複数の差別の軸の交差に焦点を当てる研究や，交差によって周縁化されてきた人々の権利や機会を要求する「女性の行進（Women's March）」やブラック・ライブズ・マター運動のような社会運動を活発化させていった．ただし，こうした社会の見方そのものはクレンショーがゼロから創出したのではなく，前世代のブラックフェミニストたち，そして奴隷制時代以来，米国黒人女性たちが歴史的に主張し継承してきた視点である．

●**スポーツの機会とインターセクショナリティ**　米国では近年，インターセクショナルな視点に基づいてスポーツの歴史と現在が盛んに分析・検討されつつある．法制度とその運用の例として，前述の所謂 Title IX を挙げることができる．同法は課外活動を含む教育上の性差別を禁止することにより，高校や大学における女子学生のスポーツの機会を大幅に拡大したと評価されてきた．しかし，性別と同時に人種という観点で検討し直せば，異なる実態が見えてくる．この法律は白人女子学生には多大な恩恵をもたらした．だが黒人女子学生にとっては，法制定以前より相対的には改善したものの，それほどの機会拡大にはならなかった．

それは，圧倒的に黒人学生が多い高校では財政難からスポーツの機会提供そのものが少なく，近隣に民間のスポーツクラブや施設等も少なくまたそれらを利用する経済的余裕も乏しいという理由や，白人が歴史的に独占してきた乗馬やフェンシングや水球などのマイナースポーツが黒人には参加しにくく，経験する機会を得にくいといった理由があるからだ．だが大学進学の際，こうしたマイナースポーツでの実績は有利に働く．このことは，黒人女子学生にはスポーツの成績を利用して大学進学し，大学でスポーツを経験する機会も，白人女子学生に比して少ないことを意味する．しかし Title IX が人種などの要因を抜きにして「女性」のスポーツ機会を拡大した政策だと賞賛される時，もはや「黒人」女性の機会の不利は「問題」としてさえ語られなくなってしまう．

●**差別が交差するアスリートの表象**　南アフリカ出身で黒人女性の陸上選手セメンヤ（Semenya, C.）をめぐる論争は，インターセクショナルな表象の暴力の代表例である．2009 年世界陸上ベルリン大会の女子 800m 優勝者のセメンヤは，その記録の卓越性が男性による性別偽装であると疑われ，性別検査を強要され，メディアをはじめ世界中の好奇の目に晒された．英国の白人女性マラソン選手で世界記録を樹立したラドクリフ（Radcliff, P.）は，セメンヤがロンドン五輪に出場すれば「もはやスポーツではない」とまで非難した．だがセメンヤの記録は，女子世界記録にもベスト 10 にもなっていなかった．他方，ラドクリフのマラソンの記録は，セメンヤの 800 m 走の記録よりも男子世界記録に近かった．しかしラドクリフが性別偽装を真剣に疑われたことはない．西洋世界で規範化された白人女性像から離れた存在としてのセメンヤが，その人種と風貌故に「女性選手」からの逸脱者として標的にされたのである．交差する複数の差別による表象は，テニス選手のウィリアムズ（Williams, S.）や大坂なおみなど，多くの黒人女性アスリートが経験している．

●**さまざまな交差に眼を向ける**　インターセクショナリティはジェンダーと人種だけの議論ではない．貧しい黒人少年がバスケットボールで成功する物語は人気だが，実際に大学チームや NBA に属する黒人選手は圧倒的に中産階級以上の世帯出身である（人種と階級）．競技会や施設に頭や肌を覆うことを禁じる規則があれば，ムスリム女性はスポーツを経験しにくい（ジェンダーと宗教）．他，障がい・性的指向・性自認などさまざまな交差がある．また当然ながら，それは米国や西洋世界に限られる分析手法でもない．社会内で周縁化や搾取や排除をもたらす属性がある限り，有用かつ不可欠な視点である．つまり，日本のスポーツをめぐる諸問題もまた，インターセクショナルな分析に付されるべきなのである．　　　［兼子 歩］

📖**さらに詳しく知るための文献**

現代思想 2022．特集インターセクショナリティ．現代思想 50(5)．

コリンズ，P. H. & ビルゲ，S. 著，下地ローレンス吉孝監訳 2021．『インターセクショナリティ』人文書院．

第6章

メディア

［担当編集委員：橋本純一］

新聞・ラジオにおけるスポーツ情報の歴史

●**新聞とスポーツ**　一般読者を対象とする新聞は明治初期に登場するが，その後，日清・日露戦争を経て多くの新聞が刊行されるようになると，販売部数競争が激しくなる中で，次第にスポーツは，読者の関心を集める重要な情報の一つとして位置づけられていく．

初期の新聞では，まず相撲が取り上げられるが，そもそも相撲は江戸時代から錦絵の主題にもなっており，印刷メディアとの関係は深いと言える．明治中期には，時事新報をはじめとした東京の主な新聞が毎日の取組結果を伝え，さらに勝敗が一覧できる「星取り表」を掲載して成績優秀力士を表彰するようになり，これが大相撲の「優勝制度」へとつながっていく．

また明治後期には，新聞社が長距離走レースを開催していく．1901年には東京上野不忍池周回十二時間競争（時事新報主催），そして堺大浜50マイル長距離健脚競争（大阪毎日新聞主催）が行われた．主催した新聞の紙面では，競技結果だけではなく，選手の様子や会場の雰囲気が伝えられ，「イベント情報」としても読者の関心を集めることとなった．これらの大会参加者は，当初，人力車夫等の健脚を職業とする人々が中心であったが，高等教育機関の校友会運動部活動が隆盛をみせるにつれ，学生の参加も増えていった．

初期の学生スポーツの中では，特に野球の「早慶戦」の人気が高く，新聞がその熱気を伝えたことで，多くの観客が試合会場に押し寄せることとなった．試合に熱狂した観客や応援団が騒ぎを起こすようになり，それに対して東京朝日新聞が野球を批判する記事（1911年）を掲載したことで，新聞社の間では野球害毒論争が起こった．しかし，野球の人気は衰えることなく，大正期には，大阪朝日新聞が全国中等学校優勝野球大会（1915年）を開催，さらに大阪毎日新聞が全国選抜中等学校野球大会（1924年）を開催する．これらの大会では，新聞社の全国的な経営拡大という動機が背景にありつつも，「興行的」ではない「正しく模範的」な野球が掲げられた．

以上のように，明治末期から大正にかけて，日本国内では野球を中心に，スポーツに対する社会的関心が集まっていく．そのため，新聞にとってスポーツに関わる事象は重要な情報源であり，その内容についても競技結果だけでなく，主催大会を告知するイベント情報やスポーツの在り方を示す評論まで，多様な情報が提供されるようになる．

また，日本人選手が初めてオリンピックに出場したストックホルム大会（1912

年）以降，日本人選手の海外大会での成績も積極的に報じられていく．アムステルダム大会（1928年）では，日本人選手の好成績により新聞の五輪報道は過熱し，続くロサンゼルス大会（1932年）でも，新聞社は特派員団を組み，水泳競技を中心に，世界を相手にした日本人選手の活躍ぶりを報じた．さらにこの時期より，スポーツ情報を伝える新しいメディアとして，ラジオが登場し，新聞のライバルとして台頭してくる．

●ラジオとスポーツ　日本において，ラジオ放送が本格的に開始されるのは大正末期（1925年）である．東京，大阪，名古屋の順で開局し，当初は教養ある「市民文化」の育成を目的としていたが，次第に都市中間層の娯楽メディアとして普及していく．そのため当時，すでに大衆娯楽として浸透していたスポーツは，ラジオ放送の初期の段階から番組として取り入れられていた．

　ラジオにおける最初のスポーツ放送は，大阪放送局による第13回全国中等学校優勝野球大会（1927年）の実況中継であった．当時は全国放送網が未完成であったため，東京放送局では，大阪から送られてきた決勝戦の途中経過のみを数回に分けて放送した．

　翌1928年には東京・大阪・名古屋・札幌・仙台・広島・熊本の全国放送網が完成し，各地の街頭ラジオでは「早慶戦」などが実況中継され，多くの聴衆が集まった．さらに同年，大相撲の実況中継も始まる．当初，ラジオ放送により来場客の減少が懸念されたが，放送することで相撲への理解と興味が喚起され，来場客が増加する結果となった．しかしその一方で，限定されたラジオの放送時間に合わせるために，立ち合いに制限時間が設けられることとなり，メディアがスポーツ競技の在り方に影響を与えるようになる．

　また，このようなラジオのスポーツ放送の普及に伴い，実況するアナウンサーの「名調子」も誕生する．オリンピックのロサンゼルス大会（1932年）では，現場から実況中継ができなかったため，スタジアムで競技を観戦したアナウンサーが，スタジオで競技の様子を再現してアナウンスする「実感放送」が行われた．さらに試合が実況中継されたベルリン大会（1936年）では，女子200m平泳ぎの決勝で，アナウンサーが「前畑，がんばれ」と繰り返す「応援放送」が行われた．

　このようにラジオが提供するスポーツ情報の特徴は，速報性という点だけではなく，そこにアナウンサーや解説者の「実感」や「応援」が介在することで，聴衆との間に一体感や共感が生み出され，スポーツに対する興味や関心がより高められるという点もある．　　　　　　　　　　　　　　　　　　　　　　　［森津千尋］

📖さらに詳しく知るための文献
橋本一夫 1992．『日本スポーツ放送史』大修館書店．
黒田 勇編著 2012．『メディアスポーツへの招待』ミネルヴァ書房．
津金澤聰廣編著 1996．『近代日本のメディア・イベント』同文舘出版．

オリンピック報道の特徴と意味

　グローバル・イベントとしてのオリンピックの成立には，メディアの介在が不可欠である．大半の人はオリンピックを競技場で直接体験するのではなく，メディアを介して間接的に体験する．現地で観戦する人も，オリンピック報道の長期的影響をうけ，それ故オリンピックに特別な意味を見出している．オリンピックは4年に一度の祭典であるため，集合的記憶の形成に関わり各時代の参照点ともなってきた．歴史的に見てもオリンピックは，メディアとともに発展し巨大化してきた．オリンピックが「メディア・イベント」といわれるゆえんである．

●「メディア・イベント」としてのオリンピック　「メディア・イベント」とは，1980年代にダヤーン（Dayan, D.）とカッツ（Katz, E.）によって提唱された，マス・コミュニケーションの儀礼的機能を重視する概念である．ダヤーンらによれば，日常のテレビ放送を中断し，事前に準備された生中継と局外中継による放送が行われるイベントは「マス・コミュニケーションの特別な祭日」と位置づけられる．「メディア・イベント」には競争型，制覇型，戴冠型の脚本があり，それぞれの脚本が，イベント主催者，放送事業者，観衆や観客のさまざまな駆け引きを伴いながら上演されているというのである（ダヤーン＆カッツ 1996）．

　こうしたオリンピックを「メディア・イベント」の典型とみなす議論をうけて，リアル（Real, M.）は，オリンピックの神話は，(1)世界についての認識枠組みを提供する，(2)模倣すべき英雄的モデルを提示する，(3)文化間・文化内の葛藤を象徴的に媒介し，代理戦争の舞台としても機能する，(4)歴史を分かりやすく示し特定の歴史的感覚を形成する，とし，複数の国と地域における報道の比較研究を実施した（Real 1989）．4年に一度の周期で繰り返される国際イベントであるオリンピックは，この40年ほどの間，メディア研究においても重要な研究対象として位置づけられてきたと言える．

●日本のマスメディアのオリンピック報道　オリンピックとメディアは1930年代に結びつきを強めるが，その萌芽は，それよりも前からみられる．日本のオリンピック初参加は1912年ストックホルム大会である．これに先んじて1908年ロンドン大会を大阪毎日新聞社の海外派遣員が取材し，大阪毎日新聞社では，その派遣員の経験に基づき，神戸-大阪間20マイル長距離競走（1909年），第1回極東オリンピックへの日本代表選手派遣（1913年）を行った．日本では「メディア・イベント」という概念を用いて新聞社事業活動に関する研究が行われてきたが（津金澤編著 1996；2002；津金澤・有山編著 1998），日本における初期のオリン

ピックは，まさに新聞社の主導で演出・企画されていったのである．

とはいえ，1928年アムステルダム大会頃までの日本のオリンピック報道は乏しく，報道が量的に拡大し質的にも充実するのは1932年ロサンゼルス大会である．ロサンゼルス大会は，スタジオで台本を読み上げる「実感放送」の形式だが，初の太平洋を横断したラジオ放送となった．写真やニュース映画の輸送をめぐっても有力新聞社間の競争が過熱し，大会のビジュアル・イメージが日本でも流通した．地方紙の中にも，記者を現地に派遣する社がでてくる．広告やオリンピックに関連したキャンペーンも，増加し，日本選手の応援歌がつくられてレコード化される．満洲事変・上海事変を経て，日本の新聞社はさまざまな事業活動を展開し始めていたが，その中にオリンピックも位置づけられた（浜田2016）．

このような中で，1930年代のオリンピック報道ではナショナリズムの要素が顕著になる．「日本選手」と「外国選手」を対立的に捉え，その差異を強化していくような言説がみられ，戦争のメタファーも多用されるようになる．いわば「日常のナショナリズム」（Billig 1995）の出現である．また，選手の生い立ちや家族に関するストーリーも，新聞や雑誌上に増えていく（浜田2016）．この頃に今日のオリンピック報道の原型が形成されたとみなせるだろう．

●テレビ・オリンピックからその先へ　テレビの影響力が強まるのは，第2次世界大戦後である．1960年代にテレビのオリンピック放送が本格化，1984年ロサンゼルス大会以降は放送権料が高騰し，テレビがオリンピック大会のあり方（競技日程，実施競技，競技ルールやユニフォーム等）を左右するようにもなる．カラー，スローモーション，衛星中継，ハイビジョンなど，「オリンピックなくしてメディアの発展なし」といえるほど，テレビに関する新しい技術の開発・導入においてオリンピックは重要な役割を果たしてきた（浜田2020）．

テレビ全盛の時代に築き上げられた，オリンピックの「メディア・イベント」としての絶対的存在感は，現在ではインターネットの浸透により揺るがされている．近年のメディア・イベント論は，必ずしも対象をテレビ放送に限定せず，非祝祭的なイベントをも含む．「メディア・イベント」が担っていた社会統合の側面ではなくむしろ，「メディア・イベント」による対立や分断の深まりが議論される（三谷2022）．オリンピックをめぐっても，ネット上では開催反対の意見や，オリンピック関連の出来事への批判が顕在化し（吉見編著2021；伊藤編著2024），これまでマスメディアが祝祭的報道を繰り広げる際に前提としてきたもの（「オリンピック＝特別」「日本国民＝日本選手のメダル獲得に歓喜」）が崩れてきている．

［浜田幸絵］

📖 さらに詳しく知るための文献

浜田幸絵 2016．『日本におけるメディア・オリンピックの誕生』ミネルヴァ書房．
伊藤 守編著 2024．『東京オリンピックはどう観られたか』ミネルヴァ書房．
ミア，A. 著，田総恵子訳 2018．『Sport 2.0』NTT出版．

箱根駅伝とメディア

●**明治維新から第2次大戦敗戦までの新聞事業盛衰小史**　第1次大戦と第2次大戦の戦間期における新聞経営を社会科学的に分析する加瀬和俊（2011）は，第1次大戦期（1914～1918年）に急速な産業発展下での都市人口増加や高位職種への社会移動が新聞読者を増やし，インフレ下での新聞価格の上昇に対して広告収入が上回り，紙面の増頁が部数を伸ばし，その結果，新聞各社の経営が好転した．

さらに1923年9月の関東大震災は東京の新聞業界に重大な影響を与えた．本社・印刷工場の倒壊・焼失の再建に向けた資金負担が調達力の弱い新聞社を淘汰せしめ，罹災企業からの広告費の消滅，罹災読者の脱落といった事態が追い打ちをかける．この震災を契機に，一方で本拠を大阪におく朝日，毎日両社が従来の東京における赤字を一挙に克服すべく資本投下を進め，社屋・印刷工場の再建・拡充等を含めて，新規設備への投資をすすめるが，他方で東京地盤の報知・時事・国民・中外等の諸新聞は資金調達力等の制約から劣勢を免れず，結果として収益力の点で徐々に遅れを取るようになった．

山根拓（1989）は新聞事業の黎明期から第2次大戦後までを5区分するが，この戦間期が第Ⅲ期中央紙商業主義化期ならびに第Ⅳ期中央紙寡占的展開期にあたり，1920年代後半期の新聞産業にみる技術革新集中期には，日本の新聞紙の形状・大きさに適し，短時間で大部数を印刷できる機械を新聞社と機械メーカーの共同開発によって製作した朝日・毎日・読売が部数を飛躍的に伸ばした．続く昭和恐慌期を堅調に過ごす新聞産業であったが，1931年満洲事変の報道では朝日・毎日が膨大な経費をかけて周到な報道体制で臨み，迫力ある写真を満載した号外の迅速な発行によって読者を惹きつけたが，他の新聞社は通常の報道体制を越えられず，この昭和恐慌期は新聞各紙の格差を確定した画期となる．

なぜ，新聞社がスポーツに関心を寄せるのだろうか．両大戦に関東大震災や満州事変が交わる一連の報道で留意すべきはその行間にみられる優勝劣敗への執着であり，その特異性はスポーツのそれに自ずと通じる．新聞の主眼が実態や事実の報道にあるが，その事業で得る利益をいかように社会に還元できるかは公器としての新聞の使命であり，その催し物としてスポーツ・イベントが選りすぐられる．朝日新聞社（1929）はスポーツへの関与を次のように表明する．「運動競技会におけるもっとも必要なことはよき鞭撻であり，監視であり，更に良き指導であるといえよう．明治の末年から大正の初頭にかけて，目ざましき勃興の機運に向かいつつあったわが運動競技会の実情に鑑み，我が社が事実の報道批判という在

来の新聞の使命から一歩を進めて積極的に各種の協議会を自ら計画し又は後援するようになったのも，この精神から出発したものに外ならぬ」．

●スポーツ・イベントにみるメディア・ミックス：ドラマ醸成の仕掛け　毎日新聞社が 1918 年に全国中等学校フットボール大会（現・全国高校ラグビー大会），1924 年に第 1 回選抜中等学校野球大会（現・選抜高校野球大会）を，朝日新聞社は 1915 年に第 1 回全国中等学校優勝野球大会（現・全国高等学校野球選手権大会）をそれぞれ開催する．同じ時期に読売新聞社は江戸から東京となる 50 年の記念事業として 1917 年 4 月 27 日「東海道駅伝徒歩競争」を開催する．京都・三条大橋から東京・上野不忍池の博覧会場までの 516 キロを 23 区間に分け，関東組と関西組の学生たちが昼夜なしに東海道を走り続けた．このように大正期になると新聞ジャーナリズムは公器としての建前を捨て，経営に力点を置く企業化への転身を図り，購読者獲得の手段としてのスポーツ記事の掲載を超えて，新聞社が自らスポーツ・イベントを主催・後援するに至って（高嶋・水谷 1990），企画・運営・報道は自己目的化するべく，事前の宣伝や事後の物語の構成にも力点が置かれる．後年の 1936 年ベルリン・オリンピックにおいて宣伝の真意を顕かにする．「宣伝はすべて大衆的であるべきであり，その知的水準は，宣伝が目ざすべきものの中で最低級のものが分かる程度に調整すべきである．それゆえ獲得すべき大衆の人数が多くなればなるほど，純粋の知的高度はますます低くしなければならない」とヒトラーが「わが闘争」に記すように，優劣が極めて単純化されるスポーツを題材に選りすぐり，メディアを複合的に縦横に駆使した．

　1917 年開催の東海道駅伝徒歩競争の後日譚を読売新聞社のみならず NHK も制作する．関東組の最終走者を務めた金栗四三は日本の長距離選手の強化に努め，駅伝という競技もその言葉もこの徒歩競争が嚆矢となり，1920 年の第 1 回箱根駅伝の創設にも尽力し，箱根駅伝の誕生に導くが，2018 年 NHK 大河ドラマ「いだてん〜東京オリンピック噺〜」はその人生を描く．主人公と周囲の人々との相関図，組織や団体での出来事，ユニフォームやシューズ（足袋）の苦労話など逸話には事欠かない．これを組み合わせて主人公を生み出せば後日譚＝ドラマは限りない．この手法をより発展させる手法すなわちスポーツ・イベントにおけるメディア・ミックスにすでに画期的な変貌を遂げていた．1987 年・新春スポーツスペシャル箱根駅伝は日本テレビ系列で放送を開始する．朝日新聞とテレビ朝日，毎日新聞と TBS，産経新聞とフジテレビ，読売新聞と日本テレビ系列，日本経済新聞社とテレビ東京といった新聞社とテレビ局系列の相関に，スポンサーに関与する冠番組となる．この箱根駅伝放送の筆頭スポンサーがサッポロビールであり，冠名を含めた正式名称は『★ SAPPORO 新春スポーツスペシャル第□回東京箱根間往復大学駅伝競走』と，筆頭スポンサーと箱根駅伝の開催回数を含めて名称が構成される．

　　　　　　　　　　　　　　　　　　　　　　　　　　　　　　　[海老原　修]

文学と映画におけるスポーツ

　文学や映画の中でスポーツはどのように取り上げられ，描写されてきたのだろうか．また文学や映画におけるスポーツにどのような社会学的視点を介在させアプローチすることが可能だろうか．

●**文学におけるスポーツ**　19世紀半ばから20世紀初頭にかけて組織化，競技化，大衆化が進んだ近代スポーツは，時には同時代の流行を映し出す風俗として，時には人々を没入させ歓喜に浸らせる非日常的な身体活動の文化として，また時には他者の身体と交歓し自己の身体に目を向ける契機として近代文学に取り上げられてきた．英国のパブリックスクールを舞台にしたヒューズ（Hughes, T.）の『トム・ブラウンの学校生活』（1857）に代表されるように，スポーツ活動が学校生活の主要な位置を占め，青少年の人格やモラル形成に多大な影響を与えるものであることを強調する学校小説も登場し，フランスでは1920年代を中心にスポーツする身体の感覚を緻密に分析する特徴的な作品が創作され，一種のスポーツ文学ブームが生まれた．日本でも明治期以降の欧米からの近代スポーツ移入に伴い，大正から昭和初期（1920〜1930年代）にスポーツブームが到来し，スポーツは目新しくモダンな風俗の代表格として，同時期に脚光を浴びたモダニズム文芸の格好のテーマとなっている．このようにスポーツは，社会や時代の空気を敏感に読み取ったり，人間存在を深く探求したりすることを本質とする文学の世界で，近代の新しいテーマとして注目され，モチーフに取り入れられていった．

　現代文学では，スポーツを通じて個人と社会や国家との緊張関係を描くもの，スポーツする身体への深い内省を書き綴るもの，勝利至上主義の脱構築や，社会的階層，民族，ジェンダー間の格差の存在と越境の困難を鮮明化するもの，選択と決断の連続する個人の生き方の陰影の襞にスポーツがもたらす哀歓やヒューマニズムを織り込むものなど，今日的な問題に焦点を当てた多様なテーマが設定され，入念な構成の下に洗練された作品が言語・地域を問わず増えている．

　日本では1980年代以降，丹念な取材や資料収集を基に現実のスポーツ場面や実在するアスリートを物語言説に再構築するスポーツノンフィクションのジャンルが確立されたこと，1990年代以降，ヤングアダルト文学のジャンルで『バッテリー』（あさのあつこ，1996-2005），『DIVE！』（森絵都，2000-2002），『一瞬の風になれ』（佐藤多佳子，2006）など，女性作家による10代のアスリートの躍動する肉体や運動感覚を鮮やかに言葉で紡ぎだす一連の作品が刊行されたことが，「読むスポーツ」の概念と新たな読者層を開拓したことも事象として注目される．

●**映画におけるスポーツ**　映画が登場した 19 世紀末から，スポーツは映画の歩みと歩調を合わせるようにその題材に取り上げられてきた．オリンピックの公式記録映画も 20 世紀初頭には制作され始め，事実を記録するドキュメンタリーとしての意義だけでなく，制作者が明確な意図をもってスポーツの芸術的な映像表現の手法を模索する機会を担ってきた．スポーツする人やスポーツ空間が映画においてどのように物語化され映像化されてきたかに関する社会学的なアプローチとしては，映像としてイメージ化されたスポーツの象徴的意味を解釈し，喜劇化，理想化，現実化（シリアス系），非現実化（ファンタジー系），記録化の五つの方向性で類型化したもの（舛本 2000），フレーム理論を援用し，制作者が編集したリアリティとしての映画というフレームを，観客が映画として見ずに日常のフレームに含めてしまう「フレームくずし」の観点からスポーツ映画に着目したもの（杉本 2005）などがあり，いずれも 20 世紀から 21 世紀初頭にかけて制作された代表的なオリンピック公式記録映画やスポーツ映画を取り上げている．

　スポーツを独自の視点や角度から切り取ったユニークで秀逸な作品は，それ以降も制作されている．スポーツ観戦やスポーツ参加における女性の排除を取り上げたイラン映画『オフサイド・ガールズ』(2006) や韓国映画『野球少女』(2019)，テニス界の男女間の賞金格差をめぐるキング（King, B. J.）とリッグス（Riggs, B.）との男女対抗試合を基に描かれた『バトル・オブ・ザ・セクシーズ』(2017) などは，現代社会に根深く存在するジェンダー問題を考えるためのテクストになる．時代に翻弄された実在の選手の伝記映画『キーパー，ある兵士の奇跡』(2018) は，戦争とスポーツとを並置させたテーマの背後に社会的・歴史的文脈を批評的に読み解く質的アプローチの題材を提供している．『しあわせの隠れ場所』(2009)，『インビクタス／負けざる者たち』(2009)，『42：世界を変えた男』(2013) は，それぞれフットボール，ラグビー，ベースボールの臨場感あふれる試合場面を印象的に映像化するとともに，そこにある厳然たる人種差別の現実やスポーツを通じて連帯する人々の人間愛や家族愛のモチーフを作品世界に巧みに落とし込んでいる．

　書き手や制作者の豊かな想像力や分析的，批判的まなざしがスポーツに向けられ，そこから物語が構成され，映像が編集されて完成した一つの芸術的創作に対して，読者や観客がその中の何に共感し，共振し，共鳴するのかを掘り下げ，重複するモチーフや表現方法の交点を探り，コンテクストを解体していく多角的な社会学的アプローチが可能である．文学や映画におけるスポーツは，スポーツの本質を見極める上での示唆に富むテクストでもある．　　　　　　　　［小石原美保］

📖さらに詳しく知るための文献

疋田雅昭ほか編著 2009.『スポーツする文学』青弓社.

舛本直文 2000.『スポーツ映像のエピステーメー』新評論.

杉本厚夫 2005.『映画に学ぶスポーツ社会学』世界思想社.

実況中継とスポーツドキュメンタリー

　実況中継とは，勝敗を競うスポーツを競技者の戦いぶりや競技を取り巻く環境の変化に焦点を絞りながら，ことばと映像を使ってその成り行きを伝える行為を指す．電波メディアの出現とともに誕生した初期の実況中継では，アナウンサーの表現力に放送の質は大きく左右された．そこに映像が伴うようになって70年．今では精細な映像や素早い再生システム，情報のデジタル化によって，何をどう見せるか，人の目をいかに画面に引きつけるかに制作者の関心は注がれている．

　一方で，ドキュメンタリーの世界では，市民から寄せられるスマートフォン映像など手軽なアイテムが素材の選択肢を増やしている．突然の大記録や気取らない選手の姿は，あらかじめ設定して撮れるものばかりではないからである．世はおしなべて映像の時代である．

●**制作の文法**　実況中継もドキュメンタリーも，「報道」というジャンルに分類されている．その点から言えば，「公正中立」「不偏不党」を標榜するのは自然なことだが，「主観を完全に排除して中立な位置に視点を置くことがそもそも不可能である」（森 2005）というドキュメンタリストの指摘は重い．一方で，「映像化とは，無数の真実の中からどれを選ぶかの作業」（竹山 2013）であることを知るが故に，ディレクターは実況中継に多くのカメラを要求し，ドキュメンタリストは肉眼で見えないものまでなんとか見せようと努力するのである．

　いまやサッカー場であれ野球場であれ，スポーツのあるところには至る所でカメラが回っている．2020東京五輪では，陸上競技の国際映像制作のためにトラック競技だけで34台のカメラが用意され，同時に始まろうとする走り高跳び用に別の13台がセットされていた．選手と並行して疾走するレールカメラや競技場の中空を滑るように移動するケーブルカメラ，コンピュータでコントロールされるドローンカメラなど，それらによって現実の世界では見ることのないシーンをふんだんにそろえることが可能となった．

　スポーツドキュメンタリーといっても，取り上げるテーマはさまざまである．日本に多いフォーマットは，アスリートを主人公とした「人間賛歌」「勝利の背景」「挫折や敗北からの復活」，科学的な色合いの濃い「最新技術紹介」や社会問題提起の「見えない不法行為を暴く」といったものまでさまざまだが，いずれも人間を軸において物語的に組み上げられる傾向が強い．一方，海外でつくられる現代スポーツドキュメンタリーの特徴をシカゴ大学准教授のマリツキー（Malitsky, J.）は，「スポーツは，つねに資本と結びつき，視覚的にスペクタクルであり，個人

の表現を賞賛し，あらかじめ物語化され，メディアとの関わりが常時意識されている」と主張している（Malitsky 2014）．制作者が異なれば使われる手法もさまざまだが，山岳登頂や競泳技術の番組にみられるように，軽量で精緻に撮れる機材を始め，再生装置やグラフィックスなど，技術革新の力なくしては成立しえないような作品も登場している．

●テレビ生中継とドキュメンタリーの間　生中継がメガイベントを伝えるとき，画面の向こうでは目に見えない綿密なやりとりが行われるケースがある．東京五輪の陸上競技では，スポッターと呼ばれる競技の進行を指図するテレビ要員が配置されていた．競技現場に張り付いた複数のスポッターを束ねるヘッドスポッターの指示があればこそ，開始がずれ込んだ200 m準決勝のスタートと走り高跳びの金メダル候補者の試技とを重ねることなくライブで伝えられるのである．

　現在の実況中継で，アナウンサーは何をしているのだろうか．長い間大切にされてきた「声のキレ」「即時描写力」「豊富な語彙」は，今でも価値を下げた訳ではないが，それを発揮できるのが名アナウンサーと言われる時代ではない．現代の実況者は，めまぐるしく変わる映像情報にことばでアシストするか，大勝負に決着のつくときにだけ感情を掻き立てる叫びを期待されているように見える．しかし真に求められているのは，プレイとプレイの合間や，展開の緩んだ時間帯に視聴者を離さないしゃれたやりとりや，現に知りたい情報の提供なのである．

　ドキュメンタリーの制作には，時間をかけて少人数でロケをするものから，大勢が一気に取りかかって短期間で仕上げるものまでさまざまある．昔のドキュメンタリストは，実況中継の試合映像を使うのを好まなかったが，今ではかつてほどの「中継映像アレルギー」は見当たらない．それもこれも，デジタル加工を始め映像技術の進歩が格段に進んだからである．

●感動の共同体　スポーツを見る際の醍醐味は，対象となるべき試合の競技者やチームに特定の親近感や一体感を抱いていない限り，「接戦」であることが前提となる．それはさらに，「ギリギリの勝利」「不利な状況からの逆転」などによって大きな影響を受ける．過去の放送を眺め渡しても，大差で勝った試合に大興奮のあった試しはなく，楽勝のレースに大感激の涙を流す者は少ない．実況中継であれ，ドキュメンタリーであれ，「当然の」「日常の」「易々と」得た結果で視聴者を引きつけるのがいかに難しいか．制作者が陥りやすいのは，短いカットのめまぐるしい積み重ね，情感あふれる音楽による謳いあげなど，そこを避けるための安易な「感動づくり」なのである．　　　　　　　　　　　　　　　　　　　［山本　浩］

📖さらに詳しく知るための文献

杉山　茂 2023．映像技術に走るテレビスポーツ．東京運動記者クラブ100年史編集委員会編『スポーツとともに歩んで　東京運動記者クラブ100年史』東京運動記者クラブ．

森　達也 2005．『ドキュメンタリーは嘘をつく』草思社．

竹山昭子 1993．ドキュメンタリーの不幸．放送批評 1993年6月号．

メディアスポーツと「人種」

● **「物語」と解釈枠組み**　映像を通じてスポーツを「観る」という行為は，同時に「読む」という行為でもある（橋本 1986）．「読む」ことでもあるような「観る」という行為を通じて，私たちは選手たちのプレイや身体運動に何らかの解釈をくわえ，意味を産出する．したがってスポーツを観るという実践には，特定の解釈枠組みが備わっていると考えることができる．

　スポーツ社会学領域の中では，こうした解釈枠組みのことを「物語」と呼んでいる（清水 1998）．「物語」は歴史的に堆積してきた意味の束や網の目である．スポーツを観ることは，この「物語」を参照しながら目の前のプレイを解釈していくプロセスである．したがって，一回性や偶発性にひらかれているはずのプレイや身体運動は，しばしば定型化されたものとして認識されたり語られたりすることがある．プロ野球予備軍が苛烈な競争を繰り広げる夏の甲子園野球に「さわやかさ」や「青春」を感じとるのは，観ることが既存の「物語」を反復している証拠とも言えるだろう．

● **表象の権力と「身体能力」**　黒人選手のプレイはしばしば「高い身体能力」の現れとして固定化されて語られる．このときスポーツを観るという行為は，どのような意味解釈の過程なのだろうか．多様な意味へとひらかれているはずのプレイや身体運動が，もっぱら黒人特有の身体能力の発露としてイメージされ意味づけられるプロセスをカルチュラル・スタディーズのスポーツ研究の中では「表象」の政治と呼んでいる（小笠原 2002；山本 2020）．

　表象とは，イメージされたものや実際に見えるものが繰り返し現前化する作用のことである．表象は，1990 年代後半以降メディアスポーツの権力作用を考えていく際の重要な鍵概念となってきた（hooks 1995；Gilroy 2000）．特に 1990 年代は，黒人アスリートたちが映像メディアを席巻した時代だ．米国では，NBA のレジェンドと称えられるジョーダン（Jordan, M.）が大活躍した．「air（エアー）」と呼ばれるように，無重力空間を飛翔するかのようなジョーダンのダンクシュートがコマーシャル映像の主力コンテンツとなり，グローバル企業ナイキのブランドイメージを形成した．そのイメージは黒人の「身体能力」の「証拠」となって神話化／自然化され，グローバルなメディア市場で消費された．

　黒人選手たちがメディアスポーツ界で活躍することによって，もはやアフリカン・アメリカンたちは社会の中で差別されない存在となったとする語りも登場した．しかし他方で，黒人選手のプレイは「身体能力」の賜物だとされる揺るぎな

い視覚的「証拠」がスポーツを取り囲むようにもなった．黒人選手のプレイは，技術や頭脳，練習や努力によるものではなく，特有の先天的な才能が発現されたものとして解釈され，絶賛されることが当たり前のようになった．このようなメディアスポーツの文脈では，白人／黒人，ヨーロッパ／アフリカの境界線が，多くの場合，文明／野蛮，文化／自然，そして知性／身体という二元論的な図式を構成する境界線と重なっていることを指摘できる．

　黒人身体をめぐる表象を論じた研究が批判的に示しているように，天性の身体的才能へと還元されるステレオタイプは黒人社会全体にダメージを与え，人種差別の形態を反復させるものでもある（hooks 1993；小笠原 2002；ホバマン 2007）．身体運動のエキスパートであることを絶賛する文脈の裏側には，知性の劣等性が対置されているからである（Gilroy 2000；Carrington 2002）．この図式が生み出す二元論が，黒人選手に本質化されて語られるときに，「スポーツの黒人性」が構成される．この「黒人性」は，知性に対置された身体へと還元され，知性と身体の二元論に基づくヒエラルキーの一方へ，すなわち劣位の側に黒人選手を押し込んでいく．こうした諸研究が指摘している重要なポイントは，人種はあらかじめ「ある」のではなく，まず差別に基づく認識や行為があり，それを通じて「人種」が構成されるという考え方である．

●**可視性の場**　黒人選手と天性の身体的才能を同一視する傾向について考えてみると，プレイを観る視覚がどれほど構造化されているのかを理解できる．つまりスポーツを観るその視覚は「何がどのように見え，何が見えないのか」を決定する場となっているということだ．バトラー（Butler, J.）は，この選別過程を「可視性の場」と呼んでいる（バトラー 1997）．

　黒人選手の身体へのまなざしは，それに先行する「身体能力」にまつわる「物語」によって暗示されている．したがって，スポーツを観るという行為は純粋な意味での観るという行為ではない．観るという行為の手前で，言葉や情報やイメージが知覚へと動員され，観る行為が枠づけられる．この構造化された視覚を通じて，プレイや身体運動を見るとき，目に映る一つひとつのプレイや運動に優先する見方や解釈が暗示される．実際に見えた事柄と「物語」との一致が，「やっぱり黒人の身体能力はすごい」という視覚的証拠をつくり出していく．この視覚的証拠が，「人種」を積極的に構成する要素となるのだ．だからと言ってこの視覚プロセスに関する分析の視座は，構造決定論を主張しているのではない．このメディアスポーツの視聴プロセスは，人種差別的な視覚の様式をリアルタイムでアクティブに上書きし，繰り返し統制していくような権力と視聴実践の場だと捉えなければならないのである．　　　　　　　　　　　　　　　　　　　　　［山本敦久］

メディアスポーツと
カルチュラル・スタディーズ

●**メディアスポーツとは何か**　球団の親会社が新聞社だとかチームのメイン・スポンサーがメディア・コングロマリットだとかいう問題ではない．巨額の放映権料に忖度して放送時間枠内で試合を終わらせるために申告敬遠のルールを定める野球とか，映像エンターテイメント性を高めるために PK（ペナルティ・キック）ではなくドリブルしてからシュートする「シュート・アウト」を採用していた 1990 年代の MLS（メジャー・リーグ・サッカー）とか，女性アスリートには肌露出の多いユニフォームを推奨してセクシストの聴衆からサブスク料金を多く取ろうとか，そういうことでもない．

　スポーツが見世物（スペクタクル）となりプレイヤーと観客を分離した 19 世紀後半以前にも，スポーツという言葉に相当する現象があるところではスポーツはすでにメディアスポーツだった．遥か遠くの集落で行われる闘鶏になぜ遥か遠くの集落から人が訪れるのか．それは，誰かが何らかの手段で情報を伝えたからだ．ヴィレッジ・フットボールになぜ村中の人間が集まれるのか．それは教会の軒先や広場の掲示板に告知が出たからであり，場合によっては回覧板によって，18 世紀後半からは新聞によって開催が周知されたからである．不特定多数で匿名の受け手を技術的に網羅できる近代のプリントメディアによっても，また送り手さえも匿名化して瞬時にネットワークを通過できる現代の SNS 環境によっても，特定のスポーツにはそのフォロワーやファンダムがお互いの顔を物理的に知らないまま「想像の共同体」として内在しているものなのだ．

　1990 年代を通じて主に英語圏のメディア研究者の間で，次いでスポーツ社会学者の間で，「メディアスポーツ」という言葉がプチ流行したことがある．米国のメディア研究者ウェナー（Wenner, L.）が編んだ論集や（Wenner ed. 1998），オーストラリアのスポーツ社会学者ロウ（Rowe, D.）による著作（Rowe 2003）は，マスメディアがライヴスポーツをコンテンツとして消費可能な形に加工することと，同時にスポーツのゲームの形式と内容がメディアを通じた見世物として自らを再加工していくことを厳密に区別しないまま「メディアスポーツ」を概念化しようとする試みだった．

　結果的にスポーツが完全にメディアに組み込まれていることを指摘して，スポーツの商業化やアスリートの疎外，グローバル化と同時に金満化していくプロスポーツの諸現象を追認するにとどまるものだった．しかし問題は，メディアがスポーツを侵食するのかスポーツがその独自の自律性を保つのかということではなく，ス

ポーツ自体がメディアであるということを検証することなのではないだろうか.

●**C. L. R. ジェームズとカルチュラル・スタディーズ**　カルチュラル・スタディーズ（☞「カルチュラル・スタディーズ」）の視座からスポーツを考えた最初期の研究は，戦後英国社会の急速な変容に取り残された労働者階級の親世代と，その変容の波に乗って新しい生活様式を築きかけている若者とが，ともにサッカーを通じて双方への不満を社会的に現象化させている様相を描いたクリッチャー（Critcher, C.）による研究である（Critcher 1974）．このようなモラル・パニック論をベースにした 1970 年代と，サッチャー（Thatcher, M.）政権化でのナショナリズム批判が中心だった 1980 年代，ファンダムの相対的自律性に着目した 1990 年代の研究を経て，スポーツとグローバル資本主義との拮抗性に光を当てるために再びマルクス主義に立ち返り，人種差別や移民排斥，セクシズムやジェンダー不均衡の政治をスポーツ研究の中心に置こうと試みたのがカリントン（Carrington, B.）とマクドナルド（McDonald, I.）による論集である（Carrington & McDonald eds. 2010）．

　彼らが意図したかしなかったかはともかく，スポーツ自体がつくり出す権力——それはメディアとしての権力も含む——の諸関係を言語化し，社会的諸関係に起き直して再検証することがカルチュラル・スタディーズのタスクであり，その系譜はトリニダード出身の思想家ジェームズ（James, C. L. R.）のクリケット論に遡ることができるだろう（ジェームズ 2015）．ジェームズによるクリケット論の中枢には，クリケットと政治は切り離せないところか，同じものだという認識がある．類似でも模倣でもなく，「同じ」なのである．だからこそ彼は労働者の政治意識がスポーツによって毒抜きされていると考えたトロツキー（Trotsky, L.）と決別した．ジェームズにとってクリケットこそが社会的闘争の現場であり，プレイしプレイを見る人間の肌の色，人種，階級がぶつかり合い，それによって政治の「いま」が明らかにされる，過去の繰り返しではない未来へ向かう瞬間なのである．

　プレイを見る民衆は選手に期待を込める．選手はその期待に応えるプレイを見せることで特定の社会的意義を民衆と共有する．そして選手は，見るものにエネルギーを与えると同時に見るものたちのエネルギーを体現し，語り，伝えるエージェンシーとなる．伝達ではなくむしろ増幅，情報交換ではなくむしろ想像力の創造．ジェームズにとってスポーツ（クリケット）は，積極的に読み取られることによってメディアとなる近代文明の産物なのである．

　スポーツという現象を，プレイする身体とプレイしていない身体，見るものが模倣する見られるものの技芸，それらがすべて交差する環境，そしてそれらを語る言葉やイメージへと微分することによって，それぞれの象限にどのように特定の意味が与えられるのかを見極めることができる．意味は社会から導かれるのだから，メディアスポーツとは社会を問うための装置なのだ．　　　　　　［小笠原博毅］

メガスポーツイベントとメディア

　テレビとスポーツは相性がいい．ビデオリサーチ社によれば，過去の高視聴率番組トップ 10 のうち 7 番組をスポーツ番組が占めている．また，そのうちの上位二つは東京オリンピック（1964 年）と FIFA ワールドカップ日韓大会（2002 年）であり，メガスポーツイベントのインパクトを見せつけているようだ．

●**オリンピック放送の拡大**　*IOC Marketing Fact File 2023 Edition* には，「オリンピックの理念をプロモーションし，世界中にオリンピックを広めるためにはテレビ放送が最も重要な要素であった」と記されている．オリンピックがメガイベントへと拡大する過程で，テレビというメディアは欠かせないものだったのだ．事実，現代の国際オリンピック委員会（IOC）や国際サッカー連盟（FIFA）の財政は巨額の放映権収入が基盤となっている．例えば，IOC における 2017〜2021 年の収益は放映権料が 45 億 4400 万ドルで全体の 61％ を占めた．次に割合の大きいオリンピックパートナー（TOP）からの収益は全体の 30％ 程度で（22 億 9500 万ドル），いかに放映権収入の比重が高いかが分かる．

　テレビ放映権に関する文言が『オリンピック憲章』に記載されたのは 1958 年のことである．1960 年のローマ大会ではヨーロッパ 18 か国でテレビの生中継が実施されたが（その数時間後には米国，カナダ，日本でも放送），このときの放映権料は総額 120 万ドル程度だった．1976 年のモントリオール大会まではゆるやかに増加し（3500 万ドル），商業オリンピックの走りといわれる 1984 年のロサンゼルス大会で一気に跳ね上がった（2 億 9000 万ドル）．その後，驚異的なペースで高騰し，2000 年のシドニー大会で 13 億 3000 万ドル，2021 年の東京大会は 31 億 700 万ドルまで膨れ上がった．放映権料の高騰は IOC の商業主義化とともに加速してきたのである（Payne 2006 = 2008）．

　莫大なオリンピックの放映権料は，50％ 以上が米国の放送局によって担われてきた．米国での高い視聴率を求めて競技の開始時刻が変更されたり，テレビ中継の時間枠に収めるためのルール変更など，テレビは競技そのものにも影響を及ぼしている（須田 2002）．中継放送を実施する国も増加した．1960 年のローマ大会は 21 か国にすぎなかったが，衛星放送を活用した 1964 年の東京大会で 40 か国に増え，1996 年のアトランタ大会以降は 200 か国を上回っている．2012 年のロンドン大会からはストリーミング放送も開始された．チャンネル数が限定されないインターネット配信は放送時間を増加させる．米国での独占放映権を有している NBC は，2021 年の東京大会を地上波，ケーブルテレビ，ストリーミングメ

ディアで放送し，総放送時間は 7000 時間を上回った．

　ただし，大量の放送は必ずしも見られていない．1 日の平均視聴者数が最も多い大会はストリーミング放送が開始されたロンドン大会で，次のリオ大会は上回ることができなかった．さらに，2021 年の東京大会は日本国内の視聴率が高かった一方で，米国では低迷した．NBC が独占放送を開始した 1988 年ソウル大会以来，史上最低の記録だったという（NBCUniversal 2021；REUTERS 2021）．

　巨額の放映権料に対し視聴者数が伸び悩むという近年の傾向は，明らかな問題だ．費用に対して広告効果が見合わないとなれば，テレビ局は放映権を獲得しようと思えないからだ．実際，メガスポーツイベントとテレビの間には亀裂が生じ始めている．日本では NHK と民放が共同してジャパンコンソーシアムという組織を用意しメガイベントの放映権を獲得してきたが（NHK 放送文化研究所 2002），2022 年 FIFA ワールドカップカタール大会ではこの枠組みが崩れてしまった．放映権料の高騰を前に，一部の民放テレビ局が中継を見送ったのである．結局は，NHK，テレビ朝日，フジテレビの 3 社に加え，動画配信事業者の ABEMA が加わり放映権契約を締結．ABEMA は多チャンネル配信というプラットフォームの特性を最大限活用し，全 64 試合を無料で生中継した．ワールドカップを放送することは，ABEMA というプラットフォームにとって広告価値を有するものだったのである．

●**テレビ文化／ライブ性**　大会期間中は試合中継だけでなく，特別番組も多数用意される．そこでは元アスリートによる競技の解説に加え，お笑い芸人など他ジャンルの有名人が登場して大会を盛り上げようとする．サッカー日本代表のアジア予選で使用される「絶対に負けられない戦いが，そこにはある」というフレーズはよく知られているが，こうした煽り（テロップ，VTR）や芸能人キャスターの起用がスポーツ番組のバラエティ化を進めてきた．競技そのものよりも，感動物語としてスポーツを消費する傾向が強くなり，過剰演出も見え隠れする．これらは 1990 年代以降のテレビ文化の傾向と軌を一にするものだ（北田 2005）．

　しかしながら，メガスポーツイベントは他のテレビコンテンツにない強力なライブ性を有している．それは，放送メディアの時間特性と非常に相性が良いもので，スポーツがテレビメディアの強力なコンテンツであり続けてきた理由もここにある．だからこそ，膨大なアクセス数であっても，ほとんど遅延なく，ライブで視聴できた ABEMA のストリーミングサービスはインパクトをもった．テレビをめぐる環境が大きく変化している状況の中で，今後，メガスポーツイベントはいかなる関係をメディアと取り結んでいくのか，注視していく必要がある．

［水出幸輝］

📖 **さらに詳しく知るための文献**

杉山　茂・角川インタラクティブメディア 2023．『テレビスポーツ 50 年』角川インタラクティブメディア．
黒田　勇編著 2012．『メディアスポーツへの招待』ミネルヴァ書房．

メディアスポーツと物語（ナラティヴ）

●**メディアスポーツの定義**　「メディアスポーツ」とは，メディアを媒介としたスポーツ現象全体を指す．スポーツを報道し，中継するメディア自体と，それが生み出す記事や番組はその中心に位置するが，受け手，消費者の行動や，それらの相互作用として現れる現象すべてをメディアスポーツと呼ぶ．場合によっては，シューズやチームＴシャツの流行もメディアスポーツの現象として語られる．

●**物語（ナラティヴ）**　その場にいる選手や関係者，観客以外の人々にとっては，スポーツとは誰かによって語られた「物語（ナラティヴ）」である．スポーツを見る，読む，語る，書く，撮影する，すべてはプレイヤーが直面する現実の外側にいて，その状況を観察，あるいは描写したものである．したがって，メディアスポーツとは語られたスポーツだということもできる．今や，人々のスポーツ体験の多くは，メディアによって語られた物語を経験することである．

　さらに，物語とはメディアが語るストーリーに限定されない．それを見聞きした人々がそれをさまざまに解釈し，記憶し語ることで構成されるものである．

●**メディアスポーツの歴史**　18世紀に英国で始まった新聞や雑誌によるスポーツ報道は，ゴルフやテニス，競馬などの同好の士の交流と競技予想と記録から始まり，紙面を通してのみのスポーツ愛好の読者を次第に形成していく．19世紀末には，他のヨーロッパ諸国でも自転車競技の報道が人気を得，米国では野球報道も人気を得る．

　当初の限定されたスポーツ愛好者を超えて，多くの一般読者をスポーツに引きつけるためには，「個人化」が必要であった．その最も有名な例がベーブ・ルース（Babe Ruth）だろう．野球という競技は，ベーブ・ルースという個人のスターを通して語られ，彼の私生活を含めての物語が，当時の米国人の持つ価値と欲望に共鳴したことで野球が人々の中に定着していったと言われる．

　日本では，明治中期から，相撲と長距離走を中心に新聞や雑誌の報道が始まるが，映画や新聞の販売数が拡大する20世紀初頭から野球がメディアスポーツの中心となる．そして，何人かのスター選手の物語が語られたが，学生野球においては，むしろ個人選手以上にライバル校の物語が強調された．中でも早稲田と慶應の対抗戦は，新聞やラジオの語りの上に，当時の人気漫才でも語られることで全国の人を巻き込み，両校は次第にブランド化していった．

●**テレビ時代の物語**　スポーツを大衆のものにしたのは，映像と同時性をもつテレビであった．個人，あるいは集団の「達成の物語」が映像とともに語られ，そ

の時代の文化目標や価値が選手たちに託された．テレビ初期の最初の大きな物語は1964年の東京オリンピックにおける「東洋の魔女」である．「日紡貝塚」のバレーボールチームは海外遠征でも圧倒的な強さを示し，海外メディアから「東洋の魔女」と呼ばれたことで，さらに人々に知られるようになった．そして，東京オリンピックの金メダル候補として期待を集め，彼女たちと「鬼の大松」と呼ばれた監督との葛藤，鍛錬と忍耐の物語がメディアによって語られ，結局は金メダルを獲得する．彼女たちの苦難と成功の物語は，新聞や放送だけではなく，映画や書籍にもなり，戦後の苦難から復興を成し遂げた日本社会と家族の物語が重ね合わされた．

　その後も，王貞治と長嶋茂雄，相撲の花田兄弟，浅田真央，大谷翔平たちに，「日本人らしさ」が投影され，「師弟の物語」，「家族の物語」「感動をありがとう」などのメディアの語りに人々は引きつけられていく．人々の多くは自らの立場や信念を反映しつつ，さらにその物語を組み立て消費し忘却していく．ただ，メディアスポーツの特徴は，むしろ「記憶」の生成という側面にある．古くはベルリン五輪の「前畑頑張れ」(1936年)「長嶋茂雄の天覧試合のサヨナラホームラン」(1958年)，上記の「女子バレー金メダル」(1964年)，近年では「女子サッカーW杯優勝」(2011年)「WBCサムライジャパンの優勝」(2023年)など，メディアによって繰り返し語られ，実際には経験していない人も含めて「集合的記憶」として定着していく．

　さらに，国際大会における物語は，「われわれ」と「彼ら」として語られていく場合が多い．「われわれ」日本は，「サムライ」や「なでしこ」などのネーミングによって日本や日本人という「想像の共同体」の代表として即座に可視化される．そして，「チームワーク」「忍耐」「献身」「フェアプレイ」などが日本人らしさとして詳しく語られる．その一方で「彼ら」日本以外の対戦相手は，日本人がいだく「ステレオタイプ」的な語りで特徴づけられていく．

●**メディアスポーツとネット**　メディアスポーツ，とりわけテレビの物語は，スポーツに関心のない視聴者も巻き込んでいくことに特徴があった．その手法は20世紀を通して発達してきたが，ネットメディアにおいては，その競技に関心のあるものに限定されていく傾向がある．2020年代に入り，広告ビジネスもテレビからネットに移動し，従来のメディアスポーツを支えてきたビジネス構造が大きく変化する中，メディアスポーツと人々が生み出す物語がまた大きく変化する可能性もある．

[黒田 勇]

📖**さらに詳しく知るための文献**
橋本純一編 2002.『現代メディアスポーツ論』世界思想社.
黒田 勇編著 2012.『メディアスポーツへの招待』ミネルヴァ書房.
阿部 潔 2008.『スポーツの魅惑とメディアの誘惑』世界思想社.

スポーツとジャーナリズム

　「スポーツ・ジャーナリズム」という用語は一般的にスポーツの試合の内容や結果を正確，明瞭かつ迅速に伝えること，選手の華麗な身体表現を巧みに描写しつつ，喜怒哀楽溢れる選手や監督・コーチの物語を綴ること，つまりはスポーツの感動を広くあまねく読者に伝えることだと理解されている．これは市民社会の潤いや豊かさにつながるジャーナリズムの一分野と言えよう．これらに加えて，監督の采配や選手のプレイの失敗の批判もある．ただ，これらがスポーツ・ジャーナリズムの理念や目的を表しているのだろうか．

●**用語の分析**　スポーツ・ジャーナリズムという用語を分解すると，スポーツがジャーナリズムを形容している．故に，ジャーナリズムが主で，スポーツが従という関係にあることが分かる．ジャーナリズムとはマスメディアが時事的な事実や問題に関する報道・論評を伝達する活動の総称を指す．ジャーナリズムは社会に生起する時事問題を独立した立場から，ジャーナリスト個人の市民的自由からの価値判断によって取捨選択して報道すること，そして批判的な問題意識からの論評を行うことを通じて，公権力の監視・警報装置としての機能することである．これらはジャーナリスト個人が，歴史的に市民社会から負託されてきた．その限りにおいてジャーナリズムには公共性がある．

　マスメディアとは不特定多数の大衆に大量の情報を伝達する大衆伝達，あるいはその媒体であるマスメディアを指す．マスメディアは一般的に公共性を持つ営利企業といわれ，報道分野もあれば情報・娯楽分野もある．つまり，マスコミは多種多様なコンテンツを入れる箱で，そこに入れる一つのコンテンツがジャーナリズムである．

　次にスポーツの定義を見ていきたい．国が定めたスポーツ基本法によれば，スポーツとは「心身の健全な発達，健康及び体力の保持増進，精神的な充足感の獲得，自律心その他の精神の涵養等のために個人又は集団で行われる運動競技その他の身体活動」とされる．また，スポーツを通じて幸福で豊かな生活を営むことは，すべての人々の権利であるとされ，「安全かつ公正な環境の下で日常的にスポーツに親しみ，スポーツを楽しみ，又はスポーツを支える活動に参画することのできる機会が確保されなければならない」と定められている．

　スポーツ・ジャーナリズムは以上に記されたスポーツの理念の健全な維持発展に資するための意識活動と言えよう．また，これを毀損するような勢力を常に監視して警笛を鳴らし，あるいは批判することがスポーツ・ジャーナリズムには求

められる.

●スポーツ界の権力とジャーナリズム　では，スポーツ界の権力とはなにか．選手に指示を与える監督やコーチは権力の一つだ．だが，それよりも大きなスポーツそのものを蹂躙する危険性のある権力がある．その代表例がスポーツに影響力がある政治家，官僚，大企業のほか，国際オリンピック委員会（IOC）や国際競技連盟（IF），各国のオリンピック委員会（NOC），五輪など各種スポーツイベントを運営する組織委員会，そしてこれらに関係する各種団体が挙げられる.

　これらのスポーツ権力は例えば，スポーツのルールを不当に操作することによって，スポーツの理念をねじ曲げることが可能である．つまり，スポーツ・ジャーナリズムの主目的は，スポーツという世界共通の公共財の健全な維持発展の下支えをし，権力による理不尽な介入を許さないように監視し，その暴走をいち早くキャッチして市民社会に警笛を鳴らすことである.

●ジャーナリズムの独立と課題　ただし，ジャーナリズムがうまく機能するとは限らない．これはジャーナリズムとその媒体となるマスメディアの構造的な問題が介在するためである．ジャーナリズムは新聞社やテレビ局などのマスメディアによって営まれている場合が多い．マスメディアは批判的な視座からスポーツイベントの取材報道を行う一方，スポーツイベントを利用した収益事業も行う．マスメディアの究極的な目的は利潤の追求にある．そこで，マスメディア内部でジャーナリズムといった公共性の倫理と，商業主義の論理との相剋に発展することもしばしばである.

　ここでジャーナリズムを自律させる規範が必要となる．それが米国で広く浸透する，取材記者やメディア自体の外部に対する第三者性の情報開示とその説明責任についての「ジャーナリズムの独立」という概念である．これはジャーナリズムの公正性や客観性の概念に通底する．残念ながら，これに対する規範意識は日本国内では希薄である.

　この問題が噴出したのが2021年夏に開かれた東京五輪パラリンピック大会であった．大手新聞6社は五輪組織委員会とスポンサー契約を結んだ．また，新聞社やテレビ局などの多くは五輪組織委の内部組織に五輪取材記者を委員として兼任させた．つまりマスメディアが監視・批判するはずのスポーツ界の権力である五輪組織委と一体化し，自らジャーナリズムの独立を放棄してしまったのである.

　「ジャーナリズムとは報じられたくないことを報じることだ．それ以外のものは広報に過ぎない」（英国のジャーナリスト，オーウェル〔Orwell, G.〕).

〔小田光康〕

さらに詳しく知るための文献

内川芳美・新井直之編 1983．『日本のジャーナリズム』有斐閣.

松瀬 学・小田光康 2023．『東京五輪とジャーナリズム』創文企画.

小田光康 2005．『「スポーツジャーナリスト」という仕事』出版文化社.

スポーツマンガにおける
アニメ化・実写化・ジェンダー

　日本のスポーツマンガは，井上一雄の野球マンガ『バット君』（「漫画少年」1948年1月号〜1949年3月号）の大ヒットを皮切りに，戦後間もない頃から少年誌で描かれ始めたが，ドラマやアニメの原作として取り上げられるようになったのは，テレビの普及が進んだ1960年代からである．

●格闘マンガのドラマ化　福井英一の柔道マンガ『イガグリくん』（「少年少女冒険王」1952年3月号〜1954年8月号）は，1950年代に格闘マンガブームを巻き起こした超人気作であり，本作のドラマ（関西テレビ，1960年1月〜12月）がスポーツマンガの映像化の先駆けとなった．続いて梶原一騎作・吉田竜夫画のプロレスマンガ『チャンピオン太』（「週刊少年マガジン」1962年1号〜1963年52号）が1962年にフジテレビで（同年11月〜1963年5月）ドラマ化される等，スポーツマンガの映像化は，格闘マンガ原作のTVドラマから始まった．

●スポ根マンガとアニメ　一方，スポーツマンガ原作のアニメは，梶原一騎作・川崎のぼる画『巨人の星』（「週刊少年マガジン」1966年19号〜1971年3号）が1968年にアニメ化（東京ムービー制作，日本テレビ放送，1968年3月〜1971年9月）されたのを皮切りに，浦野千賀子『アタックNo.1』（「週刊マーガレット」1968年1号〜1970年50号）がフジテレビで（東京ムービー制作，1969年12月〜1971年11月），高森朝雄作・ちばてつや画『あしたのジョー』（「週刊少年マガジン」1968年1号〜1973年25号）が同じくフジテレビで（虫プロダクション制作，1970年4月〜1971年9月）アニメ化され，『巨人の星』が36.7%，『アタックNo.1』が27.1%，『あしたのジョー』が29.2%（いずれも最高視聴率．ビデオリサーチ調べ）と高視聴率を記録した．これら3作は1960年代に一世を風靡した「スポ根」を代表する人気作だが，「当時は野球を含め，スポーツを題材にしたテレビアニメなどないし，劇画のリアルな画を動かすなど不可能だと思われていた」（中川2020, 306）ため，『巨人の星』のアニメ化企画もテレビ局は当初敬遠したという．

　『巨人の星』の「対決シーンの背景で燃え上がる炎，滝のように頬を流れる涙」「過剰なまでの感情表現」（山中ほか2014, 44）や，『あしたのジョー』の「動きや表情の途中の状態を止めて見せることで瞬間を印象付ける」（同，47）〈止め絵〉など，スポ根マンガのアニメ化は，キャラクターの身体や内面の動きに迫力を持たせる新しいアニメ表現をもたらした．1970年代前半は，佐々木守作・水島新司画『男どアホウ甲子園』（「週刊少年サンデー」1970年8号〜1975年9号）が日本テレビで（表記は『男どアホウ！甲子園』．東京テレビ動画制作，1970年9月

〜1971 年 3 月），山本鈴美香『エースをねらえ！』（「週刊マーガレット」1973 年 2・3 合併号〜1975 年 7 号 /1978 年 4・5 合併号〜1980 年 8 号）が NET テレビで（東京ムービー制作，1973 年 10 月〜1974 年 3 月）それぞれアニメとなり，以後，野球と格闘技を中心にスポーツマンガ原作の TV アニメは定番ジャンルの一つとなる．

●競技の多様化　スポーツマンガの映像化はアニメが大半を占め，製作委員会方式によるアニメ制作が主流となった 1990 年代後半以降は，作品数も激増した．森末慎二作・菊田洋介画『ガンバ！Fly high』（「週刊少年サンデー」1994 年 25 号〜2000 年 45 号）が日本テレビで（サンライズ制作，1996 年 7 月〜1997 年 3 月），稲垣理一郎作・村田雄介画『アイシールド 21』（「週刊少年ジャンプ」2002 年 34 号〜2009 年 29 号）がテレビ東京で（ぎゃろっぷ制作，2005 年 4 月〜2008 年 3 月），武蔵野創『灼熱カバディ』（「マンガワン」2015 年 7 月 2 日〜連載中）が同じくテレビ東京で（トムス・エンタテインメント制作，2021 年 4 月〜6 月）それぞれアニメ化されているが，体操，アメリカンフットボール，カバディと題材となる競技も多様化している．

●スポーツマンガとジェンダー　スポーツマンガは少年・青年誌では人気ジャンルとして定着し，現在もヒット作が生まれている．他方，少女誌ではスポ根ブーム期に多数描かれた後は数を減らし，現在ではほぼみられなくなった．そのため，『アタック No.1』と『エースをねらえ！』以外に映像化されたものは，神保史郎原作・望月あきら画『サインは V』（「週刊少女フレンド」1968 年 42 号〜1970 年 52 号）のドラマ（TBS，1969 年 10 月〜1970 年 8 月）と映画（東宝配給，竹林進監督，1970 年）や志賀公江『スマッシュをきめろ！』（「週刊マーガレット」1969 年 33 号〜1970 年 36 号）のドラマ（番組名「コートにかける青春」，フジテレビ，1971 年 9 月〜1972 年 8 月），小泉志津夫作・牧村ジュン画『アタッカー YOU！』（「なかよし」1984 年 5 月号〜1985 年 5 月号）のアニメ（ナック制作，テレビ東京放送，1984 年 4 月〜1985 年 6 月）等数作に留まり，競技もバレーボールにテニスと限定的である．

　日本のスポーツマンガは男性の成長・成功物語としてジェンダー化されており，そのアニメ化・実写化も基本的には既存のジェンダー・イメージを再生産するものであるが，薙刀部の女子高生を描いたこざき亜衣『あさひなぐ』（「ビッグコミックスピリッツ」2011 年 8 号〜2020 年 41 号）の映画化（東宝配給，英勉監督，2017 年）は，近年のスポーツマンガの実写化にみられる新たな傾向として注目に値する．　　　　　　　　　　　　　　　　　　　　　　　　　　［押山美知子］

📖 さらに詳しく知るための文献
宣伝会議 2004．総力特集スポーツマンガベスト 200．編集会議 2004 年 1 月号．
飯田貴子ほか編著 2018．『よくわかるスポーツとジェンダー』ミネルヴァ書房．

メディアスポーツヒーローの誕生と変容

●**メディアスポーツヒーローとは**　ヒーローは格別の勇気，不屈の精神，冒険心，そしてさまざまな理想を実現するのに必要な優れた資質を持った人を意味する（McGinniss 1990）．ヒーロー像は文化により，また，時代によって異なり，彼らの情報はメディア・テクノクラートによって取捨選択→編集加工→提供されている．口承文化や印刷メディア時代におけるヒーローと違い，電子メディア時代のヒーローは量産され，多様な存在になっている．ヒーローはそれぞれの時代や社会を象徴する価値を体現するとともに，大衆の想い描くファンタジー／欲望を代理的に現実化する存在と言える．

●**モダンスポーツヒーローの誕生**　メディアの送り手は「モダン（近代）」に入ると，さまざまなヒーローを誕生させてきた．「モダン」は（諸説あるが）一般には19世紀後半から1945年，遅くとも1980年代末のソビエト連邦崩壊までとする歴史的期間を指す．米国ではモダニゼーションとメディアスポーツヒーローの誕生は，1920年代に始まっていたと言ってよい．当時の米国社会は活気に満ち，派手な人格がもてはやされ，ベーブ・ルース（Babe Ruth）というヒーローを生んだ．彼の行動とパフォーマンスは人々のコミュニケーションに必要不可欠なものとなった．メディアヒーローの創造は消費文化の普及に向けた運動と適合し，特にスポーツヒーローは新しい消費の時代をシンボライズしたのである．この時代の広告関係者が「自由とデモクラシーは確実に消費と関連がある」という考えを強調する一方で，スポーツ選手は自分の成功の象徴的ドラマにおいてそれを体現してみせた（Lipsky 1981）．大戦後では，同じく大リーグのライアン（Ryan, N.）投手も，肉体的パワーとマスキュリニティおよびセクシュアリティとフロンティア精神から，ある時は勤勉で道徳的な労働者として，また別の時は家庭での家長的存在として報道され，やはり米国におけるモダンスポーツヒーローとなった（Vande Berg 1998）．日本においては1950～1960年代に，プロレスの力道山が，当時欠如していた経済的富や文化的消費生活等「モダン」の権化である白人レスラーを，鬼畜米英とばかりにマットに沈め，「モダン」の一切の欠如＝欲望をテレビ（メディア）を通じて満たしたヒーローとなったのである．円谷幸吉（1964年東京五輪陸上競技における日本唯一のメダリスト）と長嶋茂雄（プロ野球）も，「一生懸命」あるいは「努力」によって（高度成長の）偉業を達成／象徴するヒーローであった．

●**ポストモダンスポーツヒーロー**　ポストモダニズムは，モダニズムの「過剰」への反動である．それは思いがけない組み合わせによるパスティーシュ（混ぜこ

ぜ），グランドナラティヴ（大きな物語）の崩壊，サイエンスや進歩という信念への社会的合意の揺らぎ，現実と仮想現実との区別のあいまい化，顕示的消費の倫理，快楽原理・相対主義・私生活主義等によって定義付けられる（Real 1996）．米国社会においてポストモダンスポーツヒーローに挙げられるのは，NBAジョーダン（Jordan, M.）やロドマン（Rodman, D.），またNFLキャパニック（Kaepernick, C.），さらには米国女子サッカー代表ラピノー（Rapinoe, M.）等である．同様に日本人では，ミレニアム前後に活躍した中田英寿と，2018年に彗星のごとく現れ，全米・全豪のタイトルを各2回獲得した大坂なおみが挙げられる．両者ともに，躍動した当時は，世界トップテンの年収を誇り，世界で最もよく知られた日本人となり，それまでの日本のスターエリート選手とはさまざまな点で異なる価値観・言動・振舞で，メディアを通じてグローバルなポストモダンヒーローとなったのである．日本におけるポストモダンヒーローとして最も象徴的なことは，「組織」「集団」「和」といった近代日本を支えてきた価値と同時に，「個」や「多様性」という価値を重視する「新しい折衷主義」の姿勢を貫く点である．チームワークや和を最優先させていた日本的土壌において，彼らの思考様式と行動は異彩を放っていたのである．

図1　街頭テレビでの力道山戦中継に群がる人々（1955年）［アサヒグラフ］

●ソーシャルメディアが育むヒーロー　昨今のポストモダンヒーロー誕生において，スポーツ選手がX（旧ツイッター）等のSNSで発信→拡散するパターンが際立っている．2016年の夏にキャパニックによる試合前国歌斉唱時「片膝つきポーズ」の人種差別抗議行動は，ソーシャルメディアを通じて瞬く間に全米に広がり，果して2018年，彼はグローバルスポーツ企業・ナイキを味方（スポンサー）につけ，世界に冠たる人権活動家スポーツヒーローとなったのである．同様にSNSを通じた「#Me Too」運動のグローバルなうねりに連結されたラピノーや大坂なおみも，反性差別，反人種差別，反LGBTQ嫌悪等を問題化／可視化するメディアスポーツヒーロー（ヒロイン）と言える．また，SNSでは共通の推しスポーツ選手のファン同士で共感や承認の分かち合いがなされ，大きなヴァーチャル・コミュニティが形成されて，そこがモダンスポーツヒーローを育む場にもなっている．　　　　　　　　　　　　　　　　　　　　　　　　　　　　　　　　［橋本純一］

📖 さらに詳しく知るための文献

橋本純一編 2002.『現代メディアスポーツ論』世界思想社．

SNS とスポーツ

　2012 年に開催されたオリンピックロンドン大会は第 1 回「ソーシャルメディア
オリンピック」と呼ばれ，SNS によるスポーツ新時代の到来が宣言された．それ
から 10 年以上が経過し，SNS とスポーツとの関係は時に想像を超えるようなス
ピードで今もなお拡大を続けている．SNS での投稿の表示に関する指標である
「インプレッション数」に着目した場合，2016 年のオリンピックリオ大会での
Twitter（現在の「X」）の総インプレッション数が 750 億回以上とされたのに対
し，6 年後の FIFA ワールドカップカタール大会では 1470 億回を記録した．
　SNS とスポーツに無数の人々の視線が注がれる中，本項目では両者がもたらす
「文化」に焦点を当て，SNS の利用によってスポーツに関わる人々の行動がどの
ように変化したかを見ていくこととする．

●SNS を通じた熱狂の共有　今日，あらゆる場所からの常時接続を実現する通
信技術・インフラやスマートフォンの進化などの技術革新によって，われわれは
SNS という「プラットフォーム」で，世界中の人々とリアルタイムでコミュニケー
ションを取ることが可能となった．そのような中，最近ではスマートフォンを片手
にスポーツを観戦・視聴する人の姿があちこちでみられる．その用途は多岐にわた
るが，スマートフォンの主な用途の一つに挙げられるのが SNS である．このこと
は，SNS 上で起こる「バースト現象」からも知ることができよう（鳥海・榊 2017）．
　バースト現象とは，現実の「社会的イベント」をきっかけとして，SNS の投稿
が一時的・爆発的に増加することを指す．先述の FIFA ワールドカップカタール
大会において，Twitter では決勝戦で「1 秒間に 2 万 4400 件」の投稿があったと報
告されている．また，2021 年のオリンピック東京大会の開会式では，選手の入場
でゲーム「ドラゴンクエスト」の「序曲：ロトのテーマ」が流れた際に SNS の投
稿が一時的に増加した．現実で起こるスポーツの出来事が，SNS のリアルタイム
な投稿を誘発する様子が想像できよう．
　では，バースト現象を引き起こしているユーザの意図はどこにあるのだろう
か．バースト現象の中で，ユーザは他人の投稿に反応することもできず，自分の
投稿へのリアクションも期待できない状況にある．それでも投稿せずにいられな
い状況は，目の前のプレーに声を上げずにいられないスタジアムの熱狂に通ずる
ところがある．今日の SNS は，人々が熱狂を共有する空間としてのスタジアム
を，デジタル空間まで拡大するに至っている．そこでは，これまでと変わらない
スポーツの熱狂が世界中の人々の間で，リアルタイムで共有されている．

●**スポーツを標的とするネガティブな投稿**　SNS とスポーツに関する深刻な社会問題の一つが，アスリートやスポーツ組織を標的とする誹謗中傷や差別，炎上などの「ネガティブな投稿」である．2011 年，FIFA は自身の活動を振り返る中で，「フットボール界の人種差別は減少傾向にある」と述べた．しかし，ロンドン大会以降に人種差別はスタジアムから SNS へと表現の場を移したという指摘がなされ（Farrington et al. 2015），ここでも現実のスポーツ空間はデジタル空間へと拡大されることとなった．日本では，オリンピック東京大会で代表選手に対するネガティブな投稿の存在が報道され，多くの人が問題の深刻さを知ることとなった．翌年の冬季オリンピック北京大会の際は，スポーツ庁長官の室伏広治氏がアスリートに対するネガティブな投稿を止めるよう声明を出す事態となった．

　一部のユーザがネガティブな投稿をする動機として，ユーザが持つ「正義感」についての研究が行われている（山口 2020）．実際に炎上に加担した人を対象に行った調査では，7 割程度が動機を「許せなかったから」「失望したから」と回答した．スポーツに目を向けると，体罰やハラスメント，アスリートの不祥事などが起こることで，SNS 上では当事者へのネガティブな投稿が認められてきた．一方で，アスリートのパーソナリティや信念，試合の結果や内容に対し，同様の投稿がなされている．ネガティブな投稿については SNS 全体の問題として捉えるとともに，スポーツ界の課題として考えることが重要である．

●**スポーツにとって望ましい SNS のあり方とは**　SNS とスポーツのあり方について，「技術決定論」の視点はわれわれに重要なことを教えてくれる．世界では時に技術が先に生まれ，それが人々に何をもたらすのか議論が尽くされないことがある．それでも便利な技術は急速に普及し，それを必須とする社会生活が規定されていく．先述のような技術革新の中で，われわれは自分の意思で SNS を使いこなしているのか，それとも SNS に「使わされて」いるのかを常に考える必要がある．

　オリンピック東京大会において競泳女子自由形で二つの金メダルを獲得したオーストラリアのティトマス（Titmus, A.）選手は大会期間中に SNS アプリをすべて削除し，「つながらない権利」を行使した．また，2021 年にイングランドのスポーツ界では 4 日間の「ソーシャルメディア・ボイコット」が実現した．これには，ネガティブな投稿が絶えないプラットフォームに対する，よりよい言論空間を実現することへのスポーツからの訴えが込められている．スポーツ文化がSNS によって変化する中，今後はスポーツが SNS を変える可能性についても検討される必要がある．　　　　　　　　　　　　　　　　　　　　　　　　[河野　洋]

📖**さらに詳しく知るための文献**
Farrington, N., et al. 2015. *Sport, Racism and Social Media*, 1st ed. Routledge.
山口真一 2020.『正義を振りかざす「極端な人」の正体』光文社.

第7章

政　策

[担当編集委員：金子史弥・日比野暢子]

スポーツ振興法制下のスポーツ政策の展開

　1961 年 6 月 16 日に公布されたスポーツ振興法は，日本の法律において，初めて「スポーツ」の名を冠した法律であった．戦後初期よりスポーツ振興のための立法を目指す動きはあったものの，実現には至っていなかった．そのような中で 1961 年にスポーツ振興法が制定された背景にはさまざまな要因がある．戦後の経済発展に伴う国民の生活水準の向上や余暇時間の増大によって，国民のスポーツに対する関心や要求が高まってきた．一方，スポーツ活動のための施設，指導者や組織は不足しており，国家によるスポーツ振興を求める動きがあった．そこに，1964 年の東京オリンピック大会の招致・開催決定という要因が加わり，立法への動きが加速し，議員立法として成立するに至った（川口・西田 1961）．

　同法の成立は，スポーツが公的な振興対象として広く認められたことを意味し，また，同法には「国の補助」（20 条）に関する規定等もあり，スポーツ振興の加速を期待させるものであった．一方，同法における「『スポーツ』とは，（中略）心身の健全な発達を図るためにされるものをいう」（2 条）とされており，「スポーツの公共的意義を教育のフレームに閉じこめ」ているとの指摘がある（佐伯 2006）．また，同法には「努めなければならない」というような訓示的規定が多いことや，議員立法という性質上，政治的な要請によって立法上の問題を棚上げしたまま成立したことも指摘されており，限界もあった（平塚 2022）．

　ただし，同法は，2011 年 6 月 24 日にスポーツ基本法が公布されるまでの半世紀の間，日本のスポーツ振興施策の基本を定めた法律として位置してきた．すなわち，当該期は，スポーツ振興法制下でスポーツ政策が展開されたのである．

● 1960～1970 年代のスポーツ政策　　スポーツ振興法は，スポーツ振興施策の方針について，「国及び地方公共団体は，（中略）ひろく国民が（中略）スポーツをすることができるような諸条件の整備に努めなければならない」（3 条 1 項）と規定しており，「条件整備」を政策課題として出発した．また，同法は，「文部大臣は，スポーツの振興に関する基本的計画を定めるものとする」（4 条 1 項）と規定し，上記の方針を具体化するための行政計画を策定することを求めていた．

　しかし，文部大臣が「スポーツ振興基本計画」を告示したのは，2000 年 9 月であり，同法制定から約 40 年間は基本計画が存在しなかった．ただし，この間，まったくスポーツ政策が示されてこなかったわけではない．文部大臣の諮問機関たる保健体育審議会（保体審）の建議や答申がその役割を代替してきたのであり，同審議会の果たした役割は大きい．中でも，条件整備という観点では，1972 年 12

月の保体審答申「体育・スポーツの普及振興に関する基本方策について」が注目される．同答申は，日常生活圏域における体育・スポーツ施設の整備基準を提示した点で画期的であったとその意義が高く評価されている（関 1997）．

● 1980 年代のスポーツ政策　1980 年代に入ると，1981 年 6 月に中央教育審議会が「生涯教育について」を答申するなど，生涯教育（学習）が政策的に展開されるようになった．その流れの中で，「生涯スポーツ」という呼称が登場し，スポーツ政策の柱の一つとなった．ただし，この時期は，1972 年の保体審答申の路線の下で施設整備や指導者養成，クラブ育成等が実施されたものの，特筆すべき展開を見せたわけではなく，条件整備は道半ばであった．

　他方，もう一つの柱であった「競技スポーツ」に関しては，1980 年のモスクワ・オリンピック競技大会参加問題や 1986 年のソウル・アジア競技大会の成績（日本の金メダル数は，中国，韓国に次ぐ 3 位）を契機として，政治的な関心が高まっていた．そうした政治的な関心を背景に，内閣総理大臣の諮問機関たる臨時教育審議会の第 3 次答申（1987 年 4 月）において「スポーツと教育」の章が設けられたり，内閣総理大臣の私的諮問機関として「スポーツの振興に関する懇談会」が設置され，報告書（1988 年 3 月）が提出されたりした．文部大臣の諮問機関たる保体審ではなく，内閣総理大臣の諮問機関が競技力向上施策を中心にスポーツ政策に対して積極的に言及し始めたのである．

　さらには，1989 年 10 月に通商産業省は，「スポーツ産業研究会」を立ち上げ，報告書『スポーツビジョン 21』（1990 年 10 月）を刊行し，スポーツ産業の政策を展開し始めた．産業政策の手段としてスポーツへの関心が高まったのである．

　保体審は，1989 年 11 月，「二十一世紀に向けたスポーツ振興方策について」を答申したが，その内容は，上記の答申や報告書の影響を感じさせるものであった．生涯スポーツや学校体育のほか，競技スポーツに言及したのみならず，国際交流，企業，プロスポーツといったキーワードにも触れており，1972 年の保体審答申の条件整備路線とは一線を画する内容となった．こうした動向には，福祉国家路線のスポーツ政策から新自由主義路線のスポーツ政策への変容の契機を看取でき，否定的な評価がなされてきた（関 1997；内海 2005）．それと同時に，教育の枠組みで立法されたスポーツ振興法の限界を露呈するものであった．

　その後，1990 年代以降には，1980 年代後半の諸提言を反映した諸改革が実施された．1998 年 5 月 20 日には，「スポーツ振興投票の実施等に関する法律」が成立し，スポーツ振興の財源確保の目途が立ったこともあり，2000 年 9 月にようやく「スポーツ振興基本計画」が策定されるに至った．　　　　　　　　　　［平塚卓也］

📖 さらに詳しく知るための文献
関 春南 1997.『戦後日本のスポーツ政策』大修館書店.
内海和雄 2005.『日本のスポーツ・フォー・オール』不昧堂出版.

スポーツ振興基本計画と
総合型地域スポーツクラブの展開

「スポーツ振興基本計画」（以下，振興基本計画）は，1961年に制定されたスポーツ振興法第4条に基づいて，2000年9月に文部大臣告示として定められたものである．振興基本計画はスポーツ振興法に基づいて策定されたスポーツ振興に関する初めての計画であり，国のスポーツ振興の基本的方向を示すだけでなく，地方公共団体によるスポーツ振興の参考指針となる性格を持つものであった．

振興基本計画は，(1)生涯スポーツ社会の実現に向けた，地域におけるスポーツ環境の整備充実方策，(2)我が国の国際競技力の総合的な向上方策，(3)生涯スポーツ及び競技スポーツと学校体育・スポーツとの連携を推進するための方策という三つの柱から構成された．このうち，(1)では，政策目標として，①国民の誰もが，それぞれの体力や年齢，技術，興味・目的に応じて，いつでも，どこでも，いつまでもスポーツに親しむことができる生涯スポーツ社会を実現する，②その目標として，できるかぎり早期に，成人の週1回以上のスポーツ実施率が2人に1人（50%）となることが目指された．そして，この政策目標を達成するために必要不可欠な施策として，総合型地域スポーツクラブ（以下，総合型クラブ）の全国展開を行うことが示された．

総合型クラブは，文部省（当時）が1995年度に開始した「総合型地域スポーツクラブ育成モデル事業」により育成が目指され始めた．総合型クラブは，多種目，多世代，多志向を特徴とし，地域住民が自主的・主体的に運営することが目指された．また，総合型クラブは，世代間交流の促進，健康増進，地域コミュニティの形成などの諸効果をもたらすことが期待された．振興基本計画においては，総合型クラブ育成の到達目標として，2010年までに全国の各市区町村において少なくとも一つは総合型地域スポーツクラブを育成することなどが掲げられた．また，最終的な目標として，将来的には中学校区程度の地域での総合型クラブの定着などが掲げられた．

振興基本計画は2006年9月に改訂が行われた．改訂された振興基本計画においても，総合型クラブ育成の施策の位置づけや到達目標は2000年の計画策定時と同様であった．なお，スポーツ庁「令和5年度総合型地域スポーツクラブに関する実態調査」によると，2023年10月時点においては，全国で3551クラブが育成（創設または創設準備中）されており，全1741市区町村のうち1397の市区町村においてクラブが育成されている．

●**市民的公共圏の場としての総合型クラブ**　総合型クラブをめぐっては，コミュ

ニケーションの場として総合型クラブが果たしうる機能に関わる議論が展開されている．菊幸一（2000）は，多種目，多世代，多志向を理念とする総合型クラブが市民的公共圏を創出する可能性を持つことを主張している．菊は，ハーバーマス（Habermas, J.）の「公共圏」の概念に基づいて「市民的公共圏」を「公権力の領域としての国家から自立して，市民社会の私的欲求の交錯の場を開かれたコミュニケーション・ネットワークとして確保し，そこから公論を形成し伝達していく空間」（同，93）として捉えた．そして，相互交換や相互交流のコンセプトを有する総合型クラブは，スポーツを媒介として人々のコミュニケーションを生み，閉塞的で孤立的な人間関係から人々を開放し，対話を推進することに機能しうることから，「より豊かなスポーツ文化享受にとどまらない地域住民の市民的公共圏の基礎として機能する可能性を持っている」（同，102）と主張している．

　他方，伊藤・松村（2009）は，都市社会学における議論ではスポーツが「『新しい公共性』とは切り結ばれることのない消極的な位座に置かれて」（同，82）きたと主張する．このような認識の下，総合型クラブをはじめとするスポーツ組織がコミュニケーションの場として機能するという主張に対して，コミュニケーションの場として「なぜ，スポーツなのか」という問いに取り組み，スポーツとコミュニティ形成の関係を明示することの必要性を提起している．

●**地域のスポーツ実践の現実と総合型クラブ育成**　振興基本計画に位置づけられた総合型クラブをめぐってはクラブ育成のための施策・事業が積極的に展開されてきた．一方で，総合型クラブ育成を所与の目的としてクラブ育成の課題を考えるのでなく，地域住民の生活課題や地域のスポーツ実践と総合型クラブの育成や運営がどのような関係にあるのかを捉えた議論が蓄積されている．後藤貴浩（2008）は，地域における人々を，単に「運動者」ではなく，地域で暮らしを営む「生活者」として捉え，生活の中においてスポーツ活動がどのように位置づいているのかについて，農山村における地域住民を対象として明らかにしている．後藤は，都市的コミュニティの形成を目指して進められる総合型クラブ政策に対して，地域の社会構造の実態に即した総合型クラブの在り方を検討することの必要性を提起している．また，小林勉（2013）は，総合型クラブの育成がどのような政策的コンテクストの下で推し進められているのかという視点から総合型クラブ育成をめぐる地域の現実を捉え，その背後において作動するメカニズムを明らかにしている．小林は，総合型クラブ育成を推進する地方自治体やその働きかけを受ける地域住民の間において，総合型クラブの位置づけをめぐりすれ違いが生じている実態を描いている．

［日下知明］

📖**さらに詳しく知るための文献**

小林 勉 2013.『地域活性化のポリティクス』中央大学出版部．

クラブネッツ監修，黒須 充・水上博司編著 2014.『スポーツ・コモンズ』創文企画．

スポーツ基本法の制定

●**スポーツ基本法制定までの経緯**　スポーツ基本法（平成 23 年法律第 78 号）は，1961 年制定のスポーツ振興法（昭和 36 年法律第 141 号）を全部改正し，2011 年 6 月 17 日に可決され，6 月 24 日に公布された．スポーツ基本法の立法は，「スポーツ振興に関する懇談会」が 2007 年 8 月に「「スポーツ立国」ニッポン：国家戦略としてのトップスポーツ」において「新スポーツ振興法の制定」を提言したことにより公の議題として設定された．その後，自民党は，政務調査会に「スポーツ立国調査会」を設置し，2008 年 8 月に「「スポーツ立国」ニッポンを目指して：国家戦略としてのスポーツ」をとりまとめ，「新スポーツ法」の制定を提言した．また，超党派スポーツ議員連盟は，2007 年 11 月に「新スポーツ振興法制定プロジェクトチーム」を設置し，2009 年 5 月に「スポーツ基本法に関する論点整理」をまとめた．そして，自民党は，2009 年 6 月に公明党と「スポーツ基本法案」を作成したが，超党派での合意が得られず，自民党と公明党は 2009 年 7 月 14 日に「スポーツ基本法案」（平成 21 年衆法第 52 号）を国会に提出した．しかし，その後衆議院が解散したため法案は廃案となった．2009 年 9 月に民主党政権が発足するが，自民党は公明党およびみんなの党と 2010 年 6 月 11 日に「スポーツ基本法案」（平成 22 年衆法第 29 号）を改めて国会に提出した．他方，文部科学省は，2010 年 8 月に「スポーツ立国戦略」を策定し，スポーツ基本法を制定することを示した．これに対して民主党のスポーツ議員連盟は，2011 年 3 月に「「スポーツ基本法」の制定にむけた基本的な考え方」をとりまとめ，5 月に「スポーツ基本法案（草案）」を作成した．そして，超党派スポーツ議員連盟は，「スポーツ基本法制定プロジェクトチーム」を設置し，スポーツ基本法案を超党派でとりまとめ，5 月 31 日に「スポーツ基本法案」（平成 23 年衆法第 11 号）を国会に提出し，国会審議を経てスポーツ基本法が制定された．

●**スポーツ基本法の内容**　スポーツ基本法は，前文，5 章 35 条および附則から構成されている．

　前文では，スポーツの定義，価値，意義および役割の重要性，ならびにスポーツ立国の実現を目指し，国家戦略としてスポーツを推進することが示されている．特に前文および第 2 条で，「スポーツを通じて幸福で豊かな生活を営むことは，全ての人々の権利」であることが確認され，いわゆるスポーツ権が初めて規定された．

　第 1 章「総則」では，法律の目的（1 条），基本理念（2 条），国の責務（3 条），

地方公共団体の責務（4条），スポーツ団体の努力（5条），国民の参加及び支援の促進（6条），関係者相互の連携及び協働（7条），法制上の措置（8条）を定めている．特にスポーツ団体を「スポーツの振興のための事業を行うことを主たる目的とする団体」と規定し，スポーツの推進の主体を国および地方公共団体だけでなくスポーツ団体にまで拡大した．第2章では，スポーツ基本計画（9条）と地方スポーツ推進計画（10条）を規定し，計画的なスポーツの推進の基礎を定めた．そして，実際に2012年に文部科学省は「スポーツ基本計画」を策定した．また，地方公共団体でも地方スポーツ推進計画等が策定されている．

　第3章「基本的施策」の第1節「スポーツの推進のための基礎的条件の整備等」では，指導者等の養成（11条），スポーツ施設の整備（12条），学校施設の利用（13条），スポーツ事故の防止（14条），紛争の迅速かつ適正な解決（15条），科学的研究の推進（16条），学校における体育の充実（17条），スポーツ産業の事業者との連携（18条），国際的な交流及び貢献の推進（19条），顕彰（20条）を定めている．第2節「多様なスポーツの機会の確保のための環境の整備」では，地域におけるスポーツの振興，特に地域スポーツクラブの事業への支援（21条），スポーツ行事の実施及び奨励（22条），スポーツの日の行事（23条），野外活動及びスポーツ・レクリエーション活動の普及奨励（24条）を定めている．第3節「競技水準の向上等」では，優秀なスポーツ選手の育成（25条），国民スポーツ大会及び全国障害者スポーツ大会（26条），国際競技大会の招致又は開催の支援（27条），企業，大学等によるスポーツへの支援（28条），ドーピング防止活動の推進（29条）を定め，競技力向上施策のための法的基盤を整備した．

　第4章「スポーツの推進に係る体制の整備」では，スポーツ推進会議（30条），都道府県及び市町村のスポーツ推進審議会等（31条），スポーツ推進委員（32条）を定めている．第5章「国の補助等」では，国の補助（33条），地方公共団体の補助（34条），審議会等への諮問等（35条）を定めている．附則には行政組織の在り方の検討が定められ，2015年にスポーツ庁とスポーツ審議会が設置された．

●**スポーツ基本法の意義および社会的影響**　スポーツ基本法は，スポーツに関する権利，理念および価値を定めており，スポーツを行う者の権利利益の確保やスポーツ文化の保護にとって重要な意義がある．また，スポーツ基本法は，スポーツ政策を総合的に推進する上での法的制度的な基礎を定めた点で意義がある．他方，スポーツ基本法に基づいて国が積極的にスポーツやスポーツ団体に影響を及ぼし，競技力向上や関連事業の推進を図るようになったが，国とスポーツ団体との「調和的関係」や「スポーツ団体の自律」の確保を検討する必要性（齋藤 2020）など，スポーツ基本法には改善すべき課題も多い．　　　　　　　　　　［齋藤健司］

📖**さらに詳しく知るための文献**
日本スポーツ法学会編 2011．『詳解スポーツ基本法』成文堂．
齋藤健司 2012．スポーツ基本法の制定と今後の課題．日本スポーツ法学会年報 19：6-34．

日本におけるスポーツ推進体制

　スポーツ基本法が，スポーツに関して「国及び地方公共団体の責務並びにスポーツ団体の努力等を明らかにする」ことを目的としているとおり，わが国のスポーツ推進には国，地方公共団体等の行政機構に加えさまざまなスポーツ団体（スポーツ基本法によれば「スポーツの振興のための事業を行うことを主たる目的とする団体」）が関わっている（図1）．都道府県・市区町村の行政機構や学校体育の統括組織（全日本中学校体育連盟，全国高校体育連盟等）もスポーツ推進において重要な役割を担っているがこれらは別項目で言及されているため，ここではスポーツ庁，全国レベルの統括団体とその加盟団体の組織体制を概観していく．

●スポーツ庁　スポーツ振興はスポーツの振興（development of sport）と開発のためのスポーツ（sport for development）に分けられる（Schulenkorf et al. 2016；船先ほか 2022）．従来は文部科学省が前者を，それ以外の省庁が後者に関する政策を担ってきたと言えるが，この状況について司令塔的機能を果たす機関を設置する必要性がかねてから指摘されていた（川人・渡辺 2015）．このため，スポー

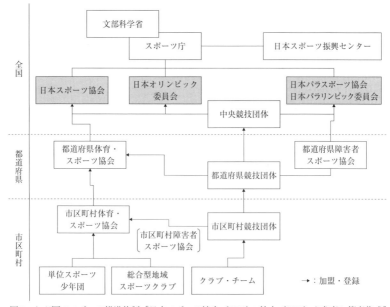

図1　わが国のスポーツ推進体制［日本スポーツ協会（2022）；鈴木（2023）を参考に筆者作成］

ツ行政の総合的な推進を図ることを目的として（スポーツ庁ウェブサイト），2015年に文部科学省の外局としてスポーツ庁が設置された．

スポーツ庁発足後の地域スポーツ政策の動向として，スポーツ無関心層やビジネスパーソン，女性など対象を細分化していること，スポーツ以外の分野との連携・協働による施策展開がなされていること，地域スポーツ資源を活用する取組みが行われていること等が指摘されている（舟木 2020）．その他にもスポーツ産業を管轄する参事官（民間スポーツ担当）や厚生労働省が管轄していた障害者スポーツ振興を扱う障害者スポーツ振興室が設置されるなど，スポーツ庁設置によりスポーツ政策が扱う範囲が大幅に拡大することになった．

●スポーツ統括団体　日本スポーツ協会（JSPO，旧：日本体育協会），日本オリンピック委員会（JOC），日本パラスポーツ協会（JPSA，旧：日本障がい者スポーツ協会）は「統括団体」あるいは「統括3団体」と呼称されることがあるように加盟団体を統括する立場にあり，これらの団体はスポーツ政策において事実上国の行政機構の一部に組み込まれている（笹川スポーツ財団 2023）．

JSPO は国民スポーツ大会の開催やスポーツ少年団，公認スポーツ指導者制度等を通した地域スポーツの推進を，JOC が選手の育成・強化を中心とした国際競技力の向上とオリンピックムーブメント普及・啓発を担っている．また，JPSA は国内の障害者スポーツの普及・振興を担うとともに，内部組織である日本パラリンピック委員会がパラリンピックへの選手派遣，選手強化に取り組んでいる．

●加盟団体　スポーツ統括団体（JSPO，JOC，JPSA）はスポーツ推進を全国隈なく展開するため中央競技団体，都道府県スポーツ協会等を加盟団体とすることで連携体制を敷いている．例えば，JSPO には 2023 年時点で 61 競技団体，47 都道府県スポーツ協会の他，18 団体が関係スポーツ団体等として加盟しているが，1930（昭和5）年時点での加盟種目団体数は 11 であり（森川 1973），時代とともに組織基盤が拡大していることが分かる．

統括団体に加盟した団体には義務と権限が発生する．JSPO 加盟団体は年度毎の収支計画等を報告すること等の責務を負う一方，評議員候補者を推薦する権限等を有する．また，公的補助金申請要件として統括団体の加盟団体であることが設定されるケースも多く当該団体にとってはこれらも加盟することの動機になっていると考えられる．さらに，市区町村競技団体は都道府県スポーツ協会および中央競技団体に加盟し，総合型地域スポーツクラブ，単位スポーツ少年団等の草の根レベルの組織は市区町村体育・スポーツ協会や市区町村競技団体に登録という形で所属している．このように，スポーツ団体は統括団体から草の根レベルまで加盟・登録という形態で組織化されているのである．　　　　　　　［石黒えみ］

📖さらに詳しく知るための文献
鈴木貴大 2023．スポーツ推進体制．笹川スポーツ財団『スポーツ白書 2023』笹川スポーツ財団．

日本体育協会と JOC

　民間のスポーツ組織がその市民的公共性を担保するためには，国家のパワーに翻弄されることなく，むしろ公論や知的・倫理的ヘゲモニーによって国家政策や市場経済に影響力を発揮することで（ハーバーマス 1994），人々がスポーツ文化を豊かに享受するためのアソシエーションとしての役割を果たすことが求められる．大日本体育協会は，国民体育の振興と，国内オリンピック委員会（NOC）としての活動を目的として，1911 年に民間の組織として設立された．設立に際して政府からの補助はほとんど得られず，協会の事務局は会長の嘉納治五郎が校長を退く 1920 年まで東京高等師範学校（現在の筑波大学）に置かれた．その後，大日本体育会，日本体育協会となり，そして協会から日本オリンピック委員会（JOC）が独立し，現在の日本スポーツ協会へと至るが，果たしてそれは市民的公共性を担保したアソシエーションと言えるものであっただろうか．

●**大日本体育会から日本体育協会へ**　1937 年 7 月に起こった盧溝橋事件を発端に，日本は日中戦争，太平洋戦争へと向かう中，大日本体育協会も日本の政策に取り込まれていく．1941 年，大日本体育協会は国民体力増強のために官民一体の体育新体制の樹立を求める建議書を厚生，文部両大臣に提出し，1942 年に大日本体育協会は改組されて政府の外郭団体としての大日本体育会が成立した．軍役にあたる成人男子の遊泳不能者をなくすための全国壮丁皆泳必成訓練や国民体育指導者検定を実施するとともに，厚生省の体力章検定に協力した．

　戦後初めての評議員会が 1945 年 11 月に開催され，規約を改定して民間組織に改組し，従前のように種目別の競技団体を加盟団体とする統轄組織となった．同年 12 月の理事会で全国的な体育大会を実施する提案がなされ，翌年 4〜6 月に，全国各地のスポーツ関係者の理解を得るために 13 か所で懇談会が開催された．1946 年に大日本体育会を主催として，第 1 回の国民体育大会夏季大会（8 月）・秋季大会（11 月）が京都府を中心に実施され，翌年に冬季大会（1 月）が青森県で開催された．それ以降都道府県の持ち回りで開催された国体は，戦後復興期における地域スポーツ振興に貢献した．1948 年に大日本体育会からの名称変更を含む規約改正の申請が文部省で認可され，日本体育協会が誕生した．

●**モスクワオリンピックのボイコット**　1980 年 1 月 20 日，米国のカーター（Carter, J.）大統領は，同盟諸国の政府首脳にモスクワ大会ボイコットの同調を求めた．日本では，4 月 21 日に競技団体のコーチなどを発起人とする「コーチ団会議」が開催され，同日付で参加要望書を JOC 委員長に提出した．しかしながら，

4月25日に政府は，JOCと体協に対して，モスクワ大会に選手団を派遣することは望ましくないと伝達した．また，5月6日に大平正芳内閣は「日本選手団の国庫補助金カット，自衛隊などの国家公務員の派遣中止」を発表した．ナショナル・エントリー締切りの5月24日，日本体育協会臨時理事会が開催され，内閣官房長官の伊東正義が政府の考えを説明した．そして「JOCがナショナル・エントリーを提出することに反対である」という決議がなされ，それがJOCに伝えられた．その日引き続き開催されたJOC臨時総会では，清川正二IOC副会長，大西鐵之祐日体協アマチュア委員長らがボイコット反対の意見を述べた．大西が，スポーツの根本問題に政府が干渉しており，自由と民主主義，オリンピック・ムーブメントを失ってはいけないと発言した途端，参議院議員でもある日本体育協会会長の河野謙三が「政府は干渉してないぞ」と怒鳴りつけたという（日本体育協会・日本オリンピック委員会 2012, 363）．挙手による投票が行われ，不参加29人，参加13人となり，JOCはモスクワ大会に参加しないことを決定した．

●**JOCの独立**　オリンピック憲章にNOCの自律性確保は明記されているが，長らく日本オリンピック委員会は日本体育協会の中の一つの委員会として活動しており，モスクワ大会への不参加の決定も日本体育協会理事会が主導し，政治的な圧力に屈する形となった．これが，JOC独立へ動き出す一つの契機となった．後にIOC委員となる岡野俊一郎は，1981年にサロン「笑話会」を設立し，そこに財界で頭角を現していた堤義明をはじめ，昭和1桁生まれの著名なスポーツ人が参加し，財団法人としてJOCの独立を視野に入れて日本のスポーツ界について議論した．1989年JOCは財団法人として認可され，堤が初代会長に就任した．

　JOCの独立により，JOCは国際競技力の向上，日本体育協会（2018年から「日本スポーツ協会」）は国民スポーツの振興という役割の棲み分けがなされることになった．JOCは，選手の肖像権を管理する「がんばれ！　ニッポン！」キャンペーン等で独自の財源確保に力を入れるとともに，国の「スポーツ振興基本計画」に連動した「JOCゴールドプラン」を2001年に策定し，ナショナルトレーニングセンター等を拠点として長期的な国際的競技力向上計画を展開し，2013年には2020年のオリンピック招致に成功した．一方，日本体育協会は，国民体育大会（2024年から「国民スポーツ大会」）・日本スポーツマスターズ（2001年〜）の開催，スポーツ医・科学研究（1960年〜），スポーツ少年団の育成（1962年〜），公認スポーツ指導者の養成（1965年〜），総合型地域スポーツクラブの育成・支援（2002年〜）等の事業を実施している．　　　　　　　　　　　　　［高橋豪仁］

📖**さらに詳しく知るための文献**

菊 幸一編著 2014．『現代スポーツは嘉納治五郎から何を学ぶのか』ミネルヴァ書房．

石坂友司 2018．『現代オリンピックの発展と危機 1940-2020』人文書院．

日本体育協会・日本オリンピック委員会 2012．『日本体育協会・日本オリンピック委員会の100年』日本体育協会．

日本における競技力向上政策の変遷

　オリンピックなどの国際大会で活躍するアスリートの発掘・育成・強化や代表チームの強化などの競技力向上に関する政策は，今日，各国のスポーツ政策において重要な政策課題の一つに位置づけられている．

●**日本における競技力向上政策の系譜**　日本における競技力向上政策の端緒は，1964年東京オリンピックの開催にあったといわれている．同大会に向けて1961年6月に制定されたスポーツ振興法では，第14条で「国及び地方公共団体は，わが国のスポーツの水準を国際的に高いものにするため，必要な措置を講ずるよう努めなければならない」と明記された．とはいえ，当時，こうした取組みを主に担ったのは日本オリンピック委員会，競技団体などの民間組織であった．

　しかし，1980年代になるとアジア競技大会やオリンピックなどの国際大会において，日本の国際競技力の低下がみられ始める．これを受けて臨時教育審議会第3次答申（1987年4月），内閣総理大臣私的諮問機関「スポーツの振興に関する懇談会」の報告書（1988年3月），保健体育審議会答申「21世紀に向けたスポーツの振興方策について」（1989年11月）では，「国策」として競技力向上に取り組む必要性が指摘されるようになる（関1997）．加えて，この時期には文部省体育局競技スポーツ課の設置（1988年7月），スポーツ振興基金の設立（1990年12月）など，競技力向上政策を支える制度面での改革も進められた．

　1990年代に入ってもオリンピックでの日本選手団の成績が低迷したことで，競技力向上の「国策」化は一層加速する．2000年9月策定の「スポーツ振興基本計画」では，オリンピック競技大会でのメダル獲得率に関する目標が示されるとともに，国・地方公共団体として競技団体による競技者の育成・強化を支える強化拠点の整備，指導者の養成・確保などに取り組むことが示唆された．制度面では，2001年より日本スポーツ振興センター（JSC）の主管でスポーツ振興くじ（toto）が実施され，翌年度からはその収益を財源とする助成事業が開始された．また，2001年10月には国立スポーツ科学センター（JISS），2008年1月にはナショナルトレーニングセンター（NTC）が開設された．加えて，文部科学省は2003年度より「ニッポン復活プロジェクト」，2008年度より「チーム『ニッポン』マルチサポート事業」を展開し，アスリートに対する支援の強化やメダル獲得が期待できるターゲット種目に対する重点的支援に乗り出した（笠原2011）．

●**二度の東京オリンピック招致と競技力向上の「国家戦略」化**　さらに，遠藤利明文部科学副大臣（当時）の私的諮問機関による提言「「スポーツ立国ニッポン」：

国家戦略としてのトップスポーツ」（2007年8月）を機に，競技力向上は東京都による2016年／2020年オリンピック招致と連動しながら，「国家戦略」に位置づけられていく．2011年6月に制定されたスポーツ基本法では，第25条でスポーツ選手の育成等に関わって国として必要な施策を講ずることが明記された．また，2012年3月策定の「スポーツ基本計画」では，重要な施策の一つに「国際競技力の向上に向けた人材の養成やスポーツ環境の整備」が掲げられた．

2015年10月にはスポーツ庁が設立され，政府による競技力向上に関する取組みは2020年東京オリンピックに向けて一層強化された．2016年4月にはJISS，NTCの諸機能を統合する形でJSC内にハイパフォーマンスセンター（2019年5月に「ハイパフォーマンススポーツセンター（HPSC）」に改称）が設立された．また，同年10月にスポーツ庁は「競技力強化のための今後の支援方針（鈴木プラン）」を策定し，競技団体による中長期的な強化戦略プランの遂行を支援することや，HPSCの機能強化，パラリンピック競技に対する支援の拡充等に取り組むとした．こうした内容は，2017年3月策定の「第2期スポーツ基本計画」にも概ね反映された．さらにこの時期には，JSCによる「ワールドクラス・パスウェイ・ネットワーク」の構築（2015年）や，スポーツ庁による「ハイパフォーマンス・サポート事業」（2015年度から），「ジャパン・ライジング・スター・プロジェクト（J-STARプロジェクト）」（2017年度から）の展開など，タレント発掘・育成・強化に関するさまざまな取組みも実施された．

●競技力向上政策をめぐる現代的課題　コロナ禍による延期を経て2021年に開催された東京オリンピックで，日本選手団は過去最高となる27個の金メダル，合計58個のメダルを獲得した．また，パラリンピックでも前回大会から倍増となる51個のメダルを獲得した．この結果を踏まえてスポーツ庁が策定した「持続可能な国際競技力向上プラン」（2021年12月）や「第3期スポーツ基本計画」（2022年3月）の内容に鑑みるに，競技力向上は引き続き日本のスポーツ政策の重点課題に位置づけられていくだろう．一方で，オリンピックでのメダル獲得を目指す国家間の「グローバルスポーツ軍拡競争（Global Sporting Arms Race）」（Oakley & Green 2001）は一層激しいものとなりつつある．加えて，競技力向上に対するスポーツ予算の偏重や支援をめぐる競技間での格差といった，競技力向上政策をめぐる「弊害」も指摘されている（森川2010）．さらに，最近ではドーピング，メンタルヘルス，SNS上での誹謗中傷，セカンド／デュアルキャリアといったアスリートをめぐるさまざまな問題も顕在化している．こうした課題に対処しながら，今後の競技力向上政策を展開する必要があるだろう．　　［金子史弥］

📖さらに詳しく知るための文献
友添秀則責任編集 2012.『特集：スポーツ立国論のゆくえ』現代スポーツ評論26. 創文企画.
和久貴洋 2013.『スポーツ・インテリジェンス』NHK出版新書.

日本における地域スポーツ政策の変遷

　地域スポーツとは，地域社会において展開されるスポーツ活動のことである．戦後日本では社会教育法（1949年），スポーツ振興法（1961年），「スポーツ振興計画」（2000年），スポーツ基本法（2011年）などのスポーツ政策の下に，実践が行われてきた．

●地域スポーツ政策の歴史と産業化への流れ　国家レベルのスポーツ政策に関して，佐伯（2006）は政策的志向の変化をもとに，①1960年代：社会体育，②1970年代：コミュニティスポーツ，③1980年代：みんなのスポーツ，④1990年代以後：生涯スポーツの時期に分けている．一方，尾崎（2004）は地域スポーツを「地域社会において展開する自主的・自治的なスポーツ活動」と捉え，その公共的な基盤が縮小し，市場化が進展してきたことを明らかにした．加えて，1960年代以降地域スポーツに関する国家政策では福祉国家（的）の立場，新自由主義の立場，（新）保守主義の立場の相克があることを指摘している．

　「国民が生涯にわたりあらゆる機会とあらゆる場所において」（スポーツ基本法第2条）スポーツを行うことを可能にするのが，地域スポーツ政策と言える．しかし現状からみれば，地域スポーツには各時期の課題解決が求められてきただけでなく，地域のレベルから産業化の素地がつくられてきたことが分かる．

　佐伯によれば，①社会体育のうち，地域体育は地方自治体の教育委員会を中心に，公民館を中心施設として体育行事を行うものが一般的であり，社会の民主化と生活の近代化という当時の政治課題に応える，啓発的な教育政策であった．当時経済成長は生活水準の向上にはつながっておらず，実際にはスポーツ参加も低調であったが，日本生産性本部が「レジア産業」に関する報告書を出すなど，いち早くスポーツの産業面への注目が始められていた．

　②コミュニティスポーツには，高度成長によって大きく変化した地域社会の共同体を再建することが期待されていた．地方自治体の教育委員会はスポーツの楽しみを通じた地域住民の交流を重視し，地域スポーツは社会政策としての特徴を持っていた．その背景には，当時スポーツ要求が急速に増大し，住民運動の広がり，革新自治体の誕生の後押しを受け，地域スポーツに関する政策構想が数多く提起されたことがある．施設別，地域人口別に必要な施設数の基準を提示した保健体育審議会答申（1972年）が出されたのもこの時期である．

　③みんなのスポーツ（Sports for all）は，スポーツ享受における格差是正を目指していた．①②では，企業・地域間格差があり，女性や高齢者，障がい者のスポー

ツ参加機会が保障されていなかったからである．ただし，実際には行政改革の中で予算・人員削減や施設の民間委託がすすめられ，施設整備の責任は地方自治体に転嫁され，商業施設が地域スポーツ振興のアクターとして大きく位置づけられた（1989年保健体育審議会答申）．

④生涯学習（臨時教育審議会答申）により，スポーツ活動は生涯スポーツと競技スポーツに二分された．「スポーツ振興基本計画」（2000年）では総合型地域スポーツクラブの設置，週1回以上のスポーツ参加率を50%以上とすることが掲げられた．地域スポーツ振興を実質的に担ってきた自治体は，1990年代以降特に規制緩和，指定管理者制度などで公共性を大きく変えられ，スポーツ実践者はスポーツ活動の主体ではなく，スポーツ産業の顧客として分断されていった．また，スポーツ環境整備の長期振興計画が示された背景には，多くの反対活動がありながら，日本プロサッカーリーグ（Jリーグ）の試合を投票対象とするスポーツ振興くじが導入され，財源確保が見通せるようになったことがある．

●**地域スポーツにみる公共性と今後期待される役割**　菊（2011）は，日本ではスポーツが体育の枠内で捉えられ，教育的効果によって公共的意義が認められてきたと指摘した（「体育的公共性」）．心身の健全な発達を図るものとして，スポーツの身体活動としての側面が重視されてきたのである．

世界的には1960年代以降身体的・精神的・社会的健康への関心が高まり，スポーツの大衆化が推進された．日本でも経済発展と高齢化に伴って，自由時間を通じた生きがいの問題・健康体力問題が顕在化し，市民的な公共性が高まった．2015年に新設されたスポーツ庁でも，すべての国民のスポーツ機会の確保，健康長寿社会の実現，スポーツを通じた地域活性化・経済活性化が目標として掲げられている．地域活性化・経済活性化の策として，生活の中にスポーツを位置づけ自然と体を動かしてしまうスポーツ・健康まちづくりや，地域への交流人口を増大させるスポーツツーリズムが注目されている．多額の経済効果を生むスポーツメガイベントの成功事例も出てきているが，多くの地域ではスポーツを支える基盤となる指導者・施設・資金などが不足している．例えば，学校部活動の地域移行が2023年度から段階的に進められているが，移行先が不十分な点や，会費が保護者にとって大きな負担となる恐れも指摘されている．

今後も地域スポーツには，子どものスポーツ格差（清水編著2021）の解消，スポーツ参加拡大と健康寿命の延伸への貢献などが期待されていくため，教育・福祉・都市政策など多岐にわたる分野との連携が必要となる．　　　　　　［青野桃子］

📖**さらに詳しく知るための文献**
関　春南 1997.『戦後日本のスポーツ政策』大修館書店．
菊　幸一ほか編 2011.『スポーツ政策論』成文堂．
日本体育・スポーツ政策学会監修，真山達志・成瀬和弥編著 2021.『公共政策の中のスポーツ』晃洋書房．

地域スポーツを支える制度

　スポーツ基本法は，スポーツに関する施策の策定・実施に関して，国と地方公共団体の責務を個別に定めている．第3条「国の責務」では，国はスポーツに関する基本理念（第2条）にのっとり「スポーツに関する施策を総合的に策定し，及び実施する責務を有する」とされ，続く第4条「地方公共団体の責務」では，地方公共団体は基本理念にのっとり「スポーツに関する施策に関し，国との連携を図りつつ，自主的かつ主体的に，その地域の特性に応じた施策を策定し，及び実施する責務を有する」と規定されている．したがって，地方公共団体（地方自治（団）体，自治体，地方団体とも言う）には，地方分権の観点から「自主的かつ主体的」に「その地域の特性に応じた」スポーツに関する施策の策定・実施の役割が課されていると言える．

●**地方自治体におけるスポーツ行政組織**　地方自治体におけるスポーツ行政の所管部局は，従来，その多くが学校教育と社会教育を担当する教育委員会に置かれてきた．これは「地方教育行政の組織及び運営に関する法律」において，スポーツに関することが教育委員会の職務権限として規定されていたことによる．しかし，2007年の同法改正に伴い職務権限の特例が追加され，教育委員会だけでなく，条例で定めるところにより地方自治体の長（知事，市町村長）がスポーツに関すること（学校における体育に関することを除く）の一部または全部を管理し，執行できることとなった．これにより現在では，スポーツ所管部局を教育委員会から首長部局に移管する例が増えている．都道府県の場合は，スポーツ振興を中心にスポーツ政策を主管する部署を設置している例（三重県スポーツ推進局，愛知県スポーツ局など）が散見されるが，大半は文化，観光等と関連づけられている（真山2023, 6）．例えば京都府では文化生活部，沖縄県では文化観光スポーツ部がスポーツに関する事務の担当部署となっている．地方自治体においては，スポーツ所管部局を教育委員会から首長部局に移すことで，スポーツに関する事務・事業の一元化や効率化だけでなく，文化，観光，環境，地域経済，コミュニティ・生活環境など，教育以外の他の行政分野との連携・統合によりスポーツ行政の総合的な推進が図られていると言える．

●**地方自治体におけるスポーツに関する条例と計画**　スポーツ基本法は，スポーツに関する基本理念を定め，施策の基本となる事項を規定しているが，地方自治体においても，スポーツに関する基本的な方針を条例で定めている場合がある．2023年4月現在，スポーツ基本条例は，都道府県では20の自治体，市区町村では

44 の自治体において制定されている（地方自治研究機構 2023）．例えば，奈良県の定める「誰もが，いつでも，どこでもスポーツに親しめる地域づくりの推進に関する条例」は，2031 年度に県内で開催予定の国民スポーツ大会・全国障害者スポーツ大会を契機としたスポーツ推進の機運醸成を背景として，「スポーツへの参加の促進」，「スポーツの推進を支える人材の育成」および「スポーツに親しめる環境づくり」に関する基本的施策等を定めている．

　また，スポーツ基本法第 10 条「地方スポーツ推進計画」では，都道府県および市町村の教育委員会（または地方公共団体の長）は，国の「スポーツ基本計画を参酌して，その地方の実情に即したスポーツの推進に関する計画（地方スポーツ推進計画）を定めるよう努めるものとする」と規定されている．2023 年 5 月現在，すべての都道府県が，スポーツに関する行政計画を策定している．このうち，43 の自治体ではスポーツの単独計画であり，4 自治体（茨城県，香川県，宮崎県，鹿児島県）は，教育振興基本計画内でスポーツに関する事項を定めており，このスポーツに関する部分がスポーツ推進計画となっている．なお，地方スポーツ推進計画の策定等に当たっては，これまで単独の計画策定が促されてきたが，2022 年地方分権改革に関する提案募集において，地方スポーツ推進計画の策定等に係る負担軽減に関する提案があったことから，総合計画等においてスポーツ行政を位置づけることも可能であること，複数の地方自治体で共同策定することが可能であること（都道府県と市町村で共同策定する場合を含む）等，地域の実情に応じたより負担の少ない計画策定が可能であることが明確化された（スポーツ庁次長通知 2023）．

●**地方自治体におけるスポーツの推進に係る体制**　スポーツの推進に関する体制については，スポーツ基本法第 31 条「都道府県及び市町村のスポーツ推進審議会等」において，都道府県や市町村には，国の諮問機関であるスポーツ審議会に相当するスポーツ推進審議会等を置くことができると規定されている．また，第 32 条「スポーツ推進委員」では，市町村の教育委員会（または地方公共団体の長）は，スポーツ推進委員（非常勤公務員）を委嘱するものとすると規定されている．スポーツ推進委員は，住民に対する実技指導や助言に加えて，事業の実施に係る連絡調整など，地域スポーツのコーディネーターとしての役割も求められており，運動部活動の地域移行にあたっても，地方自治体と地域のスポーツ団体等との連絡調整を担うことが期待されている．また，社会教育法に基づき，都道府県および市町村の教育委員会事務局に置くとされている社会教育主事は，学校教育以外の組織的教育活動（体育およびレクリエーションの活動を含む）である社会教育の専門的職員であり，地域の社会教育事業の企画・実施および専門的技術的な助言・指導を通し，地域住民の自発的な学習活動の支援を行っている．　　　　　　［松畑尚子］

📖**さらに詳しく知るための文献**
尾崎正峰 2012．地域スポーツを支える条件の戦後史．スポーツ社会学研究 20（2）：37-50．

スポーツと地方創生

　「地方創生」は，2014年の第2次安倍晋三内閣で開始されたまち・ひと・しごと創生法（2014年施行）を根拠法として，東京圏への人口の過度の集中を是正し，地方の人口減少を食い止め，地方経済の活性化させて，持続可能な地域社会をつくる一連の取組みをさす用語である．それ以前にも，「地域再生」という言葉が地域再生法（2005年施行）で使われ，地方公共団体が作成した地域再生計画が内閣総理大臣に認定されるとさまざまな地域再生のための支援措置が受けられた．一方，地域社会で展開されるスポーツは，これらの法制度とは別に戦後から地域社会との関係が考察されている．

●戦後，そして「コミュニティスポーツ」と地域社会の活性化　戦後の日本では，いち早く復活した国民体育大会が「民族再建」「戦後復興」をめざす性格を帯びたものになり，スポーツ界が掲げた「スポーツの民主化」「大衆化」は，ナショナリズムの範疇に拘束された状態であった（権 2006, 39-40）．一方で，国民体育大会によって，開催地域にはスポーツ施設が建設された．戦後のスポーツ活動も再開し，地域スポーツという用語が1955年頃から散見されるようになる．1973年には経済企画庁の「経済社会基本計画」の中で「コミュニティスポーツ」が公的に使用された．これは，スポーツを通じて地域社会の再構築を図ろうとする政策であり，「地方の時代」を強調し「地域社会の活性化」を叫んだ（厨・田上 1990, 14-32）．

●レジャー産業としてのスポーツと地域活性化　1980年代には好調な輸出を背景に再び経済は成長した．「前川レポート」（1986年）は国際協調のための経済構造調整をまとめ，内需拡大や規制緩和，長時間労働の是正などによって，国内のレジャー・スポーツ産業への投資が盛んになった．総合保養地域整備法（通称：リゾート法）が大型リゾート施設の建設を後押しし，ゴルフ・スキー・マリンスポーツによる地域おこしが進められた．一方で，こうした開発は，地形改変や施設整備などを伴う大規模な開発で地域に及ぼす影響も大きく，さまざまな生活環境に対する弊害をもたらした．

●バブル景気とJリーグの地域密着　1980年代後半の好景気には，サッカーのプロ化とサッカーワールドカップの日本招致が同時に計画された．それにより，ワールドカップ開催基準を満たすスタジアムが建設され大会後には地元に密着したプロサッカークラブが設立された．1993年に10クラブで開幕したJリーグは，「地域密着」をスローガンとし，「ホームタウン」と呼ぶ地域の活性化のため

の活動を展開した．これまで大都市の大資本によって担われてきたプロ野球をアンチテーゼとしたＪリーグの活動は，地方都市におけるプロスポーツによる地域活性化への道を開いた．バブル景気が崩壊する直前の 1991 年には，第 18 回オリンピック冬季競技大会の主催都市に長野市が選ばれた．このオリンピックのために新幹線がフル規格で整備されるようになるなど沿線の地域の活性化にも影響があったが，同時に，自然環境保全が課題となった．

●**大規模国際大会招致とスポーツツーリズムによる地域活性化**　2000 年の「スポーツ振興基本計画」，2011 年のスポーツ基本法，2012 年の「スポーツ基本計画」では，スポーツによる地域活性化効果が強調された．さらに，2007 年の地方教育行政の組織及び運営に関する法律の改正によって，学校教育以外のスポーツ事業を自治体の首長部局が担当できるようなった．そのため，スポーツが観光やまちづくりなどとの一体推進が可能となった．

　2002 年のサッカーワールドカップでは，地方の開催都市で国内外の誘客による地域活性化が検討された．2008 年に観光庁が設置されると，外国からのインバウンド旅行需要に期待したスポーツツーリズムが政策化した．2001 年に大阪への招致に失敗したオリンピックも東京招致が続けられ，2013 年に 2020 年東京開催が決定し，大会会場ではない都市が海外選手団の事前キャンプ等を行うホストタウンの取組みが注目された．この頃，前述のまち・ひと・しごと創生法による「地方創生」が始められた．

●**スポーツによる地域活性化**　2020 年度からの「第 2 期まち・ひと・しごと創生総合戦略」では，2019 年のラグビーワールドカップ，2020 年（2021 年）の東京オリンピック・パラリンピック競技大会のスポーツレガシーとして，スポーツの機運上昇やスポーツ・身体活動の価値を活用した「スポーツ・健康まちづくり」が新たな項目として位置づけられた．その具体的な政策の柱は，「スポーツを活用した経済・社会の活性化」「スポーツを通じた健康増進・心身形成・病気予防」「自然と体を動かしてしまう『楽しいまち』への転換」となっている．今日ではコロナ禍を乗り越え，生活習慣病予防や免疫力向上による感染症対策，高齢化に伴う健康長寿の延伸，医療費の適正化，スポーツツーリズムやスポーツ・イベントによる交流人口拡大やインバウンドによる地域活性化，スポーツがもたらす教育的価値，地域の結束，レジリエンス，社会参画の機会など，スポーツや身体活動による「地方創生」が語られるようになった．また，スポーツツーリズムを中心にスポーツを活用したまちづくりを地域スポーツコミッションが推進している．

[髙橋義雄]

📖**さらに詳しく知るための文献**
厨 義弘・田上博士 1990．地域スポーツの新しい文脈とその展開．厨 義弘・大谷善博編著『地域スポーツの創造と展開』大修館書店．
権 学俊 2006．『国民体育大会の研究』青木書店．

学校部活動をめぐる政策

　学校部活動は，日本の学校教育における放課後の課外活動として多くの生徒，教師が関わりながら展開されてきた．ところが，大規模な活動が行われてきたにもかかわらず，学校部活動をめぐる政策的議論が十分だったわけではない．

●**学校部活動というグレーゾーン**　学校部活動は，日本の学校教育において大きな存在感を示してきた．さまざまな調査結果を踏まえると，多くの生徒にとって学校部活動は特別活動（学校行事・学級活動・生徒会活動等の総称）と並んで人気のある「二大花形」であり，「影の主役」とも言われる（山本 2021）．一方で，学校部活動は通常の授業とは異なり「教育課程外」の活動である．また他方で，学校部活動は学習塾とは異なり「学校教育内」の活動でもある．つまり，完全に学校教育の内側にあるわけではなく，完全に学校教育から切り離されているわけでもない「グレーゾーン」に学校部活動は位置づけられてきた（内田 2017）．「影の主役」と呼ばれる理由は，このような政策的位置づけの曖昧さにある．

●**過剰化する学校部活動とガイドライン**　学校部活動，特に運動部をめぐっては体罰や暴力を含んだ過激な指導や練習，理不尽な上下関係などの厳しい規則を伴うあり方や勝利至上主義が批判されてきた．こうした，生徒にとっての「過剰さ」に対して，例えば 1997 年 12 月に文部省（当時）は「運動部活動の在り方に関する調査研究報告書」をまとめ，中学校の運動部で週 2 日以上，高校の運動部で週1 日以上の休養日を設定すること，平日は 2～3 時間，休日は 3～4 時間程度で効率的な練習を行うことなどを提言した．ところが，運動部活動は 2000 年前後を境にむしろ過熱傾向にあったことが報告されている．加藤一晃（2022）は，中高生の運動部活動参加時間の変化に着目し，平日はほぼ 1990 年代半ばの活動実態が 2010年代も維持されてきた一方，土日の活動時間が増加していることを明らかにしている．特に，2001 年から 2006 年にかけて土日の活動時間が急増しており，その要因として 2002 年から完全実施されている学校週 5 日制の影響を挙げている．

　近年では，2012 年末に起こった大阪市立桜宮高校バスケットボール部の体罰問題を契機として，文部科学省は 2013 年 5 月に「運動部活動の在り方に関する調査研究報告書：一人一人の生徒が輝く運動部活動を目指して」を提示し，生徒のニーズを反映した目標・計画の作成や生徒の自主的・自発的な活動を促しつつ，科学的な指導方法を取り入れることなどを推奨している．さらに，スポーツ庁は2018 年 3 月に「運動部活動の在り方に関する総合的なガイドライン」を策定し，運動部活動の運営や管理も含めた見直しを図った．そこでは再び，週 2 日以上の

休養日の設定や活動時間を平日2時間，休日3時間程度にすることが謳われ，過剰化した運動部活動を縮小していく方向性が打ち出されている．しかし，下校した部員らが学校外で密かに行う「闇部活」や体罰問題が後を絶たないなど，政策的介入の効果は未だ明確になっていない．

●**教師の多忙化と地域移行**　学校部活動の「過剰さ」は，生徒だけではなく教師にも影響を与えている．OECD（経済協力開発機構）が2013年に行ったTALIS（国際教員指導環境調査）の結果は，人々に大きな衝撃を与えた．そこでは，世界34か国における中学校教師の勤務時間が調査され，各国平均の週38.3時間に対して日本は最長の53.9時間であることが明らかにされている．とりわけ，「課外活動（スポーツ／文化）」の項目は，平均の2.1時間と比べて，7.7時間と最長の時間を費やしており，日本の中学校教師が多忙を極める主要因とされた．このような状況において，学校部活動の地域移行が政策課題として浮上してきている．

2022年6月，スポーツ庁は「運動部活動の地域移行に関する検討会議提言」を取りまとめた．この文書では，主に公立中学校を念頭に2023年度〜2025年度を「改革集中期間」に定め，休日の運動部活動を地域移行する方針が明示された．また，経済産業省は同年9月に「「未来のブカツ」ビジョン」を提示し，「サービス業としての地域スポーツクラブ」に地域移行の可能性を見出そうとしている．これらは，教師の多忙化を背景に持続可能な運動部活動のあり方を模索するものである．

一方で，2022年12月にスポーツ庁と文化庁によって策定された「学校部活動及び新たな地域クラブ活動の在り方等に関する総合的ガイドライン」では，地域移行達成の目処としていた「改革集中期間」が，地域の事情に応じた取組みを支援する「改革推進期間」へと改称され，改革の機運に早くも陰りが見え始めている．さらに，経済産業省の提言から明らかなように，運動部活動の地域移行は「教育としてのスポーツ」から「産業としてのスポーツ」へというスポーツ界の大きな潮流に位置づいており（松尾 2022），参加機会の格差なども懸念される．

このように，改革の渦中にある学校部活動であるが，地域移行はこれまで何度も試みられては挫折してきた政策課題でもある．そうした失敗の歴史や，これまで果たしてきた学校部活動の役割・機能を踏まえつつ，その「何を」「どこで」「誰が」「どのように」担えるのか，丁寧に考えていく必要がある．その際，子どもや青少年をめぐるスポーツの新たな可能性を検討するのみならず，スポーツに何が可能であるのかを現実的に見極めていくことも重要ではないだろうか．

［下竹亮志］

さらに詳しく知るための文献

中澤篤史 2014.『運動部活動の戦後と現在』青弓社.

下竹亮志 2022.『運動部活動の社会学』新評論.

下竹亮志 2023. 運動部活動改革のゆくえ. 清水 諭ほか編著『現代社会におけるスポーツと体育のプロモーション』大修館書店.

日本におけるスポーツの政治的空間の形成

　戦後日本におけるスポーツの政治的空間においては，スポーツの高度化（競技力向上）と大衆化（地域スポーツ）のいずれを重視するかというせめぎあいが重要な意味を持っていた．そこには日本スポーツ協会（日本体育協会）や日本オリンピック委員会（JOC）などさまざまなアクターが介在していたが，以下では主に文部科学省（文部省）の動向を中心にその変遷を概観する．

●**戦後スポーツ政策の展開**　戦後のスポーツは 1949 年に制定された社会教育法の下，教育行政の文脈の中で振興されていたが，1961 年には日本初のスポーツ独自の法律としてスポーツ振興法が制定された．同法は人々のスポーツ振興を公的部門の義務と捉え，スポーツの大衆化への目配りがなされていたものの，実際には 1964 年東京オリンピックに向けた選手強化や大規模施設整備に公的資金を投入する根拠法としての意味合い，すなわち「オリンピック至上主義」（関 1997）の下支えという側面が強かった．

　だが高度経済成長を経てレジャー全般に対する社会的関心が高まり，1965 年には「体育・スポーツが少数のひとの独占物であった時代は過ぎました．それは万人の権利でなければなりません」と宣言した新日本体育連盟が設立されるなど，国民のスポーツ参加要求が高まっていった．こうした情勢に後押しされ，1972 年の保健体育審議会答申では，日常生活圏の人口規模に応じた公共施設の最低限の設置数基準が示された．スポーツの大衆化の達成に向けてこの基準は画期的だったが，実際にはオイルショック以降の社会的混乱の中でうやむやにされてしまった．

　1980 年代以降，スポーツの大衆化のための議論は後退し，代わって高度化が中心的議題とされていった．こうした流れは「スポーツ立国」＝「国策としてのスポーツ」論と呼ばれ，すなわち国家主導で国際競技力を向上させ，日本の「国力」を誇示しようと考えるものである（森川 2010）．その端緒と言えるのが 1989 年の保健体育審議会答申で，ここでは 1972 年答申にはなかった競技スポーツの振興が謳われるようになった．以降，「スポーツ振興基本計画」（2000 年）にオリンピックにおけるメダル獲得率が数値目標として示され，その実現のために 2001 年には国立スポーツ科学センターが，2008 年にはナショナルトレーニングセンターが設置されるなど，国際競技力向上のための基盤が整えられていった．

　2011 年にはスポーツ基本法が制定された．同法では引き続き競技力向上に関する諸施策が示されていたが，一方で人々のスポーツ権という概念が明記された．こうした大衆化への目配りは，従来の潮流からの大転換と言える（齋藤

2012).

●スポーツレジーム　以上，主に公共部門の動向に着目して戦後のスポーツ政策のあらましを概観してきた．一方，近年の社会福祉政策に関する議論では，公共部門のみでなく，市場や家族，共同体などの役割もトータルに捉える公私ミックスや福祉レジームと呼ばれる議論（Esping-Andersen 1990；1999）が生まれている．こうした見方は，例えば米国の医療福祉の供給体制を国家の支出が少ない「未熟」な体制ではなく，市場に依存する一つの「パターン」と見なすことを可能とする．こうした見方を参考に，以下では日本におけるスポーツの政治空間を「スポーツレジーム」として捉え（山下 2009；笹生 2020），その重要な担い手である学校，企業，民間の各部門の特徴を簡単に見ていく．

　まず，大衆化・高度化の両面において重要な役割を果たし続けてきたのは，学校部門である．大衆化の面については，小・中・高校施設は日本のスポーツ施設数全体の約55％〜70％を占め続ける重要な拠点である．当然，学校施設は第一義には児童・生徒のためのものだが，学校開放制度の下で放課後や休日に地域住民に利用されるケースも多い．また高度化の側面についても，学校部活動が日本人選手の競技力向上を下支えしてきた側面は見逃せない．だが，近年では部活動の地域移行が議論されるなど，学校部門の位置づけは大きく変わろうとしている．

　次に，福祉政策の議論で言うところの市場部門は，スポーツ政策の文脈では企業部門と民間部門に分けることができる．前者の企業部門は，1970年代頃までの日本のスポーツレジームの中心的存在だったと言ってよい．すなわち大衆化の面では，企業が設置した職場施設の数は公共施設・民間施設よりも多く，またその利用割合も高かった（笹生 2013）．さらに高度化についても，この時期まで国際大会に出場するようなトップアスリートの多くは企業所属選手だった．

　しかし1980年代以降，こうした構造に変化が起こる．グローバル化やバブル経済の崩壊を経て，企業部門が退潮していったのである．そして1980年代以降の新自由主義的潮流の中では，民間部門の存在感が高まっている．大衆化の側面においてはフィットネスクラブなどの民間施設利用者の割合が増大しているし，高度化の面では多くの競技においてプロ選手の活躍が当然のものとなっている．

　本項目の前段で見たように，従来のスポーツ政策は主に教育政策の枠組みの中で議論がなされてきた．だがスポーツ基本法の規定に基づく「スポーツ基本計画」（2012年〜）では，健康増進や成長産業化など，スポーツに対して教育以外の側面からも期待が寄せられている．そのような時代においては，スポーツレジームとしてスポーツ政策を捉える視点が求められていると言えよう．　　　［笹生心太］

📖さらに詳しく知るための文献

棚山 研ほか編 2022.『変容するスポーツ政策と対抗点』創文企画.

内海和雄 2005.『日本のスポーツ・フォー・オール』不昧堂出版.

諸外国のスポーツ政策の動向

　1960年代以降のスポーツ・フォー・オール運動の国際的展開，「ヨーロッパ・スポーツ・フォー・オール憲章」（欧州評議会，1975年．1992年に「新ヨーロッパ・スポーツ憲章」に改訂），「体育およびスポーツに関する国際憲章」（ユネスコ，1978年．2015年に「体育・身体活動・スポーツに関する国際憲章」に改訂）といった国際憲章の制定，国際大会（オリンピック・パラリンピック，サッカー／ラグビーのワールドカップ，各スポーツ種目の世界選手権など）の招致・開催の動きなどと関わって，スポーツ政策は世界各国においてその重要性を増しつつある．

●**諸外国におけるスポーツ振興体制**　一般的に，各国におけるスポーツ政策は国・地方自治体，政府系機関などの行政組織と，国内オリンピック委員会（National Olympic Committee: NOC），国内パラリンピック委員会（National Paralympic Committee: NPC），各スポーツ種目の国内競技団体（National Federations: NF）などの民間組織によって担われている．ただし，その詳細は国によってさまざまである．例えばカナダのようにスポーツ担当省の一部局（スポーツカナダ）が中心となってスポーツ政策を展開する国もあれば，英国，オーストラリアのように政府系機関（UKスポーツ／スポーツイングランド，オーストラリア・スポーツコミッション）を中心に政策が展開されている国もある．また，米国，ドイツ，スウェーデンのように，NOC／NPCやNFの統括団体（米国オリンピック・パラリンピック委員会，ドイツオリンピックスポーツ連盟，スウェーデン・スポーツ連合）を中心に施策が展開される国も存在する（笹川スポーツ財団 2011）．

　また，各国のスポーツ政策の特徴は，その国の国家体制や社会制度のありようによって規定されているとの見方もある．例えばエスピン=アンデルセン（Esping-Andersen, G.）の「福祉レジーム」論を援用したバーグスガードらの研究（Bergsgard et al. 2007）では，福祉レジーム論の三つの類型（自由主義，保守主義，社会民主主義）のいずれに属するかによって，スポーツ政策における国家の関わり方や政策上の重点課題（競技力向上，商業化，スポーツ・フォー・オールなど），スポーツ政策に期待される成果（国家の名声，ビジネス，健康，コミュニティの発展など）に違いが出る可能性があることが指摘されている．

　いずれにせよ，諸外国のスポーツ政策を比較研究する上では，各国におけるスポーツ政策をめぐる国家，企業，市場，競技団体，NPOなどのアクターの関わり方，すなわち「スポーツレジーム」（山下 2009）に注目する必要があるだろう．

●グローバル化が進む中でのスポーツ政策の「収斂」？　こうして各国のスポーツ政策には「多様性」が確認できる一方で，グローバル化が進む中で各国のスポーツ政策の間に「収斂（convergence）」がみられるとの指摘もある．例えば競技力向上に関する先駆的な取組みが政策学習（policy learning），政策移転（policy transfer）を通じて他国に輸入されることがある（Houlihan & Green eds. 2008）．

また，国際機関による施策が国際大会の開催などを機に世界各国に波及するといった形が考えられる．具体例としてスポーツSDGsに関する取組みについてみてみると，2015年にニューヨーク国連本部で採択された「持続可能な開発のための2030アジェンダ宣言」にはスポーツの役割について言及された箇所がある．また，2017年にロシア連邦共和国のカザンで開催された第6回体育・スポーツ担当大臣等国際会議では，持続可能な開発と平和に向けたスポーツの貢献の最大化がテーマとされ，スポーツがSDGsの達成に貢献していくことが明言された．こうした流れの中で開催された2020年東京オリンピック・パラリンピック競技大会では，トランスジェンダーの選手がオリンピック史上初めて出場し，男性と女性の参加割合の開きが2%にまで縮まった．

わが国でも2019年のガバナンスコードの策定を機に各NFは女性理事の割合を4割にすることが求められるようになった．加えて，障害者政策では国連の障害者権利条約を背景に差別解消法等の施行がなされた．しかし，世界経済フォーラムのジェンダーギャップ指数では，2022年の116位から2023年には125位へと下がり，障害者のスポーツ実施率は依然として低い．

同様に，2022年FIFAワールドカップ開催国のカタールは石油以外の新しい国家施策としてサッカーだけではなく柔道などの他の種目，さらには障害者の大会も含めてスポーツの国際大会を積極的に招致する動きを見せている．しかし，FIFAワールドカップの開催前には同国における移民労働者の人権問題をめぐり多くの指摘がなされ，FIFAはスポーツと人権センターと協働し，人権ボランティアの活動を推進するなどの対応を見せた．

ジュリアノッティ（Giulianotti, R. 2005）は「スポーツ政策は社会政策である」と説いている．スポーツ政策は各国の政治思想や文化的・経済的背景，さらには世界情勢などと複雑に絡み合っている．特に国際大会を開催した国のスポーツレジームは国際機関の影響を強く受け，単純に読み解くことや比較することは難しい．一方で，スポーツ政策研究に限らないが，わが国との比較対象となりやすい国もある程度絞られている．だとすれば，スポーツレジームに関するさらなる活発な議論が，諸外国のスポーツ政策研究の促進へとつながるとも言える．［金子史弥・日比野暢子］

📖さらに詳しく知るための文献

Houlihan, B. & Green, M. eds. 2011. *Routledge Handbook of Sport Development*. Routledge.
Scheerder, J., et al. eds. 2017. *Sport Policy Systems and Sport Federation*. Palgrave Macmillan.

第8章

福　祉

［担当編集委員：藤田紀昭・奥田睦子］

障害者スポーツに関する用語の変遷

　障害者スポーツとは「障害のある人も実践可能な運動やスポーツのことを指すが，何か特別な領域のスポーツというわけではない」（藤田2006）．そもそもスポーツは身体活動に対して，ボールを前にパスしてはいけないとか，走ってはいけないなど何らかの制限を強いたものであり，障害者スポーツはその制限が大きいものである．障害者スポーツに関わる言葉は社会状況を反映して変遷し今後も変わると考えられる．

●**障害者スポーツ〜パラスポーツ**　「障害者スポーツ」に類似した言葉にはリハビリテーションスポーツや治療体育，医療体育，適応体育，特殊体育，アダプテッド・フィジカル・アクティビティ，アダプテッド・スポーツ，パラリンピックスポーツ，パラスポーツなど多くのものがある．

　「障害者スポーツ」は実践者に焦点を当てた言葉で障害者のためのスポーツを含意している．英語表記では Disabled sports や Sports for people with disabilities などである．これには健常者のための一般的なスポーツとは違う特別なものという認識が前提としてあると考えられる．肢体不自由者のスポーツ振興の嚆矢となった1964年に開催された東京パラリンピックの頃から（身体）障害者スポーツという言葉は一般的に使われており，この大会は国内では国際身体障害者スポーツ大会と呼ばれた．翌年には日本身体障害者スポーツ協会が設立されている．障害者スポーツとりわけ肢体不自由者のスポーツは中村裕博士らがリハビリテーションの手段としてわが国に持ち帰ったものであり，医療分野に属するものであった．リハビリテーションスポーツや治療体育，医療体育と呼ばれ，これらは身体活動の目的に焦点を当てた言葉である．

　2020パラリンピック東京大会開催が決まる前，わが国の障害者スポーツには二つの転換期があった（矢部2006）．パラリンピックの国内開催（1964年：東京，1998年：長野）と，特別支援学校の義務教育化（1979年）である．視覚障害者および聴覚障害者のスポーツは明治期より学校教育において工夫が重ねられてきた．肢体不自由については病弱者と同様に特殊体育の対象者として治療的な体操を中心に実施されていたものの，就学猶予や体育免除により取組みは十分ではなかった．この状況をパラリンピック開催や義務教育化が起点となって変えることになった．特殊体育に近い言葉として，医療体操，治療体育，矯正体育，適応体育がある（中川1995）．障害児や病弱児の身体機能や体力を通常に戻すためのものとされてきた．適応体育（Adapted Physical Education）は当初，日本では障害

のある子どもが失敗しないようなプログラムという認識であった．これが現在の
アダプテッド・スポーツ（Adapted Sports）につながる言葉である．

　適応体育は1950年代初期の米国で使用されるようになった言葉で，本来的に
は障害のある子どもに教材や指導方法を適応させるという意味で，実践の方法に
焦点を当てた言葉である．1970年代には学校教育や体育という場を越えて使わ
れる言葉としてアダプテッド・フィジカル・アクティビティという言葉が使用さ
れるようになった．1980年代後半には障害者や高齢者等の体育，スポーツ，身体
活動全般を指す言葉として専門家の間で定着した（藤田2006）．しかしながら，
言葉としては長く日本語にしにくいこと，国際的には「障害者」という言葉を使
わない傾向があったことから矢部京之助が提唱した（矢部1994）アダプテッド・
スポーツという和製英語が使われるようになった．アダプテッドとはスポーツや
運動を実施者の身体状況等に合わせる（適応させる）という意味で，スポーツ文
化の構成要素であるスポーツ観，スポーツ規則，スポーツ技術，スポーツ物的事
物を修正することである．

　2020東京パラリンピック開催決定後は障害者スポーツをパラスポーツと呼ぶこ
とが多くなった．パラ（もう一つの）という言葉が普及してきたこと，障害の有無
に関わらず楽しめるスポーツという意味が込められている．2021年には日本障が
い者スポーツ協会が日本パラスポーツ協会へと改称した．このほかにもパラバド
ミントンやパラ陸上競技など競技名の前にパラをつけることも多い．なお，パラ
リンピックスポーツはパラリンピックの採用競技を意味する言葉である．

●ユニバーサルスポーツ，インクルーシブ体育　これらの言葉は障害のある人も
ない人も一緒に参加できる点が共通している．共生社会を目指す中で生まれてき
た言葉である．ユニバーサルスポーツはスポーツを実施する場にいる多様な人々
が一緒に参加できるよう工夫されたスポーツである．単に参加できるだけでな
く，勝敗を伴うものであれば多様な参加者に等しく勝つチャンスがあることが必
要である．遊びの要素であるアゴン（競争），イリンクス（眩暈），ミミクリー（模
倣），アレア（偶然）のうちアゴンの要素を相対的に弱めることで可能となる．

　インクルーシブ体育はすべての子どもの教育を受ける権利とインクルーシブな
教育を求めた1994年のサラマンカ宣言以降注目されるようになった言葉である．
障害のある子どももない子どもも一緒に体育の授業を受けることを意味した言葉
である．障害のある子どもが見学や点数つけ係として参加するのではなく，工夫
（合理的配慮）により一緒にプレイしたり，競争できる内容を含むものである．

［藤田紀昭］

📖さらに詳しく知るための文献

藤田紀昭　2013．『障害者スポーツの環境と可能性』創文企画．
池田千紗ほか　2022．『合理的配慮にも活用できる！アダプテッド・スポーツで誰もが主役の楽しい体育』
　中央法規出版．

障害者スポーツの振興とパラスポーツ

　障害者のスポーツの振興を明確に謳ったわが国の初めてのスポーツ関連法は，2011年に施行されたスポーツ基本法である．スポーツ基本法の基本理念第二条5に，「スポーツは，障害者が自主的かつ積極的にスポーツを行うことができるよう，障害の種類及び程度に応じ必要な配慮をしつつ推進されなければならない」と示された．2013年に，2020年東京オリンピック・パラリンピック競技大会の開催が決まり，2014年に障害者のスポーツの振興や強化に係る政策は厚生労働省から文部科学省に移管（2015年にはスポーツ庁発足）され，障害の有無を超えスポーツが一元的に推進されるようになった．わが国のこうした政策動向は，英国等の障害者のスポーツの先進国と言われる国と比較すると20年近く遅れている．背景には，障害者運動や障害者の差別に関する法の施行の遅れなどがある．

●ノーマライゼーションの考えから障害者権利宣言まで　ノーマライゼーション（Normalisation）が初めて政策用語として使用されたのはデンマークの「1959年精神遅滞者法」とされ，「精神遅滞者の生活を可能な限り通常の生活状態に近づけるようにする（the normal as possible）」が強調された．この法の施行に尽力したのが，当時の社会省の役人，バンク゠ミケルセン（Bank-Mikkelsen, N. E.）である．normalには「あたりまえの」「ふつうの」，といった訳語が用いられるが，normalとは何かを人々に問い議論を発展させ，八つのノーマライゼーションの原理を提唱したのがスウェーデンのニィリエ（Nirje, B.）である．ニィリエは，スウェーデン国内で障害者のスポーツ推進に大きく関わっただけでなく，知的障害者の競技スポーツの発展にも貢献している．オーストラリアで障害者のスポーツ振興に関わっていたLittle（1989）の報告によれば，ノーマライゼーションと障害者のスポーツ推進の関連性をニィリエに尋ねたところ，スポーツの種目に応じたユニフォームを着用し，地域で競技団体が開催する大会に出場し，その大会には競技審判員が笛を吹くことと説明したという．さらにニィリエ（2004）は競技スポーツを志し，それを社会が支援するのもノーマライゼーションと説いた．その後，北欧から始まった権利に対する考えは1971年に精神遅滞者の権利に関する宣言（第26回国連総会）や1975年には障害者の権利に関する宣言（第30回国連総会）の採択，1981年には「完全参加と平等」を謳った国際障害者年へとつながる．

●障害者差別禁止法や障害者権利条約がもたらした障害者のスポーツ権利　1990年，米国で施行された「1990年障害のあるアメリカ人法（ADA）」は障害を理由とした差別を認めないとした法として，世界に衝撃を与えた．この法では，「人間が

障害によって判断されてはならない，障害者のもっている力が十分に発揮されるようにすることが社会の責任」とし，能力を活かすことが強調された（八代・富安 1991）．この能力を活かすという考え方は，雇用政策のみならずスポーツを含むさまざまな領域に障害者を競争社会へと誘っていく．ADA の施行後，1993 年にオーストラリアで，1995 年には英国で障害者差別差別禁止法が施行され，この法はその後，障害者のスポーツを推進する根拠として示され，1995 年にはオーストラリアスポーツ委員会が障害種別の指導法や体育におけるインクルーシブ教育に関する本を出版した．

国連は，2006 年に障害者の権利に関する条約（通称：障害者権利条約）を採択した．この条約の作成過程には，「私たちのことを私たち抜きで決めないで」を合言葉に，世界中の障害当事者が参加した．そして生活，教育，雇用だけではなくスポーツについても第 30 条「文化的な生活，レクリエーション，余暇及びスポーツへの参加」に障害者のスポーツの権利を明文化した．わが国は，2007 年に障害者権利条約に署名，2014 年に批准書を寄託し，2016 年に障害を理由とする差別の解消の推進（通称：障害者差別解消法）を施行した．2022 年，障害者権利条約批准後，日本の状況について初めて国連による対面審査が実施されたが，中でも精神障害者の生活環境の改善やインクルーシブ教育の推進など，障害者の権利に関する多くの勧告がなされた．

●一元化への動き　パラリンピックの発祥の地として知られる英国では，1985 年にマン島で，ストーク・マンデヴィルの関係者とスポーツカウンシルや健常者の競技団体の会議が開催されたが，車いす使用者以外はこの会議には出席していない．1987 年，障害者スポーツに関する国内初の実態調査が行われ，障害者が健常者と比較してスポーツ活動への参加が低いことが報告された．その報告書に示されたキーワードが一元化（Mainstreaming）であり，EFDS（2004）は「一般のスポーツ協会や健常者向けのプログラムを批准する協会が障害者に対しても同様の運営をすること」と定義した．

日本においても，2020 東京オリンピック・パラリンピック競技大会を契機に，障害者のスポーツの所管が厚生労働省から文部科学省に移管され，障害者のスポーツもスポーツとして推進される動きが活発化した．また，障害者のスポーツについても中央競技団体との連携も一部の団体で始まるようになった．いずれにせよ，障害のある人が自分たちが望む方法で活動に参加できるよう機会と選択肢を用意することは，パラスポーツ界の枠を越え，スポーツ界全体の挑戦であることは間違いない．

[日比野暢子]

📖さらに詳しく知るための文献

ニィリエ，B. 著，河東田 博ほか訳編 2004.『ノーマライゼーションの原理』新訂版. 現代書館.
八代英太・冨安若和編 1991.『ADA の衝撃』学苑社.

近代スポーツとアダプテッド・スポーツ

　アダプテッド・スポーツは，近代スポーツにおける人とスポーツとの関わり方とは異なる人とスポーツとの関わり方を包含する言葉である．スポーツは社会を表す鏡であり社会を反映しているが故に，アダプテッド・スポーツにみられる人とスポーツとの関わり方は社会変容をもたらす可能性をもつ．アダプテッド・スポーツとはいかなる概念に基づくスポーツであるのか，また，どのような社会変容をもたらす可能性があるのか．

●**アダプテッド・スポーツの概念：People First と主体性**　アダプテッド・スポーツという言葉を最初に使用したのは 1994 年の矢部京之助である（佐藤 2018）．佐藤によれば，矢部は障害者の体育・スポーツを表す言葉として 1970 年頃から英語圏で使用されていた Adapted Physical Activity（アダプテッド・フィジカル・アクティビティ）を邦訳する際に，適合や適応等を意味するアダプテッドはそのまま使用したが，フィジカル・アクティビティについてはそのまま訳すと身体活動という堅いイメージの言葉になること，また，体育とすると実践者が受動的なイメージとなることから，実践者の主体的に取り組む姿としてスポーツという言葉を用いた．そして，障害を持つ人を対象にした体育・スポーツについて，二つの単語を合わせてアダプテッド・スポーツと名づけたのである．すなわち，アダプテッド・スポーツという言葉には，障害者の障害の種類や程度，志向に適合させた活動それ自体を意味するだけではなく，その背景には体育・スポーツと人との関係において人が中心にあり（People First），その人が主体となった柔らかいイメージを持つ活動であるという考え方がベースにあると言えよう．

●**近代社会と近代スポーツのつながりがもたらす序列化と排除**　グットマン（Guttmann, A.）は『スポーツと現代アメリカ』の中で，近代スポーツの特徴として世俗性，平等性，官僚化，専門化，合理化，数量化，記録への固執の七つを示したが，このような特徴を持つ近代スポーツはヨーロッパから始まった科学革命，産業革命，市民革命を経て成立した近代社会と同時代的に成立した文化である．近代社会の成立過程における主な担い手は若い男性であり，彼らに合理的かつ効率的な思考や行動様式，暴力を抑制する態度などを獲得させつつ，秩序ある社会を成立させるとともに，スポーツにおいても同様の思考や行動様式，態度を身につけることが求められた．すなわち，近代スポーツは行う人に目的に合った動きができる身体となるようにトレーニングすることを求め，感情をコントロールし，努力を惜しまない禁欲的な態度をもって取り組む身体文化となった．木村

（2008）によれば，古来の日本語の「自然」の意味には人為的な図らいの及ばない「おのずからそうであり」「ひとりでにそうなること」「不測の偶発事」等も含まれていたが，近代社会ではそれらの意味は小さくならざるを得ないと言えよう．また，近代社会はそれ以前の社会と比べて人や情報の移動が容易になったことでスポーツにおいても複数の他者との競争が可能になり，それは同時にルールの統一化やそれを管理し運用する連盟や協会等の組織化を生み出し，個人にはフェアプレイの精神やルールを遵守する態度を要求した．これらのことによって勝敗や記録の比較とそれに基づく序列化や試合結果に対する価値の一元化が生じやすくなり，若い男性より一般的に身体的エネルギーが小さい女性や高齢者は序列の下位の方に位置づけられ，統一されたルールに適応できない人はスポーツ参加それ自体から排除されることとなった．このような近代スポーツの様相は今もなお，スポーツの世界的祭典としてのオリンピック大会やパラリンピック大会等のような世界規模の大会にみられるのみならず，青少年のスポーツ活動であるスポーツ少年団や学校運動部活動などにも少なからずみられるものである．

●オルタナティブなスポーツとしてのアダプテッド・スポーツと社会変容　一方で，社会変容に関しては1990年代から2000年代にかけてベック（Beck, U.）やギデンズ（Giddens, A.）などが再帰的近代（reflexive modernity）という言葉を用いて近代社会の質的変容を指摘している．再帰的近代とは近代という名前がついている通り近代社会という枠組みから完全に抜け出た社会ではなく，近代社会における人の行為が新たな社会的リスクを生じさせ，故に自らにそれが降りかかるという社会である．だからこそ，常に自らの行為に対するモニタリングが必要であり，近代の限界や矛盾と折り合いをつけていくことが必要となる社会のことである（Giddens 1994 = 2002）．ここで改めてアダプテッド・スポーツの概念を見てみると，人とスポーツの関係において近代スポーツでは既存のルールが優先されるためそれへの遵守が難しいことから排除の対象となりやすかった障害者に対して，アダプテッド・スポーツは既存のルールよりも人が優先され，多様な障害の種類や程度，志向に適合させた新しい活動がつくられる可能性をもつ．また，行い方や価値においても人が主体となった柔らかいイメージの活動，すなわち，勝敗や記録の比較とそれに基づく序列化や試合結果に対する価値の一元化をもたらす活動ではなく，行う人の志向に合わせて行い，それぞれ異なった価値づけをすることが尊重される．まさに，近代の限界や矛盾と折り合いをつけていく再帰的近代という視点から見れば，アダプテッド・スポーツは従来のスポーツの枠組みを組み替え，社会変容の可能性をもつことが期待できるのではないか．　　［奥田睦子］

📖 さらに詳しく知るための文献

多木浩二 1995.『スポーツを考える』ちくま新書.

渡部憲一 2003.『人間とスポーツの歴史』高菅出版.

矢部京之助ほか編著 2004.『アダプテッド・スポーツの科学』市村出版.

障害の捉え方

　近年，障害関係分野では障害を「医学モデル（個人モデル）」ではなく，「社会モデル」の観点から捉えることが一般的になってきている．以下では，両モデルをWHO（世界保健機関）が制定した障害分類と関連させながら概説していく．

●**医学モデルとICIDH**　従来，障害は個人の身体的・精神的な欠陥として捉えられ，医学的な治療の対象とされるとともに，心身の機能回復や社会復帰に向けた努力が障害者に求められてきた．医学モデルはこのような障害観に基づいて，障害者を取り巻くさまざまな差別や困難の原因を，個々人の心身の機能不全や欠損に帰責するものである．

　以上の医学モデルの理論的背景となっているのが，1980年にWHOが制定した国際障害分類（ICIDH: International Classification of Impairments, Disabilities and Handicaps）である．ICIDHは障害を三つのレベルからなる階層構造に分類したもので，「疾病（Disease）」を発端として，それらが心身機能の異常や欠損を表す「機能障害（Impairment）」をもたらし，そのために実際の生活での諸活動の制約や能力の欠如した状態とされる「能力障害（Disability）」が発生し，最終的に社会的役割が果たせなくなる等の「社会的不利（Handicap）」が生じるものとされている．これらのように障害を，「心身レベル」「能力レベル」「社会生活レベル」の三つに分類する手法は，医療や福祉のみならず教育，雇用等，障害に関わるさまざまな領域で導入されていったが，その一方で医学モデルおよびICIDHに対するさまざまな批判や改善を求める声があがったのである．

●**障害学における医学モデル批判**　上記の医学モデル批判の論拠となったのが「障害学」である．障害学とは1970年代の米国や英国における障害当事者の社会運動を源流とし，長瀬修は『障害学への招待』（1999）において，「障害学……とは，障害を分析の切り口として確立する学問，思想，知の運動である．……障害学にとって重要なのは，社会が障害者に対して設けている障壁……に眼を向けることである」とし，従来の「障害者福祉の対象」という枠組みからの脱却を目指す試みであると述べている．障害学は，従来の医学モデルに基づいた障害・障害者観を批判しており，社会が「障害者」に対して設けているさまざまな障壁に目を向け，「できなくさせる社会（disabling society）」の抑圧性を問題化することが重要であるとしている．医学モデルの視点では，障害者の「社会的不利（Handicap）」が生じる原因は個人の「機能障害（Impairment）」にあるとされており，換言すれば，ある個人が「障害者」であるのは，本人の欠損や能力障害に起因する

ということであり，障害学の論者たちはこの点について生物学的決定論に陥っていると批判している．

●**社会モデルと ICF**　障害学では以上のような医学モデル批判と同時に，障害の「社会モデル」を提唱したのである．社会モデルでは，障害者が直面する困難の原因は本人の心身機能の特性にあるのではなく，社会的障壁や剥奪にあるとし，その解消は「社会的な責任」であると提起したのである．このような発想の転換により，健常者中心の社会に変革を要求することが可能となり，社会モデルは障害・障害者に関わる政策形成や諸実践において大きな影響を及ぼすものとなった．社会モデルにおいて表象される障害者像について，倉本・長瀬（2000）は，「『健常者』『障害者』というカテゴリー自体，特定の時代，特定の社会が生み出したものであり，誰がどのようにしてそれらのカテゴリーで語られるかもその時代，その社会によってちがってくる……時代により社会により，誰が障害者であるかはちがっているし，……障害を客観的に定義する基準などどこにもない」と述べており，障害や障害者が社会との関係性によって生み出される相対的なものであると指摘している．

　以上のような医学モデル批判や社会モデルの構築により，WHO は 2001 年に国際障害分類の改訂版として，国際生活機能分類（ICF: International Classification of Functioning, Disability and Health）を制定した．ICIDH における機能障害，能力障害，社会的不利に対応する用語として，ICF では，「心身機能（Body Functions and Structure）」「活動（Activity）」「参加（Participation）」といったより中立的な意味合いの言葉が用いられている．また，生活機能に大きな影響を与える要素として，「環境因子（Environmental Factors）」と「個人因子（Personal Factors）」が追加されており，ICIDH の「社会的不利」が生じる要因を，個人の機能障害や能力低下のみに求めるのではなく，周囲の物的環境や社会構造，および個人の障害や健康状況以外の特性も含みこむことで，より多面的に障害を捉えられるようになっている．さらに，構成要素間の関係性についても変化がみられる．ICIDH では，疾病から社会的不利まで一方向の因果関係になっているのに対して，ICF では要素間が双方向に結ばれており，それぞれの構成要素が相互に影響し合って存在していることを示している．

　以上のように，ICF は「個人モデル」と「社会モデル」を統合し，生物学的・個人的・社会的観点から，障害や健康，生活機能に関する分類を提供するものとなっている．　　　　　　　　　　　　　　　　　　　　　　　　　　　　［河西正博］

📖**さらに詳しく知るための文献**

石川 准・長瀬 修編著 1999.『障害学への招待』明石書店.

倉本智明・長瀬 修編著 2000.『障害学を語る』エンパワメント研究所.

厚生労働省 2002. 国際生活機能分類：国際障害分類改訂版（日本語版）. https://www.mhlw.go.jp/houdou/2002/08/h0805-1.html（最終閲覧日：2023 年 6 月 23 日）.

もう一つのオリンピックとしての
パラリンピック

●パラリンピックの発展とオリンピック　パラリンピックは当初，脊髄損傷による対麻痺を意味するパラプレジア（paraplegia）とオリンピック（Olympic）の合成語とされた．現在では多様な障害を持つ人々が参加しており，障害のある人のための「もう一つの」オリンピックを意味する言葉として理解されている．パラリンピックの父と表されるグットマン博士（Guttmann, L.）が英国のストーク・マンデヴィル病院に赴任したころ，脊髄損傷者は社会に復帰することもかなわず，いたずらに時を過ごすしかなく，希望も自尊心も他者からの尊厳も失っていた．しかし，グットマンはスポーツをリハビリテーションの手段として導入し（Brittain 2018），失った希望と自尊心を取り戻させ，社会の一員であり続けられることを示し，彼らに対する社会の態度を変えようとした．当初から実施されていたアーチェリーは車いすで生活するために必要な上半身の力を強化し，姿勢をよくすることで内臓疾患や尿路感染症予防にも好影響がある（阿部 2007）と同時に対麻痺者が健常者と同等の条件で競争できる数少ないスポーツの一つであった．1948 年に始まったストーク・マンデヴィル大会は 1952 年にオランダ人が出場することで国際大会となった．この間，世界退役軍人連盟が大会出場のための資金を提供するなどの支援もあり大会規模は大きくなった．グットマンはこの大会の重要性を世界に認めさせるため常にオリンピックを意識していた．1949 年にはすでにこの大会が「脊髄損傷者にとってのオリンピックに相当するものとして認識されるようになる」と主張している（Brittain 2018）．

　1959 年 5 月にローマで開かれた世界退役軍人連盟の総会で翌年のストーク・マンデヴィル大会をその年開催されるオリンピックと同じローマで開催することが決まる．もう一つのオリンピックを意識した決定である．この大会は後年 IPC（国際パラリンピック委員会）が第 1 回の夏季パラリンピックと定めた大会である．その後この大会には切断や視覚障害，脳性麻痺の選手も参加するようになり，障害者の総合スポーツ大会へと成長する．そして，グットマンのもう一つのオリンピックへの思いはパラリンピックを統括する組織の中に受け継がれる．

　2000 年シドニーパラリンピック開催中に IOC（国際オリンピック委員会）会長サマランチ（Samaranch, J. A.）と IPC 会長ステッドワード（Steadward, R.）（いずれも当時）の間でその後の協力関係について会談が行われ，オリンピック開催都市はその終了後パラリンピックを開催すること，オリンピック組織委員会がパラリンピックも開催し，可能な限り同じ会場や選手村を使用すること，IOC がパラ

リンピック開催に伴う財政的支援を行うこと，パラリンピックのエリート性を高めるためにクラス分け数や種目の削減を行うことなどで基本合意した（日本パラスポーツ協会 2023）．パラリンピックは名実ともにもう一つのオリンピックとなったと言える．

●**パラリンピックが目指すもの**　IPC はパラリンピックの価値を勇気（Courage），強い意志（Determination），インスピレーション（Inspiration），そして公平（Equality）と定めている．マイナスの感情に向き合い，乗り越えようとする勇気や，困難があってもあきらめず限界を突破しようとする強い意志を持つパラアスリートを見た人々の心を揺さぶりインスパイアすることを通じて多様性を認め創意工夫により誰もが同じスタートラインを目指せる社会を目指すと解釈でき，究極的には共生社会の創造がパラリンピックの目的である．

●**パラリンピックのレガシー**　大会を開催した都市や国，大会に参加した国々において上述の目的が達成されることが最も重要なパラリンピックのレガシーである．しかしながら，パラリンピックのレガシーは対象とした国や社会の法制度，障害者のスポーツ実施状況やパラリンピックに関する知識の普及度，レガシーを問う時期や対象者，そして，共生社会に向けた社会発展の進捗状況などによって評価が変わる．

　そのうち有形のレガシーとしては，街や駅，スポーツ施設や宿泊施設などのバリアフリー化は間違いなく進んでいるが，これはパラリンピック招致前からのいわゆるバリアフリー法等の整備が進んでいた結果とみることもできる．

　無形のレガシーでは 2020 東京パラリンピック開催によりパラリンピック競技について多くの人が知識を得たり（藤田 2023），障害者に対する意識がポジティブに変化し，障害者への理解が深まったりする報告がある（東京オリンピック・パラリンピック競技大会組織委員会 2021，24；東京都 2022）．一方で障害当事者を対象とした調査で，最近，障害を理由に差別を受けたことがあると答えた人の割合がパラリンピック開催前後でほとんど変化していないという調査結果もある（市川 2022）．

　パラリンピックでトップレベルの選手の活躍を報道することは障害者のプレゼンスや能力の高さを認識させることができるとする．他方，感動ポルノ（Inspiration Porn）をあおることにつながるという批判や選手と同じようには活躍ができない障害者に対して，「できない人」といったラベリングをすることになるという主張もある．パラリンピック大会開催によるレガシー形成は大会前の準備とその後の継続的な取組みの中で評価していく必要がある．　　　　　［藤田紀昭］

📖**さらに詳しく知るための文献**
平田竹男ほか編著 2016.『パラリンピックを学ぶ』早稲田大学出版部.
小峰書店編集部編 2019.『パラリンピックの歴史』決定版！ パラリンピック大百科3. 小峰書店.

競争を相対化させたスペシャルオリンピックス

　スペシャルオリンピックス（略称 SO：エスオー）は知的障害のある人を対象としたスポーツ組織である．発祥は 1960 年代の米国で，よく知られているパラリンピックなど身体障害のある人のスポーツが英国で始まったこととは異なる経緯をもつ．1988 年に国際オリンピック委員会（IOC）と「オリンピック」の名称使用と相互の活動を認め合う議定書を交わしている．ただし，オリンピック，パラリンピックとは内容や運営面での関係はない．およそ 170 の国・地域で，500 万人以上の知的障害のある人に年間を通じてスポーツトレーニングや競技会を提供している．また，夏季・冬季の世界大会をそれぞれ 4 年ごとに開催している．
　国内ではスペシャルオリンピックス日本（略称 SON：エスオーエヌ）が全体のマネジメントを担い，特に地域での日常スポーツを重視して活動を展開している．全国 47 都道府県に拠点があり約 8000 人の知的障害のある人が参加している．
●ディビジョニング　「知的障害」は個人差が大きく，その程度基準の一つである IQ（知能指数）と身体能力は結びつかないこともある．また，大会等では「知的障害」という単一の分類になっていることも多い．そのような中で，スペシャルオリンピックスの大会・競技会では年齢や性別，競技能力などでグループ分けを行う「ディビジョニング」という仕組みが導入されている．各ディビジョンは，能力・記録差 15％以内（手帳の等級などは問わない）にある最大 8 人，または 8 チームで構成され，競技はその中で行われる．各競技の国際団体・連盟等のルールを基本としながらも一部変更を加えた固有のルールが用いられ，同レベルの他者との競い合いを通して一人ひとりがトレーニングの到達度に応じた成果を最大限に表現し，認め合う場・機会となっている．予選はディビジョニングのために行われ，それを元に全員が決勝に進み，各ディビジョンの全員が順位に応じて表彰（1〜3 位はメダル，4 位以下はリボン）を受ける．ルールに基づき失格は適用されるものの，失格者も表彰式で参加リボンなどが授与される．チームスポーツではベンチ入りした全員が出場することが求められる．総じて，勝利者の選出やエリートアスリートの活躍に重きを置くものではなく，知的障害という制約のある中で各自ができる限りのスポーツを経験することが大切にされている．
　このような考え方は知的障害者スポーツの一つのあり方を形作ってきたともいえ，参加者・支援者を増やすなど遅れていた活動を推進し，すそ野を広げることにつながっている．一方で，独自の価値観はスポーツ界（障害者スポーツ界）におけるコミュニケーションの希薄化につながるおそれもある．

●**ユニファイドスポーツ®**　スペシャルオリンピックスでは知的障害のある人と，ない人がともにスポーツを楽しみ，日常的なトレーニングや大会・競技会に参加する取組みが進められている．どの段階においても障害のある人と，ない人との協働が実現するように目的・機能が異なる次の三つのモデルが設けられている．①高い競技能力を持つ知的障害のある人のパフォーマンスを最大限に引き出そうとする「ユニファイドスポーツ®・コンペティティブ」，②技術や戦略の向上を目指す「ユニファイドスポーツ®・プレーヤーデベロップメント」，③参加やスポーツを楽しむ機会としての「ユニファイドスポーツ®・レクリエーション」というものである．個人競技，チーム競技どちらにも適用され，知的障害のある人と障害のないパートナーがチームメイトとして活動するスタイルは，「スポーツを通じた共生社会の実現」への期待がある．

　導入・推進の背景には，同組織の国際本部（米国）の，より多様な人が参加，協働できるスポーツの展開や，スポーツが知的障害のある人たちの社会性や自立を高めるといった従来からの考えだけでは共感が得られなくなるという，次代に向けた認識があった（スペシャルオリンピックス日本編 2020；田引 2020）．

●**INAS**　1980 年代半ばに欧州の知的障害者スポーツの専門家によって「INAS（アイナス）-FMH」が設立され，競技志向の知的障害アスリートのスポーツ要求に応えている．国際パラリンピック委員会（IPC）の加盟団体でもあり，「INAS-FID」への改称を経て，2019 年に「Virtus（バータス）国際知的障害者スポーツ連盟，事務局英国」へと名称変更を行っている．各競技は団体・連盟等のルールに基づいて運営され，国際大会の出場には審査を受けマスターリストに登録される必要がある．日本を含むおよそ 80 か国で 30 万人以上が参加しており，4 年ごとにグローバルゲームズ（国際大会）を開催している．前項のスペシャルオリンピックスと比べると規模は大きくはないが，それは競技性を重視して一定レベルの記録・成績にある選手を対象としているためである．より多くの人が参加できるように従来の「知的障害」という単一の基準に加え，ダウン症など身体面にも制約のある人や，知的障害を伴わない人も含めた自閉症の人たちのための新たなカテゴリーも検討，導入されている．

　スペシャルオリンピックスでの競技経験を経て Virtus に入る者もいれば，逆にVirtus での競技スポーツを引退してスペシャルオリンピックスに戻る人もいる．それぞれが生涯スポーツの選択肢として役割を果たしており，いまだ十分とはいえない知的障害のある人にとってのスポーツ環境の一部となっている（Burns 2020；宮崎 2019）．　　　　　　　　　　　　　　　　　　　　[田引俊和]

📖**さらに詳しく知るための文献**

遠藤雅子 2004．『スペシャルオリンピックス』集英社新書．

田引俊和 2020．『日本の知的障害者スポーツとスペシャルオリンピックス』かもがわ出版．

もう一つの世界をもつスポーツ

●デフリンピック 「デフリンピック（Deaflympics)」は，ろう者のオリンピックとして誕生した．夏季大会は 1924 年フランス，冬季大会は 1949 年にオーストリアで開催された．当初は，The International Silent Games（国際サイレント大会）と称されていたが，1969 年のベルグラード大会から The World Games for the DEAF（世界ろう者競技大会）と名称が変更され，2001 年ローマ大会開催時から国際オリンピック委員会（IOC）の認可を得て The Deaflympics（デフリンピック）が使用されるようになった．

デフリンピックの主催団体は，国際ろう者スポーツ委員会（ICSD: International-al Committee of Sports for the Deaf）である．1924 年の夏季大会開催を契機として，ICSD の前身である Le Comité International des Sports Silencieux（CISS：国際サイレント・スポーツ委員会）が創設され，その後 ICSD へと組織名称が変更された．CISS（国際ろう者スポーツ委員会）における役員はろう者が務めており，地域代表もろう者である．ただし，役員のうち一名は健聴者であるが，この人物は IOC（国際オリンピック委員会）の会合などで CISS を代表して発言するために任命されている（小倉 2018）．デフリンピックの理念は，障がい者差別の撤廃，障がい者のスポーツ参加促進であると同時に，ろうあ者の団結，国際的な連携，一体感の強化という独自の視点が掲げられているとされる（小倉 2020）．

デフリンピックへの参加資格は，音声の聞き取りを補助するために装用する補聴器や人工内耳の体外パーツ等をはずした裸耳状態で，聴力損失が 55 デシベルを超えている聴覚障害者で，各国のろう者スポーツ協会に登録している者とされる．2025 年には東京都で日本初のデフリンピックが開催される．

●ソーシャルフットボール ソーシャルフットボールとは，精神障がいや疾患がある人のフットボール（サッカー・フットサル等）である．精神障害のある人々のフットサル大会という形で，2007 年に大阪で活動が開始された．大阪での取組みが日本全国に波及し，各地域のスポーツ団体との連携を深めながら精神疾患や精神障害のある人々を対象としたフットサルイベントが開催されるようになり，さらなる普及促進の担い手として「日本ソーシャルフットボール協会」が設立された（日本障がい者サッカー連盟，online）．

「ソーシャルフットボール」の名称は，イタリアで行われている calciosociale（英訳 social football）に由来している．イタリアの calciosociale は，2006 年から活動が開始され，女性・子ども・障害・触法歴の有無を問わず参加できるフット

ボールとして位置づけられている.

　競技ルールは基本的には国際サッカー連盟の規則に準拠するが，以下の特別ルールを採用している．競技形態はフットサルであり，女性選手を含む場合に限り最大6人がコートに立つことができる．また，日本国内で開催される全国大会の開催要件には精神障害者保健福祉手帳の交付を受けた者，障害者自立支援法の自立支援医療制度を利用している者，精神科を継続的に受診しており，主治医より通院証明書の発行が得られる者など医学的な診断を前提とした条件が含まれるが，障害の軽重によるクラス分けは行われていない．2016年には第1回ソーシャルフットボール国際大会が開催された．日本・イタリア・ペルーの代表チームと大阪選抜の4チームが出場し，日本代表が初代チャンピオンとなった．2018年に開催された第2回大会はイタリア（ローマ）で開催された．この大会より呼称が"Dream World Cup"に変更された．Dream World Cupの統括組織はThe International Football Committee on Mental Health（IFCMH）であり，2013年に設立された（The International Football Committee on Mental health, online）.

●ゆるスポーツ　ゆるスポーツは，年齢や性別，運動神経や運動経験，障害の有無にかかわらず，誰もが楽しめるように考案されたスポーツである.

　ゆるスポーツは，2016年4月に設立された世界ゆるスポーツ協会によって生み出されている．同協会は，「スポーツ弱者を世界からなくす」という目的が掲げ，スポーツ参加に対する障壁を取り除くべく，どんな人でも楽しめるスポーツをゼロから生み出している．この競技開発の過程では，障害の有無や性別を超えて楽しめるルールづくり，人々を魅了するビジュアル，誰もが親しみを覚えるネーミング等が重視されている．例えば，「イモムシラグビー」と称されたスポーツでは，プレイヤーがイモムシを模したウェアを装着して実施するラグビー競技である．プレイヤーはほふく前進や体を転がす等の基本動作のみで競技を楽しむ．そのため，障害の有無による競技格差が生まれず，参加者全員が楽しめるように工夫がなされている．そのため，ゆるスポーツの開発には多数のクリエイターが関与している点も特徴である．世界ゆるスポーツ協会ではこのような新たなスポーツを考案する人を「スポーツクリエイター」として職種を設け，日々新たなスポーツの考案に取り組んでいる．また，ゆるスポーツの特長である怪我のリスクが低く，誰もが楽しめる点から，社内運動会や商業施設の活性化イベント，自治体イベントにおける活用も進められている．　　　　　　　　　［遠藤華英］

📖さらに詳しく知るための文献

小倉和夫 2018. デフリンピックの歴史，現状，課題及びパラリンピックとの比較. 日本財団パラリンピックサポートセンターパラリンピック研究会紀要 8：1-16.

The International Football Committee on Mental Health（IFCMH）. https://www.dreamworldcup.net/road-to-peru/international-football-committee-on-mental-health/（最終閲覧日：2023年7月30日）

世界ゆるスポーツ協会ホームページ. https://yurusports.com/（最終閲覧日：2023年7月30日）

異なる身体を平等化させるシステムとしてのクラス分け

●**スポーツにおける障害の捉え方**　スポーツにおいて障害について考えるには，障害の社会モデルを参照すると整理しやすい．社会モデルをどのように理解し実践するかは種々の立場がありうるが，榊原堅二郎が指摘するように「障害の社会モデルは，身体の問題である損傷と社会の問題である障害を区別」（榊原 2019, 161）するものとしておこう．非障害者も含め，人は，個人の身体的・知的・精神的状況の困難であるインペアメントと，社会が構築する障壁であるディスアビリティの二つの軸の連続体として位置づけられる．すなわち，この 2 軸の違いだけ，私達の身体には差異が存在する．こうした差異を越えてスポーツを行うために主に二つの方法がある．

　一つが，スポーツ参加を阻む，個々のインペアメントへの対処である，これには，道具の工夫・ルールの変更を主とする「合理的配慮」の方法と，インペアメント身体をそのまま「活用する」方法がある．後者はインペアメントそのものを基盤としてスポーツを編成することによって「非障害化」し，障害のある人のスポーツ参加を可能にする取組みである．

　もう一つがクラス分けである．クラス分けは，個人のインペアメントを，スポーツにおけるディスアビリティとしないようにコントロールする方法である．Connick らは，クラス分けの機能を競技者を異なるクラスに分け，各クラスがほぼ同じ程度の困難さ（ディスアビリティ）を引き起こすインペアメントからなることを保証するものという（Connick et al. 2018）．さらにクラス分けの機能としては，誰にパラリンピック／障害者スポーツに参加する資格があるのかを分類すること（Connick et al. 2018），競技結果の予測不可能性を担保することが挙げられる（国際パラリンピック委員会〔IPC〕WEB ページ）．

　障害者スポーツにおけるクラス分けは，障害者のスポーツ活動が競技性を持つ過程で変遷してきた．初期は医学の視点でインペアメントの程度を分類し競技に反映する医学的（障害別）なクラス分けから始まり，より各競技種目の特性が，どの程度各人のインペアメントをスポーツにおけるディスアビリティとするかという視点の競技特異的な機能的クラス分けへと変化している．また，こうした障害（インペアメント）をどのように取り扱うかについては，障害者のスポーツ活動が始まった当初から問題であり続けている．したがって，インペアメントを扱う方法としてのクラス分けは，大きな関心事であった．今後はより科学的知見に基づくクラス分け（Evidence Based Classification System: EBC System）が求めら

れているという（Connick et al. 2018；指宿ほか 2016；Buckley 2008, 90；中森 2008, 610-611）.

●**平等化のシステムとしてのクラス分け**　現在の障害者スポーツでは機能的クラス分けをもとに，三つの運用方法が採用されている．それがクラス別競技，持ち点制，パーセントシステムである.

　クラス別の競技方法は，各競技に関連する身体機能や運動機能の発揮状態と競技特性を勘案しクラスを分ける仕方である．競技によってどのような身体がディスアビリティとなってしまうかは異なるため，競技の観点から異なるインペアメントを同一のディスアビリティとして分類する．したがってこの場合，各クラスは同じ競技種目でも別の「クラス」としてイベントがつくられる．この方法は陸上や水泳などで典型的にみられる.

　持ち点制は，主に車椅子バスケットボールや車椅子ラグビーで採用されている方法である．プレイヤーはクラス分けに従って，競技への影響の大きさとの関連で「持ち点」を与えられる．多くの競技では，持ち点が低いほうがインペアメントの影響が大きく（≒障害が重い），持ち点が高いほうがインペアメントの影響が小さく（≒障害が軽い）なる．車椅子バスケットボールであれば，1チーム5人で行われる試合中，5人の持ち点の合計が14.0以下であるように編成される必要がある．この方法は，チームの全体としてディスアビリティのレベルを実質的に平等化している．「実質的に」というのは，個々人はゲームの中で，身体の違いを経験するからである．だが，それは大きなディスアビリティとしては理解されていない（渡 2012）.

　アルペンスキーや自転車競技（トラック）などで用いられている方法がパーセントシステムである．アルペンスキーのクラス分けはまず，障害種別に近い形で，立位・座位・視覚障害というカテゴリーに分けられる．そこから機能的クラス分けが行われる．実際の競技は，各カテゴリー内の機能的クラスで行われるのではなく，各クラスに対して与えられた係数（パーセンテージ）を実測タイムにかけた「計算タイム」を用いて各カテゴリー内で競い合う.

　いずれの方法も，ディスアビリティを統制・コントロールすることによって，各人のディスアビリティを非障害化している．これによって，障害のあるアスリートはただ「アスリート」として扱われ，競争する．勝敗は基本的にアスリート個人の技術等の要素によって決まることになる．クラス分けは，人間の身体的状況が斉一ではないことを前提に，個々人の違いや身体の違いを社会・スポーツに反映させないスポーツ参加を可能にするものである．これは社会－スポーツに，障害者を包摂する方法の一つのあり方を示している．　　　　　［渡　正］

📖さらに詳しく知るための文献

樫田美雄 2021．東京 2020 オリパラ競技大会から考える人権社会学．現象と秩序 15：101-123.

渡　正 2022．障害者スポーツにおける障害の非障害化の社会学．現象と秩序 16：1-18.

パラスポーツとスポーツボランティア

　近年，パラスポーツのボランティアに対する社会的な関心が高まっている．東京オリンピック・パラリンピック 2020 には多くのボランティアが参加したが，大きな注目を集めたのがパラリンピックのボランティアだった．その理由の一つは，障害のある人が東京オリンピック・パラリンピックのボランティアに参加したためである．この取組みは 2012 年のロンドンオリンピック・パラリンピックから始まったもので，障害のある人が選手や観客のサポートを行うユニークな試みとして注目された．

　もう一つは，パラスポーツのボランティアがパラリンピックの大会運営に貢献しただけでなく，障害のある人々に対する理解を深める機会となり，共生社会に向けた第一歩と評価されたためである．パラリンピックにおいて特徴的だったのは，選手に対する競技面や会場内での支援も行われた点である．例えば，視覚障害のある人の競技では，ボランティアが選手の移動支援や誘導支援を行ったパラスポーツのボランティアの魅力は障害のある人とない人の関わりやコミュニケーションを生み出すところにある．

●**パラスポーツのボランティアのユニークさ**　具体的な例として，目の見えない人のマラソンにおける伴走ボランティアを紹介しよう．伴走ボランティアは目の見えない人とともに走るボランティアランナーで，その役割は大きく分けて二つある．一つはランナーに対しコース情報（カーブや坂道）や障害物についての声掛けを適切に行い，ランナーが安心して走ることができるようにガイドすること．もう一つは自分の走りをランナーの腕振りやリズムに合わせ，ランナーが心地よく走ることができるように支援することである．

　興味深いのは，パラスポーツではボランティアの役割が障害のある人々のスポーツ実践を周辺的に支えるものにとどまらないところにある．ボランティア活動は教育，福祉や医療など，さまざまな領域で実施されており，自由意志に基づき他者や社会に貢献する利他的な行為や活動を指す．スポーツボランティアの活動として一般的なのは，スポーツ・イベントのボランティア（審判，通訳や医療ボランティアなどの専門的なもの，会場案内・受付などの非専門的なもの）であろう．このような活動ではボランティアは選手を競技以外でサポートすることが多い．しかし，目の見えない人のマラソンでは，伴走ボランティアが競技に参加し，ランナーとともに走る．つまり，伴走ボランティアのユニークさはボランティアが競技やスポーツ実践に共在している点にある．

また，スペシャルオリンピックスでは，知的障害のある人とない人がチームメイトとなり一緒に競う「ユニファイドスポーツ®」という形式を採用している．車いすバスケットボールやソフトボールでも障害のない人が選手としてチームに参加し，障害のない人が障害のある人のサポートを行いながらともに競技を楽しむ，「支える」と「する」が一体化した実践が一般的になりつつある．

●パラスポーツのボランティアにみる共生　このように，パラスポーツのボランティアでは選手とボランティアがスポーツ実践において共同・協働的に活動する．この特徴によって，障害のある選手とボランティアの間に具体的な関わりが生起する．目の見えない人の場合，全盲か弱視なのか，どれほど残存視覚・視野があるのかによって，見え方に違いがある．伴走ボランティアは走る中でランナーの見え方や見えにくさについて学び，それぞれに合わせた情報伝達やガイド方法を模索している．競技に参加しているからこそ，伴走ボランティアにはランナーの障害の程度・特性に対する理解やその人に合わせたガイド－支援がより求められる．こうしたスポーツ実践における具体的かつ身体的な関わりの中に，障害のある人々を理解しようとする営みや共生社会のヒントを見出すことができる．

　さらに重要なのは，パラスポーツが障害のある人とボランティアの関係を「障害者－健常者」や「支えられる－支える」とは異なる関係に導いていく点である．目の見えない人のマラソンでは，伴走者からの視覚情報が重要だと考えられがちだが，より大切になるのはランナーと伴走者の身体的な同調である．そこでは相手の動作とリズム，その変化を感知し合わせることができるかという身体的な感覚が大切で，目の見える，見えないは重要な要素とはならない場合がある．また，伴走ボランティアがランナーに動作やリズムを合わせることができない場合も多くあり，目の見えないランナーが伴走ボランティアに合わせることで走りを支えることもある．私たちは伴走ボランティアがランナーをガイド＝誘導していると思っているが，実はランナーが伴走者より先にカーブを曲がるなど，目の見えない人が目の見える人を誘導することもある．面白いことに，目が見えるからといって相手を支えているとは限らず，走る中で「障害者－健常者」や「支える－支えられる」といった関係は揺らぎ，支え合う関係へと変容していくのである．

　社会の多様性が進む現在，社会学にはさまざまな背景を持つ人々が共生し活動していくための社会的な仕掛けを考えていくことが求められている．パラスポーツにはボランティアを競技に巻き込み，身体条件や社会的な立場の異なる人々が共在してスポーツ活動をつくり上げる仕掛けがある．ここにパラスポーツからボランティアを考えていく社会学的な意義があるだろう．　　　　　　　　　　[山崎貴史]

📖さらに詳しく知るための文献

松尾哲矢・平田竹男編 2019.『パラスポーツ・ボランティア入門』旬報社.
伊藤亜紗 2020.『手の倫理』講談社.

学校におけるインクルーシブ教育と
アダプテッド・スポーツ

　文部科学省（2012）は，わが国において最も積極的に取り組むべき重要な課題として共生社会を目指すことを掲げ，「共生社会の形成に向けたインクルーシブ教育システムの構築のための特別支援教育の推進についての基本的考え方が，学校教育関係者をはじめとして国民全体に共有されることを目指すべきである」ことを示した．障害のある児童生徒の学習環境は，障害者権利条約の理念を踏まえ，可能な限りともに教育を受けられるように条件整備を行う（インクルーシブな環境）ことや，一人一人の教育的ニーズに最も的確に応える指導を提供できるよう，通常の学級，通級による指導，特別支援学級，特別支援学校といった，連続性のある多様な学びの場を整備していることが示されている．ここでいうインクルーシブ教育は，障害の有無によって子どもたちを二分することなく，それぞれの子どもたちに必要な支援（合理的な配慮）を提供することによって，支援が必要な子どもも，支援が必要ない子どもたちと同様に授業に参加できることを理想とする考え方である．そして，「共生社会とは，『これまで必ずしも十分に社会参加できるような環境になかった障害者等が，積極的に参加・貢献していくことができる社会』であり，『誰もが相互に人格と個性を尊重し支え合い，人々の多様な在り方を相互に認め合える全員参加型の社会』である」とされている．

●学習指導要領とアダプテッドの視点　現行の小学校学習指導要領体育編や中学校と高等学校学習指導要領保健体育編では「体力や技能の程度，年齢や性別及び障害の有無等にかかわらず，運動やスポーツの多様な楽しみ方を共有することができるよう配慮する」ことが明記され，特別な配慮を要する児童生徒への手立てが具体例として提示されるようになった．このように，学習指導要領は特別な配慮を要する児童生徒を含む体育の方向性をも示したものとなっており，その実践に重要となるのが「アダプテッド体育・スポーツ」の考え方である．「アダプテッド」とは，体育やスポーツに参加する個々人の実態（年齢や性別，知的発達段階，身体状況，運動技能，体力レベル等）に合わせて，スポーツ（ルールや技術，用器具，施設など）や体育教材，体育教材の提供の仕方や指導方法を修正したりすることを指す．なお，スポーツを修正する際には最小限の修正にとどめることが必要である．またインクルーシブな環境としてのインクルーシブ体育・スポーツとは，多様な背景（障害や経済格差，国籍や地域，文化，人種，宗教等）を有する子どもたちが一緒に参加する体育やスポーツをさす．そのような子どもの特性や置かれている状況，課題に応じて，どのように参加させるのかを考えることが必要であり，実践す

る基本的な方法論を総じて「アダプテッド」とカタカナ表記している.

　運動やスポーツをアダプテッドするという点をもう一歩進めるとスポーツを創るということになる．その行為は優れて文化的で多様なスポーツの関わり方の一つである．児童生徒はこれまでの教育でルールを守るということは教えられてきているが，そのルールを創ることには慣れていない．学習指導要領では学びに向かう力として「一人一人の違いを大切にしようとする」「一人一人の違いに応じた動きを認めようとする」ことなどが求められていることから，誰もが参加できるスポーツをつくる中で学びを深めることができると考えられる．

　インクルーシブ教育にはすべて完全にインクルードするフルインクルージョンという考え方と，部分的にインクルードするパーシャルインクルージョンの考え方がある．体育の目標，各授業の目標と子どもたちの実際の変化を見極めつつ，いずれの考え方で体育の授業を構成するのかを考える必要がある．インクルーシブ体育においては，指導方法をアダプテッドすることが合理的な配慮へとつながる．配慮なき放り込み（ダンピング）にならないよう，児童生徒の持つ支援ニーズをもとに，必要なアダプテッドのもとにインクルーシブすることが必要である．

●**運動部活動**　特別支援学校では，「特別支援学校体育（スポーツ）連盟」等の名称で都道府県や地区ブロックにおいてさまざまな大会が開催されており，大会参加を目指した運動部活動もみられるが，実施率は高等部58.6%，中学部37.2%と高くはない（文部科学省 2016）．肢体不自由部門ではハンドサッカー部やボッチャ部が，視覚障害部門ではフロアバレーボール部やサウンドテーブルテニス（STT）部などの特徴ある種目がみられる．聴覚障害部門では高体連主催の大会に参加するなど高い競技パフォーマンスを発揮する生徒もいる．また，生徒の希望や実態に合わせ，特定の種目に固定せずさまざまな運動を行う「総合部・運動部」や「ウォーキング部」などの部活動を新たに設置する動きも散見される．

　一方で，中学校や高等学校における運動部活動とインクルーシブな環境に関しては今後の検討課題である．総合型地域スポーツクラブにおける障害者の参加状況は50%に満たない．また，スポーツ少年団等での活動状況（日本体育協会 2015）では，単一の障害で発達障害，聴覚障害，肢体不自由や知的障害のある生徒が，障害のない生徒に混ざって参加していることが示されている．種目としては，柔道，空手道，剣道，バレーボール，合気道，競泳，サッカー，ミニバスケットボール，軟式野球，ソフトボール，バドミントンなどがあり，いずれの種目も対象となる生徒に合わせ指導法，コミュニケーションの取り方，課題の設定などで配慮や工夫を行っており，今後「運動部活動の地域連携・地域移行」に係る活動の場としての役割も期待できる．　　　　　　　　　　　　　　［齊藤まゆみ］

📖**さらに詳しく知るための文献**
藤田紀昭・齊藤まゆみ編著 2017.『これからのインクルーシブ体育・スポーツ』ぎょうせい.
齊藤まゆみ編著 2018.『教養としてのアダプテッド体育・スポーツ学』大修館書店.

地域におけるスポーツ振興とパラスポーツ

　パラスポーツは，障がい者がスポーツを通じて健康を維持し，スポーツの楽しさや競技を楽しむことを支援する取組みである．2013年に政府が初めて障がい者のスポーツ実施率を調査し，その低さが明らかになったことを契機に障がい者のスポーツ参加を促す手段として地域連携が注目されるようになった．その具体例としては，地域におけるスポーツ振興にパラスポーツが含まれることにより，地域のスポーツ振興活動が障がい者を含む多様な人々にとって魅力的でアクセスしやすいものになり，施設やプログラムのバリアフリー化や適切な支援の提供を目指すことにもつながっている．つまり，障がい者がスポーツを楽しむための機会を提供するだけでなく，地域社会全体がその多様性を尊重し，包摂的なスポーツ環境を構築することが期待されることになる．

●**パラスポーツを支えるパラスポーツ指導員**　パラスポーツ指導員は，障がい者のスポーツ活動を支援する専門家である．初級・中級・上級の3種類の指導者資格があり，日本パラスポーツ協会（JPSA）の公認資格としてそれぞれ異なるカリキュラムを用意し養成講習会を開催している．パラスポーツ指導員は，障がい者がスポーツや運動を安全かつ効果的に楽しめるよう支援することを主たる目的とするが，その役割は多岐にわたり，障がいの種類や程度に応じて適切な指導方法を提供し，個々の能力やニーズに合わせたプログラムを立案することも含まれるため，トレーニング手法やスポーツ科学の知識だけではなく，障がい者のケアや個別の障がいやニーズに適切に対応するための広範なスキルと理解が求められる．そして，適切な指導の提供によって，障がい者がスポーツを通じて社会参加や自己成長を達成できるよう支えている．その役割は，個々の障がいを克服し，自信を取り戻す手助けとなり，健康で活気のある生活を送るための基盤を提供することに大きく貢献していることから，その存在は大きい．

●**地域連携とスポーツ推進計画**　地域連携とは，地域内のさまざまな組織，団体，および関係者が協力し合い，共通の目標を達成するために連携するプロセスを指す．パラスポーツを含むスポーツ振興において，地域連携は非常に重要なキーワードとなる．具体的には，学校，地域団体，総合型地域スポーツクラブ，保健関連組織，社会福祉施設や行政機関などの異なる組織が協力し，障がい者に対するスポーツ機会や支援体制を整えることを意味する．このように異なる団体や組織が情報を共有し，資源を結集し，相互に連携してパラスポーツの推進を図ること，例えば，地域の学校とスポーツクラブが連携し，パラスポーツイベントを共

同で開催したり，施設やプログラムを共有したりすることによって，より総合的な支援を提供することが可能となる．また，地域連携は，障がい当事者やその家族，地域住民との協力関係を構築することも含む．それぞれのニーズや意見を考慮に入れることで，より適切かつ一括したプログラムを構築することにつながる．その成果として，地域内でのパラスポーツへのアクセスが向上し，社会参加や健康増進の機会が増えることが期待される．これら地域レベルでの連携によって，多様なニーズに応えつつ，持続可能なスポーツ支援体制が整備される．さらに，地域全体での包括的な障がい者の健康保持増進への取組みを推進することが可能にもなる．なお，これらの連携を図るには，地域のスポーツ推進計画の策定と実行が重要になる．

●**スポーツ推進計画におけるパラスポーツ**　このスポーツ推進計画は，地域や都道府県などの特定の地域レベルで策定される計画であり，スポーツの振興や発展のための戦略や目標を定める枠組みである．それまで地域のスポーツ振興に明記されることがなかったパラスポーツが，2011年のスポーツ基本法策定を契機にパラスポーツを含む幅広いスポーツ活動の振興や支援に焦点を当てることとなった．この計画は，地域の特性やニーズに基づいて，スポーツ施設の整備，指導者やコーチの育成，イベントの開催，参加者へのサポートなど，さまざまな施策やプログラムをどのように展開していくかの指針が示されている．特にパラスポーツを含む計画では，障がい者のスポーツへのアクセスを向上させるために，施設のバリアフリー化やアダプテッドスポーツの普及，専門の指導者育成（パラスポーツ指導員）など，障がい者の特性に合わせた施策が盛り込まれ，地域の行政機関，教育機関，スポーツ団体，地域住民，障がい者団体など，さまざまなステークホルダーとの協力（地域連携）によって策定される．これにより，幅広い視点を取り入れつつ，包括的で持続可能なスポーツ振興のための取組みが実現されることになる．

●**当事者参加**　地域におけるスポーツ振興としてのパラスポーツには，障がい者が単なるスポーツの受益者ではなく，障がい者およびその関係者らが自身のニーズや意見を主張し，それぞれの立場から積極的に意思決定や計画に参加することが重要となる．それらの声が反映されることで，より包括的で持続可能なパラスポーツの促進が実現され，社会全体がより誰にでも優しく公正な場となることが期待される．ここでの当事者参加は，障がい者がスポーツ活動を通じて社会参加を果たし，スポーツを含むあらゆる活動において自己実現を果たすための重要なプロセスとなる．　　　　　　　　　　　　　　　　　　　　　　　　　　　　　　　　　　［山田力也］

📖**さらに詳しく知るための文献**

日本パラスポーツ協会編 2023．パラスポーツの歴史と現状．https://www.parasports.or.jp/about/pdf/jsad_ss_2023_web.pdf（最終閲覧日：2023年11月20日）

メディアの中のパラスポーツ

　パラスポーツは，パラリンピックに象徴されるように，「する」ものというより「観る」ものとして社会に浸透してきた側面が強い．それは直接観戦だけでなく，寧ろメディアによって提供されてきた．そこでは長きに渡って，障害のある選手をどのように表象するかという点が課題となっている．

●障害者を可視化するきっかけ　日本で障害者のスポーツが広く知られる契機となったのは，1964年の東京パラリンピックである．当時のメディアをみてみると，テレビで放送されたのは式典の様子ばかり，新聞報道においても記事に載るのはほとんど海外選手であった．この背景には，当時の日本社会における「障害者」の状況が密接に関わっている．大会参加者の多くは施設入所者であり，社会から隔離され隠蔽された存在であった．つまり，これまで不可視化されてきた障害者が注目を浴びる機会になったものの，祝祭性の強調や海外選手へと視線をズラすことで，自国の障害問題を直視しないような表象になっていたのである．渡正（2007）は，こうした報道によって障害者を気にかけ理解した振りをする態度が喚起されたとして，これを「儀礼的関心」と呼んでいる．その後も徐々にメディアで障害者のスポーツが扱われるようになる．ただし，それはリハビリテーションなどの社会福祉的な文脈に限られていた．優れた記録や戦績を残しても，新聞のスポーツ面ではなく福祉面で扱われた．障害者にとってのスポーツは，あくまで機能回復の訓練に過ぎず，困難な状況でも頑張る社会的弱者というイメージで描かれてきたのである．こうした障害による苦悩を当然視する表象の延長線上に，「感動ポルノ」の問題提起がある．感動ポルノとは，自らも障害者であったヤング（Young, S. J.）による造語であり，障害者が感動を与えるために消費されることへの警鐘である．それでも尚，障害者がスポーツに励む姿が，哀れみを喚起する素材に使われるという状況がまったくなくなったわけではない．

●競技化と「超人」の表象　弱者としてのみ描かれる状況が変わったのは，1990年代後半に入ってからである．日本でも1998年の長野パラリンピックを前後に，競技化が進んだ．少しずつ障害者によるスポーツ実践が新聞のスポーツ面を飾るようにもなった．制度的にも文化的にも，競技としてのパラスポーツが確立していったのである．そして，パラスポーツはまさに競技であり，パラアスリートは卓越した競技者であるという理解をさらに加速させたのが，2012年のロンドンパラリンピックである．特に英国の国営放送チャンネル4による"Superhumans"という広告は，パラアスリートを「超人」として力強く描き出した．この表象に

対して，シルバとハウ（Silva, C. F. & Howe, P. D.）は，ある種のロールモデルには なり得ると一定の意義を認めながらも，次のように述べる．二人によれば，超人 の表象は，まさに超人たらしめるために予め障害のある身体をネガティブなもの として設定し，それを克服したという固定的な認識をもたらす恐れがある．その 上で，視聴者に（パラアスリートとは違って）自らの身体は正常であると再認識 させるような距離感は，ビクトリア時代の見世物小屋に近いものがあると指摘し ている（Silva & Howe 2012）．つまり，超人というイメージとその戦略は，旧来の 社会的弱者というイメージへの対抗表象になり得るものの，結局は障害者に向け られた「ステレオタイプ」のバージョン違いでしかない．一人の人間がもつ多面 性をあまりにも単純にしていることには変わりないのである．

●**ステレオタイプによる他者化**　その他にもダイバーシティ推進の文脈におい て，パラアスリートが性的マイノリティや海外に（も）ルーツをもつ選手と並び， 多様性の象徴のように扱われる場面がメディアを席巻しつつある．しかし，いず れの表象であってもステレオタイプがもたらすものは，差異の徴づけである．健 常／障害や正常な身体／異常な身体といった二分法は，差別や偏見を気にしない で済むという意味で特権的な位置にいる前者に対して「他者」を構築する．どの ようなイメージであっても，メディアがこうした表象を行う限り，障害というも のは他者化され続けてしまう．ステレオタイプ的な表象と，それを上書きするよ うな対抗表象をくり返しているうちは，他者化を回避することは難しいだろう．

　では，こうした状況に対して如何なる手立てが可能か．ここでは，次の二点を 挙げる．一つは，障害に対する感受性やリテラシーを育むことである．昨今では 切り抜き動画なども流行しており，ステレオタイプ的な表象が文脈を離れて一人 歩きすることで，単純化された理解を呼びやすい．当然，メディアで流れる情報 には編集が入っている．扱えなかった側面もあることを自覚する態度が求められ るだろう．もう一つは，報道や作品のテクストを具体的に分析することである． これまでも，欠損部位が露見しない写真の多用，車いす選手ばかりの表象，ジェ ンダー・バイアスなどが認められている（藤田 2002；Thomas & Smith 2003）．こ うした仕掛けの背後には，特定の身体観や障害観，社会規範がごく自然なかたち で編み込まれている．つまり，テクストを生み出した主体の無意識や欲望，イデ オロギーなどが埋もれているのである．今後もこれらを丁寧に紐解いていく研究 が求められる．　　　　　　　　　　　　　　　　　　　　　　　［竹内秀一］

📖**さらに詳しく知るための文献**

藤田紀昭 2002．障害者スポーツとメディア．橋本純一編『現代メディアスポーツ論』世界思想社．

渡 正 2007．障害者スポーツによる儀礼的関心の構築．千葉大学日本文化論叢 8：106-193．

Silva, C. F. & Howe, P. D. 2012. The（In）validity of Supercrip Representation of Paralympian Athletes. *Sport & Social Issues* 36(2)：174-194．

パラスポーツの身体感覚

　2006 年に国際連合が発効した障害者権利条約は，そのスローガンに「私たちのことを，私たち抜きに決めないで」とあるように，障害者固有の尊厳を尊重し，障害者が自身の問題に主体的に関与する「当事者」視点を求めている．パラスポーツにおいても，障害者固有の身体感覚（経験）はどのようなものか，当事者の側に立って捉えることが重要になってくる．

●**当事者の側から身体感覚（経験）を捉える**　わが国では，TOKYO2020 パラリンピックの開催を契機に，障害の有無に関わらずすべての人を対象にパラスポーツの関心を高める取組みが各地で行われるようになった．こうした取組みのねらいの一つには，社会に根強く残る否定的な障害者像を見直すことが関係している．わが国では，「福祉的態度」（伊藤 2015）と呼ばれるように，健常者が障害者を教え／助けるという文脈で，サポートを与える側と受け取る側という固定的な人間関係から障害者像が描かれ，障害者は積極的にスポーツを楽しむ存在として認識されてこなかった．このようなパラダイムを変容させるためには，スポーツを通じて健常者と障害者の新たな関係性を探る視点＝認識が求められる．例えば，健常者がパラスポーツを行うことは，単に「見えない」「聞こえない」「歩けない」不自由な身体の感覚を経験することを意味しない．そうではなく，人間は「見える」「聞こえる」「歩ける」ことを抜きにしても，スポーツの身体感覚を楽しむことができ，その身体感覚が，パラスポーツ固有に他者や用具，環境とのつながりによってもたらされる経験であることを意味する．したがって，新たな関係性を探る視点とは，障害者が主体的にスポーツを希求する身体感覚（経験）を持っているということを当事者の側に寄り添って理解し，社会（健常者）の側がそのニーズを的確に捉えることに他ならない．

　では，障害者固有の身体感覚（経験）を捉える方法とはなにか．スポーツ社会学には，当事者の経験に注目する「生成」の論理がある．亀山佳明（2012）は，生成を「世界における体験であるとともに，行為する側からその体験を捉えようとする方法」と定義し，スポーツを通じた体験では行為者と周辺の他者・環境や事物のそれぞれが境界を消失していることに注目する．パラスポーツにおいては，例えば，マラソンにおける視覚障害者と他者＝伴走者との関係や，伴走者とつなぐ物＝ロープを通じた一体感，車いすや義肢装具を用いてスポーツをする人にとって，物＝車いすや義手などと一体化した動き方から生まれる身体感覚などを意味する．スポーツには日常的な経験とは異なる生成の行動様式が内在すると

考えるのだ．このような生成の論理が依拠するのは，現象学的身体論である．現象学を提唱したメルロ゠ポンティ（Merleau-Ponty, M.）は，身体＝主体を世界へと向かう志向性として「世界＝内＝存在」を捉えた．現象学的身体論は，障害者のアイデンティティや彼ら／彼女らの生きられた世界の叙述を可能にすることから，パラスポーツにおいても，人や物との関係性という障害者固有の世界経験や身体感覚を解明する方法論として考えられている．

●**身体論から肉体論へ**　しかしながら，パラスポーツの対象には自分の意志を言語化することに困難を抱える知的障害者，精神障害者，重度肢体不自由者らがおり，その身体経験の理解に現象学的身体論が充分に機能しているかについて注意を払う必要がある．なぜなら，現象学的身体論の場合，主体となる人間像には所有する「身体」を語り，記述するという，少なくとも言語を媒介させて自分の意志を他者に伝える能力の有無が問われるからだ．この時，コミュニケーションに困難を抱える障害者の経験は，当事者のものとして認識されず，彼／彼女がスポーツを希求する主体であるとする社会認識は不問に付されてしまうのだ．

　また，菊幸一（2008）はスポーツ社会学における身体論の関心はスポーツに注がれており，それが文明化されたスポーツという意味を帯びれば帯びるほど，身体経験が理想化されて構築され，そこに身体論の認識論的限界があることを指摘する．パラスポーツには，身体を上手く動かすことができなくても，わずかに身体を揺らしたり，リズムを取ったり，外の空気や風に触れたりといったスポーツとはいえない身体運動を通じて，その身体感覚（経験）を無意識に楽しむ人間の姿がある．障害者はもとより，人間がこうした身体運動を楽しむ存在であることもまた，言語を媒介とする身体論からはその身体感覚が充分にくみ取れないという限界が浮かび上がってくる．これまで述べてきた障害者の身体感覚（経験）を捉えるためには，「当事者」が他者に伝える能力に依拠せずに，身体論の限界をいかに超えるのかという課題が存在している．

　近年，新たな認識論として肉体論が提唱されている．肉体論は，人間には当事者にも他者にも認識できない生体性（動物性）があり，文化や社会を通じて説明できない「超客体」が存在すると考える．肉体論にとってそのような肉体をもつ人間は，普遍的に自立した存在ではなく，当初から他者の存在を不可欠とする人間観に立つ．パラスポーツの身体感覚の解明には，こうした多様な人間観によって構築される「当事者」性を視野に，身体論に加え肉体論からのアプローチも期待されている．　　　　　　　　　　　　　　　　　　　　　　　　　　　　　　［笠原亜希子］

📖**さらに詳しく知るための文献**
伊藤亜紗 2015．『目の見えない人は世界をどう見ているのか』光文社新書．
池井 望・菊 幸一編 2008．『「からだ」の社会学』世界思想社．
笠原亜希子 2021．知的障害者のスポーツをめぐる「身体経験」の論理．スポーツ社会学研究 29(1)：55-69．

第9章

グローバリゼーション

[担当編集委員：岡田千あき]

スポーツと開発

　近年，開発途上国に対する援助や協力にスポーツが活用される機会が増加している．開発とスポーツの関係は，競技力向上やスポーツ・フォー・オールの実現などスポーツの発展そのものを志向する「スポーツの開発（Development of Sport）」，オリンピック関連施設などの開発と自然環境破壊を主に扱う「スポーツと開発（Development and Sport）」，スポーツを手段として用いてさまざまな社会課題の解決を目指す「スポーツを通じた開発（Development through Sport）」に分類できる．三つ目に該当するのが，「開発と平和のためのスポーツ（Sport for Development and Peace: SDP）」であり，2000 年代に入って急速な発展を遂げた．日本においても 2020 年東京オリンピック・パラリンピック大会の招致の際に「スポーツ国際貢献」が公約とされ SDP 関連の活動が行われた．また，「人々に対し，スポーツが多様な社会課題の解決に貢献しうることの気づきを促し，SDGs（Sustainable Development Goals）の認知度を高め，意識・行動を変えるよう促す」（スポーツ庁）として，2020 年東京大会後に残るレガシーの一つとして SDP に期待が持たれている．

● **SDP の始まり**　国際社会では，2003 年に国連総会において「教育，健康，開発，平和を創造する手段としてのスポーツ」が決議された後，複数国が参加する国際プラットフォームや 15 か国からなるワーキンググループが立ち上がった．その後ワーキンググループから，"Sport for Development and Peace: From Practice to Policy"（2006），"Harnessing the Power of Sport for Development and Peace: Recommendations to Governments"（2008）が発表された．これらの報告書から，SDP 分野が現場の実践を政策レベルで評価し，体系化，事業化することで発展したものであり，他の開発分野でよくみられる政策を現場に落とし込む流れと逆であったことが分かる．ワーキンググループの提言を実行する組織の不在が心配されていたが，2008 年に国連に開発と平和のためのスポーツオフィス（United Nations Office Sport for Development: UNOSDP）が設置された．日本は，プラットフォームやワーキングに参加しておらず，UNOSDP の存在についてスポーツ関係者の中でさえもほとんど認知されていなかった．しかし，国際協力機構（Japan International Cooperation Agency: JICA）の青年海外協力隊，国際交流基金，日本スポーツ協会などによって長年行われてきた事業の実績があり，2020 年の東京大会の招致後にスポーツ・フォー・トゥモロー（Sport for Tomorrow: SFT）が実施され，近年，急速に SDP 関連の事業が活発化している．

●**開発におけるスポーツとは何か**　SDPの世界における「スポーツ」は，さまざまなスポーツの定義を統合し，拡大して捉えられている．2008年にワーキンググループは，スポーツを「遊び，レクリエーション，組織化されたスポーツまたは競技スポーツ，先住民のスポーツやゲームなど，心身の健康や社会交流に貢献するあらゆる形態の身体活動」と定義した．SDPが対象とする開発途上国や困難な状況下にある人々の生活現実を見つめなおすと，自由な身体活動が「スポーツ」とみなされることで，当事者との距離が広がり，その場からの排除にもつながりかねない．「スポーツに関わるアクセスや費用などの周辺環境の問題に，より包括的に細心の注意を払うべき」（Young & Okada 2014）であることから，SDP分野においては，参加する人々や社会の中で合意を得られた身体活動のすべてがスポーツとみなされるのが一般的である．

　日本のODAの実施機関である国際協力機構は，紛争，気候変動，感染症の蔓延などの国の単位では解決が難しい開発課題に挑むために20のグローバルアジェンダ（課題別事業戦略）を定めた．その一つが「スポーツと開発」であり，ここでは，①スポーツへのアクセスの向上，②心身ともに健全な人材育成，③社会包摂と平和の促進の三つの柱が示されている．これまでにも青年海外協力隊事業を中心に，学校における体育科教育支援や競技力向上のための支援は行われてきたが，これらに加えて南スーダンの平和構築，タンザニアのジェンダーエンパワメント，セネガルの障害者支援など，スポーツを手段として用いて社会的包摂，平和の促進などに貢献する例が増えている．これらの活動は，他の開発手段と比較した際のスポーツの特徴，例えば，フィールドの中でプレイする際には個人的属性の影響を受けづらい，一定レベルの世界共通のルールに従って行われる，開発分野で周縁に置かれがちな若者や青少年をエンパワメントできる，といった利点を活かしやすい．一方で，社会経済的要因の影響を受けやすい，地域や宗教，文化的差異などを包摂する力が弱い．そもそもスポーツが帝国主義色が濃いツールであるなどのスポーツの持つ欠点を認識することも必要である．

●**「劇薬」としてのスポーツ**　国際開発，SDPの中で「スポーツは劇薬である」という声が聞かれる．近代スポーツとして発展してきた身体活動を開発手段として使う時，私たちは，「なぜ」「誰のために」「どのように」スポーツを使うかを一旦，立ち止まって考える必要がある．スポーツが国際開発に資するか否かは，開発の課題，対象，時期，内容によるのはもちろんであるが，スポーツを用いる人々の姿勢や配慮，スポーツに対する理解に大きく依るものであろう．　［岡田千あき］

📖**さらに詳しく知るための文献**

Sport for Development and Peace International Working Group 2008. *Harnessing the Power of Sport for Development and Peace. Recommendations to Governments.* Right to Play.

Young, K. A. & Okada, C. eds. 2014. *Sport, Social Development and Peace.* Emerald Group Publishing.

白人至上主義とスポーツ

　現在主流となっているスポーツ競技の多くは，近代の英国で発達したものであり，当然ながら，その成立の当初は英国という地域内のローカルな文化であった．当時の英国，特に近代スポーツの中心となったイングランドが，主にアングロサクソン系の人々——いわゆる「白人」で構成されていた以上，現在に続くスポーツは，その始まりから白人の身体や価値観を基準として発達した領域であったと言える．特に，フットボールなどのチームスポーツや陸上競技を含めた主流スポーツは，その比較的寒冷で湿度の低い地域において，若い白人男性の身体の特質がうまく発揮され，競技として成り立ち得る条件を中心に選りすぐられてきたものだとも言える．一方で初期の近代スポーツは，その上流階級を中心とした成り立ちから，そもそも多人種による実践の機会は一部の例を除いてほとんどなかった．数少ない事例としては，19世紀末に英国（ケンブリッジ大学）に留学したインドの王族がクリケットの名選手として活躍した史実などもあるが，これは，時に階級（植民地のインド人であっても王族という上流階級であること）が人種の階層を越えるという例外的なものと言える．スポーツにおいて白人至上主義——つまり白人以外の人種によるスポーツ実践が顕在化し，白人を人種として相対的に捉えるという感覚が強まるのは，スポーツが植民地支配を含めて世界的に普及し，グローバル化していく過程，特に米国を中心に大衆文化として発展していく過程においてである．

●事例：米国化　米国は，英国系移民が中心となって階級のない大衆社会を目指して建国され，またその移民国家という成り立ちと奴隷制を背景として，スポーツ実践の機会が当初から一般大衆に，後にはアフリカにルーツを持つ人々——いわゆる「黒人」を含めた多人種にも開かれていった．しかし，米国では長く続く人種隔離政策によって，有色人種のスポーツ参加は限られた機会にとどまり，プロ・スポーツに関しても，例えば野球における「ニグロ（黒人）・リーグ」のように，白人とは交わらない範囲で制度化されていた．また，現在では黒人選手が非常に大きな存在感を示しているバスケットボール競技でも，当時は白人選手の方が能力において優れていると考えられており，プロ・リーグに参加が禁じられていた黒人選手は，競技そのものというよりはショウ的な側面を強調した一種の芸能バスケット・チームに活躍の場を見出さざるを得ない時代が続いた．この時期，スポーツは大衆消費社会の中でプロ化・商業化してゆくが，競技に参加する選手だけでなく，チームやリーグの運営に関わるマネジメント層も含めて，その

中心は白人であり，さらにはスポーツを娯楽として消費する観客の多くも白人層で占められていた．また，黒人がスポーツで活躍できる数少ない場である大学での競技も，進学者の人種構成を反映してその割合は非常に限られており，実践の上でも価値観の上でも，白人至上主義の時代であったと言える．

　一方で，困難な状況の中でも，その能力を認められてプロ・スポーツにおける人種の壁を超える存在も現れてきた．1947年に現行のMLB体制で初の黒人選手となったロビンソン（Robinson, J.）は，その象徴的な存在とも言える．こうした人種の越境は，人種差別の解消というよりは，むしろ優れた選手の獲得で利潤を追求したいという経営上の要請から進展していったとの指摘もあるが，結果として，黒人が白人と同等，あるいはそれ以上に活躍できることを証明することにも繋がった．さらには1950年代以降の公民権運動の成果により，公教育における体育や部活動を含めた場面での人種差別の撤廃が進み，スポーツの領域における有色人種，特に黒人選手の活躍が顕在化してゆく．こうした状況の中，それまで隔離された環境で黒人選手と競い合う必要のなかった白人たちは，実際のスポーツ実践を通じてその優位性を揺るがされてゆくことになり，やがて，黒人たちは身体能力が高く動物・野生的だとのイメージが付与される一方，知的な能力は相対的に低く，そうした役割は白人が担うべきだという，白人至上主義が反転した「黒人の身体能力神話」が膾炙していくことにもなった．同時にこの時代は，スポーツを管理する立場は依然白人が中心である一方，黒人たちはその限られた社会上昇の機会故にむしろスポーツという領域に集中してゆくという構造的差別を生んだとも言える．

●**白人至上主義の相対化**　こうした構造的差別は現在も存在してはいるが，その一方で2000年代から現在にかけて，徐々にではあるがこうした人種別の役割の偏りは是正の方向に向かっている．また，グローバル化の進展は，それまで想定されてこなかった多くの人種によるスポーツ実践へとその裾野を広げることにもつながった．例えば，人種の力学が白人-黒人に留まらず，例えばフィギュアスケートや体操競技で活躍する「東アジア系人種」のような新たなステレオタイプも顕在化しつつあり，人種をめぐるスポーツの優位性は競技イメージごとにより細分化されると同時に，白人至上主義も——プロ競技や国際組織の管理層として依然大きな影響力を有するとはいえ——相対化されつつある．さらに言えば，近年のエクストリームスポーツや表現系の競技（ダンスや「型」種目）を主流スポーツに組み込もうとする動きは，結果的にジェンダーのみならず，人種という身体差をも相対的に縮小してゆく契機となり得るとも言えるだろう．　　　　　［岡田 桂］

📖**さらに詳しく知るための文献**

川島浩平 2012.『人種とスポーツ』中公新書.

川島浩平 2008.『ダーウィンズ・アスリーツ』のその後10年．スポーツ社会学研究 16：5-20.

移民とスポーツ

　1980年代以降に，欧州や北米地域の研究者を中心に，「スポーツ移民」に関する研究が行われてきた．「移民」とは，「国境を超えて生業の本拠地を移動させる人（移民労働者）およびその人に随伴する人」（梶田編 1992）である．プロ野球やJリーグの外国人選手をこの定義にあてはめると，プロスポーツという生業を行うために外国に移住した彼らを，「スポーツ移民」と呼ぶことができる．

●スポーツ労働移住　「スポーツ移民」の問題を扱う研究領域は，スポーツ労働移住と呼ばれる．この分野で用いられる理論的な枠組みは，関係構造の社会学（figurational sociology），世界システム論，従属理論，スポーツ地理学などさまざまな立場がある．マグワイア（Maguire, J. 1996）は，関係構造の社会学に基づいて，欧州のプロスポーツ選手の国際移籍について研究してきた．この分野には，二つの関連した側面があると言われる．「第一に，すべての個人は，諸関係の社会的組成（social figurations of relationships）の中に位置づけられ，その組成との関係においてのみ理解される，ということ．そして第二は，いかなる社会現象も過程として理解されなければならない」（アバークロンビーほか 2000, 129）．このような関係構造の社会学の考えに基づき，Maguire（1996）は，プロスポーツ選手の移籍を一つの過程として捉え，経済的要因のみならず文化的・社会的要因から複合的に説明した．日本では，1990年代後半以降に外国出身選手に関わる問題がスポーツとグローバル化という視点から研究されるようになった．例えば，千葉（2014）は世界システム論を参考にして，世界中のプロバスケットボール・リーグの中でアメリカのNBAやNCAAを「中心」，日本のBリーグ等を「準周辺」と捉え，NBAからBリーグに移住するアメリカ人が経済的要因を重視して移籍する傾向を明らかにした．さらに，石原（2013）は，メジャーリーグに移籍するドミニカ人の問題を扱ったクライン（Klein, A. 2006）の研究を参考にして，「プロ野球の拡大に伴ってできた各国リーグのモザイク状に拡大するこのネットワークをベースボール・レジームという枠組みで捉えた」．彼はこのレジームの周辺に位置するイスラエルのリーグでプレーする選手を，「自分探し」型などと呼ぶ．

●トランスナショナル・アイデンティティ　移民研究では，プロスポーツ選手の海外移籍や趣味を仕事にしようとする若者の海外移住を，広い意味でライフスタイル移住として捉えることがある．社会学者の藤田（2008）は，ニューヨークやロンドンでアーティストとして成功を目指す日本人の若者を，「文化移民」と呼び，彼ら／彼女らの移住動機について紹介した．その中で移住者のアイデンティ

ティに関するアメリカの研究を概観し，「同化」と「文化多元主義」という二つの モデルについて説明している．「同化」モデルは，シカゴ大学の都市研究者によっ て築きあげられた考えである．藤田（2008）によると，中心人物のパーク（Park, R. 1950）は，同化を「ある人々やグループが，ほかの人々やグループの記憶，感 情，態度を習得し，その経験や歴史を共有することを通して，共通の文化的生活 のなかに取り込まれる相互浸透，融合の過程」と捉えた．藤田は，このモデルで は，第二世代までに「ハイフンつきのアメリカ人」（例：日系アメリカ人）になり， 第三世代では完全なアメリカ人になると説明し，「アメリカ社会への成功的な融 合と，母国のエスニシティ，社会，文化への愛着の喪失が関連づけられた」と説 明した．一方で，「文化多元主義」モデルは，1965年の新移民法以来，南米やア ジアからの移住者が増加したことに伴い，彼らの経験を従来の同化モデルでは説明 しきれないという理由から生まれた．このモデルでは，「同化は必然的なもので はなく，実のところ，ほとんどの人は『ハイフンなしの』アメリカ人，つまり単 なるアメリカ人にはならない．異なるエスニシティを持つ人々が結婚したとして も，エスニック・アイデンティティは維持される」と主張した．

　しかし，1990年代以降，これらのモデルでは，移住者が複数の国々を越境する 状況をうまく説明できないと指摘されるようになり，「トランスナショナリズム」 論が台頭してきた．文化人類学者のシラーら（Schiller et al. eds. 1992, 1-24）は， この概念を「移民が，出身国と定住する国をともに結びつける社会的な場を築き あげる過程」と定義し，複数の国家を越境して生活する移民を「トランスマイグ ラント（transmigrant）」と呼んだ．彼女らは，カリブ海諸国からニューヨークな どのアメリカの都市への移住について調査し，移民がホスト社会と出身国の両方 にまたがるネットワークを持ち，二つの社会を一つの社会的な場として生活する 姿を目の当たりにし，「トランスナショナリズム」という新しい概念を提起した．

　グローバル化の結果として，2か国以上の国や地域を越境して生活する人々が でてきており，彼らは「トランスナショナル・アイデンティティ」を形成してい ると指摘されている．藤田（2008）はこのアイデンティティが，「一般的に，二つ （またはそれ以上）の国に『故郷』を持つことから生じる多元的・多層的な意識を 指す」と説明した．この用語は二つ以上の国を越境し，複数の国家に国民アイデ ンティティを抱くスポーツ選手について考える上で有効な概念である．例えば， プロテニス選手の大坂なおみは，日本人の母親とハイチ人の父親の間に生まれ， 幼少期からアメリカで生活してきたが，日本代表として五輪に出場し複数のアイ デンティティを形成しているだろう． 　　　　　　　　　　　　　　　[千葉直樹]

📖**さらに詳しく知るための文献**
千葉直樹 2014．『グローバルスポーツ論』デザインエッグ社．
石原豊一 2013．『ベースボール労働移民』河出書房新社．

Sport for Tomorrow

　Sport for Tomorrow（スポーツ・フォー・トゥモロー：SFT）事業は 2014 年から 2021 年の 8 年間，東京 2020 オリンピック・パラリンピック競技大会（東京 2020 大会）のレガシープログラムとして日本政府によって推進されたスポーツ国際貢献事業である．この SFT 事業が東京 2020 大会招致の成功を後押しした．2013 年 9 月にブエノスアイレスで開催された第 125 次 IOC 総会で，東京 2020 大会開催までの 7 年間で 100 か国 1000 万人の人々にスポーツの価値を届けることが安倍晋三総理大臣（当時）の招致プレゼンテーションの中で公約された（首相官邸 2013）．新型コロナウイルスの影響で東京 2020 大会が 1 年延期されたこともあり SFT 事業が終了した 2022 年 3 月末には，204 か国 1339 万 2240 人が SFT 事業の裨益者として記録されている．

●スポーツ・フォー・トゥモロー事業の概要と推進体制　SFT 事業は，①スポーツを通じた国際協力および交流，②国際スポーツ人材育成拠点の構築，③国際的なアンチ・ドーピング推進体制の強化支援の三つの活動領域で構成され，「スポーツ・フォー・トゥモローコンソーシアム（SFTC）」によって推進された．SFTC 事務局は日本スポーツ振興センター（JSC）の中に設置され，外務省，スポーツ庁を中心とした運営委員会（右図参照）が主に戦略や方針を定めて事業が実施された．SFTC 事務局は運営委員会の開催や SFTC 会員間のコミュニケーションの活性化の他，独自事業も行った．さらに，SFTC 事務局は SFT の主旨に賛同したスポーツ関連団体，地方公共団体，民間団体，大学，非営利団体に会員になってもらい，会員が実施した事業も認定事業として定めた．コンソーシアム会員は 2015 年には 53 団体であったのに対し，終了時点の

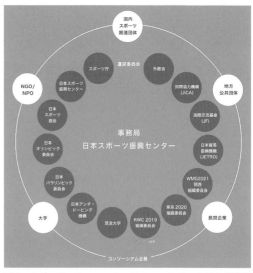

図 1　スポーツ・フォー・トゥモローコンソーシアム事務局体制図

2022 年 3 月には 459 団体にまで増えている.

●三つの活動領域の具体的な取組み　このように，コンソーシアムを形成してオールジャパンで取り組んだ SFT 事業であるが，それぞれの活動領域においても特徴がみられる．①スポーツを通じた国際協力および交流では，「スポーツの普及と国際競技レベルの向上」「スポーツの力で世界を変える（平和と開発）」「スポーツ交流を国民的な文化に」の三つの目的が掲げられた．例えば，日本スポーツ協会は，子どもの運動遊びプログラム「アクティブ・チャイルドプログラム（ACP）」を活用し，タイの関係団体と共同事業を推進．タイの子どもたちの運動実施率の低下という課題にアプローチした．また国際協力機構（JICA）はタンザニアの女子陸上競技大会「Ladies First」を開催して，競技大会を通じてジェンダーのステレオタイプの変革と女性のエンパワーメントを促すことを目指した．また国際パラリンピック委員会（IPC）も，パラリンピックの価値やパラリンピックムーブメントを広めるために開発した「I'm POSSIBLE」の教材を活用し，ザンビアで教員研修を実施している．諸外国への日本の指導者の派遣や，日本でのトレーニング機会の提供などは，外務省のスポーツ外交推進事業を活用して実施された．

　国際スポーツ人材育成拠点の構築では，つくば国際スポーツアカデミー（TIAS）が筑波大学に設置された．TIAS は，オリンピック・パラリンピック教育を基盤に，国際スポーツ界のリーダーとなる若者を育成する学位プログラムで，95 名がプログラムを修了している．また，科学的根拠に裏付けられた指導を実践できるコーチの育成を目指す「日本体育大学コーチデベロッパーアカデミー」が設置され，42 か国 110 名の指導者が受講した．鹿屋体育大学に設置された「国際スポーツアカデミー」は，国際スポーツ界の核となるべく人材を育成する二つの短期プログラムを実施し，41 の国と地域から 162 名が受講した．

　国際的なアンチ・ドーピング推進体制の強化支援（PLAY TRUE 2020）も特徴的な活動となった．スポーツの価値を基盤とした教育や，アンチ・ドーピング教育を実施するとともに，各国が自ら研修を実施することを支援する教育パッケージの開発や普及活動，人材育成支援など，アジア・オセアニアを主な対象地域として実施された．

　SFT 事業は日本がこれまで実施してきたスポーツを活用した国際協力・交流事業をより強化することとなった．また，国際課題解決の手段としてスポーツの活用を試みる「開発と平和のためのスポーツ（Sport for Development and Peace）」の概念を日本に導入するきっかけとなる事業となったと言えるだろう．　［野口亜弥］

📖さらに詳しく知るための文献

日本スポーツ振興センター 2022.『Sport For Tomorrow 最終報告書 2014-2021』日本スポーツ振興センター.

ローカルアイデンティティとスポーツ

●**ローカルアイデンティティ**　スポーツは，グローバルなスケールで行われるものである．オリンピックやワールドカップのように世界各国の選手が集うことで，スポーツの競技レベルは高まると同時に，その商業的な規模も拡大していく．
　このようにグローバル化を前提にした制度であるスポーツは，同時にローカルアイデンティティを高めたりもする．ここではフィリピンのボクシングの事例を取り上げてみよう．
　フィリピンのボクシングは 19 世紀の終わりに米軍人を通じて伝えられた．元々，英国で発祥した近代スポーツが世界各国に普及していくのは 19 世紀後半以降であるが，フィリピンにおいてもまた，この時期にボクシングが輸入されることになった．だが，ボクシングは順調に広まり続けたわけではない．ボクシングは賭けの対象でもあったため，国家の取り締まりの対象にもなった．その後，禁止と認可を繰り返しながら，フィリピンの草の根レベルで拡大していったボクシングは，1960 年代になるとアジア随一のプロボクサーと絶賛されたフラッシュ・エロルデ（Flash Elorde）が活躍したことで，フィリピンのローカル社会においても，重要な文化実践として人々に認識されるようになった．さらに 2000 年代に入ってから，世界 8 階級制覇を果たすことになるパッキャオ（Pacquiao, M.）が登場したことで，ボクシングはフィリピンのローカル社会と，より一層深い結びつきを獲得した．
　今日のフィリピンにおけるボクシング人気の背景には，こうした歴史的過程が関係している．ボクシングは植民地統治下で「外から」植えつけられたものだったが，その手段を通じてかつての支配側である米国や日本の選手を打ち負かせば，フィリピン人としてのプライドを一挙に高めることができる．それは戦争とは位相を異にした象徴的な戦いである．たしかにスポーツの多くは英国や米国にルーツがあるが，その世界共通のルールをいったん受容すれば，プレイの場では対等な関係が成立する．旧宗主国を相手に勝利を収めれば，対外的にも，また国内統合の面においても，非常に大きなインパクトを持つ．伝統的な身体文化——例えばフィリピンには「アルニス」という伝統武術がある——を保護する手法とは異なり，スポーツは世界共通のルールに則ったグローバルな営みであるからこそ，逆にローカルアイデンティティを打ち立てる基盤にもなりうる．
●**想像の共同体**　ラスベガスの興行のメインイベントにフィリピンのボクサーが登場するというのは，観戦するフィリピン人にとって圧倒的な経験となる．世界

最高峰にして，しかもフィリピンにボクシングを植えつけた米国のリングで，今日ではパッキャオをはじめとしたフィリピンのボクサーがメインイベンターを務めている．ボクシングという世界共通の言語でもって，フィリピンを代表し，その存在を訴えるボクサーたちは，フィリピン国内の人たちだけでなく，世界各地に離散したフィリピン系の人々を「フィリピン人」という意識感覚でつなぐことを可能にする．ボクシングを通して，このような「想像の共同体」が立ち上がっているのである．

「想像の共同体」とは，アイルランド出身で米国のコーネル大学で東南アジア地域研究を教えていたアンダーソン（Anderson, B.）が提唱した概念である（アンダーソン 2007）．帝国が崩壊し，国民国家が 20 世紀に世界各地に誕生する中で，そうした国民国家の誕生がいかにマスメディアの発展と深く関係していたのかを表すために用いたのが，この概念であった．アンダーソンによれば，国民（nation）とは所与のものではなく，マスメディアを通じて創出されていったものである．具体的には，新聞やテレビなど，同じ情報を同じ時間に触れる人々による集団が形成可能になったことで，初めて国民という単位が創出されたことを，アンダーソンは見事に示したのである．

アンダーソンは，国民国家の創出期であった 19 世紀のラテンアメリカをモデルに議論を組み立てているため，20 世紀に世界中で勃興したスポーツについては議論を展開していない．だが，世界中に離散したフィリピン系の人々が，ラスベガスのボクシングの試合を，リアルタイムのペイパービューで観戦しながら，その応援コメントを SNS でハッシュタグをつけて投稿しながら見守っている様子を踏まえるならば，まさにグローバルに展開されるスポーツは，フィリピンというナショナルな意識を今一度，枠づける重要な制度となっているとも言えるだろう．そしてそれは，マニラのストリートの雑貨屋に置かれたテレビで，パッキャオを応援するスラムの人々の自己意識を再構築するという点において，ローカルアイデンティティに深く影響を与える営みでもある．

ここまで確認してきたように，スポーツの場面において登場するローカルアイデンティティは所与のものではない．そもそもスポーツは，グローバル化を前提にしているものであり，メディア報道の影響も色濃く受けている．スポーツが世界共通のルールや形式を持つからこそ，翻って，ローカルアイデンティティがスポーツを実践する過程で立ち現れるのである．ローカルアイデンティティは，「ある」ものではなく「現れる」ものなのである． ［石岡丈昇］

📖 **さらに詳しく知るための文献**

アンダーソン，B. 著，白石 隆・白石さや訳 2007.『定本 想像の共同体』書籍工房早山．
石岡丈昇 2024.『ローカルボクサーと貧困世界』増補新版．世界思想社．

スポータイゼーションとコロニアリズム

　スポータイゼーションとは Sportization の訳語である．「スポーツ化」と訳されることもあるが，「武道のスポーツ化」や「生活のスポーツ化」等，単にある営為や現象が一般にスポーツとされる営為や現象と似た特徴を有するようになるという意味の「スポーツ化」と異なり，エリアス学派・フィギュレーション（形態）社会学・過程社会学などと呼ばれる諸研究で用いられる一つの理論的概念である．

　エリアス（Elias, N.）本人やエリアス学派第 1 世代のダニング（Dunning, E.）によると，主に 18～19 世紀の英国において議会制民主主義が発達し，人々が政治的妥協や自己抑制という行動様式を身につけ，暴力への感受性が強まった結果，暴力的な旧来の娯楽よりも，肉体の行使は伴うが種々のルールに従い，誰かが重傷を負う可能性を最小限に減らす模擬的な戦いが好まれるようになり，娯楽はスポーツへと変形した．その後，スポーツは競技そのものだけでなく，フェアプレイの精神など，付随する様々な理念や価値観などとともに世界へ広まったのであり，この過程をスポータイゼーションと呼んだ（エリアス＆ダニング 1995）．

　続くエリアス学派第 2 世代のマグワイア（Maguire, J.）は，ロバートソン（Robertson, R.）のグローバリゼーション論を参照しながら，スポータイゼーションの特に後段部分をより理論的に深めようと試みた（Maguire 1999）．

●マグワイアによるグローバルなスポータイゼーション　マグワイアはグローバルなスポータイゼーションが，①人，②テクノロジー，③経済，④メディア，⑤イデオロギーという主に五つの次元で起きており，その過程を理解する上で四つのポイントがあるとする．第 1 に，非常に長期的な構造化の過程であること，第 2 に，相互依存性の幅が広がっていく中で求心性と遠心性のバランスの変化があること，第 3 に，各段階で利益を得る集団・組織と損失を被る集団・組織との間の権力バランスの変化を調べる必要があること，第 4 に，国家中心主義とヨーロッパ中心主義の両方を退け，より大きな，ますますグローバルになる相互依存性のネットワークという文脈の中でヨーロッパのスポーツ構造の出現をみる必要があるということである．以上を踏まえ，マグワイアは，グローバルなスポータイゼーションを 5 段階に分け，各段階の特徴を説明する．第 1 段階では，17～18 世紀の英国において上流階級・中産階級が担い手となり，当時の主要な娯楽が近代スポーツへと変形した．例として，クリケット，狐狩り，競馬，ボクシング等が挙げられる．続く第 2 段階では，19 世紀の英国において中産階級・労働者階級が中心となり，サッカー，ラグビー，テニス，陸上競技，ボート等が近代スポー

ツの形に整えられた．第3段階の19世紀後半から20世紀初期においては，上述した英国のスポーツがヨーロッパと大英帝国版図に広まり，近代スポーツのグローバリゼーションが始まった．具体的には，国際的なスポーツ統括組織が設立され，その組織が統制するルールが世界規模で受容され，そのルール下で世界規模の大会が開催されるようになった．その結果，国の代表チーム同士で競う機会が増え，ナショナリズムを表出させた．とりわけ米国の台頭を背景に，西洋諸国と非西洋諸国の間だけでなく，西洋諸国内でも闘争が繰り広げられた．第4段階にあたる1920〜1960年代になると，かつての植民地の統治者であり，スポーツの世界でもそれまで支配的な地位にいた英国に対して，米国の優位性が確立しただけでなく，アフリカ・アジア・南米などの非西洋諸国も台頭した．それらの国は英国のスポーツを無批判に受容したのではなく，時に抵抗し，再解釈したり，自分たちの固有の文化や娯楽に巧く近代スポーツの特徴を取り込み，グローバルな規模でそれらを維持し，発展・環流させたりした．このような力関係の変化と，ローカル／ナショナル／グローバルな規模でのダイナミックな相互の文化混交は，第5段階としての1960年代後半以降，ますます活発となった．この段階になると，もはや国民国家の枠組みに捉われないグローバル企業がメディアスポーツ生産複合体を形成し，スポーツやそれに付随する意味・イメージ等を商品化し，国境を超えた特異なスポーツ市場でそれらを生産・流通・消費させる．このようなグローバルな商業化の過程では，文化の差異や「対照の幅」は縮小する一方，文化の変種や多様性，相互依存の「対象の幅」は増大する傾向にある．

●スポーツとコロニアリズム　マグワイアのグローバルなスポータイゼーションにおいては，英国や西欧の緩やかな衰退・非中心化と，非西欧の台頭・脱西欧化が強調される．確かに，「奴らのゲームで奴らを倒す」という言い回しを持ち出すまでもなく，一面では近代スポーツが脱植民地化への闘争の場として機能した（アパデュライ 2004）．しかしながら，当初より近代スポーツは植民地化の要素を内包し，現在でもその機能は色濃く残存し，新植民地主義の一端を担う側面を持ち合わせている．非西欧の台頭はあくまでもかつての支配者のゲームの中に限られ，大英帝国終焉後も現在までコモンウェルスゲームズは存続する等，近代スポーツが今なお孕むコロニアル性を示す事例は枚挙に暇がない．また，スポーツのコロニアル性は人種やジェンダー等，他の社会規範や正統性・卓越性をめぐる権力の問題とも複雑に絡み合う．それ故，スポーツとコロニアリズムの関係は現在進行形の問題として今後も考察されるべきテーマである．　　　　　［熊澤拓也］

📖さらに詳しく知るための文献
山下高行 2002．グローバリゼーションとスポーツ．有賀郁敏ほか『スポーツ』ミネルヴァ書房．
高津 勝・尾崎正峰編 2006．『越境するスポーツ』創文企画．
ジェームズ，C. L. R. 著，本橋哲也訳 2015．『境界を越えて』月曜社．

ダイバーシティ（多様性）と
ソーシャルインクルージョン（社会的包摂）

　ダイバーシティ（diversity, 多様性）およびソーシャルインクルージョン（social inclusion, 社会的包摂）は，多様な属性や背景を持つ人々の社会参加を促すことを是とする社会構想を表す概念である．企業経営の文脈ではダイバーシティ＆インクルージョン（Diversity & Inclusion: D&I）やダイバーシティ，エクイティ＆インクルージョン（Diversity, Equity & Inclusion: DE&I）という言い方が定着している．社会政策や地域政策，学校教育などの文脈では，外国にルーツのある人々との多文化共生や障害者の社会参加を意図してダイバーシティや（ソーシャル）インクルージョンが使われる．持続可能な開発目標（SDGs）の「誰一人取り残さない」というスローガンも，この理念を共有する．

●**社会的排除という問題認識**　だが，「誰一人取り残さない」とわざわざ宣言するのは，現状では取り残された人たちがいるからである．つまり社会的包摂を目指すなら，まず社会的排除（ソーシャルエクスクルージョン，social exclusion）の存在が認識されなければならない．社会的包摂が政策概念として最初に普及したのは 1990 年代のヨーロッパだが，それはそれまでの社会保障制度では掬い取ることのできない多様な社会的不利益層が存在するという認識に端を発している．誰をどのように包摂するのかの前に，誰がどのように排除されているのかを問わねばならない．

　社会から取り残された人が存在し簡単にはいなくならないのは，社会構造がそうさせているからである．これまでに蓄積されてきた人間社会の仕組みが，そこに包摂されやすい人とされにくい人を区別している．だからインクルージョンとは，この仕組みを組み替える企てである．そう考えた時，SDGs や D&I をめぐる言説に隠れる二律背反を見逃せない．例えば SDGs は「持続可能な成長」を目指すが，成長そのものが排除を生んできたのかもしれない．企業が D&I を進める論理として，多様性が生産性を高めることが強調されるが，それでは生産性が高くなければ包摂しなくてよいことになってしまう．多様な人を排除しながら達成される「生産性」へのアンチテーゼこそが，多様性なのである．

●**包摂＝カテゴリーをめぐる政治過程**　社会的排除という問題認識の要諦は，既存制度が想定したカテゴリーでは括れない社会集団が多様に存在するということである．排除された人々は制度から不可視化された存在であり，可視化されるに当たって新たに見出される必要がある．つまり，包摂すべきカテゴリーは増え続ける．これを固定的な社会制度で掬い取ることは非常に難しい．だから社会的包

摂は，社会がこの終わりなき過程にコミットすることを要請する．性的マイノリティにしても，障害者にしても，そのカテゴリーは細分化され続けている．社会的包摂とは，新たに発見されるカテゴリーを制度上承認するか否かの政治過程であるといってもよい．すべての人に等しく人権を認めるだけでは片付かない．それを具体的にどのような権利としてどんな法的範囲で認めていくのかという，市民権をめぐる争いなのである．

●スポーツで読み解く排除と包摂のダイナミズム　スポーツもまた，こうした無限に続く排除と包摂のダイナミズムの一部である．スポーツ社会学におけるダイバーシティ／ソーシャルインクルージョン研究とは，このダイナミズムのどこかの局面に焦点化するすべての研究を指す．過去や現在におけるスポーツの制度的構造の中で，誰がどのような意味で排除を経験しているのか．所得格差，雇用や教育，ジェンダーや性的指向，障害の有無や種別や程度，国籍や人種やエスニシティなどに起因して，スポーツの世界で本来達成されるべき割合の参加を阻まれている集団は，文字通り多様に想定できる．それらの"マイノリティ"の包摂を試みる場面では，"マジョリティ"側の受容と反発が同時に起きうる．新たな層の参加を許すことは，経済的資源や権力の再配分を必ず要請するからである．

　スポーツにおける不正義や不平等という伝統的なテーマに加えて，ダイバーシティ／ソーシャルインクルージョンという視座を採用する意義は，排除と包摂の綱引きによって制度が再編される力学の解明にある．特に広く社会全体の構造や制度への影響を問う研究の方向性を二つ挙げておこう．一つは，参加資格を細分化することで競争性を確保しようとする競技スポーツのあり方に関わる．例えば，SOGI の多様性は，ほとんどのスポーツが採用する男女別のカテゴリー分けの正当性を揺さぶっている．また障害の種別や等級によるカテゴリー分けは，競争の公平性への指向とは裏腹に，それに拘泥すること自体に疑問を投げかける．スポーツにおける排除と包摂の制度的力学は，そのまま社会全体に影響を及ぼしうる．

　もう一つは，スポーツを契機としてマイノリティの実質的な自由を拡大する実践に着目することだ．2000 年代に広まった Sport for Development and Peace (SDP) の運動は，世界中でさまざまな社会的不利益層をスポーツによって支援する NPO や NGO を産み出し，教育や医療など一般的な社会制度が届いていない地域や階層に対し，それらを代替するプログラムを提供してきた．SDGs の時代には，この蓄積を梃子により多くの資源をこの運動に取り込もうとする動きもある．スポーツの楽しさを求心力とする非営利活動は，営利企業，国際機関，国家を巻き込んで，社会全体をどこまで変革しうるのだろうか．　　　　　　　［鈴木直文］

📖さらに詳しく知るための文献
阿部 彩 2011.『弱者の居場所がない社会』講談社現代新書.
岩渕功一編著 2021.『多様性との対話』青弓社.
ビッグイシュー基金 2018.『社会（スポーツ）をあそぶガイドブック』ビッグイシュー基金.

グローバリゼーション

●**グローバリゼーションのフロントランナーであるスポーツ**　ウォーターズ（Waters, M.）によると，グローバリゼーションは，経済的，政治的，社会的，文化的取り決めに関する地理的制約が後退していくことであり，人々がその状況を認識し，それに呼応して行動していくと定義されている（Waters 2001）．19世紀後半に英国で多くの近代スポーツが生まれ，それが世界中に広まっていく過程，また1896年に近代オリンピックが誕生し，国家間の違いを超えた統一化されたコード（競技規則）の下での国家間の競技が多くの人を魅了することを示し，これがその後のスポーツのさまざまな世界的メガイベントの青写真となっていった過程は，新自由主義経済により加速された世界市場の統一化，世界的な多国籍企業の出現より先んじている．

●**グローバルアイコンとしてのスポーツ産業：ナイキ**　巨大な多国籍企業を誕生させた市場のグローバル化の過程で，影響力を強めていったスポーツ産業が世界を席巻していったことがスポーツのグローバリゼーションの顕著な様相として語られることが多い．その文脈においてナイキほど効果的にグローバル化されたブランドはないであろう．日本製のシューズを販売する米国の小さなスポーツ用品小売店だった会社が，途上国での労働力や資源を有効に使い，メディアを通して認知度を急激に高め，世界的に有名なリーグやクラブとの利益共有体制を確立していった．1990年代後半に，ナイキは52か国に計80万人の従業員がいた．98%のシューズは，当時，4か国（中国，インドネシア，タイ，ベトナム）で製造されていた．グローバリゼーションが資本家の搾取（途上国の原材料や労働力）の上に成り立っていて，ローカルな消費者が，自分たちの文化とはまったく無関係な製品を買うように仕向けられると主張する批判家たちのターゲットとして，ナイキが格好のものとなっていった（Cashmore 2010, 406）．1990年代に起きたナイキに対する不買運動は，グローバリゼーションの寵児であったナイキが直面した大きな代償であったと言える．

●**「スポーツ化」が基盤となったグローバリゼーションの複雑でおおきなうねり**　スポーツ・ビジネスのグローバル化の基盤となったスポーツ自体のグローバル化に関しては，マグワイア（Maguire, J.）のフィギュレーション社会学を用いた研究に，その過程が詳細に分析されている．「遊び」の要素を持ったさまざまな身体的活動がスポーツへとコード化していく過程を「スポーツ化」と表現したエリアス（Elias, N.）とダニング（Dunning, E.）の研究をベースにしており，そこでは

グローバリゼーションは，計画されていない（unplanned），意図されていない（unintended）方向に向かって，支配的な力（権力）によって発展していくとされている（Elias & Dunning 1986）．スポーツが世界的に普及し，グローバル化していく経緯は単一の理由に帰することはできず，その過程はむしろ独自のダイナミズムによって駆り立てられ，複雑で多層的で雑多な条件のもと，捉えることの難しい変容である．上記のナイキに象徴されるグローバルゼーションの様相は，この「スポーツ化」を基盤としたグローバリゼーションの全体像と捉えると，ほんの表層的な一面に過ぎないと言える．マグワイアは，近代スポーツが誕生し，グローバル化していく過程でキーとなる四つのポイントを示した（Maguire 1999）．それは，①とてつもなく長い構造化のプロセスがある．②相互依存の幅が広がっていく中で，求心性と遠心性のバランスの変化がある．③このプロセスの中でのいろいろな段階で，利益を得る集団や組織と損失を被る集団や組織との間にある権力バランスの変化を調べる必要がある．④国家中心主義とヨーロッパ中心主義の両方を退け，より大きな，そしてますますグローバルになる相互依存のネットワークの中で，スポーツ構造の出現を見る必要があると指摘し，「グローバリゼーションは減少する差異と増大する多様性の調和と混合として最も良く理解できる．つまり，文化の混じり合いとより権力を持った集団がグローバルな流れをコントロールしたり，この流れに対してのアクセスを規定しようとする試みである」（Maguire 1999, 213）と集約している．英国に起源を持つスポーツは，その成立過程で当時の植民地文化との混交を反映し，また競技が世界的に普及する中でさまざまな差異や変容を生んだ．植民地の影響を受けて逆輸入されたポロやバドミントンはその典型例であり，世界中に普及したサッカーやラグビーは異なった文化圏における身体的特性や価値観を反映した特色のあるプレイスタイルによって多様性を経験していった．一方，米国のスポーツにおける成功と米国発祥のスポーツの世界中への普及は，スポーツにおけるトレーニング，パフォーマンス，消費といった要素を再定義し世界中に影響力を発揮している．これがスポーツの世界における組織の合理性やトレーニングの科学性・効率性，ビジネスモデルの拡大など「減少する差異」を演出していった．

　スポーツのグローバル化によって顕著になった優秀なスポーツ選手が越境して活躍する姿は，コスモポリタンな社会に生きている人々の意識を醸成すると同時に，さまざまな国際的な競技大会はエスニシティの表現や感情を刺激する．多様なメディアスポーツの影響力拡大により，スポーツのグローバリゼーションの複雑性はスポーツがいかに解釈されるかにも大きく関わってくると言える．　　　［海老島 均］

📖**さらに詳しく知るための文献**
Maguire, J. 1999. *Global Sport*. Polity.
グットマン，A. 著，谷川 稔ほか訳 1997.『スポーツと帝国』昭和堂.

文化帝国主義とスポーツ

　帝国主義が軍事的・政治的パワーを背景に領土権を拡大しつつ，他の民族や国家等を直接的に支配するような体制を指すのに対し，文化帝国主義とは非軍事的で間接的な支配，特に言語，文学，芸術，音楽，ファッション，マスメディア，スポーツなどのさまざまな文化的要素を通じて，ある国や地域が他の国や地域に自らの文化を押し付け，支配する状況を指す．戦後，植民地体制の崩壊により帝国主義は終局したが，新たな装いを帯びた帝国主義が大きな論題となった．それは，資本主義のイデオロギーや消費文化からもたらされるマクドナルドやコーラなどの消費財，ディズニーやハリウッド映画のようなメディア生産物が世界的に拡大されていったことにより，主に発展途上にある国や地域の文化的自律性が失われたり，侵食されたりする事態が生じているという問題である．そこには米国の文化を中心に，先進諸国がつくり出す経済的・文化的プロダクトに途上国側が従属させられているという文化帝国主義への問題認識がある．では，こうした文化帝国主義の文脈においてスポーツはどのように論じられてきたのか．

●スポーツと文化帝国主義の歴史　英国を中心に発展した近代スポーツは，大英帝国の拡大とともに植民地支配下の国々に伝播され，現地のエリート層を中心に広められた．こうした帝国主義体制の拡大の中においては植民地統治へ向けた現地行政官の育成が不可欠となり，その要件として求められたものは一義的には植民地に行っても耐えうるだけの体力であり，支配する側としての気質や品格であった．そしてそれらを涵養するのにスポーツが有益と考えられ，英国本国らしさを想起させるジェントルマン（紳士の国）のメッセージをさまざまな形で含意しながら，文化の境界を象る上でも有用とされたのである．スポーツが帝国主義と密接に関連していることが分析され，植民地支配において一種の支配の象徴として利用されたと指摘されるのは，このような歴史的経緯に起因する．

●グローバル化するスポーツをいかに捉えるか？　文化帝国主義と批判されるスポーツへの見方が台頭する潮流に並行して，スポーツをみる視点も大きく転換してきた．それらの議論をあえて類別するならば，次の二つに括ることができる．それは，オリンピックに象徴される国際競技会のメガイベント化を伴ったスポーツが，先進国の文化的価値観を強制することによって文化的な帝国主義を進めているという批判と，異なる文化間の相互理解や尊重を促進するための取組みがスポーツを通じて継続的に行われることで，より良い世界が築いていけると期待する立場に主に分けられる．前者では IOC や IF のような特定の機関が掌握してい

るスポーツが優越的であるとされ，今日的にグローバルサウスと呼ばれる国や地域のスポーツはグローバルノース側からの援助に依存する傾向にあり，スポーツの中で支配と従属の関係が巧みに正当化されつつ，グローバルサウスに住む人々にそれを浸透させようとしているという批判的な見解が特徴となる．後者は，「Sport for Development and Peace」という発想から，開発問題や平和構築をより強く意識した活動にスポーツの活用可能性を嗅ぎ取った者たちによって牽引され，社会的・文化的な摩擦や対立をスポーツを用いながら低減していこうとする立場である．経済的な発展を遂げているグローバルノース主導のスタンダード（ルールや大会運営方法等）の普及によって，たとえスポーツにおいて文化的な帝国主義が進められているとしても，力点の置き方を工夫することによって貧困削減に繋げられるはずである，というのがこの立場の特徴である．これはスポーツによってグローバルサウス／グローバルノースが強められる事態を批判的に捉えることが重要だと思う人と，スポーツによりそれらの問題を超克していくことこそが重要だと思う人の立場の違いを反映している．ただこれら二つの立場も互いを否定しているわけではなく，現代のスポーツの位相を批判的に解題し，その活用可能性を慎重に見極めていこうとする点では共通する．

●スポーツと文化帝国主義を議論する意義　オリンピックムーブメントを筆頭に，「スポーツの価値」的な論調に眼を奪われるあまり，そうした理解が常識と化して多くの人々の視野を狭め，その多義的な現実理解を妨げてきたことを考えると，従来の認識に縛られない視点で，われわれを包みこんでいる言説を広く捉える視角がどうしても必要になる．その視角とはつまり，スポーツと文化帝国主義の議論の中で，異質な環境や文化的価値観との間に存在する差異を拡大もすれば縮小もさせうるという，スポーツの混交した局面を顕在化させることである．一連の議論の根底には，スポーツが単一の価値観や規範によって支配されるべきではないという，グローバルノースが推進するスポーツ文化を短絡的に複製しようとすることへの警鐘がある．現在のスポーツのメインストリームは，今のところグローバルノースに偏在しているが，スポーツを出発点として文化帝国主義の視点からグローバルサウスの問題を検討することは，少なくともオリンピズムで謳われる気高く立派で穢れのない理念よりも，はるかに複雑な過程を含んでいると考えた方がよい．メガイベント化する国際大会が世界中を熱狂の渦に巻き込む中，まさにそんなスポーツの時代だからこそ，スポーツと文化帝国主義を検討する意義が，そこにある．　　　　　　　　　　　　　　　　　　　　　　［小林　勉］

📖さらに詳しく知るための文献

グットマン，A. 著，谷川 稔ほか訳 1997.『スポーツと帝国』昭和堂.

西山哲郎 2001. 差異を乗り越えるものとしてのスポーツ. スポーツ社会学研究 9：106-138.

トムリンソン，J. 著，片岡 信訳 1993.『文化帝国主義』青土社.

ローカル／グローバルなスポーツ

　世界各地には，それぞれの土地で生まれてその土地の独自の文化として語られるスポーツがある．例えば，われわれ日本社会に関係するものとしては，相撲や柔道，空手などが分かりやすい例であるが，他にも各地の祭りの中で行われる，綱引きや舟の競漕などもそこに含めてよい．スコットランドのハイランド・ゲームズ，アイルランドのゲーリック・フットボール，インドやパキスタン，バングラデシュに広がるカバディなど，それぞれの地域では多くの者に古くから楽しまれている競技がある．それらは，「民族スポーツ」や「伝統スポーツ」，「民俗スポーツ」と言われ，特定の地域・集団にまつわるローカルな物語を持つと同時にスポーツという文化の特徴により，グローバルに広がった人々を自らの出自と関わる土地へと結び付ける．ローカルな文化とみなされつつグローバルに境界を越えて人々を結び付けるそれらのスポーツの特殊性，特徴について，ここではスポーツの近代化，グローバル化，グローカル化という視点から整理していきたい．

●**近代スポーツの境界を越えた拡がりを支えた特徴**　そもそもわれわれが日頃より，プレイしたり，見たりして楽しんでいる野球やサッカー，バスケットボール，陸上競技などの「近代スポーツ」も特定のローカルな場所で生み出され，世界に広まっていった文化である．19 世紀の後半以降に国際化していったそれらの競技には共通する特徴があり，その特徴こそが世界への普及の重要な要素となった．

　その特徴とは「成文化」されたルールをもち，それを管理する組織が存在するということである．ローカルな場で独自のルールでプレイされていた競戯が成文化されたルールを持つと，そこには境界を越えて世界に広まるベクトルが生じることになる．例えばサッカーの歴史についてみると，中世から（それ以前という説もある）英国内の各地の祭りの場で行われていた「民俗フットボール」が近代的な教育の場＝パブリックスクールや名門大学に持ち込まれ，19 世紀には成文化の機運が高まる．そして，1863 年にフットボール連盟（Football Association）が組織化され，統一されたルールが文章として設定された．そこから短期間でサッカーは，英国国内，近隣のヨーロッパ諸国，英国植民地などへと普及していった．

　ルールの成文化は，コートの大きさやプレイヤーの人数，ボールやゴールなどの道具，禁じられる行為（反則）などを規定し，プレイが生じる場の条件を標準化して再現可能にすることによって，異なる時空間で行われるプレイどうしの結果を結び付けることになる．人工的に一定の条件の下で行われる競争は，生み出された土地からそれを持ち出しやすくし，そのルールに従う者は，世界のどこに

住んでいようが，グローバルな競争構造に参入することになる．

●**「脱埋め込み」化された文化としてのスポーツ**　グローバル化を近代化の徹底であると論じた社会学者ギデンズ（Giddens, A.）は，「社会関係を相互行為のローカルなコンテクストから『取り外し』，無限の時空間に再構築すること」を「脱埋め込み」と定義したが，スポーツが成文化されたルールをもち，その競技が生み出された文脈から飛翔して国際化へのベクトルをもつことは「脱埋め込み」のプロセスであると捉えることができる．脱埋め込み化された文化であるスポーツの中で生じる戦略や戦術，トレーニング方法などのプレイの産物は，特定のローカルな場でのみ通用するのではなく，どこで行われるプレイの中でも（統一のルールに従っている限り）通用し，世界中のプレイヤーによって使用可能となる．それらが，従来の方法よりも「勝利」に貢献し，卓越性をもつ場合，それらはどのプレイヤーも採用するスタンダードになる可能性ももつ．そして，そのようにスタンダードとして共有されたプレイの産物は，いずれそれを乗り越えるものによって上書きされることになる．

●**グローカルな文化としてのスポーツ**　ローカルな場で生み出された普遍性をもつ個別の事象がグローバルに広がり，他のローカルな場の文化に根付いて新たな個別事象を生み出す土台になるという環流構造について，社会学者のロバートソン（Robertson, R.）は「グローカリゼーション」という概念で説明した．「グローバル」と「ローカル」からつくられたこの言葉は，それら二つの概念を対立的ではなく相互補完的に捉え，社会・文化現象を動態的に分析する視点を提示する．

　冒頭で言及した「伝統スポーツ」，「民族スポーツ」も，成文化されたルールをもつならば，上記のようなグローカルな特徴をもつ．一方で，近代スポーツと異なる，表象のレベルのローカル→グローバルの環流という特徴ももつと考えられる．すなわち，特定集団の歴史・文化とともに語られるスポーツは，時代ごとの社会・経済的文脈に規定される特定の集団の「らしさ」を表現する手法を組み込むが，その表現手法はローカルな場の政治状況（例えば国家の政策や民族間の対立）などによって更新されたりする．そのような新たな表現手段，表象の手段が生み出された場合，スポーツのグローバルなネットワークを通して世界各地へ広がっていくことになるのである．

　スポーツは，身体を通して，集団と個人を結び付け，また，それらを観戦するという行為も観戦者どうし，プレイヤーと観戦者を身体の感覚を通じて強く結び付けるものである．それ故，ローカルな物語をもつスポーツは特定集団（たとえオリジンとなる土地を離れて世界に拡散していたとしても）のアイデンティティを表象する文化となりうるのである．　　　　　　　　　　　　　　　　［岡本純也］

📖**さらに詳しく知るための文献**

ベズニエ，N. ほか著，川島浩平ほか訳 2020.『スポーツ人類学』共和国.

SDGs/MDGs とスポーツ

　持続可能な社会のあり方が議論されるとき，そこにはおそらく二つの「公正」が求められる．一つは現在の私たちの生活と同じくらい豊かな生活を将来の人々も営む権利があるとする「世代間の公正」であり，もう一つは現在に生きる人々の間にも，豊かな暮らしを営む権利があるとする「世代内の公正」である．前者は，経済開発が将来世代における発展可能性を脅かしてはならないという世代的責任のことであり，後者は，将来の世代の欲求を満たしつつ，現在の世代の欲求も併せて満足させるような開発が求められるということである．そして，このような考え方は，世界各国により広い社会的課題に取り組むことを要請し，2000年9月の「国連ミレニアム宣言」の採択，その開発目標としてミレニアム開発目標（MDGs: Millennium Development Goals）の策定，その後の持続可能な開発目標（SDGs: Sustainable Development Goals）の設定へと結びついていく．こうした動向は，スポーツ界にいかなるインパクトを与えたのか．

● **MDGs とスポーツ**　MDGs では国際社会の支援を必要とする課題に対して，2015年までに達成するという期限付きの八つの目標，21のターゲット，60の指標が掲げられた．具体的には HIV/エイズやマラリアといった感染症の防止，初等教育の達成，ジェンダー平等の推進，極度の貧困と飢餓の撲滅など，各領域で1990年を基準年として2015年までに具体的な数値目標の達成が求められ，その動向はスポーツ界にも大きな影響を与えた．「スポーツ」の領域と「開発」の領域とが急速に接近し，いわゆる「Sport for Development and Peace (SDP)」という考え方が台頭してきた．例えば，2003年11月には国連総会において「教育を普及，健康を増進，平和を構築する手段としてのスポーツに関する決議（Sport as a means to promote education, health, development and peace）」が採択され，同時に2005年を「スポーツ・体育の国際年（the International Year for Sport and Physical Education）」とする決議も採択された．2005年の「スポーツ・体育の国際年」の制定は，人間開発や平和を構築していく上でのスポーツの持つ可能性を各国政府に大きく喚起し，このような SDP の動向は，国連のスポーツへの取組みを，「開発アプローチ」の一つとして明示的に転換させる．それまで「身体活動（physical activity）」とか「みんなのスポーツ（sport for all）」というフレーズが国連文書において支配的だったのに対して，「開発のためのスポーツ（sport for development）」や「スポーツを通じた開発（development through sport）」などが主要なフレーズとして置き換えられ，その結果，「余暇活動や健康増進」の領域内で理解されるこ

とが多かったスポーツが，開発を後押しするための一つの「ツール」へと概念的に転換することになった．つまりスポーツそのものの振興（development of sport）に関心が向けられるのではなく，社会経済的もしくは政策的な目的を達成するためのツールとしてスポーツを活用しようという考え方が，それ以降急速に高まっていく．

● **MDGs の後継としての SDGs**　MDGs の後継として 2016 年から 2030 年までの新たな国際目標として掲げられたのが SDGs である．貧困削減に焦点を絞った MDGs の成果を土台としながら，あらゆる形態の貧困に終止符を打つための取組みをさらに進めることをねらいとし，17 目標，169 ターゲットが示された．SDGs に法的な拘束力はないが，持続可能な社会づくりのための共通語として，地球を守る行動が「すべての国々」に対して要請された点にその特徴がある．MDGs では国・地域ごとの事情や多様性は勘案されなかったが，そうした状況は途上国側からみると，MDGs 作成のプロセスには十分に参加できないまま，結果的に先進国側からのトップダウンのようなかたちで目標が策定されたようにみてとれた．そのため SDGs では，ボトムアップ型の議論の経緯がとられ，各国は 17 の目標達成へ向け，これまで以上に当事者意識を持って取り組むことが求められた．誰に裨益する開発プロジェクトなのかを検討することが要請され，理不尽に被害を被るグローバルサウスの問題など，ターゲット抜きでは何も語れない時代へと突入していく．

● **MDGs/SDGs の達成にスポーツを応用**　SDGs が設定されて以降，SDGs の 17 項目それぞれの具体的なターゲットに取り組む有用なツールとして，スポーツが国連からさらなる後押しを獲得し，SDGs を効率よく実現するために「SDGs ×スポーツ」という図式が全面的に押し出される．それは例えば SDGs の「目標 3：あらゆる年齢のすべての人々の健康的な生活を確保し，福祉を推進する」に対して，「運動とスポーツは，アクティブなライフスタイルや精神的な安寧の重要な要素です．非伝染性疾病などのリスク予防に貢献したり，性と生殖その他の健康問題に関する教育ツールとしての役割を果たしたりすることもできます．」といった形で，SDGs のターゲットとスポーツとの具体的な結びつきについて言及されている点にもみてとれる（国際連合広報センター公式サイト）．このように，MDGs や SDGs の目標達成に，スポーツを応用すれば，スポーツと開発が相互に連動しつつ，開発アプローチという問いに新しい視角から解答が出せるという主張が 21 世紀に沸き起こり，スポーツ界の世界的潮流を象り始めつつある．

[小林　勉]

📖 **さらに詳しく知るための文献**

小林　勉 2016.『スポーツで挑む社会貢献』創文企画.

小倉乙春 2021.『スポーツは SDGs に貢献できるのか』日本電子書籍技術普及協会.

スポーツと平和

　「スポーツは平和を創ることができるのか」は長い間，議論がなされてきたテーマである．近年，「開発と平和のためのスポーツ（Sport for Development and Peace: SDP）」という概念が生まれ，平和の実現にスポーツを用いる実践が注目されている．一般的な「スポーツと平和」の文脈における政治的な意味での平和，概念としての平和ではなく，現実に紛争中，紛争終結直後（ポストコンフリクト）の社会で行われているスポーツが，「なぜ，どのような目的で，その時期に行われているのか」を追求する意味を有している．ここでは，スポーツがより現実的に紛争を止められるか，スポーツが平和な状態を維持できるかが問われており，そのことは既存の研究の「平和学や紛争解決学の観点から分析した研究や紛争解決理論に基づいた介入や研究は限定されている」（Sugden & Haasner 2010）との指摘にも見て取れる．

●**平和構築の各段階におけるスポーツの意義**　現実的な平和を考える際に国連が示す平和創造（peace making），平和維持（peace keeping），平和構築（peace building）の三つの枠組みが分かりやすい．「平和」にスポーツが投入されるのは，平和構築の段階が大部分を占め，具体的には，紛争後の民族融和，武装解除・動員解除・社会復帰（Disarmament, Demobilization, Reintegration: DDR），PTSDのケアなどが目的とされている．中でも民族融和に関わる実践と研究は，2000年代に入って複数行われている．カルデナス（Cárdenas, A. 2013）は，スポーツ実践に期待される融和のレベルを①シンボルを通じた国家レベルでの融和，②共同体活動を通じた融和，③個人の能力開発を通じた融和の三つに分けた．①では，多文化国家である南アフリカが「虹の国家」と広くスポーツの場で表現され，ナショナルアイデンティティの形成が試みられた例，②では，青少年のDDR，児童兵のリハビリテーション，紛争関連の性被害のケアなど，紛争の影響を受けた子どもや青少年のコミュニティへの参加や統合の例，③では，広く紛争被害者のコミュニティ感情やエンパワメント，ジェンダー観や人権意識の醸成などの個人が身につけるライフスキルの例など，異なる融和のレベルのそれぞれにスポーツが寄与する可能性が示されている．

●**紛争下におけるスポーツ**　スポーツと平和を考える際の中心となるのは，平和構築の段階であるが，平和創造や平和維持が必要な段階，すなわち紛争中にもスポーツは行われている．筆者は，ボスニア・ヘルツェゴビナにおいて，軍の警戒の下で子ども達がスポーツを行った事例を検証した．人々は，激しい銃撃戦が続

く中で，生活必需品の買出しや情報交換以外の外出を控え，学校や仕事に行くこともなかった．長期間，外気に当たらず，同年代の人との交流が途絶える状況で，子どもや若者たちが家庭内で暴力的になる"Another War"が頻発したが，この事態を深刻に受け止めた大人たちがNPOをつくり，子どもや青少年がスポーツをする機会を提供した．

2022年にウクライナは，ロシアとの戦闘が続く中でFIFAカタールワールドカップの予選に出場し，予選突破は叶わなかったものの「国民に希望を与えた」「国際社会にウクライナの存在をアピールした」と話題になった．ウクライナは，2023年現在も2024年の欧州選手権（ユーロ）予選への出場を続けており，他のスポーツでも国際大会に参加している．その一方で，ロシアとベラルーシがさまざまな国際大会への参加を拒否される事態も起こっている．紛争中の社会で行われるスポーツの平和への貢献は，平和が実現された後の社会で検証されるものであり，また，その成果もスポーツが単独で成しえたものとは言えないかもしれない．

●**スポーツが持つ負の側面と「平和」の在り方**　スポーツの持つ負の側面への懸念もぬぐい切れない．スポーツが「暴力，腐敗，差別，暴動，過度なナショナリズム，不正，薬物依存などの負の側面を抱き込んでいる」（United Nations 2003, 2）と言われるようにスポーツが有する競争や攻撃といった要素が勝利至上主義の中で肯定されがちな点に留意が必要である．また，スポーツを通じた取組みが万能ではなく，包括的な平和構築へのアプローチの一部にしかすぎないことも念頭に置き，他の平和構築のプログラムを干渉したり，悪影響を与えたりしない努力が必要である．これらは，平和構築の現場に持ち込まれる近代スポーツが，帝国主義的性質を持つことに加えて，外からの働きかけによって目指される平和が，意識，無意識にかかわらず，ローカルな文脈とかけ離れた先進国が望む形の「平和」に接近しがちなことにも起因している．

スポーツが創る平和は，理想であり，机上の空論であるとも言われる．しかし，それでもスポーツに期待が寄せられ，さまざまな活動が行われているという事実は否めない．スポーツの平和への寄与を検証するためには，紛争の原因や国際情勢，経済状況や周辺国との関係など，「平和」の背景に関する理解が不可欠である．それらを逐一読み解くことは困難であるが，それでもスポーツに平和を創る手段としての役割が求められている以上は，個別の事例の検証を続けていくことが必要であろう．
　　　　　　　　　　　　　　　　　　　　　　　　　　　　　　　　［岡田千あき］

📖**さらに詳しく知るための文献**

Sugden, J. & Haasner, A. 2010. Sport Intervention in Divided Societies. In Tokarski, W. & Petry, K. eds. *Handbuch Sportpolitik*. Hofmann Verlag.

Cárdenas, A. 2013. Peace Building Through Sport? An Introduction to Sport for Development and Peace. *Journal of Conflictology*, 4(1): 4.

社会空間と身体
ピエール・ブルデューのスポーツ社会学

● 「なぜ私がこうなってしまったのか」という問い　人はどのようにしてスポーツを好きになるのか？　これはブルデュー（Bourdieu, P.）が『社会学の社会学』の中で一章を割いて考察した主題である．この問いの答えとしては，父親がボクシングが好きだったから，姉がフィギュアスケートを習っていたから，友だちがテニスクラブに加入することを誘ってきたから，といったものが一般的には考えられるだろう．

　しかしながらブルデューによるなら，この一見凡庸な問いが，社会学的に解明すべき大切な問題設定でもあるという．どのスポーツを「好き」になるかということには，社会的な影響が入り込んでいるというのである．ボクシングを愛する少年もいれば，それを「単なる野蛮な殴り合い」と一蹴する少年もいる．肉体労働に就く人々が多く，屈強さや勇敢さが求められる地区に育った少年は，ボクシングを愛するかもしれない．その一方で，閑静な住宅街に住み，休日は博物館や美術館を訪ねることの多い一家に育った者は，ボクシングを野蛮な競技だと捉えるだろう．つまり，特定のスポーツを「好む」ということ自体が，自らをつくり上げてきた世界の特徴を表しているのである．こうした好み＝趣向（taste）こそが，社会的産物であると言える．

　それはまた，プルースト（Proust, M.）が強調したように，「なぜ私がこうなってしまったのか」という問いに，スポーツ社会学もまた応答可能であることを示している．ボクシングを愛する私を形づくった世界は，例えば乗馬を愛する者が生まれ育った世界とは，大きく異なるだろう．私が，他でもない現在の私であることの前提には，生まれ育った世界という条件がある．「私」を問うことは，それをつくり出した社会との関係を開示することであるのだ．

●社会空間　趣向という一見，個人的なものが社会的産物であることを考える上で，「社会空間（social space）」という概念は参考になる．これはブルデューの考案した概念である．社会空間の内部にはさまざまな「界（field）」がある．社会空間内のさまざまな界は，互いに緊張関係にある．例えば，「芸術界」と「スポーツ界」と「財界」ではさまざまな闘争が繰り広げられる．「芸術界」は，経済的利益を優先する「財界」とは異なり，芸術それ自体の至高性を強調する力学を備えている．芸術作品が商品として売れるかどうかは二の次であり，むしろ売れることを前提に芸術を捉えるような視座自体が，「芸術界」では抑圧される．だが，「財界」は，来場者を呼び寄せることのできない美術館などは閉鎖するべきであると

いう主張が支配的となる．そこでは芸術的至高性などよりも市場原理が優先されるだろう．同様の争いは，「スポーツ界」と「芸術界」の間，さらに「スポーツ界」と「財界」の間にも現れる．さまざまな界が闘争を繰り広げながら，全体としてはそれらの界が集合して社会空間は存立している．

　こうした界と界の闘争だけでなく，一つの界の内部での闘争も生まれる．例えば，スポーツ界の内部におけるボクシングと総合格闘技（MMA）の闘争を考えてみよう．ボクシングは洗練された技術の競技だと自己規定される．それは決して「殴り合い」ではなく，所定のオンスのグローブを着用して，二本の腕だけで相手の上半身にパンチを当てることを競うスポーツであるとボクサーは考える．ボクサーは，腕しか使わず，しかも相手の上半身しか打てないという「制限」があるからこそ，そこには洗練されたスキルが発達すると考える．ボクサーからすれば，総合格闘家は「なんでもあり」なのであり，スキルよりも肉体性ありきの戦いであると解釈されるのである．もちろん，この解釈はボクサー側から見たものにすぎない．だが，このようにスポーツ，さらには格闘技の中においても，互いの弁別化を行う内部闘争が展開されるのである．

●身体　こうした社会空間と界のさまざまな争いのゲームに，プレイヤーとして参加しているのが私たち諸個人である．ある人はボクシングを愛し，別の人は乗馬を愛する．そして両者は，互いの趣向を，互いに否定し合う．後者は前者を野蛮だと捉え，前者は後者をお坊ちゃまの遊びと揶揄する．そこでは個々人の趣向をめぐる争いと同時に，スポーツ界の内部での正当性の争いが繰り広げられているとも言えるのだ．そしてこうした界の力学は，個々人の身体に書き込まれていく．私がボクシングを愛するとき，そこには決して私個人に留まらない，私を構成する社会——ブルデュー的には界の集合としての社会空間——の影響が根深く刻印されている．そうした視座から，スポーツを社会学的に解剖できると示して見せたのが，ブルデューのスポーツ社会学なのである．趣向という一見個人的なことは，社会的なこと，さらには政治的なことをめぐる闘争点であるのだ．

　こうしたブルデューのスポーツ社会学は，シカゴの黒人ゲットーに位置するボクシングジムのエスノグラフィであるヴァカン（Wacquant, L. 2004）の『ボディ＆ソウル』という著作において，より具体的に展開されている．趣向，社会空間，身体といった分析道具をどのようにフィールドワークにおいて使いこなすことができるのかについて，私たちがこの著作から学べることは多い．　　　　［石岡丈昇］

📖さらに詳しく知るための文献
ブルデュー，P. 著，田原音和監訳 1991.『社会学の社会学』藤原書店.
ブルデュー，P. 著，石崎晴己訳 1991.『構造と実践』藤原書店.
ヴァカン，L. 著，田中研之輔ほか訳 2013.『ボディ＆ソウル』新曜社.

第10章

経 済

［担当編集委員：髙橋義雄］

スポーツ産業とはどのような産業なのか

●**産業横断的な複合産業としてのスポーツ産業**　一般に「産業」とは「製造された製品間に高度な代替可能性がみられる同種の製品の競合関係にある企業の集まり」(徳永ほか 1989, 傍点は筆者)と定義される．一方,「スポーツ産業」といえば, われわれは「プロスポーツ球団」や「スポーツ用品メーカー」あるいは「スポーツメディア」といった多様な業種を思い浮かべる．Meek (1997) は, スポーツ産業をプロスポーツやスポーツイベント, スポーツツーリズムなどの「スポーツエンターテインメント・レクリエーション」と, 用具, ウェアなどの製造販売に関わる「スポーツ製品・サービス」, スポーツリーグやマーケティング組織などの「スポーツ支援組織」といった三つのセクターに分類しているが, 各セクターには多様な業種が含まれており, セクター間には代替可能性も競合関係も存在しない．言い換えると「スポーツ産業」とは,「観光産業」や「健康産業」のように, 需要サイドからみた「スポーツ」というテーマに関係する様々な業種の事業所や企業の集まりであり,「産業横断的な複合産業」(松岡 2010) と考えることができる．

●**スポーツ産業の2セクターモデル**　Li et al. (2001) は, こうした多様な業種が提供する多様なプロダクトの中でも,「スポーツ活動 (Sport activities)」(ゲームやイベント) こそがスポーツ産業に携わるすべての企業や組織が関わる中核的プロダクトであるとし, そのスポーツ活動を生産する企業や組織の集合を「スポーツ活動生産セクター」, スポーツ活動の生産を支援もしくはスポーツ活動に関連する財・サービスを提供する企業や組織の集合を「スポーツ活動支援セクター」とする, スポーツ産業の「2セクターモデル」を提示している．前者にはプロチーム, 大学のアスレチックデパートメント, スポーツクラブやフィットネスクラブなどが含まれ, 後者には競技団体 (全米体育協会 (NCAA), リーグ統括団体など), スポーツ用品製造・卸・小売業者, スポーツ施設建設・管理, スポーツメディア, スポーツマネジメント企業, 自治体のスポーツ担当部署やスポーツカウンシルなどの六つのセクターが含まれる (Li et al. 2001, 図1).

　2セクターモデルは, 供給サイドからみたスポーツ産業の特徴や構造を記述する理論モデルと言える．例えば, スポーツ施設を運営する事業者は, 施設に所属している会員にサービスを提供している場合はスポーツ活動生産セクターに, その施設に所属していない顧客が施設として利用している場合はスポーツ活動支援セクターに分類される (Li et al. 2001). 前者はスポーツクラブやスポーツ教室などスポーツ活動を提供する企業であるのに対し, 後者は専らスポーツ施設の管理

を行ってスポーツ活動を支援する企業であり，それぞれの企業が提供している財・サービスや，それらを生産するために所有している経営資源は全く異なる．スポーツ施設の運営では，両者がコンソーシアム（共同事業体）を組む場合も珍しくない．

また，国や地域間による産業構造の違いについても留意が必要である．2 セクターモデルでは「大学のアスレチックデパートメント」がスポーツ活動生産セクターの事例に挙げられているが，これは各大学がスタジアムやアリーナを所有

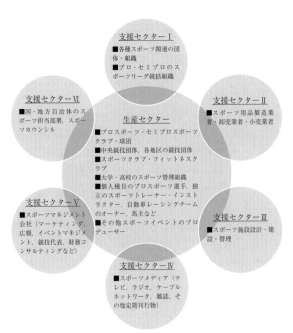

図1　スポーツ産業の2セクターモデル（Li et al. 2001 を改変）

し，ホームゲームを主催している米国の状況を反映している．これに対して日本ではアスレチックデパートメントやスタジアム・アリーナを所有している大学はほとんどなく，試合を主催するのは各種目の競技団体傘下の学生連盟（学連）である場合が多い．なお，供給サイドからみたより実務的なスポーツ産業モデルに，経済統計算出に用いられる「スポーツサテライト勘定」があるが，こちらは☞「スポーツサテライト勘定」を参照されたい．

●スポーツ産業の拡張と発展　一方で，述べたようにスポーツ産業は産業横断的な複合産業であり，さまざまな産業と融合して常に新しい産業領域を産み出している．例えば，近年はプロスポーツクラブがスタジアム・アリーナの経営権を取得し，プロスポーツの興行とスタジアム・アリーナビジネスを融合させた新しいビジネスを産み出し，街づくりや地域の活性化といった社会的な影響力も持ちつつある（日本政策投資銀行ほか 2020）．また，「スポーツ」の定義に関するコンセンサスにも留意が必要である．近年は「マインドスポーツ」や「eスポーツ」といった新しい「スポーツ活動」が登場しつつあり（澤井 2020），スポーツ産業はこうした新しいスポーツ活動を取り込むことによってその外縁を拡張するとともに，さまざまな産業との融合によって新しい産業領域を産み出す可能性を持った産業であると言える．

［澤井和彦］

スポーツサテライト勘定とスポーツ GDP

●**スポーツ産業の発展と経済統計の必要性**　近年，スポーツ産業の分野は急成長しており，その経済規模など各種経済統計の必要性が増している．文部科学省は，「一億総活躍社会の実現に向けた文部科学省緊急対策プラン」（文部科学省2015）の中で，GDP 600 兆円を目指す経済政策の一つとして「スポーツ GDP 拡大構想」を発表し，スポーツ GDP を当時の 5 兆円から 2025 年には 15 兆円に拡大することを掲げた．スポーツ GDP とは，Mano et al. (2003) などでは「国内スポーツ総生産（Gross Domestic Sport Product: GDSP）」と呼ばれ，1 年間に産み出されたスポーツ産業分野の付加価値の合計であり，国民経済計算（System of National Accounts: SNA）に基づいて算出される（庄子ほか 2016）．

●**スポーツサテライト勘定（SSA）とヴィリニュス定義**　ここで問題になるのは，既存の産業分類において「スポーツ産業」は独立した産業部門として扱われていないということである．例えば，Li et al. (2001) によれば，「北米産業分類システム（North American Industry Classification System: NAICS）ではスポーツに関連する産業活動は製造業，芸術，娯楽，レクリエーションなど 8 部門に分散している．すなわち，スポーツ産業は「産業横断的な複合産業」（松岡 2010）であり，経済統計算出のためには「スポーツ産業」の定義と範囲を確定し，その勘定体系である「スポーツサテライト勘定（Sport Satellite Account: SSA）」を作成する必要がある（庄子ほか 2019）．

　2007 年 10 月の EU スポーツ経済作業部会では，この「スポーツサテライト勘定」作成のために，「ヴィリニュス定義」と呼ばれるスポーツ産業の定義についての合意がなされた．ヴィリニュス定義では，欧州標準産業分類（Statistical Classification of Economic Activities in the European Community: NACE ※仏語の略）に準拠しつつ，スポーツ産業を産業連関モデルに基づいて「中核的定義（統計的定義）」「狭義の定義」「広義の定義」という 3 段階の概念によって整理している（図1，川島・庄子 2023；庄子ほか 2018）．中核的定義に該当する産業とは，NACE のセクション R「芸術，エンターテインメント，レクリエーション」のサブカテゴリーである「93.1 スポーツ活動（sports activities）」に該当するスポーツの財・サービスを生産する産業のことを指す（日本政策投資銀行 2023）．狭義の定義とは，中核的定義のスポーツ活動と，それに投入される財・サービスや施設やインフラストラクチャーの建設など，アウトプットとしてスポーツ活動を生成する（スポーツ活動からみて上流の）財・サービスが含まれる（図1）．広義の定義とは，狭義の定義

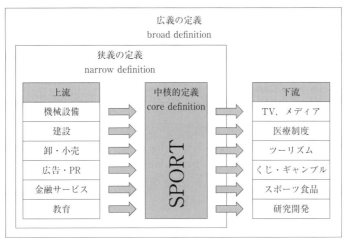

図1 ヴィリニュス定義（川島・庄子 2023）

に加えてTVやメディアなど，インプットとしてスポーツ活動を利用する（スポーツ活動からみて下流の）財・サービスが含まれる（図1）．

スポーツ産業の定義については，Li et al.（2001）がスポーツ活動を生産する企業群を「スポーツ活動生産セクター」，スポーツ活動の生産を支援する製品やサービスを提供する企業群を「スポーツ活動支援セクター」とする「2セクターモデル」を提示している（☞「スポーツ産業とはどのような産業なのか」）．Li et al.（2001）の定義がどちらかというとスポーツ産業分析のための学術的なモデルであるのに対し，ヴィリニュス定義は標準産業分類を前提としたスポーツサテライト勘定作成のための実務的な統計モデルであり，統計算出に用いる国民経済計算との整合性や，国際比較のための便宜性が重視されており（川島・庄子 2023），NACE のどの項目が「スポーツ産業」に該当するかは各国委員の合議で決められているという（庄子ほか 2018）．

●日本版SSA（J-SSA）の作成とスポーツGDP　欧州では，このヴィリニュス定義を用いて，各国の標準産業分類の分類項目から該当する産業を抽出し，スポーツGDPや雇用者数などの各種経済統計が算出されている．日本においても日本政策投資銀行を中心に，欧州の結果と比較可能な日本版スポーツサテライト勘定（J-SSA）が開発されており（日本政策投資銀行・同志社大学 2018），スポーツGDPが推計されている．日本政策投資銀行（2023）によれば，2020年のわが国のスポーツGDPは8兆7410億円，名目GDPに対するスポーツGDPの割合は1.62％と推計されている．コロナ前の2019年は，スポーツGDP 9兆2790億円，名目GDPに対する割合は1.67％と推計されており，コロナ感染拡大によってスポーツ産業が相対的にネガティブな影響を受けていることが示唆されている． ［澤井和彦］

スポーツイベントと経済波及効果

　2023年3月，WBC（ワールド・ベースボール・クラシック）で日本代表の侍ジャパンが3大会ぶりに優勝し，専門家の試算として直接的な経済効果は276億1503万円，波及効果を加えると596億4847万円に上ると報道された（NHK SPORTS 2023）．このように，メディアでスポーツの経済効果の報道がなされる場合，産業連関分析を利用した経済効果を報道していることが多い．産業連関分析は，経済効果を測定するための一般的な方法であり，ローカルイベントからメガスポーツイベントまで幅広く行われている．ただし，経済効果の数字だけが報道されてしまい，経済効果の意味や分析の過程が知られていない場合も多い．スポーツの経済効果を活用するためには，産業連関分析や経済波及効果を正しく理解する必要がある．

●**産業連関分析による計算**　産業連関分析による経済波及効果は，直接効果と波及効果の合計として表現される．直接効果は，新しい需要が喚起された時に，その需要を満たすために増加する生産額のことである．また，生産を増やすために企業は他の企業から財・サービスを購入するので，生産の波及が起こる．これが1次効果である．また，直接効果と1次効果によって生産が増えると，その1部は家計の所得になる．この家計の所得の増加の1部が消費を増やす（間接需要）と考えられるので，さらに生産が増える．これが2次効果である．同じ手順で3次効果以降も計算できるが，3次以降は十分に小さい値になっていることが多く，2次効果までが一般的である．経済波及効果は，直接効果と1次効果・2次効果の合計であり，この内，付加価値額だけを取り出したものを付加価値誘発額という．産業連関分析は，産業構造（費用と販路）が所与の条件として産業連関表で示されることから，どのようなイベントや事業であっても経済効果を計算することができる．

　総務省は，都道府県等における産業連関分析実施状況を毎年公表している（総務省 2023）．さまざまな事業が産業連関分析の対象になっているが，スポーツ事業に関連した内容は比較的多い．例えば，スタジアムやアリーナの建設，マラソン大会や国際スポーツ大会などのイベント関連，スポーツ合宿の誘致やプロスポーツの優勝効果など，そのテーマは多岐にわたる．総務省が公表している産業連関分析の実例は，都道府県等が主体となって政策立案や産業振興に活かすために実施しており，実際のプロジェクト評価として参考にできる．学術研究も同様に，スポーツイベント（加藤・葉 2010；丸山 2012；胡ほか 2020；二宮ほか 2014），

スポーツ合宿（関ほか 2016；石澤ほか 2015），プロスポーツ（加藤・葉 2009；宮本ほか 2007），スポーツ施設建設（坂本 2014；萩原 2019）などさまざまな事業を対象としている論文がみられる．

また，産業連関分析は，一般的に個別の事業を対象に行うものであるが，ある期間のスポーツ

図1 2011〜2019年のスポーツGDPの変遷［筆者作成］

事業やスポーツ産業全体の付加価値をすべて集計した数値のことを「スポーツGDP」という．このスポーツGDPは，日本の産業全体の国内総生産（Gross Domestic Product: GDP）からスポーツ産業の付加価値を取り出したものと定義される．日本政策投資銀行の試算によると，2019年の日本のスポーツGDPは約9.2兆円でGDPに占める割合は，約1.65％となる（日本政策投資銀行 2023）．このスポーツGDPの計算過程において，国全体のGDPからスポーツ産業を取り出す際に産業連関表が利用されている．

●**分析の課題**　これまで述べてきた産業連関分析や経済波及効果の研究には問題点も存在する．一つ目は，産業連関表は総務省によって5年に1回の作成であるため，急な経済状況の変化やイノベーションに対応できない．これは波及効果の大きさは，同じ産業連関表を使う限り，直接効果の大きさと，その直接効果がどの産業に投入されるか，という点のみで決まってしまうためである．二つ目は，未来のプロジェクトに産業連関表を使用する場合，恣意的な数値になりがちであるという点である．妥当性と信頼性のある数値にするために，直接効果の積み上げをできる限りエビデンスに基づいて行う必要がある．また，三つ目は，経済「波及」効果とは財・サービスと金額の取引の連鎖の結果であり，スポーツの持つ社会的な効果（例えば，地域のコミュニティが醸成された，健康な人が増えた，等）を評価するためには，経済効果とは別に社会的効果の検証する枠組みが必要である．スポーツの価値を計測する際には，経済的効果と社会的効果を互いに組み合わせる必要があるだろう．　　　　　　　　　　　　　　　　　　　　　［庄子博人］

📖**さらに詳しく知るための文献**
李 潔 2023．『入門GDP統計と経済波及効果分析』第3版．大学教育出版．
小長谷一之・前川知史 2012．『経済効果入門 地域活性化・企画立案・政策評価のツール』日本評論社．
総務省政策統括官（統計制度担当）付 2024．都道府県等における産業連関分析実施状況（令和4年4月〜令和5年3月）．https://www.soumu.go.jp/main_content/000936453.pdf

サービス経済化とスポーツ

　サービス経済化とは，経済の発展に伴って，第1次産業の農林水産業から，第2次産業の製造業，そして非製造業である第3次産業のサービス業へと重点がシフトし，経済活動の重点がサービス化することである．それぞれの社会のサービス経済化の進展具合は，産業構造におけるサービス業が占める割合で示すことができる．スポーツは近代化によって，人が暇や退屈しのぎで行っていた遊びが，「世俗化」「平等化」「官僚化」「専門化」「合理化」「数量化」「記録への固執」といった特質（グットマン 1997, 3-4）の変化によって多くの人に欲せられるようになると第3次産業として成立するようになる．

●**社会の変化とサービス化するスポーツ**　スポーツは，社会・経済の変化とともに，その形式を変えてきた．古代の狩猟社会や農耕社会では，狩猟や農耕に必要な技術から派生した運動遊びがみられる．農耕社会になると人口は増加し，社会・政治組織が形成されて，肉体の強靭さや巧みさを競う陸上競技，水泳競技，格闘技などの意味や価値が共有されて制度化し，競技レベルは高度化していった．また，ゴムや木製，皮で包んだボールを使用した球技の存在も知られている．産業革命をいち早く果たした英国では，スポーツは，パブリックスクールにおいて非暴力的で自己規律化したスポーツ教育へと加工された．これらは，個人主義や政治的中立とともに，経済的自由を尊重するアマチュアリズムのスポーツ観を持っていた．そのため，アマチュア選手の休業補償や入場料を徴収するようになった試合などの一部の事例を除いて，商業化は進まなかった．いっぽうで，サッカーや野球は，スポーツ観戦が労働者の娯楽となり，プロスポーツとなった．そして新聞，ラジオ，テレビといったメディアの発達で，差異化の生産と再生産を表示することができるスポーツは，メディア商品化され，産業規模を拡大させた．

　内閣府の第5期科学技術基本計画では，社会・経済の変化を狩猟社会（Society 1.0），農耕社会（Society 2.0），工業社会（Society 3.0），情報社会（Society 4.0）と区分し，次にサイバー空間とフィジカル空間を高度に融合させたシステムによって開かれる社会「Society 5.0」をめざすとしている．スポーツは，それぞれの区分において時間や空間，物的な制限があり，その区分で求められる社会的機能にも違いがある．そのため，時代区分に合った競技が誕生し，既存のスポーツは適合するように変容する．Society 5.0 の未来社会では，スポーツや運動する身体が，テクノロジーによって即座にデータ化され，その生体データがモノとつな

がり新たな価値となる．スポーツは，テクノロジーによる人間拡張の時代の商業的なサービスへと広がりを見せている．

●**アマチュアリズムとスポーツプロフェッショナリズム**　日本のスポーツは，少年団や学校部活動といった学校教育を基盤に普及し，体育会運動部や実業団スポーツを所有する大学や企業によって高度化を実現させるアマチュアリズムの精神で支えられてきた．この仕組みは，教育や企業経営にスポーツが貢献することが主目的であり，スポーツをするアスリートや組織・集団がスポーツの社会的・時代的・文化的な人々の需要に沿ってスポーツの価値を向上させる主体的な立場になかった．しかしながら，1990年代からの経済低成長や少子高齢化，そして情報技術の発展によって，これまでの日本の経済社会の仕組みが変化した．スポーツでは，サッカーやバスケットボールのプロ化，つまり企業から外部化した法人によるスポーツ・エンターテインメント産業化がみられる．また全国にサービス生産が可能なアリーナ・スタジアムが建設されるようになり，学校部活動も外部のクラブ化への流れもある．スポーツのサービス化は，スポーツの強力な影響力を公共の福祉や人類文化の発展に貢献する高い志をもった「専門職（プロフェッション）」が必要である．今日では，サービス産業の売上規模拡大だけを目指すのではなく，むしろ過剰なコマーシャリズムに抗して社会的・公共的意義を有するスポーツ文化を創造する真のプロフェッショナリズムが求められている（佐伯2004，261-271）．

●**サービス産業化におけるスポーツの商品化**　スポーツへの投資利益率（ROI）や目的達成率（ROO）を重視する企業は，チームを保有する以外に，選手やイベントと協賛契約し，広告宣伝，新製品開発，人材リクルート，人的ネットワーク構築の外部サービスとしてスポーツを活用している．企業は，スポーツの人をつなげる機能を活かして人材をネットワーク化し，本社機能部門が担う社内コミュニケーションや，営業努力を通じて構築される他社との信頼関係の構築を可能にしている．また，株式会社化したプロスポーツクラブは，リーグの個別ルールは存在するものの，一般的な企業買収と同様に売買されるようになった．そのため，スポーツクラブの投資商品化が始まり，クラブを買収した投資会社は，クラブの経営を改善した後に，売却して売却益を得るようになった．特に，中東産油国の投資ファンドが欧州のサッカークラブを買収したり，新しくプロゴルフツアーを創設したり，新しいスポーツ競技種目を開発するなど，スポーツのサービスが投資商品として扱われるようになっている．　　　　　　　　　　［髙橋義雄］

📖**さらに詳しく知るための文献**

グットマン，A. 著，谷川 稔ほか訳 1997.『スポーツと帝国』昭和堂.
佐伯年詩雄 2004.『現代企業スポーツ論』不昧堂出版.
森川正之 2016.『サービス立国論』日本経済新聞出版社.

アスリートキャリアと職業キャリア

●**アスリートキャリア**　アスリートのキャリアは，長く研究者の興味を惹いてきた領域の一つだ．プロスポーツ選手の一部が，華やかで充実したスポーツ人生から一変した引退後の生活へ適応できなくなることについて，1950年頃から研究されるようになった．その後，研究は1980年代頃に活発になり，研究対象は大学スポーツアスリートやオリンピックに出場するアスリートにまで拡大されていった．

　1980年代はスポーツの高度化が進んだ年代だ．1974年にオリンピックの参加資格からアマチュアが外れると，世界のスポーツは急速にプロ化へ進み，競技水準は一挙に上がっていった．そしてオリンピックや国際競技会へ人々の注目が集まるようになると，オーストラリア，英国，フランス，ドイツなど，メダル獲得に国策として取り組む国が相次いだ．それらの国に共通する施策は，国際競技力向上を目的にした強化拠点を設け，そこに国を代表するアスリートを集めて最新のトレーニングを提供すること，国内外の競技会に計画的に出場すること，そしてアスリートには奨学金（生活費）を与え，フルタイムでトレーニングに集中できる環境を整えることなどであった．結果としてアスリートが職業となった．

　この頃のアスリートキャリア支援策は，現役中はトレーニングに集中させ，競技引退の際に引退後に向けた支援プログラムを提供することが中心であった．これは，アスリートキャリア後の第2の人生に向けた支援という意味で，セカンドキャリア支援と呼ばれている．しかし競技引退を迎えて初めて引退後の生活に向き合うようでは，打ち手が限定されてしまうこと，そして若いタレントを発掘して育成する，長期的視点での強化への取り組みが広がったことにより，2010年頃から新しい支援のあり方に注目が集まるようになった．それは，人としての生涯の一部分・一側面としてアスリートキャリアを位置づけ，人生のキャリア（学業や職業）とアスリートキャリアの，両方を並行して達成させることへの支援である．これは両方のキャリアを支援するという意味で，デュアルキャリア支援と呼ばれている．ちなみに大学スポーツが盛んな米国では，全米最大の大学スポーツ統括組織である全米大学体育協会（NCAA）による，学業管理制度が1970年代頃から導入されている．これは優れたアスリートであっても，学業面での基準を満たさない場合は大会出場資格を失う規定で，文武両道を学生に求めるものだ．これもデュアルキャリア支援の一つと呼んで良いだろう．

●**職業キャリア**　さて，アスリートキャリアから職業キャリアへの移行が容易ではない状況は，わが国も同様である．むしろ，日本的雇用慣行と呼ばれるわが国

独特の雇用制度により，より難しい状況にあると言えるかもしれない．日本的雇用慣行はメンバーシップ型とも呼ばれ，新卒一括採用で専門的なスキルを持っていない人材を確保してから仕事を割り振り，職務内容や勤務地，労働時間も限定しない正社員（正規）雇用のスタイルである．企業は採用した後で職務遂行に必要な能力を身につけさせるので，採用の段階で何を学んできたかは重視しない．しかしその一方で，中途採用市場においては職務経験があり即戦力であることを求める．また，初職が非正規雇用だった場合，正規雇用への転化が容易でない．このような制度の下では，新卒のタイミングを逃してしまうと正規雇用されるチャンスは極めて限定的となる．競技力のピークを迎える年齢が遅い競技の場合，競技を続けて就職を諦めるのか，競技を引退して就職を選ぶのか，アスリートは悩ましい選択を迫られることになる．

　一方で，欧米で一般的なジョブ型雇用は，企業側はその職務を遂行できる能力を持つ求職者を募集し，採用する．当然，採用の段階で職務経験が求められるが，特にヨーロッパにおいては，学校教育の中で職業能力を身につける仕組みが整備されている．米国においては，大学の卒業が非常に難しいことで知られており，4年制大学を6年以内に卒業する学生は全体のわずか60％だ．そのため，学歴社会の米国では，卒業資格は就職選考の有力な判断材料になっている．デュアルキャリア支援において，多くの国や組織が学業とアスリートキャリアの両立を支援するのは，そのことが職業キャリアへの移行に大きな意味を持つからである．

●**おわりに**　ヨーロッパ連合（EU）は2012年，加盟国においてデュアルキャリア支援を拡大させるためのガイドラインを発表した．そこには，デュアルキャリア支援プログラムに取り組んでいるアスリートは，そうでないアスリートと比べて利得があることが示されている．すなわち，精神的健康（バランスの取れたライフスタイル，well-being の向上など），人間的成長（ライフスキルの獲得，自己制御力の向上など），社会性（周囲の助けを借りられる，よい対人関係を築くことができる）などが明らかに高いという．学齢期にある若いアスリートが，日々の厳しいトレーニングや合宿，遠征をこなしながら，さらにそれと並行して，学業も達成させようとする日々の努力が，さまざまな利得を生み出すのだろう．

　そうであるならば，わが国でもそれらの利得を最大化することを目的にした支援プログラムが開発され，広く活用されることが期待される．その支援が優れた人材の輩出を続け，スポーツは人材育成の有力な手段の一つであるとの認識が社会に広がれば，社会におけるスポーツの価値が再認識される．そのことは，アスリートのキャリア問題の解決に向けた，重要な一歩になり得ると考えられる．　　　［相馬浩隆］

📖**さらに詳しく知るための文献**

日本スポーツ振興センター 2014.「デュアルキャリアに関する調査研究」報告書. https://sportcareer.jp/wp-content/uploads/2021/01/dualcareer_report_jsc_2013.pdf.（最終閲覧日：2024年6月18日）

企業スポーツという経済活動，アスリートの労働への着目

　トップレベルのアスリートには，「プロ」として活動するものもいれば，日本においては「企業スポーツ」という形で生計を立てるものもいる．企業スポーツとはどのような経済活動なのだろうか．また本項目では，企業スポーツの経済的便益を検討する上で企業所属アスリートの労働に注目する必要性について説明する．

●企業スポーツという経済活動の理論的整理　企業スポーツとは，「企業がスポーツ選手を従業員として雇用し，企業の金銭を含む物理的援助・サポートのもとで，仕事の一環として，あるいは終業後に行うスポーツ活動」（澤野 2005）である．

　なぜ企業がスポーツ選手を支援するのか，その経済的メリットは何なのか，ということは最も注目される議論である．スポーツは根源的に考えれば遊びであり，広く言えば文化的な活動である．しかし企業は経済活動，すなわち特定の財やサービスを生産してそれから生じる利潤を最大化することを目的としている．企業が，スポーツ選手を雇用することとその目的達成とをいかに関連させているのか，という点は不思議に思われるのである．

　佐々木（2021）によれば企業スポーツの経済的メリットは，①従業員の健康促進，②従業員のモラール向上，一体感の醸成，帰属意識の向上，③企業の広告宣伝，④企業の社会的責任である．こうした効果を得るためにもちろん，スポーツ選手を自社に雇用せずに，スポーツ選手に金銭的または物的支援のみを提供するという，いわゆるスポンサーの形を企業が取ることも可能である（選手側からみると「プロ」契約）．しかし企業内部にスポーツ選手を抱えるということが費用対効果としてベターであると考える企業は存在し，そのような企業が企業スポーツという形態を選択していると経済学的には考えられている．

　ただしこうした経済効果がどの程度実際にあるものなのかということについては，佐々木（2021）で詳しく紹介されているものを除いて，それほど研究が進んでいない状況である．実際企業の担当者にヒアリングしても，効果があるという実感はあるものの，厳密に測定してはいないという話を聞くことが少なくない．経済効果が不確かなのになぜ企業スポーツは存続しているのか．この原因は，社会学的に分析することで見えてくる可能性がある．

　例えばここで紹介するのは企業を，皆が同じ利潤最大化を目指す一枚岩の集団と考えず，さまざまな利害関心をもった人で構成され，企業内では権力闘争が繰

り広げられているとみる考え方である．これは，企業スポーツをいわば政治的活動と理解する見方である．例えば企業スポーツ部の部長には会長や社長などの重役が選定されていることがほとんどであるが，それは，経済効果があろうがなかろうがスポーツ選手を企業が雇用することに対して「偉い人がわが社にスポーツが必要だと言っているからやりましょう」と合意を形成するために行われる．こうしてスポーツ選手が権力を獲得した結果，企業からさまざまに厚く支援してもらうということが起こりうるのである．その他にもこうした，企業スポーツの存続をめぐる社会的要因の影響については，企業スポーツ休廃部の原因を統計的に分析した中村（2019）に詳しく説明されている．

●企業スポーツ再活性化とアスリートの労働者化への着目　企業スポーツは社会学的に興味深い分析対象であるものの，長引く日本経済の不況のあおりを受け企業が企業スポーツに取り組む余裕がなくなった結果，近年ではその経済的側面をより明確化すべきだという期待が高まっている．企業スポーツのプロ化や地域クラブ化が進み，近年では企業がスポーツ選手を雇用する必要がないという認識が広がりつつある．したがってこのような現代においてもなお企業スポーツを存続させるには，その経済的便益を明確化することが以前よりも重要になってきていると言えよう．

　経済的便益について検討していく際に重要になるのは，スポーツの持つメディア露出効果をどのように経済的果実に結び付けるかという視点と，アスリートが企業内で従事する労働をどのように価値あるものにするかという視点である．前者は本書別項目を参照頂くとして，後者はアスリートの契約をどうするか（正規／非正規），また正規雇用として契約なら引退後にそのまま当該企業で働き続けられるように勤務や研修，人事評価をどうするかという問題である．また演繹的にアスリートの労働価値を決めるのではなく，アスリートによる企業内労働がもたらす現実的効果を幅広く観察して，そこから彼らの労働の意義・効果を帰納的に見出していくアプローチも大切である（水上2009）．一般的にみて，女性の企業所属アスリートは企業の経済活動にそれほど貢献する労働者として扱われず，正社員であっても引退後に所属企業を退社してしまう傾向が高いことが知られている．こうした性差の課題も含めてアスリートの労働者としての価値を検討していくには，アスリートが労働者化される条件・過程に注目するのがよいだろう．

[中村英仁]

🔖さらに詳しく知るための文献

澤野雅彦 2005．『企業スポーツの栄光と挫折』青弓社．

佐々木　勝 2021．『経済学者が語るスポーツの力』有斐閣．

中村英仁 2019．企業スポーツの脱制度化．スポーツマネジメント研究 11(1)：21-35．

企業倫理・CSR とスポーツ
企業・実業団スポーツと企業におけるスポーツの役割

　19世紀の終盤，石油や電気も利用可能になり，新しい重化学工業が急発展した．巨大装置やベルトコンベアが工場に導入されるようになり，これらに時間を管理され，そのペースで作業を行う方式に変わった．すると，好きなとき休憩を取る「隙間だらけの時間」が，装置や機械が動いている間は常に作業する「連続した時間」に変化し，労働は受動的・他律的，さらに緊張感の連続するものとなった．こうなると，緊張の緩和が不可欠で，労働と余暇はセットとなる．宗教と祝祭，遊び，あるいは余暇，レジャーなどが一気に発展する．パブやミュージックホールあるいは公園などができ，家族旅行も盛んになる．そして，巨大イベントである万国博覧会やオリンピックが始まるのもこの時期である．

　スポーツは，19世紀終盤に盛んになり，第1回オリンピック（アテネ）は1896年に開催された．オリンピックこそ，創設者クーベルタン（Coubertin, P. de）の思想により，企業を排除したが，この時代に企業とスポーツは，密接に結合することになる．プロ化して企業となったスポーツチームの試合観戦に多くの人が集まるようになり，また，体を動かすことは健康増進につながる最高の息抜きとされて，企業もグラウンドや体育館を整備して，スポーツを奨励し始めた．やがて企業スポーツチームも登場し，会社ぐるみで対外試合を応援することで，労使の一体感も生まれ，帰属意識も高まるという時代となった．

●**企業スポーツ**　企業スポーツは，世界中で行われた．しかし，ヨーロッパでは，だんだんスポーツを統括するのが地方自治体などに変わり，企業はこれを財政的に支える存在となった．米国でも企業スポーツは盛んになった．1935年にプロチームを結成し，米国遠征を敢行した大日本東京野球倶楽部（現読売ジャイアンツ）は，デトロイト近郊でフィードやGMとも対戦している．しかし，米国ではその直後に，労使関係において労働側の力を弱めるという理由で，健康保険や年金などの付加的給付とともに，企業スポーツも禁止された．

　結局，企業スポーツは日本で盛んになり，この仕組みは現在まで崩れていない．老舗企業スポーツチームの一つ，JR東日本野球部（当時は東京鉄道局）は，1920（大正9）年の設立趣意書に，「鉄道界にも野球をとり入れて，職員の健康増進と精神訓練のため，又職場の明朗化をはかり情操を豊にする」（同部HP）と書いている．つまり，企業スポーツは，労働者というステークホルダーに「福利厚生」を提供するために成立したのである．しかし，スポーツへの支出は，一部の愛好者のみに対する付加給与であり，労務費に計上することは認められないとされ，

徐々に企業の「社会的責任」と考えられるようになっていった.

　企業は営利追求のため設立される.資本主義のもとでは,法律に抵触しない限り行動は自由である.しかし,企業にはさまざまなステークホルダーが存在し,経営者は,時代が進むとともに彼らの利害に,より配慮しなければならなくなる.

●増えるステークホルダー　地域住民との関係が問題となる時代は,公害問題とともにやって来た.高度成長も佳境に入った1960年代末頃から,製造業にさまざまな歪みが露呈する.チッソ水俣工場の排水の中に混じっていた水銀によって「水俣病訴訟」が起こった.水銀は規定どおり希釈されていたが,水俣湾の魚を食べた住民に中毒者が出た.その後も全国で訴訟が起こったが,これら公害の原因に企業が関係しているという因果の立証は困難であった.

　ちょうど同時期米国でも,ベトナム戦争から帰還した黒人傷痍兵などが,職を得られず,街でスラムを形成して治安や風紀が悪化するという問題が起こった.これは,企業が彼らに職を与えないからとされ,また,自動車の排気ガスによる大気汚染も社会問題となっていて,企業,特に大企業の社会的責任が問題となり始めた.社会運動家ネーダー(Nader, R.)たちは,1965年頃からGMにターゲットを絞り,一株株主となって株主総会に乗り込み批判と提案を行った.その結果,GMも排気ガスの改善,シートベルトなど安全性への投資や,地域の人口比に沿ったマイノリティの雇用などを約束するに至ったのである.これが契機となって,米国で「無過失責任」という法理論が定着する.企業は社会の中で大きな権力を有しており,その権力に見合う責任も伴うというのがその根拠である.「経営者の社会的責任」が定着し,直ちに日本もこれに倣った.

　1990年代に入ると「地球温暖化」が世界的規模で問題となり,化石燃料を大量に使用する企業活動の結果と認識されるようになった.さらに,この頃ヨーロッパでは企業不祥事が頻発し,ガバナンスが問題とされた.もともと西ヨーロッパでは,社会主義と隣り合わせであったため,対抗上産業民主主義が機能していた.ドイツの共同決定法(意思決定機関である監査役会で労使が平等の権限を持つ)にみられるように,経営者の権限が日米ほど強くはなかったが,ヨーロッパでも,企業の社会的責任が問題になり始めたのである.

　英国政府は,ガバナンス問題で,キャドバリー(Cadbury, A.)を任命して諮問委員会を設置した.そして,その答申がヨーロッパにCSR(corporate social responsibility)をもたらすことになる.まず,ロンドン証券取引所への上場基準が強化され,これがEU全体にも波及すると,ガバナンスや環境問題を含む企業などに対する広範な規制が,国際標準化機構(ISO)の基準となる.この基準を満たさなければEU域内への輸出は認めないと定めたので,EU全体の総合規範となると同時に国際スタンダードとなった.かつての「経営者の努力義務」が,現在では「企業に対する法規制」へと展開したのである.　　　　　　　　[澤野雅彦]

グローバル化とスポーツにおける外国人労働者，スポーツビジネス

　日本のスポーツ界には，1990年代以降外国人選手が増えてきた．国内リーグにおける外国人選手の増加は，プロ化とともにグローバル化の影響を受けていた結果だと考えられる．社会学者のギデンズ（Giddens, A.）は，「このような世界社会の相互依存性の増大を概略的に意味する言葉が，グローバル化である」（ギデンズ1993）と説明している．

●**プロ野球における外国人選手と「外人」という表象**　体格や身体能力に優れた外国人選手が無制限に増えた場合には，日本人の出場機会が制限される恐れがある．したがって，日本のプロスポーツや日本リーグ等では，外国人枠を設定することが一般的だ．日本のプロ野球界は，1951年11月に，支配下選手内に占める外国人選手の登録数を，1球団3名までと初めて規定した（大道2000）．その後，この登録数は1966年から1球団2名までと変更になり，1981年から3名に戻り，1995年11月の規定改正によって無制限になった．2023年時点では，外国人の一軍出場選手登録は5名，ベンチ入りは4名までだ．

　日本のプロ野球界では，これまで数多くの外国人選手が活躍してきたが，ホームラン記録の更新に際して差別的な扱いが問題になった．プロ野球のシーズン最多ホームラン記録は，バレンティン（Balentien, W.）（東京ヤクルトスワローズ）が2013年に記録した60本である．それ以前の記録は王貞治が1964年につくった55本であった．ローズ（Rhodes, T.）（近鉄バッファローズ）とカブレラ（Cabrera, A.）（西武ライオンズ）は，2001年と2002年に55本の本塁打を放ちながら，当時王監督が率いたダイエー・ホークスから敬遠され，記録を破れなかった（伊藤2013）．こうした事例は，日本のスポーツ界に外国出身者への差別意識が残っていた証拠である．保守的な日本人は，外国人を無意識に「外人」と呼び，国内の日本人と区別する場合があるが，「外人」という言葉は，「よそ者」のような差別的な意味を内包する．グローバル化が進む中で，外国人や異なる民族の出自を持つ人々が増えており，日本のスポーツ界でも多様性を尊重した対応が求められている．

●**Bリーグにおけるアジア枠選手**　男子プロバスケットボールのBリーグでは，2名の外国籍選手と1名の帰化選手の同時出場を認めていたが，2020-21年シーズンから，アジア特別枠選手制度を導入した（Bリーグ2020）．この制度では，従来の外国籍選手とは別枠で中国，台湾，インドネシア，フィリピン，韓国出身の選手を各チーム1名登録できる制度である．B1とB2の各チームは，3名の外国籍選手と1名のアジア枠選手か1名の帰化選手を登録し，2名の外国籍選手と1名の

アジア枠選手か1名の帰化選手の同時出場が認められた．Bリーグ（2020）は，アジア特別枠を設けた理由を，競技力向上とビジネス的背景の二つの側面から説明した．つまり，Bリーグは，アジア出身選手を獲得することで競技力の向上を進めるとともに，アジア市場のマーケティングやスポンサー獲得などを狙っている．こうした動きは，グローバル化に伴い，衛星放送やインターネットを通して海外にプロスポーツの試合を簡単に販売できるようになったことを反映している．

●**日本サッカー選手の海外移籍**　海外移籍は，日本人の「プロ」サッカー選手にとっても当たり前になってきた．例えば，グローバルな男子サッカーの労働市場では，「ビック5」と呼ばれるヨーロッパのプロサッカーリーグを中心とする階層化された各国リーグが構成されている．したがって，Jリーグで活躍する一流競技者は，ヨーロッパのプロリーグに移籍する傾向にある．例えば，2022-2023年シーズンの時点で，9名の日本人がドイツ・ブンデスリーガ1部クラブに所属していた．一方で，Jリーグよりも相対的に競技レベルの低い東南アジアのプロリーグに移籍する選手もいる．日本のJクラブからアルビレックス新潟シンガポールに移籍した後，シンガポールやタイなどの東南アジアのリーグでプロ選手として活動する日本人がいる（後藤2019）．Jクラブでは，プロ選手として十分な所得が得られなかった選手が，東南アジアのリーグに移籍することで「助っ人外国人」として生計を営む例がある．このように海外移籍を理解するためには，世界システム論のような巨視的な視点でグローバルなスポーツ労働市場を捉えるとともに，選手の競技レベル，プロ選手としての待遇や生活環境を綿密に調べる微視的な視点が必要になる．

●**ラグビーリーグワンでの外国出身選手の増加**　2021年にラグビーのリーグワンが誕生したことで，外国出身選手が増加した．その理由は，登録選手に関する規程が変更になったからだ．リーグワンでは，選手がリーグ登録する場合に，カテゴリA，カテゴリB，カテゴリCと区分した．カテゴリAには，日本代表歴のある選手や4年以上日本に居住している外国出身者や留学生なども含まれた．カテゴリBは，日本以外の協会の代表歴のない者で4年以上の在住期間を満たさない外国出身者である．カテゴリCは，他国の代表歴のある選手である．同時出場可能枠はカテゴリAが11名以上で，「カテゴリBおよびCの合計で4名以下且つカテゴリCは3名以下」（ジャパンラグビーリーグワン，online）と規定された．ラグビーでは，オリンピック等の大会と違って，国家代表チームに選抜されるために必ずしも国籍を必要としておらず，4年以上当該国で居住していれば選ばれるために，カテゴリAはこの基準に合わせて作成された．　　　　［千葉直樹］

さらに詳しく知るための文献
窪田　暁 2016.『「野球移民」を生みだす人びと』清水弘文堂書房．
大沼義彦・甲斐健人編著 2019.『サッカーのある風景』晃洋書房．

世界のスポーツマネジメント教育の現状と教育機関

　スポーツ経営人材とは，「様々な専門性や国際的な視野を持つ，スポーツ団体の経営に携わる経営人材（スポーツ庁 2017）」と定義され，「経営人材」は「エグゼクティブ」と同義で考えられている．本項目では，欧米と日本のスポーツマネジメント教育の現状と教育機関について紹介したい．

●**欧米のスポーツマネジメント教育及び教育機関に関する研究**　欧米では，スポーツ組織で働く職員は大学や大学院で育成されるのが一般的である．例えば，米国の大学院プログラムは 1957 年に当時メジャーリーグベースボール（以下，MLB）に所属するドジャースの会長であったオマリー（O'Malley, W.）がオハイオ大学のメイソン（Mason, J.）教授にスポーツビジネスの学びの場を大学につくって欲しいと訴えたのが始まりであり，1966 年にオハイオ大学大学院が世界で初めてスポーツアドミニストレーション・プログラム始めた（Pederson & Thibault 2014）．その後，米国でスポーツの商業化がすすむ 1980，1990 年代と数多くのスポーツマネジメントに関する大学院プログラムが設立され，2014 年までに，その修士プログラムを持つ大学院は 206 校，博士プログラムを持つ大学院は 30 校と急増した（Pederson & Thibault 2014）．

　髙橋（2018）は，北米のスポーツマネジメント教育に続いたのが，欧米のスポーツマネジメント教育であると説明している．具体的には，欧州スポーツマネジメント学会である European Association for Sport Management（以下，EASM）の初代会長のルビン（Rubin, B.）博士は 2018 年の EASM で 1991 年当時にスポーツマネジメント教育を行っている欧州の大学院はなく，米国のオハイオ大学に視察に行ったことを述べていたとしている．このように，欧州で大学がスポーツマネジメントを扱いだすのは 1990 年代であったとされている．

　その後，21 世紀に入ってからの欧州のスポーツマネジメント大学院の流れについて，塚本（2016）は，欧州でスポーツマネジメント人材の需要が高まった背景に商業化の進展による国際大会の招致や開催が増え，プロジェクトが増加したことによるスポーツ組織の内製化に要因があるとしており，従来の大学単体の大学院から，国際スポーツ組織やプロスポーツクラブが主導する形で複数の大学が協働する大学院が誕生したと説明している．具体的に，IOC のソリダリティによって設置された The Executive Masters in Sport Organisations Management（以下，MEMOS）（1995 年設立），IOC が主導して複数大学や自治体が参画した AISTS（2000 年設立），FIFA が主導する FIFA Master（2000 年設立），UEFA が主導する

MESGO（2009 年設立）などが挙げられる．MEMOS と MESGO は，エグゼク
ティブ修士課程として，競技団体やプロスポーツクラブなどのスポーツ団体のエ
グゼクティブを対象としている．さらに，近年では FIFA が主導する The FIFA/
CIES Executive Programme in Sports Management, FC バルセロナと世界で著名
なビジネススクールである ESADE が主導する The Executive Master in Global
Sports Management, レアルマドリード CF が主導するレアルマドリード大学院
の Executive MBA in Sports Management がエグゼクティブを対象に大学院プロ
グラムを開講している．このような欧州の大学院の特徴として，塚本ほか（2015）
は，(1)IOC や FIFA のようなスポーツ組織が支援し大学と連携し大学院プログ
ラムを設置するタイプと，(2)既存の大学院が新たにスポーツマネジメントコー
スを設置するタイプがあることを明らかにしている．

●**日本のスポーツマネジメント教育および教育機関に関する研究**　わが国のス
ポーツ関連の研究科は 29 大学院に設置されている（スポーツ庁 2016）．一方で，
スポーツマネジメントに特化したコースや領域を有する大学院は，科目群を設置
しているケースを含め 12 校に設置されている（舟橋 2018）．しかしながら，ス
ポーツ庁（2016）は，「スポーツビジネスを推進する上で，スポーツ団体には，
様々な専門性や国際的な視野のある人材，また，それらを総合的にマネジメント
する経営人材が各団体等に圧倒的に不足している」とし，人材不足の要因の一つ
として，「アカデミックな育成機関においてスポーツ界の現場の実態に触れるよ
うな内容の講座・講義が十分になく，即戦力としてスポーツ界で活躍できる人材
の育成ができていない（スポーツ庁 2016）」と指摘している．つまり，わが国の
高等教育機関で行われているスポーツマネジメント教育は，外部機関と連携がな
く，編成されているカリキュラムは大学単独で設計されており，実践的な学びの
場となっていないことが推察される．

●**今後のスポーツ経営人材養成に向けた期待**　筑波大学大学院は，2025 年 4 月か
ら人間総合科学学術院のスポーツウエルネス学学位プログラム（博士前期課程）
に新しい教育システムを導入し，「スポーツウエルネスマネジメント分野」を新設
する．この新しい分野は，筑波大学独自の「協働大学院方式」に基づき，民間企
業やスポーツ団体などとコンソーシアムを組むことで，産学協働型の人材育成を
目指すものである．アシックス，EY ストラテジー・アンド・コンサルティング，
三井不動産，大和ハウス工業など 15 の参画企業・団体・大学と協働する欧州のス
ポーツマネジメント大学院の連携モデルを参考にし，新しい設立された日本の大
学院がどのように「スポーツ経営人材養成」を行うのか注目したい．　［塚本拓也］

📖**さらに詳しく知るための文献**
塚本拓也 2016. 世界の最先端スポーツ大学院の潮流. つくば国際スポーツアカデミー・アソシエーショ
　ン編『国際スポーツ組織で働こう』日経 BP.

スポーツマーケティング①
marketing through sports

　スポーツマーケティングは，スポーツとビジネスの融合を通じて商品やサービスを宣伝・販売するためのマーケティング手法の一つである．

　スポーツマーケティングは，「marketing through sports」と「marketing of sports」に大別できる．まずは，「marketing through sports」から見ていこう．

● **Marketing Through Sports**　日本語で表現するならば，「スポーツを活用したマーケティング」のことで，スポーツを広告やプロモーションの手段として活用するための活動である．企業やブランド，行政による，スポーツを活用したマーケティングについて，具体的な手法と効果をいくつか記してみたい．

・スポーツスポンサーシップ：スポーツイベントやチームへのスポンサーシップは，企業のブランド露出と関連性の構築に効果的である．例えば，エナジードリンクのレッドブルは，レッドブル・エアレースやレッドブル・ストラトスなど，過激なスポーツイベントに対するスポンサーシップを通して，アドレナリンや冒険を求める若い世代を中心に広範なファンベースを築き，ブランドイメージの向上と売上の増加に成功している．

・アスリートの起用：有名なスポーツ選手を広告キャンペーンに起用することで，企業はその選手の人気や影響力を活用し，ブランドの知名度向上を図ることができる．例えば，ナイキ社は世界的に有名なバスケットボール選手，ジョーダン（Jordan, M.）との契約を結び，彼の個人ブランド「Air Jordan」を立ち上げた．このスポンサーシップは，同社のスポーツ製品に対する消費者の注目を飛躍的に高め，業界トップへと押し上げる原動力となった．

・コミュニティへの関与：企業が，地域社会やコミュニティへの関与を示すことが社会的責任として求められている現代社会において，スポーツは，そのためのツールとして効果的である．例えば，フェデックスは，全米各地で，ユーススポーツチームのスポンサーシップやスポーツ施設の建設や改修プロジェクトに寄付を行っているほか，年に一度，「FedEx Cares Week」を実施している．この週間はフェデックスの従業員がボランティア活動に参加し，地域のスポーツ施設の改修や整備，ユーススポーツチームのサポートなどを行っている．

・ライブイベントの活用：ライブイベントも，ブランド価値の向上と顧客ロイヤリティの構築に格好の舞台となる．例えば，TCS（Tata Consultancy Services）は，世界的に有名なニューヨークマラソンの冠スポンサーとなることで，ブランド露出を図ると同時に，マラソンに参加するランナーたちに対して個別のデジタルエ

クスペリエンスを提供し，ランナーコミュニティとの結びつきを強めている．

　国家や地方自治体も，スポーツを活用したマーケティングを行っている．以下にいくつかの代表的な事例を紹介したい．

・オリンピック開催都市：オリンピックは，開催都市にとって大きな経済効果と国際的な注目をもたらす機会である．開催都市は，スポーツイベントとしてのオリンピックを成功させるだけでなく，観光や投資の促進，都市のブランド価値向上などを目指して，広範なマーケティング活動を展開している．例えば，2008年の北京オリンピックでは，北京市はインフラ整備や観光資源の開発，文化交流プログラムの実施などによって，都市のイメージを向上させ，経済成長と国際的な認知度の向上を達成した．

　また東京都は，2020年大会開催に伴い，広範にわたるマーケティング活動を行い，東京都の観光資源や文化的な魅力を強調し，訪日外国人観光客の増加や地域経済の活性化を促した．以下，いくつかの取組み事例を紹介しておく．

・ツアイズ東京：東京都が主催する観光プロモーションイベント．都内の観光名所や文化体験，グルメなどを訪れる外国人観光客に向けて紹介し，東京の魅力をアピールした．また，外国人旅行者向けのツアーガイドや特別なイベントなども提供された．

・PR動画「Tokyo Old meets New」：東京都は，伝統と現代の融合をテーマにしたプロモーション動画を制作した．この動画では，伝統的な文化や建造物と最新のテクノロジーが組み合わさった東京の魅力を伝え，観光客の興味を引くことに成功した．

・Tokyo FESTIVAL：東京都は，オリンピック・パラリンピック開催期間中に，多様な文化イベントやフェスティバルを開催した．これにより，国際交流や文化体験の機会を提供し，訪れる人々に都市の魅力を体感させた．

・地方都市によるスポーツイベントの恒例行事化：地方自治体は，スポーツ・イベントを観光資源として活用することで地域振興や観光客の誘致に成功している．例えば，ハワイのホノルルマラソンは，美しい景観や温暖な気候を活かしたマラソン大会として世界的な知名度を持ち，多くの観光客を引き寄せている．また，北海道の札幌市は冬季スポーツを重視し，スキージャンプやスノーボードの国際大会を開催することで，冬の観光振興と地域経済の活性化を図っている．

　このように，スポーツを活用したマーケティング活動は，企業にとってブランドの露出を最大化し，市場シェアの拡大を可能にする．また，行政にとっても地域経済の活性化や社会的連帯感の醸成に寄与する．結果として，スポーツの社会的価値も高まる．

[小林　至]

スポーツマーケティング②
marketing of sports

● **Marketing of Sports**　日本語で表現するならば,「スポーツのマーケティング」となる. つまり, スポーツ自体を商品やサービスとして提供するためのマーケティング活動である. スポーツ団体やチームは, 自身の人気を高め, 支持を集めるためにさまざまなマーケティング活動を展開している. 以下にいくつかの事例を挙げながら説明したい.

・ブランドアイデンティティの構築：スポーツ団体やチームの多くは, ファンやスポンサーとの結びつきを強めるために, 自身の独自性や価値観を明確にしようと試みている. 例えば, FC バルセロナは, 自身を Més que un club（クラブ以上の存在）と称し, カタルーニャ地域の誇りと価値観を象徴する存在として位置づけている. こうして独自のブランドアイデンティティを築いた結果, カタルーニャ地域に留まらず, 世界中のファンから支持を受けるようになった.

・ファンエンゲージメントの活性化：スポーツ団体やチームは, ファンとのエンゲージメントを高めるためにさまざまな取組みを行っている. その成功事例の一つに, マンチェスター・シティ FC の「Cityzens」がある. Cityzens は, クラブの公式メンバーシッププログラムで, デジタルコミュニケーションを通じてファンとのつながりを強化し, ファンの関心と参加意欲を高めている. メンバーは特別なイベントや割引チケット, オンラインフォーラムへの参加などの特典を享受し, 他のファンとの交流も楽しめるほか, 地域のプロジェクトへの参加や選手との交流も可能となる. これにより, クラブはファンコミュニティの結束力を高め, 応援の継続性とファンからの支持を得ることに成功している.

・スタジアム体験の向上：スポーツ観戦は, ファンにとって感動や興奮を共有する特別な体験である. 米国の4大プロスポーツや日本のプロ野球は, スタジアム内に高品質な飲食施設やエンターテインメント施設を設けたり, イベントや会議などの多目的利用も可能とすることで, 観戦体験を向上させる努力をしている.

・マーケットセグメンテーションとターゲティング：スポーツ団体やチームは, 自身のファンベースを細分化し, 異なるターゲット市場に対して個別のマーケティング戦略を展開することが重要である. NBA では, リーグが国内全域や国際市場をターゲットとしたマーケティングを行う一方で, 各チームは, それぞれの地域特性に合わせた独自のマーケティング活動を行っている. 例えばロサンゼルス・レイカーズは映画産業の中心地であるロサンゼルスに拠点を置き, セレブリティやエンターテインメント業界とのコラボレーションを強化し, その独自の

魅力を活かしてファンを獲得している.

・デジタルマーケティングの活用:スポーツ団体やチームは,デジタルマーケティングの活用によって,より広範な観客にリーチし,関与を促進している.オンラインストリーミングやオンデマンドコンテンツの提供,ソーシャルメディアを活用したプロモーション,オンラインチケット販売などがその例である.MLBは全30チームの共同出資による子会社(MLBAM)を設立して,デジタルサービスに関する一切の権利を集約した.その商業的成功は,ハーバード・ビジネス・スクールのケースブックに採用された.

・ブランド拡張とマーチャンダイジング:スポーツ団体やチームは,自身のブランド価値を活かして,さまざまな商品やサービスの提供を通じて収益を増やすことも目指している.チームグッズやアパレル,コレクターアイテムなどのマーチャンダイジングは,ファンの応援意欲やアイデンティティ形成に貢献し,財務的な側面からも重要な役割を果たしている.また,スポーツ団体やチームが直接経営するレストランやホテル,スポーツ施設など,関連するビジネスの展開もブランド拡張の一環として行われている.

　これらの事例は,スポーツ団体やチームが,自身の人気を高め,支持を集めるために行うマーケティング活動の一部である.スポーツ団体やチームは,ファンエンゲージメント,スタジアム体験の向上,マーケットセグメンテーションとターゲティング,デジタルマーケティングの活用,ブランド拡張とマーチャンダイジングなどの手法を組み合わせて,競争力のある環境での存在感を確立し,持続的な成功を達成することを目指している.

　スポーツ団体やチームにとって,マーケティング活動は,ビジネスとしての成功を達成するための重要な戦略である.効果的なマーケティング活動を展開することで,ファンの獲得と維持,経済的な収益の確保,ブランド価値の向上などを実現し,スポーツ団体やチームの成長と発展を支えている.

　このように適切なマーケティングを行うことで,スポーツ団体やチーム,スポーツウェアブランド,アスリートなど,多様な関係者に利益をもたらす.ファンエンゲージメントの向上やブランド価値の強化を通じて,スポーツの成長と発展に寄与し,ビジネスの成功と競争力の維持にも貢献する.

　総じて,スポーツマーケティングは,スポーツとビジネスの共生関係を深め,持続可能な発展を促進するための不可欠な手段である.今後も,その効果を最大限に引き出すための研究と実践が求められる.　　　　　　　　〔小林　至〕

さらに詳しく知るための文献

加藤志郎 2023.『スポーツスポンサーシップの基礎知識と契約実務』中央経済社.

Dees, W., et al. 2021. *Sport Marketing*, 5th ed. Human Kinetics.

原田宗彦ほか編著 2018.『スポーツマーケティング』改訂版. 大修館書店.

スポーツ産業と政策

　スポーツ産業振興における政策について，直近で最もイメージしやすいのは2020年東京オリンピック・パラリンピック開催に伴う招致活動や各種インフラ整備，大会支援，ホストタウンの推進といった政府や東京都の取組みではないだろうか．本項目においてその是非は述べないが，国際大会招致や準備，開催を通じて経済的／社会的価値を生み出すことはわが国の文化経済産業振興として取り組むべき施策の一つである．

　一般的に，わが国のスポーツ政策の方向性を示すものとして「スポーツ基本計画」がある．これは2011年に制定されたスポーツ基本法に基づいて，具体的施策等を規定した日本のスポーツ政策における重要な指針である．2012年に第1期スポーツ基本計画が制定されて以降5年ごとに改訂がなされており，現在は第3期スポーツ基本計画（令和4〜8年度）によるさまざまな施策が実行されている．特に，スポーツの成長産業化に関する記述として，スポーツ産業市場規模を15兆円まで拡大することを目標として，人・モノ・お金・情報といった資源の好循環創出を念頭にさまざまな施策が展開されている．

　スポーツ産業に関する政策の基本的な方向性は五つあり，①収益の上がるスタジアム・アリーナの在り方，②競技団体等のコンテンツホルダーの経営力強化・新ビジネス創出の促進，③スポーツ人材の育成・活用，④他産業との融合等による新たなビジネスの創出，⑤スポーツ参加人口の拡大としている．具体的には，スタジアム・アリーナにおいて民間資金を活用した新しいスタジアムや多機能複合型施設といった先進事例を構築することや，スポーツ参加人口の拡大についても成人の週1回以上のスポーツ実施率70％を目指す施策目標を掲げ，その機会創出に関する取組みを推し進めている．

　近年においては，経済産業省とスポーツ庁が共同で「スポーツ未来開拓会議」を開催し，具体的なスポーツ産業振興政策に関する議論や取組みを推し進めてきた．スポーツ産業の活性化に向けて，スポーツで収益を上げ，その収益を再投資することが重要であり，経済の好循環を生み出すモデル形成のためには，これまでコストセンターと言われていたスポーツ施設や事業をプロフィットセンターへ転換することも必要とされる施策の一つである．そして，新たなスポーツ市場を創出し，周辺産業との融合やスポーツ人口の裾野拡大も重要であると位置づけている．

●**スポーツ産業政策の確立に向けて**　政府は，これまでさまざまな政策の実行ならびに取組みを展開しているが，一般他産業と比較したときその規模はまだ小さ

く，国内における基幹産業となるべくプレゼンスを高める必要性や余地はまだまだ大きい．経済産業省においては，スポーツ教授業やスポーツ施設管理業，フィットネスクラブ等が該当するヘルスケア産業などを所管しているが，新しい産業を形成することを念頭に置いた場合，キーワードとなるのは「DX（デジタルトランスフォーメーション）」である．DX とは第 3 のプラットフォームを用いた新しい製品やサービス，新しいビジネスモデルを通して，ネットとリアルの両面での顧客経験の変革を図ることで価値を創出し，競争上の優位性を確立することである（第 3 のプラットフォームとは，クラウド，モビリティ，ビッグデータ，ソーシャル技術の 4 要素で構成されたもの）．

　具体的には，配信事業によるモバイル端末を用いた多様な観戦体験やスタジアム内飲食のキャッシュレス決済など，同じ DX でもネットとリアルそれぞれのオケージョンにおいて，スポーツ観戦における課題を解決することや便利になるソリューションを開発することで，新たなスポーツ観戦者の獲得やファンエンゲージメントの拡大を図り，「みる」スポーツ産業の成長を促進する施策が重要である．さらに，DX を用いることで容易に事業展開可能な国際展開や国際連携といったグローバルマーケットへの展開促進や支援等も市場拡大という観点においては重要施策の一つとなる．今後は，スポーツデータや Web3.0 を活用した新しいサービスを提供することも想定され，民間事業者によるイノベーションや新しい価値創造も期待される．

●**地域におけるスポーツ産業振興の重要性**　また，各地域におけるスポーツ活動について，人々の Well-being に資する多世代によるスポーツ参加・交流の機会を提供できる新しい地域スポーツを支えるシステムの検討や構築が必要であり，体制整備，人材確保，活動拠点，各種支援など各地域の現状に応じた課題に対応するためのコンソーシアム形成やスポーツコミッション設立等，地域スポーツ産業の振興は喫緊の課題である．具体的事例として，部活動の地域移行に伴う公立中学校の新しい部活動においては，教員の働き方改革はもとより，子どもたちが主体的にスポーツ活動に取り組むための仕組みづくりや民間事業者との連携といったイノベーティブな取組みを検討ならびに推奨していくことは，各地域におけるスポーツ振興にとって優先順位の高い政策の一つであろう．さらに，既存の地域スポーツの発展を考慮するならば，多志向・多世代・多種目を特徴とする総合型地域スポーツクラブにおける新しいビジネスモデルの確立や模索など，産官学民が連携しながら産業として自立できる社会の構築が求められており，各自治体における積極的なスポーツ産業政策の推進や確立が地域の発展や活性化に資することを期待したい．　　　　　　　　　　　　　　　　　　　　　　　　［吉倉秀和］

📖**さらに詳しく知るための文献**

笹川スポーツ財団 2023.『スポーツ白書 2023』笹川スポーツ財団.
原田宗彦編著 2021.『スポーツ産業論』第 7 版. 杏林書院.

プロスポーツクラブと経営

　プロスポーツクラブの経営は，スポーツ興行を基礎にしている．スポーツ興行は，スポーツのイベント（例えばＪリーグでは，運営を主管する加盟Ｊクラブとともに，リーグ戦やカップ戦，国内・国際親善試合等）を組織し，運営し，マーケティングすることを意味する．

　スポーツ興行では，スポーツの楽しみや魅力的な体験の提供によって，観客を満足させることが大切になる．そのためには，①スポーツイベントの価値を高めるブランディング活動（プレイヤーやプロスポーツクラブの価値を訴求するプロモーション活動や地域課題の解決に資する地域貢献活動等），②観客数を拡大するためのプロモーション活動，③観客のニーズにフィットさせるためのマーケティング活動，④観客が安全で快適に楽しめるロジスティクスの確保，セキュリティの管理，適切な施設選定と施設運営等が求められる．

　このスポーツ興行は，スポーツの楽しみを提供するだけでなく，経済的側面やスポーツの文化の発展，地域社会の活性化にも大きな影響を与える社会的に重要な活動である．スポーツという文化をビジネス化するスポーツ興行は，スポーツ文化の発展に貢献することが求められている．

●**プロスポーツクラブの主な収入と支出**　プロスポーツクラブの主な収入には，①入場料（チケット）収入：観客が会場に入場するための費用，②スポンサー収入：企業がプロスポーツクラブあるいはリーグ等の統括団体と提携し，広告やプロモーションを行うための費用，③放映権収入：テレビ放送やネット配信の企業が，放映権契約を結び，試合の中継等を行うための費用（放映権をリーグが一括契約するＪリーグでは「Ｊリーグ配分金」に含まれる〔表1〕），④ライセンス料収入：クラブやリーグのロゴや商標を使用する企業がその権利を得るための費用（Ｊリーグでは「Ｊリーグ配分金」に含まれる）がある．一方，プロスポーツクラブの主な支出には，①チーム人件費：プレイヤーやコーチに支払われる給与や契約金，移籍金等，②試合関連経費：ホームゲームの開催に関わる費用（スタジアム使用料，警備費，運営設営費等），③チーム運営経費（移動関連費，施設管理費，寮関連費，代理人手数料等），④マーケティング費用：クラブの広告や宣伝活動にかかる費用，物販にかかる費用などがある．各スポーツリーグやスポーツクラブごとに財務の構造は異なるため，具体的な情報を知りたい場合には，特定のスポーツリーグやスポーツクラブについてのデータを調査する必要がある．

●**プロスポーツの経営課題：収益性の向上，スポーツ文化の発展，公共性の発揮**

表1 Jリーグにみる所属クラブの収入・支出項目（日本プロサッカーリーグ 2023）

収入項目	支出項目
・売上高 　スポンサー収入 　入場料収入 　Jリーグ配分金 　アカデミー関連収入 　女子チーム関連収入 　物販収入 　その他収入	・売上原価 　トップチーム人件費 　試合関連経費（ホームゲーム開催費） 　トップチーム運営経費 　アカデミー運営経費 　女子チーム関連経費 　物販関連経費 　その他売上原価 ・販売費および一般管理費†

† 「販売費」は販売スタッフ人件費や広告宣伝費等,「一般管理費」はJリーグへの
年会費, 広報費, 福利厚生費, 役員報酬, 社員給与等

プロスポーツクラブの経営を安定させ, 持続可能なものとするためには, 収益性の向上が不可欠である. スポーツにおけるコマーシャリズムは, 収益を追求しビジネス的要素を強調することを意味する. プロスポーツクラブが収益性を高め, 得られた利益をスポーツの強化と普及に投資することによって, スポーツ文化の発展に寄与する可能性があり, また, その利益を地域社会の課題解決に投資することで, プロスポーツクラブはその公共性を維持し, 公益性を発揮する可能性がある.

　しかしながら, 収益を最大化しようとした結果, 都市部に位置するクラブや財政規模が大きいクラブが競争優位性を持つ一方で, 過疎化や高齢化が進んだ地域に位置するクラブや財政規模の小さいクラブは競争力を失い, 格差の拡大が生じる場合がある. また, 収益向上への努力・工夫は, 高額なチケット料金やプレミアム席の設定につながり, 観客の一部からスポーツ観戦を楽しむ機会を奪うことがある. 経済的に恵まれていない人々がスポーツを楽しむ機会を失うことで, スポーツが社会全体に広く楽しまれる文化から遠ざかることになれば, スポーツの公共財としての性格を弱めてしまう可能性がある. そのため, リーグ等の統括団体は加盟する各々のクラブの経営努力を引き出しながら, 格差の拡大に一定の制限を設けることがある. また, 収益の最大化のために, 大会スケジュールが過密化し, プレイヤーの負担が過多になり, 健康や安全を犠牲にしてしまう可能性や試合の質が保証できない可能性が生じることがある. スポーツの健全な発展と観客の満足のためには, 経済的側面とスポーツの本質をバランスよく調整する必要がある. 　　　　　　　　　　　　　　　　　　　　　　　　　　　　　[仲澤　眞]

📖さらに詳しく知るための文献

仲澤　眞・吉田政幸編著 2017. 『よくわかるスポーツマーケティング』ミネルヴァ書房.
井上　俊・菊　幸一編著 2020. 『よくわかるスポーツ文化論』ミネルヴァ書房.

スポーツと消費文化・スポーツツーリスト・ホスピタリティ

　近年世界の観戦スポーツ市場は拡大しサービスも多様化してきている．きっかけとなったのは，1984年のロサンゼルス五輪である．テレビ局から放映権料を獲得することやスポンサーに五輪マークの使用を独占的に認めるなどで運営費を捻出した上に余剰金を自国のスポーツ振興に還元したのである．商業化で成功したロサンゼルス五輪のモデルは，他の国際スポーツイベントにも使われた．北米のメジャーリーグベースボール（MLB）や全米バスケットボール（NBA），英国のプレミアリーグをはじめとする欧州各国のサッカーリーグなども世界に市場を広げていったこの時期の象徴的な出来事がプロ化にかじを切ったラグビーユニオンである．1823年にラグビー校でエリス（Ellis, W. W.）少年がサッカーの試合中にボールを拾ったことから始まったラグビーであるが，各地でのルールを統一するために1871年にラグビーユニオンが誕生した．その後1895年プロ化したラグビーリーグ（その後1906年に13人制）とたもとを分けたラグビーユニオンは，100年以上アマチュアリズムを貫いてきた．しかしながら世界的なプロスポーツの拡大の中，1995年にラグビーユニオンもついにプロ化され，南半球のオセアニア，北半球のイングランドでプロリーグが誕生した．1987年に始まったラグビーワールドカップも，アマチュアリズムの下で行われた第1回豪ニュージーランド大会では，総観客数がわずか48万人だったものが，プロ化した1995年の南アフリカ大会では94万人，その後2015年第8回イングランド大会では247万人もの観客を集めた．ラグビーワールドカップは，100年以上の歴史を持つ夏季オリンピック，FIFAワールドカップに次ぐ世界3大スポーツイベントに成長した．

●ラグビーワールドカップ日本大会と国際スポーツツーリスト　ラグビーワールドカップは英連邦を中心に開催されていた大会であったが，統括団体のワールドラグビーのアジア市場拡大の戦略もあり2019年にはアジアで初めて日本で開催されることになった．20か国が参加した日本大会には，海外からも多くのラグビーファンが観戦に訪れた．オリンピック・パラリンピック大会のような一都市での集中開催でなく，試合会場は全国12か所に分散開催であったためファンは，スポーツツーリストとして試合観戦に加えて移動しながら日本各地の観光も楽しんだ．スポーツツーリストとは，スポーツ観戦やスポーツ活動を伴った旅行者のことで，参加型のスポーツツーリストと，観戦型のスポーツツーリストに大きく分類される（原田・木村2008）．日本では北米の4大プロスポーツや欧州のサッカーように世界的なスポーツリーグがなく，海外から多くの観戦型スポーツツー

リストが来日するケースは少なかったが，日本大会では海外から24万2000人ものファンが来日し，平均16泊滞在して一人当たり68万6000円を消費した．これは平均的な日本のインバウンドツーリストの消費金額の1.7倍，平均滞在期間が2.7倍になった（Ernst & Young Global Limited 2020）．開催都市だけでなく北海道網走から沖縄読谷まで日本全国55か所の公認キャンプ地のある自治体では，招致チームやファンとの国際交流があった．大会では，スポーツツーリストからの観光収入による経済的効果とあわせて国際交流などを通して新たな価値が創造されることになった（西尾 2019）．

●**スポーツホスピタリティによる新たな価値創造**　日本大会では，スポーツ観戦に加えて，食事の提供やエンターテインメントなどのサービスを加えた高額なホスピタリティシートが一般販売された．以前から日本でも相撲の升席やプロ野球スタジアムの貴賓席などの同様のサービスがあったがいずれも限定的なもので，北米や欧州のプロスポーツでは，30年以上も前からプロスポーツ観戦の中で発展してきたビジネス形態である．徳江（2011）は，ホスピタリティを「単独では不可能な新しい価値を創出しようとすることとして，サービスの受け手の満足がサービス提供側の満足につながり，この相乗効果が新たな価値創造につながる」と定義づけており，Kotler et al.（2017）は，ホスピタリティサービスを「販売，生産，消費が同時にされるため，サービス提供者と消費者の双方がその場にいなければ成立しないもの」とその特性を述べている．スポーツホスピタリティは，スポーツ観戦に加えて食事，エンターテインメントやビジネス空間の演出などさまざまなサービスを提供することで，サービス提供側と受け手側の消費者が，ともに新たな価値を創出するサービスであると言える．日本大会では，総チケット販売数は171.8万枚で389億円であったが，そのうちホスピタリティシートの売り上げは100億円に達し，わずか3.6％の販売数で全体の25％の売り上げた．

　スポーツ観戦市場の拡大により，スポーツ消費が多様化されより多くの人々にサービスを提供することは消費文化の拡大につながる一方，提供するサービスの価格が高騰して利用者である消費者間の格差を生みだすことにもつながることも考えられる．スポーツは公共財でもあるので，観戦スポーツ市場の持続的な成長のためには，提供側は，サービス創出による収益化と同時に開催コミュニティでのチケット提供やパブリックビューイング，スポーツ活動への還元など格差を是正するための取組みが必要で，これらが実現されてはじめてスポーツホスピタリティによる価値創造と言えるだろう．　　　　　　　　　　　　　　　　　［西尾 建］

📖**さらに詳しく知るための文献**

日本スポーツツーリズム推進機構編 2022.『実践スポーツツーリズム』学芸出版社.

Kotler, P., et al. 2017. *Marketing for for Hospitality and Tourism*, 7th ed. Prentice Hall.

西尾 建 2019. ラグビーワールドカップでの地域観光プロモーション. ANA ていくおふ 156：20-27.

スポーツくじ・スポーツベッティング

　世界においてスポーツの DX 化が加速しているが，最も注目されているのはスポーツくじ・スポーツベッティング市場の世界的な拡大である．特に，世界のスポーツベッティング市場は，2023 年から 2030 年にかけて年平均成長率約 10% で拡大し，2030 年には約 1820 億米ドル（約 24 兆円）にものぼると試算されている．

●**世界の動向**　スポーツベッティングは，古くから英国において合法化されている．当初はブックメーカー（スポーツベッティング事業者）によるサービスは違法とされていたが，1960 年に Betting and Gaming Act 1960 が制定され，英国政府がスポーツベッティングを含むギャンブルをライセンス制により合法化する大きな方針転換を行った．その後，インターネットの台頭によって違法市場が拡大したことに伴い，2005 年には Gambling Act 2005 が制定され，オンライン販売もライセンス制の下で認められるに至った．また近年は欧米において合法化が進んでいる．米国では，最高裁判所が 2018 年 5 月 14 日に，それまでスポーツベッティングを禁止していた連邦法「プロ・アマスポーツ保護法」（Professional and Amateur Sports Protection Act of 1992: PASPA）が米国合衆国憲法に違反している旨の判決を下したことで，各州は各々の判断でスポーツベッティングを合法化できるようになった．2024 年 10 月時点で，38 州とコロンビア特別区（DC）でスポーツベッティングが合法となっている．米国におけるスポーツベッティング市場の拡大は目覚ましく，2019 年の時点では 2030 年までに米国におけるスポーツベッティング市場（賭け金総額）が約 840 億米ドル（約 11 兆円）規模となることが予想されていたが，2022 年 11 月の時点ですでにその予想規模を超えた．欧米では，複数の民間企業が許認可等を得て競争するマルチライセンス制をとっている国や州が市場拡大に成功していると言われている．

　加えて，韓国と台湾にはスポーツくじの大きな市場が存在する．いずれもスポーツくじの運営を行う主体は公募により選定された民間事業者である点が特徴であり，2000 年代より事業が開始されている．市場規模は開始以来順調に拡大を続けており，2023 年の年間売上高は，台湾で約 592 億新台湾ドル（約 2818 億円），韓国で約 6 兆 1367 億ウォン（約 6892 億円）となっている．

●**商品設計**　種類としては，試合前に勝敗等の結果を予想する「Pre-game」と，試合中に試合の展開や選手の活躍を予想する「In-game」に大きく分けられる．後者は例えば，バスケットボールの試合であれば「各クォーターの得点」などが賭け対象となっており，その中でも，「第 1 クォーター終了時に同点か」などの質

問に対してイエス・ノーの２択で予想する（試合結果に直接関係しない）プロップベットが人気となっている．欧米や台湾では，In-game を含めた多様な商品を開発することで，ゲームの魅力を高め，売上げ向上に大きく寄与している．

また，配当倍率（オッズ）を決める方法は，主催者が購入金額全体のうち所定割合を控除した後に投票率に応じて配当倍率を決定し，当該配当倍率に応じて当選者が払戻金を受け取る方式である「変動オッズ」と，購入時点で予め配当倍率が確定しており，当該配当倍率に応じて当選者が払戻金を受け取る方式である「固定オッズ」に大きく分けられる．前者は日本や韓国の一部商品で採用されているが，世界的には後者が主流である．

●インテグリティ対策と依存症対策　スポーツくじ・スポーツベッティングにおいて，八百長等を防止してスポーツの高潔性・健全性を図るというインテグリティ対策とユーザーの依存症対策は大きな課題である．インテグリティ対策については，八百長の疑いが生じること自体がスポーツ業界に不可逆的なインテグリティの毀損をもたらすことから，事前の予防・防御策が最も重要であることは言うまでもないが，欧米を中心に，Sportradar や Genius Sports 等のデータプロバイダーが提供するインテグリティサービス（競技関係者が八百長の可能性を検知した場合の報告システム等）も事後規制として補完的に活用されている．また，依存症対策については，欧州を中心に，スポーツベッティング事業者の広告規制等の規制強化の流れが生まれている一方で，ユーザーを ID で管理し，一定の賭け金総額を超えたユーザーに対して警告メッセージを送信する等の仕組みを導入するスポーツベッティング事業者が増加している．

●日本のスポーツくじの現状と課題　日本には，スポーツ振興投票の実施等に関する法律に基づくスポーツくじの合法的な市場が存在する．もっとも，2023 年度の市場規模は，予想系（toto，WINNER）が約 114 億円，非予想系（BIG）が約 1089 億円に留まっており，世界のスポーツくじ・スポーツベッティングの市場と比べて非常に小さい市場である．一方で，日本の居住者が海外のスポーツベッティング事業者のサービスを利用することは刑法上の賭博罪に該当し違法であるが，近時，日本の居住者に対してオンラインスポーツベッティングサービスを提供する海外の事業者は増加傾向にあり，違法市場の拡大に歯止めがかからない状況である．他国の例を踏まえると，インテグリティ対策・依存症対策を充実させるとともに合法的なスポーツくじ市場を拡大することが違法市場を縮小させる一つの解決策となろう．

上記の状況に鑑み，わが国においても，最適なスポーツくじ拡大のモデルについて国会議員・政府で議論を尽くすべく，スポーツを取り巻くすべてのステークホルダーがスポーツくじに関する諸問題に正面から向き合うことが肝要であろう．

[稲垣弘則・小幡真之]

第11章

政　治

[担当編集委員：市井吉興・山下高行]

「想像の共同体」とスポーツ

　「想像の共同体」とは，アンダーソン（Anderson, B.）が国家（nation-state）と
ナショナリズム（nationalism）の歴史的理解について提唱した概念である．これ
らの概念とスポーツとを結びつける前に，「想像の共同体」および国家，ナショナ
リズムについての概念的整理を行う必要がある．

● 「**想像の共同体**」　アンダーソンは著書『想像の共同体』（アンダーソン 2007）
で，国家を生み出す原動力としてのナショナリズムを，社会運動的特色を踏まえ
て歴史的に描き出した．ナショナリズムとは，「ネーション（民族・国民）の統
一・独立・発展を希求する思想・感情・イデオロギーおよび運動」（高柳 1994）の
ことであり，その観点からみると国家とは，「思想・感情・イデオロギーおよび運
動」の結果としてつくり出された「イメージとして心に描かれた想像の共同体」
である．アンダーソンが指摘するナショナリズムの重要な段階は「言語ナショナ
リズム」とされるが，それは世俗語で書かれた大量の印刷物の流通を可能とする
出版資本主義の時代を背景にしている．その世俗語はやがて「国語」となり，
人々は言語を共有することで「国民（nation）」を「想像」することも可能になる．
　「国民」形成の過程では言語に限らず，歴史や生活習慣などさまざまな材料・シ
ンボルが動員する側に都合よく解釈され利用された．その一つとして身体運動や
スポーツも利用されてきたといえる．

● **オリンピックとナショナリズム**　身体運動の場合，体操がナショナリズムに利
用された一例として，19 世紀のドイツ国家統一に大きな役割を果たしたトゥルネ
ンが挙げられるが（高津 1996），スポーツがナショナリズムに本格的に利用され
るためには，もう一つの仕掛けとしての国際試合，特に近代オリンピックの開始
（1896 年）が重要となる．国際オリンピック委員会（IOC）の創設者，クーベルタ
ン（Coubertin, P.）はナショナリズムについて「決して悪くはない」（Coubertin
1901）と評価した上で，「他人・他国への無知は人々に憎しみを抱かせ，誤解を積
み重ねさせます．さらには様々な出来事を，戦争という野蛮な進路に情け容赦な
く向かわせてしまいます．このような無知はオリンピックで若者たちが出会うこ
とによって徐々に消えていくでしょう」（Coubertin 1894）とも述べている．実際
には，早くも 1908 年第 4 回ロンドン大会で国旗をめぐるトラブルが起こり，国ご
との対抗意識の現れが指摘されているが（黒須 2015），その頂点が 1936 年の第 11
回ベルリン大会である．

　ナチス政権下で行われたこの大会は結果的に第 2 次世界大戦への開戦準備が進

められる下で開催された．アドルフ・ヒトラー総統は大会を，「アーリア民族」の優秀性とドイツ国家の威信を国内外に知らしめる機会として積極的に活用した．ドイツ選手団は金メダル38個をはじめとする101個のメダルを獲得し，2位の米国（金メダル24，メダル総数57）を大きく引き離す成果をおさめた．ナショナリズムに関しては，記録映画のタイトルが『民族の祭典』（監督：レニ・リーフェンシュタール）と名付けられたことに象徴的であり，初の「聖火リレー」がオリンピアで採火されベルリンへと運ばれたが，これはアーリア民族が古代ギリシャ文明の正統な継承者であることを印象付けるためともいわれている（結城 2004）．

●**オリンピックと国威**　オリンピックでの「メダル争い」については，オリンピックが「個人種目または団体種目での選手間の競争であり，国家間の競争ではない」（オリンピック憲章規則 6）のであり，「IOC と OCOG は国ごとの世界ランキングを作成してはならない」（規則 57　OCOG：オリンピック競技大会組織委員会）とされてきた．それにもかかわらず，「メダル数」が国力の象徴として年々激しく意識されるようになった．あるいは，1970 年代の台湾のように国名・国旗・国歌の使用が選手団にとってオリンピック参加の焦点となることさえあった（高嶋 2021）．

　IOC も国旗・国歌の廃止を 1953 年から 20 年間にわたって検討したことがあったが，1974 年 IOC 理事会が総会議題に載せないと判断し終焉した．そして，IOC は 2021 年版オリンピック憲章で規則 57 から「IOC と OCOG は国ごとの世界ランキングを作成してはならない」の文章を消してしまった（黒須 2022）．IOC はいまや「国家間の競争」を公然と認めているようにもみえる．

●**スポーツの二面性**　今後もスポーツとナショナリズムとの複雑な関係は続くであろう．その理由はグットマン（Guttmann, A.）が述べるように，スポーツが持つ「統合力」と「コスモポリタニズム」の二面性である．グッドマンは国際試合の影響力について「おそらく近代スポーツが国民を統合する力は，分断する力よりも強いであろう」と述べ，他方で近代スポーツの普遍性に関して「文化というものが弾力性，適応性，可変性を持っていることもまた事実なのである．他のすべての領域と同じく，スポーツにおいても」と指摘した上で，「もしスポーツが，『共同体』というものを表現する，ありうべき機会を提供するものであるならば，部族スポーツと同様，近代スポーツに人類という共同体を表現させようではないか」と期待を述べている（グットマン 1997）．スポーツ界がこのような二面性をいかにコントロールするのかが問われているといえよう．　　　　　　［棚山 研］

📖**さらに詳しく知るための文献**

グットマン, A. 著, 谷川 稔ほか訳 1997.『スポーツと帝国』昭和堂.

石坂友司・小澤考人編著 2015.『オリンピックが生み出す愛国心』かもがわ出版.

髙嶋 航 2021.『スポーツからみる東アジア史』岩波書店.

ファシズムとスポーツ

　「ファシズム」（英語 fascism, 伊語 fascismo）は，イタリア語の「ファッショ（fascio：束，集団，結束）」を語源とする，第1次世界大戦後のイタリア，ドイツ，日本などに共通する「全体主義」的政治体制とその国家を支えたイデオロギーを指す．「個人に対して全体あるいは国家を優先させ，つまり個人の私的生活を挙げて全体としての国家権力の統制下におく」ことになり，この場合の「全体」は「国家」に置きかえられ，「国家」は「共同体」幻想を国民に強制的・半強制的に抱かせる．それはファシズム・イタリアでは「組合協同体主義（コーポラティズモ）」であり，ナチス・ドイツでは「人種主義や民族共同体（血と土）」，日本では「農本主義，家族主義，東亜共同体」，また「天皇中心の家族共同体」理念である．問題はその中でスポーツはどのような機能・役割を果たしたのか，である．

●**ファシズムとスポーツとの結合**　近代スポーツは「対等平等」の条件の下での「競争＝勝敗」性を中核とする文化である．スポーツにおける「競争」が成立するためには競技を進行するための「共通のルール」と競技大会および選手を「統轄する組織」（競技団体の成立）が必要不可欠であり，そこには公正性・平等性が前提となり，同時に持続的に安定して競技が行える社会的条件としての「平和な社会」が基本となる．

　しかしその「競争＝勝敗」性は，時に「優勝劣敗主義」と結びついて「弱肉強食」の意識や社会を肯定することになる．また勝利者を過大に賞賛することから英雄主義・エリート主義を生むことになる．またオリンピック大会やワールドカップ・サッカーをはじめとするビッグ・スポーツイベントから各種レベルの対抗試合に至るまで「競争＝勝敗」を争うスポーツ競技には選手や観衆に特別の興奮と感動を呼び起こす．このような要素が意図的にあるいは政治的・政策的に利用されることによって偏狭なナショナリズムや愛郷心・愛国心と結びつきやすく，それが人種差別主義や排外主義とつながることになる．

　第2次世界大戦前のイタリア・ファシズムにおいては「黒シャツ」隊，ドイツ・ナチズムにおいては「ヒトラー・ユーゲント」，「歓喜力行団」（Kraft durch Freude, 略称 KdF）が組織され，また1936年のベルリン・オリンピック大会（別名ナチ・オリンピック）ではナチス（ドイツ国家社会主義）のプロパガンダにスポーツとオリンピックが最大限に利用されたことはつとに有名である．日本ではイタリアのドーポ・ラボーロ（労働の後＝余暇），ドイツの KdF の輸入紹介により一時期に厚生運動と称して大企業の福利厚生施策が行われた．

●**日本における国家総動員体制の成立と体育・スポーツの変容**　日本では 1937 （昭和 12）年 7 月 7 日の蘆溝橋事件（日中戦争）を契機に一気に国内は戦争体制に進み，翌年の「国民精神総動員実施要綱」の閣議決定後，全国的な国民精神総動員が推進され，さらに 1938（昭和 13）年の「国家総動員法」の制定によって文字どおり「国家総動員体制」が成立した．スポーツも例外ではなくこの時期のスポーツは，すべてが国家的使命に従属するという理念で貫かれた．

　「心身一体ノ鍛錬ニ依リ国民ノ体位ヲ向上セシメ其精神ヲ振作シ国民ヲシテ克ク国家ノ使命ニ応スベキ健全有為ナル資質ヲ具ヘシムルヲ本旨」とし，その実施にあたっては「身体ノ修練ヲナストトモニ特ニ精神訓練ニ重キヲ置キ，就中挙国一致，堅忍持久，進取必勝，困苦欠乏ニ耐フルノ精神ヲ錬磨」し，団体訓練として「合同体操，体操大会，団体行進等」を重視し，「開会式，閉会式等ヲ一層厳重ニ行ヒ宮城遥拝，国旗掲揚，国歌斉唱ヲ励行シ国家意識ヲ昂揚振作スルコト」（「国民精神総動員ニ関シ体育運動ノ実施ニ関スル件」文部省）．

　ここにみられる「体育運動＝スポーツ」は，蘆溝橋事件を契機に軍部と政府筋の思惑とは異なり，日中全面戦争へと突入し，長引く戦局をにらんで文字どおり総力戦体制における人的資源論を前提とした「国民の体力」向上を目標とした精神主義的体育運動政策と言えよう．この時期，「壮丁の体位低下」問題を梃子にして国民の国家的体力管理を目的とした「国民体力法」（1940 年 4 月）が公布され，徴兵検査前の男子（後に改訂されて女子も）の身体検査（機能検査項目に唯一「荷重速行（運搬）」）が実施された．

　したがってこの時期におけるスポーツ競技やスポーツ組織はすべて国家的統制の下に収斂されていった．1940（昭和 15）年 9 月の橋田文部大臣による学校校友会組織の修練組織への統制・着手以後，やがて学校だけではなくその他のすべてのスポーツ団体の国家統制へと進んでいった．すなわち，翌 1941（昭和 16）年 5 月，「体育新体制樹立ニ関スル件」によって「政府ハ体育国策ヲ樹立シ，国民体力錬成ノタメ，全国的ナ官民一体ノ体育体制ヲ確立スルコト」でもってまずは学生スポーツ団体の「大日本学徒体育振興会」への統制，次いで大日本体育協会をふくむすべてのスポーツ団体は「大日本体育会」へ再編され，武道関係団体は「大日本武徳会」を改変して再発足することになったのである．明治神宮競技大会は民間団体主催ではなく第 10 回大会以降は内閣総理大臣が名誉会長に，厚生大臣が所管大臣として会長にと「挙国的事業」として取り組まれ，競技内容も戦時体制に呼応して「手榴弾投げ」や「弾薬袋運び」あるいは敵陣にはしごをかけて駆け上がる障害レース，匍匐前進などを取り入れた「国防競技」が加わるなど，それはスポーツ競技というよりは「戦場・戦技運動」そのものへと変貌し，選手という呼称も「選士」へと変わり，1942（昭和 17）年には「明治神宮国民錬成大会」と改称され，それは戦争の激化に伴う大会中止になるまで続いた．　　[森川貞夫]

労働者スポーツ運動

●**二つの労働者スポーツインターナショナルの結成**　1893 年にドイツで労働者トゥルネン同盟が，1894 年に英国で社会主義クラリオン・サイクリングクラブが結成されるなど，世界各国で労働者スポーツ運動が前進する中で，1913 年にゲント（ベルギー）で国際労働者スポーツ連盟の初会合がもたれ，その後の 1914 年 1 月のブリュッセル会議では，規約が立案されるとともに，国際会議を 1914 年 9 月に開催することが確認された．しかし，その開催は第 1 次世界大戦の勃発によって妨げられ 1918 年になって開催されたが，フランス，ベルギー，イングランドの代表が参加しただけであった．最終的に，1920 年 9 月 13〜14 日にルツェルン（スイス）で西欧 7 か国からの代表 17 名による会議がもたれ，ルツェルン・スポーツインターナショナル（LSI）が結成された．LSI は，政党政治的中立性の原則の下にスポーツと身体文化の分野で社会主義運動の目標達成に貢献することを目指すものであり，ブルジョアスポーツ組織との交流は厳格に拒否された．1928 年 1 月に社会主義労働者スポーツインターナショナル（SWSI）に名称変更．1933 年にドイツでナチスによって，1934 年にオーストリアでドルフースの祖国戦線によって，両国の労働者スポーツ組織が解散させられたことで，SWSI 会員は 8 割強減少し 30 万 7166 人となった．

　1921 年にモスクワで開かれた共産主義インターナショナル（通称コミンテルン）第 3 回世界大会の終了後の 7 月 23〜29 日に，国際赤色スポーツ・トゥルネン協議会第 1 回会議が開催され，その会議で赤色スポーツインターナショナル＝RSI が結成された．モスクワに書記局を置き，ドイツに西欧ビューローを置くこととなった．RSI 創立の意義は「万国の労働者階級の身体教育の促進」「ブルジョア組織にいる労働者スポーツマンの獲得」「プロレタリア革命のための労働者スポーツの創設」等に置かれた．また，改良主義的な LSI との闘争が意識された．

●**国際労働者オリンピアードとスパルタキアードの開催**　LSI ＝ SWSI が主催した国際労働者オリンピアードは，第 1 回（1925 年）がフランクフルトで，第 2 回（1931 年）がウイーンで，第 3 回（1937 年）がアントワープで開催された．ちなみに，第 2 回ウイーン大会の参加国は 26 か国で，7 万 7166 人の出場参加があり，およそ 20 万人の観衆が訪れた．

　RSI では 1928 年に第 1 回スパルタキアード（2 月に冬季スパルタキアード〔オスロ〕，8 月に夏季スパルタキアード〔モスクワ〕），1931 年 7 月に第 2 回スパルタキアード（ベルリンで開催したが，禁止され，モスクワに移行）が開催された．

また，ベルリン・オリンピック反対運動に端を発したバルセロナ人民オリンピアードが，国際平和とオリンピック理念擁護のために1936年7月19日から26日まで開催される予定であったが，フランシスコ・フランコの反乱によって未発に終わった．

● **RSI の解散と亡命 SWSI**　1933年1月に政権を獲得したナチス・ドイツに対して，危機感を強めたヨーロッパを中心とする国々で反ファシズム運動が展開されていくが，フランスではいち早く反ファシズム人民戦線運動を展開し，この運動の構成団体であった二つの労働者スポーツ団体は，1934年12月に統一憲章を定めて労働者スポーツ体操連盟（FSGT）に再合同し，人民戦線内閣の成立に貢献した．英国では，共産党系の労働者スポーツ組織が自ら解散し，労働党系の組織等に個々に加入していった．

こうした反ファシズム人民戦線運動と呼応する形で，コミンテルンでも1935年7～8月の第7回大会で反ファシズム人民戦線戦術を採用した．コミンテルンは戦術転換を進める過程で，組織的にも財政的にも脆弱で労働者階級に影響力を持ち得なかったRSIの運動に介入し，1937年5月7日の「RSI書記局をコミンテルンのスポーツ活動補助機関に変更する決議」（最終的な決議は5月22日）をもってRSIは解散した．

ナチス・ドイツによる1939年3月の残部チェコスロヴァキア占領の結果，最大のチェコスロヴァキア組織とともにプラハにあったSWSI本部も解体され，指導者たちは英国に亡命した．その結果，第2次世界大戦の最初の数年間はSWSIの活動は停止したが，英国労働者スポーツ協会（BWSA）のイニシアティブで，大戦後にSWSIを復活させるための準備委員会が設置された．これは亡命SWSIとも呼ばれた．1945年10月10日に準備委員会はパリ会議を開催し，活動の総括とともに今後の再建計画について具体的な議論を行った．

●**第2次世界大戦後の再出発**　1946年5月27～30日にブリュッセル（ベルギー）でSWSI再結成会議が開催されたが，戦後大国のロシアと米国は参加しなかった．会議の主な議題は規約草案を議論することであったが，合意には達せず，翌年にワルシャワで再結成総会を開催することが決定された．1947年6月1～5日にワルシャワで開催された再結成総会では規約が正式決定されなかった（規約が何時の総会で決定されたかは不明）が，以後は国際労働者スポーツ委員会（CSIT）の名称で活動が展開されていった．

CSITは1986年10月31日にIOCに承認され，補助金が支給されるようになった．2011年のリオデジャネイロ総会において，国際労働者・アマチュアスポーツ連合に名称変更された．CSITが主催するワールドスポーツゲームズが2008年にリミニ（イタリア）で開催され，その後ほぼ2年ごとに開催されている．2023年現在，50か国から70の加盟組織と35のパートナー組織を抱えている．　　［青沼裕之］

レイシズムとスポーツ
公民権運動からブラック・ライブズ・マターまで

　人種主義（レイシズム）をエヴァンズ（Evans, A. B.）らの定義に従い，「異なる人種が存在し，異なる質的特徴や能力，資質を持つというイデオロギーに基づく信念体系」と捉えるなら，米国という多民族・多人種国家にとってそれは，植民地時代から，連邦国家として成立して240年を経た現在まで，社会を蝕み，国家としての存続を危うくさえした宿痾であると言える．スポーツは，個人の資質や能力が人間集団の属性とみなされる制約を超える力をもつとの信念とともに，人種主義に挑む人材を輩出しつづけてきた．
●ブラックパワー・サリュート　そんな一人にオーエンス（Owens, J.）がいる．オーエンスは1936年ベルリン五輪大会にて，陸上4種目で金メダルを獲得し，「アーリア」人種の優越を標榜するイデオロギーを基盤とする，ナチス・ドイツのトップアスリートを次々と打ち負かした．その約2年後，ヘビー級ボクシング王者ルイス（Louis, J.）もまた，ドイツ期待の星シュメリング（Schmeling, M.）を1ラウンドKOに破った．二人の勝利が，黒人を劣等人種とする偏見を打ち砕き，20世紀前半において人種主義との闘いに輝かしい足跡を残したといえる．
　しかしオーエンスやルイスが巻き起こした，スタジアムやアリーナの興奮の渦が，社会全般に広がることはなかった．第2次世界大戦を通して人種分離体制は存続し，人種差別が慣行としてまかり通っていた．そんな状況に堂々かつ黙々と抗議し，世界中の注目を集めたのが，1968年メキシコ五輪大会で二人の黒人アスリートが行った，その後「ブラックパワー・サリュート」として記憶されることになる行動である．それは短距離200メートル表彰式でのことだった．一位と三位に輝いたスミス（Smith, T.）とカーロス（Carlos, J.）は，勝利のメダルを胸にしながら，頭を垂れて星条旗から視線を落とし，右と左の拳に黒手袋を着け，高々と突き上げた．二人は靴を脱いで黒いソックスで表彰台に立ち，黒人の貧困を表象した．ブラックパワー・サリュートは，戦後，公民権運動が達成した最大の成果である1964年公民権法と1965年投票権法の制定を経ても，なお社会に巣食う人種差別に対する，黒人の怒りを込めた抗議だったのである．
●ブラック・ライブズ・マター運動へ　人種主義との闘いは，2010年代に興隆するブラック・ライブズ・マター（BLM）運動へと継承されることになるが，その間の時代には興味深い空白が存在する．社会学者エドワース（Edwards, H.）にとってそれは，黒人の政治活動家型アスリートの低迷期であり，人権や人道的理念よりもスポンサーシップを優先する企業家型アスリートが，目につく時代だっ

た．プロゴルファーのウッズ（Woods, T.）や「バスケの神様」ジョーダン（Jordan, M.）は，その典型とされる．例えばジョーダンは，現役としての絶頂期であった 1990 年代に，地元ノースカロライナ州の民主党候補への支持を表明するよう迫られたとき，難色を示し，「共和党員もスニーカーを買うんだ」と答えたという．

2012 年 2 月，フロリダ州で 17 歳の黒人高校生マーティン（Martin, T.）が丸腰であったにもかかわらず自警団団員に射殺された．BLM 運動は，この事件に対する警察の対応に抗議の声が広がったことを一つの発端とする．その後 SNS の広報力に支えられ，女性や黒人以外の人々の強い支援も受けながら，1960 年代よりなお一層活発な草の根運動として，米国から世界へと拡大を遂げた．スポーツ界では，2016 年 8 月，当時 NFL サンフランシスコ・フォーティナイナーズ QB だったキャパニック（Kaepernick, C.）が，「黒人差別がまかり通る国に敬意を払えない」との理由で，国歌斉唱時に膝をついて起立を拒み，全国的な論争を引き起こした．運動の波は，蘭，仏，英，日，独などの主要都市に達し，世界中で抗議デモが発生した．コロナ禍最中の 2020 年 9 月，父親がハイチ人，母親が日本人であるプロテニスプレイヤー大坂なおみは，全米オープン優勝に至る 7 試合のすべてに黒人襲撃事件への抗議を込め，過去の犠牲者の名を記した黒いフェイスマスクを着用し，大きな話題となった．

●**闘いの成果**　スポーツ界における人種主義との闘いは，さまざまなかたちで実を結んだ．キャパニックは，トランプ大統領から「非愛国者」呼ばわりされ，リーグでの再契約が見送り続けられて事実上の引退に追いやられた．しかし 2020 年，コミッショナーのグッデル（Goodell, R.）は「私たちは人種差別を，そして黒人に対する組織的な抑圧を糾弾する．私たちは間違っていた．もっと早く選手たちに耳を傾けるべきであった」との謝罪とも取れる声明を公表した．警察の暴力によるフロイド（Floyd, G.）の死は，BLM 運動の波紋を広げ，男子 4 大プロスポーツリーグ（野球，バスケ，アメフト，アイスホッケー）の全チームが，人種的不平等や社会的不公正に関する声明を発表した．

スポーツ界の人種主義は，アジア人の身体が虚弱であるとする偏見の温床でもあったが，2023 年ワールドベースボールクラシック（WBC）で大谷翔平は誰よりも速い球を投げ，誰よりも速い打球を，誰よりも遠くまで飛ばしたという．大谷のパワーベースボールは，アジア人のステレオタイプを覆す確かな根拠となるにちがいない．

［川島浩平］

📖**さらに詳しく知るための文献**

Evans, A. B., et al. 2020. Black Lives Matter. *European Journal for Sport and Society* 17(4): 289-300.
Calow, E. 2022. Well, what was the message you got?. *European Journal for Sport and Society* 19(4): 347-367.
明石紀雄著 監修 2021.『現代アメリカ社会を知るための 63 章』明石書店.

「第三世界」とスポーツ

　1936年のオリンピック・ベルリン大会には49の国・地域が参加したが，列強国の植民地あるいは紛争地域となっていたアジア・アフリカ諸国からの参加は，わずか7の国・地域であった．第2次世界大戦の終結後，アジア・アフリカ諸国の独立が進む中でその参加数は増加の一途をたどる．1948年ロンドン大会では15の国・地域，1952年ヘルシンキ大会では20の国・地域，1956年メルボルン大会では26の国・地域，1960年ローマ大会では31の国・地域，そして1964年東京大会では41の国・地域で，総参加国・地域（93の国・地域）の44%を占めるようになる．

　オリンピック参加国の地理的拡大は，平和の祭典というオリンピックの理念の実現を示しているようにみえるが，アジア・アフリカ諸国にとっての戦後は，苦難に満ちたものだった．独立の達成を目指しながらも，国家建設をめぐる内部での混乱もまれではなく，なによりも東西冷戦がアジア・アフリカなどの第三世界諸国を否応なく巻き込んでいったからである．こうした状況に対して第三世界諸国は，イニシアチブを発揮して，独自の道を模索する．1955年にはアジア・アフリカ会議（バンドン会議）を開催し，反植民地主義や平和共存などを決議し，それを起点として，米・ソ両国を中心とした冷戦体制に対抗する非同盟運動を展開していった．こうした取り組みは，やがてスポーツ界にも波及する．それらは，戦前から築き上げられた欧米諸国を中心としたスポーツ界の世界秩序への単なる参入ではなく，国際政治や第三世界の政治動向と連動した既存のスポーツ界への対抗的な企てであった．

●五輪ボイコットによる抗議　オリンピックのボイコットとして最も有名なのは，1980年のモスクワ大会であるが，それ以前のオリンピックを見てみるとボイコットは決して珍しいものではない．アジア・アフリカ諸国によって幾度と企てられた．1956年のメルボルン大会では，大会直前に勃発したスエズ動乱を受けて，イラク，レバノン，エジプトが，英国とフランスによる侵略に抗議して大会をボイコットした（藤原1984）．1964年の東京大会では，インドネシアのオリンピック参加資格をめぐって，IOCに対する抗議としてアラブ諸国がボイコットを表明し，インドネシアと朝鮮民主主義人民共和国が実際にボイコットした（冨田2021a，2021b）．

　アパルトヘイト政策が続いていた南アフリカをめぐって，アフリカ諸国はたびたびボイコットという手段を取る．1968年のメキシコ大会では，南アフリカの復帰に反発し，アフリカ諸国がボイコット表明した（ボイコフ2018）．1976年のモ

ントリオール大会でも，ニュージーランドによる南アフリカへのラグビー遠征に反発し，アフリカ諸国を中心に 29 か国がボイコットを実施した（川本 2018）.

●新たな国際競技大会の創設　アジア・アフリカ諸国は，欧米諸国による侵略や人種差別などへの抗議の手段として，しばしばオリンピックをボイコットする一方で，オリンピックに対抗する新しい国際スポーツ大会を設立した. 1963 年 11 月，インドネシアで開催された新興国競技大会（The Games of New Emerging Forces: GANEFO ガネフォ）である．その直接の引き金となったのは，1962 年にインドネシアで開かれた第 4 回アジア競技大会で，インドネシアが政治的な理由で台湾とイスラエル両国の参加を拒否したとして，IOC がインドネシアにオリンピック参加資格を停止するとの処分を下したことである．インドネシアはこれに反発し，IOC からの脱退と新たな国際競技大会の設立を宣言した．インドネシアは独立後，バンドン会議の決議がさし示したような東西冷戦に与しない形での国際社会における地位の確立を模索していたが，その精神に基づく新たな国際競技大会としてガネフォを開催したのである．アラブ諸国など非同盟運動のリーダー国をはじめ計 51 か国・地域から約 2700 人が参加したガネフォは，IOC に脅威を与えただけでなく，第三世界の存在を世界のスポーツ界にアピールするものとなった（高嶋 2021）．しかし，その後のガネフォは，インドネシアでの政変や中国における文化大革命の影響などによって，1966 年にカンボジアで開催されたアジアでの地域大会であるアジア新興国競技大会（アジアガネフォ）を最後に消滅してしまう.

● 1980 年代以降の第三世界とスポーツ　第三世界諸国を中心とする非同盟運動は，冷戦の終結後も南北問題などに取り組んでいるが，それと連動した既存のスポーツ界への対抗的な企ては，1980 年代以降ほとんどみられなくなった.

　1990 年代以降，第三世界諸国にはアジア・アフリカ諸国だけでなく，中南米の発展途上国も含まれるようになるが，これらの国々で顕著となったのは，北の先進国（グローバルノース）への大量のアスリートの移動である（ベズニエ 2020）．テレビの放映権収入が急上昇し，競争の激化と利潤最大化の必要に直面したクラブやチームが，才能のある選手を第三世界諸国からも呼び込み始めたのである．サッカー W 杯で 1998 年大会と 2018 年大会，2 度の優勝を誇るフランス代表は，その代表選手の内訳をみるとアフリカにルーツを持つ選手が多く選出されていることが知られている．1998 年大会では「多様性の勝利」とも評されたが，被植民地から宗主国への労働力の供給という，過去の植民地関係の複製だという指摘もある．スポーツをめぐる南北問題として構造的な解明が求められている．　　　　　［冨田幸祐］

📖さらに詳しく知るための文献
守能信次 1982．『国際政治とスポーツ』プレスギムナスチカ.
藤原健固 1984．『国際政治とオリンピック』道和書院.
ヒュブナー，S. 著，高嶋 航・冨田幸祐訳 2017．『スポーツがつくったアジア』一色出版.

政治的にボイコットされるスポーツ

　スポーツは国際政治と無縁ではありえない．確かにオリンピックの憲法というべき五輪憲章の「オリンピズムの根本原則」の項には「スポーツ団体は政治的に中立でなければならない」とし政治的な圧力に抗すべしと謳われているが，スポーツの歴史，特に五輪史をみれば，オリンピックは国際政治に翻弄されてきた．
●**モスクワ五輪ボイコット**　政治とオリンピックといえば，やはり 1980 年のモスクワ五輪である．日本のスポーツ界が国際政治の荒波に飲まれ，政府の圧力に屈した痛恨事だった．一番の犠牲者は，モスクワ五輪出場をめざして努力を続けてきた選手たちだった．「幻の日本選手団」は選手 182 人，役員 64 人の 246 人だった．その悪夢から 43 年．当時，柔道の金メダル候補だった世界選手権王者の山下泰裕・日本オリンピック委員会 (JOC) 会長は 2023 年の夏，「もう終わったこと」と言いながらも体の奥から声を絞り出した．「でも，本音を言えば，（モスクワ五輪に）出たかった〜」．夏季五輪の宿命とは，4 年に一度，必ず米国の大統領選挙と同じ年に開催されることである．だから，米大統領が支持率アップのため，夏季五輪を政治利用することもある．
　東西冷戦構造下の 1980 年モスクワ五輪．その前年暮れに起きたソ連（現ロシア）のアフガニスタン侵攻に抗議するため，米国のジミー・カーター大統領は 1980 年年明け，五輪不参加を米国オリンピック委員会 (USOC) に勧告するとともに，西側諸国にも同調を呼びかけた．米国追随の日本政府は日本選手団の五輪不参加の方針を固め，「（日本選手団を編成する）JOC の自主性を尊重する」としながらも，五輪派遣補助金の停止をちらつかせるなどして，五輪ボイコットへ誘導していった．JOC は当時，自立した財源を持たず，その実体は日本体育協会（体協，

表 1　モスクワ五輪ボイコットをめぐる出来事［著者作成］

1979年12月24日	ソ連軍の大部隊がアフガニスタンに侵攻開始
1980年1月20日	米国カーター大統領が西側諸国にモスクワ五輪不参加を呼びかけ
2月上旬	日本政府がモスクワ五輪不参加の方針を固める
4月13日	米国オリンピック委員会がモスクワ五輪不参加を決定
4月21日	選手たちが JOC の緊急強化コーチ・選手会議で五輪参加をアピール
4月25日	日本政府がモスクワ五輪不参加の最終方針を JOC に伝える
5月24日	JOC 臨時総会でモスクワ五輪不参加を決定
6月11日	JOC 常任委員会がモスクワ五輪日本選手団と大会不参加を承認

現日本スポーツ協会）の下部組織に過ぎなかった．その体協にしても，1980年度予算総額30億円のうち50％以上の15億8000万円を国庫補助金に頼っていた．

五輪不参加の流れに反発するため，1980年4月21日，モスクワ五輪代表候補のコーチ，選手たちが，東京・岸記念体育会館で，「緊急強化コーチ選手会議」を開いた．いわゆる，世論に訴える「決起集会」だった．当時，日本レスリングのエースだった1976年モントリオール五輪金メダリストの高田裕司（後の日本レスリング連盟専務理事）は「参加できなかったら，今までの努力は何だったのか．だれが責任をとってくれるのか……」と漏らすと，左手で目頭を抑えた．このシーンはテレビのニュースで全国に流され，「涙の抗議」と呼ばれた．

当時のJOCの柴田勝治会長は，選手を何とかモスクワに連れて行きたいと考え，選手団ではなく，選手やチーム個別での参加や，メダルの期待できる選手に限った少数精鋭の派遣など参加の抜け道を探った．だが，実現できなかった．JOCはナショナル・エントリー（各国の国内オリンピック＝NOCによる参加申し込み）締め切り前日，1980年5月24日の臨時総会で不参加を決定した．同日直前の体協の臨時理事会には，内閣官房長官の伊東正義が特別出席し，不参加の政府の意向を伝える異例の展開だった．JOC臨時総会では，学識経験委員として出席していた大西鐡之祐（元ラグビー日本代表・早大ラグビー部監督）が断固，ボイコット反対を主張し，毅然とこう正論を吐いた．「スポーツの根本原則に政府が干渉してきた．自由と民主主義，オリンピック運動を失ってはいけない」と．

こうした議論の後，柴田会長が「結論から申し上げると，第22回オリンピック競技大会（モスクワ五輪）に対するナショナル・エントリーの申し込みは無理である」との見解を示した．この会長見解に賛成か反対かを問う形で委員の挙手による採決が行われ，賛成29，反対13（記者クラブ発表）だった．

●**モスクワ五輪前後のボイコット**　1976年モントリオール五輪では，南アフリカ共和国のアパルトヘイト（人種隔離政策）に抗議してアフリカ諸国の多くがボイコットした．契機は，IOCが，南アにラグビー代表チームを遠征させたニュージーランドを参加禁止にしないことを受けての行動だった．また1984年ロサンゼルス五輪では，1980年モスクワ五輪の報復として，ソ連など東側諸国の多くが米軍のグレナダ侵攻を理由にボイコットした．1988年ソウル五輪には，米国などの西側諸国だけでなく，ソ連をはじめとする東側諸国（北朝鮮とキューバを除く）も中華人民共和国もイランも，ほとんどのアフリカ諸国も参加した．ボイコット合戦に終止符が打たれ，参加国・地域は159にのぼった．「国際平和」の象徴たる本来のオリンピックの姿に戻ったのである．　　　　　　　　　　　　［松瀬 学］

📖**さらに詳しく知るための文献**

池井 優 1992.『オリンピックの政治学』丸善ライブラリー.

松瀬 学 2008.『五輪ボイコット』新潮社.

国際機関が形成するスポーツの政治的空間

　1945 年，50 か国によって「平和・安全維持」「平等な人権・基本的自由の尊重」「経済的・社会的・文化的協力」を目的とした UN（国際連合）が発足した．初期は，第 2 次世界大戦後の処理としての戦争や紛争の仲介，軍事介入などが主であった．1989 年のベルリンの壁崩壊（東西冷戦終結）以降，「人権」「格差」「地球環境と食料危機」「疾病」などの社会課題へと対応が拡がり，解決のためのプラットフォームとしてスポーツが注目されるようになった．

●**国際機関におけるスポーツの空間の出現**　国際機関におけるスポーツの空間の始まりは，1919 年に設立された ILO（国際労働機関）と IOC（国際オリンピック委員会）との協力同意である．1924 年の第 6 回 ILO 総会では，IOC 会長クーベルタンの支援を受け，「労働者の余暇」の権利として「余暇時間の利用に関する勧告」[ILO, 1924, No.21] が出された．IOC はオリンピックの存続と IOC（クーベルタン）の威信を示すためにも，労働者支援による「競技者と観戦者の確保」は喫緊の課題であった．両者の利害が合致し，最初のスポーツの空間が出現した．また，1945 年設立の UNESCO（国際連合教育科学文化機関）が，1950 年代初頭に「身体教育とスポーツは健康とその価値の継承を育む手段」としてスポーツの空間を創出した．1978 年には，創設時の「UNESCO 憲章」に「身体教育とスポーツの実践はすべての人々の基本的権利である」を加え，スポーツの空間が明確化された．

● **UN におけるスポーツの政治的空間の出現**　2000 年に UN は「ミレニアム宣言」を行い，MDGs（ミレニアム開発目標）を発表した．ここでは「スポーツおよびオリンピックの理想」を通じて，「平和と人間の活動の理解」を推進する IOC を UN が支援することを公言した [UN, 2000: UN/A/RES/55/2]．このことは，UN のグローバルなガバナンスにおけるスポーツの空間（「UN のスポーツ空間」）を IOC に依存しながら包摂を試みる．一方，IOC は自らの存在の顕示に務めた．

●**スポーツの空間をめぐる UN と IOC の攻防**　2001 年にアナン事務総長は，オギ元スイス連邦大統領を「開発と平和のためのスポーツ特別アドバイザー」に任命し，「IOC のスポーツ空間」以外の空間を顕在化させた．2007 年にバン事務総長が就任し，オギの後任にヨーロッパのフットボールに精通するレムケを任命，UNOSDP（国際連合開発と平和のためのスポーツオフィス），スポーツ信託基金を創設した．ここでは，スポーツの空間を MDGs 達成のための「手段（tool）」として位置づけ [UN, 2006, "Report on the IYSPE 2005"]，特にレムケの任命は「ヨーロッパのスポーツ空間」を意識させ，IOC を利用した間接的ガバナンスに

よる「UN のスポーツ空間」を確立し始めた.

このような動向に危機感を抱いた IOC は,積極的なロビー活動を行い,2009年第 64 回 UN 総会にて総会定常オブザーバーとなる［UN, 2009: A/RES/64/13］.IOC は「IOC のスポーツ空間」を保持するため,UN 内で政策提言可能な位置を形成し［IOC, 2009］,「UN のスポーツ空間」にその場所を求めた.

●スポーツの空間のガバナンス　2015 年第 70 回 UN 総会において,「ポスト2015 の開発」として SDGs（持続可能な開発目標）が採択され,そこで描かれたスポーツの空間は「持続可能な開発と平和を実現するために不可欠な存在（enabler）」となる［UN, 2015: A/RES/70/1］.再び「オリンピックの理想」を具現化する「IOC のスポーツ空間」とは異なるスポーツの空間が見え始めた.2017 年にポルトガル首相,EU 理事会議長等を歴任し,また,EU のアムステルダム条約「スポーツに関する宣言」の策定にも関与したグテーレス事務総長が就任した.IOC にとって彼の就任は「ヨーロッパのスポーツ空間」との「牽制」を超え,「EUのスポーツ空間」との直接闘争も加わり,「IOC のスポーツ空間」は新事務総長の裁量権で消滅させられる可能性が生まれた.IOC は 2016 年末の UN 定時総会にて再び動く［UN, 2016: A/71/179, A/71/L.38］.これまでの「UN のスポーツ空間」をガバナンス（総会）として再採択させ［UN, 2017: A/RES/71/160］,「UN のスポーツ空間は『IOC の空間』である」ことを既成事実化した.さらに,新事務総長のマネジメント（施策執行）への牽制と抑止,既存の空間は不可逆的だと示した.2017 年グテーレス事務総長は「UN と IOC による直接パートナーシップの締結」と UNOSDP の閉鎖を発表した［UN, 2017］.IOC 傘下の NOC,国際スポーツ競技連盟に対して,UN のガバナンスを直接行使できる一方で,IOC をUNOSDP の代わりに SDGs の執行者として実質上の「UN 機関化」することとなった.

●スポーツの空間が生み出す政治的闘争のアリーナ　UN は,UN のグローバルなガバナンスにおいてスポーツの利用価値を見出し,IOC による「オリンピックの理想」を受容しながら「UN のスポーツ空間」を形成してきた.しかし,スポーツの空間が「不可欠な存在」になるに連れて,IOC 以外の「ヨーロッパならびに EUのスポーツ空間」を意識する姿がみられる.一方,IOC は「IOC のスポーツ空間」を保持するために牽制と抑止,時には受容がみられる［IOC, 2017］.まさに,国際機関が形成するスポーツの空間は政治的闘争のアリーナと化している.　［上田滋夢］

📖さらに詳しく知るための文献

Allison, L. & Tomlinson, A. 2017. *Understanding International Sport Organizations.* Routledge.

Chappelet, J-L. & Kübler-Mabbott, B. 2008. *The International Olympic Committee and the Olympic System.* Routledge.

上田滋夢 2022.スポーツをめぐるガバナンスの再解釈に向けた論点整理.立命館大学人文科学研究所紀要 130：137-172.

オリンピックと祝賀資本主義

　なぜ，東日本大震災から間もないのに，「創造的復興」の名の下に「復興五輪」という大義名分を掲げて，2020夏季大会の東京への招致活動が開始されたのか．なぜ，COVID-19の感染拡大が終息していないのに，2020東京オリンピックは中止ではなく，延期開催されたのか．このような釈然としないオリンピックの背景を明快に解き明かしてくれるのが，ボイコフ（Boykoff, J.）が「祝賀資本主義（Celebration Capitalism）」である．この概念は2014年に出版した『祝賀資本主義とオリンピック』という著書で提示されたが，今や，批判的なオリンピック研究の理論的なパースペクティブとなっている．

●**祝賀資本主義とは何か**　ボイコフは祝賀資本主義の特徴を以下の6点に整理している（Boykoff 2018, 195-202）．第1に，統治機構が法を超越して決定権限を行使する「例外状態」を創出するという点である．第2に，「公民連携（PPP: Public Private Partnership）」の下，民間の営利活動のリスクを官が負担する構造をつくり出すという点である．第3に，洗練されたマーケティング手法の効果的な宣伝による祝祭的な商業主義という点である．第4に，セキュリティ産業の成長という点である．第5に，国際オリンピック委員会（IOC）や招致委員会や各国のオリンピック委員会は環境と社会との持続可能性を強調するが，すでにこのこと自体が資本による搾取の隠れ蓑となっている．第6に，マスメディアがつくり出す政治経済的な一大スペクタクルという点である．それでは，以下でボイコフの祝賀資本主義という理論的なパースペクティブから見えてくるオリンピックの問題を確認しておこう．

●**祝賀資本主義とオリンピック：問題の核心は？**　まず，オリンピックでは「公民連携」というロジックを用いながら，民間が負担するはずだった費用を公共が肩代わりする事態が生じる．これによって公共部門が大きな負債を抱えることになるため，大会後には競技施設や選手村を民営化する方向に圧力が働く．また財政難を抱えた国や自治体は，大会後に社会サービスへの支出を引き締め，生活者への負担を強いる．結果として，祝賀資本主義は開催都市の緊縮財政と民営化の推進という，新自由主義的な制度変更に貢献することになる．ボイコフの議論の焦点は，お祭り騒ぎに乗じて祝賀資本主義がつくり出す「惨事」を，惨事便乗型資本主義が利用する構図，わかりやすく言い換えるならば「火事場泥棒の正当化」に向けられている．つまり，惨事便乗型資本主義と祝賀資本主義は相次いで登場し，あたかも，私たちは「ワン・ツー・パンチ」を打ち込まれる構図に巻き込ま

れるのである.

●**祝賀資本主義への批判と反批判**　ボイコフは近年のオリンピックを「オリンピックの新自由主義化」と位置づける傾向にある研究を是正するために，祝賀資本主義という概念を設定したと述べていることは，興味深い（Boykoff 2021, 34）．たしかに，このような「告白」は，クライン（Klein, N.）の「惨事便乗型資本主義（Disaster Capitalism）」をモチーフにした祝賀資本主義というパースペクティブに「期待」した人々を落胆させるかもしれない．しかし，この点について，ボイコフの主張を整理し，彼の意図を明確にしておく必要があろう.

　ボイコフによると，オリンピックとは IOC によって開催都市に対して一方的に押しつけられる規則や規制からなる緊縮政策であり，オリンピックの経費の大半を拠出し，細かく管理するのは公であって，自由市場によって決定されない（Boykoff 2018, 194-195）．また，オリンピックは完全に民営化されておらず，常にコストの大半を一般の人々が「税金」として支払っている．また，スポンサー企業は，将来に渡る契約という特権を持つだけであり，オリンピックへの参入は自由市場に任せられているわけではない．しかも，ボイコフが述べるように，オリンピック事業における公民連携は非常に複雑で，大勢の法律家を必要とするため，比較的小規模な企業は契約獲得競争から脱落し，そこに参入できるのは限られた大企業になってしまう（Boycoff 2018, 199）.

　つまり，ボイコフが指摘するオリンピックの公民連携とは，大企業の参入を進めるとは言いながらも，規制緩和ではなく，IOC による厳重な規則と規制体制の構築にある．むしろ，オリンピックは IOC によって規制が強化され，そのブランドイメージや価値を高め，商業化を進め，世界でも有数のグローバル企業のみをワールドワイドオリンピックパートナーとして承認する.

　たしかに，一見すると新自由主義的な手法によってマネジメントされているように思われるオリンピックではあるが，ボイコフによれば，IOC による厳重な規則と規制体制のもとで構築される公民連携でしかない．ボイコフはオリンピックをはじめとするメガイベント閉幕後の混乱を深刻なものにしていく惨事便乗型資本主義を招くメガイベントのマネジメントの構造を祝賀資本主義として描き出したのである.　　　　　　　　　　　　　　　　　　　　　　　　　　　　　　　［市井吉興］

📖**さらに詳しく知るための文献**
ボイコフ, J. 著, 中島由華訳 2018.『オリンピック秘史』早川書房.
ボイコフ, J. 著, 井谷聡子ほか訳 2021.『オリンピック 反対する側の論理』作品社.
佐々木夏子 2024.『パリと五輪』以文社.

スポーツと社会運動

社会運動（social movement）とは，「何らかの社会的矛盾に起因する生活危機を解決するために，社会における既存の資源配分状態や社会規範や価値体系などを変革しようとし，かつまた人々の回心をはかろうとする，組織的もしくは集合的な活動」と定義される（塩原 1994）．その類型として，問題に対する怒りを表す「敵意表出運動」，既存体制を前提としてその部分的修正を目指す「改良運動」，新しい価値体系と社会体制の樹立を目標とする「革命運動」などが挙げられるが，ある争点をめぐる群衆行動や世論形成のためのデモンストレーションなども含まれる（塩原 1994）．

●**マルクス主義的社会運動**　近代以降の社会運動論として強い影響力を発揮したのはマルクス主義である．資本主義体制の下で資本家階級に搾取される労働者階級の解放をめざして，運動としての階級闘争を行い，それを通じて共産主義革命を達成しようとするのがマルクス主義の運動論である（片桐 1993）．

20世紀初頭，資本主義が国際的な広がりをみせると，階級闘争でも労働者階級の国際連帯が唱えられるようになり，スポーツ分野では「国際労働者スポーツ運動」として展開された．1920年には「社会主義労働者スポーツインターナショナル」が結成，1925年には「第1回労働者オリンピアード」がドイツ・フランクフルトで開催され，反戦平和・反ファシズムの運動を繰り広げた．これらの運動はその後ファシズムによる弾圧によって壊滅的な打撃を受けた（森川 2015）．

戦前期の日本では，体育・スポーツは国家総動員体制の一翼を担い，欧州のような労働者スポーツ運動は存在しなかった．戦後になると，1965年に勤労者スポーツ団体や青年団体などの手によって「新日本体育連盟」（新体連　現：新日本スポーツ連盟）が結成された．当時，高度成長の下で労働者のスポーツ要求が拡大していく中で，労務管理の一環として経営者側が職場のスポーツ・レクリエーション活動を重視し始めていた．新体連の結成はその傾向への階級的対抗でもあった．しかし，新体連運動の大きな特徴は結成当初から「スポーツは万人の権利」（国民のスポーツ権）であると掲げ，その実現を目指したところである．ちなみにユネスコが「体育・スポーツ国際憲章」で，「基本的権利」としての体育・スポーツを明記したのはその13年後の1978年であり，先駆性と全国民的視野を持った運動の始まりであった．なお，「反核平和マラソン」（1982年〜）などの運動も継続して取り組まれている（新日本スポーツ連盟 2015）．

●**「新しい社会運動」**　1960年代に入ると，先進資本主義国では労働者階級の富

裕化や体制内化が指摘され，労働運動が福祉国家の枠内での改良運動的性格を帯びるようになった．それに伴い，社会の周辺部で差別されてきた女性，人種，民族といった存在が，社会体制の「主流」に反抗する運動が生まれた．あるいは，物質文明を根本的に問い直す環境問題に関する運動も起こってきた．階級的立場に拠らないこれらの運動は「新しい社会運動」と総称されている（片桐1993）.

　スポーツ界でも，これらの運動に呼応する動きが生まれた．代表的には，1960年代米国における人種差別反対運動が挙げられる．黒人アスリートによる運動の焦点は1968年メキシコ・オリンピックに当てられた．陸上男子200m競争では，トミー・スミス（金メダル）とジョン・カルロス（銅メダル）が表彰式で，黒いグローブをつけた握りこぶしを突き上げるパフォーマンスを行い，その中継映像は全世界に大きな衝撃を与えた．また，ボクシング世界ヘビー級チャンピオンのモハメド・アリは戦争の人種差別性に関わって徴兵を拒否（1967年）するなど，ベトナム反戦運動に強いメッセージを発信し大きな影響力を発揮した（レイダー1987）.

●**今日のスポーツ界と社会運動**　今日，社会運動の争点は資本主義の新自由主義化に伴い，運動論の違いを超えて収斂しつつある．スポーツ界でも，オリンピック招致をめぐってスポーツと都市環境のあり方を問う市民運動が世界中で起こり，東京オリンピックに際しても「2020オリンピック・パラリンピックを考える都民の会」が2014年に市民団体や労働組合，新日本スポーツ連盟などによって結成され，さまざまな問題提起を行った（新日本スポーツ連盟2015）．またこのオリンピックでは，IOCがアスリートによる反差別やジェンダー平等を示すパフォーマンスを「黙認」した．さらに，大坂なおみなど多くの世界的アスリートがSNS等を通じて，反差別や人権に関わる自らの信条をアピールしている（小笠原・山本2022）.

　オリンピック憲章第50条2項は依然として「いかなる種類のデモも，政治的，宗教的，人種的なプロパガンダも，オリンピック会場，競技場，その他の場所では許されない」と定めている．スポーツ界が社会運動の争点となるような問題をいかに取り扱うのか，これは古くて新しい課題であり，現時点ではその争点が「人権」問題ならば取扱可能となり，「政治」的問題ならば不可となるのが現状と言えよう．しかも「人権」と「政治」の区別は明瞭ではない.

　しかし，国連が幅広く国際人権擁護の方向性を定めたSDGs（Sustainable Development Goles）の世界的支持が広がりをみせるなかで，スポーツ界も近い将来，必ずこれらの価値観に対して態度決定を迫られるであろう．　　　　　［棚山　研］

📖**さらに詳しく知るための文献**
新日本スポーツ連盟2015.『スポーツは万人の権利』新日本スポーツ連盟.
小笠原博毅・山本敦久2022.『東京オリンピック始末記』岩波書店.

アジアのナショナリズムとスポーツ

　20世紀から今日に至るまで，極東や東洋，アジアといった地理的呼称を冠する国際競技大会が数多く開催された．どこからどこまでがアジアなのかは主催者の思惑によるところが大きく，その輪郭は参加国数や，大会関係者が持ち込む文化，大会シンボルによって描かれてきた．とりわけ，列強国からの独立を目指す植民地や，国威発揚を図る新興国にとって，これらの大会は自国の近代化を喧伝する絶好の機会であった．政治的利害を伴う関係国との間で，自らいかなる存在であろうとしたのかを問うことは，アジアのナショナリズムを検証する鍵となろう．

●**アジア主義を刺激した極東大会**　アジアにおける国際競技大会は，1913年1月にマニラで開催された極東オリンピック大会に始まる（第2回大会以降は極東選手権競技大会に改称．以下，極東大会）．この大会は北米YMCAからフィリピンに派遣されたブラウン（Brown, E.）によって創設された．彼は，アマチュアスポーツを通して平等な国家間関係を構築し，極東を文明化するという使命を負っていた．

　しかし，極東大会は遅れたアジアにキリスト教の福音＝西洋的な近代化を授ける狙いがあったため，参加国・地域（日本やフィリピン，中国）の間で東洋諸民族が団結して西洋と対決する「アジア主義」的な考えが生じた．実際に，1923年5月の第6回大会（大阪）は日本人だけで運営され，1927年8・9月の第8回大会（上海）では参加各チームの団長がアジア人によって担われるなど，創設から10年あまりで「極東大会をアジア人の手に」というスローガンが達成された．

　中でも，オリンピックへの出場実績があった日本は，米国による指導を潔しとせず，「アジアの盟主」としての意識を高めていく．その態度が端的に表れたのが，満洲国参加問題であった．1931年9月18日に満洲事変が勃発し，翌年3月に満洲国が誕生すると，1934年5月の第10回大会（マニラ）への満洲国参加を巡って，日本と中国（蒋介石と汪兆銘の南京国民政府）が対立した．スポーツと政治は別と互いに批判する日中の溝は埋まることなく，日本はフィリピンを無理矢理に誘い極東大会を解散した（高嶋 2012）．

●**ナショナリズムの呼び水としてのアジア大会**　第2次世界大戦後，インド首相ネルー（Nehru, J.）は，アジアの「復興」と植民地主義を克服するために，アジア競技大会（以下，アジア大会）を開催．全アジア大陸の代表を集めたアジア関係会議をモデルにした第1回大会（1951年3月，ニューデリー）は，極東オリンピック大会が描いたアジアの地理的領域を押し広げた．規模だけ見れば11か国

の参加と 1 か国のオブザーバー派遣に過ぎないが，大会は西洋文明を頂点とする単線的な進化論を否定し，アジア諸国間の関係を再創出しようとした．

第 2 回大会（1954 年 5 月，マニラ），第 3 回大会（1958 年 5・6 月，東京）も平等主義と平和に基づく汎アジア主義が掲げられた．但し，参加国に共産主義国は含まれなかった．ナショナリズムにおいては，フィリピンの主催者が米国植民地期以前の文化の多様性を強調．一方，日本の主催者は天皇の権威を守りつつも，侵略者という印象を拭うべく，平和的国際主義の推進者として振る舞った．

第 4 回大会（1962 年 8・9 月，ジャカルタ）は，強烈な反西洋的ナショナリズムを特徴とした．スカルノ（Sukarno）大統領は台湾やイスラエルという「米国の傀儡国家」を排除し，反帝国主義的な共同体としてのアジアを描き出そうとした．その結果，IOC から一時資格停止処分を課せられたが，インドネシアはアジア大会を通して自由主義陣営に属さない「新興勢力」に号令をかけようとした．

バンコクで行われた第 5 回大会（1966 年 12 月）と第 6 回大会（1970 年 12 月）大会，テヘランにおける第 7 回大会（1974 年 9 月）には，近代化と発展というテーマを見出せる．両大会では西洋の文明的優越性が恒久でないことを示すために，栄華を極めた古代の伝統や文化的遺産が活用された．その輝かしい歴史を体現したのが王室であった．タイではプーミポン・アドゥンラヤデート（Bhumibol Adulyadej）が，イランではパフラヴィー（Pahlavi, M.）が国民を導く聖なる指導者として振る舞った．両国王は総裁としてアジア大会を成功させ，自国が高度近代主義的な国家に到達しつつあることを示そうとした（ヒューブナー 2017）．

●**ボクシング東洋選手権と「大東亜」の夢**　ボクシング東洋選手権は，どれだけ各国のナショナリズムが興行の成否を左右するかを雄弁に物語っている．1952 年 10 月に戦後初の東洋選手権が行われて以来，「東洋一」の金看板には，日本やフィリピン，タイ，韓国，インドネシアなどの大会関係者やファンが惹きつけられた．東洋選手権の牽引役は日本とフィリピンで，世界的選手を多数輩出したフィリピンを相手に，技術的な遅れを取る日本人選手の善戦が衆目を集めた．戦後賠償や戦犯問題によって国交回復の目処も立たなかった両国間でスポーツ交流が促進されたのは，戦争の記憶も生々しい時代にかつての占領者・被占領者が一対一で殴り合ったことにあった．何より「東洋一」が日本にとって単なるリージョナル・タイトルではなく，敗戦によって挫折した大東亜共栄圏構想に再び挑戦する試みであったことは，戦前と戦後の連続性を考える上で示唆的である（乗松 2016）．

［乗松 優］

📖**さらに詳しく知るための文献**

高嶋 航 2012.『帝国日本とスポーツ』塙書房.

ヒューブナー，S. 著，高嶋 航・冨田幸祐訳 2017.『スポーツがつくったアジア』一色出版.

乗松 優 2016.『ボクシングと大東亜』忘羊社.

スポーツと資本主義リアリズム
新自由主義から権威主義的新自由主義国家へ

　スポーツと社会との関係に注目するスポーツ社会学は，そこに現象する「政治（ポリティクス）」を把握するために，さまざまな理論的パースペクティブの構築を試みてきた．「資本主義リアリズム（Capitalist Realism）」もその試みの一つとして位置づけられよう．この言葉は，文芸批評家のフィッシャー（Fisher, M.）によって示されたが，ひとまず，彼が意図するところを「閉塞し危機的な社会状況にありながらも，私たちが生きる社会は，資本主義以外の道はないという世界観」とまとめておく．

●**資本主義リアリズムとは何か**　フィッシャーは『資本主義リアリズム』の冒頭において，ジェイムソン（Jameson, F.）とジジェク（Žižek, S.）のものとされる「資本主義の終わりを想像するよりも，世界の終わりを想像することのほうがたやすい」というフレーズを示し，これこそが彼が考える「資本主義リアリズム」の意味を的確に捉えたものと評している（Fisher 2018, 10）．さらに，フィッシャーは資本主義リアリズムを先の定義をふまえ，「私が考える資本主義リアリズムは，アートや広告における疑似プロパガンダ的な仕組みに限定されるものではない．それはむしろ広くしみわたる『雰囲気』のように，文化の生産だけでなく，教育と労働の規制をも条件づけながら，思考と行動を制約する見えざる結果として働くものだ」（Fisher 2018, 48　強調は引用者による）と述べる．まさに厭世的で諦観を感じさせるが，フィッシャーが資本主義リアリズムという言葉で何を問うとしているのか，その核心部分を確認しよう．

●**資本主義リアリズム：新自由主義から権威主義的新自由主義国家へ**　フィッシャーが指摘するように，資本主義リアリズムとは新自由主義を念頭に置いてきた．フィッシャーが生まれ育った英国において，1979年にサッチャー（Thatcher, M.）に率いられた保守党が労働党より政権を奪取し，新自由主義的な社会改革が断行された．サッチャーが進めた新自由主義的な社会改革——政府の市場への介入や過剰規制を抑制する規制緩和——とは，人々の国家と社会への依存を断ち切らせること，つまり，「自助努力・自己責任の徹底」であった．まさに，新自由主義的な社会改革によって，人々が味わった敗北感や諦観こそが，資本主義リアリズムの醸成の源泉となる．しかも，このような社会改革が「この道しかない（There is no alternative）」というスローガンを振りかざし，人々を窮地に追い込んだこともあり，フィッシャーは先のスローガンを「資本主義リアリズムを凝縮するもの」（Fisher 2018, 24）とみなしている．しかし，2008年からの2009年の

金融危機は，人々の怒りを呼び起こすとともに，人々にさらなる敗北感と諦観をもたらした．なぜなら，これまで国家を激しく攻撃し，国家による市場への介入をけん制してきた資本主義リアリズムを主唱する新自由主義者は，金融危機にさいして，金融制度の破たんを避けるべく，国家への援助を要請しただけでなく，国家もその要請に対して公的資金を投入し，私企業である金融機関を倒産させることなく，助けてしまったからである．今や資本主義リアリズムとは国家の存在感を高め，新自由主義的な社会改革は強力な国家，つまり，権威主義的新自由主義国家の下で進められていくものと認識を改めざるを得なくなったのである．

●スポーツと資本主義リアリズム：ボイコフの祝賀資本主義を越えて　なぜ，東日本大震災から間もないのに，「創造的復興」の名の下に「復興五輪」という大義名分を掲げて，2020夏季大会の東京への招致活動が開始されたのか．なぜ，COVID-19の感染拡大が終息していないのに，2020東京オリンピックは中止ではなく，延期開催されたのか．このような釈然としないオリンピックの背景を明快に解き明かしてくれるのが，ボイコフ（Boykoff, J.）の「祝賀資本主義（Celebration Capitalism）」である．しかし，フィッシャーの資本主義リアリズムというパースペクティブからボイコフが提示した祝賀資本主義の内実に深く切り込んでみると，ボイコフの「限界」が見えてくる．つまり，祝賀資本主義とは国家介入を基本とする新自由主義的な統治であるとともに，民主主義を排除する権威主義によって法の支配と市場経済秩序を守ることにある．まさに，COVID-19の感染拡大がありながらも，2020東京オリンピックが中止にならず，延期開催に向けてさまざまなプロジェクトがなされたが，その政治的な意図を分析する理論的なパースペクティブこそが，資本主義リアリズムとなる．振り返ってみると，2020東京オリンピックの延期開催に向けて日本政府が注力したこととは，国家権力の直接的行使として例外状態を設定し，その下で緊急事態宣言を発出し，新しい生活様式を提案し，国際オリンピック委員会（IOC）を頂点とするオリンピック産業の経済活動への献身的なサポートであった．まさに，新自由主義的な資本主義を展開するには，国家の介入を欠かすことはできず，その介入は資本の活動の保護を優先することを是とし，そのために国家は人々の権利を抑圧することも厭わない権威主義的新自由主義国家となる．まさに，資本主義リアリズムは，スポーツの「政治」を分析する理論的パースペクティブとなろう．　　　　　　　［市井吉興］

📖さらに詳しく知るための文献

フィッシャー，M. 著，ブロイ，S.・河南瑠莉訳 2018.『資本主義リアリズム』堀之内出版.

Ichii, Y. 2023. The Capitalist Realism of the 2020 Tokyo Olympic Game. *Contemporary Japan* 35: 58-72.

フィッシャー，M. 著，コフーン，M. 編，大橋完太郎訳 2022.『ポスト資本主義の欲望』左右社.

第12章

健　康

[担当編集委員：海老原　修・中澤篤史]

生権力と統治性

　生権力（biopouvoir）とは，フランスの思想家フーコー（Foucault, M.）の用語であり，「生政治（biopolitique）」とは生権力に基づく政治である（大澤 2013）．フーコー研究者のドレイファス（Dreyfus, H.）とラビノウ（Rabinow, P.）（ドレイファス&ラビノウ 1996）は，「生権力」が人間の種（種や人口などのカテゴリー）と操作される対象としての身体という二つの極に癒着しており，19世紀初めまで分離していた二つの極がその後，性に関わる事象を通して結合し，現在まで続く権力のテクノロジーを形成するようになったと指摘している．フーコー（1986）は，近代国家が誕生し資本主義が発展する過程において，国家による人口統計の把握・管理が行われるようになり，軍隊，病院，学校を通して，「従順な身体」を持った国民を大量に生み出す仕組みを「生権力」と呼んだ．「生権力」とは規律権力を通して人々の内面を管理し，為政者の望むように「従順な身体」を持つように統制する権力である．

●主体への対象化　フーコー（1996）は，「人間を主体へと変形する対象化（客観化）の三つの様式」について研究してきた．三つの様式とは，1）対象化，2）分割する実践（主体の対象化），3）主体化である．対象化とは，科学の地位につこうとする文献学等における発話主体や労働主体を物的な対象と見なすことである．「分割する実践」とは，狂人と常人，病人と健常者のように，人々を分類する行為である．主体化とは，「ある人が自分自身を一個の主体へと転換していくその仕方」（フーコー 1996）である．つまり，彼は人が物のように扱われる仕組みを明らかにしようとした．フーコー（1996）は二つの意味を持つ主体を次のように説明している．「支配と従属によって誰かに従属していることと，良心や自己認識によって自らのアイデンティティと結びついていることである．どちらの意味も，服従させ，従属させる権力形式を示唆している」．つまり，フーコーは，1人の人間が持つ主体が一つではなく，矛盾した複数の主体を持ちうると捉えていたと考えられる．このような主体の捉え方は，スポーツ選手がどのような主体を形成していたかについて検討する上で役に立つだろう．

　フーコー（1977）は，『監獄の誕生』の中で，規律について以下のように定義している．「身体の運用への綿密な取締りを可能にし，体力の恒常的な束縛をゆるぎないものとし，体力に従順＝効用の関係を強制するこうした方法こそが，《規律＝訓練 dicipline》と名づけうる」．さらに彼は，「規律＝訓練こそが個々人を《造り出す》のであり，それは個々人を権力行使の客体ならびに道具として手に入れ

る，そうした権力の特定の技術である」と説明している．

　フーコーは，規律の三つの道具の一つとして階層秩序的な監視の重要性を指摘している．階層秩序的な監視とは，一望監視施設（パノプティコン）によって説明されるように，誰もが常に監視される仕組みである．一望監視施設とは，英国の思想家ベンサム（Bentham, J.）が構想した刑務所である．この施設は，円環状の建物であり，その中央に監視用の塔が設置されている（フーコー 1977）．この刑務所は，独房ごとに区分けされており，中央の塔にいる監視者から独房の囚人を見ることはできるが，囚人から監視塔の中は見えないように設計されている．フーコー（1977）は，一望監視施設とは権力の自動化であると述べており，人々が自動的に監視される仕組みのことである．このような機能を持つ施設は刑務所に限らず，病院，工場，学校，競技場にもあてはめて考えることができるだろう．現代社会は，駅や空港などの公共機関や，商店街の周辺等多くの場所で，監視カメラが設置されており，録画された映像は，事故や事件が発生した場合には証拠として採用される．つまり，われわれの現代社会自体を，ある種の一望監視施設として捉えることができるだろう．

　フーコー（2006）は，コレージュ・ド・フランスの講義において，人口について言及する中で，統治性の問題を扱っている．フーコー（2006）は，ヴェイエ（Veyer, F.）が，フランスの王太子のために 17 世紀に執筆した教育用文書から，三つの統治の類型について説明している．つまり，君主はまず自分自身を律すること（道徳）で自己を管理する必要があり，次に家族や家来を導くこと（家政＝経済）ができ，最後に国家を統治できる（政治）ようになる．さらに，ウォルターズ（2016）は，統治性というフーコーの理論を用いた研究を紹介する中で，「統治性は，『振る舞いを導くこと（the conduct of conduct）』」という観点から権力の行使を吟味するプロジェクトを目指すものである」と定義した．

●スポーツ社会学への影響　欧米のスポーツ社会学会では，フーコー派と呼ばれる研究者がさまざまなテーマの研究成果を報告してきた．特にマルクラ＆プリングル（2021）は，フーコーの理論に基づくスポーツとジェンダーに関する研究成果を残している．文化人類学者のミラー（Miller, A. 2021）は，多くのスポーツ関係者への取材や文献研究を通して，日本における「体罰」の問題について，フーコーの規律権力を参考にして言説分析を行った．日本でも，何人かの研究者は，フーコー理論を参考にして研究を行ってきた（清水 2001；下竹 2022）．こうした研究は，フーコーの規律に関する考えや，統治性をスポーツ研究に援用した事例である．　　　　　　　　　　　　　　　　　　　　　　　　　［千葉直樹］

📖さらに詳しく知るための文献
フーコー，M. 著，渡辺守章訳 1986．『知への意志』性の歴史 I．新潮社．
桜井哲夫 2001．『フーコー』知の教科書．講談社選書メチエ．
重田園江 2011．『ミシェル・フーコー』ちくま新書．

優生学

　優生学をどのように理解するかは，まさに理解する個人や社会集団の生命観や健康観自体の基本的姿勢を定めるといっても過言でないくらいに象徴的な問題である．優生学を極めて包括的に定義すると，ひとまず「生殖適性者を選定するための思考・認識・技術の体系」と表現することできるが，その文脈自体に優生学がもつさまざまな視点や問題点が内在している．そして，優生学を支えてきた「優生思想」は生物学や医学固有の課題にとどまらず，政治や経済，教育・文化に至るまで，さまざまな価値領域に少なからぬ影響を及ぼしている．

●優生思想と優生学の歴史　優生学の成立を考えるためには，その背景にある優生思想に触れないわけにはいかない．優生思想は，遠くプラトンにまで遡ることができる人類の知的な歩みとともに存在してきた思考様式である．それはプラトンの『国家（politeia）』において語られた優れた両性の生殖によって生まれることが期待される優れた子どもたちこそが共同体社会としてのポリスの繁栄を支えるという，共同体の繁栄のためには共同体にとって有益な成果をもたらす生命こそが重要であるとする思想である．ただし，こうした意味での，すなわち社会の繁栄にとっては心身ともに優れた人間的資質が必要であると考える思考は，ギリシャ・ローマ以降も洋の東西を問わず一定の主張として命脈を保ってきた．愛を説くキリスト教や慈悲を説く仏教においても，優れた生命を重んじるという意味での優生思想と無縁であったわけではなく，キリスト教に基づく福祉を進めた先駆的実践者にも優生思想を信奉していた人物は少なくない．それは仏教に基づく福祉実践者も同様の状況である．また，道教における不老不死信仰や無病長生指向にも優れた生命のありようをもとめるという優生思想の要素を見出すことは可能である．ただし，こうした「優れた生命」への希求やそれに向けた実践という意味での優生思想と「優生学」とは区別される必要がある．

　「優生学」は，そうした優れた生命の創出のために，本来は人間の生の展開の中で自然発生的に生じる生殖行為に対して，人為的に関与することによって，個体発生に介入し，より強靱で繁栄する社会を創出しようとする科学的意図によって成り立つ．その意味での優生学の創唱者として知られているのは，英国の人類学者であり統計学者であったゴルトン（Galton, F.）である．ゴルトンは，マルサス（Malthus, T. R.）の『人口論（*An Essay on the Principle of Population*）』と従兄であった進化論のダーウィン（Darwin, C. R.）の影響を受けて，人口過剰により社会が衰退していくことを回避するためには，遺伝的（当時は初歩的・古典的な水準

での）知識の適用によって，優良な形質をもった個体を多く世に送りだすことが社会の衰退を防ぎ，発展を期すことにつながると考えた．そして優生学（eugenic）という語を創出した．なお，この意味での優生学は後に「積極的優生学」と呼ばれることになる．

●優生学の展開とその影響　ゴルトンが主唱した優生学が，19世紀中葉以降にある社会的合意をともなって浸透していった背景には，社会衛生学（Sozialhygiene）もしくはそこから派生したともいえる民族衛生学（人種衛生学：Rassenhygiene）の展開がある．19世紀中葉以降，ヨーロッパ社会で問題となりつつあった人口問題や社会病理現象（犯罪の増加，依存症や性感染症の増加など）に対応するための衛生学的対応として，個人衛生学に対比される社会衛生学の議論が盛んに行われるようになった．ドイツのグロートヤン（Grotjahn, A.）に代表される社会衛生学の議論は，当初は社会改良的な衛生政策による低所得者層の衛生状態の改善をめざしたが，やがて人口政策の重要性に言及するようになり，遺伝的に不良な素因をもつ個体を減少させるための人種淘汰の発想を明確に示すようになっていった．

　この流れの中でドイツのプレッツ（Ploetz, A.）らは，断種手術（強制不妊手術）により遺伝子次元での不良な素因を排除することによって，進化論的な適者生存と国家社会主義の調和を図る「人種衛生学」を提唱した．こうした優生学の思考は「消極的優生学」と呼ばれる．

　プレッツが主唱した人種衛生学は，やがてナチスによるゲルマン民族の優秀性を顕示する政策に取り込まれ，「遺伝子病子孫防止法」（1933年）をはじめとする身体障害者や精神障害者，そしてユダヤ民族などに対する断種政策が推進された．この流れは，諸外国に波及し，日本でも1940（昭和15）年に国民優生法が成立し，遺伝疾患や障害者，ハンセン氏病患者を中心とした断種が実施された．

●優生学の社会的影響　優生学の視座は，第2次世界大戦後も，日本であれば優生保護法（1948年）などの法律に継承されている面があり，また遺伝子診断・治療の登場によって可能になった自発的意思による着床前診断や生殖遺伝子治療などの「新優生学」の動向も倫理的な議論を呼んでいる．さらに人体拡張思想（ヒューマンエンハンスメント）やトランスヒューマニズム（超人間主義）などの人間の本質を超越する科学的指向や社会実装にも潜在しているとみられる面があり，伝統的優生学自体は否定されるようになった今後も絶えざる社会的検証と合理的批判がもとめられる．　　　　　　　　　　　　　　　　　　［瀧澤利行］

📖さらに詳しく知るための文献

アダムズ，M. B. 編著，佐藤雅彦訳 1998．『比較「優生学」史』現代書館．

米本昌平ほか 2000．『優生学と人間社会』講談社現代新書．

本田創史 2021．『近代日本の優生学』明石書店．

健康日本 21 と身体活動・運動の促進施策

●**健康日本 21 とは**　わが国における生活習慣病対策は，1978 年に成人病対策として開始された第 1 次国民健康づくり対策に端を発し，1988 年開始の第 2 次国民健康づくり対策（アクティブ 80 ヘルスプラン）を経て，2000 年に始まった第 3 次国民健康づくり運動である「健康日本 21」に昇華した．2002 年には「健康増進法」が制定され，健康日本 21 を推進する法的基盤も整備された．さらに，2013 年からの「健康日本 21（第二次）」は，第 4 次国民健康づくり対策として位置づけられ，2024 年 4 月現在，第 5 次国民健康づくり対策「健康日本 21（第三次）」が開始された．これら国民健康づくり運動の中で生活習慣病およびその原因となる生活習慣等の課題を解決すべき一分野として，身体活動・運動が取り上げられ，その基本方針や現状と目標，対策が示されてきた．

　2000 年に始まった「健康日本 21」における身体活動・運動分野における目標として，①意識的に運動を心がけている人の増加，②日常生活における歩数の増加，③運動習慣者の増加が掲げられた．策定目標の達成度に関する最終評価では，①意識的に運動を心がけている人の割合は増加となったものの，②日常生活における歩数は悪化，③運動習慣者の割合は変わらないとなった．そのため，運動・身体活動の重要性は理解しているものの，実際の行動に移せていない人々に対するアプローチが必要であり，個人の置かれている環境や地域・職場における社会的支援の改善が重要であることが課題として示唆された．

　このような背景の下，2013 年に改訂された「健康日本 21（第二次）」では，健康寿命の延伸ならびに健康格差の縮小という基本方針を掲げ，身体活動・運動分野では，①日常生活における歩数の増加，②運動習慣者の割合の増加に関する目標に加え，国民の身体活動・運動を支援する社会環境の整備に関する目標，具体的には③住民が運動しやすいまちづくり・環境整備に取り組む自治体数の増加が追加された．これにより，個人への働きかけのみならず，環境面から国民全体の行動変容を支援することが明確になった．2022 年 10 月に行われた健康日本 21（第二次）の最終評価では，歩数や運動習慣者は変わらないという評価であったが，20～64 歳の女性では悪化していると評価されている．一方，住民が運動しやすいまちづくり・環境整備に取り組む自治体数の増加は，現時点で目標値に達していないが，改善傾向にあるとみなされた．

　これらの状況を踏まえ，2024 年から開始した「健康日本 21（第三次）」では，すべての国民が健やかで心豊かに生活できる持続可能な社会の実現に向けて，誰

一人取り残さない健康づくりの展開（Inclusion）とより実効性をもつ取組みの推進（Implementation）を通じて，健康寿命の延伸と健康格差の縮小を目指している．そのために，個人の行動と健康状態の改善に加え，社会環境の質の向上ならびにライフコースアプローチを踏まえた健康づくりを基本的な方針としている．身体活動・運動分野では，これまで目標として設定されてきた①日常生活における歩数の増加，②運動習慣者の増加に加え，新たに③運動やスポーツを習慣的に行っていないこどもの減少を掲げている．また，身体活動・運動に関連した自然に健康になれる環境づくりの目標として，④「居心地が良く歩きたくなる」まちなかづくりに取り組む市町村数の増加が掲げられた．

●健康づくりのための身体活動・運動の促進に関わる施策の動向　わが国では，1989年に「健康づくりのための運動所要量」が示されて以来，身体活動・運動に関する基準・指針が改訂されてきた．2013年に策定された「健康づくりのための身体活動基準」では，成人に対しては3メッツ以上の強度（歩行またはそれと同等以上）の身体活動を毎日60分（23メッツ・時／週）実施することが推奨されている．また，高齢者の場合，強度を問わず，身体活動を毎日40分（10メッツ・時／週）実践することが奨励された．さらに，「健康づくりのための身体活動指針」では，たとえ推奨値を満たさなくても身体活動量を少しでも増やすことの重要性が強調されており，そのための啓発メッセージとして「プラス10（テン）」が用いられている．すなわち，誰もが今よりも10分間長く身体活動を実施することで，生活習慣病や生活機能低下のリスクを低減させることを目指している．しかしながら，この時点では「こどもの身体活動基準」「高齢者の運動量の基準」「座位時間の上限値」「筋力の基準」についてはエビデンスが不十分で公表できないという課題が残された．

　2024年1月には，身体活動・運動に関する基準・指針が10年ぶりに改定され，「健康づくりのための身体活動・運動ガイド2023」が公開された．今回の改定の特徴として，タイトルの「基準」という表現がすべての国民が等しく取り組むべき事項であるという誤解を与える可能性を考慮して，「ガイド」という表現に変更された．また，この考え方に基づいて，ガイド全体の方向性を「個人差を踏まえ，強度や量を調整し，可能なものから取り組む．今よりも少しでも多く身体を動かす」というコンセプトとし，最新のエビデンスを反映させた「こどもの身体活動」「高齢者の運動」「座位行動」「筋力トレーニング」に関する新しい推奨事項を含んだ身体活動・運動・座位行動のガイドが公表された．現行の身体活動・運動指針であるアクティブ・ガイドの国民への浸透は未だ不十分であり，その認知度が10％程度にとどまっている．「健康づくりのための身体活動・運動ガイド2023」や今後，新たに公開される「アクティブガイド」を普及啓発していくことにより，国民の身体活動量を増加させるとともに，座位行動を少しでも解消に導くきっかけづくりを行うことが期待されている．

［岡　浩一朗］

健康な身体

　健康とは，われわれ人類にとって，いつの時代，誰にとっても目指すべきものであり，WHO憲章には，人種，宗教，政治信条や経済的・社会的条件によって差別されることなく，健康を獲得することは基本的人権の一つであることが示されている．しかし，健康とは何なのかと問われたとき明確な解を一言で言うのは難しい．それは，「健康」という語句の意味が曖昧かつ多義的で一つに定まらないからである．

●**健康という語の始まり**　「健康」という語は，日常生活においても目にする機会は多く，われわれにとってなんとなく「良い状態」であろうということは，共通認識がなされている．しかしながら，世の中で使用されている「健康」と言う言葉のすべてがまったく同じ意味合であるとは考えられない．野村（2023）は，この「健康」の意味について，本来使用する用語の意味内容や概念を明確化する必要がある学問領域や行政においても，不明瞭なままであることを指摘している．その「健康」という語句の始まりを見ると，平尾（2018）は，白隠慧鶴が1751年に著した『於仁安佐美』に使用されたことがその始まりであるとし，中国語の「康健」の文字を逆さにしてつくられた造語で，身体的な強さを意味したものであったと述べている．

●**健康の定義**　健康の定義は，過去においても現在においても多義的で，「健康」が付く言葉を挙げていくと無数の言葉が存在し，それぞれ同じ意味ではない．例えば，白隠慧鶴が著した健康の意味は身体的な強さを意味していたと前述したが，現在一般的に知れ渡っているWHOの健康の定義では，身体的な意味だけでなく，精神的，社会的な意味まで含まれている．よって標記の意味を考えた際に，その時代や社会状況，その人の捉え方によってさまざまな健康な身体が存在することになる．

　では，過去にどのような「健康な身体」が存在したのだろうか．かつて「健康な身体」を有する子どもたちを表彰する「健康優良児表彰会」が1930年に始まった．「健康優良児表彰会」は「東京朝日新聞」が企画し当時の文部省が協力する形で開催され，全国の小学生の健康調査を行い，優秀な者を選出し表彰するという事業である．当時の資料より（JACAR 1939）子どもたちを選抜するための調査カードには身長や体重をはじめ，栄養状態，疾病，運動能力，学力，操行，家族構成，経済状況などが挙げられているが，審査の上で最も重要であるのは，身体状況と運動能力であった．この表彰会の当時の役員には，文部省，厚生省の次官

などがおり（朝日新聞，1949 年 07 月 25 日付），一新聞社の企画であるが，国家的な事業として位置づけられていたことが分かる．古賀（2008）は，このような体格や体力が健康の絶対条件であった，健康優良児像が生まれてきた背景には，戦争のための戦力となる優秀な肉体を持った人材としての子どもたちの育成に社会的な関心が高まっていたと述べている．戦争のための人材確保という国家の思惑と国民感情が一致し，健康を身体的，運動能力の優劣で捉えようとする考え方が社会的に認知されていたと言える．

　健康の定義として一般的に広く知れ渡っているのは WHO 憲章の前文に定められている「健康とは，肉体的，精神的及び社会的に完全に良好な状態であり，単に疾病又は病弱の存在しないことではない」という一文であろう．1946 年第 2 次世界大戦によって世界が荒廃・貧困にさらされていた頃に，身体的・精神的側面に加え，社会的な観点を含めた包括的な健康の定義を提唱し，今日まで長く受け入れられてきた．人々の健康の実現には個人へのアプローチだけでは不可能であり，保健医療や公衆衛生といった社会的な観点が必要であった当時の状況を踏まえて提唱され，高く評価された．その個人が置かれている社会的状況をも包括する健康の捉え方である．

　昨今では，健康とは何かを述べようとすると，生活の質を重視した QOL（Quality of Life）といった考え方が広まっている．心身の健康状態や社会環境が完璧な状態であることを目標にするのではなく，疾患や困難な状況の中でも，社会の中での自分自身の可能性を認識し，生きがいや満足感を持って生活ができる状態が健康であるという，主観的な視点から健康を捉える考え方である．身体的，精神的，社会的に不完全な状態ではあるが，それに向き合い受容しながら前向きに生活する状態を健康と捉えるのである．科学技術が発展し，肢体不自由になったとしても，義肢などを用い日常生活はもちろん，スポーツを行うことも可能となった．パラリンピックに代表されるような大会も存在し，アスリートとして活躍する者もおり，健常者を上回るような記録も出ている．このような人たちの存在を加味するとやはり，肉体などの一側面だけで健康が定義されるべきではないことが分かる．

　このように健康とは何かを考えるとき，心身の状態をいうこともあれば，満足感や生きがいといった生き方のことを言う場合がある．決して，心身の状態に限られた場合の健康の捉え方が古い考え方ということではく，医療の観点からいうと心身ともに疾病がない状態は現代においても健康であると言える．このように健康の語の対象，使用者，状況，などによって，多様な意味合いを持つのが「健康」という語なのである．　　　　　　　　　　　　　　　　　　［藤原昌太］

📖 さらに詳しく知るための文献

平尾真智子 2018．白隠禅師の仮名法語にみる「健康」の語の使用．日本医史学雑誌 64(3)：241-256．

体　力

●体力の定義　元来，「体力」という言葉は一般用語でもある．そのため，古くから「身体的な生活力或は生存力」と広く定義されてきた（福田・長島 1949）．また，その要素は「身体的要素」と「精神的要素」に大別することができ，このうち身体的要素はさらに二つの要素に分類される．一つは持っている体力を外界に向けて発揮する時に動員される「行動体力」（筋力，敏捷性，持久力，柔軟性等）であり，もう一つは細菌やウイルスあるいは気温の変化等といった外界の刺激に対して身体内部を一定に保とうとする時に動員される「防衛体力」（自律神経系，免疫系，ホルモン系）である．確かに，私たちは風邪の時や疲れが取れない時等に体力の低下を心配したりもする．この場合は，行動体力ではなく防衛体力のことを思量していると言える．さらに，これら身体的要素は意志や意欲，判断等といった「精神的要素」の影響も受ける．このことも，やる気がない時とある時とでは筋力が異なったり，「病は気から」と言われたりすることを考えればうなずける．このように考えると，体力はかなり広範な身体能力を指す用語であることが分かる．他方，「体力」という用語と一緒くたに議論されることが多い「運動能力」は，このうちの「行動体力」と「精神的要素」とが絡み合って運動場面で発揮される能力，すなわち運動場面での出来栄えのことを意味する．したがって，「体力」と「運動能力」とは別物であり，前者は実体概念，後者は現象概念と整理することができる．

●子どもの体力低下議論　ところで，戦後の日本で子どもの体力低下が心配されはじめたのは，高度経済成長期の 1960 年代のことであった．以来，その心配は現在も払拭されていない．ただ，上記の定義を念頭に置いて，これまでの体力議論を概観してみると，文部科学省やスポーツ庁が実施してきた体力・運動能力調査の結果に基づき，「行動体力」や「運動能力」に限定して検討されたものが大半である（Noi & Masaki 2002；Nishijima et al. 2003）．無論，日本のように，半世紀以上も全国規模の体力・運動能力調査を実施してきた国はまれである（Kidokoro et al. 2022）．そのため，この調査が国際的に貴重であることは疑う余地がない．また，研究の進展という点では，要素を限定した上で，関連のデータを分析，提示し，それに基づく議論を蓄積していくことも重要である．しかしながら，それと同じくらい研究の限界を意識しておく必要もある．また，実体概念としての「体力」と現象概念としての「運動能力」とが明確に区別されずに，漠然と体力・運動能力について議論されているケースさえある．だとすると，長年に亘って主張されている「子どもの体力低下」は，そのような議論の末の結論であることを改

めて認識しておく必要があるとも言えよう．実際，世間に広がる子どもの総体的な体力に対する実感は，行動体力ではなく防衛体力との関連が強いとの報告もある（Noi 2007）．

● physical fitness ということ　さらに，「体力」の英訳が "physical fitness" であることにも注目しておきたい．いわずもがな，このうち "physical" は「身体の」「肉体の」「身体的な」等といった意味である．他方，"fitness" は「からだの健康」という意味もあるが，「適合した」や「ふさわしい」といった形容詞 "fit"，「適合する」や「一致する」といった動詞 "fit" の名詞形であるから，「適切性」や「ふさわしさ」等と訳すことができる．したがって，"physical fitness" の直訳は「身体的なふさわしさ」ということになる．そうなると，「体力」を問う際には，何に対して身体的にふさわしいのかが問われることになる．その点，「身体的なふさわしさ」は時代により異なって当たり前とも言える．例えば，地球上に誕生した当時の人類は狩猟社会を形成していた．いわゆる Society 1.0 と呼ばれる時代である．そしてその後は，農耕社会（Society 2.0），工業社会（Society 3.0），情報社会（Society 4.0）へと変化し，いまでは未来社会の姿として超スマート社会（Society 5.0）の構想が提唱されている．そのため，それぞれの社会で必要な「身体的なふさわしさ」が異なってきたことは容易に想像できる．具体的には，狩猟に必要な体力と農耕に必要な体力は異なるし，工業や情報も異なる．さらに，戦争の時代と平和の時代とでは問われる「身体的なふさわしさ」が異なることさえ意味する．つまり，何に対する「身体的なふさわしさ」なのかということは，時代や社会情勢によりかなり異なるのである．

●ヒトに必要な体力要素　ただ，次のように考えることもできる．そもそも，人類の歴史は，その99％が Society 1.0 であった．つまり，長い歴史を持つ人類であるが，少し前までは狩猟生活をしていたことになる．ヒトの遺伝情報が狩猟採集生活をしていた時代のままといわれている（Eaton et al. 2002）ことはその証とも言える．このように考えると，健康という点で必要とされる「身体的なふさわしさ」は，いつ，どのような時代であっても概ね不変的と考えられるのである．

　以上のように，「体力」は一般用語でもあるが故に，使い勝手のいい便利なコトバであるとともに，それぞれの解釈でその意味が合致しない危険性も孕んでいると考える．AI時代の到来が叫ばれる現在，今後はその定義とともに，どのような時代，どのような社会情勢にあっても人類がヒトであることを止めない限り，「身体的なふさわしさ」は不変であるといったことも念頭に置いた体力議論が期待されていると言えよう．　　　　　　　　　　　　　　　　　　　　　　　［野井真吾］

📖さらに詳しく知るための文献
野井真吾 2021．『子どもの "からだと心" クライシス』かもがわ出版．
清水紀宏編著 2021．『子どものスポーツ格差』大修館書店．

健康増進法

　健康増進法は，2002年に公布された法律である．国民の健康の増進の総合的な推進に関し基本的な事項を定めるとともに，栄養の改善その他の国民の健康の増進を図るための措置を講じ，もって国民保健の向上を図る目的がある．「健康日本21（二十一世紀における国民健康づくり運動）」を中核とした国民の健康づくり・疾病予防をさらに推進するために，医療制度改革の一つとしてつくられた法律である．

●**日本における健康増進法の歴史的背景**　近代化の進展と都市化の拡大に伴い，19世紀から20世紀初頭にかけて日本では公衆衛生の重要性が認識されるようになった．感染症の流行や都市部の衛生状態の悪化などが社会的な問題となり，公衆衛生対策の必要性が喚起された．その後，産業の発展に伴い，労働者の労働環境や労働条件の改善が求められるようになった．労働災害や労働者の健康被害が問題化し，労働者保護のための法的な枠組みや規制が整備された．第2次大戦後，日本は保健衛生政策の強化を図った．戦時中の健康被害や貧困などの問題を改善し国民の健康増進を目指すために，保健所の整備や予防接種の普及などが実施された．経済成長や高齢化の進展に伴い，生活習慣病の問題が深刻化した．これにより健康への予防意識の重要性が認識され，生活習慣病の予防や健康増進に関する法的な取組みが強化されるようになった．ここまで，タバコは個人の嗜好品であり，喫煙は自由とされていた

●**受動喫煙の防止**　こうした歴史的背景の中，健康増進法に受動喫煙の防止が初めて法律に盛り込まれた．第25条には，「国及び地方公共団体は，望まない受動喫煙が生じないよう，受動喫煙に関する知識の普及，受動喫煙の防止に関する意識の啓発，受動喫煙の防止に必要な環境の整備その他の受動喫煙を防止するための措置を総合的かつ効果的に推進するよう努めなければならない」と定められている．

　今から半世紀ほど前までは，病院でもどこでも喫煙できた．旧国鉄こだま号に初めて禁煙車両が設けられたのは1976年である．国内線旅客機内に初めて禁煙席が設けられたのはその2年後の1978年である．同年，「きれいな空気を吸う権利」の確立を求める市民が「嫌煙権」という言葉を提唱し，1980年には初の嫌煙権訴訟が起こされた．結果，言い渡された「受忍限度論」（賃貸借物件における借主の賃貸部分のように自らに正当な使用収益権限が存在する領域内においては当該使用収益権限の範囲内で自由に使用収益等できるという原則の下，列車内の受

動喫煙は一時的な影響であるために，我慢できる範疇であるとする論調）は，当時の日本の風潮を反映している．

●**東京オリンピックと健康増進法**　日本は，2005年に発効した「たばこの規制に関する世界保健機関枠組条約」締結国の一つである．しかしながら，日本の受動喫煙対策は世界保健機関（WHO）の基準で最低レベルにとどまっていた．

　ところが東京オリンピック・パラリンピック招致を契機に受動喫煙防止の強化が図られる．IOC（International Olympic Committee：国際オリンピック委員会）は，1988年にすでに禁煙方針を採択し，現在ではオリンピック開催都市には受動喫煙防止対策として，公共の場所，レストラン，バー，公共交通機関を含む屋内での完全禁煙を定めている．オリンピックは，世界中の人に向けて広く注目されるプラットホームである．東京オリンピックでは，健康への関心を高める機会として，健康啓発の重要性が強調された．これは，健康増進法の理念と一致し，健康意識の向上に寄与する役割を果たした．具体的に，東京オリンピック開催を予定していた年の2020年4月1日から「改正健康増進法（健康増進法の一部を改正する法律）」が全面施行された．

●**改正健康増進法：タバコのマナーからルールへ**　改正健康増進法は，日本全体の健康意識の向上に貢献した．改正健康増進法では，基本的な考え方として以下の点が盛り込まれた．第1に「望まない受動喫煙」をなくす，第2に，受動喫煙による健康影響が大きい子ども，患者等に特に配慮する，第3に，施設の類型・場所ごとに対策を実施する．改正健康増進法では，公共の場所での屋内全面禁煙が義務づけられ，喫煙エリアの設置が制限された．これにより，喫煙者と非喫煙者の間の空気の質や健康被害が最小限に抑えられる．また，集団施設での喫煙規制として，公共の建物や公共交通機関，学校や病院など多くの場所で喫煙が制限された．これにより，受動喫煙にさらされるリスクが減少し，特に子どもや妊婦，高齢者，病弱な人々の健康が保護されることとなった．20歳未満の成人もたとえ喫煙が目的ではなかったとしても喫煙エリアへの出入りは一切禁止となる．たとえ従業員であっても立ち入らせることはできない．万が一20歳未満の成人を喫煙室に立ち入らせた場合，施設の権利者は指導助言の対象となる．さらに，受動喫煙の健康被害や禁煙の重要性についての情報を広めるための意識啓発活動が推進された．広告やキャンペーンを通して，喫煙者や一般の人々に対して，受動喫煙による健康被害への理解を深め，禁煙の支援や施設の喫煙規制の遵守を促す取組みが行われた．改正健康増進法は，喫煙をマナーからルールへと転換した意味において，法律として大きな意味を持つ．　　　　　　　　　　　　［股村美里］

📖**さらに詳しく知るための文献**
児玉　聡 2020．『タバコ吸ってもいいですか』信山社．
伊佐山芳郎 1999．『現代たばこ戦争』岩波新書．

養生論から健康教育へ

　日本における健康文化や人々の健康意識の形成は，時代によって特徴的な展開をみせている．特に，近世から近代に至る過程では，養生から衛生・健康への概念変化がみられ，その伝達過程は家（養生）から国家（衛生）へ，そして家庭や学校を通して個人の価値観を形成するとともに健康文化が醸成された．

●**近世の養生論**　近世養生論は，人生における経験に裏打ちされた規範としてまとめられており，各家に伝わる養生論から百科全書的著作に至るまで，その内容は様々であった．中でも和漢の養生論の集大成とされるのが貝原益軒の『養生訓』（1712）である．益軒の『養生訓』は，民衆が読める平易な和文で著されたことから，江戸時代随一のロングセラーとなり，今日に至るまで古典として読み継がれている．その内容は，「巻第一 総論 上」「巻第二 総論 下」「巻第三 飲食 上」「巻第四 飲食 下 飲酒 飲茶 慎色慾」「巻第五 五官 二便 洗浴」「巻第六 慎病 択医」「巻第七 用薬」「巻第八 養老 育幼 鍼 灸法」の全八巻からなっているが，単に長寿，無病，病後の手当て，健康法を説いたのではなく，人の生き方と関わって，どう生きるか，何のために生きるのかといった，生き方の哲理に裏打ちされた健康の思想と実践の書でもあった（立川 2001）．

●**「養生」から「衛生」へ**　上記，養生論にみられる「養生」の概念は，近世中期までの「養生」が"regimen"（「摂生」と同様の概念）であったのに対し，近世後期の「養生」は"breeding"（「教養」），"foster"（「育成」），"nurture"（「養育」），さらには"genesis"（「発生」），"culture"（「文化」）など，多様な概念の集合体の概念として用いられた（瀧澤 2003）．

　幕末維新期から明治初期には，西洋近代医学の影響により新たな健康概念は，「養生」から「衛生」へと変化を見せる．自らの健康や生活を形成するために「自ら」が規範をつくりそれを守ることを本質とする実践としての「養生」は，個人主義的な自己規制（自己規範性）に特徴があった．これに対し，集団ないし社会の防衛を健康形成の理念型とした「衛生（Hygiene）」は，明治期日本において特異な概念統合をみせた．つまり，「養生」における「自己主義」は，修錬，鍛錬という方法的原理の基礎として温存され，個人の「養生（衛生）」は国家の「養生（衛生）」の不可欠な単位として矛盾なく整合化された．コレラに代表される急性感染症からの防衛は，個人における健康達成と国家全体における健康の達成を同一原理によって推進する概念として矛盾なく融合された（瀧澤 1993）．

　これ以降，健康の価値は，都市化，産業化，軍事化を背景に科学的基礎に裏付

けられ，衛生行政の設置と予防事業が展開された．

● **「健康」概念の大衆化**　「衛生」概念の導入は，国家が感染症から社会防衛のために個々の健康を管理する意味を有していた．産業革命によって都市化が進むことで人々の生活は密集性が高まり，また，工場，学校，兵営などの集団生活の場が増え，さらに苛酷な生活条件が温床となって結核が拡大した．特に軍内における広がりは兵力を内部から消耗させた．このような状況に警察力の導入によって消毒と収容（隔離）という方策が取られた（鹿野 2001）．一方で啓発事業も並行して進められた．「衛生」は識者による方略であったのに対し，「養生」にかわって民衆の「衛生」概念の啓発を進めるために登場したのが「健康（Health）」という概念であった．「健康」の概念は，緒方洪庵の『病学通論』（1847-1857）によって示された後，洪庵の適塾に学んだ福澤諭吉が『西洋事情初編』（1866）『童蒙をしへ草』（1872）などで「健康」を使用したことによって大衆に拡大した（北澤 2000）．一方，内務省衛生局初代局長の長与専斎が‘Public Health’を「公衆衛生」と訳し，‘Public’を「公共」ではなく「公衆」と訳したように，「健康」を維持増進するためには，国家の管理だけではなく民衆の社会参加と協力を必要とする意味が込められていた．明治から戦前昭和期にかけての展開は，「体格」「体質」「体力」管理と向上のため，体育研究所（1924）や厚生省（1938）が設置され，他方で「桃太郎さがし（健康優良児表彰制度）」や「ラジオ体操」等による体力文化の推進，新中間層を読者とした婦人雑誌『主婦之友』などにより，家庭常備薬の服用と美と健康の都市文化（資生堂等）の形成が目指された．さらにライオン歯磨本舗による歯磨き習慣の形成や衛生商品の普及がみられた．

● **健康教育の導入**　明治期より普及した「健康」概念は，それまでの衛生管理から積極的に健康を獲得するための衛生教育／健康教育が拡大する中で注目された．その例として，学校における健康教育の導入が挙げられ，大正末期から戦前昭和期にかけて学校健康教育運動として展開された．同ムーブメントは，地域の学校の実状，子どもの体位，体力，虚弱児童対策等，各学校が健康教育カリキュラムを独自に編成し教育が行われた．戦時下（1941年）に新設された国民学校では，体錬科体操の中に衛生が位置づけられ，同教科形態は戦後にも引き継がれ，保健体育科における保健教育（健康教育）となった．以上にみる養生から健康教育へ展開は，人々に対して健康で合理的な生き方を推進する状況の成立過程でもあり，予防医学の知見から「演繹される生活態度の諸原理（医学や科学）に従属させようとする個人」を，健康教育を通して成立させようとする過程であった（七木田 2010）．

[七木田文彦]

📖 **さらに詳しく知るための文献**

瀧澤利行 1993．『近代日本健康思想の成立』大空社．

鹿野政直 2001．『健康観にみる近代』朝日選書．

ヘルスツーリズムとは何か

●ヘルスツーリズムの登場　人が健康のためにすることはさまざまである．常日頃から食事に気を配り，運動を欠かさない．他方，日常を離れて旅に出ることもまた古くから健康に良いとされてきた．しかし，現代社会ほど頻繁に大多数の人が健康回復や気分転換のために旅行するような時代はかつてなかった．今日，健康の維持・増進を目的とした旅行，つまりヘルスツーリズムは主要な観光形態の一つになっていると言えよう．

　観光学の見地に立てば，ヘルスツーリズムはマスツーリズムの成立とその爆発的成長の後に台頭してきたオルタナティブツーリズムあるいはニューツーリズムと呼ばれる非大衆的でテーマ性のある観光形態の一つである．マスツーリズムに対する批判的な姿勢から生まれた新たな観光への関心は 1980 年代後半から欧米を中心に普及し始め，日本でも 2008 年に設立した観光庁がそのような観光形態の一つとしてヘルスツーリズムを紹介して広く知られるようになった．観光庁はこのヘルスツーリズムを「自然豊かな地域を訪れ，そこにある自然，温泉や身体に優しい料理を味わい，心身ともに癒され，健康を回復・増進・保持する新しい観光形態であり，医療に近いものからレジャーに近いものまでさまざまなものが含まれる」というように定義している．

　現代のヘルスツーリズムの特徴は，古くから行われてきた湯治のように保養を目的とする健康回復だけでなく，目的地においてさまざまなセラピーやフィットネスを積極的に行う健康増進型の活動が含まれる点にある．しかしながら，学術的にはヘルスツーリズムを定義する困難さも指摘されている．2018 年に公表された UNWTO（国連世界観光機関）と ETC（欧州旅行委員会）の報告では，「ヘルスツーリズムは，地理的・言語的特徴に基づく差異や，関連する文化的伝統が幅広く多様である」ため，まだ十分に定義されていないとしている．この点を考慮した上で，報告書は「ヘルスツーリズムとは，個人のニーズを満たし，環境や社会の中で個人としてより良く機能する能力を高める医療やウェルネスに基づいた活動を通じて，身体的健康，精神的健康に貢献することを主な動機とした観光の一種．ヘルスツーリズムとは，ウェルネスツーリズムとメディカルツーリズムの総称である」と提案している．

　例えば，日本のヘルスツーリズムに湯治つまりは温泉地での保養が含まれていることに驚く日本人はいないように，ヘルスツーリズムで行われる活動の中には国や文化の数だけ伝統があり，バリエーションが存在している．ヘルスツーリズ

ムが脚光を浴びたことで，世界中の色々な健康文化に再び注目が集まっているといえよう．

●**増殖，変容する健康文化**　ヘルスツーリズムが各地の伝統的な健康法や身体観を現代に蘇らせている．中国医学に始まり，南アジアに広く分布するアーユルヴェーダ，そしてまた，タイ医療の中の伝統マッサージ（ヌアット・タイ）などは，ヘルスツーリズムの隆盛とともに，時代遅れで非科学的な医療という地位から，心身の調和を取り戻すホリスティックな健康法として再評価されるようになった．興味深いのは，伝統的な方法や身体観だけではなく，生物医学モデルを基本とする現代医学の知識と合わさったハイブリッドな身体観を基本にして，そうした伝統的健康法が行われている点だ．文化的要素と科学的知見を兼ね備えた現代の伝統的健康法は，益々ヘルスツーリズムにおける重要な観光資源と見なされるようになっている．そして，この流れをグローバルなスパ・ウェルネス産業が支えており，例えば，タイの伝統的マッサージを私たちは沖縄やメキシコのリゾート地で受けることも可能になっている．こうした現象は「医療観光化」ともいわれる．さらに付け加えるならば，中国の鍼灸や太極拳，インドのヨーガ，タイのマッサージなど，文化経済的価値を高めた伝統的な健康法のいくつかがUNESCO（国際連合教育科学機関）の無形文化遺産に登録されていることも注目に値する．「医療観光化」に加えて「遺産化」という方法もまたヘルスツーリズムとの関連において伝統医療を活用していく上で重要な戦略の一つになっている．

●**セルフケアの思想**　ヘルスツーリズムがこのほどグローバルに展開しているのを見るにつけ，改めて注目されるのが古今東西の養生思想である．古代ギリシャにおいて養生術は医療術と明確に区別され，そこで探究されてきたのは現代風に言えば日常的な健康づくりの知恵と技術である．その中心には食餌法があり，これを軸にしながら入浴，睡眠，マッサージ，運動の仕方などが理論化され，さながら現代のスポーツ健康科学を想起させる知的体系化が行われていた．

　こうした養生術の一部は，近代に入って公衆衛生の社会的重要度が増し，国家による国民の健康管理が進むに連れて迷信や非科学的として影を潜めていったかに見えた．しかし実際のところ，国家が認めなかったり，医学的には効果が曖昧であったりするような数々の健康法が現代人のセルフケアの技法として命脈を保ち続けている．

　20世紀以降の観光の大衆化とヘルスツーリズムの発展は，かつて限られた階層の人間にしか叶わなかったようなセルフケアのための時間と空間，そしてまた技術をより多くの人々にもたらした．それは一方で個人の身体と健康がますます消費あるいは統治の対象となることも意味した．しかし，例えそうだとしても，人々の移動と健康の権利を現実化するヘルスツーリズムの意義はこれからの社会においてより一層その重要性を増していくに違いない．　　　　　　［小木曽航平］

健康資本投資と健康寿命

　高齢化が進む中，大きな問題になるのが社会保障の負担増である．増加する高齢者に対する医療，介護，年金に係る負担は国民，特に現役世代に重くのしかかる．

●**高齢化社会の現状**　総務省は毎年敬老の日（9月第3月曜日）に65歳以上の人口とする「高齢者人口」や総人口に占める高齢者人口の比率を意味する「高齢化率」を発表している（「統計からみた我が国の高齢者：『敬老の日』にちなんで」総務省統計局）．2023年9月15日時点の高齢者人口は推計3623万人と，前年よりも1万人減少し，統計開始の1950年以降初めての減少となったが，それまでは一貫して増加傾向にあった．その一方で高齢化率は29.1%と過去最高の水準となった．この傾向が続けば数年内に30%の大台に到達すると思われる．このように高齢化率が上昇しているのは，構造的な少子化の進行によって高齢者以外の人口が減少しているからだけではなく，高齢者の平均寿命が長くなったことも起因する．厚生労働省によると，2023年の男性の平均寿命年齢は81.09歳，女性は87.14歳であった（「令和5年簡易生命表の概要」厚生労働省）．

　高齢者人口が増え続けても，彼らが健康なら医療費や介護給付費の増加を抑制することができる．厚生労働省の発表によると，自立した生活ができる年齢を意味する「健康寿命」は，2019年は男性72.68歳，女性は75.38歳となり，男女とも平均寿命と大きな開きがあることが分かった（「健康寿命と令和元年値について」厚生労働省）．このため，高齢者の健康寿命を引き上げ，寿命との差を縮めることが重要な社会保障費の抑制策になるだろう．

●**健康資本投資の必要性とタイミング**　そのためには，高齢者にスポーツに取り組んでもらい，彼らが健康で自立した生活を送れるような「健康資本」を蓄積することが一つの解決策である．健康資本は健康であることを資本と捉える概念で，病気を予防し要支援・要介護にならないように，時間的と金銭的費用をスポーツに投資することで蓄積する．その投資のリターンは健康的で自立した生活を送れることである．

　スポーツ活動による健康への効果を理解していても，高齢者を含め多くの人は健康資本投資をなかなか始めようとしない．なぜだろうか．そもそも，投資のリターンを得るタイミングは投資の費用を払うそれよりも遅い．スポーツを始めるとすぐにスポーツクラブの入会金や月会費，そしてウェア代を負担しなければならない．その一方で，投資のリターンである健康診断の数値が良くなったり，主観的に健康であると感じたりすることはスポーツ活動を始めてからしばらくしな

いと実現しない．投資費用を負担してからリターンを得るまでにタイムラグがあるため，高齢者を含めた多くの人々はスポーツに取り組むことを躊躇する．

そのタイムラグの長短の感じ方は個人の特性なので，高齢者にスポーツ活動による健康資本投資を促すには，投資の費用を抑え，リターンを増やすような対策を考えるべきであろう（佐々木 2021）．

●健康資本投資費用の抑制とリターンの増加　スポーツ活動に必要は費用として，金銭的費用，時間的費用，心理的費用が考えられる．金銭的費用はスポーツクラブの会費やウェア代のような直接費用である．時間的費用はスポーツクラブまでの移動時間であったり，スポーツ活動に時間を割くことで他の活動を犠牲にするような間接費用であったりする．最後の心理的な費用とは，誰も知り合いのいないスポーツクラブに飛び込むのに必要な勇気であろう．

まずはこれらの費用を抑制する対策を考えることが肝要だ．金銭的費用の削減策としては，まず行政によるスポーツ支援事業に対する支援である．公的介護保険サービスの一つである「一般介護予防事業」がそれに該当するだろう．これは65歳上の健常者を対象に，介護状態にならないようにするために，自治体が運動機能や認知機能の低下を予防するプログラムを実施している．参加費は無料の場合が多い．

時間的費用の削減に関しては，移動時間をできるだけ短くするために，スポーツができる施設や環境を身近に整備すればよい．女性限定のフィットネスクラブであるカーブスは全国 1978 店舗（2024 年 8 月時点）展開しており，駅や住宅街の至る所に店舗がある．心理的費用を引き下げるためには，スポーツクラブは積極的に見学会を開催することで，参加するのにそれほど勇気は要らない雰囲気を醸し出す努力をするべきであろう．

投資のリターンを引き上げる方法としては，スポーツによる健康向上効果を明確に伝えること，そしてスポーツクラブに通うことで他の人々とつながりが持てることも伝えることである．メディアや行政広報を通じて正しい情報を提供することでスポーツの投資リターンを正しく評価してもらい，スポーツ参加につながると考えられる．

スポーツクラブに通うと，他者と交流し社会とのつながりを持つことができる能力（ソーシャルキャピタル）が身に付く．ソーシャルキャピタルが豊かなほど精神的に健康であろう（近藤 2022 の第 12 章を参照）．スポーツクラブに通うことによる健康投資のリターンは，ソーシャルキャピタルの効果と相まって，期待以上に大きいと考えられる．　　　　　　　　　　　　　　　　　　　　　[佐々木 勝]

📖さらに詳しく知るための文献
近藤克則 2022.『健康格差社会』第 2 版．医学書院．
佐々木 勝 2021. 高齢者のスポーツ参加で介護費用は抑えられるか？．同『経済学者が語るスポーツの力』有斐閣．

スポーツリスク論

　「安全（safety）」とは，国際標準化機構（ISO）の国際基本安全規格（ISO/IEC GUIDE 51）においては，「許容不可能なリスクがないこと」と定義されている．「安全」とはまずもって，「リスク（risk）」を裏返した概念である．そして「許容不可能なリスク」という表現からは，その一方で「許容できるリスク」が想定されていることが分かる．リスクとは全面的に回避すべきではなく，どこかの段階で許容しなければならないものである．

　私たちはこの世に生を受けた時点で，いつか必ず死亡するリスクを引き受けている．死亡のような重大事態だけではなく，軽微な事態を含めれば，私たちの日常生活にリスクは遍在している．リスク対策において，「ゼロリスク」は目指されえない．

●**スポーツにおけるリスクの捉え方**　「スポーツに怪我はつきもの」という言い回しがある．スポーツ活動において，怪我は最もありふれたリスクと言える．怪我は，専門的には「スポーツ外傷」「スポーツ傷害」「スポーツ障害」等の語で整理される．積極的に身体を動かすからには，怪我のリスクは当然高まる．しかしながら，「怪我はつきもの」と片付ける限り，そこにリスク回避の方法は生まれない．「歩いていれば，いつか転ぶ」と言って，ほどけた靴紐をそのまま放置することはない．対応できる範囲でリスク低減を志向することが，事故防止の基本的な考え方である．

　医学雑誌 *British Medical Journal* では2001年に，"accident" という言葉の使用が禁じられた．"accident" とは，予測できないが故に回避不可能であることを意味する．他方でたいていの傷害や突然の出来事は予測可能かつ防御可能であり，それが "accident" の使用禁止の理由とされた．ゼロリスクは幻想であるとしても，いくらでもリスクにさらされてよいわけではない．

　その判断の際に重要なのが，スポーツにおけるリスク回避のための「エビデンス（科学的根拠）」である．ここでいうエビデンスの代表例に，怪我等の発生件数や発生率がある．発生件数や発生率が分かれば，いったいどのような状況でどのような事故が多く起きているかが可視化される．

　スポーツ時のリスク回避に有用なエビデンスとして，二つの全国版調査統計がある．一つが，日本スポーツ振興センター刊の『学校の管理下の災害』である．ここから，学校管理下で起きた死亡・障害事例さらには負傷・疾病事例のデータを得ることができる．もう一つが，スポーツ安全協会刊の『スポーツ安全保険の

加入者及び各種事故の統計データ』である．ここから，社会教育関係団体における死亡・障害・負傷等のデータを得ることができる（学校管理下は対象に含まれない）．これら二つの全国統計の強みは，日本国内のスポーツ事故を，競技横断的に把握することができる点である．各競技の日本を代表する団体（中央競技団体）は，事故事例を仮に集計しているとしても，ほとんどの場合それを公表していないため，これらの全国統計はスポーツ事故の全国的状況を競技横断的に概観するには最適の資料と言える．

●暴力，暴言，ハラスメント　スポーツには，怪我以外にも，身体的暴力や暴言，ハラスメントなどのリスクが想定される．これらのリスクは，単なる問題行為というよりは，それが教育・指導の文脈で生じていることに留意しなければならない．

「教育」の語を『広辞苑』（第七版）で引くと，「望ましい知識・技能・規範などの学習を促進する意図的な働きかけの諸活動」と記されている．「教育」とは意図的な働きかけであり，それは何らかの望ましさを具現化するための営みである．

ところが，その「望ましさ」を実現するとの意味づけは，時に指導者による暴力・暴言・ハラスメントを正当化しかねない．すなわち「叱咤激励」「指導の一環」などの教育的意図が示唆され，当の行為の問題性が不可視化される．学校の部活動指導中における身体的暴力（いわゆる「体罰」）への対応が，その一例である．体罰はそれが発覚したとしても，指導者である教員に対する懲戒処分の程度は，生徒へのわいせつ事案と比べると，著しく軽い．体罰が「行き過ぎた指導」と呼ばれるように，指導の文脈で解釈されることで，指導者の責任が軽減される．

学校の部活動については，体罰のみならずそのあり方自体が問われている．2018年にスポーツ庁が発表した「運動部活動の在り方に関する総合的なガイドライン」では，過度の練習が怪我のリスクを高めるとの観点などを踏まえて，活動量の基準を定めた．学期中は，週当たり2日以上の休養日を設け，1日の活動時間は平日が2時間程度，土日が3時間程度とすることが示された．

国際オリンピック委員会（IOC）が2015年に発表した「若い競技者の育成に関するIOC合意声明（International Olympic Committee consensus statement on youth athletic development）」は，若年競技者の健康なスポーツ活動を達成するために，競技種目の早期専門化など低年齢段階のスポーツ活動に関して，論点の整理と問題の提起をしている．スポーツには，競技者の健康と安全・安心を損なうのではなく，それらを充実させることが期待されている．　　　　　　　［内田　良］

📖さらに詳しく知るための文献

Davis, R. M. & Pless, B. 2001. BMJ Bans "Accidents." *British Medical Journal*, 322: 1320-1321.

Bergeron F. M., et al. 2015. International Olympic Committee Consensus Statement on Youth Athletic Development. *British Journal of Sports Medicine* 49: 843-851.

望月浩一郎ほか編著 2023.『これで防げる！ 学校教育・スポーツ事故』中央法規出版．

レクリエーションとスポーツ

　スポーツが広がるには，スポーツを指導する専門家，多岐に渡るスポーツプログラム，そしてスポーツを実施する場所の整備が必要になる．これらの条件を整えるには多大なコストがかかるが，それを近代日本において先導的に負担したのが，身体を育て強化する目的をもつ学校や軍隊であった．そして第1次世界大戦後から，スポーツに積極的に関わるようになったのが巨大な産業組織である．ただ，その関わりは労働者の福利厚生と健康管理という目的からであって，優秀なプレイヤーが競い合うことには慎重だった．こうした巨大な産業組織による福利厚生としての身体活動プログラムは，当時「レクリエーション」と呼ばれていた．

●**YMCAとレクリエーション**　日本の巨大産業組織が，劣悪な条件で若い労働者を酷使して，次々と代わりの労働者を募集するのではなく，採用した労働者を長く働かせることに注力するようになったのは，第1次世界大戦後のことである．具体的には，採用時に身体検査や適正検査を実施し，採用後も，寄宿舎の整備などで労働者の定着にコストをかけるようになった．これらの取組みの一つとして，労働以外の時間，すなわち余暇時間に，労働で疲弊した身体を回復させるプログラムを導入し始めるようになる．

　この時に日本の産業組織が参考にしたのが，米国のYMCA（キリスト教青年会）によるレクリエーションであった．YMCAは，レクリエーションの専門家を，日本をはじめとするアジア各地に派遣し，バレーボールなどのプログラムを紹介した．バレーボールは，YMCAが考案したが，当初は競技スポーツというよりも，あらゆる年齢層の人々がチームとなって楽しむことができる，レクリエーションという位置づけであった．

　YMCAは，1910年代頃から日本の主要都市に体育館などのスポーツ施設を整備し，レクリエーションの基盤を築こうとしたが，外国出自の単一組織では限界があった．このYMCAの取組みを引き継いだのが日本の巨大産業組織だった．

●**レクリエーションと競技スポーツの関係**　日本の巨大産業組織の中でレクリエーションに最も注力していたのは，多くの若年女子工員を採用していた繊維企業だった．鐘淵紡績，倉敷紡績，大日本紡績などの大手繊維企業は1910年代から1920年代の半ば頃にかけて，一般女子工員むけのレクリエーションとしてバレーボールを本格的に導入した．1930年代に入ると，南満洲鉄道のような外地の大企業もバレーボールを本格的に活用し始める．バレーボールの導入を推進したのは，伍堂卓雄のような労務管理で名を馳せたエリートであったが，それは会社内

の立場や言葉の障壁を越えたコミュニケーションを期待したからだった（新 2024）.

　日本の巨大産業組織がレクリエーションに取り組むことで，学校や軍隊以外にも，専門家による指導，適切な指導プログラム，そして実践のための場所が整備されることになった．こうした整備は，バレーボールのような，学校や軍隊でマイナーな地位に留まっていたスポーツの発展の契機となった．だが一方で，当時の巨大産業組織は，一般社員の参加を促すため，バレーボールなどが過度に競技化しないように細心の注意を払っていた.

　ただ，マクロな文脈では，レクリエーションは，競技スポーツの動きと深く関わっていた．その顕著な例が，オリンピックとの関係である．全米レクリエーション協会などの働きかけによって，1932年に，第10回ロサンゼルスオリンピック大会に合わせて，第1回世界レクリエーション会議が開催された．こうした選手競技に依らないレクリエーションの国際的な祭典がひろがるのは1930年代であるが，それはドイツやイタリアのファシズム国家が大衆動員として活用したからだった．これらの国家では，大規模な産業組織に所属しない人々にもレクリエーションを勧めて，その成果を披露する国民的祭典として，レクリエーション大会を開催したのである．同様の意図で，総力戦期の日本も，大規模なレクリエーションの祭典を複数回，実施した（高岡1997など）．なお戦後も，1964年の東京オリンピックの開催にあわせて，関西地区で世界レクリエーション会議が実施されたが，それは一部の関係者が参加しただけで，国民的祭典とは到底言えないものだった.

●**レクリエーションから個人単位の健康管理へ**　日本の産業組織は，第2次世界大戦後も，スポーツをレクリエーションとして活用する．だが，産業組織がレクリエーションとしてスポーツに注力することで，社員の一部が優秀なプレイヤーに変貌していった．その典型が，東京オリンピックで金メダルを獲得した，大日本紡績貝塚工場の「東洋の魔女」であった（新2013）.

　現代の日本社会では，産業組織がレクリエーションの目的でスポーツにコストをかけることが少なくなった．産業組織は，数値で従業員の身体を細かく管理するが，そのために取るべき行動は，個人に委ねられている．とはいえ，昨今「健康経営」という言葉が広がっているように，従業員に対して日頃のスポーツ活動を呼びかける状況は弱まるどころか強まっている．大きく変わったのは，どの単位でスポーツを実施し，そのコストを誰が担うのか──それは個人なのか，組織なのか，という点である．　　　　　　　　　　　　　　　　　　　[新　雅史]

📖**さらに詳しく知るための文献**

新　雅史 2013.『「東洋の魔女」論』イースト新書.
東原文郎 2021.『就職と体育会系神話』青弓社.

健康不安社会

　人は誰しも，病気になりたくないと願う．それは，病気が痛みや発熱，出血などの苦痛を伴い，人々の生活を脅かすからであり，重篤な病気は人を死に至らしめることもある．その限りで，人が病気の否定としての健康を願うのは，自分の身を守りたいというナルシシズムの素朴な発現と言える．そしてその願いが満たされない時，人は健康不安を感じることになる．しかし，その不安は社会状況によって大きく左右される．

●**社会状況の変化と健康不安**　1958（昭和33）年の総理府調査をみると，生活を続けていく上で不安を感じる人が31％いたが，その内容は「経済的不安」が12％，「失業その他の職業上の不安」が7％であり，「病気の不安」は4％であった．また1972（昭和47）年の調査では，生活の不安を感じる人は39％であり，その内容は「物価があがり，現在の蓄えや年金では不安」が16％，「蓄えが少ない」が10％であり，「健康に関する不安」は9％であった．

　この時代は日本社会が戦後の復興から立ち直り，高度経済成長を目指していた時代であり，人々は生活が豊かになることを願って仕事や子育てに励んでいた．その頃，人々が健康への不安を抱くことは少なかった．

　ところが，1975（昭和50）年の厚生白書で「国民の間で健康への価値観が高まってきた」と指摘され，1979（昭和54）年の総理府調査では，生活の中で大切なこととして「健康」を挙げる人が86％でトップになった．その一方で，1981（昭和56）年の総理府調査では，不安を感じる人が55％いる中で，「自分の健康」に不安を感じる人が37％，また「家族の健康」に不安を感じる人も同じく37％であり，健康への不安がトップになった．

　1970年代後半に日本は高度経済成長を成し遂げ，豊かな社会といわれるようになった．その状況の中で人々は，豊かな生活を維持する基盤として健康を重視する一方で，健康への不安を高めてきたのである．

●**疾病構造の変化と健康不安**　この社会変化に合わせて，人々の健康不安を高めたもう一つの背景が疾病構造の変化である．

　日本人の死因別死亡率をみると，明治の初期から後期にかけてはコレラや天然痘，腸チフス，ジフテリア，赤痢などの感染症が上位を占めていた．その後，第2次世界大戦が終了した1945（昭和20）年頃までは結核がトップであった．これらの疾病は感染症といわれる疾病であり，細菌やウイルスなどの病原体が体内に侵入（感染）することによって発症する．そして発症すると，その疾病特有の症

状が出る．人々はそれによって自分が病気なのか，健康なのかを判断できるのであり，感染症の時代には病気でなければ健康であるという健康観が主流であった．また人々は，感染症の流行時には，自分も感染するのではないかと不安を抱くが，医学が病原体を特定し，治療法を確立して流行が収まると，人々の不安はなくなっていく．

　ところが，戦後の混乱が残る1951（昭和26）年に脳血管疾患が，1953（昭和28）年にはがんが，1955（昭和30）年には心疾患が結核の死亡率を上回るようになった．これらは慢性疾患といわれる疾病であり，日本社会はこれ以後，慢性疾患の時代になった．慢性疾患は，さまざまな要因が複合的に関連して発症する病気であり，医学もその原因を特定することは困難である．そのために，慢性疾患は本人が気づかないうちに密かに進行し，気づいた時は手遅れになる病気だといわれるようになった．そして病気の早期発見，早期治療の重要性が叫ばれ，発症につながるさまざまな危険因子（異常）を避けるための予防が重視され始めた．この流れの中で，1996（平成8）年から慢性疾患は生活習慣病といわれるようになり，各人の食習慣や運動習慣，休養，喫煙・飲酒等の生活習慣に潜む危険因子を排除する呼びかけが強まった．

　しかし，専門化・高度化する医学は次々と新たな危険因子を見つけ出してくる．したがって，危険因子の排除を目指し，予防を重視した生活を心がけたとしても，いつまでたっても異常がない状態，つまり健康に行き着かない．それによって，人々の健康不安もなくならない．

●**続く健康不安社会**　2022（令和4）年に内閣府が行った調査を見ると，今後の生活の力点として健康を挙げる人が72％でトップであった．また，生活での不安を感じる人が78％いる中で，その内容として「老後の生活設計」が64％，「自分の健康」が59％で上位を占めている．老後の生活不安には収入や財産の不安とともに，病気や介護の不安が含まれていると言えるのであり，合わせて考えると，現代の人々も健康への不安が最も大きいと考えられる．

　わが国では1970年代から今日まで，半世紀にわたって，人々が健康への不安を強く感じながら生活しているのであり，健康不安社会が続いている．

●**健康不安の克服**　人々が健康不安から抜け出すためには，医学やメディアが発する「あれダメ，これダメ」という情報に縛られず，自分が大切にしたいことや成し遂げたいこと（生きがい）を再確認してみなければならない．それによって，自分にとって何が異常で，何が異常でないかが見えてくる．医学が危険因子とみなす紫外線を避けようとするとサッカーはできないが，サッカーに熱中する人は紫外線を異常とはみなさない．このように，自分の生きがいを見つめ，自分で異常を判断する力を持つと，すべての異常を排除しようとする不安な生活から抜け出し，生きがいのある充実した生活を送ることができる．　　　　　　［上杉正幸］

ラジオ体操
健康への介入

●**国民保健体操（ラジオ体操の創始）**　現在放送されているラジオ体操は，1951年5月に放送が開始され，現在まで続いている．ラジオ体操は，企業，学校，地域等で広く実施され，戦後日本人の国民的「身体技法」といわれるほどに多くの国民に浸透した．

もともと，日本のラジオ体操のモデルとなったのは，1925年に米国のメトロポリタン生命保険会社が加入者向けに自社のスタジオから放送を始めた「ラジオ・エクササイズ」だとされる．逓信省職員がこのアイデアを持ち帰り，昭和天皇即位記念事業として，逓信省簡易保険局，文部省，NHK，生命保険会社連盟が協力して創案したのが「国民保健体操」（通称「ラジオ体操」）である．この体操は1928年11月1日に放送が開始され，1945年8月14日まで続いた．

ラジオ体操と呼ばれたが，1928年当時，ラジオ受信機の普及は50万程度であり，またスピーカー付きの受信機も少なく，全国各地で郵便局員が配布した図解やレコード，さらに講習会を通して普及していった．そして，1931年には，「ラジオ体操の会」が全国で開催され，さらに青少年の「思想善導」という考えも加わり，朝の集団行事として普及していくことになる．

●**戦前の体操の意味**　しかし，ラジオ体操は，この時期の突然の発明ではない．それまでにも，国家として強壮な身体の育成や公衆衛生意識の普及が叫ばれ，また国民の側にも健康な身体づくりへの意識が高まっていた．

明治維新以降，コレラの他，さまざまな消化器系の伝染病が繰り返し流行し，結核の蔓延，そして1918年には「スペイン風邪」と呼ばれた感冒の世界的流行などがあり，その予防策として積極的に身体に働きかけようとする意識がこの時期までに高まっていたのである．

学校教育における「体操科」においても，1913年のスウェーデン体操の導入によって身体への科学的な働きかけがさらに注目され，学校ごとにも体操が創作されるようになっていた．また，「修養団」や「青年団」のような社会教化団体でもそれぞれに「体操」を考案していた．さらに，それらの多くは「規則正しい生活」を目指す早起き運動とも結びついていた．そうした意識の高まりと実践の展開の結果として，ラジオ体操は誕生したのである．

そして，ラジオ体操は，新しい時代を象徴する「ラジオ」という語が用いられたことで普及に拍車をかけた．健康で強靭な身体の実現と集団の中での時間規律という規範の内面化が，合理的，科学的に達成されるかのように人々が考えたか

らこそ，急速に普及していくことになった．

　また，このラジオ体操の普及と軌を一にして，さまざまな「健康」に関する事業も展開される．例えば，1930 年に朝日新聞が文部省と協力して「健康優良児表彰事業」を始めた．健康の基準とその順位付けによって，人々はますます健康への努力に励むことになり，健康は日常生活における重要な達成価値となっていく．

　さらに，戦時体制が深まるにつれ，ラジオ体操のもつ集団としての同調的な身体技法や「ラジオ体操の会」の運営そのものが，国家総動員の象徴的な儀礼として利用されていくようになっていった．

●**戦後のラジオ体操**　第 2 次世界大戦後は，すぐに再開されたが 1946 年には中止された．そして 1947 年新たな体操が放送されるが，これもすぐに中止された．1951 年 5 月に現在のラジオ体操が創作され，放送されることとなった．

　戦後のラジオ体操は，1950 年代のラジオメディアの黄金期に，各地域，企業，学校で盛んに行われ，日本社会の戦後復興，そして高度経済成長と歩を一にするように発展していった．さらに，郵政省簡易保険局を中心とした「全国ラジオ体操連盟」（1962 年結成）の下で，全国的な健康運動として拡大していき，日本人のだれもが知る「身体技法」となっていった．

　戦前と戦後のラジオ体操に，大きな意味の変化はない．戦前の国家主義的視点が後退したとはいえ，「豊かな社会」や「家庭の幸福」の指標として，「規則正しい生活」「健康増進」という価値規範はさらに強化された．そして，職場での生産性の向上というねらいからも組織や企業でも集団的な達成努力として実践されてきた．

　ラジオ体操が，実際に個々の日本人の健康や体力強化，能率向上に寄与したかどうかはともかく，健康という達成価値を日常的に可視化できる行為として，日本人の多くがラジオ体操を受け入れていった．

●**ラジオ体操の終焉?**　しかし，1980 年代以降は各学校や企業組織においても個別の健康増進法や体操が考案されるようになり，また，健康という価値の達成は個人的なものとして意識されるようになっていく．戦後も続けられた「健康優良児」選定も，時代の潮流に合わなくなったとして 1986 年に終了した．こうして，国家や社会による集団的な健康への介入は個人の責任へと置き換わっていく．ただ，個人は消費者として健康サービスや健康商品と向き合うこととなってきている．

　現在でもラジオ体操連盟や NHK による熱心な普及活動は続けられてはいるが，大きな広がりはみられない．各地域におけるラジオ体操は，むしろ高齢者を中心としたノスタルジックな健康「儀礼」という側面が大きくなっている．　　［黒田 勇］

📖さらに詳しく知るための文献

黒田 勇 1999.『ラジオ体操の誕生』青弓社.

高井昌吏・古賀 篤 2008.『健康優良児とその時代』青弓社.

第13章

環　境

[担当編集委員：前田和司]

スポーツと環境インパクト

　スポーツと環境インパクトの関係を語るとき，スポーツによる環境インパクトと環境問題のスポーツへのインパクトなど，さまざまな軸を設定できるが，ここでは国の定めた『生物多様性国家戦略 2012-2020』（環境省 2012）が示す四つの危機に即してスポーツと自然破壊の実際を概観する．

●開発など人間活動による危機　第 1 の危機は「人が引き起こす負の影響要因による生物多様性への影響」に伴う危機である．スポーツ関連施設の整備によって，森林などの自然環境が破壊されるケースである．1972 年の札幌冬季オリンピックアルペンスキー滑降競技コースは，支笏洞爺国立公園内にある恵庭岳の天然林 29ha を伐採してつくられた．当時，北海道自然保護協会をはじめとして強い反対意見があったが，オリンピックの成功を望む声に押される形でコースが建設された．大会終了後は，北海道自然保護協会の強い要請により，施設の完全撤去と伐採木の原状復帰が実施されている．

　また，1980 年代後半のバブル経済期に，大規模リゾート開発が全国 42 か所で計画されるに至った．経済効果の高いスキー，ゴルフ，ヨットがリゾートのメインアトラクションであり，その施設建設のために，国立公園を含む広範囲にわたる山林や沿岸部の開発が計画され，その一部が実施された．そのリゾートも，バブル崩壊後の 2002 年時点で供用中・整備中が 24%，構想にとどまるものが 59% と計画がとん挫した状態であり，現在までに多くの計画が廃止されている．同じ時期にゴルフ場とスキー場開発が全国で急増したことも付け加えておく．

　さらにアウトドアによる環境インパクトとして，登山道の浸食が挙げられる．ぬかるみを避けて道脇の草地を歩くことによって植生が失われ，雨などによって土壌が流出し浸食がさらに拡大する．これらとは逆に，人間活動によって自然環境が破壊され，それがスポーツにインパクトを与える場合がある．大気汚染とマラソン，水質汚濁とトライアスロン，オゾン層の破壊による紫外線の影響などである．

●自然に対する働きかけの縮小による危機　第 2 の危機は，「里山や棚田のような人間による適度な攪乱によって形成されてきた環境が，一次産業の衰退などにより人間の働きかけを受けなくなることで多様性を失う」危機である．この第 2 の危機とスポーツの関わりは，第 1 の危機の前段階としてすでに始まっていた．高度経済成長期以降の大都市中心，工業中心の開発政策は，地方の農山村からの人口流出と過疎化，生業である一次産業の近代化を促進し，それまでの自然に依

拠してきた生活を手放さざるを得ない地域は少なくなかった．特に輸入材の流入で林業は壊滅的な打撃を受け，戦後の拡大造林で植林した山は，伐採期を迎える前に経済的価値を失ってしまった．放棄された山林は荒れる一方であり，山主が価値を見出せなくなった山林は，ゴルフ場開発やスキー場開発の用地として開発主体からみなされるようになったのである．

●人間に持ち込まれたものによる危機　第3の危機は，「外来種や化学物質など，人間の近代的な生活に伴って持ち込まれたものによる危機」である．スポーツによる外来種の持ち込みの代表例はスポーツフィッシングによるブラックバスやブルーギルの放流である．繁殖力の強いこれらの外来種が日本の湖沼に持ち込まれることで，固有の在来種が駆逐され，生物多様性が極端に低下してしまう．また，化学物質について大きな問題となったのが1980〜1990年代に急増したゴルフ場における農薬散布である．芝の管理のために散布される大量の除草剤，殺虫剤，殺菌剤の安全性について地元住民らによって疑問が投げかけられたのである．農山村に建設されたゴルフ場の周りには農地が広がり，基準を超える農薬が沢や用水路に流れ込むなど，家畜や農作物への悪影響が懸念された．現在，農薬の使用については厳しく規制されているが，周辺地域への影響が大きいため，ゴルフ場の適正数を含め，リスク管理を徹底していく必要があるだろう．

●地球環境の変化による危機　これは地域的に発生する第1〜3の危機とは位相が異なり，「地球温暖化など，地球環境レベルの環境の変化による生物多様性への影響」である．この危機は，必ずしもスポーツ活動やスポーツ開発だけが原因となっているわけではない．しかし，地球環境の変化を引き起こしている人間社会の一員としてスポーツに関わる人々やスポーツ組織が地球環境問題の解決に積極的に取り組んでいくことは重要だろう．

●スポーツと自然保護との新たな関係　しかし，スポーツは自然環境にインパクトしか与えるわけではない．1987年の長野冬季オリンピックでもアルペンスキー滑降コースのスタート地点をめぐる論争において，地元スキー場運営組織は当初自然保護とは逆の立場を取っていた．自然保護論者との交流を通じて八方尾根の利用を前提とした自然保護への道筋が見出されたとして，自然保護の立場に転換したのである．その後，リフト運行期間は自然保護の専門家と協議の上決定され，地元リフト業者が登山道の植生復元に取り組むようになったという（堀田2007）．この事例は，スポーツと環境保全は必ずしも対立するものではないことを示していると言えよう．　　　　　　　　　　　　　　　　　　　　　　［前田和司］

📖さらに詳しく知るための文献
堀田恭子 2007．長野冬季五輪の副産物．松村和則編『メガ・スポーツイベントの社会学』南窓社．
石田智佳 2022．オリンピック開発と都立公園の利用をめぐる象徴闘争．『日本女子大学人間社会研究科紀要』28：31-45．

生活論から見えるスポーツ開発

　スポーツと社会開発，あるいは地域開発の関係については，1990年代半ば以降，「開発と平和のためのスポーツ」（Sport for Development and Peace：以下SDP）への関心が高まり，国連政策にも取り入れられるようになった．一方で，SDPとは異なる立場からスポーツ開発を捉える研究がある．それが日本独自の方法論である生活論をベースにした研究である．

●スポーツ開発と地域生活者　日本におけるスポーツ開発の主な舞台となったのは，高度経済成長期以後，農林業の衰退と人口流出に伴い，リゾート開発の道を歩まざるを得なかった農山村であった．そこでは，スポーツによる「開発主義」が公害や森林伐採などのさまざまな環境問題を引き起こしてきたのである．しかし，現在のメガ・スポーツイベントを取り巻く状況をみる限り，「開発主義」の支配的状況は今なお続いていると言える．

　石岡丈昇（2014）は，フィリピン貧困地区での調査リアリティを基に，SDPの内実の不確かさを指摘し，社会構造を解明する経験科学としての社会学と，貧困を不可視化してしまうSDPの理念は相いれないと論じている．スポーツ開発に関する研究では，現代スポーツが途上国の貧困問題を利用し拡大している点こそ問われなければならないというのである．このような問いに迫るためには，スポーツ開発に対して自省的かつ実践的な立場に立ち，地域で生活し続ける「人々」の側から開発の「事実」を捉え返す必要がある．

　現代社会には，スポーツの拡大・発展が，人々の生活を豊かにするという新自由主義的な発想と，スポーツに対する過剰な価値期待がある．しかし，スポーツ開発をめぐるさまざまな社会問題は，必ずしもスポーツの拡大と生活の豊かさが結びつくものではないことを示している．このような状況に対して，生活論は，「地域生活者の日常世界」（古川2004）を基点に，スポーツ開発に伴う「生活条件」の変化と地域生活者の「実践」（抵抗・迎合・無視などを含む）をモノグラフとして記述し，現代スポーツの問題性を問うのである．

●生活論の特徴　スポーツ開発をめぐる地域生活者の具体的な「経験」に寄り添い，彼らの「生活の論理」を描き出すためには，「調査対象者と調査する自身の共同主観」（鳥越2020）が重要となる．この生活論の考え方は，柳田國男に始祖を持つ日本農村社会学の遺産や，鈴木栄太郎・有賀喜左衛門の学説に通底する「人々（＝農民）への信頼」そして「農民の創造性」に支えられている（松村2020）．

このような立場に立つ生活論では，啓蒙的に「あるべき姿」を論じることはなく，膨大な数量データを用いて"客観的"に分析することにも注力しない．地域生活者が語り，実践していることを「事実」として捉え，その「事実」から「生活の論理」を読み解くのである．具体的には，開発主義が浸透した社会における人々の実践を，生活意識や生活組織の通時的な変化の中で，その多様性や可塑性，あるいは危険性まで射程に入れ理解しようとするのである（山本 2020）．

　また，スポーツと開発をめぐる社会問題に実践的に向き合うことも生活論の特徴の一つである．それは，社会運動に参加したり，政策や思想運動に反映させたりするものではない．研究者自らが開発地域の内側に身を置き，自らの「経験」を踏まえて提案する「研究者の実践」の方途を探り出そうとするのである（山本 2020）．

●**生活論による「スポーツ開発」研究の成果と課題**　生活論によるスポーツ開発に関する研究は，当初，地域スポーツ研究の領域においてスポーツ集団を対象に取り組まれてきた．それまでの研究では，コミュニティ形成（地域開発）に対するスポーツ集団の有効性や限界について「実証」されることが少なかった．そのような研究状況に対して，スポーツ集団への参加を「主体的な市民」といった自律した個人の活動としてではなく，世帯を中心とした生活組織の構成員としての活動に注目する必要性を説いてきた．対象地域の固有な歴史や文化の中で醸成されてきた生活意識や規範とともに，スポーツ集団の活動の「事実」を捉え返すことで，個別具体的な地域的役割や社会的意味について理解できることを示してきたのである．

　次に，リゾート開発やメガ・スポーツイベントによる地域開発に関して，「フィールド（現場）から考える」という立場に立ち，実証的な研究に取り組まれてきた．開発地域における社会的・構造的条件の変容と，「そこにも住まねばならない」人々の多様な実践がモノグラフとして描かれてきた．「開発主義」というイデオロギーの浸透の中で，「生活を低いところで安定化」し「循環的な暮らし」を維持しようとする地域生活者の実践が明らかにされてきたのである（松村 2006）．

　生活論は，「地域生活者の論理」を彼らの辿った軌跡を踏まえて「実践」の中で読み取り表現する．その際，研究者には「抽象度をあげない努力」が求められる（松村 1997）．また，スポーツ開発のフィールド（現場）では，スポーツや地域開発とは直接関わらない人々との出会いもある．彼らとの「臨床的対面性の緊張感」（石岡 2020）のなかで，スポーツと開発の関係を捉え返すことのできるフィールドワークが必要とされている．　　　　　　　　　　　　　　　［後藤貴浩］

📖**さらに詳しく知るための文献**
松村和則編 2006.『メガ・スポーツイベントの社会学』南窓社．
松村和則ほか編 2014.『「開発とスポーツ」の社会学』南窓社．
松村和則ほか編 2020.『白いスタジアムと「生活の論理」』東北大学出版会．

エコスポーツと生活の交差点

　自然環境を改変することなく，そのまま活用できるエコスポーツは，人と自然の距離が遠くなった現代において，その距離を近づける希有な社会的実践として期待されている．ところが，この「スポーツ専用空間」を必要としない特性が故に，同じ空間を利用する生活や生業と競合する新たな社会問題が生じている．

●人と自然の距離　地球温暖化による異常気象や自然災害が多発する現在，地球環境の改善への取組みは人類の生存と繁栄にとって重要な課題であることが広く認識されるようになった．2015年には国際連合サミットにおいて「SDGs（持続可能な開発目標）」が採択され，地球環境の改善は人類の進むべき具体的な方向性として示されている．他方，足元に目を向けると，山野河海が都市化や近代化に伴い開発され消失する「オーバーユーズ問題」は，時を経て「耕作放棄農地」「間伐遅れの林地」「放棄漁場」といった管理不足や不利用といった「アンダーユーズ問題」へと移行している．2010年代後半以降の漁業法・森林法・種苗法の改定，森林環境税の導入などが示すように，アンダーユーズ問題は国家や地域の存続をめぐる社会問題として位置づけられている．私たちは，地球レベルから地域レベルまで，人と自然の関係の再構築が求められる時代を生きている．

　柳田國男らの日本民俗学を背景にもつ「生活環境主義」（鳥越ほか 1984）は，現代における人と自然の関係をめぐる諸問題は人と自然の「距離」の問題であるという．つまり，近代が人と自然の距離を遠くした時代であるならば，現代はその距離を近くすることが要請される時代であるといえよう．

　ところが，近代化が達成された現代社会において，人と自然の距離が近くなる機会は非常に乏しい．そこで，大きな期待を寄せられているのが，自然を直接的に体感できるエコスポーツである．

●自然（じねん）と自然（Nature）　ウォーキング，サーフィン，スクーバなどのエコスポーツは，サッカー場やスキー場といったスポーツ専用空間ではなく，自然をそのまま利用する．そのため，自然を直接的に体感することが可能な，現代においては希有な社会的実践である．しかしその特性が故に，その自然を利用してきた生業や生活と，空間利用の面で競合する場合が多い．

　大陸には「人の手が加わらない自然（Wilderness）」が広大にひろがっている．しかし，それは人の手が隅々まで行き渡っている日本列島には存在しない．日本列島の山野河海は，日々の生活との関わりの中でつくられてきたのである．

　こうした異なる原風景の異なる自然が，今日の私たちがつかう「自然」という

言葉には混在していると柳父章（1982）はいう．つまり，「自然（しぜん）」という言葉には，古来の意味である「自然（じねん）」と，近代以後に輸入された西欧語の Nature の意味が共存しているのだ．古来の「じねん」とは，例えば自然体（しぜんたい）という用い方があるように「あるがまま」を意味する．あるがままの世界観に，内と外，人と自然の区別はなく，人と自然の距離は消滅する．ただただ，あるがままにそこに存在するだけである．「じねん」の世界観には，人の営みの延長線上に山野河海が存在している．

それに対して，Nature は人の外部にある客観的で，人と対立する存在である．この世界観を拡大していけば，人為や開発から自然を守る自然保護の思想に容易にたどり着く．ここで重要なことは，人の手から自然を隔離し守ることも，開発によって自然を破壊することも，実は人と自然の距離を遠くする意味では同じだという点である．

●エコスポーツのまなざし　エコスポーツは，スポーツ実践の空間として，自然（Nature）を客観的な存在として捉える営みである．実は，エコスポーツは種目ごとに，特殊な自然（Nature）の捉え方を持っている．同じ海域を，サーファーは波乗り場として見る．ダイバーはダイビングスポットとして見るのである．エコスポーツとは，生活や生業の中で紡ぎ上げられてきたものとは異質な空間認識を，山野河海に集合的に投影する社会的実践なのである．

エコスポーツの営みは確かに人と自然の距離を近くすることができる希有な営みである．こうした自然の見え方に起因して，空間利用をめぐる衝突が各地で生じている（村田 2017）.

●自分の見たいものしか見ない　昔から言われているように，人は己が見たいものしか目に入らない．同じ海でも，漁師は漁場に見え，ダイバーはダイビングスポットに見えるのである．しかし，それが直ちに衝突を生み出すことはない．論理的に矛盾するじねんと Nature が自然という言葉の中で共存できるように，空間利用の現場でも矛盾を抱えたまま共存が成立し，衝突は潜在化している場合が多い．ところが，社会変動や権力作用によって，どちらかに空間の意味を収斂させる力が生じたとき，この空間認識の相違が衝突として顕在化する．

自らの色眼鏡の存在を自覚し，他者の色眼鏡の存在に気づき，敬うことが大切なのではないだろうか．エコスポーツは，自然と人との距離を近くする，現代において稀有な社会的実践であることは確かである．しかし，それは生活や生業とは質の異なる，新たな距離でしかない．なぜなら，エコスポーツは個別具体的な色眼鏡で山野河海をまなざす社会的実践だからである．　　　　［村田周祐］

📖さらに詳しく知るための文献
柳 父章 1982.『翻訳語成立事情』岩波新書.
村田周祐 2017.『空間紛争としての持続的スポーツツーリズム』新曜社.

エコスポーツによる地域づくり

　エコスポーツによる地域づくりは「持続可能な開発」の時代において，地域づくりの手段として大きな期待を寄せられている．この背景には，戦後日本の地域づくりにおいてスポーツが担ってきた歴史的経緯がある．それは，「スポーツで地域のつながりをつくる」役割と「スポーツで地域経済を活性化する」役割である．

●スポーツで地域のつながりをつくる　高度経済成長期は，スポーツが学校や職場を飛び出し地域へ拡がった「コミュニティ・スポーツ」の時代であった．都市圏の爆発的な人口増加は，同世代の核家族世帯が一同に暮らす団地社会，地付き農家とサラリーマン世帯が暮らす混住社会を誕生させた．祖父母世代や父親が不在の中，同世代の母子だけでどのように団地社会を築いていくのか．一方で，村落社会とサラリーマン家庭がどのように混住社会を築いていくのか．これまでにない新たな地域課題の登場であった．

　その処方箋として登場したのが，自由と平等の理念に支えられ，自立的な市民一人ひとりが主体的につくり出す「コミュニティ」という外来概念であった．この理念を実現するための具体的手法の一つが，個人が自由意志で参加し，対等な関係で同じ時空間を楽しむコミュニティ・スポーツという施策であった．スポーツを通じて地域のつながりをつくり出そうとする発想は，現代でも多い．

●スポーツで地域経済を活性化させる　バブル景気とは，スポーツで地域経済を活性化させるという言説や実践を一般化させた「スポーツ・リゾート開発」の時代であった．日本中が好景気を実感する一方で，若年人口の都市流出は加速し，農山漁村での過疎問題が顕在化しはじめた時代でもあった．

　この都市と農山漁村の格差是正を目的とした政策が，「総合保養地域整備法」（通称リゾート法，1987年制定）であった．そこには規制緩和によって民間の資金と活力を地方へ向け，農山漁村の豊かな自然環境を観光産業化し，地域経済を活性化させる政策的意図があった．過疎に悩む全国の地方自治体は，こぞってスポーツ・リゾート開発に大きな期待を寄せ，全国各地に都市住民のためのスキー場・ゴルフ場・マリーナとリゾートホテルがセットになった画一化されたリゾートが乱立した．しかし，1990年代にバブル経済が突然崩壊したことで，スポーツ・リゾート開発は深刻な地域問題を引き起こした．一つが，ゴルフ場やスキー場などの大規模開発による自然破壊問題．もう一つが，過疎地に不似合いな大規模投資が地方財政を圧迫し行政サービスを低下させる財政問題であった．

●エコスポーツによる地域づくり　スポーツ・リゾート開発の反省を活かし，

2006（平成18）年改定されたスポーツ振興基本計画には「スポーツイベント」「スポーツボランティア」「スポーツツーリズム」が明記された．そこにあるのは，スポーツが地域づくりや地域活性化に結びつくには，経済的活性化のみならず地域の将来を担う人材育成や自然環境保全も重要であるという考え方である．

例えば，2007年に始まった東京マラソンはその典型である．マラソンというスポーツを取り入れることで，新たな施設建設の財政負担なく，東京を300億円規模の経済効果を産み出すツーリズム空間へと瞬時に変容させる．さらには，市民ボランティアによる運営を通じて地域のつながりも創出しようという．つまり，コミュニティ・スポーツとスポーツ・リゾート開発への期待や役割をあわせ持つ「エコスポーツによる地域づくり」の登場である．

その特徴は大きく二つある．一つが「ささえるスポーツ」にスポーツを拡大解釈することで，スポーツで地域のつながりをつくるという役割を，コミュニティ・スポーツから継承している点．次に，持続可能な開発の理念をふまえスポーツ専用空間を必要としない，ランニング，ウォーキング，サーフィン，スクーバなどの「エコスポーツ」を活用する点．これらの特徴によって，「エコスポーツによる地域づくり」は自然環境と財政の持続可能性に寄与すると考えられている．その期待は，都市よりも，むしろ行政財源や観光資源に乏しい地方から大きい．

●エコスポーツによる地域づくりに対する批判　確かに，エコスポーツは地域空間を「そのまま」利用することができる．その点では，エコスポーツは持続可能性を担保した活動である．しかし，2010年代以降，この素朴な考え方に多くの批判に寄せられている．それが①ポリティカルエコロジーからの批判，②空間利用の競合をめぐる問題である．

ポリティカルエコロジーは「消費文化としてのエコスポーツ」「関連活動も含めた環境負荷」「ネオ植民地主義」「フェミニズム」の四つの視点から，エコスポーツと持続可能性を無批判に結びつける通念を批判している．

次に，いわゆる原生自然がなく，人々の日々の営みとの関係の中で「自然」が形成されてきた日本のような地域では，生業・生活の営みとエコスポーツの自然空間利用が競合する問題が多く報告されている．

いつの時代も，スポーツは地域づくりの重要な手段として利用されてきた．しかし，そこでの語られ方は，スポーツ愛好者や開発／統治側からの「善／悪」に偏ってきたきらいがある．スポーツの特権性が弱まり，持続可能性が求められるこれからは，スポーツの「色眼鏡」を自覚していくことが必要となる．

［村田周祐］

📖さらに詳しく知るための文献

村田周祐 2017.『空間紛争としての持続的スポーツツーリズム』新曜社.

Hill, L. & Abbott, J. A. 2008. Surfacing Tension. *Geography Compass*, 31（1）: 275-296.

サーフィンがもたらす観光と移住

　自然はしばしばスポーツが行われる場所となる．自然がスポーツとして使われることによって，その場所は特定の性質や資源的な価値を帯び，さらには私たちの生活に対して影響を与える．本項目では，自然を使用するスポーツが人々の「生き方＝ライフスタイル」に与える影響を，サーフィンを事例にみていこう．

●**サーフトリップ**　サーフィンとは，専用のボード上に立って波に乗る「近代サーフィン」として区別される範囲を指し，サーフィンを行う人々は"サーファー"と固有名詞で呼ばれている．サーファーたちは，波を追い求めて各地の沿岸部に移動する．さまざまな環境・時期的条件の海で起こる特徴的な波に乗ることこそが，サーフィンというスポーツの大きな魅力であり，楽しみに他ならない．時に，サーファーたちは「災害」をもスポーツに取り込む．例えば，九州南部の地域では夏から秋にかけて低気圧が発達し，台風が頻繁に襲来するため，それによって発生する波をサーフィンに利用するのである．このようにサーフィンというスポーツは，危険性の高い自然環境で成立する場合もある．この事例から浮かび上がるのは，サーファーたちは，サーフィンを行わない人々と異なる自然を捉える感覚や価値観，つまり「サーフィン文化」を有しているという事実だ．さらに，特有の文化性を帯びた人々が波を求めて旅をする「サーフトリップ」という移動が起こっているのである．

　スポーツと旅が結びつく時，場所や空間へ影響を与えることが分かっており，それは「スポーツツーリズム」という枠組みで研究がなされてきた．場所と文化の関係性について言及した既存研究では，スポーツ空間の特性や意味は，文化的背景に影響され，場所へのアイデンティティに影響し，潜在的に観光のための場所づくりに影響していると述べられている．「場所のアイデンティティとは……私たちの場所経験に影響を与えまたそれによって影響されるような，場所経験の基本の中に共通性を確認するというもっとも基本的な行為」（レルフ 1999, 121）である．例として，宮崎県宮崎市木崎浜海岸では，2019 年に国際サーフィン連盟（ISA）が主催する，サーフィンの世界チャンピオンと国別ランキングを決定する世界選手権が開かれ，多くのサーファーがサーフトリップへ訪れた．それを契機として，沿岸部には，専用のシャワールームや宿泊施設が新たに建設され，サーフィンの空間が形成されてきている．

●**場所アイデンティティの再生産**　サーファーたちが異なる地域社会の海へ行き，サーフィンを行うような場所経験としての「サーフトリップ」が，サーファー

自身だけでなく観光地へも影響を与え，場所のアイデンティティを再生産するような行為となる．さらに，サーファーたちはよりよい波を追い求めて旅をする過程で，暮らしを変え，生活の質を求めて移住する現象が確認されている．近年このような生活の質（Quality of Life）の向上を実現するための移住現象がみられてきており，直近の研究では，自然環境や生活環境を求めて行う移住現象を「ライフスタイル移住」と呼ぶようになった．この移動の特徴は，「過去50年または60年の世界的な発展の結果として可能になった，歴史性のある新たな拡張現象」（Benson & O'Reilly 2009, 620）であり，これまでの移住概念とは異なる意味を持つ．

それにとどまらず，移住先でのサーファーたちの行動が影響し，沿岸部の波が「資源」となって顕在化し，新たな特性や意味をその場所に付加する．海以外の場所においても，カフェや宿泊施設，サーフショップなど，自文化を表象する空間をつくり出すことで，該当地域における新たな場所のアイデンティティを生産・再生産する循環を生み出しているのである．例えば，宮崎市の青島地区では，「SURF」という名称のペンションや，サーフショップを併設するカフェ，コワーキングスペースの一つのサービスとしてサーフボードのレンタルが可能となっているワーケーション施設ができるなど，サーフィンと紐づくような産業が展開され，地域の景観が変化してきている．

さらに青島地区からさらに南下した，串間市市木地区や都井地区では，観光案内表示が木製のサーフボードで掲げられ，サーファーたちへ向けた駐車場やシャワー施設，トイレ等が整備されている．また同地区では本来，不文律であったローカルルールも明文化されて看板に掲示されるようになっており，サーフィンを主因とする観光や移住に対応していく地域社会の指向性をみることができる．

●**循環するライフスタイル形成**　本項目では，サーファーたちの「サーフトリップ」というスポーツによる観光現象が，地域社会の場所のアイデンティティへ影響し，その場所へ暮らしを転移させるという「ライフスタイル移住」の現象をもたらしていることが確認できた．このようなプロセスは，スポーツをする主体の文化が該当の地域社会の文化に接合しながら，時には文化同士の衝突がありながら，新たな価値を生み出す循環的なものである．スポーツは，私たち思考や価値観に影響を与え「生き方＝ライフスタイル」に関与する現象だと考えられるだろう．また，サーフィンを取り巻く固有の社会・文化性に依拠すれば，それに起因する観光やライフスタイル移住の現象は個々人のモビリティを超えて，集団性のあるモビリティと呼ぶことも可能ではないだろうか．　　　　　　　［岩本晃典］

📖**さらに詳しく知るための文献**

水野英莉 2020.『Just Surf ただ波に乗る』晃洋書房.

レルフ，E. 著，高野岳彦ほか訳 1999.『場所の現象学』ちくま学芸文庫.

ハイアム，J. & ヒンチ，T. 著，伊藤央二・山口志郎訳 2020.『スポーツツーリズム入門』晃洋書房.

食の公共性とオリンピック

　食べることは生命を維持するための基本である．万人に対して無条件に保障されるべきその行為は，一方で極めて政治的，経済的，社会的，制度的影響をうけもする．その一端として，食をめぐるポリティクスがどのように働きうるのか，2020年東京オリンピックにおける有機農業活用という事例を基に考える．

●**対立的理念も取り込むオリンピック**　オリンピック開催を契機としてさまざまな経済成長を期待する向きがあることについて異論はないだろう．そしてそこには食や農といった領域も含まれる．政府による産業競争力会議（2015年）では，「農林水産業の成長産業化に向けて」の「戦略的インバウンドの推進」のため，オリンピック・パラリンピック東京大会を契機として，オーガニック・エコ農産物等の安定供給体制を構築することが掲げられた．万人にとって生命を維持するために必須な食料生産というよりもむしろ，農業を攻めの輸出産業として推進することを，このことは意味する．また東京オリンピック・パラリンピック競技大会組織委員会による「東京2020大会開催基本計画」（2015年）では，大会を支える機能の一つとして「多様性と調和に配慮した飲食提供とともに日本食の質の高さをアピールし，未来へ継承する」ことが掲げられた．以上は「オーガニック・エコ農業の拡大に向けて」（農林水産省2016年）や，同年の閣議決定「経済財政運営と改革の基本方針2016～600兆円経済への道筋～」における「新たな有望成長市場の創出に向けて，2020年東京オリンピック・パラリンピックに向けた取組，スポーツの成長産業化，観光の基幹産業化，攻めの農林水産業の展開等」としてさらに展開していく．つまりオリンピックの開催に合わせて語られる場合，食と農ですらも，かつての電化製品や自動車と同じように「攻める」モノとしてグローバル市場競争に勝つことが重要視された．政府によって推進される「オーガニック」とは，ほぼ有機農業を意味しているのであるが，しかし有機農業とはそもそもただ単に農薬を使わない農法という域にとどまるものではなく，政治や経済といった既存のシステムに抗う社会運動であった．その盛り上がりは，水俣病をはじめとした公害問題で国が揺れ，食べものの安全性に対する国民の意識が高まった1970年代であった．

　グローバル化を目指す農業と，有機農業との対立について古沢は，「市場（貨幣）経済ないし狭義の経済成長的な発展パターンを重視しようとする考え方と，市場経済に組み込みにくい非市場的な価値，すなわち環境・社会・文化的な多元的ないしホリスティック（全体的）な価値を重視しようとする考え方の対立」と

述べる（古沢 2003）．つまり「オーガニック」とはそもそも，本来オリンピックを契機として掲げられた「攻める」農業や競争的経済成長とは相いれないはずのものだったのだ．

●**公的領域のものとしての食と人的資源**　社会運動としての有機農業とは，安全な食によって生命や健康をめぐるリスクを回避するにとどまらず，農薬を必要としたり食や農を競争的な市場経済へ丸投げする社会のしくみを変えることも目的とした公共的関心を含み，時代や空間を超えた公共的理念を含んでいた．ところが，東京オリンピックの開催もまた，「経済成長的な発展パターン」そのものに，つまり有機農業運動が批判してきた対象そのものに有機農業が「オーガニック」として懐柔されていくきっかけとなったのだ．

　食や農は万人にとっての生存の基盤であるから，公的な領域のものとして考えることは重要だ．公的領域と私的領域について議論する中でアーレント（Arendt, H.）は，以下のような世界を前者は意味すると述べる．「私たちすべての者に共通するものであり，私たちが私的に所有している場所とは異なる」，さらに「私たちがやってくる前からすでに存在し，私たちの短い一生の後にも存続するものである．それは，私たちが，現に一緒に住んでいる人びとと共有しているだけでなく，以前にそこにいた人びとや私たちの後にやってくる人びととも共有しているものである」と述べている（アーレント 1973）．農や食とはまさにそういうものと言える．

　現代に生きる私たちは，個人の努力によってより多くを消費できる経済的価値を兼ね備えた人的資源であることが推奨される．これをホモ・エコノミクスとするブラウン（Brown, W.）は次のように述べる．「ホモ・エコノミクスしかなくなったとき，そして政治的なものの領域そのものが経済用語で表わされるようになったとき，公共物や公共善にかかわる市民性（シティズンシップ）の基盤が消失してしまう．（中略）ホモ・エコノミクスはあらゆるものを市場として取り扱い，市場的行為しか知らず，公共の目的や公共の問題を政治的なもの固有のやり方で考えることができない」（ブラウン 2017）．

　さまざまな経済的メリットが生み出されると期待されるオリンピックにおいてもまた，対立する理念であっても巧妙に取り込む力が働く．しかしその剥奪された公共性を取り戻すことはもはや不可能なのか，公共性を剥奪されつつある状況下で私たちの身体や健康はどのような影響を受けるのか，多くの課題と問題を顕現させた 2020 年東京オリンピックはまた，そのようなことを考える機会ともなった．
　　　　　　　　　　　　　　　　　　　　　　　　　　　　　　　　　　　［柄本三代子］

📖**さらに詳しく知るための文献**
アーレント，H. 著，志水速雄訳 1973．『人間の条件』ちくま学芸文庫．
ブラウン，W. 著，中井亜佐子訳 2017．『いかにして民主主義は失われていくのか』みすず書房．
ハーバーマス，J. 著，細谷貞雄・山田正行訳 1994．『公共性の構造転換』第 2 版，未来社．

環境を均質化する公園

　公園は，特に子どもの頃に遊具で遊んだり，走り回ったりした場所であったという人も多いのではないだろうか．ここでは，公園でのこうした経験がどのような社会を背景にして可能になるのか，そのカラクリを見ていきたい．

●公園の基本的な性質　例えば運動場のある運動公園のように，公園は都市施設の一つとして数えることができる．実際に日本では都市計画法の定めによって，ある一定の大きさを超えた土地が開発されて住宅地になれば，そこには必ず公園が設置されるしくみになっている．私たちが「公園デビュー」する場所は，主として街区公園や近隣公園なのだ．その意味で，日本の都市に生まれた子どもたちはみな，こうした公園の中で育っていくことになる．

　ではなぜ子どもたちがみな公園に向かうのかといえば，それは日本の公園が主として子ども向けのものだと考えられてきたからに他ならない．近代化以前に日本には公園がなかった．明治期に入っても，東京の日比谷公園など，国策でつくられた公園を除いては，税務上の必要から指定された旧所名跡しか公園と呼ばれる場所はなかった（白幡 1995）．実際に公園で子どもたちの遊ぶ姿が当たり前にみられるようになるのは，関東大震災前後から各地に児童公園が精力的に設置されるようになってからである．将来国を背負って立つ兵士となることが期待された子どもたちの体力を国力と捉え，それをさらに増進するために，学校の校庭では足りない分を公園で補おうと為政者たちが考えたのである（丸山 1994）．公園の遊具と言えばまず鉄棒などの体育器具が思い浮かぶのも，日本の公園文化がこのような歴史を背景にもっているからなのである．このように公園には，「よき市民」「よき国民」を生み出すことを主眼に置いた①啓蒙の装置としての側面があるのだ．

　公園の性質には他にも，②空間を記号化する性質や，③権力空間を象徴する性質などを指摘できる．公園には日本庭園風なものもあればテーマパーク，海中公園や交通公園など，実に多種多様なものがあるが，それらはすべて○○公園（パーク）と名付けられている．私たちがこれら雑多な空間をすべて「公園」と呼んで怪しむことがないのは，公園自体はいわば何でも入るハコのようなものであり，中に入るものの特徴に応じて空間を記号化することが可能だと考えているからである．また公園利用者はあらかじめ備えられた遊具や植栽等を決められた形でしか利用できない．こうすることで公園は，その場所固有の歴史や自然を無化し，公園利用者が自らの都合で公園の意味内容を生成・変化させていくことを原則として許さないのである．記念碑や有力者の銅像，あるいは芸術的な彫刻が公園内に設置さ

れるのも，公園が変化のない無時間的な空間だと観念されているからである．

●**公園の均質化と排除**　以上のような公園のもつ諸性質を保存するために，公園は近年，パークマネジメントの観点から AI 化が進んでいる．例えば横浜市の山下公園では，園内のバラ園に設置されたライブカメラで取得された情報に基づき，園内の混雑状況を空き，やや混雑，混雑の 3 区分に判定し，それを瞬時に Web 上で表示する実証実験が行われた．また室蘭市では，大小公園の有効利用を図るために，中島地区内に 7 か所ある公園のそれぞれにカメラを設置し，公園の利用量，利用の活発さ，滞在時間などを調査し，AI による分析を実施した（一言・安原 2023）．

　こうした公園管理手法の高度化が示していることは，公園管理者の側では公園利用者を基本的に「量」として把握可能な匿名の存在以上のものとは考えていないということである．実際には公園を訪れる一人ひとりは当該公園に対して求めている事柄にそれぞれ違いがあるはずである．またその場所で過ごす時間がその人にとってどのくらい切実であるかについても違いがあるだろう．しかし，公園設置者の側から見たとき，こうした違いはすべて「量」に還元されてしまう．そして公園利用者は，実際の違いを捨像されて管理の対象としてのみ扱われることになるのだ．

　こうした公園利用者を均質化し空間に配置するやり方は，先に見た①「よき市民／国民」への啓蒙装置という性質と共鳴して，簡単に公園管理上の都合の悪い人々を排除の対象にしてしまう．公園の効力を毀損する危険性の高い存在は，予め公園内から排除するよう企図されるのである．逆に言えば公園は，完全に清潔で整ったユートピアとして存在し続けることを求める存在と言うこともできるだろう．

●**公園にとっての場所の意義**　しかし公園は，空虚な都市施設ではなく，人と人とのコミュニケーションを促すメディアとなる可能性をもっている．

　公園の隣に花を植えることが好きな人が暮らしていたならば，その人に公園の花壇の一部に好きな花を植えてもらえばよい．近くに公園で運動したいと思っている老人がいれば，その老人にあった器具や場所を用意してもよい．要は，その公園に集う人たちの暮らしに寄り添うことができれば，公園はより生き生きとしてくるはずなのである．公園がある場所ごとに人々の暮らしは異なるのであって，それに応じて公園に求められることがらも違うのは当然である．ところが現在は，その当然の違いを公園に反映させるしくみがそれぞれの公園に備わっていない．しかし工夫次第でそうした仕組みをつくり上げることは可能である（足立・金菱編 2019）．今後公園は，その場所の暮らしの変化に寄り添った可塑性の高いものへと変化していく必要があるのではないだろうか．　　　　　　［荒川　康］

📖**さらに詳しく知るための文献**

松村和則ほか編 2014.『「開発とスポーツ」の社会学』南窓社.

中筋直哉 2005.『群衆の居場所』新曜社.

身体知と自然知

　スポーツをプレーすること，アウトドア・アクティビティを楽しむことは，いかなる人間と自然の関係を生み出すのだろう．そしてその関係性は，スポーツやアウトドア・アクティビティ，そしてそれらを実践する人々の，いかなる側面に焦点を当てることで記述可能なのだろうか．ここでは生態民俗学者の篠原徹（2005）の「生業の技術」論における重要な概念である身体知および自然知に焦点を当てて検討してみようと思う．

●**生業の技術における身体知と自然知**　生業とは人々が自然から生きる糧を得ることである．篠原は，そのとき自然と人間は技術を介して関係をとりむすぶのだという．それを生業の技術と呼ぶ．生業の技術は道具を介し，身体知と自然知を駆使して，自然から採取し，加工し，利用する．その道具は，手足という身体の延長として身体と一体化するものが多く，使うものの自己と同一化する方向に向かうのだという．そして身体知とは，経験的に獲得された身体を使う技法に関する知識である．身体知は必ずしも生業の技術に限られたものではない．そして自然知とは，野生植物や野生動物の採取から加工，利用に関する知識である．生業の技術において必要とされる自然知は，それ単独で存在せず，身体を通じて身体知が駆使されるその延長線上にある．そして，近代以前には比較的道具が素朴なままとどまっていたため，生産性を高めるために，人々は身体知と自然知をできるかぎり増大させようと努めたのである．

●**失われる身体知と自然知**　一方，近代以降は，客観的に系統だった一連の作業過程を道具（＝機械）に代替させることで，機械を操作するだけの人間は身体知や自然知を必要としない文化へと向かった．どちらが自然の奥深い理解（エスノサイエンス）を必要としたかは明白である．そして身体と同一化する道具をレベルの低いものとみなし，生業の技術をただ工業化することを目的としたのである．その過程において，かつて身体知と自然知を介して切り結ばれていた生活世界と自然は乖離してしまったのだという．

●**工業化する社会におけるスポーツ**　生業の技術における議論をそのままスポーツやアウトドア・アクティビティに適用させることには無理があるかもしれない．なぜなら現代のスポーツもアウトドア・アクティビティも人々の生存や生活に必要不可欠な食糧や資材を自然から得る生業ではないからである．そのため，篠原にならって，生業に限定せず，技術一般論として見てみようと思う．篠原は，道具を自己と同一化する方向を持つものを等身大の技術と呼び，道具を機械化す

る方向を持つものを工業の技術とした．それに基づくと，近代スポーツはまさしく等身大の技術である．ラケットやバットのような，シンプルな道具を使うか，身体そのものを道具として使い，その限界に規定されつつ，身体知の深化と増大を極限まで目指す．その意味で近代スポーツは，社会そのものが工業化され，身体知が後退した現代においてこそ価値のある文化であるが，その出自は生業とはほとんど無関係に近い．さらに，競争原理に基づく公平性を担保するため，その競技空間から限りなく自然の影響を排除する．そこに何らかの自然知が必要とされる余地はほとんどない．

●**アウトドア・アクティビティと自然知**　ではアウトドア・アクティビティはどうなのだろうか．近代以降，工業の技術に向かう社会とアウトドア・アクティビティの発明はどこかでシンクロしているように思われる．それは驚くべきことではなく，ある必然の帰結だったのかもしれない．北米先住民のカヌー，イヌイットのカヤック，4千年の歴史をもつ北欧のスキーなどを起源とするアウトドア・アクティビティは，もともと近代化以前の生業の技術（道具×身体知×自然知）そのものであった．しかし，近代以降，工業の技術の発達に伴い，それらは生業の技術としての役割を終えたかにみえた．その後それらの道具は欧米社会に取り込まれ，遊びやレジャーの用具に転換され，工業製品として規格化されて大量生産されるに至る．その時点で，かつての生業の道具は，生まれ故郷の生業と自然から切り離され，あるいは切り離されたからこそ文化の違いを超えてグローバルに普及した．生まれ故郷とその自然と切り離されたレジャーとしてのアウトドア・アクティビティは，それ自体を「楽しむ」ことが自己目的化しやすい．アウトドア・アクティビティを行うことで自然知を豊かに獲得する前に，道具を駆使する身体知への関心にとどまり，自然を手段化してしまうことも少なくない．

●**自然知へ**　アウトドア・アクティビティが自然との奥深い関わりを切り結ぶために，遊びやレジャーに自己目的化しつつも，身体知に加え自然知を豊富化させる実践としていかなければならないだろう．近代以降スポーツについては，環境の時代にあって，スポーツに関わる個人や組織の一員として，現境問題の解決に直接的，間接的，そして積極的に貢献することが重要になるだろう．また近年，アドベンチャーレースやトレイルランニングなど，アウトドア・アクティビティに求められる川，山，森，海の知識を必要とするスポーツが出現してきた．ただし，こうしたスポーツにおける自然についての知識は必ずしも環境保全という規範を内在していない．大切なのは，ある自然環境でスポーツを行う人々が，自らのスポーツ実践のためにその自然現境を保全すべきだという規範を共有することであろう．

［前田和司］

📖**さらに詳しく知るための文献**

篠原　徹 2005．『自然を生きる技術』吉川弘文館．
川田順造 2004．『人類の地平から』ウェッジ．

農山村住民におけるアウトドアの意味

　自然豊かな農山村の環境を活用したアウトドア活動には数多くの種類およびスタイルが存在している．カヌーやスキーなどのように競技としてのスポーツ種目が存在する一方で，キャンプなどのようにレジャーやレクリエーションまたは教育活動としても普及しスポーツという枠組みだけでは捉えきれないものまで幅広い形態がある．特にアウトドアスポーツに関してみれば，それらは人知を超えた自然への挑戦や冒険を発端に展開したものであり，対人のみならず対自然のプレイの性格を有する．時に命をも懸けて自然に挑んできたその営為の歴史と連続性を鑑みれば，アウトドアスポーツは人間および社会と自然との関係を紡いできた一つの文化形態でもある．

　しかし，非日常である自然環境の中へ移動しその空間を（気晴らし的に）消費するスポーツ実践者の空間の捉え方は，同じ空間を生産や生活の場とみなす地域住民の視角とは大きく異なり時にぶつかり合うこともある．農山村の地域活性化策としては自然資源をそのままで活用できるアウトドアスポーツは大きな期待を集めるが，その弊害も懸念される厄介さもはらんでいる．

●スポーツによる空間の意味の読み替え　スポーツに含まれる遊びの要素は，あらゆる空間をその空間のつくられた（構成する）意図と隔絶しスポーツ的な規範の下に読み替える力を有している．例えば教室を鬼ごっこの空間に，ストリートをスケートボードの滑走空間にするようにスポーツはそれが例え既存の規制や秩序が分厚く存在する空間であろうともプレイの性質によって読み替え可能にする．特にアウトドア活動においては従来の枠組みに抵抗，あるいは逸脱していく性質を強く含むものが少なくない．スキー実践のためにつくられたスキー場を外れオフピステやバックカントリーを滑ったり，人の管理下にあるトレイルやキャンプ場を外れて手つかずの荒野を歩くブッシュウォーキングがあり，スノーボードやフリークライミングなど既存の文化に対しオルタナティブな価値観を示す実践も顕著にみられる．

　プレイの本源的な楽しみを追求し続けることはスポーツ実践者にとってみれば疑う余地のない正統な行為である．彼らにとって自然環境は自己のライフスタイルや自己そのものの表現の場であり，どこがそれに適した舞台なのか選別・評価のまなざしが向けられる．地元住民が信仰の対象としての意味合いを付与してきた霊山のような空間であっても登山や登攀のプレイ空間に読み替え可能にする（例えばご神体として信仰の対象であり前人未到だった日本最大の滝をトップクライマーが登攀

し逮捕された「那智の滝登攀事件」）．この空間を読み替える性質によってアウトドアスポーツは大きく発展してきたとも言える．森や川を教育の場に変え，不便で不快な自然そのものをも教材として活用することができるからこそ野外教育は展開した．森林限界を超え草木も生えない山岳環境に多くの人が訪れる需要が生まれるのは，アウトドアスポーツがそのままでは経済的にはほぼ無価値に等しい空間と見なされている自然環境を唯一無二の活動空間として捉えるからである．

● **農山村住民による自然環境の生活利用と空間の意味づけ**　第 1 次産業従事者が少なくない農山村においては，自然環境に対して多くの労力をはじめとした資源を投入することで生業を成り立たせてきた．里山・里海・里川といった概念で注目されるように，日々の暮らしの中に自然の利活用が組み込まれ関係を構築してきた．山菜やキノコの採取場など場所の経験と知識が存在し，都市生活者の目には均質的に映る森でも，地元住民にとっては個別に名前が付けられ，経験され意味づけられた場所であることもある．また経済的な利益がほとんど見込めない一見合理性に欠けるような農地や林地でも多大な労力を投じて維持し続けられる背景には，先祖の掛けた苦労や努力，想いを含めた繋がり（後生への贈与）を土地を介して引き受けているという意味合いなどもみられる．

　また，自然の中での活動形態にも特徴がある．例えば山に入る際，アウトドアスポーツ実践者はガイドの推奨する機能性の高いアウトドアウェア（その多くは都心の一等地にある店舗で売られたハイブランド）や専門用具を用い，未知の世界との出会いや困難への挑戦を目的に山に入る．しかし，地元住民の場合は採集にも適さない奥山や山頂にまで入ること自体がまれな上，入る際にも長靴に作業着といった服装で野良作業の延長のような扱いであったりする．水源の水が集落の水路まで繋がっていることを理解するように，日常の生活と地続きに自然を捉えるのである．

● **生活と生産の場でのスポーツ実践**　農山村の生産の場をそのままスポーツ空間として利用する場合もある．例えば，足元の不安定性や泥だらけになる非日常的な性質を利用して田んぼでの「どろんこ運動会」などが行われている．農山村の環境は水路や畔の管理などを含め，近代的な所有権では理解不能な公共性すなわち共有地（コモンズ）としての側面を有している．アウトドア利用に際してはそこに重層的な意味づけが成立するからこそ「自然は誰のものか」を問う議論が引き起こされる．スポーツが直接的・間接的に農山村の空間に入り込み，その空間の利用価値を新たに生成した時，地元の所有・管理・利用の上にあるコモンズとしての自然環境の新たなステークホルダーの一員としてスポーツ実践者が位置づけられるのである．　　　　　　　　　　　　　　　　　　　　　　　　［嘉門良亮］

📖 **さらに詳しく知るための文献**

北島義和 2018．『農村レクリエーションとアクセス問題』京都大学学術出版会．
村田周祐 2017．『空間紛争としての持続的スポーツツーリズム』新曜社．

「暮らしなおし」の野外教育

　野外教育とは，アウトドア・アクティビティを教材とした教育のことである．その目的と方法は多様である．ここでは人間社会と自然環境の関係を良好にするような，アウトドアを楽しむことが，環境破壊を必然とするわれわれの社会のあり方を改善していくような，そのような野外教育について考えてみたい．

●**「脱植民地化」と「暮らしなおし」**　米国の環境教育学者グルエンワルド（Gruenewald, D. A. 2003）は，社会変革を志向するフレイレ（Freire, P.）らの「批判的教育学」と，社会的かつ生態学的課題の解決を志向する自らの「場所に根ざした教育」の統合を試みて，場所に根ざした批判的教育を提唱している．ここでいう場所とは，ある地理的範域の社会と自然の複雑かつ精妙な相互作用を通じて形成されてきたものであると同時に，そこで活動する個人や集団のアイデンティティの基礎となるものとされる．

　場所に根ざした批判的教育の主要概念は，「脱植民地化（decolonization）」と「暮らしなおし（reinhabitation）」であり，互いに相補関係にある．近代以降，世界中のさまざまな場所において，開発という名の下に土着のものや伝統的なものが消失するか変容させられてきた．その過程で格差や環境破壊が生じてきたという．そうした場所において，「他者や場所を傷つけ搾取する思考を自覚し手放すこと」が「脱植民地化」である．そして，その状況下で「環境とトータルにより良く暮らす方法を教えてくれる物質的空間と場所を特定し，回復し，あるいは創造すること」が「暮らしなおし」である．「脱植民地化」については，すでにさまざまな教育機会や社会運動を通じて前進しているようにみえる．それだけに今後必要とされるのは，それぞれの場所においてより良く生きる「暮らしなおし」を実践していくことではないだろうか．

●**野外教育概念を拡張する**　アウトドア・アクティビティを教材とする教育である野外教育に，さまざまな場所における「暮らしなおし」を実現，あるいは一時的に経験させることは果たしてできるのだろうか．従来の野外教育における教材として，キャンプ，登山，スキー，カヌーなどが思い浮かぶ．いずれもかつては先住民や農山漁村の人々の土着の生活文化であったものが，近代以降にその役目を終え，欧米社会の中で遊びやスポーツとして規格化され商業化されたものである．世界中で行うことができるが，土着性という意味で世界中のどの場所とも関わりがない．「暮らしなおし」の野外教育を構想する上で，場所に蓄積されてきた土着の文化を再評価し，現在を捉えなおす機会を提供することが重要である．自

然環境を傷つけることなく人々の生活を成り立たせる知恵や技術，それを支える生活諸組織といった人々の暮らしの文化を「特定し，回復し，あるいは創造する」のが「暮らしなおし」の野外教育だからである．その実践のためには，教材としてのアウトドア・アクティビティ概念を当該地域の人々の暮らしの文化にまで拡張する試みが必要になってくる．

● 「暮らしなおし」の野外教育へ　全国的に地方の農山村集落の過疎化，少子高齢化，さらには限界集落化が深刻になっている．一方で，中央から地方へ，都市から農山村へという人口還流が新たな「田園回帰」として注目を浴びている．田園回帰型の移住者の多くは，集落に残された空き家を改修して住み，耕作放棄地を耕して，農薬や化成肥料に頼らず，土地に合った農法を古老から学び，身の丈の産直で暮らしを成り立たせようとしている．それは移住者にとってまさに「暮らしなおし」であり，地元集落の人々にとっても，自然を循環的に利活用する，かつての自分たちの暮らしの回復であり，再創造である．さらにこれらの移住者の中には，自分たちの農山村での暮らしの経験や受け継いだ技術を，都市の人々と共有する場を提供している人々も少なくない．こうした暮らしの実践を野外教育として捉えなおしていくことが，暮らしの場と野外教育を結びつけていくことになるだろう．

　また，商業化されたアウトドア・アクティビティであっても，人々と自然の関係が失われた場所では，土着の結びつきを再創造する「暮らしなおし」の野外教育となるだろう．過疎化や少子高齢化が進むということは単に人口が減ることだけではない．生産や生活，祭祀などのための諸組織，諸集団が成り立たなくなることをも意味する．そこでの共同の経験の喪失は，その場所の自然と向き合って生きる技術，作法，信仰などが次の世代に伝わらなくなるということである．山村集落の総合型地域スポーツクラブには，スポーツ教室や健康づくりに加えて，野外教育に非常に熱心なところがある．スクールバスで小学校に通う子どもたちは，家が離れていて帰宅後に一緒に遊ぶことができない．豊かな自然環境に恵まれながら，そこで遊んだ経験が少なく，たまに集まってもテレビゲームしか思いつかない．地元の大人たちが目指したのは，たとえ商業化されたアウトドア・アクティビティであっても，それを通じてさまざまな場所の経験をさせることであった．大人になったとき，さらに次の世代に暮らしの場所の経験を伝えられる人に育ってもらいたいからだ．その先に集落の再生を企図していることは言うまでもない．
［前田和司］

📖さらに詳しく知るための文献

Gruenewald, D. A. 2003. The Best of Both Worlds. *Educational Researcher*, 32(4): 3-12.

前田和司 2020．野外教育の生活化とローカル化の行方．松村和則ほか編『白いスタジアムと「生活の論理」』東北大学出版会．

第14章

テクノロジー

[担当編集委員：柏原全孝]

パラスポーツとテクノロジー

●**障害のあるアスリートのスポーツからの排除**　スポーツの特徴はさまざまに考えられるが，その一つに，活発な身体活動がある．この文化の中では，近代スポーツ（西山 2006）が要求する身体的標準から逸脱しているとみなされる身体は，劣等に評価されることになる．その代表例が「障害のある人々の身体」である．特定の身体的（また知的・精神的）特徴はスポーツ参加に対して困難，つまり「障害（ディスアビリティ）」があるとされ，その特徴は「機能障害や欠損（インペアメント）」として意味づけられてきた．スポーツにおいて，この文化が要求する身体活動に適合的かどうかという点，ここに「健常」と「障害」を分かつ基準が設定され，適合的ではないとされる身体の人々は，「身体の不足」によってスポーツ参加から排除されてきた．これが障害者のスポーツからの「第一の排除」である．

　スポーツからの「第一の排除」に対して，障害者がスポーツに参加するために，障害のある人々の「身体の不足」を埋め合わせることが必要となる．義足や車椅子などの補装具は人間の「自然な身体」からの欠損を補う「合理的配慮」あるいは医学的処置（トリートメント）として理解される．すなわちテクノロジーは欠損のある身体を補い，スポーツに包摂する手段である．2000 年代前半までの日本では，テクノロジーの進展は障害のある人達のスポーツ参加を実現する上で重要であり，義足にまつわる問題は，テクノロジーの恩恵を受けられない「経済格差」の問題と結びついていた（渡 2021）．

　こうしたテクノロジーとパラスポーツの関係は，2000 年代半ば以降，変化していく．特に，2004 年のアテネパラリンピックに出場した両足義足の 400 m ランナー，オスカー・ピストリウス（南アフリカ）の登場以降，義足の問題は，「生身の身体」と比較したときの公平性の問題として捉えられるようになった．それはピストリウスが 2008 年の北京オリンピックへの出場を求めたとき，また片下肢切断の走り幅跳び選手のマルクス・レーム（ドイツ）が東京オリンピックへの出場を目指したときに顕在化した．国際オリンピック委員会（IOC）とワールドアスレティックス（WA）は，ピストリウスやレームの義足が健常者の「生身」の脚よりも有利に働いているのではと指摘し，出場を認めなかったのである．義足のテクノロジーは「生身の身体」を超える「過剰」な助力（エンハンスメント）を生む道具として捉えられることになった．補装具から「過剰な」道具へ認識が変化したといえる．義足によるエンハンスメントは健常者－障害者の秩序，すなわ

ち近代スポーツの持つ健常者中心主義を破壊しかねないことである．障害者の身体とテクノロジーの組み合わせはエンハンスメントによる「身体の過剰」であり健常者のスポーツから排除されることになる（樫田 2020；2021）．障害者のアスリートの身体は健常な身体を中心とする階層秩序の中で劣位に位置づけられ「インペアメント」として「障害」にされる（無力化される = disabled）．これはスポーツからの「第二の排除」である．

●**排除に抗する論理／メタファーとしての「サイボーグ」**　障害者アスリートの身体に対してはこれまで「サイボーグ」のメタファーがよく使われてきた．これらの議論は，義足というテクノロジーが身体の不足を補う道具として捉えられたものを，義足も含めた身体，すなわち「サイボーグの身体」として再身体化するものだと言えよう．また，ノーマンとモーラは，「「自然な」身体として想定されているものが，実は科学や技術と肉体との複雑な混合体」（Norman, M. E. & Moola, F. 2011, 1268）であり，アスリートは「つねにすでにサイボーグ化している」（ibid., 1270）と主張する．つまり，健常者アスリートの身体も義足の身体もどちらも同じ「過剰な身体」であり「サイボーグ」である．この主張の眼目は，スポーツにおける義足の有利・不利の問題（第二の排除）から距離を取り，義足を含めた「身体性」を主張すること，また，健常者と障害者がテクノロジーに対して同様であることを示すことにある．それによって，レームのようにオリンピックから排除された障害者アスリートを，スポーツをする主体として取り返し，差別と排除に抗しようとする．この議論は，近代スポーツの保持する「自然な身体の主体による競争」が擬制に過ぎないことを指摘する近代スポーツ批判でもある．しかし，サイボーグの議論は義足やテクノロジーの利用のあり方の差異を「身体」に包括し議論の水準をずらしたことで，身体と道具やテクノロジーを個別に議論することを困難にしてしまった．また，ホウ（Howe, P. D. 2011）は，こうしたサイボーグ化の前提となっている最先端のテクノロジーが，開発途上国のアスリートの競技参加を難しくしていると指摘する．

　今後は，身体の「自然性」や「健常性」をどのように捉えるべきか，あるテクノロジーが逸脱的なエンハンスメントとして捉えられたり，ある身体が「インペアメント」として意味づけ否定したり受容されたりするのは，どのような条件やスポーツ理解においてなのかなど，サイボーグ理解の社会的条件を検討する必要がある．またサイボーグの論理は，スポーツを，アスリートとテクノロジーや環境を含めた身体／技術／環境が複合した総体として捉える視点にも繋がっている（渡 2021；2022）．　　　　　　　　　　　　　　　　　　　　　〔渡　　正〕

📖**さらに詳しく知るための文献**

渡 正 2021．スポーツにおける身体の範囲．文化人類学研究 21：37-53．
福島真人 2017．身体，テクノロジー，エンハンスメント．同『真理の工場』東京大学出版会．

ビッグデータとスポーツ

●**ビッグデータと変容するスポーツ**　GPS を内蔵した時計型ウェアラブル端末に常時接続された身体が皇居の周囲を軽やかにジョギングする．端末に同期されたスマホには，衛星測位システム機器を主力とする巨大企業の専門アプリを介して走行距離，速度，ペース，ラップタイム，歩数，歩幅，移動経路，心拍変動，さらには推測された最大酸素摂取量や消費カロリーなど，ジョギングする身体から出力されるものが数値データとなって可視化される．身体運動は，生理データやエネルギー変動に関するデータとなって絶えずリアルタイムで数値化され，その数値は世界中の同じ端末ユーザーの数値と比較され分析される．次回のランまでに必要とされる休息時間やマラソンの予測タイムまでもが予言される．

　弾道測定器と高度な測定カメラに取り囲まれた特殊なスポーツ環境の中では，初心者から熟練ゴルファーたちまでもが日々理想のスイングづくりに励んでいる．これまでゴルファーの身体的感覚や勘に頼ってきた不可視の領域は，ミート率，クラブの入射角，打球のスピン量といった数値に転換されて共有可能なものとなっている．映像データや数値データは，オンラインで容易に共有される．どこかの他者との間に，身体的なスキルコピーの関係がつくられるような新しいメディアスポーツの生態系が出現している．スポーツ技芸は，身体から身体へと暗黙知の次元で直接的に模倣されると論じたブルデュー（Bourdieu, P.）のスポーツ身体論は，この現状のまえで部分的に失効せざるをえない（ブルデュー 1988）．

●**アクターネットワークとしての「三笘の 1 ミリ」**　運動する身体が，多様な機能を持つ機械に常時接続され，AI（人工知能）や人工衛星とネットワーク化されることによってスポーツ実践が生み出されるような物質的・社会的諸条件は，いまでは日常のスポーツを構成する重要な要素となっている．2022 年に開催されたカタールW杯で話題となった「三笘の 1 ミリ」は，ピッチの隅々までを半自動的に監視し続ける高性能カメラと AI を搭載した高性能チップを内蔵したサッカーボールと三笘薫の躍動する身体からなる複合的なネットワークシステムによって実現された出来事だ．この新しい現象は，ある意味で「人間の格下げ」を予感させる．近代スポーツが，個体に宿る「主体」や近代の理想的な「人間性（ヒューマニティ）」によって主導され形作られる特殊な身体＝「自然な身体」によって生み出されるものであるならば，現代のスポーツは身体化された「人間中心主義」からの脱却を映し出している．「三笘の 1 ミリ」なる出来事は，三笘の左足という部位，高性能カメラ，AI 内蔵のボールといった複数のモノが接続されて初めて出

力されるエージェンシーの化身なのである．ラトゥール（Latour, B.）らが唱えた「アクターネットワーク理論」（ANT）は，人間にのみ与えられた主体やエージェンシーをモノや非人間にも同等に与え直し，モノたちを平等に「アクター」として捉え返すことで，人間を中心とした社会の網の目を編みなおそうとする（ラトゥール 2019）．そのような意味で，現代スポーツは，近代の人間中心主義をグローバルに拡張する文化装置としてのスポーツの役割をその内側から打ち破ろうとしているようだ．

●**データ革命？ あるいは監視資本主義？**　新たなスポーツの物質性や社会的諸条件は，プレイの戦略や身体運動のあり方を揺さぶっている．MLB に限らず，日本の高校野球界をも席巻している「フライボール革命」は，膨大な数値データに基づく確率論によって実現する野球スタイルだ．2 番打者の送りバントはすっかり影をひそめ，トラウト（Trout, M.）やジャッジ（Judge, A.），大谷翔平のような希代のホームラン打者が 2 番を打つのも，データ予測による新しい戦術である．選手やコーチの感性や経験といった不確実なものに頼らない統計学や数学的な判断が，スポーツの「データ革命」と呼びうるものを主導している．

そもそもビッグデータは，従来のデータとは違ってその規模は膨大であり，取得と更新の頻度の半永続性を維持し，無目的な多様性（使用目的はデータに従属する）をその特徴としている．ビッグデータにとって個々のデータは，それ自体としては無価値なゴミのようなものであり，その無価値化されたデータの集積の増幅的な運動こそがビッグデータの本質となる（大黒 2014）．鉱山から資源を採掘するかのごとく，ビッグデータの海に捨てられたものを有用な形に翻訳する作業がデータマイニングである．

人間の経験を行動データに変換する原材料として一方的に規定する支配的な力とプロセスをズボフ（Zuboff, S.）は，「監視資本主義」と呼ぶ（ズボフ 2021）．取得されたデータは，AI を介して予測製品へと加工される．アスリートの感性や経験は，データの先物取引市場を形成し，売り買いされる．スポーツ実践は，資本主義のためにデータを提供する営為でもあり，そのデータに応じて新しく身体や戦略が組み直されていくようなループ状態がそこに形成されている．

監視資本主義に組み込まれた現代スポーツをどのように批判的に捉えるのか．スポーツ社会学者たちの腕の見せ所である．イチローのように徹底的に身体的感性の有限化を突き詰める方向性もある．ダルビッシュ有のピッチング技芸の研鑽のごとく，身体とモノのネットワークとしてスポーツを「脱－人間化」のエージェンシーにしていく方向性もある．「自然な身体」という近代の幻想には生き残る場所がないことは確かであるが，資本の捕縛を逃れる不確実な有限的身体がスポーツの新しい条件となるような眼差しをもったスポーツ社会学が求められるのではないだろうか．　　　　　　　　　　　　　　　　　　　　　　　　　　[山本敦久]

テクノロジーと伝統

　伝統とテクノロジーは相容れないと思われがちであるが，テクノロジーは（化学）知識の実用化だとすれば，昔から伝統スポーツを支えてきたと言える．弓と矢，剣と刀などの昔の道具は伝統的テクノロジーである．日本刀の伝統的製法「折り返し鍛錬法」は世界で高く評価されている．しかしモダンなテクノロジーと伝統は相容れないイメージがある．伝統競技とされている相撲はテクノロジーとの相性が悪いと思われているであろうが，意外にもモダンなテクノロジーを取り入れている．国技館という建築物，その中での場内放送，釣り屋根の裏についている照明とカメラなしでは，現在の相撲は成り立たない．テクノロジーは試合形式にも影響を与えている．1926 年のラジオ放送開始に合わせて仕切り時間に制限が設けられた（トンプソン 2012）．本項目ではテレビの影響を取り上げる．

●**大相撲のビデオ判定導入**　写真が新聞に載るようになってからいわゆる誤診の「証拠」は広く提示されるようになったが，1953 年に始まったテレビの相撲放送はそれをリアルタイムで提供するようになり，そしてビデオリプレイによってさらに叩き込まれた．1969 年の 3 月場所，横綱大鵬の連勝は 45 で止められたが，リプレイによって対戦相手の足が先に出ていたことは明らかであった．連勝が誤審で止まったことの衝撃は大きく，その次の 5 月場所でビデオ判定が導入された．勝負の判定は行司がまず示すが，物言いがついたときに土俵下の 5 人の勝負審判が最終決定をくだす．その場合，館内の別室にいるビデオ担当の審判員は，リプレイでみたことを，イヤホンを通して審判長に伝え，勝負審判は協議する．

　相撲協会の決断に対して「伝統」を理由に反対する声もあった．「一部に『機械力に左右される大相撲，これでは相撲も味気なくなる．せっかくちょんまげをつけて取り組んでいるのに……』と余りにも現実的になったのを嘆く懐古派ファンがあるのも事実である」（朝日新聞 1969 年 3 月 19 日付）．が，米国のメジャースポーツや世界で一番人気があるサッカーよりも数十年も早く，伝統を継承し重んじると思われている大相撲は勝負判定にビデオを導入したわけである．

●**リプレイの意義**　審判は試合の出来事を定義する．競技における「事実」は審判の判定によって確定するからである．科学社会学者のコリンズ（Collins, H.）は審判のその権限を「存在論的権威」と名付ける．そして観客が判定の正しさを自分の目で確認できることを「透明な正義」という．しかし観客が正しいかどうか判断できない際どい勝負もある．この場合，判定の正しさは審判員の「認識論的特権」に支えられている．審判は観客よりプレイに近く，よくみえるはずである

から，観客は審判の判定を信用する．コリンズはこのことを「推定正義」という．テレビ以前のスポーツにおける多くの判定の正義は推定されたものであった．しかしテレビ中継のリプレイは審判の認識論的権威を侵す．競技場（土俵）は複数のズームカメラによって監視されており，行司や勝負審判が見えなかった角度，あるいはより近い視点でプレイを映しだす．また，問題があった場面がゆっくり，そして繰り返し放送され，審判の判定が間違っていた，誤審があったということは暴かれる．コリンズはこのような明らかな誤審のことを「透明な不正義」という．テレビ，特にリプレイはこれまでの推定正義を透明な不正義にしてしまうわけである．その結果，審判の権威が失墜する（Collins 2010, 136-137）．

●ビデオ判定の捉え方　柏原が跡づけるように，導入前の新聞の論調は写真やビデオによる判定に必ずしも肯定的ではなかった（柏原 2021, 179-225）．「写真判定よりも行司，検査役［勝負審判］の技量向上，制度改革こそが優先されるべきという論調が支配的だった」（柏原 2021, 208）．つまりリプレイによって行司や勝負審判の認識論的特権が害われ，批判として現れた．コリンズが解説したように，リプレイによって害われた審判の認識論的特権を取り戻すために，観客が参考できるものと同じ情報，つまりリプレイの映像を審判に提供しなければならない（Collins 2010, 143）．このことはコリンズより，50年も前に大相撲の誤審騒動ですでに意識されていた．ビデオ判定が導入された当日，朝日新聞は次のように解説している：「テレビの視聴者と同じ画面を参考にするのだから，少なくとも視聴者が判定に疑問をもつことはこれまでよりも減るはず」（朝日新聞 1969年5月11日付）．また当時の審判部長は次のように語った：「NHK テレビの録画を参考にするのは見識がない，と思う人もいるだろう．だが，ファンの九〇％は相撲場にこないで，テレビを見ている人たちだ．録画を相撲協会が独自でやって，角度などの食違いが生じると，かえって疑惑を持たれることもある」（朝日新聞 1969年5月4日付）．新聞社も相撲協会の人間も「透明な不正義」をなくすには審判はテレビ視聴者と同じ情報を共有する必要がある，と理解していた．

　また，テクノロジーの導入によって審判の存在論的権威が害われるという懸念に対して，主体が人間の審判員であることを当時の理事長は強調した：「審判委員の補助的な参考にするのが目的だが，より正確を記すことでもあり，ファンも納得してくれるだろう」（朝日新聞 1969年3月18日付）．審判において重要なのは正確さではなく正義，つまりファンの納得である（Collins 2010, 141-142）．

[リー・トンプソン]

🔖さらに詳しく知るための文献

Collins, H., et al. 2017. *Bad Call*. The MIT Press.

柏原全孝 2021．『スポーツが愛するテクノロジー』世界思想社．

トンプソン，リー 2012．伝統スポーツとメディア．黒田 勇編著『メディアスポーツへの招待』ミネルヴァ書房．

スポーツと統計のテクノロジー

「セイバーメトリクス」の起源は，ジェームス（James, B.）が『*Baseball Abstract*』（1977）を自費出版したことにあるとされている．この書籍では MLB のデータを解析し，野球に関する疑問に対して，統計学的，数理科学的な観点から客観的な分析を行い，盗塁，犠牲バントが有効な戦術であるかどうかの分析や，ヒットエンドランが統計学的に有効とは言えないなどの提言を発表している．また，後に出版される改訂版では，打者の得点力を計算する RC（Runs Created）や守備の定量評価である RF（Range Factor）の開発，ピタゴラス勝率，出塁率の重要性など次々と新たな提起を盛り込み，大きな功績を残してきた．

1990 年代，セイバーメトリクスに関する議論が多くなされ，新しい理論が提案されてきた．出塁率と長打率の和である OPS（On-base Plus Slugging）は打者評価として最も普及したと言えよう．投手評価では，「先発投手が 6 イニング以上登板し，かつ自責点 3 以内に抑える」を満たせば記録される QS（Quality Start）や「被本塁打，与四死球，奪三振」という「投手自身がコントロールできる要素」だけで評価することを試みた FIP（Fielding Independent Pitching）などがある．これらの指標は，これまでの野球の公式記録にある指標をベースに作成されたものである．

● **Plate Discipline** テクノロジーの発達によって，グラウンド上の選手やボールの動きを計測する技術は格段に向上し，それにより膨大なデータの解析がなされることによってセイバーメトリクスは著しい進化を遂げている．その一例が「Plate Discipline」と呼ばれるストライクゾーン内外でのスイングや見逃しの割合を測定する指標群の測定である．例えば，「選球眼がよい」ことを示すのにそれまでは四球の多さに着目することが多かった．しかし，四球が多い打者というのは，投手が勝負を避けざるを得ない長打力のある強打者であることも多い．そこで「ボール球に対するスイング割合」である「O-Swing%」を求めることで選球眼の良し悪しを測ることが提案された．O-Swing%は目視によっても計測することは可能ではあるが，投手の投球速度や軌道を追跡するスピード計測システム PITCH f/x や TRACKMAN 社が開発した，軍事用に使用されていたドップラーレーダー式弾道追尾システムをゴルフの弾道計測に改良した「トラックマン」という技術と，光学高精細カメラによる画像解析システム「トラキャブ」を用いて，グラウンド上の選手やボールの位置，方向，速度などのデータを計測するシステム「STATCAST」といった計測技術によって 1 球ごとにボールがストライクゾーンを通過したかを判定できるようになると，ゾーンを通過していない球に対して

スイングしたか否かの判別ができ，O-Swing%を算出することが容易になった．

●**戦術に大きな影響を与えたセイバーメトリクス** Pitch f/x や STATCAST などのテクノロジーの発達は，戦術にも大きな影響を与えた．その成果の一つが「大胆な守備シフト」である．2010年あたりからレイズのマドン（Maddon, J.）監督が頻繁に使うようになったのがきっかけとされている．当初は引っ張る傾向の強い打球を放つ長距離打者対策として，彼らの打球データを分析し，打球が飛ぶ確率が少ない方向を守る守備者の位置を変更し，より打球が飛びやすい場所にシフトさせる布陣を敷いた．このシフトには，「投手が不安に思う」などのマイナス面もあるが，ゴロ打球をアウトにする確率は格段に上昇することもデータで明らかになった．ただし，近年は出塁率の低下による競技への魅力が損なわれるとしてMLBでは2023年より「大胆な守備シフト」が禁止となった．

●**フライボール革命** STATCAST の打球の解析により，打球速度が98マイル毎時（約158km/h）以上で，打球角度が30度前後の打球はヒット確率が80%に及び，そのほとんどがホームランとなることが分かった．そのゾーンは「バレル」と名付けられ，打者はここを目掛けて打球を放つ意識でスイング改造を行うようになってきた．これは「フライボール革命」と呼ばれ，それまで「低いライナーを強く打つことによってヒットを狙おうとしてきた打者にとっては大きな意識改革である．「19度のアッパースイングでボールの中心の0.6センチ下側をインパクトすることで飛距離が最大化する」という理論があるが，2022年ホームラン62本を放ち本塁打王となったニューヨーク・ヤンキースのジャッジ（Judge, A.）は「ボールを時計に見立てたとき，7時の位置でバットが当たるようにスイングすることで，打球が上がる確率を高めようとしている」とし，理論の具現化を図っている．MLBの打球角度は年々増加し，2024年にはジャッジの平均打球角度が19度となり，理想の角度の打球を放てるようになった．

なお，STATCAST による計測結果やそれを基に算出された指標はMLB公式サイト内にある「Baseball Savant」（https://baseballsavant.mlb.com/）というサイトにて閲覧することが可能である．このサイトでは，打者であれば，全打球のスプレーチャートや，打球速度，角度，打球がバレルゾーンに入った割合（Barrel%）などが掲載されており，これらの打球データや打者の走力から期待される得点価値と，三振，四死球を用いて計算される Expected wOBA（xwOBA）といった指標も閲覧することができる．投手であれば，球速，球の回転数（Spin Rate），球種ごとにまとめられた大まかな投球コース，球の回転軸，バックスピンによる球の伸びや，サイドスピンによる球の軌道の変化量などが閲覧できる． [鳥越規央]

📖**さらに詳しく知るための文献**

James, B. 1977. *Baseball Abstract.*

鳥越規央 2022. 『統計学が見つけた野球の真理』講談社．

センサ技術によってもたらされる
エビデンスベースド・スポーツの未来

●エビデンスベースド・スポーツの時代　医学分野では当たり前となっているエビデンスベースド・メディシン（EBM）は，その後スポーツの世界にもその考え方が導入され，エビデンスベースド・スポーツと呼ばれるようになってきた（仰木 2019a）．エビデンスとはすなわち，「測れるモノ」「測れるコト」を定量化し，定量化されたデータによって比較・検討・予測を行うことを意味する．エビデンスベースド・コーチング，エビデンスベースド・トレーニングは，何らかの手法で計測された選手個々の生体情報，動きの情報などを用いたコーチングやトレーニングと言える．データが存在しても，そのデータに「基づく」というからにはそこに何らかの科学的見地からの判断が必要である．まだまだ，浸透しているとは言えないこのエビデンスベースド・トレーニング，エビデンスベースド・コーチングは，(1)センシング技術の高度化・微細化・無線化，(2)データ処理技術の高度化，ネットワーク化，の二つの進化に牽引されてきた（仰木 2019b）．

　2019 年に行われた特許庁の特許出願動向調査はスポーツ関連技術にまつわる特許を世界中から 6 万件以上にわたって精査した（特許庁 2020）．その報告書によればセンシング技術，画像処理技術などを駆使するスポーツ関連技術特許の中で，センシング対象は「物」よりも「人」がほぼ倍の特許件数を占めており，また測定項目では「空間」に関するものが最も多く，次いで「力」「生体情報」となっている．さらに測定手段では「外界からの観測」が「ウェアラブルデバイス」の倍近いことが明らかになっている．これらが物語ることは，競技場や練習環境において，選手たちの動きを観察者が外からカメラなどの機器を用いて観測することが未だに多いことを意味している．さらに，観測したデータの提示方法では，「映像生成」が全特許数のほとんどを占めている．また技術課題として，「リアルタイム性」が同様に圧倒的な数を占めていることも資料が示している．この特許件数とその動向が示すことは，現在の市場で求められているニーズは，「試合中の選手（人）の運動を観客席などの外部から映像機器によって観測し，それをリアルタイムで解析して提示する」というものである．すなわち，試合のエンターテインメント化に対する技術開発が精力的に進められていることがそこから読み取れる．

　球技における「チャレンジ」に代表される，ボールのイン・アウトなどの判定においてもリアルタイム性が担保されてきた現在，エビデンスベースド・ジャジメントが確立し，すでに肉眼に頼る審判ではなく機械審判がヒトの判断を覆す時代へと一気に進化を果たした．富士通が開発した体操選手の AI 体操採点シス

テムは，赤外線レーザーを使った 3D スキャン技術である LiDAR を使った観測技術に加えて姿勢の推定，その技の出来栄えまでも判定する画期的なシステムであり，この AI を採用したシステムは選手が公平に採点されることを期待させることに加えて，日常のトレーニングで使うことが可能になれば，練習で取り組んでいる技がどのように採点されるか，選手・コーチがトレーニング中に知ることができる．体操同様に審判の眼で判断されるフィギュアスケートやスノーボードなどの採点競技のあり方が激変することが今後予想される．

●能力向上重視から安全・安心・信頼へのシフト　外界からの観測に比較して，ウェアラブルデバイスによって得られる情報は試合後に回収したデバイスからデータを抽出し，解析して選手にフィードバックする手間が必要な場合が多いことから，同時に観客へのエンターテインメント性を持たせることは困難である．それでも個々の動作を改善するような製品やサービスもトレーニングの場ではすでにいくつか実用化に至っている．ゴルフにおいてはクラブシャフトに装着して，スイング軌跡，フェーズ角度，エネルギー伝達率などの情報が得られる製品が学術的な研究成果を元に製品として登場している（例：M-Tracer）．クラウド上に蓄積されている一流ゴルファーのスイング軌跡やその特徴と照らし合わせて自分自身のスイングを自己分析できるものである．しかしながら，なかなかどのようなスイングにすべきか？　自分にとって最適なスイングはどのようにしたら身につくのか？　といった課題を解決するようなデバイスはこのゴルフに限らず市場には見当たらない．したがって，今後 AI 技術を含めて解析部分の技術開発が待たれる．

　スキル向上を目指すウェアラブルデバイスに対して，近年選手の体の安全を目指したウェアラブルデバイスの躍進が目覚ましい．野球のピッチャーの肘に装着して投球回数過多，肘外反ストレスの可能性などを検出するセンシングデバイスがすでに複数市場に出回っている．こうした製品はピッチャーの投球障害を防ぐという目的からすれば非常に価値をもっており，ウェアラブルデバイスは個々の選手のもつ個体差を含めてデータ収集し，その観測結果から安全をもたらす．投球回数の目安を超えていないか？　選手が我慢して投球練習を頑張り続けることを回避することができるようになったことは大きな貢献であろう．フォームをどう変えればよいのか？　という示唆はバイオメカニクス的視点からは不十分な情報量であっても，その目的が医学的見地からでは十分に効果的な機能をもつ（Khalil et al. 2021）．選手・コーチが身体運動に伴って得られるデータを獲得し，蓄積しそれを基にしたトレーニング・コーチングに活かすような時代，すなわち「エビデンスベースド・スポーツの時代」へと突入していることは間違いない．今後はデータの解釈と，最良・最適なトレーニング・コーチングを導き出すアルゴリズムやソフトウェアの開発競争の時代へと向かうであろう．　　　　　［仰木裕嗣］

e スポーツ

　e スポーツとは，エレクトロニック・スポーツ（electronic sports）の略称で，ビデオゲームを用いた競技を指す．ビデオゲームであれば，なんでも e スポーツになるのではなく，競技として成立するかどうかで分けられる．スポーツ（野球，サッカー）やシューティング，格闘，ストラテジー，カードといったジャンルだけでなく，一見競技が成立しそうにないパズルなども含まれる．

　e スポーツという言葉は 1990 年代後半以降に使われるようになるが，日本ではほとんど知られることもなかった．ところが，国際オリンピック委員会（IOC）がオリンピックの正式種目に e スポーツを検討していると報道され，日本でも注目を集める．こうした中で 2018 年，e スポーツ統一団体である日本 e スポーツ連合（JeSU）が設立される．

　2018 年インドネシアのジャカルタで開かれたオリンピックのアジア競技大会（Asian Games）で，e スポーツが公開競技として採用され，日本代表がサッカーゲーム「ウイニングイレブン」で金メダルを獲得した．さらに，2023 年の中国・杭州アジア競技大会ではついに正式種目となる．e スポーツへの期待が高まる中，IOC は 2021 年，器具を使用した仮想スポーツの大会「オリンピック・バーチャル・シリーズ」で当初企図していなかったビデオゲームを採用．2023 年には「オリンピック・e スポーツ・シリーズ」（e スポーツの五輪）を主催した．ビデオゲームをスポーツとして認めるようにもみえる動きは，国内外で急速に広がりつつある．

●e スポーツの歴史　e スポーツは，1990 年代後半にアメリカのリーグプロモーターによって始められたとされる．とりわけ，初期の e スポーツの発展に寄与したのが 1997 年に米国で設立されたサイバーアスリート・プロフェッショナル・リーグ（CPL）であった．CPL はスポンサーをつけ，テレビ放送をはじめ，高額賞金を用意したリーグを整備してプロゲーマーを輩出した．2000 年代には韓国政府が積極的に e スポーツを支援し，サムスンとともにワールド・サイバー・ゲームズ（WCG）を主催する．WCG はオリンピックを意識した国際大会であり，韓国は e スポーツ先進国として躍進し，各国のモデルとなっていく．

　こうした初期のリーグで扱われたゲームタイトルは，パソコンのオンラインゲームが中心だった．そのため，e スポーツといえば PC オンライゲームを前提とした定義が散見される．しかし，e スポーツの起源の一つは，日本のゲームセンターのハイスコア文化に見出され，1974 年にビデオゲームの全国大会（セガ主

催）が開催されている．長らく，ゲームセンターとeスポーツは関係のないものと思われてきたが，タイトーは2020年に「eアーケードスポーツ」を掲げ，格闘ゲームの全国大会を各地のゲームセンターで開催し，コナミは2021年，業務用の音楽ゲームで腕を競う「BEMANI PRO LEAGUE」（BPL）を立ち上げた．eスポーツは，必ずしも機器やジャンルに限定されるものではない．

●**スポーツとは何か**　ビデオゲームに対する否定的な意見は根強く，ゲームで遊ぶと暴力的になり，社会的不適応や依存症（ゲーム障害）を引き起こすとされ，さらには，外遊びの減少による運動不足が危惧されてきた．一般的にスポーツは身体的活動を伴う競技と考えられていることから，ビデオゲームをスポーツとみなすことに反対の意見は多い．

しかし，何がスポーツとされるかは，時代によって変化してきた．木下秀明（1970）によれば，明治時代においてスポーツは「遊戯」と呼ばれていた．『内外遊戯全書』（1900）には，楽器，カルタ・トランプ，囲碁，ゾートロープなどが各種スポーツとともに紹介されている．昭和になってもその傾向は変わらず，浅草松屋の屋上遊戯場は「スポーツランド」（1931年）と名付けられ，ボーリングや自動木馬，自動キネマ，パチンコといった機械式の遊技機が設置された（中藤1984）．パチンコもれっきとした「庶民のスポーツ」であったと木下（1970）は言う．

近代スポーツは，身体の快楽を否定し，真面目なものとして運動競技に限定していった．例えば，それはベースボールから野球と呼び替え徳育の効果を強調した一高（第一高等［中］学校）の武士道野球であり（有山1997），各流派の柔術を合理的な武道としてまとめあげ，体育（身体鍛錬）・勝負（武術修練）・修心（知育徳育）の効用を説いた講道館・嘉納治五郎の柔道であった（井上2004）．戦前のスポーツは，「選手」という言葉が示すように，選ばれた人だけに与えられる特権であり，学生など一部の人々のものであった．戦時下においては，「戦技」として利用価値を見出されていくスポーツは，戦後，商業化される中でようやく大衆化し，多くの人々に楽しまれるようになる（木下1970）．

ビデオゲームのスポーツ化の動きは，スポーツの近代化の過程に酷似する．かつて心身に悪影響を及ぼすものとして非難された野球や柔道が，イデオロギーを転換させ，興行，教育，そしてオリンピックに取り上げられる中で近代スポーツとして広まっていった．それは端的にイベント化と教育化の過程と言えるが，ビデオゲームも今，eスポーツとして同じ道をたどっている（加藤2019）．　［加藤裕康］

📖**さらに詳しく知るための文献**
Taylor, T. L. 2012. *Raising the Stakes*. The MIT Press.
加藤裕康 2018．ビデオゲームはスポーツなのか．中央公論 1618：190-197.
加藤裕康 2017．ゲーム実況イベント．飯田 豊・立石祥子編著『現代メディア・イベント論』勁草書房.

走る身体とテクノロジーの協働

●**走ることにおける自然と科学**　米国でベストセラーとなったマクドゥーガル（McDougall, Ch.）の『Born to Run 走るために生まれた』（2010）は日本でも話題となり，関連するドキュメンタリー（NHK エンタープライズ『人は走るために生まれた』2011 年）が制作されるなど，幅広い関心を呼んだ．そこでは神話化された形象としてメキシコ北部山岳地帯に生きる先住民タラウマラとその走力の秘密が解き明かされ，ついには人間の理想的なランニングフォームは素足で走ることで獲得されると結論される．その影響力はランニング界にベアフットブームを引き起こし，人々はそれまで主流だったクッション性の高いランニングシューズを履き捨て，むしろ逆にソールが薄く，裸足に近い感覚で走れるシューズを選択するようになった．

　この本の潜在的なメッセージは，人間にとって走ることは自然に備わった能力であり，科学に裏づけられたはずのテクノロジーはかえってその能力の開花を妨げるという主張にある．Born to run という題名は，ルソー主義的にこうした人間の自然を讃美するのに相応しく，スポーツする身体が帰結するあらゆるエンハンスメントを否定するかのようである．実際のところは，科学こそ人間身体の能力を強化し，あらゆるスポーツのレベルを高めてきたに違いないのだが，一方で，スポーツの社会・文化的価値が自然な身体相互の卓越性に求められるとき，科学は途端に野蛮な力として否定されることもある．スポーツにおける自然と科学が導き出すそうした矛盾を私たちはどう考えるべきだろうか．

●**「厚底シューズ」がつくる世界記録**　ベアフットランニングが耳目を得てから間もなく，これとは真逆の「厚底シューズ」がランナーの景色を一変させた．この厚底シューズとは，ナイキ社が製作したかつて類例を見ないほどにソールの厚い一連のランニングシューズに対する日本での通称である．この最初のシューズが発表された 2017 年以降，ランナーの足元の風景は奇妙なほどに厚底シューズ一色となり，世間の注目を浴びることになった．中長距離走の主要大会や箱根駅伝などに出場するランナーたちの多くが厚底シューズを履き，さらにその中でも限られたトップランナーたちは目を疑うほどに次々と既存の記録を塗り替えていった．例えば，2019 年には 9 人の選手がマラソンで 2 時間 4 分を公式に切る記録を残しており，そのいずれの選手もがナイキ社の厚底シューズを着用していた．マラソンが近代的な競技種目として成立してから 2019 年に至るまで，2 時間 4 分を切ったのがわずかに 9 人であったことを考えれば，この厚底シューズがラ

ンナーたちのレベルを一気に引き上げたことが容易に想像されるだろう．その衝撃はすぐさま厚底シューズはテクノロジードーピングか否かという議論を巻き起こし，結果的に世界陸連はレース用シューズに関する規定を一部修正せざるを得なくなった．

　この厚底シューズ誕生の背景は Breaking 2 と INEOS 1：59 Challenge という二つの世界記録製作プロジェクトに詳しい．いずれも人類には不可能と言われてきたマラソンの2時間切りを実現させることを目指しており，ドキュメンタリー作品として映像化もされた．プロジェクトの鍵を握るのがキプチョゲ（Kipchoge, E.）という稀代の長距離走者の存在とナイキの厚底シューズであった．結果的にINEOS 1：59 Challenge で，キプチョゲは非公式ながら1時間59分40秒02という世界記録を樹立した．しかし，二つのプロジェクトの進行過程を丹念に見ていくと，この世界記録が単にキプチョゲ自身の生身の身体の卓越性がつくり出したものではないことに気づかずにいられない．記録が生まれていくまでの過程においては，ペースメーカーであると同時にドラフティングと呼ばれる風よけ効果を生み出す複数の別のランナーの存在，科学的に計算・設計されたレース環境，身体を機能的に強化するランニングシューズなど，こうした人間と非人間が織りなすアクターネットワークにより，前人未到の世界記録はつくり出されていったのである．

●スポーツ，テクノロジー，人間　スポーツという現象をヒト，コト，モノの協働関係として読み解いてみるとどうなるだろうか．その一つの効用は，スポーツとテクノロジーをめぐる視点がスポーツに厳然と横たわる人間中心主義を鋭く批判する点にある．タラウマラの強靱な身体とその驚異的な持久力に，あるいは100 m を9秒58で駆け抜けるボルト（Bolt, U.）の身体の躍動に，私たちは夢を見ている．人間が人間をどこまでも超えて，無限に進歩していけるだろうという神話を求めている．そして，スポーツは確かにそのような進歩の感覚を実感させるからこそ，近代という時代を象徴する神話であり続けてきたし，今でもそうである．

　しかし，もしもスポーツを徹底して人間とテクノロジーの協働という視点から見てみれば，スポーツにおけるそのような過剰な人間中心主義は微妙に修正されなくてはならないだろう．薄底（自然）から厚底（科学）への振り戻しが示すように，単に速く走るということに関してもすでに人間と科学，また，それらを取り巻くモノやテクノロジーとの連関抜きに思考することは困難である．走る身体で起きていることは，私たちが普段は対立的なものと考えている神話的思考と科学的思考の奇妙なねじれ関係である．このように，スポーツとテクノロジーの問題は私たちが私たち人間という存在をどのように構想するかということにも深く関わっている．

[小木曽航平]

スポーツの美的体験とテクノロジー

　いわゆる「見るスポーツ」において人々が美を享受するのがスポーツ観戦者の美的体験であり，「するスポーツ」において実践者自身が美を感受するのがスポーツ実践者の美的体験である．スポーツ美学が問題にする「美」は，狭義の美しさ（beauty）に限定されるのではなく，それをも含んだ広義の「美的なもの（aesthetic)」である．スポーツ観戦者の美的体験で言えば，競技者のすぐれたパフォーマンスに見られる身体運動の流動性や調和，ダイナミズムなどの「運動の美」と，試合の劇的展開に見られる「劇的特質」が，スポーツの美の内実である．スポーツ実践者の美的体験では，スポーツ運動を実践する中で実践者自らによって感得される運動感覚的体験（運動がうまくなされたときの快感など）がスポーツの美となる（樋口 1987）．

●観戦者の美的体験（見るスポーツ）とテクノロジー　スポーツ観戦の基本は，実際に目の前で展開されている競技会や練習を直接的に見ることである．しかし，テクノロジーの開発・発展とともに，スポーツ観戦にメディアが介入するようになった．明治時代の後半には，映画という映像テクノロジーによるスポーツ映画が登場した．日本初参加のストックホルム・オリンピック（1912）を撮った『オリンピック大競技会第一報』なる映画が上映され，人々は，それによって，オリンピックの観戦を楽しんだ．その後，ラジオとテレビというメディアが人々のスポーツ観戦に登場する．ラジオによる観戦は，映像を見るのではなく，実況アナウンサーの語りによって，競技の状況を想像する体験である．また，テレビは単に映像を提供するのではなく，スポーツを脚色・物語化して商品化し，実に多くの視聴者を獲得してきている．甲子園高校野球もプロ野球もJリーグも箱根駅伝も，テレビを中心にして，スポーツ産業によって生産される商品である（樋口 2000）．

　映像テクノロジーによって，1回限りで消えてしまうスポーツ運動を，録画によって繰り返し見たり，スローモーションで見たりということが容易にできるようになり，スポーツ観戦者の美的体験における「運動の美」は，細部にわたって分析的に観察されるようになった．「劇的特質」は，ドラマ化されたテレビ映像によって，競技の場面を越えて競技者の姿が浮き彫りにされることになり，拡張して捉えられるようになった．

　映像テクノロジーは，スポーツ観戦をメディア体験に変えた．映像テクノロジーによって人々のスポーツ観戦は飛躍的に促進され，わざわざ競技会の会場に出かけなくても，誰もが実に多様なスポーツを見ることが可能になった．生の観

戦は当然ありえるのだが，それは絶対的なものではなくなった．このところとても人気のあるマラソンや駅伝などで，街道に出て走る有名選手を見て感激したとしても，そのライブの体験では，レースの全容を把握することは不可能である．目の前を選手が駆け抜けて終わりである．劇的特質につながるスポーツの美は享受できない．一方，テレビによる観戦はレース展開を刻一刻知らせてくれるし，有力選手のコンディションについての情報なども提供してくれる．マラソンのレース全体を「ちゃんと見る」としたら，メディアを通さなければならないことになっている．そして，昨今のテクノロジーの進展，例えば 5G といった新世代移動通信システムによって，「AR（拡張現実）ライブ映像視聴システム」を使ったみらいスタジアムといったことまで考えられているという（望月 2019）．これなどは，生の体験とメディア体験をつなごうとする試みである．こうしたテクノロジーの発展により，逆に，生の観戦体験の特別さが浮き彫りになるだろう．

●**実践者の美的体験（するスポーツ）とテクノロジー**　実践者の美的（aesthetic）体験は運動感覚的（kinesthetic）体験である（樋口 1987）．スポーツ実践において使われる道具の持つ意味は大きく，大空を滑空するパラグライダーや波の上を滑るサーフィンなど，特有の道具がなければ，それらの体験はありえない．そこに見られるのは，テクノロジーによって実現された実践者の美的体験である．さらに，テクノロジーによって生み出された道具の変化によって，スポーツ実践者の美的体験は変容をこうむっている．例えばカーヴィング・スキーが登場する前と後では，スキーヤーの運動感覚的体験は違っている．道具の延長上に，道具という機械的な産物と一体化したような形での身体（機械によるシステムの一部としての身体）の姿を考えなければならないのである（樋口 2021）．さらに，テクノロジーの進展とともに，ヴァーチャル・リアリティのスポーツ運動体験が一般化しているという．最先端の映像技術 4D views がベースとなって 5G と組み合わせた「VR フェンシング」で，実際に試合をしている感覚が提供され，トレーニングに活用できるという（望月 2019）．スポーツ実践者の美的体験が，時空を超えてヴァーチャルな形で生成されるといった状況の中で，人間の身体性の問題を改めて考えることが求められることになる．コンピュータの技術革新は，身体性とテクノロジーの問題に新たな波紋を投げかけるのである．逆に，そうした機械としての身体による実践者の美的体験に対する反動の動きも，今後起って来るかもしれない．スポーツ実践者の美的体験は，人間の生身の身体による現実的な時空間における運動感覚的体験であるゆえ，その基本的な事態を失わない限り，テクノロジーの暴走に対する防壁的な役割を，今後果たすことになるだろう．　　　　　［樋口　聡］

📖さらに詳しく知るための文献

樋口　聡 1987.『スポーツの美学』不昧堂出版.

中尾拓哉編 2020.『スポーツ／アート』森話社.

ミア，A. 著，田総恵子訳 2018.『Sport2.0』NTT 出版.

ドーピングをめぐるテクノロジー

　日本アンチドーピング機構（JADA）によれば，ドーピングとは「スポーツにおいて禁止されている物質や方法によって競技能力を高め，意図的に自分だけが優位に立ち，勝利を得ようとする行為」とされている．各競技でドーピングへの対応がまちまちであった時期が長く，広くスポーツ界でドーピングが「悪い」「許しがたい」「防止するべき」とみなされるようになったのは，世界アンチ・ドーピング機構（WADA）の発足が1999年であることから，近年になってからの考え方であることが分かる．これは，スポーツにおけるフェアネス（公平性）や，自然に備わった才能を発揮するべきとする「スポーツの精神」という規範が「あたりまえ」でなかった時期が長かったということになる．これが，善悪が自明ではなく，社会的につくり上げられる，すなわち社会問題としてドーピングが立ち現れていることの証左である．

　最初のドーピング検査は，1955年にイタリア国立スポーツ医学研究所によるもので，複数人の自転車競技選手の尿検体から興奮剤のアンフェタミン類が検出されている（Henning & Dimeo 2022）．今日の日本では覚せい剤取締法で使用が規制されているアンフェタミンは当時，広く一般に流通しており，アスリートも例外ではなかった．しかし，1960年ローマ五輪での自転車選手の死亡の原因をアンフェタミンに求めたことで（実際には熱中症の疑い），一般社会と同様，プロ・アマを問わず規制の対象へと転換していく．さらに1970〜1980年代にはアナボリック・ステロイドによる筋肉増強が問題視された．特に旧東ドイツでは，スポーツによる国威発揚のために約1万人のアスリートにステロイドが投与され，いまだに陸上の女子種目には当時の記録が世界記録として残っている．

　アンフェタミンやアナボリック・ステロイド，さらに，赤血球の産生を促す合成EPO（エリスロポエチン）などが禁止薬物として収載されるたびに，ドーピング検査の開発も進んでいく．しかし，競技する数週間前に服用を中止したり，利尿剤使用により検出をすり抜けることがあり，検査結果は絶対視できない．さらに赤血球量を増やす自己血輸血（血液ドーピング）や遺伝子操作技術の使用の有無までは判定できない．このようにして違反者と規制者との「いたちごっこ」が続くことで，規制のコスト負担が増大していく．

●**ドーピングとエンハンスメント**　ここではドーピングをめぐる規範からいったん離れ，医療社会学の観点からドーピング問題をみてみよう．医療社会学ではドーピングを治療の範疇を超えた増強である「エンハンスメント（enhancement)」と捉える．エンハンスメントが議論されるのは，健康人でありながら，身体的な条件を増進的介入で幸福に追求しようとするいわば「ぜいたく」をどこまで許すかという点にある．例えば，保険適用や医療費控除がなされない美容整形は，通常の病気や怪我の治療とは一線を画していると現状では医療的・社会的にみなされている．このような相違を治療とエンハンスメントとの境界線（Treatment-Enhancement Distinction: TED）と呼ぶ（Erler 2017）．TED は，治療／エンハンスメントに対する国家負担の根拠を与え，社会的承認を得やすくする機能，ひいてはアンチ・ドーピングにも有効とされる．しかし実際に TED は明確なものとは限らない．例えば，メチルフェニデートはその興奮作用によりドーピング違反薬とされている一方，注意欠陥多動性障害（ADHD）の治療薬の一つとなっている．治療使用特例を事前に申請すれば，ADHD のアスリートにメチルフェニデートは処方可能である．ここでメチルフェニデートによる治療効果とエンハンスメントの作用は分かちがたく結びついていて，TED を揺るがしている．

●**ハーム・リダクションという考え方**　ドーピングを邪悪で不道徳なものとひとたびみなすようになると，禁止物質が検出されたアスリート個人が非難の対象となる．そこには，アスリートたちは「バレなければドーピングをしてパフォーマンスを向上させたい」と思っているというアスリート性悪説とでも言うべき社会意識がある．しかし，現役アスリートたちはこの問題に受動的で，過剰な監視や規制によるパフォーマンスへの悪影響などの問題発信を十分に行えていないし，医療などドーピングを助長するテクノロジーの問題点もほとんど指摘できていない．

　そこでもう一つ，健康リスクという規範を持ち込むことが近年，議論されている．この考え方の起源にあるのが「ハーム・リダクション」である．違法なドラッグの所持や使用，売買を徹底的に規制し処罰する「ゼロ・トレランス」政策と異なり，ハーム・リダクションは 1980〜1990 年代にドラッグ・ユーザーのあいだで HIV/エイズが蔓延した際に，エイズ死や質の悪いドラッグの使用による健康被害を低減するために展開された，代替薬物や清潔な注射器を使用するキャンペーンである（佐藤 2019）．現在では，公衆衛生政策に取り込まれ，社会防衛論の文脈で言及されるハーム・リダクションだが，元は自分たちの命や生活を守るためのドラッグ・ユーザーによる当事者運動であった．

　WADA によるアンチ・ドーピングの取組みは，自転車競技やロシアの例のように，より組織だったドーピングが後を絶たないことから必ずしも功を奏していない．しかし，本来のハーム・リダクションがもつ当事者運動の理念に立ち返り，アスリート自身が声を上げることで今後，ドーピングの捉え方や歴史が変わるのかどうかが問われている．　　　　　　　　　　　　　　　　　［本郷正武］

📖**さらに詳しく知るための文献**

Henning, A. & Dimeo, P. 2022. *Doping*. Reaktion Books（ヘニング，A. & ディメオ，P. 著，児島 修訳 2023.『ドーピングの歴史』青土社）．

機械の競技者

　「AI」や「ロボット」と呼ばれる知的な能力を備えた機械はスポーツの競技者（アスリート）となりえるだろうか？

　2010年代以降の第3次AIブームにおいて，人間が担う仕事の多くが機械によって代替されるという未来予測が人口に膾炙したことから，いずれスポーツにおいても機械の競技者が現れるのは必然のように思われるかもしれない．だが，この問いにイエスと答えることは意外に簡単ではない．

●**機械の競技者の実例？**　例えば，コンピュータを用いたゲームの多くは1950年代の黎明期から人間の対戦相手を務める（「CPU」や「COM」と呼ばれる）プログラムを備えていた．現在では，PCや家庭用ゲーム機やスマートフォンでゲームを遊ぶ環境の多くに対戦プログラムが用意されており，高難易度設定にすれば人間のプレイヤーが勝つことも容易ではない．デジタルゲームが「eスポーツ」として競技化されてきた近年の動向からすれば，すでに私たちの身の周りには競技者たりうる機械が溢れているようにも見える．

　しかしながら，eスポーツは主に人間のプレイヤーが対戦する形式で行われており，人間のeスポーツアスリートと並ぶ人気を誇るAIアスリートが存在するわけでもない．半世紀以上の対戦プログラムの歴史をもつデジタルゲームが競技化されるにあたって，それを担う競技者が主に人間であったという事実は，冒頭の問いにノーと答える十分な根拠にならないだろうか？

　だが，対戦プログラムが人間と対峙する競技者としての役割を一定の期間にわたって担った例も存在する．「マインド・スポーツ」とも呼ばれる将棋において「電王戦」の名のもとにプロ棋士と将棋ソフトが戦った一連のシリーズ（2012～2017年）である．ただし，興行としての電王戦は「将棋という知的な競技において人間と機械のどちらが強いのか」という問いによって駆動されていた．棋士側の負け越しが続き，佐藤天彦名人（当時）がソフトに惨敗した第2期電王戦に至ってこの問いの魅力は薄れ，それ以降，棋士とソフトの公的な対局はなされていない．将棋ソフトが棋士に並ぶ人気を得たわけでもなく，多くの将棋ファンがソフト同士の対局を観戦するようになったわけでもない．

　将棋という競技において人間を凌駕する実力を獲得するに至った将棋ソフトは，それによってむしろ競技者としての役割を失うことになった．このことは，特定の競技において一定の実力を持つことは競技者として認められるための必要条件ではあっても十分条件ではないことを示している．プロ棋士の活動には，対

局の解説やアマチュアの指導，棋書や一般書の執筆，和服を着こなし難解な熟語を扇子や色紙に記すこと（揮毫）も含まれる．将棋ソフトには実装されていない，こうした競技の外部にある諸要素が競技の内部における行為（指し手）と結びつけられることによって，棋士の個性や魅力が生じる．将棋は特殊な例に見えるかもしれないが，「ある野球選手の好プレー後の控え目な笑顔を素敵に感じてファンになる」といった状況においてもまた，笑顔という競技外の要素が競技内の行為に重ねあわされる（例えば好プレーの背後に努力を厭わない「誠実な人柄」が見出される）ことで固有の魅力を備えた競技者の姿がたち現れている．

●**「競技者」の再検討**　陸上 100 m 走の世界記録より軽自動車の方が速いからといって，人々がオリンピックの 100 m 走を見なくなったわけではない．電王戦はいわば世界記録に近い速さで走れるようになった時期の自動車と人間の戦いだったのであり，今後より高度な知性や身体性を備えた機械が他のメジャーな競技において同様の興行を可能にするかもしれない．だが，「人間 vs 機械」を売りにする短期的な興行を超えて機械が競技者として活躍するためには，競技者を競技者たらしめている条件を明らかにし，それを機械に実装することが必要になるだろう．一般に「スポーツは人間が行うものだ」と思われているが，野球やサッカーのような人気スポーツにおける競技者のパフォーマンスが，グラウンドやバットやスタジアムといった人間以外の存在と当の競技者の相互作用によって生じていることは明らかである．例えば，「場外ホームラン」という出来事は，バッターとピッチャーだけでなくボールとバットとスタジアムを含むさまざまな存在者の関係がなければ存在しえないにもかかわらず，私たちはそれを人間の競技者が単独で成し遂げた行為とみなす．モノを媒介にした人間同士の相互作用の産物をモノ自体がもつ価値と取り違えることを「フェティシズム」と呼ぶのであれば，近代スポーツを支えているのは人間を媒介にしたモノ同士の相互作用の産物を人間自身が持つ価値と取り違える「逆フェティシズム」である．この取り違えが機械に対しても日常的に実行されるようにならない限り，機械の競技者というイメージはフェティシズムを煽る／諫めるための幻影に留まるだろう．「機械は競技者となりえるか？」という問いは，機械の形態や性能に関する問題である以前に，人間と非・人間との絡まり合いから生じるパフォーマンスを人間主体に還元する逆フェティシズムを放棄してもスポーツは成り立つのかという問題を提起するものであり，それを考えることは，競技者とはいかなる存在であり，いかなる存在でありうるかを問い直すことにつながっているのである．　　　　　　　［久保明教］

📖**さらに詳しく知るための文献**

久保明教 2015．対称性人類学からみる現代スポーツの主体．スポーツ社会学研究 23(1)：19-33．

久保明教 2018．『機械カニバリズム』講談社．

遺伝子ドーピングが創造する
身体と人間のいのち

　スポーツ界における遺伝子ドーピングの現実的な脅威は，生命科学の進歩とともに 2000 年代初頭にはすでに認識されていた．ドーピング禁止方法に遺伝子ドーピングが登場するのは 2004 年からであるが，2002 年には，世界アンチ・ドーピング機構（WADA）による遺伝子ドーピングに関する会議（バンベリー・ワークショップ）が開催されており，また 2003 年には第 2 回アンチ・ドーピング世界会議において遺伝子ドーピングが議論の対象となっていた．このように，比較的早い段階からスポーツ界では当該問題について把握していたことが分かる．

●遺伝子ドーピングの技術革新　生命科学の進歩の過程で，とりわけ第三世代のゲノム編集技術と称される CRISPR/CAS-9 の登場は，スポーツ界においても大きな影響を与えるものとなった．「ゲノム編集」とは，従来の遺伝子導入により新しい性質を産み出す「遺伝子組み換え技術」とは異なり，細胞の中に直接 DNA 切断酵素を注入するものである．これにより，狙い通りに遺伝子改変が容易にできるようになったのである．

　上述したような技術革新に伴い，「遺伝子ドーピング」の定義は，必要に応じて随時加除修正がなされてきた．以下，スポーツ界における遺伝子ドーピングの定義の変遷について確認する（表 1 参照）．

表 1　遺伝子ドーピングの定義の変遷

年	定義の主な内容
2010	1）細胞または遺伝因子（DNA，RNA 等）の移入 2）遺伝子発現を変化させる薬理学的あるいは生物学的物質の使用
2018	1）拡散ポリマーまたは核酸類似物質の使用 2）ゲノム配列の変更および遺伝子発現の転写および／またはエピジェネティック調節の変更を目的に設計された遺伝子編集用物質の使用 3）正常な，あるいは，遺伝子を修正した細胞の使用
2019	1）核酸ポリマーまたは核酸類似物質の使用 2）ゲノム配列の変更および／または，遺伝子発現の転写制御，転写後制御，またはエピジェネティック制御の変更を目的に設計された遺伝子編集用物質の使用 3）正常な，あるいは遺伝子を修正した細胞の使用
2020	1）なんらかの作用機序によってゲノム配列および／または遺伝子発現を変更する可能性がある核酸又は核酸類似物質の使用．以下の方法が禁止されるが，これらに限定されるものではない．遺伝子編集，遺伝子サイレンシングおよび遺伝子導入技術 2）正常な，あるいは，遺伝子を修飾した細胞の使用

このように，現在，DNA 塩基配列の改変，転写や翻訳を含む遺伝子発現手法，ゲノム編集，遺伝子サイレンシング，遺伝子導入など，幅広い範囲が禁止の対象となっていることが分かる．

●**倫理学的問題性**　遺伝子ドーピングに特有の倫理学的問題性について指摘する場合，操作対象が体細胞と生殖系列細胞の 2 種類想定し得ることに留意が必要である．後者の生殖系列細胞が操作対象ということは，いわゆる受精卵の改変ということであり，人間の身体やいのちを「創造する」ことにつながるものである．この受精卵の改変は，これまでのドーピング問題とは次元の異なる倫理的問題性を指摘することができる．当該技術を用いた応用研究は，たとえ治療目的でも現在認められていないが，実際に人間を対象に実現可能な技術でもある．競技スポーツの文脈で言えば，例えば筋肉の成長を抑制する MSTN 遺伝子を破壊し，筋肉隆々の子どもをつくり出すことなどが考えられる．

倫理的問題性については，まず，操作対象が生殖系列細胞の遺伝子ドーピングの場合，改変する側（例えば国家や指導者，親などの第三者）と，される側（受精卵）が異なる点があり，この介入による不可逆性が問題視される．この場合，責任の所在をどのように明確化し，また「ドーピングされてしまった」当人の競技参加資格をめぐりいかに対応すべきかなど，非常に難しい問題が出てくる．そして，改変される側の自由意思やプライバシーの侵害という点においても深刻な課題を抱えている．さらに，不可逆的な介入により得られた形質や特質は，子々孫々，世代を超え受け継がれていくことになる．そして，ゲノム編集技術が使用された場合は，人為的な介入なのか突然変異によるものなのか，遺伝子ドーピング検査による判断は非常に困難となる．

生殖系列細胞の改変においては，親（第三者）の欲望が顕在化する．より体格に優れた子どもを手に入れたい，より運動能力に優れた子どもが欲しい──このような個人レベルの欲望に基づいて人間の改良を試みることを新優生学という．かつての優生学のように，強制的な国家的優性政策に基づく社会改良運動ではなく，個人の欲望に基づくという点に違いが認められる．親（第三者）の望む通りにデザインされた子どもは，その目的に適合する形で生まれながらにして手段化され，相対的な価値しか有しかねない．この不可逆的な侵襲性と先天的な手段化によって脅かされるのは，まぎれもない，人間の固有性──かけがえのなさ──である．

遺伝子ドーピングによって創造される身体によって浮かび上がることとは，人間のいのちの尊厳が破壊されかねないという点であり，スポーツを超えた社会的問題として捉えていく必要がある．　　　　　　　　　　　　　　［竹村瑞穂］

📖**さらに詳しく知るための文献**

森岡正博ほか編著 2022.『スポーツと遺伝子ドーピングを問う』晃洋書房.

筋肉としての身体

　人間にとって「筋肉」とは一体何であろうか．それは人間の体を構成する一つの物質にしか過ぎない．しかし近代社会以降，人間は筋肉を鍛え，肉体をできるだけ良い状態にしようとしてきた．

●筋肉の社会性　なぜ人間はそのような文化をつくり出したのか．その答えの一つは，筋肉がその人間のアイデンティティを示すための重要なメディアとなることにある．例えば，1980年代の米国においてシュワルツェネッガー（Schwarzenegger, A.）やスタローン（Stallone, S.）といった筋肉質な男性の肉体が美化されると，世界中でフィットネスブームが沸き起こった．フィットネス市場自体は1930年頃からスポーツ栄養会社を中心につくられたが，ハリウッド映画というグローバルなメディアにのって拡大したそのブームはフィットネスをすべての男性の新たな美意識というイメージを形づくった．つまり1980年代は，大きな筋肉が人種や民族を問わずすべての男性にとっての「本物の」男らしさであることを表象するようになる重要な転換点となったのである．筋肉とアイデンティティの関係は，資本主義における身体の重要性が増すほどより緊密になっていると言えるだろう．

●権力としての筋トレ　このような筋肉とアイデンティティの関係を考えると，身体はさまざまな意味によって印づけられ，記号化され，権力の網目の中に配置されているとするフーコー（Foucault, M. 1976）の指摘を想起する．私たちが筋トレをしたいという気持ちは，実は社会の中にある無数の言説によって掻き立てられている．「細マッチョ」の流行がどのようにつくられたのかについて考えてみよう．細マッチョは，より重たいバーベルを持ち上げることではなく，禁欲的かつ計画的にトレーニングに勤しむことによって獲得できる．こうした禁欲や計画という価値観は，現代の資本主義社会における理想的なビジネスパーソンの資質と符合する．つまり，トレーニングによって適切につくられた身体を持つことは，現代社会におけるよき住民であることを示すのである．こうした特徴から，細マッチョをつくるトレーニングは，ビジネス書や自己啓発本の中で頻繁に取り上げられるようになり，男性たちの間で理想とすべき身体像となったのである．

●ポストヒューマン視点で考える筋肉　これらの観点に加え，近年，注目を集めつつあるのが，筋肉を構成する（取り巻く）物質の存在である．スポーツやフィットネスの文化が登場して以来，筋肉はバーベルやホエイプロテイン，テストステロンといったような「人間以外」の物質と関わりを持ち続けてきた．それ

故に，筋肉を捉えるためには，筋肉を取り巻く物質からも考察する「ポストヒューマン」の視点を導入しなければならない．

テストステロンのような物質は，ジェンダーではなくセックスという医学・生理学的な枠組みで研究されるのが一般的であった．そこでテストステロンは，性についての自然な差異を生み出す物質と考えられており，テストステロン値が高いことは男性をより逞しい存在にすると信じられてきた．ところが近年では，テストステロンは必ずしも男性をより逞しくするための物質ではないことを示す研究が提出され始めている．というのも，テストステロンを多く持つことと男性の逞しさには何ら因果関係が認められていないからだ．しかしながら，それにもかかわらず，テストステロンを男性の逞しさや身体的優位性と結びつけた議論を行う研究は多い．竹﨑（2024）は，スポーツ医学系雑誌を詳細に分析することで，テストステロンの「科学的事実」とされるものが，ジェンダーの信念によっていかに支えられているのかを説明している．

近年，スポーツの世界におけるテストステロンの話題は，男性の問題から女性の問題へと舞台が移り始めている．多くの国際競技団体が，高いテストステロン値はより優れた男性的身体を生産するという神話に従って，高アンドロゲン症の女性を女性スポーツの世界から追い出し始めたのである．この規制は，一部の女性が同じ女性よりも優れているという問題を科学的に解決するものとして推進され，多くのメディアがその言説に加担する事態となっている．

これに対してペイプ（Pape, M. 2020）は，アスリート，コーチ，マネージャー，メディア関係者，大会関係者を含む国際的な陸上競技関係者へのインタビューを基に，エリートスポーツのコミュニティが，高アンドロゲン症の女性アスリートを規制しようとする組織的試みをどのように理解しているかを検証した．このペイプの試みは，セックステストとテストステロンに関する複雑な認識論に挑戦し，これらの知識がいかに「未完の科学」として使用されているのかを暴くものとなっただけでなく，利害関係者たちが代替的な知の方法に抵抗し，いかに既存の性別二元論を守る制度的プロセスを構築しているのかを告発するものとなった．

科学技術が高度に発達した現代社会において筋肉について語るには，筋肉の人間的な側面だけでは不十分である．筋肉を人間と非人間の関係性として捉え直すことで，筋肉が文字通りの存在だけでなく，より広範に影響を及ぼしていることが明らかとなる．これからのスポーツ社会学では，こうしたポストヒューマン的視点を通じて現状を分析することが必要となるだろう． ［竹﨑一真］

📖 **さらに詳しく知るための文献**

Brighton, J., et al. 2020. *Gym Bodies*. Routledge.

竹﨑一真 2023．創られる理想，作られる身体．稲垣健志編著『ゆさぶるカルチュラル・スタディーズ』北樹出版．

判定テクノロジーが変容するスポーツ

　21 世紀になって審判を補助する判定テクノロジーの利用が急速に広がっている．その画期となったのが 2006 年からテニスで採用されているライン判定システム（以下，ホークアイ）である．もともとはクリケットのテレビ中継用に使われた技術だったが，ほどなくしてクリケットの実際の判定に用いられるようになり，次いでテニスで採用されたことでホークアイは世界的に知られるようになった．その後，さまざまな競技に利用されるようになるホークアイは現代的な判定テクノロジーの象徴的な存在である．

●**判定テクノロジーの無謬神話**　ホークアイには三つ特徴がある．第一に，判定までシステムの側でやってしまうこと，次に，映像を解析した推定値によって判定すること，そして最後に，CG 合成された動画によって判定が提供されること，である．一般に，判定テクノロジーは審判を補助して誤審を減らすために採用される．1969 年から採用されてきた大相撲のビデオ判定がそうであるように，判定の主体はあくまでも人間の審判である．しかし，ホークアイはそのように運用されていない．ホークアイは審判に代わって判定者となるのであり，選手も審判も観客も誰もが平等に，ホークアイの判定を待つ者となる．この点こそホークアイが判定テクノロジーのあり方を根本的に変えたと言える部分である．

　カメラで「写す」代わりに，画像データを収集解析して提示するホークアイの判定は推定に基づくものであり，誤差を免れない．しかしながら，実際の試合の中ではまるで誤差などないかのようである．むしろ，誤差の可能性を疑われるべき僅差の判定場面ほど観客はどよめいたり歓声をあげたりする．このような場面では誤差のことなどまったく忘却されてしまうのだ．この事態に含まれる問題に対して，コリンズ（Collins, H.）は「偽りの透明性」と批判し（Collins 2010），柏原は倒錯性を指摘した（柏原 2021）．

　このようなホークアイだが，テニスは回数制限された「チャレンジ」（選手による異議申立てルール）にとどまらず，すべての場面でホークアイが判定する方向に進んでいる．2020 年からの COVID-19（新型コロナウイルス感染症）の世界的流行により線審の配置が困難になったこともそれを後押しした．同様のことはバレーボールでも進行中で，すでに国際大会から線審はいなくなっている．判定テクノロジーが人に代わってすべての判定を行う未来は実現しつつあると言えよう．

●**ファンと判定テクノロジー**　ホークアイの判定場面がテニスファンの楽しみの一つになっているのに対し，判定テクノロジーの介入が必ずしもファンから歓迎

されていない競技もある．その代表がサッカーである．サッカーは 2010 年代以降，判定テクノロジーを導入してきた．その結果，サッカーではゴールが決まったかに見えてもすぐにゴールと判定されない場面が増えている．サッカーを対象にした興味深い実証研究によると，特定のチームを応援する熱心さが判定テクノロジーの満足度に影響を与えており，熱心なファンほど判定テクノロジーへの満足度が低下する傾向があるという（Winand et al. 2021）．

サッカーファンとテニスファンにみられる違いは応援文化の有無である．静かに中立的に観戦することが求められるテニスに対し，サッカーでは試合中も声を出して応援する（チャント）のが普通で，ウルトラスと呼ばれる高度に組織化された応援文化すら育まれてきた．サッカーファンのように一方だけを熱心に応援するファンは公平な判定よりチームの勝利を重視する傾向があり，テニスファンのように応援を慎む中立的なファンは公平な判定を重視するぶんだけ，判定テクノロジーを受け入れやすいわけだ．

そうすると，相撲のビデオ判定が長年ファンたちに受け入れられてきたのも相撲の観戦スタイルによるものと考えることができるだろう．相撲はテニスよりも応援行為が許容されているが，相撲の競技および興行上の特性が応援行為を希薄化する．ほとんどの取組は仕切り時間を含めても数分以内で終わり，次々と力士が登場して取組が行われていく．観客たちはたとえ特定の力士を応援していようとも，その取組だけを見るのではなく，他の力士たちの多くの取組を含めた興行全体を見ることになる．結果的に，相撲の観客は全体として見ればテニスのような中立的なファンに接近する．

●放映権料と判定テクノロジー　スポーツの経済力が放映権料によって支えられていることはよく知られている．放映権料はテレビ中継から生まれてきたものだが，ホークアイも元はクリケットのテレビ中継用の技術だった．また，相撲のビデオ判定も中継する NHK の協力あってできたことであり，判定テクノロジーはテレビとの関係が深い．誤審批判が増えたのもテレビのリプレイが審判の認識論的特権（Collins 2010）をテレビの前の視聴者へと引き渡したからだと考えられている．その意味で，放映権料の高騰ないし高値安定と判定テクノロジーの関係は見かけ以上に深い．判定テクノロジー自体が付加価値となって視聴者の関心を集めること，それによって，放映権料の高値維持に貢献すること，これが判定テクノロジーに課せられた密かな役割である．高い放映権料を支えるのは試合を見るために「課金」する視聴者たちで，その人々に満足のいく視聴経験を与えるための小道具となっているのが判定テクノロジーなのである．　　　　　　［柏原全孝］

📖さらに詳しく知るための文献
柏原全孝 2021.『スポーツが愛するテクノロジー』世界思想社.
山本敦久 2020.『ポスト・スポーツの時代』岩波書店.

第15章

身 体

[担当編集委員：中江桂子]

リズムと身体

●リズムという文化　リズムという言葉は，古代ギリシャ語まで遡ると，「運動の中の秩序」という意味があり，動きとかたちをともに内包した，時間的かつ全身体的な概念として用いられた．その範囲は音楽においてのみならず，社会生活全般に対しても広く使われていた．例えば，若者が良いリズムを身につけるという場合，神経の緊張と弛緩の適切な反復を知り，倫理観ないし良い振る舞いを身につけるという意味になったし，それは動物にはない人間性の証しだと捉えられた．プラトンは，音楽は道徳を育てると考えたが，そこにはリズムの働きがあったのである．

　レヴィ゠ストロース（Lévi-Strauss, C.）は，共同体の中で神話が重要なのは，その内容よりも語られ方によると考えた．神話の語り手は，独特の抑揚と痙攣とを繰り返し，その聞き手たちは少なくとも最初は，神話をリズムを聞く経験として受け止めたという．固有のリズムの中にともに身体を置くことは，同じ共同体の成員の証しであり，そこには繋がりをつくり出される．そして文化には固有のリズムがあることが論じられている．さらにリズムは，神話の異世界となじみのある現世界との接触を可能にする形式でもあった．異なる文化との接触は常に危険を伴うが，必ず反復して元に戻るリズムを介在させるならば，異なるものに手を伸ばし，つながりの可能性を広げることができるのである．

　山崎正和はリズムについて，人間の身体の受動性と能動性の持続的反復を必要とする点を指摘する．リズムは，まず身体によって感じ取られるものであり，環境からもたらされるリズムに身を浸す点で，この身体は受動的で無意識的である．とはいえ，人間はリズムを受動的に感じるだけではなく，また環境に向かってリズムを創造したり，リズムに乗って盛り上げたりすることができる点で，この身体は能動的で意識的である．リズムとはそれ自体が，受動性と能動性の反復を通じた内的体験であり，世界との関係をつくることなのである．山崎は，「ある身体」と「する身体」に流れるリズムについて論じている．世界と一体化する身体の在り方と世界を対象化して挑戦しようとする身体の在り方との間のリズムが，多様な身体を結び合わせて人間の生涯を形成するというのである．

●スポーツにおけるリズム　人間とリズムをとりまく複雑でさまざまな関係は，スポーツというアリーナで，立体的かつ流動的で，具体的な現象となって立ちあがることになる．

　選手は何か新しい技を習得しようとするとき，テキストやコーチから学んだ型

を自分の身体の中に能動的に取り入れようとする．しかし身体の能動性を超えて，その技が自分の身体の自然のリズムとして「身につく」ことを，習得という．高跳びの選手はどれほどのスピードと歩幅で走るのがより高く飛ぶことになるのかを，客観的に頭脳で理解して挑戦を始めるが，そのわざを習得するには，それらは一連の流れる身体のリズムとして経験されなければならないし，そのリズムは個人によって同じではない．自分だけのリズムを受動的身体においても感じて理解することが必要になってくる．このプロセスは，能動性と受動性の限りない反復があるといって間違いないだろう．

　また集団的競技においては，自分のリズムと他の競技者のリズムとの関係を考えなければならない．例えばサッカーにおいて，ボールホルダーの動きに合わせて走りながらも，アリーナ全体や目の前の選手たちの配置はもちろんゲームのリズムに対応するべくどこか弛緩しておかなければならず，ひとたびボールを受け取れば集中して自らのリズムを能動的につくりつつ，仲間のリズムと同調しパスを通したり，敵チームのリズムを崩したりトリックをかけたりして，ゲーム全体のリズムもつくらなければならない．そしてそのすべてを一連の流れる身体のリズムとすることで，初めてプレイと言えるのである．そして，選手個人それぞれの固有のリズムを互いに理解しあうメンバーは，試合の状況に対応して変化し続ける選手それぞれのリズムを通じて，常に新しい繋がりを創出できる仲間同士であり，これをチームと呼ぶ．チームの強さとは，複雑で多様で力動的な個々のリズムが無限にぶつかりあう宇宙のなかで，変幻自在に繋がりをつくりながら，チームとしての力の流れを創出できる能力に関係することは，言うまでもないだろう．この複数の複雑な運動の交錯がつくる空間性と流動性のコスモスを，あるいは，多次元のリズムの極めて高度な結びつきが生む秩序を，亀山佳明はリゾームという．サッカーはリゾーム型のスポーツなのである．

　リズムは，仲間同士の繋がりをつくるだけではなく，敵対する選手やチームとの間にも繋がりをつくる．スポーツは同じルールの下に競技者をおくことで公平性を担保するが，この装置は競技者すべてにある程度通底するリズムを提供することになる．この共通基盤があるからこそ，それぞれのリズムの中に表現された競技者の動的な発想やひらめきが際立ち，戦いながら相手のわざをも称賛することができる．この称賛は身体のリズムの中で自然に生まれるリスペクトであり，意識的につくるものではない．対立するものでさえ結びつけてしまうリズムの力は，スポーツの魅力と可能性を広げていると言えるだろう．　　　　　　　　［中江桂子］

さらに詳しく知るための文献

メルロー＝ポンティ, M. 著, 竹内芳郎・小林貞孝訳 1967-1974.『知覚の現象学』みすず書房.
亀山佳明 2012.『生成する身体の社会学』世界思想社.
山崎正和 2018.『リズムの哲学ノート』中央公論新社.

身体の志向性と自律性

　自分の身体のままならなさに涙した経験のない人は少なく，逆に，考えずとも身体が勝手に動いていたという経験のない人も少ないだろう．時には意識に抵抗し，時には意識を超えるこのような身体を，どのように捉えるべきだろうか．

●**生きられた身体**　あらゆる日常的な認知と行為が身体の働きに依存していることを指摘したのは，フランスの哲学者メルロ゠ポンティ（Merleau-Ponty, M. 1945）である．例えば，椅子に座っていて，机の上の電話を取ろうと手を伸ばす場面を考えてみる．私たちは，電話までの距離を計測し，これを自分の腕の長さと比較してから動いているわけではない．にもかかわらず，電話が遠すぎて手が届かなかった経験はほとんどないはずである．腕の伸ばし方についても，肩関節を何度開いて，肘関節を何度曲げるかなどと意識せずとも，電話を取るのに必要な肩や腕の動作の最も効率的な組み合わせを身体が勝手に実現してくれる．これが可能なのは，机の上の電話を見ることがすでに，腕を伸ばせば届くもの，あるいは届かないものとして，つまり身体の運動を前提として電話を見ることだからなのである．メルロ゠ポンティは，周囲の空間をたえず能動的に把握することで，あらゆる認知と行為を背後から支えている身体の働きを「身体の志向性（intentionnalité du corps）」と呼び，これを備えた身体を，自然科学が捉える客体としての身体と区別して「生きられた身体（corps vécu）」と呼ぶ．

●**身体の悪い癖**　生きられた身体が，常に効率的な動作を可能にしてくれるというメルロ゠ポンティの前提に疑問を呈したのがシュスターマン（Shusterman, R. 2008）である．例えば，ゴルフの初心者は，クラブを振りかぶる動作の際にしばしば頭も動かしてしまい，正確なスイングに必要な体軸を歪ませてしまう．その上，頭を動かしていることを自分では気づくことができないことが多いのである．日常生活でも，慢性的な腰痛の多くは習慣的な姿勢の悪さや間違った身体の使い方に由来するが，こうした原因を自覚できる人は少ない．このように，生きられた身体の効率的な働きを妨げるものをシュスターマンは「悪い癖（bad habits）」と呼ぶ．ゴルフの初心者であれ腰痛持ちであれ，必要なのは，悪い癖をいったん意識化した上で修正し，次に，正しい動作を習慣化することでこれを生きられた身体のうちに沈澱させ，無意識化することである．もちろん，意識化することで動作はぎこちなくなり，一時的に効率が下がることは避けられないが，これは，より高い効率を実現するための途中段階，いわば「よりよく跳ぶために一歩退がること（reculer pour mieux sauter）」にすぎないのである．ところが，メ

ルロ゠ポンティはこの過程を捉えることができない．彼は，生きられた身体がつねに意識の背景にあり，それ自体は意識化されないと考えるうえ，生きられた身体の非効率性を，高次脳機能障害などの症例としてのみ考察するためである．

●**生ける身体**　神経科学の知見を踏まえ，メルロ゠ポンティのいう生きられた身体よりも一層根源的な身体の存在を指摘したのがアンドリュー（Andrieu, B. 2018）である．彼は，外界からの刺激に対する反応としての脳神経の活性化が脳波計により計測されてから，この刺激についての主観的な知覚が発生するまでに450ミリ秒の遅延が認められたというリベット（Libet, B., et al. 1983）の実験に着目する．われわれは，意識が身体運動をコントロールしていると錯覚しているが，実際は，身体の自律的な運動を，意識が遅れて知覚しているにすぎないのである．このように，意識の水面下で環境を自律的に知覚し運動する身体を，アンドリューは「生ける身体（corps vivant）」と呼び，その働きの意識への浮上すなわち「エメルジオン（émersion）」をさまざまな身体活動を事例に実証している．フランスの国立サーカス学校の調査では，空中ブランコなどの曲芸を練習する学生たちが無意識のうちにさまざまなミクロ動作を生み出し，これらの動作が明らかにする環境中の「アフォーダンス（affordance）」（Gibson 1979）を手掛かりに運動していることが確認された．こうしたミクロ動作による環境の探索は，生きられた身体の志向性にも，知覚にも先行する点で，生ける身体の自律的活動として理解せねばならない．

●**スポーツ社会学への含意**　生きられた身体の概念は，スポーツ競技者の身体が無意識的かつ効率的に動く様子を捉えるために用いられてきた．メルロ゠ポンティはサッカーの試合を事例に生きられた身体を説明しているし，亀山佳明（2012）はスピードスケートなど各種のスポーツを考察している．しかし，試合における華やかなパフォーマンスのみならず，地道な練習もスポーツを構成する重要な要素である．そして練習とは，シュスターマンのいう悪い癖をなくすための意識的な努力であるため，生きられた身体の概念はこれを捉えることができない．身体の自律性に由来する悪い癖や非効率な動作がいかにして意識に浮上し克服されるかを捉えるためには，生ける身体の概念が必要なのである．倉島（2007；2021）は，太極拳の相対練習において，相手に押されると反射的に押し返してしまう悪い癖を考察した．フランス語圏には，練習中のさまざまな感覚や痛みのほか，ケガの記憶や心理的トラウマをも生ける身体のエメルジオンとして捉える研究が蓄積されつつある．本邦でもさらなる研究が待たれる．　　　［倉島　哲］

📖さらに詳しく知るための文献

Andrieu, B. 2018. *Learning from Your Body*. Presses universitaires de Rouen et du Havre.

Merleau-Ponty, M. 1945. *Phénoménologie de la perception*. Gallimard（メルロ゠ポンティ，M. 著，小木貞孝・竹内芳郎訳 1967．『知覚の現象学 1』，竹内芳郎ほか訳 1974．『知覚の現象学 2』みすず書房）．

Shusterman, R. 2008. *Body Consciousness*. Cambridge University Press.

身体を動かすとなぜ楽しいか

　身体活動の面白さについて考えるにはスポーツを取り上げるのが適切である．というのも，スポーツは身体を使って行われる活動であるために，スポーツの楽しさが身体活動と深く関係していると判断されるからである．

●**スポーツとフロー**　このような両者の関連に着目したのが，米国の心理学者のチクセントミハイ（Chikszentmihalyi, M.）であった．彼は，ロッククライミング，バスケットボール，ダンスなどのスポーツに興じている人たちに，「なぜ，あなたたちはそんなにも苦しい，あるいは危険でさえある活動に熱中するのか」と問いかけ，その理由を理解しようと試みたのである．すると，あるロッククライマーはこう応えたのであった．「岩にとりついて登っていると，クライミング以外のすべてのことが忘れ去られ，自分と岩だけになってしまうのです．そのうちに岩の内に自分自身が溶け込んだようになり，周りの景観とも一体化して，全体がまるで流れてゆくように感じられるのです」と．

　驚くべきことに，他のスポーツ競技者たちもこれとほぼ類似した回答を寄せたのである．そこで，行為者の感じるこの流れるような感覚を，チクセントミハイは〈フロー flow〉と名付け，このフロー状態に入ることこそが，当人には楽しさ（enjoyment）をもたらしていると捉えたのである．さらに，彼はこう付け加えたのであった．「一度でもこのような体験をしたものは，このままずっと流れ続けたいと思わずにはいられなくなるのだ」と．

●**フローを構成する要素と項目**　チクセントミハイ自身は，フローを構成する体験要素として，次の六つの要素を挙げていた．すなわち，①行為と意識の融合，②限定された領域に神経を集中すること，③自我の喪失，④行為や環境の支配，⑤フィードバック，⑥自己目的化である．

　これに対して，亀山佳明は，これらの要素には内容において重複がみられると判断して，さらに一つの要素（⑦新しいものの発見）を付け加えた上で，次のような五項目（部分と全体）の分類化を試みた．まず，部分項目として次の四つを挙げる．A〈制約〉：行為中に限定された領域に意識を集中すること．クライマーは対象である岩に集中しなければならない．B〈支配〉：行為と環境の支配．ダンサーは行為の最中に壁や床などの環境のすべてを支配することができる．C〈自由〉：自我の喪失．行為中には自己を外部からみる視線が消え，無に近い状態が実現される．D〈創造〉：フロー状態では何か新しいものの発見，例えば新しいフォームの実現，が起きることがある．

これら四項目を四辺形ABCDの各頂点に配置した上で，二本の対角線AC，BDの交点に全体項目Xを位置づける．この交点Xにおいてフローが成立すると想定したのである．というのも，二本の対角線，A〈制約〉−C〈自由〉，B〈支配〉−D〈創造〉では，これら部分項目は互いに矛盾し合うように見えるが，交点Xにおいて合致するに至ると考えられるからである．Xでは四つの項目が統合され，行為者と対象，心と身体，行為者と周りの景観が一体化する．そこにおいて行為者は自由自在の境地に至るわけである．当人にとっては，この状態こそが楽しさ（面白さ）をなしており，それは武道の世界において「心身一如」と称される境地とほぼ同じものと推察されるのである．この境地にいたったものは，日常生活における自我意識を超えた深い自我を体験するために，ここにこそ本来の自分が存在すると確信せずにはいられなくなるのである．他者からの承認に基づく社会的アイデンティティとは別な，いわば存在論的なアイデンティティを獲得するのである．

●リスクとミクロ・フロー　　ところで，フロー体験の究極状態とは「流れ続ける」ことであった．ここにこそフロー体験が隠し持つリスクが存在していることに注意する必要がある．なぜなら，フロー体験のもたらす自由自在の境地，深い自我の体験，は体験者本人をあまりにも強く魅了してしまうので，体験後も当事者を拘束し続けるだけでなく，その影響から当人を離脱させにくくするからである．このために，競技においてフロー状態をもう一度実現しようと夢みて，あくまで競技からの引退を拒否するものたちや，あるいは擬似的にフロー状態を再現しようとして薬物使用に耽溺するものたち，が，後を絶たないことになるからである．このように，スポーツにおいてフローを体験することは，アディクション（嗜癖）を産み出す要因の一部をなしている，とも言えるのである．

　また，身体活動にフローが随伴することがあるとするなら，スポーツに限らず他の身体活動においても，フローが体験されずにはいない．遊びの領域だけではなく，仕事の領域においても，同様の事態が生じる恐れがある．例えば，なめらかに進行する手術中の外科医に，忙しい中でピアノを弾くようにレジを打つスーパーマーケットの女性にも，フローは同じく体験されているはずである．ここではスポーツのマクロなフローに対して，ミクロなフローが生じている．しかしながら，ここにおいても，ワーカーホリックに代表されるように，アディクション（嗜癖）の生じる可能性があることを，われわれは忘れてはならないだろう．

[亀山佳明]

📖さらに詳しく知るための文献

チクセントミハイ，M. 著，今村浩明訳 2000.『楽しみの社会学』改題新装版．新思索社．
今村浩明・浅川希洋志編 2003.『フロー理論の展開』世界思想社．
亀山佳明 2012.『生成する身体の社会学』世界思想社．

すべての知は身体から始まる

　「頭で分かる」ことと「身体で分かる」こととは違うとよく言われる．この違いは，日常生活でしばしば問題になるが，社会学的にも重要な含意を持っている．

●**暗黙知**　「身体で分かる」ことの重要性をいちはやく指摘したのは，英国の科学哲学者ポラニー（Polanyi, M. 1966）である．彼は，知識というものを個人の主観から独立した客観的形式と見なしてきた西洋近代的な知識観に反対し，すべての知識は個人的かつ形式化不可能な「暗黙知（tacit knowledge）」であると主張する．暗黙知の具体例として，ポラニーは探り杖の使用を挙げる．対象物を知ろうとして杖でつつくとき，誰でも最初は杖が手のひらに当たる衝撃を感じるだけである．しかし，杖の使用に習熟するにつれて，手のひらの無意味な衝撃は，杖の先端の対象物についての意味のある感覚に変化していく．しかし，手のひらの感覚をどのように解釈することで対象物についての知識を得られたかは，言葉で説明することも，客観的な規則として表現することもできない．ただ，いまだ意味を持たない手のひらの感覚と向きあい，個人的かつ主観的な解釈の努力を重ねたことで，手のひらの感覚が対象物を意味するようになったとしか言えないのである．したがって，対象物の知識は，手のひらの感覚という「諸細目（particulars）」に「潜入（dwell in）」することで得られた暗黙知であると言える．

●**生田久美子の「わざ」理論**　ポラニーの暗黙知理論を教育学に応用したのは生田久美子（1987）である．知識偏重の近代学校教育に対するオルタナティブを求めて，彼女は日本舞踊における教授と学習のありようを考察する．まず，日本舞踊の学習者は，動作を表面的に模倣した「形」ではなく，動作の意味の理解を含んだ「型」すなわち「わざ」の習得を目指している．そのためには，師匠の下に弟子入りして，稽古の手伝いはもとより，生活の全般にわたって師匠の身の回りの雑用をせねばならない．生田は，ポラニーの潜入概念を応用して，こうした学習の在り方を「「わざ」世界への潜入」と呼ぶ．「わざ」世界に身を投じた学習者は，個々の「形」の動作はもとより，動作と動作の間の空白，指導で用いられる比喩つまり「わざ言語」，さらには，一見して無意味な雑用やしきたりに対しても身体全体で解釈の努力を重ねる．そして，世界を構成する諸要素の全体を諸細目とした潜入が実現し，これら諸要素をすべて「善いもの」として認識できたとき，初めて「型」が習得されたと生田は考えるのである．したがって，「型」とは「わざ」世界への潜入によって実現する暗黙知であると言える．

●**政治的保守主義**　生田の理論は，たしかに芸道や武道の習得の一面を捉えてい

るが，新入りに対するいじめや体罰など，「わざ」世界の悪弊をも肯定してしまう危険性を否定できない．また，習得が「わざ」世界によって同一性を保証された「型」の再生産として捉えられているため，「形」の練習における創意工夫が「形」の変化，ひいては「型」の変化をも引き起こす可能性を捨象してしまう．同様の危険は，ポラニーにも認められる．彼によれば，暗黙知の蓄えを継承しようとする社会は，すべからく伝統に服さねばならない．単なる権威主義的な伝統に見えるものでも，解釈の努力を重ねることで，それを諸細目とした暗黙知が獲得される可能性があるためである．こうして，ポラニーは政治的保守主義に行きついてしまう．

●諸細目の恣意的な限定　暗黙知理論の陥穽を克服するためには，潜入されるべき諸細目の範囲を再考する必要がある．例えば，探り杖の使用にあたって潜入される諸細目は杖を持つ手のひらの感覚だけだろうか．佐々木正人（1997）によれば，視覚障害者は決して白杖のみによって周囲の環境を把握するのではなく，風の流れ，風音の響き，足裏の感覚など，多様な手掛かりを利用している．したがって，白杖という道具が使用されていたとしても，潜入が行われている諸細目は手のひらの感覚に限定されてはおらず，潜入がもたらす知識も杖の先端の対象物についての知識に限定されていないのである．ところが，潜入されるべき諸細目の範囲を，ポラニーは特定の社会に，生田は「わざ」世界に，それぞれ先験的に限定してしまう．その結果，潜入がもたらす暗黙知も，社会ないし世界という観念的な同一性に依拠して記述され，その内実の変化は捨象されてしまった．

●暗黙知の変化を捉える　潜入すべき諸細目を限定しなかったならば，暗黙知の変化はどのように記述できるのだろうか．その一例は，戦前に69連勝を記録した横綱双葉山（2018）の述べるエピソードから伺い知ることができる．力士は一般に草履を履くが，戦時中の勤労動員の際は靴を履いたため，土俵の上での足裏の「さぐり」が鈍くなってしまったという．逆に，相撲部屋の外での経験が，相撲の「わざ」の向上につながる場合もある．例えば双葉山は，少年時代に船上で労働したことが，土俵での足腰の強さに貢献したと述懐する．このように，相撲の稽古は相撲部屋の内部でのみ行われるのではない．言いかえれば，力士は相撲部屋の外部の事物をも諸細目とした潜入を行っており，諸細目の変化のつど暗黙知つまり「わざ」も変化するのである．ところが，相撲部屋を「わざ」世界として捉えた瞬間に，こうした変化は見えなくなってしまう．「身体で分かる」ことを捉えた暗黙知理論は魅力的であるが，これを単なる現状肯定の理論としないためには，暗黙知を支える諸細目を絶えず経験的に特定する努力が必要である．　　　　［倉島　哲］

📖さらに詳しく知るための文献

生田久美子 1987．『「わざ」から知る』東京大学出版会．

倉島　哲 2007．『身体技法と社会学的認識』世界思想社．

Polanyi, M. 1966. *The Tacit Dimension*. Routledge and Kegan Paul.（ポラニー，M. 著，佐藤敬三訳 1980．『暗黙知の次元』紀伊國屋書店）．

興奮の追求と暴力の抑制

　人間は，感情が高ぶり興奮すると言葉や身体による「暴力」と呼ばれる現象を引き起こす．しかし，エリアス（Elias, N.）によれば，ある現象を暴力と受け止めるかどうかは歴史社会的に形成される感度（感覚的な許容の度合い）によって異なり，またスポーツと関わる身体では，逆に暴力を引き起こすはずの興奮がむしろ暴力を抑制するように追求されているという．どういうことなのであろうか．

●スポーツにおける興奮の追求　歴史的にみれば，過去に「スポーツ」とみなすことができる身体活動は，むしろ暴力と極めて密接な関係にあった．例えば，古代ギリシャのオリンピア競技大会で実施されていたパンクラチオンという競技では，2人の男が組み合って片方が降参するまで時間制限なく続き，かみつくことと目をえぐること以外はあらゆることが許されていた．また，英国における民衆のフットボール（モブフットボール）は，14世紀以降記録が残っているだけで30回以上もの禁止令が王や市当局から出されるほど暴力的であったという（菊 2013）．つまり，近代以前までの肉体的力を行使する競技，ゲーム，あるいは民衆娯楽には，明らかに現代とは異なった暴力に対する自己抑制や感度の低さがみられ，これによって引き起こされる興奮は，そのまま感情的な暴力に発展しやすかったのである．その社会的背景には，共同体における人間同士の親密な環節的紐帯（結びつき）が，その親密さ故に互いの興奮とそれに伴う暴力を許容する感度を高くし，これに相互依存する関係（フィギュレーション，figuration）が築かれていたと考えられる．

　ところが，近代以降の社会は，大規模な産業化の進行と都市化の急速な発展に伴ってかつての共同体を崩壊させ，互いに見知らぬ部外者（アウトサイダー）同士の大量出現と分業化による機能的民主化を求めるようになる．そこでは，これまで共同体内で許容されていた興奮の追求とそれに伴う暴力が，部外者同士の関係にとって不快に思われない程度に抑制される必要が出てこよう．かつて共同体内部の見知った人々が，見知らぬ者と頻繁に遭遇しなければならない社会では，見知らぬ他者に対する無意識なレベルでの根拠のない信頼の「根拠のなさ」が暴露されないよう興奮の発動をどこまでも抑制化（文明化）することによって，誰にとっても（半ば抽象的で理念的な）安心が担保される社会の関係構造（フィギュレーション）を実現せざるを得なくなるのだ．

　しかし，だからといって，すべての人間の興奮を瞬時に排除することは不可能であり，また非現実的でもある．そこで，これを徐々に飼い慣らしていく文化的

な行動様式の一つとして，これまで興奮を喚起してきた前近代のスポーツが，むしろこの興奮を表現する身体的自由を不自由にするルールによって，これまでの解放された興奮とは異なる，新たな楽しさをもたらす抑制された興奮の追求へと向かわせられることになった．近代スポーツは，まさに「感情の抑制された中での脱抑制（the controlled decontrolling of the emotions）」（Maguire 1992, 114）を可能にする興奮の追求が許容された社会的飛び地（social enclave）として機能するのである．

●暴力の抑制と現代スポーツ　スポーツにおける興奮の追求は，近代社会において「ラグビー，サッカー，ボクシングなどの闘争のスポーツが，暴力の特殊な形態が合法的なものとして定義」（エリアス＆ダニング 1995, 350）されることで，社会全体の非暴力化への動きに呼応する暴力抑制への微妙なテンションバランスを保持する．道端では奇異にみられがちな男女の抱擁も，スポーツの観客席ではひいきのチームが勝利した瞬間に，それに伴う興奮を共有することがたとえ見知らぬ男女同士であっても許容され，むしろ他者からはほほえましい光景として受け止められるであろう．スポーツ場面における興奮の追求は，それが暴力の発揮されやすい場面であればあるほどその抑制に機能することで，社会における暴力抑制のモデルになり得る．しかし，それだけにスポーツに関係する者（プレイヤーや指導者，あるいは観客等）の興奮がひとたび現実の暴力に転じたとき，社会からの落胆と非難はより大きく，激しいものになる．

　現代社会における機能的紐帯の強化とそれに伴う業績達成への圧力やメディアの影響力の拡大は，前近代にみられた感情的な暴力を抑制するモデルとしてスポーツを提供する一方で，興奮を追求するスポーツの模擬的（mimetic）な戦いの結果が現実社会の利害と直接的に結びつく方向性をも発展させていく．今日のスポーツには，コマーシャリズムやナショナリズムによる現実的な勝利追求への圧力を背景として，指導者やプレイヤー同士の暴力事件，あるいはさまざまな不正行為が後を絶たない．むしろそこには，従来の感情的興奮に基づく暴力（感情的暴力）よりも，どちらかと言えば計画的で計算された「理性的暴力」のような行為が台頭してきているように思われる．また，両者の区別が曖昧な現象もみられるであろう．現代スポーツをめぐる暴力問題は，文明化の過程におけるスポーツの脱文明化の象徴のようにも受けとめられている．その意味で「暴力に意味を与えるのもまた，文明化」（奥村 2001, 206）なのだとすれば，現代スポーツもまたその例外ではないということになるだろう．　　　　　　　　　　　　　［菊 幸一］

📖さらに詳しく知るための文献
ダニング，E. 著，大平 章訳 2004.『問題としてのスポーツ』法政大学出版局．
菊 幸一 1997. スポーツファンの暴力．杉本厚夫編『スポーツファンの社会学』世界思想社．
菊 幸一 2010. 暴力の抑制．井上 俊・伊藤公雄編『身体・セクシャリティ・スポーツ』世界思想社．

レクリエーションと政治

●**レクリエーションの発見**　人間が日常生活の中で自らの心身に滋養を与え，生命の回復へとつなげていくことは，いつの時代もいかなる文化圏でも基本的な営みである．それがレクリエーション（re-creation）と名付けられ，意識すべき行動として人々に認識されるようになった背景には，産業社会の成立がある．人間の生体や自然の生活リズムとは異なる産業社会の労働が，人々の生活に重くのしかかり，身体の自然への何らかの対処が必要とされたことに起因する．例えば，ホブズボウム（Hobsbawm, E.）は，19世紀末頃の英国労働者階級がそのアイデンティティを肯定的に保つためには，フィッシュ＆チップスやフットボール等の文化的紐帯が重要であることを指摘した．19世紀末の米国では遊び場運動が子どもの自由を守る活動として始まり，さらに20世紀初頭には英米においてボーイスカウト等のパブリックな青少年教育運動が広がった．これらはキリスト教的背景から生まれ，のちにはレクリエーションの初期形態として理解されている．つまり，人々が労働とは別の生きた身体を共同的に取り戻すことが，産業社会への一種の抵抗のスタイルとして注目されたのであり，これがレクリエーションの誕生であった．

●**レクリエーションと身体の政治化**　しかし，このような近代的発見としてのレクリエーションは，20世紀にはいるとあっという間に，さまざまなステークホルダーによる政治闘争のアリーナに投げ込まれた．

　経営者階級は，その多くは余暇階級と重なっており，生命と心身の回復とレジャーは生来の生活様式そのものである．彼らにとってレクリエーションとは，労働者に与えるものとしての疑似的レジャーであり，それを与えることは彼らの義務でもあった．加えてレクリエーションの場では，職場での分断を超えて労働者全体をより穏和に調和的にし，労働者としての心身の馴化が期待できる．つまりリクリエーションとは，労務管理に有効な身体の政治なのである．レジャーとレクリエーションとは本来，対立的概念であることに注意されたい．

　政治権力者にとってみれば，パブリックな娯楽や健全な遊びを推進することは，社会教育推進の一環であり，より良い市民へと教育し，社会に調和を構築する方法である．ただし戦時下においては，国民の健全な体位向上をめざすレクリエーションは，軍隊的身体の準備体制を国民に整えさせる政治となった．また平和な時代においては，レクリエーションを通じて平和と安全を身体的に実感させる場をつくることは，統治の経済としての意味が大きい．

労働者階級の立場からみれば，厳しい労働生活に必要な気晴らしとしてレクリエーション権が等しく認められることは，自らの社会的保障と身体の自由拡大に直結するものであった．このため労働運動とレクリエーション活動は，ほぼ同義として理解された．また，労働者といっても本来一枚岩ではなく多様で複雑なものだが，レクリエーションの場では彼らは，お互いに保護しあい連帯感や忠誠心をはぐくむことができた．このためレクリエーションは，組合運動の中では階級文化を育む場としても注目された．戦後の日本でレクリエーションといえば，職場でのこの型が主流になった．

　20世紀初頭では産業への抵抗のスタイルだったレクリエーションだが，文化消費や情報消費が力をもつ時代になると，経済界からの身体政治に取り込まれ，現代では一大産業へと変貌した．レクリエーション産業は，人間を生体ではなく消費者にし，身体を消費の場とさせ，心地よい娯楽と居場所と引き換えに利益をあげる．そこでは多様な選択肢は与えられるものの身体の自由は奪われる．産業化したレクリエーションのパラドクスがここにある．

　上記はいずれも，人間が生きる場としての身体をめぐり，レクリエーションという概念を中心に繰り広げられる政治的様相の一端である．

●**コミュニティとレクリエーション運動**　身体の政治化はレクリエーションに深刻にまとわりつくにしても，身体の所有者である人間がその身体の自然や主体性を取り戻す場所を求めていること，かつ共同的な娯楽を求めていることは普遍的なことである．このため，他の力によって，それを奪われかねない状況への警告は，たびたび行われてきた．例えば戦前の日本においては，権田保之助が政策としての娯楽を批判し，民衆の自由の下で実践される事実としての民衆娯楽を求めなければならないとし，幅広い娯楽研究を手がけた．また戦後の日本においては，大島鎌吉が，レクリエーションとは自らの手で自らの心身を再生させる，実存的でボランタリーな運動でなければならないと論じ，いわば生き方の哲学の実践であるとし，経済成長との関連で語られるレクリエーションを批判した．現代になると，このようなせめぎあいの歴史や文化運動としてのレクリエーションの側面は忘れられがちであるが，身体の政治こそ最も深い政治であることを考えると，気晴らしや楽天的な理解には慎重でなければならない．個人が社会の中での身体的紐帯を喪失しつつある現代では，自分の身体の自然や自分らしさを取り戻したり，地域や自分のアイデンティティを創出し，人々とつながるための，いわば下からの政治としてのレクリエーションが求められている．このような意味での新しいコミュニティの創造とレクリエーションは密接な関係をもち，新しい文化の創造への可能性ももつといえよう．とはいえ，これもまた産業的・政策的・社会運動的ないし教育的な身体政治のターゲットとされやすいことを，常に注意しておかなければならない．

[中江桂子]

わざの習得

　「わざ」の文化は多様であるが，ここでは話を一つに絞る．日本の武道・芸道における稽古の思想，その中心軸をなす「守破離」の思想である．

●**型**　日本の稽古は「型」に入る．型は，師匠の下で決められているから，初めは押し付けられるように感じる．しかし繰り返しているうちに馴染んでくる．そして一度身に付くと，型は動きを制約しない．それどころか自由な動きを促す．型が土台となり，動きが豊かになる．そう分かってみれば，型とは，その「道」における最も合理的な身体の使い方であったことになる．

　ところがその型が，動きを制約することもある．「型に縛られる」と語られる事態である．そこで「破る」という．例えば，他の師匠の型を習ってみる．これまでの型が唯一の型ではなかったことを知る．型を守り，型を破り，型から離れる．

　では「守破離」の思想は，最終的に，型を放棄するのか．そうではない．「守破離」の「離」は放棄ではない．型を使うこともできるし，使わないこともできる．型に従うことが適切な場合は，型に従うが，そうでなければ，型を使わない．型に縛られない．型を自在に使いこなすことが理想なのである．

●**「戻る」知恵**　千利休は茶の湯の心得を「利休道歌」に詠んだ．その中に，「規矩作法　守り尽くして　破るとも　離るるとても　本を忘るな」という歌がある．「守」「破」「離」の三文字を含み，「守破離」という言葉が広まるきっかけとなったとも言われる．

　「規矩」は規範．教えを固く守る．守り尽くした上で，それを打ち破り，そこから離れる．離れるのだが「もと（本）」を忘れない．型を破り型から離れ，新たな道を進む際にも（むしろ，その時にこそ），「もとを忘るな」と教えるのである．

　あるいは，「稽古とは　一より習い十を知り　十よりかえる　もとのその一」とも言う．十に到達して終わりではない．十に至ったら，再び最初の「一」に戻る．「もとのその一」であるが，初めて習うように感じる．実は今まで何も分かっていなかった．その実感とともに，新鮮に「一」に出会い直す．「一」の中に，実は，すべての展開が含まれていた．今ならば分かる．そういう仕方で自らの歩みを確かめる．直線的な上昇ではない．何度も初発に戻り，確かめながら歩む．

●**脱学習（unlearning）**　しかしなぜ稽古の思想は，型を「破る」機会を，習得プロセスの中に組み入れたのか．この思想によれば，型が「身に付く」ことは，型に「縛られる」ことと表裏一体なのである．型を身に付けると，いずれ，それに縛られて（囚われて）しまう．型は，土台となって動きを支えてくれる場合も

あれば，逆に，鋳型として動きを制約する場合もある．そこで稽古は「型を破る」場面を用意しておく．型を身に付けることが「学習（learn）」であるなら，型を破り脱ぎ去ることは「脱学習（unlearn，まなびほぐし）」である．

稽古は型を習うだけではない．型を脱ぎ去る必要もある．型を破ることができなければ，先に進まない．そして，型を使うこともできるし，使わないこともできる．そのどちらにも囚われない自在の境地を，稽古は目指している．

●「守」の知恵　ところで「守破離」は，実は「守」の知恵である．「守」を急いで通り過ぎてはいけない．その時期の弟子をどう育てるか，師と弟子はいかなる関係を持つのが良いか．「守」の時期を大切に見守るための知恵なのである．

ところが「守」の知恵は目新しくない．「破」が波乱に満ち「離」が謎に見えるのに対して，「守」は常識的である．守破離の知恵は，その常識を覆そうとする．「破」や「離」の視点から振り返り，あらためて「守」に光を当てる．今ならば分かる．あの頃は何も分かっていなかった．「守」の厚みに気づかせるための仕掛けなのである．稽古は「わざの習得」に留まらない．しかし「わざの習得」なしには成り立たない．いかに習得するか．いかに見守るか．「守」は師匠が弟子を見守る知恵である．

●成功と成就　世阿弥は「成就」と語った．然るべき過程を踏んだ後に，落ち着くべきところに落ち着いた実感．「落居（らっきょ）」ともいう．成功とは違う．成功には成果・評価・喝采が必要である．成就は，成功と重なる場合もあれば，重ならない場合もある．重ならない場合，たとえ結果が悪くても，落ち着くべきところに落ち着いたと実感される．自己満足ではない．為すべきことを為し終えた後の特殊な満足感，あるいは，自分に与えられた力を十分に使い果たしたという充実感である．

ということは，稽古はそれ自体に意味がある．結果が重要ではない．そうであるのだが，しかし実際はそう簡単ではない．稽古は，成就を追求する営みでもあれば，成功を目指す営みでもある．日本の稽古の思想はその両側面を併せ持つ．勝敗が重要なのではない．しかし他面では必ず勝つことを追求する．その相反する両面を，互いが互いを乗り越え合う緊張関係の中で，わが身に引き受けてゆこうとする．

●謎めいた語り　こうして，身体の出来事を，文字によって伝えようとすると，謎めいた語りになる．奇を衒うのではない．体験される「ありのまま」を写し取ろうとすると，結果として，逆説を孕んだ語りになる．ところが他方で，稽古の思想は，その複雑な出来事を，驚くほど簡潔な言葉で伝えてきた．説明ではない．問題の所在を伝える．決して見過ごさぬよう，言葉で仮止めしておく．「わざ」は言葉によっては習得されない．しかし言葉を軽視する時，「わざ」は薄っぺらになる．世界各地の多様な「わざ習得」の文化は，そうした言葉に満ちている．　［西平　直］

エイジング

　2007 年，日本は全人口に占める 65 歳以上の人口の割合が 21％を超え「超高齢社会」に突入した．国連の調べでは 2019 年時点，世界の主要国でこの超高齢社会に達しているのは日本やイタリアなど 7 か国となっているが，今後も経済発展を果たした多くの国々が後に続くことは間違いない．こうしたグローバルな高齢化の進展は，スポーツや運動をめぐる考え方にも変化をもたらしてきている．

●「老い」の脱神話化　加齢（aging）とそれに伴う変化，過程（老い）の学術的探求は Gerontology（老年学）という学際的分野において，第 2 次世界大戦後の欧米社会で開始された．「老い」には生理的，心理的，社会的，文化的側面があるが，当初，社会学で着目されたのは職業的役割ないし家族的役割からの撤退（役割喪失）であり，それに対する個人的な適応過程であった．

　これに対して，1970 年代頃に登場したライフサイクル研究では，社会的役割を離れた高齢期を継続的な人間発達の一部として捉えようとした．そこでは，個人がこれまでの経験を踏まえながら加齢の過程にどのように向き合っていくのかが，その多様性とともに注目されることになる．さらに米国では，これと並行してエイジズム批判が社会運動化した．エイジズムとは，ある年齢集団に対する否定的ないし肯定的偏見もしくは差別を指す．生産性や進歩に重きを置く近代社会において，老人や老化にまつわる否定的な偏見が蔓延することは，その代表的な例である．エイジズム批判は戦後米国社会における対抗運動の一翼を担いつつ，向老期の多様性をめぐる研究を後押しすることになった．

　老人にまつわる偏見を脱神話化する上で，運動やスポーツは重要な位置を占めることになる．従来，激しい運動は体力や運動能力が低下した高齢の人々には相応しくないという考えが支配的であったが，高齢であっても運動やスポーツに取り組む人々は，老年学で理想的な老い方として概念化されたサクセスフル・エイジングを体現する人々として称賛されていく．スポーツやフィットネスに取り組む高齢者が先進国を中心に広がっていくのは 1980 年代頃からと見ていい．

　また，運動やスポーツを含む身体活動（Physical Activity: PA）の効用が最も重視されるのは，言うまでもなくその健康面での寄与においてである．健康には肉体的，精神的，社会的側面があることはよく知られているが，老いを生きる人々にとっては，しばしば肉体的健康が重視される．1990 年代以降，定期的な運動や PA は，生活習慣病の予防や介護予防に寄与すること，ひいては健康寿命の延伸に資することが，公衆衛生学や健康科学で盛んに論じられてきている．

●老いへのアプローチ　パルマー（Palmer, V.）らによれば，近年の社会科学における身体への着目は，身体が単なる生物学的所与などではなく，それを通じてわれわれが世界へと参加する条件であること，そして身体的経験が社会的・文化的に媒介されることで可能になるという認識に端を発しているという（Palmer et al. 2018, 532）．パルマーらはここでエンボディメント（embodiment）という概念を，人々が時間をかけて自分の身体によって築き上げる実際の経験に加えて，私たちの身体が形成され管理される空間や言説を提供する社会的・文化的環境も意味する概念として強調している（Palmer et al. 2018, 536）．この点を踏まえ，彼らが提唱するアプローチのうち，ここでは二つを紹介しておきたい．

　一つ目は，老いをとりまく構造的・文化的変容に迫る構築主義的アプローチである．そこでは，老いる身体がいかなる「問題」として語られ，どのような知＝言説がそれを取り巻き，どのような制度的環境下で具体化される embodied なのかが問われることになる．例えば，Tulle（2015）はローズ（Rose, N.）の議論を参照しつつ，老いる身体への介入において，身体活動の推奨という文脈でなされた「座りがちな行動（sedentary behavior）」が，科学者たちによって，いかに健康リスクを惹起する「問題」として構築されてきたかを論じる．そしてそれは，健康的な老化を生理学的に達成するということだけでなく，反省的な計算に取り組む主体の創出という，魂や意志の面での規律訓練を示していると指摘する．また，Higgs & Gilleard（2015）は，バウマン（Bauman, Z.）のリキッド・モダニティ論を援用しつつ，フィットネス産業の隆盛とその個人化の趨勢に着目し，かつての自然な「加齢」という観念は，フィットネスの言説に見られる，エイジレスな状態を達成するアクティブな高齢者を賞賛する，新しい老いの倫理に取って代わられているという．

　二つ目は，一人称の視点から老いをめぐる身体的経験の厚みに迫る現象学的アプローチである．Palmer et al.（2018）は，スポーツを含む身体活動に対する当事者の感覚に着目する重要性を訴えている．彼らは PA に取り組む高齢者にライフヒストリー・インタビューを実施し，老いを生きる当事者が身体的にアクティブであることどのように折り合いをつけ，生活世界にそれをどのように具体化しているのか embody に着目している．さらに日本では高尾（2006）が，地域社会における健康運動教室の参与観察を行い，「健康」をめぐる当事者の実践や語りに焦点化しつつ，健康増進政策との関連を考察している．

　身も蓋もないアンチエイジング言説の蔓延を前に，私たちの社会は老いを生きる身体をいかに処遇し，いかにそれを受容する文化をつくることができるだろうか．スポーツがそこでどのような役割を持ち得るのかについて，さらなる議論の深まりが期待される．　　　　　　　　　　　　　　　　　　　　　　　[高尾将幸]

📖さらに詳しく知るための文献

Tulle, E. & Phoenix, C. eds. 2015. *Physical Activity and Sport in Later Life*. Palgrave Macmillan.

身体管理の高度化
その陥穽と突破

5類移行で2020年以来のコロナ騒動は過ぎ去ったかのようである．しかし，咳やくしゃみへの過敏性，手洗いやうがい等の常態化は，三密回避から黙食に至るまでの「国民総自主身体管理」を，単なる公衆衛生論を超えて，社会学的に問うことの重要性を示唆する．なぜなら一億総マスク化には，「不安・危険／安心・安全」のメディア言説に乗って，権力の内面化・身体化の容易な構築がみられるからである．

広い意味での身体管理は，身体の装飾や変工・改造を含むから，その歴史は身体の客体化から始まる文明の曙にまでたどることができよう．しかし，ここではそれを「身体をめぐる権力作用」として捉え，特に，国および社会が身体に干渉し，「身体に・身体で」権力的に作用する近現代の状況と問題を整理する．

●**規律訓練的身体管理**　神も王も拒否し，実体的権力を否定する近代国家は，その存在根拠として「国民」をつくり，同時にそれを統治・支配しなければならない．この主体と客体の入れ子構造としての国民の構築を可能にしたのが規律訓練的身体管理である．膨大な人的資源の国民化は，それを人口として把握し，フーコー（Foucault, M.）が言うように，規律訓練を通じて権力を内面化することで成功した．この規律訓練による自己管理こそが，主・客同体化を遂行し，国民を構築したのである．

日本型規律訓練の典型は，強兵と勤勉労働者の育成を図る体操であり，後に「皇国民錬成」の中核となった体錬である．この身体管理は，集団的均一動作に個々を同調させ，共生・共存を身体化し，それを滅私奉公に先導した．一方，自由な競技と見られるスポーツも，実は規律訓練的身体管理の一テクノロジーである．例えば「肉屋の倅のゲーム」サッカーが，近代英国パブリックスクールで「紳士が育つスポーツ」と讃えられたのは，それが野放図な遊戯から寄宿生活の集団秩序形成，プライドと愛校心の育成，競争的倫理と規範の習得に役立つ身体管理となったからである．だからスポーツは，100年の間に遍く世界に普及したのだ．

●**身体管理のテクノ化と高度化**　21世紀に入り，情報科学とテクノロジーが驚異的に発達し，その統制管理への適用も急速に進化した．監視カメラが偏在するだけでなく，生成AIと高感度端末が巨大な情報ネットワークを構築し，無限量のデータ処理と最適解を導くようになった．そして，このネットワークは身体と繋がり，健康・ウェルネス言説を餌に統制社会へ向かう身体管理を高度化している．

その先駆けはアスリートの身体開発である．競技力開発のためのスポーツ科学の発展は，器具・用具開発とともに身体機能開発へと進む．国立スポーツ科学セン

ターの体力科学実験室では，アスリートの身体組成，筋パワー等を測定し，身体資源，エネルギー供給能力等の競技的身体能力を評価し，最適トレーニングの開発に役立てている．この極限的身体能力の開発ノウハウは直ぐに一般化し，ポイントと「あなたを守ります」といったたぐいの甘言付き身体管理アプリを流行らしている．

アップル社のウオッチ型ウェアラブル端末は，血中酸素レベル，体温血圧，睡眠状態，血糖値等を測定・記録し，ヘルスケアアプリと連動し，サプリメントの摂取，常用薬，診療・病歴等の医療データと組み合わせ，食事や運動，睡眠，ストレス回避行動，さらには診療・治療のメディカル・アドバイスに役立てるとされる．

●**身体管理高度化の陥穽**　グーグルも Google Fit を開発し，ヘルスケアの情報サービスを展開する．同社は米国一の医療機関メイヨー・クリニックと連携し，人工知能開発のディープマインド社を買収した．この IT 産業と健康医療産業との連携は，そこにデータビジネス 700 兆円のフロンティア市場があるからである．また英国の NHS（国民健康サービス）が，諜報機関と繋がりの深いデータ分析会社パランティアとコロナワクチン接種歴追跡アプリで契約したことは，健康医療データを通じた身体管理→監視→統制→支配への道程がウィンウィンで進行することの兆しである．そこには，自由を代償に幸福を保証する生政治の完了，つまりデジタルマトリックス（デジタルデザインの子宮）の世界が準備されているのだ．

●**身体管理突破の可能性**　フォスベリー（Fosbury, D.）が走高跳に革命を起こした背面飛びを発明したのは，苦手なベリーロール跳びの途中で慣れ親しんだ正面跳びが出てしまった偶然のミスによる．またイチローの「朝食カレー」が示すように，スポーツは常に合理性を求める最善と運を呼び込む験担ぎが共棲する「人事を尽くして天命を聴く」世界でもある．十億年の生物の進化は，DNA のコピーミスやトランスポゾン（塩基配列の転移）による突然変異や他種遺伝子の盗用による生命の多様化による．日々一兆の細胞の死と再生が支えているヒトの生は，デジタル（離散値）ではなくアナログ（連続）であり，その意味づけとは，この連続体に刻む魂のリズムである．だから，身体管理の高度化を通して昂進するデジタル統制世界の家畜化，つまりマルクーゼ（Marcuse, H.）の言う一次元的人間化に抗するためには，機械論的秩序に安住せず，喜怒哀楽，痛みと癒し，孤独と共鳴の魂のダイナミズムを生きる情熱が必須であり，生きるに値する生を求める志が重要である．その意味から今，ベルクソン（Bergson, H.）の「エラン・ビタール（生の躍動）」を再考し，AI によるワクチン開発への期待よりも，コロナ感染母の抗体が，母乳を通じて，その子に当たり前に届くという命の働きにこそ，目を向けることが重要なのである．現代における身体管理の高度化は，そのデジタル化・情報化を通じて，身体を構造化・物象化する身体疎外の究極のメカニズムである．これに抗すためには己の「器官なき身体」を覚醒し，それを自覚的に生きることにある．

[佐伯年詩雄]

集合的身体と個性的身体

　スポーツにおける競技形態を大きく分類すれば，単独で行うもの，一対一でのもの，さらにチーム対チームによるものなどに分類できるだろう．また体操の団体や駅伝など，個人の力の集積による集団競技もある．単独の個人による競技には，射撃やアーチェリーなど，競技結果が比較的客観的に把握しやすいものがあると同時に，体操やフィギュアスケート，スキーのモーグル競技，スケートボードの競技など，一定の客観性とともに多くは審査員の主観的評価が重視されるものもある．

　スポーツにおける個人＝個性的身体と集合的身体という課題は，歴史的・文化的に多様な視点から考察することができる．

●**伝統スポーツと近代スポーツ**　現代のスポーツ競技の多くは，近代以後に成立したものである．他方，近代スポーツ以前の「スポーツ」（いわゆる「伝統スポーツ」）は，地域や文化に応じて極めて多様であった．

　伝統スポーツの多くは，宗教との深いつながりがあると考えられている．つまり，伝統スポーツでは，超越的な存在と共同体との深い関連がみられるのだ．そこでは，個性的身体以上に集合的身体が前面に出ていたはずだ．例えば，神の前での舞踊は，たとえ個人の演技であっても，背景には共同体という集合的身体が前提とされる場合が多かったと考えられるからだ．

　伝統スポーツの中には，古代オリンピックのように，個人間の競争や勝ち負けを軸にするスポーツ（ここで栄誉をあたえられるのは個性的身体であった）がある一方，主体が個人，集団にかかわらず，パフォーマンスの巧みさが重要であるものやスピリチュアルな要素が強いスポーツもあった．

　パフォーマンス重視のスポーツの中には，日本の流鏑馬のような個人のパフォーマンス重視のものとともに，蹴鞠のように，個人のパフォーマンスと集合的身体が連動するようなものもみられるのである．

●**スポーツにおける集合的身体**　チーム対抗のスポーツという点でみても，多様性がみられる．伝統スポーツにおけるチームの対抗戦では，例えば，百人以上のメンバーが争ったといわる前近代社会のフットボールのように，人数制限のないことも普通であった．また，現在も催されているイタリア・フィレンツェの「歴史的サッカー（calcio storico）」のように全身を使った殴り合いなど暴力的な要素も当たり前の場合も多かった．

　また，ジェンダーという点で男女混合のチーム対抗（例えば，アジア各地でみられる綱引きなど）や，場所によっては男女対抗の集団的な伝統スポーツもあった．

近代スポーツの登場は，エリアス（Elias, N. 1986）が指摘するようにゲームのルールが定められ，人数が双方同じかたちでの集団対抗スポーツを誕生させた．また，前近代社会においては当たり前だった暴力の抑制も行われるようになった．

近代スポーツでは，当初，男性を主体とした競技が中心だった．20世紀後半になると男性たちとほぼ同じ種目が女性たちの間にも広がっていった．しかし，個人競技も集団競技も，一部を除けば（例えば乗馬など）ジェンダーの分離が前提であり続けているのも事実である．

●**馴致される集合的身体：全体主義体制・軍事体制とスポーツ**　20世紀に入って，戦争の総力戦化と連動するかたちで，スポーツの場にも「国民国家」という集合的身体が浮上してきた．オリンピックやサッカーのワールドカップなどは，まさに「ネイション」という集合的身体が再確認され，強化される絶好の場として機能した．これにあわせて，学校教育の領域でも，一斉体操などを通じた集合的身体の形成や，軍事的身体の構築が進められていった．

中でも，ファシズムやナチズム，天皇制ファシズムやスターリン体制などの全体主義体制において，スポーツのもつ集合的身体の形成力は遺憾なく発揮されることになった．日本の体育会文化には，いまだその痕跡が残っている．

●**日本のスポーツにおける集合的身体と個性的身体**　最後に，日本のスポーツについて，もう少し考察を加えてみよう．日本社会は，しばしば集団主義の文化をもつといわれる．しかし，日本の伝統スポーツは，そのほとんどが一対一のものであり，集団スポーツは雪合戦とか礫合戦などごくわずかにみられるだけである．中でも，剣術，柔術など日本の代表的伝統スポーツは，一対一が基本である（弓道のように個人が主体になるものもある）．しかも，本来，敵を倒すための身体技法であるはずなのに，日本の武道には，むしろ個性的身体の精神的成熟というスピリチュアルな要素が強い．登山において登頂の達成を「征服」と呼ぶ西欧の文化は，自然との共生の文化が根付いている日本人としては納得できない，という登山家の言葉を聞いたことがある．これも，日本の伝統的スポーツ文化と深い関係があるはずだ．

明治以後，近代スポーツが導入されて以後も，日本では，集団競技も個人対個人の対決として評価されてきた（野球は，集団競技としてではなく，ピッチャーとバッターの「対決」が見ものとされてきた）．世界で一番人気のある集団競技といわれるサッカーが，日本で本格的に受容されるようになったのは，1990年代のJリーグの発足以後のことである．この時期から，日本社会でもやっと集団競技（集団的身体）をめぐるリテラシーが共有されるようになったのだろう．近年，これまで国際舞台で十分活躍できなかった日本チームの集団競技での活躍が目立ってきていることは，日本のスポーツ文化の大きな変化の象徴なのかもしれない．

[伊藤公雄]

アスリートと衣服

　ここでの目的は，各種スポーツの大会でアスリートが着用する衣服とはどのようなものか，その特性を浮かび上がらせることにある．さしあたり，「制約」という視点から眺めてみるのが有効と思われるが，紙幅も限られているので，ユニフォーム，競技規則，スポンサー契約という三つのポイントに絞って解説を試みたい．

●**ユニフォームであること**　ユニフォームとは，uni（単一の）＋ form（形態）という言葉の成り立ちからも明らかなように，ある集団の構成員が着用するおそろいのデザインの衣服のことだ．そこに個人の嗜好や選択の入り込む余地はほとんどない．おそろいのデザインであることによって，構成員一人ひとりの個性が捨象されて外観に統一感が生まれ，一個の集団としてのアイデンティティが視覚的に表現される．同時に，他の集団との区別が容易になる．それがユニフォームである．

　各種スポーツの大会でよく目にされるのは，団体競技におけるチームごとのユニフォームだろう．チームユニフォームのデザインには，チームの歴史と深い関わりを持つ色や文様が取り入れられることが多い．一例として，広島東洋カープの歴代ユニフォームに鮮やかな赤が使用されてきたのは，1975年の同球団の初優勝に先立ち，監督のルーツ（Lutz, J.）が選手の帽子をそれまでの紺から「燃える闘志の色」である赤に変更したエピソードに由来する（中国新聞社 2012）．こうしたチームユニフォームは，そのレプリカを身に着けて観戦するサポーターたちの心理的結束を高める効果を発揮することもある．いわゆるチームユニフォーム以外では，オリンピックの開会式における各国選手団の公式服装のように，国家を代表するアスリートの集団であることを表すユニフォームもあり，日章旗にインスパイアされた日本選手団の赤いブレザーをはじめとして，多くの国が国旗使用色を採用している（安城 2019）．

　一方で，チームや国籍といった選手の所属によるユニフォームではなく，競技参加者全員が競技連盟の定める「ユニフォーム」を身に着ける場合もある．対戦者同士が青と白になるよう色分けされた国際柔道連盟指定の柔道着はその代表的な例の一つと言える（中村 2008）．

●**競技規則の縛り**　アスリートが身に着ける衣服（以下，ウェア）には，競技の安全と公平性を保つためのさまざまな規則が適用される．特に，身体が受ける空気や水の抵抗が競技成績に大きく影響する競技種目では，ウェアに関する厳格な規則が定められており，規則に適合しないウェアで出場した場合，それだけで失格となることもある．一方で，メーカー各社は，規則の許す限り，ウェアの機能

性を最大限向上させるための研究に取り組んでいる．競泳用水着を例に取ってみよう．2008 年の北京オリンピックでは，金メダリストの 94％が英国スピード社製競泳用水着のレーザー・レーサー（以下，LR）を着用していた（高木 2020）．この水着には，被服圧の高さによって，着用者の身体が水中で受ける水の抵抗を大幅に軽減する効果があり，それがタイムの短縮を可能にしたと言われる（高木・坂上 2020）．着用する水着によって勝敗が左右される事態を憂慮した国際水泳連盟は，2009 年に競技規則を変更し，2010 年以降，男子競泳の水着が肌を覆う範囲を「へそを超えず，膝まで」とした．この変更により，男子は，LR のような全身タイプの水着を着用できなくなったが，その後も，規則の範囲内でより機能的な水着を開発しようとするメーカー各社と競技規則のせめぎ合いが続いている（高木・坂上 2020）．

●**スポンサー契約の縛り**　現代のスポーツにはあらゆる場面でスポンサー契約の縛りがつきまとう．企業とスポンサー契約を結ぶ主体には，アスリート個人，各国競技連盟，NOC（各国オリンピック委員会）などのレベルがあり，契約内容もさまざまだが，ウェアのメーカーと契約を結ぶ場合は，そのメーカーの製品の着用を義務づけられることが多い．メディアに映し出されるアスリートがそのメーカーのロゴやマークの入ったウェアを着ていればそれだけで宣伝になり，スポンサードを受ける見返りとなるからである．アスリートの身体はそれ自体が広告媒体なのだ．しかし，スポンサー契約が競技におけるパフォーマンス向上の妨げになる場合もある．先述の LR が物議を醸した背景にも，スポンサー契約の問題があった．2008 年当時，日本水泳連盟はアシックス，デサント，ミズノの 3 社とスポンサー契約を結んでおり，日本の選手はこれら 3 社が提供する水着を着用するはずだった．結局，水着の「ハンデ」のせいで不利になるのを避けるため，違約金の支払いもなく LR の着用が認められたが，一時は，日水連と 3 社の間で折衝が続けられていた（朝日新聞，2008 年 5 月 24 日付；6 月 11 日付）．あるいは，2021 年の東京オリンピックで，競技を終えた日本のアスリートたちが胸にアシックスのマークの入った赤いブルゾンを羽織っていたのは，アシックスが JOC（日本オリンピック委員会）とスポンサー契約を結んでいたためである．休憩の時ですら服装に神経を使わなければならないのが現代のアスリートなのだ．

　以上のように，各種スポーツの大会でアスリートが身に着ける衣服は，ユニフォームであること，競技規則の縛り，スポンサー契約の縛りなど，さまざまな制約につきまとわれており，装いとしての自由度が極めて低い．それは，とりもなおさず，現代のアスリートが技術革新やビジネスとも複雑に絡み合ったスポーツ環境のただ中に身を置いていることの象徴と言えるだろう．　　　　　　［安城寿子］

📖**さらに詳しく知るための文献**

安城寿子 2019．『1964 東京五輪ユニフォームの謎』光文社新書．

パラアスリートの身体とイメージ

　視覚や四肢などに障害を有するパラアスリートは，自らの身体や，プレイする空間をどうイメージとして捉え，競技に臨むのだろうか．

　四肢の欠損などの身体的な変化に対し，人間は，想像を超えるような柔軟な対応力を備えている．人の脳は失った機能に対応して，脳の働きや神経系の構造を変えていく．「脳の再編成」と呼ばれるものである（中澤 2018）．パラアスリートは反復練習を経て，脳の再編成で自らの身体を新たなものへと進化させる．

●**ブラインドサッカーに見るパラアスリートのイメージ力**　視覚障害がある場合は，身体のみならず，プレイ空間へのイメージも脳内で可能な限り描き，競技へと繋げていく．例えば，ブラインドサッカー（5人制サッカー）では，選手の空間把握における鍵は，声と音である．ゴール裏で角度や距離などを伝えるガイドらによる声の情報を軸に，選手はピッチの状況を脳内でイメージする．同時に自らの位置を俯瞰的，もしくは自分目線で脳内において把握し，音がするよう加工されたボールを聴覚と触覚で捉えながら，プレイを組み立てる．

　選手は見えない暗闇の中で闇雲に戦っているのではない．トレーニングで空間認知能力を磨き，縦40 m，横20 mのピッチ上で，まるで見えているかのようにプレイする．東京2020パラリンピック大会の5人制サッカー5位決定戦で，日本は世界ランク3位のスペインを破る金星を挙げた．決勝ゴールは，仲間からの浮き球のパスを黒田智成選手が直接蹴り込んだ．宙を舞うボールの軌道と黒田選手の脳内イメージ，さらに身体のコントロールが完全に一致して生まれた，創造的なダイレクトシュートだった．

　「ブラインド」だが，見ていないわけではない．眼球の運動による視覚はなくとも，聴覚や触覚を研ぎ澄ませ，敵チームとの対峙の状況，チームメートやボールの位置などを脳内で「見て」，イメージを描きながらプレイしているのである．

　5人制サッカーの日本代表主将経験者は「頭の中に映像化するので，目が見えていないことを忘れます」と語る（速水 2017）．視覚を失っても脳の視覚野は活発に活動し，聴覚や触覚による情報を脳内で映像に変換して，選手は自らのプレイやピッチをイメージしているのである．

●**欠損を負った時期と道具利用の有無によるイメージ生成の違い**　四肢欠損の場合は細かな分類が必要である．①欠損があるままプレイする場合，a) 生まれながらの欠損と，b) 事故などによる中途欠損で区別される．さらに②欠損を義足などの道具で補ってプレイする場合は，イメージの生成の仕方が変わってくる．

①-a）は欠損が生まれながらなので，自らの身体イメージはそのまま，競技力を高めていく．対して①-b）の場合は，失った部分と残存する体のバランスを整える過程を経て，新たな身体感覚を生成していく．体の一部欠損によるバランス感覚の変化は大きく，自らの新たな身体イメージを把握するまでに時間を要する．

また②では，義足などの道具と，自らの体の調和を図る過程を通して，脳が道具を身体の一部と認知するに至る「道具の身体化」が行われる．これらの流れの中で，新たな身体イメージや，道具を司る神経が磨かれていく．

●競技用義足の進化と議論　パラアスリートを支える道具類は近年，カーボン繊維などの高素材や技術の発展で目覚ましい進化を遂げている．その結果として競技が高度化する一方で，好記録は道具の性能によるものではないか，という議論が絶えない．一例が，陸上男子走り幅跳びで2024パリ大会までパラリンピック4連覇を果たしたドイツのレーム（Rehm, M.）のケースだ．彼は8m72の世界記録を持つが，この記録は2024パリ五輪金メダリストを上回るものである．

しかし競技は，高品質な義足の使用だけで記録が飛躍的に伸びるような単純なものではない．パラアスリートには義足を使いこなすための体力や，競技に適応するための技術力が必要となる．そして，脳の再編成で「道具の身体化」を推し進め，新たな体をかたちづくっていくための過程が必須であり，身体全体をコントロールする力や高度なバランス力が求められる．つまり，健常者とパラアスリートでは求められる身体機能の内容が異なる，と考えるのが妥当だろう．

●パラアスリートが示す人間の身体の可能性と課題　このように，パラアスリートが競技で披露するプレイは，脳の再編成による身体やイメージ力の進化で，残存した機能を研ぎ澄ませ，改善することが可能であることを示している．怪我や高齢化による身体機能の変化に戸惑うことはだれにも起こりうることだが，パラアスリートの可能性は，身体機能の低下が，人間として豊かに生きる可能性の低下ではないことに気づかされるところにある．

ただし，パラアスリートも健常者のアスリートと同様の課題を背負うことから逃れられない．ハイテク素材を用いた道具の進化によって，身体への過負荷の影響や，安全性の問題などが，健常者よりもむしろ深刻な課題となる場合がある．また道具の高価格化は，競技者間の格差や，新たに競技を始めたい人の障壁につながりかねない側面もある．さらに，パラスポーツの競技性が色濃くなるのに比例して「道具による身体拡張はどこまで許されるのか」といった声も聞かれる．

身体とテクノロジーの関係をどう取り結ぶべきかという問いは，未来にわたる人間の問題として広く共有されているが，この課題の最先端がまさにパラアスリートの身体の問題として現れていることにも注目したい．　　　　［速水　徹］

📖**さらに詳しく知るための文献**

中澤公孝 2021.『パラリンピックブレイン』東京大学出版会.

第16章

遊 び

[担当編集委員：西村秀樹]

パースペクティブとしての「遊び」

　概念規定上の細かい議論を別にすれば，スポーツは一般に「遊び」の一種と考えられている．「遊び」とは，実際的な目的を離れ，また社会的な義務や拘束をも離れて，ただ楽しみのために，それ自体を目的として，人々が自発的に行う活動をいう．この意味で労働からも，また道徳的あるいは宗教的な義務に基づく活動からも区別される「遊び」については多くの議論があるが，社会学の領域で大きな影響力をもったのは，ホイジンガ（Huizinga, J.）とカイヨワ（Caillois, R.）の遊び論である．

●「遊びの相のもとに」　ホイジンガは，何らかの外的な目的や原因から遊びを説明する考え方を否定し，人が遊ぶのはとにかくそれが「面白い」からであるとし，遊びは「それ自体のうちに目的をもつ」活動であり，ほかの何ものにも還元できない「根源的な生の範疇である」とした．そして，人間は何よりもまず「遊ぶヒト」（ホモ・ルーデンス）なのだと説き，その人間たちがつくる文化も「遊びのなかで，遊びとして発生し展開してきた」のであり，したがって文化は本来「遊ばれるもの」なのだと主張した．こうした考え方に基づいて書かれた『ホモ・ルーデンス』（1938）では，芸術や宗教，科学や教育，さらに裁判や戦争に至るまで，人間のさまざまな活動のうちに見られる「遊び」の要素が指摘され，それらの活動が古くからどのように「遊ばれて」きたかが生き生きと描かれる．その意味でこの本は，常識的に「遊び」とされる活動についての研究書というより，人間のさまざまな活動が織りなす「文化と時代の変遷」を「遊びの相のもとに」，つまり「遊び」という視角（パースペクティブ）から見ていこうとする壮大な試みであり，また19世紀以降の西欧文化における「遊び」の衰退＝「真面目の支配」を嘆く時代批判の書でもあった．

●ホイジンガによるスポーツ批判　「遊び」のパースペクティブは，例えばスポーツのような「遊び」の範疇に属する活動に対しても向けられる．今や隆盛に向かい「現代文化における最高の遊びの要素」とも見られるスポーツだが，ホイジンガによれば事態はむしろ逆であり，スポーツ集団の組織化，競技ルールの厳格化，記録へのこだわり，トレーニングの強化と管理化，プロとアマの分離などの進展によって，現代スポーツは「真面目になりすぎ」，遊び本来の自発性，気楽さ，のびやかさを失い，「しだいに遊びの領域から去ってゆく」のである．

　「遊び」のパースペクティブからのホイジンガによるこのスポーツ批判は，スポーツ社会学の領域ではよく知られている．だが，社会学全体の流れから見る

と，ホイジンガやカイヨワの遊び論は，まずレジャー研究の領域に導入され，主として「遊び」のパースペクティブからのレジャー批判という文脈で活用された（井上 2015）．つまり，現代人のレジャー活動は自由で主体的でのびやかな「遊び」とは言えない，という批判である．その後「遊び」のパースペクティブは，ポピュラー文化論や青年文化論，逸脱行動論（例えば「遊び型非行・犯罪」への着目），そしてスポーツ社会学の領域などへと拡がっていく．

● 「聖－俗－遊」の三元論　カイヨワは『遊びと人間』（1958，改訂増補版 1967）においてホイジンガを批判的に継承し，「遊び」を「競争」「偶然」「模擬」「めまい」という四つの基本類型に区別しながら独自の文明論を展開したことで知られている．彼はまた，「遊びと聖なるもの」という論文（1946）によっていち早く『ホモ・ルーデンス』（英訳や仏訳が出る前のスペイン語訳）に注目し，デュルケム（Durkheim, E.）以来の「聖－俗」理論とホイジンガ流の「遊び」論とを結びつけて「聖－俗－遊」の三元論を提唱した人でもある．

　カイヨワによれば，「聖」と「遊」はともに日常の実生活（「俗」）を離脱するという点では共通しているが，その離脱の方向はむしろ逆である．「聖」は厳粛な世界であり，人は儀礼や義務に従って行動しなければならない．つまり「俗」以上に拘束の強い不自由な領域である．一方「遊」の世界では，人は「聖」なる義務や拘束を離れるだけでなく，「俗」なる実生活上の配慮をも離れて自由に楽しみを追求する．むろん遊びの世界にも失意や敗北はあるが，基本的には「勝っても負けても，どうでもよい」のが遊びである．「遊」は，「聖」にくらべてはもとより「俗」にくらべても自由で気楽な領域なのだ．

　社会学的思考の伝統において「聖なるもの」の概念は独特の重要性をもつ．このことを論じたニスベット（Nisbet, R. A. 1966）によれば，デュルケムはもとよりウェーバー（Weber, M.）の「カリスマ」，ジンメル（Simmel, G.）の「敬虔」など，多くのすぐれた社会学者が「聖」の観念に注目しただけでなく，彼らの活躍によって「聖」（あるいは「聖－俗」の対比）を「ひとつのパースペクティブとして」広く非宗教的な現象の理解や分析にも役立てる伝統が形成され，それが社会学的思考の強みともなったことが重要である．

　カイヨワはそこに「遊び」を付け加えて「聖－俗－遊」の三元枠組を提示した．これによって，例えば「正義」（聖）と「実利」（俗）との癒着を「遊」の視点からやんわりと批判するような議論も可能になり，「パースペクティブとしての遊び」の意義はさらに豊かになったと言えよう．　　　　　　　　　　　　［井上　俊］

📖 さらに詳しく知るための文献
ホイジンガ，J. 著，高橋英夫訳 1973.『ホモ・ルーデンス』中公文庫.
カイヨワ，R. 著，多田道太郎・塚崎幹夫訳 1990.『遊びと人間』講談社学術文庫.
井上　俊 1977.『遊びの社会学』世界思想社.

古代の遊びとカオス・コスモス・ノモス

　折口信夫によると，日本古代の遊びは「鎮魂（タマフリ）」と呼ばれ，「魂を付着させる」ことを根本原理とした．その一つは「外の有力な魂（外来魂）を導き入れる」，二つは「身体から離れようとする魂，あるいは離れてしまった魂（遊離魂）を呼び戻す——狭義ではタマシヅメ——」というものであった．水鳥・白鵠を見ることは「鳥遊（射鳥遨遊）」と呼ばれ，青馬・鯉や青葉・花を見る遊びもあわせて，対象の持つ強い生命力＝霊魂（外来魂）を身体に取り入れようとするものであった．「歌舞」や「舟遊び」も，魂を発動させ付着させる，あるいは活性化させるものであった．タマシヅメには，「舞踊」等を通して遊離魂を呼び戻すことで死者を蘇生させる「殯」の遊びがあった．これを行うのが「遊部」であった．「物言わぬ」状態も魂の遊離状態とされ，鳥遊や舟遊びなどがあてられた．

●**農耕儀礼としての遊び**　遊びは，魂という「聖」なるものの操作によって，生命の生→死→生あるいは秩序のコスモス→カオス→コスモスといった循環的移行を促進するものであった．宇宙的生命が秩序的に躍動しているのが生であり，またコスモスである．他方，その宇宙的生命の展開の終結が死であり，カオスである．ただ，カオスは現実に即せば生命の脆弱化である．カオスは，ジェネップ（Gennep, A. v.）やリーチ（Leach, E. R.）の「境界」およびターナー（Turner, V. W.）の「リミナリティ」にあたり，生でも死でもない曖昧な過渡期である．ここには，ダグラス（Douglas, M.）や波平恵美子の「ケガレ」の観念が付与されるが，これは体系的秩序の境界線を侵す拒否的要素である．それ故，体系的秩序が脆弱化し拒否的要素が表出してくる過程が，ケ→ケガレつまりコスモス→カオスである．この移行には生産を促し秩序を司るエネルギーとしての「ケ」が「枯れる」現象が関わっているとすると，カオスをコスモスへと戻すには，そのエネルギーの充填が必要であり，その手段がタマフリの遊び＝「ハレ」の行事であるというように，「ケ」「ケガレ」「ハレ」も一種の循環をなす．「毎年，冬になると，此魂を呼んで附著させる．すると春から，新しい力を生じて活動する」（折口 1985）．

　農耕儀礼としての遊びの代表的存在は，その名が表している「田遊び」である．外来魂の付着によって田の生命やそれをとりまく自然の，ひいては宇宙の生命を更新する．折口の研究の中核をなすまれびと迎えの行事では，とこよ（常世）から時を定めて村々にやってくる来訪神であるまれびとが土地の精霊を征服し，これに服属の誓約を迫った．精霊とは「村を囲む庶物の精霊」であり，人間や自然に害を及ぼすアニミズム的なそれである．これを支配・操縦できれば，その力を

最大の幸福に転換することができる.「年が改まり,村の生産活動がはじまる」のであり,「家の堅固を祝福し,家人の健康を祝福する」のである.精霊に魂を献上させ,共同体に付着させるタマフリであり,「縦賞」という字があてられている.まれびとの唱える詞章は「祝詞」,精霊の誓約の言葉は「奏詞」と呼ばれ,このかけあいから諺・叙事詩・叙情詩などの国文学が発生し,また里神楽における「もどき」すなわちひょっとこ,宮廷神楽における「才ノ男」と「人長」,能楽における「シテ」と「ワキ」などの演劇的芸能の形式が生まれたという.

●**政治儀礼としての祭り** このまれびと迎えは,農耕儀礼にとどまらず政治儀礼ともなっていく.折口は「マツリ」の意味の変化を指摘する.第一義は「まれびとの神言を代宣すること」であったが,「服従し奉仕する意志を示す」という第二義へと転化し,さらに「献上物をする」という義が強調されるようになる.この第三義は「租税の徴収」と同一になっていくというが,それはまれびと−精霊という架空の関係の中では生じず,まれびとの座に天皇が就き地方を精霊とみなす関係の成立の中で生じるものに違いない.政治的階級秩序を正当化する儀礼となっていくのである.政治を示す「マツリゴト」という言葉が生まれた.

天皇即位時のマツリである大嘗祭は,その正当化を如実に示すものであった.さまざまな語りや歌舞は「国ブリ」と呼ばれ,地方の国々のタマフリという意である.天皇に国々の魂を献上することで,天皇の威力・生活力を増加させる目的をもつ.

歌を歌うとその歌の中の魂が天皇に付き,舞を舞うと舞の中の魂が天皇に付く.隼人相撲や隼人舞は,薩摩隼人の大和朝廷への服属関係を示す「降伏のタマフリ」であり,毎年繰り返すのは敗北部族の朝廷への服属関係の更新の意味を有した.磯良舞は磐井の乱で朝廷に敗れた阿曇氏に由来する,祖神磯良に扮しての服属の舞であり,久米舞は王権に服属し戦闘に携わった久米一族の勇壮な舞である.吉野の国栖舞や東国の東歌・東遊びも,この国ブリである.一方,国魂で満たされた天皇は臣下にその魂を分与する「恩賞」をおこない,臣下の家を富ませ身を栄えさせる.そのために,御衣配や白酒・黒酒の分配がなされる.

まれびと−精霊の関係は,政治的秩序の中の天皇−臣下の関係に置き換えられる.天皇はまれびと・天つ神であり,臣下は精霊・国つ神である.まれびとへの精霊の屈服によるコスモスの更新が社会的世界に投射され,人為的な規範秩序＝ノモスの更新も正当化される.「政治的秩序は権力と正義についての宇宙的秩序に関連づけられることによって正当化され,政治的役割はこうした宇宙的原理のあらわれとして正当化されたりする」(バーガー＆ルックマン1977).[西村秀樹]

📖**さらに詳しく知るための文献**
折口信夫 1965-1967.『折口信夫全集』1-18巻.中央公論社.
荻野恕三郎 1982.『古代日本の遊びの研究』南窓社.
西村秀樹 1990. 日本人の遊びの古層. 菅原 禮編著『スポーツ社会学への招待』不昧堂出版.

レジャー・スポーツと消費文化

　本項目では，教育の一環として行われるスポーツではなく，映画や音楽などの余暇活動と並び立つものとしてのレジャー・スポーツに焦点を当てる．一般的に「leisure」は「余暇」と訳されるが，ここでは「余暇」を生理的必需時間および労働時間から解放された時間と理解する．そして「レジャー」を，そうした余暇時間に行う享楽的性格を持つ活動と捉える．われわれがレジャーとしてスポーツを楽しむという行動は，高度経済成長期の労働や余暇に関する価値観の転換によってもたらされた．

●**レジャーブームと消費社会的ライフスタイル**　終戦直後の日本では物資が不足し，スポーツそれ自体を楽しむ行動は一般的ではなかった．当時の社会の中心的イシューは労働であり，余暇はその付属物，まさに労働からの「余った暇」に過ぎなかった．そのため，この時期の余暇におけるスポーツとは，労働への意欲を再生産（recreate）するための活動，すなわちレクリエーションが中心だった．その代表例は，職場の休憩時に行う卓球や体操，バドミントンなどであった．

　こうした状況が変わり始めたのが，1950年代半ば以降の高度経済成長期である．可処分所得と可処分時間の増加を背景として，人々は労働意欲の再生産のためではなく，次第にそれ自体を楽しむための余暇活動を行うようになった．1960年代にはレジャーブームが起こり，旅行，競馬，パチンコなどと並んで，スキーやゴルフといったスポーツがレジャーの一環として行われるようになっていった．この時期に至って，余暇活動とは労働意欲の再生産のための活動，すなわち労働に従属するものとしての recreation から解放され，労働と対等な地平に立つleisure としての意味づけを得たのである（小澤 2003）．

　そしてこの時期に重要だったのは，人々の労働中心的価値観が転換し，都市部を中心に消費社会的ライフスタイルが定着していったことである．消費社会論の草分けとなったボードリヤール（Baudrillard, J. 1970）は，生産されたモノが過剰に溢れ，モノを消費することに特定の意味が付与される社会のことを消費社会と呼んだ．そこではモノの有用性＝使用価値よりも，その持つ意味が重要な価値を持つ．例えば洗濯機は，単に衣服を洗浄するという使用価値のみでなく，権威や幸福といった意味を表現するという価値をも有していた．このように消費社会では，あるモノを消費することが他者との地位の差を誇示することにつながる．そしてこのことは物理的なモノのみならず，余暇活動についても同様だった．レジャーブーム以降，レジャーには，無為な活動だからこそそれに参加できることが他者へ

の優越となるという，地位表示的価値が内包されるようになったのである．

●ボウリングブーム　こうした地位表示的価値に支えられ，消費社会的ライフスタイルの一環として日本中で熱狂的に受け入れられたのが，1960年代半ばから1970年代初頭におけるボウリングである（笹生2017）．

　従来，ボールを投げた後に倒れたピンはピンボーイと呼ばれる従業員が手動で直していたが，1961年からピンを自動で再セットする装置が普及すると，ボウリング場の経営効率が大幅に向上した．以降，都市部を中心に多くのボウリング場が建設されたが，それでも2時間3時間待ちの行列を生むボウリング場もあるなど，ボウリングは爆発的な人気を呼んだ．

　こうしたボウリングブームは，ボウリング場の経営効率向上のみでなく，ボウリングという種目独自の魅力にも支えられていた．当時，「スポーツ」といえば教育や健康のための健全な身体運動と認識されていた．しかし当時のボウリングは，確かに身体運動ではあるものの，ハンバーガーやコーラ，アルコールなどを飲み食いしながらプレーし，またミニスカートを履いた女性プロボウラーが活躍するなど，明らかに旧来の「スポーツ」イメージとかけ離れており，パチンコなどと同様の享楽的な「レジャー」イメージを併せ持っていた．

　例えば当時のあるボウリング雑誌には，カラフルな服装の男女の絵に添えて「アベアップはファッションから／ただ投げればいいというものではないんだなァ，ボウリング／というものは．／スタイル，これを大切にしなきゃあー．」というコピーが書かれた広告が掲載されていた（ボウリングファン，1971年7月臨時増刊号）．この広告は，ボウリングを行うことの価値が他者への見せびらかしにこそあることを直接的に訴えるものと言えよう．

　このように，当時のボウリングの持つ「レジャー」イメージは，ボウリングを行うという行動に地位表示的価値をもたらした．ボウリング専用バッグを持って，巨大なピンのオブジェが備えられたボウリング場に入場する行為は，他の人とは違うという感覚を顕示する行為と見なされていたのである．

　以上のように当時のボウリングは「スポーツ」と「レジャー」のイメージの狭間をさまよい，従来の「スポーツ」の主要な担い手だった若い男性のみでなく，女性や子どもなども惹きつけた．またこうした特徴は，当時流行したスキーやゴルフなどのレジャー・スポーツにも総じてみられるものだった．そしてそれを根底で支えていたのは，生産中心から消費中心へという労働や余暇に関する価値観の転換と，それに伴う人々のライフスタイルの転換であった．　　　　　［笹生心太］

📖さらに詳しく知るための文献

ボードリヤール，J. 著，今村仁司・塚原 史訳 1995．『消費社会の神話と構造』普及版．紀伊國屋書店．
笹生心太 2017．『ボウリングの社会学』青弓社．
渡辺 潤編 2015．『レジャー・スタディーズ』世界思想社．

レジャーと現代社会

　「レジャー」は日本語では「余暇」と訳されていて，仕事など生活に必要な時間を除いたところに生まれるとされている．この意味は「レジャー」でも同様だが，「レジャー」の語源はラテン語の「リセーレ（licére）」で，その「許される」という意味から派生して，仕事とは関係のない「自由であること」として使われるようになった．同義のギリシャ語は「スコレー（scholē）」だが，これも転じて「スクール」になっている．つまり，ここにはともに，自由な時間を知的な楽しみに費やすという意味がある．

　「レジャー」が仕事に従属すると考えられたのは近代以後のことで，仕事や家庭，社会から課せられた義務から解放された時に，「休息」「気晴らし」「自己開発」などに費やされる活動を表す言葉になった．ここには，ギリシャ，ローマの時代から中世までは，特権階級だけが享受できた「レジャー」が，近代化以降に台頭したブルジョア層によって模倣され，取り込まれたという経緯がある．

●**近代化とレジャー**　ブルジョア層がめざしたのは，上流階級の人たちに特権的に所有され，享受されてきたものの模倣であり，社交界をつくり，旅行や避暑を楽しみ，文化的教養に勤しむことに価値を見つけることだった．そこにはもちろん，音楽や美術，そしてスポーツなどの近代的発展に寄与した側面もあった．しかし，ヴェブレン（Veblen, T.）は，そんな層を「有閑階級（leisure class）」と名付けて批判的に分析し，そのような特徴を財力を誇示するための「見せびらかしのレジャーと消費（conspicuous leisure and comsumption）」と断罪した．

　ともあれ，宮廷の舞踏会などで演奏された音楽がコンサートホールで聴くものになり，宗教との関わりが強かった絵画や彫刻が個人で購入したり，美術館に所蔵される作品になり，近代スポーツと呼ばれるさまざまな競技が誕生したのである．ここには単に「見せびらかし」というのではない，教養を身につけ芸術を楽しみ，健全な心身をつくるという「レジャー」の本来の意味もあった．

　近代化による資本主義の発展は，ブルジョア層と労働者階級に二分されるという特徴を持ったが，労働者階級にも新しい「レジャー」は生まれていた．例えば飲食をしながら歌や踊りを楽しむミュージックホールやパブの出現や，サッカーなどのプロ化したスポーツを観客として楽しむスタイルである．

●**遊びと余暇善用論**　「余暇」は「レジャー」の訳語として使われる以前からあった．日本では11世紀の『明衡往来』，中国では6世紀の『南史』に登場するとされている．16世紀につくられた『日葡辞書』には「yoca アマル イトマ」と書かれてい

て，その意味は現在と同じである．平安貴族が楽しんだ遊びや，兼好法師や鴨長明といった余暇人の存在，あるいは旅をしながら歌や俳句を詠み，絵を描いた西行や松尾芭蕉，雪舟などは「自由であること」を実践した特権的な人だったと言える．

しかし「余暇」を楽しむ気持ちは庶民の中にもあって，江戸時代になると庶民の間にお伊勢参りや富士講などが盛んになり，歌舞伎などの観劇や浮世草紙などの読み物，あるいは浮世絵が流行るようになった．

このような庶民の生き方の背景には，娯楽の典型であった博打や売春を禁じる上からの政策があった．あるいは儒教の教典の一つである『大学』に「小人閑居して不善をなす」といった戒めのことばがあるように，勤勉を説いて余暇を持たせないようにするといった教えもあった．明治になると欧米の影響もあって，「余暇善用論」が，遊びや娯楽を仕事の下位に置く考えがいっそう強調された．

●レジャーの現代化　「レジャー」の大衆化は，第2次世界大戦後に本格化した．急激な経済成長をして経済大国になった日本では，収入の増加や労働時間の短縮によって「レジャーブーム」といったことばがもてはやされた．街で楽しむパチンコやボウリング，夏の海水浴や冬のスキーとスケート，あるいはハイキングや自動車のドライブといった新しい「レジャー」が生まれ，新幹線やジェット旅客機が国内や海外への旅行を容易にさせて，「大衆消費社会」の大きな一面を担うようになった．

このような「レジャー」の大衆化にはテレビなどのメディアの存在が不可欠だった．国内外の旅をテーマにした番組や，ボウリングやゴルフ，そしてプロ野球の中継が高視聴率を獲得した．しかしここには同時に，休みの時間を持て余して，家でテレビを見て過ごすといった消極的な側面もあった．商品化された「レジャー」を受動的に享受することを含めて，ここには，本来の「レジャー」とは違うといった批判を向ける余暇論が多く見受けられた．

日本生産性本部が毎年出す『レジャー白書』によれば，余暇市場規模が最も拡大したのは1996年で91兆円ほどだった．しかしその後は減少に転じて，2022年度には55億円規模に落ち込んでいる．ここにはバブル期以後の日本の経済の落ち込みと，それに伴う収入の減少や労働時間の長さがある．もちろん，コロナ禍による影響も大きく，2023年度には62.8兆円規模に増加した．

最後に指摘したいのは，レジャーの主体が旅行を典型にして，若者層から高齢者層に移行しているという変化の側面と，減少傾向にあるとは言え，戦後の余暇市場の3割以上を一貫して占めてきたのがパチンコだったという変わらない一面である．　　　　　　　　　　　　　　　　　　　　　　　　　　　　　　　　［渡辺　潤］

📖さらに詳しく知るための文献

ヴェブレン，T. 著，小原敬士訳 1961.『有閑階級の理論』岩波文庫．

石川弘義編著 1979.『余暇の戦後史』東京書籍．

渡辺 潤編 2015.『レジャー・スタディーズ』世界思想社．

身体と遊びの曖昧さ

　スポーツを文化現象や社会現象の一つとして捉えた場合に，遊戯性と身体性は概念の内包を構成する二つの基本的性格である．さらにこの二つの性格には共通する性質がある．これが「曖昧さ」である．この「曖昧さ」とは，「可逆性の自由」の問題がその実態を表出させたものである．「AでもありBでもある」といった両義性，多義性，動性，不確定性，不可知性としての「可逆性の自由」は，スポーツの価値や意味を創出する条件となっている．遊戯性と身体性は，このような「曖昧さ」を通して文化的に共振したりあるいは対立しあったりして，スポーツという事象の意味や価値を現実的には構成している．

●遊びの「可逆性」と自由　「ごっこ（なりきり）遊び」に夢中になる子どもたちには，独特の振る舞いがある．例えば，砂場で泥団子を握ったお母さん役の子どもが，「はい，おはぎですよ」と泥団子を差し出したときに，遊びの中にあってそれを受け取る側の子どもは「美味しそう，ありがとう！」といって食べる仕草をするのが普通である．しかしそれは「本当」と「嘘」が共存する矛盾そのものでもある．「泥団子は食べることできないよ」とそれを捨てると遊びは崩壊するし，泥団子を口に頬張りながら「うわっ，美味しい」というと「ドン引き」され，やはり遊びは崩壊する．つまり，遊びは自由な活動だと言われながらも，「本当」だけど「嘘」というダブルバインド的その場での特殊な遊びのルールに従わなければ，その豊穣を体験することができない．地理学者の高橋潤二郎は，遊びが持つこのような基本的な矛盾（秩序と自由の両立）に対して，ホイジンガ（Huizinga, J.）やカイヨワ（Caillois, R.）を検討することから，一つの解答を与えている．高橋は，まずホイジンガの言う「遊び」は，「理念型（精神）としての遊び」であって，それを「具体的な現象や形態としての遊び」と区別しなかったことに混乱が生じたと述べる．その上で，遊びにおける「自由」の問題を「参加の自由」にまず限定し，参加の自由は結局のところ，遊びのルールはいつでも破っていいことを保障する「規則を拒否する（規則の可避性の）自由」であり，同時に規則は広い意味での行為の行方でもあるから，「理念型としての遊び」のレベルでは何も矛盾は生じないとする．ただ，このように秩序を受け入れつつ自由が担保される両義的な様態の中にあるからこそ，ホイジンガが論じたように人間の持つ創造性が実現されるとも述べる．他方で，このような遊びの持つ「参加の自由」の観点からではなく「脱却の自由」に連なる観点を，哲学者のデュビニョー（Duvignaud, J.）は示している．「ただ残っているのは，逃亡する合理性の予感だけである．し

たがってこれは，形式が決して内容に到達しないことは承知で，形式と戯れるということである．しかし，この〈無（リアン）〉への開口は虚無（ネアン）への呼びかけではない．われわれは一般に受け入れられる空間や変形する形姿を遊戯的に操作して空虚（ビッド）を満たすからである」（デュビニョー 1986, 104）．結局のところ「参加の自由」をスタートとして「規則」の存在から遊びを考察するホイジンガやカイヨワは，知の習慣を捨てきれないでいるために逃れられていないとデュビニョーは批判する．すべての意志や知の習慣からの離脱，つまり別な意味での自由として「無（リアン）」を対置するデュビニョーの議論は，遊びを独特の存在様態として捉える美学者の西村清和の議論と通じている．こうした遊びをめぐる論点に通底するのは，さまざまな遊びを理解するための補助線として対概念が存在することと，それを「両抱え」しようとする議論の方向性である．ここでは，これを「可逆性」と呼ぶこととする．「可逆性」とは，対として存在する性質（例えば裏と表）が「いつでも入れ換わることが可能」な様態を示す言葉であり，両義性，多義性，動性，不確定性，不可知性の性質を生み出す条件でもある．つまり，遊びにおける論点となってきた「自由」の問題は，常に「可逆性の自由（曖昧さ）」を条件としその性質自体について言及されている．これは，互いに否定し合う他性が，往還あるいは連続的に反転することを可能とする存在様態を担保される自由のことであり，遊びの基本的条件として定義される．

●遊びの「可逆性の自由」と身体　メルロ＝ポンティ（Merleau-Ponty, M.）は，自身と他者あるいは世界との関係の中に，「身体の可逆性」を見出している．触れる手と触れられる手の間に生じる（触れることと触れられることとの）反転可能性は，「肉」という身体の場においてひき起こる．このような存在論的な身体論と遊びの「可逆性の自由」との関係は，スポーツの文化社会学の理論として考察を進める際にも大きな研究課題の一つである．ただ，ここで「可逆性」を「対として存在する性質がいつでも入れ換わることが可能な様態の一つ」として限定的に身体に適応するとすれば，メルロ＝ポンティのそれは遊びの持つ「可逆性の自由」と相似関係を持つと思われる．例えば，「分かること（思考）」と「できること（行動）」の対関係の共存は，身体において特有の現象の一つであり，それは認識の主体でもあり対象でもある，と言うメルロ＝ポンティの問い立てとも通底する．このような遊びと身体の「可逆性」を観点とした社会現象・文化現象としてのスポーツの価値や意味についての社会学的分析は，生きられた経験としてのスポーツの深い理解とスポーツによる日常の超越の可能性を含んでいると言えよう．　　　　［松田恵示］

📖さらに詳しく知るための文献

高橋潤二郎 1984.「ルドゥス」の発見 ホモ・ルーデンス再考．三田学会雑誌 77(2)：168-192.

デュビニョー, J. 著, 渡辺 淳訳 1986.『遊びの遊び』法政大学出版局.

松田恵示 2001.『交叉する身体と遊び』世界思想社.

ギャンブルとスポーツの関係

　近代以前，スポーツは「遊び・気晴らし」を広く意味する言葉であり，ギャンブルもその中に含まれていた．近代スポーツが成立するとギャンブルという行為自体がスポーツとみなされることはなくなったが，スポーツに対するギャンブルはさまざまな形で行われ続けてきた．

●**日本のスポーツギャンブル**　日本のスポーツは近代国家形成の過程で主に学校を通して受容された．刑法（1908 年制定）でギャンブルは違法とされ，当然スポーツギャンブルも禁じられた．仲間内の娯楽として，あるいは裏社会の稼業として行われる例はあっても，公然と組織的に行うことは許されてこなかった．

　唯一の例外が公営競技だった．公営競技（通称・公営ギャンブル）は，売上金の公的活用を名目に掲げた特別法を制定し，公的機関（地方自治体等）が主催して実施するスポーツギャンブルである．日本ではこれまで，競馬，競輪，オートレース，競艇の 4 種の競技が行われてきた．先駆けは競馬で，他の競技は競馬の仕組みを模倣したものだ．

　日本で最初に西洋式競馬を行ったのは幕末の横浜居留地に住む外国人たちだった．明治時代に入ると西洋人の手による競馬の開催が続き，明治天皇もたびたび観戦に訪れた．当時の競馬は文明開化をめざす日本が学ぶべき西洋文化だった．日本人の手による初めての競馬開催は 1906 年である．馬券の発売も，1923 年制定の「競馬法」によって公式に許可された．この頃に出来た競馬の大枠の仕組みは，運営組織の統合や組み換え，戦時中の一時中断を経て戦後も継続した．

　戦後テレビ放送が開始されると NHK は特別レースの中継をするようになり，「NHK 杯（現・NHK マイルカップ）」という冠レースを創設した．ジョッキーをスポーツ選手として取り上げた報道も当たり前になされるようになり，時には競走馬さえも「スポーツ選手」のような扱いを受けるようになった．とはいえ，競馬がスポーツなのか否かについては，今日でも意見は分かれるだろう．

●**競輪のスポーツ化**　日本におけるスポーツとギャンブルの関係を考える時，競輪は興味深い事例だ．敗戦後すぐに復活した競馬が大変な人気を集めているのを見て，自転車で同じことをしようと考えた人たちが国会に働きかけ，「競馬法」をモデルにした「自転車競技法」が 1948 年に制定された．名目の一つに地方財政への寄与が掲げられ，地方自治体の主催により行われることになった．第 1 回競輪を開催したのは福岡県小倉市（現・北九州市）だった．小倉の成功を受け，全国各地の自治体が続々参入し全盛期には全国に 63 か所もの競輪場がつくられ選手

数も 6000 人の規模に膨れ上がった．売上はどんどん伸び，地方財政を潤した．しかし，高度経済成長期までの競輪は，数多くの問題を抱えており，いつ廃止になってもおかしくない状態だった．かき集められた玉石混交の選手たち，ルールや設備の未整備，不安定な当時の社会状況．レース結果に不満を抱いた観客がたびたび暴動を起こし，選手の八百長が発覚することも珍しくなかった．競輪はスポーツではなく，ただのギャンブルと見られるのが一般的だった．地方自治体が公営ギャンブルを実施することの是非も，たびたび社会的議論を呼んだ．

このようなマイナスイメージを改善すべく，選手養成学校が設立され，ルールや施設の整備が行われた．不正防止のために選手管理も徹底されていく．これらの対策によりレースはレベルアップし，実力のある選手しか生き残れないようになっていった．1957 年以降は，近代五輪よりも長い歴史を持つ自転車競技世界選手権大会（1893 年開始）に競輪選手を派遣するようになり，好成績を収める選手も現れた．アマチュアリズムが弱まると五輪への出場も可能となり（1996 年アトランタ大会以降），2000 年のシドニー大会からは競輪を元にした競技種目「ケイリン」が採用されることになった．この決定をうけ，NHK は競輪界年間最大のレースである「KEIRIN グランプリ」を BS 中継するようになった．このように競輪は近代スポーツとしての体裁を整えていくことで，ギャンブルとしての信用も高め，社会的イメージの改善も果たしてきた．今日では競輪選手がスポーツ選手として取り上げられることも当たり前となっている．

●**スポーツベッティング（賭博）解禁論**　21 世紀に入り，スポーツとギャンブルの関係は大きな転換期を迎えている．インターネットの普及により，公営ギャンブル以外のスポーツも，グローバルなスポーツギャンブル市場に組み込まれる可能性が高まったのだ．近代スポーツ発祥の地であり，ギャンブル愛好者の多さでも知られる英国では 18 世紀後半に非合法なブックメーカー（馬券販売業者）が生まれていたが，1960 年代には合法化され対象もあらゆるスポーツに広がった．英国以外の国では日本同様，スポーツギャンブルに規制を設ける国も多かったが，EU では 1990 年代以降，米国でも 2018 年に全面解禁された．インターネットを通じた外部からの賭けを禁止することが，実質的に不可能になっているからだ．そのため，日本でも合法化が論じられ始めている．その際，検討されるべきは，どうやって不正を防ぐか，スポーツの価値を損なわないためには何が必要か，という問題であろう．これらを考える時，競輪をはじめ，公営ギャンブルのたどってきた歴史は，先行事例として重要な参考資料となるだろう．　　　　［古川岳志］

📖**さらに詳しく知るための文献**
古川岳志 2018．『競輪文化』青弓社．
古林英一 2023．『公営競技史』角川新書．
キャシディ，R. 著，甲斐恵理子訳 2021．『ギャンブリング害』ビジネス教育出版社．

湯浴文化のかくされた世界

　日本人は古代から儒教や道教や仏教といった宗教・思想を重層的に混淆・習合し，独自の文化や習俗を形成してきた．わが国の湯浴文化において特筆すべきは，湯浴の「ゆ」が「斎川水（ゆかわみず）」の聖なる斎（みそぎ）の意味をその源流に持ち，この聖なる意味が受け継がれてきたこと，奈良時代に国家宗教となった仏教によって湯浴の医療文化・習俗が広く日本に定着し始めたこと，禊ぎと医療という聖なる意味が江戸時代にはすでに大衆化・世俗化し，遊び化・享楽化したこと，そして何よりも，こうした湯浴文化・習俗の担い手の深層意識に「かくされた〈道教（タオイズム）〉の世界」があるということである．

●**道教・老荘思想**　福永光司（1997）によれば，道教は，日本の古代から現在までの思想・文化を貫流する基底的思想である．道教は中国南部の人々のさまざまな信仰やものの考え方・習俗等が融合し，老子と荘子のいわゆる老荘思想として結実した世界観である．儒教の説く仁，義，忠，孝などの人倫の秩序は北部支配層の理想であって，当時の中国の庶民の現実は対立・差別・戦争といった苦しみの絶えないものであった．老荘思想は，儒教のこうした偽りの思想に対抗する形で形成された．人間が人為的につくった知識や思想はあさはかなものである．真実は，そうした人為によるものではなく，それを超越した〈自然のことわり（理法・摂理）〉の中にある．根源にある〈いのちの自然のはたらき〉こそが万物の真実であると説く．大いなる宇宙のこの究極的な真実を〈道（タオ）〉という．道から〈宇宙（マクロコスモス）〉ができ，〈天〉と〈地〉になった．人間も含めて森羅万象，あらゆるもの（ミクロコスモス）はそれぞれの理法に従って〈あるがまま〉に生き，〈感応〉し合う．これこそが真実だとする．ミクロコスモスはマクロコスモスにつながっており，あたかも二重に存在しているようだが，それらは通じて一つである．老荘思想の中でも老子は現実社会における政治や人間の生き方をも重視する．一方，荘子は徹底した厭世思想で，自然のことわりのなすがままに，現実を超越して，道に従って，自由に，純粋に，生きることを重視する．荘子の道は，まさに「遊ぶいのちの哲学」であるといっていい．

●**逍遙遊**　荘子の哲学が描く道のイメージはこうである．〈北のはるか彼方の海に翼を大空の雲のように広げた巨大な鳥（大鳳）がいる．大鳳ははげしいつむじ風に乗ってくるくる螺旋を描いて九万里もの上空に舞い上がり，雲気の層を越えて青い大空を背負うと，南の海をめざして天翔していく……〉．風に乗って，自然のなすがままに自由に，ゆったりと飛翔しているこのすがたを荘子は"逍遙遊"

という．逍遙遊とは，とらわれのない自由なのびのびとした境地に心を遊ばせる（楽しませる）ことである．現実を離れ，自然のことわりに従って，はるかかなたを安心して，おおらかな心のままに，自由を楽しんで飛翔する（遊ぶ）．無為（人為を無くし）自然に，道とともにあるがままを楽しんで生きる．大鳳をみた小鳥たちはこれをあざ笑うが，矮小な知識では広大な知識は想像もつかない．しかし，大は大なりに，小は小なりに本来の自然に生かされて生きている．この真実は万物に共通する．万物斉同（みな同じ）である．大小，貧富，重軽……といった差別は，道においては一切ない．森羅万象すべてが道の下に同一である．"一つの自然性に帰一"する．すべては〈道枢（道の中心）〉に通じている．

●自然遊（游）・自然と人間の帰一　久野昭（1973）は，この自然性を「人為を包み込み，呑み込んで，人為を溶解してしまうような自然」「自己が無になる（身体が無意識に感応する）ことを通して，おのずとあらわになる自然」「自然において自己がおのずから無になる」「原自然への私意なきかかわり」と表現し，これを"自然遊"と名付けた．

　昔から日本人はお風呂にゆったりと首まで浸かって身体の芯まで温まり，〈気〉持ちよく入浴することを好んできた．その湯浴感覚の最も良い例が「温泉大国日本の露天風呂」である．温泉には，少彦名命（すくなひこなのみこと）という神様が神社に鎮座しているし，薬師如来という仏様がいる．だから温泉に湯浴する人々に修行や術はいらない．身分や貧富の差・男女の別……そうした差別は一切無い．一つのいのちとして皆，平等（一つ）である．湯浴する人々は世俗を離れてのんびりと温泉につかり，浮く．湧き出でる湯がやさしくわが身を包み，にじんでくる．「あ〜あ，いい湯だな．〈気〉持ちがいい」．煩わしいことは何もない．目をつぶり，こころを「空っぽ」にしてゆったりと湯に身をゆだねる．まるで桃源郷にいるみたいだ．周りの景色や草木も，湯も，そしてわが身も，同じ自然態で一つである．すべてが結びつき合い，「共存」する．人為的な俗世間から無為自然の世界へ逍遙する．温泉浴という遊びの世界に離脱し，聖なるいのちの世界に没入する．温泉は，大自然の〈水〉（雨水）と〈火〉（マグマ熱）と〈土〉（地下の土の成分）が解け合って湧出し，人間の血液の循環と代謝を良くし，人間がもっている「自然治癒力」のはたらきを活発化させ，元気にしてくれる．「いのちを再生させる」．それは自然の気と人間の気とがふれあい，関わりあい，〈感応〉すること，自然の理法に従って，なされるがままに游び戯れること，無為の状態で原点にもどり，からだとこころの自然のはたらきをとりもどす"自然游"である．それは"人間と自然の帰一"であり，はるかなる〈道〉につながっている．　　　　　　[日下裕弘]

📖さらに詳しく知るための文献
荘子著，金谷 治訳注 1994.『荘子』第一冊（内篇），岩波書店.
日下裕弘 1995. 日本の自然遊. スポーツ社会学研究 3：27-36.
日下裕弘 2018.『日本の自然遊』（電子書籍），22 世紀アート.

権田保之助の余暇研究

　民衆娯楽とは，近代産業により誕生した都市労働者を基盤に戦前人気を博した活動写真をはじめとする低廉で刺激的な新しい娯楽を指す．労働や勤勉に対する有害なものとして取り締まる対象（民衆娯楽問題）であり，大衆を惹きつける力を利用する教化（近代日本の余暇政策，余暇善用論）として議論の対象になった．

　権田保之助は，大原社会問題研究所所員，文部省・厚生省等専門委員嘱託を務め，多数の娯楽調査等，実証的研究から民衆主体の娯楽論を導き出した．民衆娯楽問題を社会生活が生み出した具体的産物と捉え，日本のアカデミズムにおける知識と生活の乖離を批判した．彼の娯楽観として次のエピソードが有名である．

　「私の所へ昨年の夏，早稲田大学の商科の学生諸君が十名訪問して来られて，今期の卒業論文の題目として「民衆娯楽」の問題を選ばれたことを話され，依て適当なる参考書—無論横文字を書かれた「原書」を知らせて呉れる様にとのお頼みがあった．けれども民衆娯楽問題には原書が無い．其処で『「民衆娯楽」の原書は丸善にはありません，浅草にあります』とお答へしたことがあった」（権田 1922）．

　娯楽に関する定説として，「明日の，より善き作業」をめざす再創造説，レクリエーション説がある．権田は強く否定し，「娯楽は生産の奴婢に非ず，生産こそ創造の奴僕であるという状態が招来さるべきである」と断言している．「生産のための娯楽」という生産中心の哲学に対する彼の異議申し立てである．人間とは生産のために生きるものではなく，人生のための生産こそが本来あるべきものだという．人間は生きていくために働かなければならない．また同時に人間は生活を楽しむことを忘れない者であるという点が彼の中に貫かれている．権田の民衆娯楽論の中心には，新興無産階級，民衆生活創造，反社会政策，反資本主義がある．

●「生活創造としての娯楽」　権田の民衆娯楽論を深化させた要因として，関東大震災による「娯楽なき人生」の体験を挙げることができる．彼は，震災からの復興の過程に現れた民衆の娯楽要求の高まりを浅草に見出している．被災により極限生活を強いられる中，人間として平衡を保った生活への復帰を切実に願う声に権田は注目している．娯楽に対する熱望が民衆の中に本能的に生じた状況を，その心が平常を取り戻し始めたバロメーターだと彼は見たのである．

　ゆえに娯楽は，民衆文化の担い手である民衆の本然的欲求であることが生活創造に不可欠な要件である．それを促進力にして民衆生活が形成されるというのが，権田の「生活創造としての娯楽」説である．

　娯楽は，生産能率を向上させる，教育効果を増大させる，主義主張を宣伝させ

るために存在しているものではない．民衆の自立的な「生活創造の一因数」であるところに固有の価値が見出せると権田は理解している．生命維持の欲求とあわせて人間の本然的要求である生活美化の欲求でもって，人々は娯楽の中に自己を発見すると考えたのである．

●**国民への再編**　また関東大震災の復興過程に，権田は民衆のエネルギーの喪失を見出し，その原因を民衆娯楽の変質と捉え，次のように指摘している．

①娯楽の機会均等の実現は，一般の人々の趣味性の一致をもたらした．

②伝統や慣習に対する反発から，娯楽の基が，枠を外れた生活，労働から離れた生活をためらうことなく味わうことに移った．

③権力や権威に対する反抗とナンセンス趣味が共存した．

　民衆娯楽の変質の背景には，抑圧された生活からの解放と生産生活・労働生活の捨象があった．労働を忘却した生活に現れる趣味性は労働の均衡を失った「変態的嗜好性」という形で現れるよりほかはない．民衆娯楽は新興無産階級，労働者の生活様式の中に主体的に成立したはずであった．しかし早熟な民衆化，平準化のもとに民衆娯楽はその特質が失われていく．これにはマスメディアの発達も関係している．権田の民衆娯楽論の固有性であった「生活創造のための娯楽」が揺らいだのである．こうした民衆娯楽の揺れを権田は「娯楽の平衡運動」と捉えた．彼によると，特権的高級趣味の低級化（例えば西洋音楽の下降）であり，卑俗なるものの高級化（例えば浪花節や映画の上昇）であり，農村娯楽の都市娯楽化であった．娯楽は階級や地域を超えて平衡化，一般化されたのであった．1920年代後半のプロレタリアニズムの一般化を指摘している．

　1930年代以降は質的に新たな性格を権田は指摘している．今や伝承の娯楽も，階級的娯楽も，農村娯楽も，皆残らず国民生活という大きな渦に投入されているというのである．娯楽の意味は以前とは異なったものになった．つまり民衆の生活創造ではなく，国民大衆生活の愉悦化であり，主体の変容である．民衆は大衆として一般化・均質化され，国民として再編されたのであり，それは民衆娯楽の解体を意味したのである．

　権田は文部省において社会教育調査委員，教育映画調査委員，民衆娯楽調査委員に就任した．さらに権田は大原社会問題研究所在外研究員として欧州留学時にドイツ民衆娯楽政策の展開に触れている．それは①公営娯楽施設（公営児童映画館，民衆娯楽館）における福利的機能，②教育映画製作・公営・検閲・配給等の公営組織の確立と機能である．その後，権田は勤労，勤労環境，余暇を全体的に進めていく厚生運動にも関わるようになった．彼のこうした経緯は民衆娯楽から国民娯楽への転換に位置づけられる．大正期の民衆娯楽に注目し，娯楽を民衆の生活表現と捉えた視点，および「民衆娯楽」から「国民娯楽」への軌跡を問い直してみることは，今日において示唆的であろう．　　　　　　　　　　　［坂内夏子］

自然への挑戦

　ある定義によれば，スポーツとは「遊びの性質を持ち，自己または他者との競争，あるいは自然の要素との対決を含む身体活動」(ICSPE 1968, 9) のことである．この端的な定義の中で言及されるほどに，スポーツと自然の関わりは深い．要するにスポーツは，言わば自然への挑戦としての側面を有しているのである．

●**極限の体験**　自然への挑戦はしばしば生死にかかわる極限的なかたちで行われる．現に文字どおりの過激さで知られるエクストリームスポーツには，自然を舞台とするものが多い．断崖でのクライミングや巨大な波に向かうサーフィンなどのほか，ジャンプ台や高所から空中に飛び出して重力に身体を委ねることも含めて，エクストリームスポーツのアスリートは進んで自らの命を危険にさらしているのである．このことはほかのスポーツにはみられない特徴として，なぜ人間が自然に挑むのかを問う上での重要な論点になるだろう．したがってここではエクストリームスポーツにおける特異な体験 (コトラー 2015) に焦点を当てることにしよう．

　エクストリームスポーツのアスリートに共通するのは，フロー (☞「フロー理論」) と呼ばれる状態に入り，最高のパフォーマンスを実現しているということである．複雑で予測不能な自然の中で命の危険を乗り越えるフローは，常人には理解しがたい次元の体験となる．ビッグウォール・スピード・フリーソロと呼ばれるロープなどの安全装置を用いないクライミングスタイルを開発したポッター (Potter, D.) は，落ちたら死ぬという状況下で自分がどうすべきなのかを教えてくれる「ボイス (直観の声)」が聞こえてくるのだと語っている．「ボイス」に耳を傾けているとき，ポッターはまるで自分と岩が一つになり，宇宙と精神的につながるような感覚になる．ポッターが迷いなく正確に，まさに流れるように岩壁を登っていけるのは，彼が自然と一体になっているからにほかならない．

　なぜ自然に挑むのかという問いに対するポッターの答えは，すでにはっきりと示されている．すなわち彼は死と隣り合わせの最中の体験を求めて，山頂ではなく自然と一体になる境地に到達することを目指して，岩壁を登っていたのである．ウイングスーツによる崖からの滑空中の事故で 43 年の生涯を閉じるまで，ポッターは自然の中で自分にどんなことができるのかを試し続けた．こうしたことをもって，エクストリームスポーツを単なる命知らずの所業などとみなすわけにはいかない．むしろエクストリームスポーツのアスリートが死に近づいていくのは，そこに人間が生きることの喜びがあるからではないだろうか．

●自然への「賭け」 エクストリームスポーツのアスリートによる自然への挑戦は，バタイユ（Bataille, G.）の「賭け」（バタイユ 1992；酒井 1996）になぞらえることができる．人間は労働に代表される理性的で有用な行為によって，先の見通しを立てながらその生を成り立たせている．しかしバタイユからすれば，そのような生における人間とは有用性に従属して生きながらえているだけの物体にすぎない．そこでバタイユは，至高性という何にも制限されない真に自由な人間の生を対置する．人間には不意に利害や打算などとは無関係に生を活性化させようとする力が湧き上がることがある．至高性はその力を無益に消尽して自分を打ち捨てる非理性的な行為に見出される．この物体化した自分を破壊するような行為のことを，バタイユは「賭け」と称した．

　有用性にとらわれていないという点で，「賭け」は死に通じている．もちろん死に至ってしまっては，人間は至高性を生きることができない．一方で，それは有用性のうちにとどまったままでも同じである．この相克を打ち破る「賭け」とは，生と死あるいは理性と非理性の境界に身を投じる行為となる．そしてその境界線上をさまよい揺れ動く中で，人間は至高性を体験しうるのである．ここでポッターの事例を思い出すならば，フリーソロという有用性の観点からすればまったく非理性的な行為は，「賭け」の極致的なありようとして捉えることができるだろう．

　「賭け」と自然の結びつきも確認しておこう．自然は私を「賭け」に投げ出すのだとバタイユは記している（バタイユ 1975, 268）．気ままで過剰な力にあふれた自然は，人間にとって有用性の外にある圧倒的なものである．例えばその雄大さを前にしてただ魅了されるほかないといったように，人間は自然の力によって有用性の彼方へと引き寄せられる．つまり自然の力と交わること自体が，人間にとってすでに「賭け」なのである．特にエクストリームスポーツでは，落命しかねないほどの困難な挑戦という仕方で自然の力と交わる．それはポッターの言葉を借りれば，通常の生を一気に揺らがせて生死の境界へと飛躍する「近道」と言えよう．

　おそらく人々の多くは，安全装置を用いずに岩壁を登ろうとはしない．しかしながら，より一般的に親しまれている登山やトレイルランニングを例に取ると，険しい山道で消耗しながら踏み出す一歩もまた，物体化することを受け入れられない人間による自然への「賭け」なのではないだろうか．真に自由な生を求めて自然に挑むことは，超人的なアスリートだけの特権ではないのである．

[浜田雄介]

📖さらに詳しく知るための文献

コトラー，S. 著，熊谷玲美訳 2015. 『超人の秘密』早川書房.

酒井 健 1996. 『バタイユ』現代思潮新社.

第17章

集団・組織

[担当編集委員：高橋豪仁]

スポーツ集団と組織

　「集団」「組織」「社会」「群衆」などの類似した概念の中で，「集団の概念が一番基礎的なもの」（盛山 2012）であり，「社会集団は社会学の中心的な問題領域といわれながら，学者によってその捉え方はかなりの違いをみせ，代表的ないし一義的な概念規定は意外に欠落している」（八木 1993）．一般的に，「集団」と「組織」は，着目する視点や，組織化の程度などによって区別する場合が多く，スポーツ社会学では，「概念的にはスポーツに関する特定の目的をもった複数の人々の間の，相互作用に注目した場合をスポーツ集団，目的達成のための役割・人的配置・活動などに注目した場合はスポーツ組織というが，スポーツ組織を，スポーツ集団を統括・統制する上位の組織体として捉えることが多い」（宮内 1988）．この定義に従えば，例えばスポーツクラブや学校運動部は，クラブ会員や部員の相互作用に注目すればスポーツ集団となり，それらの役割や活動に注目すればスポーツ組織となる．また，それらを統括するスポーツ競技団体（協会や連盟等）もスポーツ組織となるが，それがスポーツ集団と表現されることはあまりない．なぜなら，そこでは競技団体内部の役職員の相互作用に着目すること自体がほとんどないからである．

●スポーツ集団と社会化論　学校運動部やスポーツクラブなどを対象に，それらに所属する人々の間の相互作用に着目したいわばスポーツ集団の議論では，テンニース（Tönnies, F.）の「ゲマインシャフト」と「ゲゼルシャフト」，マッキーヴァー（MacIver, R. M.）の「コミュニティ」と「アソシエーション」，ヴェーバー（Weber, M.）の「団体」概念や「官僚制」論などの理論が基礎となる．また，「集団」の議論としばしば結びつく理論として，「社会化」理論が挙げられる．スポーツ活動に参与するようになる社会的諸条件はなにか（スポーツへの社会化），あるいは，スポーツ活動に参与することでどのような人間形成がなされるのか（スポーツによる社会化）を分析するスポーツ的社会化研究において，前者であれば社会的諸条件の一つとして，後者であればスポーツ活動を展開するものとして，スポーツ集団が取り上げられる．例えば，競技力が高い学校運動部に所属する者は，上下関係や根性，楽しむことよりも競技結果を重視するような，いわゆる体育会系の性格特性をもっている場合が多いといわれる．このように，ある集団に帰属する人々に共通する性格構造（性格特性）を社会的性格と呼び，ここでは（体育会系や学校運動部という）集団との関係からそのような社会的性格がいかに形成されるのか（個人の社会化過程）が問われる．しかし，この社会化論では，ス

ポーツ集団が社会化の担い手である「重要な他者」として個人（の社会的性格）に及ぼす影響，すなわち，個人の受動的な側面ばかりが強調されてしまうという批判がある．それに対して，個人がスポーツ集団の文化や社会を変えていくような個人の主体性にも焦点をあてた主体的社会化論が台頭するようになった．

●**スポーツ組織論**　スポーツ組織に関しては，そもそも研究対象として取り上げられることが多くなかった．その背景には，わが国のスポーツが学校運動部や企業運動部といった教育組織や企業組織によって支えられ，それらの発展とともに競技者に偏った育成や選抜がなされており，自発的にスポーツ組織を構成する一般のスポーツ愛好者がふるい落とされてきたことが挙げられる．それ故に，スポーツ（統括）競技団体は，スポーツの発展をそのような学校（運動部）や企業（運動部）に依存してきたことから，今日，スポーツ組織によるスポーツ愛好者の包摂が課題になっている．この課題の克服に有効と思われるのが，ガース（Gerth, H. H.）とミルズ（Mills, C. W.）の『性格と社会構造』，すなわち，性格構造（社会的性格）は制度（社会構造）によって形成されるとともに，「制度の長」はその制度（生成）を通して個人の性格構造（社会的性格）に最も影響を及ぼすという理論である．なぜなら，この理論を援用することにより，競技者に加えて愛好者をも包摂することが可能になる制度や，その制度を主体的に生成するスポーツ（統括）組織を構想することができるようになるからである．この理論に依拠して，スポーツを制度として捉えた「制度としてのスポーツ」論や，「制度の長」をスポーツ組織と措定して，それが生成する制度やスポーツ行為者の性格構造（社会的性格）との関係を分析するスポーツ組織論，さらに，これらの論理と先に示した主体的社会化論を組み合わせた理論などが展開されている．

　近年，スポーツ組織の不祥事などによって，そのガバナンスが問われているが，以上の議論を踏まえれば，コンプライアンス（法令遵守）や法的整備，あるいは経営・マネジメント的な組織論だけでなく，スポーツに関わる者の社会的性格形成を見据えた（スポーツそのものの）制度の生成を考えることが重要となる．それはすなわち，スポーツと人との関係が理想的となるようなスポーツ自体のガバナンスとそれを可能にする組織とを検討することであり，スポーツ社会学にこそ求められるスポーツ組織研究となるように思われる．社会学における組織論や制度論など，スポーツ組織研究が依拠する理論は枚挙にいとまがない．こうした理論に依拠して，スポーツ組織をめぐる議論を活発化していくことが望まれる．

［笠野英弘］

📖**さらに詳しく知るための文献**

ガース，H. H. & ミルズ，C. W. 著，古城利明・杉森創吉訳 1970．『性格と社会構造』青木書店．
佐伯年詩雄編著 2015．スポーツと組織．中村敏雄ほか編『21世紀スポーツ大事典』大修館書店．
笠野英弘 2019．『スポーツ組織の社会学』不昧堂出版．

スポーツ組織と法人格

スポーツは個人や仲間内の遊びを起源とする．スポーツ活動に関わる諸問題は仲間内での処理が許され，スポーツは治外法権とも言える空間で始まった．現代でもスポーツの場での死亡は事故と認められ殺人罪には問われない事例が存在する．スポーツ組織の成り立ちは仲間内での目的共有を前提に自主自律志向を持つアソシエーションの典型であり，法人格を持たない例も少なくない．一方，法人格とは自然人の持つ権利・義務を組織に対しても同様に認めることで，組織も社会構成主体だとして規定する．つまりスポーツ組織が法人格を持つことは，スポーツを仲間内のルールだけではなく社会のルール（法律・倫理・通念）に基づいて行うことを意味する．スポーツ組織のガバナンス不全が多発する遠因には，スポーツの持つ自律性信仰と社会的権利義務関係を規定する法人格との本質的な不適合があると言える．

●**スポーツの組織化と産業化**　スポーツが享受していた自由を手放し，社会ルールを受容した一因には，スポーツの大衆化・産業化に伴う社会的・経済的影響力増大がある．大衆化による公的予算投入は国家の管理を招き，産業化は市場ルールの適用要求となった．同時に生じた他の社会活動との界面増加も，社会通念としての経済的利益・社会安全確保・社会倫理適用圧力となり仲間内ルールが不適切とされる例の増大を生んだ．また，スポーツが持つ競技の勝敗やトップアスリートの振る舞いが社会的関心事として社会に重大な影響を与える力は，スポーツに対する政治的圧力増大ももたらした．他方でスポーツ組織側としても法人化によりその社会的権利義務関係（責任範囲）が明確になり資産継承も保証されることで自分自身が守られることになる．つまり，スポーツ組織と法人格というテーマはスポーツの大衆化・産業化・社会的影響力増大に伴う社会的圧力の中でスポーツの自主性・自律性・自立性をどう確保するのかという問題としても整理できる．

●**法人格の種類**　大きく国家（政府・行政），営利法人，非営利法人とその他の特殊法人（宗教，学校，財団等）に分かれそれぞれ各国法で規定されている．営利法人の代表格は1600年に成立した英東インド会社に始まる株式会社である．会社法の規定は国毎に異なるが，グローバル市場化に伴いその制度的差異は縮小される傾向にある．一方非営利法人については「利益・残余財産の私的分配不可」という点以外は，各国の社会的・歴史的背景を抱えたかなり幅のある制度が併存している．広義の非営利法人には共益組織も含まれ，労働組合，協同組合，社会福祉法人，学校法人，医療法人，慈善団体，ボランティア団体等が含まれる．同

じ非営利法人でも日本の特定非営利活動法人（NPO法人）と同じ制度設計が他国でも用いられているわけではない.

●**スポーツ組織の類型**　スポーツ組織と称される団体の中身も多種多様である. 張（2015）はスポーツ組織には営利法人を用いることが妥当なスポーツ興行組織・フィットネスジム・スポーツスクール等と, 非営利でメンバーのボランティアで支えられる事業性が低い組織とは別に, 非営利であると同時に高い事業性を持つ組織として競技連盟とコミュニティ型スポーツクラブを挙げ, これらをスポーツに特有の事業組織だとした. ほとんどの国際・各国競技連盟は非営利法人である. 例えばIOCやFIFAはスイス法に基づいて設立された非営利法人として数百億円を超える規模の事業を行っている. 国際的NGOとして国と張りあうレベルの権力や経済力を持つ組織が, スイス法でその権利義務関係が規定されていることは合理的とは言いがたいが, 現状それに代わる枠組みは存在しない. 一方コミュニティ型スポーツクラブには営利法人と非営利法人が混在しているが, 独ブンデスリーガ所属クラブのようにフェライン（e.V.）という協同組合型非営利法人でありながら数百億円を超える事業規模を実現している例もある. 日本では協同組合型法人をスポーツ事業に適用する制度化は行われていないし, 日本のNPO法人格制度で数百億円規模の事業を行うことは想定し難い. この現状には二つのまったく相反する解釈が可能であろう. 一つは日本にはスポーツ事業特有の非営利性と高い事業性を両立できる法人格を創設すべき制度的課題があること, もう一つはスポーツ組織の事業内容を既存の営利・非営利の法人格に合わせて再編成し, 経営手法を見直すべきであること, である.

●**法人格は誰が組織の所有者になるかで選択される**　この問題を考える切り口としては経済学者のハンズマン（Hansmann, H.）が唱える「組織が選択すべき法人格は誰がその組織の所有者になるかで合理的に導かれる」が有効であろう. 組織の所有者には組織を支配する権利とその純利益を受領する権利が与えられる. 例えば競技連盟の所有者候補としては連盟のメンバー法人, スタッフ, プレイヤー, スポンサー, 競技のファン等が挙げられる. スポーツクラブの場合にはクラブのメンバー, 所属するプレイヤー, スタッフ, スポンサー, クラブに所属するチームを応援するサポーターやファン等が挙げられる. 所有者になると支配権と利益分配権を持つが, 同時に運営責任と損失リスクを負うということにもなる. つまりどのような法人格を創設あるいは選択するかは, 誰がスポーツ組織の所有者になるかを決めるということであり, それはスポーツが誰のものなのかという抽象的な高次の問いへの現実的な回答を準備するということになる.　　　［張　寿山］

📖**さらに詳しく知るための文献**
Hansmann, H. 1996. *The Ownership of Enterprise*. Harvard University Press.
大塚久雄 1969.『株式会社発生史論』大塚久雄著作集第1巻. 岩波書店.
中川雄一郎・杉本貴志編 2014. 『協同組合 未来への選択』日本経済評論社.

角界の組織

　今日の大相撲とは，相撲を生業とする専業力士集団による定期興行である．その系譜は，中世以降，寺社の修繕・建立の資金集めを目的として行われた勧進相撲から発展した江戸時代の興行相撲とされる．そうした歴史的背景をもつ大相撲は，各時代の社会変動に影響を受けながら，その内部に複数的なネットワークを構築してきた．

●日本相撲協会　正式名称は「公益財団法人日本相撲協会」．その沿革は，江戸時代に成立した相撲年寄の寄合組織である「相撲会所」に始まるとされる．相撲会所は，1889（明治 22）年に「東京大角力協会」へ名称を変更し，1925（大正 14）年に財団法人大日本相撲協会の設立が認可された．同時期に東京大角力協会と大阪角力協会が合併し，1927（昭和 2）年に「財団法人大日本相撲協会」が発足した．その後，1958（昭和 33）年に「財団法人日本相撲協会」へ改称され，2014（平成 26）年には公益財団法人に移行した．日本相撲協会の定款第 3 条には，「この法人は，太古より五穀豊穣を祈り執り行われた神事（祭事）を起源とし，我が国固有の国技である相撲道の伝統と秩序を維持し継承させるために，本場所及び巡業の開催並びにこれを担う人材の育成，相撲道の指導及び普及，相撲記録の保存及び活用，国際親善活動を行うと共に，これらに必要な施設を維持及び管理運営し，もって相撲文化の振興と国民の心身の向上に寄与することを目的とする」と記されており，現在の相撲協会は，伝統文化の維持と継承という公益目的を掲げた組織であることが分かる．明治・大正時代以降，近代社会の枠組みの中で財団法人化という変化を遂げた相撲協会は，現在，年間 6 回の大相撲興行と地方巡業を行っている．

●部屋：一門制　相撲協会の構成員は，相撲部屋を運営する元力士の相撲年寄のほかに，力士，行司，若者頭，世話人，呼出，床山などがおり，各々が相撲部屋に所属している．相撲部屋とは，相撲協会が力士の養成を委託する組織であり，年寄（親方）と，弟子の力士が寝食をともにし，一つ屋根の下で共同生活を営みながら，相撲の稽古をする場所である．つまり相撲部屋は「家」のような生活共同体であり，血縁関係はなくとも師匠と弟子が，父と子のような関係性（擬制的親子関係）を構築しながら，相撲界のしきたりや慣習を学ぶ場としても機能している．

　18 世紀以降，勧進相撲の定例化に伴い，相撲年寄が力士と師弟関係を結び，自らの屋敷で力士を養成する例がみられるようになった．1827（文政 10）年に出版された『相撲金剛伝』の年寄住所の頭書には「宿所・稽古場」という言葉が確認

できることから，師匠と弟子による生活共同体としての部屋制度は，遅くとも文政頃までには定着していたと考えられる（生沼 1994）．部屋制度が確立されると，興行相撲では同部屋の力士の取組は組まれなくなった．また師弟間で年寄名跡の襲名や部屋の継承が行われるようになったことで，分家して新たな相撲部屋を興す年寄などが現れるようになった．こうして構築された複数の相撲部屋によるネットワークが一門制である．江戸時代以来，本場所では東西制の取組が採用されてきたが，1932（昭和 7）年の春秋園事件で多くの力士が脱走した際，東西制による取組編成ができなくなり，一時的に一門同士の取組がない一門系統別総当たり制が取り入れられた．現在の本場所は，部屋別総当たり制に改められており，一門単位の連帯は，連合稽古や冠婚葬祭，相撲協会の理事選挙などにおける協力関係が挙げられる．

　また大相撲の世界では，力士や相撲部屋を経済的あるいは政治的に支援する「タニマチ」という贔屓客が付く慣習がある．彼らは力士を食事や遊興に連れ出すことに享楽を見出している．浅川重俊によればこうしたタニマチは，相撲社会に経済・政治的資力を持ち込み，力士や年寄を相撲という文化の記号として外部社会に連れ出すといった，二つの社会を媒介する存在である（浅川 1997, 63）．

●**力士の地位・身分**　力士の身分序列は，番付制度における階層制と入門順に基づいた年功制が挙げられる．前者は，横綱を頂点とするヒエラルキーであり，本場所の取組成績によって変動する実力主義の身分序列である．それぞれの地位には，給与や服装，待遇の差異が厳密に定められており，とりわけ幕下以下の力士には給与体系が存在しないなど，職業力士としての能力が顕著に差異化されるシステムとなっている．後者の場合は，相撲部屋の入門順に則した力士間の身分序列であり，「兄弟子」と「弟弟子」という関係性を指している．つまり相撲社会は，相撲部屋や一門の派閥，番付の垂直的な階級制度，個人間の友愛に基づく社会関係などが複雑に絡み合っている．そうしたネットワークの土壌が，江戸時代以来の八百長という言説を生み出したとも言えるだろう．八百長とは，力士同士が事前に取組を示し合わせる行為を意味する．この場合，互いの勝ち星を交換する方法や，勝ち星と金銭を交換するパターンがある一方で，相手を慮って勝ちを譲る人情相撲は，両力士による示し合わせではなく，片方の力士による意図的な勝敗の操作であることから，「片八百長」と呼ばれることもある．互酬性に依拠した星を交換／売買する八百長と，助け合いによる人情相撲からは，相撲社会に共立しながら，厳密には異なる複数的なモラルが見出されると言えるだろう．　［松山 啓］

📖**さらに詳しく知るための文献**
生沼芳弘 1994．『相撲社会の研究』不昧堂出版．
新田一郎 1994．『相撲の歴史』山川出版社．
西村秀樹 2014．『大相撲裏面史』創文企画．

体育会系集団

　体育会系という言葉は日常用語であり，多様な意味合いで用いられる．それは単に大学の体育会に所属する人や集団を意味する場合もあれば，スポーツ界でみられる上下関係や根性論といった日本的なるものを包括的に指示する場合もある．例えば，ある集団を「体育会系的！」と批判する時，そこで批判されているのはまさに日本的な何かであろう．ここでは，この用法に依拠し，体育会系集団とは日本的諸特性を多分に含むスポーツ集団である，と規定しておく．

●日本人の原組織　体育会系集団の研究は日本的スポーツ集団研究と呼ばれる領域に属する．この領域の問題意識は主にスポーツ集団と日本的諸特性の関係を探ることであり，例えば先輩−後輩の関係や〈和〉の重視は「タテ社会」（中根1967）の反映物であると見なされる．しかし，この種の研究は恣意的・断片的になりやすく，日本的なるものを一貫して説明できる理論枠組が欠かせない（野﨑・植村1993）．

　野村洋平（2019）によれば，体育会系集団を捉えるにあたり，シュー（Hsu, F. L. K.）の原組織論（シュー1971）が参考になる．原組織とは当該社会における第2次集団の典型的形態のことであり，シューは比較人類学の立場から日本人の原組織を「イエモト」と規定している．「イエモト」の連帯原理は縁約の原理（kintract principle）と呼ばれる．それは，個人の意志に基づく連帯を血縁に基づく連帯であるかのように取り扱うこと（＝擬制）を意味し，米国的な契約の原理（「クラブ」）と中国的な親族の原理（「クラン」）の折衷形態であるとされる．

　「イエモト」は親族構造に見られる本家−分家の関係のように，頂点に位置する家元＝師匠の下に弟子たちが連なり，今度はその弟子たちが師匠となって自らの弟子たちを率いるという組織形態を採る（連結的ヒエラルキー）．それぞれの師弟関係は高度に人格的（personal）であり，師匠は弟子を庇護し，弟子は師匠に忠実に奉仕する義務を負う．この連鎖の頂点に立つのが家元であり，彼は流儀の型と正統性を維持するとともに政治的・経済的統制権を持つとされる（最高の権威）．「イエモト」は，古来の家制度と同じく，その永続的な継承を志向し（連続性），その枠のウチとソトを峻別する（排他性）．「イエモト」への参加や脱退は確かに個人の自由であり（選択意志），必要とあらば新しい血の導入も厭わない（業績主義）．しかし，「イエモト」の中に入るや否や，成員は家族＝組織への全体的な献身を求められる傾向にあるという（包摂性）．

●二つの体育会系集団　シューによれば，日本社会の第2次集団は程度の差はあ

れ「イエモト」的な要素を持つ（原組織の転写）．例えば，政党という機能集団の中につくられる派閥集団，またそこにみられる親分－子分の関係はまさに「イエモト」的である．では，スポーツ集団の中に「イエモト」はどのような形で現れるのだろうか．ここでは，大きく二つに分けて見てみよう．

　一つは「家族型」であり，例えば1964年の東京五輪で金メダルを獲得した「東洋の魔女」が挙げられる．大松博文監督の圧倒的な練習量は「根性バレー」と呼ばれたが，なぜ彼女たちはそれに耐えることができたのか．それは，主将の河西昌枝が語るように「世界一になりたいという私たちの強い意志があったから」であろう．しかし，「強い意志」に加え，大松一家とも呼べる「家父長的構造」を見逃すことはできない．大松はコートの中で身を削るだけでなく，コートの外では優しい父親を演じ，家長として娘たちの結婚に気を配っていた．また河西も監督より怖いコーチでありながら，6人姉妹の長女として妹たちの私生活の面倒を見ていたという（吉井 2013, 75, 82, 86, 91）．大松と河西はチームのためにすべてを捧げている．しかもそれは自分たちのためなのであり，その恩を返さないわけにはいかない．このように，「家族型」はチームを家族のように捉え，強固な人格的関係を梃に，メンバーの自発的なコミットメントを引き出すのである．

　もう一つは「軍隊型」であり，例えば2018年に起きた「日大アメフト部反則タックル事件」が挙げられる．これはB監督の指示によってA選手が反則タックルを強行した事件であるが，その背景にはB監督の独裁体制＝上命下服の組織構造があったとされる．B監督は人事権や選手選考の権力によって構成員を支配し，その結果「どんな理不尽があっても『はい』と返事して実行する」（関東学生アメリカンフットボール連盟規律委員会 2018）ことが部の掟となる．これはまさに軍隊的である．しかし，その組織が専らB監督の「私的判断」によって動くという意味で「イエモト」的軍隊と言わねばならない．「やる気を見せろ」と言われても，「やる気」があるかどうかはB監督にしか判断できない．B監督はこの特権によって権威を高め，選手を縛り付け，主体性を破壊していくのだ（小丸 2019）．このように，「軍隊型」はチームを軍隊のように捉え，理不尽な私的判断を梃に，メンバーの自発性を思考停止に至るまで吸い取るのである．

　原組織は家族関係や親族関係の変化によって変化する．したがって体育会系集団もまた変化する可能性を持つ．しかし，近年の研究を見る限り（片岡 2021），体育会系なるものはいまだ根強く残存している，と見るのが妥当であろう．

[小丸 超]

📖さらに詳しく知るための文献

野﨑武司・植村典昭 1993．日本的スポーツ集団研究の現状と課題．香川大学教育学部研究報告第Ⅰ部 88：1-21．

シュー，F. L. K. 著，作田啓一・浜口恵俊訳 1971．『比較文明社会論』培風館．

学校と応援組織

　人々がスポーツ観戦をするときに，ひいきのチームや選手に声援を送ったり，見方のミスや敵対するチームに野次を飛ばすことは世界各地でひろく見受けられる．それではスタジアムや学校の運動会などにおいて団体で応援を繰り広げることはどうだろうか．スポーツにはさまざまな種類があり，それに応じた応援のスタイルも多種多様である．ここでは，これらの組織化して行われる集団的な応援の中でも，日本文化との関係から言及されることもある高等教育機関における応援組織に注目したい．日本式と想像される応援のスタイルは，いつ頃どのように広がり，見慣れた風景として定着していったのであろうか．

●**学校における応援**　フレーフレーに代表される具体的な意味内容が判然としない掛け声や演舞などにみられる儀礼的な所作など，日本の応援には，不可思議なイメージが伴っている．そのためもあって応援行為の起源はしばしば好事家の詮索の対象となってきた．のみならず学術的な論考においても，それらの起源を古くまで遡り，例えば応援パフォーマンスのリズムに近世以来の伝統を示唆したり，民俗芸能における観客の掛け声に応援の原型を見出す研究もある．

　しかし学校やスポーツという文脈における応援を考える時には，やはり明治時代以降の日本の近代的な転換を視野に入れるべきであろう．そもそも学校はもとよりスポーツという身体的行為や運動会といった催し自体が，当初は近代的で新奇なものとしてあったからだ．これらが今当たり前のようにみえるのは，むしろそれらが学校・軍隊・政府などを通じて人々の間に定着した伝統の創造の結果なのである．

　それでは大学や旧制高校などの高等教育機関における応援の原初的な様態はどのようなものだったのだろうか．旧制高校の第一高等学校（一高）は応援が一大イベントとしてあった．いまでもバンカラ応援団のイメージの源泉となっているのは，多かれ少なかれこの頃の応援である．しかし常設的な団体として応援団が存在していたわけでは必ずしもない．イベントごとに招集がかけられ，集まった人によって結成されていた．ましてや組織としての呼称もさまざまであった．例えば1890年にボート競技を応援するために結成されたのは「声援隊」で，同時期に野球応援のために結成されていたのは「野次隊」であった．その後も「応援隊」などの呼称があり，現在一般的に使用されている応援団という言葉がみつかるのは，ようやく1920年代頃と思われる．

　スタジアムの観客を組織化する応援合戦のようなものができ始めるのはさらに

後である．由来として語られるのは，1900 年代のことである．一高を破ることで早慶の野球チームの人気は一躍高まった．集団による組織的応援スタイルが日本に導入された一つのきっかけは，そうした中敢行された早稲田大学野球チームによる米国遠征であった．初代野球部部長の安部磯雄が旧制高校式の野次や試合の場における喧嘩騒ぎに批判的であったこともあって，米国のカレッジエールのスタイルが称揚されたという．カレッジエールは，多くの人が声を合わせて特定の語句をリズミカルにくり返したりして応援することである．ただし実際に観客に統制がもたらされるには，もう少し時間が必要であった．安部磯雄の称揚にもかかわらず応援の過激化がすぐに沈静化することはなく，早慶戦自体が一時休止されるほどであった．

●戦中の変化と今後　このように戦前の大学文化の中に揺籃した応援団の多くは，太平洋戦争が激化するに伴い活動停止や組織の改編を余儀なくされた．そして若干の休止期間を挟み，戦後の復興期に華々しく復活を果たした．特に大学における応援という文脈においては，一高を教養学部として引き継いだ東京大学総長の南原繁の肩入れもあり，東京六大学応援団連盟は 1947 年に結成されている．旧制高校こそ新制大学に統合されて廃止に至ったが，高度成長の影響もあり新生大学は日本各地に増設されていくこととなる．大学における応援団も同様である．いわゆる伝統校はさておき，大学応援団の多くはこうして戦後に設立されていった（丹羽 2018）．高等教育がエリートの専有物ではなく一般に普及していく戦後にこそ，大学応援団が人々により身近な存在になっていったのである．

　応援団への女性の進出は戦後の顕著な特徴の一つである．大学応援団の応援では，主に男性のリーダー部，女性のチアリーダー部，そして吹奏楽部が連携して応援活動を行うことがよく見受けられる．実際のところこの三部と呼ばれる形態の登場には女性の大学進学率の向上が必須の前提である．大学応援団にチアリーダー部が設置され始めるのは 1960 年代であった．今ではさらに男性部員の独占状態にあったリーダー部に女性が参入することも珍しくはない．

　1970 年代には人気漫画の影響もあり社会的な注目を集めることが多かった一方で，暴力的な事件を起こす応援団がメディアで批判されることもままあった．このような戦前から戦後の紆余曲折を経た今では，部員集めに苦労している応援団が数多いのも事実である．ただし大学の各種の行事やスポーツ応援の文脈ではいまでも応援団の存在は欠かせないものとして，ある程度社会的に認知されている節がある．大学はもとより学生生活自体が様変わりしつつある現在，応援団のありようは今後どうなっていくのか，注目していく必要がある．　　　　［丹羽典生］

📖さらに詳しく知るための文献

丹羽典生編著 2020. 『応援の人類学』青弓社.

丹羽典生 2018. 日本における応援組織の発展と現状. 国立民族学博物館研究報告 43(2)：189-268.

髙橋豪仁 2011. 『スポーツ応援文化の社会学』世界思想社.

ライフスタイルスポーツ集団

　ライフスタイルスポーツとは，ヨーロッパの近代合理主義に基づき整備された近代スポーツとは異なり，主として1960年代に北米で誕生した／再解釈された新しいタイプのスポーツの呼称である．サーフィン，ウィンドサーフィン，スケートボード，スノーボード，パルクール，BMX，クライミング，カヤック等が該当すると考えられている．これらのアクティビティは，エクストリームスポーツ，オルタナティブスポーツ，アクションスポーツ，ポストモダンスポーツ等と呼ばれることもある．また，ライフスタイルスポーツの中でも歴史の古いサーフィンに，サーフィンから派生したスケートボードとスノーボードを加え，3Sカルチャーと言われることもある．

　ライフスタイルスポーツという呼称を積極的に用いるウィートン（Wheaton, B.）は，その理由を参加者の大半が自身の参加するアクティビティを「スポーツ」ではなく「ライフスタイル」として語っていたからだとする（ウィートン 2019, 37）．スタイルの重視はこの種のスポーツの核心であり，参加者は金銭や情熱を注ぎ，独特なライフスタイルを築いているのが特徴である．しかし，単にスポーツ中心の生活様式を指すのではなく，1960年代と1970年代の社会運動やカウンターカルチャーをルーツに，因習的な行動規範に抵抗して自己のアイデンティティを置く社会的世界を作り出そうとする傾向があるのを理解する必要がある．

●ライフスタイルスポーツ集団の特徴　ライフスタイルスポーツは，しばしばその参加者やメディアによって，旧世界の人種・ジェンダー・階級の障壁を超えることができるものとして表現され（Rinehart & Sydnor eds. 2003；ボーデン 2006），障壁の重要性や意味を社会的に無視しがちである．しかし，実際には，1970年代のスケーターたちは若い白人金髪の男性が多く（ボーデン 2006），より極限の環境下で行う場合には，資金と余暇と特殊な環境へのアクセスを持っている裕福な白人でなければ参加することができない（Rinehart & Sydnor eds. 2003）．ただ現在では，スケートボードの人口統計によると，複数の世代にまたがり，多様な民族的出自であることが指摘されている（Lombard ed. 2016）．

　今や世界中の地域でサーファーやスケーターがみられるように，グローバルな活動であることが分かるが，同時に参加者たちは非常に強い縄張り意識を持つ場合がある．参加者は独自の空間認識をしており，そこに彼らだけに分かるような名をつけ，チームやローカルのメンバー以外に敵意を示すことがある（ボーデン 2006, 183；水野 2020, 106-107）．ジェンダーやセクシュアリティについても同

様で，マッチョな男性表現，女性排除，異性愛中心主義の表現があり，男性同士のホモソーシャルな世界を維持する傾向にある（lisahunter ed. 2018；Doring & Evers 2019；水野 2020）．

　ライフスタイルスポーツ（特にサーフィンやスケートボード）の参加者が時として逸脱的と見なされるのは，慣習的な社会生活（労働，家族などをめぐる役割やルーティン）の拒絶と（Lombard ed. 2016），身体の欲望と快楽（セックス，ドラッグ，アルコール）の優先（フィスク 1998）という集団としての価値があるからだ．現代ではその要素は大幅に薄まっているように見え，実際にはドラッグもアルコールも使用しない参加者たちも大勢いるのだが，スケートボードが地域住民や警察によって管理や排除の対象になるなどするのは（田中 2003；高橋 2005；鳴尾 2008），身体を通じ社会や空間を占有・再定義するような彼らの表現が，支配的・規範的な社会と相容れないことの証左と言えるだろう．

●**ライフスタイルスポーツ研究の今後**　ライフスタイルスポーツは，身体感覚や文化的特徴をテーマに研究が始まった．その後，ライフスタイルスポーツそのものが持つ権力性を主題とする批判的研究が行われるようになってきた．サーフィンの場合であれば，その白人中心・男性中心的な歴史や性質が問われ，ハワイ先住民によるサーフィンの歴史の書き直しや，文化や経済面でのサーフィンの帝国主義的な性質等を批判的に検討する研究が行われるようになってきている（Hough-Snee & Eastman eds. 2017；Walker 2011）．

　東京 2020 オリンピック大会からサーフィンとスケートボードが新たに加わったことが表しているように，ライフスタイルスポーツを単に支配文化に対する下位文化／対抗文化として位置づけるような単純な二項図式は描きにくくなった．反対運動が起きつつも，ライフスタイルスポーツは自ら支配文化へと包摂されていくことを選んだように見える（Wheaton & Thorpe 2022；水野 2022a）．ライフスタイルスポーツはスポーツとしても研究分野としても主流化の流れの中にある（市井 2023）．国内では官民共同のスケートパークが開設されたり，地方自治体のサーフタウン構想によって移住者を支援する制度が創設されたり，あるいは日本サーフィン連盟の日本スポーツ協会（旧日本体育協会）への準加盟によって，サーフィンが学校体育に導入されたりするなどの動きがある．ライフスタイルスポーツは教育や地域社会において無視できない役割を担うようになっており，さまざまな形で私たちの生活に影響を与えるようになってきているのである．

［水野英莉］

さらに詳しく知るための文献
ボーデン，I. 著，齋藤雅子ほか訳 2006. 『スケートボーディング，空間，都市』新曜社.
Lombard, K. -J. ed. 2016. *Skateboarding*. Routledge.
ウィットン，B. 著，市井吉興ほか監訳 2019. 『サーフィン・スケートボード・パルクール』ナカニシヤ出版.

アスリート集団

　目標や努力を伴うという意味で合理的にスポーツを行う者のことを総じてアスリートと呼ぶならば，アスリートたちがつくる集団はスポーツ社会学の中心的な研究対象と言っていいだろう．アスリート集団は多種多様に存在するが，それらは上記の合理性において通底している．このことを踏まえて，本項目ではアスリート集団を社会学的に捉え論じるうえで広く重要と考えられるパースペクティブを取り上げる．

●**チームとクラブ**　荒井貞光（2020）はスポーツの世界でなじみの深い集団としてチームとクラブを位置づけ，双方を質的に区別している．この区別をよく理解するために，まず荒井のスポーツ空間論における「コートの中」と「コートの外」について確認しておこう．簡単にまとめると，「コートの中」とはプレーヤーとしてスポーツを行う競争の空間のことであり，「コートの外」とは「コートの中」の競争から離れてゆるみくつろぐ共存の空間のことである．

　チームの性質は「コートの中」に，クラブの性質は「コートの外」に対応している．チームとは勝利や成功に象徴される競争の成果を目指して一致団結した集団であり，そこでの人間関係は「競争のための協同」と表現される．一方のクラブはその内部にチームを含みながら成立する集団である．クラブでは異なる複数のチームがともにあることが可能であり，それらが持ちつ持たれつで結びつく「共存のための協同」という人間関係が築かれる．

　理念型である荒井のチームとクラブの区別は，アスリート集団の分析尺度として応用することができる．例えば一般のトライアスロン愛好者の「仲間」関係（浜田 2009）では，年代，性別，競技力や志向などの多様性を前提に支え合うゆるやかなつながりが形成されている．一元的にまとまるチーム的な凝集性を避け，個々の自律を保ちながら互いに支援や応援をしたり触発されたりする「仲間」関係の「互酬」はクラブ的な「共存のための協同」であり，それによって愛好者たちは各々にとって合理的なスポーツ実践を実現しているのである．

　荒井は「コートの中」と日常生活の空間である「実社会」の境界が失われて両空間が癒着すること，またこの癒着によって人々がスポーツの非日常性——普段では味わえない気分をともにし，いつもとは違う自分や他者を感じる体験——を享受できなくなることを危惧していた．集団の次元では，そうした状況は過剰なチーム化による排他性や強迫性として現れる．アスリート集団に関する問題を理解するうえでも，競争と共存の均衡は基底的な論点になると考えられる．

●**拡大体験と溶解体験**　続いて，荒井がスポーツの非日常性に言及していたことを受けて，アスリート集団における体験に焦点をあててみよう．作田啓一（1995）はベルクソン（Bergson, H.）の言う閉じた社会と開いた社会それぞれにおいてなされる体験として，拡大体験と溶解体験を挙げている．まず閉じた社会とは成員が敵対的な外部に対して自らを防衛しながら，負っている責務の圧力によって相互に結びついている社会であり，生命進化の一到達点である．閉じた社会である所属集団との一体化によって，個人は「われわれは彼らとは違う」という満足感を不可欠の要素として含んだ昂揚感を覚える．拡大体験とは，このように内外を識別しながら自己の範囲を外界へと押し拡げる感覚のことを指している．

　アスリート集団における拡大体験の様相を示すのに，先ほどと同じく一般のトライアスロン愛好者を例に取ろう．トライアスロンの特徴である長時間の苦しさに耐え抜く強さを奨励し合うカナダの「苦痛のコミュニティ」（Atkinson 2008）では，目標の大会を定めること，日々の練習の記録や食事管理，愛好者同士の会合といった活動が規則正しく継続される．これらの責務から得られる強いトライアスリートという自己意識は，退屈な仕事や怠惰な他者への批判に通じている．こうしたことから「苦痛のコミュニティ」は，その大半を占める白人中産階級にとって望ましい近代的な価値規範を防衛する手段として論じられるのである．

　開いた社会と溶解体験の説明に移ろう．到達された状態を保存しなければならないという点で，閉じた社会は停滞であるともみなされる．この停滞を突破するには，生命の根源にまで遡ってその創造的なエネルギーに直接ふれるほかない．開いた社会とはこのエネルギーが貫流して伝わっていく生命感の次元のことであり，そこで人間は自己と外界のあいだを隔てる壁が溶け去ってしまう瞬間を生きる．このような体験のことを作田は溶解体験と名付けた．

　前述した「仲間」関係の「互酬」にあたる場面の一つに，上り坂を必死に進む選手の後を追って応援者が走り出すということがあった（浜田 2017, 216）．この場面を開いた社会の現れと解釈するならば，選手は苦しさによって意識的な個人の限界を引き裂かれ，何の責務も負わないただ進むだけの存在になっている．そしてその選手から流れ出したエネルギーが応援者に入り込んで両者を隔てる壁が溶け去った瞬間に，応援者は選手と連続した存在になって走り出したのだと言える．つまり「仲間」関係における合理的なスポーツ実践を支える「互酬」の中で，愛好者たちは合理性を超え出るような体験をすることがあるのである．こうした二重性の観点を取り入れることで，アスリート集団の社会学的研究はより豊かなものになるだろう．　　　　　　　　　　　　　　　　　　　　　　　　[浜田雄介]

📖**さらに詳しく知るための文献**
水上博司ほか 2020.『スポーツクラブの社会学』青弓社.
作田啓一 1995.『三次元の人間』行路社.

学校運動部集団

　学校運動部集団とは，学校における正課外の活動である運動部に集う人々をさす．原理的には，運動部集団は学校のルールを犯さなければ自由に活動することが許されている．運動部は，たとえ同じ学校であっても，また同一種目であっても，その実態は異なっている．

　日本においては運動部が近代スポーツの普及に大きな役割を果たしてきた．明治期から学生スポーツがトップアスリートを輩出すると同時に，スポーツを浸透させる役割も果たしてきた．運動部は中等教育機関にも広まり，多くの人々が就学期間中に課外活動としてスポーツを経験している．

　体育やスポーツに対して社会科学的関心をもつ研究者は早くから運動部活動に注目してきた．例えば，1974年発行の『体育社会学研究』第3号では「体育とスポーツ集団の社会学」という特集が組まれ，運動部活動に関する論考も複数寄せられている．そこには，部員たちの人間関係が競技パフォーマンスや競技意欲に及ぼす影響を検討した論考や，タテ社会論を背景に学校運動部における人間関係を武士道や軍隊と結び付け，その変容を期待する論考などがみられる．

　同書の巻頭論文で今村浩明が，当時のスポーツ集団研究を「微視的な実証的研究の無機的集積と，いわゆるグランド・セオリーの安易な適応とに分極」されると記した．少数とはいえ理論的成果を目指す「微視的な実証的研究」も存在しているが，その基本姿勢は一般性の追求にあった．「部活動」という単一の名称を用いることによって看過されがちな各運動部集団を理解するためには，小集団研究のアプローチは一つの有力な方法であろう．加えて，当時の運動部集団研究は「スポーツ集団」の分析に力点がおかれ，「学校」におけるスポーツ集団を対象としていることに自覚的ではなかった．

●**学校文化と運動部集団**　学校とはどのような制度だろうか．ここでは，学校のもつ文化伝達機能と地位配分機能に着目したい．人々は学校で先達の知恵を学び，卒業後は社会に配置される．学校で身につける文化のうち「正統」と評価されるのは正課授業で学ぶ内容であり，運動部集団を「正統」文化とは異なる文化の習得に一定の時間とエネルギーを割く人々と捉えることができるだろう．

　1990年代後半になると，エスノグラフィックな学校運動部活動集団の研究が登場する．進学校ラグビー部員たちが，進路を模索する中で，「遊び」としてラグビーに取り組む姿が描かれた．彼らは全国レベルのラグビーのパフォーマンスを身につけ，その経歴を「戦略」的に大学受験にも活用していた．ここで，「戦略」

とは，決められた目的の達成に向かってあらかじめ合理的に練られ遂行されていくのではなく，与えられた状況に応じてその都度選択されるという点を確認しておきたい．彼らは大学に進学するためではなく，充実した高校生活を過ごすためにラグビーをしていた（甲斐1994）．

他方で，活動参加率が上がらない農業高校サッカー部員たちも描かれている．彼らは「自分を受け入れてくれる人間関係」という尺度で日常的選択を行っており，その中に部活動も組み込まれていた．他に優先すべき予定がなければボールを蹴る．結果的に目立った競技成績を残すことはなく，その経歴が進路形成と結び付くことはほとんどなかった．しかし，「制度を読み替える」彼らの能力は学校生活においても，卒業後の就労経験の中でも密やかに発揮されていた（甲斐1999）．

20世紀末において学校，社会で支配的な学歴主義の相対化を試みる運動部員たちの姿が描かれた．

●**運動部集団研究の多面化**　その後の運動部活動集団に関する研究は学歴主義の相対化というアプローチから離れ，多様な議論を展開している．強豪高校野球部員を対象とした進路形成に関する研究では，部員たちは卒業後も野球に関わることを意識しながら，大卒の学歴も得るためにスポーツ推薦入学をあてにしている．大学のスポーツ推薦入学は高大指導者間の関係に支えられており，高校の学校経営とも結びついていた（栗山2017）．

スポーツとジェンダーについては，中学柔道部の参与観察に基づき，「身体的な男性優位神話」を維持することによってジェンダーを再生産する運動部集団が描かれた．男女の部員たちを束縛する男性支配の構造を変容させるために，神話の存在を意識できるような実践を積み重ねる必要が主張された（羽田野2004）．

構造と主体の議論に立ち戻ると，高校陸上部におけるフィールドワークの成果として，伝統的な規律があるからこそ部員たちがそれを変容させようとする自主性を発揮しうることが示されている（下竹2015）．スポーツを身体の規律化装置と捉える議論に対して，個人の自由は規律化された状況と対になって発揮されるという見立てが示されている．

少子化という社会状況をふまえ，少人数の高校サッカー部を対象にした研究もみられる．部員間の部活動参加状況の二極化が進む中で，継続的に参加している部員たちは自らには出席を義務づけつつも，欠席が続く部員には参加を強要しないという二重規範をつくり，結果的に存続の危機を乗り越えている．状況に合わせてぎりぎりの部員数で活動せざるを得ない中で従来のやり方を変更する集団の能動性が描かれた（魚住2017）．

現在，部活動の地域移行が進められつつある．学校文化はますます正統文化に純化されていくのかもしれない．その中で生徒たちの〈生〉はどのように発現されるのだろうか．

[甲斐健人]

日本高等学校野球連盟

日本高等学校野球連盟とは，日本の高等学校の課外活動で行われている硬式・軟式野球部を統括する競技団体である．一般的に高等学校において，他の運動競技部の多くは全国高等学校体育連盟に加盟している．しかし，野球部においては独自に組織した競技団体の下で，定められた規約に基づいて活動しており，他競技にはみられない中央集権的な構造がその特徴である．

●**日本高等学校野球連盟の設立**　現在の日本高等学校野球連盟の前身である全国中等学校野球連盟は，戦後，1946（昭和21）年2月25日に設立され，学制改革とともに1947（昭和22）年3月に全国高等学校野球連盟と改称した．さらに，1963年（昭和38）年2月に財団法人への認可に伴い，現在の日本高等学校野球連盟に改称した．

明治期に中等学校に伝播した野球は，やがて勝敗を競う競技へと発展するとともに，自然発生的に各校で同好会が発足することとなる．そして，各学校が公認する課外の部活動へと発展した．さらに，1915（大正4）年，中等野球の商業的価値に目をつけた大阪朝日新聞社が全国大会を実施する．その際，中等野球を統括する競技団体はまだ設立されておらず，民間企業が中心となり民主的な運営形態の中でその人気を得ることとなったのである．また，大正から昭和初期にかけては，春・夏に阪神甲子園球場で開催される全国大会に限らず，地方においても地元新聞社等が主催する招待試合が開催されていた．しかし，そうした中等野球人気に注目した民間企業による中等野球の商業化に対し，同時期に人気を博していた大学野球の状況も含め，文部省（当時）は，野球部員の思想の善導や学生野球全般の健全化を理由に，1932（昭和7）年，政府によるスポーツ政策の一環として「野球ノ統制並施行ニ関スル件」（文部省訓令第四号）を作成し，学生野球に対する統制令を施行した．この訓令によって，中等野球は民主的な運営形態から始まったにもかかわらず，国家による統制へと移行されることとなった．そしてこのことが，戦後，野球関係者の下で中等野球連盟が設立された大きな要因となるのである．

同連盟の設立には，終戦直後より中等野球の全国大会の復活に奔走した佐伯達夫の尽力が大きく寄与している．早稲田大学の野球部で活躍し，その後，1920（大正9）年の「第6回全国中等学校優勝野球大会」から大会委員，審判委員を務めた佐伯は，当時，「文部省の不当な介入を招かないためにも連盟は必要」（日本高等学校野球連盟編1976）であると中等野球関係者に呼びかけている．こうした

佐伯の構想によって設立された中等野球連盟とは，統制令による国家の専制から中等野球を解放するための組織であると言える．すなわち，それは「国家－野球部－野球部員」の関係を媒介する中間集団として捉えられる．

●**デュルケムの中間集団論からみた日本高等学校野球連盟**　デュルケム（Durkheim, E.）の中間集団論には二つの主張がある．一つ目は中間集団の権力が高まることで成員の自由が拘束され，そうした場合には国家の権力が中間集団のそれを上回ることで，個人の人格が解放されるという中間集団の存続の問題性への主張である（デュルケム 1974；Durkheim 1950, 98）．そして，二つ目として，国家権力は専制的に高まる可能性を含むため，そうした国家権力と拮抗する中間集団が必用であるという中間集団の不在の問題性についても主張している（デュルケム 1974；Durkheim 1950, 98）．日本高野連の設立の背景には，後者の中間集団の不在の問題性を含んでいたと言える．そして，日本高野連にとって再び国家による統制を避けるためには，中間集団としての自立性をより高める必要がある．そのためには内部への統制力をより高めなければならない．すなわち，外部からの統制や中傷に対して自らを守るためには，外部にはない，より厳しい処分制度や規定をもって他方からの干渉を避けなければならないのである．その象徴と言える内容が，プロ・アマ関係への規制や連帯責任を伴う独自の処分規約である．それらは，組織の成員が起こした不祥事への処分を，競技団体の権限によって行うというかたちで，学校の課外活動でありながら学内の生徒指導の権限を越えているのである．こうした内容から，文部省（当時）の統制に対抗して設立された同団体は，文部省の管轄下にある高等学校に対して大変対抗的であると言える．

　しかし，その一方で，国家統制から中等野球を開放するために設立された中間集団も，やがて，その成員を思い通りに拘束し形成，陶冶する方向へと向う傾向がみられるようになる．特に，連帯責任を伴う「対外試合禁止」という処分制度は，不祥事に関係していない野球部員に対して，個人の権利を拘束し，野球をする上で自由への大きな妨げにもなる．ではなぜ，野球関係者によって民主的に設立された日本高野連はこのような形態に変化したのか．そこには，先に述べた日本高野連が中間集団としての自立性を強化する手段によって，やがて組織の成員である野球部員個人の自由が拘束され，彼らの権利を独占する局地的な権力がより高まった状態へと変化していく様子がうかがえる．そして，こうした権力構造の変化が，今度はデュルケムのいう中間集団の存続の問題性を抱かえることとなるのである．

[竹村直樹]

さらに詳しく知るための文献

デュルケム，E. 著，宮島 喬・川喜多 喬訳 1974.『社会学講義』みすず書房．

佐伯達夫 1980.『佐伯達夫自伝』ベースボール・マガジン社．

竹村直樹 2023.『高校野球の制度研究』創文企画．

大学運動部とエリート

●**大学対校戦とエリート・エートス**　大学運動部はエリート大学の課外活動として発足した．その嚆矢は，1829年6月10日のオックスフォード大学とケンブリッジ大学の漕艇対校戦である．両大学はエリート層の子弟のエリート教育の場であり，漕艇は世界一の海軍帝国を自称する英国の若手エリートのふるまい方を示すものであった．漕艇対校戦は公開イベントとして多数の見物人を集め，人々を熱狂させた．米国においてもハーバード大学とイェール大学の漕艇対校戦が行われ，100万人の見物人が蝟集した．

　わが国では，野球対校戦が台頭した．野球対校戦の主体者は，旧制第一高等学校の学生であった．彼らは対校戦の勝利と応援に固着し，「一高野球」のエートスが生まれた．「一高野球」のエートスは，伝統的な文化遺産である「壮なるもの」であり，その核心は「挑戦−気概−卓越」であった．対校戦で勝利した選手は，「卓越性」を実現した学生ヒーローとして他の学生から賞賛された．このエートスは生活共同体である寮において凝縮された．応援が強制され，批判的な寮生への「鉄拳制裁」も行われた．これは，第一高等学校にとどまらず，他の高等学校においても同様であった．

●**エリート・エートスの後退**　対校戦にあってはエリートのエートスである「紳士のプレイ」とは真逆の乱暴行為や不正行為が絶えなかった．出場資格のない大学外のプレイヤーを不正に出場させる「レッド・シャツ不正」が頻発し，乱暴行為も絶えなかった．対校戦を誰がコントロールするかは，喫緊であるが厄介な懸案事項であった．米国においては，1905年に，フットボール対校戦の廃止を求める「フットボール危機」が起こった．この危機の回避の過程でNCAA（National Collegiate Athletic Association）が創設された．その結果，運動部の管理はNCAAによる集中管理に移行した．これは米国の大多数の大学はエリート校ではなく，学生もエリートではなくなったことを示している．

　わが国においても，学生応援団が場外乱闘を引き起こす事件が起こった．ナンバースクールの対校戦においても，熊本の第五高等学校の応援団と対戦校である鹿児島の第七高等学校の応援団が一触即発のにらみ合いをするなどがあった．また，1903年には，私立学校の対校戦である早慶戦において，私設の学生応援団が騒擾を起こした．早稲田の野球部長であった安部磯雄の努力によって，この危機は回避されたが，そこには近代のアマチュア精神はあっても，国家エリートのエートスはなかった．

●京都帝国大学における運動部の奨励　京都帝国大学初代総長の木下広次は，大学運動部の設立に親和的であった．木下の着目点は，オックスフォード大学においては近代の身体がスポーツ競技によって涵養されるということであり，スポーツする身体は「規律の精神」であることであった．

「ケンブリッジおよびオックスフォード両大学間の競技が全く競漕の一技にとどまらず，他流試合に異ならず．而して，これを行う者非常の熱心をもってこれに当るがゆえに，これを看るのもまた非常の熱心をもってこれを迎ふるなり」（木下 1893）．

これは運動競技における国家エリート・エートスに他ならない．

さらに，木下は対校戦にも親和的であった．

「稲垣万次郎君がかって第一高等中学校において英国学校視察談をなしたる時，英国の学校においてはフートボールの技はなはだ盛大にして，その勇壮活発なる．……この競技が同心協力をもって敵手に当るの組織は英国人の対世界的特性を涵養せるものにして学校における徳育の源は聖書に非ずして，むしろフートボールにありと断言せられたり．学校における競技の本旨は実にここにおいて完備せられたるものというべきなり」（木下 1900）．

木下が対校戦を含む運動競技に親和的であったのは，二つの理由からである．

第一は，初代文部大臣森有礼の国家エリート養成論の影響である．木下は森の近代思想の忠実な実践者であった．森は，木下を帝国大学法科大学教授と兼任で，第一高等学校教頭に任じた．西洋的身体なしに，日本の近代はありえない，これが森の近代化の根本思想であった．

第二は「籠城主義」の実践である．木下は学生に訓示した．「一高中学校の生徒は後年社会の上流に立ち，……日本を指揮すべき人々なりさればその品行は端正に志は高尚にして他の青年者の標準ともなるべき……諸君の決心肝要なりそれは他に非ず校外一歩的皆敵，高等中学は籠城なりとの覚悟を望むなり」（木下 1983）．

「一高野球」は「日本を指揮すべき人々の」エートスであった．しかし，この後，エリート校でない私立大学が増加し，さらに対校戦が増大する時代趨勢にあって，大学運動部とエリート・エートスの関係は薄れていく．

●国家エリートから市民社会エリートへ　安部にとって，学生野球のエートスは精神修養であった．安部は「競技中最後に至るまで同一の熱心を以て戦ふべきこと」「勝負に余り重きを置かぬこと」と訓示した．これらは，近代業績社会のエートスというべきものであり，安部は大学運動部のエートスを国家エリートから近代業績社会のエリートへと書き換えることで，新たな運動部エリートを創造していった．

[白石義郎]

IF のグローバル化戦略

　人間はスポーツをともに楽しむために組織を立ち上げてきた．世の中には多種多様なスポーツ組織が地域，国，世界的なレベルで存在する．IF（International Federation）は，しばしば単一または複数のスポーツや身体文化を国際的に統括する組織として理解されているが，他にも SINGOs（Sporting International Non-governmental Organisations）などの用語も使われる（Allison & Tomlinson 2017）．その一方で，IF により厳密な意味を与え，IOC や IPC によって承認された国際的な組織のみを指し示す場合もある．実際に，IOC は『オリンピック憲章』でオリンピック運動を発展させるために承認した非政府組織であると明確に定義している．この文脈における IF とはオリンピック運動の主体であり，アンチ・ドーピングや試合の不正防止などに関する規定を含めて『オリンピック憲章』を遵守し，その条件の中で当該スポーツを統括する自由を認められた存在である．IF の使命と役割としては，オリンピック精神に則って当該スポーツの規則を定め適用すること，そのスポーツを世界的に発展させること，オリンピズムとオリンピック教育の普及によって『オリンピック憲章』の目的の実現に貢献すること，オリンピック大会の開催地候補の審査に際して IOC を支援すること，当該スポーツの管理と指導の責任を負うこと，オリンピック・ソリダリティプログラムの実行に関して技術的支援を行うこと，選手の医療と健康に関する対策を促し支援することである．その他，『オリンピック憲章』とオリンピック運動に関する提案をまとめること，オリンピック・コングレスの開催準備に協力すること，IOC の要請を受けて IOC 専門委員会に参加するなどの権利を持つ．

● IF の戦略　IF になると，オリンピック運動による制約を受けるが，同時にそれからの直接的間接的な恩恵を受けられるという利点がある．そのことは国内レベルで当該スポーツを統括する組織へも及ぶものであり，オリンピック運動の後ろ盾を得ることは，公的私的な支援や世間からの承認を調達し，ある国や地域において当該スポーツを振興する可能性を広げる側面を持つ．現在，夏季および冬季オリンピック大会の正式競技以外にも，エアスポーツや相撲，野球など多くの国際組織が IF として認可されている．2016 年リオ・オリンピックから 7 人制のゲームが正式競技となったラグビーを統括するワールドラグビーもその一つである．クーベルタン男爵（Baron de Coubertin）がラグビーを愛好していたことは有名であるが，意外にもラグビーを統括する IF の誕生は 1995 年とかなり遅い．ラグビーは英国の植民地を中心に広がったが，近隣の国や地域同士，また信頼のお

ける間柄で交流することを大切にし，世界レベルで統括組織を統一し，戦略的にゲームを振興する動きは鈍かった．特に，ワールドラグビーの前身である国際ラグビー評議会（IRB）は，「国際」と銘打ってはいるものの，長らく英連邦やアイルランド共和国を拠点にした七つの組織の交流のために存在し，オリンピックへの関心は低かった．しかし，20世紀後半，アマチュアイズムに基づくゲームの実施や振興がいよいよ困難になり，私企業やメディア，興行主などが商業やビジネスの対象としてゲームを捉え，各地のコミュニティへの関与を強める中で，IRBは世界のラグビー組織を取りまとめ，グローバルにゲームを統括してゆく．そこで成された改革は，ゲームの普及振興と品質管理，オープンプロ化，ワールドカップをはじめとした収益事業の展開など多岐に渡ったが，オリンピック運動に参画し，その正式競技化を目指すことは，新しく加盟した組織への支援という点で重要な戦略であった．なぜなら，そうした新興エリアにおいてラグビーはマイナーな存在であり，多くの組織がゲームの実施や振興に関する資源やチャンスの乏しさという問題を抱え，その突破口としてオリンピックへの参画に期待を寄せていたからである．IFとして活動することは，ラグビーのコミュニティがオリンピックやそのブランドから恩恵を受けられる環境を整備し，ゲームを振興するための取組みであったわけである．

●**IFをめぐる闘争**　国際的なスポーツ組織とIOC，IPAとの関係は多様で流動的である．例えば，ボクシングはアマチュアとプロで国際組織が異なり，オリンピックに関わるのはアマチュアの方であるが，その国際ボクシング協会（IBA）は，2023年に不健全なガバナンスや審判の不正問題などを理由にIFとしての承認を取り消された．他にも国際サッカー連盟（FIFA）の汚職など，スポーツインテグリティをめぐる問題はしばしば告発されている．また，同じスポーツであってもコミュニティや組織の統合の進度や，IOCやオリンピックへの評価や態度も一様ではない．1990年代以降，IOCや一部のIFは若者の関心を引くためにスノーボード，サーフィン，BMXなどライフスタイルスポーツのジャンルを取り込んでいくが，それは激しい闘争を生んでいる．パルクールを傘下に入れ，オリンピック競技化を目指す国際体操協会（FIG）に対し，いくつかのパルクール団体はその統括権をめぐって抵抗している（キダー 2022）．またスケートボードが2012年ロンドン・オリンピックで採用されようとしたとき，世界のスケートボーダーがIOC会長に請願書を提出しスケートボードの固有性や真正性を売り渡すことに反対したことはよく知られる（ウィートン 2019）．　　　　　［松島剛史］

📖**さらに詳しく知るための文献**
Allison, L. & Tomlinson, A. 2017. *Understanding International Sport Organisations.* Routledge.
ジェニングス，A. 著，木村博江訳 2015. 『FIFA 腐敗の全内幕』文藝春秋.
松島剛史 2024. 『ラグビーの世界をデザインする』晃洋書房.

スポーツファンと応援団

19世紀後半に誕生した近代スポーツは，社会の産業化に伴い，大衆がスタジアムに集まってスポーツを観戦する大規模なスポーツイベントとして実施されるようになった．スタジアムの観客は群衆という次元に社会化され（内田 2007），面識のない人々であっても，同じチームを応援することで一体感が高まり，応援の熱狂の渦に巻き込まれる．デュルケム（1941）は，共通の身体的所作によって宗教的な社会統合機能が発揮されると言うが，それに類似した集合的沸騰が，スポーツ観戦における応援にもみられる．応援するチームを勝利させたいという願望的信念に基づいて生起する，集合行動の一つの類型であるクレーズ（スメルサー 1973）として熱狂的な集合的応援を捉えることができるだろう．そうした集合的応援行動は，観客を先導する応援団によって演出されている．この項目では，主に野球の観客やファンを例に論じるが，サッカーについては，清水諭（2001），有元健（2003），深田忠徳（2011），小笠原博毅（2016）らの研究がある．
●**ファンによる応援**　ファン（fan）という言葉は，ラテン語の "fanum"（聖，美，救済，神聖な場所）を語源とする "fanatic" の派生語である（Rudin 1969）． "fanatic" という言葉は，神によって非常に熱狂的な状態にされることを意味したが，その後，宗教的な意味を失い，何かに過度に熱中し心を奪われている人のことを意味するようになった．

応援とは，対象への愛着や憧憬といった共感的心情と，自分本位の考えを退けようとする利他的／非利己的態度を伴った行為である（手嶋 2007）．そうした応援の共感的心情と非利己的態度は，競技者の優秀さへの憧れや尊敬，あるいは共同体への帰属意識を源泉としている．観客が身振りや声を合わせて集合的な応援を行う時，拡大経験が引き起こされ（松田 1997），意識は個人の身体の水準から集団の水準まで拡大される．自チームへの応援を伴うスポーツイベントは，ある地域・組織への帰属意識を強化する社会的紐帯として社会的統合の機能を有する．
●**スポーツの応援文化**　明治時代に球界の覇権を握っていた第一高等学校の野球の応援方法は，野次と大音量で相手を罵倒し，相手選手のプレイを妨害するというものであり，旗指物，巨大な幟，陣太鼓，法螺，金だらい，石油缶，竹梆，シーツ，時には消火用のポンプとホースまで動員した（一高同窓会 1984）．1905年に早稲田大学野球部が米国に遠征した時に目にした応援方法が日本に持ち込まれ，応援団が音頭を取り観客を統率して，声を合わせてコール（チャント）をしたり，合唱したり，拍手をしたりする応援が行われた．こうした応援団方式は，内在的

な秩序維持のための文化的工夫と言える（菊 2020）．応援は，観客の秩序化を促す一方で，そのパトスの激しさ故に（それだけが要因ではないが）反秩序化に向かい，大正時代の早慶戦中止の原因となった応援合戦の過熱，ヨーロッパのサッカー・フーリガン，1985 年，2003 年，2023 年の阪神タイガース優勝時の道頓堀川への飛び込み等，ファンが暴徒化することもある．

　集合的な応援行動は，行為のスタイル化と繰り返しという儀礼の特徴を有している（Moore & Myerhoff eds. 1977）．例えば，プロ野球の場合，スターティングメンバーの発表の時，7 回の攻撃の前，勝利を決めた時等で定式化した応援が行われ，ゲームの進行過程における時間や空間をしるしづける（リーチ 1981）．バッターが打席に入るとその選手のヒッティングマーチが奏され，また出塁，得点の時等のゲームの状況に合わせて，常に一定のパターンで，太鼓が打たれ，トランペットや笛が吹かれ，旗が振られ，メガホンが打ち鳴らされる．このように，ある特定の状況下で一定の秩序だった様式の応援が行われる．規格化されているが故に，その行動パターンは容易に他者に転移し，観客たちは身振りや声を互いに調整し合いながら一つの型を演じることで，共通の感情が形成されるのである．

　こうした儀礼的な応援を可能にするのは，スポーツが本来的に持っているゲーム性である．スポーツは筋書きのないドラマであり，何が起こるか分からないとよく言われるが，その一方でゲームの進行は明確なルールによって規定され，起こり得るゲームの場面も限定される．儀礼的な集合的応援が可能となるのは，ゲームの進行そのものが特定のルールによって秩序づけられているからである．

●統制される観客と管理される応援団　プロ野球の私設応援団は大衆的なスポーツファンの中から，自由意志に基づき，応援という共通目標のために結集した自発的結社（voluntary association）であったが，観客を統制し，逸脱行動を防止する機能も果たした．2000 年以降，私設応援団にまつわるトラブルに暴力団との繋がりが指摘され，日本野球機構は警察庁と連携して，2003 年に「プロ野球暴力団等排除対策協議会」を設置し，2006 年から私設応援団の活動は許可制となった．応援団員の個人情報がデータベース化およびネットワーク化されることによって，高リスク集団を排除する管理体制がつくられた．文明化の過程でスポーツの概念が変化してきたことを示したエリアス＆ダニング（1995）は，競技者や観客として参加できるスポーツは，楽しくて，コントロールされた中での感情の統制解除（controlled de-controlling of the emotion）を実現するように工夫されていると述べている．観客が統制され，応援団が管理された中で行われる集合的応援によって，観客たちは安全な興奮を享受することができている．　　　　　［髙橋豪仁］

📖 さらに詳しく知るための文献
丹羽典生編著 2020．『応援の人類学』青弓社．
杉本厚生編 1997．『スポーツファンの社会学』世界思想社．
髙橋豪仁 2011．『スポーツ応援文化の社会学』世界思想社．

中学校体育連盟

　中学校体育連盟（以下，中体連）は，中学校の運動部活動および競技大会を統括する組織である．高等学校野球連盟と高等学校体育連盟，小学校体育連盟と合わせて学校体育連盟と呼ばれる．その中で中体連は，義務教育期に全国レベルで組織化され，全国競技大会を含めた各種大会を活発に実施している点で特徴的であり，教育と競技の結び付きや葛藤が明瞭に現れうる．

　中体連は，地区（郡や市区町村）・都道府県・広域ブロック・全国レベルで組織されていて，全国レベルでは「日本中学校体育連盟」がある．日本中体連には，2023年度時点で，全中学校の98.6%にあたる1万64校と全生徒数の56.1%にあたる180万6006名が加盟している．事業としては，地区・都道府県・広域ブロックの競技大会を勝ち抜いた選手が集う全国大会として「全国中学校体育大会」（以下，全中）を20競技で開催している．こうした中体連主催の競技大会は，学校教育活動として扱われ，その規則や日程が，各中学校の運動部活動の内容や進め方を左右している．中体連は，日本のユーススポーツや運動部活動のあり方や問題を考える上で重要な対象になる．

●**中学校体育連盟の形成過程**　中体連は歴史的にどのように形成されたのか．新制中学校が発足した1947年から，各地域・学校の運動部活動を指導し，競技大会を統括するために体育教師が集まり，都道府県レベルで中体連をつくり始めた．ここには，文部省の後押しに加えて，校長会・教育委員会・競技団体の関与があった．都道府県中体連は，一方で校長会と教育委員会による教育的関心に基づいた関与を受けつつ，もう一方で競技団体による競技的関心に基づいた関与を受けながら，つまり教育と競技の結び付きの中でつくられた．これら都道府県中体連を束ねて，1955年に全国中体連が結成された．その後1967年に，すべての都道府県で中体連が設立・加盟し，中体連は実質的な全国組織化を達成した．1989年の財団法人化を機に「日本中学校体育連盟」と改称して現在に至っている．

　全国中体連が設立されたねらいは，意外なことに，国の規制方針に従って全国競技大会を阻止するためであった．1948年の文部省通達（いわゆる対外競技基準）は，中学校運動部活動の競技大会を都道府県内に留めるよう規制し，全国競技大会は認めなかった．こうした国の方針を実現し，競技大会を教育的に活用しようと全国中体連が設立された．中体連は，競技団体による非教育的な競技大会を抑制しつつ，国も認める都道府県大会などは自らの手でむしろ拡大させた．そこに一貫してあったのは，教育と競技を結び付ける意味づけ方であり，競技大会

を教育的に活用しようとする志向であった．だからこそ，中体連にとって競技団体は非教育的な組織として仮想敵になり，それと差異化を図るように中体連自身の教育的な組織アイデンティティが構築されていった．

●**全国中学校体育大会の成立過程**　中学校運動部活動の全国競技大会は当初，国が認めなかったが，1970年度から「全国中学生選抜競技大会」が学校教育活動外として認められて始まった．これが1979年度から学校教育活動内の「全国中学校選抜競技大会」となり，現在の全中につながっている．

　全国競技大会を阻止するために設立されたはずの中体連は，なぜ全中を開催するようになったのか．その背景には，国が対外競技基準を緩和してきた流れと，いち早く全国競技大会に乗り出した競技団体の存在が関係していた．国が規制していたにもかかわらず，すでに1950年代から，競技団体は中学生対象の全国大会を開催していた．これに対して中体連は，生徒が大会に巻き込まれて，授業や教育のあり方に悪影響が出ると懸念し続けてきた．しかし，1964年の東京オリンピックと1972年の札幌冬季オリンピックをきっかけに，競技団体の影響は勢いを増した．それに押されて国も対外競技基準を緩和して，水泳とスキーを皮切りに，多くの競技種目で1970年度から全国競技大会が開催された．これらは競技団体が主催する学校教育活動外の活動として位置づけられたが，実態として中学校教育は，競技団体の全国競技大会に巻き込まれていった．

　この状況で中体連は，競技団体が大会を拡大する流れを止めきれず，当初の方針を転換してなし崩し的に全中の開催に向かった．選手育成が最優先の競技団体に生徒たちを任せるより，中体連が主催した方がスポーツを教育的に活用できると考えたわけである．中体連にとって全中の成立過程とは，競技が教育を蔑ろにするプロセスではなく，競技を通じて教育を達成しようとするプロセスであった．

　その後，全中は拡大の一途を辿った．参加地域の偏りを是正し，男女間の不平等を解消し，新規競技種目を追加し，市区町村・都道府県・ブロックレベルでの予選大会を整備して，大規模な競技システムができた．全中への参加校数・参加生徒数・事業費は大きく増加していった．2000年以降，中体連内部でも全中の肥大化が問題視されるようになった．競技団体に対抗して教育的意味を込めて始めた全中が，中体連にとっても負担になり，教育問題になった．

　以上の中体連の足跡が示唆するのは，一見すると対立的に見える教育と競技が，競技団体に反動する学校体育連盟によって強く結び付けられていく運動部活動の歴史である．ただし皮肉なことに，それが招いた一つの帰結が，いまに続く運動部活動の過剰さという問題であった．　　　　　　　　　　　　　[中澤篤史]

📖**さらに詳しく知るための文献**

中澤篤史 2021．中学校体育連盟の形成過程（1947-1967）．体育学研究 66：497-514．

中澤篤史 2022．全国中学校体育大会の成立過程．体育学研究 67：501-517．

第18章

イベント・メガイベント

[担当編集委員：石坂友司]

スポーツ・メガイベントの隆盛

　スポーツ・メガイベントが著しく隆盛を見せたのは，20世紀後半から現在の局面である．大規模な近代イベントは，19世紀半ばのロンドン万国博覧会に始まるが，これをモデルに誕生したオリンピックが成長・巨大化し，今ではサッカーやラグビーのワールドカップとともにスポーツ・メガイベントの代表例となっている．その背景には，情報化・消費化を軸とする現代社会の文脈がある．つまりメディアとスポーツの結びつきが膨大な視聴者（消費者）を惹きつけ，巨大な資本を呼び込みその影響力をグローバルに拡大するというプロセスを伴う．こうした現象の発展に伴い，広く社会科学の分野でイベント研究も開花してきた．

●イベントを考える視点　一般にイベントは「出来事・事件」「行事・催し」などの含意を持ち，主に儀礼・祭礼・年中行事として人類史に登場するが，近代化の局面以降，何らかの目的や計画性を託されたイベントが次々と発案・実践され始める．イベント研究の文脈ではこの「計画されたイベント（planned events）」を対象とする．音楽・アート・食・ファッションなどさまざまであり得る中で，スポーツイベントの場合は主としてスポーツ競技大会が主題となる．

　では，イベント研究の重要な視点とは何か．それはイベントが，(a)何らかの目的と計画性をもって，(b)特定の時間・場所で行われる活動であり，(c)その企画・運営の担い手（送り手）とそれを経験する参加者（受け手）から成るコミュニケーション活動である，という点に関わる．こうした前提の下，①イベントを取りまく外部環境への影響・効果，②イベントに関わる関係当事者への影響・効果，③ステークホルダー（利害関係者）間の利害の対立・葛藤などが問われることになる．

●スポーツ・メガイベントの特徴　では，メガイベントの特徴とは何だろうか．Getz & Page（2016）によれば「その規模や重要性によって，開催地や開催施設・組織に対して，観光・メディア報道・威信・経済の面で極めて高度なインパクトをもたらす」という．オリンピックを考えると分かりやすいが，スポーツ・メガイベントの特徴は，その規模と影響力の大きさから以下の点を指摘できる．

　第1に，スポーツ分野の枠を出た社会性や公共性を帯びることである．つまり国家，都市，産業，商業空間，自然環境，公的資金などのさまざまな次元に関わり，多大な影響を及ぼすとともに，多様なステークホルダーの利害関心を巻き込む点である．実際，①アスリートやスポーツ団体のほかに，②グローバル組織（IOCやFIFA等），③国家プロジェクトとして推進する各国政府，④現場の運営を担う都市や地方自治体など，グローバル／ナショナル／ローカルな各水準が横

断的に関わる．その周囲には，⑤スポンサー企業や国内産業，⑥地域住民やボランティア等の開催国の市民，⑦メディア視聴者を含む観戦客などが存在する．各アクターはそれぞれの思惑と利害関心から異なる関わり方をするという点で，スポーツ・メガイベントはしばしば「同床異夢」の複合体である．

第2に，メガイベントはその規模の大きさから巨額の開催費用を要する．例えば会場整備から会期中の運営に至るまで，概ね数千億円から数兆円を要し，その一部は公的資金で賄われることも多い．このため巨額のコストが将来の「有効な投資」になるのか，または「ムダな浪費」に終わるのか，メガイベントは開催の効果や是非をめぐって，さまざまなアクターからその評価が問われることになる．

第3に，メガイベントの開催には，スタジアムとその場所＝空間を提供する都市の動向が深く関わる．会期後の競技場を廃墟や赤字施設としてしまうのか，逆に効果的な利活用が可能なのか，さらに将来の会場跡地や施設の活用を見越した都市計画を構想できるのかは，開催都市にとって重要な課題となる．

現実の歴史を紐解くと，20世紀後半以降，メガイベントの負の側面として開催都市の赤字運営，自然環境への負荷，地域への開発圧力，カネと利権の構造などが問題化され，その招致に消極的なケースもみられるようになった．

● 21世紀のメガイベントと都市の躍動

だが21世紀に入る頃から，風向きが変わる．Roche（2017）も指摘するように，①メガイベントに「持続可能性」や「レガシー」の理念を託し，課題解決型イベントとして正当性を与える動向が一つ．これに連動して，②グローバル化に伴う都市間競争の中で，世界中の各都市がメガイベントの誘致と戦略的活用を競い合う状況が広がりを見せたのである．

ではその理由は何か．世界的な動向として共通するのは，①産業構造の転換の促進（＝第2次産業から第3次産業・クリエイティブ産業への転換），②都市再生の加速化（＝衰退エリアの再開発），③都市や国家のリブランディング（＝古いイメージの更新），という大きく三点のねらいである．要するに，メガイベントには巨額のコストと環境負荷を伴う以上，それに見合うだけの一回限りでないポジティブな持続的効果が期待されている．と同時に，メガイベントの負の側面を改善し，そこから生まれるさまざまな「効用（benefit）」を最大限に活用しようとする都市の動向が，世界的に広がりを見せているのである．

2012年ロンドン大会はその一例である．英国は優れたレガシー計画の下，ロンドン東部の都市再生をつうじて集客・ビジネス・居住の面で魅力的な空間を創造し，首都と国家のブランド力向上により新しいイメージを世界に提示する一種の外交的ツールとして，この機会を戦略的に活用したのである．　　　　［小澤考人］

📖 さらに詳しく知るための文献

Getz, D. & Page, S. 2016. *Event Studies*. Routledge.

Roche, M. 2017. *Mega-Events and Social Change*. Manchester University Press.

二度目の東京オリンピック(2020-2021年)と その遺産

　第32回オリンピック競技大会（正式名称はパラリンピックを含めて東京2020 オリンピック・パラリンピック競技大会，東京オリパラと略される．以下，東京五輪）が2021年に開催された．1964年東京五輪（以下，64年五輪）以来の日本での夏季大会の開催となったが，新型コロナウイルス感染症（COVID-19）の感染拡大によって五輪史上初めての延期大会となった．世界中の都市が都市封鎖，いわゆるロックダウンを経験する中，開催の是非をめぐって日本の世論は大揺れに揺れた．結果的には，一部の会場を除いて大会は無観客で開催され，205の国や地域に難民選手団を加えた1万1090人の選手が参加した．

●**東京五輪が生み出した遺産**　五輪開催によって生じた遺産はIOCによってレガシーと呼ばれ，ポジティブな遺産を醸成することによって大会の意義が強調されるようになった．レガシーはプロイス（Preuss, H.）が提唱した意図／評価／有形性の3軸からなるレガシー・キューブに，大会後の変化を読みとる時間軸を加えて分類，評価が可能である（Preuss 2007；石坂・松林編著 2013）．

　64年五輪で生み出された新幹線や首都高速，競技施設，都市のインフラ整備など，物理的なハードレガシーの誕生が今大会でも期待され，国立競技場が新設されたほか，ベイゾーンと呼ばれる湾岸の埋立地には，有明アリーナをはじめとする大型競技施設が建設された．ソフトレガシーと呼ばれる無形の遺産では，大会ボランティアとして活動するフィールドキャスト，都市ボランティアのシティキャストが募集され，大会後も都市や地域にボランティア精神を根付かせることが期待されたほか，大会の歴史やオリンピックムーブメント，出場選手の経験から学ぶオリパラ教育が実施された．また，出場国の選手を受け入れ，交流を図るホストタウン事業が全国の自治体で展開された．

　大会ビジョンに掲げられたレガシーはポジティブな言葉にあふれているが，それらが大会を通して／大会後にどのような影響を与えていくのかという観点からの評価，検証が必要になる．例えば，競技施設の建設はスポーツ界にとっては望ましい，ポジティブなレガシーとして評価可能だが，維持経費がかさむことで，それを負担する住民にとってはネガティブなレガシーともなりえる．また，大会の開催には約1兆7千億円，都市開発などに使われた関連経費を含めると約3兆7千億円が費やされたと見積もられていて，生み出されたレガシーが評価される反面，計画を超える多額の費用が必要になったことはネガティブに評価されうる．

●**五輪の理念的変化**　1984年ロサンゼルス五輪以降，オリンピックと商業主義の

関係性は密接になり，特にテレビ放映権料を支払うテレビ局と，スポンサーの影響力は巨大になっている．東京五輪でも，開催時期が酷暑に設定されたことや，COVID-19 による大会の中止，延期の時期をめぐる判断にテレビ局の意向が強く反映されたとされる．これに対して，人々が楽しむイベントの裏で，公民連携型の偏った資本主義，すなわち祝賀資本主義（ボイコフ 2018）が展開されていることを批判する反五輪運動が行われた（小笠原・山本編 2016）．

五輪は都市開発を可能にする手段，すなわち開発主義を推し進めるイベントとしての性格を強くもつ（町村 2020）．一方で，五輪はほかのスポーツ・メガイベントと違い，創始者クーベルタン男爵（Baron de Coubertin）が託した平和思想によって，開催意義や目的が理念的に問われる希有な大会である（石坂 2018）．東京五輪では，コスト面，並びに会場間の距離的近さをアピールする「コンパクト五輪」が招致段階から掲げられてきたが，2011 年の東日本大震災の発生により「復興五輪」が付け加わった（笹生 2022）．その後，「多様性と調和」，COVID-19 の蔓延以後は「コロナに打ち勝った証」が強調されるなど，開催意義や目的は多様に変化した．このことは，社会に訴求する理念が十分ではなかったことを示している．他方で，ボランティアの育成をはじめ，障がい者，LGBTQ など性的マイノリティの人々への社会的理解や環境改善につながる社会的インパクトを有していた．

競技の面では，IOC はこの大会からサーフィンやスケートボードなど若者に人気のある種目を採用した．勝敗に拘泥せず，パフォーマンスの出来映えで相手選手をたたえ合う姿に喝采が送られるなど，自国選手の活躍を見ることを通して醸成される，ナショナリズムによって支えられてきたメガイベントは変化を経験しているのである．

●東京五輪は何を生んだのか　東京五輪は，64 年五輪による経済成長と都市開発の夢を追って計画された．64 年五輪によって日本社会の基盤が築かれたのに対して，東京五輪は明確なビジョンを示せないまま COVID-19 の混乱に巻き込まれて終焉を迎えた（石坂 2021）．この大会が日本社会に何を生んだのかについては，時間軸を踏まえた検証によって今後明らかにされていくだろう．映画監督の河瀬直美は，開催賛否に翻弄され，無観客で競技を行ったアスリートの葛藤と，関係者の苦悩，その時の日本社会に焦点を当てた二つの記録映画（『SIDE：A／SIDE：B』）を制作した．市川崑が制作した 64 年五輪の記録映画（『東京オリンピック』）のような熱狂はみられなかったものの，そこには五輪を通した一つの集合的記憶（アルヴァックス 1989）が描かれている．　　　　　　［石坂友司］

📖さらに詳しく知るための文献
阿部 潔 2020．『東京オリンピックの社会学』コモンズ．
石坂友司ほか編著 2024．『〈メガイベントの遺産〉の社会学』青弓社．
吉見俊哉編 2021．『検証 コロナと五輪』河出新書．

オリンピズムとユースオリンピック

　ユースオリンピック競技大会は，15〜18歳までの若年層のアスリートを対象にした国際大会である．この大会は，第8代IOC会長ロゲ（Rogge, J.）が提案し，2007年の第119次IOC総会で創設が承認された．第1回夏季大会は2010年にシンガポール，冬季大会は2012年にインスブルックで開催され，4年に一度の周期で行われている．ユースオリンピックは，スポーツを文化や教育と融合させ，生き方の創造を探求するオリンピズムの根本原則に基づき，スポーツ・文化・教育が一体となったマルチスポーツイベントとしての性格が与えられている．そのビジョンは，「世界中の若者にスポーツへの参加を促し，オリンピックの価値を取り入れ，オリンピズムの大使となるよう促すこと」にある（IOC 2019a）．本項目では，近代オリンピックの原点回帰を目指した大会といわれるユースオリンピックについて，オリンピズムとの関連に光を当てながら，大会の特徴を概説する．

●**スポーツ・文化・教育の融合**　提案者のロゲが重視したのは，オリンピックの本来の価値を取り戻すことにあり，そのための重要な方法が文化・教育プログラムであった．ユースオリンピックは「競い，学び，分かち合う」体験を中心に構成されている．IOCの協力の下，組織委員会は選手，コーチ，保護者，開催地の若者にスポーツ・文化・教育を融合させた独自のアクティビティを提供する．学びと共有の活動は，基本的にオリンピズム，能力の開発，ウェルビーイング（健康で安心な状態）と健康的なライフスタイル，社会的責任，豊かな表現の五つの鍵となるテーマに基づいて構成され，その数は約20〜50にわたる．また，開催の前後および期間中を通じ，広く若者の参加者にオリンピックの価値を奨励する一連のプログラムを設けている．例えば，若年層への影響力をもつ選手が務めるYOGアンバサダー，ユース選手の模範となるアスリート・ロールモデル，ヤング・アンバサダー，ヤング・リポーターである．ヤング・アンバサダーは，NOCが指名したスポーツに関心のある若者が務め，選手団の一員として大会に参加する．ヤング・リポーターは，ジャーナリスト志望の若者がスポーツジャーナリズムのトレーニングを受け，実際に取材等を行うことで大会報道の主導的な役割を担う．

　以上の活動に関する教育的効果および持続可能な影響の検証と評価は，ユースオリンピックの開催意義を示すにあたり，根幹をなす研究課題であると言えよう．この大会は2010年から歩み始めた新しい大会であること，またノンフォーマルおよびインフォーマル学習として捉えられる文化・教育プログラムは，比較

対象となり得る先行教育プログラムが不在であることなどから，学術的な検証は緒に就いたばかりである（Doll-Tepper 2014）．諸活動の目的に応じた適切な評価指標の検討をはじめとして，教育的効果の中・長期的な影響力を図るためには，国内および国際レベルでの縦断的研究が求められる．

●**スポーツの革新とオリンピズム**　ユースオリンピックでは，オリンピックと同様の種目だけでなく，既存の会場を使用しながら，新たな競技種目や競技形式を提案することが可能である．例えば，バスケットボールの 3 x 3 はユースオリンピック採用後にオリンピックの正式種目になった事例であり，スポーツの革新と発展，そしてオリンピックプログラムの進化を図る機会にもなっている．中でも特徴的なのは，混合種目が積極的に行われている点にある．その形態は，異なるNOC の混合チームやペアを組む種目，男女混合種目，NOC と男女が混在した団体種目などが挙げられる．これらはオリンピズムの根本原則に示されているスポーツ権の保障や，友情，連帯，フェアプレイの精神とともに相互理解を求めるオリンピック精神の涵養を促す試みとして意味づけられる．また，NOC 混合種目の表彰式では，「世界は一つ」を象徴するオリンピック旗の掲揚とオリンピック賛歌が演奏されている．

　近代オリンピズムの生みの親であるクーベルタン男爵（Baron de Coubertin）は，オリンピックでは戦争の種となる他人や他国への無知を克服し，相互理解が促されることを願った．しかし，オリンピックは国家間の対立やナショナリズムの高揚の場として表れてきた歴史がある．オリンピック憲章に「個人種目または団体種目での選手間の競争であり，国家間の競争ではない」と定めざるを得なかったことは，その証左である．IOC では，冷戦期における競技場での対立やボイコットを生み出す過剰なナショナリズムを排除するために，表彰式の国旗国歌を廃し，オリンピック旗とオリンピック賛歌に代替することを議論したが失敗に終わった（黒須 2015）．こうした経緯を踏まえると，NOC 混合種目は原点回帰であるだけでなく，これまでのオリンピックが抱えてきたオリンピズムとナショナリズムの問題を，新たな競技形式で乗り越えていこうとする挑戦的な取組みとして捉えられるだろう．一方で IOC は「オリンピック・アジェンダ 2020」に男女平等の推進を掲げ，男女混合種目を奨励している．その結果，東京 2020 大会では最多の 18 種目が行われた．しかし，NOC 混合種目はユースオリンピックのみである．その理由を追究することは，現在のオリンピックを相対化するとともに，ユースオリンピックの開催意義を考える上で重要な視点になるだろう．

［黒須朱莉］

📖**さらに詳しく知るための文献**

Hanstad, D. V., et al. eds. 2014. *The Youth Olympic Games*. Routledge.

日本オリンピック・アカデミー編著 2019.『JOA オリンピック小事典』2020 増補改訂版. メディアパル.

メディア・イベントとしての WBC

　ワールド・ベースボール・クラシック（WBC）は米大リーグ機構（MLB）と大リーグ選手会が設立したワールド・ベースボール・クラシック・インク（WBCI）が主催する野球の国・地域別対抗戦である．第1回大会は2006年で，コロナ禍による延期などを除き原則4年に1度開催される．日本は第1，2回大会を連覇し，第5回大会でも優勝した．大リーグのシーズンへの影響を考慮し，開催時期はオープン戦中の3月で，準決勝以降は米国で実施される．MLBは五輪へ選手を派遣したことがなく，WBCは各国の大リーガーが集まる唯一の国際大会である．

●**大会の創設**　五輪の野球は2000年のシドニー大会からプロ参加を認めた．しかしMLBは，スポンサーなどの権利を国際オリンピック委員会（IOC）に握られることや，開催時期の重なりなどを嫌い，大リーガーでなくマイナーリーグ選手を五輪に送った．

　その一方で，MLBは独自の国際大会を計画し，1999年には球団オーナーに構想を提案した．MLBがWBCの開催を発表したのは，IOCが2012年ロンドン五輪からの野球除外を発表した2005年である．当初はサッカーのワールドカップ（W杯）やトリノ冬季五輪と重ならないように2005年内の開催を目指したが，参加国の同意を得るのに時間を要して第1回大会は2006年にずれ込み，第2回大会は当初の予定通り2009年に実施された．

●**MLBによる独自メディアの創設**　第1回大会の直前，米国の報道は投球数制限などを取り上げ「真剣勝負でない」と指摘した．米国の1次ラウンド敗退もあり，米国内の報道は低調に終わった．開会の3か月前にようやくスポーツ専門局ESPNが放送権を買い取り，試合数は，全試合の半数以下にすぎなかった．

　しかしMLBのセリグ（Selig, B.）コミッショナー（当時）は「野球史の分岐点になる」と大会の意義を強調した．実はWBCの目的は最初から国際マーケットの開拓にあり，MLBは大会の構想時点で，自前のメディアを創設する準備を進めていた．MLBは2000年にウエブサイトを運営するMLBアドバンスドメディア（MLBAM）を設立し，第1回大会の全試合をネット配信した．MLBAMは，経済誌フォーブスの試算で2016年に年間収入10億ドルを超える大企業に成長した．

　さらにMLBは，2009年1月に自前のケーブル局MLBネットワークを開設し，同年の第2回大会を放送した．WBCは，予想以上の視聴者を集めるようになり，米国が初優勝を果たした2017年の第4回大会の決勝は，約230万人が視聴した．これは同局史上2番目の数字だった．こうしてMLBは，テレビ放送も傘下のメ

ディアでカバーする体制を築き，米国内でのWBC人気を醸成したのである．

　吉見（1994）は，ダヤーン（Dayan, D.）とカッツ（Katz, E.）のメディア・イベントの概念を再定義し，①メディア資本によって主催されるイベント，②メディアによって大規模に中継・報道されるイベント，③メディアによってイベント化された社会的事件，の3層が互いに連動するのがメディア・イベントであるとしている．

　MLBは，大会を成功させるためにメディアを新たに設立して配信・放送した．これはメディア資本がコンテンツをつくり出した日本の高校野球などとは逆の順序である．MLBは，こうして国際戦略を充実させ，米国にも人気が波及するよう仕向けた．マスメディアへの新規参入のハードルが下がった多メディア，多チャンネル時代ならではのメディア・イベントだと言える．

●日本にとってのWBC　2005年5月に第1回大会の開催が発表された際，日本は参加を保留した．プロ野球開幕直前の3月実施という日程や，国際競技団体でなく特定のプロリーグであるMLBが中心となることなどが理由だった．特にプロ野球選手会が強く反対し，参加発表までに約4か月間かかった．

　監督就任要請を受けた王貞治の「いい結果を出せる状態にしないと．五輪ほどではないかもしれないが，日の丸を背負うんだから」（共同通信 2005）との談話は，大会を軽視する雰囲気が球界にあったことを物語っている．報道も大会の権威をはかりかねたようで，大会初日の朝日新聞の社説は「せっかくの国際大会を大事に育てたい」と結ばれていた．

　日本は1次，2次ラウンドで韓国に2敗するなど苦しんだが，準決勝で韓国，決勝でキューバを破り，初代王者となった．朝日新聞の「天声人語」は「『世界の王』が，『世界一の王』となってグラウンドに舞った」とたたえた．

　第2回大会は，日韓対決となった決勝の延長十回にイチローが決勝打を放って連覇を達成し，日本でのWBC人気を不動のものとした．また大谷翔平を擁して3度目の優勝を果たした2023年には，ビデオリサーチ調べで個人視聴率の年間ランキング1位から9位までがWBC関連番組となり，報道はWBC一色に染まった．

　「オリンピックは世界のどの国よりも重要なイベントとして日本人に記憶されてきた」（黒田 2021）．しかし大リーガー抜きの五輪が，野球の最上位に位置することはなかった．サッカーが1998年以降W杯に連続出場し，国民的な熱狂を生む中で，日本のプロ野球が必要としていたのは，サッカーW杯に比肩する国際大会だった．MLBが国際市場開拓のために生み出したWBCで，日本は3度の優勝を果たし，WBCはまさに国民的関心を呼ぶメディア・イベントとなった．

[神田　洋]

📖さらに詳しく知るための文献

Goss, B. 2009. Taking the Ballgame Out to the World. *Journal of Sports Administration & Supervision*, 1: 75-95.

Bartkowiak, M. & Kiuchi, Y. 2012. *Packaging Baseball*. McFarland.

国民体育大会から国民スポーツ大会へ

　国民体育大会（以下，国体）は，1946年から大日本体育会の主催により開催された，日本最大のスポーツ祭典として，2024年佐賀県の大会まで78の回数を重ねている．日本スポーツ協会，文部科学省および開催地都道府県の共催で各都道府県持ち回り，都道府県対抗の方式で開催する国体は，その長い歴史の過程で，全国規模の大会としてスポーツ振興と各県のスポーツ施設整備に大きく貢献してきた．さらに，国体は戦後歴史の中で，単にスポーツ大会としてだけではなく，国民統合，地域統合や地域開発とも深く関わりを持つ点で，日本社会の特質を鋭く反映してきたイベントである．

●**国民体育大会の歴史的変遷**　国体が戦後混乱の中からいち早くスタートできた背景には，明治神宮競技大会をその連続性から捉える必要がある．そのため，戦後初期の国体は，敗戦後の「戦後復興」と「民族再建」を集約的に表出し確認するイベントとして位置づけられた．全国参集・巡廻形式によって，敗戦によって分散していた伝統的ナショナリズムの喚起に寄与し，国民統合と公民啓発運動の一翼を担う政治性の強いセレモニーとして機能した．

　国体は高度成長期から，日本体育協会（現・日本スポーツ協会），文部省，地方自治体などの制度的・組織的協力関係を基に確立されていく一方，ここに内包されている矛盾もまた社会的に顕在化した．勝利至上主義・地域開発に彩られた国体パターンの確立は，しかし同時に，そうした国体の性格に根ざす弊害を出現させ，持ち回り開催を通じて増幅する結果をもたらした．国民統合型の儀礼が「地方化」されるとともに高度成長期（大衆社会化）以降「均質化」されていった．

　国体の諸問題は高度成長期の中盤からさらに深刻な状態となり，これに対する反対，抗議運動が跡づけられる．高度成長期の社会変動に由来するスポーツの大衆化要求を汲み取ろうとした新日本体育連盟など新たなスポーツ運動が，国体型社会スポーツに対抗するアクターとして出現した．

　国体は1980年代から衰退の道を辿り始める．情報化の飛躍的拡大に支えられた「みるスポーツ」の浸透と，一流選手の国体離れや競技水準の低下，マスコミと国民の無関心は，国体が担ってきたスポーツイベントとしての比重を低め，国体存続の意義をも失わせた．国体廃止論・無用論が広がった．日本政府からも従来パターンでの存続に疑問が投げられるようになった．さまざまな批判に対処すべく従来のあり方を改善する試みが日本体育協会によって行われたが，実際にはそれらが十分に達成されたとは言いがたく，解決すべき多くの問題が残されている．

●**象徴天皇制と天皇杯**　象徴天皇制の下での天皇のイメージといえば，春の植樹祭および秋の国体の開会式出席がすぐ思い浮かぶ．国体は戦後初期から天皇と皇后を推戴するイベントとしての性格を帯び始めることになり，「国民統合の象徴」という象徴天皇制の正当性を周期的に客観化する，重要な制度的イベントの位置を占めるようになった．国体は純粋なスポーツ大会としての性格から逸脱し，戦後社会における象徴天皇制の公認と浸透を増幅させる装置，極めて政治性の高い儀礼の場として重大な意味を持つようになる．

　男女総合優勝の都道府県に下賜される天皇杯は，象徴天皇制の親密度をより高める手段として用いられてきたが，一方県勢誇示の目的にとって天皇杯獲得は至上命令となっていった．開催県の勝利至上主義は加速化し，1964 年新潟大会からこの判を押したような開催地の天皇杯獲得は，38 年間も続くことになる．開催地に圧倒的に有利な仕組みと異常とも言える選手強化により，今もほとんどの開催県が総合優勝を続けている．「天皇杯」を「錦の御旗」にしての非民主的・非科学的で急造の選手強化と地元有利の特権が，国体を国民から遠ざけてしまう一つの原因となっている．

●**膨大な国体予算と施設整備**　国体は開催費用と重い財政負担を構造的に抱えている．開催県は開催費用の 9 割以上を負担しており，その費用は数百億円から数千億円まで達していた．国体は高度成長期から規模がふくれ上がり，多額の公共事業費を支出する傾向がでてきた．膨大化し，華美に流れ，開催費用がかかり過ぎる「金くい国体」となったが，新設された競技施設については大会後の利用を含めて整備の必要性に疑問が投げかけられる場合が少なくなかった．もちろん，公共スポーツ施設の整備が国体を通して全国的に進められてきた側面も否めない．しかし，国体開催基準要項と県勢誇示の絶好のチャンスとして盲目的に行われる大規模な競技施設の整備と多額の公共事業費の支出は，自治体の財政にとってまさに破壊的なものであり，国体以降の開催県の財政悪化は自治体運用に大きな歪みを残すことになる．その影響で住民の社会福祉事業が圧迫を受けるなど地方自治体にとって頭を悩ませる大きな課題となっている．

●**さらなる活性化と簡素化**　日本体育協会により 2003 年から出されてきた国体の在り方と改革案の中心は，大会の充実・活性化と大会運営の簡素・効率化である．国体改革は参加総数の削減や一部の開催県が「ハコモノ」建設を多く見送るなど成果をあげているものの，諸弊害は現在まで続いている．

　2024 年佐賀大会から，国体の名称は「国民スポーツ大会」に変わった．国民不在のイベントになっている国体の存在意義と価値をどのように高めるのか，新たな時代を迎えた今こそ国体のあり方を多方面から厳しく問う時期である．　［権 学俊］

📖**さらに詳しく知るための文献**

権 学俊 2006．『国民体育大会の研究』青木書店．

広畑成志 2000．国体改革をどのような方向で考えるか．前衛 720(2)：191-196．

FIFA ワールドカップと日韓大会

●**ワールドカップの歴史**　英国で生まれ，1863 年に協会（Football Association）が組織され制度化されたサッカーだが，英国の経済発展を背景とした地中海や大西洋貿易の拡大により，ヨーロッパと南米各地の港町を中心に急速に普及していった．そうした船舶による交流に加え，参加国をつなぐメディアとしてのラジオの発達も加わり，1930 年に第 1 回ワールドカップ（以下，W 杯）がウルグアイで開催された．また，第 2 次世界大戦後のテレビの発達もその関心を広げることに大いに貢献した．サッカー界最初の世界的ヒーロー，ブラジルのペレは，まさにテレビ放送の発達と普及の結果と言える．

　日本においては，1970 年メキシコ大会が録画ながら，初めてテレビ放送された．ただ 1970 年代までは，欧州と南米のサッカー大会として，日本では一部のファン以外には関心は広がらなかった．そして，日本代表の「世界への挑戦」は，どちらかといえばオリンピックに向いていた．

　変化は 1980 年代に起こる．世界への市場拡大を目指すスポンサーたちは，日本に限らずアジア・アフリカへのサッカーの普及を熱望した．そして，アジア・アフリカ諸国でもテレビの普及とともに急速に W 杯への関心は高まり，また出場国の拡大が進んだ．

　日本でも「トヨタカップ」の開催や，テレビを通して W 杯に触れる機会が増え，サッカーの世界市場に巻き込まれていく．そして 1993 年 5 月 J リーグの開幕，同年 10 月米国大会予選最終戦で出場を逃す「ドーハの悲劇」と，一気に「サッカーブーム」が到来する．そして同年，出場経験のない日本が W 杯開催に名乗りを上げる．当初は日本の単独開催が有力だったが，後に韓国も招致に名乗りを上げ，結局日韓の共同開催が決定した．さらに 1998 年，日本はフランス大会に初出場を果たし，W 杯への注目が高い中 2002 年日韓大会を迎えた．

●**2002 年日韓大会の特徴**　この大会ではいくつかの特徴を挙げることができる．

　第 1 に，メディアスポーツの観点からは，サッカービジネスのバブルの中にあった大会であった．1990 年代以降，欧州サッカーが衛星放送ビジネスとして発展する中での開催でもあり，サッカービジネスは投資の対象として魅力的なものとなっていた．さらに，初めてのアジア開催として日本がサッカー市場に含まれることになり，放送権料もこの大会から急騰することになった．ただ，日韓大会直前には，大会のマーケティングと放送を担当した ISL とキルヒ・メディアが倒産し，アジアでの開催のため時差の関係もあり，世界での視聴者が約 288 億人と

前回のフランス大会を下回るなど，サッカーバブル崩壊の兆しが現れた．

　一方，日本では，日本対ロシアのテレビ中継が66.1％を記録し，その後のW杯の予選，本大会でも「日本代表」の試合は高視聴率をおさめてきた．

　第2に，上記の熱狂の中にあったおかげで，開催両国には多くのサポーターが訪れた．オリンピックを経験した両国が，それ以上のスポーツ大会の熱狂があることを経験することとなった．さらに，オリンピックとは違い，各国のサポーターたちが大挙して全国の会場をめぐるという点でも初めての経験であった．その中には，イングランドの「フーリガン」をメディアが過剰に取り上げ不安を煽ったが，それがまたW杯への関心を高めることにもなった．

　第3にさまざまな軋轢のあった日韓関係において，この共同開催を契機としてさまざまな交流が生まれた．1990年代，韓国は「日帝時代」の記憶から日本の大衆文化の流入に制限をかけ，また韓国の経済成長とともに日本への政治的主張が強くなっていった時期である．しかし，開催前の招致争いでの軋轢を超えて，サッカー以外の人的交流や文化交流が進み，「韓流」文化が日本に流入する契機となった．

　第4に，日韓両国において，それぞれに新たな「応援文化」が生まれた．スポーツ消費がスタジアムとメディアを離れ，街頭にも拡大した．それ以前，1985年の阪神タイガース優勝時の街頭での騒ぎを一地域の共同性についての表現だとすれば，日韓大会から，日本という共同性が街頭でも表現されるようになったと言える．そして，街頭で「ニッポン，ニッポン」と叫び日の丸を振る様子は，「プチ・ナショナリズム」「漂白されたナショナリズム」とも表現された．

　こうした現象は韓国ではより明確に表現された．それまで韓国にスポーツの「街頭応援」という文化はなかったが，大会開幕半年前から，テレビCMで繰り返し流された応援風景と現実の快進撃が重なり，人々を街頭へと駆り立て，大きな現象となった．それはその後の政治的な市民の示威行動にも繋がったとされる．

●日韓W杯以降　日韓大会以降，2006年ドイツ大会から2022年カタール大会まで，日本代表は連続して出場し，各大会には多くのサポーターが詰めかけ，歴代スポーツ放送の中でも高視聴率を獲得してきた．しかし，テレビに主導されたW杯も，通信の時代へとメディア環境が変化する2010年代以降，やや陰りが見えてきた．2014年ブラジル大会ではヨーロッパでインターネット配信が開始され，2018年ロシア大会からは日本でもネット視聴が一般化した．このように急激に変化するメディア環境の中で，テレビ時代に親和性の極めて高かったW杯がどのようなスポーツ文化に変容していくのかは見通せない．　　　　　[黒田　勇]

📖さらに詳しく知るための文献

黒田　勇編著 2012.『メディアスポーツへの招待』ミネルヴァ書房.

牛木素吉郎・黒田　勇編著 2003.『ワールドカップのメディア学』大修館書店.

黄　順姫編 2003.『W杯サッカーの熱狂と遺産』世界思想社.

1964年東京オリンピック

　1964年10月10日，日本で初めての開催となる第18回オリンピック競技大会（東京五輪）が東京で開かれた．93の国や地域から5151人が出場したこの大会は戦後復興を成し遂げ，先進国への仲間入りを果たそうとしている日本にとって，国際復帰を宣言する大会となった．東京五輪には，1940年に開催が決まりながら，日中戦争の影響を受けて返上に追い込まれた第12回オリンピック競技大会，いわゆる「幻の東京五輪」が前史として存在する（坂上・高岡編著2009）．東京五輪は幻と消えた大会を再び日本で開催させる国家的プロジェクトとして計画された．

●東京五輪が生み出した遺産　東京都が大会招致に名乗りを上げたのは1952年，都知事の安井誠一郎が国際舞台への復帰を祝うことを目的とし，1960年大会への立候補を表明した．戦後まもなく，1948年ロンドン五輪への出場が許されず，1952年ヘルシンキ五輪から復帰した日本は，金メダル1個，総メダル数9個という成績に終わり，スポーツ界の復権にはほど遠い状況であった．後に都知事を務めることになる日本体育協会会長の東龍太郎をはじめとして，大会招致はスポーツ界に驚きをもって迎えられた．1960年大会の招致こそローマに敗れたものの，1964年大会招致に向けた再立候補が行われ，1959年に東京五輪の開催が決まった．

　五輪を開催するためには，東京がインフラを整備して首都機能を回復，強化させること，交通網の整備，競技場の建設，メダルをとれる選手の強化と科学的トレーニング方法の導入，スポーツへの政策的支援を可能にする「スポーツ振興法」の整備などが必要とされた．これらを短期間に成し遂げたことから，東京五輪は日本社会のさまざまな基盤を生み出した大会と考えられている（石坂2009）．

　東京五輪によって生み出された遺産（レガシー）をレガシー・キューブ（Preuss 2007）の観点から評価したとき，物理的な遺産の創出が東京にとどまらず，日本全体に最も大きなインパクトを与えたことが分かる．例えば，「首都圏整備法」（1956年）が制定されたことによって，遅延していた首都圏の整備は劇的に進み，慢性的な交通渋滞に悩まされてきた道路の拡幅が行われ，上下水道普及率の上昇がみられるなど，世界都市東京の基盤が築かれた．加えて，東京と大阪を結ぶ東海道新幹線が開業したほか，首都高速道路やモノレールの建設が行われた．また，「臭い街」として知られた東京は美化に力を注ぎ，「水の都」と称された昔ながらの景観を消滅させながら，舗装道路で敷き詰めた現代的に「きれい」な街並みが整えられていったのである．しかし，これらの都市開発は東京に活力をもたらした一方で，

特別区内の西部に偏る傾向を生み，開発が進む中心と周縁に分かれる地域間格差を生じさせていった（町村 2020）．そのほか，丹下健三の設計になる代々木競技場，高山英華の設計になる駒沢競技場，そして国立競技場の建設など，この大会を象徴し，以後の日本のスポーツを支えていく競技場群が誕生している．

東京五輪の開催は，遅れていた海外標準の生活様式やマナーを東京，ひいては日本社会に普及させることに一役買った．例えば，列を守って並ぶこと，つばをはかないことなどが教育され，外国語の習得が奨励されるなど，外国文化の受容にも道を開いた．これらはソフトな遺産と呼ぶことができる．

●**東京五輪の成功神話**　東京五輪は高度経済成長を代表するイベントとして語られることが多い．しかし，経済的効果は十分に立証されているわけではなく，五輪の成功はいわば神話化されている側面も強い．近年の研究で明らかとなっているように，この大会は順風満帆に開催されたわけではなく，世論は盛り上がりを欠き，組織委員会会長の津島寿一，事務総長の田畑政治が辞任に追い込まれたほか，競技場の建設が工期ギリギリになるなど，混乱を呈していたのである（石坂・松林編著 2018）．

五輪の成功神話を支えているのは IOC 会長ブランデージ（Brundage, A.）によって絶賛された運営面での成功と，金 16，銀 5，銅 8，総メダル 29 個を獲得した競技面の成功である．大会後に行われた世論調査の結果からは，95％の国民がこの大会を「りっぱに行われた」と評価していることが明らかになっている（石坂 2018）．また，この大会から種目として採用された柔道をはじめ，体操とレスリング，東洋の魔女と称された女子バレーボールチームなどの金メダル獲得に加え，最後まで会場を沸かせたマラソンの円谷幸吉の銅メダルなど，競技選手を通した物語の共有は，同時代を経験した国民の間に「集合的記憶」（アルヴァックス1989）を生み出したと考えられる．この結果，市川崑が制作した記録映画『東京オリンピック』は記録史に残る大ヒットを遂げた．

当時の国家予算の三分の一に当たる，約 1 兆円もの経費をつぎ込み開催されたこの大会は，東京における都市基盤を整備するとともに，国土計画の方向性を定めていった．また，五輪がナショナリズムを高め，国民の一体感を醸成するイベントとして認知されるきっかけとなり，スポーツ界に対する国家的支援の形を確立させた．それは「五輪至上主義」と呼ばれ，五輪選手への経済的優遇措置と，都市の開発主義を呼び込む大会招致を継続して行うという，特異な形式を生み，以後の札幌，長野，二度目の東京へと結びついていくのである．　　　　［石坂友司］

さらに詳しく知るための文献
坂上康博・高岡裕之編著 2009．『幻の東京オリンピックとその時代』青弓社.
石坂友司・松林秀樹編著 2018．『一九六四年東京オリンピックは何を生んだのか』青弓社.
吉見俊哉 2020．『五輪と戦後』河出書房新社.

日本の冬季オリンピック

　冬季五輪開催地の条件は，積雪寒冷地であること，スケート等の氷上競技および スキー等の雪上競技が実施可能であることである．特にスキー競技は山岳地で 実施されることから，競技会場は分散する．そのため，各会場を結ぶ交通網・通 信網の整備が不可避となる．こうした冬季五輪固有の条件は，開催都市の機能の 向上，中山間地を含む広大な空間の開発を必然化させる．それはまた，既存の都 市と地方（また域内の地域間）の関係に大きな変化をもたらすことにもなる．

●**札幌冬季五輪 (1972/2030)**　札幌冬季五輪は 1972 年に開催されたが，札幌市は 1940 年，1968 年，1984 年，そして 2026 年以降の大会と 5 度の招致を行っている （2016 年夏季五輪招致の試みもあった）．積雪寒冷地であり人口約 195 万人（2023 年）を要する札幌市は，五輪開催と深く関わってきた都市である．

　1972 年大会の特徴は 2 点ある．第 1 は冬季五輪によって札幌市の都市基盤が形 成されたこと，第 2 は冬季五輪における自然環境問題の嚆矢となったことである．

　第 1 の点は，冬季五輪全体の経費からも分かる．大会全体の経費は約 2200 億 円であったが，うち競技会場建設費は約 100 億円（全体の 4.5%）であった．大会 経費のほとんどは，選手村，会議会場，地下鉄，道路，放送通信施設等，関連施 設建設費であった．なぜそのようなことが可能になったのか．五輪では選手が選 手村から各競技会場へと移動する．よって競技会場は，選手村を中心に配置され る．札幌大会では，各競技会場が直線距離にして半径約 20 km 圏内（最長は恵庭 岳—美香保体育館間の約 33 km），移動時間約 30 分圏内に収められた．しかし， 開発は市中心部（大通り）を軸に進められた．市中心部から見れば，東西南北 10 km 圏内にそれぞれ月寒体育館（アイスホッケー），手稲山（スキー），真駒内地区 （選手村，開閉会式，スケート），美香保体育館（スケート）が位置する．真駒内 地区と美香保体育館とを結ぶために地下鉄南北線が敷かれ，東西南北にある各競 技会場を結ぶための環状道路も整備された．これにより，その内側の開発が進め られた．札幌市の都市基盤は，各競技会場を外延として形成された．

　第 2 の自然環境問題は，国立公園特別地域である恵庭岳に滑降競技会場が建設 されたことから生じた．原生林を切り拓き新規に造成された競技会場は，国内外 からその自然破壊が問われることになった．結果，競技会場は大会終了 2 時間後 に閉鎖され，緑化復元工事がなされることになった．「自然を破壊することが，ど れ程高価なものにつくかを知らしめて今後の戒めにしたい」（石塚 2014）とされ た．それは後の冬季五輪における自然環境問題の嚆矢となる出来事であった．

●**長野冬季五輪**　1998 年冬季五輪をめぐっては，国内では長野市，盛岡市，山形市，旭川市が立候補を表明した．長野市は，1988 年に国内候補地として選出され，1991 年の IOC 総会において 5 回の投票の末，僅差で開催権を獲得した．

　長野五輪の各競技施設は長野市の選手村を中心に配置された．その範囲は，直線距離にして半径約 50 km 圏内（最長は軽井沢風越公園アリーナ―白馬ジャンプ競技場間の約 80 km），移動距離は約 1 時間以内となっている．こうした条件を整えるために，高速交通網・高速通信網が整備された．その意味で長野大会も地域開発の一環と捉えることができる（等々力 1998）．大会開催経費全体は 1 兆 5415 億円，うち施設競技施設建設費は 854 億円であった（全体の 5.5%）．オリンピック関連道路整備，高速交通網整備費には 1 兆 2910 億円が投じられた（全体の 84%）．大会運営費には 1142 億円が支出され（全体の 7%），冬季五輪史上初めて 1000 億円を超えた．また，大会開催経費とは別に招致活動関連経費には約 28 億円が費やされた．大会全体としては約 50 億円の黒字となり，そのうち 47 億円が基金として運用され五輪後の各種スポーツ事業を支えた（2010 年に終了）．

　自然保護もまた問題となった．長野大会では事前に自然保護検討会議が設置され，自然環境への配慮がなされていた．「美しく豊かな自然との共存」は大会理念の一つであった．そのため男子滑降競技会場は，当初新設予定であった岩菅山から既存スキー場のある八方尾根へと変更された．しかし，八方尾根においてもスタート地点引き上げをめぐる問題が生じた．スタート地点の引き上げによって自然保護地域を通過することになり，競技と自然保護の論理が対立したためである．問題は解決したが，大会後も八方尾根の自然の保護と利用について検討が続けられている．

　新設された競技施設の後利用や多額の維持費も問題となった．長野市内 6 施設の事業収入を差し引いた行政コストは年間約 54 億円とされた（2004 年）．五輪研究では大会自体の政治経済だけでなく，大会前後を含む時間軸を考慮した研究が求められるようになった．そこではボランティアや「一校一国運動」，国際交流，新たな競技拠点の形成やネットワーク化等無形のものも含め，五輪の遺産（レガシー）とは何かが問われた（石坂・松林編著 2013）．

　冬季五輪は，競技施設だけでなく分散化した施設を結ぶ高速交通網の整備を不可避とする．そのため都市・地域開発，また自然環境問題を前景化させてきた．しかし同時にその表象の下に覆い隠されていったもの（町村 2013），中山間地域の生活とすれ違った冬季五輪とは何か（松村編 2007）を問い続ける必要がある．冬季五輪開催を契機に都市・地域の空間が大きく変容する．そこに暮らす人々の生活や地域も変わる．その変動の中で冬季スポーツの新たな興隆／再編が生じていく．そこに冬季五輪の姿を読み解く鍵があるからである． 　　　　　［大沼義彦］

📖**さらに詳しく知るための文献**

松村和則編 2007.『メガ・スポーツイベントの社会学』増訂版．南窓社．

石坂友司・松林秀樹編著 2013.『〈オリンピックの遺産〉の社会学』青弓社．

ラグビーワールドカップと日本

スポーツ・メガイベントと評されるまでに規模を拡大したラグビーワールドカップは，国際競技連盟であるワールドラグビーにとって単にラグビーの世界チャンピオンを決定する大会ではなく，ラグビーの認知度を高め，競技発展のための資金をつくり出す極めて重要な機会でもある．したがって開催国／地域には商業的成功が強く求められ，それなりの収益が見込める高いラグビー人気が要請される．結果として，第1回大会（1987年）から第8回大会（2015年）までは，「ラグビー伝統国」と呼ばれる英国およびアイルランド共和国，フランス，ニュージーランド，オーストラリア，南アフリカだけで開催されていた．しかし，こうした開催方式には，効果的な競技普及を見込みづらいという課題もあり，ワールドラグビーが目指す競技のグローバル化を遅滞させる危険性があった．そのためワールドラグビーは「非ラグビー伝統国」での開催も含む新たな開催方式に関心を示し始め，このような歴史的状況の下で立ち現れてきたのが，日本でのワールドカップ開催という選択であった．

●**ラグビーワールドカップ 2019 日本大会**　日本ラグビーフットボール協会（以下，日本ラグビー協会）はかねてより念願であったワールドカップを招致するにあたり，「アジアのためのワールドカップ」というリージョナルなテーマを掲げ，アジアにおける開催が新たな競技者やファンの獲得につながる点をアピールした．この戦略が競技のグローバル化を希求するワールドラグビーを動かし，2009年に「非ラグビー伝統国」で初めて，なおかつアジアで初めてとなる日本開催が実現した．翻って，「『非ラグビー伝統国』開催であっても盛り上がるのか」という懸念は燻り続けた．しかし，そうした不安は「にわかファン」という流行語を生み出すほどの熱狂によって結果的には杞憂に終わる．実際，日本大会のチケット販売率は99.3％であり，ファンゾーンには113万人以上を集客し，こうした数字はワールドカップの歴史を塗り替える記録となった（World Rugby 2019a）．期待と不安が混在する中で開幕した日本大会ではあったが，「最高の大会の1つであり，私たちが愛するラグビーに新たな観客をもたらしたという点で画期的」（World Rugby 2019b）という評価を得る．ワールドラグビー会長の評価をリップサービスとして割り引いたとしても，「非ラグビー伝統国」かつアジアで初めてとなるチャレンジングな開催は，開幕前の懸念を打ち消すだけの「成功」を収めたとは言えるだろう．

●**ラグビーワールドカップ 2019 とアジア**　日本ラグビー協会は開催権獲得から2年後となる2011年，「アジアのためのワールドカップ」というテーマを具体化

するためにアジアン・スクラム・プロジェクトを開始した．これは，アジアにおける競技の発展のみならず，ラグビーを通じた相互理解の深化と共生を目的とする国際協力事業である．したがってアジアのラグビーを統括するアジアラグビーやアジア諸国のラグビー協会にとっても，ラグビーの発展が期待できるという意味で重要な事業であった．日本ラグビー協会は，各国協会との水平的関係を重視しつつ，国際協力機構や日本スポーツ振興センターといった外部組織と連携しながら事業を展開した．このプロジェクトが競技の発展だけでなくいわゆる社会開発も目指した点は，ジェンダー平等に関するワークショップの開催や障害者スポーツの振興といった事業展開からもみて取れる．こうした「ラグビー」と「開発」を接合させる試みは，「One for All, All for One」といった日本ラグビー協会が重視する利他的なラグビー精神に基づいており，ひいては「Sport for Development and Peace」というグローバルな潮流ともつながっている．

●**ラグビーワールドカップ 2019 と都市**　ラグビーワールドカップに限らずスポーツ・メガイベント開催を正当化する便法として，「スポーツの内在的価値」なるものが広く主張される．もっとも開催を検討する都市にとっては，そうした理念的な議論に併せて，大会をそれ以前から抱える社会課題の解決といかに結びつけるのかという実際的な観点も重要となる．例えば，1979 年から日本選手権 7 連覇を成し遂げた新日鉄釜石ラグビー部の本拠地であった「ラグビーのまち」釜石市は，東日本大震災後，巨大津波によって被害を受けたインフラ整備の遅延を懸念していた．というのも復興事業の広域展開や東京オリンピックの開催準備の進展によって，全国的な資源不足が引き起こされていたからである．そうした状況下で釜石市は，開催日を絶対的な締め切り日として設定し，都市インフラを一体的に整備できるワールドカップの強力な都市開発機能に期待し，招致を決断した．釜石市は，「ラグビーのまち」という表象を前面に押し出すことでワールドカップの開催権を獲得し，市内のインフラ整備遅延というローカルな課題を，国家事業（ナショナルな課題）として位置づけ，さらにそうした課題をスポーツ・メガイベント開催に関わるという意味でグローバルな光に晒すことに成功したのである．

　以上見てきたように，ラグビーワールドカップはグローバル，リージョナル，ナショナル，そしてローカルレベルといった多次元的な諸アクターの相互関係を通じて形づくられている．それ故，ワールドカップをはじめとするスポーツ・メガイベントを理解するためには，各アクターが置かれてきた歴史的文脈を理解するとともに，各アクターが相互に関係し合う空間的複層性にも留意する必要があるだろう．

[向山昌利]

さらに詳しく知るための文献

Mukoyama, M. & Takao, M. 2023. The Local Politics of Rugby World Cup 2019 Through the Disaster Recovery Process in Kamaishi, Japan. In Kobayashi, K., et al. eds. *Sports Mega-Events in Asia*. Palgrave Macmillan.

ワールドマスターズゲームズの社会的意味

　ワールドマスターズゲームズとは，世界で最も規模の大きい生涯スポーツイベントであり，国際マスターズゲームズ協会（International Masters Games Association）が主催している．1985年カナダのトロントで第1回大会が開催され，その後おおよそ4年に1回開催されており（夏季大会），アジアで初めて2021年に関西で開催予定であった．日本開催の2019年ラグビーワールドカップと，2020年東京2020オリンピック・パラリンピック競技大会（2021年に延期）でスポーツに対する機運が醸成されることが期待され，するスポーツとして自己の技術能力を発揮する場として，2021年にワールドマスターズゲームズ2021関西が開催される予定であったが，新型コロナウイルス感染症の感染拡大の煽りを受け，2022年5月に延期となり，さらに2027年5月に再延期となった（2023年8月時点）．競技によって異なるが，おおむね30歳以上であれば参加することができ，競技成績は問われない．そのため，競技レベルの高いアスリートだけではなく，レクリエーションとして楽しみながらスポーツを実施しているアスリートも参加することができる．世界で最も規模の大きい生涯スポーツイベントであることから，参加者だけでなく，同伴者やボランティアも開催地域に集まるため，スポーツツーリズムの点でも大いに期待されている．

●**高齢者スポーツ**　高齢者を対象とした「生涯」スポーツというと「障害」をイメージされることが多く，高齢者とスポーツという二つの言葉は，特に高齢者という言葉がもつ「虚弱」なイメージと，スポーツのもつ「若さ」の属性とがうまく融合できず，融合できたとしても一部のスポーツ種目のみに限定されていた傾向が強かった（長ヶ原 2018）．しかし，今日主体的に活動するアクティブシニアが世界的に増加しており，年を重ねてからもさまざまな目的でスポーツをアクティブに楽しむ高齢者が多数存在する．そのような高齢者が自己のスポーツ能力や技術を発揮する場の一つとして生涯スポーツイベントがある．生涯スポーツイベントは門戸が広いことから，いわゆるエリートスポーツやプロスポーツのイベントと比較すると，多数の参加者と少数の観戦者という特性がある．高齢者を含めた広く国民が参加できる生涯スポーツイベントとして，日本スポーツマスターズ，日本マスターズ陸上競技，マスターズ甲子園，マスターズ花園などがある．このような生涯スポーツイベントの開催目的は多様であり，その競技の普及というスポーツに関するものから，開催地域の地域活性化も含まれる．

●**観光戦略**　ワールドマスターズゲームズは，スポーツツーリズムによる地域活

性化もねらいとしている．具体的には，参加者や観戦者等の消費による経済的効果，開催地の認知度やイメージの向上，伝統文化の再活性化，交流人口の拡大等である．ホームページでは，開催地域における観光情報が多く発信されている．開催国によってインバウンドの割合が多少変動するものの約2〜3万人の参加者がおり，加えて家族などの同伴者もいることから，開催地域での経済的効果は特に期待される．ワールドマスターズゲームズに参加するインバウンドのアスリートに加えて，いかに同伴者とボランティアを増やすのかが，持続可能な開催のためには重要となる．

●**社会的意味**　スポーツイベントの効果測定は，そのイベントの開催意義を検証する意味で重要である．イベントは開催することが目的ではなく，課題を解決するために開催されるからである．そのため，スポーツイベントが開催地域に及ぼす効果に関する学術的知見は，十分とは言えないが，蓄積されている．さまざまなスポーツイベントで調査研究がなされているが，総じてポジティブな効果とネガティブな影響が報告されており，社会的効果，経済的効果，環境的効果に分類されることが多い．メガスポーツイベントのポジティブな社会的効果では，イベント開催地域の認知度向上，開催地域住民の地域に対するアイデンティティ向上やスポーツへの機運上昇などが報告されており，ワールドマスターズゲームズでも同様に期待される点である．一方で，ネガティブな影響として，交通渋滞，騒音，汚染等がある．また，ワールドマスターズゲームズ2021関西では，日本スポーツ協会と日本パラスポーツ協会が共催しており，障害者スポーツを含めた幅広いスポーツと参加者を対象としていることが読み取れる．東京2020オリンピック・パラリンピック競技大会とワールドマスターズゲームズ2021関西の競技数を比較すると，ワールドマスターズゲームズ2021関西の方が多いことが，その証左と言えるだろう．そのため，日本開催のワールドマスターズゲームズ2021関西を多くの国民が認知し関与することは，わが国におけるスポーツの概念や定義を広くし，今後のスポーツライフを豊かにする可能性を秘めている．加えて，年々深刻さを増す環境問題について，メガスポーツイベントは施設建設・修繕や大量のごみ排出をはじめ，さまざまな問題を生んでいる．そのため，世界的に大勢の人を巻き込むスポーツイベントであり，次世代のことを率先して考えるべき年代が参加者であるからこそ，楽しみながら参加することができる3R（Reduce, Reuse, Recycle）やカーボンオフセット等，より一層持続可能で先進的な取組みが求められる．　　　　　　　　　　　　　　　　　　　　　　　　　　　　　［秋吉遼子］

📖**さらに詳しく知るための文献**
ハイアム, J. & ヒンチ, T. 著, 伊藤央二・山口志郎訳 2020.『スポーツツーリズム入門』晃洋書房.
川西正志・野川春夫編著 2018.『生涯スポーツ実践論』改訂4版. 市村出版.

「よさこい」と「YOSAKOI」

　1954 年に四国・高知で始まった市民祭「よさこい祭り」と，その約 40 年後に北海道・札幌市で始まった地域イベント「YOSAKOI ソーラン祭り」，その後，全国各地，世界各地で始まる「よさこい YOSAKOI 系」の踊りや祭りを競技（スポーツ）化の視点で整理する．

●よさこい祭り　戦後復興期，高知「よさこい祭り」は始まる．商店街の活性化を目的とする市民祭，高知商工会議所が主催するイベント祭りである．毎年 8 月 9〜12 日に開催される．第 2 回から「鳴子踊り」という集団のダンスに特化する．地元の作曲家，武政英策と日本舞踊 5 流派の師匠たちが，基本となるダンス「よさこい鳴子踊り」（正調）を創作した．武政が作曲したテーマソングに合わせ，両手に鳴子を持つダンスは，隣県の阿波踊りに対抗した．やがて我流で踊る参加者が増え，1970 年代，大阪万博や海外遠征（ニースカーニバル）を経て，サンバ調，ロック調と各チームが自由に創作したダンスを披露した．正調の音楽の一部を使い，両手に鳴子を持てば，どんなダンスも OK という創作ダンスの競演へと進化した．和風の踊りという縛りはない．各チームの参加者は毎年，自分の好みに合うチームを選んで参加する．団体名が商店街，企業であっても，それらに無関係な人々が応募する．現在，このような同好会的なクラブチームが大半を占める．1990 年代からコンテスト形式を導入，採点競技化する．有力チームは振付師や作曲家，衣装デザインを外注し，レベルアップを図る．レベルが高いダンスを踊りたい参加者は，強豪チームへ自由に応募し参加する．県内だけでなく，全国各地から，チームが集結するため，1998 年，本祭翌日（8 月 12 日）に「よさこい全国大会」が開かれるようになった．この全国大会は，最初から，コンテスト形式である．

● YOSAKOI ソーラン祭り　よさこい祭りの自由さ，元気さを目の当たりにした北海道大学の学生が，札幌市で「よさこい祭り」をやってみたいと考え，地元大学生たちに呼びかけた．1992 年に始まる「YOSASKOI ソーラン祭り」である．学生主導，手探りで始まった．行政，商工会による市民祭ではなく，実行委員会による自主運営が特色である．「街は舞台だ」を合言葉に，「北半球最大のカーニバル」を目指した．楽曲に「ソーラン節」の一部を含み，両手に鳴子を持つ場面があれば参加 OK という，高知よりも，より自由なイベントとした．集団による創作ダンスの競演である．大学生が始めたこともあり，若者主体のこの祭りは 2001 年，参加者数約 4 万人，観客動員数約 200 万人という道内最大のイベント，

全国各地から踊り子が集まる大規模なダンス・コンテストに成長した．一方，敗者復活戦を含むなど，競技化が進んだため，強豪チームと一般チームの実力差が大きすぎるとの批判がある．

　YOSAKOI ソーラン祭りの強豪チームに「平岸天神」がある．札幌市郊外のニュータウンに拠点を置く，このチームのモットーは 4S, Speed, Sharp, Strong, Smile．ソーラン節の躍動感を表現する群舞を軸に舞台演出をする．若者が中心の本隊のほか，OB チーム「平岸天神マスターズ」，予備軍となる子どもたちが中心の「平岸天神ジュニア」がある．素人による市民団体であるが，プロスポーツ並みの組織となっている．本隊の構成員は札幌市内だけでなく，オンラインでの練習参加を含め，道内各地，日本各地から集まる．

●**全国各地の「よさこいYOSAKOI系」（イベント，チーム）**　YOSAKOI ソーラン祭りの大成功を受け，1990 年代後半から全国各地で「よさこいYOSAKOI系」のチームが結成され，イベント祭りが始まる．複数のよさこいチームが競演するイベントは 800 か所以上で開催されている．1990 年に始まった名古屋市「にっぽんど真ん中祭り」は，YOSAKOI ソーラン祭りの系譜ながら，両手に鳴子を持つことさえ参加条件にしない，まさに創作ダンスの競演である．名古屋大都市圏の規模，その自由さもあり，高知よさこい祭りを抜き，全国第 2 位の規模となった．その他，新潟総おどり，みちのく YOSAKOI 祭り，佐世保 YOSAKOI 祭りほか，地域有数のイベント祭りが生まれた．

　全国各地の大規模な「よさこいYOSAKOI系」祭りは，近隣のよさこいチームが集まるだけでなく，地域外のチームも多数参加する．初夏から晩秋にかけて，週末の同じ日に，各地で「よさこいYOSAKOI系」祭りが開催され，有力チームは各地へ遠征する．ストリートでの連続する演舞を特徴とする「高知系」，ステージで 4 分 30 秒，激しいダンスを披露する「ソーラン系（札幌系）」，大道具・小道具を駆使するダイナミックな演出の「どまつり系」などと呼ばれ，活況を呈している．

●**世界各地の「よさこいYOSAKOI系」（イベント，チーム）**　2000 年代以降，海外でも，よさこいチームが多数誕生し，イベントが盛んになる．東アジア，東南アジアでは，日本が大好きな現地の若者が担い手である．多くは，高知のよさこい祭りに魅力を感じ，日本文化を表現する競演イベントである．一方，北米，ハワイ・南米では，現地の日系人が担い手の中心である．日本語を話せない日系 3 世，4 世が自分のルーツ，日本的な文化活動として，よさこいに取り組む．ブラジル・パラナ州マリンガ市で開催される YOSAKOI-SORAN ブラジル大会は，札幌 YOSAKOI ソーラン祭りを模倣し，コンテスト形式で開催される．　［内田忠賢］

📖**さらに詳しく知るための文献**
軍司貞則 2000.『踊れ！ YOSAKOI ソーラン祭り』扶桑社文庫．
内田忠賢編 2003.『よさこい YOSAKOI 学リーディングス』開成出版．

都市型市民マラソンの誕生

　市民マラソン大会は，1年間に全国約1300か所で開催されている（2023年）．近年では，募集定員を割ったり，廃止になったりと減少傾向にあるが，市民マラソンは市民スポーツとして定着していると言える．

　この市民マラソンは大きく二つのタイプに分けられる．それは地方の自然豊かな場所を走る「田園型市民マラソン」と，都市の街中を走る「都市型市民マラソン」である．この都市型市民マラソンは，1970年代から世界的に広がり，一般の市民ランナーの誰でも走ることができるマラソン大会のことである．

●**都市型市民マラソンの歴史**　都市型市民マラソンのモデルとなったのは，1970年に始まったニューヨークシティマラソン（New York City Marathon）であった．最初はセントラルパークを周回していたが，あまり魅力がなかったので参加者が少なく大会開催が危ぶまれた．そこで，1976年に米国建国200年を記念して，ニューヨークの市街地を走り抜けるコースに変更され，参加者が飛躍的に伸び，今では5万人が走る大会となっている．

　この大会に参加し，沿道で観客がランナーに絶え間なく応援する情景に感動したブラッシャー（Brasher, C.）とディスリー（Disley, J.）によって，1981年にロンドンマラソン（London Marathon）は誕生した．同年，英国のオリンピックランナーを描いた「炎のランナー」が上映され，ブームとなった．今では，全ランナーの4分の3以上がチャリティランナーとして参加しており，毎年6000万ポンド以上が募金される「チャリティマラソン」として世界的に有名である．

　日本における市民マラソンの火付け役は，1967年に約180人で青梅街道（東京）を走った「青梅マラソン」である．これは，1964年東京五輪の男子マラソンで銅メダルに輝いた「円谷幸吉といっしょに走ろう」という企画だった．その後，都心を駆け抜ける市民マラソンの魅力が認識されたのは，1992年に約5000人のランナーが参加した「東京シティハーフマラソン」である．これが発展して，2007年から「東京マラソン」として都市型市民マラソンのモデルが確立された．2011年からは，これに倣って「大阪マラソン」がスタートした．

●**都市型市民マラソンブームの理由**　1970年代に入って，世界的な傾向として「健康」への関心が高まった．健康産業が台頭してきたが，当時，有酸素運動が健康に有効であるという科学的根拠が示されたことから，手軽にできる運動として「ジョギング」が世界的なブームとなった．その延長線上でスポーツとしての市民マラソン大会が広がっていった．

その参加目的は，例えば，「サブフォー」（4時間以内にゴールすること）といったように，自己記録の更新に挑戦するだけではなく，制限時間内に完走したいとか，ペアやグループで一緒に走りたいとか，快気や還暦を祝ってとか，子どもにがんばっている姿をみせたいとか，応援する寄付先団体のために走るチャリティランナーまで多様である．このように，42.195 kmを走っているそれぞれのランナーには多様な目的があり，それぞれの走るストーリーが展開されるのが，都市型市民マラソンも含めて，市民マラソンの一つの特徴だと言える．

また，前述のニューヨークシティマラソンのように，市街地のコース上のすべての道路を封鎖して，日常の道路をマラソンコースとして非日常にかえ，日常では味わえない感覚を体験することが魅力となる．例えば，大阪マラソンでは，御堂筋は普段は南行き一方通行なのに，北に向かって走ることができ，日常では見ることができない風景を見ることができる．このように都市型市民マラソンは日常生活における道路を非日常の遊び空間に変容させることによって，人々にとっての豊かな日常生活空間を再考する機会となっている．

●**都市型市民マラソンと地域活性化**　スポーツと旅行が一体となったスポーツ・ツーリズムが都市型市民マラソンの付加価値である．1973年に始まったホノルルマラソン（Honolulu Marathon）はその典型である．ホノルルのダイヤモンドヘッドを背景として走る大会は，ゴールまでの制限時間を設けていないので，自分のペースで観光しながら参加することができる．

また，その都市の名所旧跡を巡り，旅行気分を味わえるようにコースが設定されている．例えば，経度0度のグリニッジをスタートするロンドンマラソンは，英国は世界の中心であり，多くの移民を受け入れて，それぞれの文化を大切にしながら，英国人になっていったという文化社会的歴史を伝える．次の東部の開発地域では，英国の近代化と都市づくりの歴史を学ぶ．そして伝統的な建造物を巡るコースでは，大英帝国としての歴史を実感する．バッキンガム宮殿へのフィニッシュでは，英国が立憲君主制の国であることを知らしめる．

さらに，観客の応援とそれに応えるランナーという相互作用が都市型市民マラソンの魅力をつくりだしている．それは，観客とランナーは，相互に「観ている」と同時に「視られている」という関係にある．しかも，知らない人に声をかけるという都市生活では稀有な現象が生み出され，一時であっても，そこに一体感を感じることができ，都市の孤立から救ってくれるのである．そのことは，匿名社会の都市生活を相対化する機能も有している．

ただ，市民マラソンブームにのって開催された大会は，淘汰される状況にあり，何のための，誰のための大会なのかの理念の見直しが課題となる．　　　［杉本厚夫］

📖**さらに詳しく知るための文献**
橋爪紳也・杉本厚夫 2022．『大阪マラソンの挑戦』創文企画．

教育と地域との接点としての運動会

　私たちの多くが経験してきた「運動会」は，学校行事であり教育の一環として行われている．明治期に誕生した運動会は，日本各地に拡大し，現在に至るまで，学校（教育）と地域が織りなす国民の身体をめぐる〈祭り〉である．

●**運動会の誕生と発展**　日本における運動会は，1874年に海軍兵学寮で実施された「競闘遊戯会」，1878年の札幌農学校での「力芸会」や1883年の東京帝国大学と予備門の「合同運動会」といった高等教育機関で行われたものと，1882年に体操伝習所の指導により初等教育機関で行われた「学校連合体操会」の二つに始まりをみることができる．後者は，体操や運動遊戯の発表会的な性格をもち，漸次各種の遊戯や競争を演技種目に加え「運動会」と呼ばれるようになっていく．1885年に文部大臣に就任した森有礼は，兵式体操と運動会を強く奨励した．運動会は，師範学校・中学校・小学校へと普及し，1887年頃から「学校行事」として全国で実施されるようになっていく．当時は学校の運動場が狭く，複数の学校が参加する「連合運動会」の形式がとられ，実施場所も練兵場や海浜，社寺の境内，河原であり，内容も実施場所までの行進を主とし，目的地で行う遊戯や競技・競争は副次的なものであった．児童版の軍事演習として浸透していったという見方がある．

　特に明治30年代以降は，1891年に制定された「小学校設備準則」に基づき各学校の運動場が拡張され，多くの学校が自校の運動場で運動会を開催することになる．開催場所までの移動がなくなり，競技時間の増加は「競争種目」の増加につながった．競争種目の増加は，運動会が参加する児童それぞれの技能を衆目の中で可視化していく機会として経験されていくことになる（吉見 1994）．しかし，明治後期になると，運動会が児童間に過度の競争意識を生み出すという批判とともに，運動会は競争的であると同時に団体的でなければならないという運動会観がみられるようになる．また，運動会は各地の学校で開催されるようになった当初から多くの見物人が存在した．明治20年代以降の運動会では，教師や児童数をはるかに超える数の観衆が競技を観覧し，児童と村人が一緒になって楽しむ一種の祭りとして各地で息づくようになる．この運動会の〈祭り〉的な傾向は，大正時代によりいっそう顕著なものとなっていた．

　昭和時代の運動会は，大正期の運動会を踏襲する形で行われていた．しかし，1937年の日中戦争以降，社会全体に軍事色が強くなると，運動会も軍事色一色となり，名称も「体育会」となり皇国民養成の学校行事となっていく．戦況の変化により太平洋戦争の期間，運動会は実施が見送られていたが，第2次世界大戦後，す

ぐに再開された．1950年代後半になると，運動会がPTAのお祭のような観を呈するようになる．学校行事にPTAが積極的に関わり，主役の児童を脅かす存在になっていた．1970年代には「競争のない運動会」が関西から巻き起こり全国を席捲し，個人競争を避ける配慮や，観客へ「見せるもの」からの脱皮がみられるようになる．1980年代には，勝敗よりも楽しさの重視や地域の参加者が減るなどの変化がみられた．1990年代後半には，徒競走ではほぼ同じタイムの子どもたちをグループ化する「能力別」の採用や男女が一緒に走る形をとる学校が増えていった．2000年代頃からテレビドラマの影響もあり，クラスやチームの団結力をより高めるとして「よさこいソーラン節」を多くの学校が取り入れている．運動会で実施される種目や実施方法は，社会状況を少なからず反映していることがわかる．

●**運動会の思想**　吉見俊哉（1994），吉見ほか（1999）は，明治期に独特の発展を遂げた学校行事としての運動会を「近代日本における国民身体の規律・訓練化と地域的な祭りの記憶との矛盾をはらんだ接合面にあらわれたもの」と指摘する．また，山本信良・今野敏彦（1987）も運動会の特色を村ぐるみ・町ぐるみの「祭り」的性格にあるという．運動会は，天皇制イデオロギーを具現化する臣民育成の装置としての機能が期待されていた．そのため，運動会は児童一人ひとりの運動能力を競争によって序列化・可視化する「試験」であった．加えて団体競争を取り入れ，集団的な団結心を養い，国民国家が必要とする主体＝臣民への身体の調教を遂行した．運動会は次第に天長節等の祝祭日に合わせて挙行されていく．天皇制のマツリであった「運動会」は，地域の時間の流れに年中行事として位置づけられ，民衆の「祭り」と結合する形で浸透していったのである．人々は国家の戦略を従順に受け入れるのではなく，日常的な実践である〈祭り〉としての楽しさを運動会に見出したのである．運動会の発展はこの点にある．

●**運動会の現在**　現代の運動会は分岐点にきている．2011年頃から運動会およびその練習中の「熱中症」や「組体操リスク」が論じられるようになる．また，2019年には教員の働き方改革の方針が示され，運動会をはじめ学校行事の準備等が教師の過度の負担となっていることが問題視された．熱中症や教員の働き方改革を受け，運動会のあり方も変化している．実施時間を午前中のみに限定する「半日運動会」の実施や，練習時間の短縮，競技数・種目数の厳選等の対応が行われている．一方で，同じ教育現場では，「チーム学校」の重要性が叫ばれ，運動会は学校と地域が協力し合って実施する，チーム学校の実践の場として重要視されている．　　　　　　　　　　　　　　　　　　　　　　　　　　　　　　［小坂美保］

📖**さらに詳しく知るための文献**

神谷 拓編著 2022．『運動会指導の原理と実践』大修館書店．
吉見俊哉 1994．運動会の思想．思想（845）：137-162．
吉見俊哉ほか 1999．『運動会と日本近代』青弓社．

第 19 章

生涯スポーツ

[担当編集委員：北村尚浩]

スポーツ・イン・ライフ

　スポーツ・イン・ライフ（sports in life），直訳すれば生活の中にスポーツをという意味であり，まさに生涯スポーツの概念を具現化する言葉である．スポーツ庁は 2018 年に「スポーツ実施率向上のための行動計画」を策定し，目指す姿として生活の中に自然とスポーツが取り組まれている「スポーツ・イン・ライフ」を掲げた．

●**する・みる・ささえるスポーツ**　2010 年に当時の鳩山由紀夫内閣の下「新しい公共」が宣言されると，スポーツもその担い手として地域課題の解決やソーシャルキャピタルの醸成，健康増進，経済の活性化など社会を構築するための手段としての機能が一層求められるようになった．同年に文部科学省が発表したスポーツ立国戦略では，「スポーツの意義や価値が広く国民に共有され，より多くの人々がスポーツの楽しさや感動を分かち，互いに支え合う『新たなスポーツ文化』を確立する」ことを目指すとし，スポーツ参画を「する」「みる」「ささえる」三つの視点から捉えより多くの人がスポーツに関わる機会創出と，地域スポーツクラブや学校，地方公共団体，スポーツ団体，企業などの連携によりいわゆる「好循環」を生み出すことが推進された．

　これまでのわが国のスポーツ振興は，「する」スポーツが重視され，例えば，地方の体育・スポーツ振興に大きな役割を果たしてきた国民体育大会（国民スポーツ大会）開催に伴って整備された体育・スポーツ施設の多くは，スポーツを「する」ための施設であった．国が行ってきた「体力・スポーツに関する世論調査」の調査内容を見ても，「する」スポーツとしてその実施状況や参加率に関心が注がれてきた．このことは，スポーツ振興法の下で策定されたスポーツ振興基本計画（文部省 2000）が，子どもの体力や成人のスポーツ実施率，国際競技力の向上に重点を置いていたことからも理解でき，スポーツをするための環境整備が，生涯スポーツ推進策の柱であったと言える．

　「する」「みる」「ささえる」という視点は，トップアスリートが「する」パフォーマンスを「みる」ことや「する」人々の活動を「ささえる」ことで，人々のスポーツへの関心を高めその価値を認識させることに繋がる．そしてその効果は検証されていないものの，「みる」「ささえる」ことから「する」という行動変容に繋げようと目論む．これがうまく作用すれば，目的論の視点からはスポーツ参画に好循環をもたらすが，場合によっては逆機能的に作用する可能性も危惧されている（海老原 2015，28-31）．

●スポーツ基本計画　スポーツ基本計画では，人々が生涯にわたって，自分に適した関わり方でスポーツに親しむことができる環境整備を政策の柱に据え，「する」スポーツに加えて「みる」「ささえる」視点を含めたスポーツ振興政策を明確に打ち出している．スポーツを「する」「みる」「ささえる」ことを通じて，「スポーツそのものが有する価値」を再認識するとともに更に高めることを目指す．これが基盤となって，生涯にわたってスポーツに親しむ態度が涵養される．

　一方で，単なるスポーツの振興に止まらず「新しい公共」の担い手として，目指すべき社会の実現に向けてスポーツが果たすべき役割も期待されている．スポーツを通じての共生社会の実現や経済・地域の活性化，国際貢献などにおいて，ステークホルダーを結びつけることによるスポーツ以外の分野への貢献が「スポーツが社会活性化等に寄与する価値」として認識される．スポーツ実施率が低いとされる女性や障害者を含め，より多くの人がスポーツを「する」ことができる体制の構築や環境整備における国・地方自治体，スポーツ団体などの役割を示し，共生社会の実現を目指す．それを共助する仕組みとして「ささえる」人材の確保や育成，トップアスリートのパフォーマンスをサポートするための科学的な研究知見の活用などを中長期的な方向性として示している．また，情報通信技術（ICT）の発達によって，「みる」スポーツは「みせる」スポーツへと波及している．スポーツとICTとの融合によるDX（デジタルトランスフォーメーション）により観客に新しい見せ方を提供する試みは，「スマートスタジアム」「スマートアリーナ」という言葉を生み出し，審判の判定を補助することを目的に用いられるVAR（ビデオ・アシスタント・レフリー）システムは，ルールの厳格な適用という本来の目的に加えて，これまで目にすることのなかった新たな視点からの映像を人々に提供し，「みる」スポーツへの関心をかき立てる．一方で，「手段的に扱われるスポーツ」と「文化としてのスポーツ」との矛盾も指摘されている（菊 2013, 103-123）．

　「いつでも」「どこでも」「誰でも（誰とでも）」行うことができるスポーツとして広まった生涯スポーツの概念は，社会とともに大きく変化してきている．

［北村尚浩］

📖さらに詳しく知るための文献

海老原 修 2015.「する」「みる」「ささえる」の関係論．笹川スポーツ財団『青少年のスポーツライフ・データ2015』笹川スポーツ財団．

菊 幸一 2013. スポーツにおける「新しい公共」の原点と可能性．日本スポーツ社会学会編『21世紀のスポーツ社会学』創文企画．

スポーツ庁（online）第3期スポーツ基本計画．https://www.mext.go.jp/sports/b_menu/sports/mcatetop01/list/1372413_00001.htm（最終閲覧日：2023年6月14日）

ライフステージとスポーツ

●**ライフステージと生涯発達・成熟化**　ライフステージとは，年齢に伴って変化する生活段階を意味し，加齢に伴う生涯発達学的な視点と各ライフステージにおける発達課題の中で捉えられてきた．発達心理学者エリクソン（Erikson, E.）は，人生の発達段階とその課題を，乳幼児期の希望（hope），幼児期の意志（will），遊戯期の目的（purpose），学童期の能力（competence），青年期の誠実（fidelity），若い成人期の愛（love），成人期の世話（care），老年期の知恵（wisdom）とし，発達の最終段階は，「円熟期」と位置づけ，ライフステージを重要課題の段階的追及による成熟化へのプロセスとして提示している．ライフステージと生涯発達・成熟化の視点は，特に人生後期における可能性を模索する中で概念的発展がみられ，マズロー（Maslow, A.）は完全に成熟している人間を自己実現した人間と捉え，またレビンソン（Levinson, D.）は老年期を「人生の収穫期（harvest season）」と呼称した．ウォルフ（Wolfe, D. 2003）は成人期以降をヤングアダルト期，ミドルアダルト存在経験の段階，成熟期の3段階に分け，成熟市場と定義している．アジアにおける生涯発達・成熟化の視点は古くから存在し，インドでは人生は四住期からなり，「学生期」「家住期」「林住期」を経て「遊行期」として完熟し，ライフステージを経るにつれて遊びに関わる行動や文化が活性化していくプロセスとして捉えている伝統がある．中国でも「越老越花」の「越」は「ますます」の意で，年を取るほど華やかにという意味を持ち，日本での還暦以降の長寿呼称もこの影響を受け，年齢を経験・到達値とした成熟的視点がみられる．さらに近年では高齢化の進展に伴い，人生後期における身体的な活動性を加えた活動的成熟化（アクティブエイジング）への社会的関心が高まってきており，特に生涯スポーツ推進との関係性とその社会的意義が注目されている．これまで人生後期におけるスポーツからの離脱が一般通念としてあった中で，ライフステージの移行に伴うスポーツの連続性と，スポーツ参画の生涯発達・成熟化への視点が今後のスポーツ振興の課題となる．

●**ライフステージとスポーツキャリア**　特に生涯スポーツのライフステージに関わる縦断的な研究視点としてスポーツキャリアが挙げられる．サリス（Sallis, J. F.）らは，「身体活動ヒストリーモデル」の中で，スポーツを含めた身体活動に関わる重要な人生の出来事（life event）を縦断的に捉え，「開始」「継続」「中止」「再開始」の四つのパターンを中心に，これらの発生がいずれも重要な人生の出来事と連動した各ライフステージの移行期でみられる傾向を述べている．スポーツ種目の継続度に着目したキャリア分析からは，若年期からの継続者だけではなく，成

人期や中年期からの開始や再開始がみられ，若年期，成人期，中年期の各ライフステージに特有の開始や再開始のスポーツ種目があることが明らかとなっている．特に若年期における種目実施の経験が，成人期移行におけるスポーツ実施に連続する継続効果と共に，成人期での中止経験があっても，中年期，あるいは高齢期における再開始に貢献していく持続的効果も明らかとなっており，生涯スポーツを実現するための若年期の重要性として，身体活動リテラシーやスポーツリテラシーへの関心が教育や政策面で注目されている．このようなスポーツ実施レベルの量的な観点からのスポーツキャリアに加え，スポーツ活動の楽しみや目的を積み重ねていく質的な側面から，スポーツキャリアの生涯発達・成熟化の視点もみられる．特に成人期における複数のスポーツ種目を実施する多様化と，単一の種目を継続的に実施する専門化により，スポーツの楽しさの内容や価値意識面における拡大や深化がみられ，人生後期における発達段階的なスポーツキャリアの成熟化の可能性を示している．若年期から成人期以降の「発達→離脱」のイメージによる先細り型モデルから，生涯発達の視点による蓄積型モデルとしての熟度を重ねていく各ライフステージでの役割と生涯スポーツ推進の視点が期待される．

●ライフステージとスポーツプロモーション　ライフステージによるスポーツの支援・推進（プロモーション）の捉え方については，国内外における政策に顕著に表れており，プロモーションの対象者を世代別や男女別による市場細分化の方法により，各世代のスポーツ参加状況把握と推進施策を立案・実行している．わが国では，第1期スポーツ基本計画における，国民のスポーツ推進のために各ライフステージでのスポーツ参加実施率の増加と具体的施策がその典型例であり，第3期スポーツ基本計画においても，各ライフステージでのスポーツ実施率増加の動向分析と共に，その評価により対象別施策を計画している．ライフステージを含む対象者の設定としては，第一に子ども・若者であり，運動部活動の地域移行による運動部活動改革の推進とともに，体育の授業等を通じて，運動好きな子どもや日常から運動に親しむ子どもを増加させ，生涯にわたって運動やスポーツを継続し，心身ともに健康で幸福な生活を営むことができる資質や能力の育成を図り，卒業後も運動やスポーツをしたいと思う子どもの増加，体力合計点の向上を掲げている．成人期を対象とした施策としては，週1回以上のスポーツ実施率が70％（障害者は40％），年1回以上のスポーツ実施率を可能な限り100％（障害者70％程度），1回30分以上の軽く汗をかく運動を週2回以上実施し，1年以上継続している運動習慣者の割合の増加をそれぞれ具体的に政策目標として掲げている．各都道府県・市町村における地方計画においては，ライフステージ別の施策立案は顕著であり，各地域の特色や課題に応じた対象者を設定し，具体的な計画策定や施行とともに，ライフステージや対象者別にスポーツ実施率のモニタリング評価を行い，地域レベルにおける生涯スポーツの推進と実現を目指している．　　　　　［長ヶ原　誠］

まちづくりとスポーツ

●**社会現象としてのまちづくりとスポーツ**　スポーツによるまちづくりは，戦後の高度経済成長期に招致開催した 1964 年東京オリンピックと 1972 年札幌冬季オリンピックが代表的と言えるが，国家レベルのプロジェクトなのでまちづくりの上位概念のような「都市づくり」と言える（原田 2020）．また，各県持ち回りの国民体育大会（2024 年から国民スポーツ大会に改称）開催をきっかけとして，大会会場となる市町村に特定スポーツ種目を重点的に振興し，「スポーツのまち」づくりを推進する地方自治体が増えている．一例として「ホッケーのまち」を自称する島根県奥出雲町，滋賀県米原市，福井県越前町などが列挙される．

バブル経済破綻後の 1990 年代後半からは，地域密着型リーグをコンセプトとする J リーグの出現に刺激されたプロ野球球団や社会人野球から脱皮した独立リーグ球団，バスケットボールの B リーグなどが続々と地域活性化やまちづくりを唱えて自治体にアプローチしている．また，2002 年 FIFA サッカーワールドカップ開催の際にカメルーンチームの事前キャンプ地として大分県旧中津江村が一躍日本中にその存在を顕在化したことから，2019 年ラグビーワールドカップや2020 東京オリンピック・パラリンピックのホストタウン事業に応募する自治体が増えている．ホストタウン事業は，スポーツ施設だけでなく宿泊施設・保養施設，交通手段などを整備・アップグレードすることから「まちづくり」に繋がる．

「まちづくり」＝「地域活性化」であるならば，生徒・学生から社会人・プロ選手などが定期的に実施する宿泊旅行型「スポーツ合宿」あるいは「トレーニングキャンプ」も合宿地／キャンプ地のまちづくりや地域おこしに一役買っている．例えば，ラグビー合宿で有名な長野県菅平高原やプロ野球や J リーグのキャンプ地である沖縄本島，宮崎市，日南市，鹿児島県指宿市などが受け入れに成功し，地域の活性化に寄与していることが報告されている．

●**加速（加熱）するスポーツ政策によるまちづくり**　松橋崇史（2020）を筆頭に多くの学識経験者が指摘する通り，スポーツによるまちづくりは顕在的・潜在的に政策主導で進められてきた．2012 年の第 1 期スポーツ基本計画にはスポーツとまちづくりへの言及はないが，観光庁のスポーツツーリズム推進基本方針（2011 年）の「スポーツ施設の観光魅力化」「スポーツを核とした観光まちづくりの推進」と連携する形で，スポーツを通じた地域活性化（まちづくりとは言っていない）を「スポーツツーリズムの推進」「地域スポーツコミッションの設置促進」「地域コミュニティの維持・再生」「ホストタウンの推進」を第 2 期基本計画

（2017年〜2022年）から重要施策として取り組んでいる.

第3期基本計画（2022年〜2027年）ではさらに踏み込み,東京オリ・パラ大会のスポーツ・レガシーの継承・発展に資する重点施策の一つとして「地方創生・まちづくり」が掲げられ,スポーツ施設による地域のまちづくりと調和した取り組みを施策として推進している.具体的には,武道やアウトドアスポーツ等のスポーツツーリズムのさらなる推進,スポーツによる地方創生,まちづくり創出を全国で加速化することが謳われている.令和5年度には「スポーツによる地域活性化・まちづくりコンテンツ創出等総合推進事業」の公募を行い,スポーツによる地方創生・まちづくり推進のエンジンとなる組織として地域スポーツコミッションが担当する二つの活動（住民向け活動・対交流人口向け活動）と役割を紹介するとともに質の向上にも言及している.

●**偏ったまちづくりの要素**　一般的にスポーツによる「まちづくり／地域活性化」の事象・指標には,スポーツ活動による青少年の健全育成,スポーツ施設の開発に伴う地域のインフラ整備,スポーツイベントやスポーツリーグ主催による経済的機会や雇用の創出,多様なコミュニティメンバーを結びつける帰属意識や社会的結束,個人と社会の健康と福祉の向上,犯罪の減少,異文化交流,コミュニティの誇りとアイデンティティ,コミュニティ活動やボランティア活動への参加によるソーシャルキャピタルの培養,観光振興,経済活動の活発化など可視化できる事象と可視化できない事象の広範囲にわたる.スポーツ庁地域振興担当参事官の原口大志（2021）は,さまざまな社会課題を解決に導くツールとして活用する考え方が「スポーツによる地方創生・まちづくり」と述べているが,近年のスポーツ政策が唱える「まちづくり」は,観光振興や経済活動の活発化等の可視化できる事象に偏っていることは否めない.

●**まちづくりとスポーツの研究課題**　スポーツによる「まちづくり」或いは「地域活性化」は,おおよそ大手ディベロッパーやマーケティング会社,政治家やマスコミなどによって喧伝されてきた.したがって,本テーマはスポーツ社会学よりもスポーツマネジメント／スポーツマーケティングあるいは都市社会学の研究領域という感が強い.「まちづくり」の類義語と思われる「地域創生」「地域再生」「地域活性化」等が頻繁に混同して使われているが,肝心の概念定義を明確に提示した研究が少なく,測定を可能とする操作定義も不明確なまま,ある特定の事象・指標のデータを収集して「まちづくり」を論じる傾向がある.スポーツ（スポーツイベント・スポーツツーリズム・スポーツ活動）を独立変数とし,まちづくりを従属変数と捉えるのが一般的な因果関係モデルあるいは相関関係モデルとなるが,横断的な実証調査法では「まちづくり／地域活性化」を解明することは難しいので,定点観測のような時間的推移を考慮した縦断的研究モデルの構築が望まれる.

[野川春夫]

スポーツ・フォー・オールと推進組織

　スポーツ・フォー・オール（Sport for All）は，「年齢，性別，民族，人種，運動能力，障害の有無にかかわらず，すべての人々にスポーツと身体活動の参加機会を提供する」という社会的なムーブメントである．高度な競技力やパフォーマンスに価値を置くオリンピック・ムーブメントに対して挑戦してきた．

●**スポーツ・フォー・オール**　スポーツ・フォー・オールは，1960年代のヨーロッパで生まれ，その理念は，誰もがスポーツの機会とプログラムにアクセスできることを目指した．スポーツ・フォー・オールの理念が最初に登場したのは，1966年の欧州評議会文化協力委員会（Cultural Cooperation of the Council of Europe）であった．欧州評議会は，スポーツと身体活動の機会は，少数の名誉ある人々に限定されていたことから，スポーツは，個人的発達，社会文化的発展，そして生物学的発育と発達をもたらす装置として，普及すべきであることを強調した．

　ベルギーで1975年に開催されたヨーロッパ・スポーツ担当国務大臣会議において「ヨーロッパ・スポーツ・フォー・オール憲章」（European Sport for All Charter, 1975）が制定されたことにより，ヨーロッパからアジア・オセアニア，米国など世界的なムーブメントとして広がっていった．

●**スポーツ・フォー・オールの推進組織**　TAFISA（The Association For International Sport for All）は，世界170か国・地域に350を越える団体を持つスポーツ・フォー・オールの国際統轄団体である．本部はドイツのフランクフルトに設置され，非営利法人として法人登録されている．また4大陸に四つの地域団体が置かれ，アジアにはASFAA（アジアスポーツ・フォー・オール協会）が組織されている．TAFISAは，多様な団体と連携協定を結んでおり，ICSSPE（国際スポーツ科学・体育協議会），IWG（国際女性グループ），ENGSO（ヨーロッパ非政府スポーツ組織），IAKS（国際スポーツ・レジャー施設協会）などがある．また支援団体として，IOC，ユネスコ，ヨーロッパ委員会，ドイツ連邦，ドイツオリンピックスポーツ連盟（DOSB）などがある．

　TAFISAは，1969年にオスロ（ノルウェー）で開催された国際トリム会議（International Trim Congress）がルーツである．第4回会議がワシントン，D. C.（米国）で開催されたときにフィットネスが加わり，国際トリム・フィットネス会議（International Trim and Fitness Congress）になった．最後の同会議は，1989年，カナダのトロントで開催された．2年後の1991年に，それまでの隔年開催の国際トリム・フィットネス会議が，フランスのボルドーにおいて，スポーツ・

表1 21世紀における TAFISA ワールドコングレスの開催地と会議テーマ

開催年	回数	開催地（開催国）	会議テーマ
2001年	第17回	ケープタウン（南アフリカ）	「地域形成の装置」
2003年	第18回	ミュンヘン（ドイツ）	「スポーツ・フォー・オールにおけるボランティア」
2005年	第19回	ワルシャワ（ポーランド）	「未来に向けての貢献」
2007年	第20回	ブエノスアイレス（アルゼンチン）	「ソーシャル・キャピタル構築の挑戦」
2009年	第21回	台北（台湾）	「アクティブな世界を目指して」
2011年	第22回	アンタリア（トルコ）	「かけ橋の構築：連携」
2013年	第23回	エンスヘーデ（オランダ）	「スポーツ・フォー・オールと持続可能性」
2015年	第24回	ブダペスト（ハンガリー）	「スポーツ・フォー・オール：究極のレガシー」
2017年	第25回	ソウル（韓国）	「アクティブワールド2030：新たな地平の定義」
2019年	第26回	東京（日本）	「スポーツ・フォー・オール：伝統と革新」
2022年	第27回	ポルトロシュ（スロベニア）	「変化する世界のスポーツ・フォー・オール」
2023年	第28回	デュッセルドルフ（ドイツ）	「スポーツ・フォー・オール：これまで以上に連携を」

フォー・オールを振興する国際統括団体として設立された．主な事業として，TAFISA スポーツ・フォー・オールゲームズ，ワールドチャレンジデー，ワールドウォーキングデーといったスポーツ・フォー・オールの国際的イベントの実施，TAFISA ワールドコングレスに代表される国際会議の開催などがある．

1993年には，日本では初の第13回 TAFISA ワールドコングレスが千葉において，全国スポーツ・レクリエーション祭に合わせて開催された．2019年には，第26回コングレスが，東京で開催された，会議のテーマは，「スポーツ・フォー・オール：伝統と革新」で，世界78か国・地域から638名（海外288名，国内350名）がウェルカムパーティ，基調講演，パネルディスカッション，言語別テーブル，ワールドカフェ，テーマセッション，下院ディベート，ワークショップ，総会，アクティビティ（運動会）に参加した．

TAFISA は，「TAFISA Mission2030」を2017年ソウルコングレスで制定し，国連の SDGs やユネスコの MINEPS（スポーツ・体育担当大臣等国際会議：2017年）のカザン行動計画などとつながりがある12テーマを2030年の達成に向けて取り組んでいる．テーマは，「平和・開発・連携，男女平等，社会的受容，教育，プレイ・身体リテラシー，環境，文化遺産と多様性，ガバナンス・リーダーシップ，コミュニティ・ボランティア，健康と幸福，経済効果・資源，アクティブシティ」で，これらの目標達成により，より良い世界の実現を目指している． [山口泰雄]

📖さらに詳しく知るための文献

TAFISA. TAFISA Mission2030. http://tafisa.org/Mission2030（最終閲覧日：2024年6月26日）.

山口泰雄．2014．21世紀におけるスポーツ・フォー・オールの国際動向を探る．生涯スポーツ学研究 11 (1)：1-12.

QOL（生活の質）・Well-being（ウェルビーイング）とスポーツ・身体活動

　身体活動やスポーツによる個人の QOL（Quality of Life：生活の質）やウェルビーイング（Well-being：幸福感）の評価は，その活動がもたらす身体的効果のみならず，社会的・身体的・心理的な総合的な側面からの主観的な評価として，活動そのものへの価値を高めるための理論的根拠として用いられている．

● QOL と Well-being の概念　QOL には人生や生活の価値観と満足感が含まれ，一般的にはウェルビーイングは幸福感，生きがい感，健康観が含まれ両者とも類似した内容を含んでいる．こうした考えは，1948 年 WHO（世界保健機関）憲章の定義による「健康とは，完全な肉体的，精神的及び社会的福祉の状態であり，単に疾病又は病弱の存在しないことではない」の基本的な考え方に起因している．ここでは，Social Well-being として記載され，この解釈は他の訳では社会的に良好な状態と解釈されている．QOL とウェルビーイングに明確な概念的な違いは見当たらないが，どちらかと言うと人の生活や置かれている社会的状況に対して，QOL が目的や目標として使われる場合が多く，一方，ウェルビーイングは自己の状況や状態の評価と価値を重視している．

　この両者を対象とした研究では，これまで臨床医学，公衆衛生学，社会学，社会心理学，老年学など広範囲の学問領域において検証が実施されてきている．一般に，社会学的な視点からの QOL について，さまざまな定義を参考に金子勇・松本洸編著（1986）は，その概念の混在性を指摘しつつも，一般に QOL と言えば「意識面と環境面を包含して概念化されている．……生活者の満足感，安定感，幸福感を規定している諸要因の質的内容であるといえる」としている．こうした概念を見る限り，ウェルビーイングも，その概念の枠組みの一つとも言える．一方，ウェルビーイングとは「個人の権利や自己実現が保障され，身体的，精神的，社会的に良好な状態にあることを意味する概念」と厚生労働省（2019）では定義されており，これらを見ても明確に区別された定義とは言いがたい．

　身体活動やスポーツ分野の QOL や Well-being の実証的な研究では，高齢者を対象としたものが多くみられ，それらの活動に参加し実践することによって，定量化された主観的評価が向上することを仮説として検証を実施したものが中心的内容である．

● QOL と Well-being の評価指標　QOL 研究の定量的評価にはいくつかの指標があり，臨床医学の分野での患者の QOL 評価に端を発したものが多くみられ，今日では，成人以降の中年期や高齢者を対象とした健康科学分野で用いられてい

る指標がある.

まず，福原俊一・鈴鴨よしみ（2008）の「SF36（MOS 36-Item Short-Form Health Survey）」とそれを簡略化した「SF8」などがある．これらは，1. 身体機能，2. 日常役割機能（身体），3. 体の痛み，4. 社会生活機能，5. 全体的健康感，6. 活力，7. 日常役割機能（精神），8. 心の健康などの36項目の下位尺度で構成され，該当するスコアから身体的・精神的サマリースコアが算出され，さらに，国民標準値への置き換えで現状評価を知ることができる．

また，青少年など若い世代を対象としたQOL評価指標は，これまでほとんどなかったがVarni et al.（2001）が開発したPedsQL（Pediatric Quality of Life Inventory）によって解明される．すでにこのコアスケールはKobayashi & Kamibeppu（2010）によって日本語版が開発され，主に，臨床医学の分野で利用され有効性が検証されているものの，身体活動やスポーツの実践との関連はほとんど解明されていない．内容的には身体機能，感情機能，社会機能，学校機能に子どもの行動を評価する調査項目が合計23項目用意され，また，身体機能項目の合算平均得点は身体的サマリー得点に，また，感情・社会・学校機能に関する得点の合算平均得点は心理社会的サマリー得点に，全項目の合算平均得点は総合得点として評価対象となっている．

そして，多様なQOL評価がある中，ライフスパンとして過去から想起される現状評価としてあるものに生活満足度が挙げられる．高齢者研究における簡便性や測定項目全体の安定性を考慮して，Neugarten et al.（1961）が開発した生活満足度指標（Life Satisfaction Index-A: LSI-A）が挙げられる．この尺度は生活満足を5側面から全20項目で捉えようとするものである．下位尺度として個人の日常生活の中での活動に対する①興味・関心（Zest），②決意と不屈の精神（Resolution and fortitude），③目標達成感（Congruence between desired and achieved goals），④自己概念（Positive self-concept），そして，⑤幸福で楽観的な心的状態（Mood tone）の五つの要因群に関した合計20項目で構成された社会心理的評価指標である．

主観的幸福感では，PGCモラール・スケール：Philadelphia Geriatric Center Morale Scale（Lawton 1975；古谷野 1981）が以前より使われてきており，「心理的安定」「老いに対する態度」「孤独感」などの下位尺度で測定される．さらに生きがい感などについても同様の評価項目がみられる．

以上述べたようなQOLやWell-beingに関する身体活動とスポーツの社会学的研究は，心理学分野などに比較して，必ずしも量的にも多くない状況である．また，他分野で現在開発されている測定尺度も研究対象者や測定条件による結果解釈の一般化などの課題もあるものの，人の究極の目的である幸福感，生きがい感，QOL向上への身体活動やスポーツ活動の役割機能の解明は重要と言える．　　［川西正志］

ソーシャルキャピタルとしてのスポーツ

　スポーツを通じて人のつながりが生まれることは，スポーツがもつ社会的機能の一つとして一般的に広く認識されている．近年では，そこで生まれる人のつながりの具体的な特徴や，本当にスポーツが直接的に人のつながりを育む場となり得るのか，といった疑問に対して，ソーシャルキャピタル（社会関係資本）という概念を援用して議論が重ねられている．

●**ソーシャルキャピタル論の変遷**　ソーシャルキャピタルという概念が社会学をはじめとして，多くの学問領域に援用されるようになった嚆矢として，パットナム（Putnam, D. R.）による研究（Putnam 1993）が挙げられる．パットナムはその定義として，人々の協調行動を活発にさせることによって社会の効率性を高めることのできる信頼・互酬性の規範・ネットワークといった社会構造の特徴であると説明している．これは，特定の目的を達成するための社会的ネットワークにおいて，そのネットワークに属している人々の間に形成される信頼関係や"おたがいさま"の関係性が，人々の協調行動を促すことを意味している．同研究では，多様な人々によって形成されたソーシャルキャピタルが，実際の公共政策や市民の社会活動における公共性の高い成果を生み出すうえで有効であることが明らかにされている．

　前述のようなソーシャルキャピタルの性質が公益性をもたらす資本として捉えられるようになったことで，各国の政府がソーシャルキャピタルを対象とした調査を行うようになった．例えば，日本においては内閣府が市民活動を促進する要因として，豊かな人間関係がソーシャルキャピタルの形成を促進する（内閣府2003）ということを報告している．さらには，経済開発協力機構（OECD）や国際協力機構（JICA）といった国際組織が，開発援助や経済協力の観点から対象となる地域の住民間の集団行動とソーシャルキャピタルの有効性を検証している．

●**スポーツとソーシャルキャピタルの関わり**　スポーツ基本計画において第1期計画以降，総合型地域スポーツクラブが地域住民のスポーツ参加・参画をもたらすものであると同時に，住民間の結びつきを生み出し，共生社会の実現に寄与するなどコミュニティ形成の場としても期待が寄せられてきた．そのため，地域スポーツとソーシャルキャピタルの関係性を検証する事例が学術的にも多くみられるようになった．多様な住民の関わる地域スポーツ実践の場において，ソーシャルキャピタルに焦点を当てて，どのような考察がなされているのだろうか．

　スポーツとソーシャルキャピタルとの関わりという点では，公益性の高い地

域スポーツ活動とソーシャルキャピタルの形成の関係性を議論する研究知見が多い．その中でも地域スポーツクラブに焦点を当てている研究は多く，例えば，住民が地域スポーツクラブの活動に参加することにより，ソーシャルキャピタルが形成され，コミュニティへの帰属意識が高まる（長積ほか 2009）ことが報告されている．また，地域スポーツクラブの活動に参加するだけでなく，クラブの運営自体にも関わっている会員であれば，よりソーシャルキャピタルの形成が進む（行實・中西 2009）ことが明らかにされている．そして，単一の種目で活動しているクラブよりも複数の種目で活動している，いわゆる総合型の地域スポーツクラブの方が，参加している会員のソーシャルキャピタルの形成が高い（Okayasu et al. 2010）ことが示されている．したがって，特定の地域においてスポーツという共通の目的で集まってきた地域住民の間で，活動を通じて信頼関係やお互いに協力し合ってクラブを維持していこうとする規範意識が高まっていくことで，ソーシャルキャピタルの形成につながっていると考えられる．さらに，クラブの運営を通じて外部の関係者と接点をもったり，総合型クラブにおいて自身が活動していない種目の会員との交流が増えたりすることで，前述のような信頼関係や規範意識に加えて，より多様な人々との間にネットワークを形成しやすい傾向にあると考えられる．

　一方で，特定の個人が蓄積したソーシャルキャピタルが地域スポーツクラブをはじめとした地域スポーツ活動に寄与するという視点でも知見が蓄積されている．具体的には，クラブ代表者・指導者，クラブを支援する行政担当者などが形成したソーシャルキャピタルがクラブ内外のネットワーク構築に貢献することになり，そこで得られた人材や情報などの資源を活かして，クラブの活動・運営の継続や質の向上を見込めることが，飯田義明（2010）や稲葉慎太郎ほか（2016）によって明らかにされている．この場合のソーシャルキャピタルの形成は，スポーツ関係者との間に限られたものではなく，より多様な立場の人々の間に開かれた，いわゆる橋渡し型のソーシャルキャピタルであり，地域スポーツ活動をより豊かにしていく上で重要とされている．

　スポーツとソーシャルキャピタルの関わりを論じる上で，地域スポーツクラブに焦点を当てた研究以外にも，スポーツボランティアへの参加や地域スポーツイベントへの参加・参画によって形成されたソーシャルキャピタルがどのように地域社会に寄与するかという研究課題も存在する．さらに，同質性の高い集団によるソーシャルキャピタルが引き起こしやすい排他的な性質を検証することで，現代社会が抱えている諸課題の解決の糸口を見出していくことの可能性も考えられる．　　　　　　　　　　　　　　　　　　　　　　　　　　　　　　　［稲葉慎太郎］

📖さらに詳しく知るための文献

Putnam, D. R. 1993. *Making Democracy Work*. Princeton University Press（パットナム，R. D. 著，河田潤一訳 2001．『哲学する民主主義』NTT 出版）．

スポーツを通じた共生社会の実現

●**共生と共生社会**　わが国では共生という概念（co-existence）が注目を集め，共生社会のあり方が1990年代から男女や障害者，外国人との共生などが議論されるようになった．共生という言葉は，生物学におけるシンビオシス（symbiosis）に由来し，差異とか異質性への認識を踏まえ，ともに在る，存在することで関係性を持つことを意味する．共生社会では，すべての人が平等に参加し相互に認められることが重要となり，多様性を尊重し差別や偏見を排除することで社会的包摂（social inclusion）が実現される．個人や集団が相互に尊重し，共感を元に，人々との交流を活性化させ社会的統合（social integration）をもたらすことが期待されている．

●**心のバリアフリーとスポーツ政策**　多様な人々が暮らす社会では，多数を占める人に合わせて社会がつくられ，障がいがある人など，少数の人たちにとって不便さや困難さを生む障害（バリア）が生じてしまう．これには，施設，設備などによる物理的バリア，ルールや条件などの制度的バリア，慣行や情報提供などの文化・情報のバリア，人々の無知や偏見，無関心など意識上のバリアがある．この社会的な障害を取り除くこと（バリアフリー）は社会的責務（障害の社会モデル）であり，すべての人々が，相互に理解を深め，コミュニケーションを図り，支え合う（心のバリアフリー）ことができる共生社会（内閣官房，「ユニバーサルデザイン2020関係閣僚会議」）の実現が希求される．内閣府の政策調整（旧共生社会）政策をもとに地域共生社会（厚生労働省），多文化共生（総務省），インクルーシブ教育システム（文部科学省）など所轄による共生政策が存在する．スポーツ関連では，スポーツ基本計画（文部科学省2012）に「年齢や性別，障害等を問わず，広く人々が，関心，適正等に応じてスポーツに参画することができる環境を整備すること」を政策課題とし，第2期基本計画（2017年）で「障害者スポーツを通じて障害者への理解・共感・敬意が生まれる．子ども，高齢者，障害者，女性，外国人などを含めて全ての人々が分け隔てなくスポーツに親しむことで，心のバリアフリーや共生社会が実現する」と障害者スポーツに関連づけて，共生社会という言葉が記述された．続く第3期基本計画（2022年）には障がいの有無に関係なく行える障害者スポーツの体験による社会一般に対する理解・啓発を通してその実現を目指すことが記された．

●**2020東京大会とパラスポーツ**　「多様性と調和」を大会コンセプトにした2020東京オリンピック・パラリンピック競技大会が開催された．大会に関わる多くの人々の背景，文化，国籍，人種，性別，能力などの違いを尊重し，共存しようと

するオリンピズムの精神（diversity and inclusion；D＆I）は，共生意識を普及・啓発する契機となった．大会招致決定後より自治体や競技団体，学校などで，子どもたちをはじめ社会一般の障がい者への関心と理解，また障がい当事者のスポーツへの関心や参加意欲を高めるパラスポーツ（para sports）の体験プログラムやイベントが開催され心のバリアフリー化を推進するモデルとなった．これには障害者スポーツではなく，パラスポーツ（もう一つのスポーツ）とした呼称を用いている．障害者スポーツという呼称では障がいのある人のスポーツという認識から障がいの有無による分断や障がいのない人をむしろ排除している語感が否めないこと，さらには障がい者である自己認識のない人のアクセスが阻まれる懸念もある．大会レガシーの一つとしてのパラスポーツは，障害の種類に限らずさまざまな特性をもつ個人や集団に対して，メンバーとの協力とルールに基づいた対等な競技（プレイ）を通して，共感と相互理解の意識，心のバリアフリーを育む．さらにスポーツを「する」のみならず，「みる（応援する）」「ささえる（企画・運営する）」という多様なかかわりにより，すべての人々がともに参画できる新たなスポーツシーンをつくり出すことになる．

●社会的包摂とインクルーシブスポーツ　社会的包摂（social inclusion）は，社会的に全体を包み込み，障がいの有無に限らず年齢や民族などのさまざまな違いを越えて，誰もが尊重され排除されず，全員が参画する機会を持ち，誰一人取り残さないという理念そのものであり，共生社会（inclusive society）の原義でもある．この実践的プログラムは，福祉や教育分野の特別なニーズ教育から始まった．障がいのある人とない人がともにするということではなく，障がいの有無にかかわらず，スポーツをすること自体が目的であり，各々のニーズに配慮しルールや用具を工夫して一緒に行うとしたインクルーシブスポーツ（inclusive sport）が誕生した．これは，例えば，運動が苦手な人や体力がない人，車いすを利用する人などのそれぞれがもつスポーツニーズを満たし，ともにゲームを楽しめるように配慮されたスポーツであり，近年，共生を意識したスポーツイベントに冠されるようになった．わが国のパラリンピックの認知度は9割を超えた（パラリンピック研究会 2014）．一人でも多くの人に，障害者スポーツやパラスポーツ，インクルーシブスポーツの認知とともに，多様な個性をもった人たちと一緒にスポーツを体験することが共生について考えるきっかけになる．このようなスポーツを通した経験が，日常の自分自身の言葉や行動を顧み，人や社会に対しての意識変容へと繋がり共生社会の実現に寄与する可能性は十分にある．　　　　　［松本耕二］

📖さらに詳しく知るための文献

細田満和子ほか 2017．インクルーシブスポーツの課題と可能性．共生科学研究 10：136-144.

三重野 卓 2018．共生システムの論理と分析視角．応用社会学研究 60：135-146.

山脇直司編 2019．『共生社会の構築のために』星槎大学出版会.

スポーツと健康のダイナミズム

　1980年代後半にみられた生涯スポーツムーブメント隆盛の背景の一つに，中高年の健康意識の高まりがあった．生涯スポーツの文脈において運動・スポーツは，健康づくりのための手段として位置づけられることが多い．定期的に適度な運動やスポーツを行うことは心身の健康と密接に関連しており，生活の質（QOL）の向上や人間関係の形成などにも影響を与える．また，個人の健康は医療費抑制やソーシャルキャピタル醸成など，社会経済的便益をもたらす．

●**日本における健康づくり政策と健康日本21**　わが国では，1964（昭和39）年のオリンピック東京大会を契機に積極的な健康づくり施策が展開され，その年に閣議決定された「国民の健康・体力増強対策」では，保健・栄養の改善とともに，体育・スポーツ・レクリエーションの普及などを重点的に推進することとされた．1978年からは「国民健康づくり対策」が継続されている．特に，1988年に始まった第2次対策（アクティブ80ヘルスプラン）は，それまで対応が遅れていた運動習慣の普及に重点を置き，同年には，健康づくりのための運動指導者として健康運動指導士・健康運動実践指導者の養成事業も始まった．

　わが国の健康づくり政策の代名詞とも言える「健康日本21」は，第3次国民健康づくり対策として2000年に策定された．身体活動・運動を含む複数の領域で「科学的に立証された数値目標を人生の年代別で設定し，国民運動としてその目標を達成する手法」（厚生労働省online）や健康寿命延伸の考え方は，アメリカ合衆国で1979年に始まった政策「Healthy People」を参考にしており，健康を増進し発病を予防する一次予防に重点を置いた対策が強力に推進されることになった．2013年に策定された健康日本21（第2次）では，住民の健康を促進するために，運動をしやすくするための地域づくりと環境整備が推進された．そのため，協議会の設立や市町村による歩道，自転車道，公園，スポーツ施設などの整備と普及・啓発に財政的支援を行うことが目標に加えられた．

●**アクティブガイド**　健康日本21（第2次）に合わせて，日常生活における身体活動量とスポーツや体力づくり運動量の基準を，システマティックレビューによる科学的根拠に基づいて設定したのが「健康づくりのための身体活動基準2013」と「健康づくりのための身体活動指針2013」（アクティブガイド）である．それまでの生活習慣病を予防するための身体活動量・運動量および体力の基準値であった「エクササイズガイド」の認知度が低かったことを踏まえ，一般の人々に分かりやすく「＋10（プラステン）」をキーワードとした普及が図られた．しかしなが

ら，健康日本21（第2次）の目標であった①日常生活における歩数の増加，②運動習慣者の割合の増加は達成されなかった．

●**健康経営：生涯スポーツ論の視点から見た系譜**　わが国では1960年代から1970年代にかけて，企業が従業員の健康づくりを推進する「職場体育」「産業体育」として，労働者の健康・体力の維持，向上の取組みが広く展開された．当初は医療費の抑制よりも福利厚生的な側面が強いものであったが，1980年代以降は中高齢者層の有病率増加とそれに伴う医療費の増大を背景に，1998年の労働安全衛生法改正に伴って，労働者の健康増進に向けた継続的な取組みのために「事業場における労働者の健康保持増進のための指針（THP指針）」が策定され，心と体の健康づくり「トータル・ヘルスプロモーション・プラン」が推進された．一方，近年では「健康経営」の思想が広まっている．わが国において「健康経営」という言葉は，健康経営研究会の登録商標である．「健康経営」とは，従業員等の健康管理を経営的な視点で考え，戦略的に実践すること（経済産業省 online）とされ，1980年代に医療費抑制のための健康増進と疾病予防プログラムが増加した米国で提唱された「Healthy Company」（ローゼン 1994）をその起源としている．その後，「Health and Productivity Management（HPM：健康と生産性のマネジメント）」が新しい言葉として紹介（Goetzel & Ozminkowski 2000）されると，これが健康経営の概念として広まった．わが国では，日本再興戦略（2013年），未来投資戦略（2018年）に掲げられた「国民の健康寿命の延伸」のための施策の一つとして取り上げられ，第3期スポーツ基本計画において，民間事業者の「健康経営」のためのスポーツ活用の支援を具体的な施策として位置づけている．その一つが，スポーツ庁の「スポーツエールカンパニー」事業で，従業員の健康増進を促進するためスポーツを積極的に導入する企業を「スポーツエールカンパニー」と認定し，企業の社会的評価を高めることを目指す．同様に健康日本21（第3次）でも，「誰もがアクセスできる健康増進のための基盤の整備」の目標の一つとして，健康経営の推進が掲げられた．

　健康経営の効果については，いくつかの報告がみられる（Kurogi et al. 2021；Iwaasa & Mizuno 2020 など）．また，健康経営が進む一方で，健康や経済，職場環境，雇用機会において新たな格差が生まれる可能性もある（甲斐 2022）．職域での運動やスポーツが従業員に及ぼす社会的効果に関する研究の蓄積と，社会的な公平性や均等性を確保するための政策や対策が望まれる．　　　　　　　［北村尚浩］

📖さらに詳しく知るための文献

高尾将幸 2018．健康政策と身体活動／スポーツ．計画行政 41(3)：21-26.

天笠志保ほか 2021．「身体活動を支える8つの投資」日本語版の紹介．運動疫学研究 23(2)：183-189.

東京商工会議所編 2018．『健康経営アドバイザーテキスト2018』東京商工会議所．

生涯学習社会におけるスポーツ

　1980 年代後半，日本の国民一人当たり GNP は世界一となり，日本は豊かな社会へと向かっていた．家電から自動車へとモノづくり産業が成長し，経済は復興から高度成長を経てバブル景気へと飛躍した．人生 80 年時代の到来がいわれ，自由時間はレクレーションからレジャーに，生活の豊かさは量から質へと変わり，自己開発・自己実現がキーワードとなっていた．ここに，21 世紀に向けた新しい社会モデルが求められ，成熟した国づくりのビジョンが模索されていた．

●**生涯学習社会論**　20 世紀後半，目覚ましい技術革新を受けて社会変化が速くなり，学校期の教育だけでこの変化に対応することが困難となってきた．こうした状況を踏まえて，ユネスコ成人教育部長ラングラン（Lengrand, P.）は，1965 年にパリの成人教育推進国際会議において「生涯教育」を提案し，生涯を通じた教育機会の提供の必要性を主張した．他方，ハッチンス（Hutchins, R.）は，仕事のための専門教育とは別に，人間としての存在の豊かさにつながる教養教育を重視し，1968 年に文化の学習を通じて教養を高め，自己の人間性を磨く学習を可能とする「学習社会論」を提起した．ともに社会変化に対応する教育と学びがテーマであるが，前者はその社会的必要性を，後者は自己実現の可能性を強調する特徴がみられた．1987 年，当時の中曽根康弘内閣の下，戦後教育の総決算をめざしてつくられた臨時教育審議会は，これからの日本が取るべき新しい文教政策の指針として「生涯学習体系への移行」を提言した．これは，先の生涯教育論と学習社会論を融合するもので，これからの日本における成熟社会のビジョンを「生涯学習社会」として描くものであった．

●**生涯スポーツの提唱と展開**　この提言を受けて，国は 1990 年に「生涯学習振興法」を定め，その第 3 条で生涯学習の内容を「学校教育及び社会教育に係る学習（体育に係るものを含む）並びに文化活動」とし，これまで社会教育活動に位置づけていた体育とスポーツを生涯学習として捉え直した．それ以後，生涯学習としての体育とスポーツを「生涯スポーツ」と略称し，生涯学習社会におけるスポーツ推進の新ビジョンとして「生涯スポーツ」を用いるようになるのである．

　文部省（当時）は，「生涯スポーツ」を新しいスポーツ推進政策のビジョンとして広めるために，1990 年から全国のスポーツ推進関係者を集めて協議する「生涯スポーツコンベンション」という年次全国会議を催すようになった．国を挙げたこの会議には，地域行政スポーツ推進担当者はもちろんのこと，民間や関係業界の関係者が多数参集したから，「生涯スポーツ」という言葉は急速に広まり，ス

ポーツ推進の新しいビジョンを示す政策用語として全国に普及した.

また，1990年，文部省は体育局の「スポーツ振興」課を「生涯スポーツ」課に改名したが，これに倣い，全国の都道府県をはじめ市区町村等自治体のスポーツ進担当部局も，「保健体育」課を「生涯スポーツ」課に改めた．こうして「生涯スポーツ」は，制度上に明確に位置づけられる言葉となり，それまでの「社会体育」にかわる新たなスポーツ推進のビジョンを示す用語となったのである．

こうして「生涯スポーツ」は言葉として急速に普及したが，その意味内容は不問のままであり，「競技スポーツとは異なって，気軽に楽しむスポーツ」等の誤解や混乱がある．したがって，生涯スポーツが生涯学習社会にふさわしいスポーツをつくり出すイノベーション・ビジョンになるためには，出自の文脈と現代スポーツの文脈に照らして，それが担うべき意味・内容を検討することが重要となる．

●みんなのスポーツから生涯スポーツへ　1970〜1980年代のスポーツ推進ビジョンは「みんなのスポーツ」であり，性，年齢，学歴，居住地等にかかわらず，成人のスポーツ参加人口を6割以上に増大することが目的であった．このビジョンは経済成長とともに自然達成され，1990年代には新たなビジョンが求められた．「みんなのスポーツ」が人口増という産業社会型の量的目的であったのに対して，新たなビジョンには成熟社会型の質を目的とすることが望まれた．この点について見れば，「生涯スポーツ」は「生涯学習としてのスポーツ」の略称という出自から見ても「学習性」がその中核であり，生涯学習社会における自己開発・自己実現型のスポーツ推進を導くビジョンであると言えよう．

●生涯スポーツと現代スポーツの課題　長い間スポーツは教育価値を重視し，青少年期の文化とされてきた．しかし，長寿化人生と健康が重要なテーマとなった現在，より多様な関わりと享受の開発が求められている．またSDGsが叫ばれる世界で，人権，正義，平等と公正等の価値を大切にする営みとなることや，貧困や環境等の社会的課題の解決への貢献も望まれている．したがって生涯スポーツのビジョンには，こうしたテーマとの関係を重視しながら，伝統的でバンカラ風の男性中心的な強さの文化性を脱皮し，多様な人々の共生につながる柔軟な優しさの文化性を重視することが望まれている．それはまたスポーツを，余暇における単なる気晴らし・娯楽から，自己開発・自己実現に向かう教養に高め・深めることであり，まさしく生涯スポーツを生涯学習社会における新しいライフスタイルの一つとして捉え，考えることを意味するのである．「生涯学習社会」も「生涯スポーツ」も成熟社会における政策理念として提起された概念であり，その意味で，各々はなお未完のプロジェクトである．したがって，このプロジェクトを実現するためには，何よりも学習論，スポーツ論の深化が必要であり，各々をより広い歴史的・社会的な文脈の中で捉え直し，AI時代における自己改革のロジックを学習論，スポーツ論として探求することが求められる．　　　　　[佐伯年詩雄]

ニュースポーツとゆるスポーツ

　「ニュースポーツ」とは，種目名称ではなく，「競争」というより「協同」「共生」に力点をおく，誰もが手軽に楽しめるスポーツとして考案されたスポーツの総称である．「ゆるスポーツ」とは，「老若男女健障，誰でも楽しめる」「勝ったら嬉しい．負けても楽しい」「プレイヤーも観客も笑える」「ビジュアルと名前が面白い」「社会課題からスタートしている」という特徴を有する，つくることに力点をおいたスポーツのことである．共通点として，近代スポーツの対抗文化として「すべての人に開かれた」「スポーツを人に合わせる」という思想に基づいて展開されている点が挙げられる．

●ニュースポーツの誕生と動向　日本における戦後のスポーツの展開をみると「高度化」と「大衆化」，「専門化」と「多様化」という大きな流れでみることができる．ニュースポーツは，スポーツの大衆化，多様化の動きの中で，種目の多様性，種目の楽しみ方の多様性への希求，要請によって誕生したと言える．

　「ニュースポーツ」は，近代合理主義に基づき近代化（＝合理化）され，禁欲的・倫理的性格，教育的性格，知的・技術的性格，組織的性格等を特徴とする近代スポーツの対抗文化として考案されたスポーツの総称である．時代的には，近代合理性から人間性の回帰の動き，1970年代の世界的な健康の維持・増進を目指したトリム運動の展開やSport for Allの動き，地方分権の動きを受けて登場し，1980～1990年代に全国的な動きをみせた．

　中でも1980年代，地方分権の動きと地方自治体における生涯スポーツ振興の展開，いわば「地方×生涯スポーツ」の中で，鳥取県泊村からグラウンド・ゴルフが誕生するなど，各地で独自のニュースポーツが誕生した．その結果，種目数は400を超えるとも言われるほどとなったのである．

　ニュースポーツの特徴としては，誰でもできるように工夫されたものであり，高度な技能を身につけなくとも手軽にプレイやゲームが楽しめるといった点が挙げられる．すべての人が楽しめるスポーツ文化を構想・構築しようとする動きとして把捉される．一方で，普及過程において単一種目の継続・発展が志向されたこと，競技志向に傾斜する傾向がみられたこと，技術体系が必ずしも明確ではなく活動が単発的になりやすいこと，誰でも参加できるルールの可変性と全国展開における共通したルールの統一をめぐるジレンマ，既存のスポーツ団体にみられる組織化の踏襲（地域大会から全国大会へ，全国組織から地域組織へ）等の特徴がみられる．その結果として遊戯性，即時性に基づくスポーツ文化として正統性

を獲得するには至っていないとみることができよう.

●ゆるスポーツの誕生と動向 「ゆるスポーツ」は，年齢・性別，障がいの有無に関わらずだれもが楽しめる，多様な楽しみ方ができるスポーツを目指したものである．"スポーツ弱者を，世界からなくす"ことをコンセプトに創設された世界ゆるスポーツ協会（2016年）を中心に展開されている.

代表理事の澤田智洋（2020）によれば，自らを「スポーツ弱者」と呼び，学校体育への失望と嫌悪の経験から，近代スポーツに連なる現在のスポーツへの異議申し立てとして「ゆるスポーツ」という考え方を提示しており，100を超えるスポーツがつくられ，全国的な展開がみられる.

ゆるスポーツは，近代スポーツとは異なる即時性，遊戯性という価値意識を前面に提示するとともに，社会課題から出発し，社会課題に応じてスポーツを「つくる」ことに力点を置く．「つくる」視点として，「マイノリティからの視点」を重視し，その背景として社会によって障がいが生成されていくという障がいの社会モデルに立脚した「マイノリティデザイン」という理論的方法論を有している．また，「全体の楽しいの総和の最大化」を重視し，プレイヤーと観客がともに笑いと共感でつながるという融合戦略を有している.

ゆるスポーツの展開にあたっては，個のスポーツの普及・発展という方法ではなく，ゆるスポーツをキャッチ概念として生態系を形成し，そこに共感する個人，企業，自治体等との共創関係を構築しながら，スポーツをつくる場の持続可能性を高めるという手法を用いる．その運営にあたっては，これまでのボランティアに基づく相互学習ではなく，プロフェッショナルとして産業化を意図して運営されているというように，これまでの教育としてのスポーツの枠組みではなく，産業としてのスポーツに立脚しながら展開している点に特徴がある.

●「つくる」スポーツの展開と課題 「ニュースポーツ」「ゆるスポーツ」ともに近代スポーツの対抗文化として即時性，遊戯性を打ち出したスポーツのあり方を希求した動きとしてみることができる．しかしながら，ニュースポーツの場合，ルールの可変性等，人にスポーツを合わせるという視点を有するものの，単一種目の継続・発展，結果としての競技志向化など，多様性を包含する展開という意味で課題が残る．一方，ゆるスポーツは独自の方法，体制を用いて展開しようとしており，新しい〈場〉の形成を企図した動きであると言える．今後，スポーツを「する」「みる」「ささえる」という行動に加え，スポーツを「つくる」という技術の体系化，普遍化を含めた文化的成熟が求められる． ［松尾哲矢］

📖さらに詳しく知るための文献
松尾哲矢 2022.「ゆるスポーツ」からみたスポーツ〈場〉の構造変動と文化変容の可能性．スポーツ社会学研究 30（1）：37-56.
澤田智洋 2020.『ガチガチの世界をゆるめる』百万年書房.

ジュニア・ユース期のスポーツ環境

　生涯スポーツという言葉を目にしたとき，私たちは高齢者のためのスポーツを想起することも少なくない．だが，生涯にわたって誰もが，いつでも，どこでもスポーツを享受できることを生涯スポーツの意義とするならば，ジュニア・ユース期のスポーツ環境について考えることもまた重要である．今，若者はどのような環境でスポーツをしているのだろうか．将来的に，若者はどのような環境でスポーツをすることができるのだろうか．

●**スポーツ環境の現状**　日本の若者のスポーツの機会を長らく保障してきたのは学校運動部活動（以下，部活動）であった．世界を見渡しても学校が若者のスポーツ環境の中心となっている国は決して多くない．この部活動という制度には多くの課題が残されており早急な改善が求められている．しかし，課題解決に必要な人手や資金が不足しており，部活動に代わるスポーツ環境の整備も進まないのが現状である．

　ある調査によれば，2023年時点で，この国の33.3%の若者（12〜21歳）が部活動でスポーツを行っている．つまり，今日も若者のおよそ3人に1人が部活動でスポーツをしていることになる．過去の調査を遡ると，2021年は35.1%，2019年は37.3%，2017年は39.0%の若者が部活動に所属していた．この推移を見る限り，部活動に所属する若者は緩やかに減少している．だが，このデータは若者のスポーツ環境が民間へ移行したことを意味しない．同調査によれば，2023年，民間スポーツクラブに所属している若者の割合は4.7%にとどまり（2017, 2019, 2021年の調査でも同様に5.0%以下），部活動や民間スポーツクラブに所属しない若者の割合は50%を超えてなお増えつづけている（笹川スポーツ財団 2023）．

　なぜ日本の若者にとってのスポーツ環境は学校と関わりながら存続してきたのか．ある調査によれば，部活動は家庭の経済状況にかかわらず若者が参加できるスポーツ環境として機能してきた（中澤 2006）．一方で，最近の報告では，部活動にかかる費用が他のクラブと比べて廉価だとしても，家庭の経済状況によって部活動の加入率に差が生じる可能性が示唆されている（宮本 2023）．また，スポーツ施設や設備が学校に集中していることもこの国のスポーツ環境の特徴である．例えば全国におよそ21万か所あるスポーツ施設のうち57.7%は学校に位置し，民間施設は14.1%にすぎない．また体育館は約74%，多目的運動場は約75%が学校にあり，若者がスポーツをするためには学校を利用しなければならない（スポーツ庁 2023）．

●**部活動の課題とオルタナティブ**　では若者が実際にスポーツ環境へとアクセスできたとして，その内実にはどのような課題が存在するのか．とりわけ体罰に関する議論を避けることはできない．ある調査によれば，体罰の被害者ほど，体罰を体罰と認識できない，あるいは肯定的に受け止めてしまうことが明らかになっている．つまり，体罰の被害にあった若者が将来的に指導者となった場合に加害者になりうることを示唆している（冨江 2009）．また体罰は部活動と結びつけられがちだが，部活動以外のスポーツ環境でも起こりうることには注意が必要である．むしろこの国のスポーツ環境全体が抱える課題として捉えなければならない．

　スポーツ庁は 2018 年にガイドラインを策定し，部活動の休日の設定などについて基準を示した．また 2022 年には翌 2023 年から部活動の段階的な地域移行を目指すことを明らかにした．だが，この地域移行は期待どおりに進まず，計画はすでに予算縮小と軌道修正を余儀なくされた．学校や地域が抱える課題はさまざまであり，都市的な視点で打ち出された画一的な政策からの脱却が重要となる．

　また地域移行を進めるためには財源の確保が必須である．だが学校という公的機関がスポーツ環境の中心を担ってきたこの国で，民間スポーツクラブや民間施設と手を取り合うことは容易ではない．まずは，総合型地域スポーツクラブをはじめとする部活動のオルタナティブがなぜ普及しなかったのか，過去の地域移行の失敗に関する丁寧な検証が求められる．また財源不足を理由に若者が指導者やボランティアとして動員されうる将来にも目を向けなければならない．

●**若者のスポーツ環境の将来的展望**　部活動の地域移行とともに，大きな課題としてすでに立ちはだかっているのが少子化である．特に，サッカーや野球，バスケットボール，バレーボールなどの団体競技はピーク時と比較して大幅な競技人口の減少が見込まれている（スポーツ庁 2020）．今後は学校や地域を単位としてチームを形成する限界を前提としながら，いかにしてスポーツ環境を維持できるのか解決策を模索する必要がある．

　あるいは，大学スポーツを皮切りに若者のスポーツの商業化の波も迫っている．例えばスポーツ庁は 2016 年時点で大学スポーツの市場規模を 2025 年までに3000 億円まで拡大することを試算していた（スポーツ庁 2016）．この額は当時のJ リーグとプロ野球をあわせた市場規模に匹敵するとも言われ現実的ではなかった．だが，この市場規模の拡大が政府主導で目指され，結果として UNIVAS（大学スポーツ協会）の創設へと接続した点は注視すべき動向である．もし商業化が進むのであれば，若者がスポーツを「する」環境だけでなく，若者のスポーツを「みる」環境の整備についても議論が及ぶだろう．　　　　　　　　　　［魚住智広］

📖**さらに詳しく知るための文献**

松尾哲矢 2015.『アスリートを育てる〈場〉の社会学』青弓社．

下竹亮志 2022.『運動部活動の社会学』新評論．

スポーツボランティア

　私たちのスポーツ実践は常に誰かの支えによって成り立っている．中でも，自らの意思でさまざまなスポーツ実践を支えている「スポーツボランティア」とはどういう存在なのか．

●**スポーツボランティアとは**　ボランティアとは，ラテン語の voluntas（ウォランタス）を語源とし，自由意志や自主性を意味している．よって，スポーツボランティアとは，多様なスポーツ実践を自主的に支える人たちや活動のことを意味する．わが国では，2019 年ラグビーワールドカップや東京 2020 大会などの国際的なスポーツイベントの開催時に多くのボランティアが大会を支えた．また，J リーグや B リーグなどのプロスポーツイベントをはじめ，全国各地で開催される国民スポーツ大会，市民マラソン大会に代表される各スポーツイベントのサポートにもスポーツボランティアが参加している．

　さらに，少年団や地域スポーツクラブ等におけるスポーツ指導者として，あるいは試合等の審判として日常的にスポーツボランティアに参加する形態もある．また，視覚に障害ある方のマラソン参加を支える伴走者や，知的に障害のある方のスポーツ実践サポートなど，障害のある方のスポーツ参加を支える活動もある．また，自らをボランティアとは認識しないまま，さまざまなスポーツを支える活動に参加している，いわゆる「無自覚スポーツボランティア」の存在があることも忘れてはならない．

●**スポーツボランティアの実施状況**　笹川スポーツ財団が実施している調査によると，1998 年から 2022 年まで，過去 1 年間にスポーツボランティアを行った者の割合の平均は 7.0％である．2022 年の 1 年間に限っては，新型コロナウイルス感染症の影響もあり 5.0％以下に落ち込んでいる（笹川スポーツ財団 2022）．スポーツボランティアへの参加は活動内容や活動地域において大きな差がある．例えば，「東京 2020 大会」の大会ボランティアには，8 万人の募集に対し 20 万人を超える応募があった．2007 年から開催されている「東京マラソン」にも，ボランティア募集定員を上回る応募があるのが通常である．しかし，地方で開催されているマラソン大会や小規模なスポーツイベントなどでは，ボランティアの不足により大会が開催できなくなるなど，ボランティアの応募状況には大きな差がある．

●**スポーツボランティアと「ささえる」スポーツの関係性**　国の第 3 期スポーツ基本計画では，「ささえる」スポーツの観点として，トレーナー，コーチ，審判員，

スタッフ，指導者，ボランティアといった人の存在を示している．ただし，ボランティアとして関わるかどうかを含めて，「ささえる」スポーツへの関わり方は複雑化している．

しかし，複雑化しているのはむしろ，ボランティアをめぐる有償／無償に関する認識であり，さらに言えばどこからが有償の範囲かということである．具体的には，スポーツボランティアの場面において，活動に対して現金（QUOカード等の場合もある）を支給することはもとより，交通費や昼食代等の実費相当の支給についても，その形態に統一されたものはない．また，明確に報酬が発生する「有償ボランティア」という形態も一部存在する．公立中学校の部活動地域移行が進められる中，さまざまな観点からスポーツをささえる活動への期待が高まっている．まさに，スポーツ指導者やスタッフをはじめとして，スポーツボランティアへの期待も高まるが，有償／無償あるいは謝礼の額も含めて，関わり方の複雑さは増すことが予想される．

●**スポーツボランティアを取り巻く課題**　東京2020大会のボランティア募集にあたっては，1日8時間10日間以上といった活動条件，無償でかつ交通費や宿泊費に関する補助も1日1,000円だったことから，「搾取」としてボランティア批判が展開された．ちなみに，応募条件が同じだったパリ2024大会には，5万人のボランティア募集に対して，過去最高の約30万人もの応募を記録した．

確かにボランティアに参加するか否かは本人に委ねられたものでもあり，強制されるものではないが，参加機会が限られるレアなスポーツイベントほど，一生に一度という価値観が先導し，応募が殺到するのが常である．ただ，こうした状況は，ボランティアに内包される無償の原則とともに，人件費を削減できる主催者にとっては都合の良いものになってしまう．スポーツボランティアの活動環境がどのようにデザインされるのかは，これからのスポーツを取り巻く環境においても無視することのできないテーマである．ボランティアが，自由意志や自主性を意味する以上，スポーツボランティアの参加が自主的であることには変わりはないが，だからこそ，ボランティア自身のボランティア参加の判断を巡る客観的な判断力がますます求められることになる．また，それと同時にスポーツボランティアをマネジメントする主催者側の倫理観が，ますます重要になるであろう．

さらに，障害のある方のボランティア参加をはじめとして，すべてのボランティア参加希望者が活動することができる，インクルーシブなボランティア環境の整備も今後の課題である．　　　　　　　　　　　　　　　　[二宮雅也]

📖**さらに詳しく知るための文献**

二宮雅也 2017.『スポーツボランティア読本』悠光堂.

清水 愉編 2017.『スポーツとボランティア』現代スポーツ評論 37. 創文企画.

第 20 章

社会心理

[担当編集委員：山口理恵子]

スポーツにおけるリーダーシップ

●**リーダーシップ理論の変遷** リーダーシップとは組織の中で目標を定め，組織を維持しながらメンバーのモチベーションや能力に影響を与え，成果を出すことを意味する．リーダーシップの概念を捉えるために，これまでのリーダーシップ理論の変遷をたどっていくと大まかに四つ，リーダーシップ特性論，リーダーシップ行動論，リーダーシップ条件適応理論，コンセプト理論に分類することができる．1940年代に研究されたリーダーシップ特性論とは，リーダーは生まれながらにリーダーたりうるユニークな資質・人格があるという考え方が前提になっている．偉大なリーダーには共通する特性が存在するという考えから，リーダーの身体的特徴（身長，体重，身体的外見，年齢など），精神的特徴（知性，洞察力など），性格特性（自制心，外向性など）などが注目された．しかし，多くの特性は曖昧なものや抽象的で測定や観測が困難であり，状況における共通した特性には課題が残った．

リーダーシップ特性理論がリーダーの資質に着目する一方で，1940年代後半から1960年代にかけて行われた特定のリーダーが示す行動に焦点を当てたアプローチがリーダーシップ行動論である．リーダーシップ行動論は，リーダーの行動を考えるときに，リーダーの置かれた状況によって取るべき行動が異なり，状況に応じたリーダー行動が有効であるとされた．1940年代後半に始められたオハイオ研究は，リーダーシップの行動を「構造作り」と「配慮」の二つのカテゴリーに絞り込んだ研究を行った．「構造作り」とは，組織の成果のために自分と部下の役割などの課題管理を徹底することをいう．「配慮」とは部下と相互に信頼し合えるような行動や部下の感情への気配りなどを特徴とする職務上の関係を持つ程度をいう．オハイオ研究では，「配慮」と「構造作り」がともに高い水準のリーダーが一般的に好結果を生むものの，例外も多く，状況要因を考慮する必要性があることが分かった．オハイオ大学と同時期にミシガン大学で行われた研究では，人間関係を重視する「従業員志向」の行動と，常に生産性を上げるように圧力をかける「生産志向」に注目した．ミシガン研究では，従業員志向型のリーダーは仕事内容を細かく指導するのではなく，従業員中心で指導を行っており，グループの生産性や仕事の満足度の上昇と関連づけられた．これに対し，生産志向型のリーダーは，生産性や仕事の満足度の減少と関連づけられた．しかしながら，リーダーシップ行動論では，時間の経過や環境の変化など状況要因を明確化することができなかった．

リーダーシップ特性論やリーダーシップ行動論の限界が囁かれていた1960年代半ばから台頭したのが，リーダーシップ条件適応理論である．リーダーシップ条件適応理論とは，リーダーシップ行動はリーダーの置かれた状況によって変化し，状況によって適切な行動をすることができれば，有効なリーダーシップを発揮しているとした．リーダーシップ条件適応理論の一つとして，1971年にハウス（House, R.）が提唱したパス・ゴール理論は，メンバーが目標（ゴール）を達成するためには，リーダーはどのような道筋（パス）を通れば良いのかを示すことであるとし，リーダーシップ行動を指示型，支持型，参加型，達成型の四つに分類した．パス・ゴール理論では，リーダーは可変的であり，同じリーダであっても状況により四つのいずれかまたはすべての行動を取る可能性があると示している．

1980年代に入るとリーダーシップ条件適応理論を基に，さまざまな環境や組織・メンバーの状況に応じて，リーダーのあり方を細分化したコンセプト理論が注目された．代表的なものに，変革型リーダーシップとサーバントリーダーシップが挙げられる．変革型リーダーシップは，新たなビジョンを掲げ，革新的で，メンバーへの動機付けと啓発を行うリーダーシップである．サーバントリーダーシップは，信頼に基づく組織の力で成果を導くリーダーシップであり，「権限による支配」から「信頼による支援」へシフトされた近年のリーダーシップのあり方の変化に合致したリーダーシップと言える．

●スポーツにおけるリーダーシップ　スポーツにおいても集団や組織のさまざまな状況要因を考慮して，有効なリーダーシップを明らかにすることは重要である．スポーツにおけるリーダーシップの一例として，コーチがチームの目標を達成できるようにアスリートに変化を促し，指導することが挙げられる．Moen et al.（2014）が行った研究は，選手の満足に影響するコーチング行動は，トレーニング・指導行動，民主的行動，前向きなフィードバックであるとした．Chelladurai（2014）は，リーダーシップ多次元モデル（Multi-dimensional model of leadership）を用いて，コーチの実際のコーチング行動は，リーダーの特徴と選手がコーチに対して必要とする行動，選手がコーチに対して求める行動が関連して成り立つものであるとした．また，選手がコーチに対して求める行動は，状況に関連しており，選手がコーチに対して必要とする行動は，選手の特性が影響していると述べた．このモデルは，選手の満足やパフォーマンスは，コーチのコーチング行動が関わっていることを示している．今後もスポーツの社会的機能が増す中，コンセプト理論に代表される新しいリーダーシップスタイルがスポーツ組織にどのような影響を与えるのかスポーツ独自の特異な視点を考慮したさらなるリーダーシップ研究が望まれる．　　　　　　　　　　　　　　　　　　　　　　　［伊藤真紀］

📖さらに詳しく知るための文献

Chelladurai, P. 2014. *Managing Organizations for Sport and Physical Activity*. Taylor & Francis.

ロビンス，S. P. 著，髙木晴夫訳 2009.『組織行動のマネジメント』ダイヤモンド社.

チームの凝集性

　チームとは集団とほぼ同義であり，目標意識や集団規範が保持された上で，メンバー間の規則的・継続的な相互作用が求められる人々の集まりと言える．つまり，たまたま居合わせた人の集まりではなく，互いに影響力を持ち，全体として何らかの「まとまり」をもった集まりである．一般的にチームは野球・サッカー・バスケットボールなどの集団競技を指すが，個人競技でも共通の目標を目指すチームもあるので必ずしも集団競技であるとは限らない．ここではチームを理解するうえで重要な諸概念について考えてみたい．

●**チームの凝集性**　チームワークが良い集団には，まとまりがあり，チームへの所属意識が強いなどの特徴がある．これが集団凝集性と呼ばれるものであり，「メンバーに集団の一員でありたいと思わせる心理的な力の総量」と定義される．凝集性の高いチームは低いチームに比べて結束力が高く，メンバーがその集団にとどまりたいと強く思い，成功に向けて努力する．そのため，集団凝集性の高いチームは優れたパフォーマンスを示すと考えられている．

　この集団凝集性に影響を与えるものとして四つの要因が挙げられる．キャロン（Carron, A. V. 1982）によると，まずチームが置かれた環境やチームの大きさ，構成人数などの環境要因が挙げられる．二つ目は，チームに所属する選手のパーソナリティ特性といった個人要因であり，例えば，チームメンバーとしての満足感はチームの凝集性に大きく影響を与える．三つ目の要因はリーダーシップである．指導者やキャプテンはチームの凝集性を高めるという役割を持つ．そして四つ目はチーム要因であり，チームとしての実績やメンバー間のコミュニケーション，そして共通目標の明確さなどがある．また，凝集性はチームだけではなく，個人のパフォーマンスにも影響を及ぼす．凝集性が高まると，内部での役割が明確になりチームの構造が安定する．加えて，凝集性の高いチームは低いチームに比べて，チームの結果に対する個人の責任感が強いとも言われている．このように，凝集性はチームワークを理解する上で必要不可欠な概念である．

●**チームの構造**　チームが形成され，メンバー間の相互作用が一定期間続くと，メンバー間の関係が比較的安定してくる．これを集団の構造化という．まず，チーム内の誰と誰が友人関係にあるといった感情構造をソシオメトリック構造という．チーム内に孤立者が存在せず，いくつかの小集団がリーダーを中心に結びついた構造が望ましい．次に，メンバー間の情報がどのように伝達されるかをコミュニケーション構造という．コミュニケーションの回路構造の違いが，チームにおける課題

解決の効率やメンバーの満足度に異なる影響を及ぼすことが明らかにされている．続いて，チーム内にどのような地位・役割があるかを地位・役割構造という．スポーツチームでは，まずリーダーとフォロワーという構造がある．さらに細分化され，監督，コーチ，キャプテン，マネージャーといった形の役割がある．この役割や地位は個人の能力や特性に応じて，適材適所で配置することが望ましい．

●**集団規範と集団形成のプロセス**　集団や社会において，その成員に共通に期待される考え方や行動の基準のことを集団規範と呼ぶ．集団規範は成員が行動する際の基本的枠組みとして機能している．スポーツ場面においては，練習時間や参加など，チームとしての活動を円滑に進めるために守るべき制約が明確に定められており，メンバーには規範遵守が求められる．

　また，集団の形成過程には形成期，動揺期，規範期，達成期という四つの段階があるとされている．形成期ではメンバーが互いをよく知り合い，集団活動の基本的なルールが定まる．しかし，その後，メンバー間の葛藤が表面化し，チームに動揺や混乱が生じる動揺期に至る．そして動揺期を経て，徐々に役割分担が明確になり，チーム固有の規範が成立し，凝集性やモラールが向上する規範期となる．この時期では集団は落ち着きはじめ，他のメンバーや集団そのものへの愛情が湧き始める．その後，集団が共有する目標への志向が高まり，目標が達成される達成期となる．スポーツチームに関しても，チーム目標の明確化，役割分化と統合，集団規範の確立，チームの許容的雰囲気の形成というプロセスを経ながらチームらしくなり，まとまっていくと言える．

●**チームビルディング**　スポーツ集団はチームパフォーマンスを最大限に発揮するために最適な状態をつくり出す必要がある．そのためにはメンバーに関わるチームビルディングが有効である．チームビルディングとは，主に行動科学の知識や技法を用いてチームの組織力を高め，外部環境への適応力を改善し，チームの生産性を向上させるような，一連の介入方法を総称したものである．このチームビルディングには，集団維持と課題達成の二つの機能がある．集団維持機能とはチームやメンバーのことを考えて行動し，問題が発生した時に解決しようとすることである．一方，課題達成機能とは行動や考え方，価値観を客観的に評価することである．また，チームビルディングのアプローチ方法には直接的アプローチと間接的アプローチがあり（土屋・中込 1996），その効果を高めるためには，チームと個人の目標を一致させること，互いに協力し合う環境にあること，またその活動を通して有能感を感じること，そしてお互いの理解を深めることが大切になる．

[村上貴聡]

📖**さらに詳しく知るための文献**

古川久敬 1988.『集団とリーダーシップ』大日本図書.

ホッグ，M. A. 著，廣田君美・藤澤 等監訳 1994.『集団凝集性の社会心理学』北大路書房.

観客・ファンの影響力

　スポーツイベントにおけるファンの群衆化は，選手のパフォーマンスや試合の行方に影響を及ぼすだけでなく，試合を観戦するファン自身に対しても影響がある．スタジアムやアリーナに集まる人々の多くは，たとえ選手やチームがスポーツとあまり関係のない支援（例えば災害復興支援や難民支援など）を呼びかけたとしても快く応じることから，社会的な影響力も生み出している．さらに，ソーシャルネットワーキングサービス（SNS）の登場以降，人々はバーチャルコミュニティで情報を送受信しており，こうしたデジタルコミュニケーションがチーム，選手，ファンたちにさまざまな影響を与えている．

●観客・ファンが試合に与える影響力　まず，観客は試合に影響を与える．この影響力は観客の群衆化によって生じるホームアドバンテージである．ホームアドバンテージはチームのホーム球場での勝率が 50%を超える状況下において有利に働く力と定義される（Courneya & Carron 1992）．これまでの研究によると，対戦相手の選手が試合会場に不慣れなこと，対戦相手の選手のアウェイ会場までの移動距離，群衆の密集度（crowd density）の三つがホームアドバンテージの主な原因と考えられている（Bray & Widmeyer 2000；Courneya & Carron 1992）．これらのうち，群衆の密集度は多くの研究でその影響が認められており，特にバスケットボールなどの室内競技や比較的得点数の少ないサッカーなどの競技で高い効果がある（Courneya & Carron 1992）．ホームチームのファンによって埋め尽くされた観客密度の高い会場において，ファンの熱気や声援は選手の背中を後押しする力となり，パフォーマンス発揮に対して正の影響がある．

●観客・ファンが自身の心理や行動に与える影響力　ファンの応援はファン自身に対しても影響がある．阪神タイガースの本拠地の阪神甲子園球場に行くと，「勝っても負けても虎命」というメッセージの刺繍をレプリカユニフォームに入れている人を見かける．この状態はチーム・アイデンティフィケーション（以下，チーム ID）と呼ばれ，ファンが好きなチームと自己を心理的に重ね合わせ，チームが勝った時の喜びだけでなく，チームの敗戦や成績不振の憤りも共有する心理状態である（出口ほか 2018）．チーム ID は人間関係が希薄化した現代社会において人々が自分の居場所（社会集団）を見出すことにつながる他，「自分とは何者か」という人間の尊厳や「自分は何のために生きているのか」という生活の意味の発見と関係している（出口ほか 2018；吉田 2022）．具体的には，スポーツファンになることで次の効用がある：(1)選手の勇敢なパフォーマンスによって前向

きな気分なること，(2)試合観戦や応援を通して自分が夢中になれるものが見つかること，(3)応援仲間ができ，社会的つながりが生まれること，(4)スタジアム観戦でストレスを発散し，精神的に健康になること，(5)チームと成功体験を共有し，達成感を覚えることの五つである（吉田 2022）．

●**観客・ファンの社会的影響力**　近年，観客・ファンの社会的影響力は増している．日本プロサッカーリーグ（Jリーグ）の社会連携活動（シャレン！）に代表されるように，スポーツチームが多様性，社会的包摂，共生社会の実現のような倫理的価値観を尊重し，それに基づいて社会的責任を果たす時，チーム ID の高いファンはこうした姿勢に同調し，チームの社会貢献活動に協力する（出口ほか 2018）．川崎フロンターレが中心となって行う多摩川の清掃活動や千葉ジェッツによる服のリサイクル活動はチーム ID の高いファンの間で広まっており，さらにこれらの活動は彼らを介して一般の観戦者や地域住民へと波及している．他にも，FIFA ワールドカップにおいて最初は一部の日本代表サポーターの間で始まったスタジアムの清掃活動が，やがて多くのサポーターを巻き込んだ例もある．チーム ID の高いファンの態度と行動様式には，社会貢献活動の重要性を理解していても行動を起こせない人々の意識変化と行動変容を促す働きがある．

●**観客・ファンの SNS の影響力**　今日，ファンは SNS で自分たちの生の声，写真，動画などを不特定多数の人々に伝達している．観戦の魅力が人々に伝わることはポジティブな影響だが，一方で SNS にはネガティブな影響も存在する．ファンが発信する情報の中には不適切な内容も少なくなく，他者に対する偏見や誹謗中傷が後を絶たない．情報の発信者と受信者の両方が情報を正しく理解し，活用する能力である情報リテラシーの向上がファンたちに求められている．

　観客・ファンの情報リテラシーを高める上で有効なものの一つがスポーツチームのミッション（使命）である．例えば，埼玉西武ライオンズは球団の憲章の中で「フェアプレーの精神に基づき，社会と球界のルールを守り，常に良識かつ品位を持って誠実に行動します」と謳っている（埼玉西武ライオンズ 2023）．このようなミッションはチームが社会のために何故存在するかという存在意義を示したものであり，倫理的なメッセージを多く含む．この存在意義が観客・ファンにとって他人事でなく，自分事として受け止められた時，それは彼らにとって行動指針として機能し，結果的に情報リテラシーを高めることにつながる．人々がスポーツチームのミッションを自分事として認識し，それに基づいて倫理的に行動できるかどうかはチーム ID の形成にかかっている．　　　　　　　［吉田政幸］

📖**さらに詳しく知るための文献**

Courneya, K. S. & Carron, A. V. 1992. The Home Advantage in Sport Competitions. *Journal of Sport & Exercise Psychology*, 14: 13-27.

吉田政幸 2022．スポーツ観戦と持続的ウェルビーイング．体育の科学 72(4)：247-253．

スポーツ継続と重要な他者

　重要な他者（significant other）とは，個人の心理・社会的な発達や自己形成，あるいは社会化の過程で，大きな影響力を持つ人物のことである．スポーツを始めたばかりの子どもであれば，親や兄弟，あるいはクラブの先輩やコーチが重要な他者になりうる．ミード（Mead, G. H.）の社会的自我論に基づけば，これらの他者が体現する役割や態度を模倣したり同一化したりすることで，チームの規範を学習し，クラブチームの一員であるというアイデンティティ（自我同一性）の形成が促進されると考えられる．スポーツを継続していくと，そのクラブのルールやスポーツ文化の中で，より多くの他者，すなわちチームメイトや対戦相手，クラブ関係者との交流が生まれ，そのクラブやスポーツの選手らしさを身につけていくこともある．重要な他者との交流は極めて具体的で個別化されたものであるのに対して，これらの他者との交流は，より抽象的で一般化されたものであることから，一般化された他者（generalized other）と呼ぶことができる．重要な他者がアイデンティティ形成に関わっているのに対し，一般化された他者はアイデンティティの承認や確認に関わっているとみることもできるだろう．

●**重要な他者と心理・社会的な発達**　プレイヤーの心理・社会的な発達や自己形成，あるいは社会化の過程を説明する理論は複数あるが，そのうちエリクソン（Erikson, E. H.）のライフサイクル論は人生を八つに分類し，それぞれの発達段階において直面すべき発達課題があるとする視点が特徴的である．この理論によると，発達課題とは乳幼児期では基本的信頼か不信か，幼児期では自律性か恥・疑惑か，といった葛藤で表現され，危機様態における体験により心理・社会的な発達がもたらされると考えられている．例えば学童期であれば，勤勉性か劣等感かといった危機様態において，級友やチームメイトとの交流によりこの葛藤を乗り越えることができれば有能感を獲得することができる．中込四郎はこのモデルから，青年期におけるスポーツ場面でのさまざまな悩みがアイデンティティ獲得か拡散かの危機様態となり，その対処経験により人格形成がなされることを，スポーツカウンセリングの臨床研究から実証している．ライフサイクル論では，いずれの年代においても，他者との交流が極めて重要な意味を持つと考えられており，乳児期における養育者（母親）との関係に始まり，それぞれの年代において，重要な他者との交流によって心理・社会的な発達がもたらされると考えている．例えば青年期のスポーツであれば，チームに所属し，与えられた役割を全うすることで忠誠心が養われ，自分が周囲から必要とされていることを実感する中で，

「自分は何者であるか」というアイデンティティを確立していくことになる.

●**スポーツの継続とアントラージュ**　プレイヤーを取り巻く他者をアスリート・アントラージュと呼ぶことがある. アントラージュはフランス語で取り巻きを意味し, 家族やクラブ関係者などの重要な他者が含まれ, スポーツ継続を支える人的資源とみなされる. その際, スポーツの非日常性の一つに特殊な他者関係が生まれることに注意が必要である. スポーツに没入するアスリートにとって, コーチは時に家族以上の特別な影響力を持つ重要な他者になりうる. その影響は, 競技力の向上や人格形成のようにスポーツ継続にとってポジティブな面をもたらすことが期待できる一方で, 体罰やハラスメントなどによりプレイヤーの心身の健康を害する場合もありうる. また, スポーツ場面では, 親がコーチのような場合もあり, プレイヤーの健全な心理・社会的発達が促されるためにも, スポーツでは日常と異なる他者関係が展開されていることに注意が必要である. 特にジュニア・スポーツにおいては, 勝利至上主義への警鐘などを含め, 親が子どもとどう関わるべきかについて, スポーツ・ペアレンティングとして注目されている. なお, アントラージュはプレイヤーの成長に伴って変化し, ジュニア年代であれば家族がスポーツ継続を支える人的資源となるが, トップアスリートを目指す過程では, コーチのほか, アスレティックトレーナーやスポーツドクター, スポーツ栄養士やスポーツメンタルトレーニング指導士などのスポーツ医・科学スタッフのサポートも重要となる. さらにプロスポーツ選手になると, スポンサーや代理人によるサポートが競技継続には欠かせない.

●**ソーシャルサポート**　プレイヤーを取り巻く他者, すなわちアントラージュから得られる有形・無形の援助をソーシャルサポートと呼ぶ. ソーシャルサポートには, アドバイスや指導など, プレイヤーの悩みや直面している困難に対して直接的な問題解決に役立つ道具的サポートと, 理解や激励, 尊重など, プレイヤーの情緒面の安寧に働きかける情緒的サポートなどがある. 道具的サポートはコーチや先輩などから, 情緒的サポートは家族やチームメイトからなされることが多いなど, それぞれのプレイヤーの心理・社会的課題に合致した, 特有のサポート提供者（意味ある, 重要な他者）が関係していることが分かっている. さらにソーシャルサポートはプレイヤーの燃え尽き現象（バーンアウト）の予防やチームワークの向上にも役立つことが確認されており（土屋 2012）, 重要な他者から得られるソーシャルサポートが, スポーツの継続のみならず, より良いスポーツ環境の構築にも役立つことが示されている. 　　　　　　　［土屋裕睦］

📖**さらに詳しく知るための文献**
中込四郎 1995.『危機と人格形成』道和書院.
土屋裕睦 2012.『ソーシャルサポートを活用したスポーツカウンセリング』風間書房.

アスリートの社会的影響力

　アスリートの社会的影響力とは，スポーツや運動を通じた競技の普及やスポーツ活動の意識醸成に留まらず，社会的経済活動や文化的な現象を生み出し，時には多くの人々にインスピレーションを与えるなど多岐にわたる．競技活動を通じて不特定多数の人に幅広く利益をもたらすという公益性も存在する．

●**スポーツヒーローとしてのアスリート**　スポーツで偉業を成し遂げることで多くの人々を魅了するアスリートは，スポーツヒーローと称される．とりわけ世界のスポーツヒーローの，自らの人間的可能性を追求する姿や超一流の技術は，見る人を感動させ，子どもたちに大きな夢と希望をもたらし，スポーツを始めるきっかけを与えることにも貢献する．また，スポーツヒーローは，大衆の思い描くファンタジーを現実化し，それぞれの時代や社会を象徴する価値を体現するものであり，その存在は，スポーツイベントの開催やプロチームの誘致に伴う多大なる経済波及効果に影響を及ぼすものである（橋本 2002）．スポーツヒーローが形成されるにあたって，大きな役割を果たしているものはメディアである．競技会場でスポーツを見ることができないファンは，メディアを通して全国的に標準化されたスポーツ情報を入手してきた．鈴木雄雅（2001）が指摘しているように，マスメディアの報じ方には，スポーツヒーローを生産する仕組みがあり，アスリートの人生勝負の機微を読み取れるようなストーリーを伝えることで，受け手側にスポーツヒーロー像がつくられる．また，スポーツ中継などでみられるヒーローインタビューは，メディアがアスリートをヒーローに仕立てる仕掛けであり，メディアによってその時代のファンが求めるイメージにつくり替えられ，受け入れられるように構成されている（杉本 2012）．スポーツヒーローは，メディアによってファンに注目される存在になり，そのファンによってスポーツヒーローの座に押し上げられてきたと言える．さらに近年は，ソーシャル・ネットワーキング・サービス（SNS）の普及によりアスリート本人がファンに直接メッセージを届けることができるようになったが，マスメディアはその内容を注視するようにもなり，情報として報じている．加えて，スポーツヒーローは，競技以外の領域でも多大なる社会的な影響力を持つため，多様化するメディアに対して自分たちの立場を理解した上で振る舞うことも求められている．

●**メディア対応**　メディア対応とは，メディアとの関係を構築し適切なコミュニケーションを取ることを意味する．アスリートにとってのメディア対応は，ステークホルダーとの関係構築，自身のプロモーション活動や競技の広報活動，リ

スク対応などさまざまな役割を果たすものである．アスリートの存在やイメージの大部分は，マスメディアやインターネットなどのメディアを介して広められるためメディア対応におけるアスリートの振る舞いは，本人や競技のイメージに大きな影響を与え，さらには競技やスポーツの枠を超え，社会的な問題の解決や価値観の変革につながることもある．それ故，アスリートは高い競技力が求められるだけではなく，ロールモデルとしての自覚やそれを表現するためのコミュニケーション能力が不可欠であり，所属組織などでメディアに対する言動や振る舞いを適切に管理・指導していく必要がある（片上 2017）．米国では，米国オリンピック委員会（USOC）の中に「メディアトレーニング」を専門に扱う部署がある．このトレーニングは，アスリートがステークホルダーにメッセージを適切かつ効果的に伝えるための教育である．あわせて，競技者や広報担当者，コーチに対しメディアトレーニングの重要性を定期的に教えている．多くのプロスポーツ組織において新人研修でメディアトレーニングを実施しており，全米大学体育協会（NCAA）でも多くの大学がメディアトレーニングのプログラムを選手に提供している．日本では 1993 年に創設された J リーグの新人研修において，話し方を中心とした「メディア対応」講義が行われるようになってから，他競技でも同様の講義やメディアトレーニングが実施されるようになった．インターネットが普及しメディアが多様化している昨今，アスリートは好成績を収めれば，メディアに取材される機会が競技種目や年齢を問わず増えている．しかしながら，地域・学校等のスポーツクラブや部活動においてメディアで注目され有名人になることを見据えた教育の仕組みは確立されてはいない．

●スポーツの公共性・公益性　公共性や公益性とは「私」の利益や個人の立場を離れて不特定多数の他人に結果として幅広く利益（公益）をもたらすことである．

　わが国の「スポーツ基本法」において，スポーツは「人格の形成」「地域社会の再生」「長寿社会の実現」「国民経済の発展」「国際平和」「国際的地位の向上」などの社会課題解決に重要な役割を果たすと記されているように，スポーツの公共性・公益性は，官民を問わず国民生活の充実と発展に貢献する社会的使命・責任を有している（菊池 1999）．メディアはスポーツの公共性・公益性を人々にもたらす役割も担っている．野球は，日本においてメディアバリューが特に高いとされている競技であるが，その中でも夏に行われる全国高等学校野球選手権大会は，多くの人にふるさとを意識させるような数少ない季節行事であり，メディアを通してスポーツが地元への帰属意識を強めている一例と言えるだろう．　　　［三須亜希子］

📖さらに詳しく知るための文献
橋本純一編 2002．『現代メディアスポーツ論』世界思想社．
杉本厚夫編 1997．『スポーツファンの社会学』世界思想社．
井上 俊・菊 幸一編著 2012．『よくわかるスポーツ文化論』ミネルヴァ書房．

アスリートのキャリアトランジション

　キャリアとは「競技生活において競技だけでなく学業をすること」や「引退後に新しい仕事を見つけること」だけではない．「キャリア（Career）」は「職業経験」と訳すこともできるが広義に捉えれば「生涯」という意味も含まれる．よって「アスリートのキャリア」とは「競技人生を含むアスリート自身の人生」と捉えられる．アスリートは人生の中で，人としても競技者としてもさまざまな節目＝キャリアトランジション（Career Transition）を経験する．受験，就職，結婚，出産といった人生の節目もあれば，競技者としての節目（例：クラブ移籍，指導者変更，怪我，選抜，競技継続のための進学や転校）があり，それらの中でも第一線からの競技引退という節目は誰もが迎える．この競技引退というトランジションでは包括的な支援の必要性が先行研究で示されているが課題もある．本項目では「アスリートのキャリアトランジション」の現状と課題について，特に包括的支援が必要とされるトップアスリートのキャリアにおける先行研究を基に概説する．

●キャリアトランジション　トップアスリートの多くは自国スポーツ政策でつくられた成功戦略の中で発掘・育成・強化される．ドゥブッシェら（De Bosscher et al. 2006）の概念フレームワークでは「競技引退のキャリア支援」までを強化システムの中に含んでいる．競技引退はアスリート人生において大きな節目であり，これは「キャリアトランジション＝高度に競争的なスポーツキャリアを終え仕事の世界へ移行する過程」とされている（Park et al. 2013a）．この引退過程でアスリートは多くの心理的，社会的，就業的変化への適応が必要であり（Cecić Erpič et al. 2004；Stambulova et al. 2007），包括的キャリア（HAC）モデルによる多面的（身体的，心理的，心理・社会的，学業・就業的，金銭的，法的）支援が求められている（Wylleman 2019a）．IOC の五輪選手への調査（2021）では，特にトップアスリートの心理的課題が明らかになり，引退後の心理的キャリア支援を強調している．諸外国の国内オリンピック委員会（NOCs）でさまざまなキャリア支援を実施している中（Stambulova et al. 2013），諸外国共通課題として引退後の支援の困難が指摘されている（Lavallee & Wylleman 2000；Petitpas 1997）．理由には環境的と心理的要因がある．環境面では引退後の選手は所属競技団体からの登録が外れ，支援の対象外になる場合が多いこと，また心理面ではアスリート側の「引退後の悩みやメンタルの弱さは他者に相談しにくい」というスティグマがあり（Brown et al. 2018；Oulevey 2021），トップアスリートの引退後のアイデンティ

ティ葛藤を含む心理的支援ニーズが見えにくいことが課題にある．これらの課題解決に「キャリア支援とは何か」といったリテラシー拡充が挙げられる（Breslin et al. 2018；Bu et al. 2020）．引退概念モデル（Lavallee et al. 2014）を用いてリテラシーを高め，アスリートのニーズを明らかにし，キャリア支援設計することで引退後の支援課題を解決する試みも近年みられる（Oulevey 2021）．

●日本での研究　日本では，トップアスリートの引退時の心理課題についていくつかの研究が行われている．豊田ほか（1996）や中込（2012）は，日本のトップアスリートの競技引退後におけるアイデンティティ問題を含む心理的困難を指摘している．一方，日本における引退時のキャリア支援では，心理的困難に対する支援よりも，まず優先的に就業支援から始まった経緯が報告されている（Stambulova et al. 2013；Oulevey 2021）．日本では，2002年のJリーグで始まったプロサッカー選手に対してのキャリア支援を発端に，日本オリンピック委員会（JOC）が五輪選手のキャリア支援を始めている（田中ウルヴェ 2016）．このJOCキャリアアカデミー（JCA）については，ホング（Hong, H. J.）とコフィ（Coffee, P.）が世界のNOCsキャリア支援の比較調査の中で「JCAはIOCとは異なる独自の支援を実施していること，アスリートの心理的キャリア支援実施に必要なスポーツ心理学領域の専門家が支援を行っていないこと」を指摘している（Hong & Coffee 2018）．これらの先行研究から，日本のキャリア支援への提言は就業支援にとどまらない包括的支援の構築だ．それは大きく二つ，「スポーツ組織での政策的課題」と「アスリート自身の心理的・心理社会的課題」への提言だ．政策的課題は，IOCが推奨し，先行研究を基に諸外国NOCsでも行われている「キャリア支援は選手強化システムの一部（発掘→育成→強化→引退）とすること」である．強化システムの一貫にキャリア支援が入ると，既存のデュアルキャリア支援とセカンドキャリア支援が一つにまとまり，心理や身体の専門家が強化の一貫として競技引退の包括的支援を可能にできる．そして，アスリート自身の心理的・心理社会的課題へは「アスリートキャリア」の意味の理解を広めるための「リテラシー拡充」だ．例えば冒頭に示した「キャリア」は仕事という意味だけではなく自分の人生そのものを意味することや，トップアスリート特有の引退時の心理的困難があることなどを理解することだ．これらのリテラシー拡充は，特に2017年に始動したスポーツ庁のスポーツキャリアサポートコンソーシアムが主体となって，引退概念モデルやHACモデルなどを前提に包括的キャリア支援を推進していくことが重要であると考える．　　　　　　　　　　　［田中ウルヴェ 京］

📖さらに詳しく知るための文献
田中ウルヴェ 京 2016．アスリートのキャリアサポート．日本スポーツ心理学会編『スポーツメンタルトレーニング教本』大修館書店．
笹川スポーツ財団 2014．オリンピアンのキャリアに関する実態調査報告書．笹川スポーツ財団．
Stambulova, N. B. & Ryba, T. V. 2013. *Athletes' Careers Across Cultures*. Routledge.

スポーツと道徳

　スポーツが道徳形成に寄与するという社会意識（心理）は，どのようにつくられてきたのであろうか．一方で，現在ではスポーツによる道徳形成自体の問題性が問われ始めている．それは，なぜだろうか．

●**近代社会に求められる道徳とスポーツ**　道徳（morals）とは，当該社会一般に認められている習慣やしきたりを基にした行為の規準であり，広い意味で社会規範を形成する．これは近代以前の共同体を中心とした集団社会にも習俗，すなわちフォークウエイズ（folkways）として存在し，これに個人の利害を超えた社会福祉と関係した概念が加わるとモーレス（mores）という規範や倫理となる（サムナー 2005）．近代社会における人々は，共同体から離れることによってお互いが見知らぬ人々同士となるから，これまでの集団＝社会の道徳規範に代わる近代国民国家の一員としてのそれを要求され，教育される必要が出てくる．このような要求と必要を満たす身体運動文化が近代スポーツであり，これを手段とする教育（近代体育，あるいはスポーツ教育）であった．

　世界でいち早く産業革命を起こして近代化した英国では，エリート層を教育するパブリックスクールにおいて，生徒たちがプレイの楽しさを継続するために，これまで暴力的であった近代以前のスポーツを自ら非暴力化し，今日のサッカーやラグビーを開発（sportizaion，スポーツ化）した（エリアス＆ダニング 1995）．そこで求められた社会的性格とは，誰に言われなくても自らの欲望を抑制しようとする自己規律化であり，それが単に明示的なルールを順守する態度にだけ現れるのでなく，フェアプレイや自己犠牲をもいとわない倫理的性格やプレイヤー個人の強い意志と努力を重視する禁欲的性格を強調することによって教育されていくと信じられた．近代スポーツは，このような社会的性格，すなわち道徳的態度によって成立すると考えられていたので，スポーツへの参加は自動的に当該社会が必要とする道徳を涵養するものと捉えられ，特に社会のエリート層にはそのような社会意識が強く植え付けられることとなった．当時のこのようなスポーツ礼賛の社会的ムーブメントは「アスレティシズム（athleticism）」と呼ばれ，「ワーテルローの戦いはイートン校の運動場で勝ち取られた」とする逸話は，それがいかに神話化された社会心理を形成していたのかを物語っている．

　しかし，このような近代スポーツと道徳の，いわば蜜月関係は，あくまで「当該」社会が求める道徳のあり様とそれによって形成される社会心理との関係から成立している．集団や関係に根ざす道徳は，「互助や互恵，配慮や思いやり，信頼

と信義，集団への貢献，共通善の尊重，集団の掟や長の教えの遵守，等を求める」（松下 2021，3）といわれる．わが国における近代スポーツの発展は，学校や企業といった限られた集団や組織によって支えられ，その閉鎖的な集団や関係に根ざす道徳が現代社会に求められる道徳や倫理性とのズレを生じさせている．近年，スポーツにおいて問題とされる暴力，ハラスメント，統治等に関わるあらゆる不正は，道徳と一体化したスポーツ＝善という，これまでの社会意識との落差が大きいだけに，スポーツの側はこのような事態をより一層深刻な問題として受け止めなければならない．

●**現代スポーツは道徳形成に役立つか**　2018 年に起きた日大アメフト部の反則タックル問題（無防備な相手ディフェンスに対する危険なタックルによる傷害発生）は，監督による指示を受けた行為であったことから世間を大いに騒がせる事態となった．これを契機にして，スポーツと道徳との関係を改めて考えさせてくれるのが「星野君の二塁打」という道徳教材である（功刀・柳澤編著 2021）．戦後の 1947 年に出版されたこの物語の趣旨は，主人公の星野君に対して監督が主将との話し合いで決めたバントを指示し，いったんはそれに従うと決めた彼が，自らの状況判断で打撃し，それが二塁打になり勝利したことについてどのように考えるのか，ということを問いかけたものである．ここで先の日大アメフト事件との関係で問題とされた一側面は，監督の指示に絶対的に従うことの是非であり，それによって浮かび上がってくる「遵守」や「配慮」あるいは「団結」といったスポーツ集団（チーム）において強調される道徳性がもつ，いわば反道徳的な性格であった．

　このような現代スポーツと道徳性の乖離を埋めていくためには，現代スポーツが個人に根ざす道徳性，すなわち個人の自由や権利，平等や公正，あるいは安全等をいかに尊重するのかを問い直されなければならないであろう．現代社会の道徳のあり様は，個人と社会に根ざす道徳が相互に相手の領域を侵犯しつつあり，道徳的混乱が引き起こされているが，これを防止するには趣味や同好の共同体が必要であるという（松下 2021）．そこで実践や批評の卓越性をめざすことは，異質な他者を受容し，他者から学ぶことによって共同体の共通善＝道徳性を追求していくことにつながるからだ．近代スポーツ誕生の原点には，パブリックスクールにおける生徒と教師による，スポーツという趣味や同好の対象を自分たちにとってより楽しくしていこうとする自治的なルールへの工夫や変更があり，それを通じた道徳形成の合意過程があったことを忘れてはならないであろう．

[菊 幸一]

📖**さらに詳しく知るための文献**

デュルケム，E. 著，麻生 誠・山村 健訳 2010．『道徳教育論』講談社学術文庫．
功刀俊雄・柳澤有吾編著 2021．『「星野君の二塁打」を読み解く』かもがわ出版．
菊 幸一 2017．スポーツと暴力の倫理学．友添秀則編著『よくわかるスポーツ倫理学』ミネルヴァ書房．

競技パフォーマンスに対する
ステレオタイプの影響

　競技パフォーマンスの向上や低下に関しては，これまで技術や戦略的なアプローチが中心に考えられていたかもしれない．ここでは，社会心理学の分野で長年，調査が行われてきたステレオタイプを中心に，競技パフォーマンスとの関係を考えていきたい．

●**ステレオタイプ，偏見，差別**　他者に関する評価や判断について，「連続体モデル」を提唱したフィスク（Fiske, S.）らは，ターゲットとなる人物を理解する際に，その人物の個別情報よりも集団カテゴリーに関する情報，すなわち「ステレオタイプ」に依存しやすいことを指摘している（Fiske & Neuberg 1990）．ステレオタイプとは，「人種・民族，性，職業などの社会的カテゴリーで分類される集団に対する過度に一般化された信念」（日本社会心理学会編 2009, 68）であり，「ある社会的集団（人々）に関する知識，信念，期待（予期）によって構成された知識構造」（池田ほか 2019, 116）でもあるとされる．日本社会には，人種や性別の他にも，「A型の血液型は几帳面である」など，血液型に基づく集団カテゴリー（ステレオタイプ）を共有し，時にはそれに基づいて人々の言動を判定していることがある（例えば「几帳面なA型の人に仕事を任せよう」など）．

　ちなみに，その集団カテゴリーに対して好きや嫌い，恐怖や不安，憧憬などの感情を含んだ先入観を偏見と呼び，ステレオタイプや偏見は，「その社会的集団が本来は享受できてしかるべき対等で平等な待遇の剥奪」（日本社会心理学会編 2009, 69）と定義される差別を伴うことも多い．人種差別や性差別は，ステレオタイプや偏見に基づく差別と考えられるが，ではいったいなぜ，いけないと分かりながらもこのような差別は依然としてあるのだろうか．

●**ステレオタイプ脅威**　私たちの認知システムでは，年齢や性別，人種や職業などのカテゴリーを手がかりに，相手の性格や性質がおおよそ理解できると考えられている．また，カテゴリーで分類される集団を一般化する傾向は，個々の情報を知っている内集団成員よりも，「他者」の存在になりうる外集団成員に向けられる傾向が高いとされる．しかし，ステレオタイプは他者についての評価や判断の手がかりになるだけでなく，ステレオタイプの対象となる自身にも向けられ，そのことが学業やスポーツなどのパフォーマンス（成績）にも大きく影響することが指摘されている．

　社会心理学者のスティール（Steele, C.）とアロンソン（Aronson, J.）は，スティグマのプレッシャーによる成績への影響を調べる実験を行い，学力レベルの高い

黒人と白人の学生に対して難易度の高い数学のテストを実施した．その際，「これは知能を測ることができるテストである」と伝えると，黒人の学生は白人の学生よりもはるかに成績が悪く，逆に「知的能力を測定するものではない」と伝えた場合には，同等の基礎学力を有する白人と黒人の学生の間に成績の差はみられなかった．これは現代社会に，「黒人は白人より知的能力が劣る」というネガティブなステレオタイプが存在しているために，黒人の学生が難しいテストを受ける際，「黒人であるがゆえに数学の能力は高くない」とみなされるプレッシャーによって知的能力をフルに発揮できなくなっていることを意味する．スティールらはこのような実験を，数学を得意とする女子学生と男子学生にも実施し，「このテストは性差が関係している」と説明をした場合と「性差は関係ない」と説明した場合とでは，後者において女子学生の成績が男子学生の成績と変わらないことを明らかにした（Steele & Aronson 1995）．

　ストーン（Stone, J.）の研究チームは，ミニチュアゴルフを用いた実験で，白人学生に「運動神経を測定する」と伝えた場合には明らかに黒人学生よりもスコアが悪かった一方で，「スポーツ・インテリジェンス（知性）を測定する」と告げた際には，白人学生よりも黒人学生のほうがスコアが悪かったことを突き止めた．これは，「白人は黒人よりも運動神経が劣る」というネガティブなステレオタイプを白人学生が思い起こしたために実力を発揮できなかったが，知性に関しては黒人学生の方がネガティブなステレオタイプによって不安を抱いてしまった（Stone et al. 1999）．

　このように，「黒人は白人よりも知的能力が低い」，「女子は男子よりも数学が不得意」，「白人は黒人よりも運動神経が鈍い」といった不名誉な集団的ステレオタイプに繰り返しさらされると，その人はそのステレオタイプを集団の「真の姿」であると内面化し，かつ，その姿を追認してしまうのではないかという警戒心を強めるために，パフォーマンスを落とし，能力全般も悪化してしまうという．これを「ステレオタイプ脅威」と呼び，低い自尊心や自己肯定感にもつながることが指摘されている．

●ステレオタイプ脅威から解放されるには　このようにステレオタイプ脅威は，思考を邪魔するのみならず，脅威に対する警戒心から血圧や心拍数の上昇といった生理的反応を引き起こし，結果としてパフォーマンスにダメージを与えることがわかっている．したがって，他人を理解する際にも，自分自身をステレオタイプ脅威に陥れないためにも，ステレオタイプへの気づきは重要である．また同じマイノリティ属性の人々が周りに多くいることや，人種やジェンダーが同じ属性の教員やコーチ，リーダーがそばにいること，さらには既存のステレオタイプとは異なるポジティブな新しい情報を与えることによって，ステレオタイプ脅威の影響は軽減することができ，パフォーマンスの改善も期待できる．　　　［山口理恵子］

コーチと選手の関係

　日本ではこれまで，主なスポーツ指導の場として学校現場を拠点にしていたこともあり，コーチと選手の関係はそのまま「教員と学生」の上下関係を伴う関係として考えられてきた（山田ほか 2022）．しかし近年，学校現場以外にもスポーツをする場が拡がっていること，運動部活動教員による暴力等ハラスメントの問題が社会問題として取り上げられるようになったことを背景に，適切な指導方法や選手との関係とはどんなものであるかが見直され，時代の流れに沿ったコーチングを行うことができる指導者の育成が目指されるようになった（日本スポーツ協会 online）．日本スポーツ協会（JSPO）の公認スポーツ指導者において求められている指導者像として，「プレーヤーズセンタード」の姿勢が求められている．「プレーヤーズ（アスリート）センタード」とは，学習者（選手・アスリート）の主体的な学びを基本とし，その環境を整えたり，成長を促したりするコーチングの考え方である．

　プレーヤーズセンタードを提唱した国際コーチング評議会（ICCE）は，2013 年に International Sport Coaching Framework を考案しており，その中でコーチが果たすべき機能について示している（ICCE et al. 2013）．その一つに「人間関係の構築」が挙げられていることからも分かるように，効果的なコーチングを可能とするために，選手と良好な関係を築くことが重要であるという認識が進んできた．

　このように，これまで当たり前とされてきた指導方法や，コーチ（指導者）と選手（アスリート）の関係性が大きく変換され，コーチのどのような行動によって，コーチと選手の関係性を維持・向上させるのかということや，望ましい関係性がつくられることでどのような良い結果がもたらさせるのかということに関心が寄せられ，理論を用いた研究が行われている．

●**コーチング理論**　コーチング理論とは，スポーツバイオメカニクス，スポーツ心理学などコーチングに関連する学問分野を活用して生み出される理論を指す場合と，あらゆるスポーツ種目のコーチング・プロセスに共通する，行動に関する理論を指す場合がある（クロス＆ライル 2008, 5）．本項目では，後者に関するコーチング理論を援用しながら，コーチと選手の関係について述べる．

● **Coach-athlete relationship**　コーチング・プロセスにはさまざまな対人関係が含まれるが，コーチと選手の関係構築・維持も重要な要素の一つである．海外では，"Coach-athlete relationship" というキーワードで，多くの研究が行われている．Coach-athlete relationship は，「感情的，思考的，行動的に相互的かつ因

果的に相互依存しあう方法で，コーチとアスリートによってつくり出される社会的状況である」と定義されている（Jowett 2005）．Coach-athlete relationship を測定するために，Jowett & Ntoumanis（2004）によって Coach-Athlete Relationship Questionnaire（CART-Q）が開発された．CART-Q は，コーチと選手の関係性を表す「親密さ（Closeness）」「コミットメント（Commitment）」「相補性（Complementarity）」の三因子にて構成されている．CART-Q を用いて，コーチのリーダーシップスタイルが支持的・積極的であったり，変革型リーダーシップ行動によりコーチと選手の関係性が向上すること（Jowett & Chaundy 2004; Vella et al. 2013），コーチと選手の関係が良好であることで動機づけの上でもポジティブに働く可能性があること（Olympiou et al. 2008），さらにコーチと選手の関係が良いことでコーチのウェルビーイングが向上すること（Lafreniere et al. 2008）などが明らかにされている．

　また，CART-Q を構成する因子に「同一方向性（Co-orientation）」を加え，四つの因子の頭文字をとって 3＋1Cs モデルが提唱されている（Jowett 2007）．より良いコーチ−選手の関係を構築するために，四つの要素を高めることが必要であり，その結果パフォーマンス向上や選手の成長など良い結果が得られることを示したモデルである．

　Rhind & Jowett（2010）は，3＋1Cs モデルで示されたコーチ−選手間の関係を質の高い状態で維持するために必要なことを理解するための理論的枠組みとして"The COMPASS model"を提唱した．このモデルでは，コーチ−選手の関係性を維持するために必要な要素として，七つ（コンフリクトマネジメント，開放性，モチベーション，ポジティブさ，アドバイス，サポート，ソーシャルネットワーク）を挙げており，これらの要素に基づいた行動によってポジティブな関係性が維持されるとしている．またその行動は，コーチからだけではなく選手からも起こされる必要があると指摘されている（小菅 2019）．

●**コーチと選手の関係における研究の課題**　コーチと選手の関係に関する研究は，海外で多く行われている．一方日本のスポーツコーチング研究において，コーチと選手の関係を心理学的，教育学的，社会学的に検討したものが少ないことが課題として挙げられており（雨宮ほか 2020），コーチング理論の確立もいまだ十分でない．冒頭でも述べたように，学校現場におけるコーチ（教員）と選手（学生）の関係性は日本特有のものであるため，そのような背景を考慮した研究を実施することで，暴力やハラスメントといった問題の根絶や，選手のパフォーマンス，モチベーション，ウェルビーイング等の向上につながるコーチングの実現が可能となる．　　　　　　　　　　　　　　　　　　　　　　　　　　　［三倉　茜］

📖**さらに詳しく知るための文献**
平野裕一ほか編 2019.『グッドコーチになるためのココロエ』培風館.

アスリートからみた SNS への対応

　テレビ・ラジオ・新聞といったマスメディア隆盛の時代を経て，1990 年代以降に登場したソーシャルメディアとは「インターネットを利用して誰でも手軽に情報を発信し，相互のやりとりができる双方向のメディア」（総務省 2015）である．Facebook や Instagram などの SNS の他にブログ，YouTube，掲示板，オンラインゲームなども含まれる．中でも SNS に限れば国内普及率は 82%（ICT 総研 2022）に及び，スポーツの世界でも重要な情報ツールとして活用されている．

●**アスリートの情報発信**　1994 年の一般公開からインターネットが徐々に普及し始め，プロアマ問わずほとんどのスポーツリーグやチームが公式 Web サイトを持ち，試合や選手情報を公開するようになった．アスリート個人でも Web サイトやブログを開設するケースが発生したが，中でも 1998 年，当時 J リーグ・湘南ベルマーレの選手だった中田英寿が始めた公式 Web サイト「nakata.net」は画期的な取り組みだったと言える．海外移籍をめぐる過熱報道で取材記者との関係が悪化していた中田選手は自らの最新情報を会員制の Web ページを通じて発信するようになったのである．その後，スマートフォンの普及に伴って広がった SNS を通じてアスリート自らが手軽に情報発信できるようになっていった．この現象は，アスリートしか知り得ない情報を自ら発信できる良さもあれば，アスリート側にとって都合良い情報しか表に出ないことも起こりうる．テレビや新聞といったマスメディアの報道もアスリートが発信する SNS が情報ソースになっているケースも散見されるが，多くの場合，そこにスポーツジャーナリズムの役割である客観的な論評性が機能していないことは疑問視されている．

●**アスリートによる SNS の功罪**　不特定多数のユーザーに対して一方的に情報発信するマスメディアと違い，ソーシャルメディアはユーザー同士がコミュニケーションを取ることにより，拡散的に情報が広がっていく特徴がある．

　Twitter から名称を改めた「X」において，トレーニング動画からプライベートまでさまざまな情報を発信する横浜 DeNA ベイスターズの山﨑康晃投手は，プロ野球最大の 79.1 万人（2023 年 10 月現在）のフォロワーを持つ．心掛けていることは野球の面白さやプロ野球選手の日常にフォーカスして発信することと話す（Forbs JAPAN 2020）．自らを TikTok クリエイターと称し，世界に 700 万人を超えるフォロワーを持つハンドボール元日本代表の土井レミイ杏利選手は SNS 投稿のポリシーを自身の生き方になぞらえ，「"逃げられない"なら"楽しめ"ばい！」と表現する（土井 2022）．

両選手のように立場を自覚した上で効果的に SNS を活用しているケースもあれば，拡散力の強い SNS では不用意な発信で炎上騒動を起こしてしまうこともある．炎上とは，ロスト（Rost, K.）らによれば「大量の批判，侮辱的なコメント，罵倒が個人や組織，集団に対して行われ，数千，または数万の人々によって数時間以内に伝播されるものである」（Rost et al. 2016）と定義される．SNS で拡散された情報はまとめサイトやポータルサイトでも配信されることで，さらに多くの人の目に触れ，マスメディアで報道される場合もある．事実，炎上の認知率調査によると，認知経路の 1 位は「テレビのバラエティ番組」という結果であった（吉野 2021）．遠藤（2007）が「間メディア社会」と呼んだように，現在の社会はネットと既存メディアが絡み合って複合的なメディア環境をつくっており，このような社会のあり方がメディアの共鳴構造をより複雑にさせている．

●アスリートへの誹謗中傷　本来形のない誹謗中傷は，SNS を通して可視化されることで個人への攻撃度が増し，その被害はアスリートのメンタルヘルスに影響することもある．2020 年，リアリティ番組出演中だったプロレスラー木村花の自死事件が起こり，ネットによる誹謗中傷の深刻さが注目されるようになった．テニスの大坂なおみ選手は 2021 年，長い間鬱に悩まされてきたことを自身の SNS で告白した．全米オープンにおける BLM への意思表示など社会活動にも積極的だった大坂選手に対して賞賛の声もあれば，「アスリートは政治をスポーツに持ち込むな」という批判も受けてきた．なぜアスリートへの誹謗中傷が起こるのか．東京五輪（2021 年）と北京五輪（2022 年）期間中，日本代表選手のツイート 20 万件を分析した山口真一らによると，誹謗中傷や過度な批判を含んだツイートの大半は「個人の価値観」を押し付けるような内容であったことが明らかになった．応援しているアスリートが自分が正しいと思う理論から逸れた行動をした時に攻撃に転じてしまう（NHK 2022）．それが SNS を通じて発信された場合，デジタル・タトゥー（Enriquez 2013）として拡散された側の社会生活を長時間脅かすことになるのである．

● SNS 対策　日本のスポーツ界では J リーグが 2013 年から新人選手に向けて SNS 研修を導入して以降，さまざまなリーグやチーム単位で SNS の効果的な使い方とあわせて炎上対策やアカウント乗っ取り防止策などを具体的に学ぶ研修機会を設けている．ネットでの誹謗中傷に対して社会全体の意識が高まる中，被害者の権利救済のための法改正も進んでいる．2022 年改正プロバイダ責任制限法により，SNS 等で誹謗中傷をした発信者の情報開示の手続きが以前よりも簡易・迅速に行えるようになった．今後は，アスリートが法的措置を取りやすくするためのサポートや被害にあったアスリートの心理ケアの充実が求められる．　　［片上千恵］

📖さらに詳しく知るための文献
山口真一 2022.『ソーシャルメディア解体全書』勁草書房.
吉野ヒロ子 2021.『炎上する社会』弘文堂.

メンタルヘルスのためのスポーツ

　日本で精神疾患を有する患者は増加を続け，2020（令和2）年には総患者数が614.8万人であり，5大疾病（がん，脳卒中，急性心筋梗塞，糖尿病，精神疾患）の中で糖尿病に次いで多い．特に近年は，うつ病とアルツハイマー型認知症の増加が著しい．一方，自殺者数は2004（平成16）年をピークにその後減少が続いていたが，COVID-19の流行が始まった2020年に増加に転じ，改めて対策の重要性が高まっている．

●身体活動とメンタルヘルス　健康科学分野では以前より，身体活動がメンタルヘルス（特にうつ病の予防）にどの程度貢献するのかについて，検証が重ねられてきた．近年のメタ分析では，普段の歩行程度の活動を週2.5時間行うことで，確かなうつ病予防効果が期待できること，たとえその半分程度の身体活動であっても，何もやらないよりかは顕著な予防効果があることが確認された（Pearce et al. 2022）．すなわち，「とにかく少しでも動く」ことが大事である．

●運動・スポーツとメンタルヘルス　運動やスポーツを行うと，上記のような身体活動水準を満たすことに加え，それを誰かと一緒に行ったりグループに参加したりすることで，さらにメンタルヘルスに大きな効果がもたらされる．例えば日本の高齢者を対象とした調査（Kanamori et al. 2018）では，運動・スポーツを行っていない者に比べ，1人でのみ行っている者では，2年後のうつ症状の予防効果は確認されなかった．一方，誰かと一緒に行っている者では，うつ症状の発症をおよそ半減させるだけの効果が確認された．グループに参加し集団で運動・スポーツを行うことで，より大きな健康効果が得られるメカニズムとして，身体活動量が確保されやすい（継続率が高い，1回あたりの活動時間が長い）ことに加え，心理的側面（楽しさ，自尊心，ストレス緩衝）や社会的側面（社会的ネットワーク，サポート）の充実がもたらされることが考えられている（Kanamori et al. 2015）．

●地域のスポーツの盛んさとメンタルヘルス　グループに参加し運動やスポーツを行うその人自身のメンタルヘルスが良好であることは，ある程度予想がつくことである．さらに興味深いことに，スポーツのグループが盛んな地域に暮らす高齢者は（自身の参加状況に関わらず）うつ症状や認知症の危険性が低いことが確認された．日本の高齢者を対象に多地域で行った調査から，地域（およそ学区に相当）の中で10人に1人の高齢者が多く運動やスポーツのグループに参加したと仮定すると，その地域に暮らすすべての高齢者のうつ症状のリスクが男性で11%，女性で4%低く（Tsuji et al. 2018），さらにその後6年間で認知症を発症す

るリスクが8%低いことが確認された（Tsuji et al. 2019）．スポーツが盛んなことで地域全体にこのような波及効果がもたらされる理由として，社会的伝播によって健康に良い「行動が伝染」したり，インフォーマルな社会統制によって「雰囲気が醸成」されたり，集合的効力によって「環境が整備」されたりする可能性が考えられる（カワチ＆バークマン 2017）．実際に，スポーツのグループの参加割合が高い地域では，非参加の高齢者であっても閉じこもりが少なく，運動やスポーツに対する行動変容ステージ（関心や意欲，個人としての実践状況）が良好であることが確認されている（Tsuji et al. 2021a）．

●「みる」「ささえる」スポーツとメンタルヘルス　2017（平成29）年に策定された第2期スポーツ基本計画から，「する」のみならず「みる」「ささえる」スポーツの参画人口の拡大が目指されている．このようなスポーツとの関わりも，メンタルヘルスに良い効果をもたらす可能性がある．日本の高齢者を対象とした調査（Tsuji et al. 2021b）では，スポーツを「直接現地」で月1回から年数回観戦している，あるいは「テレビ・インターネット」で週1回以上観戦している者では，まったく観戦していない者に比べて約3割，うつ症状を有している可能性が低かった．そのメカニズムを探る分析をしたところ，スポーツ観戦がうつ症状を和らげる直接的な関連のみならず，スポーツ観戦者では地域への信頼・助け合い・愛着が豊かであったり，友人と会う頻度や人数が多かったりするなど，ソーシャルキャピタルが豊かであることを介して，うつ症状の程度が低く保たれているという間接的な関連も示された．地域にゆかりのあるスポーツ選手やチームの活躍を見て「元気や勇気をもらった」のような声を聞くことがよくあるが，それは真実なのかもしれない．

　また，運動・スポーツに関するボランティア活動（「ささえる」スポーツ）に参画する高齢者の特徴を網羅的に探索した研究（Tsuji et al. 2022）によると，うつ症状を有する者では有さない者に比べ，参画する可能性が約4割低かった．

●スポーツとメンタルヘルス研究の課題　日本において，大規模かつ多地域をカバーした研究は高齢者を対象とした報告が多く，今後は幅広い世代を対象とした質の高い研究の蓄積が待たれる．また，スポーツとメンタルヘルスは相互関係にあるため，スポーツをしているからメンタルヘルスが良好なのか，メンタルヘルスが良好だからスポーツができるのか，区別できない研究が多い．今後は縦断研究や介入研究により，因果関係に迫った知見が求められる．最後に，本項目ではスポーツのメンタルヘルスに対する「功」に着目したが，「罪」についての丁寧な検証も必要であろう．　　　　　　　　　　　　　　　　　　　　　　　　　　［辻　大士］

📖さらに詳しく知るための文献
水上勝義・辻　大士 2023.『ストレスマネジメントの理論と実践』医学と看護社.
バークマン, L. F. ほか編, 高尾総司ほか監訳 2017.『社会疫学』上. 大修館書店.

ライフスキルとスポーツコーチング

　スポーツ活動を通じて選手は競技スキルと心理社会的スキルを獲得するが，後者は日常生活においても汎用性の高いスキルであることから「人間力（ライフスキル）」と称される．スポーツにおいて「人間力」を育むコーチングは，その経験によって積み重ねられたコツやカンという可視化されにくい暗黙知である．最終的に勝敗を分ける人間力はスポーツでどのようにして育まれていくのか，「ライフスキル」という概念に着目して考えていきたい．

●**スポーツとライフスキルの関係**　ライフスキルは「日常生活で生じるさまざまな問題や要求に対して，建設的かつ効果的に対処するために必要な能力」と定義され，自己認識や共感性，効果的コミュニケーション，ストレス対処など 10 のスキルで構成される概念である（WHO 1999）．ライフスキルはさまざまな社会的な問題に対処する能力を育むとされ，青少年の薬物や飲酒，喫煙などの防止においてライフスキル教育が展開されてきた．そこには生涯にわたり健康に主体的に向き合うための自制心や自らの能力に対する自信を育成する視点（Danish & Nellen 1997）がある．さらにライフスキルは遺伝的に規定されるものではなく，生まれてから獲得が可能な心理社会的能力（川畑 1997）であるため，不確実性の高い現代社会においては，多様な他者との関わりの中でライフスキルを意図的に身につけていくことが重要となる．スポーツ場面ではその特性上，効果的にライフスキルを獲得しやすい環境をつくることが可能となる．

　例えば，特にチームスポーツでは，チーム内の「共通の目標」に向けたメンバーの相互作用によって，卓越した技術・戦術とチームの連帯がより強化されていくが，そのためには，メンバー間で相互の意見をすり合わせ，チームにとっての最適解を導き出すことが必要となる．この相互作用の過程で繰り返し実践されていくのが，効果的コミュニケーションスキルや自己認識スキル，共感性スキルなどのライフスキルである．自分の考えとは違うメンバーや指導者との意見のすり合わせに困難を伴うことや常に試合に出場できるとは限らないこと，試合に向けたコンディションの調整を行ってもイメージ通りのパフォーマンスを発揮できないなど，多くの不確実な状況の中でその対策を講じなければならない．そのため，現状を把握し仮説を立て，実行してさらに省察し，次への目標を設定するというサイクルがあらゆる場面で求められる．ライフスキルの「スキルとは学習可能」であるが，例えばテニスのサーブを何度も繰り返し練習してスキルを身につけていくように，スポーツにおける心理面も「他者との関わり」を繰り返しながら，

積み重ねられていくことに大きな特徴がみられる.

●**スポーツでライフスキルを高めるコーチングと心理特性**　スポーツでライフスキルの獲得を高めていくためには，何よりこれらを引き出す指導者のコーチングスキルが肝要となる．指導者は，選手のスポーツ環境のみならず，保護者，学校，仲間や社会との関わりなどをさまざまな他者と意図的に関わる環境をつくることでライフスキルを発達させることが可能となる．さらには，チームの心理的安全性が高く，屈託ない意見交換が可能であればあるほど高いライフスキルが獲得されていることが報告されている（東海林 2024）．一方で，指導者がそうした環境づくりに気が付かず（あるいは無視し），自分の経験や思い込みだけで指導する場合には，選手は限られたメンバー間だけの関わりとなり，ライフスキルを獲得する機会を喪失してしまう．特にスポーツは指導者と選手間のヒエラルキーの関係性が特徴として挙げられるが，こうした偏りのある狭い関係性では，ライフスキルは獲得されづらく社会への汎用は期待できない．それどころか，ヒエラルキーの関係性が負の循環すら生み出してしまう．さらに，コーチングは「スポーツ組織におけるコーチの権限を意図的に配分し，選手間の協力関係を成立させチームをその目標達成に導くこと」と定義（東海林 2013）されるが，指導者が客観的に自らの複雑なジレンマ（心理的葛藤）を認識できないと，意図的なコーチングの配分は困難になる．また選手間でも選手全員がチームの勝利に向けて協力することが全体にとって望ましいことは分かっていながら，試合に出られるメンバーは限られている事から選手間には利害関係からくるジレンマがあるなど心理面を認識しておくことが重要となる．

　指導者は，選手を取り囲む周囲の環境をうまく活用し，チームを構成する社会のさまざま要素（例えば観客，保護者，学校関係者，周辺の学校，他のスポーツ競技団体など）が構成する「社会とのインタラクション」の中に存在するという観点が必要であり，それらを意図的につくっていくことが求められる．

●**見えにくいインフォーマルルールの醸成がライフスキル獲得の基盤となる**　スポーツ組織を望ましい方向に導くためのルールの執行（ノース 1994）では，特に選手が自発的に考え行動していくために必要な暗黙的なインフォーマルルールの執行が重要となる．例えばライフスキルの中の「コミュニケーションスキル」では，「コーチから促されて挨拶をする」の段階から，「審判などチームに関わりのある人々に雑談を含めて自然な挨拶ができる」段階へ広がり，さらにはそれがスポーツ場面を超えて自分の生活圏（ご近所など）でも自然とできる状態になることが望ましい．こうしたライフスキルの獲得の段階は，コーチの権限の行使が強く働く状況から，ライフスキルの獲得とともに徐々に弱くなる．同時にインフォーマルルールとしてメンバー間で共有されながら，チーム文化も醸成され強固なものになっていく．こうしてライフスキルの獲得は，選手の自律性を育み，人間力を高めていくと考えられる．

[東海林祐子]

第 21 章

社会問題・社会的逸脱

[担当編集委員：松尾哲矢]

スポーツ競技者のドーピング

　スポーツには勝ち負けが存在する．スポーツ競技者は勝つことを目指して，身体を鍛えまた酷使していく．選手は精神的にも肉体的にもタフでなくてはならず，身体は高度な技の達成や機能に耐えて成功すること，勝つことに固執していく．

●スポーツ界におけるドーピングの発生構造　競技スポーツは国家による振興や資金援助，学校や企業のスポンサーによる資金供給なくしての勝利は困難である．こうした中で 1960 年代以降，国際的な舞台で選手たちが活躍できるように国家や企業がスポーツ科学の制度化を財政的に支え，組織的なドーピングが行われるようになっていく．

　東ドイツでは 1960 年代に秘密警察により世界中から集められた薬が研究され，運動能力を向上させる薬がアスリートに投与されていた．こうした東ドイツにおけるドーピング問題は，「国家計画 14・25」と名付けられ，選手たちはその真実を知らされることなく犠牲となったが，この国家規模のプロジェクトの全貌が明らかになったのは，ベルリンの壁崩壊から 10 年近くたった 1998 年であった．1968年に東ドイツが獲得した金メダルは 9 個であったが，4 年後には 20 個，1976 年には 40 個になった．選手たちは国家のために勝利することを強制され，スポーツは政治的に利用されていったのである（ローボトム 2014, 47-50）．

　ロシアのドーピング問題が報じられたのは 2014 年 12 月のことであった．ドイツのテレビ番組でロシアの女性陸上選手がドーピングを告発したのがきっかけとなり，世界アンチ・ドーピング機構（World Anti-Doping Agency；以下，WADA）独立調査委員会によりドーピング行為の実態が明らかになった．この調査チームの委員長であるマクラーレン（McLaren, R.）は，WADA に提出した報告書の中で，1000 人を超えるアスリートがこのプログラムによる"利益を得た"と述べ，ロシアのアンチ・ドーピング試験所の元所長であるロドチェンコフ（Rodchenkov, G.）は命の危険を感じて米国に亡命した（ヘニング & ディメオ 2023, 217）．2016 年にはロシアの組織的なドーピングの実態が明らかになり，以後多くの国際競技大会とオリンピックから排除された．

　こうした東ドイツやロシアのドーピング問題は，国の強化のため，国家がスポーツに介入し，スポーツで社会統合を行い，スポーツを政治利用したことがドーピング行為につながったと考えられる．

　また，スポーツにおける運動能力向上を目的とする薬物使用が継続的に行われていた事例として，2003 年 9 月にアメリカ・アンチ・ドーピング機構（USADA）

とサンマテオ麻薬特別捜査班が共同で行った調査で，栄養補助食品会社 Bay Area Laboratory Co-operative（BALCO 社）が多くの選手にステロイドを提供していたことが発覚した．その中には，ジョーンズ（Jones, M.）やガトラン（Gatlin, J.），チェンバース（Chambers, D.），ロマノウスキー（Romanowski, B.），ボーンズ（Bonds, B.）などの有名な選手の薬物使用が認められ，21 世紀になってもなおスポーツ界における運動能力向上薬の使用は後を絶たず，しかも組織的に行われていることが明らかとなっている（ウォディングトン＆スミス 2014, 286-287）．

●**日本のスポーツ界のドーピング問題**　日本は世界的に見るとドーピング違反者は少なく，これまで「うっかりドーピング」が懸念されてきたが，近年では明らかに違法である薬物を使用し，長期にわたる資格停止の裁定内容が下される事例が報告されている．中でも資格停止 2 年以上の違反者が多い種目はボディビルディング，パワーリフティングのように大きな筋肉を必要とする選手たちで，主に体格やパフォーマンスを向上させる目的や使用した薬物を体内から排出させたりするための使用が発覚している．

　日本ではアンチ・ドーピングに「集団的合意」を行っているスポーツ組織がドーピングを排除してきたとされているが，公的組織の規範力の低下によってアンチ・ドーピングの精神も徐々にハザード化する可能性が指摘されている．2017 年に発覚したカヌー選手のドーピング問題は2018 年に鈴木康大選手の自白により，ライバルである相手を陥れるために飲み物に禁止薬物を混入させたことが明らかになっており，選手は十分な注意が必要である（依田 2022, 169-172）．

●**ドーピング防止に向けた制度と新たな視点**　世界アンチ・ドーピング規程（World Anti-Doping Code; Code）は，「フェアでクリーンなスポーツを守り，クリーンなスポーツに参加するアスリートの権利を守るためのもの」である．また，この規定に付随して「禁止表国際基準」「検査及びドーピング調査に関する国際基準」「治療使用特例に関する国際基準」「結果管理に関する国際基準」「教育に関する国際基準」「署名当事者の規程遵守に関する国際基準」「プライバシー及び個人情報の保護に関する国際基準」「分析機関に関する国際基準」と八つの国際基準が策定されている．

　この中でも「教育に関する国際基準」を基に各国政府が教育プログラムを提供することが定められているが，これまでのようなトップダウンではなく，選手やその保護者，指導者がともに学び，考え，ドーピングから自分自身を，子どもを，選手をどう守っていくのかを議論していくこと，アンチ・ドーピング教育が幼い頃からあたりまえに行われる社会をつくっていくことが重要である．　[依田充代]

📖さらに詳しく知るための文献

ヘニング，A. & ディメオ，P. 著，児島 修訳 2023.『ドーピングの歴史』青土社.

ローボトム，M. 著，岩井木綿子訳 2014.『なぜ，スポーツ選手は不正に手を染めるのか』エクスナレッジ.

ウォディングトン，I. & スミス，A. 著，大平 章ほか訳 2014.『スポーツと薬物の社会学』彩流社.

スポーツ競技者のバーンアウト

　燃え尽き症候群（バーンアウト・シンドローム，以下，バーンアウト）は，一般に対人専門職を対象に用いられ，長期間にわたり人に援助する過程で，心的エネルギーが絶えず過度に要求された結果，極度の心身の疲労と感情の枯渇を主とする症候群である．近年，スポーツ界においても競技者のバーンアウトが問題視されてきた．

●**スポーツ競技者のバーンアウトとその規定要因**　バーンアウトは，精神科医フロイデンバーガー（Freudenberger, H. J. 1974）によって提唱された．主に看護士，教師，カウンセラー，ケースワーカー等のヒューマンサービス関連の対人専門職を対象にした概念である．一般的症状としては，心身の疲弊状態を示し，具体的には，精神的，情緒的疲弊状態（疲れ果てて燃え尽きたという感情，自己嫌悪，うつ状態および対人関係における否定的な態度および行動），身体的疲弊状態（原因不明の疲労，頭痛，息切れ等）を主とする症候群である．

　近年，時間的にも労力的にも専心的に取り組んでいる競技者を対象としてバーンアウトが問題視されてきた．競技者のバーンアウトが生じると競技者の生活領域全般に悪影響が及ぶこと，バーンアウト状態が深刻化すると自殺（念慮）する場合すらあること等の問題が指摘されている．

　スポーツ競技者のバーンアウトは，「専心的な競技者が長期間，過度に高い競技課題，競技的・社会的環境とのアンバランス等にさらされ，心的エネルギーが絶えず過度に要求された結果として生じる心身の疲弊状態」と定義することもできる．バーンアウトに陥る一般的なプロセスとしては，「理想的・意欲的段階→停滞→欲求不満→無関心」（Edelwich & Brodsky 1980）というプロセスが想定されるが，競技者に特化したプロセスとして中込四郎・岸順治（1991）によれば「熱中→停滞→固執→消耗」を挙げている．中でも熱中し，大会等で優勝するなど成功体験を有する競技者が，その後，成績の停滞にもかかわらず，その競技に「固執する」プロセスは競技者にみられる特徴だと言える．

　バーンアウトが過剰なスポーツへの社会化の過程・結果として生じている状況とみることもできることから，バーンアウトの主な規定要因について，ケニヨンとマクファーソン（Kenyon & McPherson 1973）が提示した社会化の要因から整理すると以下のようになる．

・「個人的属性」：神経質行動特性，タイプＡ行動特性，完全主義，几帳面，他者志向，低度のフラストレーション耐性等

・「重要なる他者」：指導者やチームメイトとの不快な人間関係，情緒的支援者の不足，ソーシャル・サポート（重要なる他者から得る情緒的，手段的助力）の不足等
・「社会化の状況」：長期的な勝利への過度の要求と能力のアンバランス，目標達成を可能にする機会の欠如，環境的，対人的，社会的要求と適応能力のアンバランス，競技維持に対する支援体制の欠如等

これらの要因によってバーンアウトが生じていると考えられる．しかしながら，社会化の要因によって一方的に社会化されるわけではないことから，競技者自身の主体的な取組みを視座に入れた検討も重要である．吉田毅（2013）は，主体的側面と受動的・社会（規範）的側面のダイナミズムを捉える必要性を指摘し，主体的社会化論の枠組みからバーンアウトのプロセスおよび克服過程を検討している．

●バーンアウトと逸脱　スポーツ競技者のバーンアウト問題は，競技者が勝利至上主義，禁欲主義を中心とした価値意識と規範を強く把持し，固執することで，意図せざる結果としてその規範や価値からの逸脱を与儀なくされる現象として捉えることができる．

この問題を把捉する基本的視角としては，「当の逸脱者よりも彼をとり囲んでいる関係や制度のほうこそ病んでいる」という学校教育の病理研究における大村英昭（1994）の指摘を踏まえ，バーンアウトを余儀なくさせるスポーツシステムや社会構造に目を向ける必要がある．この問題を単に個人的な性格や特性の問題に帰することは，この問題の理解と解決をより困難なものにするであろう．

とりわけ競技スポーツでは，「勝利」という一元的な価値が重視され，競技者と指導者は，平等に与えられた勝利や成功という目標にむかって絶え間ない競争に駆り立てられる．しかしながら目標の平等配分に対する素質やスポーツ環境などの手段の不平等配分という矛盾・緊張の中で，過度に高い目標，課題に晒され続ける．

競技者は，たとえ自らの能力や成績の限界を認知したとしても，周りからの期待や辞めた後自分に降りかかるであろう不利益を回避するために辞めるわけにもいかず，かといって見通しのないままに頑張りつづけることもできない，という閉塞状況に追い込まれる．そこに逸脱の契機がある．

バーンアウト問題の解決にむけては，競技継続に対する支援体制の充実もさることながら，勝利至上主義に代表される価値の一元化・固定化を生成・維持している指導環境，スポーツシステムから，多様な価値意識や規範の存立とその支援体制の確立，枠組の再構築が急務と言える．　　　　　　　　　　［松尾哲矢］

📖さらに詳しく知るための文献
吉田　毅 2013.『競技者のキャリア形成史に関する社会学的研究』道和書院.
田尾雅夫・久保真人 1996.『バーンアウトの理論と実際』誠信書房.

フーリガン問題

　1985年，ブリュッセル（ベルギー）のヘイゼルスタジアムで行われたリバプール（イングランド）対ユベントス（イタリア）のサッカーの試合を前に，ファンによる乱闘があり，死亡38人，負傷者425人という大惨事が起きた（ヘイゼルの悲劇）．このようにファンが暴徒と化す現象をフーリガニズム（hooliganism），そのファンをフーリガン（hooligan）と呼んでいる．これまでも，ファンの暴動はサッカー以外でもあったが，1960年代から英国を中心に社会的問題としてメディアが捉えたサッカーフーリガンについて主に解説する．

●**なぜ，フーリガニズムは問題なのか**　伏見工業高校のラグビー部の監督であった山口良治が，ラグビーを「ルールのある喧嘩や」と言って，部員を勧誘したという．

　このことは，スポーツと暴力の近接性を言い当てている．もともと民衆のサッカーは喧嘩に近い暴力的なものであった．それが19世紀になって，英国のパブリックスクールにおいて，ルールによる暴力行為の制御が行われ，スポーツとして社会的に認められる余暇活動となったのである．なぜ，パブリックスクールで生まれたのかというと，中産階級の子弟の教育として，暴力的な面を払拭し，紳士としての振る舞いを学習し，労働者階級との差別化を図ろうとしたからである．当時，国家が暴力を独占し，エリアス（Elias, N.）のいう「文明化」（エリアス 1977-1978）の道を歩み始めた英国において，その中心的な存在であった中産階級が，暴力に対する嫌悪感を高め，自己抑制していくことを学ぶには，サッカーというスポーツは教育的意義があったのである．

　しかし，スポーツからまったく暴力性を排除してしまうと，退屈なものになる．われわれがスポーツに興奮するのは，ある面，暴力的な身体性にある．そこで，暴力的な行為が許される社会的な「飛び地」として，スポーツは存在することになった．したがって，スタジアムと試合時間という時空間によって，その飛び地は厳格に規定されるのである．

　ただ，このことはあくまでスポーツを競技するものに適応されることであり，ファンには適応されない．それ故フーリガニズムは逸脱行為として問題化され，メディアから批判されるのである．さらにプロレスの場外乱闘のように，スポーツというフレームが崩れ（Breaking Frame），単なる喧嘩と化す現象は，逆に元のフレーム（Primary Frameworks）であるレスリングというスポーツを再認識する機会（Goffman 1974）となるのと同じように，フーリガニズムは近代社会におけ

る暴力という綻びを繕い，暴力のない社会の正当性を再認識することになる．

●**なぜ，フーリガニズムは起きるのか**　一般的には試合に興奮した観客が，審判のミスジャッジや敗戦などをきっかけに暴力をふるうと考えられているが，前述のヘイゼルの悲劇のように，試合が始まる前にもフーリガニズムが発生することから，その要因は否定される．ダニング（Dunning, E.）はフーリガニズムの発生の要因を社会に求める（エリアス＆ダニング 1995）．彼は下層労働者階級に注目し，これまで彼らに許容されていた暴力が英国社会の文明化が進むことによって問題視されるようになり，逆にフーリガニズムが下層労働者階級の社会的存在の証明として機能するからであるという．さらに，「攻撃的男らしさ」の価値観を共有する若者の一体感が労働者コミュニティを形成していく．もちろん，メディアが彼らをフーリガンとラベリングし，批判することが後押しになっている．また，フーリガニズムがスポーツという暴力の社会的飛び地としての空間で起きていることも見逃せない．

　さらに，世界的にフーリガニズムが拡大していった背景には，都市における経済的格差，政治的イデオロギーの対立，宗教的対立などの社会的問題を包摂しているという（ダニング 2002）．

　一方，日本においては，なぜフーリガニズムが起きにくいのだろうか．日本の場合は野球が一つのモデルとなる．日本の野球の観客は，かつて野次軍団と呼ばれ，試合中に興奮した観客がグラウンドになだれ込み，暴力的行為によって試合が中断することがしばしばあった．20 世紀の初頭，早稲田大学が渡米したときに，カレッジエールや応援歌による応援を持ち帰り，日本独特の応援形式が確立された．そして応援団は規律ある応援をリードすることによって，興奮し荒れる観客を鎮めるフーリガン対策としての役割を担うようになったのである．しかも日本の場合，スポーツは教育と結びつき，競技場は学校と同じように神聖な場として捉えられ，英国のように暴力が許される社会的飛び地として認識されないのである．

●**フーリガニズムは終わったのか**　日本でも 2002 年の日韓サッカーワールドカップにおいてフーリガン対策が話題となったが，すでにフーリガニズムは 1990年代の後半から沈静化してくる．それは，英国ではプレミアムリーグの発足と有料メディアによる独占放送によってグローバル化とビジネス化が進み，ファンが多様化し，さらにチケットの高騰によって労働者階級がスタジアムに行けなくなったことも要因として考えられる（小笠原 2016）．また，ファンはフーリガンとしての身体的な暴力から，プレイヤーに投げかけるヘイトスピーチという言葉による暴力にかわってきたのである．　　　　　　　　　　　　　［杉本厚夫］

📖**さらに詳しく知るための文献**

エリアス，N. & ダニング，E. 著，大平 章訳 1995．『スポーツと文明化』法政大学出版局．

杉本厚夫編 1997．『スポーツファンの社会学』世界思想社．

スポーツにおける BAHD 問題と感情調整方策

　BAHD とは，Bullying（いじめ），Abuse（虐待），Harassment（いやがらせ），Discrimination（差別）の頭文字を組み合わせ，カナダのケネディ（Kennedy, S.）とマクニール（McNeil, W.）が共同で創設した民間団体「Respect Group」が提供しているオンライン・プログラム「Respect of in Sport」で，その中で用いられている頭字語を示している．このプログラムでは，子どもにとって安全なスポーツ環境を整えるべく，主に子どものスポーツに関わる指導者を対象に，BAHD それぞれの知識と理解を促し，指導の際の正しい対応の仕方を普及啓発している．

　日本スポーツ協会アクティブ チャイルド プログラム（Active Child Program: ACP）普及・啓発プロジェクトは，この活動に賛同し，スポーツ界から BAHD 行為をなくすことを目指して「子どもを守ろう：BAHD 防止キャンペーン」を推進している．BAHD に表現されるようなパワハラ行為を伴う指導は，もちろん被害者に及ぼす影響を考慮すれば人道上許されない行為である．しかし，「行えば何らかの罰をうける，だから行わないようにする」といった懲戒回避型の捉え方をしている指導者が多く，「熱血」の名の下で長く続いた感情調整能力の欠如は改善されるものではない．このキャンペーンの目的は，単に防止や抑制だけを訴えることではなく，指導者に対して，BAHD を伴うような指導を行わなくてももっとよい指導の仕方や選手への諭し方があることを示すことにある．指導者には，日常からその方法をリハーサルしておくことで高圧的な指導に代わる方法を身に付けることを促す．

●**防止プログラムの理論**　BAHD 防止リーフレットの開発に用いている理論は，ストップ−リラックス−シンクである．ストップ−リラックス−シンクは，感情調整の方法として，高ぶった感情を一旦ストップし（考えることを止める），次にリラックスし（短時間で行えるリラクセーションを行う），最後にシンクする（現実的な解決方法を考える），という一連の流れを組み合わせている．ストップ−リラックス−シンクは，従来から鉄道運転の業務や火災防止の点検に，また渋滞時の運転における焦燥感の具体的な緩和方法として標語という形で用いられてきた．一方で，衝動性，怒り，攻撃性の制御，すなわち感情の高まりに伴って生じる反社会的な行動を抑制する方法としても適用されている．

　リーフレットの開発（竹中〔2022〕を参照）にあたっては，日本スポーツ協会が主催する公認スポーツ指導者等を対象とする研修会の参加者に協力を依頼し，その後，Web 型アンケート作成・管理ソフトを通じて自由参加による調査を実施

した．調査では，研修会参加者の属性や指導経験などに加え，厚生労働省雇用環境・均等局（2018）のパワハラ資料を援用した6類型について被害と加害の両面から実施程度を調査した（表1）．また，「感情的になって怒りがおさまらず，大声でどなってしまったことがあったか」という質問を行い，「あった」と回答した指導者に対して，その状況・場面を詳細に尋ね，さらに「いま振り返ってみてどのように対処すればよかったのか」という具体的な対処法についても自由記述によって回答を求めた．以上の調査を基に，指導者のBAHDが起きやすい状況と対処法についての選択肢を示したストップーリラックスーシンクによるリーフレットを開発した．開発したリーフレットについては，その後，実行可能性を確認するために，先とは異なる指導者を対象に，1）興味，2）理解，3）受け入れやすさ，4）自己効力感，5）実行意図，のそれぞれについて評価を依頼し，高い実行可能性を得ている．

表1 BAHDの加害および被害の項目例

項目	具体的内容
被害	
・身体的な攻撃	叩く，殴る，蹴るなどの暴行，丸めたポスターで叩かれるなど
・精神的な攻撃	チームなどみんなの前での叱責，罵倒，長時間にわたって叱られるなど
・人間関係からの切り離し	隔離・仲間外し・無視されるなど
・過大な要求	不可能な内容の強制，あるいは妨害されるなど
・過小な要求	能力や経験とかけ離れた低い練習や内容を行わされるなど
・個の侵害暴行	私的なことに過度に立ち入られるなど
加害	
・身体的な攻撃	叩く，殴る，蹴るなどの暴行，丸めたポスターで叩くなど
・精神的な攻撃	同期やみんなの前での叱責，罵倒，長時間にわたって叱るなど
・人間関係からの切り離し	隔離・仲間外し・無視するなど
・過大な要求	不可能な内容の強制，あるいは妨害するなど
・過小な要求	能力や経験とかけ離れた低いことを要求するなど
・個の侵害	私的なことに過度に立ち入るなど

図1 BAHD防止リーフレットのロゴ

本項目で紹介した調査結果や作成した普及・啓発リーフレットの利用だけでは指導者の態度や行動を変えるのに十分でないかもしれない．しかし，スポーツ界における人権の侵害に対して単に指導者の道徳感に訴えたり，罰則を示すにとどまる，観念的で一方向の指示型アプローチに頼るのではなく，指導者に対して積極的に彼らの感情調整方策を示そうとする本試みは，今後の防止策を展開する上で意味があると考える． ［竹中晃二］

📖 さらに詳しく知るための文献

Respect Group 2021. Respect in Sport https://www.respectgroupinc.com/respect-in-sport/（最終閲覧日：2023年6月20日）．

竹中晃二ほか 2022. 感情調整および行動変容技法を用いたパワハラ防止リーフレットの開発．ストレスマネジメント研究 18：35-41．

竹中晃二 2022. より効果的な指導法を求めて：「子どもを守ろう：BAHD防止キャンペーン」がスタート．Sport Japan 60：8-23．

スポーツ団体・組織をめぐる不正問題とその構造

　日本のスポーツ団体・組織において，近年，数々の不祥事が続いている．本項目では，このような日本のスポーツ団体・組織の不祥事に関して，特に中央競技団体について，法人法組織法の観点から解説する．
●**スポーツ団体・組織のチェックアンドバランス**　中央競技団体の多くは，一般社団法人及び一般財団法人に関する法律（通称一般法人法）に基づく社団法人・財団法人という法人格を選択している．これらは，法律に基づいた法人格を与えられた団体であり，その不祥事を防止するガバナンス体制の基盤は法律に定められている．
　その機関設計としては，法人の意思決定を委任された理事会と，法人を代表し，業務執行を委任された代表理事が存在する．一方で，理事会には，代表理事などの業務執行を監督する責任があり，また，監事も理事の職務執行を監督する責任がある．また，社団法人の社員や財団法人の評議員は，理事・監事の選解任などを通じて，法人運営が適正に行われているか監督する責任を負う．この委任と監督が機能することによって，法人運営のガバナンスとして，チェックアンドバランスが図られている（下図参照）．
●**機能しないチェックアンドバランス**
①**役員の法的理解の乏しさ**　日本のスポーツ界において，チェックアンドバランスを機能させることを難しくしているのが，役員などの法的責任に対する理解が

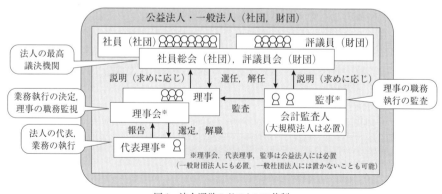

図1　法人運営のガバナンス体制

乏しいことが挙げられる．日本の中央競技団体の役員は前述のとおりさまざまな法的責任を負っているが，仮にその法的責任の追及が必要になった場合であっても，そもそも役員会を構成するメンバーに法的責任の理解が乏しく責任追及がなされないことも多々ある．日本のスポーツ界における人間関係や先輩後輩関係もこのような法的責任の追及を困難にしている．

②**「人」に依存するチェックアンドバランス**　日本のスポーツ界において，チェックアンドバランスを機能させることを難しくしているもう一つの理由が「人」に依存していることである．

　法人運営は執行者と監督者という二者の牽制関係によって適正な運営を目指すものであるが，その牽制関係は，執行者や監督者になる「人」の能力に大きく影響してしまう．株式会社などの営利法人の場合は，剰余金の分配が可能なため，その経済的利益を求める株主と取締役の間に経済的な牽制関係が生まれるが，一般・公益法人では剰余金の分配などの経済関係はなく，このような牽制関係がない．となると，一般・公益法人の理事監事間，あるいは社員や評議員との間には「人」としての牽制関係しかないのである．

●**あるべきチェックアンドバランスに向けて**　このような現状の課題を踏まえて，チェックアンドバランスを機能させるには，以下の方向性が考えられる．

①**法的責任の理解のある者によるチェックアンドバランス**　「人」によるチェックアンドバランスを機能させるためには，執行者や監督者になる人間の能力に一定の要件を設ける方法が考えられる．すでにスポーツ団体ガバナンスコードなどでも，専門資格を有する有識者を外部理事・外部評議員として導入することなどが求められるようになっているが，一部の理事や評議員を有識者にしたとしても効果は薄い．

　むしろこのような法的責任の理解のある者を過半数以上にすることや，既に一部の企業で導入されているような，外部理事を議長とする理事会運営など，チェックアンドバランスを果たすべき会議体の運営を法的責任の理解のある者に委ねる方法も考えられる．

②**第三者による法的責任の追及，牽制関係**　社団法人は，社団法人の構成員である社員が，理事や監事の責任追及の訴え（代表訴訟）を提起できる（一般法人法第278条）．

　加えて，欧米の中央競技団体などでは，スポーツ界の実質的構成員である競技者の民主的意思決定手続きが担保されることで，スポーツ団体・組織の理事，監事または社員，評議員との間で，法人運営のチェックアンドバランスを機能させている．日本のスポーツ団体・組織でも導入を検討しなければならない視点だろう．

［松本泰介］

スポーツにおける八百長問題

　八百長とは，事前に勝敗を決めていながら真剣勝負を装うことである．片八百長という言葉があるように，対戦者同士の取り決めがなくとも一方が敗退行為を働けば八百長となる．

　近代競技スポーツの母国である英国では，19世紀初頭までほとんどの「ゲーム」が賭博と強く結びついていた．ルールは賭けの公平性を保ち，八百長を防止するために整備されていった．競技スポーツ成立の一因とも言える八百長は，現代もスポーツ界の深刻な問題であり続けている．

●**主な事件**　最も有名な八百長事件は，米大リーグの「ブラックソックス事件」だろう．1919年のワールド・シリーズでのホワイトソックスの敗退行為により，1921年にジャクソン（Jackson, J.）ら8選手が追放処分を受けた．「それまでの（大リーグの）数十件の八百長事件との唯一の違いは，八百長に加担した8人のホワイトソックス選手が法廷に立たされたこと」（Bryant 2006, 328）であり，選手が共謀罪で起訴されたことで，八百長が刑事事件になり得ることが示された．ただ裁判資料の紛失により証拠不十分で選手は無罪となった．

　8選手に追放処分を下したのは1920年に初代コミッショナーに就任した元判事のランディス（Landis, K. M.）だった．米国内外の多くのプロスポーツ団体は，大リーグにならって最高権威者のコミッショナーを置くようになった．

　日本で八百長が認定された事件として広く知られるのは，1969年にプロ野球界で発覚した「黒い霧事件」と2011年の「大相撲八百長問題」である．

　1969年10月，西鉄（現西武）の永易将之投手が敗退行為をしたとの報道があり，八百長発覚の連鎖が始まった．騒動は1971年まで続き，西鉄のエース投手だった池永正明ら6選手が永久失格処分となった．

　永易らの証言で明らかになったのは，暴力団の資金源として組織化された野球賭博で「投手は要求に応じて意図的な投球をし，打者に対しても協力を仰いだ」（共同通信 1999）という実態だった．野球の八百長を理由に刑事罰を受けた選手はいなかったが，オートレースの八百長に絡んで逮捕されたプロ野球選手はいた．

　「大相撲八百長問題」は元力士らが逮捕された野球賭博事件をきっかけに2011年2月に発覚した．押収された携帯電話に八百長をうかがわせるメールがあり，最終的に特別調査委員会が親方2人を含む25人の関与を認定し，引退勧告などで事実上追放（蒼国来はのちに復権）した．同年の春場所は中止になった．相撲賭博への関与は立証されず，金銭によるいわゆる星の売り買いとして処分された．

●**違法性と取り締まりの現状**　賭博を前提にしている競馬などは，法律によって八百長行為を禁じている．規則を確立したのは，1752年に設立された英国の競馬統括団体ジョッキークラブであり，各国の法は英国にならってつくられた．日本でも公営競技で八百長行為があれば，競馬法や自転車競技法などで裁かれる．

　一方，野球や大相撲などには八百長行為自体を裁く法律はない．だが選手が八百長に関与した場合，競技団体から永久失格など最大限の処分を受けることが常である．

　ブーアスティン（Boorstin, D. J.）は，人々が八百長に向ける憤りについて「人工的に仕組まれたものの時代」にあって「わずかに残された作りものでない現実との接触の機会を奪われたことに対する，われわれの怒りに満ちた欲求不満」と説明した．勝利を追求するスポーツは「出来事の純粋な正真正銘性をある程度まで維持するのに成功している領域」なのである（ブーアスティン 1964, 267-268）．

　現在，八百長の摘発は，オンライン賭博の監視抜きでは成り立たない．オンライン賭博の普及で，国によるスポーツ賭博の規制の違いが意味を持たなくなり，多くの国が合法化に進んでいる．また対象が拡大するほど選手の管理は困難になる．各競技団体は国際賭博インテグリティ協会（IBIA）など賭博の公正性維持を目的とした機関の協力を得て，不審な掛け金の動きを監視する．

　IBIA によると，八百長問題が近年最も深刻なのはテニスだという．2022年に4人のテニス選手が永久失格となり，26コーチが八百長に絡んで処分を受けた．

　2009年にドイツの当局が摘発したサッカーの八百長事件では，ドイツ，ベルギーなど9か国の計約200試合が八百長疑惑とされた．英ガーディアン紙が「史上最大の八百長スキャンダル」と報じたが，オンライン賭博で掛け金の追跡が容易な分，不審な動きは事前にブロックされたとドイツの国際放送 DW などは報じた．

●**賭博に関係しない敗退行為**　八百長には賭博絡みでない敗退行為もある．2012年ロンドン五輪のバドミントン女子ダブルスでは，トーナメントの組み合わせをコントロールするため1次リーグ最終戦で敗退行為が横行し，4組8選手が失格となった．サーブミスを連発し合うなど異様な試合が繰り広げられた．

　サッカーのワールドカップ2018年ロシア大会では，日本がポーランド戦の終盤，他会場の経過を踏まえて失点リスクを冒さず，0－1のまま負けるためにボールを回した．決勝トーナメント進出を果たしたことで，西野朗監督の判断を支持する報道も多かったが，スポーツの本質をなおざりにしているとして「結果がすべてなら，サッカーは文化にならない」（忠鉢 2018）という批判もあった．

　米プロフットボール NFL のドルフィンズのオーナーは2019年，ウエーバー制のドラフト会議で上位指名権を得るために1敗ごとに10万ドルを支払うと監督に伝えた．NFL はチームが最終2試合に勝ったことなどに鑑み，処罰しなかった．［神田 洋］

📖**さらに詳しく知るための文献**

ブーアスティン, D. J. 著，星野郁美・後藤和彦訳 1964.『幻影（イメジ）の時代』東京創元社.

スポーツと経済格差

●**経済格差と貧困問題の深刻化**　日本は，戦後復興に続き急速な高度経済成長を遂げ，1969（昭和 44）年には，GNP（国民総生産）が，西ドイツを抜いて米国に次ぐ世界第 2 位となった．「三種の神器」「新三種の神器」が次々と普及することで国民生活は豊かになり，分厚い中間層で構成された一億総中流社会が到来する．しかし，やがて低成長時代に入りバブル経済が崩壊する 1990 年代以降，資本主義経済体制の負の側面が際立つようになる．ジニ係数（所得格差を測る経済指標）が 1980 年代半ばから上昇し，2000 年代以降も高止まりの状態が続いている．また，長引く経済不況と非正規雇用の増大等，労働力の流動化によって，2000 年以後は平均世帯所得が低下するとともに，貧困が深刻化する．2009 年，国内では初めて公開された 2003 年の相対的貧困率は 14.9%と OECD 加盟諸国中，米国に次いで第 2 位と国際的にも高水準の貧困大国となり，その後 2012 年までこの値は増加する．また，貧困を測る量的指標とされる生活保護世帯数約 165 万世帯，保護者数は約 202 万人となっている（厚生労働省 令和 5 年被保護者調査）．

　子どもの貧困に焦点を当てると，子どもの貧困率は 2003 年の 13.7%から 2012 年には 16.3%へと上昇し，実に 6 人に 1 人の子どもが，貧困という生活困窮状態にある．特に，「ひとり親世帯」の貧困率は 58.7%で世界トップにあり，25～39 歳の離婚率が増加しているわが国では，中流の核家族であっても離婚を契機に貧困の危機に直面するという危険を孕んでいる．また，要保護・準要保護児童生徒数は約 130 万人・援助率 14%という値の高さも，決して楽観できるものではない．

●**スポーツ生活の外部化の進展とスポーツ格差**　1964 年東京五輪以降，国民のスポーツ活動とスポーツ環境は大きな変容を遂げる．ひと言でいえば，スポーツ生活の外部化であり，具体的には，スポーツの習い事化と産業化である．スポーツ少年団やスイミングスクールといった子どもを対象とした団体だけでなく，フィットネスクラブやジム・ゴルフ場等々のスポーツビジネスが普及し，スポーツは「商品」として「消費の対象」となっていく．

　例えば，子どもの学習費調査（文部科学省）によれば，家計における年間スポーツ活動支出（学校外活動費に含まれる）は，調査開始（1994 年）以降約 20 年間で 1.9 倍と一貫して増え続け，現在では学習塾費を超えている．つまり近年，子どものスポーツは私費負担額が高騰し，家計依存の傾向が他の習い事と比べても一層強まっている．

こうしたスポーツと経済価値（市場価値）との結びつきが強化されることで，家庭や地域の経済的条件とスポーツ・身体活動との関係も深まっていく．体力・スポーツに関する世論調査（内閣府）によれば，2013年頃までは，「金がかかるから」という経済的な条件を，運動・スポーツをしなかった理由に挙げる者は，極わずかであったが，調査主体がスポーツ庁に変更になった2017年以降その割合は急増し2019年度の結果では，スポーツを定期的にしない理由の第3位に経済的条件が挙がっている．また，この世論調査のローデータの二次分析によれば，世帯収入や文化資本（学歴）などの社会経済的条件により，体力への自信，健康意識，スポーツ実施の有無や実施日数等に有意な差が認められることが明らかである．すなわち近年，社会経済的条件に恵まれている者の方が貧しい者に比べて運動・スポーツ活動に積極的であるというスポーツ格差が顕著になってきている．

●**家庭の社会経済的条件とスポーツ格差**　「スポーツと社会階層」に関する研究は，わが国では1960年代から開始されるが，社会階層（所得・職業・学歴）と体力やスポーツ行動との関連性を肯定する報告が多く，スポーツ格差は長年にわたってスポーツをめぐる社会事象であったが，社会的関心が寄せられるようになってきたは最近のことである．

　清水編著（2021）によれば，スポーツ格差とは「家庭・地域・学校など生活環境の条件が原因となって生じる①スポーツ機会へのアクセス，②運動・スポーツ習慣，③運動・スポーツ活動への意欲，④体力・運動能力水準等，スポーツ活動によって獲得されるアウトカム，に関わる許容できない不当で不平等な差異」であると定義される．つまり，スポーツ活動全般が私事的領域に依存する傾向が強まることで，経済格差がスポーツへのアクセス（機会）だけでなく，運動・スポーツ活動の結果として習得される諸能力（結果）にも差異を生じさせるという社会現象である．とりわけ子ども期のスポーツ格差については，自身が選択・操作できない家庭という背景に基づく格差であり，自らの努力や能力で解決できない不条理な差であるだけでなく，スポーツ格差は，学力格差や意欲格差などとも繋がり，将来的には社会不適応や職業不達成・不健康などにも影響することが危惧される．また，スポーツ格差は，家庭や個人の経済資本だけでなく，文化資本や社会関係資本など家庭や個人の生活諸条件全体から規定されていると考えられる．

　すべての人々に公正・平等なスポーツ機会の保障を目指し，権利としてのスポーツを法理念とするスポーツ基本法体制下にあって，スポーツ格差は，限りなく縮小・是正しなければならない社会問題である．　　　　　　　　　［清水紀宏］

📖**さらに詳しく知るための文献**

清水紀宏編著 2021.『子どものスポーツ格差』大修館書店.
今井悠介 2024.『体験格差』講談社現代新書.

スポーツ競技者の移籍をめぐる問題
スポーツ労働移民

　スポーツの愛好家の多くが,「観る」ことによってこれに参加している. 逆に言えば, 競技者, とりわけトップアスリートの多くはプロとしてファンにその卓越した技能を「魅せて」いる. グローバル化が進む中, 巨大ビジネスと化したプロスポーツの世界ではアスリートの国際移動が急増している.

　2023 年 12 月, MLB エンゼルスの日本人選手, 大谷翔平のドジャース移籍が報じられた. その契約内容は, 10 年総額 7 億ドル (当時のレートで 1015 億円) というまさに天文学的数字だった. 日本でプロキャリアを始めた時の年俸 1500 万円から 11 年で約 68 倍に増えたことになる. このようなトップアスリートの国際移動の中で展開されるのは, より上位のリーグへの移籍により巨万の富を手にするスポーツセレブの姿である.

●**「労働」としてのアスリートの国際移動**　国際移動を行うアスリートは "Sport Labor Migration" =「スポーツ労働移民」の語で示される. "Labor" の語が挟まれるのは, その研究の初期において, プロアスリートによる経済的要因による移動が射程に置かれていたからである. この分野における研究は, グローバル化が加速度的に進んだ 1990 年代に始まったのだが, この背景には, 世界各地のトップアスリートたちが,「傭兵」(Maguire 1996) として国境を渡るのが当たり前になったことが挙げられる.

●**経済的以外の要因による越境**　しかし, アスリートの越境は, 金銭目的以外の要因によっても起こる. アスリートの本質を考えると, 競技の追求を目的として越境する者がいるのは当然である. 日本サッカー黎明期の 1960 年代後半から次々とブラジルからやってきた日系人選手たちは, 競技に伴う報酬を目的とした「傭兵」である一方, 競技の普及・強化を担う「開拓者」でもあった. そして彼らの中には,「定着者」として帰化し, 引退後の人生も日本で送る者も出現した.

　また, すでに多くの富と名声を手にしたトップアスリートが,「ノマディック・コスモポリタン」(Maguire 1996) や「世界漫遊者」(Falcous & Maguire 2005) や「セレブリティ・スーパースター」(Agergaard 2008) として, 人生をより豊かにする手段として自らのスポーツ技能, キャリアを利用し, 国境を渡ることもある. 日本でのキャリアを捨て MLB に挑戦するベテラン野球選手は, これに属するかもしれない.

●**体験型ツーリズムと化するスポーツを通じた越境**　グローバル化の急激な進展は, 人々が国境を越えることを容易にした. このことは, 同時期に進んだ経済の

グローバル化に伴うスポーツのプロ化の進展と相まってアスリートの国際移動を爆発的に増大させた．その結果，アスリートとプレイ先をつなぐ移籍ビジネスが勃興する．21世紀以降に急増したエージェントと呼ばれる移籍仲介者がこれである．

　トップアスリートたちは，主として先進国に本拠を置く，富裕なクラブによって「売買」されるようになり，周辺的存在のクラブは，ビッグクラブに人材を送る役割を担うようになった．現在さまざまなスポーツにおいて，低賃金，季節雇用の周辺的存在の競技の場が世界中に勃興している．その結果，手にする報酬が決して高額でなくとも，生活の糧を手にすべく貧国のアスリートたちは周辺的存在の競技の場に「出稼ぎ」するようになった．

　こうして，地球規模でのスポーツ労働移民の移動ネットワークが形成され，国際的トップリーグへの人材供給という役割を担う周辺的リーグが増殖する中，「プロスポーツ」の競技レベル，報酬の下限は下降の一途をたどることになる．その結果，新たなかたちの「スポーツ労働移民」が誕生することになった．

　例えば日本においては，独立野球リーグ，サッカーJ3といった競技だけでは満足な報酬を得ることができないプロスポーツの場が出現している．これと同じ位相に立つ競技の場は，今や世界中に存在している．その結果，先進国のアスリートによる経済的・競技レベル的には「下降移籍」と解釈すべき場への移動が，2000年代以降増殖した．その現場を観察すると，アスリートたちは自身を「プロ」と位置づけているものの，極めて低い報酬，あるいは無報酬でプレイする一方，渡航費は自弁で，さらには参加費を支払っているケースすらある．当然のごとくそのような「プロ」アスリートのシーズントータルの「決算」は，「赤字」となる．つまり，このようなアスリートの国際移動は，「労働」ではなく，「プロアスリート」という「夢」の「消費」にすぎない．さらに言えば，インターネットやSNSによるアクセスが容易になった結果，十分な競技経験に乏しい者でさえ，越境し，競技レベルの低い場を探して「プロ」としてプレイするという現象も起こっている．そのような者の移動はもはや「労働移動」というよりは，ツーリズムの一種とみなす方が適当ではないかと思われる．

　観光社会学の視点に立てば，スポーツ同様近代になって出現したツーリズムという現象は，後期近代を迎えるにあたってマスツーリズムから，バックパッキングのような「個」重視のものに変貌を遂げている．一部にみられる競技レベルを落とした昨今のアスリートの移動は，「スポーツ労働移動」とみなすより，むしろ「体験型ツーリズム」の変種と捉えることもできるだろう．　　　　　　　［石原豊一］

📖 さらに詳しく知るための文献

Bale, J. & Maguire, J. eds. 1994. *The Global Sports Arena*. Frank Cass.
石原豊一 2013.『ベースボール労働移民』河出書房新社.

エリート競技者の現役引退および競技スポーツからのドロップアウト

　スポーツ社会学において従来，最も活発に議論されたテーマの一つとして「スポーツへの社会化」が挙げられる．端的に言えば，スポーツへの社会化とは「個人があるスポーツ役割を取得していくこと」（Kenyon & McPherson 1973）であるが，特に1970年代には国内外でその影響要因に関する研究が活発に行われた．競技スポーツからの現役引退（以下，競技引退）は多々納（1989）が指摘した通り，そうした「従来の社会化とは逆の社会化，つまり選手から一般人への社会化」，換言すれば「スポーツからの脱社会化」にあたる．競技スポーツからのドロップアウト（中途離脱）もこの点で競技引退と共通しており，いずれも議論が活発化した頃はスポーツ社会学における社会化研究に新たな視点を喚起するものであった．次に，わが国では先に議論され始めたドロップアウトからみていこう．

●**競技スポーツからのドロップアウト研究の動向と背景**　競技スポーツからのドロップアウト（以下，ドロップアウト）に関する研究は，わが国では1980年代頃から，主として中学・高校運動部員を対象にその要因の解明を目的として行われてきた．解明された主な要因としては，人間関係のあつれき，学業との両立，練習や緊張感の辛さ，他にしたいことがある，が挙げられる（吉田 2013）．こうした研究の背景には，ドロップアウトがスポーツへの社会化を阻害するものと問題視されたことがある．わが国では当該研究が活発化した1980年代，スポーツの大衆化へ向けてスポーツへの社会化を推進し，スポーツ参加者を増やしていくことが課題とされていた．ドロップアウトはむろんそれに逆行する．しかも，わが国では三日坊主という言葉がある通り，もとより何事も長続きしないことは否定的に捉えられる向きがあるが，当時はそうした社会通念が特に強かったとみられる．

　しかしながら，昨今はドロップアウトに関する研究は影を潜めた．ドロップアウトがさして問題視されなくなったからであろう．そもそもドロップアウトが望ましくないか否かは見方による．ちなみに，社会学の伝統的な視座というべき規範的パラダイムと，およそ1960年代から台頭した解釈的パラダイムとではドロップアウトの見方が異なる．ドロップアウトが問題視された当時は，社会（集団）の側を基準とする前者のような規範的な見方が主流であり，基本的にドロップアウトは落伍，逸脱とネガティブに評された．それに対し，今日は個人の主観的に思念された意味に着目する後者のような解釈的な見方が広がり，ドロップアウトについても個人の意味（理由）が尊重され，特に問題視されなくなったとみられる．ドロップアウトをポジティブに捉え得るこうした見方は有意義であろう．ドロッ

プアウトしないことで重大な問題が生じるケースもあるからだ．その意味では研究の発想を転換し，ドロップアウトしない要因の解明も重要と言えよう．

●エリート競技者の現役引退とセカンドキャリア　一方で，競技引退に関する研究がわが国で行われるようになったのは1990年代に入ってからである．国外では既に1950年代に行われていたから大分遅い．こうしたタイムラグは，競技スポーツ界のプロ（職業）化の動向と関連しているとみられる．欧米では各種目でプロ化が早かったのに対し，わが国でプロ化が顕著となったのはJリーグが発足した1990年代からである．つまり，競技引退について着目すべきは，主に競技引退が失業（退職）に他ならないエリート競技者，換言すれば競技活動を本職とする競技者ということである．特に北米では1980年代前半，エリート競技者の競技引退は「社会的な死」（Lerch 1982；Rosenberg 1982）と捉えられるほど悲観視される面があったが，その後の研究ではこの捉え方に対し賛否が分かれている．

　エリート競技者の競技引退が問題視されるのは，通常その時期が著しく早いこと，現役生活中に巨富を築ける者は僅少であること，また怪我等による非自発的なケースが稀有ではないことによる．しかもエリート競技者は競技引退後，長い第2の人生を送るにあたり新たなキャリア（職業経歴）形成，つまりセカンドキャリア形成が肝心となるが，それが懸念される境遇にあるとも言えよう．かつてコークリー（1982）は，プロの競技者が「第2の人生への出発が困難になる理由」を「スポーツ以外の職業への就業のためにほとんど何の準備もやっていないことと，新しい職業への心理的適応能力が低いこと」と指摘した．要するに，エリート競技者のセカンドキャリア形成が懸念される所以は，概して次のような見方による．エリート競技者においては，長期に亘って貴重な経験を重ねてきたであろう競技活動がかけがえのないもの，唯一無二の関心事となっており，競技引退に際して喪失感や空虚感等を禁じ得ない．それ故，セカンドキャリアへの移行には気持ちの切り換え等の困難を伴う．セカンドキャリア形成の準備が不足していれば尚更であるが，エリート競技者は現役生活中，ともすればセカンドキャリア形成の準備が疎かになりかねない．というのも，競技者は早期から夥しい肉体的・精神的労力を競技活動に傾注しないとエリートレベルに達し得ず，そのレベルを維持するにも競技活動に専心することが重要だからである．

　とはいえ，エリート競技者は現役生活中，セカンドキャリア形成の準備が不可能というわけではない．着々と準備に取組み，うまくセカンドキャリアに移行する者もいる．エリートに限らず競技者は，現役生活中から競技引退後のキャリアプランを立て，競技活動とセカンドキャリア形成の準備を並行して行うことが重要と言えよう．そのためにも競技スポーツ界は，組織的，制度的なレベルでエリート競技者のキャリアパスを示すなど，継続的にエリート競技者のセカンドキャリア形成をサポートしていくことが望まれよう．　　　　　［吉田　毅］

スポーツをめぐる労使問題

　スポーツ界では，最低年俸，試合数，傷害保障などの労働条件のほか，移籍制限，サラリーキャップなど選手の自由交渉を制限する制度について，労使の間でしばしば対立が起こり，労使紛争に発展することがある．米国では，1994 年に232 日に及ぶ史上最長の労使紛争が野球界で勃発し，ワールドシリーズ中止も余儀なくされ，当時のクリントン（Clinton, B.）大統領が仲裁に乗り出す一幕もあった．他方，日本では，プロ野球における球団統合とこれをめぐる労働条件等について労使が対立し，2004 年にプロ野球選手会が 2 日間のストライキを実施したことがある．

　これらは労働組合法上の労働組合として，選手らが団体交渉権および団体行動権（ストライキ権）を行使した労使紛争の例と言える．

●**労働者とされるプロスポーツ選手**　現在では，プロ野球選手，J リーガーらは労働者とされている．ただし，労働法は，団結権，団体交渉権，ストライキ権のいわゆる労働三権を保障する労働組合法と，労働条件の最低基準を設定する労働基準法に分かれるが，前者のみの適用を受けると考えられている．実際，日本プロ野球選手会や J リーグプロサッカー選手会など，プロスポーツ選手が労働組合を組織し，労働条件の改善や労働者の権利保護を求めて交渉を行っている．

●**労働組合としての選手会**　選手会は 1985 年 9 月 30 日，組合資格審査の申立てを行い，これを受けた東京都地方労働委員会は同年 11 月 5 日に選手会を労組法上の労働組合として認定した．東京地労委は，プロ野球選手の労務提供のあり方等について，通常の労働者とは異なるが，①試合日程・場所等は球団（使用者）の指示に基づいていること，②参加報酬は労務の対価と認められること，③選手は労働力として球団組織に組み入れられていること，④最低年俸，年金，傷害保障，トレード等の各条件について団体交渉が十分に機能しうること等から，プロ野球選手を労組法上の労働者と判断した．

●**日本プロスポーツでの労使関係**　日本プロ野球史上初めてストライキが行われたのは 2004 年のことで，これが日本のプロスポーツにおける初の労働者としてのストライキ権の行使となった．このストライキは，主にパシフィック・リーグの球団統合問題が発端で，当時，オリックス・ブルーウェーブと大阪近鉄バファローズの統合が決定し，それにより新球団「オリックス・バファローズ」が誕生することとなった．この統合により，日本プロ野球はセ・リーグ 6 球団，パ・リーグ 5 球団の計 11 球団となり，1 球団分の選手が失業するという問題が浮上した．

これに対して日本プロ野球選手会は強く反発し，統合に反対の立場を取った．そして 2004 年 9 月 18 日から 9 月 19 日にかけて，日本プロ野球選手会は初のストライキを実施した．このストライキは，球団統合による失業問題だけでなく，選手の権利を守るという意味でも重要な意義を持っていた．

その後は，定期的に労使協議が実施され，移籍制限の緩和など新たな制度設計に向けた改革が進められている．

●米国での動向　米国では，野球（MLB），アメリカンフットボール（NFL），バスケットボール（NBA），アイスホッケー（NHL）の 4 大プロスポーツリーグのほか，サッカー，アリーナフットボール，ラクロスなど，数多くのプロリーグが存在している．これらのプロ選手は米国労働法制において労働者性が肯定されている．特に選手らは労働組合を組織することで，労働条件の向上を実現させてきた．米国 4 大リーグにおけるこの 50 年の変遷はまさに労使関係の生成，そして発展の歴史ということができる．すなわち，プロリーグの労使関係は，1960 年代に生成され，そして 1970 年代の成長，1980 年代の機能化，1990 年代の対立，2000年以降の発展成熟過程を経て，近年では，海外市場の開拓など共通利益の拡大をめざす協調的労使関係へと変容し，新たな局面を迎えるに至っている．

他方，プロを凌ぐビッグビジネスとなっている米国大学スポーツにおいて，この数年，選手の組織化が大きな社会的関心事となった．ノースウェスタン大学のアメリカンフットボール選手らが自らの労働者性を主張し，労働組合の認証を求めたのに対して，2014 年に全国労働関係局（NLRB）シカゴ支部がこの主張を認めたからである．同大学のフットボール選手らはスポーツ奨学金という賃金を得て，プレイという労働を提供しているとした NLRB の判断は大学スポーツ界を震撼させた．結果的に，この決定はワシントン DC の上訴審で覆されることになった．というのも，全国労働関係法は民間部門の労働者を対象としているが，巨額の収益を上げる強豪校の 8 割が州立大学であるという実態があるため，ノースウェスタン大学事件で学生選手を「労働者」とする判断が混乱を招く懸念があったからである．しかし，その後も学生スポーツの収益をめぐるさまざまな問題が浮き彫りとなり，特定の学生選手は全国労働関係法の下で労働者としての権利を保護されるべきだという見解が NLRB の事務局長らから公式に表明された．この流れの中で，ダートマス大学のバスケットボール選手が労働組合に加盟するなどの動きが再燃している．　　　　　　　　　　　　　　　　　　　[川井圭司]

📖さらに詳しく知るための文献

川井圭司 2021．スポーツ界におけるこれからの意思決定．同志社政策科学研究 22(2)：27-39．
日本経済新聞社編 2005．『球界再編は終わらない』日本経済新聞出版．
川井圭司 2004．『プロスポーツ選手の法的地位』成文堂．

第22章

スポーツインテグリティ

[担当編集委員：清水 諭]

スポーツにおける倫理

　スポーツと倫理の関係は比較的新しい．中世の民衆娯楽が，英国で民俗スポーツとなり，やがて近代スポーツとして成立して以降のことである．民俗スポーツは賭けや八百長と結びつき，また暴力や粗暴性に満ちたものであった．不道徳に満ちたスポーツが，1830年代以降，主に産業ブルジョアジー子弟の教育のために急増したパブリックスクールで，粗暴性や暴力性が排除され，合理化・洗練化されていく過程で，倫理と強力に結びつくことになった．

●**フェアプレイ精神とスポーツマンシップ**　ラグビー校で校長を務めたアーノルド（Arnold, T.）は，1830年代に集団スポーツを生徒の人格陶冶の有効な教育手段として利用し，アスレティシズム（athleticizm）といわれる教育イデオロギーを確立した．19世紀後半から20世紀前半に，当時のパブリックスクールの校長達は，集団スポーツを用いてクリスチャン・ジェントルマンの育成に注力した．スポーツが教育の手段となるには，人格形成に資する倫理性が内包されねばならない．近代スポーツの合理化・洗練化の過程で，フェアプレイの精神やスポーツマンシップといったスポーツにおける倫理が身分規程としてのアマチュアリズムとともに形成されていった．

　当初からフェアプレイの精神には，ルール順守，審判や対戦相手への尊重，競技での機会均等などのスポーツにおける倫理的徳目が内包された．これらは参加者相互の公平性や安全性を担保し，スポーツを成立させるためのものでもある．他方，スポーツマンシップは，フェアプレイの精神を日常生活に広げたクリスチャン・ジェントルマンとしての生き方（日常倫理）である．従って，初期のスポーツマンシップは一面では階級的・男性偏重的なエリート的性格を持つものでもあった．しかし，フェアプレイの精神とスポーツマンシップは問題があっても，スポーツにおける倫理として脈々と現在まで引き継がれている．これらは現代では，単にルールに従う以上の倫理性をプレイヤーに要求するようになった．

●**大衆娯楽化現象と過度の商業主義**　20世紀に入ると，米国ではスポーツの大衆娯楽化現象が起こるようになった．野球などのプロスポーツの隆盛と黒人選手への差別，みるスポーツの隆盛と熱狂的なファンの登場，そしてスポーツの商業的利用が行われた．さらに，第2次世界大戦後は先進諸国ではスポーツの隆盛と同時に，冷戦構造による東西両陣営の対立から，五輪大会が国家の威信を示す政治的手段として利用されるようになる．

　競技者は国家の威信をかけて，あるいは自らの経済的利益のために，薬物等に

手を出すようになる．1960年代までには麻薬系薬物や興奮剤がドーピングの主流となっていった．1970年代には，筋肉増強剤（蛋白同化ステロイド）が登場し，現在では遺伝子操作による遺伝子ドーピングの時代に入ったともいわれる．1974年の五輪憲章からのアマチュアリズムの削除，競技者のプロ・アマの区別の撤廃，1984年のビジネス五輪の成功は，スポーツの世界をあたかも悪しき商業主義の申し子に変えた感がある．五輪の政治利用は止まず，現在では大会開催にあたってテロ対策に多額の警備費が必要となった．と同時に過度の商業主義はさまざまなレベルでスポーツにおける倫理的逸脱現象を生起させるようになった．

●**倫理的逸脱状況とスポーツ倫理の必要性**　現代では，五輪大会，世界選手権，アジア大会，サッカー，バレーボール，テニス，バドミントンなどの国際的スポーツイベントが開催されると，何百万人もの観客，テレビやインターネット，SNSの視聴者が熱狂する．そして，トップスポーツからレクリエーションスポーツまで，また試合場面から競技場の中・外，一般社会に及ぶまで，スポーツの倫理を脅かす要因が存在するようになった．ランダムに挙げてみると，チート行為，ルール違反，ドーピング，身体的・言葉による暴力，ハラスメント，性的虐待，差別，搾取，機会不平等，非倫理的なスポーツ慣行，不公正な手段，過度の商業化，汚職，ガバナンスの欠如，ハラスメント，贈収賄，賭博，八百長や不正操作などである．例えば，インターネットを利用して，匿名で換金性の高いスポーツ賭博が行えるようになった．「対面倫理」を前提とした，先述のフェアプレイの精神やスポーツマンシップでは，現代スポーツにおける倫理的逸脱状況に対応できない時代に突入している．

　スポーツ倫理とは，スポーツを構成する人々がスポーツにおいて行う行為の善し悪しを判断する規準であり，行為規範を指す．この中には，フェアプレイの精神やスポーツマンシップも含まれる．現在では，スポーツを構成する人々は多様で，プレイヤー（競技者）はもちろん，審判，トレーナー，マネージャー，管理者，親，教師，ジャーナリスト，医師や薬剤師，栄養士，スポーツスポンサー企業，スポーツメディア従事者，さらには観客などが存在する．

　必ずしも定説があるわけではないが，スポーツにおける倫理には公正（fairness），誠実（integrity），責任（responsibility），尊敬（respect），他者への配慮（caring）という五つの重要な徳目が必要とされる．そして，スポーツ倫理の行為規範は，ハイパフォーマンススポーツ（トップスポーツ）だけではなく，楽しみ志向のレクリエーションスポーツにも適用される．　　　　　　　　　［友添秀則］

📖**さらに詳しく知るための文献**
友添秀則編著 2017．『よくわかるスポーツ倫理学』ミネルヴァ書房．
友添秀則・清水 諭編 2015．『スポーツ・インテグリティーを考える』現代スポーツ評論 32．創文企画．
友添秀則編著 2025．『講義・スポーツ倫理学を学ぶ』大修館書店．

ハラスメント（暴力を含む）

　ハラスメント（harassment）は，嫌がらせやいじめを意味し，相手を悩ませたり，不快にさせたりする言動をさす．一般的には，職場におけるパワーハラスメントやセクシュアルハラスメント等が挙げられる．パワーハラスメントは，優越的な関係を背景とした業務上必要かつ相当な範囲を超えて就業環境が害される言動とされる．セクシュアルハラスメントは，労働者の意に反する性的な言動に対する対応により不利益を受けたり，就業環境が害されたりすることをさす．

●スポーツハラスメント　近年では，スポーツにおけるハラスメントが大きな社会問題となっている．例えば，生徒を自殺に追い込んだ高校バスケットボール部顧問による暴力（2012 年），女子柔道日本代表監督による選手への暴言や暴力（2013 年）等が挙げられる．これらを受けて，2013 年には，「スポーツ指導における暴力等に関する処分基準ガイドライン（試案）」が発表され，先述の職場におけるハラスメントの定義を基に，スポーツハラスメントが次のように定義された．パワーハラスメントは，同じ組織で競技活動をする者に対して，組織内の優位性を背景に，指導の適正な範囲を超えて，精神的もしくは身体的な苦痛を与え，またはその競技活動の環境を悪化させる行為・言動等をいう．セクシュアルハラスメントは，性的な行動・言動等であって，当該行動・言動等に対する競技者の対応によって，当該競技者が競技活動をする上での一定の不利益を与え，もしくはその競技活動環境を悪化させる行為，またはそれらを示唆する行為も含まれるものとする．

●スポーツにおけるパワーハラスメント　パワーハラスメントは，優位性を背景とするが，指導者と選手という関係だけでなく，選手間においても発生する．後輩選手が先輩選手よりも技能面で優れている場合，先輩選手に対する後輩選手の優位性が認められる．

　スポーツにおけるパワーハラスメントの具体的な行為は，厚生労働省によるパワーハラスメントの 6 類型に基づき，①身体的な攻撃（殴打，足蹴り，物の投げつけ），②精神的な攻撃（人格を否定するような言動，厳しい叱責），③人間関係からの切り離し（無視や孤立），④過大な要求（度を越した練習），⑤過小な要求（練習をさせなかったり，初歩的な練習をさせたりすること），⑥個の侵害（プライベートへの立ち入りや個人情報の暴露）が考えられる．パワーハラスメントでは，これらが複雑に絡み合っている場合がある．また，スポーツが内包する暴力性や競技性という特性から，スポーツ場面では，しばしば指導と称した暴力が行

われる．暴力は，相手を身体的あるいは精神的に傷つける力の行使であり，本来なら暴行罪あるいは傷害罪等が適用されるものである．

●**スポーツにおけるセクシュアルハラスメント**　スポーツでは，フォームの矯正や怪我の確認等を理由に，指導者と選手，選手同士がコート内外で身体に触れる場合がある．この時，選手は「上達したい」という思いから相手の身体接触を受け入れる，むしろ受け入れないと上達しないのではないかという不安に襲われる．触れる側も選手の上達を願っている．このようにスポーツでは，触れられる側（選手）と触れる側（指導者あるいは選手）との間に共依存関係が生まれやすい．

　スポーツで生じる人間関係の特殊性は，セクシュアルハラスメントの表面化を遅らせる．代表事例として，米オリンピック体操チームの医師であったナサール（Nassar, L.）による30年近くにわたる性虐待が挙げられる．性虐待を受けた女性アスリートを取材したレポート（ペスタ 2022）には，性犯罪者がアスリートの心をつかみ安心させる行為であるグルーミングの手口が報告されている．ナサールは，10代にも満たない少女の心を操り，怪我の治療という名の下に性虐待を平然と行っていた．そこでは，体操のみに打ち込んだ少女が，純粋に強くなることだけを求めるが故に，ナサールによる行為に嫌悪感を抱きながらも医師による治療だと自らを納得させ耐えていた痛々しい姿が告白されている．ナサールの行為は，紛れもなく性犯罪であり，彼には40年から175年の禁錮刑が言い渡された．

●**子どもへの影響と防止**　暴力，暴言，性虐待等が子どもの心身に及ぼす悪影響は計り知れない．幼少年期にハラスメントを受けたアスリートは，パフォーマンスの低下のみならず，PTSD，解離性障害，自傷行為，時には自殺という事態を招くことがある．このような事態を防ぐために，2013年に「スポーツ界における暴力行為根絶宣言」が，2019年には「スポーツ団体ガバナンスコード」が制定された．特に，先に示した性虐待を防ぐには，幼少年期からプライベートゾーンの大切さを認識させること，嫌な感情を抱いた場合は「嫌だ」と言うこと，信頼できる大人に相談すること等を教える必要がある．すべてのアスリートは，セーフスポーツを享受する権利を有する．2021年，「日本版セーフスポーツ・センター」の設立を求める要望書がスポーツ庁に提出された．セーフスポーツとは，スポーツに関わる者が身体的な暴力，暴言等による精神的な攻撃，性虐待，セクシュアルハラスメント，ネグレクト等から守られている状態である．セーフスポーツは，従来主張されてきたスポーツ権を超える概念である．　　　　　　［梅垣明美］

📖さらに詳しく知るための文献

佐藤大和・山本健太編著 2021.『スポーツにおけるハラスメントの弁護士実務』第一法規.

ペスタ, A. 著，牟礼晶子・山田ゆかり訳 2022.『THE GIRLS 性虐待を告発したアメリカ女子体操選手たちの証言』大月書店.

ドーピング

　近代スポーツが誕生して以降，ドーピングはスポーツの世界で重大な倫理的問題として認識されてきた．歴史を振り返ると，実は，古代の時代より競技者は運動能力を向上させようとさまざまな試みをしてきたことが分かる．一例を挙げると，紀元前3世紀ごろ，古代オリンピック競技において，幻覚作用のあるキノコを利用するなど，植物由来の刺激物質の摂取が確認されている（Müller 2010）．

●**ドーピングの定義の変遷**　英語の辞書に初めてこの語が収録されるのは，1889年のことである．当初，ドーピングとは，競走馬を興奮させるために用いたアヘン含有薬（ドープ）を意味していた．この薬は，ブドウの皮を原料とした蒸留酒であり，アフリカの民族であるズールー族の兵士たちが戦いの際に興奮剤として使用していたものである．この薬を指すドープの語が，「競走馬に違法な薬物を使用すること」という意味を持つようになり，さらに転じて，1900年前後，英国において芝生の上で行うスポーツに適用されるに至った（Müller 2010）．

　その後，医科学技術の進歩に伴い，ドーピングとして可能な技術が増えるたびに，ドーピングの定義自体も説明が複雑になってきた．例えば，1933年の『ベックマンスポーツ事典』においては，「興奮性薬剤を使用すること」を意味する非常にシンプルな説明であった．その30年後の1963年の「欧州評議会一般教育（校外学習）委員会」におけるドーピングの定義では，「人体にとってすべてのもの，又は，生理的なものであっても，それが異常に大量に，かつ異常な方法で，もっぱら競技能力を増強することを目的として，健康な人に対し人為的または不正に使用することを指す」というように，より複雑な説明に変化している．ここで留意すべき点は，生理的物質であっても「異常な量が見受けられる場合」や，「異常な方法によって用いられた場合」などが加筆されている点であり，ドーピングの定義がより複雑化してきたことが読み取れる．

　なお，現在は，世界アンチ・ドーピング機構（WADA）が発行している「世界アンチ・ドーピング規定」に定められている項目のうち，一つまたは二つ以上の，アンチ・ドーピング規程に関する違反が発生することと定義されている．WADAは，「世界アンチ・ドーピング規程」に付随して，さまざまな「国際基準」を作成しており，その中の「禁止表国際基準」において，禁止される物質や方法を具体的に示している．

●**近代ドーピング問題**　近代スポーツにおける最初のドーピング事例は，1865年に開催されたドーバー海峡横断水泳大会であった．この時期は，アルコール，コ

カイン，カフェイン，ニトログリセリンなど，興奮剤が多くみられた．その後は，中枢神経系興奮作用のあるアンフェタミンが使用されるようになる．1960年夏季ローマ大会において，デンマークの自転車競技選手であるイェンセン（Jensen, K.）選手がアンフェタミンの使用によって死亡したことを契機に，ドーピングは大きな注目を集めるようになった．併行して，テストステロンや蛋白同化ステロイドなども浸透するようになり，その後，1960年代から1970年代にかけては，血液ドーピングに関する実験や研究成果が報告されるようになる．血液ドーピングとは，競技者の血液をあらかじめ抜き取り，試合直前に再び本人の循環系に戻すことによって競技力を向上させる行為のことを指す．「禁止表国際基準」においては，禁止方法の一つとして「血液および血液成分の操作」が明記されている．1980年代以降は，ヒト成長ホルモン（hGH）を用いて筋力を増強したり，持久力向上を目的としたエリスロポエチン（EPO）の使用が登場する．また，21世紀に入ると生命科学の進歩に伴い，遺伝子治療技術を応用して身体能力を向上させようとする遺伝子ドーピングが現実的な脅威として認識されるに至った．

　近代スポーツ史を振り返ると，ドーピング問題は，枚挙にいとまがない．そのような中で，アンチ・ドーピング活動も厳罰化の動きがみられてきた．

　WADAが設立されたのは，1999年のことである．それ以前は，各国際競技連盟に依存する形でドーピング検査が実施されていた．オリンピックで初めてドーピング検査が導入されたのは，1968年の冬季グルノーブル大会および夏季メキシコ大会からである．当初，ドーピング検査は競技期間中に実施されていたが，薬剤の適切な検出が難しくなり，競技期間外における検査も始まるようになる．

　1999年にWADAが設立されて以降，スポーツにおけるアンチ・ドーピング活動は一元的に管理されてきた．2005年には，ユネスコ総会で「スポーツにおけるアンチ・ドーピングに関する国際条約」が採択され，ドーピング防止のための世界共通基準が構築された．これは，初めての世界規模の政府間合意であり，アンチ・ドーピング活動の推進・強化につながった．

　日本では，2001年に日本アンチ・ドーピング機構（JADA）が設立され，ドーピング検査やアンチ・ドーピング教育を積極的に実施してきた．アンチ・ドーピング教育においては，薬の服用の仕方や医薬品に関する知識提供のほか，スポーツの教育的価値やドーピング禁止理由について学ぶなどの取組みがなされている．

[竹村瑞穂]

📖 さらに詳しく知るための文献

Müller, R. K. 2010. History of Doping and Doping Control. In Thieme, D. & Hemmersbach, P. eds. *Doping in Sports*. Springer.

竹村瑞穂 2017．ドーピングの倫理学．友添秀則編著『よくわかるスポーツ倫理学』ミネルヴァ書房．

違法賭博・八百長行為

　日本では刑法 185 条が「賭博をした者は，50 万円以下の罰金又は科料に処する．ただし，一時の娯楽に供する物を賭けたにとどまるときは，この限りでない」と規定し，賭博は犯罪として処罰されるほか，常習の賭博（186 条 1 項）や賭博場を開帳（186 条 2 項）したような場合はさらに厳しく処罰される．他方，英国，オーストラリア，イタリア，フランス，スペインなどでは賭博が広く容認されている．賭博行為を業とする場合（賭博場を開帳する場合）にはライセンスが必要とされているにすぎず，個人で「賭け」をすることについてはあくまでも個人の自由であり，国家による規制は存在しない．

●**日本で賭博が禁止される理由**　賭博を禁止する理由として最高裁は「怠惰浪費の弊風を生ぜしめ，勤労の美風を害する」ほか「副次的犯罪を誘発し又は国民経済の機能に重大な障害を与える」と説明している（最大判昭和 25 年 11 月 22 日刑集 4 巻 11 号 2380 頁）．その一方で，国家あるいは地方政府が運営する競馬など一定の賭博については例外として容認している．これについては次のように説明される．政府が責任をもって管理する賭博については合法とし，この売り上げを公共善に利用することで，健全な経済活動や勤労への悪影響にまさるメリットをもたらすことができる，と．

●**日本で合法とされている賭博行為と八百長規制**　特別法により日本で許されている賭博は，競馬，競輪，競艇，オートレースである．これらは公営競技と呼ばれ，いずれもスポーツとの関わりが深い．これら特別法によって賭博が容認される公営競技では，利益を得るためにわざと負けるなどの八百長行為は犯罪として禁止されている．これに関して，2020 年には競艇の選手が親族と共謀して，レース中にわざと減速して負け，親族から見返りに 300 万円を受け取ったとして逮捕されている．なお，2001 年に導入されたスポーツ振興くじである toto が J リーグを対象として導入され，プロサッカーも公営競技類似の位置づけとなり，八百長行為については犯罪として処罰される．また，2022 年よりスポーツ振興くじの対象が B リーグに拡大されたため，B リーグの選手についても同様の扱いとなっている．

●**プロ野球で発生した八百長事件（黒い霧事件）**　日本では，「黒い霧事件」と呼ばれるプロ野球とオートレース界を舞台とする八百長事件がある．1969 年のシーズン中に，西鉄ライオンズの投手が，野球賭博に関わる暴力団関係者に依頼され，八百長を行っていたことが判明した．これが端緒となってオートレースの八百長に関与したプロ野球選手の存在も明らかになっていった．日本野球機構は

プロ野球における八百長への関与について「（野球協約が禁止する）『敗退行為』に該当する」との見解を発表し，八百長に関与した現役選手には永久追放，長期間の出場停止，減給などの処分を下した．この一連の事件をめぐって，実に29名のプロ野球選手がプロ野球協約に基づいて処分されたのであった．ただし，野球選手の八百長を犯罪とする特別法はなく，プロ野球の八百長に関与した選手らが刑事処分の対象となることはなかった．

●**海外の八百長事件**　海外の八百長事件については枚挙にいとまがないが，2010年以降，特にサッカー界で大掛かりな八百長疑惑が発覚している．2013年，欧州刑事警察機構（ユーロポール）は国際試合など680試合で不正の痕跡が確認されたとして本格的な捜査に乗り出した．世界ではスポーツ賭博を容認する傾向が続いており，特にインターネットと賭博が融合したことで，賭博市場は一気に世界に広がった．そして八百長の仕掛けも国境を超え，大掛かりかつ巧妙になってきている．2017年には日本人プロテニス選手が八百長などの不正行為に関わったとして，テニスの不正監視団体（Tennis Integrity Unit: TIU）が永久資格停止と罰金5万ドル（約570万円）の処分を下した．

●**米国の動向**　米国では2018年以降，スポーツ賭博を容認する州が急増した．これは，スポーツの高潔性をスポーツ賭博から守ることを目的とした連邦法（Professional and Amateur Sports Protection Act of 1992: PASPA）が憲法に違反するとした連邦最高裁判決がきっかけである．最高裁は，連邦政府が州政府に特定の規制を強制することはできないと判断した．この判決に基づき，税収増加を目指す各州はこぞってスポーツ賭博を導入し始めた．米国における各州の合法化の背景には，自州の住民が賭博解禁となった隣接州に移動して賭博を行うことによる，いわば隣接州への税収の流出を防ぐため，各州がスポーツ賭博の導入を急いだという事情もある．こうした賭博市場の拡大と比例する形で違法スポーツ賭博市場も拡大しており，大谷翔平選手の通訳であった水原一平氏の違法賭博事件も，この実態を浮き彫りにした．

●**日本での解禁論**　近年，カジノを含む統合型リゾート（IR）推進法が公布・施行され，さらに，前述した米国でのスポーツ賭博解禁の動向を受けて，日本においてもスポーツ産業を活性化させ，利益増大が期待できるとの観点から，スポーツ賭博解禁に向けた議論が盛んになってきた．その一方で，スポーツ賭博の解禁は，八百長行為を誘発するなどこれまでの日本スポーツのあり方自体を変容させるほか，公共善として振興するスポーツでギャンブル依存症を生み出すことは政策の矛盾との反発も根強い．　　　　　　　　　　　　　　　　［川井圭司］

📖**さらに詳しく知るための文献**

石堂典秀・建石真公子編 2018.『スポーツ法へのファーストステップ』法律文化社.

デクラン, H. 著, 山田敏弘訳 2014.『あなたの見ている多くの試合に台本が存在する』カンゼン.

スポーツにおけるガバナンス

　ガバナンスとは，辞書等によれば，「組織を統治・統制すること」と説明されることが多い．スポーツに限らず，組織を運営する際に，ガバナンスは重要と考えられている．それでは，なぜ，ガバナンスが重要と考えられ，そして，スポーツにおいてガバナンスを確保するためにどのような取組みがなされているのだろうか．

●ガバナンスの重要性と求められるガバナンスの種類　もし，ある組織にルールや規則が存在せず，代表者の独断によって組織運営がなされた場合，その組織はどうなってしまうだろうか．組織を運営するには「人，物，金」が必要であるが，代表者の好き嫌いで組織のメンバー（人事）が決定されてしまうかもしれないし，代表者が自分のために組織の物や金を使ってしまうかもしれない．そうなってしまわないように，つまり，組織が適切に管理運営されるために，ガバナンスが必要と考えられている．ガバナンスを確保するためには，組織に関係する人々の利益を検討する必要があり，かつ，透明性のある組織運営のためのルールや方法を定める必要がある．もっとも，組織にはさまざまな種類がある．例えば，営利を目的として活動する民間企業から公的活動を目的とする公的機関，そして，ある競技の日本代表を選出するような中央競技団体（日本では National Federation〔NF〕と呼ばれる．例えば，日本サッカー協会等）や，全国規模の競技大会を開催する団体（JSPO〔日本スポーツ協会〕），オリンピックやパラリンピックに選手団を派遣するスポーツ競技を統括する団体（JOC〔日本オリンピック委員会〕および JPC〔日本パラリンピック委員会〕）まで幅広く存在する．そして，各組織がどのようなガバナンスを確保すべきかということは，その組織の種類や規模によって異なることから，各組織が遵守すべきガバナンスに関するルールが策定されている．

●スポーツにおけるガバナンス確保の取組み　スポーツにおけるガバナンスの重要性が説かれたのは，比較的最近のことである．IOC（国際オリンピック委員会）が定めるオリンピック憲章においても，「governance」という表現が用いられたのは 2011 年からである．その後，英国をはじめ，欧米各国のスポーツ団体でも，競技団体のガバナンス確保の重要性が認識され，各国でガバナンス確保のためのルールが策定された．

　日本では，2011 年にスポーツ基本法が制定され，「スポーツ団体は，スポーツの振興のための事業を適正に行うため，その運営の透明性の確保を図るとともに，その事業活動に関し自らが遵守すべき基準を作成するよう努めるものとする．」

（5条2項）と定められ，スポーツ団体の運営には透明性の確保が求められ，規則等が必要であることが明記された．その後，スポーツ団体においてさまざまな不祥事が発生したことから，不祥事撲滅及びスポーツ団体におけるガバナンス確保を目的として，スポーツ庁が2019年に「スポーツ団体ガバナンスコード〈中央競技団体向け〉」および「スポーツ団体ガバナンスコード〈一般スポーツ団体向け〉」を策定した（2023年改定）．

前者は中央競技団体（NF）を対象としており13原則，後者は一般スポーツ団体（NF以外のスポーツ振興の活動をする団体）を対象としており6原則で構成されている．

前者の13原則の概要は，組織運営の基本計画の策定と公表（原則1），組織の運営主体となる役員等の構成（原則2），運営ルール（原則3），コンプライアンス委員会の設置（原則4），コンプライアンス教育の実施（原則5），専門分野への対応（原則6），透明性確保（原則7），利益相反管理（原則8），通報制度の構築（原則9），組織内での自主的な問題解決（原則10），第三者機関による問題解決（原則11），不祥事予防および対応（原則12），NFを支える地方組織等のガバナンスの確保・支援等（原則13）である．

後者の6原則の概要は，法令等に基づく団体運営（原則1），組織運営の基本計画の策定と公表（原則2），コンプライアンス教育の実施（原則3），適切な会計処理（原則4），透明性の確保（原則5），自主的なガバナンス確保の取組み（原則6）である．

そして，統括団体（JOC，JSPOおよびJPSA〔日本パラスポーツ協会〕）によって，NFにおけるスポーツ団体ガバナンスコードの遵守状況の審査（適合性審査）が実施されている．適合性審査は，2020年度に開始され，適合，不適合，という評価がなされる．適合性審査の結果，不適合となったNFについては，次年度以降，助成金が削減されるというペナルティがある．このように，NFをはじめとしたスポーツ団体のガバナンス確保の取組みが行われている．

●**今後の課題**　スポーツ団体ガバナンスコードが策定され，スポーツ団体のガバナンス確保の取組みは着実に進んでいると考えられる．しかし，残念ながら，スポーツ団体における不祥事はなくなっていない．今後，スポーツ団体ガバナンスコードの遵守を徹底する（例えば，適合性審査において遵守状況をより厳格に審査する等）とともに，各スポーツ団体においてもガバナンス確保に関する取組み（例えば，各団体における専門人材の登用や研修会等の実施）を推進することが求められている．

[小塩康祐]

📖さらに詳しく知るための文献

スポーツ庁 2023．スポーツ団体ガバナンスコード〈中央競技団体向け〉改定版．
スポーツ庁 2023．スポーツ団体ガバナンスコード〈一般スポーツ団体向け〉改定版．
友添秀則編 2019．『スポーツ団体のガバナンスをめぐって』現代スポーツ評論40．創文企画．

スポーツ・コンプライアンス

　スポーツ界におけるコンプライアンス違反が報道されることは少なくない。団体内の不適切な経理会計処理や労務管理，隠ぺい等，競技現場における暴力，体罰，ハラスメント等が問題になっている。コンプライアンス違反事例が発生すると，社会から厳しい批判を受け，当事者のみならず，スポーツ界全体の信頼が損なわれ，スポーツの価値を守ることができなくなってしまう。こうした現況を踏まえ，2022（令和4）年3月25日に策定された第3期「スポーツ基本計画」では，クリーンでフェアなスポーツを推進してスポーツの価値を発揮するために，スポーツ・インテグリティを確保するための施策として，スポーツ関係者のコンプライアンス違反等の根絶を目指すとしている。

●**スポーツ・コンプライアンスとは何か**　「コンプライアンス（Compliance）」とは，一般的に「法令遵守」等と訳されるが，単に法令で決められたことだけを守ることを意味しない。辞典等によれば，「（命令や要求への）追従，承諾，法令遵守。特に，企業活動において社会規範に反することなく，公正・公平に業務遂行すること」と定義され，日本スポーツ振興センター（JSC）は，「コンプライアンス」を「役職員等が，センターの業務遂行において法令等を遵守するとともに，社会規範を尊重し，高い倫理観に基づき誠実で良識ある行動を行うこと」と定義している。このように，スポーツ界におけるコンプライアンスとして遵守すべき対象には，①刑法，民法，一般社団及び一般財団法人に関する法律といった法令にとどまらず，②競技規則，ドーピング規則，倫理・コンプライアンス規程をはじめとする団体内部の規程，③スポーツに対する社会からの期待や要請を含む社会規範・倫理といったものが含まれる。このうち①および②は明文化されているが，③は明文化されておらず，何らかの手続きを経ることなく時代とともにその内容が変化していくものである。

●**スポーツにおけるインテグリティとコンプライアンスの関係**　スポーツ・コンプライアンスを実践していくことは，スポーツの価値を守ることに繋がる。スポーツには人々を幸福にし，社会を良い方向に導く力（スポーツ固有の価値）がある。スポーツが本来の力を発揮するために，スポーツの健全性，誠実性，高潔性（インテグリティ integrity）が必要であり，その確保には，スポーツ団体や競技環境が安全かつ公正・公平に運営されていることが重要である。そのためには，スポーツ団体の役職員，競技者，指導者，審判員等の関係者が，コンプライアンスの意識を高め，自らの規範意識に基づいて誠実に行動することが不可欠であ

る．逆に，コンプライアンスの欠如や意識の低下は，インテグリティにとって脅威となる．例えば，ハラスメントの隠ぺいといったコンプライアンス違反事案が発生すると，いかに競技者が優秀な成績を収めたとしても，スポーツがその固有の価値を発揮することはできず，当該関係者やスポーツ団体に対する信用が失われ，ひいては当該競技やスポーツ全体への社会的評価が低下し，その普及，振興や強化が停滞することになる．

●スポーツ・コンプライアンスの実践　スポーツに携わるすべての者が，前述の①法令，②内部規程，③社会規範・倫理を正しく理解し，コンプライアンスを意識して誠実に行動することが何より大切である．同時に，スポーツ団体が，組織として，コンプライアンスを確保・強化するための体制を構築することも必要である．具体的には，コンプライアンス強化に係る方針や計画の策定および推進，実施状況等の点検，リスクの把握等を行うとともに，社会規範・倫理を踏まえて倫理・コンプライアンス規程等を整備する．そして，スポーツ関係者に対して，コンプライアンス強化のための教育（研修等）を実施し，①法令，②内部規程にとどまらず，③社会規範・倫理に関する必要な知識を伝え，その意識を高めることで，コンプライアンス違反を未然に防止する．加えて，仮に違反事例が生じた場合に早期に発見して適切に対応できるように，通報制度（相談窓口の設置），懲罰制度や紛争解決制度のほか，有事のための危機管理および不祥事対応体制等を構築しておくべきである．また，人が不正を行うのは，不正を犯す「動機・プレッシャー」と「機会」があり，それを「正当化」できるときであると考えられるところ，スポーツ団体の内部統制（不正を防止する仕組みの構築）を行い，関係者を不正の「機会」から遠ざけるとともに，関係者がいつでも相談・意見できる風通しのよい組織風土を実現することで，不正の原因となる「動機・プレッシャー」や「正当化」を減らしていくことも肝要である．いずれの取組みも一回的なものではなく，継続的に検討・見直しを行い，スポーツ団体も関係者もコンプライアンスを実践していくことが求められる．

　なお，JSC は，中央競技団体のコンプライアンスの現況評価を支援する取組みとして，競技者・指導者・事務局員を対象としてアンケート調査を実施し，コンプライアンスの状況についてリスク評価レポートを作成してフィードバックを行っており，これは中央競技団体におけるコンプライアンス違反事例の発生を未然に防止することに繋がる活動と言える．　　　　　　　　　　［栗山陽一郎］

📖 さらに詳しく知るための文献
スポーツ競技団体のコンプライアンス強化委員会 2018．スポーツ界におけるコンプライアンス強化ガイドライン．文部科学省．
日本プロサッカーリーグ編 2018．スポーツ団体のためのコンプライアンス・ハンドブック 2018．文部科学省．
笹川スポーツ財団 2023．『スポーツ白書 2023』．

スポーツにおける紛争

　スポーツと一口にいってもさまざまなものがあるが，スポーツそれぞれに競技規則（ルール）が定められており，競技規則は選手（競技者）をはじめ当該スポーツに関与する者によって遵守されることが期待され，とりわけ，選手は競技団体が定めた競技規則に拘束される．選手は競技団体への登録等を通じて明示的に団体が定める競技規則に従うことを約束することもあるが，登録する競技団体がその上部団体の規則の遵守を約束している場合等には上部団体の競技規則にも拘束されることがある．

　スポーツでも，競技規則の適用や解釈運用を巡り，不満を持つ者や権利を侵害される者は不可避的に生じ，時として紛争に発展することがある．

●**スポーツにおける法の支配**　スポーツ事故やスポーツ契約（選手との契約やスポンサー契約等）に関する紛争は，一般的にまずは当事者の話し合いによる解決が模索され，話し合いによる解決が難しい場合には，性質上，裁判所の判断事項としてなじみやすいことから，一般的な法的紛争と同様に裁判所に持ち込まれて解決されてきた．他方，出場停止処分等の懲戒処分や代表選考の適否といったスポーツ特有の紛争については，歴史的に団体の自律性や専門的判断を尊重する観点から，競技団体の自主的な解決に委ねられ，権利を侵害されたと主張する選手等が権利を回復するための十分な救済手段を持たなかった時期がある．裁判所に訴訟提起をしても，裁判所が競技団体の内部紛争（内輪もめ）であるとして門前払いの判決（裁判所の判断に適さないとして訴えを却下する判決）をしたり，内容に踏み込んだ判決がなされても判決までに数年単位で時間がかかる等の不都合があった．

　しかし，今日ではスポーツを巡るさまざまな紛争・問題（代表選手選考，スポーツ選手の移籍，懲戒処分，暴力・ハラスメント等）について，スポーツ仲裁等を通じた適切な救済手段が確保されるようになり，スポーツの世界にも法の支配（権力を合理的な法で拘束し個の権利や自由を確保することを目的とする原理）が及ぶとの考え方が潮流となっている．日本でも，2003年にJSAA（日本スポーツ仲裁機構）が設立されてスポーツ仲裁が始まり，2011年にはスポーツ基本法が制定されてその前文でスポーツ権が明記される等，日本スポーツ界もその潮流の中にある．

●**千葉すず事件**　スポーツにおける法の支配が意識されるようになった象徴的な出来事として，日本では2000年シドニー五輪の際に参加標準記録を突破して国

内代表選考会で優勝したにもかかわらず代表に選ばれなかった競泳の千葉すず選手の CAS 仲裁事例（「千葉すず事件」CAS 2000/A/278）が挙げられる．千葉すず選手は日本水泳連盟を相手方として，選考決定の取消しや自らを代表に選考すること等を求めて CAS に仲裁を申し立てたものの，結論として千葉すず選手の訴えは認められなかった．

　もっとも，当時の日本では競技団体の代表選考決定に対して不服を持つ選手が訴訟や仲裁を申し立てるといった前例がなく，CAS への仲裁申立てをした千葉すず選手の動きは大きな注目を集め，その後の日本スポーツ仲裁機構設立の後押しとなり，また，選考基準の明確化や選手の権利の向上に向けた動きを加速させるきっかけともなった．

●**ボスマン判決**　これに対して，欧州では千葉すず事件に先立つ 1995 年のボスマン判決（C-415/93, Union Royale Belge des Sociétés de Football Association ASBL and Others v. Bosman and Others, 1995 E. C. R, 1-04921）が挙げられる．1995 年までの欧州サッカー界では，①選手との契約期間満了後も一定期間は選手の移籍に際して，移籍先は移籍元に補償金を支払わなければならず，補償金の支払がないと選手の移籍は認められない，②出場できる外国籍選手は 3 名（5 年在籍した外国籍選手がいる場合には 2 名追加されて最大 5 名）までとされていたことにより，選手の移籍が大きく制約されていた．

　そのような状況下で，ベルギー 1 部のサッカークラブに所属したことのあるベルギー国籍のプロサッカー選手ボスマン（Bosman, J. -M.）がこの制約により移籍を妨げられて損害を被ったとして提起した訴訟において，欧州司法裁判所はこの移籍の制約が労働者の自由な移動を保障した EC 条約 48 条に合致しないと判断をした（「ボスマン判決」）．この判決の結果，欧州サッカー界の上記①②の選手の移籍ルールは撤廃され，選手の流動化が一気に進むこととなった．さらに，ボスマン判決は，競技団体が自主的に決めたルールであっても，それが不合理である場合には法によって是正されうることを示したとも言え，スポーツが一般的な法秩序に組み込まれうることを示唆するものとして，欧州サッカー界にとどまらず，スポーツ界全般に大きな影響をもたらした．

　近年では，スポーツ特有の紛争の多くについて，CAS や JSAA 等のスポーツ仲裁手続による解決が図られており，スポーツの世界にも法の支配が及んでいると言える状況になりつつあるが，こうした状況に至るまでには千葉すず事件やボスマン判決をはじめとする先例が大きく貢献しているのである．　　　　［宮本　聡］

📖さらに詳しく知るための文献
後藤元伸 2006．スポーツ団体のシステムと EC 法．関西大学法学論集 55(4-5)：1410-1433.
佐藤恵二 2023．専門競技者の代表選考基準を知る権利．宮本　聡ほか『類型別スポーツ仲裁判例 100』民事法研究会．

スポーツ仲裁裁判所・日本スポーツ仲裁機構

●**スポーツ仲裁裁判所とは**　スポーツ仲裁裁判所（英語名：Court of Arbitration for Sport，以下，CAS）は，スイス連邦ローザンヌに本拠地を置き，スポーツにおける紛争を対象とする仲裁・調停手続を管理運営している紛争解決機関である．CAS は，スポーツにおける紛争を柔軟で迅速かつ安価な手続で専門的に解決する必要性から 1984 年に国際オリンピック委員会によって設立され，独立性の担保のために 1994 年からはスポーツ仲裁国際理事会によって運営されている．

　CAS の仲裁手続には通常仲裁手続と上訴仲裁手続の二つがあり，前者は商事仲裁類似の手続であり，後者は競技団体が行った決定から生じる紛争を対象とする手続である．上訴仲裁手続の管轄の根拠となる仲裁条項は，競技団体の定款その他の規則に定められているところ，欧州人権裁判所の判決では，競技団体に所属する個人は CAS の仲裁手続での紛争解決を強制されていることから，当該仲裁条項は欧州人権条約第 6 条に従っていなければ有効にならないことが指摘されている（*Mutu and Pechstein v Switzerland*［*Applications 40575/10 and 67474/10*］）.

　CAS は，そのほかにスポーツにおける紛争の調停手続，オリンピックその他の国際競技大会において迅速に紛争を解決するためのアドホック仲裁手続，委任を受けた国際競技連盟のアンチ・ドーピング規則違反の紛争を扱うアンチ・ドーピング部仲裁手続を管理運営している．2021 年までの CAS の取扱件数は，通常仲裁手続 1400 件，上訴仲裁手続 7077 件，調停手続 97 件，アドホック仲裁手続 149 件及びアンチ・ドーピング部仲裁手続 60 件である．

　CAS の仲裁手続はスイス連邦ローザンヌを仲裁地とするため，その手続準拠法は，原則として，当該仲裁が「国内仲裁」とされる場合は民事手続法，「国際仲裁」とされる場合は国際私法典第 12 章である．CAS の仲裁パネルが下した仲裁判断に対しては，取消申立てがなされる例も少なくないが，当該申立ての管轄は，これらの法律に基づき，スイス連邦の最高の司法官庁であるスイス連邦裁判所のみが有することとなる．また，近年では，スイス連邦裁判所が行った取消申立てに対する決定に関連して，仲裁手続の当事者であった個人がスイス連邦を相手方として同国の欧州人権条約違反を理由に欧州人権裁判所に救済申立てをする例が出てきており，CAS の仲裁手続における人権規範の適用の可否が注目されている（*Semenya v. Switzerland*［*application no. 10934/21*］）.

●**日本スポーツ仲裁機構とは**　日本スポーツ仲裁機構（英語名：Japan Sports Arbitration Agency．以下 JSAA）は，東京都に主たる事務所をおき，スポーツ競技

またはその運営に関する紛争を解決する仲裁規則及び調停規則の策定，事務管理を行う団体である．JSAA は，アンチ・ドーピング規則の適用をめぐる紛争を仲裁によって解決する国内機関の設立が求められるようになったことなどを受け，2003 年に日本オリンピック委員会，日本体育協会（現在の日本スポーツ協会），日本障がい者スポーツ協会（現在の日本パラスポーツ協会）が設立母体となって，法人格のない団体として設立された．その後，JSAA は，2009 年に一般財団法人としての法人格を取得し，2013 年 4 月 1 日には，公益社団法人及び公益財団法人の認定等に関する法律（平成 18 年法律第 49 号）に基づく公益認定を受けている．

　JSAA の管理運営する仲裁手続のうち，スポーツ仲裁手続は，スポーツ競技またはその運営に関する紛争に関し，競技団体が競技者等に対して行った決定についての不服の紛争を対象とする仲裁手続であり，特定仲裁合意に基づくスポーツ仲裁手続は商事仲裁類似の手続である．また，JSAA が運営するスポーツ調停（和解あっせん）手続は，裁判外紛争解決手続の利用の促進に関する法律（平成 16 年法律第 151 号）の認証を受けた認証紛争解決手続である．JSAA が管理運営するドーピング紛争に関するスポーツ仲裁手続は，日本アンチ・ドーピング規律パネルが行った決定に対する不服申立てを扱う仲裁手続である．JSAA 設立から 2023 年 3 月までの申立件数は，スポーツ仲裁手続 155 件，特定仲裁手続 0 件，スポーツ調停手続 35 件，ドーピング紛争仲裁手続 8 件である．

　スポーツ庁が 2019 年 6 月 10 日に公表したスポーツ団体ガバナンスコード＜中央競技団体向け＞原則 11 は，中央競技団体に対し，あらゆる紛争について JSAA のスポーツ仲裁を利用することを求めており，中央競技団体の約 79％（2022 年 11 月 17 日現在）は，申立があれば JSAA のスポーツ仲裁の利用を認めることをあらかじめ宣言するスポーツ仲裁自動応諾条項を採択している．しかし，これらの中には申立期限や対象の紛争を限定しているものも少なくなく，あらゆる紛争について JSAA の利用が保障されているわけではない点に課題がある．

　JSAA の仲裁手続の手続準拠法は仲裁法（平成 15 年 8 月 1 日法律第 138 号）であるところ，近年，JSAA の仲裁事案の当事者が，裁判所に対し，仲裁法 23 条 5 項に基づきスポーツ仲裁パネルが仲裁権限を有するかどうかの判断を求める申立てを行ったり，仲裁法 44 条に基づき仲裁判断の取消しの申立てを行ったりする例が出てきている．スポーツにおける紛争に関する JSAA の仲裁手続について，裁判所の審査が行われるようになっている点が注目される．　　　　［杉山翔一］

📖さらに詳しく知るための文献

Mavromati, D. & Reeb, M. 2015. *The Code of Court of Arbitration for Sport*. Kluwer Law International.

Arroyo, M. ed. 2018. *Arbitration in Switzerland*. Kluwer Law International.

第23章

総論（スポーツ社会学の歴史）

[担当編集委員：菊 幸一]

体育社会学からスポーツ社会学へ
スポーツ社会学の成立

　何をもって新しい学問の成立と見るかは必ずしも定かではないが，学術的関心を共有する学会の成立は重要な指標である．その意味で体育社会学の成立は，日本体育学会（以下，体育学会）の中に体育社会学専門分科会（以下，分科会）が設立された1962年と見ることができる．ここでは，それ以前を体育社会学の萌芽期，分科会設立から1972年の学術誌『体育社会学研究』の刊行までを創設期，その後の1991年の日本スポーツ社会学会の設立までを展開期と捉え，体育社会学の発展がスポーツ社会学の成立を導いてきた流れを示そう．

●**戦後体育研究の始まり**　1945年の敗戦による社会体制の変化は，教育では民主化と科学化として展開された．そして軍国主義教育の中核であった体育には，学術研究から学習指導に至るまで，それへの徹底した対応が求められた．例えば，新しい学制の下で新制大学が発足し，師範学校は新制大学の教育学部となり，新制大学では体育が教養科目の一つとして必修化された．その結果，多数の体育関係者が大学で教育研究に携わることとなり，体育に関する学術研究の需要は一挙に広がった．教育学部系体育人は学習指導の民主化と科学化を，教養系体育人は人文，社会，自然の広い科学的視野からの体育研究を担うことになったのである．

●**日本体育学会の設立と社会学的研究**　新しい体育研究を開拓し，研究活動と業績の蓄積を推進するために1950年に体育学会が設立された．第1回大会で社会学者林恵海による「ルードロジーの奨め」と題する講演が行われたが，そこに当時の体育界の脱軍国主義的体育への覚悟を窺うことができる．その後，体育学会は急速に発展し，会員数は10年余りで1000人を超え，大会の演題数は269を数えた．社会学的研究の発表も165題と増加し，遊戯集団，学校運動部，学級や学習集団等の学校体育関係が60%，地域や職場，家庭における体育，レクリエーション等の社会体育関係が15%であった（菅原編著1975）．こうして体育社会学的研究は体育学会の発展の中で芽を出し，学会大会の研究発表と学術誌『体育学研究』の論文発表を積み重ね，学術的共同体としての分科会の組織化に向けて成長してゆく．

●**萌芽期の先達**　この発端の先導者は文部省視学官として戦後体育改革の任を担った竹之下休蔵である．竹之下は，GHQの占領政策と日本体育の現実との調整を担う過程で，米国流の学校論や学習指導論を吸収し，教育と社会，学校とコミュニティ，小集団学習と民主的な人間関係等を日本に導入する上で社会学的研究が不可欠であることを実感していた．GHQとの折衝において，日本の現実を

説明するためには，社会調査による具体的な資料の提示が常に求められたからである．竹之下の体育への社会学的関心の一つは，学校体育の民主的改革であり，もう一つは国民生活におけるスポーツの民主的な発展であった．前者はスポーツを学習の内容として位置づけて小集団の協力的な学習を主導した昭和28年小学校学習指導要領体育科編（試案）に，後者は1960年の「社会体育：考え方と進め方」に示された．この二つの提言を実践化するために，竹之下は，前者については1957年に民間教育研究団体「全国体育学習研究会」を組織し，学校体育の社会学的研究のパラダイムを「体育の社会的構造と機能」として提案した．後者に関しては1960〜1962年に文部省科学研究費（総合）による共同研究「わが国におけるスポーツ人口の構造と変動について」を組織し，大規模なスポーツ人口調査の実施を通じて社会体育の社会学的研究モデルを示した．そこでは，スポーツの民主的な発展のための具体的な課題として，スポーツ享受における学歴格差，地域格差，企業格差の存在が示された．こうして竹之下は実践と研究を連携する体育社会学研究のモデルを示すとともに，1960年に関東の研究者を集めて合宿研究会「体育社会学研究の集い」を主宰し，分科会の基盤づくりを行ったのである．

　また，民主的な人間形成に向かう体育学習を展開する上で，学習における協力活動は必須であったから，ここに焦点を当てた社会学的研究も盛んであった．当時，奈良女子大学で体育学を指導した浅井浅一は，1957年に関西の研究者を集めて「体育と人間関係研究会」を組織し，運動遊び集団の実験的な研究を進めた．同会は翌年から研究発表を行う年次研究協議会を開催するようになり，ここに浅井を中心とする運動遊戯集団の教育機能に注目する研究組織がつくられ，その研究も萌芽期の体育社会学研究の中軸を担っていた．こうして，東に巨視的な竹之下，西に微視的な浅井を軸に，体育の社会学的研究は急速に広がり，1962年の日本体育学会体育社会学専門分科会の設立に至るのである．

●創設期　分科会の設立は，体育学会における社会学的研究活動の活性化を導いた．学会大会で固有のテーマのシンポジウムを主催し，専門のプログラム枠を設け，専門審査員の論文審査参画も実現したからである．しかし最も重要な研究の活性化は，分科会が独自に催した全国的研究会「専門分科会合宿研究会」であった．そこでは，シンポジウムでの共通テーマの協議，個別発表の質疑応答，そして深夜に及ぶ対話が生まれ，研究の深化と発展の絶好の機会を提供した．

　朝鮮動乱を契機とする占領政策の転換は，教育では行政の統制強化という形で現れ，教育研究に大きな影響を及ぼした．試案であった学習指導要領は「基準」となり，行政主導の研修会が増加し，学校や地域の自主的研究は急激に衰退した．他方，朝鮮そしてベトナムへと続く戦争特需は日本経済を復興から成長へと発展させ，急激な都市化と産業化はスポーツと関わる多様な社会的問題を生み出し，社会体育の振興が重要な政策課題となった．体育社会学研究もこれを反映し，学

習指導や小集団研究が減少し，職場レクレーションや地域スポーツなどの社会体育研究が増加した．加えて，1964年東京五輪後の日本スポーツの発展は，テレビの普及と相まってスポーツへの関心を増大させ，体育社会学研究は一挙に多様化した．1960〜1969年の体育社会学研究では，学校体育が85，社会体育は219（地域体育51，職場体育44，スポーツ施設19など）である（多々納1979）．

●**展開期**　研究の多様化を整理しその質を高めるために，分科会は1972年に「体育社会学の方法と課題」をテーマに学術誌『体育社会学研究』を創刊する．同誌は「現代スポーツ論」「体育とスポーツ集団の社会学」等のテーマを掲げて研究の推進を先導し，1982年，研究領域の拡大に対応して『体育・スポーツ社会学研究』に衣替えした．1991年，同誌は「新しい体育・スポーツ社会学をめざして」を特集し，スポーツ社会学会の創設に伴う研究態勢の変化により，廃刊した．

●**社会体育からスポーツへ**　1970〜1980年代の経済の高度成長を背景に，スポーツは大衆化と高度化の二面で目覚ましく発展し，重要な社会現象となった．メディアと連携した競技スポーツはプロ化し，娯楽産業に成長した．人々のスポーツ享受も豊かさに向かう生活変化の中で急速に広がり，1980年のスポーツ消費は3〜4兆円に達した．他方，体育は学校体育に焦点化され，内容のスポーツ重視と相まってスポーツ科への名称変更も議論された．社会教育法に基づく社会体育の実態は，レジャーとしてのスポーツに変わっていた．こうしてスポーツは体育から離れ，体育社会学研究が体育学の範疇に収まりにくい状況が生まれたのである．

●**研究の国際化**　研究の国際化もスポーツ社会学の成立を促す要因であった．1964年の東京五輪記念国際スポーツ科学会議では「スポーツ宣言」の草案が提案されたが，そのスポーツの定義の第一条件はプレイの性格であった．まさに伝統的な体育と真逆のこの定義こそ，体育とスポーツの混同を整理するためのカルチャーショックとなった．同年，国際社会学会（ISA）と国際スポーツ科学・体育・レクリエーション会議（ICSSPHE）はスポーツ社会学を研究委員会として設置し，1965年，国際スポーツ社会学委員会（ICSS）が誕生，竹之下は初代理事に就任した．1969年，竹之下はICSSによる国際共同研究「一流運動選手の社会的上昇に関する国際比較研究」に参画し，分科会と連携して日本の調査研究を主導した．引き続き分科会は，1974年「スポーツへの社会化に関する国際比較研究」，1980年「一流競技者のスポーツへの社会化に関する国際比較研究」に参画し，スポーツ社会学への発展の基盤をつくっていった．1988年，分科会は国際合宿研究会「スポーツ社会学国際ワークショップ：スポーツとヒューマニズム」を開催し，多くの会員が世界のスポーツ社会学者と学術交流を深める機会をつくった．このワークショップの成功がスポーツ社会学会創設への機運を一挙に高めたのである．

●**日本スポーツ社会学会の成立**　1990年，分科会は設立準備委員会を構成し，欧

米並みに社会学プロパーの研究者の参加を促す工夫と会則づくりを課題にして具体的な手続きに入った．1991年，スポーツに理解の深い著名な社会学者井上俊を初代会長に迎え，役員，事務局体制を整えて日本スポーツ社会学会が設立された．登録会員は165名，体育系が130余，社会学系が30余であった．翌年，同学会は第1回学会大会を開催し，1993年に学術誌『スポーツ社会学研究』を創刊する．分科会からスポーツ社会学会への発展は，まず研究活動の国際化として現れた．第1回はロイ（Loy, J. W.），第2回はホーン（Horne, J. D.），第3回はドネリー（Donnelly, P.）という具合に，大会では諸外国の著名な研究者が講演し，それが学術誌の巻頭論文となるという流れが続き，1997年の6回大会では国際シンポジウムを開催するに至った．学術誌論文の著者もテーマも国際化が著しい．これは留学や招聘等による国際交流の活発化による．1999年に同学会は日本学術会議の登録団体となり，名実ともに学術共同体の体裁を確立した．2002年，学術誌10巻は座談会「スポーツ社会学の10年」を掲載し，学会成立の歩みを総括した．同誌は2009年の第17巻から年2号刊行となり，特集テーマや特別寄稿による啓発的な論考，投稿論文，書評とその内容を多様化し，研究の充実と発展を示している．近年，会長を社会学系会員とする会則も改訂され，体育系会長の就任もみられる．それがスポーツ社会学研究の独自化・自立化に向かうか，体育系依存への傾倒に向かうかは「身体－運動」を研究・実践のパラダイムにどう生かすかによるが，約400名の会員，国際的な連携の実績等から見ても，日本スポーツ社会学会は成長期に入ったと言えよう．

●**日本体育社会学会の創設**　2020年，日本体育学会は分科会（現，専門領域）の連携による社会貢献を目的に「日本体育・スポーツ・健康学会」に名称変更した．その結果，各専門領域にはその独自性と自律性を確認し，決定することが求められた．体育社会学専門領域は，関係学会が多様化・増大する中，業績蓄積の課題もあって2021年から『年報体育社会学』を刊行してきたが，2023年，一層の独自性と自立性を確立するために「日本体育社会学会」を設立した．当面，専門領域の会員がそのまま新学会会員となるように，一体的運営で進められている．第1回学会大会でキーノートレクチャーに招聘された井上俊は，現代社会学における体育社会学の位置を公共社会学に位置づけたが，学問の在り方が改めて問われている今日，専門分科会時代の伝統的実践性の継承に加え，体育の存在論的な検討，身体の社会化・制度化，さらには身体からの社会学へ向かう研究の深化が期待される．　　　　　　　　　　　　　　　　　　　　　　　　　　　　　［佐伯年詩雄］

📖さらに詳しく知るための文献
伊藤公雄ほか2002．スポーツ社会学会の10年．スポーツ社会学研究10：1-15.
菊幸一2020，体育社会学の再生を求めて．年報体育社会学1：1-13.
佐伯年詩雄2005．体育社会学研究の半世紀．体育学研究50（2）：207-217.

機能主義

研究対象を一つの全体と見て，それを構成している要素（部分）が，他の構成要素に対して，またとりわけ対象全体に対して，どのような（プラスあるいはマイナスの）働きをするかに注目する考え方を，社会学や人類学では一般に機能主義という．この発想の原点は，古くからの「社会有機体説」にある．例えば人体という有機体は，心臓や肺などの諸器官（構成要素）それぞれの働きによって全体としての生命を維持しているが，社会もまた同じような形で作動していると考えるのが社会有機体説である．この比較的素朴な類比はその後，デュルケム（Durkheim, E.）やラドクリフ＝ブラウン（Radcliffe-Brown, A. R.），マリノフスキー（Malinowski, B.）らによって理論的に洗練され，さらにパーソンズ（Parsons, T.）らによる構造－機能主義（structural-functionalism）へと発展する．

●**構造－機能主義**　パーソンズは行為論とシステム論を統合し，「パーソナリティ・システム」「社会システム」「文化システム」の相互関係を概念化することによって，あらゆる社会現象を説明しうる一般理論（general theory）の構築を目指した．彼の定義によれば，「社会システム」とは「複数の行為者の相互行為のシステム」であり，例えば友人関係や夫婦関係から集団や組織，国家など，さまざまなレベルで具体例を考えることができる．他方，「パーソナリティ・システム」とは「単独の行為者の諸行為のシステム」である．そして「パーソナリティ・システム」と「社会システム」とを結ぶ働きを担うのが「文化システム」であり，善悪・美醜などに関する価値体系を中心に「行為を方向づけるシンボル（意味）のシステム」とされる．しかし，それはパーソナリティ・システムに「内面化」され，社会システムに「制度化」されることによって規範的行為様式の構成要素ともなるから，その面では行為のシステムと見ることもできる．

パーソンズによれば，あらゆる社会システムはその安定的な維持・存続のための条件として，(1) 外的環境への適応（Adaptation），(2) 目標の達成（Goal-attainment），(3) 内部的統合（Integration），(4) 潜在的パターンの維持と緊張の処理（Latency）という必須の機能（「機能要件」）を充足する必要がある．これが，いわゆる AGIL 理論である．そして，これらの要件の充足または不充足にはシステムの「構造」が関係している．構造とは，そのシステムを構成する諸要素（例えば，さまざまな役割・集団・組織・価値観など）の配置や連関のパターンであり，それらの「構造的要因」の作用（とりわけ「機能要件」に対する正負の働き）の分析も重要である．

●**スポーツ社会学と機能主義**　構造－機能主義は，第2次世界大戦後の日本の社会学界にいちはやく紹介・導入され，1950年代から1960年代にかけて，マルクス主義とともに，いわば二大パラダイムとして大きな影響力を発揮した．スポーツ社会学の領域では，1970年代初頭に菅原禮や近藤義忠らによって紹介され，多々納秀雄や山本清洋らによってスポーツ現象の分析への適用が進められた（多々納1997；山本1978など）．しかし，社会学全体の流れからみれば，そこには一種のタイム・ラグがあった．というのも，戦後の日本社会学を主導してきた構造－機能主義もマルクス主義も，1970年代に入る頃から弱体化し始め，代わってシンボリック・インタラクショニズム，現象学的社会学，エスノメソドロジー，社会構築主義，カルチュラル・スタディーズ，ライフヒストリー研究など，多様な観点や方法論がいわば乱立するような状況が現れてきたからである．

　構造－機能主義の場合，その過度の抽象性や客観主義（個々の行為者の主観的意味世界の軽視），社会変動の説明の不十分さ，対立や闘争を軽視し調和や均衡を重視するイデオロギー性などに対する批判が強まり，しだいに影響力を失っていくのだが，日本のスポーツ社会学では親学問（社会学一般）の情勢が反映されるのが遅く，構造－機能主義が弱体化し始める頃になって紹介・導入されたという事情のため，その影響は親学問の場合ほど大きくはなかったし，十分な検討がなされたとも言えない．また，パーソンズ流の構造－機能主義がルーマン（Luhmann, N.）のシステム論に批判的に受け継がれて議論されるというような展開も，スポーツ社会学の領域ではほとんど見られなかった．とはいえ，やや遅きながらもそれなりに一定の成果はあったし，経験的実証だけに頼らない理論的検討や概念分析の重要性を認識させる効果もあった．1980年代後半には，構造－機能主義的観点を基本とするテキストブックなども編集・出版されている（例えば森川・佐伯編著1988）．

　また，パーソンズやマートン（Merton, R. K.）らによる機能主義理論が，その発展の過程で開発し洗練してきた概念や分析図式の中には，スポーツ現象やスポーツ文化の社会学的考察にとって有効なものも少なくない──例えば「顕在的機能と潜在的機能」「予言の自己成就」「準拠集団と相対的不満」「個別主義と普遍主義」「属性本位と業績本位」「制度的文化と理念的文化」などがそうである．こうした知的遺産を，必ずしも機能主義に依拠しない研究や調査の中で柔軟に活用していくことは可能であるし，またスポーツ社会学の発展にとって望ましいことでもあろう．

[井上　俊]

　📖**さらに詳しく知るための文献**
パーソンズ，T. 著，佐藤　勉訳 1974.『社会体系論』青木書店.
マートン，R. K. 著，森　東吾ほか訳 1961.『社会理論と社会構造』みすず書房.
菊　幸一 1999. 理論的アプローチ. 井上　俊・亀山佳明編『スポーツ文化を学ぶ人のために』世界思想社.

マルクス主義

　21世紀以降，マルクス（Marx, K.）への注目は高まる一方である．なぜなら，グローバル化が進むにつれ，世界規模で「格差」が拡大し，新たな「矛盾」が生まれているからである．

　しかし，マルクスへの注目が高まることは，同時に，社会主義／共産主義革命を党是とする前衛党によって改作されたマルクスを教条化したマルクス主義（マルクス＝レーニン主義）への否定的な評価も再燃させる．

　たしかに，マルクス主義は20世紀の政治状況に翻弄され，多様な変容を遂げてきた．しかし，その中で共有されてきたことがある．つまり，マルクス主義とは，資本主義という特有の歴史的社会形態とその原理が，どのようにして経済をはじめとして，人々の生活，文化，政治のあり方を決定づけるのかを分析する「資本主義の解剖学」という点である．しかも，マルクス主義という資本主義の解剖学は，歴史的・社会的状況に現象する諸矛盾——例えば，搾取関係や「支配−被支配」の関係——を分析するだけでなく，それらを変革していこうとする実践への道筋を提示するものでもある．このような視点はマルクス主義を理論枠組みとするスポーツ研究においても共有され，貫かれてきた．例えば，日本のマルクス主義スポーツ研究は，政治状況の分析をふまえながら，国民のスポーツ享受条件の分析にとどまらず，スポーツを政治課題として取り組む左翼政党と共闘し，スポーツを幅広く民衆に解放していくという実践的な課題にも関わった．

●**変容するマルクス主義的なスポーツ論**　当初，マルクス＝レーニン主義的なスポーツ論は，社会主義／共産主義体制こそが，支配層（ブルジョア）に独占されたスポーツを民衆（プロレタリアート）に解放すると主張していた．この点を後押しするかのように，マルクス主義スポーツ研究は，スポーツという身体文化は資本主義を体現し，人々に現行の資本主義社会体制への従属を求めるイデオロギー的な産物であることを暴くことに力点を置いた．

　しかし，1960年代後半から米国のベトナム侵攻や，IMF体制の崩壊といったように資本主義の諸矛盾は拡大し，支配構造も複雑化していく．それ故に，マルクス＝レーニン主義が掲げる階級闘争は勝利から遠ざかり，そのことへの危機感からヨーロッパでは国家論論争が勃発する．論争は新しいマルクスの解釈を目指すネオ・マルクス主義を標榜する研究者たちによってリードされ，「国家の相対的自律性」「前衛党否定論」「史的唯物論の修正（土台−上部構造論の否定と社会の三層構造の提起）」「経済決定論の否定」というマルクス＝レーニン主義の根幹が徹

底的な批判に晒された.

●**スポーツ社会学研究における構造−機能主義とネオ・マルクス主義**　当然のこととながら，ネオ・マルクス主義的なアプローチはスポーツ社会学にも積極的に採用されていく．カナダのグルノー（Gruneau, R.）を中心としたスポーツ社会学者たちは，国家論論争を踏まえながら，そこにスポーツと国家との関係を読み解き，スポーツを社会変革のアリーナとする可能性を明らかにすることを試みていく．また，このような彼らの研究の関心は，その当時のスポーツ社会学研究のメイン・ストリームへの批判を企てることにも向けられていた．そのメイン・ストリームこそが，パーソンズ（Parsons, T.）に代表される構造−機能主義であった.

　先進資本主義国において，スポーツが社会生活において重要な位置を占めることが認識され，スポーツの社会学的分析への関心も高まることとなった．スポーツ社会学は「スポーツ振興」という視点から，その理論的かつ実証的な研究成果を期待されることとなる．その期待に応えるために，スポーツの社会学的分析は，パーソンズに代表される構造−機能主義を理論枠組みに据え，「スポーツの社会化」「スポーツの正機能」という諸テーマを掲げ，具体的な国民のスポーツ参加に向けた政策立案の屋台骨を支えるようになる.

　しかし，グルノーらは構造−機能主義に内在する社会工学的で現行の社会体制を維持するイデオロギーを看取し，それを批判する必要に迫られる．そこで彼らは，アルチュセール（Althusser, L.）の「国家のイデオロギー装置」「重層的決定」に注目し，スポーツを単なる国民統合のためのイデオロギー装置として位置づけるのではなく，スポーツを媒介としたさまざまな「主体」——階級のみならず，ジェンダーや人種——から社会変革を論じることに道を開いた．また，スポーツが社会変革のアリーナとなるが故に，人々のスポーツへの参加をめぐる資源配分や条件整備に対する政治経済学的な視点も提示された.

●**ネオ・マルクス主義的分析からグラムシのヘゲモニー論の応用へ**　たしかに，スポーツへのネオ・マルクス主義的アプローチを試みた研究者たちは，「重層的決定」や「最終審級」といった決定論と社会変革との関係に一石を投じた．しかし，スポーツによる社会変革の試みは，階級闘争の次元に留められてしまった．このような「限界」を超克する試みは，グラムシ（Gramsci, A.）のヘゲモニー論の影響を受け，「グラムシへの転回」を成し遂げたカルチュラル・スタディーズとそれを援用した批判的なスポーツ研究の登場を待たねばならなかったのである.

[市井吉興]

📖 さらに詳しく知るための文献

市井吉興・山下高行 2011．マルクス主義的スポーツ研究の課題と展望．スポーツ社会研究 19(1)：55-72.
ハーグリーヴズ，J. 著，佐伯聰夫・阿部生雄共訳 1993．『スポーツ・権力・文化』不昧堂出版.
グルノー，R. 著，岡田 猛ほか訳 1998．『スポーツの近代史社会学』不昧堂出版.

文化史／文化社会学

　人間の定義はさまざまに存在するが，竹内芳郎は，暴力と性的欲望の制御弁が壊れた動物として定義する．あらゆる動物にみられる暴力の抑制メカニズム（捕食＝間引き作用／なわばり＝紛争の未然処理／戦意の減少曲線／等）が，人間には破壊されており，人間にのみしばしば残虐のための残虐行為がみられる．さらに人間は，生殖以外の目的のために性的欲望の代替的活用（社会的欲望への転換）を発達させ，結果的に欲望の制御を困難にしたという．強姦は人間だけの（人間らしい）暴力なのである．これら心地の悪い人間の定義は，文化的であるが故に他の動物よりも高等な生物だという人間中心主義の誤謬を明らかにする．知性の獲得の代償として他の動物が備えている別種の能力を喪失したことに気づかないことそのものが，知性それ自体の一つの喪失である，と竹内は述べる．

　ギアツ（Geertz, C.）は，人間とは自らが張り巡らせた意味の網に引っかかっている動物である，と定義し，文化とはその網のことである，という．他の動物とは異なり人間は，シンボルによって構築される第2の自然（＝文化）の中で自分の環境に意味を与え，自分の生きるべき世界をつくりだす．人間にとってはこの疑似的自然＝文化が与える世界こそが，現実（リアリティ）である．人間は暴力や性的欲望を，文化を通じてつくられた意味や価値の中に少しでも昇華させ，穏やかにおさめようとする．極めて困難なことだが，文化には，自然や他者との平和的な生活に資することという根源的使命が求められていると言えよう．

●シンボル体系と暴力　人間がつくる意味体系である以上，リアリティとはいってもそれはフィクションでもある．文化とは重層的なフィクションの世界であり，これをギアツは「厚い記述」というが，これは摩擦や矛盾をも内包するフィクションの総合であることも示す．ここに，シンボル体系の中で生きることを強いられた人間の問題が生じるが，さらにシンボル体系が時代固有の政治体制や生産体制に影響されやすいことが，この問題に拍車をかけることになる．

　近代社会では，暴力や性的欲望など秩序破壊の可能性のある力は，病院・警察・軍隊等という制度すなわち国家の独占的管理下に置かれた．人権や平等や自由などの近代的価値は，産業社会の生産体系に適応したシンボルとして——すなわち平等主義や能力主義，自助努力の価値と誠実さといった観念として——再創造されたのである．さらに国家管理の外の暴力の抑制のための徹底したルールも課された．もちろん前述のように，暴力も生のエネルギーの一形態であり，それを抑制することは普通なら難しい．しかし，人権の尊重，努力（過程）の価値，フェ

アであることとその名誉，スポーツマンシップ等とさまざまに言い換えられ総合されて，美しい近代意識が構築されることにより，このルールへの自発的服従が実現された．やがてこの近代意識が人間のあらゆる行動を支配するようになるが，エリアス（Elias, N.）はこれを「文明化」と言った．スポーツにおいても，近代以前の競技は暴力性の高い模擬戦争だったが，近代になるとスポーツは，暴力とは対極の，むしろ一種の道徳劇として理解されるようになった．

これらのシンボル体系は，自由と平等，競争と連帯，主体性と秩序といった，現実には両立し難いものを両立させる一種の理念上のユートピアになり，このユートピアはスポーツを通じて繰り返し人々の前に演じられ，人生や社会のモデルあるいはメタファーとなり，社会的かつ教育的なメッセージになった．さらに抑圧されてしまった暴力的エネルギーはスポーツへの熱狂へと変換され，この熱狂がスポーツ産業の中に取り込まれ，産業社会が推進されるという予定調和に結果した．これはあまりに魅力的な重層的フィクションであり，これをリアリティとして受容する人間特有の能力はスポーツの影響力を高めていったのである．

●**フィクションと現実**　この魅力的なフィクションが実際には，社会の中の暴力を隠蔽しつつ保存し助長している現実もやがて露わになってくる．スポーツが文化史上の重要な問題となり社会学の対象となったのは，このフィクションと現実の乖離——スポーツをめぐる欺瞞——が深刻化した20世紀前半からであった．

例えばスポーツ社会学の初期の研究者のホイジンガ（Huizinga, J.）は，「遊び」に注目した．遊びとは，楽しみを高める工夫（ルール）が共有され，生のエネルギーを緊張と興奮の中に発散させ，かつ人々につながりを創造する文化現象の核であることを示し，文化の根源的使命に応えるものであると論じた．しかしその研究は，近代の政治経済が人々の自由な遊びを排除し，文化を管理下に置こうとする危機感から生まれたものだった．エリアスはスポーツと暴力の関係の歴史過程を取り上げて近代成立の構造を論じたし，ブルデュー（Bourdieu, P.）のスポーツ社会学は，スポーツおよびスポーツとそのイデオロギーが複雑かつ狡猾に近代社会システムに組み込まれている実態を明らかにするとともに，そこに隠蔽されてきた暴力（不平等・格差・排除等）を暴いたと言えるだろう．

文化社会学としてのスポーツ研究は，文化に求められた根源的使命——自然や他者との平和的な共存——を再確認し，近代の呪縛に自覚的になるとともに，今後は地球規模のSDGsをふまえた新時代のスポーツ文化の在り方を模索しなければならないだろう．
　　　　　　　　　　　　　　　　　　　　　　　　　　　　　　［中江桂子］

📖 さらに詳しく知るための文献
竹内芳郎 1981.『文化の理論のために』岩波書店.
エリアス，N. & ダニング，E. 著，大平 章訳 1995.『スポーツと文明化』法政大学出版局.
井上 俊 2000.『スポーツと芸術の社会学』世界思想社.

歴史社会学

　歴史社会学という研究領域，方法論については，確固たる定義が確立されているわけではない．また，スポーツ社会学や都市社会学といったように，社会学の下位領域や，特殊な領域を構成しているわけでもない．しかし，歴史社会学の定義を，現代に対する観察から歴史への問いが生み出されていること（＝「歴史の現在性」）と緩やかに広げてみると（佐藤 2003），歴史社会学が解き明かそうとしているテーマ，問題関心は近年重要な意味をもちつつあることがわかる．

　そもそも，社会学の古典と言われるウェーバー（Weber, M.）の『プロテスタンティズムの倫理と資本主義の精神』（ウェーバー 1994）をはじめ，創始期の社会学は社会生活全体を捉える歴史的視角を当然のように備えていた．それは社会学が近代を認識対象とすることで他の学問分野から分立を果たした特徴でもあったのだが，現実の社会問題に対峙することが社会学の存在理由であるとする「社会学の現在主義」（松橋 2012）によって，次第に歴史性を欠如させてきた．1960 年代の米国において，ミルズ（Mills, C. W.）は，パーソンズ（Parsons, T.）のグランドセオリーを用いた構造－機能主義，ラザースフェルド（Lazarsfeld, P.）らの抽象化された経験主義という二つの学問的潮流に警鐘を鳴らして『社会学的想像力』（ミルズ 1965）を著し，社会一人ひとりの人生，歴史の結びつきから社会学は鍛え直さなければならないと主張した．ミルズは，社会科学それ自体が歴史的な学問であり，その名に値する社会学はすべて歴史社会学であると述べている．

●**歴史学／社会史との相異と歴史社会学の復権**　歴史学が細かな事実を集め，経験主義的に実証を行うのに対して，社会学は理論を構築し，方法に対する優先を図るといった「凍結したイメージ」（河野 1992）で語られることが少なくない．そこには科学観をめぐる専門領域確定の歴史が影響を与えている（バーク 1986）．一方で，歴史学では，歴史事象を国家とその政策的歴史，大国間の軍事・外交といったナショナルな枠組みにのみ収斂して分析してきたことが問題視され，社会科学の概念と方法を活用し，そこから排除された「社会的なるもの」の個別具体的な記述を行うべきであるとする社会史の開拓が 1960 年代から始まった（二宮 2011；阿部 2000）．それぞれの理論的，方法論的検討を通じて，社会学（歴史社会学）と歴史学／社会史の領域横断的接触がみられるようになったのである．

　歴史社会学をめぐる研究状況は世界各国で異なるが（筒井・田中 1990），米国ではミルズに触発されたスコッチポル（Skocpol, T.）らが，比較歴史社会学の必要性を唱えて社会学における復権を果たす．それまでの研究は，歴史事象を説明

するために理論モデルを適用する「適用型」，有意味な歴史的解釈をすべく諸概念を利用する「解釈学型」の方法をとっていたのに対して，スコッチポルは，歴史における因果的規則性を分析する「分析型」の研究方法を提唱した（スコチポル編著 1995）．彼女の問題提起は，歴史社会学の理論と方法論を洗練することにつながり，以後の顕著な研究潮流を生み出す重要な役割を果たした．日本においてもその名を冠した書籍の刊行が始まり，多様な領域でテーマの拡張が行われ始めた（広田 2001；中筋 2005；北田 2008；松橋 2012；加島 2014；水出 2019）．

●スポーツ社会学における歴史社会学的研究　スポーツ社会学においては，エリアス（Elias, N.）学派の影響力が強くみられる．自己抑制の深化を社会構造との関係から解き明かした『文明化の過程』（エリアス 1977）に加え，英国のフーリガン研究へと先鞭を付けた弟子のダニング（Dunning, E.）との共著『スポーツと文明化』（エリアス＆ダニング 1995）はフィギュレーション社会学として結実し，近代をめぐる社会の諸特徴をスポーツから逆照射することで，複雑化する現代社会をスポーツからのメタファーとして説明することの有用性を示した（菊 1993）．一方で，主にカルチュラル・スタディーズを標榜する研究群からは，ハーグリーヴズ（Hargreaves, J.）の『権力・スポーツ・文化』（ハーグリーヴズ 1993），カナダの事例から論じたグルノー（Gruneau, R.）の『スポーツの近代史社会学』（グルノー 1998）などが刊行され，英国が生んだ近代スポーツが階級間におけるヘゲモニーを達成する役割を果たしたばかりか，ジェンダーや人種といったさまざまなエージェントによる社会変革のための闘争のアリーナとなり得ることを描いた．

　日本におけるスポーツの歴史社会学的研究は，これら欧米の著作群の吸収，検討に加え，菊幸一の『「近代プロ・スポーツ」の歴史社会学』（1993）をはじめとして，明治時代に始まる近代スポーツの受容・誕生過程の分析として端緒が開かれた．その後，ブルデュー（Bourdieu, P.）の理論やフーコー（Foucault, M.）の系譜学，言説分析の手法，ホブズボウム（Hobsbawm, E.）の「伝統の創造」概念など，社会学や歴史学にとどまらず，人類学の理論や方法論にまでも射程を広げながら，甲子園野球や武道，ラジオ体操，オリンピックなど，日本文化における特徴的なスポーツの存立構造に焦点を当てた研究が展開されてきた（清水 1998；黒田 1999；井上 2004；石坂 2018；権 2021）．これらの研究群はすべてが歴史社会学を標榜しているわけではないものの，「歴史の現在性」を問うというスポーツ社会学における一つの潮流をつくり出している．また，近年では主にスポーツ史，社会史を専門とする研究者とスポーツ社会学者の共同研究も展開され，研究の深化がみられている（坂上・高岡編著 2009；石坂・松林編著 2018）．　　　［石坂友司］

📖さらに詳しく知るための文献

菊 幸一 1993.『「近代プロ・スポーツ」の歴史社会学』不昧堂出版.

エリアス，N. ＆ ダニング，E. 著，大平 章訳 1995.『スポーツと文明化』法政大学出版局.

石坂友司 2018.『現代オリンピックの発展と危機 1940-2020』人文書院.

近代化論

　社会学における近代（modern）とは，「自由に選択する自律的な主体としての個人」が主な成員となり，「価値を特定のローカルな社会関係や社会的コンテクストから引き離し，普遍的に流通可能なものとする」時代を指す（大澤ほか編 2012, 297）．そして近代化とは，人々が王や領主による封建的な支配を脱して，平等かつ民主的で合理的なルールが支配する社会を建設することを意味している．

　近代という時代または社会の厄介なところは，それが静的に安定せず，常に未完成で自己否定を伴う点にある．在るものを分け合うのではなく，社会を構成する個人全員に自由選択を許すには，社会が常に拡大していなくてはならない．社会の拡大には競争が必要だが，競争は不平等を生み，一部成員の自由を奪う結果につながる．そのため近代は常に矛盾をはらみ，自己変革を迫られ続けてきた．

●**近代の写し絵としてのスポーツ**　現代でスポーツと呼ばれる活動の多くは，上で示した近代や近代化と活動原理に共通する点が多いことが指摘されている．例えば，グットマン（Guttmann, A.）は，スポーツの特徴を，(1)世俗化，(2)競争の機会と条件の平等化，(3)役割の専門化，(4)合理化，(5)官僚的組織化，(6)数量化，(7)記録万能主義，に見ている（グートマン 1981）．スポーツの原型となった民俗遊技が，宗教儀礼として機能することでローカルな共同体を結束させたのに対して，近代において世俗化されたスポーツは，言語や民族を超えた参加を可能にすることでグルーバルに広がってきた歴史を持っている．またスポーツは，競争に際して「機会の平等」にこだわる点にも特徴がある．スポーツにおける「機会の平等」とは，例えば格闘競技における体重別クラス分けや陸上競技などの記録種目における競技環境の均質化を指す．それによりスポーツは，出自に関係なく個人の努力で成功を勝ち取れる近代の理想と呼応している．

●**近代とスポーツに共通する問題**　近代と呼応して発展してきたスポーツ文化には，残念ながらそれに見合った欠点も備わっている．スポーツの発展と近代化を重ねて論じたエリアス（Elias, N.）は，その両方で世界をリードした英国でスポーツが普及した過程に，地主貴族や紳士階級による里山の囲い込み（enclosure）が影響したと指摘している（エリアス＆ダニング 1995）．羊の放牧のために共有地を資本家が囲い込んだことで，英国は毛織物産業を発展させ，近代化のきっかけをつかんだ．同時にそれは民衆独自のローカルな遊びの機会を奪うことにもつながった．小作人や自作農が工場労働者になり，地域共同体のつながりが希薄になった結果，民俗遊技は廃れ，代わりに資本家の支援する健全な娯楽としてス

ポーツが普及していった.

生産の拡大や効率の向上を善とする近代思想に荷担する競技スポーツは,成果主義に沿わない価値を低く見積もる傾向を持つ.それは機械論的な身体観を前提とし,ハードワークに伴う心身の痛みを無視するよう競技者に強いてきた.また,女性や障がい者のように,競技上の成果の達成に対してハンディを付与されがちな人々の評価を切り下げる道具にも使われてきた(西山 2006).

さらに,スポーツで達成される成果は,近代初期であれば選手個人の偉業と言えたが,現代では個人競技でも選手をサポートする組織の勝利となってきている.データ分析や生命工学に基づく技術支援はもちろん,使う道具や競技場も科学の力で改良されて勝利や記録が達成される現在,スポーツを支持する人々が選手に投影してきた「自由に選択する自律的な主体」という物語は揺らぎ始めている.

●**近代とスポーツの危機とその超克の試み**　こうしたスポーツと近代の両方を支えてきた物語の危機に対して,どういう対応があり得るだろうか.

まず近代について,そこにみられる合理性は,しばしば資本主義の市場原理に基礎づけられるとみなされてきた.しかし社会学では,ウェーバー(Weber, M.)が『プロテスタンティズムの倫理と資本主義の精神』で示したように,合理的な市場原理の普及には下支えする道徳が市場外から動員されると考えてきた.ただし,初期に動員された道徳は資本主義が発展するとむしろ足枷となるが,資本主義が永続するには,飽くことのなさを刺激すると同時に抑制する何らかの道徳が必要と言われている(ボルタンスキーほか 2013).そうした資本主義の新たな道徳には,例えば SDGs(持続可能な開発目標)が挙げられる.

スポーツの世界でも,その合理主義や成果主義はアマチュアリズムやフェアプレイの精神に支えられてきたが,大衆化と商業化による競争の激化に伴い,それらの道徳は力を失いつつある.競技スポーツ文化が持続可能であるには,より時代に合った道徳が求められている.そのため,近代スポーツの模範を示してきた国際オリンピック委員会は,今世紀に入るとその大会の価値として「卓越(Excellence)」だけでなく「友情(Friendship)」と「敬意/尊重(Respect)」を強調するようなってきた.また,2021 年からは,旧来のモットーである「より速く,より高く,より強く」に,「共に(together)」という言葉を添えるようになった.その意図は,人種や民族,国籍が違っても,たとえ実社会で敵同士でも,あくまで遊びとして対戦を楽しむことが参加条件となるスポーツの社交性と公共性を,その文化の維持と発展に活かすことにあると考えられる.　　　　　　　[西山哲郎]

📖**さらに詳しく知るための文献**

エリアス,N. & ダニング,E. 著,大平 章訳 1995.『スポーツと文明化』法政大学出版局.
西山哲郎 2006.『近代スポーツ文化とはなにか』世界思想社.
山本敦久 2020.『ポスト・スポーツの時代』岩波書店.

カルチュラル・スタディーズ

●カルチュラル・スタディーズとは何か?　カルチュラル・スタディーズは,
1950 年代にウィリアムズ（Williams, R.）やホガート（Hoggart, R.）ら英国の左派
文学者が, 大衆の文化, とりわけ労働者階級の文化を再評価しようとしたことに
源流を持つ. それは高級文化ばかりに注目してきたアカデミズムのエリート主義
に対する反発でもあったが, より重要なのは, カルチュラル・スタディーズが文
化を, 支配的社会集団が自らの支配を正当化し再生産する重要な現場として研究
対象にしたということだ. ホール（Hall, S.）など初期の英国のカルチュラル・ス
タディーズを牽引した研究者たちは, グラムシ（Gramsci, A.）のヘゲモニー論や,
アルチュセール（Althusser, L.）の重層決定論を導入することで, 経済的領域（＝
下部構造）がすべてを決定づけるとする教条的マルクス主義の経済還元論から脱
却し, 社会のあり方を決めるプロセスにおける文化（＝上部構造）の力と自律性
に着目した. また, 文化とは世界を意味づける実践であるという記号論的な文化
概念を導入することで, 支配関係を「当たり前のもの」として意味づける文化の
イデオロギー機能＝権力作用を分析し, さらに支配的な意味づけとは異なる対抗
的意味の生産を支配に対する抵抗の実践として描き出すことを可能にした. 1970
年代にはバーミンガム大学現代文化研究センターの研究者を中心に重要な研究が
数多く生産された. マスメディアで道端での強盗が黒人特有の犯罪として報道さ
れることで社会秩序への危機感が高まり, 治安維持の権力が作動していくプロセ
スを分析した *Policing the Crisis*（Hall et al. 1978）, 労働者階級の男子中学生たち
の反学校の文化と階級の再生産の文化的力学を描いたウィリス（Willis, P.）の
『ハマータウンの野郎ども』（1977）, モッズやパンクスといった反逆的な若者たち
がファッションや音楽において対抗文化を形成する様子を描いたヘブディッジ
（Hebdige, D.）の『サブカルチャー』（1979）がその主要な作品である.
　初期のカルチュラル・スタディーズでは階級という支配構造が最重要な問題
だったが, すぐに人種やジェンダー, 植民地関係をめぐる支配関係の問題がカル
チュラル・スタディーズに取り込まれた. 黒人音楽を手がかりに黒人ディアスポ
ラの文化政治を分析したギルロイ（Gilroy, P.）の『ブラック・アトランティック』
（1993）はその最も優れた成果の一つだろう. 文化を支配関係の再生産・交渉・闘
争が複雑に行われる現場として分析するカルチュラル・スタディーズのこうした
観点は歴史学や社会学, 人類学, 教育学など他領域とも相互浸透してきたため,
いまではもはや明確な境界線を引く必要さえなくなっていると言えるかもしれな

い.

●**カルチュラル・スタディーズとスポーツ**　英国の大衆文化であるサッカーはカルチュラル・スタディーズの重要な研究対象となってきた．サッカーはファンの地域的・国民的なアイデンティティ感覚を生み出すと同時に，人種的・民族的な包摂／排除の力学が働く文化である（Brown ed. 1998；有元・小笠原編 2005）．例えば英国では，移民の親を持つ自国の黒人代表選手が白人ナショナリストによって差別されたり（Back et al. 2001），「アジア人はボールが蹴れない」としてアジア系住民をサッカー文化から排除しようとする力が働いていた（Burdsey 2006）．また，小笠原博毅（2017）はスコットランドの強豪クラブであるセルティックのファン文化研究『セルティック・ファンダム』において，チームのプレースタイルについて想像し語るという実践の中で，ファンのアイルランド系ディアスポラとしてのアイデンティティが複雑に交渉されていることを論じている．

　スポーツはジェンダーやセクシュアリティをめぐって文化的権力が作動する場でもある．総じてスポーツはシス男性・異性愛者を規範として構成されている．女性は専門性や権威を持ってスポーツを行うこと・観ること・語ること・教えることから疎外されてきたし，メディア報道をはじめ女子競技は男子競技にくらべてさまざまな面で低く位置づけられている．またゲイやレズビアンのアスリートは沈黙を強いられ，トランスジェンダーのアスリートは競技への参加さえ危うい．岡田桂ほか『スポーツと LGBTQ＋』（2022）は，スポーツのそうした権力構造を深く分析している（岡田ほか 2022）．

　さらにカルチュラル・スタディーズはスポーツと資本主義の関係についても批判的検討を行ってきた．米国の社会学者ボイコフ（Boykoff, J.）が「祝賀資本主義」と呼んだように（Boykoff 2013），オリンピックやワールドカップなどのメガイベントはそれ自体が多額の放映権料を生み出すコンテンツになると同時に，新自由主義的な都市開発や特定の企業利益のために利用されてきた（小笠原・山本編 2016）．2021 年に開催された東京オリンピックをめぐる汚職事件，ぎりぎりまで放送が決まらなかった 2023 年のサッカー女子ワールドカップなどをみると明らかなように，スポーツは資本やジェンダー，人種，国民をめぐる権力の諸要素が複雑に交差する現場なのである．これらの権力関係がどのように構成されているかを精緻に分析し，スポーツをよりよき社会の一部として再節合していくのがスポーツのカルチュラル・スタディーズの役割だと言えるだろう．　　　［有元 健］

📖さらに詳しく知るための文献

小笠原博毅 2019.『真実を語れ，そのまったき複雑性において』新泉社.

小笠原博毅・山本敦久編 2016.『反東京オリンピック宣言』航思社.

岡田 桂ほか 2022.『スポーツと LGBTQ＋』晃洋書房.

エスノメソドロジー

　スポーツ社会学は，社会学の理論を用いてスポーツを「知る」ことに貢献し，社会の中にあるスポーツを「支える」人々，「観る」人々を研究してきたが，実際に動いている身体を録画するという仕方でスポーツを「実践する」姿を研究対象とすることはなかった．実は，社会学一般における具体的な研究対象として，実際の「相互行為という核心部が抜け落ちている」のである．これに対して，エスノメソドロジー（以下，EM）は，ビデオ録画を活用して，人々がスポーツを「実践する」姿を観察し，記述し，分析することのできる研究手法（ビデオ・エスノグラフィー）を生みだした．

●**歴史，視点**　ガーフィンケル（Garfinkel, H.）によって，EM が世にでるまで（あるいは今でも），社会学はパーソンズ（Parsons, T.）の構造−機能主義のような「グランドセオリー」志向の理論研究や質問紙などを用いた統計調査研究によって，人々が「目にすることのできない秩序」を暴きだそうとしていた．ブルーマー（Blumer, H.）らの意味学派の社会学者たちは，インタビューなどで得られた「語り」を「解釈」し，社会生活の意味を理論化する「グラウンデッド」な研究を始めた．だが，それらもスポーツを「実践する」際に，人々が実際に資源として利用している「目にすることのできる秩序」をもつ「実践」を観察して記述できる研究手法ではなかった（Livingston 1995）．これに対して，EM は，実際の人々の動きを観察することで「社会生活を行う際に人々が用いる方法を記述しようとする」（Sacks 1984, 21）．

　スポーツ「を観る」の基礎にある，スポーツ「で見る」は，実践の「真っただ中」で，適切に行為を続けていく過程に埋め込まれている．それは，行列をつくって秩序を生みだす活動と同じく「目にすることのできる秩序」を頼りにして，そのつど「誰でもが次にすべき」動きを行うことである．人々は，一目でそれと分かる（accountable）ようにそれぞれの行為を組み立てているが，この「見る」と「実践する」とのあいだにあるような相互構成的な関係（reflexivity）は，人々の「目に入っているが気にされることはない」（Garfinkel 1967）．サックス（Sacks, H.）は，会話をしている人々の方法（エスノメソッド）を分析する会話分析（以下，CA）の創始者として，ガーフィンケルとともに EM を彫琢し，「わたしは，これまでにいかなる確立された科学の一部としても存在しなかった研究の領域を提唱したい．EM/CA と呼ぶようになった領域である」（Sacks 1984）と述べている．

●**会話の分析から身体のマルチモーダル分析へ**　スポーツ実践を繰り返し観察して検討することで，EM は，スポーツを構成する諸活動を成し遂げていく具体的な技や方法，すなわち，普通なら気にされることのないゲシュタルトという「葉陰に潜んだ獲物をあぶりだす」ことができる．例えば，広義のスポーツ活動であるフライフィッシングなら，「獲物」となる魚のゲシュタルトを見分ける手順や技（looking's work）が研究の対象になる（Garfinkel 2002；Lynch 2013）．

　さらに，スポーツ実践における身体の動きや技を対象として，ビデオ録画を繰りかえし再生して検討することで，マルチモーダルな「分析的なエスノグラフィー」（ビデオ・エスノグラフィー）を行うことができる．スケートボードのパークで滑り始める場面やサーフィンで波に乗る場面の研究（Ivarsson & Greiffenhagen 2015；Liberman 2024）において「滑り出す」「波に乗る」といったことは，会話で話し始めることや行列に並ぶことのように，一度に一人が利用できる資源をめぐる秩序の達成である．例えば，サーフィンでの「乗りやすい波」は，一瞬の出来事なのだが，指揮者がいない，さらには楽譜すらない即興演奏のように，お互いの意図や準備の様子が視線や姿勢によって示され，見知らぬもの同士のあいだでも「次は誰の番なのか」がスムーズに定まっていく．

●**スポーツコーチング**　スポーツ社会学の具体的な研究成果が，コーチングの研修などで有効に活用されているとは言いがたい．コーチングは，理論に基づいて練り上げられた計画や戦略が，現場で選手に伝えられ，選手がそれを実現する場となっている．コーチングというフィールドは，この「計画」と「実際のパフォーマンス」との結びつき，すなわち，ガーフィンケルが「生活世界ペア」と呼ぶ「指示・教示／現場での生き生きとした行為」のペアの姿を明らかにして，現場の指導に役立つ具体的な成果を還元することのできる場なのである．

　バスケットボールのマルチモーダルな分析を行っているエバンスら（Evans & Reynolds 2016；Evans & Lindwall 2020）は，戦略の理解の肝となるコートの地理学を用いたコーチの指示の様子，選手たちが，その指示への理解を視線，姿勢や動きで示し，さらには指示のポイントを強調してデモする様子，またコーチがジェスチャーや iPad 上の動画を駆使して具体的な訂正をする様子といったように，現場のコーチが自らの実践を振り返る際に利用できる，コーチングでの実際の相互行為の核心部を扱っている．

　EM は，さまざまな場で当たり前に行われているスポーツ実践を観察し，そこで行われている人々の方法（エスノメソッド）に学び，精緻に記述して，分析を磨きあげ，その成果を現場に返すことができる社会学なのである．　　　［岡田光弘］

📖**さらに詳しく知るための文献**

Hester, S. & Francis, D. 2004. *An Invitation to Ethnomethodology.* Sage（フランシス，D. & ヘスター，S. 著，中河伸俊ほか訳 2014.『エスノメソドロジーへの招待』ナカニシヤ出版）.

山崎敬一ほか編 2023.『エスノメソドロジー・会話分析ハンドブック』新曜社.

エスノグラフィー

　エスノグラフィーということばは，民族，国家，文化集団などを意味するギリシャ語の「ethnos」と，書くことを意味する「graphy」に由来する．エスノグラフィーには二つの意味があり，一つは対象となるフィールドにおいて調査をした報告書や調査結果を指し，もう一つは調査者の実施するフィールドワークや参与観察などの調査プロセスや調査方法を指す．人々の関係や組織の仕組みなどは，実際現場に行かなければみることができないことも多い．フィールドにおいて比較的長期にわたり集中的に関与することで，包括的な理解を得ようとするのが，エスノグラフィーの特徴である．

●**エスノグラフィーの歴史**　エスノグラフィーはとりわけ人類学的な領域において，「自分たちとは異なった文化を自分で見聞きした資料によって記述する営み」（松田・川田編著 2002）として発展してきた．その背景には，世界的な植民地開拓の時代における，「辺境」の開拓というニーズに応えるために「ネイティブ（その土地に住む人）」文化の深い説明が求められてきたということがある．西洋の人々にとって，植民地の「ネイティブ」の文化は，馴染みのない「異文化」であり，政府関係者，探検者や旅行者，宣教師などによって，詳細な記録や報告が行われるようになった．（プラサド 2018）．

　20世紀に入ると，非西洋文化についての描写は学術領域に成長し，数多くの伝説的なエスノグラフィーが生み出されていく．マリノフスキー（Malinowski, B. K.），ボアズ（Boas, F.），ミード（Mead, M.），レヴィ＝ストロース（Levi-Strauss, C.）など，代表的な人類学者は非西洋文化のネイティブの視点を文化的に理解することに注力してきた．

　その後，エスノグラフィーは，「社会学，教育，ソーシャルワーク，看護，経営といった多くの社会科学領域に徐々に浸透した」（プラサド 2018, 78）．シカゴ大学に創設された社会学科における社会学者たちの研究スタイルはシカゴ学派と呼ばれ，1920年代から1930年代にかけてシカゴの都市をフィールドとしたモノグラフ（ある個人や集団をテーマに調査分析したレポート）が多数誕生した．人口，コミュニティ，人種，家族，犯罪，非行など，テーマは多岐にわたる．

●**現代エスノグラフィーの特徴と課題**　現代のエスノグラフィーは，遠く離れた「異文化」だけでなく，自分の身近にありながらも外側からは見ることのできない文化や社会集団にも関心を寄せる．また，かつてのエスノグラフィーの主要な舞台であった「辺境」の小民族も，自分とは無関係の遠く離れて世界から独立して

いるわけではなく，世界システムの中で私たちと同時代を生きている存在でもある（松田・川田編著 2002）と捉えられるようになり，調査する者とされる者の関係性により自省的であるのも現代のエスノグラフィーの特徴である．

　歴史学者クリフォード（Cliford, J.）とマーカス（Marcus. G. E.）が『文化を書く』（1986）において「西洋の人類学者が特権的な立場から，『非西洋』の文化を一方的に『客観的事実』として書くことはできないと激しく批判した」（藤田・北村編 2013，25）ことで，それ以後のエスノグラフィーは同様の問題意識に基づき，以前は非正統的と見なされていたような自己を中心に置く研究や，研究協力者との協働によって研究のプロセスを描き出すものなど，複雑さや葛藤から学びえるものを求めるようになってきている．

●**スポーツを主題としたエスノグラフィー**　伝統的にエスノグラフィーの片隅に置かれてきたスポーツ研究ではあったが，1970 年代にはスポーツにおける初期のエスノグラフィーが登場し始めた．当初は人々の社会的世界の意味づけや文化的な記述に重点がおかれていたが，1980 年代から 1990 年代にかけて，エスノグラフィーはより広い社会・歴史の枠組の中に位置づけられ，権力関係が探求されるようになっていく．若者文化や逸脱の研究としてもしばしば行われてきた（Molnar & Purdy eds. 2015）．

　近年では，スポーツのエスノグラフィーは，カルチュラル・スタディーズ等に影響を受けた批判的な分析と，社会的世界のシンボリックな意味やアイデンティティを生み出す相互作用の詳細な記録とが統合される傾向にある．また，ジェンダー，人種，宗教，社会階級の問題など，スポーツや関連する活動のこれまで無視されてきた側面も扱われるようになってきた．

　日本では主に 2000 年代以降にスポーツのエスノグラフィーが出版され始めている．女相撲や女子プロレスの世界（亀井 2000；亀井 2012），マニラの貧困地区に暮らすローカルボクサーの生活実践（石岡 2012），スケートボーダーの活動と都市空間管理の政治との関わり（田中 2016），社会学者との対話を通じたトライアスリートの極限の身体経験の言語化（八田・田中 2017），運動部の女子マネージャーの活動（関 2018），女子サッカー選手の抱える困難や生活のリアリティ（申 2022），座間味村のスクーバダイビングを通して浮き彫りになる沖縄と本土の複雑な関係性（圓田 2022），大学柔道部の女性（Sylvester 2022），女性サーファーの経験を通して明らかにするセクシズムやオルタナティブな身体文化の可能性（水野 2020）などがある．　　　　　　　　　　　　　　　　　［水野英莉］

📖**さらに詳しく知るための文献**
藤田結子・北村 文編 2013. 『現代エスノグラフィー』新曜社.
Molnar, G. & Purdy, L. eds. 2015. *Ethnographies in Sport and Exercise Research*. Routledge.
アングロシーノ，M. 著，柴山真琴訳 2016. 『質的研究のためのエスノグラフィーと観察』新曜社.

フィギュレーション社会学

　フィギュレーション社会学とは，形態（関係構造）社会学との訳語があてられ，『文明化の過程』の著者であるエリアス（Elias, N.）の思想がもとになっている．

●**フィギュレーション社会学の特徴**　『文明化の過程』の中で説明されている「社会過程（Social Process）」は，人間の行動が他者に対する相互の態度によって形作られ，そうした相互作用の網の目が複雑に絡み合う過程を表現している．集団的全体のごとく行動する人間を「社会」として物象化して議論する枠組みの対極となる研究方法の一つである．菊幸一は，この理論の顕著な特徴を「徹底した認識論的，存在論的，科学論的二元論を批判し，すべての事象は能動的でダイナミックに変化しており，社会のあらゆる局面はダイナミックな相互依存，相互保持と相互補強の関係の網の目（フィギュレーション）によって考えるところにある」（菊 1997，17）と説明する．エリアスの古代ギリシャ・ローマにおけるスポーツ分析やダニング（Dunning, E.）のフットボール研究では，過程が重要視される「フィギュレーション理論」が使われ，歴史学と社会学が有効に融合された方法論として認められていった．エリアスはこの方法論を「発展社会学」および「過程社会学」という用語で表現した．彼は社会過程を説明する際に，「社会発生」と「心理発生」という用語を用い，巨視的社会過程と微視的社会過程を結びつける原理を発展させた．これがスポーツに関する分析においては，ルールの成立により，ある特定のスポーツの成立・発展過程（スポーツ化）が，並行する国家レベルの政治過程（議会民主化）の出現と同時性があり，そのことが社会対立の解決をめぐる交渉における人々の人格構造もしくはハビトゥス（habitus）の変化を示唆しているとの説明につながっていくのである．

●**エリアスとダニングによるスポーツ社会学研究への貢献**　エリアスとダニングは *Quest for Excitement*（1986），訳書『スポーツと文明化：興奮の探求』（1995）の中で，スポーツ社会学の重要な課題である，「なぜ現代社会でスポーツがますます重要性を帯びてきているのか」という問いに対する答えを見つけようとした．この著書において「社会過程」と興奮，アドレナリン，倦怠感，肉体的苦痛といった身体の感覚との相互関係による考察の重要性が示され，スポーツの発展は，こうした身体の感覚がどのように生じているのかということだけでなく，それが歴史的に変化すること，つまり社会関係を通じて変容していくことが説明されている（マルカム 2021）．産業社会の中で生活している人々は，自然に生じる衝動を習慣的に規制する方向へ絶えず圧力をかけられている．スポーツがそうした人々

に与える「社会的飛び地（social enclave）」としての興奮を表現した「感情規制された中での規制解除（controlled decontrolling of emotions）」というキーワードはこの研究のエッセンスを表している．

ダニングを中心とする研究グループは「レスター学派」として英国のスポーツ社会学研究において大きな響力を発揮した．その端緒となったダニングとシアード（Sheard, K.）との共著，*Barbarians, Gentlemen and Players*（1979）には，ラグビーがサッカーから派生したという神話を覆すフットボールの成立過程に対する卓越した歴史社会学的研究の成果がみられる．その後，レスター学派は当時イギリスで深刻な問題であったフットボール・フーリガニズムの問題に取り組んでいった．1993年にはこの学派を中心とした CRSS（the Centre for Research into Sport and Society）が設立され多くの研究者を輩出すると同時に，スポーツと暴力，ドーピング等幅広くスポーツが抱える問題に取り組み社会実装にも大きく貢献した．フットボール・フーリガニズムに関しては，エリアスの理論である「定着者－部外者関係」および「権力の理論」を基に，それが英国社会の階級格差の構造的問題に起因していることが明らかになった．今や世界最高峰のサッカーリーグであるプレミア・リーグが，フットボール・フーリガニズムによって瀕死の危機に直面していたとき，CRSS の研究はこの問題解決への重要な道筋を示したのである．

●**近年の発展・中心テーマ**　その後，フィギュレーション社会学はダニングの後継者であるマルカム（Malcolm, D.）ら世界的なスポーツ社会学者によってさまざまなテーマでの議論が深められていった．マルカムは特にスポーツと医療および健康の相互関係というテーマに取り組み，スポーツの医療化（あらゆる種類のスポーツが健康という医療概念の周辺にますます方向を定め，それと合体した健康産業にますます依存すること）と医療のスポーツ化（身体活動はより中心的なかたちで，人間の健康の全体的管理にはめ込まれること）を分析している．そこにはフィギュレーション社会学のキーワードである，相互依存，過程，具現化，巨視・微視的社会変化，知識に関しての収斂を見ることができる．しかしマルカムはこの研究において，様々な概念を区分化することはできず，実際それらは根本的に係わりあっていると，エリアスの思想を用いて研究する基本に立ち返ることを指摘している（マルカム 2021, 16）．この概念間の紐帯（フィギュレーション）を紐解くことこそ，フィギュレーション社会学がスポーツ社会学研究領域において，現代まで新たなパラダイムを切り開いてきた特質であり，これからもその可能性は広がっていくであろう．　　　　　　　　　　　　　　　　　［海老島　均］

📖**さらに詳しく知るための文献**

Dunning, E. & Sheard, K. 1979. *Barbarians, Gentlemen and Players*. Willy-Blackwell.

エリアス，N. & ダニング，E. 著，大平 章訳 1995.『スポーツと文明化：興奮の探求』法政大学出版局.

現象学的アプローチ

ハイデガー（Heidegger, M.）がフッサール現象学の特徴として述べた「事象そのものへ」という言葉が，現象学的アプローチと呼ばれる研究態度には共有されている．認識の成立を問い根拠づけようとする現象学は，主に，体験としてのスポーツ，身体論，エスノメソドロジーといった領域においてスポーツ社会学へ影響を与えるとともに，社会学や文化研究全般にスポーツ社会学が新しい知見を提供する可能性も広げている．

●**現象学的社会学と「エポケー」** 現象学が最も社会学と交わるのは，シュッツ（Schütz, A.）による現象学的社会学においてである．社会学者が対象とする種々の行為，コミュニケーション，関係，組織，集団，制度，歴史などの現象は，社会学者にとって研究の前提となる基礎のようなものである．そして準拠図式や類型，統計的方法などを思考の道具として社会学者は利用してきた．「しかし，それらの現象そのものは単に自明なことと考えられている」（シュッツ 1980，5）．シュッツは以下のようにも投げかける．「社会的相互関係を解釈するための方法は，もしそれが，そうした方法の基礎にある仮定やその意味の注意深い記述に基づいていないなら，どのようにしてその正しさを保証されるのだろうか」（シュッツ 1980，6）．そこで，いわば自明視される「思考と行為の間主観性」を注意深く記述し，社会学者が対象とする現象を解釈する方法として現象学が必要であるとシュッツは述べる．この時に具体的にとられる方法が，「現象学的還元（エポケー）」と呼ばれる方法である．エポケーは，「世界の存在を「停止」させる，世界の存在に対する信念を「括弧に入れる」のである」（シュッツ 1980，9）と説明される．世界に対する素朴な信念を保留することから，生活世界におけるわれわれの意識の流れの全体が経験できるとともに，その内的構造を記述することができる．例えばシュッツは，音楽における「相互同調（調整）関係」と名付けた先伝達的な社会関係について，野球，テニス，フェンシングの選手の活動や，ダンス，恋などとも連なる活動の特徴として分析している．社会関係を理解する際の通常のモデルは，言語やシンボルなど共通に使用することのできるコードの存在を前提にしている．しかしそれに先立って，瞬間の持続が共有されること，つまり深い他者との交流により生まれる，自他の意識流の同時性こそが社会関係を可能にしているとシュッツはここで指摘する．「他者と内的時間の中で経験の流れを共有すること，すなわち，ともに生き生きとした現在を生きていくことが，本稿の序文で『われわれ』の経験と呼んだ相互調整関係を構成するということであ

る．そしてこれこそがあらゆる可能なコミュニケーションの基礎となるものである」（シュッツ 1980, 125）．

スポーツを経験として捉える社会学は，例えばオリンピック，マラソン，ボート，障がい者スポーツ，格闘技，高校野球，体育など多様なスポーツ体験を対象とした現象学的アプローチを通して，このような「経験の流れ」を深く理解し裾野を広げていくことになった．また，オリンピックを「スペクタクル」という観点から，一つの「物語」として多様な文化的営為の複合体と論じたマカルーン（1988）の研究は，経験や意味の概念を鍵としたゴフマン（Goffman, E.）のフレーム分析に一つの着想を得ている．さらに，意味を基礎概念として社会の理解を図るシュッツは，私たちの世界が「至高の現実」と呼ばれる日常や，遊び，夢，科学的思考，芸術など，固有の認知様式を持つ諸領域の集合体として存在するとする「多元的現実論」を提唱した．これは，井上俊の聖・俗・遊理論でも取り上げられ，スポーツの社会的性格を多元的現実論から読み解こうとする研究として，スポーツ概念の社会学的研究や「楽しい体育論」をめぐる議論など体育社会学やスポーツ社会学にも少なからず影響を与えることになった．

●**身体論やエスノメソドロジーへの展開**　現象学的アプローチは，身体論を経由してもスポーツ社会学で展開されている．ターナー（Turner, B.）やオニール（O'Neill, J.）らに始まる「身体の社会学」は，現象学的アプローチのすぐれた成果であるが，体験や経験としてのスポーツの内側からの理解はメルロ＝ポンティ（Merleau-Ponty, M.）らの身体論を経由して広がっている．メルロ＝ポンティは前期の「知覚の現象学」で，身体が知覚や認識の対象（客体）でもあり起点（主体）でもある両義性を，知覚と運動が表裏の関係で再帰的に紡ぎ合い，実践的な意味づけによって世界を構造化する実存の核心として捉える．また「肉」という概念からその両義性自体が形成される媒質として身体を捉え直す．このような身体論を媒介させ，具体的な位相（運動場面，社会的活動場面）でスポーツの記述的，解釈的分析が進むことはスポーツ社会学に独自な領域を拓いている．また，ガーフィンケル（Garfinkel, H.）から始まるエスノメソドロジーの手法で，運動指導場面，対人的競技・格技場面，障がい者の運動・スポーツ，メディアにおける語り，ジェンダー言説，体育授業・教師などを対象とした分析も展開されている．このような自明視される人々の意味の構成の機序＝手続きを，会話分析に代表される方法で広く観察し明らかにしようとするエスノメソドロジーの手法は，さまざまなスポーツの固有な社会的実践に直接跳ね返る有益な知見を生み出している．

[松田恵示]

📖さらに詳しく知るための文献

シュッツ, A. 著, 森川眞規雄・浜 日出夫訳 1980.『現象学的社会学』紀伊國屋書店.

マカルーン, J. J. 編, 光延明洋ほか訳 1988.『世界を映す鏡』平凡社.

メルロ＝ポンティ, M. 著, 中山 元編訳 1999.『メルロ＝ポンティ・コレクション』ちくま学芸文庫.

批判理論

●**批判とは何か**　改革は批判ではない．だから，汚職まみれのオリンピックを改め，傲慢な IOC の態度を矯正してオリンピックを適正化しようという合唱は批判ではない．代替案を出すことも批判ではない．だから，勝利至上主義やスポーツ・ウォッシュに利用されないようなより健全なスポーツを求めることも，批判とはかけ離れている．いずれにせよ，それらは手続き的，道具的理性を用いたスポーツの行政管理的発想だからだ．同時にスポーツをそれ以外の何ものからも侵害されない純粋無垢で理想化された，実体概念として措定している．その歪みや矛盾を外的要因のせいにして，スポーツを本質化してしまっているからである．

　スポーツが健全であったことなどかつてあっただろうか．スポーツの起源が身体的遊びであるとしても，そこには悪知恵やずる賢さがつきまとう．「だるまさんがころんだ」は騙し合いである．スポーツをする悦びは，スポーツ自体に備わった悦びではない．スポーツをする／した心身が快楽を生み出すだけであって，スポーツにあらかじめ悦びがインプットされているわけではない．アスリートが健康であったことなどかつてあっただろうか．スポーツが健全な肉体と精神をつくり上げるのならば，どうしてこれほど多くのアスリートが怪我や内臓疾患に苛まれ，ときに精神を蝕まれてしまうのだろうか．

　だからスポーツの批判理論は，スポーツへの過度な期待からできるだけ距離を取らなければならない．どんなレベルのアスリートであれ，批評家であれ，ジャーナリストであれ，研究者であれ，スポーツを考えるときに己のスポーツへの欲望をその出処から根源的に考え直すことから始めなければならない．それは同時に，スポーツの物質性——身体と身体が動かされその動きが語られる社会的諸条件——をつぶさに観察し，それらからスポーツを切り離したくなる欲望を抑え続けながらスポーツを語るということである．

●**アドルノから始めよ**　そのような身構えの標準点は，アウシュヴィッツ以降の教育においてスポーツがあまり重要視されていないことを警告した，ユダヤ系ドイツ人の亡命哲学者アドルノ（Adorno, T.）に定められる．アドルノはスポーツが一面においてフェアプレイや弱者への配慮をとおしてサディズムに反対するものとして作用しながらも，他方ではその攻撃的な行動によってサディズムを促進すると観察した（アドルノ 1971）．このスポーツの両義性は，むしろ競技者ではなく，タッチライン沿いや観客席でプレイを見ながら叫んだり野次ったりする人々によって促進されるという．

スポーツにはサディズムをめぐるこの両義性がすでに同居しており，常にいずれかの方向性に転ぶ可能性があり続けるということ．サディズムがマゾヒズムに転移し両者の共依存関係が完成したときこそがファシズムのチャンスである．それでも，スポーツには両義性のもう一つの側面があるではないか，サディズムを駆逐する力もあるではないかと叫びたい衝動に駆られたとしても，そうしてはいけない．そうした瞬間にスポーツのサディズムとの共犯関係に陥ってしまうからだ．批判理論には知性のペシミズムに裏打ちされた粘り腰こそが肝である．

スポーツが身体技芸の集積であるという一面の事実は，スポーツを競技論，技術論，マネージメント論などの各論に終始させる恐れがある．だからアドルノの警句を受け入れようとしても，ではなぜ人々はスポーツを見に行くのかを疑問視する向きもあろう．しかしこの設問自体が間違っていると看破したのが批評家の多木浩二である．スポーツという概念は，そもそもの始めから観客を集めた社会（社交）の中で成立してきた（多木 1995）．近代スポーツの範がほぼ英国の上流階級の余暇から生まれた歴史を踏まえるならば，その誕生自体がすでに政治的な社会での出来事だったのである．このようにスポーツを定位する多木は，批判理論の粘り腰を鍛えるための不可欠な伴走者である．

● 「ポスト・スポーツ」へ　スポーツに対する多木のマクロな視座は，スポーツが「規律・訓練」によってその規則に適した身体技芸を身につけた「従順な身体」を必要とするというミクロな視座に節合される．フランスの哲学者フーコー（Foucault, M.）の権力論を敷衍し多木が強調するのは，スポーツしたいという自由な意志を持って自発的に練習する主体こそが，「規律・訓練」権力が最も効果的に発動されて「従順な身体」が生まれている現場だということだ．

この現場に入り込み，身体の従順さを競合性や商業主義による搾取とは真逆の協働性に力点をおいた身体技芸を発揮できる主体を育てようとする試み（影山 2017）は，批判理論を具現化する稀有な実践である．それはたんに勝敗に支配されたゲームの代替案を提示しているのではなく，ゲームの規則と同時にゲームが成立する社会基盤──競争原理と能力優先主義──自体への批判となっている．

ところがスポーツ社会学者の山本敦久によれば，プレイしプレイを見る身体的主体性をスポーツの存在根拠にしていた時代は終わり，もはや「ポスト・スポーツの時代」が訪れている（山本 2022）．「ポスト・スポーツの時代」においては，スポーツする身体は技術の進歩によって得られるデータに合わせて制御（管理）される対象となり，主体性すら喪失されつつあるという．この身体の制御が，どのような物資的基盤を支えとする技術的進展により可能になっているのか，またその技術の進展とスポーツする身体が切り結ぶ関係性はどのようなものになりえるのか，なりえないのか．批判理論の粘り腰がこれほど試されている時代はない．

[小笠原博毅]

相互作用論

　相互作用論は，人が他者にはたらきかけ，はたらきかけられることによって関係を形成，維持，変容させる過程に注意を向ける．特に「意味」を重視する立場はシンボリック相互作用論と呼ばれ，「ヒトを意味に生きる動物」「意味を媒介として相互作用（行為）をする存在」と捉える．人は意味に基づいて行動し，意味をつくりだし，また解釈しなおす．このような立場は米国のプラグマティズムに由来し，社会学や社会心理学の領域で発展してきた．

●**スポーツと相互作用論**　スポーツを研究対象とするとき，相互作用論は視座として重宝されてきた．それは，スポーツという行動，楽しみのありかたが極めて相互作用的なものであり，相互作用論と親和性が高かったからだと言える．

　格闘技を例に考えてみよう．対戦する二人がお互いに技をくりだして勝敗を争う．心理的なかけひき，有利な位置や体勢を取るための技の交換，力のぶつかりあい．そういったものは，いずれも意味をもっている．わずかな動きや表情，息づかいなどから相手の技量や意図を的確に読み，それを凌ぐための対応を考え，状況によっては軌道修正をしながら最善の結果が得られるよう努力がなされる．試合が終われば勝者は勝利の意味をかみしめ，敗者は負けを受けいれるために納得のしかたやその後の計画を考える．そして，これは対戦する二人の立場を入れかえても同じことが言える．

　団体スポーツともなれば，さらに複雑なデータを基に戦力分析がなされ，戦略・戦術が用意される．チームワークやコーチングなど集団ならではの要素も加わる．プレイヤーや指導者だけでない．ファンもファンとしてプレイやゲームにそれぞれの意味を見出す．ジャーナリズムが介在すれば，個別のプレイや試合だけでなく，プレイヤー個人のライフヒストリーやチームの歴史などにも意味が与えられていく．競技が大きなビジネスとなり，あるいは代表チームによる国際的イベントの場ともなれば，さらに別のレベルの意味が創出される．

●**戦略的相互作用とフレーム分析**　意味をめぐる協力と葛藤は日常的な社会関係においてもみられるが，スポーツの場面で現れる相互作用は，そのエッセンスであるかのようだ．したがって，ゴフマン（Goffman, E.）の対面的相互作用論は，スポーツ研究に援用できるアイデアを豊かにふくんでいる．ゴフマンが演劇論的アプローチの中で取り上げるパフォーマーとオーディエンスの関係は，いうまでもなくアスリートと観客との関係に読みかえることができる．だが，それにとどまるものではない．例えば，『戦略的相互作用』で説明される「手（move）」の読

みあいがある（Goffman 1969）．チェスなどのボード・ゲームはもちろん，個人あるいは集団の競技スポーツにも応用可能だ．一方『枠組分析』で論じられた「転調（keying）」という概念もスポーツを理解する鍵になる（Goffman 1974）．二人の人が路上で殴りあっていればケンカだが，ロープで囲まれたリングの中の出来事ならボクシングというスポーツである．この意味の違いは，ルールが定められ共有されていることによるし，リングという物理的セッティングにも依存する．似た行動も枠組によって異なる現象として意味づけられる点が興味深い．同じ格闘技でも，リングの内外を越境して展開されるプロ・レスリングの「場外乱闘」を取り上げるならば，スポーツと興行との境界について考えることになるだろう．ゴフマンの仕事は1950年代から1980年代にかけてのものだが，現在でも活用できる可能性を秘めている．

●**スポーツを調査する視座としての相互作用論**　近年，スポーツは文化研究（カルチュラル・スタディーズ）の領域でも格好の対象とされ，多くの調査が実施されている．相互作用論に基づく手法を取ったとあえて書かれていなくても，フィールドワークをとおして質的データを収集する調査であれば意味を重視しつつ人間の相互作用を理解しようとの姿勢が認められる．研究は，相互作用論を他の視座や方法論と複合させる形ですすめられるから，特定の研究成果を相互作用論に固有のものとして取り上げることは難しい．けれども，スポーツを，意味をめぐる人々の活動として捉えることは，現在の，また将来のスポーツ研究においても引き続き重要な立脚点である．

　球技で用いられるボールは直径数センチから30センチくらいの球体にすぎない．だが，スポーツではプレイ中の1球に過剰といってもよいくらいの意味が付与される．当事者の立場によって意味づけには違いがあり，そのズレがさまざまな問題を生む．

　勝利至上主義や，いきすぎた商業主義，それらから派生するプレイヤーの心身への負荷，ドーピングなどの現象は意味に生きる人間の相互作用の帰結とみなせる．コーチと選手，先輩と後輩，男性と女性とのあいだに起こるハラスメント，さらには国際化がすすむ中で時に顕在化するエスニシティによる差別などの問題も，相互作用論から展開した社会問題の構築主義的アプローチによって理解できる．練習や指導，試合や会見などスポーツに関わるさまざまな場面で取りかわされる人々の会話を分析すれば，背後に潜む権力関係を問うことも可能である．対象がeスポーツのような非対面の競技であっても，なんらかの工夫によって相互作用論の知見を活かす道はあるだろう．　　　　　　　　　　　　　　　　［永井良和］

📖**さらに詳しく知るための文献**

ゴフマン, E. 著，中河伸俊・小島奈名子訳 2023.『日常生活における自己呈示』ちくま学芸文庫.
井上 俊・伊藤公雄編 2010.『身体・セクシュアリティ・スポーツ』世界思想社.

中範囲の理論

「中範囲の理論（middle range theory）」とは，マートン（Merton, R. K.）が提唱した社会学理論である．パーソンズ（Persons, T.）が構造機能主義において，一般理論を志向するのに対して，彼は社会構造の機能的分析を限定された範囲で，経験的データによって検証可能な社会学理論を打ち立てようとした．それは，ある面で，パーソンズの演繹的な社会学に対して，帰納的な社会学ということができる．現場の社会問題に潜む潜在的機能あるいは潜在的逆機能を分析し，中範囲の理論を構築していく方法は，問題解決に向けて大きな示唆を与えるという意味で，現場に受け入れられやすいと言ってもよい．

●中範囲の理論の成果　この中範囲の理論には，次のような研究がある．マートンは逸脱行動の諸形式について，デュルケム（Durkheim, E.）のアノミー理論をもとに，人々の行為を文化的目標と制度的手段の受容・拒否の関係から「同調」（目標も手段も受容），「革新」（目標は受容，手段は拒否），「儀礼主義」（目標は拒否，手段は受容），「逃避主義」（目標も手段も拒否），「反抗」（別の目標と別の手段）の行動に分類し，「同調」以外が逸脱行動と認識されるという．

　例えば，キャプテンでありながらコーチも兼任している場合，その地位葛藤あるいは役割葛藤により，どのように行動して良いか悩んでしまう場合がある．これをマートンは「社会学的アンビバレンス」と呼んだ．広義としては，社会学的アンビバレンスは社会における社会的地位あるいは地位群にある態度，信念，行動の相矛盾する規範的期待をさすという．また，狭義には，社会的役割を規範と反対規範のダイナミックな構造と見るべきで，主要規範と副次的な反対規範の相矛盾する役割行動によって社会学的アンビバレンスが生起すると考える．つまり，役割自体の中に潜在的に相矛盾する規範が存在するというのである．

　われわれは，自分に何ができるのかとか，どのように行動すればよいのかということを判断する場合，自身が所属しているグループだけではなく，類似性のある他の個人や集団と比較することによって意思決定する．このように，個人が自己の評価を行う際に基準とする集団をマートンは「準拠集団」と呼んだ．それは，個人が望む基準を共有する「ポジティブな準拠集団」と，避けたい行動基準を有する「ネガティブな準拠集団」に分けられる．

　オイルショックの時，トイレットペーパーがなくなるという噂が流れた．そこで人々は，スーパーマーケットに殺到し，実際にトイレットペーパーは売り切れたという現象が起きた．このように予言されたことが実際に起こる現象を，マー

トンは「予言の自己成就」と呼んだ．つまり，予言という主観的な事実が他者に
よって提示され，自己および他者がその行動を取ることで客観的な事実となり，
予言したことが現実になるという．

　このように中範囲の理論は，社会現象を機能的に理解することができる．

●**スポーツ社会学における中範囲理論**　中範囲の理論によって，スポーツ社会学
研究はその存在意義が認められることになる．それは，スポーツという限定され
た文化を対象とし，そこにおける経験的データによって，理論を構築するための
検証が可能だからである．しかも現代社会では，スポーツをめぐるさまざまな社
会的問題を解決するための科学的な理論が求められる，その意味で，スポーツ社
会学と中範囲の理論は親和性があると言える．

　その代表的な研究は「スポーツ社会化」の研究である（ロイほか編著 1988）．
これはスポーツ参与に関する「個人的的属性」「重要なる他者」「社会化の状況」
といった三つの要因がスポーツへの社会化にどのように関与するかを因果関係モ
デルで明らかにした研究である．その他，スポーツ振興などのスポーツ行政に関
わる問題，学校運動部などのスポーツ教育をめぐる問題，競技スポーツなどのス
ポーツ集団・組織における問題など，現実のスポーツの潜在的機能・逆機能を明
らかにするには，中範囲の理論構築が有効であると考えられる．

　この研究の中心的な方法論は，社会調査である．それは質問紙等による量的調
査と関連資料の収集や参与観察などの質的調査がある．とりわけ経験的データを
収集し，それを統計的分析によって検証する量的な社会調査が有効な方法として
盛んに行われた．しかも 1970 年代から，社会科学のための統計パッケージ SPSS
が発行され，さらに大型コンピュータによる解析が可能となったことによって，
比較的簡易に社会調査を行うことができるようになった．

　近年では，テキスト型データを KH Corder を用いて計量的分析することで，文
章から意味のある情報や特徴を見つけだそうとするテキストマイニング法が開発
された．また，質的な調査における経験的データの分析から仮説的な理論を構築
し，それを現場にフィードバックし，実践に寄与する目的を持った「グラウン
デッド・セオリー・アプローチ（GTA）」が用いられるようになった．

●**中範囲の理論の可能性と限界**　1990 年代に入って計量的な社会調査は次第に
姿を消すようになった．それは，どちらかというと実態調査が中心になり，単な
る分類や関係性を整理するだけに留まる傾向にあり，理論構築のための仮説検証
型の調査にならなかったことによる．また，シンボリック相互作用論，エスノメ
ソドロジー，カルチュラル・スタディーズ，ライフヒストリー研究などの多様な
研究法が登場してきたからでもある．　　　　　　　　　　　　　　　［杉本厚夫］

📖さらに詳しく知るための文献
マートン，R. K. 著，森 東吾ほか訳 1961.『社会理論と社会構造』みすず書房.

フェミニズム

　フェミニズムは，女性が女性であることによって受ける差別や抑圧からの解放をめざす思想や社会運動を含む諸実践である．近代市民社会の下で成立し，時代の変化に応じて問題意識を変容させつつ展開したフェミニズムは，同じく近代生まれのスポーツと社会的背景を共有する．フェミニズムが指摘してきた近代以降の社会が内包する問題は，スポーツとどのように関わるのだろうか．

●第一波フェミニズムとスポーツ　19世紀から20世紀初頭にかけて，欧米諸国では法的権利や市民権を求める女性たちによる，後に第一波フェミニズムと呼ばれる運動が起こり，同時期，女性の高等教育進出を通じて上流階級の女性がスポーツする機会は増大する．フェミニストにとって身体を活発に動かすこと自体が政治的な意味をもち，中でも自転車は「自由のマシン」として好まれた．高等教育の平等化に反対する男性たちの抗議活動で，運動着で自転車に乗る女性の人形が吊るされたほどである（ロス 2023）．第一波の思想的基盤であるリベラリズムは，スポーツ研究にも反映された．1970年代以降，従来の研究で重視されなかった「女性」をめぐる議論は，参加機会だけではなく制度や資源配分の不平等を明らかにした．この動向は問題の可視化や是正に向けた組織的な取組みにつながり，「女性スポーツ発展」のための一般的なアプローチとして引き継がれている．近年では機会の平等にとどまらず，意思決定機関や指導者における女性割合の増加，報酬の平等などが中心的なアジェンダである．

●スポーツ社会学におけるフェミニズム　一方，ハーグリーブス（Hargreaves, J.）やホール（Hall, M. A.）ら「スポーツ・フェミニズム」を標榜する英語圏の研究者たちは，第二波フェミニズムの影響の下，よりラディカルな問題関心を向けた．既存の体制内での男女平等ではなく体制それ自体の変革を志向する立場によって，スポーツは性別に基づく支配と従属の場であると同時に抵抗と変容の場（ホール 2001）とみなされ，ジェンダー概念を用いた批判的分析の対象となる．1960年代後半以降に展開した第二波フェミニズムは，公的領域＝男性／私的領域＝女性として構造化された近代社会と，そこで発展した男性中心主義的な文化実践や慣習に対する批判において，生物学的性差（セックス）と社会的文化的性差（ジェンダー）とを区別した．男性と女性の役割や規範は普遍的な「自然」ではなく社会的文化的につくられたものであり，それゆえ変化しうるという認識は，1980年代に入るとスポーツ社会学におけるフェミニズム研究の中核をなす．スポーツが歴史的にどのように「男らしさ」を表象・称揚してきたのか，同じプロ

セスにおいてスポーツする女性がどのように「劣る存在」として意味づけられたのか，そこに教育やメディアがどのように加担したのか，女性たちのどのような連帯や実践がスポーツの変革を導くのか．これらさまざまな問いの多くは，スポーツに関わる諸実践や慣習がジェンダー化されるだけではなく，社会においてスポーツそれ自体が男性文化としてジェンダー化されているという前提をおく．

●「女」の多様性とインターセクショナリティ　「女」という一枚岩のカテゴリーの下で連帯を掲げた第二波フェミニズムの政治に対して，1980年代にはフェミニズムの内部から批判の声があがるようになる．ポストモダンフェミニズムの理論家たちはフェミニズムが前提としてきた「女」とは何かを問い，反本質主義的な議論を通じてジェンダー概念に新たな解釈をもたらした．バトラー（Butler, J.）が「実際おそらくセックスは，つねにすでにジェンダーなのだ」（バトラー 2018, 29）と表現したようにそもそも多様な性のあり方を異性愛主義の下二分した結果にすぎない「男／女」（セックス）が，言説を通じて「原因」や「自然」として構築された（ジェンダー）のならば，フェミニズムの主体である「女」もまた固定的なカテゴリーではないということになる．この理論的潮流はスポーツ研究にも影響した．女性間の差異に基づく交差的複合的な差別や権力関係に意識的であることが求められるだけではなく，女性のスポーツ参加をめぐる議論は，トランスジェンダーや性分化疾患の女性が競技会への参加資格を奪われるという現実を前に，「スポーツに参加する権利のある女性とは誰か」（山口 2022, 33）を批判的に問う．また，スポーツする女性が表象する多様なセクシュアリティやジェンダー・アイデンティティに関する分析は，性別二元制文化であるスポーツにおいて「性」のカテゴリーがどのように構築されるか，その変革の可能性はどこにみいだせるかを問う．日本で2000年代以降に行われた研究は，欧米のスポーツ・フェミニストと問題意識を共有しつつ，スポーツする女性への意味づけやメディア表象，ハラスメント，学校体育のカリキュラムや運動部活動にみられる文化的慣習などの諸現象について，日本社会および日本の体育・スポーツ界の文脈を重視した分析がなされている．例えば関（2018）は，大学男子運動部における女子マネージャーの経験および位置づけを明らかにし，組織の異性愛男性中心主義を指摘した．また井谷（2021）は，日本の女性アスリートにおける自己認識や経験あるいは解釈のされ方から，非異性愛的セクシュアリティや非二元論的なジェンダーの不可視化を指摘した．　　　　　　　　　　　　　　　　　　［稲葉佳奈子］

📖さらに詳しく知るための文献

ホール，M. A. 著，飯田貴子・吉川康夫監訳 2001.『フェミニズム・スポーツ・身体』世界思想社.
井谷聡子 2021.『〈体育会系女子〉のポリティクス』関西大学出版部.
岡田 桂ほか 2022.『スポーツと LGBTQ＋』晃洋書房.

量的調査法

　量的調査法（quantitative analysis）は，質問紙調査によりデータを収集し，調査対象の集団の特性を統計学的に探ろうとする社会調査の方法である．量的調査法は，国勢調査（census）のように調査対象をすべて調べる全数（悉皆）調査と，母集団の特性を推測する標本調査（sample survey）に分類することができる．

●**データ収集**　多くの量的調査ではある母集団（population）を研究対象とするので，無作為抽出（random sampling）によって調査対象を選ぶ．単純無作為抽出はコストがかかりすぎるので，層化，多段，系統などの抽出方法（サンプリング）を併用して，母集団を適切に反映するように調査対象者（サンプル）を抽出する．特定の人々に研究関心がある場合は，有意抽出によって調査対象者を選ぶ（佐藤 2012）．

　社会調査は，量的調査法と質的調査法（qualitative analysis）に分けられる．ただし，両者は対立するものではない．質的調査でも統計的な分析をすることがあり，量的調査と質的調査は相補的である．また，量的調査により仮説やリサーチクエスチョンを検証する場合，インタビューなどによって仮説を導き出す重要な情報を得ることができる．量的調査法は，全数調査や標本調査という分類に加え，ある一時点で複数の対象を横断的に比較する横断分析（cross-sectional analysis）と，特定の調査対象を一定の時間間隔をおいて調査分析する時系列分析（longitudinal analysis）がある．また，事前・事後調査法（pre-post surveys）により，イベントやプログラムの効果測定を行うことも可能である．

　量的調査法においては，精度の高い質問紙作成が重要である．質問紙作成のねらいは，「被調査者（回答者）の態度（attitude），信念（belief），行動（behavior），属性（attribute）をいかに正確に引き出すか」に集約される．態度とは，回答者が望むことであり，信念とは，回答者が真実（正しい）と思うことを指す．また，行動は，現在あるいは過去の行動を指し，未来の行動意図をたずねることもある．属性は，回答者の個人的背景を意味している．

●**データ分析のレベル**　データ分析においては，質問紙調査の実施前に，「データ回収後，どのような分析を行うのか」，すなわち，どのような統計技法（図1）を適用するのかをあらかじめ検討することが必要である．記述統計においては，度数や％が中心で，単純集計ともいわれる．このレベルでは，現状把握が行われる．相関分析は，2変数間のデータ分析を行い，クロス集計によるカイ二乗検定やt検定，相関係数により変数間の関係性を明らかにする．質的調査法は，仮説を構成する際や個々のケースの複雑な状況を把握することができる．一方，量的調査

図1　データ分析のレベル

法は仮説やリサーチクエスチョンの検証をすることが可能になる．

多変量解析は，複数データ（変数）の関連性を分析し，将来の数値を予測するための解析手法である．コンピュータ科学の進歩により，ソフトウエアの開発が進み，一見複雑そうに見える事象に対して，一定の科学的操作を行うことにより，その構造や相互作用が定量的に示されるという特徴がある．

●スポーツ社会学における現状・成果・課題　国際的には，WHO Europe（2021）は欧州委員会（European Commission）と連携し，EU27加盟国における身体活動レベルを23指標により3年ごとに国際比較調査を実施している．また，先進諸国では国や国立調査機関（Canadian Fitness & Lifestyle Research Institute 等），民間調査会社（Gallup 社等）が，成人や青少年のスポーツ参加，身体活動参加の現状を調査・分析している．

Canadian Community Health Survey（2022）は，新型コロナウイルス感染症の発症前（2018年）と発症後（2020年）の身体活動レベルを調査した．成人は発症後も身体活動レベルを維持していた．しかし，青少年では，男女，居住地域，年齢グループ，社会経済的地位にかかわらず，発症後は発症前に比べて約2時間，活動量が減少した．また山口ほか（2022）は，スポーツ政策の施策・事業の重要度と達成度を測定できる尺度を開発し，TAFISA（国際スポーツ・フォー・オール協議会）加盟諸国におけるスポーツ政策のIP分析（importance-performance analysis）を行った．

今後は，量的調査法と質的調査法の混合法やトライアンギュレーションの適用（秋吉2021）により，スポーツ実施の促進要因や阻害要因の解明が期待される．また，全国調査（スポーツライフ・データ）を活用した2次分析が求められる．

［山口泰雄］

📖 さらに詳しく知るための文献

WHO Regional Office for Europe 2021. *2021 Physical Activity Factsheets*.
秋吉遼子 2021．スポーツ社会学における社会調査のトライアンギュレーション．スポーツ社会学研究 29（1）：25-40.
山口泰雄ほか 2022．TAFISA加盟諸国におけるスポーツ政策のIP分析．年報体育社会学 3：1-13.

質的調査法

　スポーツシーンに焦点化したとき，われわれは以下のような関心を抱くことがあろう．例えば，「あのアスリート（競技者）はいかなる過程を経てこのような好成績を収めることになったのか」「名指導者と呼ばれる者に共通する，また，独自の指導理論や哲学とは何なのか」等である．質的調査法とは，数値的・数量的な解釈が及ばない，いわば，具体的な事例を重視し，それを文化・社会・時間的文脈の中で捉えようとし，人々自身の行為や語りを，その人々が生きているフィールドの中で探索的に理解・研究しようとする調査法である．

●**質的調査の方法**　質的調査の方法には主に，インタビュー法，参与観察法，あるいは，文書資料や歴史史料の解読，日誌等の文字，テキスト，文章といった「生」の活字解読などが存在する．インタビューや参与観察のことを「質的調査」，それ以外に記した各種メディア（活字や生の文章）の解読のことを「質的研究」（qualitative research）と分類する場合が多い．

　前者の「質的調査」の代表格がインタビュー法，ライフヒストリー法，参与観察である．「質的調査」の場合，これらの方法論を複合的に用いることが多い．例えば，「あるアスリートはいかなる過程を経て好成績を収めることになったのか」という問題関心に基づき研究を実施する際，調査対象者からのナラティブな声，彼を取りまくライフヒストリーの理解，さらには，日常のトレーニング活動等を把握するための参与観察が不可欠となる．よって，上記に挙げた三つ以上の調査法を複合的に実施することが常となる．しかし，インタビュー対象者は初見の調査実施者に対して，容易く自らのライフヒストリーをはじめとした「本音」を述べることなどまずない．だとしたとき，この手の「質的調査」は，複数回の実施，そして何より「聴き手としての技術」もまた重要な要素となる．

　後者の「質的研究」は，研究の主題となる調査対象者がすでに故人である場合等に用いることが多い．例えば，プロ野球界で名将と呼ばれ，「三原マジック」とも称された采配を基に，数多くの選手とファンの心を掴んだ故三原脩（巨人，西鉄，大洋等で監督を歴任）へのインタビュー調査は不可能である．そのような場合は，彼自身が書き残したメモもしくはノートへの記述内容の解読が中心的な研究方法とならざるを得ない．または，彼に近い存在であった人々へのインタビューといった「質的調査」を複合的に実施することも可能となろう．

　すなわち，質的調査ならびに質的研究とは，具体的な事例を重視し，数値ではなく語りや文章に解釈を与える研究スタイルなのである．

●**質的データの分析方法**　質的データ（会話データ，メモ，日誌，記事等）の分析方法には，調査対象（者）から得られた会話内容の分類化と整理を意図した KJ 法（川喜田 1966）が代表的であるものの，社会学領域においては，1960 年代に米国の社会学者グレーザー（Glaser, B.）とストラウス（Strauss, A.）により提唱されたグラウンデッド・セオリー・アプローチ（GTA）法の援用が数多くみられるようになった．

　日本に移入され木下康仁によって改良された M-GTA（Modified Grounded Theory Approach）は，質的データの解釈から説明概念を生成し，そうした概念間の関係から人間行動について一つのまとまりのある説明図を理論として提示するものである（木下 2003）．具体的な分析手続きの順序性は以下のとおりである．すなわち，「書き起こした会話データを文脈ごとに区切り，それぞれにラベルを貼る」（オープンコーディング）→「オープンコーディングによって生成されたコードを，分析ワークシートを用いてカテゴライズする」（概念の生成）→「概念相互の関係性を考察し，さらにカテゴライズする」（カテゴリーの生成）→「概念・カテゴリー間の関係を図として提示する」（分析結果の表示），という手続きである．M-GTA とは換言すれば，自然科学での数学や統計という道具を用いた「実証主義」が全盛だった時代に，研究者自らが行う調査の事例から仮説的な理論をつくるという野心的な試みとして誕生したとの理解が可能である．

　スポーツの事例を基に理解を深めよう．少年期スポーツ活動の「場」の一つである学校運動部活動を取り巻く地域移行動向に着目した谷口勇一は，複数の教員，地域スポーツクラブ関係者，教育・スポーツ行政担当者を対象としたインタビュー調査を基に，過渡期を迎えたスポーツの現場に惹起されつつある「揺らぎ」の諸相理解を試みた．得られた会話データからは，「時宜を得た部活動の地域移行への歓迎意向」（教員），「『働き方改革』に期待を寄せる学校への不満」（地域スポーツクラブ関係者），「部活動の地域移行をめぐる根拠思想の必要性」（行政担当者）等の概念を生成した．それらの概念からは，学校，地域，行政相互に派生してきた「躊躇い続ける学校（行政）と意気に感ずる地域間の温度」なるカテゴリー（深層的意識）を生成・抽出するに至った（谷口 2023）．M-GTA とは，インタビューにより得られることとなる会話データを分析および解釈し，生成された概念およびカテゴリーから適切な関係性として図式化する質的研究法の一つなのである．すなわち，M-GTA をはじめとした質的調査法とは，未だスポーツ界において解釈されていない各種の事象を「研究者個々が挑戦的に理論生成する」営みにほかならないのである．　　　　　　　　　　　　　　　　　　　　　　［谷口勇一］

📖さらに詳しく知るための文献

木下康仁 2003.『グラウンデッド・セオリー・アプローチの実践』弘文堂.

桜井 厚 2002.『インタビューの社会学』せりか書房.

言説分析

　英語の discourse は，言われたこと，書かれたことのまとまりを意味する．この言葉を冠した研究手法は discourse analysis と表現されるが，日本では言説分析，談話分析，ディスコース分析といった複数の呼称がある．その知的源流には社会言語学における批判的談話分析（Critical Discourse Analysis: CDA），社会心理学におけるディスコース分析（会話分析），哲学者フーコー（Foucault, M.）の影響下にある言説分析などがある．いずれも言語論的転回以降の人文社会科学における質的研究法として活用されている．

● **CDA とフーコーの言説分析**　スポーツの人文社会科学的研究において特に影響が大きいのは，CDA およびフーコーの言説分析である．CDA の主眼は，社会の権力関係，不平等，特定の社会的アイデンティティが，いかに言説を通じて維持，強化されるかに着目し，これを明るみに出す点にある．そのため，CDA は言説を通じたイデオロギーのあり様を解明＝解釈するために用いられる．イデオロギーとは，ある集団が他の集団に対して支配的地位を確立・維持するために用いる信念の体系であり，それを流通させ，正統なものとするヘゲモニーを打ち立てる機能を持つのが言説とされる．したがって，この立場では言説の分析以前に，社会集団，イデオロギー，権力といった社会理論的前提の検討が必要になる．

　他方，フーコーの言説分析は言説内在的な分析を志向する．それは言説の主体（やその意図・意味）を前提にせず，実際に語られた言葉，すなわち言表の配置の規則性や希少性，それらの歴史的変容に照準する．またその際，対象の実体性も括弧に入れられ，諸言表の相関の中で実定性を与えられることになる．言説分析は，こうした言表の特定の配置として出現する主題形象の編成のされ方を思考するやり方と言える．したがって言説の外部要因を予め想定し，主題形象の様態や変化をそこから説明する CDA のような発想は，フーコーが構想したそれとは異なる．どちらが優れているかという問題ではなく，何を，どのように研究したいのかという問題設定において，両者の違いを見極めることが重要になる．

● **身体をめぐる権力**　フーコーは初期の言説編成の歴史を探求する考古学的プロジェクトから，『監視と処罰』（邦訳名『監獄の誕生』）に始まる権力，近代国家，統治性といった言説外実践の分析へと遷移していった．ここで展開された"知－権力"図式，規律訓練，生権力といった彼の概念は，以下に記すように体育・スポーツ研究でもしばしば参照されている．

　規律訓練とは，人々の身体を規則的な時間や碁盤目状の空間に配置するととも

に，規範となる振る舞いを教え込む権力テクノロジーである．それはまた，恒常的な監視によって内面の不安を活用しながら，主体化＝服従化する人間をつくるという特徴を持つ．このテクノロジーは，近代の監獄という処罰制度で結晶化した，いわば匿名的な寄せ木細工なのであり（重田 2011），特定の社会集団が一方的に占有したり，国家がもつ生殺与奪の権力（主権）とは異なる水準にある．そして規律訓練は，従順でありながら，高い生産性を発揮する主体を生み出すが故に，兵舎，学校，病院といった近代的制度を貫く汎用性を持つに至る．自然のリズムや共同体の慣習の中で生活を営んできた前近代の人々を，号令による集団的で，画一化された動作へと馴致させる体操は，近代的な軍隊や大規模な産業労働に従事する労働者をつくる上で好都合なものだったとされている（清水 2001）．また，規則正しい生活や厳しいトレーニング，定期的な競技会によって個々のパフォーマンスを高め，コーチやトレーナーからの指令に正確かつ一斉に対応する協調性が求められる近代スポーツのアスリート育成にも，規律訓練は不可欠である（Shogan 1999）．

　ここで重要なのが言説の働きである．規律訓練は，ある規格に適合する「正常」な人間の産出を目指すが，それに合致しない存在は「異常」として括りだされる．病人，狂気，犯罪者，子どもといった主題形象が分析，介入の対象となり，そこに医学や心理学等の知が発生していったことが，こうした規律訓練の拡大を下支えしたのである．規律訓練の汎用性と拡大が可能になったのは，こうした知とそれに伴う「正常」なものの実定化および規範化によってであった．

　規律訓練をはじめとするフーコーの権力論は，身体やそれをめぐる知の政治性を明るみに出す点で，学校体育やスポーツ，フィットネス実践の分析（Markura & Pringle 2006）に活用されてきた．しかし，その枠組みに適合する諸現象が踏破された後，それは社会理論の知的伝統として参照される傾向にある．典型的には，ミクロな権力関係（ジェンダー，セクシュアリティ，人種，障害など）の存在を前提にしつつ，「正常性」や規範を言説的に構築されたものとして相対化する手付きが「批判」として参照される（CDA の知的源流の一つにフーコーが位置づけられているのもそのためである）．しかし，言説の布置とその効果に照準したフーコーの言説分析を，その手法において活用しようと思えば，通常の社会学が提出する社会の描像や社会理論を下敷きとした知識社会学的論考と，いかに違うものを差し出せるのかが試金石となる（遠藤 2006）．その際，権力概念を分析的に用いるのかどうかの吟味も必要となるだろう．　　　　　　　　　　　［高尾将幸］

📖さらに詳しく知るための文献

Foucault, M. 1975. *Surveiller et punir*. Gallimard（フーコー，M. 著，田村俶訳 1977．『監獄の誕生』新潮社）.

Wodak, R. & Meyer, M. eds. 2015. *Methods of Critical Discourse Studies*, 3rd ed. Sage（ヴォダック，R. & マイヤー，M. 編，野呂香代子ほか訳 2018．『批判的談話研究とは何か』三元社）.

生成論的アプローチ

　生成論的アプローチとは，人間の経験を内側から直観的に捉える方法である．「内側から」とは，経験を外側から観察する（＝定着論的アプローチ）のではなく，経験者の側に立って経験を解釈するということである．定着論的アプローチでは捉えづらい経験の側面を捉え，社会学の可能性を探ろうとするのが，生成論的アプローチの立場である．

●**生成の論理と定着の論理**　生成論的アプローチは思想的には生の哲学や現象学に由来するが，これを社会学に導入したのは作田啓一（1993）である．作田は主にベルクソン（Bergson, H.）の哲学に依拠し，経験を生きられる一つの全体（＝分割できない流れ＝持続）と捉え，そうした経験を捉える方法として生成の論理と定着の論理を峻別する．後者から説明しよう．

　定着の論理とは経験を外側から観察して捉える方法，すなわち科学的方法のことである．「定着」と呼ばれるのは，経験を分節し，主体や対象を実体化して捉えるからである．例えば，野球で外野手がフライをキャッチする経験に対し，運動の科学は外野手とボールを別々の物体として想定し，両者が落下点まで移動すると考える．こうした見方を社会学も共有するが，自然科学と異なるのは経験を制度と関連づけて捉える点である．制度は個人に外在し，個人を拘束する．それ故，社会学は外野手の動作の中に，野球の世界（＝制度）で通用している身体技法（＝集合表象）の反映物を見るだろう．このように，定着の論理は運動の経験を物体の移動あるいは身体技法の反映物に還元して捉えようとするのである．

　一方，生成の論理とは経験を内側から直観的に捉える方法である．「生成」と呼ばれるのは，経験は本来，常に動き，変化しているからである．生成の論理は経験者の経験に自らの類似した経験を重ね合わせ，そこで感じ取った経験の内実を適切な概念を用いて説明しようとする．先の例で言えば，外野手は別にボールの軌道を科学的に測定しているわけではない．経験に即せば，外野手はボールの軌道を潜在的になぞり，落下点を正確に把握している，と解釈できるだろう．生成の論理は芸術家の作業と似ている．芸術家は自らの経験を辿り直し，その内実を作品によって喚起させようとするからだ．それ故，われわれは自らの経験に加え，文学作品や優れたルポルタージュを質的データとして利用することができる．

　二つの論理は論理の適合度の点でそれぞれ得意とする経験を持つ．例えば，定着の論理は当該社会で通用している経験＝定着の経験（例：身体技法）と適合的であり，生成の論理は個人の独特な経験＝生成の経験（例：ファインプレイ）と

適合的である．しかし，論理は一般的にあらゆる経験に適用可能である．それ故，所与の経験に対し，二つの論理を併用することが望ましい．

●**スポーツ領域への適用**　作田（1993）の理論枠組を受け，それをスポーツ経験に適用してきたのは亀山佳明（2012）である．彼を中心にさまざまな研究が出てきているが，ここでは三つの領域に分けて紹介しておこう．

　一つ目は身体論の領域である．スポーツする身体とは当該競技で必要とされる動作の型を身体化した身体であるが，実際の状況は絶え間なく変化しており，単なる型の反復では対応できない．例えば，野球のダブルプレーが可能なのは各選手がその型を共有しているからだが，1人の選手の動きに合わせて他の選手が連動しているからこそ，動きを即興的に微調整できるのである（＝間身体的な同調）．こうした身体性は「生成する身体」（亀山 2012）と呼ばれ，その特徴は抽象的には「流動」（例：リズム）・「相互浸透」（例：なぞり・同調）・「飛躍」（例：偶然性・創造性）という三つの側面に集約することができる．

　二つ目は社会化論の領域である．一般に，社会学では人間形成の問題を役割取得の観点から捉えるが（＝社会化），生成の経験が個人を内側から導いていくという側面も見逃せない（＝超社会化）（亀山 2012）．例えば，甲子園でホームランを打つことができるのはそれだけの技術を身につけていたからだが，そのホームランの感触（＝生の実感）は記憶に刻まれ，彼の自己や生き方に大きな影響を与えずにはいないだろう．役割取得の裏側に生の実感があるならば，アスリートの引退時の不調は新しい役割への不適応ではなく生の実感との別れ難さに由来する，と解釈することもできる（小丸 2018）．

　三つ目は物語論の領域である．スポーツに関わる物語は日々構築され続けているが，人が物語るのは物語ることのできない出来事があるからである．例えば，2023年のWBC準決勝，日本－メキシコ戦で飛び出した村上宗隆選手の逆転サヨナラ打は1回限りの出来事──「新しい体験の生成」（亀山 2012）──と言えるだろう．試合の流れや人間ドラマがいくら人々の期待を高めても（物語），実際に打つかどうかは誰にも分からない（出来事）．「出来事」は「物語の成就」ではなく「未来の創造」なのだ．メキシコのジル監督はこの出来事を「今夜は野球界が勝利した」と翻訳した（物語）．スポーツは敵・味方の区別を超えると言われるが，それはまずは「出来事」としてわれわれに示されるのだ．

　スポーツはその非日常的性格故に，生成の経験が出現しやすい領域と言える．生成論的アプローチによって新たな知見や概念を生み出し，社会学そのものを豊かにすること．これが生成論的アプローチの立場にほかならない．　　　　［小丸 超］

📖**さらに詳しく知るための文献**
作田啓一 1993.『生成の社会学をめざして』有斐閣.
亀山佳明 2012.『生成する身体の社会学』世界思想社.
小丸 超 2018.『近代スポーツの病理を超えて』創文企画.

フロー理論

　心理学者のチクセントミハイ（Csikszentmihalyi, M.）は，「フロー理論」という楽しさや喜びに関する理論を提唱した．フロー研究の発端となったのは，内発的動機付けに基づく活動，活動それ自体に報酬を見出す「自己目的的活動（Autotelic Activities）」の研究であった．自己目的的活動とは，ギリシャ語の auto＝自己と，telos＝目標・目的，という言葉の合成語である．

　チクセントミハイの著書である *Beyond Boredom and Anxiety* では，チェス，ロック・クライミング，ロック・ダンス，手術という四つの自己目的的な活動に焦点がおかれている．ここで瞠目すべきは手術の楽しさを描出し，遊びが常に楽しいとは限らない，仕事も楽しいものになることを示した点にある．チクセントミハイは，「仕事と遊び」の二分法を乗り越え，「外発的報酬による満足」と「内発的報酬による楽しさ」という新たな見解を提示した．

●**フロー体験**　チクセントミハイはロック・クライマーの面接調査において，クライマーが山登りを楽しんでいる時を「まるで流れている（flow）ようだった」と表現したことに着目し，「全人的に行為に没入している時に人が感ずる包括的感覚－をフロー」（チクセントミハイ 2000, 66）と名付けた．

　フロー体験には2種類のものがある．一つは，ディープ・フロー（deep flow）と呼ばれるものである．これは，スポーツ，チェス，ロック・クライミングなどの自己目的的な活動によって生じる，行為に深く没入するフロー体験である．もう一つは，「マイクロ・フロー（micro flow）」と言われるもので，日常生活において友人や知人と談笑する，テレビを見るなど，比較的小さいが数多く存在するようなフロー体験である．

　また，フロー体験は良い面ばかりではなく，人を病みつきにさせる，中毒にするというネガティブな側面もある．

●**フローモデル**　チクセントミハイは，「楽しさ」の理論モデルである「フローモデル」を構築してい

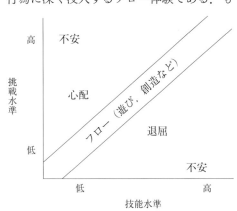

図1　フローモデル（チクセントミハイ 1996, 95；2000, 86）

る(「図1」はチクセントミハイの二冊の著書〔1996, 2000〕をふまえて作成).

このモデルは「技能水準」と「挑戦水準」の相互関係によって,「不安」「心配」「退屈」「フロー(遊び,創造など)」という心理面を表すものであり,チクセントミハイのフロー理論の骨格をなすものである.

行為者の「技能水準」が低く,取り組む課題の「挑戦水準」が高い場合には「不安」を感じる.行為者の「技能水準」が高く,課題の「挑戦水準」が低い場合には「退屈」を覚える.行為者の「技能水準」と課題の「挑戦水準」のレベルが適合した時,フロー(遊び,創造など)を体験する.フローモデルの要諦は,初心者であっても熟練者であってもどのレベルにおいても,「技能水準」と「挑戦水準」が釣り合えば,フローが生じる可能性を表していることである.

●楽しさと快楽　チクセントミハイによれば「楽しさ」と「快楽」は,明確に異なるという.「楽しさ」は注意の集中が必要であり自己を成長させる.「快楽」は注意の集中を伴わず自己を成長させることはない.自己の成長には「より高い技能水準」と「より高い挑戦水準」が必要であり,それは「より複雑なフロー状態」を意味する.チクセントミハイは「楽しさ」と「快楽」の違いを,それを経験した後に自己に「複雑さ」を加えることができるかどうかにあると指摘する.本当の意味で活動を楽しむためには,自己の身体と精神を限界にまで働かせ,できるかどうか分からない課題に真剣に取り組む必要がある.

●フロー理論の課題　フローモデルにおいては「技能水準」と「挑戦水準」の質を次第に高めながら,階段状に進んでいくことが理想的である.しかし,フロー理論では,「楽しさ」概念の中核に位置づく「複雑さ」や,フロー体験を深める「フロー体験の深化」に関する説明は概括的である.この課題を補完するには,「不安」と「退屈」(特に「不安」)に着目し,「複雑さ」や「フロー体験の深化」の条件として,その積極的意義を明らかにする必要がある.畢竟,フロー理論は,「フロー階梯モデル」(迫 2001, 157)としても機能し,より十全なものとして位置づけられる.　　　　　　　［迫 俊道］

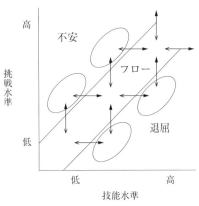

図2　フロー階層モデル(迫 2021, 157)

📖 さらに詳しく知るための文献

チクセントミハイ, M. 著, 今村浩明訳 2000.『楽しみの社会学』新思索社.
チクセントミハイ, M. 著, 今村浩明訳 1996.『フロー体験 喜びの現象学』世界思想社.
迫 俊道 2021.『芸道におけるフロー体験』増補改訂版. 渓水社.

身体論／肉体論的アプローチ

　スポーツが「"遊戯的"な身体的闘争」（Guttman 2004）であるならば，スポーツの中心にあるのは身体である．スポーツ社会学が身体に着目すべき理由がここにあるが，身体を捉える方法は一つではない．

●ハビトゥス　身体論的アプローチの中で，社会学的に最大の影響力を持つのはブルデュー（Bourdieu, P.）の実践理論（Bourdieu 1979）である．この理論は，人々の日常的な振る舞いの戦略性に着目する．例えば，1980年前後のフランスでの調査によれば，労働者階級は，重量挙げやボディビルディングのように，身体を頑健にしてくれるスポーツを好む．ここには，肉体労働の生産性を高め，経済的により豊かになるための戦略を認めることができる．それに対し，上流階級はテニスや合気道のように，肉体労働とは明確に区別されたスポーツを好む．ここには，労働者階級に対して自分たちを卓越化（distinction）することで社会的ステイタスすなわち象徴資本（capital symbolique）を高める戦略が認められる．このように，日常的実践の戦略性を説明するのが「ハビトゥス（habitus）」の概念である．人々は，自分の置かれた社会環境に最適な戦略を生成するハビトゥスを無意識のうちに身体化してしまう．その結果，スポーツの趣味も音楽の好みも，期せずして戦略性を帯びてしまうのである．片岡栄美（2019）は，現代日本におけるさまざまな趣味と，階級とジェンダーのハビトゥスの関係を実証している．

●実践感覚　ハビトゥスの戦略性は，実践の選択においてのみならず，それぞれの実践の内部でも機能している．実践の場（champ）におけるハビトゥスの戦略性を，ブルデューは「実践感覚（sens pratique）」と呼ぶ．ヴァカン（Wacquant, L. 2004）と石岡丈昇（2012）は，それぞれシカゴとマニラの貧困地区にあるボクシングジムの参与観察を行うことで，ボクサーのハビトゥスの形成過程を明らかにした．スパーリングのテンポや「ボクサーの目」などのボクシングに固有の実践感覚は，言語的な教育によってではなく，ジムでの集合的な訓練によって無意識のうちに身体化されるのである．

●生きられた身体　実践感覚は，メルロ＝ポンティ（Merleau-Ponty, M. 1945）のいう「生きられた身体（corps vécu）」の「志向性（intentionnalité）」に相当する．これは，周囲の空間を絶えず能動的に把握することで，あらゆる認知と行為を背後から支える身体の働きである．例えば，試合中のサッカー選手にとって，地面のラインは運動を制約するものとして知覚され，相手チームの守備の穴は運動を可能にするものとして知覚される．このとき，選手の意識はフィールドと一体に

なっている．このような主客合一の状態を，メルロ゠ポンティは「生きられた身体」としての人間存在に普遍的なものと考えたのに対し，亀山佳明（2012）および小丸超（2018）はこれを偶然的に訪れる特殊な経験として読み替える．具体的には，ベルクソン（Bergson, H. 1889）の「生成（devenir）」，作田啓一（1993）の「溶解体験」，チクセントミハイ（Csikszentmihalyi, M. 1990）の「フロー（flow）」，中井正一（1995）の「スポーツ気分」と重ね合わせることで，偶然的かつ非言語的な内的飛躍の経験として主客合一を捉えている．しかし，スポーツ実践の全体を俯瞰するなら，このような意味での主客合一の瞬間はそのごく一部である．というのも，日々の練習の中で私たちは自分の「生きられた身体」を対象化し，さまざまな比喩を用いた「わざ言語」（生田 1987）を手掛かりに無駄な動作や無理な姿勢すなわち「悪い癖（bad habits）」（Shusterman 2008）を漸進的に改善しているためである．倉島哲（2007）は武術教室を事例にこうした一面に接近している．

●肉体論　制度と言語から身体を救い出そうとする関心を亀山と共有しつつも，生成論とは正反対の方向性を持つのが池井望（池井・菊編 2008）である．亀山が内的飛躍を重視したのに対し，池井は制度の外部の自然を重視するためである．池井は，ゲーレン（Gehlen, A. 1993）の哲学的人間学に依拠し，すべての動物の中で人間だけが「欠陥生物（Mängelwesen）」であるという認識から出発する．なぜなら，人間は戦うための牙や爪，身を守る毛皮，そして何よりも，生存に必要な行為を保証してくれる本能を持たないためである．それ故，人間は自然がもたらす多様な刺激の氾濫にさらされることになるが，他方で，自らの意思で特定の行為を反復することができる．こうして行為は慣習となり，慣習をさらに安定化させたなら制度となる．制度は，自然の多様な刺激からの「負担免除（Entlastung）」を本能にかわって実現し，人間の生存を可能にする．スポーツという制度の意義も，身体運動を自動化することで，人間を自然の脅威から守る点にある．このように，自然との関係において身体を考察する視点を池井は「肉体論」と呼び，制度の内部での考察に終始する「身体論」と区別する．しかし，制度の媒介なしに自然に直接接近する方法は確立されていない．また，近年の進化生物学は，人間が生存に役立つ器官や本能を持たないというゲーレンの前提に疑問を呈している（濵田 2018）．例えば，体毛の薄さと汗腺の発達のおかげで，人間は放熱しつつ長時間走り続けることができるため，先史時代より，草食動物が倒れるまで追い続ける狩猟が行われてきた（Bramble & Lieberman 2004；McDougall 2009）．こうした事実を踏まえた「肉体論」の再構成が求められる．　　　［倉島 哲］

📖さらに詳しく知るための文献
池井 望・菊 幸一編 2008.『「からだ」の社会学』世界思想社.
亀山佳明 2012.『生成する身体の社会学』世界思想社.
倉島 哲 2007.『身体技法と社会学的認識』世界思想社.

スポーツ空間論

スポーツをする場はコートやグラウンド，アリーナやフィールド，プールやダンススタジオ，トレーニング場や武道場，山，川，海など実にさまざまである．

●コートの中　荒井貞光が提唱したスポーツ空間論では，これら多様なスポーツの場の共通項を見つけ出すために「コートの中」というひとまとまりの言葉を用いた．「コートの中」の共通項とは「実社会」の現実世界から切り離されたスポーツ空間を意味している．このことを井上俊の論じる「ゲームの世界」に当てはめてみると「競技者の現実社会での立場や地位，富や権力，名声など」によって勝敗が左右されない「脱所属」という共通項でも意味づけられる．こうした二つの共通項に特徴づけられる「コートの中」空間とは，「実社会」という現実世界での所属（＝役割関係）から切り離されたプレイヤー間の平等空間であることが分かる．たしかに「実社会」は所属する現実世界ごとにルールや慣習，文化や習俗が異なる多様な価値や役割が混交する社会空間である．こうした「実社会」に対して「コートの中」は，ルールや参加条件を逸脱しないようプレイヤーが自発的に，それらを受け容れて，スポーツを純粋に楽しむ平等空間を成立させているのである．

●コートの外　さらに，スポーツ空間論では，図1のように「実社会」と「コートの中」の間に第3の空間，「コートの外」を位置づけていく．「コートの外」とは，「実社会」でも「コートの中」でもない役割が遂行できる空間である．例えば，荒井は，学校世界を例に「コートの外」を「学校は一つの世界だ．学校世界の中では『コートの中』が授業であり，『コートの外』は休み時間や放課後である．その休み時間や放課後の活動のなかに，教師も生徒もお互いにふだんの役割を外してコミュニケートできるチャンスが多くある．むしろそういったヤレヤレできる休み時間があってこそ，次の授業のコンセントレーションも可能になる．教師も子どもも役割期待に頑張って応えようとすればするほど，教師にとっては

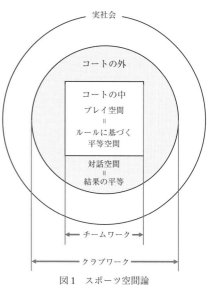

図1　スポーツ空間論

子どもが見えなくなる．お互いがわからなくなってしまう」（荒井 2020, 187）と説明した．「ふだんの役割を外」す空間こそ「コートの外」であり，それは「実社会」の役割も「コートの中」の役割をも持ち込ませない空間であることを意味する．

　ところが，「コートの中」の役割は，プレイヤーやコーチであるばかりではなく，勝者や敗者といった結果にまとわりつく役割が「実社会」へ持ち込まれることは少なくない．荒井は体育の授業の結果が教室にまで持ち込まれてしまう次のような学生エピソードを紹介した．「何といっても嫌だったことは，鉄棒ができないことを教室や，放課後まで皆の前で言われることです．先生は冗談のつもりで軽く言われていたかもしれません．友達も笑わない子もいましたが，いつも笑われている気がしていました．頑張ろうとしても，どんどん嫌いになっていったような覚えがあります」のように「『コートの中』の失敗が『実社会』にまで持ち込まれる」（荒井 2020, 175）のであるという．「コートの外」とは，「実社会」はもちろん，「コートの中」の能力や結果にまとわりつく役割を持ち込ませないバリアの空間なのである．例えば，ラグビーの試合終了をノーサイドと呼び，勝敗の区別なく互いのプレイを讃え合う交流空間（アフターマッチ・ファンクション）は「結果の平等」をつくり出す「コートの外」として意味づけられる．スポーツ空間論では「コートの外」の創出こそ，スポーツの価値を意味づける重要な空間である．「コートの外」には「実社会」や「コートの中」で与えられた地位や立場，能力や結果を平等化できる対話空間が形成される．スポーツを通じた人格は，「コートの中」のスポーツ体験に加えて「コートの外」の意義を自覚し，この対話空間への関わり方からも形成されていくのである．

●**チームとクラブ**　さらに，チームとクラブの違いもスポーツ空間論から説明できる．「コートの中」のプレイやゲームのための目的的集団はチームである．チームは目的達成のためにメンバーが団結するチームワークで組織化されていく．これに対してクラブは，複数チームが助け合うための相互扶助関係（クラブワーク）で組織化されていく．この関係性を創出する空間こそ「コートの外」の対話機能からであると位置づけられる．日本のスポーツ界は，学校や企業という親組織の下で活動する運動部型がスポーツの社会化エージェントであった．スポーツ空間論は，こうした運動部をチーム型に位置づけ，親組織から自立できないスポーツ組織として批判した．これに対して親組織から自立したクラブという上部組織の下で複数チームが共存共栄できるスポーツ組織の必要性を主張する．こうしてチームとクラブを判別し，チーム間の助け合いのための対話空間に「コートの外」を位置づけるのである．　　　　　　　　　　　［水上博司］

📖さらに詳しく知るための文献
荒井貞光 2020.「コートの外」より愛をこめ（復刻）．水上博司ほか『スポーツクラブの社会学』青弓社．
井上 俊 1977.『遊びの社会学』世界思想社．

スポーツと公共性論

　スポーツと公共性をめぐる議論の論拠には，ハーバーマス（Habermas, J.）やアーレント（Arendt, H.）の公共性論とともに，加藤典洋の私利私欲論がみられる．

●**下からの公共性論とスポーツ**　2010年に内閣府は「新しい公共」宣言を公表し，人々が支え合い活気のある社会をつくるために，さまざまな当事者が自発的に協働していくことを目指した．なぜなら，公共事業のような多数の人々を対象とした公共の福祉であれ，少数の人々を対象とした社会的弱者の救済であれ，「国家や地方公共団体それ自体が公権力を発揮する事柄」（菊 2001）としての従来の公共性（概念）を頼りにしていくことが，高度経済成長の終わりとともに財政緊縮政策などによって困難になってきたからである．「日本的な公共性」（松田 2011）ともいわれる従来の公共性が，「公−私」関係における「公」，あるいはそれを形成する主体が「官−民」関係においては「官」となる「上からの公共性」として捉えられるのに対して，新しい公共は，「公−共−私」関係における「共」，あるいは，その形成主体が「民」となる「下からの公共性」として捉えられる．後者は，ハーバーマスが示した，私的領域（親密圏）において人間形成がなされた「市民」のコミュニケーション（議論）によってつくられる市民的公共圏の概念に通じるものである．また，「市民」が自分の私的な利害を棚上げして公的問題について討論していたとされる古代ギリシャのポリスのように，自立した個人（の活動）によってつくられるとする，私的領域（親密圏）とは切り離して捉えたアーレントの公共性にも通じる概念である．

　スポーツにおいてもその公共性を下から築き上げていく必要性が叫ばれている．特にわが国においては，教育（体育）政策や健康政策，あるいは近年の経済政策等によって，スポーツの教育的価値や健康をもたらす価値（いずれも「心身の健全な発達に寄与する」ような「体育的公共性」としての価値），あるいは地域や経済の活性化に資する価値などのいわば国家（官）が求める国家的公共性を担保するものとしてスポーツの価値が認められてきた．それに対して，特にドイツのスポーツクラブにみられるような，地域の「市民」がスポーツ活動を通して自ら（地域）の社会課題を主体的に解決していくような，市民的公共性を築き上げていく必要性が指摘されている．そして，その主体である，ハーバーマスのいう私的領域（親密圏）で形成されるとする「市民」，あるいは，アーレントのいう私的領域（親密圏）から自立した「市民」の形成（地域住民の「市民」化）には，住民のプレイ欲求（私利私欲）に基づくスポーツ（活動）こそがメディアになる

と思われる.

●**スポーツにおける私利私欲と公共性**　人間の本性としての「私利私欲」が公共性の構築につながる論理を展開した加藤のいわば私利私欲論を下敷きにして,スポーツそのものを楽しみたいという私利私欲(プレイ性)こそがスポーツの公共性を担保するものである(菊 2013)とする議論がある.加藤は,開国を迫られた幕末における薩摩藩と長州藩は,日本を守ることが真であると考え(＝内在),当初は外国勢力を撃退しようとしたものの,それが困難な状況になると今度は外国との共存(関係構築)を図るようになったという事例などから,そこでは,内在(の徹底)から関係(の構築)への転轍が起こったと解釈する.そして,お互いの真である内在(＝私利私欲)を徹底すればこそ,それらが対立した際にはお互いの真を認め合い,それらの共存を図る「関係」の思考が求められ,そこに公共性が築かれ得るとする.例えば,近代スポーツの発祥した英国パブリックスクールにおいて,ラグビー校校長だったアーノルド(Arnold, T.)が,それまで死傷することもあった中世以前の野蛮なスポーツに夢中になる子どもたちに対して,その禁止の代わりにリーグ戦の実施を促すことで,次の試合を成立させるため(スポーツのプレイ欲求を満たすため),敵味方関係なく死傷者を出さないようなルールを自らつくるとともに遵守するようにしたとされるが,これはまさにスポーツにおける私利私欲から公共性が築かれたものとして捉えられるであろう.

　この私利私欲論は,齋藤純一の公共性の定義である「価値の複数性を条件とし,共通の世界にそれぞれの仕方で関心をいだく人々の間に生成する言説の空間」(齋藤 2000, 6)に結びつく.すなわち,それぞれの真＝内在＝私利私欲の認め合いが,価値の複数性という条件を満たし,それが公共性の構築につながるとする見方である.これをスポーツにあてはめれば,スポーツの公共性とは,スポーツという共通の世界に,競技志向や楽しみ志向などに加えて,スポーツをしたくないという欲求をも含めた多様なスポーツ欲求が共存し,かつ,それらが同等の価値として認められるような関係性が繰り込まれた空間として捉えられる.

　ただし,私利私欲の肯定は,「市民」形成の障害になり得る,あるいは大衆的自我主義(エゴイズム)に陥る可能性が指摘されている.それに対しては,私利私欲について,商業主義や市場主義等に基づくそれと,人間とスポーツとの原初的な関係に基づくそれ(例えば身体を動かしたいという欲求)との異同などを詳細に検討していく必要があり,それはスポーツにおける身体論や肉体論にも議論が展開していくことになるだろう.さらに,スポーツの公共性を築く主体として,スポーツ組織の公共性を問うことも求められている(笠野 2019).　　　[笠野英弘]

📖**さらに詳しく知るための文献**

加藤典洋 2001.戦後的知と戦後的思考.小路田泰直編『戦後的知と「私利私欲」』柏書房.

齋藤純一 2000.『公共性』岩波書店.

社会問題としてのスポーツ／社会構築主義

　体罰，ドーピング，差別など，スポーツは多くの社会問題を内部に抱える営みとして，またそれ自体が一つの社会問題として存在している．しかしスポーツに関わる社会問題は，誰が語り，誰が決定するのか．社会問題としてのスポーツを，その実態（実在性）からではなく，それが問題となる社会的過程において「クレイムの申し立て」として検討するのが構築主義の立場である．スポーツに関わるさまざまな問題の社会的ケースの分析が，構築主義の立場から進められている．
●**「クレイムの申し立て」としての社会問題**　ラベリング論を超えて「社会問題」を構築主義の立場から論じたのは，社会学者のスペクター（Spector, M. B.）とキッセ（Kitsuse, J. I.）である．「われわれは，社会問題を定義するにあたって，社会のメンバーが，ある想定された状態を社会問題と定義する過程に焦点を合わせる．したがって，社会問題は，なんらかの想定された状態について苦情を述べ，クレイムを申し立てる個人やグループの活動であると定義される」（スペクター＆キッセ 1990, 119）．通常は「社会問題」は実在しており，それが誰かによって発見されるものと考える．ところが，この種の発見に携わる専門家が，意図するかしないかに関わらず，ある種の権力を行使することになる．何を支援するのか，何を問題としては捉えずに何を問題として外へ出すのか，何に優先順位を与えるのか．この種の判断は，「社会問題」を同定することによって権力化するからである．千田有紀によれば，ここに社会問題の構築主義という立場が研究上現れることになる．「社会学者が，自らの持つ知識の定義権の権力性を意識しつつ，これらの問題に取り組めば，「ひとびとが社会問題とみなす問題が，社会問題だ」と考えざるを得ない．その際，研究者の果たすべき役割は，権力的な位置から社会問題の状態を定義することではなく，人々がどのような問題を社会問題とみなし，クレイムを申し立て，クレイムの共有を迫るのか，そのクレイム申し立て運動過程を記述することである」（上野編 2001, 19）．こうした構築主義的立場には，同時に厳しい批判も共存している．ノミナリズム（唯名論）に連なる，構築主義における「本質／実在性」の否定，という論点がその一つである．スポーツに関わる問題は，言説の存在によらずとも，例えば，排除や健康状況の悪化など実態として存在しているのであり，言説の外にすでに実在しているという批判である．しかし上野千鶴子が述べるように，構築主義が立つ土俵は，単に言説の構築性を示すことであり，ここでの文脈に沿わせれば，それがスポーツをめぐる社会問題であると同定する「専門家」の特権性が奪われているという「発話者の超

越性を許さない」（上野編 2001, 300）場でしかない．しかし，そのような場は大きな意味を持つ．「構築主義が何よりも対抗してきたのは，本質主義の持つ決定論や宿命論に対してであった」（上野編 2001, 300）からだ．上野はこのように述べて，構築主義が，変革のための営みであることを強調している．

●社会構築主義とスポーツの課題　こうした社会問題の構築主義は，現実（日常）は人々による知識との弁証法的関係を通して社会的に構成されているとする，バーガー（Berger, P. L.）とルックマン（Luckmann, T.）に系譜を遡る．すなわち，現象学的なアプローチが，その根底にあるということになる．また上野編（2001）は，構築主義における言説概念の重要性として「現実は言説によって構築される」とも述べている．それは構築主義における「言語」の問題やその再帰性を改めて焦点づけるとともに，その内実と可能性を示す優れたテーゼである．このような構築主義の立場から，「問題とすべき「状態」から問題をめぐる「活動」へとシフトする．すべての道徳的価値から離れ，社会問題をめぐる相互行為のプロセスの記述に専念すること」（上野編 2001, 19）が，広くポリティクスや言語の再帰性を踏まえて，スポーツ社会学の領域では分析が進められている．例えば，権力，人権，性，環境，地域，貧困，差別，障がい者，ドーピング，体罰，八百長，大学運動部，いじめなど，スポーツという「社会問題」の裾野は広い．構築主義的アプローチは，これらの対象に対してそれらがなぜ社会問題として語られるのか，その社会的仕組みを明らかにしようとする．この点で，スポーツの現場で，実践の改善や変革を志向する構築主義の立場は大きな可能性に拓かれている．また，身体論を介在させて，スポーツの実践に現れる「言語」に限らない社会的相互作用の方法そのものが，スポーツという「社会問題」の構築主義的立場からのアプローチとして視野に入れられた研究もある（例えば笠原 2021 など）．特に日本のスポーツ社会学の場合，「体育」という領域の専門家が構築主義に立った場合の言説領域の閉鎖性が，意図せず「専門家」の同定という，本来最も配慮しようとした研究の前提とハウリングを起こす可能性もある．「研究者」としての職の確保や政策の正統性の社会的担保など，このアプローチはそれ自体で，その価値の中立性を本来示すことができるものではない．しかしながら，スポーツ社会学における構築主義の持つ意義については，スポーツを個人や社会の well-being を実現する文化としてより解放する実践の変革を促すアプローチの一つとして，やはり疑いえないものであることをここでは強調しておきたい．　　　　　　　［松田恵示］

📖 さらに詳しく知るための文献

キツセ，J. I. & スペクター，M. B. 著，村上直之ほか訳 1990.『社会問題の構築』マルジュ社．
上野千鶴子編著 2001.『構築主義とは何か』勁草書房．
バーガー，P. L. & ルックマン，T. 著，山口節郎訳 2003.『現実の社会的構成』新版．新曜社．

参照・引用文献

＊各文献の最後に明記してある数字は参照・引用されている項目の最初のページを表す.

【日本語文献】

■あ

ICT 総研 2022. 2022 年度 SNS 利用動向に関する調査. https://ictr.co.jp/report/20220517-2.html/（最終閲覧日：2024 年 10 月 24 日）……542

青沼裕之 2019. 『イギリス労働者スポーツ運動史 一九二三-五八年』青弓社. ……298

赤川 学 1996. 『性への自由／性からの自由』青弓社. ……600

秋吉遼子 2021. スポーツ社会学における社会調査のトライアンギュレーション. スポーツ社会学研究 29(1)：25-40. ……622

浅川重俊 1997. ネットワークから読み解く相撲社会. スポーツ社会学研究 5：59-70. ……446

浅野智彦 2011. 『趣味縁からはじまる社会参加』岩波書店. ……44

朝日新聞 1998. サッカーの中田英寿, 公式ホームページを開設. 1998 年 5 月 22 日付朝刊. ……542

朝日新聞社 1929. 『朝日新聞社五十年の回顧』朝日新聞社. ……156

足立重和・金菱 清編著 2019. 『環境社会学の考え方』ミネルヴァ書房. ……358

アドルノ, T. 著, 大久保健治訳 1971. アウシュヴィッツ以降の教育. 同『批判的モデル集Ⅱ 見出し語』法政大学出版局. ……614

アバークロンビー, N. ほか著, 丸山哲央監訳・編集 2000. 『新しい世紀の社会学中辞典』ミネルヴァ書房. ……238

アパデュライ, A. 著, 門田健一訳 2004. 『さまよえる近代』平凡社（Appadurai, A. 1996. *Modernity at Large*. University of Minnesota Press）. ……244

阿部生雄 2001. 筋肉的キリスト教の思想と近代スポーツマンシップ. 筑波大学博士論文. ……50

阿部生雄ほか編著 2006. 『多様な身体への目覚め』アイオーエム. ……54

阿部生雄 2009. 『近代スポーツマンシップの誕生と成長』筑波大学出版会. ……32

阿部 潔 2020. 『東京オリンピックの社会学』コモンズ. ……472

阿部謹也 2000. 『社会史とは何か』筑摩書房. ……600

阿部 崇 2007. 雑誌「The Cord」に見るグットマンの導入したスポーツの変容. 障害者スポーツ科学 5(1)：32-40. ……214

雨宮 怜ほか 2020. 書評 Richard Thelwell, Chris Harwod and Lain Greenless eds. The Psychology of Sports Coaching: Research and Practice（スポーツコーチング心理学：研究と実践）. 体育学研究 65：741-745. ……540

新井喜代加 2008. 女性スポーツ政策. 諏訪伸夫ほか編『スポーツ政策の現代的課題』日本評論社. ……130

荒井貞光 2020. 「コートの外」より愛をこめ［復刻］. 水上博司ほか『スポーツクラブの社会学』青弓社. ……454, 634

新 雅史 2013. 『「東洋の魔女」論』イースト・プレス. ……120, 338

新 雅史 2024. バレーボールの歴史において満洲はいかなる意味をもつのか. 高島 航・佐々木浩雄編著『満洲スポーツ史』青弓社. ……338

有元 健 2003. サッカーと集合的アイデンティティの構築について. スポーツ社会学研究 11：33-45, 149. ……464

有元 健・小笠原博毅編 2005. 『サッカーの詩学と政治学』人文書院. ……604

有山輝雄 1997. 『甲子園野球と日本人』吉川弘文館. ……28, 30, 378

アルヴァックス, M. 著, 小関藤一郎訳 1989. 『集合的記憶』行路社（Halbwachs, M. 1950. *La Mémoire Collective*. PUF）. ……472, 482

アーレント, H. 著, 志水速雄訳 1973. 『人間の条件』ちくま学芸文庫. ……356

アングロシー, M. 著, 柴山真琴訳 2016. 『質的研究のためのエスノグラフィーと観察』新曜社. ……608

安城寿子 2019. 『1964 東京五輪ユニフォームの謎』光文社新書. ……416

アンダーソン, B. 著, 白石 隆・白石さや訳 2007. 『定本 想像の共同体』書籍工房早山（Anderson, B. 1991. *Imagined Communities*. Verso）. ……242, 294

アンディ, M. 著, 田総恵子訳 2018. 『Sport 2.0』NTT 出版. ……368

■い

飯田貴子 2004a. 体力観の形成とジェンダーに関する調査研究. スポーツとジェンダー研究 2：31-42. ……132

飯田貴子 2004b. 体力テストとジェンダー. 飯田貴子・井谷惠子編著『スポーツ・ジェンダー学への招待』明石書店. ……132

飯田 豊 2016. 『テレビが見世物だったころ』青弓社. ……16

飯田義明 2010. 地域社会におけるスポーツ実践とソーシャル・キャピタルの可能性. 社会関係資本研究論集 1：91-108. ……508

生田久美子 1987. 『「わざ」から知る』東京大学出版会. ……402, 632

池井 望・菊 幸一編 2008. 『「からだ」の社会学』世界思想社. ……632

池田 潔 1949. 『自由と規律』岩波新書. ……36

池田謙一ほか 2019. 『社会心理学』補訂版. 有斐閣. ……538

石井隆憲 2017. 「民族スポーツ」概念の検討. 谷釜了正教授退職記念論集刊行会編『スポーツの歴史と文化の探究』明和出版. ……54

石井昌幸 2013. 19 世紀イギリスにおける「スポーツマンシップ」の語義. スポーツ社会学研究 21(2)：31-50. ……32

石岡丈昇 2012. 『ローカルボクサーと貧困世界』世界思想社. ……608, 632

石岡丈昇 2014. アジアにおける「開発とスポーツ」を考える. 松村和則ほか編『「開発とスポーツ」の社会学』南窓社. ……348

石岡丈昇 2020. 現代スポーツの批判社会学研究. 松村和則ほか編『白いスタジアムと「生活の論理」』東北大学出版会. ……348

石岡丈昇 2024. 『エスノグラフィ入門』ちくま新書. ……608

石坂友司 2009. 東京オリンピックと高度成長の時代. 年報日本現代史 14：143-185. ……482

石坂友司 2018. 『現代オリンピックの発展と危機 1940-2020』人文書院. ……472, 600

石坂友司 2018. 成功神話の内実と記録映画がもたらす集合的記憶. 石坂友司・松林秀樹編著『一九六四年東京オリンピックは何を生んだのか』青弓社. ……482

石坂友司 2021. 『コロナとオリンピック』人文書院. ……472

石坂友司・井上洋一編著 2020. 『未完のオリンピック』かもがわ出版. ……472

石坂友司・小澤考人編著 2015. 『オリンピックが生み出す愛国心』かもがわ出版. ……294

石坂友司・松林秀樹編著 2013. 『〈オリンピックの遺産〉の社会学』青弓社. ……472, 482

石坂友司・松林秀樹編著 2018. 『一九六四年東京オリンピックは何を生んだのか』青弓社. ……472, 482, 600

石坂友司ほか編著 2024. 『〈メガイベントの遺産〉の社会学』青弓社. ……472

石澤伸弘ほか 2015. スポーツ合宿が地域にもたらす経済波及効果の推計研究. 笹川スポーツ研究助成研究成果報告書 135-139. ……266

石塚創也 2014. 1972 年第 11 回オリンピック冬季競技大会（札幌大会）の開催準備期における恵庭岳滑降競技場の建設と自然保護をめぐる議論. 体育史研究 31：21-36. ……484

石原豊一 2013. 『ベースボール労働移民』河出書房新社. ……238

井谷惠子ほか 2006. 体育授業におけるジェンダー体制の生成. スポーツとジェンダー研究 4：4-15. ……124

井谷聡子 2021. 『〈体育会系女子〉のポリティクス』関西大学出版部. ……128, 620

井谷惠子ほか 2022. カリキュラムの多層性からみた「体育嫌い」のジェンダー・ポリティクス. スポーツとジェンダー研究 20：6-19. ……124

市井吉興 2023. 特集：ライフスタイルスポーツの「風景」. 現代スポーツ評論 49. 創文社. ……452

市川 亨 2022. 障害当事者 763 人に聞いた東京パラリンピックアンケート結果. 新ノーマライゼーション 2022 年 2 月号. https://www.dinf.ne.jp/d/3/451.htm （最終閲覧日：2024 年 2 月 1 日）……214

一高同窓会 1984. 『向陵誌：一高応援団史』大日本図書. ……464

伊藤亜紗 2015. 『目の見えない人は世界をどう見ているのか』光文社新書. ……230

伊藤 歩 2013. バレンティン, 本塁打記録は再び“妨害”に遭うのか？ “妨害”の歴史と五輪招致への影響. Business Journal 2013 年 8 月 26 日. https://www.excite.co.jp/news/article/Bizjournal_201308_post_2781/ （最終閲覧日：2024 年 11 月 6 日）……276

伊藤公雄 1998. 〈男らしさ〉と近代スポーツ. 日本スポーツ社会学会編『変容する現代社会とスポーツ』世界思想社. ……46

伊藤公雄 2009. We, Japanese, gotta have WA? スポーツ社会学研究 17(1)：3-12. ……414

伊藤公雄 2019. 変容する現代スポーツと男性性. スポーツ社会学研究 27(2)：5-15. ……414

伊藤恵造・松村和則 2009. コミュニティ・スポーツ論の再構成. 体育学研究 54(1)：77-88. ……182

伊藤 守編著 2024. 『東京オリンピックはどう観られたか』ミネルヴァ書房. ……154

稲垣正浩 1995. 『スポーツの後近代』三省堂. ……48

稲葉慎太郎ほか 2016. 総合型地域スポーツクラブ運営評価に影響を及ぼすクラブマネジャーのソーシャル・キャピタルと内発的動機づけに関する研究. 生涯スポーツ学研究 13(1)：15-30. ……508

井上 俊 1977. 『遊びの社会学』世界思想社. ……422

井上 俊 2004. 『武道の誕生』吉川弘文館. ……12, 42, 54, 378, 600

井上 俊 2015. 遊び. 渡辺 潤編『レジャー・スタディーズ』世界思想社. ……422

参照・引用文献　　643

井上 俊 2019. 『文化社会学界隈』世界思想社. ……28
指宿 立ほか 2016. パラリンピックスポーツにおけるクラス分けの動向. 日本義肢装具学会誌 32（4）：220-225. ……220
今村浩明・浅川希洋志編 2003. 『フロー理論の展開』世界思想社. ……630
入江恵子 2015. 女性化される現代ヨガ. スポーツとジェンダー研究 13：148-158. ……140

■う

ウィートン，B. 著，市井吉興ほか監訳 2019. 『サーフィン・スケートボード・パルクール』ナカニシヤ出版（Wheaton, B. 2013. The Cultural Politics of Lifestyle Sports. Routledge）. ……48, 452, 462
ヴェーバー，M. 著，大塚久雄訳 1989. 『プロテスタンティズムの倫理と資本主義の精神』岩波文庫（Weber, M. 1920. Die protestantische Ethik und der Geist des Kapitalismus, Gesammelte Aufsätze zur Religionssoziologie 1, 17-206）. ……602
ウェーバー，M. 著，梶山 力訳・安藤英治訳 1994. 『プロテスタンティズムの倫理と資本主義の《精神》』未來社（Weber, M. 1905. Die protestantische Ethik und der "Geist" des Kapitalismus. Archiv für Sozialwissenschaft und Sozialpolitik）. ……600
上杉正幸 1990. 不安としての健康. 亀山佳明編『スポーツの社会学』世界思想社. ……98
上野千鶴子編著 2001. 『構築主義とは何か』勁草書房. ……638
上野卓郎 2004. 〈論考〉スポーツインターナショナルとコミンテルン. 一橋大学スポーツ研究 23：3-10. ……298
上野卓郎 2008. 〈研究ノート〉赤色スポーツインターナショナル成立史. 一橋大学スポーツ研究 27：35-40. ……298
ウェルズ，C. L. 著，宮下充正訳 1989. 第3章 パフォーマンスの差異. 同『女性のスポーツ生理学』大修館書店. ……122
魚住智広 2017. 小規模の運動部活動はいかにして存続するのか. スポーツ社会学研究 25（2）：55-69. ……456
魚住孝至 2021. 『武道』山川出版社. ……42
ウォディングトン，I. & スミス，A. 著，大平 章ほか訳 2014. 『スポーツと薬物の社会学』彩流社. ……550
ウォルターズ，W. 著，阿部 潔ほか訳 2016. 『統治性』月曜社. ……318
潮木守一 1984. 『京都帝國大学の挑戦』名古屋大学出版会. ……460
内海和雄 2005. 『日本のスポーツ・フォー・オール』不昧堂出版. ……180
内田隆三 2007. 『ベースボールの夢』岩波新書. ……464
内田 良 2017. 『ブラック部活動』東洋館出版社. ……198
内山 節 2015. 人間の存在と関係. 住総研 主体性のある住まいづくり実態調査委員会編著『住まいの冒険』萌文社. ……78

■え

AFP BB NEWS 2016. 英サッカーに衝撃，監督による若手選手への性的虐待が過去に横行か. http://www.afpbb.com/articles/-/3109004（最終閲覧日：2023年10月14日）. ……138
AFP BB NEWS 2017. 元選手「機械になっても同然」，米体操連盟元医師による性的暴行の詳細明かす. http://www.afpbb.com/articles/-/3118531（最終閲覧日：2023年10月14日）. ……138
江刺正吾・小椋 博編 1994. 『高校野球の社会学』世界思想社. ……28
エチオーニ，A. 著，永安幸正訳 2001. 『新しい黄金律』麗澤大学出版会（Etzioni, A. 1997. The New Golden Rule. Basic Books）. ……80
NHK 2020. 木村さんの死が問いかけるもの. https://www3.nhk.or.jp/news/special/enjyou/static/20200604_04.html（最終閲覧日：2024年8月29日）. ……542
NHK SPORTS 2023. WBC日本優勝の経済効果は約600億円 専門家が試算. https://www3.nhk.or.jp/sports/news/k10014016131000/（最終閲覧日：2023年10月12日）……266
NHK 放送文化研究所 2002. 『放送の20世紀』日本放送出版協会. ……166
NHK みんなでプラス 2022. 「俺理論」「価値観の押しつけ」選手へのひぼう中傷はなぜ起きる？ ＃アスリート心のSOS. https://www.nhk.or.jp/minplus/0016/topic040.html（最終閲覧日：2024年10月24日）……542
海老原 修 2015. 「する」「みる」「ささえる」の関係論. 笹川スポーツ財団『青少年のスポーツライフ・データ2015』笹川スポーツ財団. ……498
海老原 修・江橋慎四郎 1981. コミュニティ・スポーツの社会的機能について. レクリエーション研究 8：41-50. ……78
エリアス，N. 著，赤井慧爾ほか訳 1977. 『文明化の過程』上. 法政大学出版局（Elias, N. 1969. Über den Prozess der Zivilisation. Francke Verlag）. ……14, 554, 600
エリアス，N. 著，波田節夫ほか訳 1978. 『文明化の過程』下. 法政大学出版局（Elias, N. 1969. Über den Prozess der Zivilisation. Francke Verlag）. ……14, 554, 600

エリアス，N. & ダニング，E. 著，大平　章訳 1995．『スポーツと文明化』法政大学出版局（Elias, N. & Dunning, E. 1986. *Quest for Excitement*. Basil Blcakwell）．……14, 244, 404, 464, 536, 554, 600, 602

遠藤　薫 2007．『間メディア社会と〈世論〉形成』東京電機大学出版局．……542

遠藤知己 2006．言説分析とその困難（改訂版）．佐藤俊樹・友枝敏雄編『言説分析の可能性』東信堂．……626

■お

生沼芳弘 1994．『相撲社会の研究』不昧堂出版．……446

大勝志津穂 2014．愛知県における成人女性サッカー選手のスポーツ経験種目に関する研究．スポーツとジェンダー研究 12：31-46．……146

仰木裕嗣 2019a．アスリートを勝利に導くスポーツテクノロジーの最前線，電気学会誌 139(9)：613-616．……376

仰木裕嗣 2019b．IT スポーツ，テクノロジーロードマップ 2020-2029，日経 BP．……376

大黒岳彦 2014．ビッグデータの社会哲学的位相．現代思想 42(9)：133-147．……370

大澤真幸ほか編 2012．『現代社会学事典』弘文堂．……602

大澤真幸 2013．『生権力の思想』ちくま新書．……318

大島鎌吉 1947．レクリエーション．文華 1947 年 4 月．……406

大道　文 2000．外国人枠がなかった時代にプロ野球を築いた助っ人たち．ベースボール・マガジン 24(4)：38．……276

大村英昭 1994．社会病理現象．井上　俊・大村英昭編著『社会学入門』改訂版．放送大学教育振興会．……552

小笠原悦子 2018．世界女性スポーツ会議．飯田貴子ほか編著『よくわかるスポーツとジェンダー』ミネルヴァ書房．……130

小笠原博毅 2002．サッカーにおけるネイティヴ性，もしくは『人種／国民』のアーキタイプ．ユリイカ 34(8)．……162

小笠原博毅 2016．イギリスのサッカー研究の系譜とカルチュラル・スタディーズ．スポーツ社会学研究 24(1)：35-50．……464, 554

小笠原博毅 2017．『セルティック・ファンダム』せりか書房．……604

小笠原博毅・山本敦久 2022．『東京オリンピック始末記』岩波書店．……310

小笠原博毅・山本敦久編著 2016．『反東京オリンピック宣言』航思社．……472, 604

岡田　桂ほか 2022．『スポーツと LGBTQ ＋』晃洋書房．……128, 604

奥村　隆 2001．『エリアス・暴力への問い』勁草書房．……404

小倉和夫 2018．デフリンピックの歴史，現状，課題及びパラリンピックとの比較．日本財団パラリンピックサポートセンターパラリンピック研究会紀要 8：1-16．……218

小倉和夫 2020．パラリンピックの理念と意義．日本財団パラリンピックサポートセンターパラリンピック研究会紀要 13：1-20．……218

尾崎正峰 2004．新自由主義改革と地域スポーツの行方．渡辺　治編『変貌する〈企業社会〉日本』旬報社．……192

長田　弘編 1995．『中井正一評論集』岩波文庫．……30

小澤考人 2003．近代日本における「余暇」の問題構成．ソシオロゴス 27：269-289．……426

重田園江 2011．『ミシェル・フーコー』ちくま新書．……626

小山　紘 1986．『五高その世界』西日本新聞社．……460

折口信夫 1966．『折口信夫全集』第 3 巻．中央公論社．……424

■か

甲斐健人 1994．高校ラグビー部員の「戦略」としてのスポーツ．年報筑波社会学 6：22-43．……456

甲斐健人 1999．農業高校運動部員の「経歴」と進路形成．ソシオロジ 44(2)：3-18．……456

甲斐裕子 2022．健康経営はスポーツ実施に寄与しているか．笹川スポーツ財団『スポーツライフ・データ 2022 スポーツライフに関する調査報告書』笹川スポーツ財団．……512

外務省 2023．世界保健機関（WHO）概要：WHO 世界保健機関憲章．https://www.mofa.go.jp/mofaj/files/000026609.pdf（最終閲覧日：2023 年 8 月 3 日）……506

カイヨワ，R. 著，多田道太郎・塚崎幹夫訳［1973］1990．『遊びと人間』講談社学術文庫（Caillois, R. 1958. Rev. ed. 1967. *Les jeux et les hommes*. Gallimard）．……50, 422

掛水通子 2018．『日本における女子体育教師史研究』大空社出版．……124

影山　建著，自由すぽーつ研究所編 2017．『批判的スポーツ社会学の論理』ゆいぽおと．……614

笠野英弘 2019．『スポーツ組織の社会学』不昧堂出版．……636

笠原亜希子 2021．知的障害者のスポーツをめぐる「身体経験」の論理．スポーツ社会学研究 29(1)：55-69．……638

笠原一也 2011．日本の競技スポーツ政策．菊　幸一ほか編『スポーツ政策論』成文堂．……190

梶田孝道編 1992．『第 2 版 国際社会学』名古屋大学出版会．……238

樫田美雄 2013．〈障害者スポーツ〉の可能性．現代スポーツ評論 29：38-51．……368

参照・引用文献

樫田美雄 2019. 障害社会学の立場からの障害者スポーツ研究の試み. 榊原賢二郎編著『障害社会学という視座』新曜社. ……220

樫田美雄 2020. スポーツ社会学が実践の学になるための2つの方法. スポーツ社会学研究 28(2):43-56. ……220, 368

樫田美雄 2021. 東京2020オリパラ競技大会から考える人権社会学. 現象と秩序 15:101-123. ……368

柏原全孝 2021.『スポーツが愛するテクノロジー』世界思想社. ……30, 56, 372, 392

加島 卓 2014.『〈広告制作者〉の歴史社会学』せりか書房. ……600

加瀬和俊 2011. 戦間期における新聞経営の推移と論点. 加瀬和俊編『戦間期日本の新聞産業』東京大学社会科学研究所. ……156

片岡栄美 2019.『趣味の社会学』青弓社. ……632

片岡栄美 2021. 体育会系ハビトゥスにみる支配と順応. スポーツ社会学研究 29(1):5-23. ……448

片上千恵 2017. メディアトレーニング. 仲澤 眞・吉田政幸編著『よくわかるスポーツマーケティング』ミネルヴァ書房. ……532

片木 篤 2010.『オリンピック・シティ東京』河出書房新社. ……482

片桐新自 1993. 社会運動. 森岡清美ほか編『新社会学辞典』有斐閣, 595. ……310

加藤一晃 2022. 中学生・高校生の運動部活動参加時間の変化. 中部教育学会紀要 22:57-72. ……198

加藤清孝・葉 聰明 2009. プロバスケットボールクラブ設立が地方都市にもたらす経済効果の推計. スポーツ産業学研究 19(1):67-73. ……266

加藤清孝・葉 聰明 2010. スキーインターハイが開催地域にもたらす経済効果の推計. スポーツマネジメント研究 2(1):47-56. ……266

加藤裕康 2019. そもそもeスポーツとは何か. 民放 563:4-9. ……378

加藤 凌・佐藤善人 2023. 中学校保健体育教師の男女共習体育授業に対する認識に関する一考察. スポーツ教育学研究 43(1):13-31. ……124

金沢市 2018. 金沢市スポーツ文化推進条例. ……74

金子 勇・松本 洸編著 1990.『クオリティ・オブ・ライフ』34. 福村出版. ……506

鹿野政直 2001.『健康観にみる近代』朝日選書. ……330

嘉納治五郎［1899］1988. 柔道一班ならびにその教育上の価値. 講道館監修『嘉納治五郎大系』第2巻. 本の友社. ……18

嘉納治五郎 1926. 柔道. 萬朝報社新日本史編纂局編『新日本史』第4巻. 萬朝報社. ……18

亀井好恵 2000.『女子プロレス民俗誌』雄山閣出版. ……608

亀井好恵 2012.『女相撲民俗誌』慶文社. ……608

亀山佳明 2012.『生成する身体の社会学』世界思想社. ……230, 398, 628, 632

苅谷剛彦 2001.『階層化日本と教育危機』有信堂高文社. ……96

川喜田二郎 1966.『発想法 創造性開発のために』中公新書. ……624

川口智久 1977. スポーツ文化の形成. 影山 健ほか編『国民スポーツ文化』大修館書店. ……10

川口頼好・西田 稔 1961.『スポーツ振興法:逐条解説』柏林書房. ……180

川島 啓・庄子博人 2023. スポーツ産業分析用産業連関表の作成. スポーツ産業学研究 33(2):107-123. ……264

川島浩平 2008.『ダーウィンズ・アスリーツ』のその後10年. スポーツ社会学研究 16:5-20. ……236

川島浩平 2012.『人種とスポーツ』中公新書. ……236

川谷茂樹 2015. フェアプレイの精神. 中村敏雄ほか編『21世紀スポーツ大事典』大修館書店. ……32

カワチ, I. & バークマン, L.F. 2017. ソーシャル・キャピタルと健康. バークマン, L.F. ほか編, 高尾総司ほか監訳『社会疫学』上. 大修館書店. ……544

川人 顕・渡辺直哉 2015. 国を挙げた国際競技大会の支援とスポーツ庁の設置. 立法と調査 363:13-24. ……186

河西正博 2013.「クラス分け」とは何か. 現代スポーツ評論 29:101-107. ……220

河野 仁 1992. アメリカ歴史社会学の現状と課題. 思想 812:273-303. ……600

川畑徹朗 1997. 21世紀の健康教育とライフスキル教育. 学校保健のひろば 45(5):88-91. ……546

河原和枝 1995.「フィットネス」現象への視点. スポーツ社会学研究 3:37-45. ……140

河原和枝 2014. ヨガ. 甲南女子大学研究紀要 人間科学編 51:89-97. ……140

河原和枝 2020. ボディビル・エアロビクス・ヨガ・フィットネス. 井上 俊・菊 幸一編著『よくわかるスポーツ文化論』改訂版. ミネルヴァ書房. ……140

川本真浩 2018. アフリカ大陸:「スポーツとはなにか」を世界に問いかける大地. 坂上康博ほか編著『スポーツの世界史』一色出版. ……302

環境省 2012. 第5次戦略『生物多様性国家戦略 2012-2020』（平成24年9月28日閣議決定）. https://www.biodic.go.jp/biodiversity/about/initiatives5/files/2012-2020/01_honbun.pdf（最終閲覧日:2024年11月8日）……346

関東学生アメリカンフットボール連盟規律委員会 2018. 調査報告書 2018年5月29日. ……448

菅野覚明 2004.『武士道の逆襲』講談社現代新書. ……58

■き

ギアーツ，C. 著，吉田禎吾ほか訳 1987. 『文化の解釈学』Ⅰ・Ⅱ. 岩波書店（Geertz, C. 1973. *The Interpretation of Cultures*. Basic Books）. ……28, 30

菊 幸一 1993. 『「近代プロ・スポーツ」の歴史社会学』不昧堂出版. ……600

菊 幸一 1997. エリアス派スポーツ社会学と身体／Body. スポーツ社会学研究 5：15-26. ……610

菊 幸一 1999. 理論的アプローチ. 井上 俊・亀山佳明編『スポーツ文化を学ぶ人のために』世界思想社. ……594

菊 幸一 2000. 地域スポーツクラブ論. 近藤英男編著『新世紀スポーツ文化論』Ⅳ. タイムス. ……182

菊 幸一 2001. 体育社会学からみた体育・スポーツの「公共性」をめぐるビジョン. 体育の科学 51(1)：25-29. ……636

菊 幸一 2006. スポーツ行政施策からスポーツプロモーション政策へ. 菊 幸一ほか編著『現代スポーツのパースペクティブ』大修館書店. ……74

菊 幸一 2008. スポーツ社会学における身体論. 池井 望・菊 幸一編『「からだ」の社会学』世界思想社. ……98

菊 幸一 2008. スポーツ社会学における身体論の認識論的陥穽. スポーツ社会学研究 16：71-86. ……230

菊 幸一 2011. スポーツ政策と公共性. 菊 幸一ほか編『スポーツ政策論』成文堂. ……192

菊 幸一 2011. スポーツ社会学における歴史社会学の可能性. スポーツ社会学研究 19(1)：21-38. ……600

菊 幸一 2013. 競技スポーツにおける Integrity とは何か. 日本スポーツ法学会年報 20：6-40. ……32

菊 幸一 2013. スポーツと暴力の関係・歴史. 菅原哲朗ほか編『スポーツにおける真の勝利』エイデル研究所. ……404

菊 幸一 2013. スポーツにおける「新しい公共」の原点と可能性. 日本スポーツ社会学会編『21 世紀のスポーツ社会学』創文企画. ……498, 636

菊 幸一 2017. 21 世紀が求める教科「体育」「保健体育」の「見方・考え方」. 体育科教育 65(11)：9. ……92

菊 幸一 2020. 歴史社会学よりみる応援. 体育の科学 70(6)：381-385. ……464

菊 幸一 2022. 『学校体育のプロモーション』創文企画. ……98

菊 幸一ほか 2011. 『スポーツ政策論』成文堂. ……74

菊池秀夫 1999. スポーツにおける経営とは. 池田 勝・守能信次編『スポーツの経営学』杏林書院. ……532

キダー，J. L. 著，市井吉興ほか監訳 2022. 『パルクールと都市』ミネルヴァ書房（Kidder, J. L. 2017. *Parkour and the City*. Rutgers University Press）. ……48, 462

北澤一利 2000. 『「健康」の日本史』平凡社新書. ……330

北田暁大 2005. 『嗤う日本の「ナショナリズム」』NHK 出版. ……166

北田暁大 2008. 『広告の誕生』岩波現代文庫. ……600

キツセ，J. I. & スペクター，M. B. 著，村上直之訳 1990. 『社会問題の構築』マルジュ社. ……638

ギデンズ，A. 著，松尾精文・小幡正敏訳 1993. 『近代とはいかなる時代か？』而立書房. ……252

ギデンズ，A. 著，松尾精文ほか訳 1993. 『社会学』改訂新版. 而立書房. ……276

木下秀明 1970. 『スポーツの近代日本史』杏林新書. ……58, 378

木下広次 1893. 英国ケムブリッヂ大学ニ関スル事項. 京都大学文書館，木下-Ⅱ-39. ……460

木下広次 1900. 京都帝国大学第二回陸上競技運動会ノ執行ニ関スル本旨及方針ニ付木下京都帝国大学総長ノ演説. 京都大学文書館，木下-Ⅰ-11. ……460

木下広次 1983. ローデン，D. 著，森 敦監訳『友の憂いに吾は泣く』上. 講談社. ……460

木下康仁 2003. 『グラウンデッド・セオリー・アプローチの実践』弘文堂. ……624

木原慎介 2021. オンライン体育プロジェクトから見えてきた学校体育の現代的課題と新たな可能性. 年報体育社会学 2：17-30. ……112

金 成玟 2018. 『K-POP』岩波新書. ……354

木村 敏 2008. 『自分ということ』ちくま学芸文庫. ……210

木村華織 2010. 女性トップ・アスリートの競技継続のための社会的条件に関する研究. スポーツとジェンダー研究 8：48-62. ……146

共同通信 1999. プロ野球企画半世紀の歩み：球場ぼうぜん，黒い霧. 共同通信 1999 年 7 月 12 日. ……560

共同通信 2005. 王監督前向きな姿勢 WBC 日本代表監督. 2005 年 9 月 12 日. ……476

■く

權 学俊 2006. 『国民体育大会の研究』青木書店. ……196

權 学俊 2021. 『スポーツとナショナリズムの歴史社会学』ナカニシヤ出版. ……600

日下裕弘 1996. 『日本スポーツ文化の源流』不昧堂出版. ……600

グットマン，A. 著，谷川 稔ほか訳 1997. 『スポーツと帝国』昭和堂（Guttmann, A. 1994. *Game & Empires*. Columbia University Press）. ……268, 294

グートマン，A. 著，清水哲男訳 1981. 『スポーツと現代アメリカ』TBS ブリタニカ（Guttmann, A. 1978. *From Ritual to*

参照・引用文献

Record. Columbia University Press)．……602
功刀俊雄 2019．少年野球用ゴムボール誕生史の諸問題(1)．現代スポーツ研究 3：44-54．……40
功刀俊雄 2020．少年野球用ゴムボール誕生史の諸問題(2)．現代スポーツ研究 4：44-55．……40
功刀俊雄・柳澤有吾編著 2021．『「星野君の二塁打」を読み解く』かもがわ出版．……536
久野 昭 1973．自然遊．理想 478：1-10．……434
窪田 暁 2016．『「野球移民」を生みだす人びと』清水弘文堂書房．……88
熊安貴美江 2019．日本のスポーツ界におけるセクシュアル・ハラスメントの実態と防止のための課題．女性学研究
　26：67-82．……138
倉沢 進 1990．都市生活と集合住宅．倉沢 進編『大都市の共同生活』日本評論社．……78
倉島 哲 2007．『身体技法と社会学的認識』世界思想社．……398, 632
倉島 哲 2021．太極拳推手交流会における集合的創造性．松田素二編『集合的創造性』世界思想社．……398
グラノヴェター，M. S. 著，大岡栄美訳 2006．弱い紐帯の強さ．野沢慎司編『リーディングスネットワーク論』勁草書
　房．……80
倉本智明・長瀬 修編著 2000．『障害学を語る』エンパワメント研究所．……212
クリフォード，J. & マーカス，G. 著，春日直樹ほか訳 1996．『文化を書く』紀伊國屋書店．……608
厨 義弘 1977．地域社会とスポーツ．平澤 薫・粂野 豊編『生涯スポーツ』プレスギムナスチカ．……78
厨 義弘・田上博士 1990．地域スポーツの新しい文脈とその展開．厨 義弘・大谷善博編著『地域スポーツの創造と展
　開』大修館書店．……196
栗山靖弘 2017．強豪校野球部員のスポーツ推薦入試による進学先決定のメカニズム．スポーツ社会学研究 25(1)：
　65-80．……456
グルノー，R. 著，岡田 猛ほか訳 1998．『スポーツの近代史社会学』不昧堂出版（Gruneau, R. 1983. *Class, Sports, and
　Social Change*. The University of Massachusetts Press）．……600
黒須朱莉 2015．近代オリンピックの理想と現実．石坂友司・小澤考人編著『オリンピックが生み出す愛国心』かもが
　わ出版．……294, 474
黒須朱莉 2022．オリンピック・ムーブメントの主導者としての IOC とオリンピック．現代スポーツ評論 46：116-
　128．……294
クロス，N. & ライル，J. 編著，水落文夫ほか監訳 2008．『コーチと選手のためのコーチング戦略』八千代出版（Cross,
　N. & Lyle, J. eds. 2002. *The Coaching Process*. Elsevier Limited）．……540
黒田 勇 1999．『ラジオ体操の誕生』青弓社．……600
黒田 勇 2021．『メディアスポーツ 20 世紀』関西大学出版部．……476

■け

経済産業省．健康経営．https://www.meti.go.jp/policy/mono_info_service/healthcare/kenko_keiei.html（最終閲覧
　日：2024 年 6 月 1 日）……512

■こ

胡 威ほか 2020．都市型市民マラソン開催による経済波及効果の推計．スポーツ産業学研究 30(3)：315-323．
　……266
厚生労働省 地域包括ケアシステム．https://www.mhlw.go.jp/stf/seisakunitsuite/bunya/hukushi_kaigo/kaigo_kourei
　sha/chiiki-houkatsu/（最終閲覧日：2023 年 8 月 5 日）……76
厚生労働省 令和 2 年都道府県別生命表の概況（令和 4 年公表）．https://www.mhlw.go.jp/toukei/saikin/hw/life/tdfk
　20 /index.html（最終閲覧日：2024 年 11 月 8 日）……334
厚生労働省 健康寿命と令和元年値について．https://www.mhlw.go.jp/content/10904750/000872952.pdf（最終閲覧
　日：2024 年 11 月 8 日）……334
厚生労働省．健康日本 21. https://www.mhlw.go.jp/www1/topics/kenko21_11/s0.html（最終閲覧日：2024 年 1 月 18
　日）……512
厚生労働省 2019．人口減少・社会構造の変化の中で，ウェル・ビーイングの向上と生産性向上の好循環，多様な活躍
　に向けて．雇用政策研究会報告書．https://www.mhlw.go.jp/stf/shingi2/0000204414_00003.html（最終閲覧日：
　2023 年 8 月 3 日）……506
厚生労働省 2024．国民の健康の増進の総合的な推進を図るための基本的な方針．……512
厚生労働省雇用環境・均等局 2018．https://www.mhlw.go.jp/content/11909500/000366276.pdf（最終閲覧日：2024 年
　6 月 3 日）……556
古賀 篤 2008．健康優良児をめぐる研究．『健康優良児とその時代 健康というメディアイベント』青弓社．……324
国際連合広報センター公式サイト．https://www.unic.or.jp/news_press/features_backgrounders/18389/（最終閲覧
　日：2023 年 4 月 2 日）……254
コークリー，J. 著，影山 健ほか訳 1982．『現代のスポーツ その神話と現実』道和書院．……132

コークリー, J. 著, 小椋 博訳 1982. プロフェショナル・スポーツ. コークリー, J. 著, 影山 健ほか訳『現代のスポーツその神話と現実』道和書院. ……566

小菅 萌 2019. コーチングとリーダーシップ. 平野裕一ほか編『グッドコーチになるためのココロエ』培風館. ……540

後藤貴浩 2008. 農山村の生活構造と総合型地域スポーツクラブ. 体育学研究 53(2)：375-389. ……182

後藤貴浩 2019. シンガポールで「プロサッカー選手」となった若者たち. 大沼義彦・甲斐健人編著『サッカーのある風景』晃洋書房. ……276

コトラー, S. 著, 熊谷玲美訳 2015.『超人の秘密』早川書房. ……438

ゴードン, M. M. 著, 倉田和四生・山本剛郎訳編 2000.『アメリカンライフにおける同化理論の諸相』晃洋書房. ……88

小長谷悠紀 2009. サーフィン文化の形成と空間というメディア. 神田孝治編著『レジャーの空間』ナカニシヤ出版. ……354

小林 勉 2013.『地域活性化のポリティクス』中央大学出版部. ……182

小林直美 2017. ロンドンオリンピックにおける選手のジェンダー表象. 山形大学紀要 社会科学 48(1)：19-48. ……126

小丸 超 2018.『近代スポーツの病理を超えて』創文企画. ……628, 632

小丸 超 2019. 体育会系と軍隊の内務班. 日本スポーツ社会学会第 28 回大会 大会プログラム・発表抄録集：32-33. ……448

古谷野 亘 1981. 生きがいの測定. 老年社会科学 3：83-95. ……506

権田保之助 1922.『民衆娯楽の基調』同人社書店. ……436

権田保之助 2010.『権田保之助著作集』第 1 巻. 学術出版会. ……406

近藤克則 2022.『健康格差社会』第 2 版. 医学書院. ……334

■さ

埼玉県 2006. 埼玉県スポーツ振興のまちづくり条例. ……74

埼玉西武ライオンズ 2023. 西武ライオンズ憲章. https://www.seibulions.jp/company/charter.html（最終閲覧日：2023 年 2 月 11 日）……528

齋藤健司 2012. 現代的なスポーツをめぐるポリティクスの様相と視角. スポーツ社会学研究 20(2)：23-35. ……200

齋藤健司 2020. 競技団体の民主的運営と法的課題. 日本スポーツ法学会年報 27：50-61. ……184

齊藤純一 2000.『公共性』岩波書店. ……636

佐伯年詩雄 2004.『現代企業スポーツ論』不昧堂出版. ……268

佐伯年詩雄 2006.『これからの体育を学ぶ人のために』世界思想社. ……92

佐伯年詩雄 2006. スポーツ政策の歴史と現在. 現代スポーツ評論 15：36-48. ……180, 192

佐伯年詩雄監修, 菊 幸一・仲澤 眞編 2005.『スポーツプロモーション論』明和出版. ……514

佐伯聰夫 2008.「楽しい体育論」の原点とその可能性を考える. 全国体育学習研究会編『「楽しい体育」の豊かな可能性を拓く』pp. 25-36. 明和出版. ……102

酒井 健 1996.『バタイユ』現代思潮新社. ……438

坂上康博 1990. 大正期における大日本武徳会. 体育史研究 7：37-51. ……18

坂上康博 1998.『権力装置としてのスポーツ』講談社. ……18

坂上康博 2001.『にっぽん野球の系譜学』青弓社. ……58

坂上康博 2009. 武道界の戦時体制化. 坂上康博・高岡裕之編著『幻の東京オリンピックとその時代』青弓社. ……18

坂上康博 2014. スポーツ文化の価値と可能性. 一橋大学スポーツ研究 33：72-79. ……24

坂上康博 2015. 日本の武道. 土佐昌樹編『東アジアのスポーツ・ナショナリズム』ミネルヴァ書房. ……18

坂上康博 2018. 日露戦中・戦後の大日本武徳会. 一橋大学スポーツ研究 37：21-35. ……18

坂上康博・高岡裕之編著 2009.『幻の東京オリンピックとその時代』青弓社. ……482, 600

坂上康博・來田享子編著 2021.『東京オリンピック 1964 の遺産』青弓社. ……482

坂上康博ほか編著 2018.『スポーツの世界史』一色出版. ……8

榊原賢二郎 2019. 障害社会学と障害学. 榊原賢二郎編著『障害社会学という視座』新曜社. ……220, 368

坂本拓弥 2013.「体育教師らしさ」を担う身体文化の形成過程. 体育学研究 58(2)：505-521. ……104

坂本信雄 2014. 亀岡スタジアムの経済効果. 京都学園大学経営学部論集 23(2)：15-26. ……266

作田啓一 1993.『生成の社会学をめざして』有斐閣. ……628, 632

作田啓一 1995.『三次元の人間』行路社. ……454

桜井伸二 1992. 第 3 章「投げ」動作の発達と指導. 桜井伸二編『投げる科学』大修館書店. ……122

迫 俊道 2021.『芸道におけるフロー体験』増補改訂版. 渓水社. ……630

笹生心太 2013. 高度経済成長期における労働者間のスポーツ参加格差に関する一考察. スポーツ社会学研究 21(2)：79-88. ……200

笹生心太 2017. 『ボウリングの社会学』青弓社. ……44, 426

笹生心太 2020. ポスト福祉国家におけるスポーツ施設の整備とその利用. 棚山 研ほか編『変容するスポーツ政策と対抗点』創文企画. ……200

笹生心太 2022. 『「復興五輪」とはなんだったのか』大修館書店. ……472

笹生心太・松橋崇史編著 2023. 『ホストタウン・アーカイブ』青弓社. ……84

笹川スポーツ財団 2011. 『スポーツ政策調査研究（文部科学省委託調査）』笹川スポーツ財団. ……202

笹川スポーツ財団 2021. 『子ども・青少年のスポーツライフ・データ』. ……122

笹川スポーツ財団 2022. 『スポーツライフ・データ 2022』. ……76, 520

笹川スポーツ財団 2023. 『子ども・青少年のスポーツライフ・データ 2023』笹川スポーツ財団. ……518

笹川スポーツ財団編 2023. 『スポーツ白書 2023』笹川スポーツ財団. ……186

佐々木正人 1997. 光学の境界をこえる. 教育学研究 64(3)：317-326. https://doi.org/10.11555/kyoiku1932.64.317 ……402

佐々木 勝 2021. 『経済学者が語るスポーツの力』有斐閣. ……272

佐々木 勝 2021. 高齢者のスポーツ参加で介護費用は抑えられるか？ 同『経済学者が語るスポーツの力』有斐閣. ……334

佐藤彰宣 2021. 個人参加型フットサル. 秋谷直矩ほか編『楽しみの技法』ナカニシヤ出版. ……44

佐藤哲彦 2019. 薬物政策をめぐる旅. こころ 51：46-59. ……384

佐藤健二 2001. 『歴史社会学の作法』岩波書店. ……600

佐藤健二 2003. 柳田国男の歴史社会学. 鈴木幸壽ほか編『歴史社会学とマックス・ヴェーバー』上. 理想社. ……600

佐藤紀子 2018. わが国における「アダプテッド・スポーツ」の定義と障害者スポーツをめぐる言葉. 日本大学歯学部紀要 46：1-16. ……210

佐藤文香 2004. 『軍事組織とジェンダー』慶應義塾大学出版会. ……132

佐藤 学 1998. 「教室」という不思議な空間. 体育科教育 46(3)：10-12. ……92

佐藤嘉倫 2012. 社会調査. 大澤真幸ほか編『現代社会学事典』弘文堂. ……622

サムナー, W. G. 著, 青柳清孝ほか訳 2005. 『フォークウェイズ』復刻版. 青木書店（Sumner, W. G. 1960. *Folkways*. Mentor books）. ……536

澤井和俊 2020. するスポーツの新たな潮流. 笹川スポーツ財団『スポーツ白書 2020』笹川スポーツ財団. ……262

沢田和明 2001. 体育教師論. 杉本厚夫編『体育教育を学ぶ人のために』世界思想社. ……104

澤田智洋 2020. 『ガチガチの世界をゆるめる』百万年書房. ……516

澤野雅彦 2005. 『企業スポーツの栄光と挫折』青弓社. ……272

三省堂編集所編 2010. 『コンサイスカタカナ語辞典』第4版. 三省堂. ……582

■し

JACAR 1939. JACAR（アジア歴史資料センター）Ref.B04012593600, 本邦ニ於ケル衛生関係雑件（I-3-1-0-8）「本邦ニ於ケル衛生関係雑件 5. 全日本健康優良児表彰関係, 全日本健康優良児表彰ニ関スル件」（外務省外交史料館）. ……324

ジェームズ, C. L. R. 著, 本橋哲也訳 2015. 『境界を越えて』月曜社. ……164

塩尻和子 2008. 『イスラームの人間観・世界観』筑波大学出版会. ……50

塩原 勉 1994. 社会運動. 見田宗介ほか編『社会学事典』弘文堂, 390. ……310

志岐守二 1900. 『内外遊戯全書第 11 編 室内遊戯法』博文館. ……378

篠原 徹 2005. 『自然を生きる技術』吉川弘文館. ……360

清水 諭 1998. 『甲子園野球のアルケオロジー』新評論. ……28, 30, 162, 600

清水 諭 2001. 係留される身体. 杉本厚夫編『体育教育を学ぶ人のために』世界思想社. ……318, 626

清水 諭 2001. サポーターカルチャーズ研究序説. スポーツ社会学研究 9：24-35. ……464

清水紀宏編著 2021. 『子どものスポーツ格差』大修館書店. ……192, 562

下竹亮志 2015. 規律訓練装置としての運動部活動における「生徒の自由」を再考する. 体育学研究 60(1)：223-238. ……456

下竹亮志 2022. 『運動部活動の社会学』新評論. ……318, 518

ジャパンラグビーリーグワン（online）. 一般社団法人ジャパンラグビーリーグワン選手契約および登録に関する規程. ジャパンラグビーリーグワン公式ホームページ. https://league-one.s3.ap-northeast-1.amazonaws.com/file/menu/8461_65b9dfd45c7d4.pdf（最終閲覧日：2024 年 11 月 6 日）……276

シュー, F. L. K. 著, 作田啓一・浜口恵俊訳 1971. 『比較文明社会論』培風館（Hsu, F. L. K. 1963. *Clan, Caste, and Club*. Van Nostrand）. ……42, 448

首相官邸 2013. IOC 総会における安倍総理プレゼンテーション. https://warp.ndl.go.jp/info:ndljp/pid/ 8833367 /www.kantei.go.jp/jp/ 96 _abe/statement/ 2013 / 0907 ioc_presentation.html（最終閲覧日：2023 年 5 月 20 日）……240

ジュスラン, J. J. 著, 守能信次訳 2006.『スポーツと遊戯の歴史』駿河台出版社. ……54

シュッツ, A. 著, 森川眞規雄・浜 日出夫訳 1980.『現象学的社会学』紀伊國屋書店. ……612

庄子博人ほか 2016. わが国における国内スポーツ総生産（GDSP）の推計と経年比較. スポーツ産業学研究 26(2)：255-268. ……264

庄子博人ほか 2018. 日本版スポーツサテライトアカウント作成の検討 その 2. スポーツ産業学研究 28(3)：257-264. ……264

庄子博人ほか 2019. 日本版スポーツサテライトアカウント作成の検討 その 3. スポーツ産業学研究 29(3)：199-209. ……264

昭和新山国際雪合戦実行委員会公式ウェブサイト. http://www.yukigassen.jp/（最終閲覧日：2023 年 9 月 16 日）……86

白石義郎 2017. 京都帝国大学の学校創造. 久留米大学文学部紀要 情報社会学科編 12：34-40. ……460

白石義郎 2018. 森有礼の二人の弟子. 久留米大学文学部紀要 情報社会学科編 13：43-53. ……460

白波瀬佐和子 2009.『日本の不平等を考える』東京大学出版会. ……88

白幡洋三郎 1995.『近代都市公園史の研究』思文閣出版. ……358

申 恩真 2022.『女子サッカー選手のエスノグラフィー』春風社. ……146, 608

新日本スポーツ連盟 2015.『スポーツは万人の権利』新日本スポーツ連盟. ……310

■す

菅原和孝・野村雅一編 1996.『叢書 身体と文化』第 2 巻. 大修館書店. ……408

菅原 禮編著 1975.『体育社会学入門』大修館書店. ……590

杉本厚夫 2005.『映画に学ぶスポーツ社会学』世界思想社. ……158

杉本厚夫 2012. つくられるスポーツ・ファン. 井上 俊・菊 幸一編著『よくわかるスポーツ文化論』ミネルヴァ書房. ……532

スコチポル, T. 編著, 小田中直樹訳 1995.『歴史社会学の構想と戦略』木鐸社 (Skocpol, T. ed. 1984. *Vision and Method in Historical Sociology*. Cambridge University Press). ……600

鈴木栄太郎 1969.『都市社会学原理』鈴木栄太郎著作集Ⅳ. 未来社. ……78

鈴木 理 2012. 体育の学習指導論. 高橋健夫ほか編『体育科教育学入門』新版. 大修館書店. ……100

鈴木貴大 2023. スポーツ推進体制. 笹川スポーツ財団編『スポーツ白書 2023』笹川スポーツ財団. ……186

鈴木直樹編著 2023.『VR を活用した体育授業スキル＆アイデア』明治図書出版. ……112

鈴木雄雅 2001. スポーツヒーロー論. 鈴木 守・山本理人編著『スポーツ／メディア／ジェンダー』道和書院. ……532

須田泰明 2002.『37 億人のテレビピック』創文企画. ……166

スターンズ, P. N. 著, 南塚信吾・秋山晋吾監修, 上杉 忍訳 2022.『人権の世界史』ミネルヴァ書房. ……24

スティール, C. 著, 藤原朝子訳 2020.『ステレオタイプの科学』英治出版. ……538

砂本文彦 2008.『近代日本の国際リゾート』青弓社. ……16

スペシャルオリンピックス日本編 2020.『スペシャルオリンピックス日本 25 周年記念誌』スペシャルオリンピックス日本. ……216

スポーツ庁 2016. スポーツ経営人材プラットフォーム協議会（第 1 回）資料 4；スポーツ経営人材の育成・活用における現状・課題. ……278

スポーツ庁 2016. スポーツ未来開拓会議中間報告. ……518

スポーツ庁 2017. スポーツ審議会スポーツ国際戦略部会（第 2 回）各委員会からの発表；TIAS を通じたスポーツの国際人材育成の取組と今後の展開―日本における国際人材育成. ……278

スポーツ庁 2019. 令和元年度全国体力・運動能力, 運動習慣等調査結果. https://www.mext.go.jp/sports/b_menu/toukei/kodomo/zencyo/1411922_00001.html（最終閲覧日：2020 年 1 月 8 日）……112

スポーツ庁 2020. 学校体育大会の在り方に関する研究. ……518

スポーツ庁 2022. 児童生徒の 1 人 1 台の ICT 端末を活用した体育・保健体育授業の事例集. https://www.mext.go.jp/sports/b_menu/sports/mcatetop 04 /list/ 1398875 _ 00001.htm（最終閲覧日：2023 年 7 月 15 日）……112

スポーツ庁 2022. 令和 4 年度 体力・運動能力調査の概要及び報告書について. http://www.mext.go.jp/sports/b_menu/toukei/chousa 04 /tairyoku/kekka/k-detail/ 1421920 _ 00010 _htm（最終閲覧日：2024 年 5 月 24 日）……132

スポーツ庁 2023. 日本全国に拡大中！地域スポーツコミッション. https://www.mext.go.jp/sports/content/202404 01_stiiki-300000925_02.pdf（最終閲覧日：2024 年 5 月 1 日）……186

スポーツ庁 2023. 我が国の体育・スポーツ施設：体育・スポーツ施設現況調査報告. ……518

スポーツ庁 HP. スポーツ庁創設の経緯. https://www.mext.go.jp/sports/b_menu/soshiki2/1373916.htm（最終閲覧日：2023 年 9 月 15 日）……186

参照・引用文献　　　651

スポーツ庁次長通知 2023.「地方スポーツ推進計画」の策定等に係る事務負担の軽減について. ……194
ズボフ, S. 著, 野中香方子訳 2021.『監視資本主義』東洋経済新報社. ……370
スミス, R. A. 著, 白石義郎・岩田弘三監訳 2001.『カレッジスポーツの誕生』玉川大学出版部. ……460
スメルサー, N. 著, 会田 彰・木原 孝訳 1973.『集合行動の理論』誠信書房. ……464

■せ

盛山和夫 2012. 集団. 大澤真幸ほか編『現代社会学事典』弘文堂. ……442
世界ゆるスポーツ協会 ウェブサイト. ご当地ゆるスポ. https://yurusports.com/sports/gotouchi（最終閲覧日：2024年6月12日）……86
関 昭宏ほか 2016. スポーツ合宿の経済波及効果に関する研究. 北海道体育学研究 51：17-24. ……266
関 春南 1997.『戦後日本のスポーツ政策』大修館書店. ……180, 190, 200
関 めぐみ 2018.『〈女子マネ〉のエスノグラフィー』晃洋書房. ……144, 608, 620
関根正敏ほか 2016.「日本全体」の祭典としての東京 2020 オリンピック・パラリンピック競技大会. 中央大学保健体育研究所紀要 34：31-55. ……84
セジウィック, E. K. 著, 上原早苗・亀澤美由紀訳 2001.『男同士の絆』名古屋大学出版会. ……144
全日本軟式野球連盟編 1976.『軟式野球史』ベースボールマガジン社. ……40
全日本まくら投げ大会 ウェブサイト. https://makuranage.jp/（最終閲覧日：2023年9月16日）……86

■そ

寒川恒夫 2014.『日本武道と東洋思想』平凡社. ……18
総務省 2015. 平成 27 年版 情報通信白書. https://www.soumu.go.jp/johotsusintokei/whitepaper/h27.html（最終閲覧日：2024年10月29日）……542
総務省 2021. プロバイダ責任制限法の一部を改正する法律（概要）. https://www.soumu.go.jp/main_content/000836903.pdf（最終閲覧日：2024年10月24日）……542
総務省政策統括官（統計基準担当）付産業連関表担当統計審査官室 2023. 都道府県における産業連関分析実施状況. https://www.soumu.go.jp/main_content/000870801.pdf（最終閲覧日：2023年10月12日）……266
総務省統計局 統計からみた我が国の高齢者「敬老の日」にちなんで. https://www.stat.go.jp/data/topics/topi1290.html（最終閲覧日：2024年11月8日）……334
園部雅久 1984. コミュニティの現実性と可能性. 鈴木 広・倉沢 進編著『都市社会学』アカデミア出版会. ……78

■た

ダイソン, G. 著, 服部 桂監訳 2023.『アナロジア』早川書房. ……412
高尾将幸 2006.〈身体〉の政治を再考する視角を求めて. スポーツ社会学研究 14：59-70. ……410
高岡裕之 1997. 総力戦と都市. 日本史研究 415：145-175. ……338
高木英樹・坂上輝将 2020. アスリートを支える競泳用水着. バイオメカニズム学会誌 44(1)：5-9. ……416
高嶋 實・水谷秀樹 1990. 東海道駅伝徒歩競争の成立事情. 日本体育大学紀要 20(1)：1-18. ……156
高嶋 航 2012.『帝国日本とスポーツ』塙書房. ……312
高嶋 航 2021.『スポーツからみる東アジア史』岩波新書. ……22, 294, 302
高津 勝 1996.『現代ドイツスポーツ史序説』創文企画. ……294
高津 勝 2003.「和船競漕」考. 一橋大学スポーツ研究 22：35-44. ……86
高野陽太郎 2008.『「集団主義」という錯覚』新曜社. ……414
高橋豪仁 2005. オールタナティブなスポーツと公共性. 奈良教育大学紀要 人文・社会科学 54(1)：173-181. ……452
高橋義雄 2018. スポーツマネジメント人材とスポーツマネジメント教育（特集 スポーツマネジメント能力とは何か）. 現代スポーツ評論（39）：36-48. ……278
高峰 修 2013. ハラスメントの受容. 現代思想 41(15)：157-165. ……138
高峰 修 2018. 体力観の形成とジェンダー. 飯田貴子ほか編著『よくわかるスポーツとジェンダー』ミネルヴァ書房. ……132
高峰 修 2020. 東京 2020 オリンピック開催に向けたスポーツ政策における女性アスリートの身体. 日本スポーツ社会学会編集企画委員会編『2020 東京オリンピック・パラリンピックを社会学する』創文企画. ……130
高峰 修・白井久明 2009. スポーツ環境におけるセクシュアル・ハラスメント事例の研究(2). 明治大学教養論集 440：15-33. ……138
高柳先男 1994. ナショナリズム. 見田宗介ほか編『社会学事典』弘文堂, 668-669. ……294
多木浩二［1995］2014.『スポーツを考える』ちくま新書. ……6, 614
瀧澤利行 1993.『近代日本健康思想の成立』大空社. ……330
瀧澤利行 2003.『養生論の思想』世織書房. ……330

竹田清彦・高橋健夫 1991. 体育授業論と授業研究(2). 日本体育学会大会号 第42回B：533. ……100

竹之下休蔵 1972. 『プレイ・スポーツ・体育論』大修館書店. ……92

竹村和子 2002. 『愛について』岩波書店. ……144

竹村瑞穂 2017. ドーピングの倫理学. 友添秀則編著『よくわかるスポーツ倫理学』ミネルヴァ書房. ……576

竹村嘉晃 2007. グローバル時代における現代インドのヨーガ受容. スポーツ人類学研究 9：29-52. ……140

竹山昭子 1993. ドキュメンタリーの不幸. 放送批評 1993年6月号. ……160

多々納秀雄 1979. 体育・スポーツ社会学の方法論的課題. 体育社会学研究 8：139-163. ……590

多々納秀雄 1989. 最新海外論文紹介. 学校体育 36(6)：128-133. ……566

多々納秀雄 1997. 『スポーツ社会学の理論と調査』不昧堂出版. ……594

立川昭二 2001. 『養生訓に学ぶ』PHP新書. ……330

田中研之輔 2003. 都市空間と若者の「族」文化. スポーツ社会学研究 11：46-61. ……48, 452

田中研之輔 2016. 『都市に刻む軌跡』新曜社. ……452, 608

田中ウルヴェ京 2016. アスリートのキャリアサポート. 日本スポーツ心理学会編『スポーツメンタルトレーニング教本』大修館書店. ……534

棚田真輔 1976. 『居留外国人による神戸スポーツ草創史』道和書院. ……68

谷釜尋徳 2021. 『ボールと日本人』晃洋書房. ……40

谷口勇一 2014. 部活動と総合型地域スポーツクラブの関係構築動向をめぐる批判的検討. 体育学研究 59(2)：559-576. ……70

谷口勇一 2018. 地方自治体スポーツ行政は部活動改革動向ととう向かい合っているのか. 体育学研究 63(2)：853-870. ……70

谷口勇一 2023. 中学校部活動の地域移行動向をめぐる現場のリアリティ. 年報体育社会学 4：69-81. ……70, 624

ダニング, E. 著, 大平 章訳 2002. 『問題としてのスポーツ』法政大学出版局. ……554

田原淳子 2018. 国際オリンピック委員会. 飯田貴子ほか編著『よくわかるスポーツとジェンダー』ミネルヴァ書房. ……130

田引俊和 2020. 『日本の知的障害者スポーツとスペシャルオリンピックス』かもがわ出版. ……216

ダヤーン, D. & カッツ, E. 著, 浅見克彦訳 1996. 『メディア・イベント』青弓社（Dayan, D. & Katz, E. 1992. *Media Events*, Harvard University Press）. ……154

■ち

チクセントミハイ, M. 著, 今村浩明訳 1996. 『フロー体験 喜びの現象学』世界思想社. ……630

チクセントミハイ, M. 著, 今村浩明訳 2000. 『楽しみの社会学』新思索社. ……630

千葉直樹 2014. 『グローバルスポーツ論』デザインエッグ社. ……238

千葉直樹 2014. ニュージーランド出身ラグビー選手の日本企業への流出. 同『グローバルスポーツ論』デザインエッグ社. ……276

地方自治研究機構HP スポーツ振興・推進に関する条例. http://www.rilg.or.jp/htdocs/img/reiki/ 041_sports_promotion.htm（最終閲覧日：2023年7月17日）……194

中国新聞社 2012. 『カープの歩み』中国新聞社. ……416

忠鉢信一 2018. 記者有論：サッカーW杯日本代表「敗退行為」フェアでない. 朝日新聞 2018年7月12日. ……560

張 寿山 2015. 法人格概念によるスポーツ組織研究の枠組み. スポーツ社会学研究 23(2)：61-78. ……444

張 寿山 2024. スポーツ事業組織の営利・非営利モデルの選択要件についての考察. 年報体育社会学 5：67-80. ……444

長ヶ原 誠 2018. 高齢社会におけるスポーツの役割. 川西正志・野川春夫編著『生涯スポーツ実践論』改訂4版. 市村出版. ……488

■つ

津金澤聰廣編著 1996. 『近代日本のメディア・イベント』同文舘出版. ……154

津金澤聰廣編著 2002. 『戦後日本のメディア・イベント』世界思想社. ……154

津金澤聰廣・有山輝雄編著 1998. 『戦時期日本のメディア・イベント』世界思想社. ……154

塚本拓也 2016. 世界の最先端スポーツ大学院の潮流. つくば国際スポーツアカデミー・アソシエーション編『国際スポーツ組織で働こう』日経BP. ……278

塚本拓也ほか 2015. 国際的なスポーツマネジメント人材を育成する大学院教育に関する研究. スポーツ産業学研究 25(2)：337-350. ……278

土屋裕睦 2012. 『ソーシャルサポートを活用したスポーツカウンセリング』風間書房. ……530

土屋裕睦・中込四郎 1996. ソーシャル・サポートの活性化をねらいとしたチームビルディングの試み. スポーツ心理学研究 23：35-47. ……526

筒井清忠・田中紀行 1990. 欧米における歴史社会学研究の系譜と現状. 筒井清忠編『「近代日本」の歴史社会学』木鐸

社．……600

筒井清忠編 1990．『「近代日本」の歴史社会学』木鐸社．……600

筒井清忠編 1997．『歴史社会学のフロンティア』人文書院．……600

■て

出口順子ほか 2018．チーム・アイデンティフィケーション．スポーツマネジメント研究 10(1)：19-40．……528

手嶋英貴 2007．〈応援〉の文化史．ポピュラーカルチャー研究 1(3)：4-19．……464

デメッロ，M. 著，田中洋美監訳 2017．『ボディ・スタディーズ』晃洋書房．……140

デュビニョー，J. 著，渡辺 淳訳 1986．『遊びの遊び』法政大学出版局．……430

デュルケム，E. 著，古野清人訳 1941．『宗教生活の原初形態』上．岩波文庫．……464

デュルケム，E. 著，宮島 喬・川喜多 喬訳 1974．『社会学講義』みすず書房．……458

デランティ，G. 著，山之内 靖・伊藤 茂訳 2006．『コミュニティ』NTT 出版．……78

■と

土井レミイ杏利 2022．『レミたんのポジティブ思考』日本文芸社．……542

東海林祐子 2013．『コーチングのジレンマ』ブックハウス・エイチディ．……546

東海林祐子ほか 2024．女性アスリートにおける育成年代のトレーニング環境とライフスキルの関連．コーチング学研究 38(1)：7-17．……546

東京オリンピック・パラリンピック競技大会組織委員会 2021．TOKYO2020 アクション＆レガシーレポート．……214

東京都 2022．東京 2020 パラリンピック競技大会後の都民意識調査の結果について．https://www.metro.tokyo.lg.jp/tosei/hodohappyo/press/2022/01/28/34.html（最終閲覧日：2024 年 2 月 1 日）……214

東条猛猪 1967．恵庭岳の滑降コースに思う．北海道自然保護協会会誌 第 2 号．……346

ドゥルーズ，G. & ガタリ，F. 著，宇野邦一訳 2006．『アンチ・オイディプス』河出文庫．……412

徳江順一郎 2022．『ホスピタリティ・マネジメント』同文舘出版．……288

徳永 豊ほか編 1989．『マーケティング英和辞典』同文舘出版．……262

都市再生機構 2021．少子高齢社会における地域の課題解決に向けて．https://www.ur-net.go.jp/aboutus/press/lrmhph000001uw7u-att/ur2021_press_0622_welfare.pdf（最終閲覧日：2023 年 8 月 5 日）……76

特許庁 2020．令和元年度特許出願動向調査報告書，スポーツ関連技術，令和 2 年 2 月．……376

等々力賢治 1998．長野冬季オリンピックにみる巨大地域開発．龍谷法学 31(2)：194-220．……484

飛松好子 2019．パラリンピック参加に必要な資格とクラス分け．Loco Cure 5(4)：39-44（315-320）．……220

冨江英俊 2009．体罰に関する意識と運動部活動経験との関連．日本女子体育大学紀要 39：69-77．……518

冨田幸祐 2021a．1964 年東京オリンピックにおけるインドネシア不参加問題．オリンピックスポーツ文化研究 6：103-123．……302

冨田幸祐 2021b．一九六四年東京オリンピックと東アジアの分断国家．東アジア近代史 25：18-38．……302

友添秀則編著 2017．『よくわかるスポーツ倫理学』ミネルヴァ書房．……36

鳥海不二夫・榊 剛史 2017．バースト現象におけるトピック分析．情報処理学会論文誌 58(6)：1287-1299．……176

鳥越皓之 2020．生活論とは何か．松村和則ほか編『白いスタジアムと「生活の論理」』東北大学出版会．……348

鳥越皓之・嘉田由紀子編 1984．『水と人の環境史』御茶の水書房．……350

ドレイファス，H. & ラビノウ，P. 著，山形頼洋ほか訳 1996．『ミシェル・フーコー』筑摩書房．……318

トンプソン，リー 2010．相撲の歴史を捉え返す．現代思想 38(13)：216-229．……446

トンプソン，リー 2012．伝統スポーツとメディア：大相撲の事例．黒田 勇編著『メディアスポーツへの招待』ミネルヴァ書房．……372

■な

内閣官房 2020．ユニバーサルデザイン 2020 関係閣僚会議．内閣官房東京オリンピック競技大会・東京パラリンピック競技大会推進本部事務局．https://www.kantei.go.jp/jp/singi/tokyo2020_suishin_honbu/ud2020kkkaigi/index.html（最終閲覧日：2024 年 7 月 8 日）……510

内閣府 2003．ソーシャル・キャピタル：豊かな人間関係と市民活動の好循環を求めて．国民生活局市民活動促進課ソーシャル・キャピタル調査研究会．……508

内閣府男女共同参画局 2021．令和 3 年度 性別による無意識の思い込み（アンコンシャス・バイアス）に関する調査研究調査結果．内閣府男女共同参画局．……126

中井正一 1995．スポーツ気分の構造．長田 弘編『中井正一評論集』岩波文庫．……632

中江桂子 2006．スポーツマンシップの起源．スポーツ社会学研究 14：47-58．……32

中川一彦 1995．わが国のいわゆる特殊体育（障害者体育）に関する一考察．体育科学系紀要 18：53-61．……206

中川右介 2020．『アニメ大国建国紀 1963-1973 テレビアニメを築いた先駆者たち』イーストプレス．……172

中込四郎 1995. 『危機と人格形成』道和書院. ……530
中込四郎・岸 順治 1991. 運動選手のバーンアウト発症機序に関する事例研究. 体育学研究 35：313-323. ……552
中澤篤史 2006. 部活動と学校外活動. 西島 央編著『部活動：その現状とこれからのあり方』学事出版. ……518
中澤公孝 2018. トップアスリート研究の意義. バイオメカニズム学会誌 42(1)：11-16. ……418
中嶋哲也 2017. 『近代日本の武道論』国書刊行会. ……42, 54
中嶌 剛・伊藤恵司 2019. 組織スポーツからの中途離脱がもたらす職業選択への影響. 千葉経済論叢 60：57-78. ……146
中筋直哉 2005. 『群集の居場所』新曜社. ……600
中田英寿オフィシャルウェブサイト nakata.net. http://nakata.net/（最終閲覧日：2024 年 10 月 24 日）……542
長積 仁ほか 2009. 地域スポーツクラブがコミュニティにもたらす影響. 生涯スポーツ学研究 6(2)：1-11. ……508
中根千枝 1967. 『タテ社会の人間関係』講談社現代新書. ……448
中藤保則 1984. 『遊園地の文化史』自由現代社. ……378
中村 勇 2008. 国際柔道連盟（IJF）における青色柔道衣採用に関する研究. 鹿屋体育大学学術研究紀要 37：1-15. ……416
中村哲夫 2009. IOC 会長バイエ＝ラトゥールから見た東京オリンピック. 坂上康博・高岡裕之編著『幻の東京オリンピックとその時代』青弓社. ……16
中村英仁 2019. 企業スポーツの脱制度化. スポーツマネジメント研究 11(1)：21-35. ……272
中森邦男 2008. パラリンピックの最近の動向：クラス分け. 臨床スポーツ医学 25(6)：609-614. ……220
七木田文彦 2010. 『健康教育教科「保健科」成立の政策形成』学術出版会. ……330
鳴尾茉樹 2008. 姫路市におけるスケートボード広場の形成過程. 地理科学 63(2)：66-79. ……452

■に

ニィリエ，B. 著，河東田 博ほか訳編 2004. 『ノーマライゼーションの原理』新訂版. 現代書館. ……208
虹色ダイバーシティ 2020. LGBT と職場環境に関するアンケート調査 niji VOICE 2020 報告書. https://nijibridge.jp/wp-content/uploads/2020/12/nijiVOICE2020.pdf（最終閲覧日：2024 年 5 月 5 日）……142
西尾 建 2019. ラグビーワールドカップでの地域観光プロモーション. ANA ていくおふ 156：20-27. ……288
西平 直 2019. 『稽古の思想』春秋社. ……408
西山哲郎 2006. スポーツ文化の翻訳と伝統の創造. 同『近代スポーツとはなにか』世界思想社. ……42
西山哲郎 2006. 『近代スポーツ文化とはなにか』世界思想社. ……6, 368, 602
西山哲郎 2018. フィットネスクラブとジェンダー. 飯田貴子ほか編著『よくわかるスポーツとジェンダー』ミネルヴァ書房. ……140
新渡戸稲造著，矢内原忠雄訳 1938. 『武士道』岩波文庫. ……58
二宮宏之 2011. 戦後歴史学と社会史. 同『二宮宏之著作集 4』岩波書店. ……600
二宮浩彰ほか 2014. 都市型市民マラソンの参加者がもたらす経済波及効果の推計. 生涯スポーツ学研究 10(1・2)：31-40. ……510
日本オリンピック・アカデミー編著 2019. 『JOA オリンピック小事典』2020 増補改訂版. メディアパル. ……474
日本オリンピック委員会「オリンピックの価値」. https://www.joc.or.jp/olympism/principles/value/（最終閲覧日：2024 年 6 月 16 日）……602
日本オリンピック委員会「オリンピックのモットー」. https://www.joc.or.jp/olympism/principles/motto/（最終閲覧日：2024 年 6 月 16 日）……602
日本高等学校野球連盟編 1976. 『日本高校野球連盟三十年史』日本高等学校野球連盟. ……458
日本財団パラリンピック研究会 2014. 国内外一般社会でのパラリンピックに関する認知と関心 調査結果報告. http://para.tokyo/2014/11/survey.html（最終閲覧日：2024 年 7 月 8 日）……510
日本社会心理学会編 2009. 『社会心理学事典』丸善. ……538
日本障がい者サッカー連盟. ソーシャルフットボールについて. https://www.jiff.football/about/7groups/jsfa/（最終閲覧日：2024 年 7 月 30 日）……218
日本スポーツ協会 2022. スポーツと，望む未来へ. ……186
日本スポーツ協会 2023. 『体育・スポーツにおける多様な性のあり方ガイドライン』第 4 版. 日本スポーツ協会. ……128
日本スポーツ協会 online. 日本スポーツ協会公認スポーツ指導者概要. https://www.japan-sports.or.jp/coach/tabid58.html（最終閲覧日：2023 年 7 月 25 日）……540
日本スポーツ社会学会編集企画委員会編 2020. 『2020 東京オリンピック・パラリンピックを社会学する』創文企画. ……472
日本スポーツ振興センター 2022. 『Sport For Tomorrow 最終報告書 2014-2021』日本スポーツ振興センター. ……240
日本政策投資銀行ほか 2020. 『スマート・ベニューハンドブック』ダイヤモンド社. ……262

参照・引用文献　655

日本政策投資銀行 2023．「わが国スポーツ産業の経済規模推計〜日本版スポーツサテライトアカウント 2022〜2011〜2020 年推計，新型コロナ影響度調査」．……264, 266

日本政策投資銀行・同志社大学 2018．「わが国スポーツ産業の経済規模推計〜日本版スポーツサテライトアカウント」．……264

日本総合研究所 2014．「「地域包括ケアシステム」事例集成」．https://www.kaigokensaku.mhlw.go.jp/chiiki-houkatsu/files/mhlw_care_system_2014_01.pdf（最終閲覧日：2023 年 8 月 1 日）……76

日本ソフトボール協会編 1980．『協会三十年史』日本ソフトボール協会．……40

日本体育協会 2015．日本スポーツ少年団「第 9 次育成 5 か年計画」単位スポーツ少年団における障がいのある子どもの参加実態調査報告書．……224

日本体育協会・日本オリンピック委員会 2012．『日本体育協会・日本オリンピック委員会の 100 年』日本体育協会．……188

日本軟式庭球連盟編 1985．『日本庭球史：軟庭百年』遊戯社．……40

日本パラスポーツ協会 2023．パラスポーツの歴史と現状．https://www.parasports.or.jp/about/pdf/jsad_ss_2023_web.pdf（最終閲覧日：2024 年 8 月 21 日）……206, 214

日本プロサッカーリーグ 2023．『2022 年度クラブ経営情報開示資料』日本プロサッカーリーグ経営基盤本部クラブライセンス事務局．……286

NEWS つくば 2020．つくばに「ご当地スポーツ」200 人が全 5 種目を体験．https://newstsukuba.jp/21510/04/02/（最終閲覧日：2023 年 3 月 20 日）……86

丹羽典生 2018．日本における応援組織の発展と現状．国立民族学博物館研究報告 43（2）：189-268．……450

丹羽典生 2020．日本の大学応援団の原型．丹羽典生編著『応援の人類学』青弓社．……38

■ぬ

沼尻正之 2003．日本における歴史社会学研究の歴史と現状．鈴木幸壽ほか編『歴史社会学とマックス・ヴェーバー』上．理想社．……600

■の

野﨑武司・植村典昭 1993．日本的スポーツ集団研究の現状と課題．香川大学教育学部研究報告第 I 部 88：1-21．……448

ノース，D. C. 著，竹下公視訳 1994．『制度・制度変化・経済効果』晃洋書房．……546

野々宮 徹 2000．『ニュースポーツ用語事典』遊戯社．……48

野村雅一・市川 雅編 1999．『叢書 身体と文化』第 1 巻．大修館書店．……408

野村洋平 2019．原組織と体育会系．日本スポーツ社会学会第 28 回大会 大会プログラム・発表抄録集：30-31．……448

野村良和 2023．我が国の健康観の歴史．体育科教育 2023（8）：26-29．……324

乗松 優 2016．『ボクシングと大東亜』忘羊社．……312

■は

バウマン，Z. 著，森田典正訳 2001．『リキッド・モダニティ』大月書店（Bauman, Z. 2000. Liquid Modernity. Polity Press）．……42

バーガー，P. L. & ルックマン，T. 著，山口節郎訳 1977．『日常世界の構成』新曜社．……424

萩原史朗 2019．秋田のサッカースタジアム新設に関する経済波及効果および費用対効果の推計．秋田大学教育文化学部研究紀要 人文科学・社会科学部門 74：61-70．……266

バーク，P. 著，森岡敬一郎訳 1986．『社会学と歴史学』慶應通信（Burke, P. 1980. Sociology and History. George Allen and Unwin）．……600

ハーグリーヴズ，J. 著，佐伯聰夫・阿部生雄訳 1993．『スポーツ・権力・文化』不昧堂出版（Hargreaves, J. 1986. Sport, Power and Culture. Polity Press）．……600

橋本純一 1986．メディア・スポーツに関する研究 II：記号論的研究視角とその適応．筑波大学体育科学紀要 9．……162

橋本純一 2002．メディアスポーツヒーローの誕生と変容．橋本純一編『現代メディアスポーツ論』世界思想社．……532

蓮沼良造 1992．『実践コミュニティ・スポーツ』大修館書店．……78

パーソンズ，T. 著，佐藤 勉訳 1974．『社会体系論』青木書店（Parsons, T. 1951. The Social System. Free Press）．……594

バタイユ，G. 著，生田耕作訳 1975．『不可能なもの』二見書房．……438

バタイユ，G. 著，酒井 健訳 1992．『ニーチェについて』現代思潮新社．……438

羽田野慶子 2004．〈身体的な男性優位〉神話はなぜ維持されるのか．教育社会学研究 75：105-125．……456

八田益之・田中研之輔 2017. 『覚醒せよ，わが身体．』ハーベスト社. ……608

ハッチンス，R. 著，新井郁男編 1979. 『ラーニング・ソサエティ』至文堂. ……514

パットナム，R. D. 著，柴内康文訳 2006. 『孤独なボウリング』柏書房. ……44, 88

バトラー，J. 著，池田成一訳 1997. 危険にさらされている／危険にさらす. 現代思想 25(11). ……162

バトラー，J. 著，竹村和子訳 2018. 『ジェンダー・トラブル』新装版. 青土社（Butler, J. 1990. *Gender Trouble.* Routledge）. ……620

馬場哲雄 1994. 安息日とレジャー，スポーツ. 日本女子大学紀要 人間社会学部 5：119-127. ……50

ハーバーマス，J. 著，細谷貞雄・山田正行訳 1994. 『公共性の構造転換』第 2 版. 未来社. ……188

浜田幸絵 2016. 『日本におけるメディア・オリンピックの誕生』ミネルヴァ書房. ……16, 154

浜田幸絵 2018. 『〈東京オリンピック〉の誕生』吉川弘文館. ……16, 482

浜田幸絵 2020. メディア・イベントとしてのオリンピック・パラリンピックの歩みとこれから. 日本スポーツ社会学会編集企画委員会編『2020 東京オリンピック・パラリンピックを社会学する』創文企画. ……154

浜田幸絵 2021. 政治家・永田秀次郎の国際交流. 片山慶隆編著『アジア・太平洋戦争と日本の対外危機』ミネルヴァ書房. ……16

浜田雄介 2009. エンデュランススポーツの実践を支え合う「仲間」. スポーツ社会学研究 17(1)：73-84. ……454

浜田雄介 2017. 純粋贈与としてのエンデュランススポーツ. 広島市立大学国際学部〈際〉研究フォーラム編『〈際〉からの探究：つながりへの途』文眞堂. ……454

濱田洋輔 2018. アーノルト・ゲーレンの倫理学. 倫理学年報 67：233-246. ……632

速水 徹 2017. ブラインドサッカーにおける視覚障害者と晴眼者のコミュニケーションに関する研究. 日本体育学会第 68 回大会体育社会学専門領域発表論文集 第 25 号：165-170. ……418

原口大志 2021. スポーツによる地域創生・まちづくりに向けた取り組み. 観光文化 251. https://www.jtb.or.jp/tourism-culture/bunka251/251-02/（最終閲覧日：2024 年 10 月 4 日）……502

原田宗幸 2020. スポーツツーリズムを基調として都市づくり. アーバン・アドバンス 73：15-20. ……502

原田宗彦・木村和彦 2009. 『スポーツ・ヘルスツーリズム』大修館書店. ……288

原田宗彦編著 2021. 『スポーツ産業論』第 7 版. 杏林書林. ……262

■ひ

樋口 聡 1987. 『スポーツの美学』不昧堂出版. ……30, 382

樋口 聡 1989. スポーツは芸術か？. 体育・スポーツ哲学研究 11(1)：27-39. ……56

樋口 聡 2000. 日本の近代化とスポーツ観客の誕生. 金田 晋編著『芸術学の 100 年』勁草書房. ……382

樋口 聡 2021. スポーツの美的体験とその現代的変容. 体育・スポーツ哲学研究 43(2)：144-146. ……382

ビデオリサーチ社 全局高世帯視聴率番組 50. https://www.videor.co.jp/tvrating/past_tvrating/top50/50.html（最終閲覧日：2023 年 7 月 4 日）……166

一言太郎・安原有紗 2023. 公園緑地分野における AI 技術の活用可能性. 環境情報科学 52(2)：51-55. ……358

ヒュブナー，S. 著，髙嶋 航・冨田幸祐訳 2017. 『スポーツがつくったアジア』一色出版（Hübner, S. 2016. *Pan-Asian Sports and the Emergence of Modern Asia, 1913-1974.* NUS Press）. ……312

平尾真智子 2018. 白隠禅師の仮名法語にみる「健康」の語の使用. 日本医史学雑誌 64(3)：241-256. ……324

平塚卓也 2022. スポーツ振興法の位置づけ及び名称の形成過程. 日本スポーツ法学会年報 29：100-117. ……180

平野裕一ほか編 2019. 『グッドコーチになるためのココロエ』培風館. ……540

B リーグ 2020. B.LEAGUE 2020-21 SEASON より適用の外国籍選手の登録数とオンザコートルールの変更①. https://www.bleague.jp/files/user/1119.pdf（最終閲覧日：2024 年 11 月 6 日）……276

広田照幸 2001. 『教育言説の歴史社会学』名古屋大学出版会. ……600

■ふ

ブーアスティン，D. J. 著，星野郁美・後藤和彦訳 1964. 『幻影（イメジ）の時代』東京創元社. ……560

フィスク，J. 1998. 『抵抗の快楽』世界思想社. ……452

Forbs JAPAN 2020. 山﨑康晃が語った，SNS 論：彼はなぜ 76 万人以上から支持され続けるのか？. https://forbesjapan.com/articles/detail/32794（最終閲覧日：2024 年 10 月 24 日）……542

深田忠徳 2011. スタジアムにおけるサポーターの観戦享受に関する研究. スポーツ社会学研究 19(2)：49-60. ……464

福田伊佐央 2022. 來田享子・長谷川奉延監修. スポーツと性別をめぐる最新事情. Newton 2022(3)：90-99. ……134

福田邦三・長島長節 1949. 『體育學通論』大明堂書店. ……326

福永光司 1997. 『タオイズムの風』人文書院. ……434

福原俊一・鈴鴨よしみ編著 2008. 『SF-36v2 日本語版マニュアル』健康医療評価研究機構. ……506

フーコー，M. 著，田村 俶訳 1977. 『監獄の誕生』新潮社. ……318, 412

フーコー，M．著，渡辺守章訳 1986．『知への意志』性の歴史 I．新潮社．……318

フーコー，M．著，山田徹郎訳 1996．付論 I 主体と権力．ドレイファス，H．＆ ラビノウ，P．著，山形頼洋ほか訳『ミシェル・フーコー』筑摩書房．……318

フーコー，M．著，石田英敬訳 2006．統治性．小林康夫ほか編『生政治・統治』フーコー・コレクション 6．ちくま学芸文庫．……318

藤田紀昭 2002．障害者スポーツとメディア．橋本純一編『現代スポーツメディア論』世界思想社，197-217．……228

藤田紀昭 2006．障害者スポーツというフィールド．日本体育学会監修『最新スポーツ科学事典』平凡社．……206

藤田紀昭 2013．『障害者スポーツの環境と可能性』創文企画．……206

藤田紀昭 2023．障害者スポーツに関する言葉の認知度に関する研究．パラリンピック研究会紀要 19：1-27．……214

藤田結子 2008．『文化移民』新曜社．……238

藤田結子・北村 文編 2013．『現代エスノグラフィー』新曜社．……608

藤山 新 2016．7 スポーツメディアとジェンダー 3）スポーツメディアのまなざし．日本スポーツとジェンダー学会編『データでみる スポーツとジェンダー』八千代出版．……126

藤山 新ほか 2014．体育・スポーツ関連学部の大学生を対象としたスポーツと性的マイノリティに関する調査結果．スポーツとジェンダー研究 12：68-79．……128

藤原健固 1984．『国際政治とオリンピック』道和書院．……302

双葉山 時津風定次 2018．『横綱の品格』新版．ベースボール・マガジン社．……402

舟木泰世 2020．わが国における地域スポーツ政策の変遷．日本地域政策研究 24：22-29．……186

舩先康平ほか 2022．わが国中央競技団体の組織能力とエリートスポーツシステムの関係に関する事例研究．体育学研究 67：49-65．……186

舟橋弘晃 2018．スポーツマネジメントを学べる大学院．現代スポーツ評論(39)：116-125．……278

プライドハウス東京ウェブサイト．https://pridehouse.jp/（最終閲覧日：2024 年 5 月 13 日）……128

ブラウン，W．著，中井亜佐子訳 2017．『いかにして民主主義は失われていくのか』みすず書房．……356

プラサド，P．著，町 惠理子ほか訳 2018．『質的研究のための理論入門』ナカニシヤ出版．……608

古川 彰 2004．『村の生活環境史』世界思想社．……348

古川隆久 1998．『皇紀・万博・オリンピック』中公新書．……16

古沢広祐 2003．グローバリゼーション時代の食・農・環境と循環型社会．環境社会学研究 9：5-21．……356

ブルデュー，P．著，石崎晴己訳 1988．『構造と実践』新評論．……370

■へ

ベイトソン，G．著，佐藤良明訳 2000．『精神の生態学』新思索社（Bateson, G. 1972. *Steps to an Ecology of Mind.* Chardler）．……2

ベーリンガー，W．著，高木葉子訳 2019．『スポーツの文化史』法政大学出版局（Behringer, W. 2012. *Kulturgeschichte des Sports.* C. H. Beck）．……28

ペスタ，A．著，牟礼晶子・山田ゆかり訳 2022．『THE GIRLS 性虐待を告発したアメリカ女子体操選手たちの証言』大月書店．……574

ベズニエ，N．ほか著，川島浩平ほか訳 2020．『スポーツ人類学』共和国．……18, 22, 302

ベック，U．ほか著，松尾精文ほか訳 1997．『再帰的近代化』而立書房（Beck, U., et al. 1994. *Reflexive Modernization.* Polity Press）．……602

ヘニング，A．＆ ディメオ，P．著，児島 修訳 2023．『ドーピングの歴史』青土社．……550

ベルクソン，H．著，真方敬道訳 1979．『創造的進化』岩波文庫．……412

■ほ

ボイコフ，J．著，中島由華訳 2018．『オリンピック秘史』早川書房（Boykoff, J. 2016. *Power Games.* Verso）．……302, 472

ホイジンガ，J．著，高橋英夫訳 1973．『ホモ・ルーデンス』中公文庫（Huizinga, J. 1938. *Homo Ludens.* Tjeenk Willink）．……422

保城広至 2015．『歴史から理論を創造する方法』勁草書房．……600

細田 隆ほか 2016．地方自治体におけるスポーツ政策の新たな展開に関する研究．都市計画論文集 51(3)：216-221．……74

堀田恭子 2007．長野冬季五輪の副産物．松村和則編『メガ・スポーツイベントの社会学』南窓社．……346

ボーデン，I．著，齋藤雅子ほか訳 2006．『スケートボーディング，空間，都市』新曜社．……452

ホバマン，J．著，川島浩平訳 2007．『アメリカのスポーツと人種』明石書店．……162

ホブズボウム，E．＆ レンジャー，T．編，前川啓治・梶原景昭ほか訳 1992．『創られた伝統』紀伊国屋書店（Hobsbawm, E. & Ranger, T. eds. 1983. *The Invention of Tradition*. Cambridge University Press)．……12

ホール，M. A. 著，飯田貴子・吉川康夫監訳 2001．『フェミニズム・スポーツ・身体』世界思想社（Hall, M. A. 1996. *Feminism and Sporting Bodies*. Human Kinetics)．……140, 620

ボルタンスキー，L. & シャペロ，E. 著，三浦直希ほか訳 2013．『資本主義の新たな精神』上・下．ナカニシヤ出版（Boltanski, L. & Chiapello, E. 1999. *Le nouvel esprit du capitalisme*. Gallimard)．……602

■ま

前田博子 2018．組織のジェンダーバランス．飯田貴子ほか編著『よくわかるスポーツとジェンダー』ミネルヴァ書房．……146

マカルーン，J. J. 編，光延明洋ほか訳 1988．『世界を映す鏡』平凡社．……612

マルクーゼ，H. 著，生松敬三・三沢謙一訳 1980．『一次的人間』新装版．河出書房新社．……412

マコーム，D. G. 著，中房敏朗・ウエイン，J. 訳 2023．『スポーツの世界史』ミネルヴァ書房．……22

増川宏一 1977．『将棋』Ⅰ．法政大学出版局．……42

増川宏一 1987．『碁』法政大学出版局．……42

桝本妙子 2000．「健康」概念に関する一考察．立命館産業社会論集 36(1)：123-139．……324

舛本直文 2000．『スポーツ映像のエピステーメー』新評論．……158

舛本直文 2010．2010年第1回ユース・オリンピック競技大会（YOG）における平和運動．体育哲学研究 41：19-22．……474

町村敬志 2013．「風雪」と「虹と雪」の呪縛．石坂友司・松林秀樹編著『〈オリンピックの遺産〉の社会学』青弓社．……484

町村敬志 2020．『都市に聴け』有斐閣．……472, 482

松尾哲矢 1998．スポーツの社会病理 ドロップアウト．池田 勝・守能信次編『スポーツの社会学』杏林書院．……552

松尾哲矢 2015．『アスリートを育てる〈場〉の社会学』青弓社．……518

松尾哲矢 2022．青少年期のスポーツクラブ（学校運動部）．高峰 修ほか編著『現代社会とスポーツの社会学』杏林書院．……198

松岡宏高 2010．スポーツマネジメントの概念の再検討．スポーツマネジメント研究 2(1)：33-45．……262, 264

松下良平 2021．趣味は世界を道徳的混乱から救う．TASC MONTHLY 251：3．……536

松田恵志 1997．スポーツのファン体験と共同体の身体性．杉本厚生編『スポーツファンの社会学』世界思想社．……464

松田恵志 2001．『交叉する身体と遊び』世界思想社．……104

松田恵志 2011．「子どものスポーツ」とは一体何か？．スポーツ社会学研究 19(2)：5-18．……636

松田素二・川田牧人編著 2002．『エスノグラフィー・ガイドブック』嵯峨野書院．……608

松橋達矢 2012．『モダン東京の歴史社会学』ミネルヴァ書房．……600

松橋崇史 2020．スポーツまちづくりの実践にむけて．アーバン・アドバンス 73：21-27．……502

松村和則 1993．『地域づくりとスポーツの社会学』道和書院．……78

松村和則 1997．「過剰」な現代社会と身体・スポーツへのパースペクティブ．松村和則編『山村の開発と環境保全』南窓社．……348

松村和則 2006．白いスタジアムのある風景．松村和則編『メガ・スポーツイベントの社会学』南窓社．……348

松村和則 2020．まえがき．松村和則ほか編『白いスタジアムと「生活の論理」』東北大学出版会．……348

松村和則編 2007．『メガ・スポーツイベントの社会学』増訂版．南窓社．……484

マートン，R. K. 著，森 東吾ほか訳 1961．『社会理論と社会構造』みすず書房（Merton, R. K. 1949. rev. ed. 1957. *Social Theory and Social Structure*. Free Press)．……594

真山達志 2023．地方自治制度と地方分権改革．成瀬和弥・真山達志編著『地方におけるスポーツ価値実現の実像』晃洋書房．……194

マルカム，D. 著，大平 章訳 2021．フィギュレーション社会学とスポーツ社会学．スポーツ社会学研究 29(2)：21-38．……610

マルクラ，P. & プリングル，R. 著，千葉直樹訳 2021．『スポーツとフーコー』晃洋書房．……318

圓田浩二 2022．『ダイビングのエスノグラフィー』青弓社．……608

丸山智由 2012．市民マラソン開催による経済効果と今後の課題．Best Value 28：12-15．……266

丸山 宏 1994．『近代日本公園史の研究』思文閣出版．……358

■み

ミア，A. 著，田総恵子訳 2018．『Sport 2.0』NTT出版（Miah, A. 2017. *Sport 2.0*. MIT Press)．……154

水出幸輝 2019．『〈災後〉の記憶史』人文書院．……600

水上博司 2010．NTT東海陸上部元監督の「日常世界」にあらわれたスポーツ労働者性．社会学論叢 167：61-82．

……272

水野英莉 2015．ヨガの女性化と理想の女性身体．スポーツとジェンダー研究 13：134-147．……140

水野英莉 2018．ヨガの女性化．飯田貴子ほか編著『よくわかるスポーツとジェンダー』ミネルヴァ書房．……140

水野英莉 2020．『ただ波に乗る Just surf』晃洋書房．……452, 608

水野英莉 2022a．東京 2020 における新競技採用がもたらしたもの．現代スポーツ評論 46：51-66．……452

水野英莉 2022b．オリンピックによる「ゲーム・チェンジ」の批判的検討．新社会学研究 7：35-43．……452

三谷 舜 2021．「スポーツの都市化」が近代スポーツに与えるインパクトとは？．立命館大学人文科学研究所紀要 126：147-170．……40

三谷 舜 2023．ボールパークからストリートへ．立命館大学人文科学研究所紀要 135：107-130．……40

三谷 舜 2025（予定）．『軟式ボールの社会学』創元社．……40

三谷文栄 2022．メディア・イベント論の新たな拡がり．井川充雄・木村忠正編著『入門メディア社会学』ミネルヴァ書房．……154

三井利仁ほか 2021．パラスポーツの競技種目とクラス分け．臨床整形外科 56(1)：43-45．……220

港区役所 地域包括ケア．https://www.city.minato.tokyo.jp/kenko/fukushi/houkatsu.html（最終閲覧日：2023 年 8 月 1 日）……76

宮内孝知 1988．日本的スポーツ組織の歴史的・社会的性格．森川貞夫・佐伯聰夫編著『スポーツ社会学講義』大修館書店．……442

宮崎伸一 2019．競技性の高い知的障害者スポーツの拡大への国際知的障害者スポーツ連盟の取り組み．スポーツ精神医学 16：42-45．……216

宮本勝浩ほか 2007．プロ野球産業の経済効果．スポーツ産業学研究 17(1)：45-56．……266

宮本幸2023．運動部活動と格差．現代スポーツ評論 48：58-67．……518

ミラー，A. 著，石井昌幸ほか訳 2021．『日本の体罰』共和国．……318

ミルズ，C. W. 著，鈴木 広訳 1965．『社会学的想像力』紀伊國屋書店（Mills, C. W. 1959. *The Sociological Imagination*. Oxford University Press）．……600

民放労連女性協議会 2021．民放テレビ局女性割合調査．放送レポート 291：8-12．……126

■む

村田周祐 2017．『空間紛争としての持続的スポーツツーリズム』新曜社．……350

■め

メルロ＝ポンティ，M. 著，中島盛夫訳 1982．『知覚の現象学』法政大学出版局．……230

■も

望月 謙 2019．VR によるスポーツの楽しみ方．現代スポーツ評論 41：71-81．……382

森 達也 2005．『ドキュメンタリーは嘘をつく』草思社．……160

森岡清志 2008．地域社会の未来．森岡清志編『地域の社会学』有斐閣．……78

森川貞夫 1973．大日本体育協会「組織改造問題」の一考察．日本体育大学紀要 3：11-24．……186

森川貞夫 1975．「コミュニティ・スポーツ」論の問題点．体育社会学研究 4：21-54．……78

森川貞夫 2010．「国策としてのスポーツ」論の系譜と“強化策”の問題と今後の課題．スポーツ社会学研究 18(1)：27-42．……190, 200

森川貞夫 2015．ファシズムとスポーツ思想．中村敏雄ほか編『21 世紀スポーツ大事典』大修館書店，656-658．……310

森川貞夫・佐伯聰夫編著 1988．『スポーツ社会学講義』大修館書店．……594

森川正之 2016．『サービス立国論』日本経済新聞出版社．……268

モリス，I. 著，斎藤和明訳 1981．『高貴なる敗北』中央公論社（Morris, I. 1975. *The Nobility of Failure*. Holt, Rinehart and Winston）．……36

文部科学省 地方教育行政の組織及び運営に関する法律．……74

文部科学省 スポーツ基本法．……74

文部科学省 2000．スポーツ振興基本計画．https://www.mext.go.jp/a_menu/sports/plan/06031014.htm（最終閲覧日：2024 年 6 月 14 日）……498

文部科学省 2007．中央教育審議会答申（教育基本法の改正を受けて緊急に必要とされる教育制度の改正について）．……74

文部科学省 2012．共生社会の形成に向けたインクルーシブ教育システム構築のための特別支援教育の推進（報告）．https://www.mext.go.jp/b_menu/shingi/chukyo/chukyo3/044/attach/1321669.htm（最終閲覧日：2022 年 11 月 25 日）……224

文部科学省 2012．「第 1 期スポーツ基本計画」文部科学省，第 1 期スポーツ基本計画（平成 24 年度～平成 28 年度）．

https://www.mext.go.jp/a_menu/sports/plan/index.htm（最終閲覧日：2024年7月8日）……510
文部科学省 2015．「一億総活躍社会の実現に向けた文部科学省緊急対策プラン」．……264
文部科学省 2016．特別支援学校のスポーツ環境に関する調査．https://www.mext.go.jp/component/a_menu/sports/detail/__icsFiles/afieldfile/2014/05/20/1347286_5.pdf（最終閲覧日：2022年11月25日）……224
文部科学省 2020．特別支援教育資料 第1部データ編．https://www.mext.go.jp/content/20200916-mxt_tokubetu02-000009987_02.pdf（最終閲覧日：2022年11月25日）……224
文部科学省 2022．スポーツ基本計画．……74

■や

八木 正 1993．社会集団．森岡清美ほか編『新社会学辞典』有斐閣．……442
八代英太・冨安若和編 1991．『ADAの衝撃』学苑社．……208
柳父 章 1982．『翻訳語成立事情』岩波新書．……350
矢部京之助 1994．アダプテッドスポーツ（障害者スポーツ学）の提言．女子体育 36：20-25．……206
矢部京之助 2006．アダプテッド・スポーツとパラリンピック．学術の動向 11(10)：54-57．……206
山口真一 2020．『正義を振りかざす「極端な人」の正体』光文社．……176
山口泰雄ほか 2022．TAFISA加盟諸国におけるスポーツ政策のIP分析．年報体育社会学 3：1-13．……622
山口理恵子 2022．女性ジェンダーとスポーツ．岡田 桂ほか『スポーツとLGBTQ＋』晃洋書房．……620
山下高行 2009．企業スポーツと日本のスポーツレジーム．スポーツ社会学研究 17(2)：17-31．……200, 202
山田 快ほか 2022．アスリートにとって優れたコーチの特徴．スポーツ心理学研究 49(2)：157-168．……540
山中貴幸ほか 2014．『日本TVアニメーション大全』世界文化社．……172
山根 拓 1989．新聞事業の発展過程からみた空間組織の変容．人文地理 41(1)：23-44．……156
山本敦久 2016．スポーツを通じた抵抗：C.L.R.ジェームズとカルチュラル・スタディーズの抵抗理論．スポーツ社会学研究 24(1)：19-34．……48
山本敦久 2020．『ポスト・スポーツの時代』岩波書店．……162, 368, 602, 614
山本清洋 1978．スポーツ行動モデル構築の方向と手順．岡山県立短大研究紀要 22：60-72．……594
山本大策 2020．生活論と「多様な経済」論の狭間で．松村和則ほか編『白いスタジアムと「生活の論理」』東北大学出版会．……348
山本武利 1974．戦前の新聞読書層調査．関西学院大学社会学部紀要 29：27-39．……156
山本武利 1981．『近代日本の新聞読者層』法政大学出版局．……156
山本信良・今野敏彦 1987．『近代教育の天皇制イデオロギー』新泉社．……494
山本宏樹 2021．特別活動と部活動に忍びよる格差．中村高康・松岡亮二編著『現場で使える教育社会学』ミネルヴァ書房．……198

■ゆ

結城和香子 2004．『オリンピック物語』中央公論新社．……294
行實鉄平・中西純司 2009．総合型地域スポーツクラブ会員の運営参加とソーシャル・キャピタルの関係性．九州体育・スポーツ学研究 24(1)：1-14．……508

■よ

吉井妙子 2013．『日の丸女子バレー』文藝春秋．……448
吉田佳世 2020．日本の大学応援団での女性応援部門の創設と展開．丹羽典生編著『応援の人類学』青弓社．……38
吉田 毅 2013．『競技者のキャリア形成史に関する社会学的研究』道和書院．……146, 552, 566
吉田 毅 2016．中途身体障害者はどのような他者によってスポーツを継続するようになるのか．スポーツ社会学研究 24(2)：53-68．……146
吉田政幸 2022．スポーツ観戦と持続的ウェルビーイング．体育の科学 72(4)：247-253．……528
吉野耕作 2010．伝統の創造．日本社会学会 社会学事典刊行委員会編『社会学事典』丸善出版．……86
吉野ヒロ子 2021．『炎上する社会』弘文堂．……542
吉見俊哉 1994．『メディア時代の文化社会学』新曜社．……476
吉見俊哉 1994．運動会の思想．思想(845)：137-162．……494
吉見俊哉 2020．『五輪と戦後』河出書房新社．……472, 482
吉見俊哉編著 2021．『検証 コロナと五輪』河出新書．……154, 472
吉見俊哉ほか 1999．『運動会と日本近代』青弓社．……494
依田充代 2022．ドーピング．髙峰 修ほか編著『現在社会とスポーツの社会学』杏林書院．……550

■ら

來田享子 2004．近代スポーツの発展とジェンダー．飯田貴子・井谷惠子編著『スポーツ・ジェンダー学への招待』明

石書店．……132

來田享子 2012. 1968 年グルノーブル冬季五輪における性別確認検査導入の経緯．楠戸一彦先生退職記念論集刊行会編『体育・スポーツ史の世界』渓水社．……134

來田享子 2018a. 近代スポーツの発展とジェンダー．飯田貴子ほか編著『よくわかるスポーツとジェンダー』ミネルヴァ書房．……120

來田享子 2018b. 歴史とジェンダー：総論．飯田貴子ほか編著『よくわかるスポーツとジェンダー』ミネルヴァ書房．……120

來田享子 2023. 近年のオリンピック・ムーブメントにおける人権に関する基本方針の動向．來田享子編『令和 4 年度日本スポーツ協会スポーツ医・科学研究報告Ⅳ　体育・スポーツにおける暴力・虐待・差別等の人権侵害防止に関する調査研究—第 1 報—』日本スポーツ協会．……24

ラトゥール，B. 著，伊藤嘉高訳 2019. 『社会的なものを組み直す』法政大学出版局．……370

ラングラン，P. 著，波多野完治訳 1990. 『生涯教育入門』第一部．全日社会教育連合会．……514

■り

リースマン，D. & デニー，R. 1970. アメリカにおけるフットボール．リースマン，D. 著，國広正雄・牧野　宏訳『個人主義の再検討』上．ペリカン社．……10

リーチ，E. 著，青木　保・宮坂敬造訳 1981. 『文化とコミュニケーション』紀伊國屋書店．……464

■れ

レイダー，B. G. 著，平井　肇訳 1987. 『スペクテイタースポーツ』大修館書店（Rader, B. G. 1983. *American Sports*. Prentice-Hall）．……310

レルフ，E. 著，高野岳彦ほか訳 1999. 『場所の現象学』ちくま学芸文庫（Relph, E. 1976. *Place and Placelessness*, Pion Limited）．……354

■ろ

ロイ，J. W. Jr. ほか編著，粂野　豊編訳 1988. 『スポーツと文化・社会』ベースボール・マガジン社．……618

労働政策研究・研修機構 2019. 「若年者の就業状況・キャリア・職業能力開発の現状③：平成 29 年版『就業構造基本調査』より」資料シリーズ No.217．……146

ローゼン，R. H. 著，産能大学メンタル・マネジメント研究会訳 1994. ヘルシー・カンパニー．産能大学出版部．……512

ローデン，D. 著，森　敦監訳 1983. 『友の憂いに吾は泣く』講談社．……460

ローボトム，M. 著，岩井木綿子訳 2014. 『なぜ，スポーツ選手は不正に手を染めるのか』エクスナレッジ．……550

ロス，H. 著，坂本麻里子訳 2023. 『自転車と女たちの世紀』P ヴァイン（Ross, H. 2021. *Revolutions*. Weidenfeld & Nicolson）．……620

ロバートソン，R. 著，阿部美哉訳 1997. 『グローバリゼーション』東京大学出版会．……252

■わ

鷲田清一・野村雅一編 2005. 『叢書　身体と文化』第 3 巻．大修館書店．……408

和田浩一 2011. IOC 委員との交流．生誕 150 周年記念出版委員会編『気概と行動の教育者　嘉納治五郎』筑波大学出版会．……16

綿谷　雪 2014. 『考証　日本武芸達人伝』国書刊行会．……42

渡　正 2007. 障害者スポーツによる儀礼的関心の構築：1970 年代の「運動」とパラリンピックの表象．千葉大学日本文化論叢 8：106-93．……228

渡　正 2012. 『障害者スポーツの臨界点』新評論．……220

渡　正 2013. テクノロジーの進展とスポーツ．現代スポーツ評論 29：52-68．……368

渡　正 2016. スポーツ科学の価値と未来．現代スポーツ評論 34：79-88．……368

渡　正 2021. 障害者スポーツの中の未来．樫田美雄・小川伸彦編著『〈当事者宣言〉の社会学』東信堂．……220

渡　正 2021. スポーツにおける身体の範囲．文化人類学研究 21：37-53．……368

渡　正 2022. 障害者スポーツを考える．新社会学研究 7：44-56．……368

World Rugby 2019b. ラグビーワールドカップ 2019 日本大会についてのご報告．https://www.world.rugby/news/538422/2019（最終閲覧日：2023 年 7 月 22 日）……486

【欧文文献】

Adams, N. G. & Bettis, P. J. 2005. *Cheerleader!: An American Icon*. Palgrave Macmillan. ……38

Adorno, T. W. 1955. *Prismen*. Suhrkamp Verlag（アドルノ，T. W. 著，渡辺祐邦・三原弟平訳 1996. 『プリズメン』ちく

ま学芸文庫). ……46

Agergaard, S. 2008. Elite Athletes as Migrants in Danish Women's Handball. *International Review for the Sociology of Sport*, 43(1): 5-19. ……564

Aitchison, C. C. ed. 2007. *Sports and Gender Identities*. Routledge. ……128

Allison, L. & Tomlinson, A. 2017. *Understanding International Sport Organisations*. Routledge. ……462

Andrieu, B. 2018. *Learning from Your Body*. Presses universitaires de Rouen et du Havre. ……398

Arai, T., et al. 2022. Analysis of the Internal Effects of Health and Productivity Management in Japan. Forum Scientiae Oeconomia, 8(1): 17-28. https://doi.org/10.23762/FSO_VOL8_NO1_2 ……512

Atkinson, M. 2008. Triathlon, Suffering and Exciting Significance. *Leisure Studies*, 27(2): 165-180. ……454

Back, L., et al. 2001. *The Changing Face of Football*. Berg. ……604

Barrie, H., et al. 2014. Introduction. In Hanstad, D. V., et al. eds. *The Youth Olympic Games*. Routledge. ……474

Baudrillard, J. 1970 *La société de consommation*. Gallimard. ……426

British Broadcasting Corporation Broadcasting House 2021. Diversity & Inclusion Plan 2021-2023, BBC. https://www.bbc.com/diversity/documents/bbc-diversity-and-inclusion-plan20-23.pdf（最終閲覧日：2024 年 5 月 31 日）……126

BBC News Japan 2020. 大坂なおみ選手がマスクでアピールする，米黒人犠牲者たち．https://www.bbc.com/japanese/features-and-analysis-54097581（最終閲覧日：2024 年 10 月 24 日）……542

Beal, B. 1995. Disqualifying the Official. *Sociology of Sport Journal*, 12(3): 252-267. ……48

Becker, H. S. 1982. *Art Worlds*. The University of California Press（ベッカー，H. S. 著，後藤将之訳 2016. 『アート・ワールド』慶應義塾大学出版会). ……56

Behringer, W. 2012. *Kulturgeschichte des Sports*. Verlag C. H. Beck oHG（ベーリンガー，W. 著，髙木葉子訳『スポーツの文化史』法政大学出版局). ……6

Benson, M. & O'Reilly, K. 2009. Migration and the Search for a Better Way of Life. *The Sociological Review*, 57(4): 609-625. ……354

Bergsgard, N. A., et al. 2007. *Sport Policy*. Elsevier. ……202

Bergson, H. 1889. *Essai sur les données immédiates de la conscience*（ベルクソン著，中村文郎訳 2001. 『時間と自由』岩波文庫). ……632

Bijkerk, C., et al. 2012. An Assessment of a Non-host City on the fringe of the FIFA 2010 World Cup. *African Journal for Physical Health Education, Recreation and Dance*, 18(sup-2): 81-92. ……84

Billig, M. 1995. *Banal Nationalism*. Sage. ……154

Booth, D. & Thorpe, H. eds. 2007. *Berkshire Encyclopedia of Extreme Sports*. Berkshire Publishing Group. ……48

Borsay, P. 2006. *A History of Leisure*. Palgrave Macmillan. ……6

Bourdieu, P. 1979. *La distinction: Critique sociale du jugement*. Minuit（ブルデュー，P. 著，石井洋二郎訳 2020. 『ディスタンクシオン』普及版，Ⅰ・Ⅱ．藤原書店). ……60, 390, 632

Bourdieu, P. 1980. *Questions de Sociologie*. Minuit（ブルデュー，P. 著，田原音和監訳 1991. 人はどのようにしてスポーツ好きになるのか．同『社会学の社会学』藤原書店). ……60

Bourdieu, P. 1987. Choses Dites. Minuit（ブルデュー，P. 著，石崎晴己訳 1991. スポーツ社会学のための計画表．同『構造と実践』藤原書店). ……60

Boykoff, J. 2013. *Celebration Capitalism and the Olympic Games*. Routledge. ……604

Brackenridge, C. 1997. 'He Owned Me Basically…'. *International Review for the Sociology of Sport*, 32(2): 115-130（ブラッケンリッジ，C. 著，吉川康夫・飯田貴子訳 2003. 私は彼の所有物だった．スポーツとジェンダー研究 1：75-90). ……138

Bramble, D. & Lieberman, D. 2004. Endurance running and the evolution of Homo. *Nature*, 432: 345-352. https://doi.org/10.1038/nature03052 ……632

Bray, S. R. & Widmeyer, W. N. 2000. Athletes' Perceptions of the Home Advantage. *Journal of Sports Behavior*, 23: 1-10. ……528

Breivik, G. 2010. Trends in Adventure Sports in a Post-Modern Society. *Sport in Society*, 13(2): 260-273. ……48

Breslin, G., et al. 2018. Increasing Athlete Knowledge of Mental Health and Intentions to Seek Help: The State of Mind Ireland (SOMI) Pilot Program. *Journal of Clinical Sport Psychology*, 12(1): 39-56. https://doi.org/10.1123/jcsp.2016-0039 ……534

Brittain, I. 2018. Key Points in the History and Development of the Paralympic Games. In Brittain, I. & Beacom, A. eds. *The Palgrave Handbook of Paralympic Studies*. Palgrave Macmillan. ……214

Brown, A. ed. 1998. *Fanatics!* Routledge. ……604

Brown, C. J., et al. 2018. Athletes' Experiences of Social Support during Their Transition Out of Elite Sport: An Interpretive Phenomenological Analysis. *Psychology of Sport and Exercise*, 36: 71-80. https://doi.org/10.1016/j.psychsport.2018.01.003 ……534

Bruce, T. 2015. New Rules for New Times: Sportswomen and Media Representaion in the Third Wave, *SEX ROLES A*

Journal of Research, 73(3/4): 1-16. ……126

Bryant, H. 2006. *Juicing The Game*. Viking. ……560

Bu, D., et al. 2020. Mental Health Literacy Intervention on Help-Seeking in Athletes: A Systematic Review. *International Journal of Environmental Research and Public Health*, 17(19): 7263. https://doi.org/10.3390/ijerph17197263 ……534

Buckley, J. 2008. Classification and the Games. In Schantz, O. J. & Gilbert, K. eds. *The Paralympic Games*. Meyer & Meyer. ……220

Burdsey, D. 2006. *British Asians and Football*. Routledge. ……604

Burns, J. 2020. The Participation of People with Intellectual Disabilities in Parasports. 日本財団パラリンピックサポートセンターパラリンピック研究会紀要 13：41-60. ……216

Cárdenas, A. 2013. Peace Building Through Sport? An Introduction to Sport for Development and Peace. *Journal of Conflictology*, 4(1): 4. ……256

Carrington, B. & McDonald, I. eds. 2010. *Marxism, Cultural Studies and Sport*. Routldge. ……164

Carrington, B. 2002. *'Race', Representation and the Sporting Body*. Goldsmiths, University of London. ……162

Carron, A. V. 1982. Cohesiveness in Sport Groups. *Journal of Sport Psychology*, 4(2): 123-138. ……526

Cashmore, E. 2010. *Making Sense of Sports*, 5th ed. Routledge. ……248

Caudwell, J. ed. 2006. *Sports, Sexualities, and Queer/Theory*. Routledge. ……128

Cecić Erpič, S., et al. 2004. The Effect of Athletic and Non-Athletic Factors on the Sports Career Termination Process. *Psychology of Sport and Exercise*, 5(1): 45-59. https://doi.org/10.1016/S1469-0292(02)00046-8 ……534

Chelladurai, P. 2014. *Managing Organizations for Sport and Physical Activity*. Taylor & Francis. ……524

Collins, H. 2010. The Philosophy of Umpiring and the Introduction of Decision-Aid Technology. *Journal of the Philosophy of Sport*, 37(2): 135-146. ……372, 392

Collins, T. 2013. *Sport in Capitalist Society*. Routledge. ……6

Collins, H., et al. 2017. *Bad Call*. The MIT Press. ……392

Connell, R. W. 1995. *Masculinities*. University of California Press（コンネル，R. W. 著　伊藤公雄訳　2022.『マスキュリニティーズ』新曜社）. ……136

Connick, M. J., et al. 2018. Evolution and Development of Best Practice in Paralympic Classification. In Brittain, I. & Beacom, A. eds. *The Palgrave Handbook of Paralympic Studies*. Macmillan. ……220

Coubertin, P. 1894. Jeux Olympiques: discours de M. de Coubertin, *le Massager d'Athenes*, 42: 306-309（和田浩一 2014. 嘉納治五郎から見たピエール・ド・クーベルタンのオリンピズム．金 香男編『アジアの相互理解のために』創土社，167-189）. ……294

Coubertin, P. 1901. Note sur l'education publique, Librairie Hachette et Cie（清水重勇訳．近代の大学．『公教育ノート』. http://www.shgshmz.gn.to/shgmax/public_html/coubertin/ed_pub/ed_pub_index.html#）(最終閲覧日：2023年9月25日）……294

Courneya, K. S. & Carron, A. V. 1992. The Home Advantage in Sport Competitions. *Journal of Sport & Exercise Psychology*, 14: 13-27. ……528

Critcher, C. 1973. Football since the War. Centre for Contemporary Cultural Stduies. ……164

Csikszentmihalyi, M. 1990. *Flow*. Harprt & Row（チクセントミハイ，M. 著，今村浩明訳 1996.『フロー体験 喜びの現象』世界思想社）. ……632

Danish, S. J. & Nellen, V. C. 1997. New Roles for Sport Psychologists. *Quest*, 49(1): 100-113. ……546

Danto, A. 1964. The Artworld. *The Journal of Philosophy*, 61(19): 571-584（ダントー，A. 著，西村清和訳 2015. アートワールド．西村清和編『分析美学基本論文集』勁草書房）. ……56

De Bosscher, V., et al. 2006. A Conceptual Framework for Analysing Sports Policy Factors Leading to International Sporting Success. *European Sport Management Quarterly*, 6(2): 185-215. https://doi.org/10.1080/16184740600955087 ……534

Doering, A. & Evers, C. 2019. Maintaining Masculinities in Japan's Transnational Surfscapes. *Journal of Sport and Social Issues*, 43(5): 386-406. ……452

Doll-Tepper, G. 2014. The Culture and Education Programme. In Hanstad, D. V., et al. eds. *The Youth Olympic Games*. Routledge. ……474

Donnelly, P. 1985. Sport Subcultures. *Exercise and Sport Science Reviews*, 13(1): 539-578. ……48

Donnelly, P. 1988. Sport as a Site for "Popular" Resistance. In Grunean, R. S. ed. *Popular Cultures and Political Practice*. University of Toronto Press. ……48

Dunning, E. & Sheard, K. 1979. *Barbarians, Gentlemen and Players*. New York University Press/Willy-Blackwell（ダニング，E. & シャド，K. 著，大西鉄之祐・大沼賢治訳 1983.『ラグビーとイギリス人』ベースボール・マガジン社）. ……14, 610

Durkheim, E. 1950. *Leçons de sociologie*. Presses Uiversitaires de France. ……458

Dworkin, S. L. & Wachs, F. L. 2009. *Body Panic*. New York University Press. ……140

Eaton, S. B., et al. 2002. Evolutionary Health Promotion. *Preventive Medicine*, 34: 109-118. ……326

Edelwich, J. & Brodsky, A. 1980. *Burn-Out*. Human Sciences Press. ……552

EFDS (English Federation of Disability Sport) 2004. Glossary. Online associated via. http://www.efds.net/index.php? incpage=content/publications/inceventsstrategy.php（最終閲覧日：2004 年 7 月 9 日）……208

Elias, N. & Dunning, E. 1986. *Quest for Excitement*. B. Blackwell（エリアス，N. & ダニング，E. 1995.『スポーツと文明化』法政大学出版局）. ……414, 610

Enriquez, J. 2013. Your Online Life, Permanent As a Tattoo. TED. https://www.ted.com/talks/juan_enriquez_your_online_life_permanent_as_a_tattoo（最終閲覧日：2024 年 10 月 24 日）……542

Erler, A. 2017. The Limits of the Treatment-Enhancement Distinction as a Guide to Public Policy. *Bioethics*, 31: 608-615. ……384

Ernst & Young Global Limited 2020. Rugby World Cup 2019: Review of outcomes. https://assets.ey.com/content/dam/ey-sites/ey-com/ja_jp/news/2020/pdf/ey-rugby-world-cup-2019-review-of-outcomes-en.pdf（最終閲覧日：2024 年 11 月 8 日）……288

Esping-Andersen, G. 1990. *The Three Worlds of Welfare Capitalism*. Polity Press（エスピン-アンデルセン，G. 著，岡沢憲芙・宮本太郎監訳 2001.『福祉資本主義の三つの世界』ミネルヴァ書房）. ……200

Esping-Andersen, G. 1999. *Social Foundations of Postindustrial Economies*. Oxford University Press.（エスピン-アンデルセン，G. 著，渡辺雅男・渡辺景子訳 2000.『ポスト工業経済の社会的基礎』桜井書店）. ……200

Evans, B. & Lindwall, O. 2020. Show Them or Involve Them? Two Organization of Embodied Instruction. *Research on Language and Social Interaction,* 53 (2): 223-246. ……606

Evans, B. & Reynolds, E. 2016. The Organization of Corrective Demonstrations Using Embodied Action in Sports Coaching Feedback. *Symbolic Interaction*, 39 (4): 525-556. ……606

Falcous, M. & Maguire, J. 2005. Globetrotters and Local Heroes? Labor Migration, Basketball, Local Identites. *Sociology of Sport Journal*, 22 (2): 137-157. ……564

Farrington, N., et al. 2015. *Sport, Racism and Social Media*. 1st ed. Routledge. ……176

Featherstone, M. 1991. The Body in Consumer Culture. In Featherstone, M., et al. eds. *The Body*. Sage Publications. ……390

Fiske, S. T. & Neuberg S. L. 1990. A Continuum of Impression Formation, from Category-Based to Individuating Processes. *Advances in Experimental Social Psychology*, 23: 1-74. ……538

Foucault, M. 1976. *La volonté de savoir*. Gallimard（フーコー，M. 著，渡辺守章訳 1986.『知への意志』性の歴史 I. 新潮社）. ……390

Freudenberger, H. J. 1974. Staff Burnout. *Journal of Social Issues*, 30: 159-165. ……552

Garfinkel, H. 1967. *Studies in Ethnomethodology*. Prentice Hall. ……606

Garfinkel, H. 2002. *Ethnomethodology's Program*. Rowman& Littlefield. ……606

Gehlen, A. 1993. *Der Mensch*（ゲーレン，A. 著，池井 望訳 2008.『人間』世界思想社）. ……632

Gibson, J. J. 1979. *The Ecological Approach to Visual Perception*. MIT Press（ギブソン，J. J. 著，古崎 敬ほか訳 1985.『生態学的視覚論』サイエンス社）. ……398

Giddens, A. 1994. *Beyond Left And Right*. Polity（ギデンズ，A. 著，松尾精文・立松隆介訳 2002.『左派右派を越えて』而立書房）. ……210

Gilroy, P. 2000. *Agenst Race: Imagining Political Culture beyond the Color Line*. Harvard University Press. ……162

Giulianotti, R. 2005. *Sport: A Critical Sociology*. Polity. ……202

Goetzel, R. Z. & Ozminkowski, R. J. 2000. Health and Productivity Management. *American Journal of Health Promotion*, 14 (4): 211-214. ……512

Goffman, E. 1952. On Cooling the Mark Out; Some Aspects of Adaptation to Failure. Psychiatry, 15 (4): 451-463. ……36

Goffman, E. 1969. *Strategic Interaction*. University of Pennsylvania Press. ……616

Goffman, E. 1974. *Frame Analysis*. Harvard University Press. ……554, 616

Gounot, A. 2002. *Die Rote Sportinternationale, 1921-1937*. Lit. ……298

Gouttebarge, V., et al. 2021. International Olympic Committee (IOC) Sport Mental Health Assessment Tool 1 (SMHAT-1) and Sport Mental Health Recognition Tool 1 (SMHRT-1): Towards better Support of Athletes' Mental Health. *British Journal of Sports Medicine*, 55 (1): 30-37. https://doi.org/10.1136/bjsports-2020-102411 ……534

Gruenewald, D. A. 2003. The Best of Both Worlds. *Educational Researcher*, 32 (4): 3-12. ……364

Gruneau, R. 2017. *Sport and Modernity*. Polity Press. ……6, 632

Grupe, O. 1987. *Sport als Kultur*. Edition Interfrom（グルーペ，O. 著，永島惇正ほか訳 1997.『文化としてのスポーツ』ベースボールマガジン社）. ……30

Guttmann, A. [1978] 2004. *From Ritual to Record*. Columbia University Press. ……6, 632

Guttmann, A. 1988. *A Whole New Ball Game*. The University of North Carolina Press. ……28

Guttmann, A. 1994. *Games and Empires*. Columbia University Press（グッドマン，A. 著，谷川 稔ほか訳 1997.『スポー

ツと帝国』昭和堂). ……8

Hall, S., et al. 1978. *Policing the Crisis*, Macmillan. ……604

Hanson, M. E. 1996. Go! Fight! Win!: Cheerleading in American Culture. Popular press. ……38

Hargreaves, J. 1986. *Sport, Power and Culture*. Polity (ハーグリーヴズ, J. 著, 佐伯聰夫・阿部生雄訳『スポーツ・権力・文化』不昧堂出版). ……136

Healy, M. L., et al. 2014. Endocrine Profiles in 693 Elite Athletes in the Postcompetition Setting. *Clin Endocrinol*, 81(2): 294-305. (doi: 10.1111/cen.12445) ……134

Henning, A. & Dimeo, P. 2022. *Doping*. Reaktion Books (ヘニング, A. & ディメオ, P. 著, 児島 修訳 2023. 『ドーピングの歴史』青土社). ……384

Higgs, P. & Gilleard, C. 2015. Fitness and Consumerism in Later Life. In Tulle, E. & Phoenix, C. eds. *Physical Activity and Sport in Later Life*. Palgrave Macmillan. ……410

Hoberman, J. 2005. *Testosterone Dreams*. University of California Press. ……390

Hobsbawm, E. 1984. *Worlds of Labour*. Weidenfeld & Nicolson. ……406

Hong, H. J. & Coffee, P. 2018. A Psycho-Educational Curriculum for Sport Career Transition Practitioners: Development and Evaluation. *European Sport Management Quarterly*, 18(3): 287-306. https://doi.org/10.1080/16184742.2017.1387925 ……534

hooks, B. 1995. *Representing the Black Male Body in Art on My Mind*. The New Press. ……162

Hough-Snee, D. Z. & Eastman, A. S. eds. 2017. *The Critical Surf Studies Reader*. Duke University Press. ……452

Houlihan, B. & Green, M. eds. 2008. *Comparative Elite Sport Development*. Elsevier. ……202

Howe, P. D. 2011. Cyborg and Supercrip. *Sociology*, 45(5): 868-882. ……368

Huizinga, J. 1938. *Homo Ludens* (ホイジンガ, J. 著, 高橋英夫訳 1973. 『ホモ・ルーデンス』中公文庫). ……46

Human Rights Watch 2020. They're Chasing Us Away from Sport. December 4, 2020. ……134

ICCE (International Council for Coaching Excellence), et al. 2013. *International Sport Coaching Framework*, Version 1.2. Human Kinetics. ……540

ICSPE (International Council of Sport and Physical Education) 1968. Declaration on Sport. https://www.icsspe.org/sites/default/files/Declaration on Sport_english.pdf (最終閲覧日：2024 年 10 月 8 日) ……438

International Cheer Union (ICU). History of The Sport of Cheer. https://cheerunion.org.ismmedia.com/ISM3/std-content/repos/Top/docs/ICU_History_2018.pdf (最終閲覧日：2024 年 11 月 8 日) ……38

IOC 2017. The Fundamentals of Olympic Values Education. https://stillmed.olympics.com/media/Document%20Library/OlympicOrg/IOC/What-We-Do/Promote-Olympism/Olympic-Values-Education-Programme/Toolkit/The-Fundamentals/English.pdf (日本オリンピック委員会 2018. オリンピック価値教育の基礎. https://www.joc.or.jp/olympism/ovep/pdf/ovep2017.pdf) (最終閲覧日：2024 年 5 月 21 日) ……474

IOC 2019a. The YOG - Vision, Birth and Principles. https://stillmed.olympics.com/media/Document%20Library/OlympicOrg/Factsheets-Reference-Documents/Games/YOG/Factsheet-The-YOG-Vision-Birth-and-Principles.pdf?_ga=2.72255062.434854461.1692689659-1883174318.1690085805 (最終閲覧日：2024 年 5 月 21 日) ……474

IOC 2019b. The YOG - Sports Programme. https://stillmed.olympics.com/media/Document%20Library/OlympicOrg/Factsheets-Reference-Documents/Games/YOG/Factsheet-The-YOG-Sports-Programme.pdf?_ga=2.172901606.434854461.1692689659-1883174318.1690085805 (最終閲覧日：2024 年 5 月 21 日) ……474

IOC 2019c. The YOG - Compete Learn & Share beyond the Field of Play. https://stillmed.olympics.com/media/Document%20Library/OlympicOrg/Factsheets-Reference-Documents/Games/YOG/Factsheet-The-YOG-Learn-and-Share-beyond-the-Field-of-Play.pdf?_ga=2.13151090.434854461.1692689659-1883174318.1690085805 (最終閲覧日：2024 年 5 月 21 日) ……474

IOC 2021. *IOC Marketing Fact File 2023 Edition*. Olympic World Library. https://olympics.com/ioc/documents/international-olympic-committee/ioc-marketing-and-broadcasting (最終閲覧日：2023 年 7 月 4 日) ……166

IOC 2021. Olympic Charter. https://stillmed.olympics.com/media/Document%20Library/OlympicOrg/General/EN-Olympic-Charter.pdf?_ga=2.109422400.434854461.1692689659-1883174318.1690085805 (日本オリンピック委員会 2021. オリンピック憲章. https://www.joc.or.jp/olympism/charter/pdf/olympiccharter2021.pdf) (最終閲覧日：2024 年 5 月 21 日) ……474

IOC 2023. Hosting the Youth Olympic Games. https://stillmed.olympics.com/media/Documents/Olympic-Games/Future-Host/Factsheet-Hosting-the-Youth-Olympic-Games.pdf (最終閲覧日：2024 年 5 月 21 日) ……474

IOC 2024. Portrayal Guidelines Gender － Equal, Fair and Inclusive Representation in Sport. https://stillmed.olympics.com/media/Documents/Beyond-the-Games/Gender-Equality-in-Sport/IOC-Portrayal-Guidelines.pdf?_ga=2.229781791.2071010004.1635852528-1168010592.1631510063 (最終閲覧日：2024 年 5 月 31 日) ……126

IOC 2024. The YOG - Facts and Figures. https://stillmed.olympics.com/media/Documents/Olympic-Games/Factsheets/Youth-Olympic-Games-Facts-and-Figures.pdf?_ga=2.5661942.434854461.1692689659-1883174318.1690085805 (最終閲覧日：2024 年 5 月 21 日) ……474

IPC（国際パラリンピック委員会）. https://www.paralympic.org/classification（最終閲覧日：2022 年 4 月 23 日）
……220

Ivarsson, J. & Greiffenhagen, C. 2015. The Organization of Turn-Taking in Pool Skate Sessions. *Research on Language and Social Interaction,* 48(4): 406-429. ……606

Iwaasa, T. & Mizuno, M. 2020. Job Satisfaction and Intention to Stay in Relation to Sport and Exercise Activities Among Nurses of University Hospitals. 順天堂醫事雑誌 66(2): 142-153. https://doi.org/10.14789/jmj.2020.66.JMJ19-OA16 ……512

Jarvie, G. 1991. *Highland Games.* Edinburgh University Press. ……12

Jensen, A. 1942. Spiel und Ergriffenheit, *Paideuma,* 23: 124-139. ……2

Jowett, S. 2005. The Coach-Athlete Partnership. *The Psychologist,* 18(7): 412-415. ……540

Jowett, S. 2007. Interdependent Analysis and the 3 + 1Cs in the Coach-Athlete Relationship. In Jowett, S. & Lavalle, D. eds. *Social Psychology in Sport.* Human Kinetics. ……540

Jowett, S. & Chaundy, V. 2004. An Investigation Into the Impact of Coaching Leadership and Coach-Athlete Relationship on Group Cohesion. *Group Dynamics: Theory, Research and Practice,* 8(4): 302-311. ……540

Jowett, S. & Ntoumanis, N. 2004. The Coach-Athlete Relationship Questionnaire (CART-Q). *Scandinavian Journal of Medicine and Science in Sports,* 14(4): 245-257. ……540

Kanamori, S., et al. 2015. Group Exercise for Adults and Elderly: Determinants of Participation in Group Exercise and its Associations with Health Outcome. *The Journal of Physical Fitness and Sports Medicine,* 4(4): 315-320. ……544

Kanamori, S., et al. 2018. Frequency and Pattern of Exercise and Depression after Two Years in Older Japanese adults: The JAGES Longitudinal Study. *Scientific Reports,* 8: 11224. ……544

Kenyon, G. S. & McPherson, B. 1973. Becoming Involved in Physical Activity and Sport. In Rarick, G. L. ed. *Physical Activity.* Academic Press. ……552, 566

Khalil, L. S., et al. 2021. Elbow Torque May be Predictive of Anatomic Adaptations to the Elbow After a Season of Collegiate Pitching: A Dynamic Ultrasound Study. *Arthroscopy, Sports Medicine, and Rehabilitation,* 3(6): e1843-e1851. ……376

Kidokoro, T., et al. 2022. Japanese Physical Fitness Surveillance. *The Journal of Physical Fitness and Sports Medicine,* 11: 161-167. ……326

Kimmel, M. 1996. *Manhood in America.* Free Press. ……136

Klein, A. M. 1993. *Little Big Men.* State University of New York Press. ……390

Klein, A. 2006. *Growing the Game.* Yale University Press. ……238

Kobayashi, K. & Kamibeppu, K. 2010. Measuring Quality of Life in Japanese Children. *Pediatrics International,* 52(1): 80-88. ……506

Korsemeyer, C. 2004. *Gender and Aesthetics.* Routledge（コースマイヤー，C. 著，長野順子ほか訳 2009.『美学』三元社）. ……56

Kotler, P., et al. 2017. *Marketing for for Hospitality and Tourism,* 7th ed. Prentice Hall. ……288

Kurogi, K., et al. 2021. A Cross-Sectional Study on Perceived Workplace Health Support and Health-Related Quality of Life. *Journal of Occupational Health,* 63(1). https://doi.org/10.1002/1348-9585.12302 ……512

Lafreniere, M. A. K., et al. 2008. Passion in Sport: On the Quality of the Coach-Athlete Relationship. *Journal of Sport and Exercise Psychology,* 30(5): 541-560. ……540

Lavallee, D., et al. 2014. Career Transition among Athletes: Is There Life After Sports? In Williams, J. M. & Krane, V. eds. *Applied Sport Psychology: Personal Growth to Peak Performance,* 7th Edition, McGraw-Hill Education. ……534

Lavallee, D. & Wylleman, P. 2000. *Career Transitions in Sport.* Fitness Information Technology. ……534

Lawton, M. P. 1975. The Philadelphia Geriatric Center Morale Scale. *Journal of Gerontology,* 30(1): 85-89. ……506

Lerch, S. 1982. Athlete retirement as Social Death. In Theberge, N. & Donnelly, P. eds. *Sport and the sociological Imagination.* Texas Christian University Press. ……566

Li, M., et al. 2001. *Economics of Sport.* Fitness Information Technology, Inc. ……262, 264

Liberman, K. 2004. Rules as Instructed Actions The Case of the Surfers' Lineup. In Lynch, M. & Lindwall, O. eds. *Instructed and Instructive Actions.* Routledge. ……606

Libet, B., et al. 1983. Time of Conscious Intention to Act in Relation to Onset of Cerebral Activity (Readiness-Potential). The Unconscious Initiation of a Freely Voluntary Act. *Brain,* 106(3): 623-642. ……398

Lipsky, R. 1981. *How We Play the Game,* Beacon Press. ……174

lisahunter ed. 2018. *Surfing, Sex, Genders and Sexualities.* Routledge. ……452

Little, M. 1989. Challenging Normalisation and Integration. presented at conference at the orphanage, Goodwood. ……208

Livingston, E. 1995. *Ethnography of Reason.* Routledge. ……606

Lombard, K.-J. ed. 2016. *Skateboarding.* Routledge. ……452

Lynch, M. 2013. Seeing Fish. In Tolmie, P. & Rouncefield, M. eds. *Ethnomethodology at Play*. Ashgate. ······606

Lyng, S. ed. 2005. *Edgework*. Routledge. ······48

Maguire, J. 1992. Towards a Sociological Theory of Sport and the Emotions. In Dunning, E. & Rojek, C. eds. *Sport and Leisure in the Civilizing Process*. Macmillan. ······404

Maguire, J. 1996. Blade Runners. *Journal of Sport and Social Issues*, 20(3): 335-360. ······238, 564

Maguire, J. 1999. *Global Sport*. Blackwell Publishers/Polity Press. ······14, 244, 248

Malcolm, D. ed. 2008. *The SAGE Dictionary of Sports Studies*. Sage. ······48

Malitzky, J. 2014. Knowing Sports. *Journal of Sport History*, 41 (2): 205-214. https://www.jstor.org/stable/10.5406/jsporthistory.41.2.205（最終閲覧日：2024年3月9日）······160

Mangan, J. A.［1981］2000. *Athleticism in the Victorian and Edwardian Public School*. Frank Cass Publishers. ······6

Mano, Y., et al. 2003. Macroeconomic study focusing on products, incomes, and expenditures in sport industry, 11th conference of the European Association for Sport Management, pp.116-117. ······264

Markula, P. & Pringle, R. 2006. *Foucault, Sport and Exercise*. Routledge（マルクラ，P. & プリングル，R. 著，千葉直樹訳 2021．『スポーツとフーコー』晃洋書房）. ······626

Martin, S., et al. 2014. The Youth Olympic Games Sports Programme. In Hanstad, D. V., et al. eds. *The Youth Olympic Games*. Routledge. ······474

McComb, D. G. 2004. *Sports in World History*. Routledge（マコーム，D. G. 著，中房敏朗・ウェイン，J. 訳『スポーツの世界史』ミネルヴァ書房）. ······8

McDougall, C. 2009. *Born to Run*. Knopf（マクドゥーガル，C. 著，近藤隆文訳 2010．『BORN TO RUN 走るために生まれた』NHK出版）. ······632

McGinniss, J. 1990. *Heroes*. Simon & Schuster. ······174

McKay, J., et al. eds. 2000. *Masculinities, Gender Relations and Sports*. Sage. ······136

Meek, A. 1997. An Estimate of the Size and Supported Economic Activity of the Sports Industry in the United States. *Sport Marketing Quarterly*, 6(4): 15-21. ······262

Merleau-Ponty, M. 1945. *Phénoménologie de la perception*. Gallimard（メルロー=ポンティ著，小木貞孝・竹内芳郎訳 1967．『知覚の現象学1』，竹内芳郎ほか訳 1974．『知覚の現象学2』みすず書房）. ······398, 632

Messner, M. 1992. *Power at Play*. Beacon Press. ······136

Midol, N. 1993. Cultural Dissents and Technical Innovations in the "whiz" Sports. *International Review for the Sociology of Sport*, 28(1): 23-32. ······48

Moen, F., et al. 2014. Performance progress and leadership behavior. International Journal of Coaching Science, 8(1): 69-81. ······524

Molnar, G. & Purdy, L. eds. 2015. *Ethnographies in Sport and Exercise Research*. Routledge. ······608

Moore, S. F. & Myerhoff, B. G. eds. 1977. *Secular Ritual*. Van Gorcum. ······464

M-Tracer. http://www.m-tracer.jp ······376

Müller, R. K. 2010. History of Doping and Doping Control. In Thieme, D. & Hemmersbach, P. eds. *Doping in Sports*. Springer. ······576

Nakagomi, S. 2012. Intrapsychic Adaptation to Athletic Retirement. *Japanese Journal of Sport Psychology*, 39(1)：31-46. https://doi.org/10.4146/jjspopsy.2011-21 ······534

NBCUniversal 2021. NBC'S TOKYO OLYMPICS PRESENTATION. August 9, 2021. https://nbcsportsgrouppressbox.com/2021/08/09/nbcs-tokyo-olympics-presentation-the-largest-media-event-ever-delivers-massive-audiences-dominates-media-landscape/（最終閲覧日：2023年7月4日）······166

Neugarten B. L., et al. 1961. The Measurement of Life Satisfaction. *Journal of Gerontology*, 16: 134-143. ······506

Nisbet, R. A. 1966. *The Sociological Tradition*. Basic Books（ニスベット，R. A. 著，中 久郎監訳 1975-1977．『社会学的発想の系譜』Ⅰ・Ⅱ．アカデミア出版会）. ······422

Nishijima, T., et al. 2003. Changes over the Years in Physical and Motor Ability in Japanese Youth in 1964-97. *International Journal of Sport and Health Science*, 1: 164-170. ······326

Noi, S. 2007. The Structure of a Causal Relationship among People's Actual Feelings on "Physical Fitness" of Children. *School Health*, 3: 39-50. ······326

Noi, S. & Masaki, T. 2002. The Educational Experiments of School Health Promotion for the Youth in Japan. *Health Promotion International*, 17: 147-160. ······326

Norman, M. E. & Moola, F. 2011. 'Bladerunner of boundary runner'?. *Sport in Society*, 14(9): 1265-1279. ······368

Oakley, B. & Green, M. 2001. The Production of Olympic Champions. *European Journal for Sport Management*, 8: 83-105. ······190

Okayasu, I., et al. 2010. The relationship between community sport clubs and social capital in Japan. *International Review for the Sociology of Sport*, 45(2): 163-186. ······508

Olympiou, A., et al. 2008. The Psychological Interface Between the Coach-Created Motivational Climate and the Coach-

Athlete Relationship in Team Sports. *Sport Psychologist,* 22(4): 423-438. ……540

Orwell, G. 1968. *The Collected Essays, Journalism and Letters of George Orwell.* Harcout, Brace & World（オーウェル, G. 著, 川端康雄編 1995.『ライオンと一角獣』オーウェル評論集 4. 平凡社). ……46

Oulevey, M. 2021. Design of Psychological Self-Help Support for Olympic Athletes after Retirement. PhD thesis: Keio University, Japan（System design and management), 2021.12.1. ……534

Palmer, V., et al. 2018. Physical Activity and the Ageing Body. In Nyman, S., et al. eds. 2018. *The Palgrave Handbook of Ageing and Physical Activity Promotion.* Palgrave Macmillan. ……410

Pape, M. 2020. Ignorance and the Gender Binary. In Sterling, J. & McDonald, M. eds. *Sports, Society and Technology.* Palgrave Macmillan. ……390

Park, R. 1950. *Race and Culture.* Free Press. ……238

Park, S., et al. 2013a. Athletes' Career Transition Out of Sport: A Systematic Review. *International Review of Sport and Exercise Psychology,* 6(1): 22-53. https://doi.org/10.1080/1750984X.2012.687053 ……534

Payne, M. 2006. Olympic Turnaround. Praeger（ペイン, M. 著, 保科京子・本間恵子訳 2008.『オリンピックはなぜ, 世界最大のイベントに成長したのか』サンクチュアリ出版). ……166

Pearce, M., et al. 2022. Association Between Physical Activity and Risk of Depression: A Systematic Review and Meta-Analysis. *JAMA Psychiatry,* 79(6): 550-559. ……544

Pedersen, P. M. & Thibault, L. 2014. *Contemporary Sport Management.* Human Kinetics, Champaign. ……278

Petitpas, A. J. 1997. *Athlete's Guide to Career Planning.* Human Kinetics. ……534

Polanyi, M. 1966. *The Tacit Dimension.* Routlege and Kegan Paul（ポラニー, M. 著, 佐藤敬三訳 1980.『暗黙知の次元』紀伊國屋書店). ……402

Preuss, H. 2007. The Conceptualisation and Measurement of Mega Sport Event Legacies. *Journal of Sport & Tourism,* 12 (3-4): 207-227. ……472, 482

Putnam, D. R. 1993. *Making Democracy Work.* Princeton University Press（パットナム, D. R. 著, 河田潤一訳 2001.『哲学する民主主義』NTT 出版). ……508

Ray, C. ed. 2005. *Transatlantic Scots.* University of Alabama Press. ……12

Real, M. 1989. *Super Media.* Sage. ……154

Real, M. R. 1996. *Exploring Media Culture.* Sage. ……174

REUTERS 2021. U.S. Ratings for Tokyo Olympics Plunge to Half of 2012 Games. August 10,2021. https://www.reuters.com/business/media-telecom/nbc-says-tokyo-olympics-tv-ratings-slide-15-mln-streaming-sets-record-2021-08-09/（最終閲覧日：2023 年 7 月 4 日) ……166

Rhind, D. J. A. & Jowett, S. 2010. Relationship Maintenance Strategies in the Coach-Athlete Relationship. *Journal of Applied Sport Psychology,* 22(1): 106-121. ……540

Riesman, D. 1954. *Individualism Reconsidered and Other Essays.* Free Press. ……10

Rinehart, R. E. & Sydnor, S. eds. 2003. *To the Extreme.* State University of New York Press. ……48, 452

Rinehart, R. 2009. Alternative Sports. In Pope, S. W. & Nauright, J. eds. *Routledge Companion to Sports History.* Routledge. ……48

Ritchie, B. W. & Adair, D. 2004. *Sport Tourism.* Channel View Publications. ……84

Robertson, C. T., et al. eds. 2021. Women and Leadership in the News Media 2021: Evidence from 12 Markets Reuters Institute for the Study of Journalism, Reuters Institute for the Study of Journalism. https://reutersinstitute.politics.ox.ac.uk/women-and-leadership-news-media-2021-evidence-12-markets（最終閲覧日：2024 年 5 月 31 日) ……126

Rosenberg, E. 1982. Athletic Retirement as Social Death. In Theberge, N. & Donnelly, P. eds. *Sport and the Sociological Imagination.* Texas Christian University Press. ……566

Rost, K., et al. 2016. Digital Social Norm Enforcement. *Plos ONE* 11(6): e0155923. ……542

Rowe, D. 2003. *Sport, Culture and the Media.* Open University Press. ……164

Rudin, J. 1969. *Fanaticism.* University of Notre Dame Press. ……464

Sacks, H. 1984. Notes on Methodology. In Atkinson, M. & Heritage, J. eds. *Structures of Social Actions.* Blackwell. ……606

Sakaue, Y. 2018. The Historical Creation of Kendo's Self-Image from 1895 to 1942. *Martial Arts Studies,* 6: 10-26. ……18

Sassatelli, R. 2010. *Fitness Culture.* Palgrave Macmillan. ……140

Schiller, N. G., et al. eds. 1992. *Towards a Transnational Perspective on Migration.* The New York Academy of Sciences. ……238

Schulenkorf, N., et al. 2016. What is Sport Development?. In Sherry, E., et al. eds. *Managing Sport Development.* Routledge. ……186

Shogan, D. 1999. *The Making of High Performance Athletes.* University of Toronto Press. ……626

Shusterman, R. 2008. *Body Consciousness.* Cambridge University Press. ……398, 632

Sigmund, L. 2014. The Youth Olympic Games and the Olympic Ideal. In Hanstad, D. V., et al. eds. *The Youth Olympic*

Games. Routledge. ……474

Silva, C. F. & Howe, P.D. 2012. The（In）validity of Supercrip Representation of Paralympian Athletes. *Sport & Social Issues*, 36（2）: 174-194. ……228

Spielvogel, L. 2003. *Working Out in Japan*. Duke University Press. ……140

Stambulova, N. B. & Ryba, T. V. eds. 2013. *Athletes' Careers Across Cultures*. Routledge. ……534

Stambulova, N., et al. 2007. Athletic Retirement: A Cross-National Comparison of Elite French and Swedish Athletes. *Psychology of Sport and Exercise*, 8（1）: 101-118. https://doi.org/10.1016/j.psychsport.2006.05.002 ……534

Steele, C. M. & Aronson, J. 1995. Stereotype Threat and the Intellectual Test Performance of African Americans. *Journal of Personality and Social Psychology*, 69（5）: 797-811. ……538

Stone, J., et al. 1999. Stereotype Threat Effects on Black and White Athletic Performance. *Journal of Personality and Social Psychology*, 77（6）: 1213-1227. ……538

Sugden, J. & Haasner, A. 2010. Sport Intervention in Divided Societies. In Tokarski, W. & Petry, K. eds. *Handbuch Sportpolitik*. Hofmann Verlag. ……256

Sykes, H. 2011. *Queer Bodies*. Peter Lang. ……124

Symons, C. & Hemphill, D. 2006. Transgendering Sex and Sport in the Gay Games. In Caudwell, J. ed. *Sports, Sexualities, and Queer/Theory*. Routledge. ……128

Tahara, J. 1992. Count Michimasa Soyeshima and the Cancellation of the XII Olympiad in Tokyo. *The International Journal of the History of Sport*, 9（3）: 467-472. ……16

Takamine, O. 2012. Factors Concerning Perceptions of Sexual Harassment in Sports Settings among Top-Ranking Japanese Coaches and Athletes. *Proceedings for World Congress for Sociology of Sport 2012*. ……138

The International Football Committee on Mental Health. https://www.dreamworldcup.net/road-to-peru/internationalfootball-committee-on-mental-health/（最終閲覧日：2023 年 7 月 30 日） ……218

The Union of the Physically Impaired Against Segregation and The Disability Alliance 1976. Fundamental Principles of Disability, London. ……220

Thelwell, R., et al 2017. *The Psychology of Sports Coaching*. Routledge. ……540

Thomas, N. & Smith, A. 2003. Preoccupied with able-bodiedness? An analysis of the British media coverage of the 2000 Paralympic Games. *Adapted Physical Activity Quarterly*, 20（2）: 166-181. ……228

Tomlinson, A. ed. 2010. *A Dictionary of Sports Studies*. Oxford University Press. ……48

Toyoda, N. & Nakagomi, S. 1996. Undo sen-syu no kyo-gi intai ni kansuru kenkyu: Jiga douitsu sei no saitaisei-ka o megutte［A Study on athletic retirement of elite athletes: From the viewpoint of restructure of self-identity］. *Japanese Journal of Physical Education, Health and Sport Science*, 41: 192-206. ……534

Tsuji, T., et al. 2018. Community-Level Sports Group Participation and Older Individuals' Depressive Symptoms. *Medicine and Science in Sports and Exercise*, 50（6）: 1199-1205. ……544

Tsuji, T., et al. 2019. Community-Level Sports Group Participation and the Risk of Cognitive Impairment. *Medicine and Science in Sports and Exercise*, 51（11）: 2217-2223. ……544

Tsuji, T., et al. 2021a. Community-Level Sports Group Participation and Health Behaviors Among Older Non-Participants in a Sports Group: A Multilevel Cross-Sectional Study. *International Journal of Environmental Research and Public Health*, 18: 531. ……544

Tsuji, T., et al. 2021b. Watching sports and Depressive Symptoms among Older Adults: A Cross-Sectional Study from the JAGES 2019 survey. *Scientific Reports*, 11: 10612. ……544

Tsuji, T., et al. 2022. Correlates of Engaging in Sports and Exercise Volunteering among Older Adults in Japan. *Scientific Reports*, 12: 3791. ……544

Tulle, E. 2015. Physical Activity and Sedentary Behavior. In Tulle, E. & Phoenix, C. eds. *Physical Activity and Sport in Later Life*. Palgrave Macmillan. ……410

UNHRC 2020. Intersection of Race and Gender Discrimination in Sport. A/HRC/44/26. ……134

United Nations 2003. *Sport for Development and Peace*. United Nations. ……256

Vamplew, W. 2021. *Games People Played*. Reaktion Books（ヴァンプルー，W. 著，角 敦子訳 2022.『スポーツの歴史』原書房）. ……6

Vande Berg, L. R. 1998. The Sport Hero Meets Mediated Celebrityhood. In Wenner, L. A. ed. *Media Sport*. Routledge. ……174

Varni, J. W., et al. 2001. PedsQL[TM] 4.0: Reliability and Validity of the Pediatric Quality of Life Inventory[TM] Version 4.0 Generic Core Scales in Healthy and Patient Populations. *Medical Care*, 39（8）: 800-812. ……506

V-Dem Institute. 2024. *Democracy Report 2024*. ……22

Veblen, T. 1899. *The Theory of the Leisure Class*. Macmillan（ヴェブレン，T. 著，村井章子訳 2016.『有閑階級の理論』ちくま学芸文庫）. ……46

Vella, S. A., et al. 2013. The Relationship Between Coach Leadership, the Coach-Athlete Relationship, Team Success, and the Positive Developmental Experiences of Adolescent Soccer Players. *Physical Education and Sport Pedagogy,* 18(5): 549-561. ……540

Vlastos, S. ed. 1998. *Mirror of Modernity.* University of California Press. ……12

Wacquant, L. 2004. *Body & Soul.* Oxford University Press（ヴァカン，L. 著，田中研之輔ほか訳 2013.『ボディ & ソウル』新曜社). ……258, 632

Walker, I. H. 2011. *Waves of Resistance.* University of Hawai'i Press. ……452

Waters, M. 2001. *Globalization,* 2nd ed. Routledge. ……248

Wenner, L. ed. 1998. *MediaSports.* Routledge. ……164

Wheaton, B. & Thorpe, H. 2022. *Action sports and the Olympic Games.* Routledge. ……452

WHO（World Health Organization). 1999. Partners in Life Skills Education. World Health Organization, Department of Mental Health. ……546

WHO Regional Office for Europe 2021. *2021 Physical Activity Factsheets.* ……622

Winand, M., et al. 2021. Sports fans and innovation : An analysis of football fans' satisfaction with video assistant refereeing through social identity and argumentative theories. *Journal of Business Research,* 136: 99-109. ……392

World Rugby 2019a. Year in Review 2019. http://publications.worldrugby.org/yearinreview2019/en/4-1/（最終閲覧日：2023 年 7 月 22 日）……486

Wylleman, P. 2019a. A Developmental and Holistic Perspective on Transiting Out of Elite Sport. In Anshel, M. H., et al. eds. *APA Handbook of Sport and Exercise Psychology,* Volume 1: Sport Psychology. American Psychological Association. https://doi.org/10.1037/0000123-011 ……534

Young, K. A. & Okada, C. eds. 2014. *Sport, Social Development and Peace.* Emerald Group Publishing. ……234

事 項 索 引

＊「見出し語五十音索引」は xix 頁参照．見出し語に含まれる語の掲載頁は太字にした
＊適切な訳語が無い場合は欧文は記載していない
＊英語以外の原語表記には，フランス語は［仏］，ドイツ語は［独］と記した

■記号・数字・英字

#Me Too　175
1990 年障害のあるアメリカ人法　Americans with Disabilities Act of 1990（ADA）　208
2 次分析　secondary analysis　623
3+1Cs モデル　3+1Cs model　541
ABEMA　167
AGIL 理論　AGIL theory　594
AI　artificial intelligence　370, 376, 386
ANT　actor-network theory　371, 381
AR　augmented reality　112, 383
ASFAA　Asian Sport for All Association　504
Athletes Unlimited　143
BALCO 社　Bay Area Laboratory Co-operative　551
Baseball 5　41
BAHD 問題　**556**
BMX　Bicycle Motocross　48
CART-Q　Coach–Athlete Relationship Question-naire　541
CAS（スポーツ仲裁裁判所）　Court of Arbitra-tion for Sport　586
Coach-athlete relationship　540
COVID-19　85, 315, 392, 472
CSR　corporate social responsibility　66, **274**
D&I　diversity & inclusion　246
DDR　disarmament, demobilization and rein-tegration　256
DE&I　diversity, equity & inclusion　246
Dream World Cup　219
DSDs　differences of sex development　34, **134**
DX　digital transformation　285
ESPN　Entertainment and Sports Programming Network　48
e スポーツ　esports　263, **378**, 386
FIFA（国際サッカー連盟）［仏］Fédération in-ternationale de football association　24, 166,

176, 445
FIFA ワールドカップ（W 杯）　FIFA World Cup　84, 303, 415, 476, **480**, 502
FIFA ワールドカップ日韓大会　2002 FIFA World Cup Korea/Japan　**480**
GIGA スクール構想　Global and Innovation Gateway for ALL　112
Healthy People　512
IBIA　International Betting Integrity Associa-tion　561
ICSPE（国際スポーツ・体育協議会）　Interna-tional Council of Sport and Physical Educa-tion　25
ICSSPE（国際スポーツ科学・体育協議会）　In-ternational Council of Sport Science and Physical Education　504
ICT　information and communication technolo-gy　77, 112
IF（国際競技連盟）　International Federation　8, 35, 115, 171, 250, **462**
INAS　International Paralympic Committee of Sports　217
IOC（国際オリンピック委員会）　International Olympic Committee　16, 35, 36, 114, 130, 166, 171, 278, 294, 306, 308, 329, 337, 378, 445, 464, 472, 474, 476, 483, 580
IOC 性自認とからだの性の多様性に基づく公平性，包摂性，非差別に関する枠組　IOC Framework on Fairness, Inclusion and Non-Discrimination on the Basis of Gender Identity and Sex Variations　129
IPC（国際パラリンピック委員会）　International Paralympic Committee　35, 214, 462
ISE　International Standard for Education　115
JOC（日本オリンピック委員会）　Japanese Olympic Committee　187, **188**, 190, 304, 417, 580
JPSA（日本パラスポーツ協会）　Japanese Para

Sports Association 187

JSAA(日本スポーツ仲裁機構) Japan Sports Arbitration Agency **586**

JSPO(日本スポーツ協会) Japan Sport Association 187, 188, 580

LGBTQ 128

marketing of sports 280

marketing through sports 280

MDGs(ミレニアム開発目標) Millenium Development Goals **254**, 306

M-GTA modified grounded theory approach 625

MINEPS(体育スポーツ担当大臣等国際会議) International Conference of Ministers and Senior Officials Responsible for Physical Education and Sport 25

MLB Major League Baseball 283, 374, 476

NBA National Basketball Association 238, 282, 288

NCAA National Collegiate Athletic Association 460

NGO non-governmental organization 247, 445

NOC(国内オリンピック委員会) National Olympic Committee 16, 115, 188, 202

NOC混合種目 mixed NOC events 475

NPO non-profit organization 247, 257

ODA Official Development Assistance 235

Plate Discipline 374

PTSD post traumatic stress disorder 256

QOL quality of life 77, 325, **506**

Red Bull 48

SDGs(持続可能な開発目標) Sustainable Development Goals 25, 234, 246, **254**, 307, 311

SDP Sport for Development and Peace 234, 247, 256, 348, 487

SNS social media **176**, **542**, 573

Society5.0 268, 327

SOGI sexual orientation & gender identity 247

SOGIE sexual orientation, gender identity, sexual expression 135

STEM science, technology, engineering, mathematics 147

TAFISA The Association For International Sport for All 504, 623

TAFISA ワールドコングレス TAFISA World Congress 505

toto 190, 291, 578

UNOSDP United Nations Office on Sport for Development and Peace 234

VAR video assistant referee 35

VR virtual reality 112, 383

WBC(ワールドベースボールクラシック) World Baseball Classic 266, 301, **476**

Web3.0 285

WHO(世界保健機構) World Health Organization 324, 329, 506

X Games 48

YMCA Young Men's Christian Association 8, 338

■あ行

アイデンティティ identity 64, 530, 535, 605, 626

アウトドア outdoor **362**

——・アクティビティ outdoor activities 360, 364

——スポーツ outdoor sports 362

アクションスポーツ action sports 48

アクションリサーチ action research 102

アクターネットワーク actor-network theory 371, 381

アクティブガイド Active Guide 323, 512

アジア・アフリカ会議(バンドン会議) Asian-African Conference/Bandung Conference 302

アジア競技大会 Asian Games 312, 378

アジア主義 Pan-Asianism 312

アジアラグビー Asia Rugby 487

アジアン・スクラム・プロジェクト Asian Scrum Project 487

『あしたのジョー』 Ashita no Joe: Fighting for Tomorrow 172

アスリート athlete 114, 146, 177, **270**, **272**, **416**, **454**, **532**, **534**, **542**

——キャリア athlete career **270**, 535

——集団 athlete group **454**

アスレティシズム athleticism 7, 36, 52, 536, 572

アソシエーション association 444

遊 び play 47, 274, **422**, **424**, 428, **430**

遊び場運動　playground exercises　406
『アタック No.1』　*Attack No. 1*　172
アダプテッド・スポーツ　adapted sports　206,
　210, **224**
新しい公共　new public commons　498
　──性　new publicness　183
新しい社会運動　〔仏〕nouveaux mouvements
　sociaux／new social movements　311
アーティスティックスイミング　artistic swim-
　ming　57
アドベンチャースポーツ　adventure sport　48
アートワールド　art world　56
アナウンサー　announcer　153, 160
アナボリック・ステロイド　anabolic steroids
　384
アニメ化　anime　**172**
アノミー　anomie　36
アーバンスポーツ　urban sports　41
アフォーダンス　affordance　399
アフターマッチ・ファンクション　after-match
　function　635
アマチュアリズム　amateurism　7, 21, **52**, 268,
　603
アメリカ合衆国（米国）　United States of Amer-
　ica　**10**, 22, 148, 166, 170, 174, 236, 270, 274,
　278, 290, 300, 342, 476
アメリカンフットボール　American football
　10, 38
アリーナ　arena　284, 396
アングロノルマン語　Anglo-Norman　4
安息日　sabbath　50
アンチ・ドーピング　anti-doping　577
アントラージュ　〔仏〕entourage　531
アンフェタミン　amphetamine　384
暗黙知　tacit knowledge　402

イエモト　448
医学モデル（個人モデル）　medical model of dis-
　ability　212
『イガグリくん』　172
生きられた身体　〔仏〕corps vécu　398, 632
生ける身体　〔仏〕corps vivant　399
遺産／レガシー　legacy　215, 240, 471, **472**, 482
移　住　migration　**354**
異種混淆性　hybridity　39

移　籍　**564**
移籍ビジネス　565
一元化　mainstreaming　209
一高野球　29, 460
逸　脱　deviance　553, 609
一般化された他者　generalized other　530
イデオロギー　ideology　294, 597, 599, 604, 626
遺伝子ドーピング　gene doping　**388**
いのちの再生　reborn of life　435
衣　服　clothes　**416**
異文化　different culture　608
イベント　event　490
違法賭博　illegal gambling　**578**
移　民　immigration　**238**, 605
イメージ　image　**418**
イリンクス　〔仏〕ilinx　48
インクルーシブ教育　inclusive education　**224**
インクルーシブスポーツ　inclusive sport　511
インクルージョン　inclusion　246
インターセクショナリティ　intersectionality
　148
インターセクショナル　intersectional　143
インターセックス　intersex　135
インターネット　internet　155, 533, 542
インタビュー　interview　624
インティマシー　intimacy　33
インテグリティ　integrity　33, 291, 582
インドネシア　Indonesia　302
インブリー事件　Imbrie affair　58
インペアメント　impairment　220

ウィズスポーツ　with sports　48
ウィンド・サーフィン　windsurfing　49
ウェアラブルデバイス　wearable device　377
ウェルビーイング　well-being　77, 285, **506**
うつ症状　depressive symptoms　544
うつ病　depression　544
運動会　sports day　**494**
運動感覚的体験　kinesthetic experience　382
運動スポーツの教育　physical activities & sport
　education　98
運動による教育　education through physical
　activities　98
運動能力　motor ability　326
運動部　school sports club　108, 145, 198, 225,

456, 466

エアロビクス　aerobics　141
映画　film　**158**
影響力　influence　**528**
英国　United Kingdom of Great Britain and Northern Ireland　**6**, 10, 50, 136, 209, 248, 268, 290, 298, 480, 604
エイジズム　ageism　410
エイジング　aging　**410**
衛生　hygiene　330
英東インド会社　East India Company　444
エクササイズ　exercise　141
エクストリームスポーツ　extreme sports　48, 438
エコスポーツ　eco sports　**350**, **352**
エージェント　agent　565
エスニシティ　ethnicity　88, 247
エスニック・アイデンティティ　ethnic identity　88
エスノグラフィー　ethnography　606, **608**
エスノメソドロジー　ethnomethodology　606, 612
『エースをねらえ！』　*Aim for the Ace!*　173
エートス　ethos　60
エビデンス　evidence　336
　──ベースド・スポーツ　evidence-based sport　**376**
エメルジオン　［仏］émersion　399
エリート　elites　**460**
　──・エートス　elite ethos　460
　──競技者　elite athlete　**566**
エレクトロニック・スポーツ　electronic sports　378
演劇論的アプローチ　dramaturgical approach　616
エンハンスメント　enhancement　368, 384
エンボディメント　embodiment　411

オイルショック　oil crisis　200
応援　cheering　38, 450
　──団　cheering group/cheering squad　**38**, **464**
横断分析　cross-sectional analysis　622
大阪市立桜宮高校バスケットボール部　198

オリンピズム　Olympism　251, **474**
オリンピック／五輪　Olympic Games　12, **16**, 22, 36, 152, **154**, 166, 176, 270, 294, 296, **308**, **356**, 416, 601, 605, 613
オリンピック・アジェンダ2020　Olympic Agenda 2020　114, 475
オリンピック憲章　Olympic Charter　24, 34, 189, 295
オリンピックの理想　Olympic ideal　307
オリンピック・パラリンピック　Olympic and Paralympic Games　240
オリンピックムーブメント　Olympic movement　472
オルタナティブ　alternative　41, 211
　──スポーツ　alternative sports　**48**
オンライン体育　online physical education　112

■か行

海外移籍　transfer of players abroad　277
階級　class　236
　──闘争　［独］Klassenkampf/class struggle　310
外国人労働者　**276**
概念　general idea　625
開発　development　**234**, **348**
　──途上国　developing countries　234
外部指導者　external instructor　73
快楽主義　hedonism　49
カウンターカルチャー／対抗文化　counterculture　452, 517, 604
カオス　chaos　**424**
課外活動　extracurricular club activities　116, 198
可逆性　reversibility　430
格差　disparity　247
学社連携・学社融合　68
学習指導要領　Courses of Study　92, 110, 224
学習指導論　**100**, 102
学生スポーツ　student sports　152, 450, 569
格闘技　martial arts　616
格闘マンガ　martial arts manga　172
学歴主義　educational credentialism　457
賭け　betting/gambling　6, 28, 290, 560, 578
陰のカリキュラム　hidden curriculum　93
下降志向のスポーツ　48

可視性の場 163
型 402, 408
形 403
価値の複数性 plurality of values 637
角 界 **446**
学 校 school **92**, 94, **450**
　　——教育制度 school physical education system 98
　　——教育力 educational ability in schools 71
　　——健康教育運動 school health education movement 331
　　——体育 physical education in school 102
　　——体育連盟 school physical culture association 116
　　——部活動 school extracurricular club activities **198**, 269
　　——文化 school culture 38, 456
家 庭 home **106**
過程社会学 process sociology 244
カテゴリー category 625
カバディ kabaddi 252
ガバナンス governance **580**
空 手 Karate 252
カリキュラム curriculum 102
カルチュラル・スタディーズ Cultural Studies 48, **164**, 165, 597, 601, **604**, 617
観 客 spectator **528**
環境インパクト environmental impacts **346**
観 光 tourism **354**
韓 国 Republic of Korea 290, 480
監獄の誕生 birth of the prison 140, 318
監視資本主義 surveillance capitalism 371
感情調整方策 **556**
感情的暴力 emotional violence 405
環節的紐帯 segmental bond 404
関東大震災 The Great Kanto Earthquake 436
管理者 adominastrator 359
管理主義 managerialism 105

機械の競技者 **386**
機会の平等 equality of chance 602
企業スポーツ company sports **272**, 274
企業倫理 corporateethics **274**
記号化 symbolization 358
記号論 semantics 604

記述統計 descriptive statistics 622
義 足 prosthetic leg 368
機能主義 functionalism **594**
機能性 functionality 416
機能的紐帯 functional bond 405
機能的民主化 functional democratization 404
気晴らし diversion 4
規 範 norm **34**
虐 待 abuse 114
キャリア career 146, **270**, 500, **534**
　　——支援 career support 534
　　——トランジション career transition **534**
ギャンブル／賭博 gambling **432**, 578
旧制第一高等学校 58, 450
給特法（公立の義務教育諸学校等の教育職員の給与等に関する特別措置法） act on special measures concerning salaries and other conditions for education personnel of public compulsory education schools, etc. 111
教 育 education **94**, **114**, **494**
　　——委員会 Board of Education 194
　　——課程 curriculum 110
　　——行政 education administration 70
　　——制度 educational system 92
競技引退 retirement from sport 534
競技化 contest 490
競技規則 competition regulations 416
競技者 athlete 386, 534, 552, 566
競技水準の向上 improvement of the level of competition 185
競技パフォーマンス athletic performance **538**
競技力向上政策 high performance sports policy **190**
競技連盟 sports federation 445
共生社会 inclusive society **510**
競 争 competition 5, **216**
共 存 coexistence 435
共同体 community 404, 536
極東選手権競技大会／極東大会 Far Eastern Championship Games 21, 312
『巨人の星』 *Star of the Giants* 172
規 律 discipline 318, 461
　　——訓練 discipline 99, 626
記録映画（オリンピック） official film of the Olympic Games 159, 473, 483

均質化　homogeneity　359
近代化　modernization　7, 8, 42, 252
——論　modernization theory　**602**
近代スポーツ　modern sports　2, **6**, 10, 18, 41, 54, 210, 414, **210**, 414, 517
筋　肉　muscle　**390**
——的キリスト教　Muscular Christianity　8, 50, **52**

国　country　185
暮らしなおし　reinhabitation　364
暮らしの文化　cultures for living　365
クラス分け　classification　**220**
クラブ　club　454, 635
——ワーク　club work　635
グランドナラティヴ　grand narrative　175
クリエイティブ産業　creative industries　471
クリケット　cricket　5, 6, 165, 392
グルーミング　grooming　138, 575
グローカル化　glocalization　252
グローカルなスポーツ　glocal sports　**252**
グローバリゼーション／グローバル化　globalization　203, 237, **248**, 252, **276**, 356, **462**, 564
グローバル企業　global company　309
グローバルスポーツ軍拡競争　global sporting arms race　191
グローバル（な）ガバナンス　global governance　306
グローバルムーブメント　global movement　**114**
群　衆　crowd　464

経　営　management　**286**
計画されたイベント　planned events　470
ゲイゲームズ　Gay Games　128
稽　古　exercise/practice　408
経済格差　economic disparity　**562**
経済資本　economic capital　32
経済波及効果　**266**
芸　術　art　**30**, 56
競　馬　horse racing　432, 561
啓蒙装置　enlightenment apparatus　359
ケイリン／競輪　keirin/keirin racing　432, 433
撃　剣　58
欠陥生物　〔独〕Mängelwesen　633

ゲームの世界　The game world　634
ゲーリック・フットボール　Gaelic Football　252
権威主義　authoritarianism　315
——的新自由主義国家　315
言　語　language　639
健　康　health　340, 342, 410, 492, **512**
——教育　health education　98, **330**
——経営　health and productivity management　512
——資本投資　**334**
——寿命　health life expectancy　**334**
——増進法　Health Promotion Act　**328**
——づくりのための身体活動指針　→アクティブガイド
——な身体　**324**
——日本21　Health Japan 21　**322**, 512
——不安　health anxiety　**340**
——法　health care　333
現象学　phenomenology　411, 612
——的アプローチ　phenomenological approach　**612**
——的身体論　phenomenoloogical approach for body　231
言　説　discourse　638
——分析　discourse analysis　**626**
原組織　448
剣　道　Kendo　58
権　力　power　604, 626
『——・スポーツ・文化』　*Sport, Power and Culture*　601

公営ギャンブル　publicly managed gambling　432
公　園　park　358
工業化　industrialization　360
公共性　Publicness/publicity　193, 356, 603
公共性論　theory about publicness　**636**
工業の技術　technique of industry　360
高校野球　high school baseball　29, 30
甲子園野球　national high school baseball championship　601
公　正　fairness　34, 254, 537, 563, 573
構造 - 機能主義　structural-functionalism　594, 597, 600
構築主義　constructionism/constructivism　411,

617

講道館 Kodokan 18

行動体力 physical fitness for performance 326

高度経済成長 high economic growth 426

興奮の追求 quest for excitement **404**

公平性 fairness 134

公民連携 public private partnership（PPP）308

効 用 benefit 471

合理的娯楽 rational recreation 8

国際映像 international broadcasting 160

国際オリンピック委員会 International Olympic Committee（IOC） 16, 35, 36, 114, 130, 166, 171, 278, 294, 306, 308, 329, 337, 378, 445, 464, 472, 474, 476, 483, 580

国際機関 international organization 306

国際競技連盟 international federations（IF） 8, 35, 115, 171, 250, **462**

国際協力機構 Japan International Cooperation Agency（JICA） 234, 487

国際柔道連盟 International Judo Federation 416

国際障害分類 International Classification of Impairments, Disabilities and Handicaps（ICIDH） 212

国際女子スポーツ連盟 ［仏］Fédération Sportive Féminine Internationale（FSFI） 155

国際女性スポーツワーキンググループ International Working Group on Women and Sport（IWG） 130

国際水泳連盟 International Swimming Federation 417

国際生活機能分類 International Classification of Functioning, Disability and Health（ICF） 213

国際パラリンピック委員会 International Paralympic Committee 35, 214, 462

国際連合（国連） United Nations（UN） 256, 306

国際ろう者スポーツ委員会 International Committee of Sports for the Deaf（ICSD） 218

国際労働機関 International Labour Organization（ILO） 306

国際労働者スポーツ委員会 International Workers and Amateurs in Sports Confederation（CSIT） 299

国内オリンピック委員会 National Olympic Committee（NOC） 16, 115, 188, 202

国内競技団体 National Federations（NF） 202

国内パラリンピック委員会 National Paralympic Committee（NPC） 202

国 民 nation 294

——スポーツ大会 Japan Games 185, 189, **478**

——体育大会 National Sports Festival of Japan 188, **478**

——統合 national integration 478

国立スポーツ科学センター Japan Institute of Sports Sciences（JISS） 190

互 酬 reciprocity 80

個 人 individual 414

——化 individualization 168, 411

——主義 individualism 49

誤 審 misjudgment 35

コスモス cosmos **424**

個性的身体 collective body **414**

コーチ coach 396, **540**

コーチング coaching 607

——理論 coaching theory 540

国 家 nation-state 294

——的公共性 state-led publicness 636

——のイデオロギー装置 ideological state apparatuses 597

ご当地スポーツ local sports **86**

コートの外 outside of the court 454, 634

コートの中 inside of the coat 454, 634

子どもの貧困 child poverty 562

古フランス語 Old French 4

コマーシャリズム commercialism 287

コミュニケーション communication 45

コミュニタリアン communitarian 80

コミュニティ community 44, 82, 352

——型スポーツクラブ community owned sports club 445

——スポーツ community sports 192, 196

——スポーツ論 community sports theory **78**

——政策 community policy 78

——・セクター community sector **80**

——・ビジネス community business **82**

――文化　community culture　**44**

コモンズ　commons　363

五輪公式服装　official apparel for the Olympics　416

五輪ボイコット　Olympic boycott　23

ゴルフ場開発　development of golfing area　347

コロニアリズム　colonialism　**244**

コロニアル性　coloniality　245

コンヴィヴィアリティ　conviviality　113

コンプライアンス　compliance　582

■さ行

災　害　disaster　354

再帰性　reflexivity　639

再　生　regeneration　71

　　――産　reproduction　604

採点競技　scored sports　31

在日外国人　**88**

サイバーアスリート・プロフェッショナル・リーグ　Cyberathlete Professional League（CPL）　378

再配分　redistribution　247

サイボーグ　cyborg　369

『サインはV』　173

サクセスフル・エイジング　successful ageing　410

「ささえる」スポーツ　"supporting" sports　66, 122, 498, 511, 520, 545

サッカー　soccer/association football　14, 56, 65, 196, 218, 252, 277, 343, 480, 554, 561, 605

サービス経済化　service economy　**268**

サーフィン　surfing　48, **354**, 452, 607

　　――文化　surf culture　354

サブカルチャー　subculture　48

サーフトリップ　surf trip　354

産業化　industrialization　562

産業革命　industrial revolution　32

産業組織　industrial organization　338

惨事便乗型資本主義　disaster capitalism　309

残　存　survival　2

参与観察　participant observation　608

自衛隊　Self-Defense Forces　133

ジェンダー　gender　24, 32, 38, 46, **122, 124, 126, 132**, 141, 148, **154, 172**, 247, 391, 452, 457, 604, 609, 620

　　――アイデンティティ　gender identity　34, 142

　　――平等　gender equality　311

ジェントルマン　gentleman　5, 250

シカゴ学派　Chicago school　608

自己規律化　self-discipline　536

システム論　system theory　594

自　然　nature　350, **438**

　　――環境　natural environment　362

　　――知　natural knowledge　**360**

　　――と人間の帰一　united into one of nature and human　435

　　――保護　conservation of nature　347

　　――游　natural play　435

持続可能性　sustainability　471

持続可能な開発目標　Sustainable Development Goals（SDGs）　25, 234, 246, **254**, 307, 311

下からの公共性　bottom-up publicness　636

自治的コミュニティ　autonomous community　78

実感放送　155

実況中継　153, **160**

実写化　live-action　**172**

実践感覚　［仏］sens pratique　632

質的調査法　qalitative research method　**624**

質的データ　qualitative data　625

疾病構造　disease structure　340

自転車競技　cycle sport　432

指　導　instruction　**108**

ジニ係数　Gini coefficient　562

支配的なマスキュリニティ　dominant masculinity　137

資本主義　capitalism　96, 140, 310, 314, 596, 605

　　――リアリズム　capitalist realism　**314**

市民的公共圏　the Public Sphere　183, 636

社会運動　social movement　**310**

社会衛生学　［独］Sozialhygiene　321

社会化　socialization　442, 552, 629

社会階級　social class　60, 609

『社会学的想像力』　*The Sociological Imagination*　600

社会関係資本／ソーシャルキャピタル　social capital　44, 81, 563

社会教育　social education　68, 106, 192

――主事　Social Education Director　195

――法　72

社会空間　social space　61, **258**

社会経済的条件　social and economic condition　563

社会構造　social structure　246

社会構築主義　social constructionism　**638**

社会史　social history　600

社会システム　social system　594

社会体育　social physical education　98, 192

社会的影響力　social influence of athletes　**532**

社会的身体　social bodies　**94**

社会的性格　social character　442

社会的飛び地　social enclave　405, 611

社会的な死　social death　567

社会的排除　social exclusion　246

社会的包摂　social inclusion　246

社会変動　social change　93

社会モデル　social model of disability　212

社会問題　617, **638**

社交性　sociability　603

ジャーナリズム　journalism　**170**

自　由　liberty/freedom　247, 430

『週刊少年マガジン』　*Weekly Shōnen Magazine*　172

『週刊マーガレット』　*Margaret*　172

宗　教　religion　**50**

集合行動　collective behavior　464

集合的記憶　collective memory　169, 473, 483

集合的身体　collective body　**414**

自由市場　free market　309

柔　術　58

柔　道　Judo　18, 43, 58, 252

習　得　learning　397

重要な（る）他者　significant other　77, **530**, 553

授業研究　lesson study　100

祝賀資本主義　celebration capitalism　**308**, 315, 473, 605

趣　向　taste　258

主体性　individuality　210

主体的社会化論　active theory of sport socialization　443, 553

首長部局　governor's departments　194

受動喫煙　second-hand smoke　328

ジュニア・ユース期　junior and youth athletes　518

守破離　Syu（keep）‐Ha（break）‐Ri（let go）　408

趣味縁　44

障　害　disability　**212**, 246, 368

――学　disability studies　212

――者権利条約　Convention on the Rights of Persons with Disabilities　209

――者差別禁止法　Act for Eliminating Discrimination against Persons with Disabilities　208

――者スポーツ　disability sports　**206, 208**, 220, 510

生涯学習社会　lifelong learning society　**514**

生涯スポーツ　lifelong sports　93, 106, **122**, 181, 182, 192, 514, 518

商業主義　commercialism　472, 573

少子化　declining birthrate　457

勝者の名誉　honor of the winner　**36**

勝者の義務　responsibilities of the winner　**36**

成　就　fulfillment　409

小集団　small group　456

象徴資本　［仏］capital symbolique　632

象徴天皇制　symbolic emperor system　479

承　認　esteem　247

消費社会　consumer society　426

消費文化　consumer culture　**288, 426**

情報化　informatization　470

情報リテラシー　information literacy　529

逍遙遊　peripatetic play　434

勝利至上主義　victory supremacy　58, 479

食　food　356

――の公共性　food publicity　**356**

職業キャリア　professional career　**270**

職業野球　professional baseball　21

植民地主義　colonialism　8

諸細目　particulars　402

女子マネージャー　145

女性アスリート　woman athletes　**146**

女性スポーツ　women's sport　130

――政策　women's sport policy　**130**

女性らしさ　femininity　39

私利私欲　self-interest　636

新型コロナウイルス感染症　COVID-19　85, **112**, 315, 472

人　権　human rights　**24**, 138, 306
振　興　promotion　**208**
新興国競技大会　Games of New Emerging
　　Forces（GANEFO）　303
親交的コミュニティ　friendly community　78
人　種　race　148, **162**, 236, 247, 604
　　──衛生学　［独］Rassenhygiene　321
　　──差別反対運動　movement against racism
　　311
新自由主義　neoliberalism　23, 308, 605
新植民地主義　neocolonialism　245
身　体　body　5, 125, 220, **258**, **390**, **396**, **400**,
　　418, **430**, 607
　　──活動　physical activity　**322**, 410, **506**, 544
　　──感覚　physical sensation　**230**
　　──管理　**412**
　　──技法　techniques du corps［仏］　95, 628
　　──経験　231
　　──性　embodiment　81, 383
　　──知　body knowledge　360
　　──的なふさわしさ　physical fitness　327
　　──的要素　physical factor　326
　　──能力　physical capabilities　162, 237
　　──の教育　education of the body　98
　　──の規律化　disciplining of the body　104,
　　457
　　──の志向性　［仏］intentionnalité du corps
　　398
　　──の社会学　sociology of the body　613
　　──の自律性　［仏］L'autonomie du corps
　　399
　　──論　corporeal approach　612, 633
　　──論／肉体論的アプローチ　corporeal/car-
　　nal approaches　**632**
新体操　rhythmic gymnastics　56
人的資源　human resource　357
新日本スポーツ連盟／新日本体育連盟　New
　　Japan Sports Federation　200, 310
新　聞　newspaper　**152**, 156
シンボル体系　system of symbols　599
新優生学　new eugenics　389
心理的支援　mental support　535

スキー場開発　development of skiing area　346
助っ人外国人　277

スケートボード　skateboard　48, 452, 607
スタジアム　stadium　284
ステークホルダー　stakeholders　275, 470
ステレオタイプ　stereotypes　104, 229, **538**
ストックホルム・コンセンサス　Stockholm Con-
　　sensus　142
ストライキ　strike　568
ストレス　stress　544
スノーボード　snowboard　48, 452
スペクタクル　spectacle　164
スペシャルオリンピックス　Special Olympics
　　216
スポーツ GDP　sport GDP　**264**, 267
スポーツ愛好者　sport enthusiasts　443
スポーツイベント　sports events　171, **266**, 352,
　　503
スポーツ・インテグリティ　sport integrity　463
スポーツ・イン・ライフ　sports in life　**498**
スポーツエールカンパニー　Sports Yell Com-
　　pany　513
スポーツ化／スポータイゼーション　sporti-
　　zaion/sportification　6, **244**, 248, 536, 610
スポーツ外傷　acute sports injury　336
スポーツ格差　sport disparity　562
スポーツ環境　sports environment　**518**
スポーツ起源論　3
スポーツ気分　sport sensation　633
スポーツ基本計画　Sport Basic Plan　75, 131,
　　185, 191, 201, 284, 499, 510, 582
スポーツ基本条例　Sports Ordinances　194
スポーツ基本法　Basic Act on Sport　74, 170,
　　184, 191, 194, 200, 563, 580
スポーツ空間論　theory of sports space　**634**
スポーツくじ　sports lottery　**290**
スポーツ継続　sports persistency　**530**
スポーツ権　right to sports　184, 200, 310
スポーツ興行　sports entertainment　286
スポーツコーチング　sports coaching　**546**
スポーツ・コンプライアンス　sports compliance
　　582
スポーツサテライト勘定　sport satellite account
　　263, **264**
スポーツ産業　sport industry　185, **262**, **284**
スポーツ施設　sports facility　185
スポーツ実践　practice of sports　60

スポーツ弱者　517
スポーツ・ジャーナリズム　sports journalism
　170
スポーツ集団　sport groups　**144**, **442**
スポーツ傷害　sports injury　336
スポーツ障害　chronic sports injury　336
スポーツ情報　sport information　**152**
スポーツ審議会　sports council　185
スポーツ振興　sports entertainment　**226**, 597
　——基本計画　Basic Plan for the Promotion of
　　Sports　131, **182**, 190
　——くじ（toto）　Sports Promotion Lottery
　　190, 291, 578
　——審議会　sports promotion council　72
　——法　Sports Promotion Act　**180**, 182, 184,
　　190, 200
スポーツ推進委員（体育指導委員）　community
　sport leaders　72, 107, 185, 195
スポーツ推進会議　185
スポーツ推進計画　sports promotion plan　227
スポーツ推進審議会　sports promotion council
　195
スポーツ推進体制　sports promossion system
　186
スポーツスポンサーシップ　sports sponsorship
　280
スポーツ政策　sport policy　131, **180**, **202**
スポーツ選手　athlete　185
スポーツ組織　sport organizations　442, **444**
スポッター　spotter　161
スポーツ団体　sports association　185, **558**
スポーツ仲裁　sports arbitration　586
　——裁判所　Court of Arbitration for Sport
　　（CAS）　**586**
スポーツ庁　Japan Sports Agency　67, 185, 186,
　279, 519
スポーツ調停　sports mediation　587
スポーツツーリスト　sports tourist　**288**
スポーツツーリズム　sports tourism　193, 197,
　352, 354, 502
スポーツドキュメンタリー　**160**
スポーツ（の）界　61
スポーツの起源　origin of sport　**2**
スポーツの空間　Sportscape　306
スポーツの語源　etymology of sport　**4**

スポーツノンフィクション　sports non-fiction
　158
スポーツパーソンシップ／スポーツマンシップ
　sportspersonship/sportsmanship　**32**, 34, 58,
　572, 599
スポーツビジネス　sport business　248, **276**
スポーツ批判　criticism against sports　422
スポーツヒーロー　sports heroes　532
スポーツファン　sports fan　**464**
スポーツ・フォー・オール　Sport for All　202,
　254, **504**, 516
スポーツ・フォー・トゥモロー　Sport for
　Tomorrow　234, **240**
スポーツ文化　sports culture　83
スポーツ文学ブーム　sports literature boom
　158
スポーツ文化批判　criticism of sports culture
　46
スポーツ・ペアレンティング　sport parenting
　531
スポーツベッティング　sports betting　35, **290**,
　433
スポーツへの社会化　socialization into sport
　566
スポーツホスピタリティ　sports hospitality
　289
スポーツボランティア　sports volunteer　222,
　352, **520**
スポーツマーケティング　sports marketing
　280, **282**
スポーツマネジメント　sports management
　278
スポーツマンガ　sports manga　**172**
スポーツ未来開拓会議　284
スポーツ・メガイベント　sports mega-events
　470, 473, 486
スポーツ用具　sports goods　41
スポーツ欲求　desire to enjoy sport　637
スポーツリスク論　sports risk theory　**336**
スポーツ立国　184
　——戦略　184, 498
　——調査会　184
スポーツ倫理　sports ethics　573
スポーツレジーム　sport regime　201, 202
スポーツ労働移動　sports labor transfer　564

スポーツ労働移民　sports labor migration　565
スポーツを活用したマーケティング　marketing through sports　280
スポンサー　sponsor　286
　——契約　sponsorship agreement　416
相　撲　Sumo　13, 252, 372, 446

性格構造　character structure　442
生活拡充集団　life enrichment group　78
生活セクター　life sector　82
生活論　life theory　**348**
生業の技術　technique of livelihood　360
生権力　[仏] biopouvoir　**318**
性　向　likeliness　60
政　策　policy　**284**
政　治　politics　**406**
　——儀礼　political ritual　425
　——的空間　political space　**200**
精神疾患　mental disorders　544
精神的要素　mental factor　326
生　成　devenir　633
　——する身体　629
　——の論理　628
　——論的アプローチ　**628**
生政治　biopolitique　318
「聖－俗－遊」の三元論　sacred-profane-play triad　423
「聖－俗」理論　sacred-profane theory　423
性的虐待／性虐待　sexual abuse　138, 575
性的マイノリティ　sexual minority　247
制　度　institution　246, 443
　——の長　institutional heads　443
性同一性障害　gender identity disorder　142
青年海外協力隊　Japan Overseas Cooperation Volunteers　234
性のダブルスタンダード　double standards by gender　154
性の多様性　gender and sexual diversity　142
セイバーメトリクス　sabermetrics　374
生物多様性　biod-iversity　346
性分化疾患　disorders of sex development　135
性別違和　gender dysphoria　134
性別確認検査　sex testing　**134**, 155
性別二元制　gender binary　125, 142, 154
性別不合　gender incongruence　134

性暴力　sexual assault　**138**
精　霊　seirei/spirit　424
世界アンチ・ドーピング機構　World Anti-Doping Agency（WADA）　35, 115, 576
世界アンチ・ドーピング規程　World Anti-Doping Code　551
世界女性スポーツ会議　World Conference on Women and Sport　130
世界人権宣言　Universal Declaration of Human Rights　24
世界への伝播　global diffusion　**8**
セカンドキャリア　second career　147, 567
セクシュアリティ　sexuality　**128**, 452, 605
セクシュアルハラスメント　sexual harassment　**138**, 574
セーフガーディング／セーフガード　safeguarding/safeguard　114
セルフケア　self-care　333
全国障害者スポーツ大会　185
全国スポーツ推進委員連合　72
全国体育指導委員協議会　72
全国中学校体育大会　Nippon Junior High School Tournament　466
全国中等学校優勝野球大会　21
センサ技術　sensor technology　**376**
選　手　athlete　**540**
　——会　players association　568
全数調査　census　622
選択制授業　choice system of lesson　93
潜　入　dwell in　402
戦略的相互作用　strategic interaction　616

総合型地域スポーツクラブ　comprehensive community sports club　44, 67, 106, **182**, 193
相互作用論　interactionism　**616**
創作ダンス　creative dance　490
創造的復興　creative restruction　315
想像の共同体　imagined communities　164, 243, **294**
相対的貧困率　relative poverty rate　562
総力戦　total war　339
組　織　sport organizations　**442**
ソーシャルインクルージョン（社会的包摂）　social inclusion　**246**
ソーシャルエンタープライズ　social enterprise

80

ソーシャルキャピタル　social capital　67, 89, 335, 498, **508**, 512

ソーシャルサポート　social support　531

ソーシャルビジネス　social business　82

ソーシャルフットボール　social football　218

ソビエト連邦（ソ連）　Union of Soviet Socialist Republics　22, 304

ソフトボール　softball　40

存在論的権威　ontological authority　372

■た行

体　育　physical education　**92**, **98**, **100**, **106**, 112, 124

――およびスポーツに関する国際憲章　International Charter of Physical Education and Sport　202

――会系集団　**448**

――科教育　pedagogy of physical education　**124**

――科教育学　sport pedagogy　100

――教師　physical education teacher　**104**

――教師像　image of physical education teacher　104

――社会学　sociology of physical education　**590**

――授業論　discussion about physical education lesson　100

――・身体活動・スポーツに関する国際憲章　International Charter of Physical Education, Physical Activity and Sport　25

――・スポーツ国際憲章　International Charter of Physical Education and Sport　25, 310

――の社会的構造　social structure of physical education　92

大英帝国　British Empire　2, 8, 245, 250

大学運動部　college sports club　**460**

対校戦　inter-school championship　460

第三世界　Third World　302

大東亜共栄圏　Greater East Asia Co-Prosperity Sphere　313

タイトルⅨ（教育改正法第9編）　Title IX　22, 148

大日本武徳会　19

大日本体育会　The Japan Amateur Athletic Association　188

大日本体育協会　The Japan Amateur Athletic Association　16, 188

大日本東京野球倶楽部　Tokyo Giants　274

ダイバーシティ（多様性）　diversity　229, **246**

体　罰　corporal punishment in schools　**108**, 337

対面授業　face-to-face class　112

体　力　physical fitness　**326**

――・運動能力調査　physical fitness and motor ability test　326

――観　views on physical fitness　**132**

――テスト　physical fitness tests　132

対話空間　interactive space　635

卓越化　distinction　632

ターゲティング　targeting　282

他者化　othering　229

脱埋め込み　disembedding　253

脱学習　unlearning　408

脱産業化社会／脱工業化社会　post-industrial society　93, 103

脱植民地化　decolonization　364

タニマチ　447

楽しい体育　98

――論　**102**

多変量解析　multivariate analysis　623

鎮魂（タマフリ）　424

段級制度　classification system of Budo　**42**

男女共習　coeducational physical education　124

男女別習　single-gender physical education　124

男性らしさ　masculinity　39

チアリーダー　cheerleader　38

チアリーディング　cheerleading　**38**

地　域　regional/local　**66**, **72**, 106, 226, 494

――アイデンティティ　regional identity　**64**

――移行　regional transition policies　199

――開発　regional development　349, 478

――活性化　regional revitalization　82

――教育力　regional educational capabilities　**70**

――行政　regional administration　**74**

――コミュニティ　local community　82

——社会 regional society 89
——スポーツ community sports **192**, **194**
——スポーツクラブ community sports club 185, 199, 508
——スポーツコミッション regional sports commission 69
——統合 regional integration 478
——包括ケア community-based integrated care **76**
——連携 community collaboration **68**, 226
チケット admission income 286
知的障害者スポーツ intellectual disabilities sports 216
千葉すず事件 585
地方教育行政の組織及び運営に関する法律 Act on the Organization and Operation of Local Educational Administration 74, 194
地方公共団体 local public entity 185
地方自治体 local governments 194
地方スポーツ推進計画 Local Sport Promotion Plan 185, 195
地方創生 regional revitalization **196**
チーム team 64, 274, 282, 414, 454, **526**, 528, 635
——・アイデンティフィケーション team identification 528
——学校 School as a Team 111, 495
——の凝集性 cohesiveness of team **526**
——ワーク team work 526, 531, 616, 635
中央競技団体 National Federation (NF) 187, 580
中学校体育連盟 Nippon Junior High School Physical Culture Association **466**
中間集団論 intermediate group 459
中間組織 infrastructure organization 81
中範囲の理論 middle range theory **618**
中流階級 middle class 5
超社会化 trans-socialization 629
調整合宿 base camp/training camp 84
朝鮮体育協会 21
朝鮮民主主義人民共和国 Democratic People's Republic of Korea (DPRK) 302
超党派スポーツ議員連盟 184
調和的関係 harmonious relationship 185

「つくる」スポーツ "creative" sport 517

ディアスポラ diaspora 604
帝国主義 imperialism 8, **18**, 52, 136, 250
帝国日本 Imperial Japan 19, **20**
ディスアビリティ disability 220
定着の論理 628
ディビジョニング divisioning 216
テイラーシステム scientific management 11
テキスト／テクスト text 28, 229, 396
テクノロジー technology **368**, **372**, **380**, **382**, **384**
デジタルトランスフォーメーション digital transformation (DX) 285, 499
デジタルマーケティング digital marketing 283
テストステロン testosterone 135
テニス tennis 40
デフリンピック Deaflympics 218
デュアルキャリア dual career 270
テレビ television 154, 168
田園回帰 return to rural living 365
テンションバランス tension balance 405
伝統 tradition **372**
——スポーツ traditional sports **54**, 252
——的女性観 traditional views on women 133
——の創造／——の発明 invention of tradition **12**, 87, 601
天皇杯 Emperor's Cup 479

冬季オリンピック Winter Olympic Games **484**
道教 Taoism 434
東京オリンピック（1964年） Olympic Games Tokyo 1964 200, 302, 472, **482**, 502, 512
東京オリンピック（2020年） Olympic Games Tokyo 2020 127, 315, **472**, 605
東京オリンピック・パラリンピック（2020年） Olympic and Paralympic Games Tokyo 2020 171, 197, 284, 329, 356, 472, 502
道具 tool 360
闘鶏 cookfight 28, 30
統計のテクノロジー technology innovation in statistics **374**
統合 integration 256

当事者　party　230
統治性　governmentality　**318**
道　徳　morals　34, **536**
都市型市民マラソン　city marathon　**492**
都市コミュニティ論　urban community theory　79
都市施設　urban facility　358
トータル・ヘルスプロモーション　total health promotion　513
土着スポーツ　18
都道府県スポーツ協会　prefectural sports commission　187
トーナメント　tournament　32, 54
賭博／ギャンブル　gambling　432, 560, 578
ドーピング　doping　23, **384**, **550**, 573, **576**
『トム・ブラウンの学校生活』　*Tom Brown's School Days*　52, 158
トヨタカップ　Toyota Cup　480
トライアンギュレーション　triangulation　623
ドラマ　drama　30
トランスジェンダー　transgender　135, **142**, 605
トランスナショナリズム　transnationalism　239
トランスナショナル　transnational　89
トリム運動　trim action　516
ドロップアウト／中途離脱　dropout　**566**

■な行

内　在　internal values　637
ナショナリズム　nationalism　155, 294, **312**, 473, 481, 483
ナショナルスポーツ　national sports　11
ナショナルトレーニングセンター　National Training Center（NTC）　190
軟式球技　rubber ball sports　**40**

肉　体　body　99
　　──論　carnal approach　231, 633
ニグロ（黒人）・リーグ　Negro League baseball　236
日常のナショナリズム　banal nationalism　155
日　本　Japan　18, **186**, **190**, **182**, **200**, 297, 450, 480, **484**, 555
　　──eスポーツ連合　Japan e-sports Union（JeSU）　378

　　──アンチ・ドーピング機構　Japan Anti-Doping Agency（JADA）　384, 577
　　──オリンピック委員会　Japanese Olympic Committee（JOC）　187, **188**, 190, 304, 417, 580
　　──高等学校野球連盟　Japan High School Baseball Federation　**458**
　　──水泳連盟　Japan Swimming Federation　417
　　──スポーツ協会　Japan Sport Association（JSPO）　187, 188, 580
　　──スポーツ振興センター　Japan Sport Council（JSC）　190, 487
　　──スポーツ仲裁機構　Japan Sports Arbitration Agency（JSAA）　**586**
　　──相撲協会　Japan Sumo Association　446
　　──体育協会　Japan Sports Association　**188**
　　──パラスポーツ協会　Japanese Para-Sports Association　187
　　──野球機構　Nippon Professional Baseball Organization　465
　　──ラグビーフットボール協会　Japan Rugby Football Union　486
ニュースポーツ　new sports　48, **516**
認識論的特権　epistemological privilege　372
認知症　dementia　544

ネオ・マルクス主義　neo-Marxism　596
熱血指導　enthusiastic instruction　104

農耕儀礼　agricultural ritual　424
農山村　agriculturai village　362
ノーサイド　no side（rugby）　37, 635
ノーマライゼーション　normalisation　208
ノモス　nomos　425
ノンバイナリー　nonbinary　142

■は行

敗者の高貴　nobility of the loser　**36**
敗者の自由　freedom of the loser　**36**
排　除　exclusion　359
ハイパフォーマンススポーツセンター　High Performance Sport Center（HPSC）　191
ハイパー・メリトクラシー　Hypermeritocracy　**96**

ハイランド・ゲームズ　Highland Games　12,
　252
白人至上主義　white supremacy　**236**
覇権的なマスキュリニティ　hegemonic mascu-
　linity　137
箱根駅伝　**156**
場　所　place　358, 364
　──アイデンティティ　place identity　354
馬上槍試合　tournament/tourney　54
走る身体　body on running　**380**
パスティーシュ　［仏］pastiche　174
パースペクティブ　perspective　**422**
バータス　Virtus　217
働き方改革　work style reform　**110**
パニックスポーツ　panic sports　48
パノプティコン　panopticon　94
ハビトゥス　habitus　60, 95, 105, 610, 632
パブリックスクール　public school　5, 7, 36, 52,
　154, 158, 268, 526, 536, 554, 572
ハーム・リダクション　harm reduction　385
パラアスリート　para-athlete　228, **418**
パラスポーツ　para sports　206, **208, 218, 222,
　226, 228, 230, 368**, 511
　──指導員　sports instructor for people with
　a disability　226
ハラスメント　harassment　114, 138, 337, **574**
パラリンピック　Paralympic Games　**214**, 222
パルクール　［仏］parkour　49
パワーハラスメント　power harassment　574
バーンアウト　burn out　**552**
汎アジア主義　Pan-Asianism　313
バンジージャンプ　bungee jump　48
判定テクノロジー　technology of judging　**392**

非営利活動　non-profit action　247
ヒエラルキー　hierarchy　163, 447
美　学　aesthetic　**56**
東ドイツ　East Germany　22, 550
ビジネス（商業）化　commercialization　7
非障害化　221
ビッグデータ　big data　**370**
ビデオ判定　video review　372, 393
美的体験／美的経験　aesthetic experience　30,
　382
批判的な談話分析　critical discourse analysis

（CDA）　626
批判理論　critical theory　**614**
ピープルファースト　people first　210
表現スポーツ　artistic sports　39
表　象　representation　126, 162, 228
平等空間　inclusive space　634
標本調査　sample survey　622
広島東洋カープ　Hiroshima Toyo Carp　416

ファシズム　fascism　296, 310, 339
ファン　fan　**528**
フィギュアスケート　figure skating　56
フィギュレーション　figuration　404
　──社会学／形態（関係構造）社会学　figur-
　ational sociology　238, 244, 601, **610**
フィットネス　fitness　**140**
　──クラブ　fitness club　140
フィリピン　Republic of the Philippines　242,
　348
フィールドワーク　fieldwork　608
フェアプレイ　fair play　32, 34, 572, 603
フェティシズム　fetishism　387
フェミニズム　feminism　141, **620**
フェムテック　Femtech　131
フェライン　eingetragener Verein（e. V.）　445
フォークウエイズ　folkways　536
フォーディズム　Fordism　11
深い自我　deep self　401
部外者（アウトサイダー）　outsider　404
不可視化　invisibility　228
部活動　extracurricular club activities　110, **116**,
　193, 337, 458, 518
　──指導委員　extracurricular activities com-
　missioner　72
　──指導員　extracurricular activities instruc-
　tor　111
　──の地域移行　local shift in extracurricular
　club activities　70, 111, 457
福祉三角形　welfare triangle　80
福利厚生　employee benefits　338
武士道　Busido　19, **58**
　──野球　379
不正義　injustice　247
不正問題　**558**
負担免除　［独］Entlastung　633

ブックメーカー　bookmaker　433
復興五輪　recovery Olympics　315
フットサル　futsal　45
フットボール危機　football crisis　460
武　道　Budo　13, **18**, 42, 55, 601
不平等　inequality　247
プライドハウス　Pride House　128
ブライトン宣言　The Brighton Declaration on
　Women and Sport　130, 155
　──・プラス・ヘルシンキ 2014 宣言　The
　Brighton plus Helsinki Declaration on
　Women and Sport　130
フライボール革命　flyball revolution　371, 375
ブラックパワー・サリュート　Black Power Sa-
　lute　300
ブラック部活動　extracurricular club activities
　in excess　117
ブラック・ライブズ・マター（BLM）運動　black
　lives matter　300
ブランドアイデンティティ　brand identity　282
ブランドイメージ　brand image　309
フーリガン問題　hooligan　**554**
フレームくずし　frame break　159
フレーム分析　frame analysis　616
フレーム理論　frame theory　159
ブレンディッド・ラーニング　blended learning
　112
フロー　flow　400, 438, 633
　──理論　flow theory　**630**
プロスポーツクラブ　professional sports club
　286
プロスポーツ選手　professional athlete　270
『プロテスタンティズムの倫理と資本主義の精神』
　*The Protestant Ethic and the Spirit of
　Capitalism*　600
プロフェッショナル・ファール　professional foul
　33
プロ野球　professional baseball　21, 64, 276, 560
プロ・レスリング　pro wrestling　617
プロレタリアート　［独］Proletariat　596
文化・教育プログラム　Culture and Education
　Program, Learn & Share activities　474
文　学　literature　**158**
文化実践　cultural praxis　**60**
文化史／文化社会学　cultural history/cultural

sociology　**598**
文化資本　cultural capital　32, 563
文化社会学　cultural sociology　599
文化帝国主義　cultural imperialism　9, **250**
文化ヘゲモニー　cultural hegemony　9
紛　争　conflict　**584**
文明化　civilization　8, 599
　『──の過程』　*The Civilizing Process*　601
　──の過程　civilizing process　**14**, 405, 465

米　国（アメリカ合衆国）　United States of
　America　**10**, 22, 148, 166, 170, 174, 236, 270,
　274, 278, 290, 300, 342, 476
平　和　peace　**256**
　──構築　peace building　256
ヘゲモニー　hegemony　48, 597, 601, 604
ヘテロセクシズム　heterosexism　145
ヘルスツーリズム　health tourism　**332**
ベルリンオリンピック　Olympic Games Berlin
　1936　294, 300
変　革　change　247

ボイコット　boycott　302, **304**, 475
放映権／放送権　broadcasting rights　155, 166,
　286, 393, 473
防衛体力　physical fitness for protection　326
法人格　**444**
法の支配　rule of law　584
暴　力　violence　**108**, 574, 598
ボウリング　bowling　45, 427
　──ブーム　bowling boom　427
ホークアイ　Hawk-Eye　392
ボクシング　boxing　242, 259, 617
　──東洋選手権　Boxing Oriental Champion-
　ship　313
保　健　health education　**98**
　──教育　school health education　331
　──体育審議会　Council for Health and
　Physical Education　180
　──体育審議会答申　Health and Physical
　Education Council Report　200
ポストコンフリクト　post-conflict　256
ポスト・スポーツの時代　age of the post-sport
　615
ホストタウン　host town　**84**

ポストモダニズム post modernism 174
ポストモダンスポーツ postmodern sports 48, 452
ホスピタリティ hospitality 85, **288**
──シート hospitality seat 289
ボスマン判決 Bosman ruling 585
母性保護 maternity protection 133
補装具 prosthetic appliance 368
母 体 mother 154
ボード・ゲーム board game 617
ホームアドバンテージ home advantage 528
ホモソーシャル homosocial **144**, 453
ホモフォビア homophobia 144
『ホモ・ルーデンス』 *Homo ludens* 3, 47
ボランティア volunteer 222, 520, 545
ボール ball 40

■ま行

マイノリティ minority 247
──デザイン 517
マインド・スポーツ mind sports 386
マーケットセグメンテーション market segmentation 282
マスキュリニティ musculinity **136**
マスメディア mass media 170, 604
まちづくり city planning **502**
祭り／マツリ festival 425, 490, 494
マナー manner 34, 329
幻の東京オリンピック 482
マルクス主義 Marxism 595, **596**
まれびと visiting deity 424
慢性疾患 chronic disease (illness) 341

水 着 swimwear 417
ミソジニー misogyny 144
ミッション mission 529
三笘の1ミリ 370
南アフリカ South Africa 302
「みる」スポーツ "watching" sports 66, 122, 382, 498, 511, 545, 572
ミレニアム開発目標 Millennium Development Goals (MDGs) **254**, 306
民営化 privatization 309
民間教育研究団体 private educational organization 100

民間スポーツクラブ private sports club 107
民衆娯楽 popular entertainment 436
民 族 ethnic 605
民俗スポーツ folk sports 252
民族スポーツ ethnic sports 48, 54, 252
民俗フットボール folk football 252
民族融和 ethnic reconciliation 256
みんなのスポーツ Sport for All 192, 254

明治学院 58
明治神宮競技大会 16, 21
メガイベント mega events 161, 248, 309, 605
メガスポーツイベント mega sport events **166**, 348, 489
メキシコオリンピック Olympic Games Mexico 1968 300
メタ・コミュニケーション meta communication 3
メタバース metaverse 113
メディア media 15, 28, **126**, **156**, **166**, 228, 248, 268, 382
──イベント media event 154, **476**
──スポーツ media sport **162**, **164**, **168**, 480
──スポーツ生産複合体 media sport production complex 245
──スポーツヒーロー media sport hero **174**
──対応 media relations 532
──トレーニング media training 533
メリトクラシー meritocracy **96**
メンタルヘルス mental health **544**

黙示的ルール tacit rules 32
モスクワオリンピック Olympic Games Moscow 1980 302, 304
モダニズム文芸 modernist literature 158
モダン（近代） modern 174
物語／ナラティヴ narrative **28**, 30, 162, **168**, 629
モビリティ mobility 355
モーメンタム momentum 10
桃太郎さがし 331
モーレス mores 536
文部科学省 Ministry of Education, Culture, Sports, Science and Technology 186, 224

■や行

八百長　match-fixing　447, **578**
　——問題　match-fixing scandals　**560**
野外教育　outdoor education　**364**
野　球　baseball　29, 40, 56
役　割　role　104
奴らのゲームで奴らを倒す　beating them at their own game　245
ヤングアダルト文学　young adult literature　158

湯　浴　hot water bath　**434**
遊　戯　play　5, 379
　——論　play theory　2
遊　具　playground equipment　358
優生学／優生思想　eugenics　**320**
優生保護法　Eugenic Protection Law　321
ユースオリンピック　Youth Olympic Games　**474**
ユーススポーツ　youth sports　116, 466
ユニファイドスポーツ®　Unified Sports®　217
ユニフォーム　uniform　416
ユネスコ（国際連合教育科学文化機関）　United Nations Educational, Scientific and Cultural Organization（UNESCO）　25, 306, 333
ゆるスポーツ　yuru sports　87, 219, **516**

溶解体験　dissolving experience　633
養　生　regimen　333
　『——訓』　330
　——論　theory of nourishing vitality　**330**
余　暇　leisure　274, 428, **436**
ヨ　ガ　yoga　**140**
よさこい　YOSAKOI Festival　**490**
ヨーロッパ・スポーツ・フォー・オール憲章　European Sport for All Charter　504
弱い紐帯　weak tie　81

■ら行

ライフスキル　life skills　**546**
ライフスタイル　lifestyle　452
　——移住　lifestyle migration　355
　——スポーツ　lifestyle sports　48, **452**
ライフステージ　life stage　**500**

ラグビー　rugby　10, 277, 486, 536, 554
　——ユニオン　rugby union　288
　——リーグ　rugby league　288
　——ワールドカップ　Rugby World Cup　288, **486**, 488, 502, 520
ラジオ　radio broadcasting　153
　——体操　rajio-taisou/radio calisthenics　**342**, 601
ラテン語　Latin　4
ラベリング　labeling　104
　——論　labeling theory　638

力　士　446
リキッド・モダニティ　liquid modernity　411
リーグボウリング　league bowling　44
リスク　risk　336, 401
　——社会　risk society　49
リスペクト　respect　36
リズム　rhythm　**396**
理性的暴力　rational violence　405
リーダシップ理論　leadership theory　524
リテラシー　literacy　229
リブランディング　rebranding　471
良妻賢母　good wife, wise mother　155
利用者　user　358
量的調査法　quantitative analysis　**622**
倫理的逸脱　ethical deviation　573

ルール　rule　**34**, 329, 560, 572, 580, 584

例外状態　［独］Ausnahmezustand　308, 315
レイシズム　racism　**300**
冷　戦　Cold War　**22**
レガシー／遺産　legacy　215, 240, 471, 472, 482, 485
　——・キューブ　legacy cube　472, 482
歴史学　history　600
歴史社会学　historical sociology　**600**
レクリエーション　recreation　140, **338**, **406**, 426
レーザー・レーサー　LZR Racer　417
レジャー　leisure　107, 140, 196, 200, 274, 426, **428**
　——研究　leisure studies　423
　——ブーム　leisure boom　426

連帯責任　joint responsibility　459

労使関係　employee-employer relationship　568
労働組合　labor union　568
労働者オリンピアード　［独］Arbeiter-
　Olympiade　310
労働者階級　working class　604
労働者スポーツ運動　The Wokers' Sports Move-
　ment　**298**
老年学　gerontology　410
ローカルアイデンティティ　local identity　**242**
ローカルなスポーツ　local sports　**252**
ロサンゼルスオリンピック　Olympic Games Los
　Angels 1984　472
ロシア　Russia　23, 550
ロック・クライミング　rock climbing　49
ロンドン万国博覧会　The Great Exhibition of
　the Works of Industry of All Nations　470

■わ行

若い競技者の育成に関する IOC 合意声明　Inter-
national Olympic Committee consensus
statement on youth athletic development
337
若者文化　youth culture　609
わ　ざ　402, **408**
　──言語　402, 633
悪い癖　bad habits　398, 633
ワールドカップ　World Cup　→ FIFA ワールド
　カップ，ラグビーワールドカップ
ワールド・サイバー・ゲームズ　World Cyber
　Games（WCG）　378
ワールドベースボールクラシック　World Base-
　ball Classic（WBC）　266, 301, **476**
ワールドマスターズゲームズ　World Masters
　Games　**488**
ワールドラグビー　World Rugby　462, 486
ワールドワイドオリンピックパートナー　Worl-
　dwide Olympic Partners　309

人 名 索 引

■あ行

浅井浅一　591
アドルノ　Adorno, T.　46, 614
アーノルド　Arnold, T.　52, 572, 637
安部磯雄　451, 460
アルチュセール　Althusser, L.　597, 604
アーレント　Arendt, H.　357, 636
アンダーソン　Anderson, B.　243, 294

井谷惠子　124
稲垣正浩　48
井上 俊　13, 28, 593, 613
イリイチ　Illich, I.　95, 113

ウィートン　Wheaton, B.　49, 452
ウィリアムズ　Williams, S.　149
ウィルソン　Wilson, H.　40
上野千鶴子　638
ウェーバー　Weber, M.　423, 600, 603
ヴェブレン　Veblen, T.　46, 428
ウェルス　Wells, S. L.　123
ヴラストス　Vlastos, S.　13

エリアス　Elias, N.　6, 14, 244, 248, 404, 415, 554,
　　599, 601, 602, 610
エリクソン　Erikson, E. H.　64, 500, 530

オーエンス　Owens, J.　300
大坂なおみ　149, 175, 239, 301
大島鎌吉　407
大谷翔平　301, 371, 477, 564, 579
大谷武一　40
緒方洪庵　331
折口信夫　424

■か行

貝原益軒　330
カイヨワ　Caillois, R.　48, 51, 98, 103, 422, 430
梶原一騎　172
カッツ　Katz, E.　154, 477

加藤典洋　636
金栗四三　16
嘉納治五郎　13, 16, 18, 43, 55, 188, 379
ガーフィンケル　Garfinkel, H.　606, 613
亀山佳明　629

ギアツ　Geertz, C.　28, 30, 598
菊 幸一　601
キッセ　Kitsuse, J. I.　638
ギデンズ　Giddens, A.　211, 253, 276
木下広次　461
キャパニック　Kaepernick, C. R.　175
キング　King, B. J.　159

グットマン　Guttmann, A.　9, 29, 54, 210, 214,
　　295, 602
久野 昭　435
クーベルタン　Coubertin, P. de　9, 16, 50, 108,
　　154, 274, 294, 475
クライン　Klein, N.　309
グラムシ　Gramsci, A.　48, 597, 604
グルエンワルド　Gruenewald, D. A.　364
グルノー　Gruneau, R.　7, 597, 601
グルーペ　Grupe, O.　30
クレンショー　Crenshaw, K.　148

ゲッツ　Getz, D.　470

ゴフマン　Goffman, E.　37, 613, 616
コリンズ　Collins, H.　372, 391
ゴルトン　Galton, F.　320
権田保之助　407, 436

■さ行

サイクス　Sykes, H.　125
作田啓一　455, 628
サッチャー　Thatcher, M.　165, 314

ジェイムソン　Jameson, F.　314
ジェラール　Gerard, A.　16
ジジェク　Žižek, S.　314

篠原 徹 360
シュー Hsu, F. L. K. 448
シュスターマン Shusterman, R. 398
シュッツ Schütz, A. 612
ジョーダン Jordan, M. 162, 175, 280, 301
ジンメル Simmel, G. 423

スカルノ Sukarno 313
スコッチポル Skocpol, T. 600
鈴鹿 栄 40
スペクター Spector, M. B. 638
ズボフ Zuboff, S. 371

世阿弥 409
セメンヤ Semenya, C. 134, 149
千利休 409

荘 子 434

■た行

タイラー Tylor, E. B. 2
多木浩二 615
竹内芳郎 598
竹之下休蔵 92, 102, 590
多々納秀雄 595
ターナー Turner, B. 613
ダニング Dunning, E. 14, 244, 248, 555, 601,
610
ダヤーン Dayan, D. 154

チクセントミハイ Csikszentmihalyi, M. 400,
630

デニー Denny, R. 10
デューイ Dewey, J. 102
デュビニョー Duvignaud, J. 430
デュルケム Durkheim, E. 108, 423, 459, 594,
618

ドネリー Donnely, P. 48, 593

■な行

中井正一 31, 56
長与専斎 331

西村清和 431
ニスベット Nisbet, R. A. 423
新渡戸稲造 58

ネルー Nehru, J. 312

野々宮 徹 48

■は行

ハイデガー Heidegger, M. 113, 612
バウマン Bauman, Z. 411
バーガー Berger, P. L. 639
ハーグリーヴズ Hargreaves, J. 601
パーソンズ Parsons, T. 594, 597, 600, 606, 618
バタイユ Bataille, G. 439
ハッチンス Hutchins, R. 514
パットナム Putnam, R. D. 44, 65, 508
ハバード Hubbard, L. 128, 142
ハーバーマス Habermas, J. 183, 636
パフラヴィー Pahlavi, M. 313

樋口 聡 31
人見絹枝 155
ヒューズ Hughes, T. 52, 158
ビール Beal, B. 48

フィッシャー Fisher, M. 314
フォスベリー Fosbury, D. 413
福澤諭吉 331
福永光司 434
フーコー Foucault, M. 94, 140, 318, 390, 412,
601, 626
プーミボン・アドゥンラヤデート Bhumibol
Adulyadej 313
ブラウン Brown, E. 312
ブルース Bruce, T. 126
ブルデュー Bourdieu, P. 60, 95, 258, 370, 599,
601, 632
プレッツ Ploetz, A. 321

ペストフ Pestoff, V. 80
ベック Beck, U. 49, 211
ベーリンガー Behringer, W. 6
ベルクソン Bergson, H. 413, 455, 628

ボイコフ　Boykoff, J.　315
ホイジンガ　Huizinga, J.　3, 47, 98, 103, 422, 430,
　599
ホブズボウム　Hobsbawm, E.　12, 59, 406, 601
ポラニー　Polanyi, K.　80

■ま行

前畑秀子　155
マグワイア　Maguire, J.　244, 248
松村和則　79
マートン　Merton, R. K.　595
マリノフスキー　Malinowski, B.　594
マルクス　Marx, K.　596
マルクーゼ　Marcuse, H.　413

三島弥彦　16
ミドール　Midol, N.　48
ミルズ　Mills, C. W.　443, 600

メルロ=ポンティ　Merleau-Ponty, M.　94, 398,
　613, 632

森 有礼　461, 494
森川貞夫　78

■や行

山鹿素行　58
山本清洋　595
山本常朝　58

ヤング　Young, M.　96

■ら行

ライアン　Ryan, L. N. Jr.　174
ラインハート　Rinehart, R.　48
ラザースフェルド　Lazarsfeld, P.　600
ラトゥール　Latour, B.　371
ラドクリフ=ブラウン　Radcliffe-Brown, A. R.
　594
ラピノー　Rapinoe, M. A.　175
ラングラン　Lengrand, P.　106, 514

リアル　Real, M.　154
リースマン　Riesman, D.　10
リッグス　Riggs, B.　159
リン　Lyng, S.　49

ルイス　Louis, J.　300
ルックマン　Luckmann, T.　639
ルーマン　Luhmann, N.　595

レヴィ=ストロース　Lévi-Strauss, C.　396

ロ イ　Loy, J. W.　99, 593
ローズ　Rose, N.　411
ロッチェ　Roche, M.　471
ロドマン　Rodman, D. K.　175
ロバートソン　Robertson, R.　244, 253

スポーツ社会学事典

令和 7 年 3 月 20 日　発　行

編　者　　日本スポーツ社会学会

発 行 者　　池　田　和　博

発 行 所　　丸善出版株式会社

〒101-0051 東京都千代田区神田神保町二丁目17番
編集：電話(03)3512-3264／FAX(03)3512-3272
営業：電話(03)3512-3256／FAX(03)3512-3270
https://www.maruzen-publishing.co.jp

© Japan Society of Sport Sociology, 2025

組版印刷・精文堂印刷 株式会社／製本・株式会社 松岳社

ISBN 978-4-621-31039-7　C 0575　　　　　Printed in Japan

JCOPY 〈(一社) 出版者著作権管理機構 委託出版物〉

本書の無断複写は著作権法上での例外を除き禁じられています．複写
される場合は，そのつど事前に，(一社) 出版者著作権管理機構 (電話
03-5244-5088，FAX03-5244-5089，e-mail：info@jcopy.or.jp) の許諾
を得てください．